SEEMANNSCHAFT

SEE MANN SCHAFT

HANDBUCH FÜR DEN YACHTSPORT

23. AUFLAGE

DELIUS KLASING VERLAG

Herausgegeben vom Deutschen Hochseesportverband »Hansa« e. V.

Redaktion: Ramon Gliewe

Autoren:
Juan Baader: Theorie des Segelns
Hans G. Strepp: Navigation
Dr. Eckbert Zylmann: Medizin an Bord

Alle übrigen Beiträge von Ramon Gliewe unter Mitarbeit
von Jochen Halbe (Wettsegeln), Dieter Karnetzki (Wetterkunde),
Joachim F. Muhs (Instandhaltung, Yachtelektrik und Elektronik),
Bobby Schenk (Rechner), Hans G. Strepp (Motor)

Die Deutsche Bibliothek – CIP-Einheitsaufnahme

Seemannschaft : Handbuch für den Yachtsport / [hrsg. vom
Deutschen Hochseesportverband »Hansa« e.V. Red.: Ramon
Gliewe. Autoren: Juan Baader . . . Zeichn.: Ekkehard Schonart].
– 23. Aufl. – Bielefeld : Delius Klasing, 1994
ISBN 3-7688-0523-9
NE: Gliewe, Ramon [Red.]; Deutscher Hochseesportverband Hansa

23. Auflage
ISBN 3-7688-0523-9

Zeichnungen und Layout: Ekkehard Schonart
Schutzumschlaggestaltung: Buchholz/Hinsch/Hensinger, Hamburg
Gesamtherstellung: Ludwig Auer GmbH, Donauwörth
Printed in Germany 1994

Vorwort

Ein Dreivierteljahrhundert ist es nun her, seit die »Seemannschaft« zum erstenmal erschien, herausgegeben vom Deutschen Hochseesportverband »Hansa« e. V. Damals war der noch schmalbrüstige Band das erste Lehr- und Ausbildungsbuch für Segler überhaupt. Seitdem hat der Segelsport eine Ausweitung und Popularität erfahren, von der sich niemand etwas hätte träumen lassen. So manche technologischen Entwicklungen, gerade der letzten Jahre, vollzogen sich mit beinahe atemberaubender Geschwindigkeit.
Die traditionelle Vollholzyacht ist inzwischen fast zu einer gesuchten Rarität geworden. Yachten aus Kohlefaser, in Wabenbauweise, Segel, zusammengeschweißt aus transparenten Folien, das ist heute Realität. Elektronische Navigationshilfen, dank Mikroprozessoren immer handlicher und preiswerter geworden, hielten mit Loran, Decca, GPS oder Radar selbst an Bord kleinerer Boote Einzug. Der Griff zum Funktelefon verbindet den Segler fast schon wie selbstverständlich mit dem Land oder anderen Schiffen.
Yachtrennen rund um den Erdball mit ausgeklügelten High-Tech-Maschinen, vor zwei Jahrzehnten noch kaum vorstellbar, sind zu regelmäßig stattfindenden sportlichen Ereignissen geworden. Hunderte kleinerer Yachten sind alljährlich auf den Ozeanen unterwegs. Was einst als extremste Herausforderung für einen Segler galt – neue Konstruktionsprinzipien, neuartige technische Hilfsmittel und Materialien machen solche Reisen heute, selbst für eine Familiencrew, möglich.
Verwurzelt in bester seemännischer Tradition, war es stets das Anliegen dieses Handbuchs, mit der weltweiten technischen und nautischen Entwicklung auf dem Gebiet des Segelsports Schritt zu halten und somit dem neuesten Erkenntnisstand zu entsprechen. Damit leistete die »Seemannschaft«, in all den zurückliegenden Jahren, einen sehr wichtigen Beitrag zur Sicherheit von Schiff und Besatzung, wurde sie zum unverzichtbaren Standardwerk in der Handbibliothek nahezu eines jeden Seglers.
Auch diese nun wiederum überarbeitete und aktualisierte Auflage möchte weiterhin allen Seglern ein zuverlässiger Helfer und Ratgeber während der Ausbildung und ein treuer kundiger Begleiter in ihrer Segelpraxis sein.

VERLAG UND REDAKTION

Inhaltsverzeichnis

Der Yachtsport

Organisation

In Irland wurde 1720 der *Cork Water Club* als erster Yachtclub der Welt gegründet. Ihm folgte 1775 der erste englische Club, die *Cumberland Fleet*. 1844 schlossen sich amerikanische Marineoffiziere und Kaufleute im *New York Yacht Club* zusammen. Um diese Zeit gab es bereits annähernd 30 Yachtclubs in England, während die ersten deutschen Clubgründungen in der Mitte des 19. Jahrhunderts stattfanden, und zwar im Binnenland, in Berlin. Alle diese ersten Zusammenschlüsse hatten mehr gesellschaftlichen Charakter, ihre Mitglieder übten nur selten selbst aktiv den Segelsport aus. Ihre »Yachten« waren meistens kleinere Handelssegler, und sie leisteten sich lediglich den Luxus, diese statt zum Gelderwerb zu ihrem Vergnügen segeln zu lassen – von Berufsseeleuten.
Mitte des 19. Jahrhunderts tauchen die ersten Boote auf, die speziell für das Sportsegeln konstruiert und gebaut worden waren, sogenannte Lustfahrzeuge, und damit tritt auch in immer stärkerem Maße das sportliche Moment, der Wettkampfgedanke, in Erscheinung. Von Beginn an war der Yachtsport um Internationalität bemüht. So bildeten sich denn sehr bald aus den ursprünglich gesellschaftlichen Clubs nationale Interessenvertretungen, die sich der Pflege der internationalen Beziehungen annahmen – in Deutschland allerdings erst verhältnismäßig spät. 1888 gründeten die bestehenden zwölf deutschen Seglervereine den *Deutschen Segler-Verband* (DSV). In ihm als Dachverband sind heute, bis auf wenige Ausnahmen, alle deutschen Seglervereine – meistens Club genannt - zusammengefaßt.

Die nationalen Dachverbände sind Mitglieder der *International Yacht Racing Union* (IYRU), die ihren Sitz in London hat und die Belange der von ihr anerkannten internationalen Bootsklassen wahrnimmt, Vorschriftenänderungen beschließt, Welt- und Europameisterschaften veranstaltet und den Modus der Austragung olympischer Segelwettkämpfe festlegt.
Die Aufgabe des Deutschen Segler-Verbandes, der seinen Sitz in Hamburg hat, ist unter anderem die Vertretung des deutschen Segelsports und seiner Interessen im In- und Ausland und in allen Angelegenheiten der Olympischen Spiele, ferner der Erlaß und die Überwachung einheitlicher Wettsegel-, Klassen- und Vermessungsbestimmungen und die Förderung und Pflege des Segelns jeder Art. Acht Arbeitskreise stehen ihm für diese Aufgaben zur Seite:

1. Arbeitskreis für Präsidialaufgaben,
   Ausschuß für internationale
   Zusammenarbeit.
2. Arbeitskreis für Freizeit- und Breitensport,
   Ausschuß Kreuzer-Abteilung,
   Ausschuß für Führerscheine, Ausbildung und Segelschulen,
   Ausschuß für Modellsegeln,
   Ausschuß für Umweltschutz und Raumordnung.
3. Arbeitskreis für Leistungs- und Wettsegeln,
   Wettsegelausschuß,
   Ausschuß für Seeregatten,
   Ausschuß Klassenvereinigungen,
   Technischer Ausschuß
   Ausschuß für Leistungsförderung, Sportmedizin und olympische Angelegenheiten,
   Ausschuß für Eis-, Land- und Sandsegeln.
4. Arbeitskreis Finanzen,
   Finanzausschuß.

5. Arbeitskreis Jugendsport,
   Jugendsegelausschuß.
6. Arbeitskreis Recht,
   Rechtsausschuß,
   Berufungsausschuß,
   Schlichtungsausschuß.
7. Arbeitskreis Öffentlichkeitsarbeit,
   Ausschuß für Öffentlichkeitsarbeit.
8. Arbeitskreis Segelsurfen,
   Segelsurfausschuß Wettsegeln,
   Segelsurfausschuß Breitensport

Die Kreuzer-Abteilung nimmt sich der speziellen Belange der Küsten- und Seesegler an. Sie unterhält über 120 eigene Stützpunkte an der deutschen Nord- und Ostseeküste und am Mittelmeer, gibt Hafenhandbücher heraus und schreibt alljährlich einen Fahrtenwettbewerb aus. Aufgrund der eingereichten Logbücher werden die besten Leistungen mit goldenen, silbernen und bronzenen Medaillen prämiiert. Bei der Beurteilung werden jedoch nicht nur die zurückgelegten Seemeilen gewertet, sondern die entscheidende Rolle spielt die seemännisch einwandfreie und verantwortungsbewußte Durchführung der Fahrt.
Nach ähnlichen Gesichtspunkten werden auch in dem jährlichen Fahrtenwettbewerb »Binnen« für besondere Leistungen goldene, silberne und bronzene Medaillen vergeben.
Etwas ambitionierter gibt sich der Verein *Trans-Ocean*. Er hat sich der Förderung des weltweiten Hochseesegelns verschrieben und unterhält Stützpunkte in den verschiedensten Ländern der Erde. Beispielsweise auch in so fernen Regionen wie der Südsee. Er verleiht, seit 1970, alljährlich einen Wanderpreis für die beste Leistung eines deutschen Seglers bei der Überquerung von Ozeanen, den *Trans-Ocean-Preis*. Außerdem werden von ihm besonders herausragende seglerische Unternehmungen, ebenfalls seit 1970, mit der *Trans-Ocean-Medaille* prämiert.
Die begehrteste Trophäe der deutschen Ozeansegler war bis 1993 der von Kapitän Ludwig Schlimbach gestiftete *Kronenkompaß*. Seit 1953 wurde er vom Kieler Yacht-Club, ebenfalls jährlich als Wanderpreis, für die herausragende Leistung eines deutschen Hochseeseglers vergeben. Nach einer fragwürdigen Änderung des Vergabestatuts, können mit dem Kronenkompaß nun auch Personen oder Institutionen ausgezeichnet werden, die sich in besonderer Weise um den Segelsport verdient gemacht haben.
Eine gewisse Sonderstellung nimmt der 1925 gegründete, als gemeinnützig und förderungswürdig anerkannte *Deutsche Hochseesportverband »Hansa« e. V.* (DHH) ein. Zwar ist er als Verein ebenfalls dem Deutschen Segler-Verband angeschlossen, aber wegen seiner hohen Mitgliederzahl nur bedingt stimmberechtigt, und zwar mit so viel Stimmen wie der größte DSV-Verein. Ziel des Hochseesportverbandes ist die Heranbildung und gründliche Ausbildung des seglerischen Nachwuchses auf Binnengewässern, an der Küste und im sportgerechten Hochseesegeln. Dafür unterhält der DHH drei Yachtschulen, darunter die größte in Europa, die Hanseatische Yachtschule in Glücksburg an der Flensburger Förde, und eine Schulflotte von rund 240 Jollen und seegehenden Yachten.
Dem in Münster/Westfalen ansässigen *Verband Deutscher Sportbootschulen* sind 185 Segel- und Surfschulen angeschlossen. Auf allen Schulen besteht die Möglichkeit, zumindest einen der Segelführerscheine des Deutschen Segler-Verbandes zu erwerben. Die Schulen arbeiten in freiem Wettbewerb. Sie sind vom Deutschen Segler-Verband anerkannt.
Wie die Segelvereine sind auch die Motorbootvereine in einem Dachverband zusammengeschlossen, dem ebenfalls in Hamburg ansässigen *Deutschen Motoryachtverband* (DMYV), der 1907 in Berlin gegründet wurde. Er ist Mitglied der in Genf residierenden Union Internationale Motonautique (UIM). Seine Funktionen sind praktisch die gleichen wie die des DSV. Dem Präsidium stehen sieben Referate zur Seite:

1. Technik (Motorboot)
2. Motorboot-Rennsport
3. Binnenfahrtensport
4. Motoryachtsport (See, Küste, Technik)
5. Umwelt- und Naturschutz
6. Sicherheit
7. Finanzen

Zusammen mit dem DSV ist der DMYV als Exekutive des Bundesverkehrsministeriums mit der Durchführung der Prüfung und der Ausstellung der amtlichen Sportbootführerscheine beauftragt.

Sportliche Veranstaltungen

Wie in allen sportlichen Disziplinen ist auch im Segelsport das entscheidende Ereignis die Durchführung der Olympischen Spiele. Daneben gibt es eine Reihe von Meisterschaften wie Welt-, Europa-, Deutsche, Klassen- und Jugendmeisterschaften, die auf verschiedenen in- und ausländischen Segelrevieren ausgetragen werden.

Eines der bedeutendsten internationalen Regatta-Ereignisse ist die alljährlich auf der Kieler Förde Ende Juni stattfindende *Kieler Woche.*

Dicht gefolgt, was Teilnehmer, Bedeutung und internationales Renommee anbelangt, von der Ende Juli veranstalteten *Travemünder Woche.* Die Anfang Juni durchgeführte *Stralsunder Segelwoche* ist demgegenüber mehr ein nationales Ereignis.

Die traditionelle Regatta der deutschen Seesegler ist die zu Pfingsten veranstaltete *Nordsee-Woche.* Außerdem gibt es noch Segelwochen auf wechselnden Revieren wie der Flensburger Förde oder dem Bodensee oder die *60 Seemeilen von Berlin.* Großen Zuspruchs erfreuen sich die Langstreckenregatten über 24 oder gar 48 Stunden, wie *Rund um den Bodensee* oder auf dem Starnberger und dem Ammersee, auf österreichischen und Schweizer Revieren. Auch die *24 Stunden Ijsselmeer* erfahren regen Zuspruch von deutschen Seglern.

Unter den zahlreichen ausländischen Regattaveranstaltungen zählt die *Cowes Week* (England) zu den bedeutendsten. Hyères (Südfrankreich) ist zu einem wichtigen Treffpunkt der Segler der olympischen Klassen geworden. Sie sammeln hier Punkte für ihre Qualifikation.

Zwei Regattaereignisse nehmen einen besonderen Platz ein: der *America's Cup* und der *Admiral's Cup.*

Der America's Cup

Das Rennen um den America's Cup ist das spektakulärste Regatta-Ereignis, an dem die gesamte Weltöffentlichkeit teilnimmt.

Der 4 kg schwere und 68 cm hohe Pokal aus Sterlingsilber – eine im doppelten Sinne bodenlose Kanne, denn sie verschlang im Laufe ihrer über hundertjährigen Geschichte mehrere hundert Millionen Dollar – wurde 1851 von einer Gruppe britischer Segler als *Queen's Cup* gestiftet und im gleichen Jahr von dem amerikanischen Schoner »America« in einem Rennen um die Insel Wight gewonnen und in die Vereinigten Staaten entführt. 1857 wurde er als America's Cup dem New Yorker Yacht Club zusammen mit einer Ausschreibung übergeben, nach der der Pokal für Wettkämpfe zwischen Yachten aller Nationen freigestellt wurde. Allerdings waren die Herausforderer bis zum Ersten Weltkrieg durch die Ausschreibung benachteiligt. Die Yachten mußten auf eigenem Kiel nach Amerika gesegelt und dementsprechend schwer und seetüchtig gebaut werden. Technische Daten und Abmessungen der Boote waren den Amerikanern ein halbes Jahr vor Regattabeginn mitzuteilen, so daß sie genügend Zeit hatten, sich auf ihre Gegner einzustellen, während sich die Herausforderer unbekannten Booten gegenübersahen.

Erst nach 132 Jahren – 1983 – gelang es einem Herausforderer, den Cup zu gewinnen. Die australische Yacht »Australia II« schlug die amerikanische Verteidigerin »Liberty« in dem entscheidenden Rennen mit einer knappen Minute Vorsprung. Doch bereits 1987 holten sich die Amerikaner den Pokal zurück. Die »Stars & Stripes« schlug die australische »Kookaburra III« mit knapp zwei Minuten Vorsprung. Am Ruder des siegreichen Herausforderers stand derselbe Dennis Conner, der den Cup 1983 als Steuermann verloren hatte.

Der Schoner »America« entsprach den damals für Yachten üblichen Abmessungen. Er hatte eine Länge von 31 m, eine Breite von 6,70 m, einen Tiefgang von 3,35 m und eine Verdrängung von 170 t. In den folgenden Jahren wurden die Entwürfe für die Pokalyachten von dem genialen amerikanischen Konstrukteur Nathaniel G. Herreshoff bestimmt. Der größte aller Pokalverteidiger stammte von seinem Reißbrett, die »Reliance«. Sie besaß eine Länge von 43,80 m, eine Breite von 7,85 m und eine Segelfläche von 1500 m^2, die größte Segelfläche, die jemals von einer Yacht an einem Mast getragen wurde. Die »Reliance« des Jahres 1903 war die erste sogenannte Rennmaschine des Segelsports. Sie war ausschließlich auf Geschwindigkeit konstruiert, unter Verzicht auf allen Komfort. Doch abgesehen von diesen speziellen Zwekken leiteten die Herreshoffschen Konstruktionen den modernen Yachtbau ein. Sie waren fast drei Jahrzehnte lang bestimmend.

Die seit 1883 angewandte Vermessungsformel ermöglichte zwar den Bau extrem schneller Yachten, doch gelangte man bald zu der Überzeugung, daß ein vielseitig verwendbarer und weniger kostspieliger Bootstyp wünschenswert wäre. So wählte man die nach den Bestimmungen der im Jahr 1903 eingeführten Universal-Formel gebaute J-Klasse für die Rennen zwischen den beiden Weltkriegen. Diese Konstruktionsklasse hatte eine Segelfläche von 702 m^2, jedoch konnte die Länge in der Wasserlinie zwischen 22,90 und 26,60 m variieren. Sie-

gerin des Jahres 1937 wurde die amerikanische Yacht »Ranger«. Sie gilt als das schnellste J-Boot, das jemals in der Welt gebaut wurde, konstruiert von Starling Burgess und Olin Stephens. Wie einst Herreshoff wurde auch Stephens zu einem der erfolgreichsten Yachtkonstrukteure, der den neueren Yachtbau entscheidend beeinflußte.
Angesichts der gewaltigen Kosten für eine bis ins letzte Detail verfeinerte Rennmaschine, die nach Abschluß der Regatten kaum noch zu einem anderen Zweck zu verwenden war, wurde nach dem letzten Krieg wiederum eine kleinere Klasse zur Austragung der Pokalwettkämpfe bestimmt: die 12-m-R-Klasse, ebenfalls eine Konstruktionsklasse mit einer Länge von ungefähr 13,75 m in der Wasserlinie, einer Breite von 3,65 m und einer Segelfläche von 180 m^2. Allerdings war auch sie bereits nach wenigen Jahren wieder so kostspielig geworden, daß nur noch Syndikate über die finanziellen Mittel verfügten, ein solches Boot bauen zu lassen. Mit Computern berechnete und in Schlepptank und Windkanal erprobte Konstruktionen.
Nach den Rennen 1987 dämmerte die Erkenntnis, daß die Zwölfer inzwischen konstruktiv überholt und bis zum letzten ausgereizt waren, so daß sie keine sportlich interessanten Begegnungen mehr versprachen. So entstand für die Rennen 1991 die neue International America's Cup Class (IACC)-Formel. Sie erlaubt den Bau moderner sehr leichter Schiffe von etwa 16 t Verdrängung, mit 16,50 m Wasserlinienlänge, 5,50 m Breite und einer Am-Wind-Beseglung von rund 270 m^2. Gesegelt werden sie von 16 Mann.

Der Admiral's Cup

Der 1957 gestiftete, nach dem britischen Admiral Sir Miles Wyatt benannte Admiral's Cup wird alle zwei Jahre im Rahmen der Cowes Week im Solent ausgetragen. Die Wettfahrten bestehen aus vier Einzelrennen: dem Channel-Race, zwei der sieben Regatten der Cowes Week im Solent und dem Fastnet-Race. Jede teilnehmende Nation darf drei Yachten stellen; gewertet wird die Leistung der Mannschaft. Nach manchem Experimentieren mit den Bootsgrößen der sogenannten Cupper wurde zuletzt mit einem Eintonner, einem Zweitonner und einem 50-Füßer gesegelt. Ab 1995 gibt es zwei eigens für den Admiral's Cup neu geschaffene Bootsklassen. Den bereits bisher speziell für diese Rennen konstruierten Booten verdankt der Yachtbau zahlreiche neue und richtungweisende Impulse. Das soll, nach dem Willen der Veranstalter, auch in Zukunft so bleiben.
Der Pokal gilt als die inoffizielle Weltmeisterschaft der Seesegler. Offiziell gibt es keine.

Flaggenführung

Jede seegehende Yacht, deren Eigner Deutscher ist, der seinen Wohnsitz im Geltungsbereich des Grundgesetzes hat, muß die Bundesflagge führen. Die Bundes- oder Nationalflagge, kurz Nationale genannt, soll das Seitenverhältnis 6:10 haben. Im Hafen, vor Anker oder in Fahrt wird sie am Flaggenstock in der Mitte des Hecks gesetzt. Ist dies aus baulichen Gründen nicht möglich, kann der Flaggenstock nach Steuerbord versetzt werden. Er soll etwa 40° nach achtern geneigt sein, damit die Flagge auch bei Windstille klar fällt und erkennbar ist. Auf einer Ketsch oder Yawl wird die Flagge im Topp des Besanmastes gefahren. Auf See und bei schlechtem Wetter braucht die Flagge nicht geführt zu werden. Auf jeden Fall aber muß sie vor Seehäfen und beim Ein- und Auslaufen gezeigt werden.
Yachten in einer Regatta führen die Nationale nicht. Sie gilt als Zeichen, daß die betreffende Yacht die Wettfahrt aufgegeben hat.
Auf die Einhaltung des Zeremoniells der Flaggenparade wird besonders in nordeuropäischen Gewässern großer Wert gelegt. Alle Flaggen sollen vom 1. Mai bis 30. September von 8 Uhr, in den übrigen Monaten von 9 Uhr bis Sonnenuntergang wehen. Eine Yacht, auf der sich voraussichtlich zur abendlichen Flaggenparade niemand an Bord befindet, holt vorher alle Flaggen ein. Nachlässigkeit gegenüber der Flaggenparade gilt als Mißachtung der am Platz wehenden Nationalflagge.
Die Verbandsflagge des Deutschen Segler-Verbandes oder die Flagge der Kreuzer-Abteilung wird unter der Steuerbordsaling gesetzt, im Ausland unter der Backbordsaling. Dort bleibt der Platz unter der Steuerbordsaling der Gastflagge vorbehalten, einer verkleinerten Nationale des Gastlandes. Werden mehrere Länder besucht, wird jeweils nur die Flagge des Landes gesetzt, in dessen Gewässern oder Hafen man sich gerade befindet. Gastflaggen bleiben – wie die Nationale – nur am Tage gesetzt. Von einer Auslandsfahrt heimkehrende Yachten können im deutschen Hoheitsgebiet die Flaggen der besuchten Länder nach

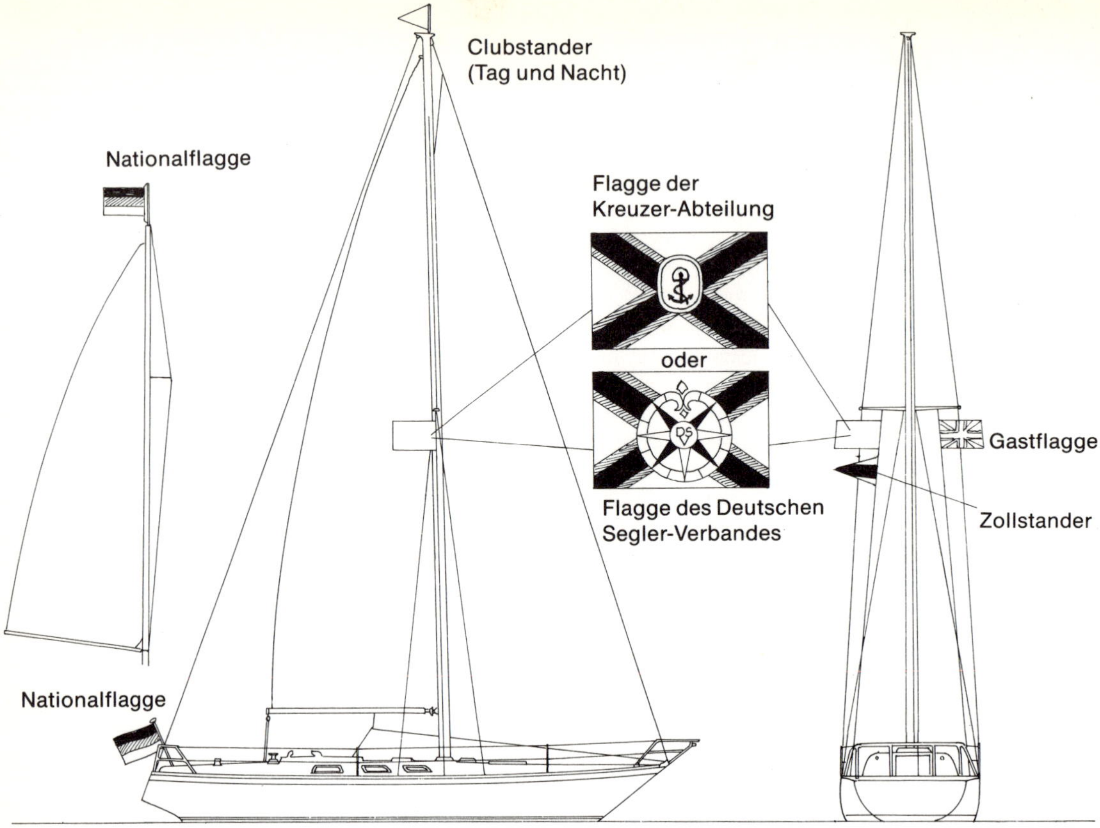

der deutschen Buchstabenfolge möglichst in gleicher Größe untereinander unter der Steuerbordsaling zeigen. Auch in diesem Fall wird die Flagge der Kreuzer-Abteilung unter der Backbordsaling gesetzt. Dies gilt auch für das jährliche Absegeln.

Vereinsstander

Jede in Dienst gestellte Yacht muß den Stander eines der Vereine führen, bei dem sie eingetragen ist. Der Stander wird im Großtopp gefahren, er weht Tag und Nacht. Eine Yacht, die bei mehreren Vereinen eingetragen ist, führt im Heimathafen den heimischen Stander, im fremden Hafen den Stander des ältesten ortsansässigen Vereins, dem der Eigner angehört.

Flaggengala

Bei festlichen Anlässen flaggen die Yachten im Hafen und vor Anker über die Toppen. Zum Ausflaggen werden ausschließlich die Signalflaggen verwendet. Abwechselnd zwei Flaggen und ein Wimpel in gleichen Abständen vom Vorsteven bzw. von der Nock des Klüverbaums über den oder die Masttoppen bis zur Nock des Großbaums. Die Bundesflagge kommt als Toppflagge neben den stehenden Vereinsstander; auf einer Yawl oder Ketsch bleibt sie im Besantopp. Unter dem Vorsteven bzw. dem Klüverbaum wird nur die Renn- oder die Unterscheidungsflagge gesetzt.
Soll die Flagge eines Staates geehrt werden, so wird sie anstelle der Bundesflagge neben dem Vereinsstander gesetzt.

Yachtgebräuche

Zu den allgemeinen Höflichkeitsregeln zählt es, fremde Boote im eigenen Hafen zu einem freien Liegeplatz zu lotsen oder ihnen auch beim Festmachen zu helfen.
Will man in Ermangelung eines anderen Liegeplatzes an einer bereits festgemachten Yacht längsseits gehen, bittet man um Erlaubnis. Es sollte ebenso selbstverständlich sein, diese Erlaubnis normalerweise nicht zu verweigern. Beim Längsseitsgehen stets genügend eigene Fender ausbringen.
Muß man zum Landgang über eine fremde Yacht klettern, geht man übers Vorschiff und nicht übers Achterschiff mit freiem Blick in die »Intimsphäre«. Und selbstverständlich nicht mit (schmutzigen) Straßenschuhen.

Bootskunde

Konstruktion

Der Riß

Der Riß, auch Konstruktionszeichnung genannt, ist die Grundlage für den Bau eines Bootes. Im allgemeinen zeichnet man ein Boot mit dem Bug nach rechts, so daß die Darstellung die Steuerbordseite zeigt. Meistens besteht der Riß aus drei getrennten Zeichnungen:
Längsriß, Wasserlinienriß und **Spantriß**
Gelegentlich wird der Spantriß auch in den Längsriß hineingezeichnet.
Der wichtigste Längsschnitt im Linienriß zeigt als Mittschiffsebene die Kontur der Stevenverläufe, des Kielverlaufs und der Oberkante des Decks. Der Teil dieser Mittschiffsebene, der sich unterhalb der Konstruktionswasserlinie (CWL) befindet, ist der
Lateralplan.
Parallel zur Mittschiffsebene liegen in gleichen Abständen weitere Längsschnitte, die dort, wo sie die Außenhaut schneiden, mit Schnitt 1, 2, 3 usw. bezeichnet werden und die Aufkimmung der Spanten veranschaulichen.
Kimm ist der Teil des Schiffsquerschnitts, der die stärkste Krümmung besitzt.
Der Wasserlinienriß zeigt den Schnitt in der Konstruktionswasserlinie. Weitere horizontale Schnittebenen in gleichmäßigen Abständen parallel zu und über der Konstruktionswasserlinie bilden die Überwasserlinien der Außenhaut. Entsprechende horizontale Schnittebenen unterhalb der Konstruktionswasserlinie die Unterwasserlinien. Sie liegen meistens enger als im Überwasserschiff und zeigen etwa den Strömungsverlauf an der Außenhaut einer in Fahrt befindlichen Yacht.
Als **Sentenplan** bezeichnet man die untere Hälfte des Wasserlinienrisses.
Senten sind Längsschnitte durch die Yacht in einem gleichbleibenden Winkel zur Mittschiffsebene. Sie schneiden die Außenhaut meistens in einem Winkel von 90° und sind zeichnerische Hilfen zur Fixierung einer genauen Linienführung. Die Lage der Senten und der Winkel, den jede mit der Mittschiffsebene bildet, sind aus dem Spantriß ersichtlich.
Im Spantriß ergeben senkrechte Schnittebenen querschiffs auf der Außenhaut die Spantkonturen. Je enger diese Spantschnitte liegen, um so mehr

Längsriß

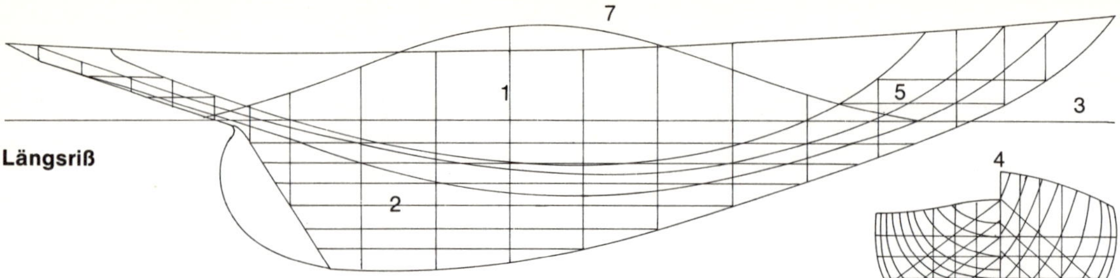

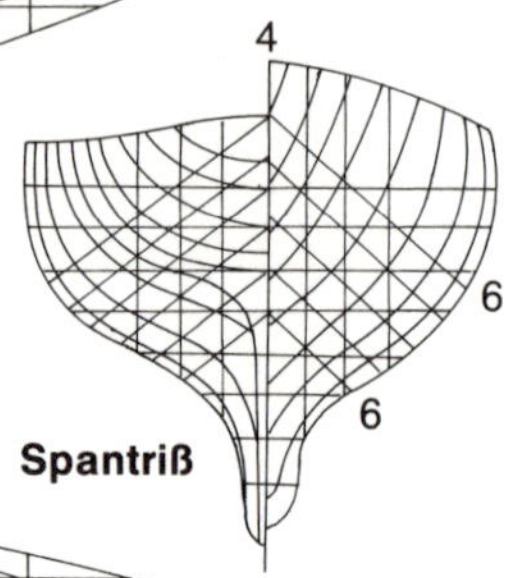

Spantriß

Wasserlinienriß

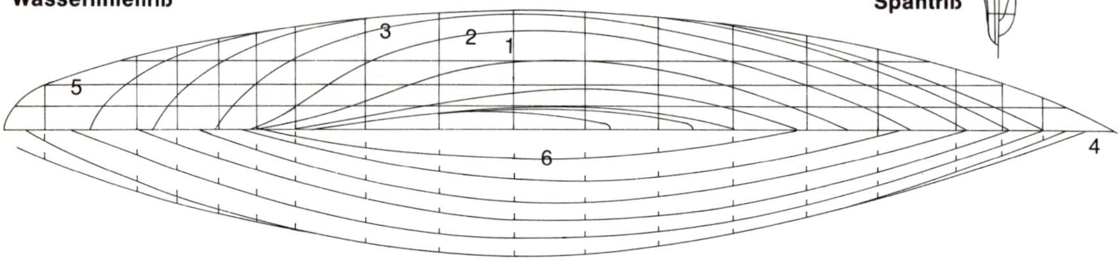

1 Spanten (senkrechte Schnittebenen querschiffs)
2 Wasserlinien (waagerechte Schnittebenen)
3 Konstruktionswasserlinie (waagerechte Schnittebene, bis zu der die ausgebaute und ausgerüstete Yacht ins Wasser taucht)
4 Mittschiffsebene (senkrechter Längsschnitt auf Mitte Schiff)
5 Längsschnitte (sie verlaufen parallel zur Mittschiffsebene)
6 Senten (Längsschnitte in einem gleichbleibenden Winkel zur Mittschiffsebene)
7 Spantflächen- oder Verdrängungskurve

Einrichtungsplan

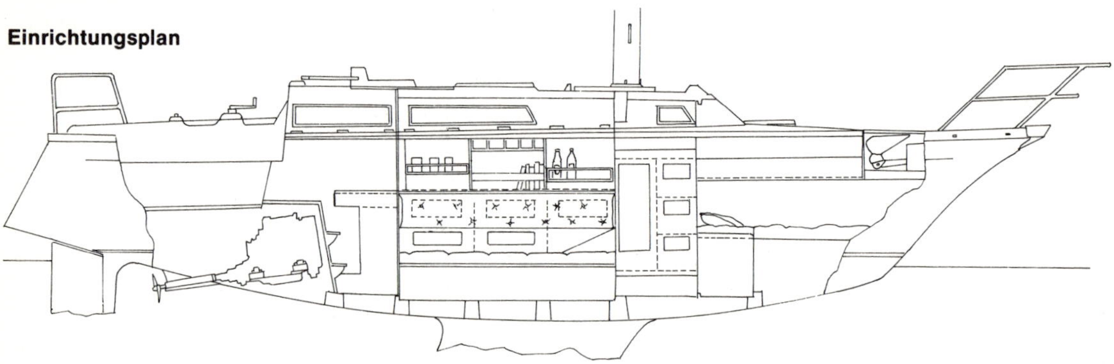

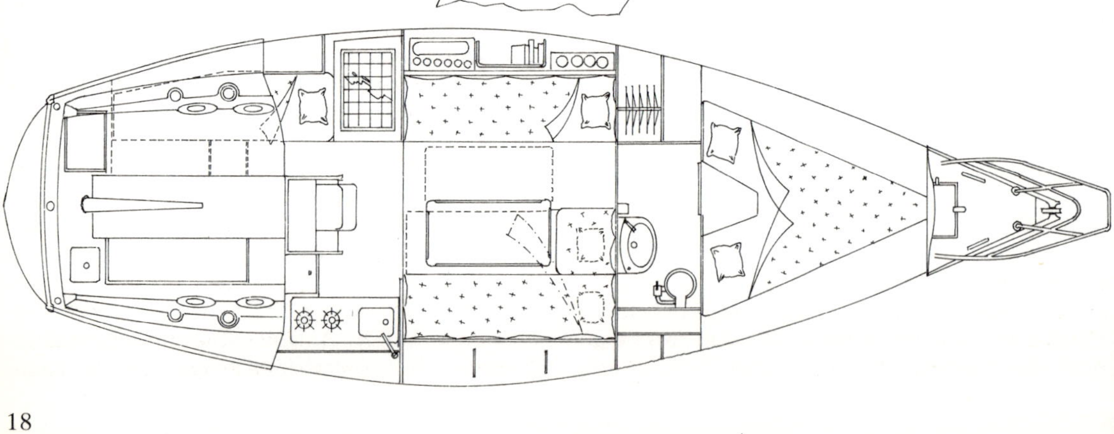

Segelriß

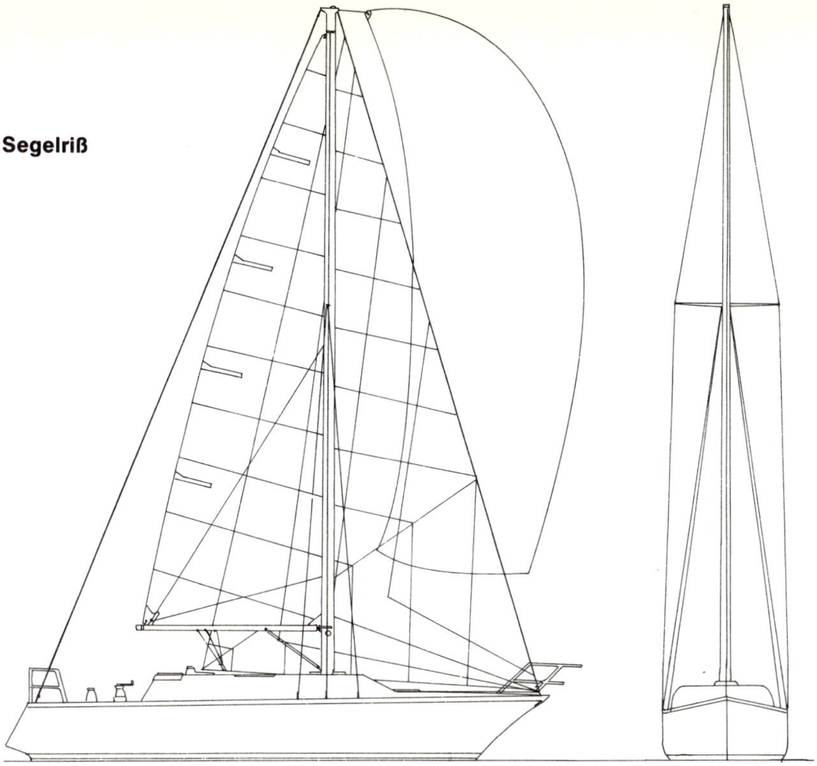

Schnittpunkte werden mit Längsschnitten und Wasserlinien gebildet, und um so genauer wird die Darstellung der Rumpfform. Die Länge in der Konstruktionswasserlinie wird meistens in eine gerade Anzahl von Spantabständen unterteilt, beispielsweise 6, 8, 10 usw.

Hauptspant heißt das Spant mit der größten ins Wasser eingetauchten Fläche. Es liegt bei Segelyachten im allgemeinen hinter der halben Länge der Konstruktionswasserlinie. Da die rechte und linke Schiffshälfte symmetrisch sind, wird nur eine Hälfte dargestellt, rechts im Spantriß die vordere und links die hintere Schiffshälfte. Im Längs- und Wasserlinienriß sowie im Sentenplan erscheinen die Spantrisse als gerade Linien. Ebenso bilden im Spantriß Längsschnitte, Wasserlinien und Senten gerade Linien.

Für größere Yachten wird auch noch ein **Decksplan** gezeichnet, der die Lage der Decksbeschläge wie Klampen, Schotwinschen, Ankerwinde usw. angibt.

Nähere Angaben über die Bauausführung enthält der **Bauplan**, in dem Form, Abmessungen und Material jedes einzelnen Teiles genau vorgeschrieben werden.

Der **Einrichtungsplan** zeigt einmal eine längs aufgeschnittene Yacht mit der Anordnung der Einrichtung auf der Backbordseite und außerdem eine Draufsicht, bei der Deck und Aufbauten abgenommen worden sind.

Der **Segelriß** schließlich veranschaulicht die Variationsmöglichkeiten mit verschiedenen Vor- und Beisegeln und bestimmt ihre Größe. Neben dem Segelriß wird die Verstagung des Mastes in einem **Takelplan** dargestellt.

Der Rumpf

Das fertig ausgebaute Boot schwimmt auf seiner **Wasserlinie** (WL), auch Schwimmwasserlinie genannt. Sie weicht häufig von der vom Konstrukteur errechneten und festgelegten **Konstruktionswasserlinie** (CWL) ab, weil sie von der unterschiedlichen Beladung einer Yacht abhängig ist. Die Wasserlinie kann durch Gewichtsverlagerungen geändert werden.

Die **Länge über alles** (Lüa) ist der Abstand zwischen den äußeren Punkten von Vor- und Achtersteven.

Die Wasserlinie trennt das **Über-** und **Unterwasserschiff.** Die **Länge Wasserlinie** (LWL) ist maßgeblich für die Geschwindigkeit, die ein Schiff erreichen kann.

Als **Freibord** bezeichnet man die Höhe des Rumpfes von der Wasserlinie bis zum Deck. Er ist bei den meisten Yachten vorne und hinten höher als in der Mitte. Das Deck bildet also in der Längsrichtung eine Kurve, den **Sprung.** Man spricht in die-

Lüa Länge über alles
LWL Länge Wasserlinie
CWL Konstruktionswasserlinie
T Tiefgang
Üv Überhang vorne
Üa Überhang achtern

D Deckssprung
F Freibord
Büa Breite über alles
BWL Breite Wasserlinie
Ba Balkenbucht

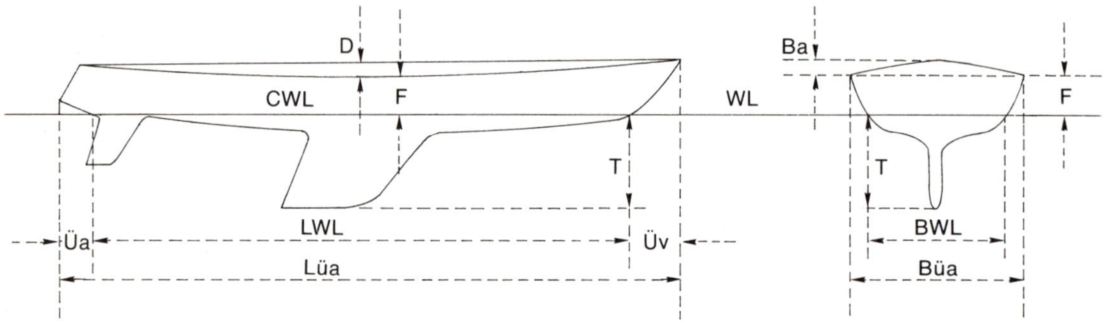

sem Fall von einem positiven Sprung. Manche kleineren Boote haben jedoch auch einen negativen Sprung: Der Freibord ist mittschiffs höher und fällt zu den Schiffsenden ab.

Decksbalkenbucht heißt die Wölbung des Decks in der Querschiffsebene. Bei einem extrem stark gewölbten Deck, dessen Wölbung in die Bordwände übergeht, spricht man von einem **Waldeck.**

Eine Yacht ohne Aufbauten mit einem von Bord zu Bord flachdurchlaufenden Deck bezeichnet man als **Glatt-** oder **Flushdecker.** Gelegentlich findet sich auch noch der ältere Begriff **Backdecker.**

Positiver Sprung

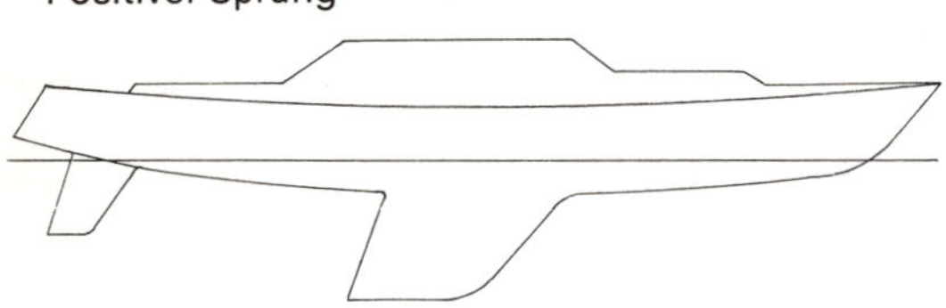

Negativer Sprung

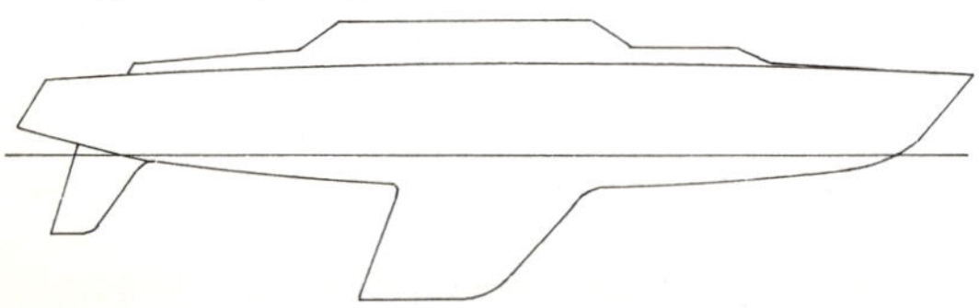

Decksformen

Rumpfformen

Der Bootsrumpf kann entweder eine runde Querschnittsform haben, ein **Rundspant,** oder eine mehr oder minder, einmal oder mehrfach geknickte Querschnittsform, ein **Knickspant.** Knickspanter haben im allgemeinen eine größere Formstabilität als vergleichbare Rundspanter. Seegehende Yachten sind allerdings überwiegend Rundspanter.

Eine Kielyacht mit einer schlanken Spantform ist rank. Sie hat eine geringe Anfangsstabilität und legt sich bereits bei leichtem Winddruck stark über. Dagegen ist eine vollspantige Yacht steif. Sie kann dem Winddruck besser widerstehen. Man spricht dann von einer hohen Anfangsstabilität. Wird aber ein Schiff zu steif gemacht, so werden die Bewegungen in der See zu hart. Sie beanspruchen die Takelage übermäßig und können zu Bruch führen.

Der **Lateralplan** hat ähnlich großen Einfluß auf die See- und Segeleigenschaften einer Yacht wie die Spantform. Als Lateralplan bezeichnet man die unterhalb der Wasserlinie befindliche Fläche des Längsschnittes eines Bootes, die der seitlichen Abdrift entgegenwirkt. Ein langgestreckter Lateralplan verspricht eine gute Kursstabilität und verbessert die Möglichkeit, bei Sturm oder aus anderen Gründen beizudrehen oder beizuliegen. Er erzeugt

Rumpf- und Spantformen von Jollen

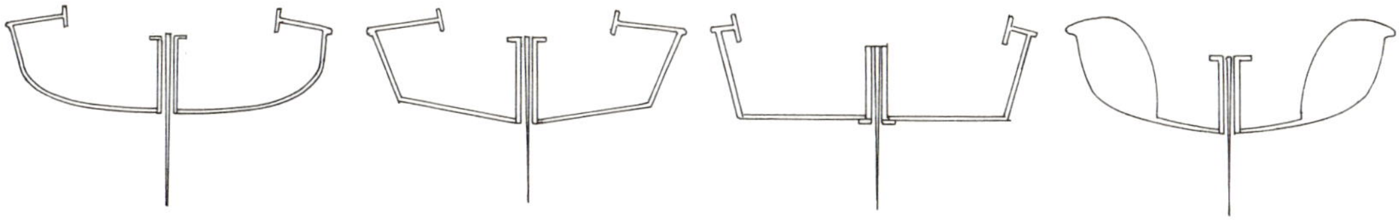

Rundspant-Jolle (U-Spant) — Knickspant-Jolle mit Spitzboden — Knickspant-Jolle mit Plattboden — Moderne Rundspant-Jolle mit schwachem V-Spant

Rumpf- und Spantformen von Mehrrumpf- und Kielbooten

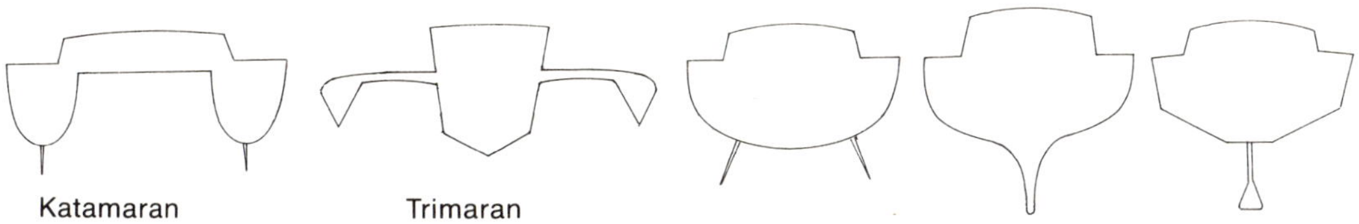

Katamaran mit Rundspant-Rümpfen (Radialspant) und Schwertern — Trimaran mit V-Spant-Rümpfen — Rundspant-Doppelkieler mit stumpf angesetzten Flossenkielen — Rundspant-Kielboot mit S-Schlag und gebautem Kiel — Doppelknickspanter mit angesetztem Wulst- oder Bulbkiel

Lateralpläne

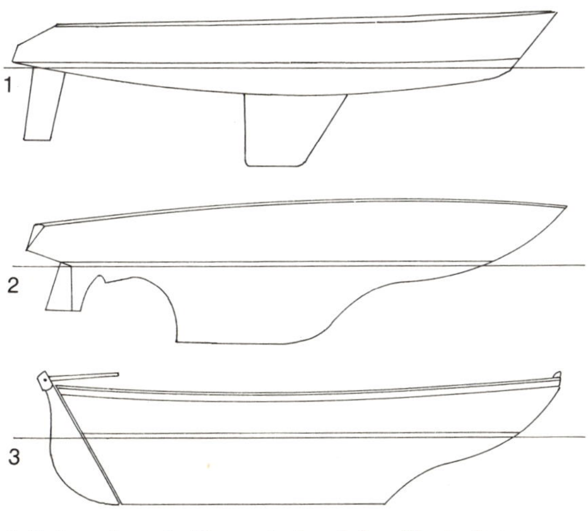

***1** Extrem beschnittener Lateralplan (Reduzierung des Reibungswiderstandes im Wasser auf das Unerläßlichste; schnelle Boote, sehr wendig, aber wenig kursstabil)*
***2** Konzentrierter, aber nicht zu stark beschnittener Lateralplan (seetüchtiges Unterwasserschiff von älteren Fahrtenyachten)*
***3** Langgestreckter Lateralplan (heute nicht mehr gebaut; kursstabile, aber auch etwas schwerfällige und langsame Fahrtenboote)*

aber auch – durch die große benetzte Fläche – einen höheren Reibungswiderstand im Wasser. Ein solches Boot wird relativ langsam sein.
Je kürzer, konzentrierter oder »beschnittener« der Lateralplan wird, um so geringer wird der Reibungswiderstand, entsprechend wird die Yacht schneller. Aber um so lebendiger wird sie auch aufs Ruder reagieren und die Gefahr ist groß, daß sie einem unerfahrenen oder unkonzentrierten Steuermann aus dem Ruder läuft. Ein Beidrehen im Sturm wird kaum noch möglich sein.

Bug- und Heckformen

Die Schiffsenden heißen **Bug** (vorne) und **Heck** (hinten).
Als **Steven** bezeichnet man die abschließenden Bauelemente von Bug und Heck. Entsprechend gibt es einen Vor- und Achtersteven. Ein platter Abschluß des Achterstevens heißt **Spiegel.** Der Begriff Steven dient ferner zur Bezeichnung der verschiedenen Bugformen. Alle Steven laufen vorne spitz zu. Die einzige Ausnahme bildet der Prahmsteven. Er hat auch vorne einen Spiegel.
Die Bug- und Heckformen sind von beträchtlichem Einfluß auf das Seeverhalten einer Yacht. Mäßige Überhänge an Bug und Heck bedeuten zusätzliche Auftriebsreserve, die verhindert, daß

Vorstevenformen

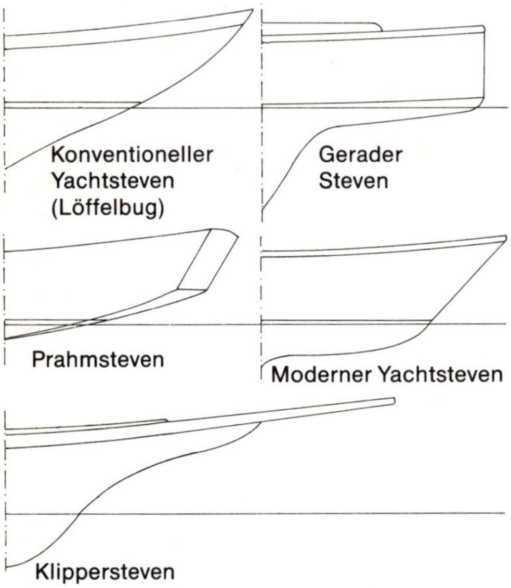

Heckformen

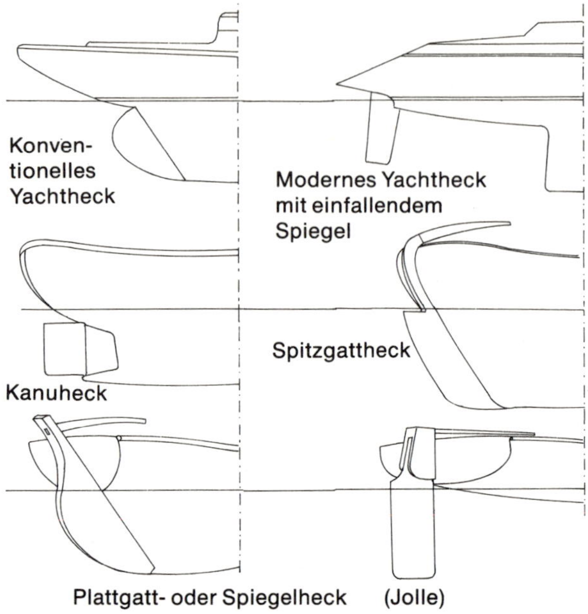

die Yacht in rauher See unterschneidet. Außerdem verlängern sie bei Krängung die Wasserlinie. Und je mehr Wasserlinienlänge ein Boot im Verhältnis zu seiner Gesamtlänge aufzubieten hat, um so verhältnismäßig schneller läuft es. Bei einem geraden, steilen Vorsteven fehlt der zusätzliche Auftrieb. Ein solcher Steven setzt tief in die Wellen ein. Er ist für seegehende Yachten wenig geeignet.
Es gibt vier charakteristische Heckformen mit manchen Modifikationen:
Plattgatt- oder **Spiegelheck**
Spitzgattheck
Yachtheck
Kanuheck
Fast alle Jollen haben ein gerades Spiegelheck. Bei Kielbooten hingegen ist das U- oder V-förmige Plattgattheck meistens leicht auswärts geneigt.
Wenn das runde Spitzgattheck nicht sehr völlig gebaut wird, fehlt es ihm an genügender Auftriebsreserve, so daß die Yacht achtern tief eintaucht und sich leicht festsaugen kann. Jüngere Konstruktionen mit dieser Heckform gibt es kaum noch.
Beim konventionellen Yachtheck überragten die Planken den Achtersteven oberhalb der Wasserlinie weit und endeten in einem flachen gekrümmten Heckstück. Ein solches Yachtheck ergab längere und günstigere Überwasserlinien, doch schlug es in rauher See hart auf die Wellen. Deshalb wird heute nur noch das abgeschnittene Yachtheck gebaut, das in einem kleinen ein- oder ausfallenden Spiegel endet.
Beim Kanuheck laufen die Planken in einem schmalen, abgerundeten Spiegelholz zusammen, so daß das Heck in einer Spitze endet. Man findet diese Heckform häufiger bei Motorseglern.
Bei Platt- und Spitzgattern wird das Ruder fast immer über Heck gefahren. Es kann für Reparaturen leicht entfernt werden, während es beim Yacht- und Kanuheck in einem Koker, schwerer zugänglich, durch das Acherdeck oder den Cockpitboden läuft.

Kiel- und Schwertboote

Vielfältig wie der Verwendungszweck – Fahrtenyacht für See, Küste oder Binnengewässer oder Rennyacht – sind die Formen und Typen der Boote. Nach der Bauart des Rumpfes lassen sich Segelboote in zwei Grundtypen einteilen:
das **Kielboot,** das seine Stabilität vorwiegend durch einen Ballastkiel erhält, und
das ballastlose **Schwertboot,** die Jolle, die einen Teil ihrer Stabilität aus der ausladenden Breite ihres Rumpfes bezieht. Man spricht folglich auch von **Gewichts-** und **Formstabilität.** Die Gesamtstabilität aller Boote setzt sich stets aus diesen beiden Faktoren zusammen.

Unter Stabilität versteht man die Fähigkeit eines Bootes, sich aus einer seitlich geneigten Lage, der Krängung, wieder aufzurichten. Gewichtsstabile Boote sind üblicherweise kentersicher. Das heißt, sie richten sich selbst aus einer Lage kieloben wieder auf. Formstabile Boote hingegen kentern, wenn ihre Krängung einen bestimmten Winkel überschritten hat.

Jollen sind offene flachgehende Boote. Sie haben ein senkrecht in einem Schwertkasten durch den Bootsboden geführtes Schwert, das der seitlichen Abdrift entgegenwirkt. Mit Jollen kann man bequem Ufer und Strände anlaufen. Da sie jedoch leicht kentern können, gehören sie nicht auf die See. Ausgenommen Regattaveranstaltungen vor der Küste, die entsprechend gesichert sind. Alle Jollen müssen genügend Auftriebskörper oder Lufttanks besitzen, die das voll Wasser geschlagene Boot samt seiner Besatzung über Wasser halten.

Jollenkreuzer sind größere Schwertboote mit Kajüte. Da auch sie kentern können, gehören sie ebenfalls nicht auf ein offenes Seerevier.

Kielboote sind meistens Kajütboote. Sie haben ein fest angebrachtes Ballastgewicht aus Blei, Eisen oder auch Beton. Wenn sie leck schlagen und voll Wasser laufen, werden sie von ihrem Ballastgewicht unweigerlich in die Tiefe gezogen. Dennoch sind alle seegehenden Yachten Kielboote, weil diese kentersicher sind.

Kielschwerter verbinden den Vorteil eines geringen Tiefgangs – durch das aufholbare Schwert in einem verhältnismäßig flachgehenden Kiel – mit einer der Jolle weit überlegenen Stabilität. Sie können sinken, sollten aber kentersicher sein. Der geringere Tiefgang gegenüber einer Kielyacht ermöglicht, flachere Gewässer anzulaufen und er erleichtert den Landtransport.

Beim **Hubkieler** kann der Kiel bis auf die Ballastbombe am Kielende in den Rumpf eingefahren werden. Er ist ebenfalls kentersicher und kann mit aufgeholtem Kiel noch besser verladen werden als der Kielschwerter. Die Aufholmechanik ist jedoch häufig etwas problematisch.

Der **Schwenkkieler** ist gewissermaßen eine Variante, bei dem sich der Kiel, ähnlich dem Schwert einer Jolle, um eine feste Achse dreht. Er bereitet konstruktiv erhebliche Festigkeitsprobleme. Sein Vorteil: der Kiel kann bei einer Grundberührung nach hinten wegklappen. Bei einem Hubkiel hingegen wird es meistens zu einer Beschädigung des Schachtes kommen.

Kimm- und **Doppelkieler** wurden speziell für Tidengewässer entwickelt, denn sie können in aufrechter Lage trockenfallen. Kimmkieler haben einen flachen Ballastkiel und an jeder Seite eine plattenförmige Flosse. Doppelkieler haben statt eines Mittelkiels zwei flachere Seitenkiele mit jeweils dem halben Ballastanteil. Beide Bootstypen konnten keine stärkere Verbreitung finden, da ihre Segeleigenschaften am Wind meistens schlechter sind als die eines Mittelkielers.

Mehrrumpfboote werden oft auch bei uns englisch als **Multihulls** bezeichnet. Zu ihnen gehören

Katamarane oder **Kats,** die gleich lange Doppelrümpfe haben und

Trimarane mit drei Rümpfen. Die meistens kürzeren beiden Seitenrümpfe dienen nur als stützende

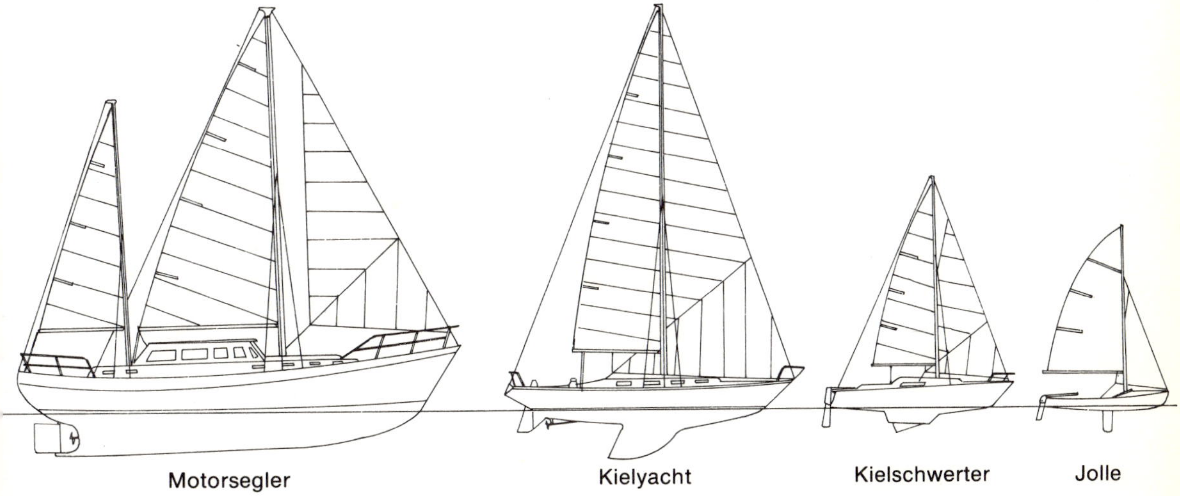

Motorsegler Kielyacht Kielschwerter Jolle

Ausleger. Die Rümpfe beider Bootstypen sind jeweils durch eine Brückenkonstruktion miteinander verbunden. Es sind kiel- und ballastlose Boote, die ihre hohe Stabilität aus ihrer ausladenden Breite beziehen. In extremen Situationen können sie aber – genau wie Jollen – kentern. Katamarane gibt es als Fahrtenboote mit Kajütaufbauten und als kleinere Rennboote nur mit einem Trampolindeck zwischen den Rümpfen.
Einige spektakuläre Unfälle hatten die Mehrrumpfboote anfänglich etwas in Mißkredit gebracht. Inzwischen wurden mit ihnen zahlreiche Ozeanüberquerungen und einige Weltumseglungen unternommen, auf denen sie sich als vollwertige Hochseeyachten erwiesen. Sie erreichen weitaus höhere Geschwindigkeiten als eine vergleichbare Kielyacht und bieten der Mannschaft mehr Komfort auf langen Reisen, da sie ohne oder nur mit minimaler Krängung segeln. Dennoch werden sie von manchen hochseesportlichen Veranstaltungen ausgeschlossen, weil sie nicht kentersicher sind.

Motorsegler

Ob beim Motorsegler die Rumpfform mehr zum Motorboot oder mehr zur Segelyacht hin ausgelegt wird, hängt weitgehend von der erwünschten Geschwindigkeit unter Maschine ab. Den Segelschiffslinien sind in dieser Hinsicht Grenzen gezogen. Sie liegen bei einer Geschwindigkeit von etwa 9 Knoten (Seemeilen pro Stunde). Nach einer groben Faustregel setzt man 2,7 bis 3 kW (3,7 bis 4 PS) Maschinenleistung pro Tonne Wasserverdrängung an. Damit erreicht man mit Booten zwischen 9 und 15 Metern eine maximale Geschwindigkeit zwischen 6½ und 8½ Knoten. Die größere Länge läuft bei gleicher Antriebsleistung schneller. Eine Verdoppelung der Maschinenleistung erbringt nur eine entsprechende Geschwindigkeit von 7½ bis 9½ Knoten, eine Verdreifachung sogar nur noch eine Zunahme um etwa ¼ bis ½ Knoten. Sie steht in keinem Verhältnis mehr zum Maschinenaufwand und -gewicht.
Bis zu 9 Knoten Geschwindigkeit ist die erforderliche Maschinenleistung für einen Rumpf mit Segelyachtlinien etwa um ein Viertel bis zu einem Drittel geringer als für eine Yacht mit motorbootähnlichen Linien. Über 9 Knoten hinaus arbeitet die Maschine wirtschaftlicher bei einem motorbootähnlichen Rumpf mit besonders im Heck flachen Linien. Daß bei solchen schnellen Motorseglern mit geringem Tiefgang die Abdrift größer ist, die Segeleigenschaften somit schlechter sind, ist eine unausbleibliche Folge.
Wegen des zweckmäßigerweise geringeren Ballastanteils gegenüber der reinen Segelyacht, aber auch damit die Takelage bei Maschinenfahrt keinen zu hohen Widerstand bietet, sind Motorsegler etwas untertakelt. Auch dafür gibt es eine grobe Faustformel, die einen Annäherungswert liefert:

$$\frac{\sqrt{\text{Segelfläche}}}{\sqrt[3]{\text{Wasserverdrängung}}} = 3{,}5 \text{ bis } 3{,}6$$

Mit einer solchen Segelfläche wird ein Motorsegler unter normalen Wetterbedingungen, ohne Maschinenhilfe, einwandfrei überstaggehen, das heißt, mit dem Bug durch den Wind gehen. Stets aber wird ein Motorsegler ein Kompromiß zwischen einer Segelyacht und einer Motoryacht bleiben. Man findet deshalb dafür auch häufig die englische Bezeichnung Fifty-Fifty.

Das Ruder

Zum Steuern eines Bootes dient das Ruder, eine am Spiegel oder am Heck, am Ende des Kiels oder an einer **Skeg** genannten Ruderleitflosse um eine Achse drehbare Fläche. Beim freistehenden **Balance-** oder **Spatenruder** befindet sich ¼ bis ⅓ der Ruderfläche vor der Achse. Das Ruder besteht aus **Ruderblatt, Ruderschaft** und **Ruderkopf.**
Die **Ruderhacke** ist ein kräftiger Sporn am Kiel oder Skeg, der das Spurlager des Ruderschaftes trägt und das Ruder bei Grundberührungen schützt.
Der **Ruderkoker** ist die wasserdichte Durchführung des Schaftes durch Achterschiff und Rumpf auf allen Booten, die das Ruder nicht übers Heck fahren.
Möglich ist **Pinnen-** oder **Radsteuerung.** Die Kraftübertragung vom Rad auf das Ruderblatt erfolgt mit Seil- oder Bowdenzügen über einen Quadranten, über Gestänge, Wellenanlagen oder hydraulisch. Die Pinne erfordert mehr körperliche Kraft, die Übertragung aber ist direkter. Auf Yachten bis zu etwa 11 m Länge ist die Radsteuerung mehr eine Geschmackssache. Größere Schiffe hingegen lassen sich leichter mit dem Rad steuern. Allerdings ist eine Radsteuerung störanfälliger als eine Pinnensteuerung und Reparaturen sind schwieriger durchzuführen. Unumgänglich ist eine Radsteuerung auf Yachten mit Mittelcockpit.

Ruderformen

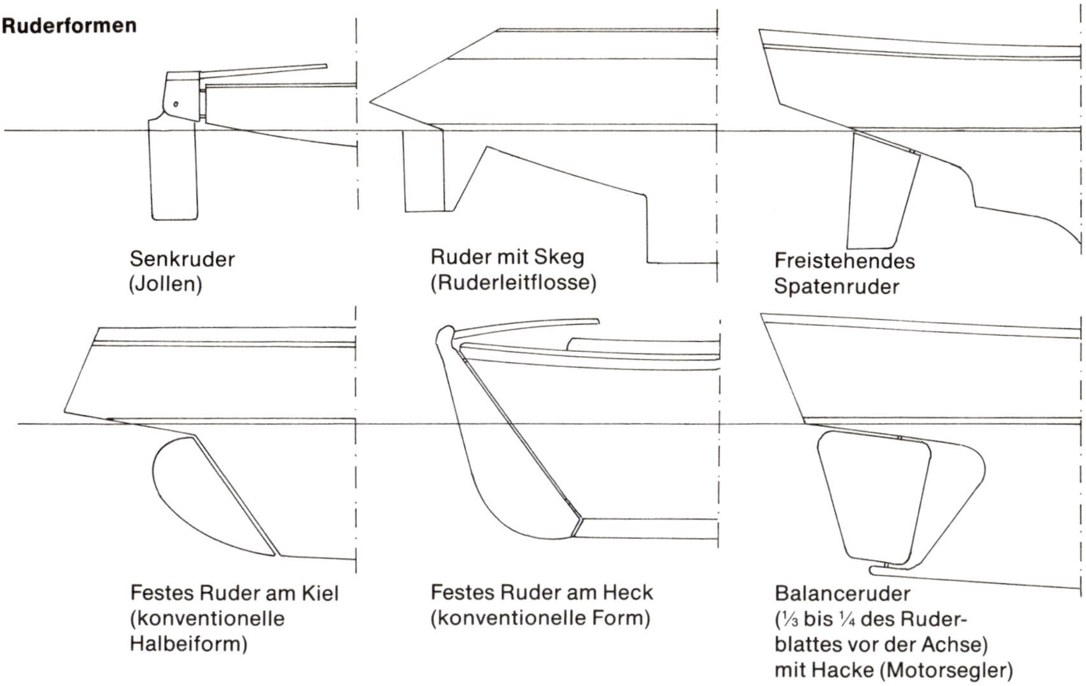

Radsteuerung mit Seilzügen

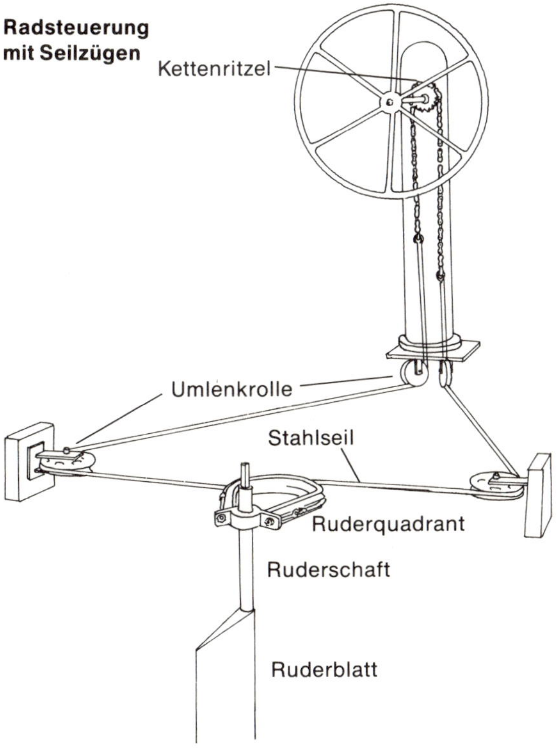

Bau

Bootsbaumaterial

Vollholz war das klassische Bootsbaumaterial. Es vereinigt Festigkeit mit langer Lebensdauer und guten Verarbeitungsmöglichkeiten. Außerdem ist es von Natur aus schwimmfähig, weil sein spezifisches Gewicht geringer ist als das des Wassers. Eine sorgfältig gebaute Vollholzyacht, normal gepflegt, hat eine Lebensdauer von etwa 40 Jahren. Holz besitzt ein gefälliges Aussehen und gute Isoliereigenschaften, hat aber auch Nachteile. Es arbeitet unter der Einwirkung von Trockenheit und Feuchtigkeit, was zu einem undichten Schiff führen kann. Außerdem ist es gegen Fäulnis anfällig. Neben Vollholz wird im Bootsbau auch wasser- und kochfest verleimtes **Sperrholz** verwendet. Unter Sperrholz versteht man Holzplatten, die aus einer ungeraden Anzahl von Furnieren verleimt werden. Diese Platten können kaum noch schrumpfen, schwellen oder sich verziehen. Eine sorgfältig gebaute Sperrholzbootshaut bleibt immer dicht. Wegen ihres geringen Gewichtes zählen Sperrholzboote zu den sogenannten Leichtdeplacementyachten. Doch spielt der Holzbau heute keine wesentliche Rolle mehr.

Stahl ist etwa zehnmal so schwer wie Teak oder Eiche. Da seine Festigkeit aber wesentlich größer ist, kann die Außenhaut viel dünner sein als bei einem Holzboot; doch sind dem natürlich Grenzen gesetzt, so daß kleinere Yachten aus Stahl verhältnismäßig schwer werden. Ein Stahlschiff ist unbedingt dicht; doch isoliert Stahl wenig und neigt zu Kondenswasserbildung im Inneren des Bootes als Folge von Temperaturunterschieden. Stahl ist rostanfällig und gefährdet durch galvanische Korrosion.

Aluminium verbindet mit den Vorteilen der Stahlbauweise große Leichtigkeit. Auch Aluminiumyachten zählen zu den sogenannten Leichtdeplacementbooten. Doch neigt das Material bei unsachgemäßer Bauweise und/oder Behandlung zu galvanischer Korrosion. Außerdem ist es verhältnismäßig teuer.

Ferrozement, besser bekannt als Stahlbeton, ergibt sehr feste und unempfindliche Rümpfe, eignet sich aber auch nur für den Bau größerer Yachten. Boote aus Ferrozement sind relativ selten geblieben.

Kunststoff, richtiger: glasfaserverstärktes Kunstharz (GFK), ist heute Hauptmaterial im Bootsbau. Die verwendeten Harze (Polyester und Epoxid) allein besitzen nur eine geringe Festigkeit. Erst die Verbindung mit der Glasfaser zu einem Laminat ergibt ein Material, das für den Schiffbau geeignet ist. Die gebräuchlichste Art der Glasfaserverstärkung – man spricht von Armierung – ist die durch Glasseidenmatten. Besser, aber auch teurer, sind Roving-Gewebe, verflochtene Glasseidenstränge. Je höher der Glasanteil, um so besser ist das Laminat. Das armierte Kunstharz läßt sich besser formen als Holz oder Stahl. Es ist temperaturunempfindlich, seewasserbeständig, relativ pflegeleicht und korrodiert kaum. Sorgfältig gebaute Kunststoffrümpfe sind immer dicht.

Die **Kohlenstoff-Faser** ist die jüngste Entwicklung im Kunststoffbau. Sie wird ebenfalls zu Geweben und Rovings, auch in Verbindung mit Kevlar (Aramidfaser), und zusammen mit Polyester- oder Epoxidharzen zu Laminaten verarbeitet. Sie hat eine weitaus höhere Festigkeit als die Glasfaser, ist aber so teuer, daß sie nur bedingt Verwendung im Yachtbau findet, vornehmlich an besonders stark beanspruchten Stellen.

Unter **Kompositbauweise** versteht man die Verwendung von zwei Materialien, beispielsweise eine hölzerne Außenhaut auf Stahlspanten. Neuerdings bezeichnet man damit auch die Verbindung von Kunststoff mit Holz.

Vollholzbau

Zweck und Benennung der Bauelemente sind bei allen Bauweisen annähernd gleich. Sie lassen sich am besten und vollständigsten am Beispiel einer konventionellen Vollholzyacht aufzeigen. Denn die meisten dieser Bezeichnungen tauchen auch im Kunststoffbau auf, obwohl das Verfahren ein völlig anderes ist und es die entsprechenden Bauteile dort oft gar nicht gibt.

Zunächst wird vom Schiffskörper das Gerippe gebaut, dessen Form dem Linienriß entspricht. Das Rückgrat bildet der Kiel mit dem Vor- und Achtersteven, die miteinander verzapft, verlascht und verbolzt werden. Vor- und Achtersteven haben auf jeder Seite eingeschnittene Nuten, die Sponung, in die die Plankenenden genau hineinpassen. Der Kiel ist ebenfalls mit einer Sponung versehen, um die Längskanten der Kielplanken aufnehmen zu können. Auf dem Kiel werden die **Spanten** aufgestellt, sofern es sich um gewachsene Spanten handelt, das heißt um solche, die in ihrer endgültigen Form aus einem großen Stück Holz herausgesägt werden. Meistens verwendet man jedoch dampfgeformte, auch eingebogene Spanten genannt. In diesem Fall stellt man zunächst die **Mallen** auf. Mallen sind Spantmodelle oder -schablonen aus billigem Holz, bei Einheitsklassen auch aus Stahl, um die absolute Einheitlichkeit des Bootskörpers zu gewährleisten. Außen auf den Mallen werden **Senten** befestigt, lange, biegsame Holzlatten. Sie legen die Form der Außenhaut fest. Die vorher in Dampf geschmeidig gemachten Spanten werden nun innerhalb der Sentenlatten an den Mallen in ihre Form gebogen. Für Sperrholzboote verwendet man lamellierte Spanten. Sie bestehen aus mehreren miteinander verleimten Holzschichten.

Bodenwrangen dienen der Aussteifung des Schiffsbodens. Sie verbinden Spant und Gegenspant miteinander und mit dem Kiel. Die notwendige Versteifung in der Längsrichtung ergeben die **Stringer,** Längsverbindungen, die vom Vorsteven bis zum Heck durchlaufen und von innen mit jedem Spant verbunden werden. Die oberen Spantenden in der Längsrichtung auf jeder Seite verbindet der **Balkweger.** Er dient zugleich als Auflage für die Decksbalken, die die Querverbindung der Spantenden

Vorschiff eines konventionellen Holzbaus

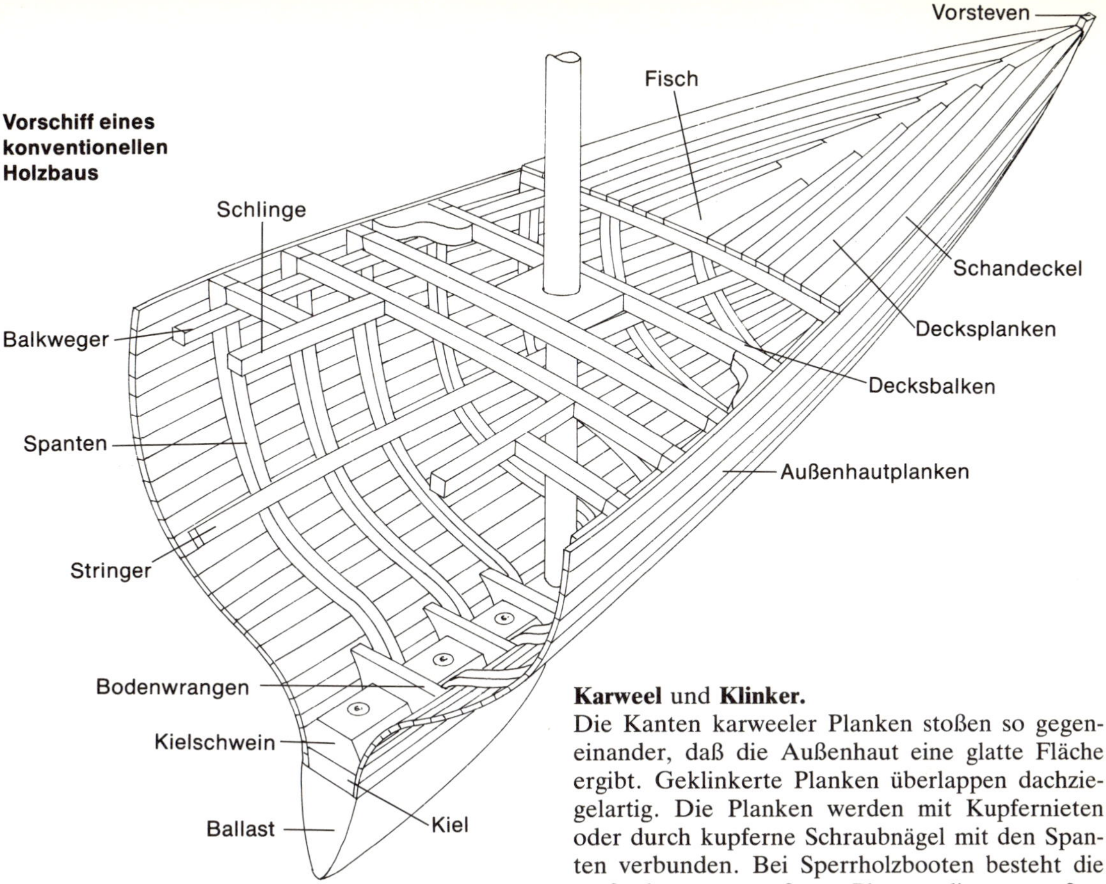

bilden. Die Decksbalken verhindern, daß sich die Spantenden oder -köpfe unter dem Druck der Außenhaut nach innen zusammenpressen. Sie werden allerdings von den Kajütaufbauten und dem Cockpit unterbrochen und müssen deshalb an diesen Stellen von **Schlingen,** längsverlaufenden Bauteilen, abgefangen werden.
Auf dem so entstandenen Gerippe wird nun die Außenhaut und das Deck angebracht. Es gibt zwei Hauptarten der Beplankung:

Karweel und **Klinker.**
Die Kanten karweeler Planken stoßen so gegeneinander, daß die Außenhaut eine glatte Fläche ergibt. Geklinkerte Planken überlappen dachziegelartig. Die Planken werden mit Kupfernieten oder durch kupferne Schraubnägel mit den Spanten verbunden. Bei Sperrholzbooten besteht die Außenhaut aus größeren Platten, die man außerdem unter Preßdruck mit den Spanten verleimt.
Die Decksplanken mittschiffs bezeichnet man als **Fisch** oder **Fischung,** die beiden äußeren Planken, die den **Schergang** bedecken, als **Schandeck** oder **Schandeckel.** Das Deck muß arbeiten können, also elastisch sein. Deshalb dürfen die Decksplanken nicht fest zusammengestoßen werden. Damit sie trotzdem dicht sind, kalfatert man die Nähte mit elastisch bleibender synthetischer Dichtungsmasse.

Beplankungsarten von Vollholzbooten

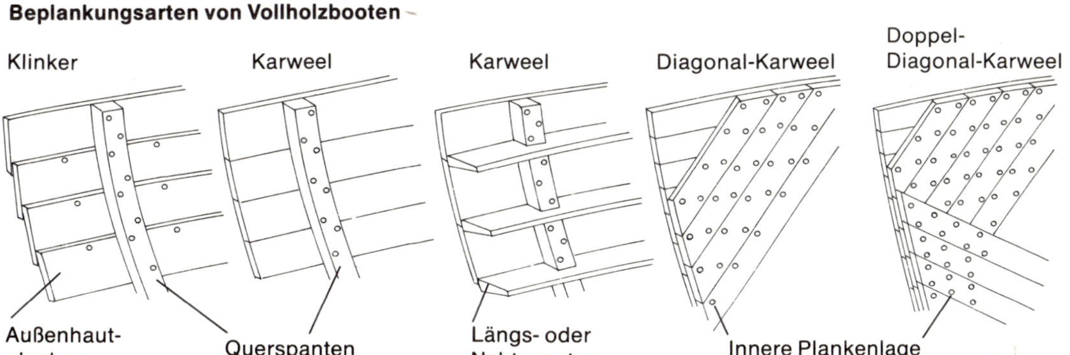

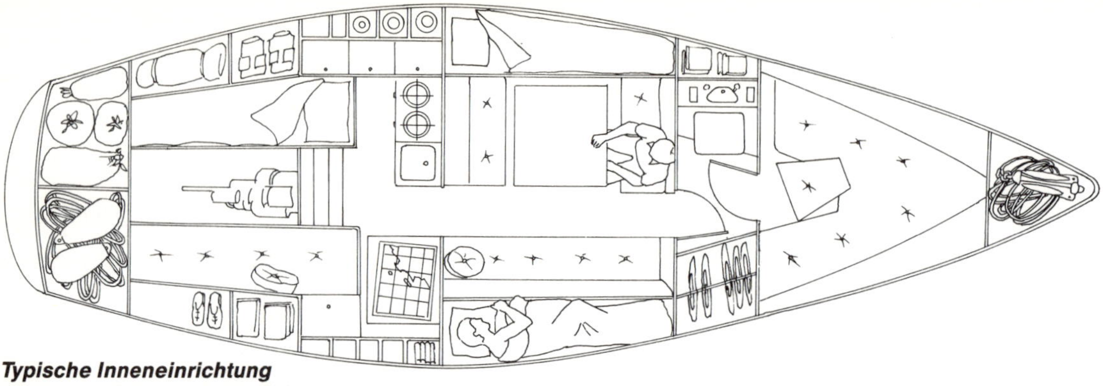

Typische Inneneinrichtung einer etwa 9,50 m langen Fahrtenyacht** **Vorne in der wasserdicht abgeschotteten Vorpiek der Ankerkasten. Anschließend 2 V-förmige Kojen, häufig durch Einsetzen eines Mittelkeils in eine große Liegefläche umzuwandeln. Am Durchgang zum Vorschiff auf der einen Seite ein WC-Raum, gegenüber ein Kleiderschrank. Aufenthaltsraum ist der Salon. Hier mit Dinette – quergestelltem Tisch – und großer L-förmiger Sofabank, die zum Durchgang nach vorne aufgeklappt wird. Geschlafen wird eine Etage höher. Normalerweise dient der abgesenkte Tisch in der Dinette mit einem Verbindungspolster als Doppelkoje und das Sofa als weiterer Schlafplatz. Links vom Niedergang die Pantry mit Kocher, Spüle und Geschirrborden. Gegenüber der Navigatorsitz mit Kartentisch und elektronischen Anzeigeinstrumenten, sofern vorhanden. Neben dem Cockpit die in den Backskisten untergebrachten Hundekojen. Daneben Ablageborde. Häufig wird dieser Raum aber auch als vom Cockpit aus zugänglicher Stauraum genutzt. Unter dem Cockpitboden, durch ein wasserdichtes Luk oder vom Niedergang aus zugänglich, der Motor. Stauraum für Fender, Leinen etc. im Achterschiff, in der Achterpiek.

Der Innenausbau erfolgt entsprechend dem Einrichtungsplan.
Die **Bilge,** der unten spitz zulaufende Teil des Rumpfes, wird durch einen Fußboden abgedeckt. Oft dient die Bilge zur Aufnahme des Frischwasser- oder des Treibstofftanks.
Die Seitenwände werden auf größeren Yachten mit einer luftdurchlässigen Plankenlage, der **Wegerung,** verkleidet.
Abgeschlossene Stauräume im Vor- und Achterschiff bezeichnet man entsprechend als **Vor-** und **Achterpiek.**

Sperrholzschalenbau

Eine abweichende Bauweise erfordern **formverleimte Sperrholzrümpfe.** Wohl ist die Außenhaut im Grunde eine Diagonal-Beplankung. Doch besteht die einzelne Schicht nicht mehr aus gesägten Brettern, sondern aus schmalen, dünnen, geschälten oder gemesserten Furnieren, die man nicht mehr mit einem Spantskelett vernieten kann, sondern miteinander verleimen muß. Je dünner diese Furniere sind, um so mehr Schichten und Leimfugen sind notwendig, und um so fester und steifer wird die Bootsform. Spanten sind kaum noch erforderlich, um genügend Querfestigkeit zu erreichen. Einige wenige Rahmenspanten und tragende Querschotten reichen aus.
Um den Furnieren die gewünschte Form geben zu können, ist ein festes Blockmodell, auch Baukern genannt, erforderlich. Um den notwendigen Anpreß- oder Leimdruck zu erzeugen, gibt es verschiedene Verfahren. Zunächst das Nageln. Dabei wird die untere (innere) Furnierschicht mit Kupferkrampen auf den Block genagelt. Sobald der Leim ausgehärtet ist, zieht man die Krampen heraus, und die nächste Furnierschicht kann auf der unteren vernagelt werden und so fort. Man erreicht den Druck durch aufgelegte Sandsäcke oder Kissenpolster, die durch Streben und Keile angepreßt werden.
Ein anderes Verfahren arbeitet mit Gummi- oder Stahlbändern. Hierfür ist jedoch eine Negativschale erforderlich, die über die Furniere auf den Block gestülpt wird und den gleichmäßigen Druck erzeugt.
Bei dem **Drucksackverfahren** schließlich wird Luft-, Dampf- oder Wasserdruck angewandt. Das den Druck erzeugende Medium wirkt hinter einer Gummiwand in einer halbzylindrischen Druckkammer aus Stahlblech. Es gibt aber auch vollkommen geschlossene zylindrische Druckformen. In sie wird der Block mit den von einer enganschließenden Gummimatte angepreßten Furnieren auf einem Wagen hineingefahren.

Kunststoffbau

Beim Kunststoffbau ist die Arbeitsvorbereitung noch aufwendiger, so daß er sich nur bei größeren Serien rentiert. Die meisten Einheitsjollen werden heute aus glasfaserverstärktem Kunststoff gebaut. Kunststoffboote werden vorwiegend in einer Hohlform oder Matritze und nur selten über einen Kern, die Patritze gebaut. Für die Herstellung dieser Arbeitsform ist zunächst ein Modell erforderlich, das aus Holz, seltener aus Gips oder Kunststoff gefertigt ist. Von diesem Modell wird dann die Arbeitsform aus Kunststoff abgenommen.
Bei kleineren Booten arbeitet man immer mit einer einteiligen Rumpfform, bei größeren gelegentlich mit zweiteiligen. In jeder Form entsteht dann eine Bootshälfte, die beide später in der Mittschiffsebene zur Schale verbunden werden.
Deck und Aufbauten bilden fast stets eine gesonderte Form. Manchmal werden in einer zusätzlichen Form auch noch die Einbauten wie Fußboden, Kojen, Schränke und WC-Raum in einem Stück hergestellt und später mit der Rumpfschale verklebt.
Jollenrümpfe und Aufbauschalen entstehen häufig in **Verbund-** oder **Sandwich**-Bauweise. Sie ergibt bei großer Steifheit des Bootskörpers bzw. Decks ein nur geringes Gewicht und gute Isolation. Zwischen zwei Deckschichten wird ein leichter Kern aus PVC-Hartschaum oder auch Balsa- oder Bootsbausperrholz eingeschlossen. Bestes, aber auch kostspieligstes Kernmaterial sind Waben aus Aramid-Vließ.
Zunächst wird die Hohl-, Arbeits- oder Negativform mit einem Trennmittel präpariert, um später das Entformen zu ermöglichen. Dann trägt man mit Pinsel, Lammfellwalze oder Spritzpistole das **Gelcoat,** die äußere Deckschicht aus Harz, auf. Sie enthält Farbstoffe und bildet die künftige Außenhaut des Bootes. Sobald sie ausgehärtet ist, kommt darauf eine Harzschicht, in die die erste der zuvor zugeschnittenen Glasseideneinlagen eingebettet wird. So wird eine Lage nach der anderen eingebracht und mit Harz durchtränkt, bis das Laminat die gewünschte Wandstärke erreicht hat. An Stellen besonderer Beanspruchung werden zusätzliche Lagen einlaminiert. Zum vollständigen Aushärten empfiehlt sich das sogenannte Tempern bei Temperaturen zwischen 50° und 60°, aber nicht alle Werften haben entsprechende Einrichtungen. Anschließend wird das Boot entformt und an den Rändern überstehendes Laminat abgefräst.

Die Kunststoff-Schalen werden im **Handauflege-Verfahren,** auch Kontaktmethode genannt, oder im **Faser-Harz-Spritzverfahren** hergestellt. Beide Verfahren eignen sich für jede Formgröße.
Beim Faser-Harz-Spritzverfahren ist die Harzspritzanlage mit einem Schneidwerk kombiniert, das die von Spulen zugeführten Rovingstränge zu Glasseidenstapeln verschiedener Längen schneidet. Sie werden dann gleichzeitig mit dem Harz unter hohem Druck in die Form gespritzt.
Ähnlich wie beim Bau formverleimter Sperrholzschalen kommt man auch beim Kunststoffbau mit wenigen Versteifungen des Bootskörpers aus, die nachträglich einlaminiert werden.
Beim **Depot-Verfahren** wird zwischen zwei Formschalen Polyurethanschaum unter hohem Druck »geschossen«, der mit der sogenannten Depotmatte eine feste Verbindung eingeht. Dieses Verfahren ergibt sehr leichte, aber dennoch widerstandsfähige und verwindungssteife Rümpfe. Es ist jedoch so teuer, daß es sich nur bei Großserien rentiert und deshalb kaum praktiziert wird.
Das **Vakuum-Verfahren** wird beim Bau kleinerer Boote – bis zu etwa 6 m Länge – aus Thermoplasten angewandt. Eine feste Platte, beispielsweise aus ABS (Acryl-Butadien-Styrol) oder Polyäthylen, wird über die Druckkammer mit der Form gespannt, erhitzt, bis sie weich ist, und per Vakuum über die angehobene Form gesogen. Sobald das Material erkaltet und erstarrt ist, kann das fertige Boot abgehoben werden.
Beim **Rotations-Guß-Verfahren** wird das Thermoplastmaterial in Form von Kügelchen oder Pulver in die Form geschüttet. Dann kommt sie in einen Heizofen und wird in verschiedene Richtungen zum Rotieren gebracht. Durch die Zentrifugalkraft werden die schmelzenden Kunststoffteilchen gleichmäßig überall hin verteilt, und nach dem Erkalten und Aushärten kann ebenfalls das fertige Boot aus der Form genommen werden. Auch dieses Verfahren beschränkt sich auf kleinere Boote und vor allem auf Surfbretter.

Der Ballast

Jede seegehende Yacht sollte kentersicher sein, das heißt, sich stets wieder in die Horizontale aufrichten. Die aufrichtende Kraft liefert der Kielballast. Die Forderung nach Kentersicherheit wird mit einiger Verläßlichkeit nur erfüllt, wenn der Kielballast mindestens 25% des Gesamtgewichts –

Deckslayout

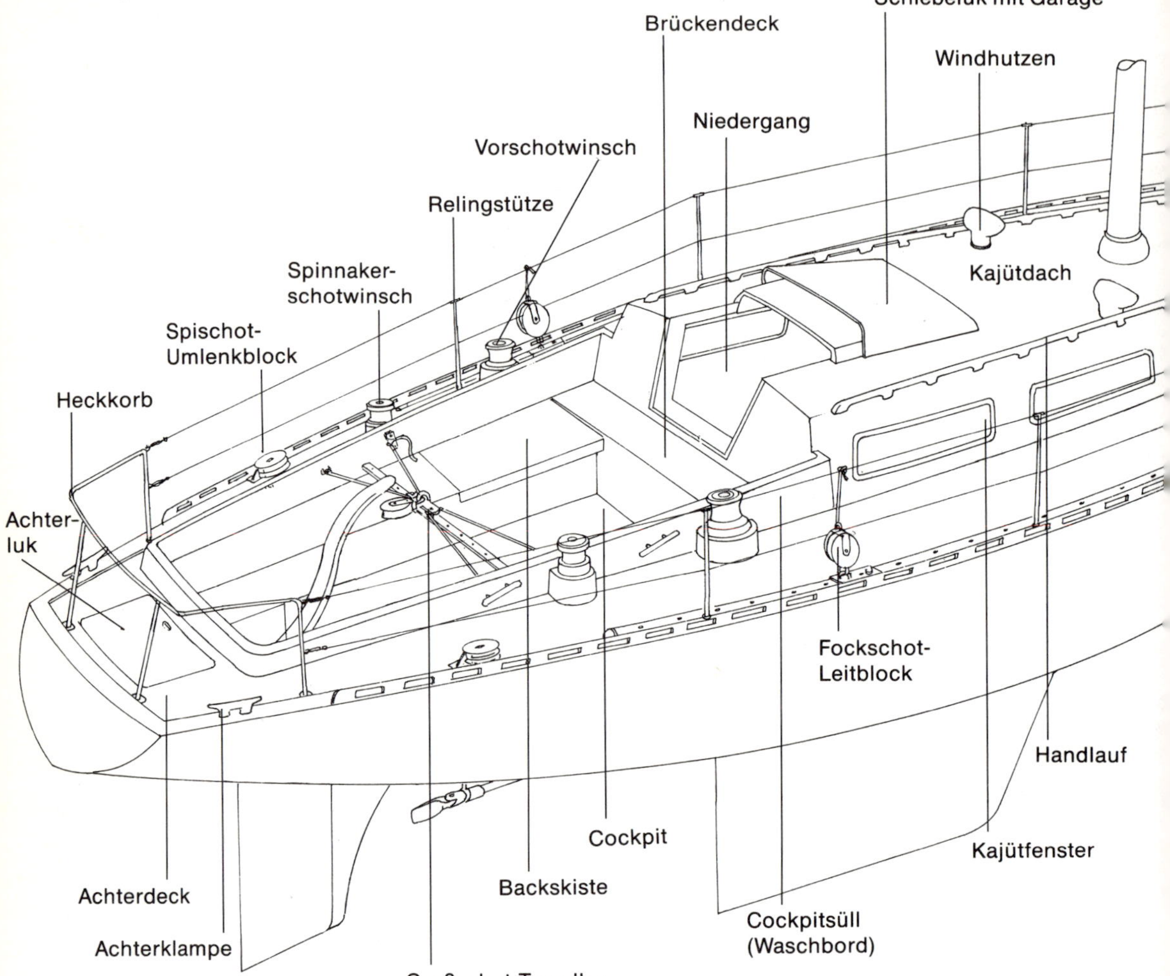

auch als Verdrängung oder Deplacement bezeichnet – beträgt. Je tiefer der Ballast untergebracht wird, um so größer ist seine aufrichtende Wirkung. Das ist auch einer der Gründe, weshalb Blei, trotz der höheren Kosten, Eisen oder gar Beton vorgezogen werden sollte. Das schwerere Blei beansprucht bei gleichem Gewicht weit weniger Raum, und der Gewichtsschwerpunkt kann tiefer gelegt werden, ohne den Tiefgang zu vergrößern. Noch effektiver ist Titan als Ballast, es wird aber aus Kostengründen nur auf Rennyachten eingesetzt.

Der Kielballast verhindert aber nicht ein so weites Krängen der Yacht – oder gar Durchkentern um 360° –, daß sie nicht vollaufen und sinken kann. Deshalb müssen alle an Deck liegenden Öffnungen wasserdicht verschließbar sein. Der Einbau von wasserdichten Schotten auf größeren Yachten ist eine weitere Sicherheitsmaßnahme.

Das Deck

Das Deck ist die Arbeitsbühne der Besatzung. Deshalb sollte ein Kunststoffdeck mit einer griffigen Antislipstruktur versehen sein, die verhindert, daß man auf dem nassen Deck ausrutscht. Unterbrochen wird die Decksfläche vom Cockpit und überragt vom Kajütaufbau mit Bulleyes oder kleinen Fenstern an der Seite. Er bildet auf Kunststoffschiffen meistens mit dem Deck zusammen eine Formeinheit. Auf dem Kajütdach sollten sich Handläufe befinden. Größere Regattaschiffe hin-

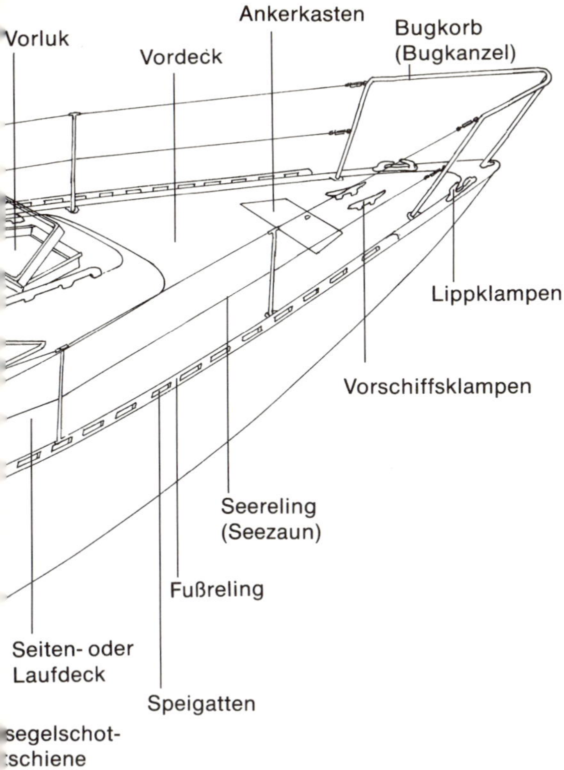

Das Deckslayout der meisten Fahrtenyachten ähnelt sich weitgehend, so daß es keine Schwierigkeiten bereitet, sich schnell auf einem fremden Schiff zurechtzufinden. Eine Yacht dieser Größenordnung kann statt der Pinnensteuerung auch eine Radsteuerung haben und auch schon ein Mittelcockpit vor einer kleineren Achterkajüte.

gegen sind fast ausnahmslos Flush- oder Glattdekker, ohne Kajütaufbau. Die Schiebeluken zu den Niedergängen befinden sich unmittelbar an Deck. Das Deckslayout mittlerer Fahrtenyachten aber ähnelt sich weitgehend.
Vordeck ist die Deckssektion vor dem Mast, **Achterdeck** der Bereich hinter dem Cockpit. Oft jedoch reicht das Cockpit bis an den Spiegel. Neben Kajütaufbau und Waschbord verläuft das Seitendeck, auch als **Gangbord** bezeichnet. Häufig befindet sich im Vordeck ein abgedeckter Ankerkasten, der mit Lenzöffnungen nach außenbords versehen sein sollte. Üblich ist im Vordeck oder auf dem vorderen Kajütaufbau ein Klappluk. Es sollte groß genug sein, um im Notfall aus diesem Luk aussteigen zu können. Im Achterdeck – wenn vorhanden – führt ein Achterluk in die Achterpiek.

Die **Fußreling** ist ein niedriger Umlauf aus Holz oder Metall an den Außenkanten des Decks, der verhindern soll, daß man mit den Füßen abrutscht, unterbrochen von **Speigatten,** durch die an Deck gekommenes Wasser abfließen kann. Auf größeren Schiffen gibt es anstelle der Fußreling das **Schanzkleid.**
An Deck befinden sich zahlreiche Beschläge wie Strecker, Leitschienen, Winschen, Klampen etc., die zur Befestigung des Mastes oder zum Bedienen von Segeln und Boot erforderlich sind oder der Sicherheit von Boot und Besatzung dienen.

Das Cockpit

Das Cockpit, seltener Plicht genannt, ist eine kastenartige Vertiefung im Deck, in der sich die Deckscrew während des Segelns aufhält. Meistens handelt es sich um ein Achtercockpit, das hinter dem Kajütaufbau liegt. Nur auf größeren Yachten mit einer separaten Achterkajüte liegt es zwischen den Aufbauten und wird entsprechend als Mittelcockpit bezeichnet. Auf Motorseglern ist dieses Mittelcockpit häufig überdacht oder zumindest mit einer hohen Windschutzscheibe verglast.
Die Sicherheitsvorschriften für seegehende Yachten verlangen ein wasserdichtes und selbstlenzendes Cockpit. Es muß gegen den Niedergang zur Kajüte durch ein bis zur Höhe der Sitzebene reichendes **Brückendeck** abgeschlossen sein. Der Niedergang selbst muß bis zur Höhe des Haupt- oder Seitendecks wasserdicht verschlossen werden können, damit sich eine eingestiegene See nicht sofort ins Innere des Schiffes ergießt. Um Wasser automatisch aus dem Cockpit zu lenzen, muß es in einer Höhe über dem Wasserspiegel liegen, die mindestens 2% der Wasserlinienlänge entspricht. Das Abflußsystem muß schnell und bei allen Krängungswinkeln lenzen. Die Abflüsse sollten über Kreuz verlegt sein.
Moderne Regattayachten haben einen vollständig offenen Spiegel, der zwar schnell das Wasser aus dem Cockpit schafft, für eine Fahrtenyacht aber keineswegs empfehlenswert ist.
Getrennte Cockpits finden sich häufig auf Glattdeckern vom sogenannten Ocean/Racer-Typ für Hochseeregatten: ein getrenntes Steuermannscockpit achtern und ein Crewcockpit mehr mittschiffs. Von beiden führen Niedergänge unter Deck.

Das am meisten verbreitete Achtercockpit enthält auf Fahrtenyachten üblicherweise zwei Längsbänke mit **Backskisten,** von oben zugängliche Stauräume. Die Deckel müssen wasserdicht schließen. Die Bänke sollten Lenzbrunnen haben, weil sich sonst Spritzwasser darauf sammelt. Umgeben ist das Cockpit von einem Süll, dem **Wasch-** oder **Setzbord,** je höher um so besser, der als Rückenlehne dient und den Rudergänger vor Spritzwasser schützt. Auf dem Waschbord sitzen die Fockschot- und gegebenenfalls auch die Spinnakerschotwinschen.
In die Cockpitbänke oder ins Brückendeck eingelassen sind die Armaturen für den Motor – sofern vorhanden.
Lattenroste, sogenannte **Grätings,** auf Bänken und Boden vervollständigen oft die Cockpiteinrichtung. Man sitzt auf ihnen besser und trocken, und sie tun, auf Stahl- und Kunststoffschiffen, dem Auge wohl.
Auf Jollen bezeichnet man den gesamten uneingedeckten Raum als Cockpit oder Plicht.

Beiboote

Beiboote, auch Dingis oder Tender genannt, dienen dem Verkehr mit dem Land, zum Ausfahren von Ankern und Leinen, gelegentlich auch zum Schleppen, jedoch weniger als Rettungsboote, weil sie dafür kaum groß und seetüchtig genug sind.
Ein Dingi ist zum Pullen, das heißt zum Rudern mit mindestens einem Riemenpaar, oder zum Wriggen mit nur einem Riemen eingerichtet. Um beim häufigen Längsseitkommen und Längsseitliegen eine Beschädigung der Bordwand der Yacht zu

Davits

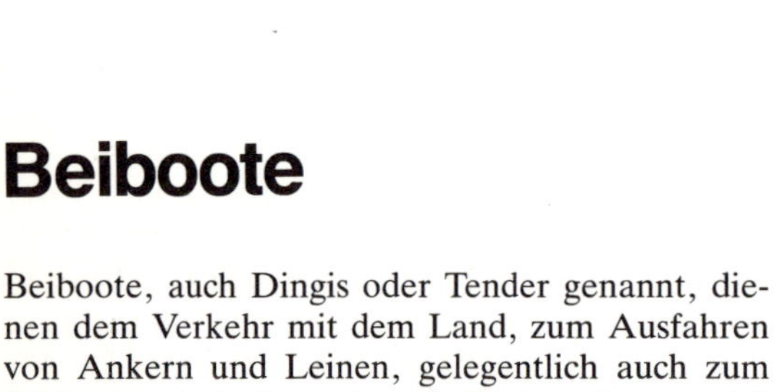

vermeiden, wird rings um das Beiboot eine **Wieling** gelegt. Sie besteht meistens aus einem Hartschaumstoff- oder Gummiprofil. Über den Vorsteven wird zusätzlich noch ein Scheuerschutz, **Maus** genannt, gezogen. Die notwendige Ausrüstung wie Riemen, Dollen – das sind gabelartige Auflager für die Riemen –, Fangleinen und so weiter sollte sich immer gut gezurrt im Beiboot befinden.
Eingebaute Lufttanks oder Auftriebskörper aus Schaumstoff machen das Dingi auch in vollgeschlagenem Zustand unsinkbar.
Jedes Beiboot ist zwangsläufig ein Kompromiß. Soll es von einer Yacht geschleppt werden, muß es eine Form haben, die den geringsten Widerstand im Wasser bietet und möglichst das Gleiten fördert. Es muß also ein flaches Unterwasserschiff mit ausfallendem Steven haben. Wird das Boot an Bord genommen, so soll es leicht genug sein, um ohne Schwierigkeit zu Wasser gebracht werden zu können, und möglichst wenig Raum einnehmen. Es muß also extrem leicht gebaut werden. Für das Übersetzen der Yachtbesatzung und ihrer Ausrüstung ist viel Platz und eine große Tragfähigkeit erwünscht, also ein völliges Überwasserschiff mit hoher Formstabilität.
Nur auf größeren Yachten ab etwa 14 m Länge ist es möglich, den Tender in **Davits** am Heck zu fahren. Es sind dies, in einfacher Yacht-Version, zwei mit Aufholtaljen versehene gebogene Rohre, die schwenkbar in Aluminiumfüßen stecken. Aufwendigere und schwerer ausgeführte Konstruktionen gibt es als Doppel-T-Träger mit elektrischem Antrieb. Davits, deren Ausleger sich vollständig in die Pfosten klappen lassen, stören weniger am Heck. Andere kann man, wenn kein Tender gefahren wird, demontieren. Bei Bedarf werden sie in einen mit dem Deck verschraubten Schuh geschoben.
Hat man keine Davits, wird man den Tender kieloben an Deck oder auf dem Kajütdach zurren. In diesem Fall ist es entschieden vorteilhaft, wenn das Dingi als Griffleisten ausgebildete Kimm- oder Schlingerkiele hat. Die Besatzung kann sie bei Decksarbeiten als Handlauf benutzen.

Schlauchboote

Schlauchboote erfreuen sich wachsender Beliebtheit als Beiboote. Halb aufgeblasen an Deck gezurrt, nehmen sie weniger Raum in Anspruch als ein gleichgroßes Festboot. Zusammengelegt lassen sie sich sogar in einer großen Backskiste stauen. Mit einem Blasebalg oder besser noch mit Preßluft sind sie schnell aufzublasen. Sie sind leicht und lassen sich bequem von Bord bringen, ohne Sorge, daß die Außenhaut der Yacht beschädigt werden könnte. Schlauchboote haben eine hohe Tragfähigkeit, sind unsinkbar und seetüchtig genug, zumindest in überschaubaren Seeräumen, auch als Rettungsboote dienen zu können. Wegen ihres flachen Bodens lassen sie sich jedoch bei Wind schwer rudern. Für weitere Wege braucht man einen kleinen Außenbordmotor.

Klappboote

Sie sind ein Kompromiß. Es gibt sie aus Kunststoff und in kombinierter Sperrholz-Segeltuch-Ausführung. Für sie braucht man keine Davits und keinen Stauplatz an Deck. Man klappt sie längsschiffs zusammen und lascht sie an der Seereling. Allerdings muß die Yacht dazu auch über 8 m lang sein. Außerdem erlaubt der beengte Platz an Deck kleinerer Schiffe kaum, das Boot aufzubauen. Schleppen lassen sich Klappboote schlecht. Weil sie sich aber besser rudern lassen als Schlauchboote, geben manche Eigner ihnen den Vorzug. Jedoch erreichen sie bei weitem nicht die Tragfähigkeit und stabile Schwimmlage eines Schlauchbootes.

Klappboot

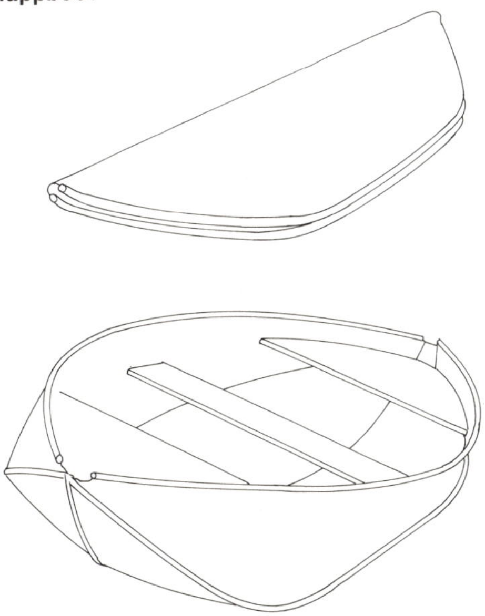

Ausgesteift mit Duchten, Bug- und Heckeinsätzen zum Rudern und Motoren. Zusammengefaltet unter dem Arm zu tragen.

Das Rigg

Mast und Baum

Der Mast mit seinen festen und beweglichen Spieren und das stehende Gut bilden zusammen das Rigg, früher, und gelegentlich auch noch heute, als Takelage bezeichnet.

Spieren sind alle sogenannten Rundhölzer, heute durchweg aus Aluminium, wie: Großbaum, Besanbaum, Fockbaum und Spinnakerbaum und auch die Salinge.

Die **Salinge** am Mast dienen zum Abspreizen der Wanten. Üblicherweise sind es ovale Aluminiumspieren, die in einer auf den Mast genieteten Salingtasche stecken. Auf einigen Jollen lassen sie sich nach vorne schwenken, um auf Vormwind-Kursen das Großsegel weiter auffieren zu können.

Ursprünglich waren die Masten aus Vollholz. Es folgten verleimte Hohlmasten. Seit Anfang der 70er Jahre sind auch sie nahezu vollständig von Masten und Spieren aus eloxiertem Aluminium verdrängt worden. Sie weisen bei geringerem Gewicht gegenüber den Holzmasten eine größere Bruchfestigkeit auf. Seit den 80er Jahren gibt es auf Rennyachten auch Kohlefasermasten. Sie wiegen, bei mindestens gleicher Bruchfestigkeit, weniger als die Hälfte eines vergleichbaren Alumastes, sie korrodieren nicht und ermüden langsamer, sind aber sehr teuer.

Bereits 1936 tauchten die ersten biegsamen Masten auf, als flexibles Rigg bekannt geworden. Es handelt sich um äußerst elastisch gehaltene Masten, die so getrimmt werden können, daß sie auf den verschiedensten Kursen zum Wind die für das Segel vorteilhafteste Biegung einnehmen. Alle Rennjollen fahren heute ein flexibles Rigg. Auch auf größeren Regattaschiffen wird damit erfolgreich gesegelt. Da aber solche Masten nicht sehr widerstandsfähig sind, eignen sie sich wenig für Seeschiffe.

Mit Querschnitten und Profilen von Aluminiummasten ist viel experimentiert worden und sie befinden sich noch immer in der Diskussion. Ein runder Mast stört die auf das Segel gerichtete Windströmung am wenigsten. Er bringt aber nicht allzu viel Steifheit in der Längsrichtung. Als Kompromiß hat sich für größere Boote ein leicht ovales Mastprofil durchgesetzt.

Mast- und Baumprofile

Abgeflachtes elliptisches Profil mit Stegen

Runder Mast mit aufgesetzter Hohlkehle für das Vorliek

Ovaler Mast mit aufgesetzter Schiene, auf der der Großsegelrutscher läuft

Halbovales Großbaumprofil mit Hohlkehle

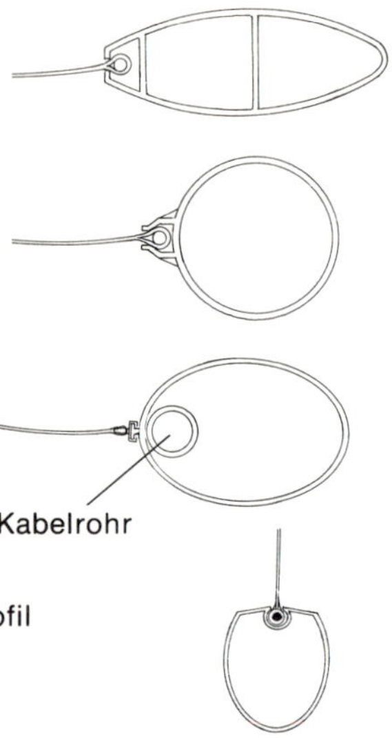

1. ***Mastaufstellung unter Deck (Steckmast)***
2. ***Klappmast an Deck, der um einen Klappbolzen in der Mastspur dreht. Die Fallen treten seitlich aus einem Scheibengatt aus***
3. ***Konventioneller Klappmast. Der Mastfuß wird von zwei Mastbacken (Mastkoker) umschlossen und ist in der Längsrichtung um einen Mastbolzen drehbar. Die Mastbacken sind Bestandteil der Mastspur, die als Schlitten ausgebildet ist, der sich zu Trimmzwecken auf einer Schiene in der Längsrichtung verschieben läßt***
4. ***Mastaufstellung an Deck in einer Spur mit Fallscheiben. Die innen laufenden Fallen werden hier ins Cockpit umgelenkt***
   Dazu gibt es zahlreiche Varianten.
5. ***Aufstellung an Deck auf einer Kerbschiene. Zu Trimmzwecken läßt sich der Mast mehrere Zentimeter nach vorne und achtern verstellen (Jollenmast)***
6. ***Aufstellung an Deck mit einem als Scheibenkäfig gebauten Mastfuß***

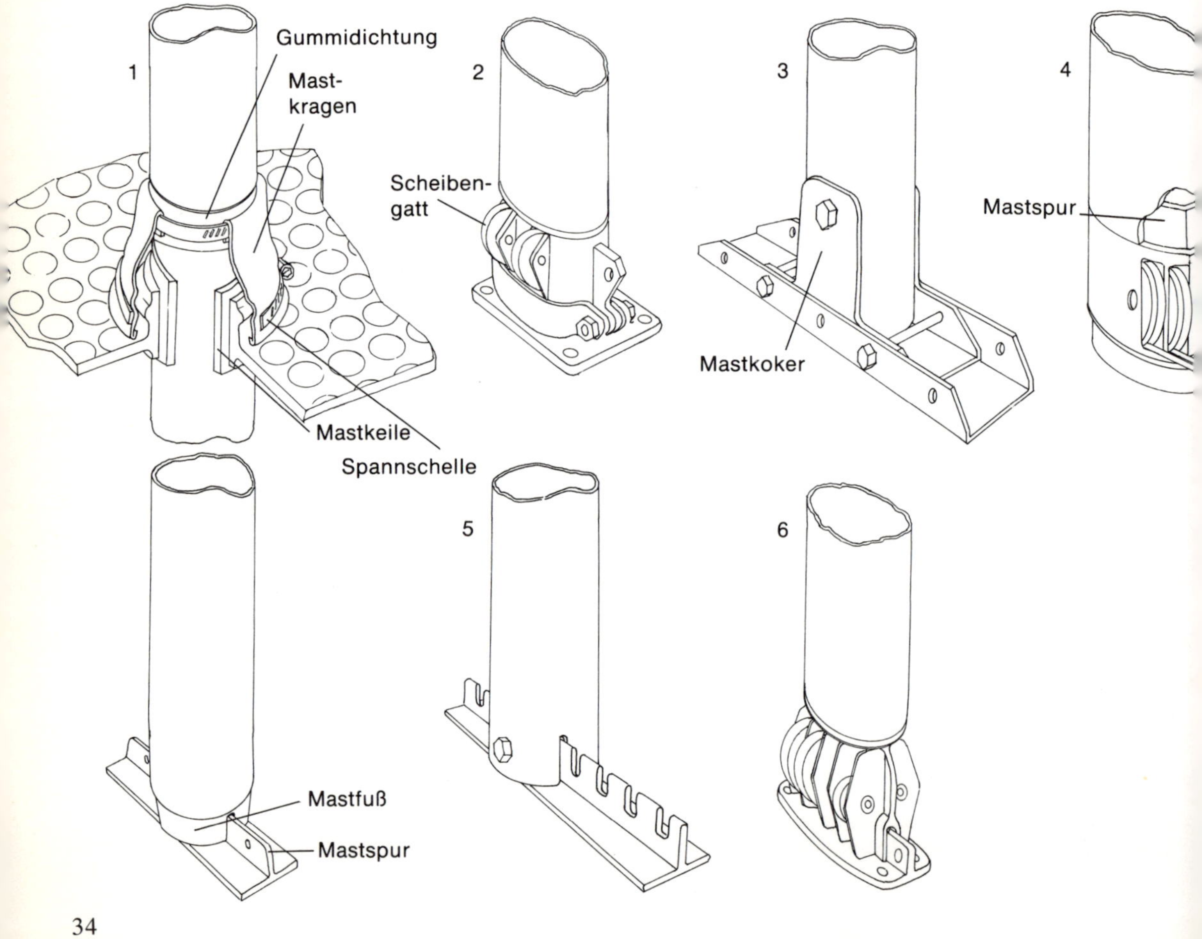

Auf einigen Jollen wird ein drehbarer birnen- oder tropfenförmiger Mast gefahren, der dem Wind bei den verschiedensten Einfallswinkeln automatisch jeweils das günstigste Profil zuwendet. Doch sind solche Masten, wegen ihrer komplizierten Verstagung, kaum für größere Boote geeignet.
Manche Masten sind oberhalb der Salinge verjüngt, um den Luftwiderstand im Topp zu verringern und den Schwerpunkt des Mastes niedriger zu halten (7/8-Rigg).
Der Mast kann an Deck, beziehungsweise auf dem Kajütdach oder in einer **Mastspur** stehen, die auf dem Kielschwein oder den Bodenwrangen sitzt. Der an Deck gestellte Mast läßt sich leichter legen. Er nimmt ferner in der Kajüte keinen Platz weg und erübrigt die Mastkeile an der Decksdurchführung, die leicht Leckstellen verursachen. Unerläßlich für einen an Deck stehenden Mast sind eine solide Verstärkung im Deck und Unterzüge. Auf Jollen besteht die Mastspur häufig aus einer Schiene, in oder auf der sich der Mast für Trimmzwecke mehrere Zentimeter nach vorne oder hinten verstellen läßt.
Als **Fall** bezeichnet man den Neigungswinkel des Mastes gegenüber der Senkrechten.
Auf dem Masttopp größerer Yachten sind häufig Geräte wie Windanzeiger, Radarreflektor und UKW-Antenne oder ein Topplicht installiert.
Für **Großbäume** werden recht unterschiedliche Profile verwendet: runde, tropfenförmige und flache viereckige, in dem Bemühen, die Flexibilität von Mast und Baum optimal aufeinander abzustimmen.
Lümmel nennt sich die Verbindung zwischen Baum und Mast, bestehend aus dem Lümmelbeschlag am Baum und dem Lümmellager am Mast. Sie muß in der Horizontalen und Vertikalen beweglich sein. Auf Jollen ist es oft nur ein rundum schwenkbarer Zapfen, der einfach in den Baum gesteckt wird, oder ein Haken zum Einpicken. Auf größeren Booten kann es eine Steckbolzenverbindung oder ein auf einer Schiene verstellbarer Schlitten sein. Sofern ein solches vorhanden, ist der Lümmel mit dem Rollreff-System verbunden.
Der Mast hat auf seiner Rückseite, der Baum auf seiner Oberseite eine Hohlkehle – Keep oder Nut –, in die das Segel eingezogen wird. Es können aber auch Schienen sein, auf die das Segel mit Rutschern aufgesetzt wird. Strömungstechnisch günstiger ist die Lösung mit der Hohlkehle, weil Mast und Segel, beziehungsweise Baum und Segel ein geschlossenes System bilden.

Lümmel

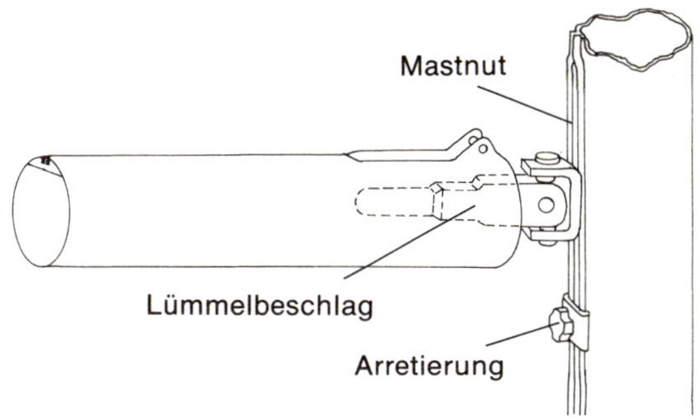

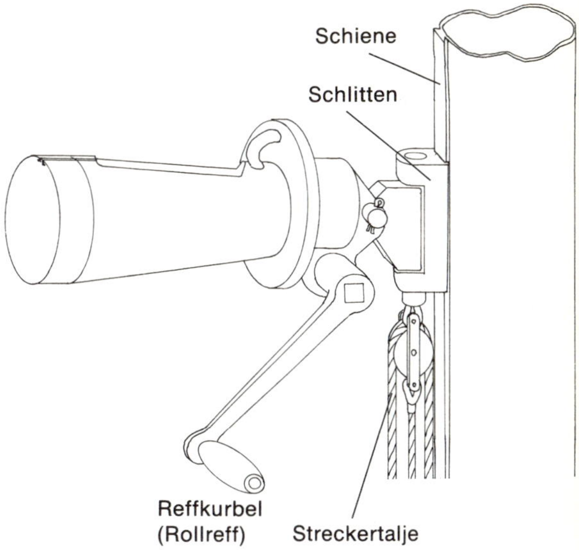

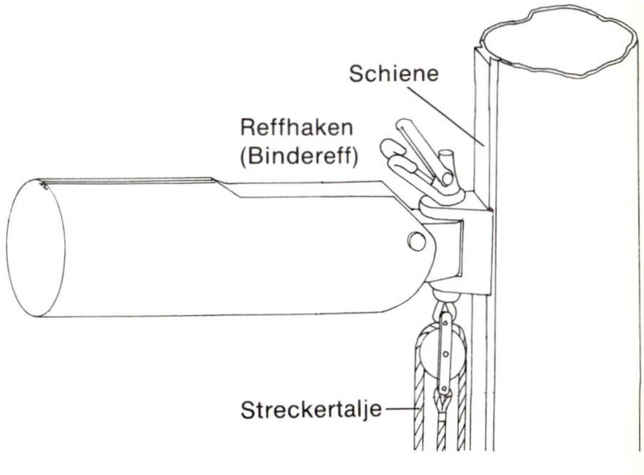

Salingbeschläge

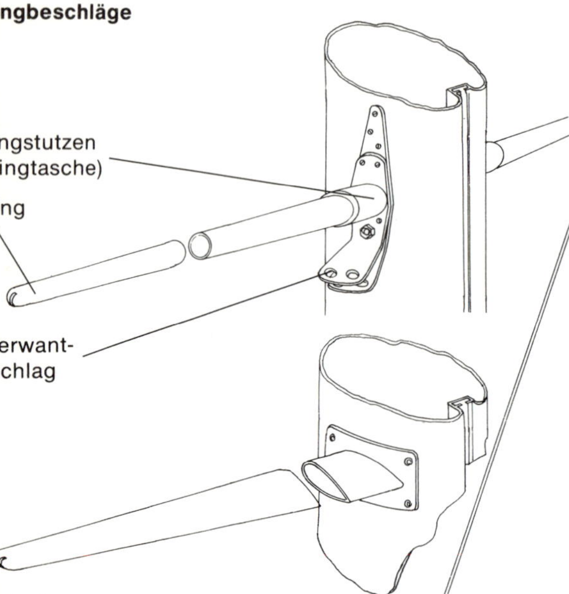

Stehendes Gut

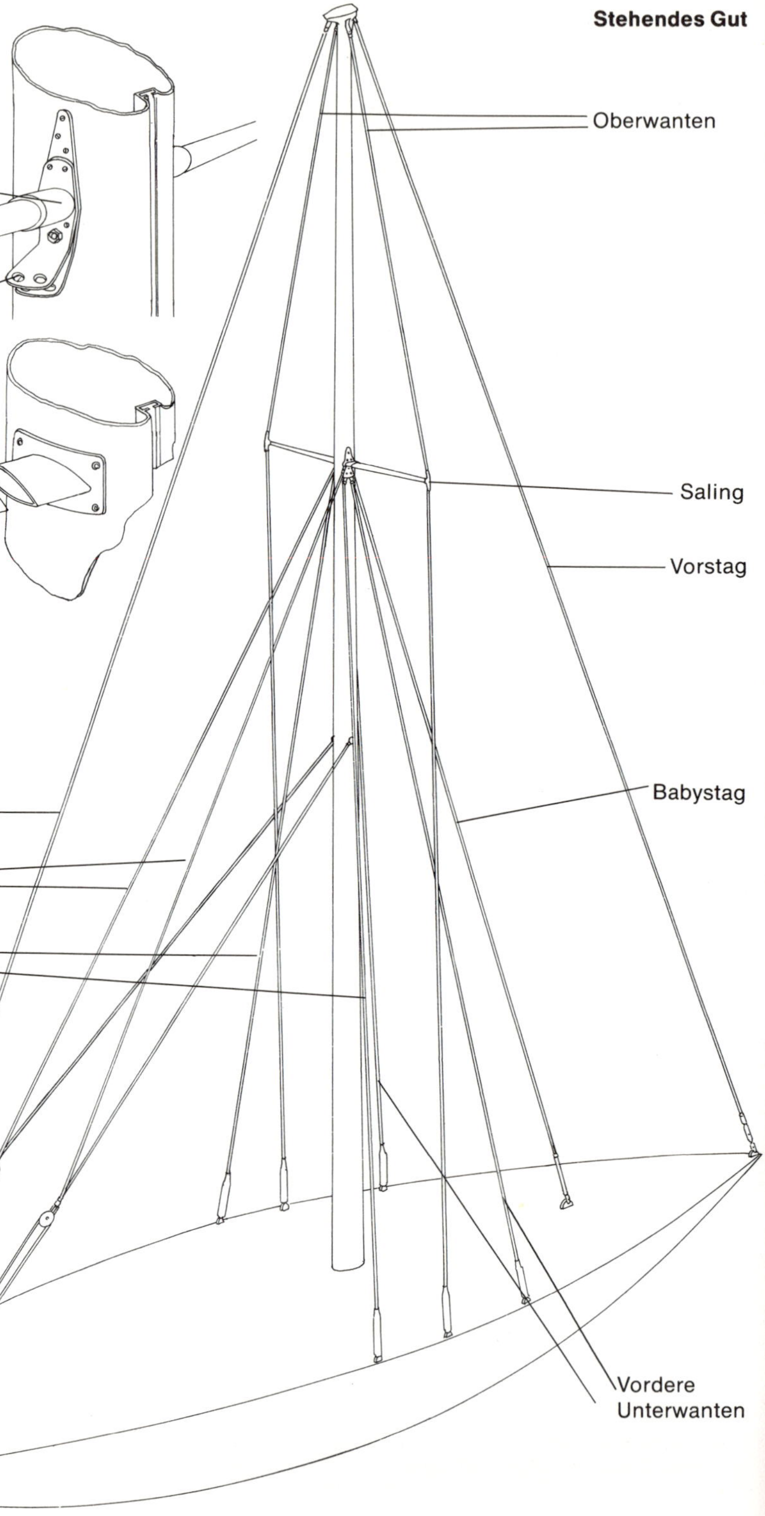

Backstage wird man auf Fahrtenyachten kaum finden. Auch ein Babystag ist relativ selten. Auf Kuttern (mit zwei Vorsegeln) bezeichnet man das Vorstag als Kutterstag, und das Babystag wird zum Fockstag.

Das stehende Gut

Das stehende Gut dient zur Absteifung und Abstützung des Mastes. Es ist aus Stahldraht.
Als **Stage** bezeichnet man die Absteifungen in der Längsschiffsrichtung: Vorstag, Baby- oder Trimmstag, Jumpstag und Achterstag.
Wanten sind die Absteifungen in der Querschiffsrichtung: Topp-, Ober-, Mittel- und Unterwanten. Auch das **Backstag** zählt zu den Wanten, das jeweils auf der Seite losgeworfen werden muß, auf der der Baum gefahren wird. Als die moderne Topptakelung aufkam, verschwanden die Backstagen. Dadurch vereinfachten sich die Segelmanöver erheblich. Die Einführung der sogenannten ⅞-Takelung auf Regattaschiffen brachte auch die Backstagen wieder zurück. Zur Absteifung ihrer aus Gewichtsgründen extrem schwach dimensionierten Masten, aber auch zum besseren Trimm des Mastes, sind häufig sogar zwei Paar Backstagen erforderlich. Fahrtenyachten mit ⅞-Rigg, ohne Backstagen, bedürfen einer gepfeilten Saling, um die erforderliche Festigkeit zu erreichen.
Pardunen ist der (veraltete) Sammelbegriff für alle Verstagungen, die hinter den festen Wanten stehen. Zu ihnen gehören die Achter- und auch die Backstagen.
Genickstag nennt sich das Verbindungsstag zwischen den Toppen zweier Masten.

Masttoppbeschläge
Es gibt verschiedene Methoden, die Topp- oder Oberwanten zu befestigen: Direkt an der Toppkappe, an durchgebolzten Wanthängern oder mit T- oder Hakenterminals. Achterstag und Vorstag (bei Topptakelung) greifen stets an der Toppkappe an. Vor dem Vorstag muß der Block für den Spinnaker sitzen. Die Führung des Spinnakerfalls selbst variiert stark, zumal auf Regattayachten üblich ist, ein doppeltes Fall zu fahren. Fock- und Großsegelfall verlaufen heute meistens innerhalb der Masten und treten unten aus einem Scheibengatt wieder aus. Sie können aber auch außen am Mast über Blöcke laufen, die am Toppbeschlag sitzen. Obendrauf befindet sich das Topplicht oder das Dreifarben-Positionslicht, ferner häufig ein Windmesser (Richtung und Geschwindigkeit), eine UKW-Antenne oder der Radarreflektor.

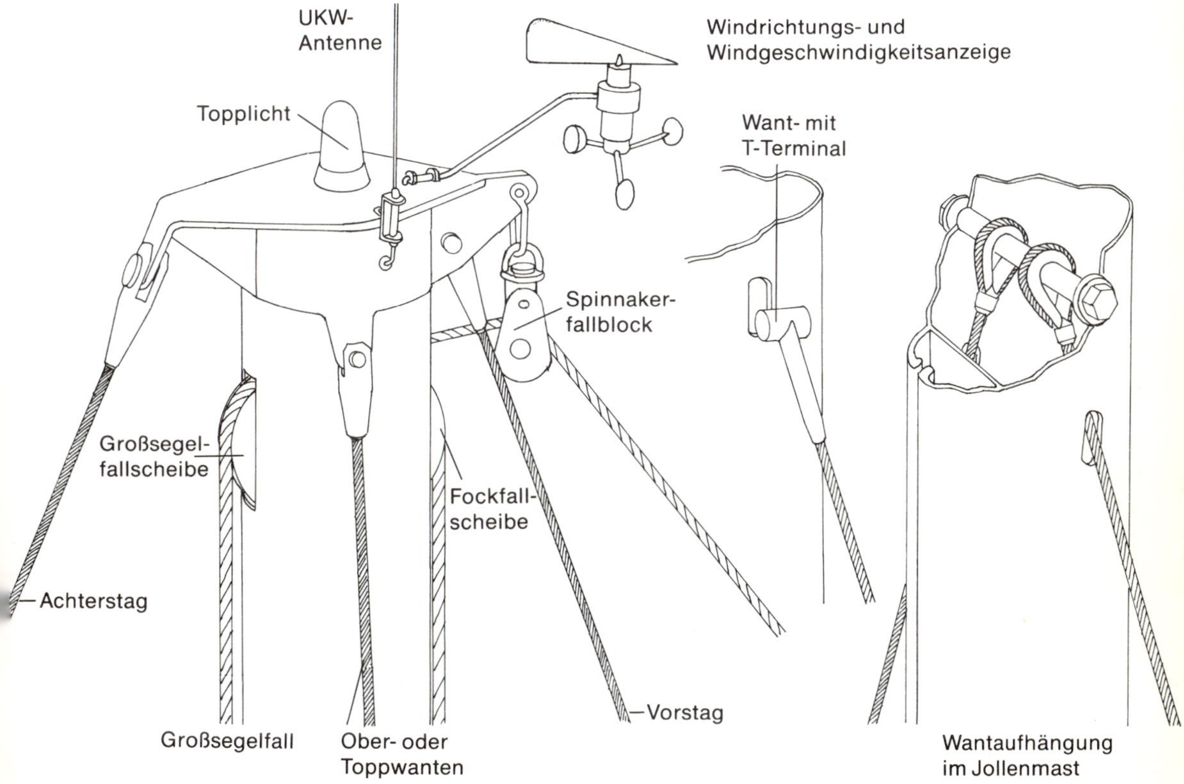

Eine Abstagung erfolgt überall dort, wo der Mast unter dem Schub oder Zug der Segel dazu neigt, sich unerwünscht durchzubiegen. Sie ist um so wirksamer, je größer der Winkel ist, den sie mit dem Mast bildet. Er muß mindestens 10° betragen, weil sonst die Verstagung nicht mehr eine seitliche Absteifung bewirkt, sondern einen Stauch auf die Mastspur. Nun ist jedoch der seitliche Winkel durch die Breite des Decks begrenzt. Er wird um so spitzer, je länger der Mast ist. Deshalb müssen die Wanten durch **Salinge** abgespreizt werden, über deren Nocken (Enden) die Wanten führen. Das stehende Gut wird durch Schäkel oder Bolzen mit Mastbändern – auch **Wanthänger** genannt – verbunden oder mit Mastbeschlägen, die aus einer Doppelplatte mit zwei auseinandergespreizten Stahlstreifen bestehen, zwischen die die Wanten mit ihren Augen eingeschoben werden. Einige Masten haben auch Langlöcher, in die das stehende Gut mit kugel- oder T-förmigen Endstücken eingehakt wird.

Vor- und Achterstag greifen auf größeren Booten meistens an einer über den Masttopp gestülpten Stahlkappe an. Sie ermöglicht bei der Topptakelung überhaupt erst, Vor- und Großsegel tatsächlich in den Topp vorzuheißen. Den Mastbeschlägen ist große Aufmerksamkeit zu widmen, weil rostfreier Stahl schlecht zu schweißen ist und die Schweißnähte bei ungünstiger Belastung brechen oder reißen können. Mastbeschläge aus rostfreiem Stahl an Aluminiummasten müssen isoliert angebracht werden.

Über **Wantenspanner** ist das stehende Gut mit den Püttings oder Rüsteisen verbunden.

Püttings sind mit Deck und Rumpf verbolzte, auf Kunststoffbooten meist einlaminierte Stahlbänder, Stahlplatten oder Stahlbügel. Zumindest auf größeren Booten dürfen Wanten und Stage nicht starr mit den Püttings verbunden werden, denn das Rigg arbeitet beim Segeln in alle Richtungen. Draht oder Wantenspanner könnten brechen. Deshalb gehört ein **Toggle** genanntes Gelenkstück dazwischen.

Mit den Wantenspannern wird das stehende Gut steif durchgesetzt, jedoch nicht gleichmäßig steif, weil beispielsweise die längeren Oberwanten mehr Reck aufweisen als die kürzeren und stärkeren Unterwanten. Die Leewanten sollten beim Segeln am Wind nicht erkennbar locker kommen, sich jedoch lose anfühlen. Flexible Riggs erfordern eine sehr variable Einstellung. Für einen optimalen Masttrimm muß die Spannung des Achterstags sogar häufiger verstellt werden. Auf größeren und speziell Regattaschiffen dient deshalb ein Handrad zum Regulieren, auf Hochseerennern eine Hydraulik. Auch Systeme mit Taljen und Streckern sind üblich.

Die Spanner neigen dazu, sich im Seegang loszuarbeiten. Spanner mit Hülse sichert man durch zwei Gegenmuttern, offene Spanner durch Drahtbändsel, die durch die Bohrungen in den Spannschrauben gesteckt werden. Als ausreichend dimensioniert betrachtet man Spannschrauben, deren Gewindedurchmesser mindestens dem halben Umfang des Drahttauwerks entspricht. Alle Teile –

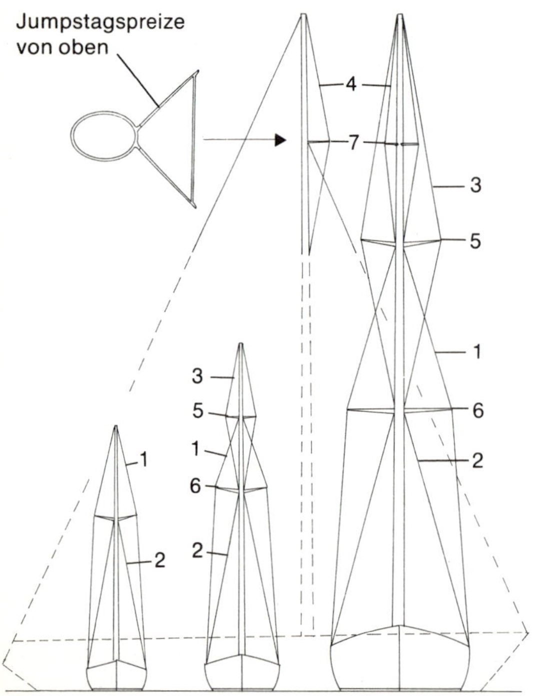

Verschiedene Arten der Verstagung auf kleineren und größeren Yachten
1 Oberwanten
2 Unterwanten
3 Toppwanten (sogenanntes Diamantrigg)
4 Jumpstag
5 Ober- oder Toppsaling
6 Untersaling
7 Jumpstagspreize

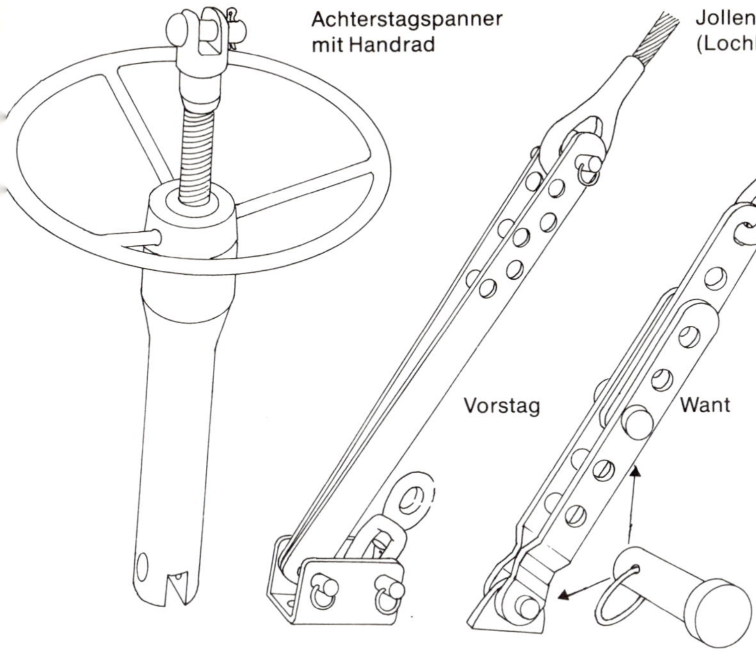

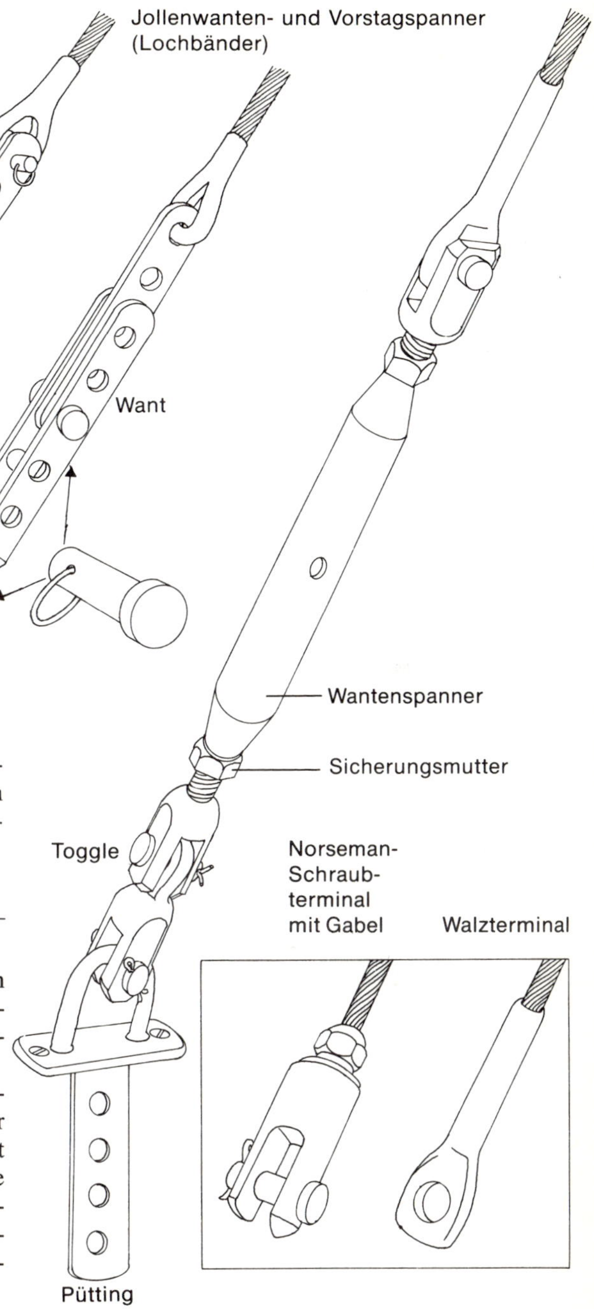

Rüsteisen (Püttings), Spannschrauben und Endbeschläge der Wanten oder Stagen – müssen aus dem gleichen Material bestehen, weil sonst elektrolytische Korrosion eintritt.

Terminals

Die Augen an den Enden von Wanten und Stagen wurden früher um Kauschen gespleißt. Heute werden fast ausschließlich nur noch sogenannte Terminals verwandt.

Walzterminals bestehen aus einer längeren Metallhülse mit einem Auge oder einer Gabel, die unter sehr hohem Druck auf den Drahttampen gepreßt wird. Da der Draht dort, wo er aus der Hülse austritt, brechen kann, sollte er regelmäßig kontrolliert werden. Ein Walzterminal kann nur einmal aufgebracht und nur durch Kappen des Drahtes hinter dem Terminal wieder entfernt werden.

Beim **Norseman-** oder **Gewindeterminal** wird ein Metallkonus in einer Schraubhülse in die Kardeele des Drahtes geschoben, das Endstück eingesetzt und mit einer Kontermutter festgezogen und gesichert. Einzeldrähte werden nicht beschädigt. Ein Gewindeterminal kann entfernt und wieder benutzt werden.

Die Stärke des stehenden Gutes hängt von Größe und Bootstyp ab. Je steifer von der Konstruktion her eine Yacht ist und je geringer die Anzahl der Wanten ist, um so stärker müssen sie natürlich sein. Man rechnet, daß die Gesamtbruchbelastung

aller Wanten einer Seite um etwa ein Drittel größer sein soll als die Wasserverdrängung der Yacht. Auf Regattayachten werden statt des Drahttauwerks auch sogenannte **Rod-Wanten** gefahren, runde oder tropfenförmige Profile aus Stahl oder Aluminium. Sie recken sich praktisch nicht, können aber plötzlich brechen, da Schwachstellen im Material nicht rechtzeitig zu erkennen sind.
Um eine bessere Windanschnittskante zu erreichen, verwendet man gelegentlich auch Vorstagprofile mit einer Nut, in die das Vorsegel eingeführt wird, ähnlich wie das Großsegel in den Mast. Für kleinere Boote gibt es Profile aus Kunststoff oder Aluminium, die über das vorhandene Drahtstag gezogen werden können.

Das laufende Gut

Das laufende Gut umfaßt Fallen, Schoten, Streckertaljen, Auf-, Nieder- und Achterholer, Dirken, Bullenstander, Flagg- und Standerleinen und alles übrige Tauwerk, das beweglich über Blöcke oder durch Leitösen läuft.
Fallen (Einzahl: das Fall), dienen zum Heißen der Segel, aber auch zum Aufholen von Ruderblatt und Schwert auf Jollen. Segelfallen dürfen nicht elastisch sein, weil sonst ein Segel nicht steif durchgesetzt werden kann oder zumindest häufig nachgestreckt werden muß. Deshalb wird auf größeren Booten fast ausschließlich Drahttauwerk für Fallen verwendet. Läuft ein Drahtfall nicht in einer geschlossenen Fallwinsch, muß es einen Vorläufer (Steert) aus Fasertauwerk haben, weil es sich sonst nicht belegen läßt. Konkurrenz erhält das Drahttauwerk von der Kunstfaser Kevlar, die sich nur unwesentlich mehr reckt, aber leichter und einfacher zu handhaben ist.
Überwiegend verlaufen die Fallen innerhalb des Mastes.
Mit den **Schoten** wird die Stellung der Segel zum Wind reguliert. Entsprechend dem Segel, an dem sie eingesetzt wird, spricht man von Vor-, Groß-, Besan- oder Spinnakerschot.
Für **Streckertaljen** gibt es die verschiedensten Einsatzmöglichkeiten. Als **Halsstrecker,** die am Lümmelbeschlag angreifen, bringen sie Spannung auf das Vorliek des Großsegels. Als Unterliekstrecker dienen sie zum Ausholen des Großsegelunterlieks nach achtern.

Unter den Niederholern kommt dem **Baumniederholer** (auch Baumniederhalter) die größte Bedeutung zu, obwohl es sich, genau betrachtet, dabei um eine Streckertalje handelt. Sie greift etwa im ersten Drittel des Baumes an und führt von dort zum Mastfuß. Sie verhindert das Steigen des Baumes auf Kursen mit achterlichem Wind und das Verwinden – den sogenannten Twist – des Segels. Häufig besteht der Baumniederholer aus einer Kombination von Talje und Klapphebel. Auf größeren Rennyachten auch aus einem starren Gestänge mit Handradspanner und Spindel oder einer Hydraulik.
Der **Bullenstander** führt vom Ende des Baumes zu einem Befestigungspunkt auf dem Vorschiff und verhindert auf Vormwind-Kursen ein unbeabsichtigtes Übergehen des Baumes auf die andere Seite.
Der **Achterholer** führt vom Ende des Spinnaker-

Baumniederholer

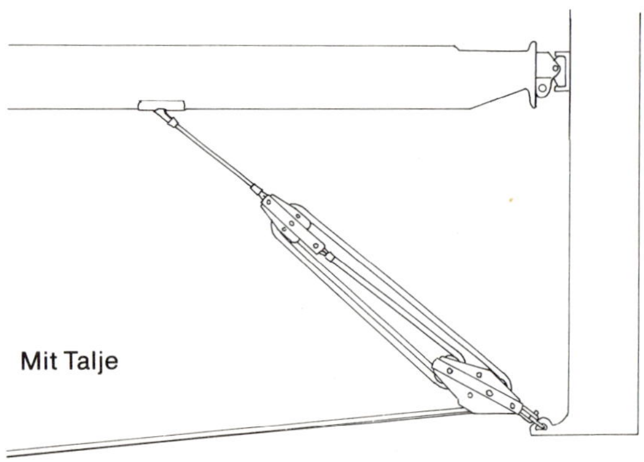

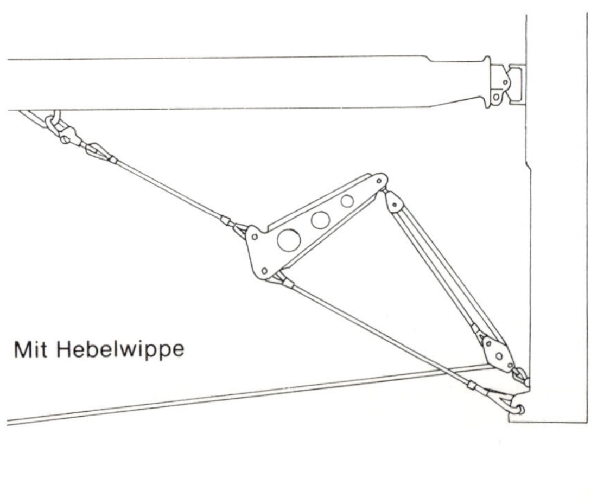

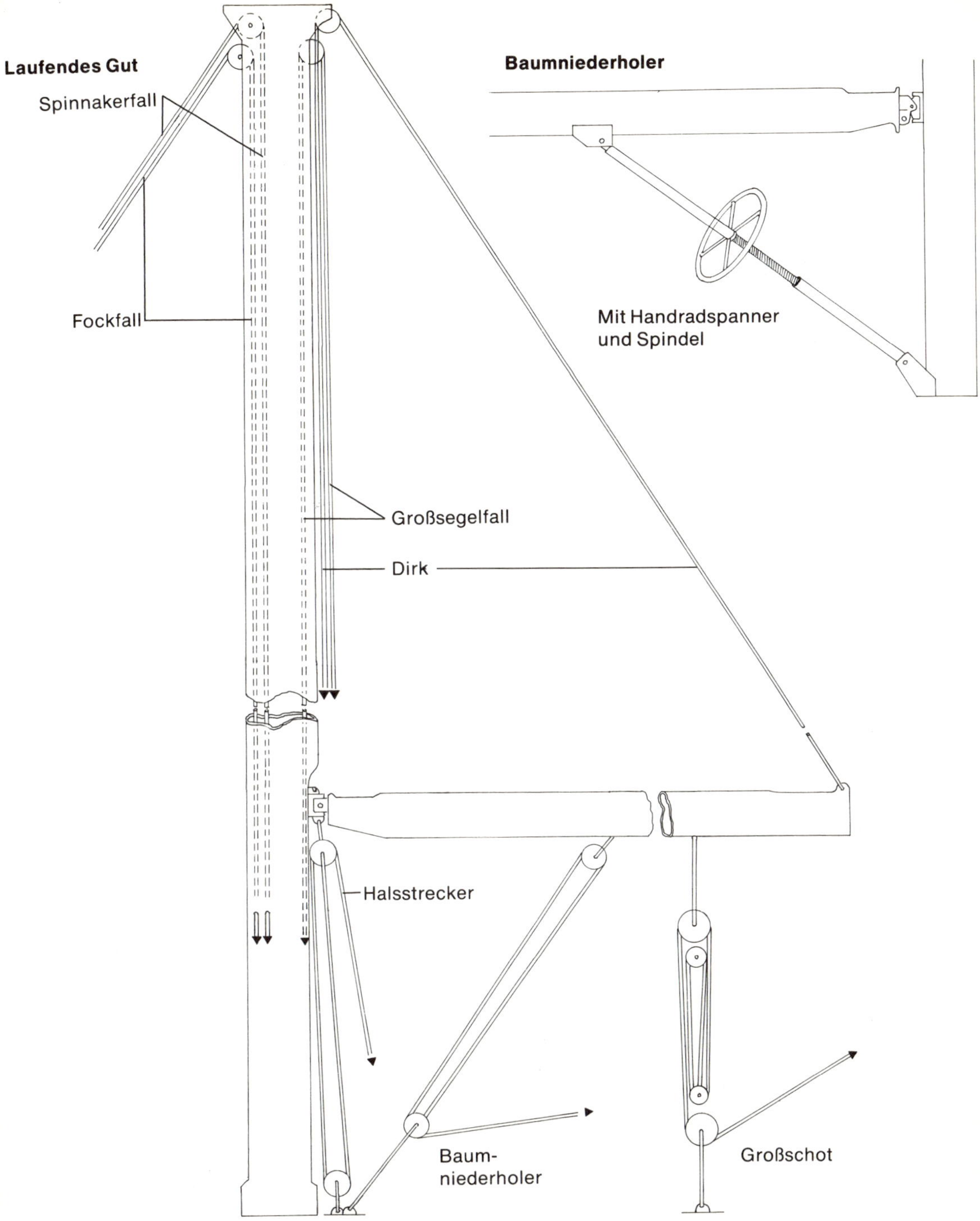

baumes nach achtern und erfüllt die gleiche Funktion wie der Bullenstander.

Dirken laufen vom Ende des Baumes nach oben zum Mast und von dort zurück an Deck. Sie verhindern, daß der Baum beim Segelbergen an Deck schlägt und halten ihn, wenn das Segel geborgen ist. Kleinere Jollen haben meistens keine Dirk. Dort ruht der Baum in einer aufzustellenden Baumschere oder er wird einfach aus seinem Lümmelbeschlag genommen.

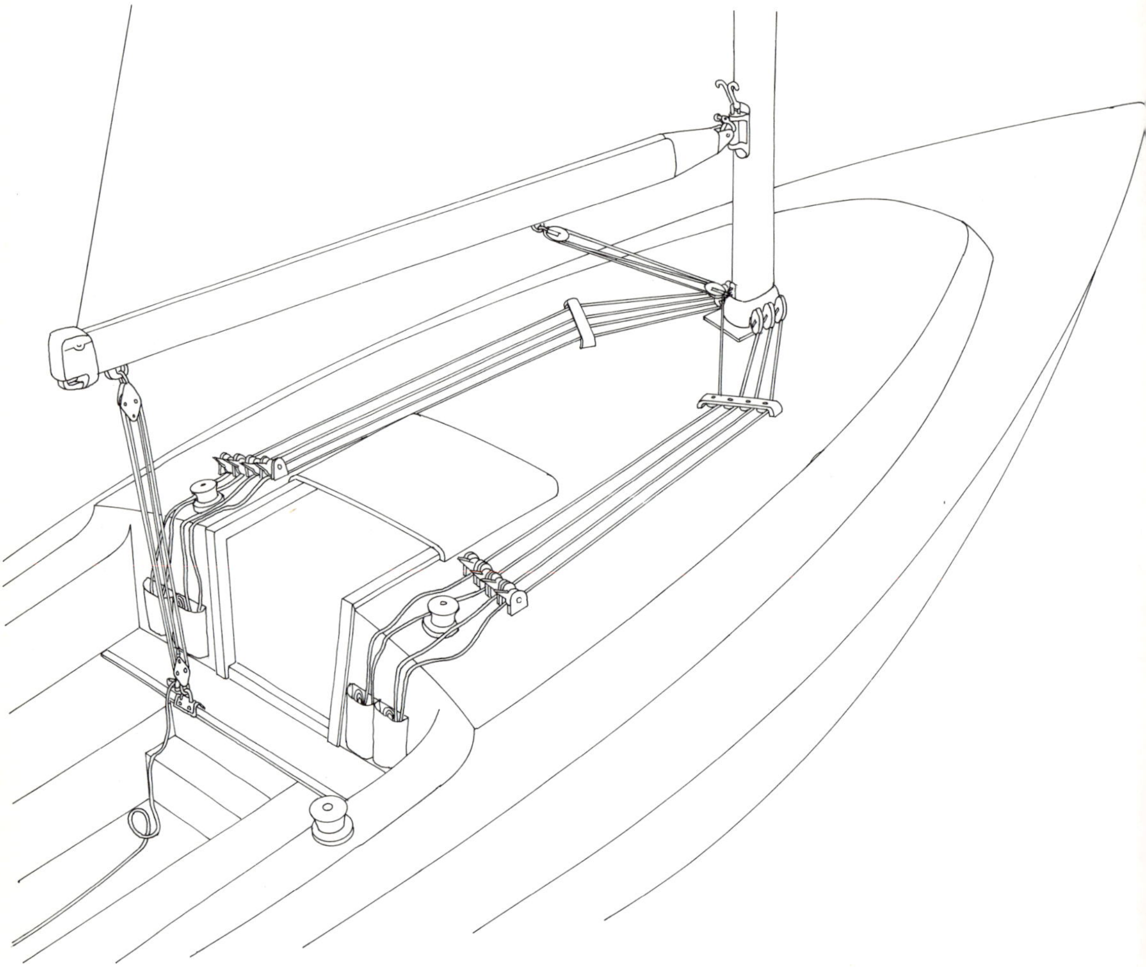

Dient dem Bedienungskomfort und der persönlichen Sicherheit: Segelsetzen aus dem Cockpit kleiner Kreuzer. Fallen, Niederholertalje, Reffleinen und mögliche weitere Arbeitsleinen laufen an Deck über »Batterien« mit vier und mehr Umlenkrollen zu Hebelstoppern und auf eine zentrale Winsch. Ist ein Fall mit der Winsch geholt, wird es mit dem Stopper festgesetzt und von der Winschtrommel genommen, die wieder frei für eine andere Arbeit ist. (Hebelstopper lassen sich auch unter Last leicht lösen.) Tuchtaschen nehmen die Tampen auf und sorgen für Ordnung im Cockpit.

Die Segel

Entsprechend den beiden Hauptarten von Segeln unterscheidet man Rah- und Schratsegel.

Rahsegel sind viereckige Segel, die mit ihrem Oberliek an einer rechtwinklig am Mast angeschlagenen Rah gefahren werden. Man sieht sie heute fast nur noch auf älteren Großseglern, den sogenannten Windjammern, und auch dort meistens in Verbindung mit Schratsegeln.

Schratsegel sind drei- oder viereckige Segel, die in Längsschiffsrichtung gesetzt werden. Sie haben wiederum unterschiedliche Benennungen.

Das **Lateinersegel** hat zwar eine Rah, doch ragt sie weit über den Masttopp hinaus, und sie wird in Längsschiffsrichtung gefahren.

Beim **Luggersegel** ist die Rah zur Gaffel verkürzt, die allerdings noch etwas nach vorne über den Mast hinausragt.
Gelegentlich findet man Yachten mit Dschunkensegeln, das sind mit durchgehenden Latten ausgesteifte Luggersegel, die an einem unverstagten Mast gefahren werden und besonders leicht gerefft werden können.
Das **Sprietsegel** ist viereckig und wird durch eine diagonale, Spriet genannte Spreize ausgesteift.
Beim **Gaffelsegel** sitzt die Gaffel mit einer Klau schwenkbar am Mast. Eine Variante ist das Steilgaffel- oder Huarisegel.

Rahsegel

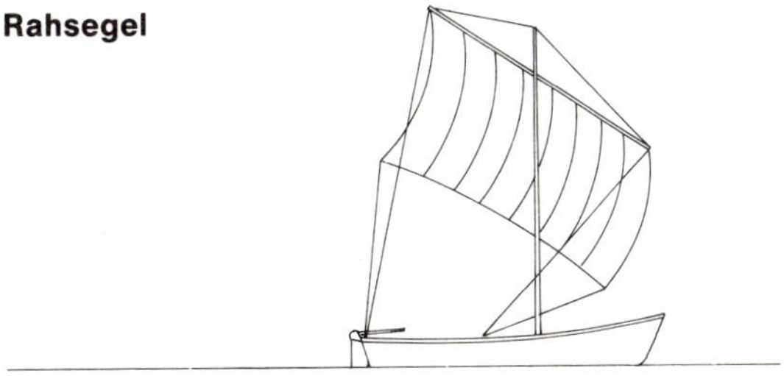

Schratsegel

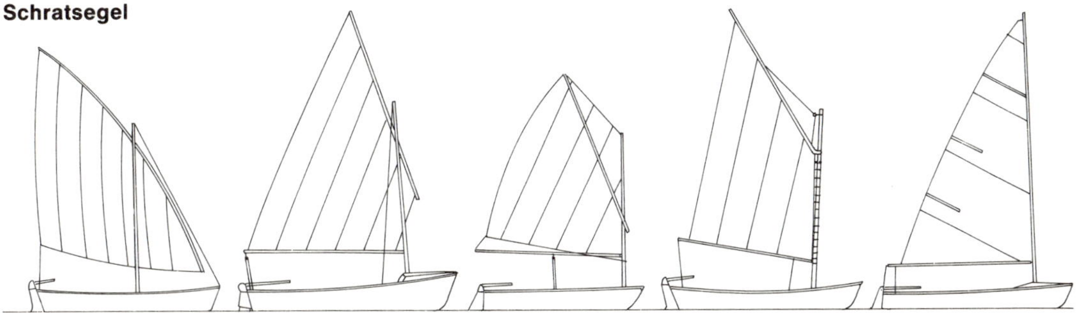

Das **Hoch-** oder **Bermudasegel,** weil es ursprünglich auf Fischerbooten der Bermudas gefahren wurde, ist das heute übliche Yachtsegel, das in den 20er Jahren das Gaffelsegel zu verdrängen begann. Eine weitere Unterteilung der Schratsegel führt zu den **Stagsegeln.** So bezeichnet man alle Segel, die nicht am Mast, sondern an einem Stag gesetzt werden, wie beispielsweise alle Vorsegel.

Takelungsarten

Ihre Typenbezeichnung erhält eine Yacht nach ihrer Takelungsart, der Anzahl der Segel und Masten und ihrer Aufstellung.
Das **Katboot** führt nur ein Großsegel an einem weit vorne stehenden Mast. Es besitzt in aerodynamischer Hinsicht eine annehmbare Vortriebswirkung und ist am einfachsten zu bedienen. Fast alle Einman-Jollen sind Katboote. (Nicht zu verwechseln mit dem auch Kat abgekürzten Katamaran.)
Die **Slup** hat ein Groß- und ein Vorsegel, die **Fock.** Sie ist am stärksten verbreitet und gilt als die wirksamste von allen Takelungsarten.
Der **Kutter** fährt neben dem Großsegel zwei Vorsegel: die **Fock** und davor den **Klüver.** Gegenüber der Slup hat er den Vorteil, daß zwei kleinere Vorsegel leichter zu handhaben sind als ein großes und sich bei zunehmendem Wind die Vorsegelfläche schnell verkleinern läßt, indem man entweder den Klüver oder die Fock birgt. Es kommt noch etwas anderes hinzu: Um für die beiden Segel ein entsprechend großes Vorsegeldreieck zu erreichen, muß der Mast ziemlich weit zur Mitte hin stehen. Als bester Standpunkt für den Mast gelten ⅖ der Konstruktionswasserlinie von vorne gerechnet. Sie werden auf Kuttern fast immer erreicht.
Die **Ketsch** hat einen Besanmast, der innerhalb der Konstruktionswasserlinie steht. Je nach seiner Höhe bezeichnet man das Boot als Eineinhalbmaster oder schon als Zweimaster. Da die Segel in mehrere annähernd gleichwertige Flächen unterteilt sind, gilt das Ketschrigg als am besten geeignet für größere unterbemannte Seeschiffe. Ein Sondertyp ist die **Wishbone-** oder **Spreizgaffel-Ketsch.**

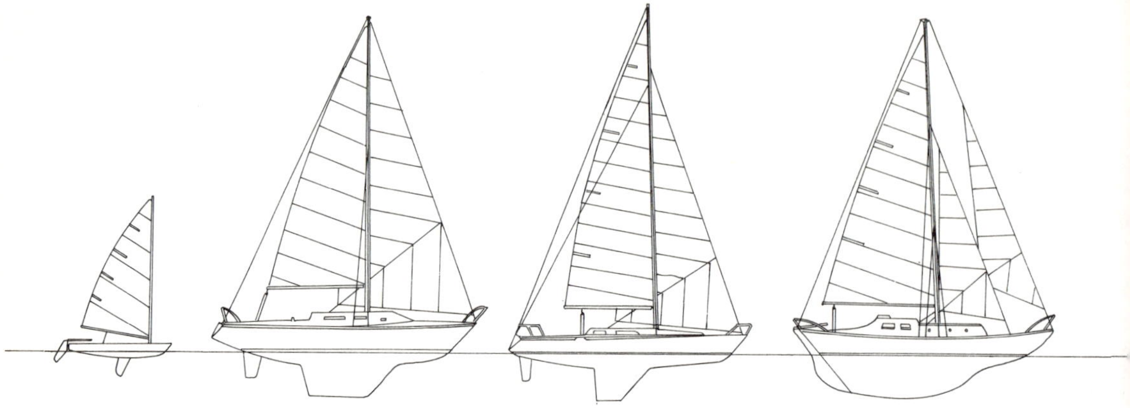

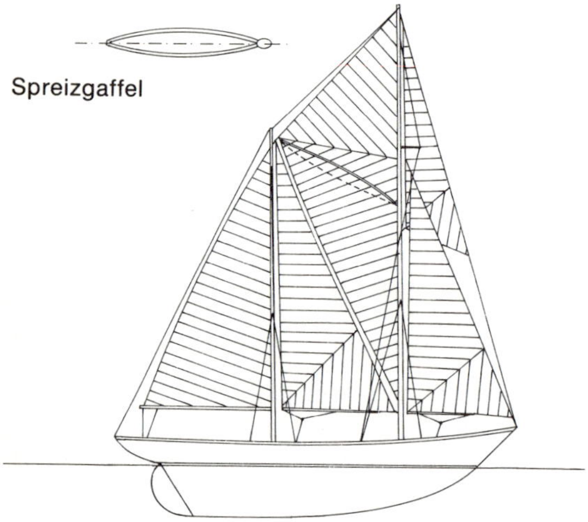

Wishbone- oder Spreizgaffel-Ketsch
Die Spreizgaffeltakelung tauchte zuerst 1933 auf der Yacht »Vamarie« auf. Sie ergibt für einen Zweimaster eine sehr wirksame Besegelung, ist aber bis heute ziemlich vereinzelt geblieben, weil die Bedienung etwas kompliziert ist. Das Großsegel hat das Aussehen einer umgekehrt gesetzten Fock. Die Schot sitzt an der Nock der Spreizgaffel und läuft über den Topp des Besanmastes. Mit einem Ausholer kann dem Segel innerhalb der Spreize die gewünschte Wölbung gegeben werden, die dann unverändert bleibt, wenn die Schot gefiert oder dichtgeholt wird. Es gibt zwei verschiedene Konstruktionen: Entweder wird die Spreizgaffel beim Segelbergen mit weggefiert, oder aber sie bleibt ständig oben. Der dreieckige Raum zwischen Großsegel und Besanmast wird durch ein entsprechend dreieckiges Stagsegel ausgefüllt.

Die **Yawl** ist ein Eineinhalbmaster mit einem kleinen Besanmast, auch Treiber genannt, der außerhalb der Konstruktionswasserlinie steht. Die Verstagung des Besans ist manchmal problematisch. Dieses Rigg wurde in der Vergangenheit durch eine Vermessungsformel für Rennyachten gefördert. Es ist recht selten geworden. Auch wenn eine Yawl (oder Ketsch) zwei Vorsegel führt, gilt sie deshalb nicht als Kutter.

Der **Schoner** ist ein Zweimaster. Vor dem Großmast steht ein meistens etwas kürzerer Fock- oder Vormast. Auf modernen Schonerkonstruktionen sind die Masten häufiger aber auch gleich lang. Dieses Rigg gilt als am wenigsten effektiv auf fast allen Kursen zum Wind.

Haupt- und Beisegel

Unter Haupt- oder Arbeitssegel versteht man die

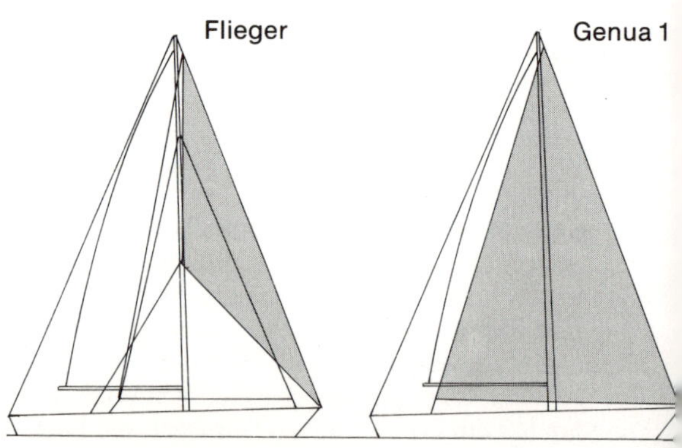

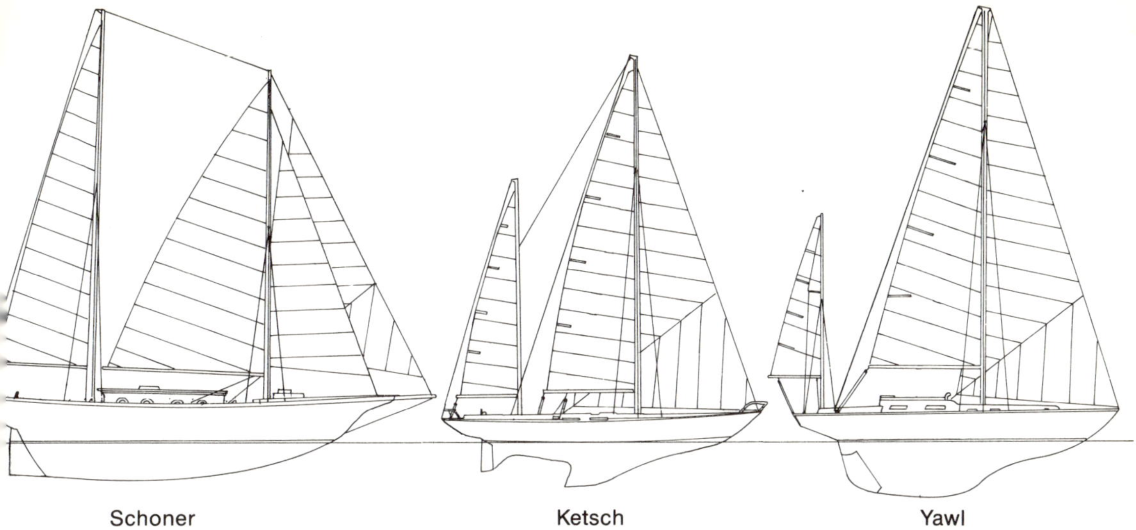

Grundausstattung des betreffenden Yachttyps. Also Fock und Großsegel einer Slup; Fock, Groß- und Besansegel einer Ketsch oder Yawl; Klüver, Fock und Großsegel eines Kutters. Hinzu kommen die Beisegel, zusätzliche Leicht- oder Schwerwettersegel, die für unterschiedliche Riggs durchaus gleich sein können.

Wohl das wichtigste Beisegel ist der **Spinnaker**, kurz Spi genannt, ein großes bauchiges Vorsegel aus leichtem Tuch, das mit losem Unterliek am Spinnakerbaum gefahren und bei achterlichen Winden gesetzt wird.

Die **Genua** ist eine übergroße Fock aus leichterem Tuch. Sind mehrere in verschiedenen Größen an Bord, werden sie von der größeren zur kleineren mit 1, 2 usw. bezeichnet.

Der **Blister** ist ein asymmetrisch geschnittener Spinnaker, der ohne Baum gefahren wird und sich fast so flach wie eine große bauchige Genua trimmen läßt. Wegen der einfacheren Handhabung wird er von Fahrtenseglern, zumal mit kleiner Crew, dem Spinnaker vorgezogen.

Der **Reacher** ist ein extrem großes Vorsegel, voller als eine Genua geschnitten und mit ansteigendem Unterliek. Früher wurde er als Raumballon bezeichnet.

Der **Allrounder** besteht aus einer doppellagigen Genua, die auseinandergefaltet, an zwei Teleskopbäumen und mit dem Vorliek im Profil einer Rollreffanlage gefahren wird. Sie läßt sich stufenlos reffen (aufrollen). Das unproblematische Setzen und Bergen und die Möglichkeit, den Allrounder auch als schwere Genua zu fahren führten zu einer schnellen Verbreitung unter Langfahrtseglern.

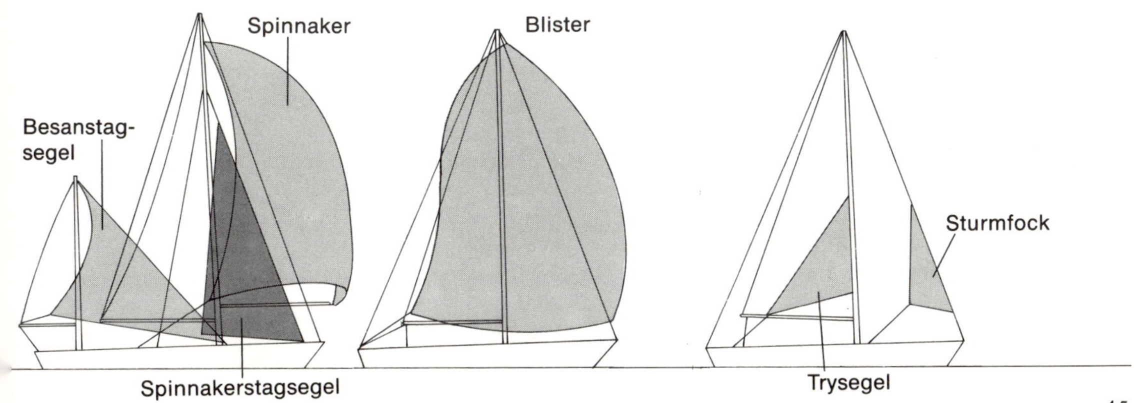

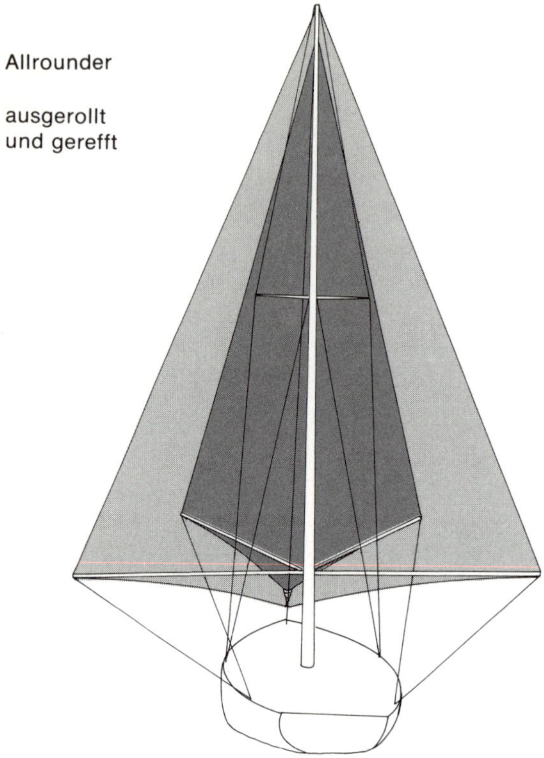

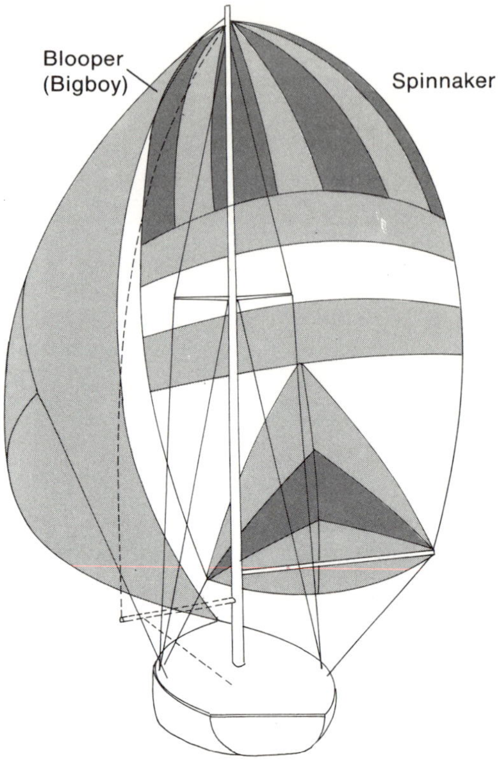

Darüber hinaus gibt es für Rennyachten noch verschiedene Vorsegel wie

Blooper oder **Bigboy,** ein Lee-Spinnaker, der ohne Baum gefahren wird, und andere, deren Schnitte und (Firmen-)Bezeichnungen manchmal nur kurzlebig sind. Größere Regattaschiffe führen bis zu 30 Segel mit.

Der **Flieger** oder **Yankee** ist ein Leichtwetter-Klüver für Kutter.

Das **Spinnakerstagsegel,** auch Betrüger genannt, ist eine extrem niedrig und breit geschnittene Fock, die den freien Raum unter dem Spinnaker ausnutzt.

Das **Trysegel** ist ein dreieckiges Segel, wie die Sturmfock aus derbem Tuch, das statt des Großsegels mit losem Fußliek gefahren wird.

Die Ausrüstung des Segels

Der **Kopf** ist die obere Ecke des Segels, durch ein Kopfbrett aus Aluminium oder Kunststoff verstärkt, an dem das Fall angeschlagen wird.

Hals heißt die vordere untere Ecke, an der bei größeren Booten ein Halsstrecker angreift. Beim Spinnaker ist der Hals jeweils die Ecke am Spinnakerbaum.

Das **Schothorn** ist die hintere untere Ecke, an der bei der Fock die Schot angreift. Die Ecken des Segels sind durch Dopplungen oder Stoßlappen verstärkt.

Liek heißen die Segelränder. Vor- und Unterliek sind durch ein Liektau oder einen Liekdraht aus rostfreiem Stahl verstärkt. Das Vorliek des Großsegels wird auch als Mastliek bezeichnet, das Un-

Großsegel

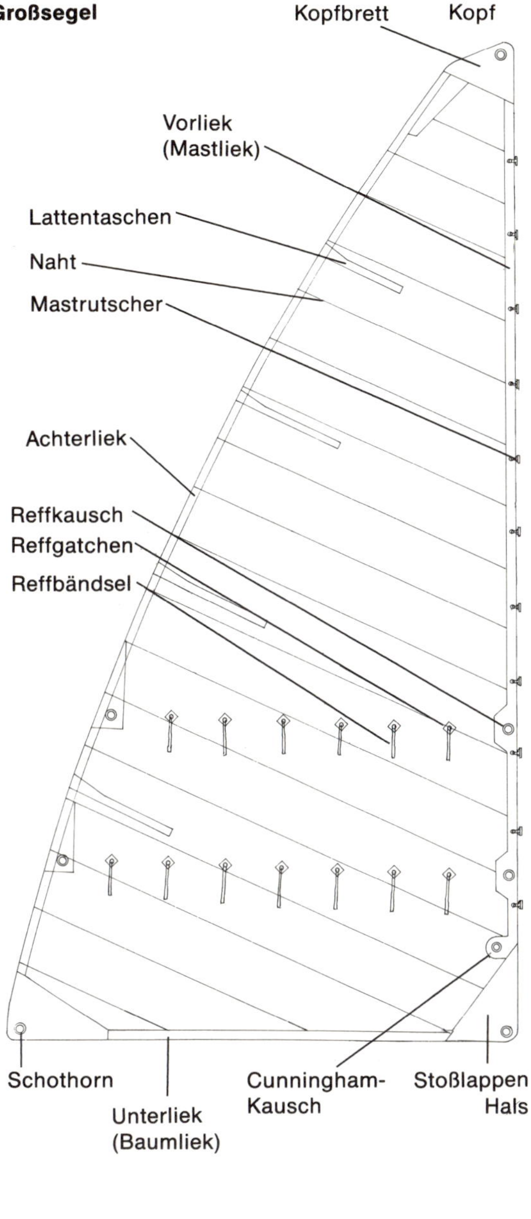

terliek als Baumliek; das Unterliek des Vorsegels dagegen als Fußliek. Vornehmlich auf Regattabooten gibt es häufig eine Leine im Achterliek, um die Liekspannung zu kontrollieren. Wird das Großsegel mit seinem Vorliek nicht in einer Mastkeep geführt, befinden sich daran die Mastrutscher. Am Vorliek der Fock sitzen die **Stagreiter,** mit denen sie am Vorstag angeschlagen wird. Nur einige Jollen haben an ihren Vorsegeln keine Stagreiter. Segel mit einem Bindereff haben an Vor- und Achterliek je zwei bis drei **Reffkauschen** und entsprechende Reihen von **Reffgatchen** und **Reffbändseln.** Sie dienen zum Einbinden des Tuches, wenn man bei viel Wind die Segelfläche verkleinern muß.

Die **Cunningham-Kausch** am Vorliek des Großsegels ermöglicht, das Segel insgesamt flacher zu trimmen.

Segellatten aus Holz oder Kunststoff in den Lattentaschen am Achterliek sollen ein Auswehen und Schließen des Lieks verhindern.

Lattensegel

Urbild aller vollständig durchgelatteten Segel ist das chinesische Dschunkensegel. Diese Idee griff Ende der zwanziger Jahre der Aerodynamiker und erfolgreiche Regattasegler Manfred Curry für seine schnellen Rennjollen auf. Indes das wenig formbeständige Baumwolltuch und die relativ schweren hölzernen Latten hielten die Effektivität dieser Segel in Grenzen. So gerieten sie allmählich wieder in Vergessenheit. Erst in der Ära der formbeständigeren Kunststoffsegel und leichter hochflexibler Kunststofflatten tauchten Lattensegel erneut auf. Zuerst auf den kleinen Rennkatamaranen, wie beispielsweise dem olympischen Tornado. Später auch auf den großen hochseetüchtigen Mehrrumpf-Konstruktionen. Erst in der Mitte der achtziger Jahre wurden Lattensegel auch von Einrumpf-Rennyachten übernommen und vereinzelt von Fahrtenyachten.

Manches spricht für das Lattensegel: Es erbringt nachweislich eine größere Vortriebsleistung, dank besserer Profilierung, speziell bei schwachem Wind. Es holt mehr Höhe heraus als ein normales Großsegel, macht also ein Boot insgesamt schneller, killt nicht im Wind und läßt sich mit Hilfe sogenannter Lazy Jacks leichter handhaben und reffen. Um aber alle Vorteile auch voll nutzen zu können, sind spezielle lastorientierte Segelschnitte erforderlich, die die besondere Kräfteverteilung des Drucks durch die Latten berücksichtigen. Dazu extrem reckarme und reißfeste Tuchsorten mit unterschiedlichen Eigenschaften und deshalb mindestens zwei verschiedenen Gewichten. Die daraus resultierenden hohen Kosten stehen einer weiteren Verbreitung auf Fahrtenyachten entgegen und haben die anfängliche Begeisterung stark gedämpft.

Lattensegel
Tuchstärken und Verlauf der Bahnen spielen beim Lattensegel eine weit größere Rolle als beim normalen Segel. Die Segelmacher entwickelten unterschiedliche Schnittmuster und Bezeichnungen. Computerberechnet sind sie alle.
Links außen: Trioptimal nennt sich beispielsweise dieser Schnitt mit triradial verlaufenden Bahnen aus drei verschieden starken Tuchen.
Daneben: Ungleichmäßig triradial verlaufende Bahnen, kombiniert mit horizontal geschnittenen. Speziell für Segel mit engstehenden Latten entwickelt.

Segeltuch und Segelschnitte

Bis vor wenigen Jahren wurden Yachtsegel – ausgenommen Spinnaker – ausschließlich aus Polyester hergestellt, einer Kunstfaser auf Ölbasis. Diese Faser wird in den verschiedenen Ländern unter unterschiedlichen Markennamen gehandelt. Als Trevira und Diolen in Deutschland, als Dacron in den USA, Terylene in Großbritannien, Tergal in Frankreich, Terital in Italien und als Terlenka in Holland. Das Tuch nimmt praktisch keine Feuchtigkeit auf, es ist luftundurchlässig, es hat eine große Formbeständigkeit und hohe Zugfestigkeit und eine extrem glatte Oberfläche. Man erreicht sie zum Teil durch Appretieren und Harzen des Tuches. In einer dünnen Schicht werden Kunstharze, die in ihrer chemischen Zusammensetzung auf das Polyestergewebe abgestimmt sein müssen, auf das Segeltuch aufgebracht. Dabei werden nicht nur die noch verbliebenen Zwischenräume zwischen Kett- und Schußfäden ausgefüllt, sondern das gesamte Tuch erhält einen dauerhaften Überzug. Regattasegel werden stärker geharzt, um eine größere Formbeständigkeit zu erreichen. Das macht sie steif und unhandlich. Weniger geharzte Tourensegel sind griffiger und lassen sich besser verstauen. Obwohl sich das Harzen von Segeltuchen mehr und mehr durchgesetzt hat, ersetzt es nicht ein sorgfältig mit der notwendigen Festigkeit hergestelltes Gewebe.
Eine ursprünglich an Kunststoffsegel geknüpfte Erwartung erfüllte sich jedoch nicht: Sie bleiben

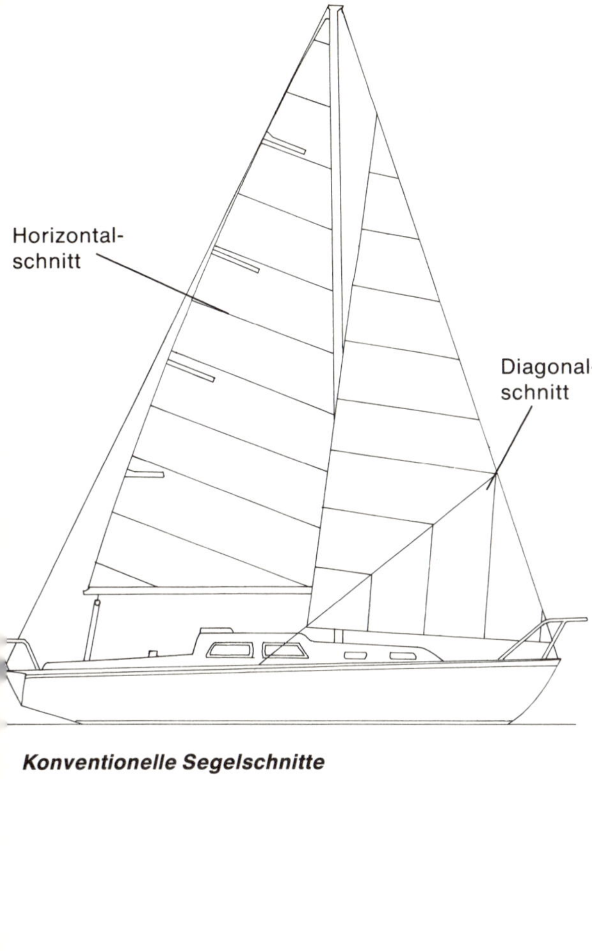

Konventionelle Segelschnitte

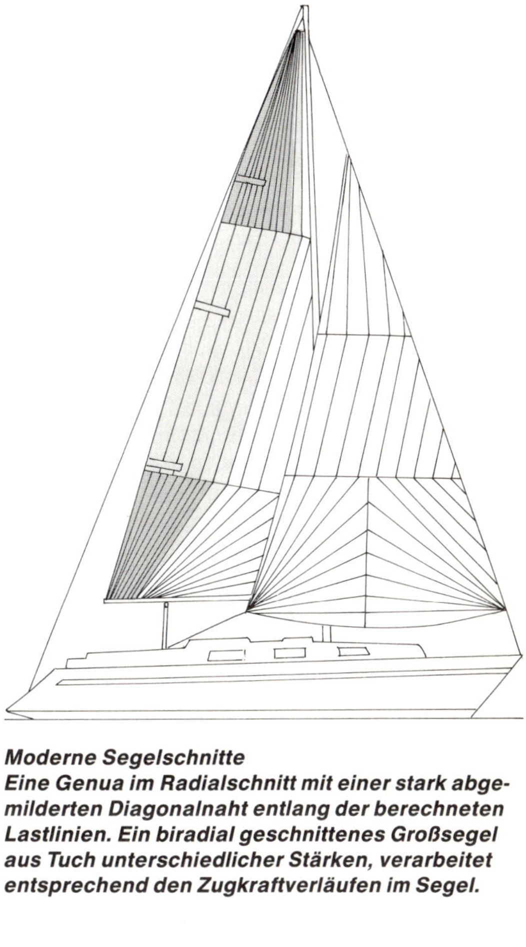

Moderne Segelschnitte
Eine Genua im Radialschnitt mit einer stark abgemilderten Diagonalnaht entlang der berechneten Lastlinien. Ein biradial geschnittenes Großsegel aus Tuch unterschiedlicher Stärken, verarbeitet entsprechend den Zugkraftverläufen im Segel.

nicht für alle Zeit formbeständig. Auch treten Korrosionserscheinungen auf, hervorgerufen durch UV-Strahlung. Deshalb sollte ein Segel nie länger als nötig der Sonnenbestrahlung ausgesetzt werden. Bleibt es längere Zeit aufgetucht am Baum, sollte es stets mit einer Segelpersennig abgedeckt werden.

Empfindlich ist Polyestertuch gegen Abrieb und Knicken. Daraus ergibt sich, daß man ein Segel niemals unnötig lange im Wind schlagen läßt. Allzu leicht wird dadurch die Appretur beschädigt.

Ein Kunststoffsegel braucht nicht mehr, wie einst das Baumwollsegel, stundenlang eingetrimmt zu werden. Jedoch ist es ratsam, auch Polyestersegel nicht gleich übermäßig zu beanspruchen. Am besten fährt man sie erst eine Stunde bei leichten Winden auf Raumschots-Kurs, damit sich zunächst die Fäden in den Nähten restlos anpassen können. Auch sollte ein neues Segel nicht sofort gerefft werden.

Naß weggestaute Kunststoffsegel verändern sich zwar nicht in der Form, bekommen aber auf die Dauer häßliche Spakflecken. Deshalb werden sie besser – so bald sich Gelegenheit dazu bietet – getrocknet, beziehungsweise gelüftet.

Die Entwicklung des Polyesterfilms **Mylar** (Produktname von Du Pont) leitete in den siebziger Jahren fast eine Revolution in der Segelherstellung ein. Das verhältnismäßig schwache Polyestertuch wurde auf eine Mylar-Folie geklebt und dadurch stark wie ein Schwerwettertuch von doppeltem Gewicht. Die Folie ist luftundurchlässig, dehnt und verzieht sich nicht. Allerdings reißt sie leicht ein. Deshalb empfiehlt es sich, die Mylar-Oberfläche zum Schutz mit einem reißfesten Polyestergewebe zu bekleben. Die Mylar-Gewebe-Verbindungen setzten sich schnell auf Regattaschiffen durch. Mylar folgte die neue Aramidfaser **Kevlar** (Handelsname von Du Pont). Diese gelblich schimmernde Faser ist zugfest wie Stahl und extrem leicht. Aber sie bricht leicht. Deshalb darf man Kevlar-Tuch nicht knicken. Und sie verliert unter UV-Einwirkung schnell an Festigkeit. Außerdem ist sie teuer.

Die im Polyestertuch so wichtige Diagonalfestigkeit – sie bestimmt weitgehend die Qualität eines Segels – braucht man in einem mylar-beschichteten Gewebe nicht mehr, weil die dünne Polyesterfolie die durch ein Segel verlaufenden Zugkräfte mühelos auffängt. Diese neuen Segeltuche werden nicht mehr gewebt, sondern, ähnlich wie ein Kunststoffbootsrumpf, laminiert, schichtweise aufgebaut. Eine Genua beispielsweise besteht aus zwei Schichten Mylar, geschützt durch ein wurstpellenartiges Polyestergewebe, und einer Kevlar-Schicht dazwischen. Die zu Strängen gebündelten Kevlar-Fäden werden in Lastrichtung zwischen die Folien geklebt. Folgerichtig spricht man denn auch von einem Sandwich-Aufbau des Segels.

Nylon und Perlon wurden und werden nur für Spinnaker verarbeitet. Die Faser hat zwar einen starken Reck, erlaubt aber, sehr dünne und leichte Segel herzustellen. Auf Rennyachten ist an ihre Stelle ebenfalls die noch leichtere Mylar-Folie getreten. Sie nimmt zudem kein Wasser auf, im Gegensatz zum Nylon-Spinnaker, der von Regen vollgesogen, zusammenfällt.

Die Kunst des Segelmachers liegt im richtigen Zuschnitt der einzelnen Bahnen, um das erwünschte Profil, die Wölbung, an der richtigen Stelle im Segel unterzubringen. Die Tuchbahnen eines Großsegels verlaufen meistens horizontal. Auch bei Vorsegeln findet man diesen Schnitt, vor allem auf Jollen. Üblicher aber ist, daß die Vorsegel diagonal geschnitten sind und eine Gehrungs- oder Diagonalnaht haben, die den Winkel am Schothorn in der Mitte halbiert. Die Bahnen über der Diagonalnaht verlaufen dann im Winkel von 90° zum Achterliek, die Bahnen unterhalb im Winkel von 90° zum Unterliek. Auf diese Weise wird der starke Zug auf das Schothorn gleichmäßiger auf die einzelnen Tuchbahnen verteilt als bei einem Horizontalschnitt (s. Abb. Seite 49).

Lattensegel, Mylar in Verbindung mit Polyestertuch und Kevlar führten zu einer Fülle neuer Schnitte, die überwiegend alle dem Zweck dienen,

Spinnakerschnitte

Radial Horizontal Kopfradial

die Segel bei hoher Formbeständigkeit in den weniger belasteten Partien leichter und damit insgesamt leichter zu machen.
Für die Segel von einheitlichen Booten besitzen die Segelmacher meistens Schablonen. Sie ermöglichen, eine einmal gefundene und bewährte Segelform beliebig oft zu vervielfältigen. Teilweise haben die Segelmacher auch Computer-Programme entwickelt, mit denen ein gegebenes Profil auf jede Segelgröße und Segelproportion umgerechnet werden kann. Die ausgefallenen und schwierigen modernen Schnitte basieren durchweg auf Computerberechnungen.

Der Spinnaker

Zu einer speziellen Wissenschaft der Segelmacher hat sich der Spinnakerschnitt entwickelt. In den meisten Klassenvorschriften ist die Größe nur durch zwei Maße begrenzt: Die Höhe, also der Angriffspunkt des Spinnakerfalls, darf den höchsten Punkt des sogenannten Vorsegeldreiecks nicht überschreiten, der Spinnakerbaum nicht die Fußlänge des Vorsegeldreiecks. Die Länge des Unterlieks jedoch hängt weitgehend davon ab, wohin die Spinnakerschot an Bord geführt werden kann, um noch ein einwandfreies Öffnen des Segels zu erzielen. Mittlerweile gibt es etwa 50 variierende Schnitte für die verschiedenen Windstärken und Kurse zum Wind.
Anfänglich betrachtete man den Spinnaker als reines Vormwind-Segel und gab ihm einen halbkugelförmigen Schnitt. Als er aber auch als Raumwind-Segel entdeckt wurde, mußte er flacher geschnitten werden. Als Kompromiß hat sich ein etwas flacherer, etwa viertelkugelförmiger Spinnaker mit schmaleren Schultern und leicht S-förmigen Lieken für alle Kurse durchgesetzt. Im übrigen sind die bauchigeren Spinnaker für mehr achterliche Winde gedacht, die flacheren für Kurse näher beim Wind.
Es entwickelte sich je eine Grundform mit vertikal und horizontal verlaufenden Bahnen, Radial und Horizontal. Sie haben den Nachteil, daß sie sich am Fuß beziehungsweise Kopf unerwünscht rekken. Schnitte wie Kopfradial, eine Kombination von Radial und Horizontal, und Triradial, mit sternförmigen Bahnen an den Schrothörnern haben das Problem des Recks weitgehend gelöst und ergeben gute Mehrzweck-Spinnaker.

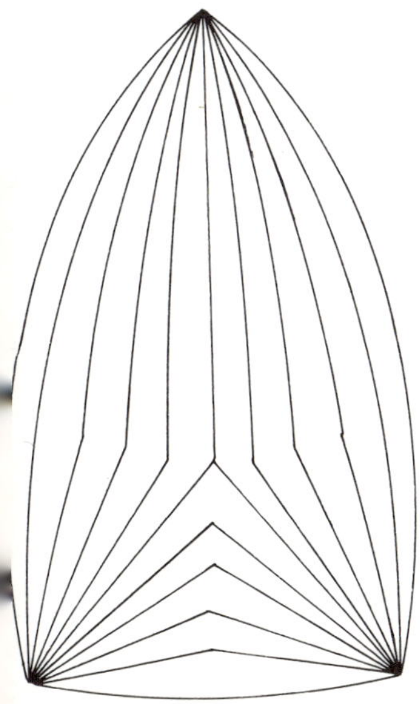

Stern

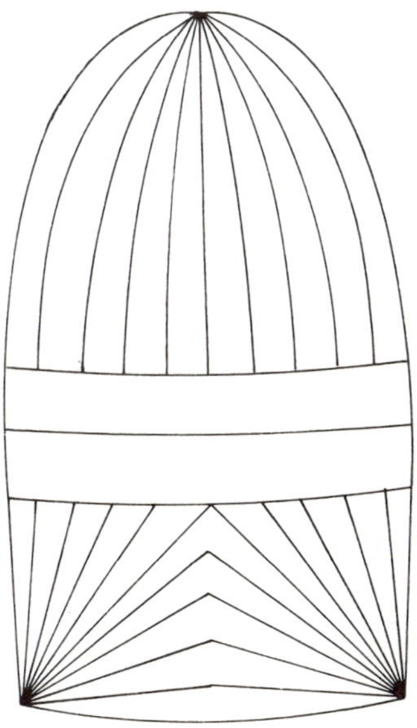

Triradial

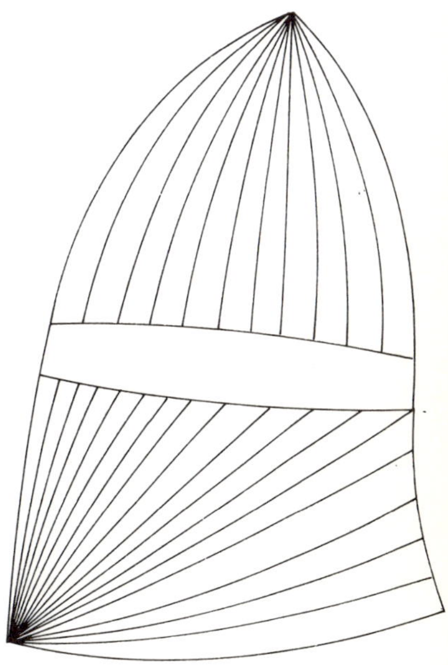

Biradial (Blister)

Ausrüstung und Beschläge

Tauwerk

Ein Tau nennt der Seemann Ende oder Leine. Anfang und Ende heißen Tampen. Aber auch kurze Stücke Tauwerk werden als Tamp(en) bezeichnet. Schwere Leinen sind Trossen, sehr dünne Bändselgut.
Für Tauwerk verarbeitet werden:
Kunstfasern (Polyester, Polyamid, Polypropylen, Polyäthylen, Aramid) und
Stahldraht.
Polyester (PES) – Markennamen Dacron, Trevira, Terylene und Diolen – hat nur einen geringen Reck und eignet sich deshalb gut für Fallen und Schoten. Es ist heute noch das meistbenutzte Tauwerk an Bord von Fahrtenyachten.
Polyamid (PA) – Markenbezeichnung Perlon, Nylon – besitzt die höchste relative Bruchfestigkeit von allen Tauwerkarten. Außerdem weist es eine hohe Elastizität (Reck) auf, die bis zur Bruchgrenze 40% erreichen kann. Es ist daher besonders geeignet für Ankertrossen, Festmacher und Schleppleinen.
Polypropylen (PP) – Markennamen Polyprop, Hostalen PP, Ulstron – ist ein sehr leichtes schwimmfähiges Tauwerk mit einer mittleren Reißfestigkeit. Geeignet als Festmacher, Leichtwetterschoten und Wasserski-Schleppleine.
Aramid (Kohlefaser) – Markenname Kevlar – besitzt hohe Bruchfestigkeit, hohen Dehnungswiderstand und geringes Gewicht. Jahrelang war es das bevorzugte Tauwerkmaterial der Regattasegler. Es hat jedoch eine sehr geringe Biegefestigkeit (Umlenkung über Scheiben, Knoten), ist nicht säurebeständig und extrem UV-empfindlich.
Polyäthylen (PE) – Markennamen Spectra und Dyneema – weist dagegen optimale Tauwerkseigenschaften auf: minimaler Reck, extreme Reißfestigkeit, gute Biegefestigkeit, Säure- und UV-Beständigkeit. Es ist schwimmfähig, nimmt kein Wasser auf, ist leicht und langlebig und universell an Bord einzusetzen. Deshalb ist es auch – trotz höherer Kosten – für Fahrtensegler interessant.
Für die Beurteilung der Verwendungsmöglichkeiten von Tauwerk ist es notwendig, das Verhalten bis zum Bruch genau zu kennen. Jedes Tau wird bei Belastung länger. Es dehnt sich. Diese Dehnung nimmt zu, bis es bricht. Der Wert des Längenzuwachses bis zum Bruch heißt **Bruchdehnung**. Wird ein Tau kurzfristig geringer belastet, wird es zwar auch länger, federt jedoch wieder in seine ursprüngliche Länge zurück. Man nennt diese Längenzunahme die **elastische Dehnung** oder den **Reck**. Bei noch stärkerer Belastung entsteht eine Dehnung, von der ein Teil nicht wieder zurückgeht, die **plastische Dehnung**, ein anderer Teil erst langsam nach der Entspannung. Man darf Tauwerk nur so weit belasten, daß die elastische Dehnung bei Perlon etwa 20% erreicht. Perlon bewährt sich als Schlepp- und Ankertrosse deshalb so gut, weil es durch seine Elastizität kurzfristig auftretende Belastungen gut aufnimmt und schwerer in den Bereich der Bruchbelastung gelangt.
Für Fallen und Schoten verwendet man vorgerecktes Tauwerk, das eine nur geringe Elastizität aufweist.
Früher wurde Tauwerk überwiegend nach dem *Umfang* in Zoll bezeichnet, heute nach dem *Durchmesser*. Er wird in den USA in Zoll und in Europa in Millimetern angegeben.

Die Herstellung

Zur Herstellung von Tauwerk werden Fasern zu **Kabelgarnen** gesponnen, die Garne zu **Kardeelen** gedreht (verdrillt) und die Kardeele zu Enden geschlagen oder geflochten. Geschlagenes Tauwerk ist meistens dreischäftig, das heißt, es besteht aus drei Kardeelen. Es ist außerdem vorwiegend rechtsherum geschlagen. Der Rechtsschlag heißt Z-Schlag, der Linksschlag S-Schlag. Sind also die Fasern rechtsherum zum Garn gesponnen, die Garne linksherum zum Kardeel gedreht und die einzelnen Kardeele rechtsherum zum Ende geschlagen, hat man einen ZSZ-Schlag. Rechtsgeschlagenes Tauwerk erkennt man daran, daß beim Blick in Richtung der Trosse die Keepen, die Zwischenräume zwischen den Kardeelen, vom Betrachter aus im Uhrzeigersinn fortlaufen. Es wird von der festen Part aus rechtsherum aufgeschossen, linksgeschlagenes entsprechend linksherum. Törns, im Tauwerk sich bildende Schleifen, werden zum Tampen hin ausgedreht.
Vierschäftiges Tauwerk wird um einen in der Mitte liegenden Faden, Strang oder ein Kardeel – die Seele – geschlagen.
Als **Trossenschlag** bezeichnet man dreischäftiges Tauwerk,
als **Wantschlag** vierschäftiges. Eine dritte Art ist der **Kabelschlag** aus drei vollständigen Trossen.

Geflochtenes Tauwerk besitzt einen Kern und einen Mantel. Kerne werden aus lose geflochtenen, schlankgedrehten dicken Garnen hergestellt. Je schlanker sie geflochten sind, desto weniger Dehnung zeigt der Kern. Da Kerne aus Aramid- und Polyäthylenfasern nur schlecht die notwendige innige Verbindung mit dem Mantel eingehen, ist noch ein Zwischengeflecht erforderlich.
Die Mäntel unterscheiden sich in ihrer Flechtart. Für gute Abriebfestigkeit sorgen die 32fache und auch noch die 16fache Flechtung. Die 8er Flechtung ist weniger abriebfest, aber griffiger. Beim Geflecht 1:1 werden die Garne besonders eng verflochten und stark gedreht, speziell für Tauwerk, das durch Fallen und Stopper läuft.

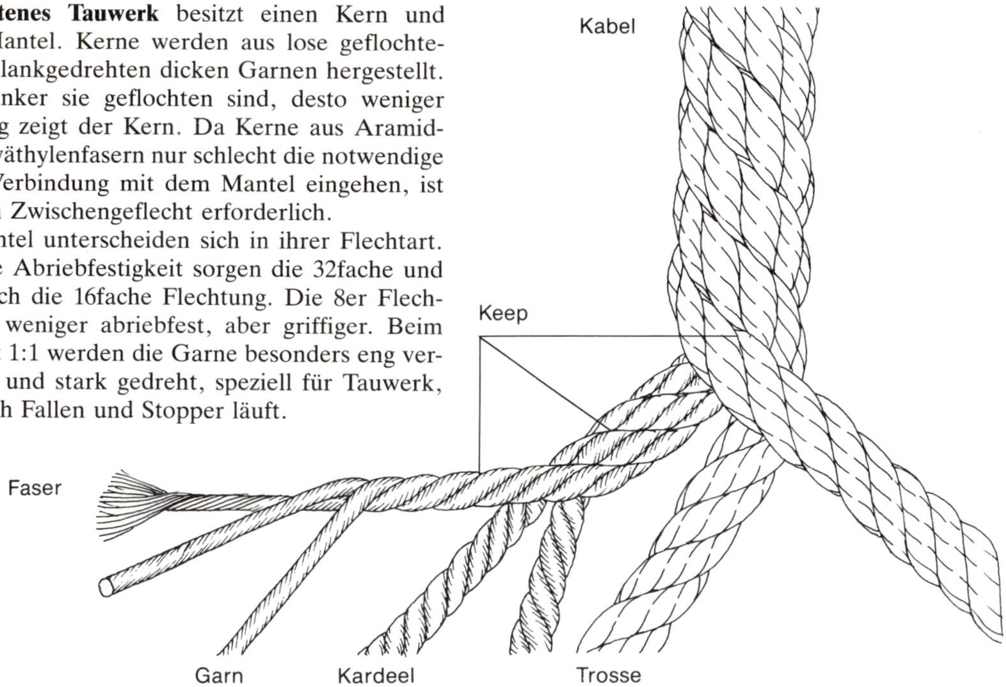

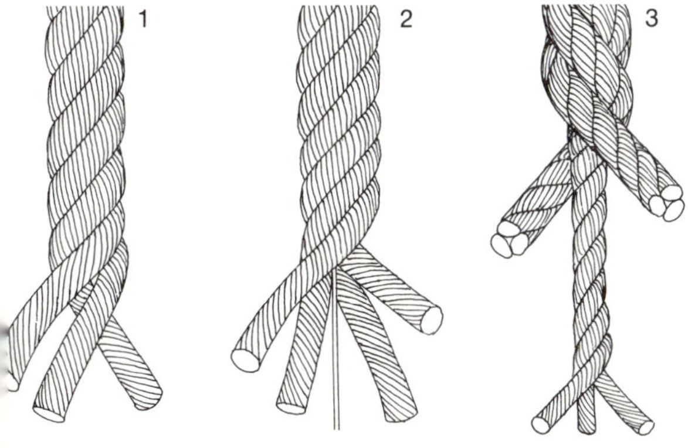

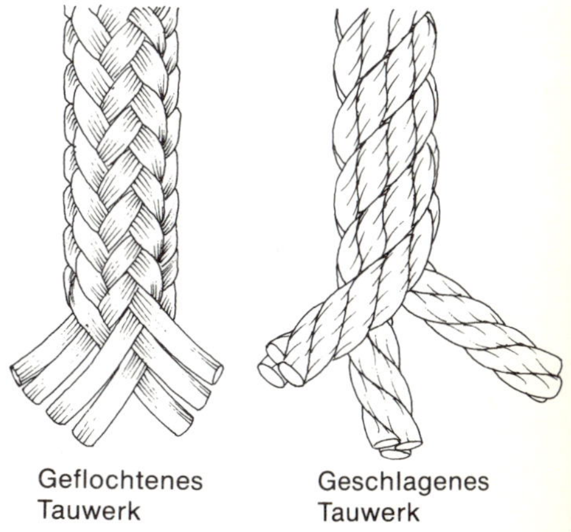

Tauwerk
1 Trossenschlag – Dreikardeeliges rechtsgeschlagenes Tauwerk (ZSZ-Schlag)
2 Wantschlag – Vierkardeeliges Tauwerk. Das Garn, das die vier Kardeele umschließen, heißt Seele
3 Kabelschlag – Drei dreikardeelige rechtsgeschlagene Enden werden zu einer einzigen linksgeschlagenen Trosse (ZSZS-Schlag) vereinigt, so daß man ein neunkardeeliges Tauwerk erhält

Drahttauwerk

Drahttauwerk für die Verstagung und als Vorläufer für Fallen, früher aus verzinktem Eisen, wird heute fast nur noch aus nichtrostendem Stahl hergestellt, aus Legierungen auf Chrom-Nickel-Basis, bekannt unter den Markenbezeichnungen V2A und V4A.
Das Drahttauwerk wird für das stehende Gut

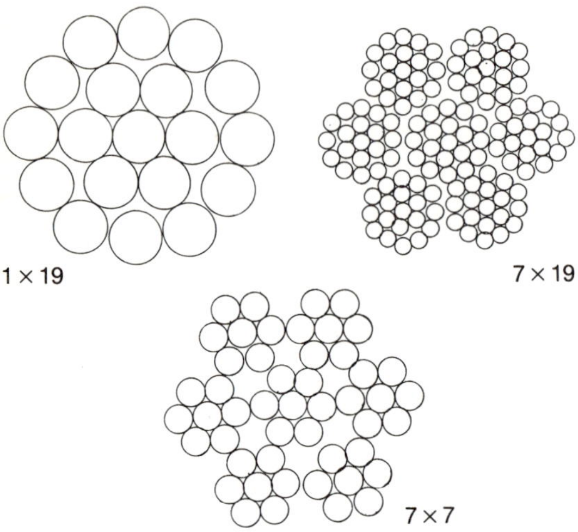

(Wanten und Stage) sehr fest geschlagen und als hart bezeichnet, für laufendes Gut (Fallen, Strekkertaljen) dagegen lose – weiches Drahttauwerk –, damit es biegsamer bleibt. Drahttauwerk ist bei gleichem Umfang bruchfester als Fasertauwerk, hat eine geringere Elastizität und ist gegen Abrieb unempfindlich.
Üblich sind 7 × 7- oder 7 × 19-Drähte. Das heißt, das Tauwerk besteht aus 7 Kardeelen zu 7 oder 19 Einzeldrähten. Der 7 × 19-Draht ist flexibler und eignet sich daher besonders für Fallen. Er hat aber auch eine etwas geringere Bruchfestigkeit. Sehr steif ist ein 1 × 19-Draht – ein Kardeel mit 19 Einzeldrähten –, er hat wenig Reck und wird für stehendes Gut verwendet.
Laufendes Gut, das gelegentlich noch aus galvanisiertem Stahldraht besteht, muß aufmerksam auf beschädigte Drähte hin kontrolliert werden, die an den herausragenden sogenannten Fleischhaken zu erkennen sind.
Für Spezialzwecke, etwa als Seereling, gibt es Drahttauwerk, das mit einer Kunststoffummantelung umpreßt ist.

Taljen und Blöcke

Taljen – eine Kombination von Blöcken und Tauwerk – dienen der Arbeitserleichterung. Sie finden an Bord als Großschot, Halsstrecker, Baumniederholer, am Traveller und dem Schwert der Jollen vielfältige Verwendung.
Als **Läufer** bezeichnet man das durch den Block laufende Ende, den Teil des Läufers, an dem geholt (gezogen) wird, als **holende Part.** Das andere Ende, das an einem festen Punkt oder an der Last angreift, nennt man **stehende** oder **feste Part.** Die zum Bewegen einer Last erforderliche Kraft findet man, indem man das Gewicht der Last durch die Anzahl der angreifenden Parten dividiert. Allerdings muß man einen Kraftverlust von etwa 15% durch Seilsteifigkeit und Reibung einkalkulieren.
Das **Jolltau** lenkt nur die Zugrichtung um, erspart aber keine Kraft. Beispiel: das Fall.

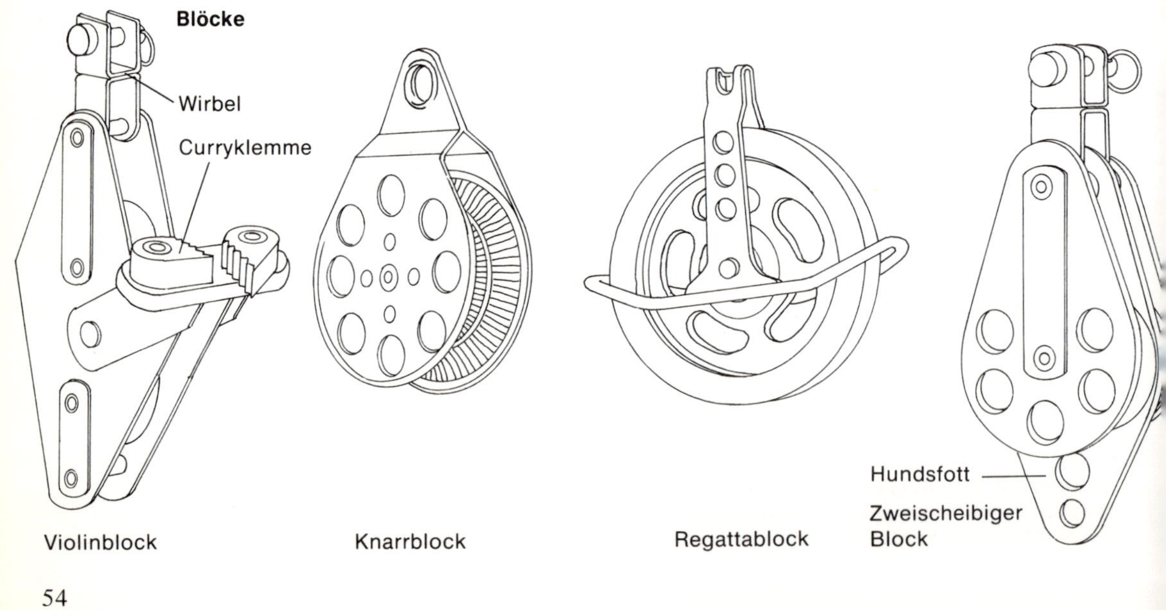

Taljen

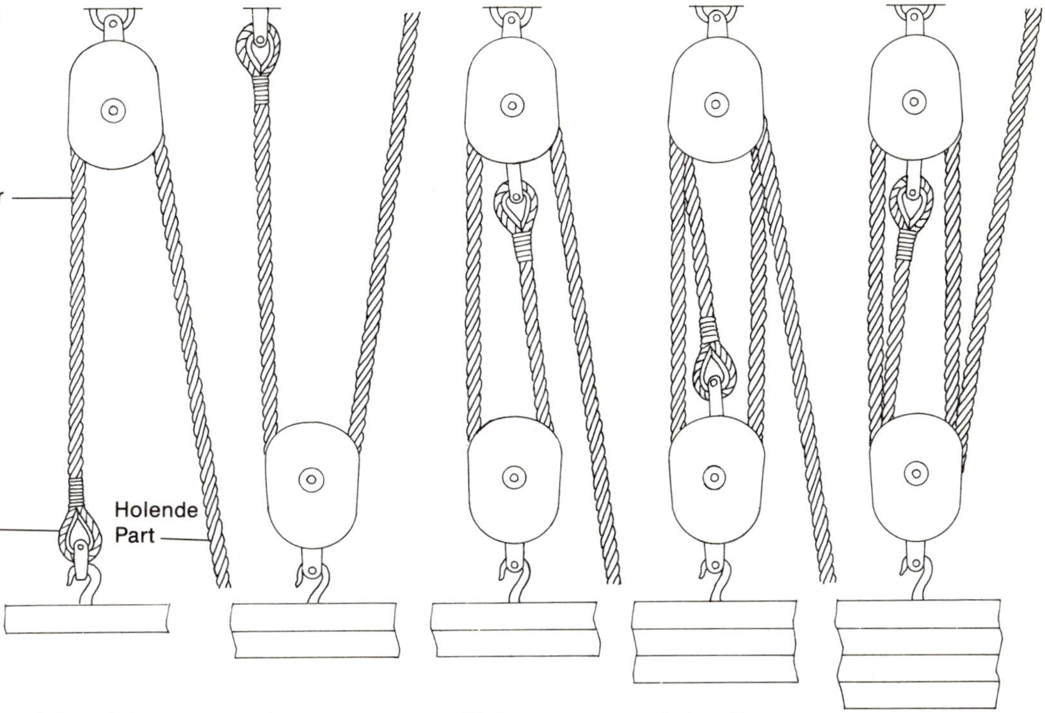

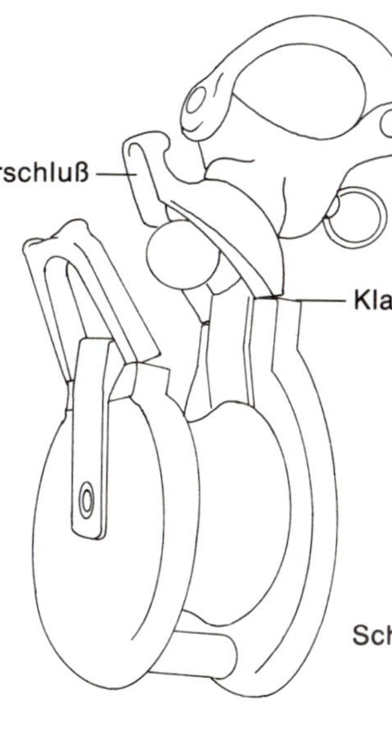

Der **Klappläufer** verringert die aufzuwendende Kraft um die Hälfte, genau wie die **einfache Talje,** obwohl ihre feste Part an einem zweiten Block angreift.

Die Arbeitstalje verringert die aufzuwendende Kraft um zwei Drittel (im Verhältnis 3 : 1), die dreischeibige Talje um drei Viertel (Verhältnis 4 : 1).

Ein **Block** ist ein Gehäuse mit einer oder mehreren gekehlten drehbaren Scheiben, die nadel- oder sogar kugelgelagert sein können. Hergestellt werden sie aus Kunststoff, Tufnol, Metall (Aluminium und nicht rostendem Stahl) und Holz. Meist hat man eine Kombination verschiedener Materialien. Entsprechend der Art ihrer Verwendung haben die Blöcke am Fuß oder Kopf unterschiedliche Beschläge. Man braucht Blöcke überall, wo eine Zugrichtung geändert werden soll (Fallen, Vorschoten) oder an Taljen zur Kraftersparnis (Großschot, Baumniederholer, Strecker).

Violinblock heißt ein Block mit ungleich großen übereinander angeordneten Scheiben.

Ein **Wirbelblock,** der sich um 360° drehen läßt, ist beispielsweise als Fußblock der Großschot wichtig.

Solche Blöcke sind häufig mit Schlitz-, Kamm- oder Curryklemmen kombiniert.

Der **Winsch-, Knarr-** oder **Ratschblock** hemmt den ungewollten Rücklauf eines Endes in einer Richtung und nimmt durch Reibung den Zug auf. Oder er klemmt den Tampen ein und gibt ihn, je nach Zug auf der Schot, wieder frei. Solche Blöcke werden auf Jollen und kleinen Kielbooten gefahren.

Beim **Snatch-, Schnapp-** oder **Fußblock** läßt sich eine Backe des Gehäuses aufklappen, um ein Ende (Schot) direkt auf die Scheibe zu legen.

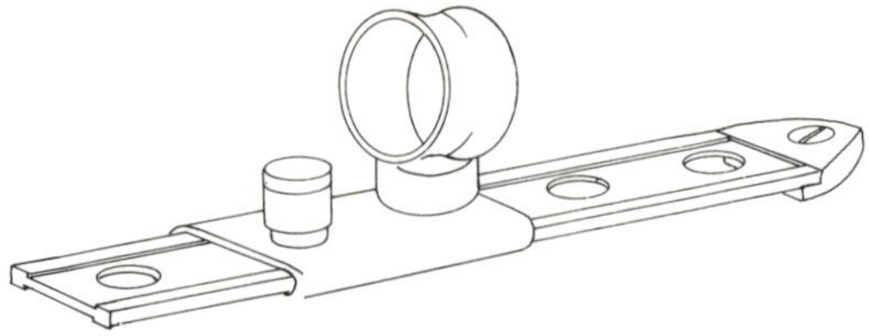

Fockschotleitschiene mit Schlitten und Leitauge

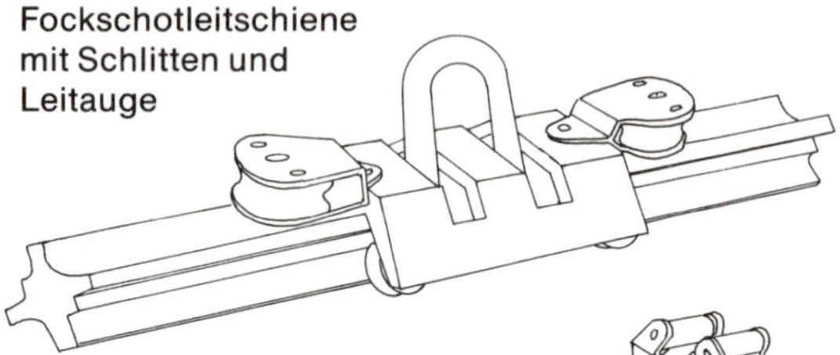

Traveller auf X-Schiene

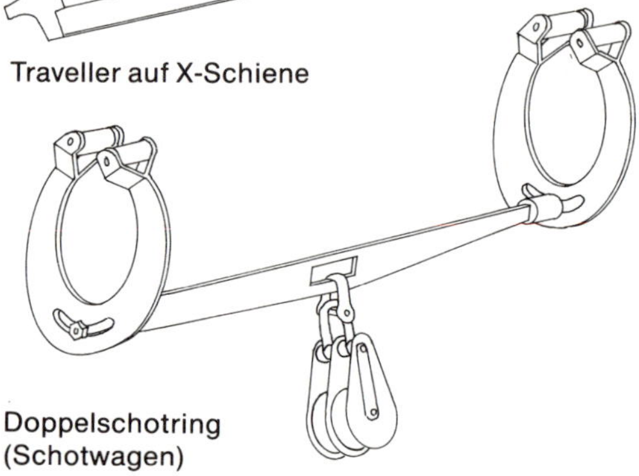

Doppelschotring (Schotwagen)

Beschläge

Zur Ausrüstung eines jeden Bootes gehört eine Vielzahl von Beschlägen. Beschlag ist ein Sammelbegriff für nahezu alle Einrichtungen an Bord, die irgendetwas verbinden, befestigen, sichern oder auch nur der Arbeitserleichterung oder der Segelführung dienen. Je größer eine Yacht ist, um so umfangreicher ist verständlicherweise das Arsenal der Beschläge. Hinzu kommt noch eine Reihe aufwendiger Spezialbeschläge für Rennyachten, die – einmal abgesehen von den Kosten – auf Tourenyachten überflüssig sind.

Kauschen sind gekehlte Metall- oder Kunststofffösen als Einlage oder zur Verstärkung, beispielsweise in einem Tauwerkauge zum Schutz gegen Schamfilen.

Stagreiter aus Metall oder Kunststoff am Vorliek des Vorsegels werden beim Segelsetzen aufs Vorstag gesetzt oder gehakt.

Schäkel sind kleine Bügel, heute meistens aus nichtrostendem Stahl, um Teile, die sich schnell wieder voneinander lösen lassen sollen, miteinander zu verbinden. Es gibt gerade, geschweifte und gedrehte Schäkel, Steck-, Schraub- und Schnappschäkel. Wirbelschäkel verwendet man beispielsweise am Kopf des Spinnakers, zwischen Anker und Ankertrosse oder am Fußblock der Großschot. Sie bewirken das selbsttätige Ausdrehen von Törns.

Klampen und **Poller** dienen zum Belegen von Tau-

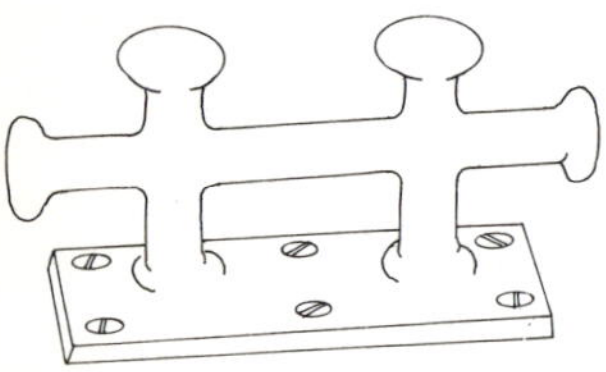

Doppelkreuzpoller

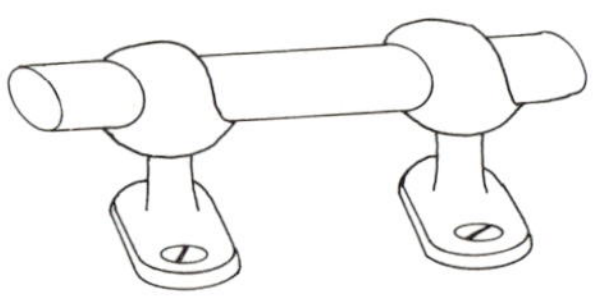

Stegklampe

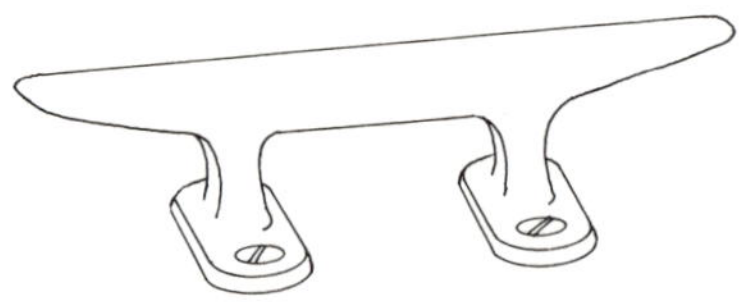

Belegklampe

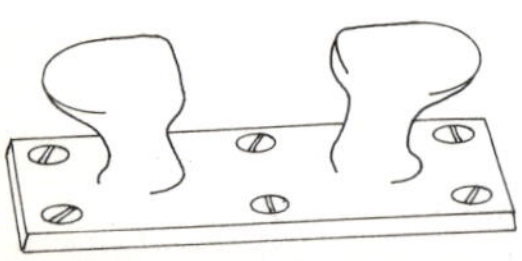

Doppelknopfpoller

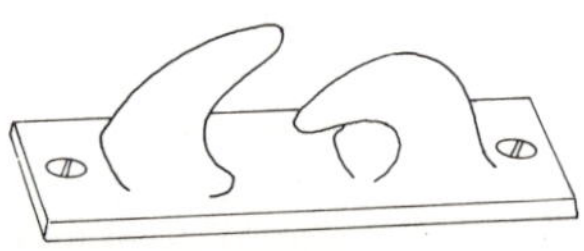

Lippklampe

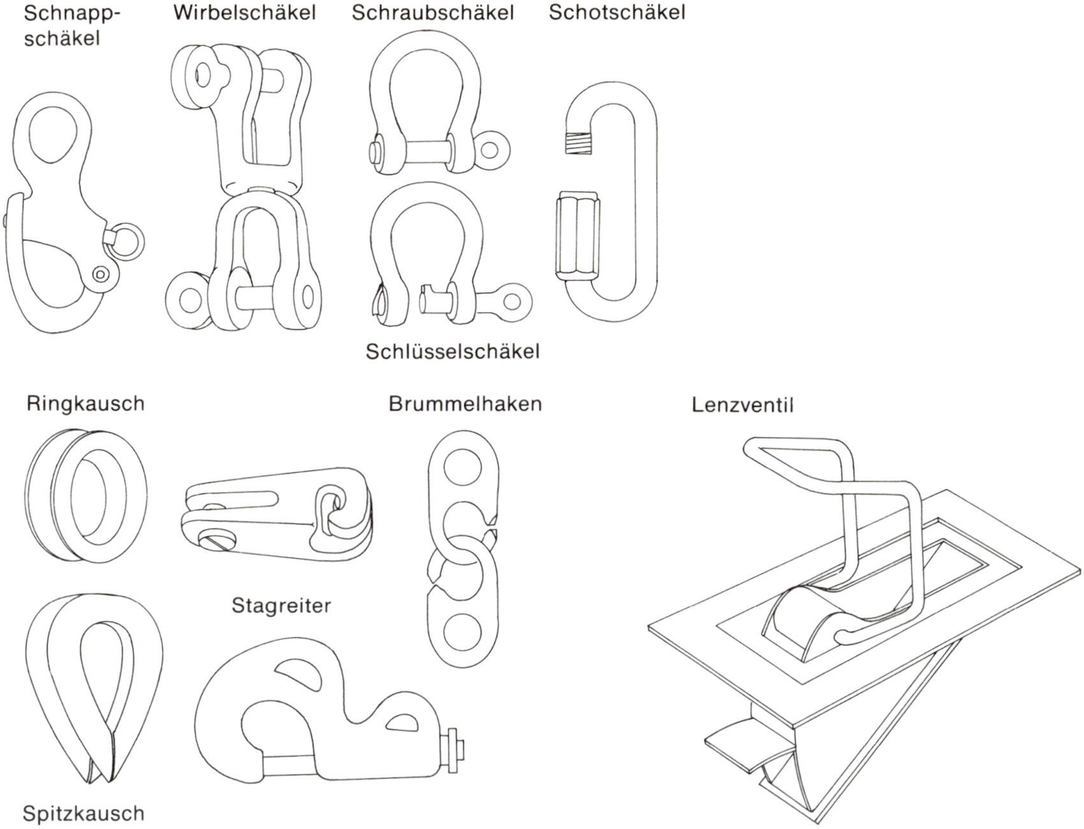

werk. Kleinere Klampen sind aus Kunststoff oder Holz, größere meistens aus Metall. Werden Metallklampen auf Metall gesetzt, müssen sie gegen galvanische Korrosion abisoliert werden.

Klemmen aus Kunststoff oder Leichtmetall bekneifen Schoten und Taljen. Die Curryklemme hat zwei bewegliche Backen, die sich bei Gegenzug öffnen. Oft ist sie mit einer Leitöse kombiniert. Die Kammklemme (Camcleat) hat keine beweglichen Teile. Sie bekneift in einem geriffelten Spalt und wird vornehmlich für Traveller-Stopper, Schwert- und Ruderfall verwendet.

Lippklampen sind im Schanzkleid oder in der Fußreling versenkt oder darauf oder auch an Deck befestigte Beschläge für Festmacher und Ankertrossen, um das Schamfilen der Leinen zu vermindern und sie gleichzeitig zu fixieren. Offene Lippklampen findet man am häufigsten, aus gekreuzten rutschen die Leinen nicht so leicht heraus.

Fockschotholepunkte sind meistens auf einer Leitschiene – einem Lochband mit Federstift – verstellbar. Sie ermöglichen in ihrer Größe unterschiedliche Vorsegel den Windverhältnissen entsprechend einzustellen. Es kann eine Leitöse sein, die auf dem Rutscher sitzt, oder ein Block.

Winschen zum Holen von Schoten, Fallen und Streckern sind Trommeln aus Tufnol, nichtrostendem Stahl, Aluminium oder Bronze, die mit Kurbeln von Hand gedreht werden. Man nimmt die zu holende Part mit zwei oder mehr Törns um die Winschtrommel herum und holt die Lose beim Drehen unter Zug ein. Sperrklinken verhindern das Zurückdrehen der Trommel. Die Hebel können unten (kleinere Ausführungen) oder oben eingesetzt werden. Größere Versionen haben zwei oder gar drei Gänge.

Selbstholende Winschen haben eine geriffelte Klemmscheibe mit Führung über der Trommel, die den Tampen automatisch mit sich zieht. Eine große Arbeitserleichterung, da man keinen zweiten Mann zum Einholen der Lose braucht, beziehungsweise beide Hände frei zum Kurbeln hat.

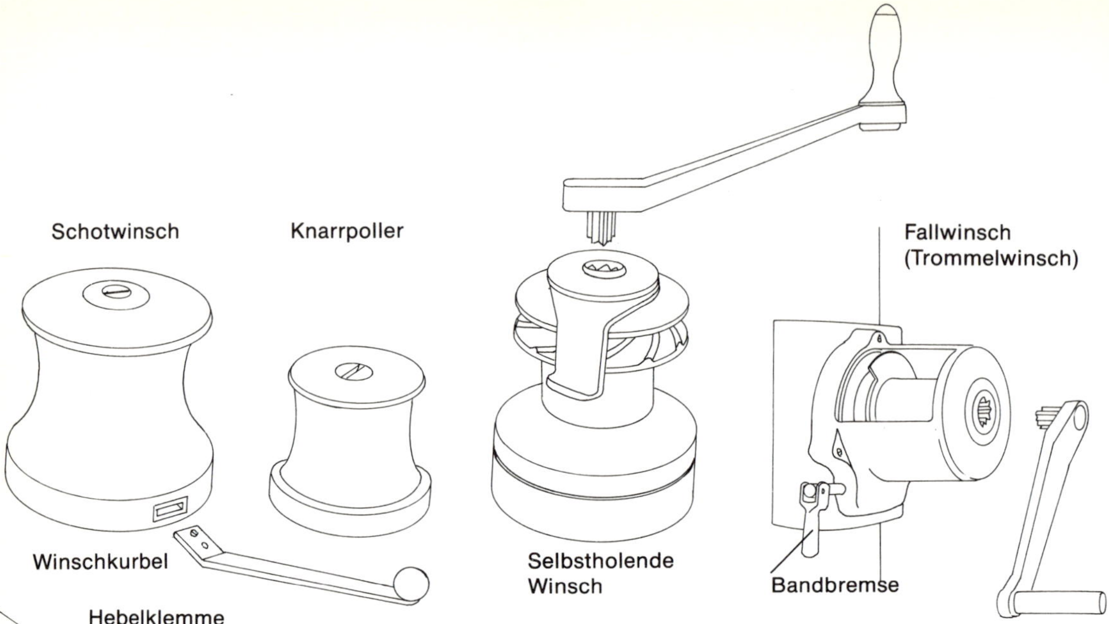

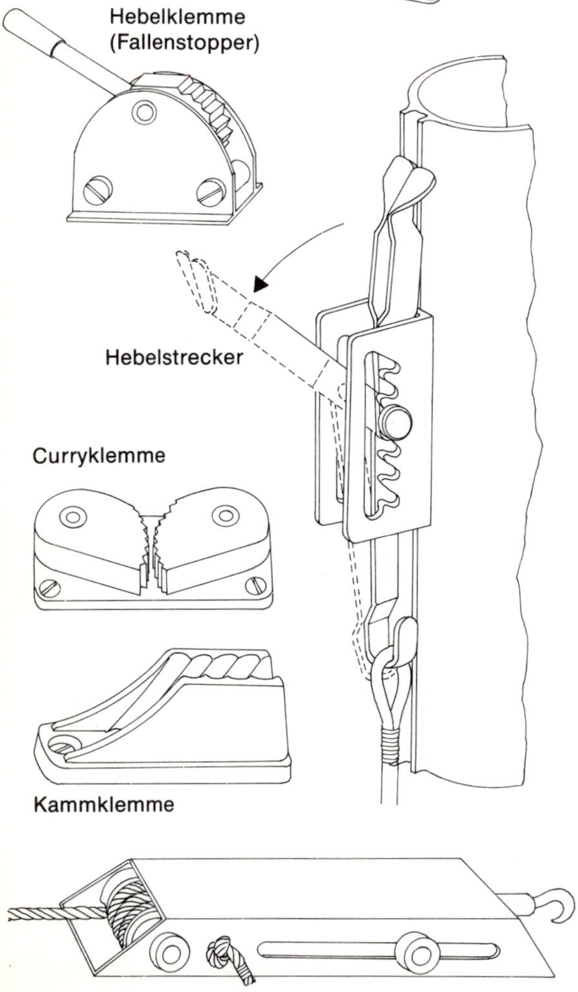

Trommelwinschen sind spezielle Fallwinschen für Drahttauwerk, das gebremst innerhalb eines schützenden Gehäuses auf- und abgewickelt wird.

Als **Kaffeemühlen** (Coffeegrinder) bezeichnet man große Doppelkurbeln mit Fernübertragung zu den schotführenden Trommeln. Sie haben mehrere Untersetzungen und sind nur auf Hochseerennyachten oder auch den America's-Cup-Yachten üblich.

Fallenstopper oder Hebelklemmen ersparen Winschen. Vor der Winsch montiert, werden Fall oder Schot zwischen Grundplatte und gezahnter Backe, durch Umlegen des Stopperhebels, sicher bekniffen. Die Winsch ist wieder frei für erneuten Einsatz. Bei der Easy Lock-Version kann das Ende auch bei gesperrter Einstellung durchgeholt werden, ohne den Hebel aufstellen zu müssen. Fallenstopper dienen hauptsächlich zum Bekneifen von ins Cockpit umgelenkten Fallen und Streckern, aber auch zum Festsetzen der Backstagen.

Bierkasten nennt sich eine Streckerbox aus Kunststoff oder Metall, die eine kompakte Einheit von Taljen verschiedener Übersetzungsverhältnisse enthält, zum Trimmen von Wanten, Vorstag oder Mast.

Schotring nennt sich ein hufeisenförmiger Bügel mit Rollen an den Enden, an dem, auf den Großbaum geschoben, der Block der Großschot angeschäkelt wird. Man findet ihn nur noch selten und dann häufiger als Doppelschotring (Schotwagen).

Traveller ist die Bezeichnung für den Großschot-

Baumfock
Man findet sie auf (meist älteren) Fahrtenyachten, weil man mit ihr wenden kann, ohne die Vorschoten bedienen zu müssen. Deshalb auch als Selbstwendefock bezeichnet. Der Baum steckt mit einem Lümmelbeschlag drehbar in einem Lagerbock. Die an der Baumnock angreifende Schot läuft auf einem Rohrbügel (Leuwagen) oder einem Traveller an Deck, führt zurück zum Lagerbock und von dort zum Cockpit. Moderne Selbstwendefocks werden ohne Baum gefahren. Die Schot wird an einem Lochblech am Schothorn ausgeschäkelt und läuft direkt über einen Umlenkblock auf dem Travellerschlitten.

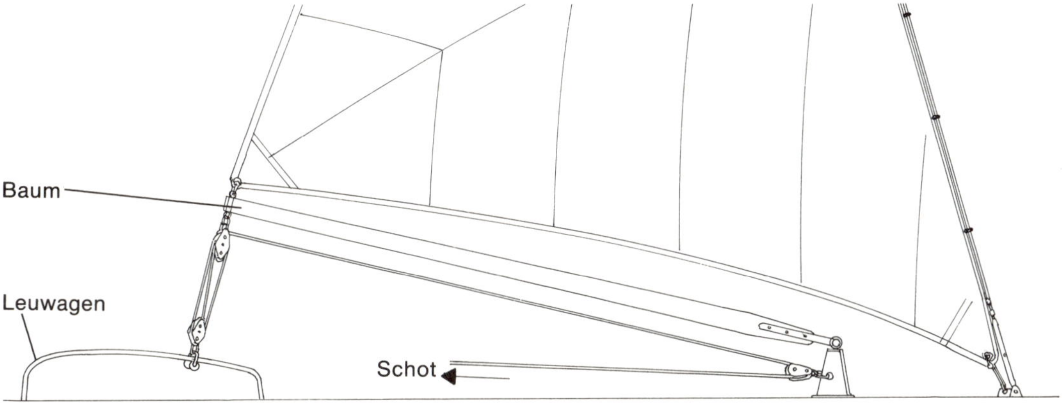

leitwagen, der auf einer quer übers Cockpit laufenden Schiene sitzt. Er ist rollen- oder kugelgelagert und wird mit Stoppertaljen oder Federstift-Arretierung eingestellt. X-Schienen ermöglichen ein Verstellen auch unter stärkerer Zugbelastung. Der Traveller dient dem Großsegeltrimm und zum Trimmen eines flexiblen Riggs.

Leit- oder **Leuwagen** sind Stahlbügel, auf denen der Fußblock der Großschot läuft (Vorläufer des Travellers). Auf Booten mit einer Baumfock gleitet häufig die Baumnock mit dem Schothorn auf einem meistens auch zur Schiene reduzierten Leitwagen. Die selbstwendende Baumfock erspart das Bedienen der Vorsegel.

Bugplatten sind Stahlkappen über dem Kopf des Vorstevens, in die die verschiedensten Beschläge integriert sein können: beispielsweise Bugkorbstütze, Lippklampen und Bugrolle für die Ankertrosse, Beschläge für Vorstag und Vorsegelhals.

Bugkorb oder **Bugkanzel** heißt eine üblicherweise das Vorstag umfassende, der Sicherheit der Crew dienende Stahlkonstruktion, manchmal mit Vorrichtungen zum Anbringen der Seitenlaternen. Hinten am Bugkorb befinden sich Augen, um den Relingsdraht zu befestigen. Ein auszuhakender Kettenverschluß erleichtert den Durchgang. Das massive Schutzgeländer hinten heißt entsprechend Heckkorb.

Die **Reling**, auch **Seezaun** genannt, bilden zwei zum Bug- und Heckkorb laufende kunststoffummantelte Drahtdurchzüge, gehalten von Relingsstützen, die in gesonderten Fußstücken stehen.

Bugbeschlag

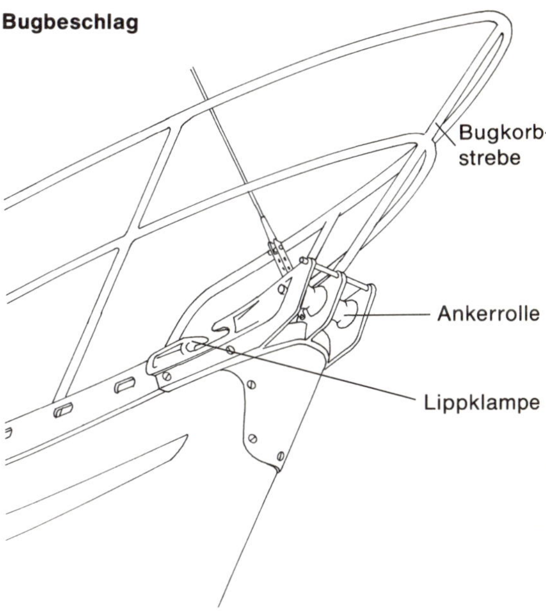

Relingspforten sind auszuhakende Durchlässe, meistens mit einem Pelikanhaken zu verschließen.

Fußreling, auch Fußleiste genannt, ist eine dem Schandeck aufgesetzte Winkelleiste, meist aus Aluminium, mit Löchern, um an jeder beliebigen Stelle beispielsweise Umlenkrollen anzuschäkeln.

Seereling

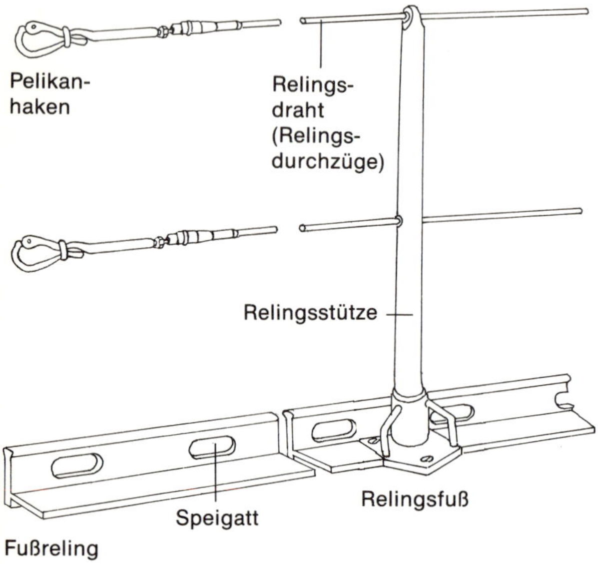

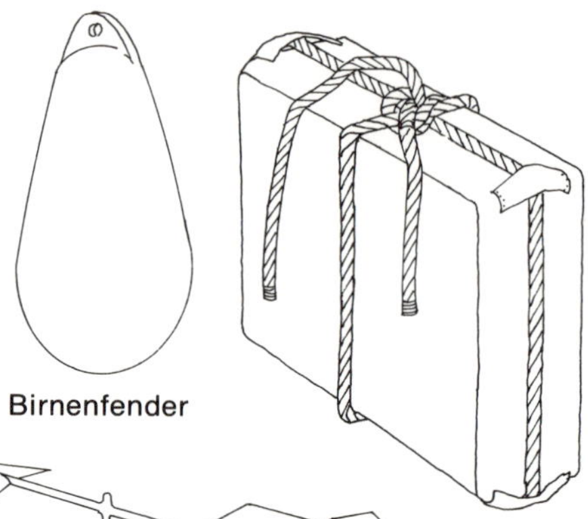

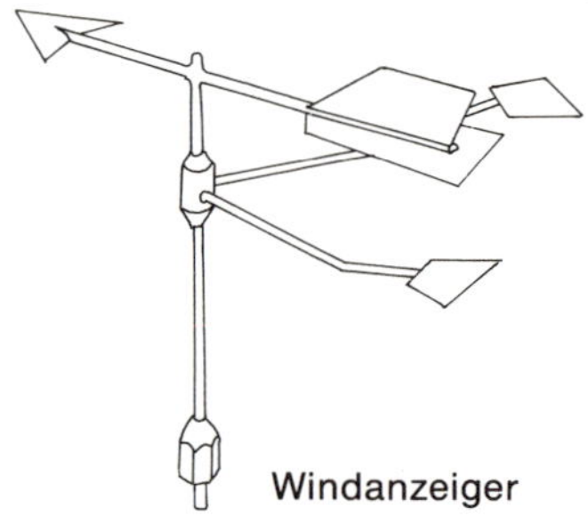

Die Öffnungen dienen zugleich als **Speigatten** (Wasserpforten).
Lenzventile im Bootsboden ermöglichen vollgeschlagene oder nach einer Kenterung wieder aufgerichtete Jollen leerzusegeln, zu lenzen.
Windanzeiger wie dieser vom Fabrikat Windex haben auf dem Masttopp die früher üblichen **Verklikker** – oft ausgesteifte Clubstander – weitgehend abgelöst. Zumindest auf Kielbooten. Mit phosphoreszierendem Leitwerk sind sie auch nachts abzulesen.
Fender sind zwar keine Beschläge, aber unerläßlich für den Schutz der Außenhaut eines jeden Bootes. Es sind zylindrische, kugel- oder birnenförmige Polster aus Gummi oder Kunststoff, massiv oder zum Aufpumpen.

Lüfter

Lüfter sind für jede eingedeckte Yacht unerläßlich. Der gefährlichste Feind eines Holzbootes ist der Rott, auch Trockenfäule genannt. Ihm kann nur durch ständige und ausreichende Belüftung einigermaßen wirkungsvoll begegnet werden. Der Belüftung von Kunststoff- und Stahlschiffen, die zu Schwitzwasserbildung neigen, kommt eine besondere Bedeutung zu. Außerdem müssen Stauräume, Maschinenraum und Bilge gut durchlüftet werden, um Gerüche und Dämpfe, etwa ausgeflossenen Brennstoffs, sofort abzuführen.
Als einfacher **Drucklüfter** wirkt ein drehbar angebrachter und gegen den Wind gestellter Lüfterkopf, meist aus Weichplastik. Häufig kann er abgeschraubt und die Öffnung seefest verschraubt werden.
Der **Dorade-Lüfter** ist eine Verbesserung. Um zu vermeiden, daß Spritzwasser oder überkommende Seen durch den Lüfter ins Schiffsinnere gelangen, sitzt der Lüfterkopf auf einem Kasten mit einem dreiviertel hohen Schott oder einem auf Dreiviertelhöhe hineinragenden Rohrstutzen. Die Luft strömt über das Trennschott hinweg, eingedrungenes Wasser aber fließt aus der abgeschotteten Hälfte des Kastens über Lenzöffnungen ab.
Als **Sauglüfter** arbeitet die Venturidüse. Der das an beiden Seiten offene Venturirohr durchfließende Luftstrom nimmt die vom Saugstutzen herangeführte Abluft mit. Zur Entlüftung eines Maschinenraumes ist ein Druck-Sauglüfter-Paar zweckmäßig. Eine solche Funktion üben die extrem fla-

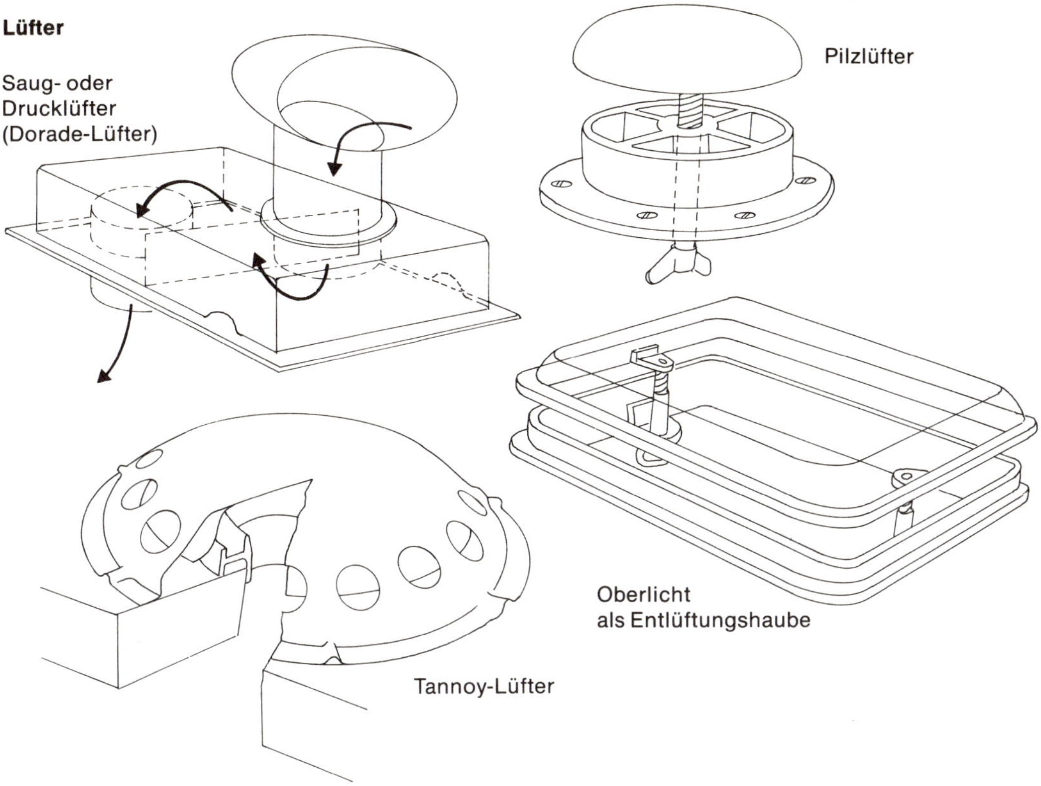

chen sogenannten Tannoy-Lüfter aus. Grundsätzlich falsch ist jedoch die häufig auf Yachten anzutreffende Anordnung, beide Entlüftungsschächte auf gleicher Höhe münden zu lassen. Der Schacht des Sauglüfters muß bis zum tiefsten Punkt der Bilge führen. Nur dann kann er Benzin- und Propandämpfe wirksam absaugen, da diese Gase schwerer als Luft sind und sich im tiefsten Punkt der Bilge sammeln.

Pilzlüfter fördern nur geringe Luftmengen, sie nehmen jedoch wenig Platz an Deck in Anspruch und lassen sich einfach, durch Eindrehen des Pilzkopfes, seefest schließen. Sie dienen hauptsächlich zur Entlüftung von Pantry, WC-Räumen und Segellasten.

Auch **Oberlichter** – in verschiedenen Winkeln nach vorne und hinten anstellbare transparente Lukendeckel – können eine gute Lüfterfunktion haben.

Eingebaute elektrische Ventilatoren erhöhen die Wirkung aller Lüfter beträchtlich. Motoren von Ventilatoren, die in den Luftschächten zum Machinenraum sitzen, müssen explosionssicher sein, um die Entzüdnung von Knallgas aus den Batterien oder von Propan- oder Benzindämpfen zu vermeiden.

Anker und Ankergeschirr

Ein Anker dient dazu, ein Schiff sicher am Grund festzuhalten. Geradezu lebensrettend kann er werden, wenn eine havarierte oder sonstwie manövrierunfähige Yacht auf eine Untiefe oder Küste zutreibt.

Es gibt zwei Ankerkonzeptionen:

Gewichtsanker, deren Wirksamkeit vor allem auf ihrem hohen Eigengewicht beruht, und

Patent- oder **Leichtgewichtanker**, die bei gleichem Gewicht eine bedeutend höhere Zugfestigkeit oder Haltekraft aufweisen. Anders ausgedrückt, bei gleicher Zugfestigkeit können sie erheblich leichter sein. Beim Eingraben in den Grund ist allerdings das Leichtgewicht wieder ein gewisses Handikap.

Der **Stock-** oder **Admiralitätsanker** ist ein Gewichtsanker. Er faßt gut auf steinigem, tonigem und verkrautetem Grund und gilt als der beste Allround-Anker. In sandigem Boden hält er etwa das 5fache seines Gewichtes. Er hat aber auch erhebliche Nachteile: Er ist verhältnismäßig schwer und unhandlich. Ein Arm steht am Grund immer hoch. Leicht können beim Ankern oder

Anker

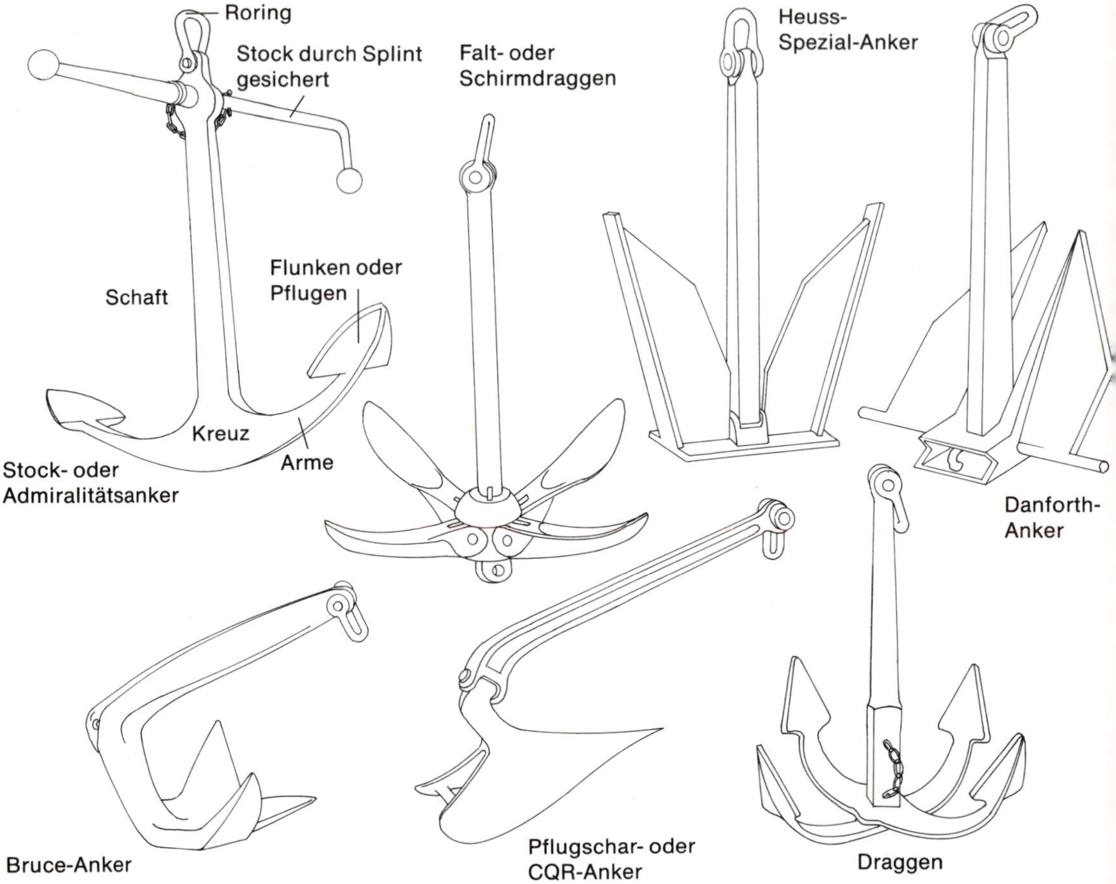

Schwojen Kette oder Trosse daran unklar kommen und den Anker ungewollt ausbrechen. Da die eingegrabene Fläche verhältnismäßig klein ist, ist auch die Haltekraft nicht sehr groß.

Der **Pilzanker** ist ebenfalls ein Gewichtsanker, allerdings für den Yachtgebrauch nicht geeignet. Er wird zur Verankerung von Seezeichen und von Muringbojen verwendet, da er, einmal eingegraben, eine sehr hohe Haltekraft besitzt.

Der **Danforth-Anker**, ein Leichtgewicht, läßt sich beigeklappt hervorragend stauen. Er besitzt, je nach Grundbeschaffenheit, eine drei bis 300fach größere Haltekraft als ein Stockanker gleichen Gewichts. Schwere Danforth-Anker machen sogar häufig Schwierigkeiten beim Ausbrechen. Nur auf stark verkrautetem Grund sind sie unbrauchbar. Auf Tonmergel und in Schlick sind sie allen anderen Leichtgewichtsankern überlegen.

Der **Baas-Anker** ist ein modifizierter Danforth. Er hat an beiden Stockenden Leitrollen aus Kunststoff, die ihn beim Eingraben in der Waagerechten stabilisieren und Außenhaut und Deck vor Beschädigungen durch die Stockenden schützen

Der **Pflugschar-** oder **CQR-Anker** beginnt sich mit dem pflugscharartigen Arm sofort bei horizontalem Zug einzugraben. Allerdings besteht auf stark verkrautetem und tonhaltigem Grund die Gefahr, daß die Pflugschar nicht eindringt. In der Haltekraft ist er dem Danforth noch überlegen.

Der **Bruce-Anker**, ursprünglich für Ölplattformen entwickelt, hat eine hohe Haltekraft im Verhältnis zum Gewicht, entsprechend schwer ist er auch manchmal auszubrechen. Hingegen hält die schaufelartige Flunke nicht so gut, wenn das Boot viel schwojt, das heißt, um seinen Anker kreist. An Bord läßt er sich, ähnlich wie der Pflugscharanker, schlecht stauen.

Der **Heuss-Spezialanker** gehört ebenfalls zu den

Kettenelemente

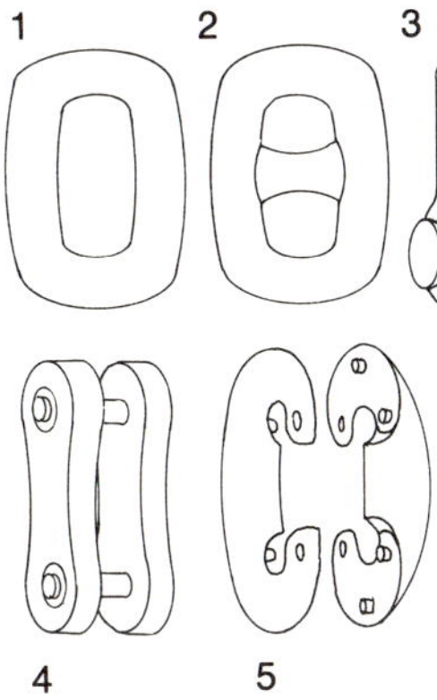

1 Einfaches Kettenglied (Schake)
2 Kettenglied mit Steg
3 Verbindungs- oder Ankerschäkel
4 Schraubglied als Ersatz für ein gebrochenes Kettenglied
5 Kenterschäkel zur Verbindung der Kettenlängen

vom Germanischen Lloyd für Yachten empfohlenen Leichtgewichtankern. Er liegt, was seine Fähigkeit zum Eingraben und seine Haltekraft anbelangt, merklich unter den anderen.
Der **Draggen** ist ein kleiner stockloser Anker mit vier festen oder aber auf einem Vierkantteil des Schaftes um 90 Grad versetzbaren und zusammenlegbaren Armen. Er wird häufig auf Ruderbooten und kleinen Jollen gefahren. Draggen ohne Hände dienen zum Absuchen des Grundes nach verlorenen Ketten, Leinen usw.
Falt- oder **Schirmdraggen** besitzen vier Arme. Sie sind auf einem Gelenk am Fuß des runden Schaftes drehbar angeordnet, so daß sie sich wie ein Schirm am Schaft zusammenfalten lassen.
Wegen ihres geringen Platzbedarfs sind Schirmdraggen auf Jollen sehr beliebt. Ihre Haltekraft und Fähigkeit sich einzugraben sind allerdings beschränkt. Die etwa im rechten Winkel zum Schaft stehenden Arme sind dabei noch ungünstiger als die gekrümmten des normalen Draggen.
Grundsätzlich gilt: Ein Anker kann, wenn es um seine Haltekraft auf unterschiedlichen Ankergründen geht, gar nicht schwer genug sein. Grenzen setzt seinem Gewicht die Muskelkraft der Crew oder die Zugkraft des Ankerspills. Dennoch gibt es gewisse Anhaltswerte für das Ankergewicht, erarbeitet als Empfehlung des Germanischen Lloyd. Sie wurden auch in die Sicherheitslinien der Kreuzer-Abteilung des Deutschen Segler-Verbandes aufgenommen.
Obwohl diese Empfehlungen einen zweiten Anker

Auszug aus den Sicherheitsrichtlinien der Kreuzer-Abteilung Anker und Ketten für Segelyachten

Verdrängung	Gewicht für		Ketten	Schlepp- und Ankertrossen aus Polyamid
	1. Anker	2. Anker	Durchmesser	Durchmesser
[t]	[kg]	[kg]	[mm]	[mm]
0,5	5	–	–	12
0,6	5,5	–	–	14
0,75	6,5	–	–	14
1	7,5	–	–	14
1,5	8,7	–	–	14
2	14	12	6	16
3	16	13	6	18
4	17	14	7	18
5	18	15	7	18
6	20	17	7	20
8	23	20	8	22
12	28	24	8	22
17	33	28	9	22
23	39	33	10	24

erst für Yachten ab 2 t Verdrängung vorsehen, sollte unbedingt auch auf leichteren Kielbooten ein zweiter als Reserveanker an Bord sein.

Ankerkette und Ankerleine

Je länger die Kette oder Leine (Trosse) ist, um so besser hält der Anker. Auf Jollen genügt eine Ankerleine. Aber auch auf kleineren Yachten werden bevorzugt Leinen gefahren, die wegen ihres geringen Gewichtes leichter zu handhaben sind, weniger losen Ballast an eine ungünstige Stelle des Schiffes bringen und durch ihre große Bruchfestigkeit und Elastizität sogar einer Kette überlegen sein können. Wird jedoch auf Kielbooten eine Leine verwendet, muß zwischen Anker und Leine ein Kettenvorlauf von mindestens 6 m geschäkelt werden. Der Kettenvorlauf zieht durch sein Eigengewicht den Ankerschaft herunter, verstärkt durch seine Haftreibung auf dem Grund die Effektivität des Ankers und verhindert ein hartes Einrucken der Yacht in die Ankertrosse. Das könnte möglicherweise den Anker wieder ausbrechen. Auf felsigem Grund schützt der Kettenvorlauf die Leine vorm Schamfilen. Der Nachteil einer Leine ist der größere Platzbedarf beim Ankern, weil durch die

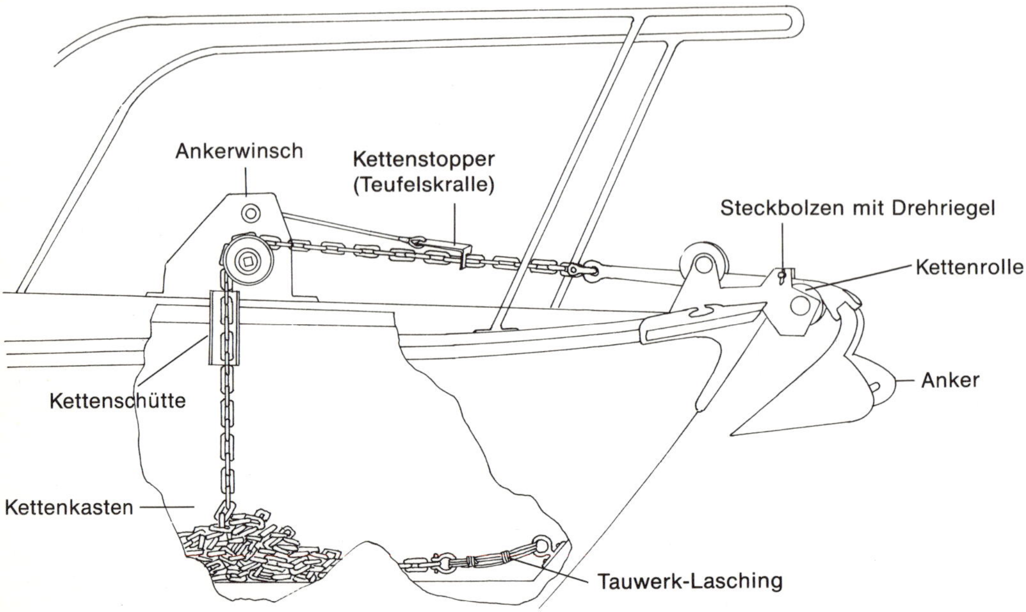

Kettenende und der Bolzen im Kettenkasten sind mit einer Tauwerk-Lasching verbunden. Die Kettenschütte sollte möglichst senkrecht in den Kasten führen. Nur dann ist garantiert, daß sich die Kette beim Aufholen selbst staut. Ein Kettenstopper ist unbedingt erforderlich, um vor Anker das Getriebe der Winsch zu entlasten. Ein Anker, der ständig in der Bugrolle gefahren wird, stört nicht an Deck und ist jederzeit einsatzbereit. Ein Steckbolzen mit Drehriegel fixiert den gehalterten Anker und verhindert, daß Kette oder Trosse beim Ankern aus der Führung springen.

längere Trosse der Schwojekreis viel größer ausfällt.

Ankerketten werden nach der Stärke der Kettenglieder in Millimeter oder Zoll angegeben. Ketten unter 13 mm erhält man in beliebigen Längen; schwerere Ketten werden in sogenannten **Kettenlängen** (ca. 27 m) geliefert. Die Kette wird gemarkt, damit man weiß, wieviel Kette ausgesteckt ist, indem man Kettenglieder farbig anstreicht oder kurze Leinenstücke einbindet, in die eine entsprechende Anzahl von Knoten gemacht wird. In der Praxis hat sich eine Markierung in Abständen von jeweils 5 Metern als zweckmäßig durchgesetzt. Die Verbindung der einzelnen Kettenlängen erfolgt durch **Kenterschäkel** (Nietkettenglieder) oder Ankerschäkel. Diese Schäkel sind durch Ausschlagen der Bolzen schnell zu öffnen, laufen aber nicht über die Kettennuß des Ankerspills, sondern müssen von Hand darüber geführt werden. Bei schwereren Ketten hat jedes Kettenglied, auch **Schake** genannt, noch einen Steg, so daß sich die Glieder auch bei starker Zugbelastung nicht verformen können. Bei kalibrierten Ketten sind alle Glieder genau genormt, so daß sie, ohne zu haken, über die Kettennuß des Spills laufen können.

Mit dem **Ankerroring** ist die Kette entweder durch einen einfachen oder besser einen Wirbelschäkel verbunden.

Auch eine Leine sollte stets am Anker angeschäkelt und nicht etwa mit einem Roringstek am Ankerroring angesteckt werden. Er hält in glattem synthetischem Tauwerk nicht verläßlich und verringert die Reißfestigkeit der Leine um etwa 50%.

Die Kette wird an Bord in einem **Kettenkasten** gefahren, der sich möglichst tief unterhalb der Wasserlinie befindet. Über eine **Kettenschütte**, meist ein Rohr, wird die Kette in den Kasten geführt, dessen Boden Lenzöffnungen haben sollte, damit das mit der Kette eingebrachte Wasser in die Bilge oder direkt nach außenbords abfließen kann. Ein weitverbreiteter Fehler ist es, die Kette im Kettenkasten anzuschäkeln. Dieser Schäkel rostet ein oder läßt sich nicht lösen, wenn in einer Gefahrensituation die Kette gekappt werden muß, um den Anker zu slippen. Das Kettenende wird mit einem starken Stropp aus Tauwerk gesichert.

Auf kleineren Booten werden Kette und Anker von Hand gehievt (geholt), ab etwa 25 kg Ankergewicht mit einem Ankerspill. Handspills werden für Zugkräfte bis zu etwa 1 Tonne gebaut. Darüber hinaus gibt es hydraulische, die mit Öldruck arbeiten, und elektrische, die von der Batterie der Maschine gespeist werden. Auf Yachten findet man nur Spills mit waagerechter Achse (Ankerwinden). Auf dieser befindet sich eine Trommel und ein Kettenkranz zur Führung der Kette. Trommel oder Kettenkranz sind meistens lose auf die Achse des Spills gesetzt und werden durch eine Kupplung mit der Antriebsvorrichtung verbunden oder von ihr getrennt. Eine dazwischengeschaltete Übersetzung ermöglicht die Einstellung von zwei oder mehr Geschwindigkeiten.

Pallklinken sind ein wichtiger Teil des Ankergeschirrs. Sie halten die Kette Glied für Glied fest, während sie eingehievt wird. Beim Stecken der Kette wird die Klinke gelöst. Bremsvorrichtungen des Spills regulieren die Geschwindigkeit des Auslaufens der Kette beim Stecken.

Kettenstopper dienen zur Entlastung des Spills beim Ankerliegen. Sie werden mit einem Schlippschäkel in die Kette eingelegt. Dann wird die Kette in den Stopper eingefiert, bis das Spill vollständig entlastet ist. Es muß jedoch durch Einlegen der Sperrklinken gesichert werden für den Fall, daß der Stopper brechen sollte.

Die Aufstellung der Ankerwinde auf dem Vordeck ist nicht ganz unproblematisch, weil sie beim Segelwechsel in schwerem Wetter äußerst hinderlich sein kann.

Auf großen Yachten wird der Anker in einer Klüse gefahren, auf kleineren in der Bugrolle. Ist das nicht möglich, muß er an Deck genommen, von der Kette abgeschäkelt und in sogenannten **Schweinsrücken** gehaltert werden. Leichtere Anker, die man noch von Hand über Bord geben kann, finden meistens im Kettenkasten ihren Platz.

Ankerwinde (Handspill)

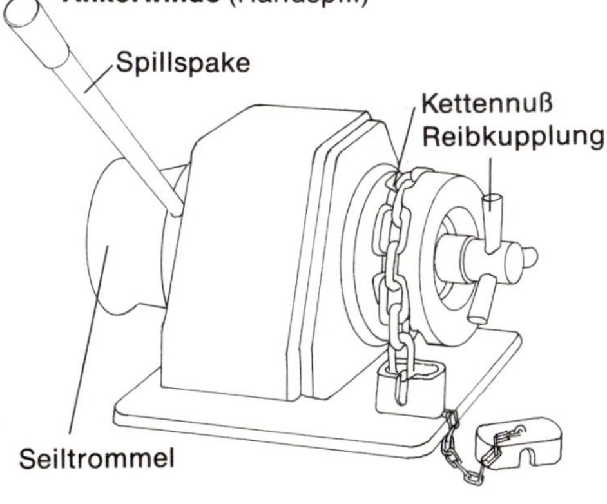

Selbststeueranlagen

Als in den 60er Jahren Solo-Regatten über größere Seeräume populär wurden, kamen die Selbststeueranlagen auf. Sie erst ermöglichten die zahlreichen Ozeanfahrten und Weltumseglungen von Yachten mit kleiner – oft nur aus Mann und Frau bestehender – Crew. Auch auf kürzeren Törns in überschaubaren Seeräumen, wie etwa auf einer Ostsee-Überquerung, befreit die Selbststeueranlage vom bisweilen ermüdenden stundenlangen Rudergehen oder ermöglicht dem Rudergänger, zwischendurch andere Arbeiten an Bord zu erledigen. So sind denn Selbststeueranlagen in wenigen Jahren außerordentlich beliebt geworden. Aber gerade in verkehrsreichen Küstenrevieren beschwört der sorglose Einsatz auch erhebliche Gefahren herauf, wenn nachts oder bei regnerischem Wetter die Versuchung groß wird, unter Deck zu gehen und das Boot sich stundenlang selbst zu überlassen.

Zu unterscheiden ist zwischen Windselbststeueranlagen und Autopiloten.

Windselbststeueranlagen arbeiten alle nach einem ähnlichen Prinzip. Eine Windfahne hält einen konstanten Winkel zum scheinbaren Wind. Weicht das Boot vom Kurs ab, bleibt die Windfahne in dieser Windrichtung. Folglich ändert sich das Winkelverhältnis zwischen Windfahne und Längsachse des Bootes. Diese Abweichung übertragen Seilzüge, Zahnräder oder Gestänge direkt oder indirekt auf das Ruder, das durch einen entsprechenden Einschlag das Boot auf seinen Ausgangskurs zurückbringt.

Bei einfachen Anlagen wirkt die Windfahne direkt auf das Ruder. Angesichts der geringen Kraft, die die Windfahne liefert, eignet sich dieses System nur für kleinere und zudem kursstabile Boote. Andere Systeme arbeiten mit einem Hilfsruder, das nur etwa ein Viertel so groß zu sein braucht wie das Hauptruder. Wieder andere bewegen eine Flosse, also ein Servoruder, an der Hinterkante des Hauptruders. Am meisten verbreitet sind Anlagen mit Pendelrudern. An einer senkrechten Ruderachse sitzt das Servo-(Pendel-)Ruder. Die Fahne dreht es bei Kursabweichungen so, daß es vom Wasser schräg angeströmt wird. Die sich daraus ergebende Kraft bewirkt ein seitliches Auswandern des Ruders; es dreht sich somit um eine horizontale Pendelachse. Die Bewegung wird über Seilzüge auf die Pinne des Hauptruders übertragen.

Windselbststeueranlagen

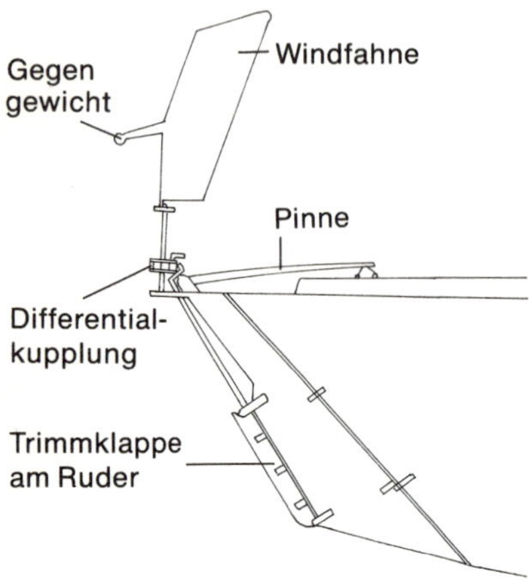

Trimmklappenanlage

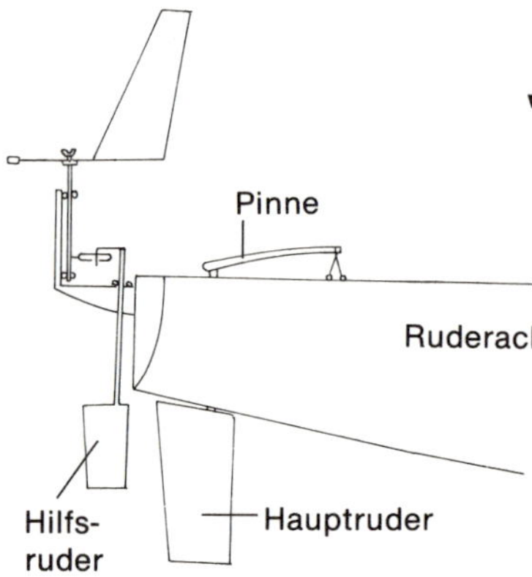

Anlage mit
starrem Hilfsruder

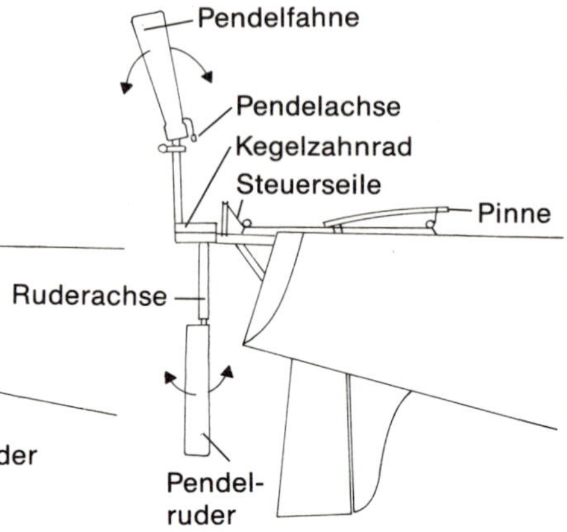

Pendelruderanlage

Einige Anlagen sind für Radsteuerung und Pinne geeignet, andere nur für Boote mit Pinne.
Ganz entscheidend ist, sie steuern stets nur nach dem scheinbaren Wind (s. *Theorie des Segelns,* S. 120). Bei Geschwindigkeitsveränderungen des Bootes und damit einer Änderung des Einfallwinkels des scheinbaren Windes müssen sie neu eingestellt werden. Ebenso natürlich bei einer Änderung der Windrichtung. Auf Vormwind-Kursen sind fast alle Systeme problematisch, weil die Windfahne dann nicht in der Lage ist, genügend Steuerkraft aufzubringen. Mitunter arbeiten sie auf diesem Kurs überhaupt nicht.
Ein weiterer Gesichtspunkt ist die Verwendung von Windselbststeueranlagen als Notruder. Mit einigen Anlagen lassen sich, beispielsweise nach einem Ruderbruch, Manöver unter Segeln und auch unter Motor fahren. Mit anderen nicht.
Autopiloten für Pinnen- und Radsteuerung arbeiten ebenfalls alle nach einem annähernd gleichen Prinzip: Eine mit einem Sensor gekoppelte Kompaßeinheit zeigt jede Abweichung von dem eingegebenen Kurs an und leitet sie an die Steuereinheit, einen Elektromotor, weiter. Die Übertragung auf Pinne oder Rad erfolgt mechanisch oder, auf größeren Schiffen, hydraulisch. Autopiloten sind oft mit einem Alarmgeber kombiniert, der in Aktion tritt, wenn das Schiff um einen bestimmten Betrag vom Kurs abweicht oder sich die Windrichtung ändert.

Verfeinerte Ausführungen sind Steuerautomaten, die einen einmal eingegebenen Kurs exakt einhalten. Ihr Stromverbrauch aber ist beträchtlich, so daß sie eher für Motoryachten geeignet sind.

Autopilot für Pinnensteuerung

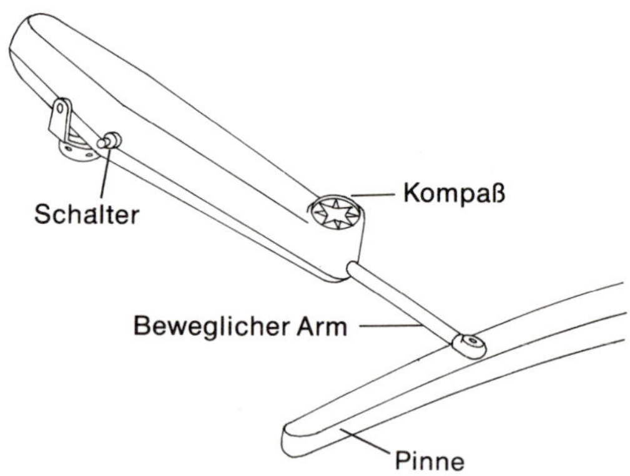

Windmeßanlagen

Größere Yachten, speziell Regattaschiffe, fahren eine elektronische Windmeßanlage im Masttopp. Sie besteht aus einer Windfahne und einem Schalenkreuz (Anemometer). Beide zeigen, sofern sich das Boot in Fahrt befindet, nur den scheinbaren Wind an, eine Kombination aus tatsächlichem Wind, Fahrtwind und Kurs zum Wind. Die laufend gemessenen Daten werden auf Anzeigeinstrumente unter Deck oder im Cockpit übermittelt. Einige haben eine Spreize, so daß geringste Schwankungen der Windrichtung erkannt werden können. Andere lassen sich auf einen Sollkurs einstellen, so daß Abweichungen gegenüber dem scheinbaren Wind sofort sichtbar werden. Auch die Skala der Windgeschwindigkeitsanzeige kann im unteren Bereich gespreizt sein. Die so gewonnenen Daten ermöglichen ein präzises Steuern am Wind und eine optimale Segeleinstellung, wenn es auf Seeregatten um Minuten geht.

Windmeßanlage

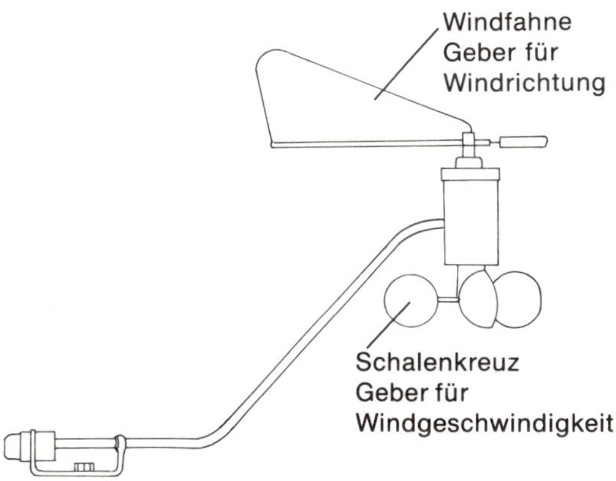

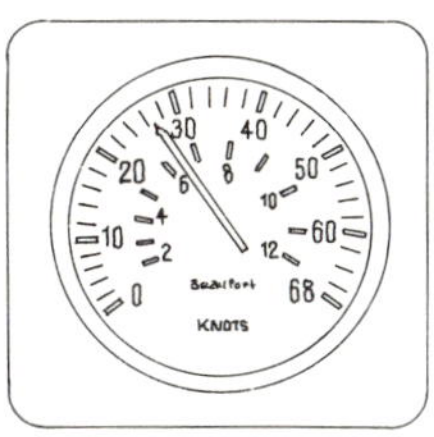

Windgeschwindigkeitsanzeige

Windrichtungsanzeige

Lenz- und andere Pumpen

Die **Lenzpumpe** ist ein unerläßlicher Bestandteil der Ausrüstung jedes Schiffes. Sie soll eine Yacht lenz halten, das heißt, das durch überkommende Seen, Regen, kleine Undichtigkeiten und durch die Stopfbuchse der Propellerwelle eingedrungene Wasser aus der Bilge entfernen. Sie soll aber auch so wirksam sein, daß die Yacht bei Leckschlagen oder nach einer provisorischen Leckabdichtung weiterhin schwimm- und manövrierfähig bleibt. Sie muß daher eine bestimmte Mindestförderleistung haben und darf durch Schmutz aus der Bilge nicht außer Funktion gesetzt werden. Von den zahlreichen Arten von Pumpen erfüllen nur Saug- und Membranpumpen diese Forderung. Die Förderleistung wird nach den Empfehlungen des Germanischen Lloyd der Verdrängung der Yacht gleichgesetzt. Beispielsweise 2000 kg (2 t) = 2000 l/h, 4000 kg (4 t) = 4000 l/h. Über 4 t = 5000 l/h.

Saugpumpen bestehen aus einem vertikalen Zylinder, in dem ein Kolben auf und nieder gleitet. Sie sind vielfach in oder neben dem Cockpit angebracht. Das geförderte Wasser läuft nach oben weg, also über Deck außenbords. Der Kolben, der entweder eine Manschette trägt oder ein eingebautes Druckventil hat, läßt sich leicht herausziehen und reinigen. Saugpumpen arbeiten im Prinzip wie eine Dorfpumpe mit Schwengel.

Membranpumpen findet man auf den meisten Yachten. Es gibt einfach und doppelt wirkende Ausführungen; das bedeutet, entweder wird nur bei einer Bewegungsrichtung des Hebels Wasser gefördert oder aber beim Hin- und Rückschlag. Ihre Förderleistung beträgt 70 bis 90 Liter pro Minute. Das Gehäuse läßt sich einfach auf beiden Seiten der Membrane öffnen, um Schmutz zu entfernen. Die Bedienung erfolgt mit einem in vertikaler oder horizontaler Ebene arbeitenden Hebel, so daß die Pumpe nahezu an jeder Stelle des Schiffes eingebaut werden kann. Der sicherste und beste Einbau ist der unter Deck. Häufig jedoch findet man Pumpen in Backskisten. Das kann auf Seeschiffen zu gefährlichen Situationen führen. Einmal wird durch den geöffneten Backskistendeckel die Mannschaft in ihrer Aktionsfähigkeit eingeschränkt, und außerdem kann die Yacht über die geöffnete Backskiste vollschlagen.

Flügelpumpen müssen angegossen werden, bevor sie arbeiten. Bei ihnen fördern zwei in einem flachen runden Gehäuse hin und her schwingende Flügel, die je ein Druckventil haben, das Wasser.

Lenzpumpen

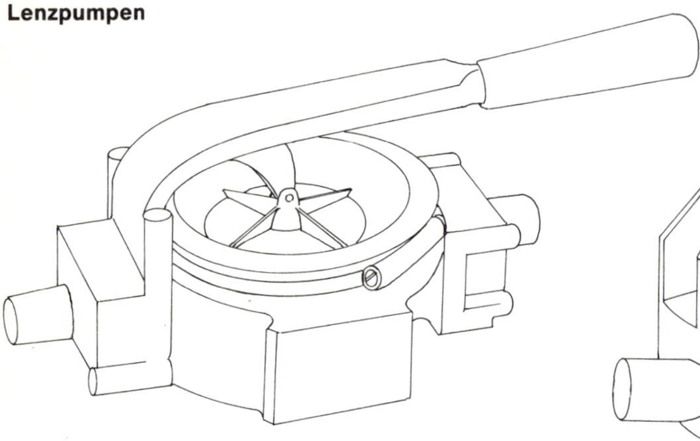

Membranpumpe

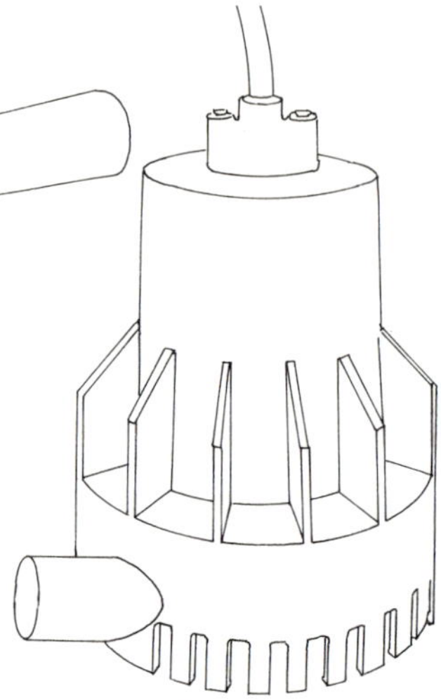

Elektrische Kreiselpumpe (Tauchpumpe)

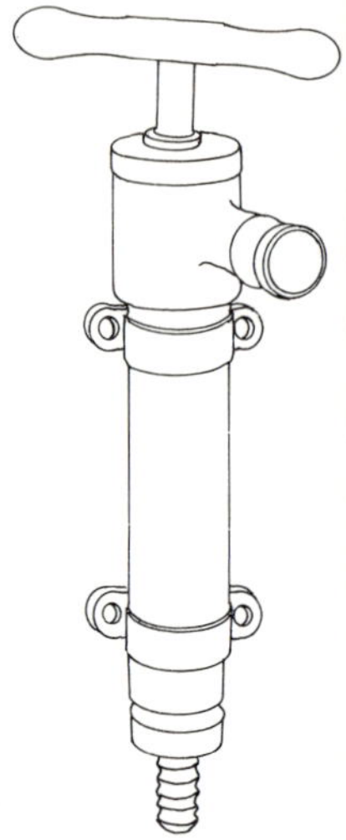

Saug- oder Kolbenpumpe

Das Fördergut darf jedoch keine festen Bestandteile enthalten. Flügelpumpen dienen vorwiegend zum Auffüllen von Vorratstanks im Frischwassersystem und zum Lenzen von Schmutzwassertanks. Sie lassen sich ebenfalls leicht an jeder beliebigen Stelle an Bord anbringen, verstopfen aber schnell und sind daher als Lenzpumpen nicht geeignet.
Kreiselpumpen arbeiten nach dem Prinzip einer Zentrifuge. Sie haben keine Ventile, müssen jedoch sehr schnell rotieren. Sie haben zwar eine relativ größere Kapazität als Membranpumpen, müssen jedoch an der tiefsten Stelle der Bilge eingebaut werden, da sie nicht von selbst ansaugen. Sie dürfen nicht trockenlaufen, und werden auch als Tauchpumpen bezeichnet.
Axialpumpen mit biegsamen Impellern aus Neopren werden vielfach als Kühlwasserpumpen am Motor gefahren. Sie dürfen nicht trockenlaufen und müssen daher, wenn sie als Lenzpumpen verwendet werden sollen, ständig aus einem unter Druck stehenden Kreislauf mit einer geringen Wassermenge gespeist werden.
Zahnradpumpen – Verdrängerpumpen, die das Fördergut durch ihre Zahnflanken pressen – werden neben Membranpumpen zur Kraftstoff-Förderung verwendet. Außerdem gibt es noch **Kapselpumpen** mit Kolbenschieberventilen und selbstansaugende Pumpen, die fest am Motor angeflanscht sind.
Jede Yacht sollte, außer der motorabhängigen Lenzpumpe, zwei Handpumpen ausreichender Förderkapazität haben; denn Lenzpumpen, die von der Antriebswelle des Motors oder von einem Elektromotor angetrieben werden, ersparen zwar die tägliche Pumparbeit, doch im Ernstfall kann man sich nicht auf sie verlassen. Oft fällt der Motor nach einem Wassereinbruch aus, und die Batterien geben nicht genügend Strom für einen Dauerbetrieb her.
Das Saugrohr jeder Bilgepumpe muß an seinem unteren Ende mit einem Saugkorb versehen sein, der verhindert, daß Fremdkörper angesaugt werden und die Pumpe außer Betrieb setzen.

Elektro-Installation

Das Bordnetz

Elektrizität und Elektronik sind für die seemännische Ausrüstung einer Yacht ebenso wichtig, wie für den Wohnkomfort angenehm. Den Sicherheitsforderungen an seegehende Yachten ist nur durch zahlreiche elektrische Hilfsmittel zu entsprechen.
Nahezu jede Yacht verfügt über einen Motor, der über eine Lichtmaschine Strom liefert. Es sind

Grundschema einer Gleichstromanlage

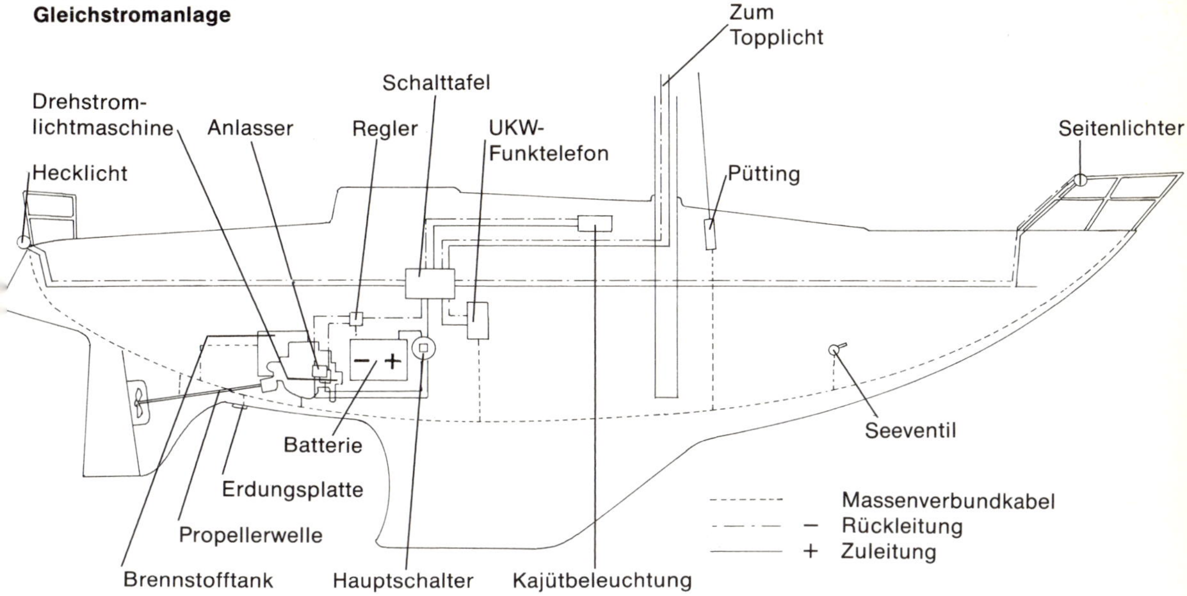

heute fast ausnahmslos Drehstromlichtmaschinen (Alternatoren). Sie bieten gegenüber den früheren Gleichstrommaschinen den wesentlichen Vorteil, schon im Leerlauf Leistung abzugeben. Auch der Wartungsaufwand ist geringer. Der von der Lichtmaschine gelieferte Strom wird im Akkumulator gespeichert und von diesem an die Stromverbraucher abgegeben.
Eine korrekte Elektro-Installation ist Sache der Werft. Deshalb ist sofort beim Kauf eines Bootes darauf zu achten, ob die Kabel sauber verlegt und farblich gekennzeichnet sind.
Bekanntlich verläuft der Spannungsabfall in einer Leitung proportional zu ihrem Widerstand. Dementsprechend spielt der elektrische Widerstand der Zuleitungen (Kabel, Litzen) eine um so größere Rolle, je geringer die Spannung der Stromquelle ist. Eine Minderung der Spannung um 25% würde bei einer Glühlampe in einer Seitenlaterne bedeuten, daß sie nicht einmal mehr mit halber Lichtintensität brennt. Die Sicherheit des Bootes wird dadurch entscheidend herabgesetzt. Eine Unterspannung von 5% mindert die Lichtstärke bereits um 17%, eine Unterspannung von 10% um 33%. Bei Positionslampen sollten nicht mehr als 2% Spannungsabfall durch die Leitung verursacht werden. Das bedeutet beispielsweise, daß der Leitungsquerschnitt bei 30 m Gesamtlänge (je 15 m Hin- und Rückleitung) mindestens 2,5 mm^2, besser jedoch 4 mm^2 betragen soll. Da das jedoch so gut wie nie zu erreichen ist (lange Kabelwege, Anschlußraum in den Laternen nur für 1,5 mm^2), läßt man heute auch 5% Spannungsabfall zu, die dann aber wirklich eingehalten werden müssen. Ein unsachgemäß verlegtes Bordnetz birgt zahlreiche Gefahrenquellen in sich.
Alle Stromkreise, die stets hinter einer Hauptsicherung liegen müssen, sind einzeln abzusichern. Als zweckmäßig hat sich in der Praxis folgende Unterteilung durchgesetzt: je ein Kreis für die Seitenlaternen, das Hecklicht, die Beleuchtung am Mast (Topplaterne, Dampferlicht, Salingsleuchten), für die Innenbeleuchtung – unterteilt nach Backbord und Steuerbord –, für die Steckdosen und für Pumpen und Ventilatoren. Durch einen Hauptschalter muß die Batterie jederzeit vom Bordnetz getrennt werden können.
Leitungen sind nach dem Zweileitersystem zu verlegen, das heißt, die Rückleitung darf zwar über einen gemeinsamen Rückleiter erfolgen, elektrischer Strom sollte aber nie über den Rumpf laufen, sofern der aus Stahl oder Aluminium ist. Vielmehr werden der Minuspol der Batterie und alle Rückleitungen in einem gemeinsamen Punkt geerdet, alle Massen durch ein Erdungskabel miteinander verbunden. Achten muß man in diesem Zusammenhang auf elektrolytische Korrosion, die durch die elektrische Verbindung unterschiedlicher Metalle entsteht, wenn ein Elektrolyt (Seewasser) vorhanden ist. Ebenso wird Korrosion manchmal

durch Strom aus dem Bordnetz hervorgerufen, der seinen Weg zurück zur Batterie über Rumpf oder Motor sucht. Vorbeugend sollte man alles tun, daß der Stromtransport nur über die Kabel erfolgen kann.

Das Bordnetz ist regelmäßig auf lose Kontakte, beschädigte Isolation oder korrodierte Anschlüsse hin zu kontrollieren. Sollten Reparaturen unvermeidlich werden, so sollten nur Litzenkabel aus mindestens etwa 20 Einzeldrähten verwendet werden. Sie brechen nicht so leicht wie starre Drähte. Auch sollten zwei Leitungen nicht durch Verdrillen oder Löten miteinander verbunden werden, sondern nur mit Klemmleisten. Zum Befestigen der Leitungen keine Krampen verwenden, sondern Plastikschellen. Da Leitungen an Bord fast überall der Nässe ausgesetzt sind, sollten sie zumindest durch eine Kunststoffummantelung geschützt werden.

Bei der Verwendung von Elektrizität an Bord ist stets zu prüfen, ob und wieweit der Kompaß dadurch beeinflußt wird. Keine Beeinflussung ist zu erwarten, wenn elektrische Leitungen in mindestens 0,8 m Abstand am Kompaß vorbeigeführt werden, abhängig von der Höhe des fließenden Stromes. Die Zuleitung zur Kompaßbeleuchtung ist sehr sorgfältig zu verdrillen, damit sich kein ablenkendes Magnetfeld bilden kann. Rundfunkgeräte sollten sich mindestens 2 m außerhalb des Kompaßbereiches befinden.

Da Strom an Bord nicht unbegrenzt zur Verfügung steht, sollte stets sparsam mit ihm umgegangen werden. Etwa durch Verwendung von Ankerlaternen mit Dämmerungsschaltern, die mit Fotowiderständen arbeiten, oder Leuchtstofflampen unter Deck, die den Stromhaushalt weitaus geringer belasten. Viele elektrische, auch nautische Geräte lassen sich auch mit Trockenbatterien betreiben.

Die Batterie

Am verbreitetsten sind Bleibatterien, auch als Bleikalzium-Batterien angeboten, die eine geringere Selbstentladung haben. Ein Bordakkumulator sollte wartungsfrei und kippsicher sein. Beide Forderungen werden von Batterien erfüllt, die hermetisch abgeschlossen sind, also keine Stopfbuchsen zum Wassernachfüllen mehr besitzen. Beim Laden entstehendes Gas kondensiert an der Oberseite des Akkus wieder zu Wasser. Dadurch ist das Nachfüllen destillierten Wassers nicht mehr nötig. Besonders für den Bordgebrauch geeignet sind Bleibatterien, die statt flüssiger in Vlies gebundene Schwefelsäure oder diese gar in fester Form als Gel enthalten. Gelbatterien sind zwar teurer, halten aber länger, da ein Ausfällen von Blei nicht vorkommt. Außerdem widerstehen sie Tiefentladungen.

Batterien mit Laugefüllung (Nickel-Eisen, Nickel-Cadmium) sind zwar leichter und haben auch eine höhere Lebensdauer, nehmen aber wesentlich mehr Platz in Anspruch. Denn im Gegensatz zur Bleibatteriezelle, die eine Spannung von zwei Volt besitzt, kann eine sogenannte Stahlakkuzelle nur mit 1,2 Volt aufwarten. Sie werden deshalb fast ausschließlich in der gewerblichen Schiffahrt eingesetzt. Lebensdauer und einwandfreies Arbeiten aller Batterien hängen von ihrer Pflege ab. Um in kritischen Situationen den Motor jederzeit starten zu können, muß man die Batterie stets ausreichend aufgeladen haben. Ihre sorgfältige Beobachtung und Pflege ist daher ein entscheidender Sicherheitsfaktor.

Bleiakkumulatoren müssen immer einen gewissen Mindestladezustand aufweisen. Die volle Spannung von 2 Volt pro Zelle darf niemals unter 1,75 Volt absinken; denn bei weiterer Entladung führen chemische Prozesse an den Platten zu deren Zerstörung. Die Batterie entlädt sich nicht nur, wenn Stromverbraucher angeschlossen sind, sondern auch durch Selbstentladung. Ein Bleiakkumulator verliert auf diese Weise pro Tag etwa 1% seiner Ladung. Bei höheren Lufttemperaturen, etwa im Sommer in südlichen Revieren, steigt die Selbstentladung auf ein Mehrfaches dieses Wertes. Der Ladezustand läßt sich bei einer geschlossenen Batterie nur schwer messen, da eine Prüfung der Batteriesäure ja entfällt. Spezifisches Gewicht für die volle Batterie: 1,28; halbvoll: 1,2; entladen: 1,15. Man kann aber die Spannung an den Polen messen, die über den Wert 0,8 in Relation zum spezifischen Gewicht steht: Zellenspannung für voll: 1,28 + 0,8 V = 2,08 V; halbvoll: 1,2 + 0,8 V = 2,0 V; entladen: 1,15 + 0,8 V = 1,95 V. Da man meist nur an die Batterie-, nicht aber an die Zellenpole herankommt, muß der jeweilige Wert noch mit der Zellenzahl multipliziert werden: volle 12-Volt-Batterie also (= 6 Zellen à 2,08 V): 12,48 Volt. Diesen Wert mißt man allerdings nur bis etwa eine halbe Stunde nach der Ladung. Später, die Batterie hat sich „gesetzt“, steht an den Polen eine sogenannte Ruhespannung von 12 Volt, die keinen Unterschied macht zwischen voll und leer.

Die Spannung der Batterie und ihre Kapazität richten sich nach den an sie zu stellenden Anforderungen. Auf Yachten sollte die Spannung mindestens 12 Volt betragen, auf großen Yachten besser 24 Volt, weil die benötigten Kabelquerschnitte mit der Höhe der Spannung kleiner werden können: für 24 V gegenüber 12 V nur halb so groß. Es geht hier um den Widerstand R einer Leitung, der abhängt von ihrer Länge l, vom zu übertragenden Strom I und von ihrem Querschnitt q.

Die **Kapazität** ist ein Maß für die Strommenge, die sich in der Batterie speichern läßt. Sie muß ausreichend sein für die Stromaufnahme des Startermotors (Anlassers) und den Verbrauch aller Lampen, Motoren und Geräte an Bord wie elektrische Windmesser, Autopiloten, elektrisch betriebene Winschen, Pumpen, Ventilatoren, Kühlschränke und navigatorische Hilfsmittel. Jeder sollte sich über die Energiebilanz seines Bordhaushaltes Klarheit verschaffen, um die Kapazität seiner Batterie so auszulegen, daß sie die Stromverbraucher auch tatsächlich über die gewünschte Zeitspanne hinweg speisen kann. Dazu werden in einer Tabelle alle Verbraucher mit ihrer Stromaufnahme (A) und die gewünschte Betriebszeit (h) eingetragen und addiert:

Stromaufnahme (A) × Betriebszeit (h) = Kapazitätsverbrauch (Ah)

Ist die Stromaufnahme (A) nicht bekannt, kann sie über die Leistungsaufnahme (W) und die Betriebsspannung (V) leicht errechnet werden:

$$\frac{\text{Leistungsaufnahme (W)}}{\text{Betriebsspannung (V)}} = \text{Stromaufnahme (A)}$$

Wahrscheinlich wird man recht überrascht sein, wie viele Ah da schnell zusammenkommen für einen 14-Tage-Törn. Und die so aufgemachte Rechnung muß noch mit dem Sicherheitsfaktor 1,7 multipliziert werden.

Falsch ist die Überlegung, daß die Batterie durch den Anlasser nur äußerst kurz belastet wird und deshalb die rechnerisch ermittelte Strommenge von der Batterie leicht abgegeben werden kann. Tatsächlich fließen beim Starten oft Ströme von mehreren 100 Ampere, die die Platten der Batterie stark beanspruchen, so daß diese von hinlänglicher Größe, das heißt Kapazität sein müssen, um derartige Belastungen auffangen zu können.

Besser ist es, zwei Batterien, jeweils mit einem eigenen Netz, zu installieren: die Starterbatterie, ausgelegt für hohe Kurzzeitbelastung, mit der Motorelektrik und den Motorüberwachungsinstrumenten, und eine Versorgungsbatterie für Langzeitentladung mit dickeren Platten. Sie speist alle übrigen Verbraucher. Zum Laden sind die beiden Netze über den gemeinsamen Generator oder das Ladegerät miteinander verbunden. Meistens gibt es auch einen Umschalter, für den Notstart, um den Motor gegebenenfalls mit der Versorgungsbatterie starten zu können. Aber wirklich nur im Notfall, denn die Versorgungsbatterie ist für eine zyklische Entladung ausgelegt. Sie darf nur mit geringer Stromabgabe belastet werden.

Konventionelle Batterien müssen so installiert sein, daß sie beim Schlingern nicht umfallen können; denn die auslaufende Säure würde nicht nur metallische Gegenstände zerfressen, sondern bei dem dadurch verursachten Kurzschluß könnten auch gefährliche Lichtbögen entstehen, die leicht zu Bränden führen.

Für kleinere Boote mit Außenbordmotor und Handstarter ist eine sogenannte Energiebox ausreichend. Sie enthält eine wartungsarme bis 180° kippsichere Batterie, 1 Voltmeter, 2 abgesicherte Steckdosen für die Stromentnahme und 1 Anschluß zum Aufladen der Batterie durch den Bootsmotor (Wechselstrom). Auch kann die Energiebox an das 220-V-Landstromnetz angeschlossen werden.

Alle Batterien entwickeln bei starkem Nachladen explosive Gase, die jedoch leichter als Luft sind. Eine ausreichende Entlüfung des Batterieraumes ist dann unerläßlich, wenn die Batterie nicht hermetisch abgeschlossen, also vom Typ „wartungsfrei“ ist.

Die Nachladung der Bordbatterie übernimmt in der Regel der Generator (Lichtmaschine). Auf Segelbooten reicht das oft nicht aus, da der Motor und damit der Generator nur zum An- und Ablegen läuft. Dann muß von Land über ein bordeigenes Ladegerät nachgeladen werden. Hier verwendet man geregelte Lader (solche mit Wae- oder besser IU-Kennlinie), die eine Batterie vor Überladung schützen. Wae-Ladegeräte schalten bei Erreichen der schädlichen Gasungsspannung automatisch ab und bei Abfall auf eine Mindestspannung ebenso wieder ein. Die teureren IU-Lader arbeiten strom- (= I) und spannungsgeregelt (= U). Sie laden eine Batterie schonender.

Wichtig für ein festinstalliertes Ladegerät ist sein Transformator, der als sogenannter Trenntrafo das Landnetz vom Bordnetz galvanisch trennt und so die Crew vor Stromschlag und das Schiff vor Korrosion durch Landstrom schützt. In den Landstromkreis ist dazu ein Fehlerstromschalter (FI-Schutzschalter) einzubauen, der abschaltet, wenn Strom über Mensch oder Schiff und durch das Wasser zurück zum Land fließt.

Wandler-Ladeautomaten verwandeln den Gleichstrom aus dem 12-V- oder 24-V-Bordnetz in Wechselstrom von 220 V. Zusätzlich arbeiten sie als normale Ladegeräte, die die 220 V Wechselstrom aus dem Landnetz in Gleichstrom umwandeln und die Batterien direkt nachladen.

Wirtschafts- und Sanitäreinrichtungen

Der Umfang der Inneneinrichtung und der Wohnkomfort werden verständlicherweise weitgehend von der Größe der Yacht bestimmt. Aber selbst kleinere Fahrtenboote haben eine **Pantry** – eine Küchensektion –, meist nur aus Kocher und Spüle bestehend, und ein WC, untergebracht unter den Vorschiffkojen oder in einem mit einer Schranktür zu verschließenden Durchgang zum Vorschiff. Auf größeren Yachten gibt es einen abgeschlossenen WC-Raum, oder auch zwei, meistens mit eingebauter Dusche.
Die offene, in den Salon integrierte Pantry hat sich gegenüber den früheren abgeschotteten Kombüsen im Vorschiff auch auf größeren Yachten allgemein durchgesetzt. Die Pantry ist ein wesentlicher Bestandteil der Ausrüstung unter Deck, denn für die Leistungsfähigkeit der Crew, sei es auf Langfahrten oder in Seeregatten, sind regelmäßige, ausreichende und warme Mahlzeiten unerläßlich.

Kocher

Petroleumkocher sind weit verbreitet. Gespeist werden sie aus einem Drucktank, oft separat angebracht und durch eine kleine Schlauchleitung mit dem Kocher verbunden. Es gibt sehr raumsparende flache Kocher mit geräuschlosen und selbstreinigenden Brennern. Petroleum ist ein energiereicher Brennstoff, der keine Explosionsgefahr bildet.
Spirituskocher sind mindestens ebenso beliebt. Es gibt drei verschiedene Systeme. Sie arbeiten sehr zuverlässig und brennen mit sauberer geruchloser Flamme und sind fast ebenso sicher wie Petroleumkocher. Druckkocher ergeben den höchsten Heizwert, dennoch liegt auch er niedriger als der von Petroleumkochern.
Propan- oder **Butangas-Kocher** haben den besten Heizwert. Propan und Butan sind Gase, die bei der Destillation von Erdöl anfallen und in druckfesten

Einbau einer Gasflasche

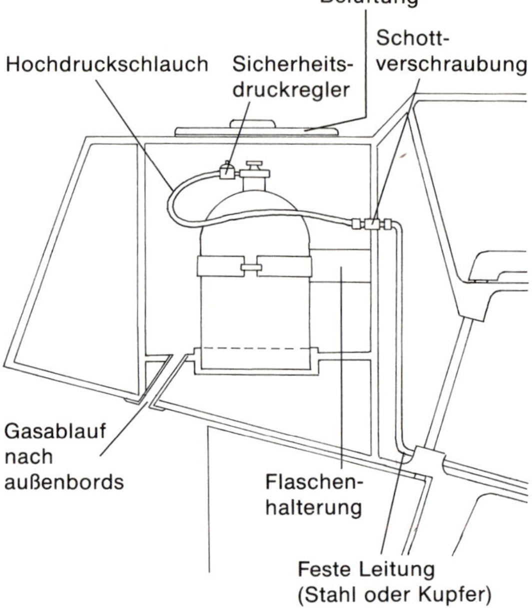

Stahlflaschen vertrieben werden. Sie sind in fast jedem Hafen erhältlich. Der Annehmlichkeit in der Verwendung stehen jedoch nicht zu unterschätzende Nachteile gegenüber. Das Gas ist schwerer als Luft und in geringer Konzentration völlig geruchlos. Dennoch genügt eine geringe Konzentration, um ein hochexplosivers Gas-Luft-Gemisch zu erzeugen. Zahlreiche Yachten sind durch unbemerkt „ausgelaufene" Gasflaschen verlorengegangen.

Gasinstallation

Der Einbau hat grundsätzlich nach den *Richtlinien für Einbau und Prüfung von Flüssiggasanlagen auf Wassersportfahrzeugen* des Germanischen Lloyd zu erfolgen. Die Gasflasche muß in einem vollkommen abgeschotteten Kasten mit Entlüftung nach außenbords stehen. Die Kocher müssen eine automatische Zündsicherung haben, die beim Verlöschen der Flamme die Gaszufuhr abriegelt. Sämtliche Leitungen müssen aus Kupfer sein und regelmäßig auf Dichtigkeit überprüft werden, indem man sie mit Spray besprüht oder mit Seifenwasser einpinselt. Wird nicht gebrannt, muß die Gaszufuhr an der Flasche, an der sich ein Reduzierventil befindet, abgestellt werden.
Obwohl auch **Benzinkocher** für Yachten angebo-

ten werden, gehören sie wegen der erhöhten Explosionsgefahr nicht an Bord.
Elektrische Kocher und Herde, oft mit Grill und Backofen, kommen nur für Yachten mit ausreichender Stromversorgung in Frage. Das werden überwiegend Motoryachten oder zumindest Motorsegler sein.
Kocher und Herde sollten mindestens halbkardanisch aufgehängt sein, das heißt, um ihre Längsachse schwingen können. Sie müssen eine Tropfwanne haben und einen Sicherheitsabstand von brennbaren Teilen der Inneneinrichtung einhalten. Außerdem sollten sich Topfhalterungen aufsetzen lassen. Ein Sicherheitsgurt sollte sich an der Pantry einpicken lassen, damit der Koch – Smut oder Smutje genannt – beide Hände zum Hantieren mit den Töpfen frei hat.

Kühlschränke

Die klassische „Kühlbox" konventioneller Langkieler war die tiefe Bilge über dem Außenballast, in der das „Kühlgut" zumindest auf der Temperatur des die Außenhaut umströmenden Wassers gehalten wurde. Auf modernen Kurzkielern mit ihren einlaminierten Kielen ist dieser Raum weitgehend entfallen, und – die Komfortansprüche sind gestiegen. So werden denn verschiedene Kühlsysteme für den Bordbetrieb angeboten. Sieht man vom Stangeneis in der Isolierbox ab, erhebt sich beim Kühlschrank stets die Frage nach der Energieversorgung.
Elektrische **Absorber-Kühlschränke** sind ungeeignet, weil sie nur in waagerechter Lage arbeiten. Gasbetriebene Absorber-Kühlschränke vertragen eine Krängung bis zu allenfalls 10°. Sie sind zumindest für Motoryachten auf Binnenrevieren ein Angebot.
Der **Peltier-Kühlschrank** macht sich den thermisch-elektrischen Energieaustausch zwischen zwei verschiedenen Leitern zunutze. Er arbeitet ohne bewegte Teile, setzt Gleichstrom aus dem Bordnetz direkt in Kälte um. Dieses System kühlt stark abhängig von der Außentemperatur, meist nur mit einer Temperaturdifferenz von 10°, aufwendig gebaute (Kaskadenschaltung) auch bis zu 20° und selten bis zu 30°. Außerdem ist die Ableitung der Wärme meist problematisch und erfordert einen elektrischen Lüfter.
Elektrische **Schwingkompressoren** erzielen in jeder Lage Minustemperaturen bis zu 20°. Sie können aus dem Bordnetz gespeist oder auf Landstrom umgeschaltet werden. Bei diesen Aggregaten sind es vor allem die hohen Anlaufströme, die bei dem häufigen kurzzeitigen Einschalten des Kompressors die Batterie übermäßig belasten. Auf jeden Fall muß die Batterie durch einen Batteriewächter vor Tiefentladung geschützt werden. Automatisch einschaltende Verbraucher, wie Kühlschrank oder auch Heizung, sollten zudem sicherheitshalber nicht auf die Starterbatterie geschaltet werden, sondern auf eine zweite Bordnetzbatterie.
Kompressoren mit Speicherkühlung werden direkt vom Bootsmotor angetrieben. Sie kommen ohne elektrische Energie aus. Es genügt meistens, den Motor zweimal am Tag etwa eine halbe Stunde lang laufen zu lassen. Der Kältespeicher enthält ein eutektisches Medium, in einer als eutektische Platte bezeichneten Wanne, das in der Lage ist, bei gleichbleibender Temperatur hohe Kälteenergie aufzunehmen und nur langsam wieder abzugeben. Es wird also nicht die Luft im Kühlschrank direkt gekühlt, sondern zunächst das Medium in der eutektischen Platte. Ein Landanschluß ist nicht möglich.
Eine Weiterentwicklung ist eine Kombination aus elektrisch betriebenem Kompressor und Speicherplatte (auch englisch als Holding Plates bezeichnet). Man kann die aus der Batterie benötigte Energie dann entnehmen, wenn der Bootsmotor läuft oder wenn auf Landanschluß umgeschaltet ist. Eine Energiebilanz mit diesem System könnte dann so aussehen, daß man mit der täglichen Motorlaufzeit und der Speicherkapazität von maximal 10 Stunden einen Zeitraum von etwa 13 Stunden überbrückt, ohne direkt von der Batterie entnehmen zu müssen.
Ob Kühlbox oder Kühlschrank ist eine Frage des Komforts und des Energieverbrauchs. Eine Kühlbox, in der umständlicher an das diverse Kühlgut heranzukommen ist, verbraucht bei gleichem Volumen weniger Strom, da beim Öffnen keine Kälte „herausfällt", wie beim Öffnen der Schranktür.

Heizungen

Grundsätzlich ist zwischen zwei Systemen zu unterscheiden: der Warmluft- und der Warmwasserheizung. Betrieben werden sie mit Diesel oder Benzin, Heizöl, Flüssiggas oder Petroleum.
Warmluftheizungen saugen Frischluft von außenbords an, heizen sie in einem Wärmetauscher auf

und fördern sie über Rohre und Schläuche ins Bootsinnere. Sie sind ziemlich laut und speichern keine Wärme. Nach dem Ausschalten fällt die Temperatur sofort wieder ab. Das bedeutet ein häufiges Einschalten mit entsprechend hohen Anlaufströmen. Allerdings kann die Warmluftheizung an warmen Tagen auch zur Ventilation der Kajüte verwendet werden.

Bei der **Warmwasserheizung** wird erwärmtes Wasser mit einer Umwälzpumpe in das Rohrnetz mit Heizkörpern geschickt. Nach dem Ausschalten sinkt die Temperatur langsamer ab. Deshalb schaltet sie nicht so häufig ein, und der Stromverbrauch ist entsprechend geringer. Dennoch haben diese aufwendigen Anlagen, die mit Motorbrennstoff oder Heizöl betrieben werden, insgesamt einen hohen Stromverbrauch.

Kleinere Anlagen, die mit wesentlich weniger elektrischer Energie auskommen, arbeiten mit Petroleum und Flüssiggas (Propan/Butan). Für die Flüssiggasanlage gilt das gleiche, was zu den gasbetriebenen Kochern gesagt worden ist.

Alle diese Heizungsanlagen müssen nach dem sogenannten Außenwandprinzip arbeiten, das heißt, Frischluftzuführstutzen und Abgasführungen müssen unmittelbar ins Freie münden. Der Verbrennungsraum muß gegenüber dem Bootsinneren absolut dicht sein.

Häufig werden Heizungen ohne Abgasführung, Katalytöfen und Heizstrahler, als Bootsheizungen angeboten. Sie sind höchst gefährlich: sie geben die verbrannten Gase ins Bootsinnere ab und entziehen dem Raum den Sauerstoff. Gleiches gilt auch für Petroleumöfen.

Spülen

Spülbecken aus Kunststoff oder nichtrostendem Stahl sind eine Selbstverständlichkeit an Bord. Gewisse Schwierigkeiten bereitet jedoch die Abführung des Schmutzwassers. Liegt das Becken so hoch im Schiff, daß sich zwischen dem Abfluß und der Wasserlinie ein Gefälle ergibt, so kann es direkt nach außenbords abgeleitet werden. Selbst wenn nicht unmittelbar die Gefahr besteht, daß beim Überliegen Wasser von außen in das Becken drückt, muß am Austrittsstutzen ein Absperrhahn, ein Seeventil, vorhanden sein. Meistens reicht das Gefälle jedoch nicht aus. Das Schmutzwasser wird dann in einen Schmutzwassertank geleitet und von dort nach außenbords gepumpt. Zwischen Spülbecken und Tank muß ein Siphon angebracht sein, um zu verhindern, daß bei der Zersetzung entstehende Faulgase ins Boot eindringen können. Außerdem muß der Schmutzwassertank eine Entlüftung zum Deck hin haben. Man kann den Abfluß des Spülbeckens aber auch über eine kurze Rohrleitung unmittelbar an eine Membranpumpe anschließen und damit das Becken über Bord leeren. Für diesen Zweck läßt sich gut eine Reservelenzpumpe verwenden; denn im Bedarfsfall kann sie schnell wieder auf die Saugleitung zur Bilge geschaltet werden.

Trinkwasserversorgung

Wassertanks werden aus Stabilitätsgründen meistens in der Bilge oder im Kiel eingebaut. Das Wasser muß also zu den Zapfstellen hochgepumpt werden. Dazu dienen Fußpumpen oder Pumphähne, die durch Ziehen eines Griffs (einseitige Wirkung) oder Hin- und Herschlagen eines Hebels (ein- oder doppelseitige Wirkung) Wasser fördern. Auf größeren Yachten hat man Druck-Wasser-Anlagen. Entnimmt man Wasser aus dem Hahn, fällt der Druck und betätigt dadurch einen Membranschalter, der eine elektrische Pumpe in Betrieb setzt.

Als Mindestmenge an Trinkwasserverbrauch pro Kopf und Tag rechnet man mit 2½ l. Sie decken aber nicht den Bedarf für Waschzwecke. Etwa 6 l pro Kopf sollte man für längere Fahrten ansetzen. Bei großzügigem Wasserverbrauch sind ungefähr 10 l einzukalkulieren.

Durch den Einbau eines Seewasseranschlusses zum Spülbecken läßt sich der Frischwasserverbrauch in der Pantry erheblich senken, denn für viele Zwecke ist Süßwasser nicht erforderlich.

Durch die Zugabe von unschädlichen Silber/Chlor-Präparaten (Micropur und Certisil) läßt sich das Trinkwasser im Tank über Monate keimfrei und frei von Beigeschmack halten.

Yacht-Toiletten

Zwar haben die nach außen führenden Ab- und Zuleitungen Rückschlagventile, doch sie können leicht sperren oder undicht werden. Es gibt genügend Beispiele, daß eine Yacht über die Toilette

Yacht-WC

Ableitung entweder in einen Fäkalientank oder außenbords (gestrichelt)

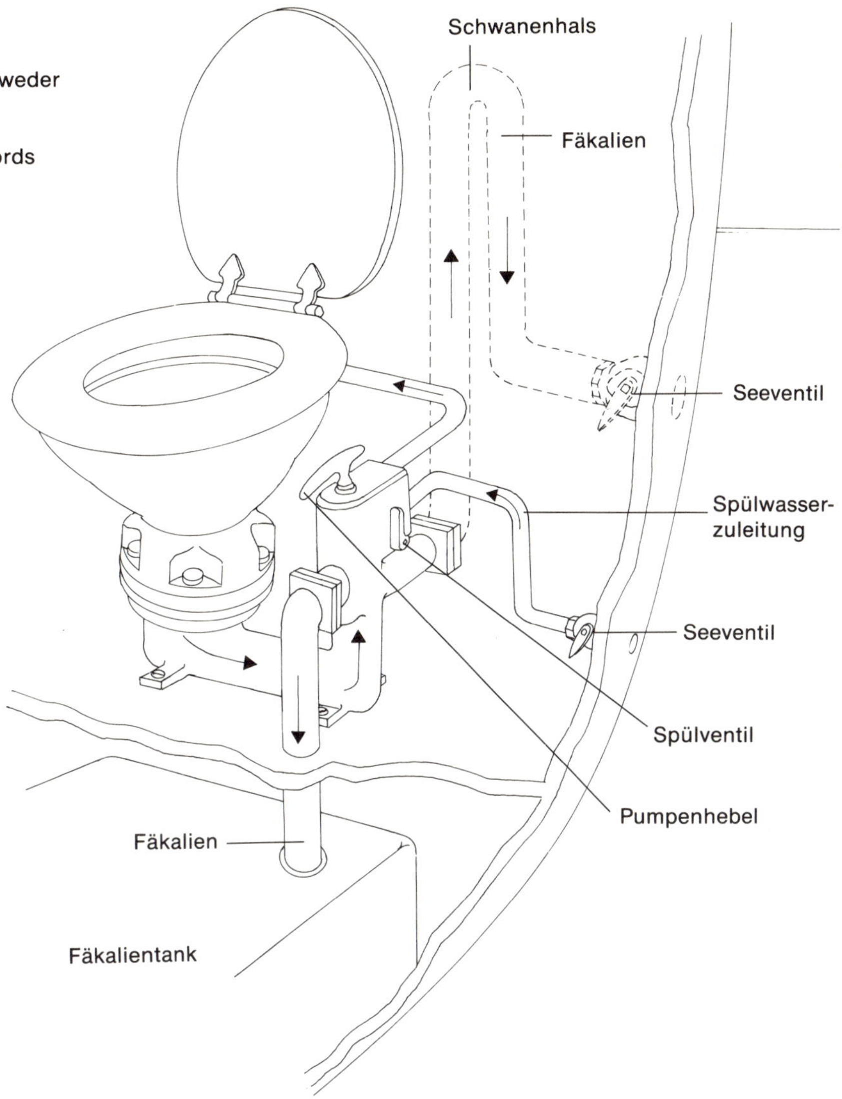

vollgelaufen und gesunken ist. Deshalb sind die Seeventile nur jeweils bei Gebrauch zu öffnen.

Jedes WC hat eine Pumpe, mit der die Fäkalien außenbords oder in einen Fäkalientank befördert werden. Außerdem dient sie dazu, mit frischem Seewasser nachzuspülen. Verwendet werden handbetriebene Membran- und Kolbenpumpen oder elektrische Pumpen. Der kurze Hub der Membranpumpe bedingt eine viel größere Anzahl von Pumpschlägen, die einen schnelleren Verschleiß fördern. Auch sind Membranpumpen störanfällig gegen weiches Toilettenpapier, Watte und andere stark saugfähige Abfälle, die ohnehin nicht ins WC-Becken gehören. Kolbenpumpen sind robuster, sofern der Durchmesser des Kolbens und die Ventile ausreichend dimensioniert sind.

Der Durchmesser der Ableitung soll möglichst groß sein. Er wird in den Einbauvorschriften festgelegt und darf innerhalb der Seeventile nicht unterschritten werden. Meistens liegt er zwischen 25 und 50 mm, für die Spül- oder Zuleitung dagegen zwischen 13 und 20 mm. Die Ableitung wird im allgemeinen als Schwanenhals verlegt, der eine zusätzliche Sicherung dagegen ist, daß die Yacht über die Ableitung volläuft. Der Scheitel des Schwanenhalses muß oberhalb der Wasserlinie

Chemie-WC

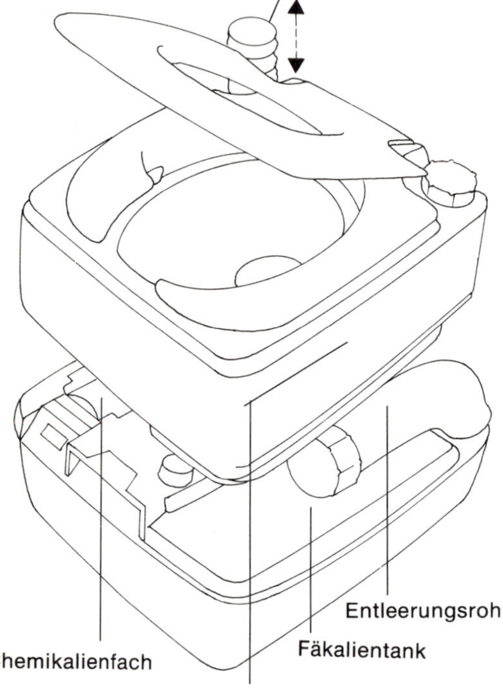

möglichst hoch unter dem Deck liegen. Auch ist diese Einrichtung nur dann wirksam, wenn der Durchmesser der Ableitung so groß ist, daß vom Becken her Luft eindringen kann, so daß eine Luftblase entsteht und die Wassersäule abreißt. Andernfalls kann der Schwanenhals wie ein Heber wirken. Bei neueren Installationen tritt die Ableitung häufig oberhalb der Wasserlinie aus, so daß der Schwanenhals entfällt.

Einige Toiletten arbeiten nach dem Vakuum-Prinzip. Der Deckel schließt hermetisch ab. Einige Pumpenschläge erzeugen einen Unterdruck, der das Spülwasser ansaugt und den Beckeninhalt absaugt und zerkleinert.

Verboten ist es aus verständlichen Umweltschutzgründen, Pump-WCs auf Seen, Flüssen und in Häfen zu benutzen, aber einige Länder haben bereits jegliche Verschmutzung ihrer Gewässer verboten. Deshalb mehren sich die Einbauten von Fäkalientanks – oder sie sind sogar zwingend vorgeschrieben –, in die abgepumpt wird. Die Tanks müssen an entsprechenden Abpumpstationen entleert werden. Oder aber Strom und eine aufwendige Anlage sind erforderlich, um den Inhalt elektrolytisch zu „verbrennen". Der zurückbleibende Rest kann als umweltfreundlich außenbords gepumpt werden.

Die einfachste Ausführung einer „sauberen" Toilette ist das Chemie-WC. Es besteht aus dem Toilettenbecken mit dem Frischwassertank und einem Fäkalientank, den man zum Entleeren abhakt. Der Inhalt wird durch chemische Wirkstoffe desinfiziert und neutralisiert, deren Entsorgung allerdings wiederum problematisch ist. Es gibt aber auch bereits giftfreie Zusätze.

Der Bootsmotor

Die zunehmende Verkehrsdichte auf dem Wasser hat den Hilfsmotor zu einem beinahe unerläßlichen Ausrüstungsdetail einer Segelyacht werden lassen. Da auf manchen stark befahrenen Wasserstraßen oder vor Hafeneinfahrten nicht mehr gekreuzt werden darf, sind sie häufig nur unter Motor passierbar. Auch sind moderne Yachthäfen und Marinas oft so angelegt, daß man nur unter Maschine an seinen Boxenplatz gelangt. Schließlich dient der Motor noch dazu, Batterien aufzuladen und dadurch die Annehmlichkeiten elektrischen Stroms an Bord genießen zu können.

Außenborder

Für Boote, auf denen nicht genügend Platz zum Einbau eines Motors mit Getriebe und Wellenanlage ist, kommt nur ein Außenbordmotor in Frage. Es sind dies überwiegend Zweitakt-Motoren mit sogenannter Gemischschmierung. Das heißt, dem Benzin wird – nach Angabe des Motorenherstellers – ein geringer Anteil Spezialöl beigemischt. Die stärkeren Außenborder-Klassen haben heute überwiegend eine elektronisch gesteuerte automatische Öleinspritzung. Das Gemisch besorgt die erforderliche Schmierung der beweglichen Teile. Ein Motor also, der keinen Ölwechsel kennt.
Außenborder gibt es von 1,1 kW (1,5 PS) bis 220 kW (300 PS). Motor, Getriebe und Propellerwelle, einschließlich aller Verbindungsteile, sind in einer kompakten mobilen Einheit zusammengefaßt. Ein Außenborder wird einfach an den Spiegel eines Bootes gehängt und mit zwei Klemmschrauben befestigt. Er ist – zumindest bis zu einer gewissen Stärke und dem daraus resultierenden Gewicht – tragbar und beliebig an andere Boote umzuhängen. Es gibt mit ihm keine Einbauprobleme, und sein Platzbedarf ist minimal, selbst wenn er nicht ständig am Spiegel gefahren werden soll. Er kann hochgeklappt werden, so daß Schaft und Propeller beim Segeln keinen störenden Wasserwiderstand bilden. Sein günstiges Leistungsgewicht – das Verhältnis Gewicht des Motors in kg zu Leistung in kW (PS) – wird von keinem Einbaumotor auch nur annähernd erreicht.
Dennoch sind die Einsatzmöglichkeiten eines Außenborders auf Segelyachten sehr beschränkt. An einem stark geneigten, ein- oder ausfallenden Spiegel läßt er sich kaum anbringen. Selbst die Superlangschaftversion bringt den Propeller mitunter nicht tief genug ins Wasser. So taucht er, bei stärkerem Seegang, fortgesetzt aus und dreht durch.

Das aber führt zu einem schnellen Verschleiß des Motors. Man hilft sich, indem man den Motor an einem auf Schienen verstellbaren Bock so tief wie möglich hinab läßt. Doch dann sind die Bedienungselemente – Starterseil, Drehgaspinne, Schaltung – schlecht oder gar nicht mehr zu erreichen. Außenborder der unteren Leistungsklasse haben zudem meist keinen Rückwärtsgang. Die zur Rückwärtsfahrt notwendige Umkehrung der Propeller-Drehrichtung erfolgt, indem man den gesamten Motor um 180° dreht. Ist das nicht möglich, weil er unerreichbar tief hängt, können Manöver auf engem Raum recht problematisch werden.
Wird das Ruder über Heck gefahren, muß der Außenborder nach einer Seite versetzt montiert werden. Will ein solches Boot unter Segeln mit Motorunterstützung aufkreuzen, ist das oft gar nicht möglich. Bedingt durch die Krängung taucht der Motor auf der einen Seite zu tief ein, auf der anderen hingegen dreht der Propeller in der Luft. Um den Schaft besser und tiefer ins Wasser zu bringen, haben manche Boote im achteren Teil des Cockpits oder in der Achterpiek einen Schacht – mit oder ohne Schieber im Boden –, in dem der Außenborder ständig gefahren oder bei Bedarf eingehängt werden kann. Häufig jedoch läuft er dort schlecht, oder er bleibt sogar stehen, weil er sich als Verbrennungsluft ständig die eigenen sauerstoffverarmten Abgase ansaugt.
Es gibt aber noch ein schwerwiegenderes Handikap, das den Außenborder auf kleinere Segelyachten beschränkt: seine geringe Schubkraft. Um möglichst viel der Motorleistung in Schub umzusetzen, braucht man einen verhältnismäßig langsam drehenden und großen Propeller. Für Außenborder aber gibt es nur relativ kleine, zudem noch schnell drehende Propeller, die demzufolge wenig Schub leisten. Sie sind mehr für vergleichsweise leichtere und schnellere Motorboote ausgelegt. Wie ungünstig sich hohe Propellerdrehzahl und geringer Propellerdurchmesser an Segelyachten auswirken, zeigt die folgende Gegenüberstellung von Erfahrungswerten aus der Praxis.
Außenborder: 7 kW (9,5 PS) pro Tonne Boot.
Innenborder: 3 kW (4 PS) pro Tonne Boot.
Wegen seiner geringen Schubkraft, bedingt durch die weitgehend standardisierten, für schwere Segelyachten nicht ausgelegten Propeller, erreicht der Außenborder bei Booten mit etwa 1,5 t Verdrängung und mit einer Leistung von 11 kW (15 PS) seine Grenze. Darüber hinaus stehen kW-Leistung und Preis in keinem diskutablen Verhältnis zur Größe des Bootes mehr. Außerdem werden die Motoren dann auch so schwer, daß ihr am Spiegel konzentriertes Gewicht Trimm und Segeleigenschaften stark beeinträchtigt. Mit anderen Worten: Bei etwa 7,50 m Bootslänge hört der Außenborder auf, und der Innenborder fängt an.

Innenborder

Fast alle der kurz Innenborder genannten Einbaumotoren sind Viertakter. Ausgerüstet mit niedriger drehenden Propellerwellen und besser angepaßten Propellern, erbringen sie mehr Schub als Außenborder. Man kommt also mit bedeutend weniger Motorleistung (kW) im Verhältnis zum Bootsgewicht aus. Man steht nun vor der Wahl zwischen einem Benzin- oder einem Dieselmotor.
Benzinmotoren saugen im Vergaser ein Benzin/Luftgemisch an, das von einer elektrischen Zündkerze gezündet wird.
Dieselmotoren saugen nur Luft an, die durch hohe Verdichtung so stark erhitzt wird, daß sich das eingespritzte Dieselöl von selbst entzündet. Beim Dieselmotor gibt es also keinen Vergaser und keine elektrische Zündanlage, aber eine Brennstoffpumpe und eine Brennstoffdüse.
Unter dem Gesichtspunkt der größeren Sicherheit ist der Dieselmotor entschieden vorzuziehen, und die meisten Innenborder auf Segelyachten sind denn auch Diesel. Der Dieselmotor entwickelt praktisch keine explosiven Dämpfe wie der Benzinmotor. Eine mögliche Explosionsgefahr wird weiter reduziert, indem er ohne elektrisches Zündsystem arbeitet. Er ist äußerst robust, pflegeleicht und wartungsarm, da er kaum störanfällige Teile besitzt.
Die Nachteile des Diesels liegen eher in Äußerlichkeiten. Neben einem erheblich höheren Preis auch ein hohes Gewicht. Gerade das aber kann man an Bord leichterer Yachten schwer verkraften. Auch seine einem gleich starken Benzinmotor gegenüber größeren Einbaumaße kollidieren nicht selten mit dem zur Verfügung stehenden beschränkten Raum. Und schließlich wäre noch seine nicht unerhebliche Lärmentwicklung zu erwähnen, der auf einer Segelyacht nur schwer mit schallschluckenden Maßnahmen beizukommen ist.
Ein Benzinmotor läuft dagegen wesentlich ruhiger. Er ist startfreudiger, und sein geringeres Gewicht ist nicht selten ein Grund, weshalb er einem Diesel vorgezogen wird. Diesen Annehmlichkeiten gegenüber steht eine stets latent vorhandene Brand- und Explosionsgefahr. Auch wenn dieses Risiko

durch eine saubere Installation der gesamten Anlage, einschließlich Tank, weitgehend ausgeschaltet werden kann.
Ein vielleicht noch größerer Nachteil ist die störanfällige elektrische Zündanlage, ohne die ein Benziner nicht auskommt. Gerade auf einem Boot, wo alles feucht ist und das Salzwasser Kontakte besonders schnell korrodieren läßt, bleibt eine solche Zündanlage stets etwas problematisch.
Wichtig ist bei beiden Motorarten die explosionssichere Ausführung der elektrischen Ausrüstung. Der Schiffsmotor braucht gewöhnlich keinen so aufwendigen Ansaugluftfilter wie ein Automotor, weil er in fast staubfreier Umgebung arbeitet. Eine sichere Flammensperre am Lufttrichter ist dagegen unerläßlich, damit bei hängenbleibenden Einlaßventilen keine Flammen in den Maschinenraum zurückschlagen können. Eine Dämpfung des recht lauten Ansauggeräusches durch eine solche Flammensperre ist überdies für das Wohlbefinden an Bord willkommen.

Der Auspuff

Der Auspuff eines Bootsmotors muß gekühlt werden, damit sich der Maschinenraum nicht gefährlich aufheizt. Üblich ist heute der sogenannte nasse Auspuff. Die Abgase werden mit Wasser gekühlt und vermischt über den Auspuff außenbords befördert. Bei stillstehendem Motor läuft das Wasser aus der Auspuffanlage im **Wassersammler** zusammen. Ist der Motor nahe an oder unterhalb der Wasserlinie eingebaut, muß das Kühlsystem belüftet werden, damit Wasser nicht zu den Ventilen des Motors zurücklaufen kann. Die Belüftung erfolgt entweder über ein Vakuumventil oder eine spezielle Belüftungsleitung. Das durch den Auspuff abfließende Kühlwasser ist gleichzeitig eine gute Dämpfung des Auspuffschalls.
Die **Kurbelgehäuseentlüftung** von Bootsmotoren muß entweder dicht in die Ansaugleitung des Motors oder außenbords in die freie Luft führen, sonst droht Vergiftungsgefahr durch Kohlenmonoxyd unter Deck. Kein Kolben schließt dicht, sondern es gelangen immer Brenngase an ihm vorbei in das Kurbelgehäuse. Motorisch sind die Mengen unbedeutend, aber toxisch sind sie selbst bei neuen, gerade richtig eingefahrenen Motoren beträchtlich. Solcher Vergiftungsgefahr wegen muß der Dichtigkeit der Auspuffanlage bei Schiffsmotoren auch eine viel pedantischere Aufmerksamkeit gewidmet werden, als sie Autofahrer gewöhnt sind.

Das Kühlsystem

Wie die meisten Außenborder werden auch fast alle Einbaumotoren wassergekühlt, weil es an Bord von Yachten kaum möglich ist, die erforderliche Kühlluftmenge für eine Luftkühlung heranzuführen. Grundsätzlich ist zwischen zwei Systemen zu unterscheiden: der Einkreiskühlung und der Zweikreiskühlung.
Bei der **Einkreiskühlung** – auch direkte Kühlung genannt – wird von einer Pumpe ständig Seewasser durch den Kühlkreislauf des Motors und des Auspuffs gepumpt.

Wassergekühltes Auspuffsystem

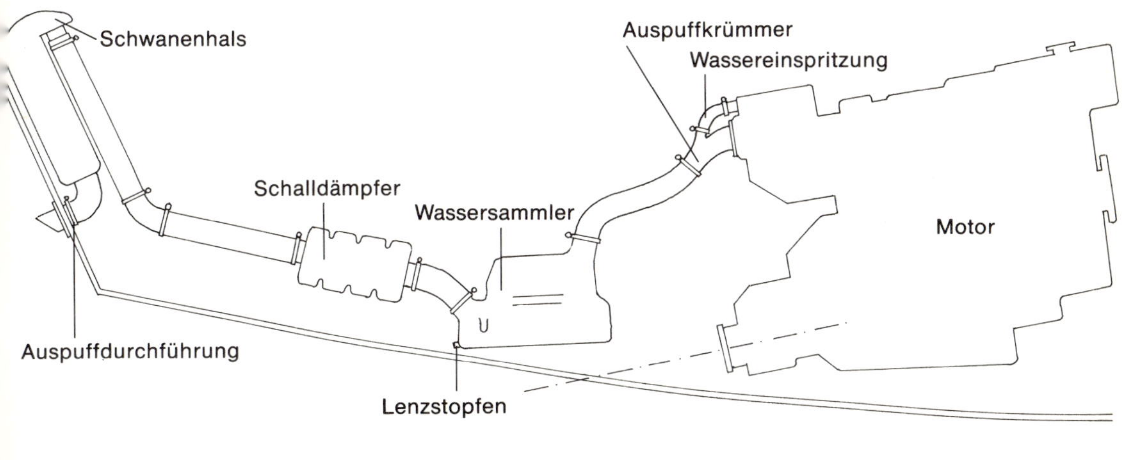

Der Vorteil ist ein geringer Platzbedarf und daß nur eine Pumpe erforderlich ist. Demgegenüber stehen aber entscheidende Nachteile:
Bei Temperaturen über 65° würden Kalk und Salzkristalle ausfallen und den Kühlkreislauf schnell verengen und schließlich verstopfen. Deshalb muß der Motor zu kalt – mit Untertemperatur – gefahren werden. Das aber bedeutet einen schlechteren Wirkungsgrad, höheren Verbrauch und einen schnelleren Verschleiß. Bei einer Störung der Kühlung zerstört die schlagartig ansteigende Temperatur in kürzester Zeit den Motor.

Bei der **Zweikreiskühlung** ist der Motor an einen geschlossenen Süßwasserkreislauf angeschlossen, der in einem von Seewasser durchflossenen Wärmetauscher heruntergekühlt wird. Ein Thermostat öffnet, sobald die erforderliche Betriebstemperatur erreicht worden ist.
Der Vorteil: Der Motor kann immer in einem günstigen Temperaturbereich und dadurch wirtschaftlicher gefahren werden. Seine Lebensdauer erhöht sich. Bei einer Störung – Ausfall einer Pumpe oder Verstopfen der Ansaugventile – steigt die Temperatur nur langsam an, und man wird den Motor wohl immer rechtzeitig abstellen können.
Die sogenannte **Oberflächenkühlung,** die **Außenhaut-** oder **Kielkühlung,** ist eine indirekte Zweikreiskühlung auf Stahlschiffen. Die Leitungen des Süßwasserkreislaufes werden direkt an die stählerne Außenhaut oder in die Kielsohle verlegt, die die Wärme an das Seewasser außenbords ableiten.

Der Vorteil: Keine zweite Pumpe und keine störanfälligen Ansaugventile.
Dagegen besteht leicht die Gefahr der Beschädigung der Kühlwasserleitung bei Havarien oder Grundberührung. Auch ist diese Kühlung in warmen Gewässern und bei wenig Fahrt – wenn Wind und See gegenan stehen – nicht ausreichend.

Maschinenraumbelüftung

Ein Motor braucht Luft – ein Viertakter mindestens das Dreifache seines Hubvolumens, ein Zweitakter das Sechsfache. Gegen diese Regel wird am häufigsten bei den Motorräumen auf Segelbooten verstoßen. Ein Motor, der in seinem Schiffsraum nicht genug Luft bekommt, säuft zuviel, bekommt Schmierölverdünnung, rußige Kerzen und wird bald schlecht anspringen.
Der Motor mag durch die ihm vom Bootsbauer gegönnte Luftleitung alle zur Verbrennung des Treibstoffs nötige Luft ansaugen können – aber das reicht nicht, wenn er zu eng eingebaut ist, wie es bei nahezu allen Segelbooten mit Hilfsmotor der Fall ist. Es fehlt dann dieses Zweidrittel Überschußluft, das man braucht, um die Lufttemperatur im Motorraum niedrig zu halten. Bei zu hoher Temperatur bekommen die Zylinder zu dünne Luft, so daß nicht genug Brennstoff verbrennen kann, was die Motorleistung mindert. Außerdem werden Lichtmaschine und Keilriemen nicht aus-

Schema einer Zweikreiskühlung

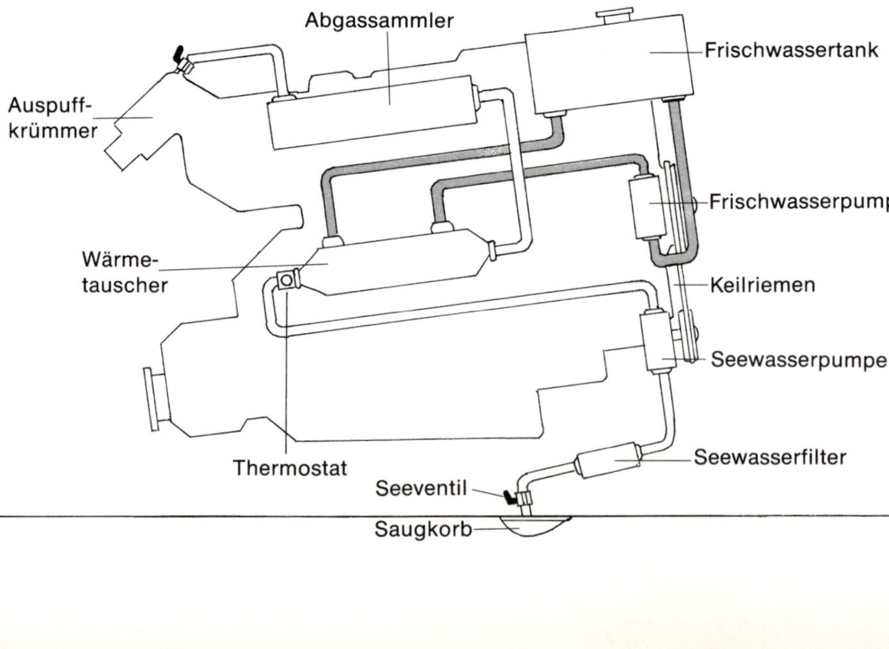

reichend gekühlt. Auch Brennstoffpumpen lieben Kühlung durch frische Luft.
Es gibt komplizierte Berechnungen für den Verbrennungsluftbedarf, aber auch eine einfache Faustformel: 100 l Luft je PS/Minute.
Schließlich dient bei einem Benzinmotor reichliche Belüftung des Maschinenraums der Sicherheit vor Bränden und Explosionen. Hier soll möglichst ein ständiger Durchzug herrschen, wann immer sich außenbords ein leichter Wind rührt. Die Lüfterhutzen an Deck müssen für Zu- und Abluft in unterschiedliche Richtungen weisen. Boote mit Benzinmotoren müssen überdies ein saugendes Lüftergebläse mit einem funkensicheren Elektromotor haben, das man vor jedem Anlassen des Motors mindestens 5 Minuten lang laufen läßt. Die Saugleitung dieses Gebläses muß bis ganz tief in die Bilge des Motorraums führen, damit die Benzindämpfe, die schwerer als Luft sind und sich dort sammeln, vollständig abgesaugt werden.

Motor- und Wellenanlagen

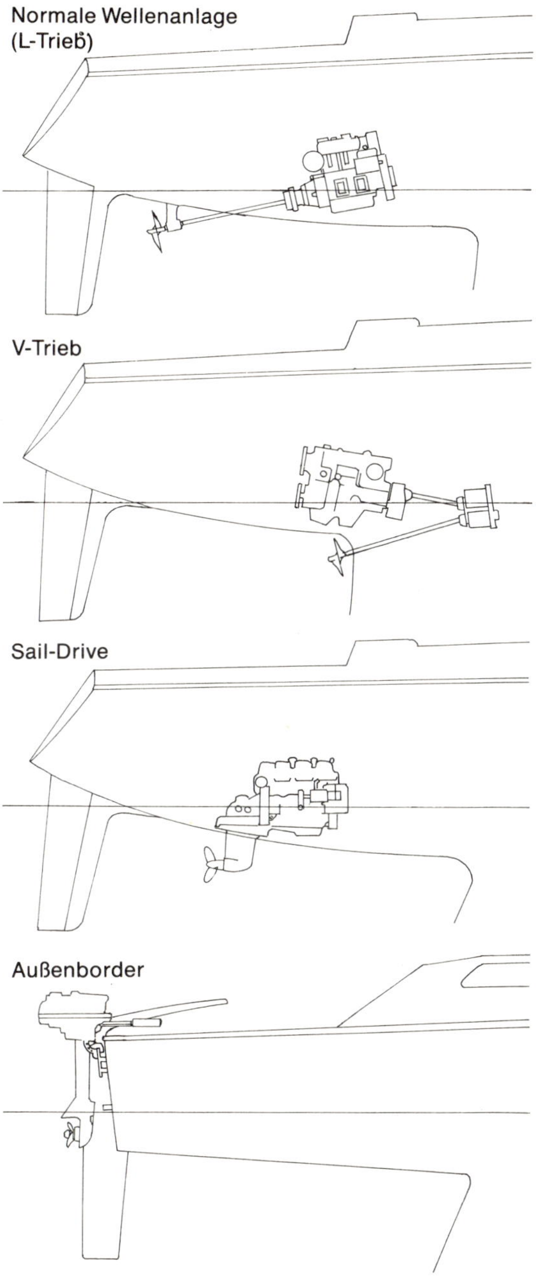

Wellenanlagen und Getriebe

Die Kraftübertragung zum Propeller erfolgt fast ausnahmslos über ein mechanisches Getriebe. Nur selten werden Hydraulik-Übertragungen eingebaut. Ihr Leistungsverlust liegt mit etwa 25% sehr hoch gegenüber einem mechanischen Getriebe mit ungefähr 4,5%. Das übliche Getriebe ist ein sogenanntes Wendegetriebe, gelegentlich auch als Umkehrgetriebe bezeichnet. Durch »Umkehrung« der Drehrichtung des Propellers macht das Boot entweder Fahrt voraus oder achteraus.
Weitere Funktionen, die das Getriebe hat: es kuppelt den Propeller aus und untersetzt die höhere Motordrehzahl auf die niedrigere Propellerdrehzahl.
Der Motor und die Art des Einbaus bestimmen die Wellenanlage.
Bei der **konventionellen Wellenanlage** (L-Trieb) liegen Kurbelwelle des Motors, Wendegetriebe und Propellerwelle hintereinander in einer geradlinigen Flucht. Beim nur noch selten anzutreffenden Langkieler und bei Motorseglern kommt die Propellerwelle hinten am Totholz heraus. Bei modernen Konstruktionen mit Flossenkiel steckt die Welle hinter der Flosse schräg aus dem Bootsboden heraus und wird von einem Wellenbock gestützt.
Beim **V-Trieb** bilden Antriebswelle und Propellerwelle einen mehr oder minder spitzen Winkel und wirken in entgegengesetzte Richtung. Auf diese Weise kann der Motor direkt über dem Propeller eingebaut werden. Eine Lösung, die meist nur auf Motoryachten üblich ist. Auf Segelyachten findet man diese Anordnung gelegentlich, wenn der Motor über der Kielflosse installiert ist und die Propellerwelle an der Hinterkante des Kiels austritt.

Beim **Sail-Drive** sitzt rechtwinklig am Motor ein Schaft mit der Propellerwelle – ähnlich dem eines Außenbordmotors –, der senkrecht durch eine mit Gummimanschetten verschlossene Öffnung im Bootsboden geht. Am Ende des Schaftes wird die Propellerwelle rechtwinklig umgelenkt. Es handelt sich hier um eine relativ leicht einzubauende Kompaktanlage, die sich unter Seglern wachsender Beliebtheit erfreut. Zumal sich erwiesen hat, daß der dicke, aber sehr strömungsgünstig geformte Schaft nicht mehr, wenn nicht sogar weniger Wasserwiderstand erzeugt als ein Wellenbock.
Die **Stopfbuchse** verhindert, daß Wasser über die Propellerwelle ins Boot gelangt. Die Stopfbuchsenpackung, die sich an die drehende Welle preßt, muß so eingestellt werden; daß die Welle nicht ganz trocken läuft, aber auch möglichst wenig Wasser durchleckt. (Etwa alle 8 Sekunden ein Tropfen bei laufender Welle.) Meist versorgt eine Fettpresse die Packung mit Fett.
Neuerdings übernehmen die Funktion der Stopfbuchse auch Radialdichtungen mit Wälzlagern im Inneren des Bootes.

Die Schaltung

Es gibt Ein- und Zweihebel-Schaltungen.
Mit der **Einhebel-Schaltung** werden Gas und Getriebe gleichzeitig bedient. Da der Weg von voraus auf zurück oder umgekehrt immer über neutral = Standgas führt, sind grobe Schaltfehler weitgehend ausgeschlossen.
Bei der **Zweihebel-Schaltung** sind Gas und Getriebe getrennt. Vor dem Schalten muß das Gas zurückgenommen werden. Geschaltet wird nur mit Standgas, will man sein Getriebe nicht in kürzester Zeit verschleißen.

Propeller

Wegen des geringeren Widerstandes beim Segeln werden zweiflügelige Propeller einem dreiflügeligen meistens vorgezogen, obwohl ihr Wirkungsgrad schlechter ist. Sehr beliebt sind
Faltpropeller, deren zwei Flügel beim Segeln schnabelartig zusammenklappen und so den denkbar geringsten Widerstand erzeugen. Ihr Nachteil: Ihre Schubkraft ist nicht so groß wie die eines vergleichbaren feststehenden Propellers. Auch arbeiten sie schlechter bei Rückwärtsfahrt.
Bei **Verstellpropellern** kann die Steigung, der Anstellwinkel der Propellerflügel, unterschiedlichen Belastungen und Fahrstufen angepaßt werden. Allerdings ist die Verstellmechanik erheblich störanfälliger als ein robustes Wendegetriebe.
Eine Weiterentwicklung ist der **Autoprop,** der seine Steigung selbsttätig, je nach Widerstand im Wasser, regelt.
Viel diskutiert wird die Frage, ob der Propeller festgestellt werden oder mitlaufen soll beim Segeln. Generell kann gesagt werden, daß ein mitdrehender Propeller einen weitaus geringeren Widerstand macht als einer, den man blockiert – auch wenn es ein Zweiflügler mit schlanken Flügeln ist, den man hinterm Totholz senkrecht stellt. Das ist eindeutig erwiesen. Nur wenn die Yacht mangels Wind eine Fahrt durchs Wasser von weniger als 1,5 kn macht, könnte es sein, daß der Propeller so langsam dreht, daß er mehr Widerstand macht, als ein blockierter. Als Anhalt gilt: Eine Yacht, die mit 2 kn Fahrt durch das Wasser zieht, läßt ihren Propeller schon mit rund 370 bis 380/min müllern, wobei der Widerstand längst geringer ist als die

Propeller 2flügelig 3flügelig Faltpropeller

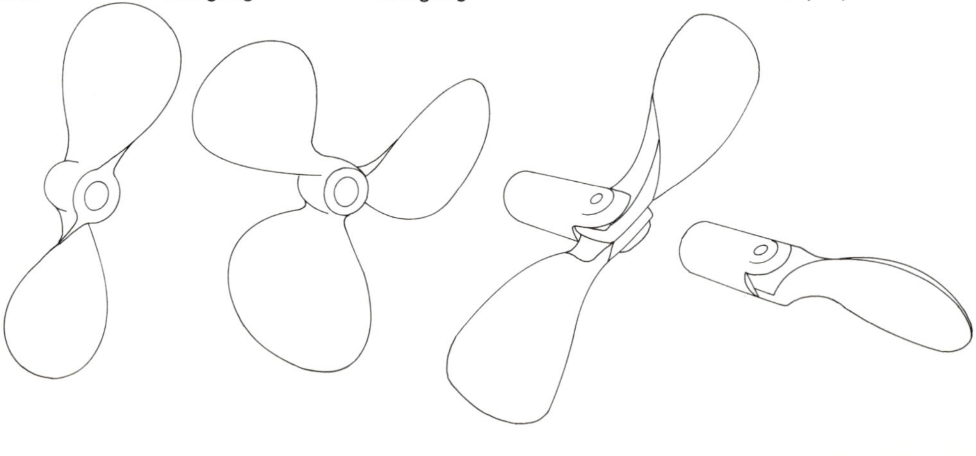

Hälfte eines bei dieser Fahrt blockierten Propellers. Wenn die Yacht gar schon 3 kn unter Segeln macht, sollte der Skipper den Propeller mit einer Lichtmaschine belasten können, wozu allerdings Platz im Motorraum gemacht werden muß, damit die Keilriementransmission untergebracht werden kann. Auch eine Kupplung zum Abkuppeln des Wellengenerators bei flauem Wind sollte vorgesehen werden.

Durchmesser und Steigung

Der Propeller enthält üblicherweise zwei Angaben, beispielsweise 9½ × 8 (Zoll) oder 255 × 240 (mm). Die erste Zahl gibt den Propellerdurchmesser an, den Durchmesser des Kreises, den die Außenkanten der Propellerflügel bei einer Umdrehung beschreiben. Die zweite Zahl bezeichnet die Steigung, den Weg, den ein Propeller bei einer Umdrehung in einem festen Medium – ähnlich einer Schraube im Holz – zurücklegen würde. Propeller unterschiedlichen Durchmessers können durchaus die gleiche Steigung haben und umgekehrt.
Schubpropeller für Segelyachten müssen unterquadratisch sein. Das heißt, der Durchmesser muß größer sein als die Steigung, die erste Zahl auf dem Propeller also größer als die zweite sein.
Beim überquadratischen Propeller ist der Durchmesser kleiner als die Steigung. Man braucht ihn für leichte schnelle Motorboote.
Mit einem falschen Propeller kommt der Motor bei Vollgas entweder nicht auf volle Drehzahl, dann ist die Steigung zu hoch, oder aber er dreht zu hoch. Dann ist die Steigung zu gering. Beides führt zu einem schnellen Verschleiß des Motors.
Beschädigte Propeller sind umgehend zu ersetzen. Nicht nur, daß ihre Leistung absinkt und der Verbraucht steigt, sie können auch Getriebeschäden verursachen.

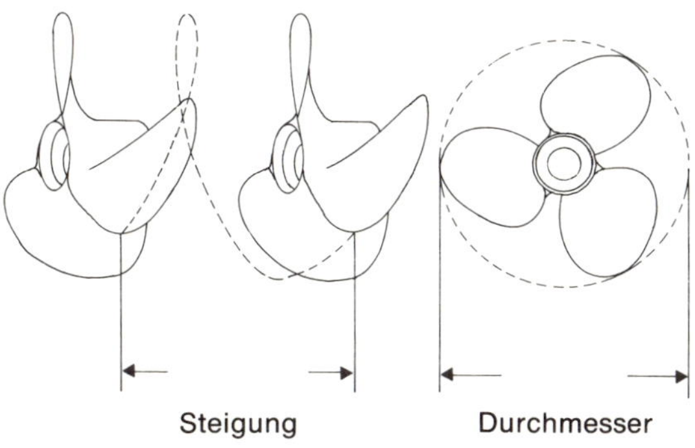

Linksgängig und linksdrehend

Wenn ein Propeller, von hinten gesehen, bei Vorausfahrt des Bootes linksherum – also entgegen dem Uhrzeigersinn – dreht, ist er linksgängig. Ein in Vorausfahrt rechtsherum drehender Propeller ist rechtsgängig.
Da bei Achterausfahrt der Propellerdrehsinn umgekehrt wird, dreht ein linksgängiger dann rechtsherum, ein rechtsgängiger entsprechend linksherum. Die meisten Einbaumotoren von Segelyachten haben linksgängige Propeller. Das ist für Manöver unter Motor wichtig zu wissen. (Motoryachten dagegen haben vorwiegend rechtsgängige Propeller).

Der Radeffekt

Ein Propeller liefert nicht nur den erwünschten Vortrieb, den Schub in Vorausrichtung. Er wandert auch immer etwas zur Seite, so als liefe er wie ein Rad auf dem Grund. Deshalb nennt man diese Erscheinung auch Radeffekt. Dabei nimmt der

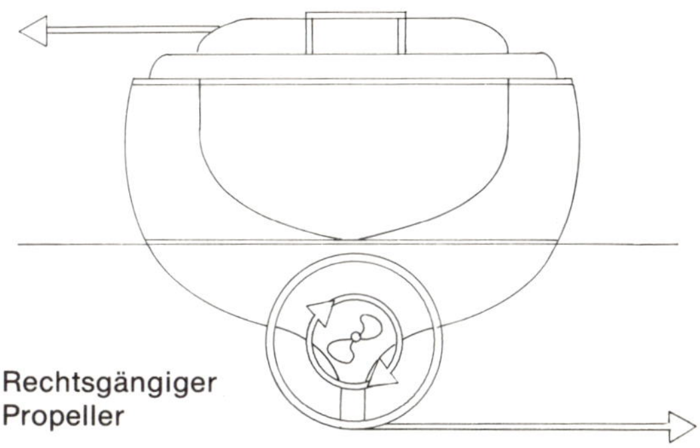

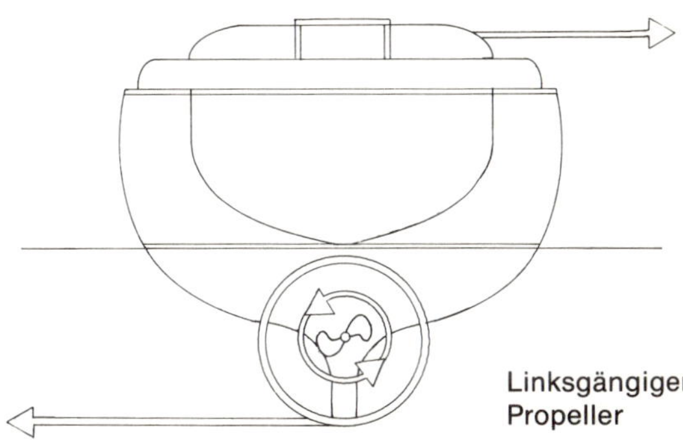

Propeller das Heck über sich spürbar in diese Richtung mit.
Das seitliche Weglaufen des Propellers wird oft so erklärt, daß der im Drehkreis unten »im dichteren Wasser« durchgehende Flügel mehr Widerstand findet als der oben durchgehende Flügel. Die Erklärung ist falsch, denn das Wasser ist praktisch nicht kompressibel, so daß seine Dichte nicht vom (mit der Tiefe zunehmenden) statischen Druck abhängt. Der Druck aber hat keinen Einfluß auf den Drehwiderstand der Flügel. Der Radeffekt ist beim rumpffrei laufenden Propeller – beispielsweise in Vorausfahrt – lediglich eine Reaktion auf den Drall, den der Propeller dem Wasser aus der Beschleunigung nach achtern erteilt.
Ein linksgängiger Propeller versetzt dementsprechend das Heck bei Vorausfahrt immer etwas nach links. Ein rechtsgängiger nach rechts. Bei Achterausfahrt, wenn also der Propeller in entgegengesetzter Richtung dreht, tritt genau der umgekehrte Effekt ein. Aber in erheblich verstärktem Maße.
Der Effekt ist bei Fahrt über den Achtersteven oder bei rückwärtsgehendem Propeller deshalb stärker spürbar, weil das nun spiralig gedrallte Wasser gegen den Rumpf geschickt wird und so auf der einen Seite gegen den Bootsboden und die Bordwand drückt, auf der anderen Seite aber sukkelt.

Die Tankanlage

Da auslaufendes Benzin in Verbindung mit Luft ein hochexplosives Gemisch bildet, sind an Tankanlagen hohe Sicherheitsanforderungen zu stellen. Der Tank sollte sich in einem abgeschotteten Bootsteil befinden, damit sich der Brennstoff bei einem Leck im Tank nicht im gesamten Boot verteilt. Der Tank muß so sicher eingebaut sein, daß er sich bei heftigen Schiffsbewegungen im Seegang nicht losreißt. Direkt am Tank muß ein Absperrhahn sitzen, damit bei einem Bruch in der Leitung der Brennstoff nicht in die Bilge läuft. Der Absperrhahn sollte auch dann geschlossen werden, wenn der Motor nicht benutzt wird.
Gleich hinter dem Absperrventil am Tank sollen große Brennstoffilter mit auswechselbaren Patronen und Wasserabscheider sitzen. Am besten sogar zwei parallel geschaltete Filter, die man mit einem Wechselventil abwechselnd einschalten kann. Geht der eingeschaltete Filter zu (der Motor beginnt zu stottern), weil im Seegang der Schmutz im Tank aufgewühlt worden ist, dann kann man auf den anderen Filter umschalten. Das geht schneller als das Wechseln einer Filterpatrone im Seegang. Filter in Tanknähe sind besser als Filter in Motornähe, weil aufgewühlter Tankschmutz

Brennstoffsystem eines Dieselmotors

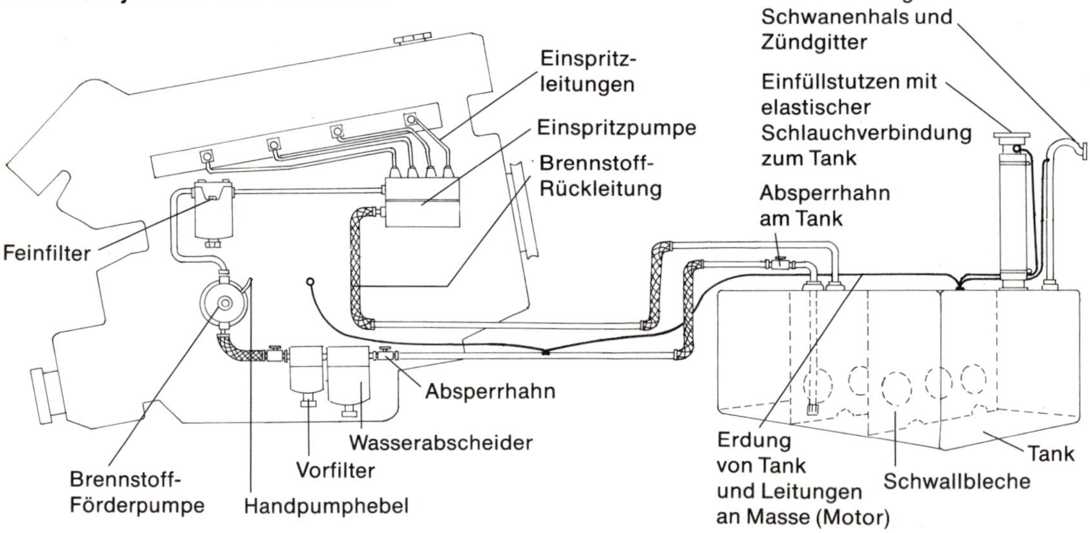

Im Prinzip sind alle Tankanlagen vom Einfüllstutzen bis zur Förderpumpe annähernd gleich. Beim Benzinmotor sitzt anstelle der Einspritzpumpe der Vergaser, auch entfällt die Brennstoffrückleitung, die überschüssiges Dieselöl von den Einspritzleitungen in den Tank zurückführt. Manchmal wird es auch nur bis zur Förderpumpe zurückgeleitet.

dann nicht die ganze Länge der Brennstoffleitung verstopfen kann.
Die **Einfüllöffnung** muß auf dem Deck liegen, und zwar an einer Stelle, von der weder überlaufender Brennstoff noch die beim Tanken herausgedrängten Dämpfe (schwerer als Luft) zu tieferen Stellen des Bootes (Cockpit, Kajüte) abfließen können. Sie darf auf keinen Fall im Boden des Cockpits liegen.
Das **Befüllungsrohr** muß gasdicht in den Tank und bis knapp über den Tankboden geführt sein. Das verhindert, daß eine durch statische Elektrizität beim Tanken am Fülloch entstehende Flamme in den Tank schlagen kann. Am Fülloch muß das Rohr einen dichtschließenden, großen Kragen haben, der auf Deck liegt und verhindert, daß Brennstoff oder Dämpfe zwischen Decksdurchbohrung und Rohraußenseite in den Rumpf hinabfließen können.
Der **Tankatmer,** gleichzeitig Überlauf, muß gasdicht durch eine Bordwand außenbords geführt sein, so daß austretende Dämpfe und überlaufender Brennstoff nur auf die Wasserfläche abfließen können. Der Atmer darf nicht verschließbar sein, sollte aber ein Zündgitter (Flammenschutz) haben.
Die gesamte Tankanlage, einschließlich Einfüllstutzen, muß geerdet sein.
Dieseltanks Kupfertanks sind absolut ungeeignet. Ebenfalls ungeeignet sind alle Tanks aus Kupferlegierungen (z. B. Monel) und innen verzinktem Stahl. Geeignet sind einfache Baustähle, auch innen verbleit, und Glasharztanks aus selbstlöschenden Harzen.
Dieseltanks dürfen nie ganz leer gefahren werden, weil sonst Luft angesaugt wird, die den Motor zum Stehen bringt. Die Entlüftung der Anlage ist zeitraubend und schwierig.
Benzintanks können aus einfachen, auch verzinkten Stahlblechen gefertigt sein. Besser sind Monel-Tanks oder solche aus einem rostfreien Stahl X 5 CrNiMo 1713; nicht alle rostfreien Stähle sind geeignet. Glasharztanks sind nur für benzolfreies Benzin zu verwenden.
Tanks von 25 l und mehr Inhalt sollen innen durch Schlagbleche unterteilt sein, damit die Stabilität des Schiffs nicht durch das Schwappen des Brennstoffs im Tank beeinträchtigt wird.

Tanken

Die meisten Explosionsunfälle geschehen unmittelbar nach dem Tanken, weil sich im Boot Benzindämpfe gebildet haben. Das Einschalten der Zündung kann dann den zündenden Funken liefern. Deshalb sind beim Betanken folgende Vorsichtsmaßnahmen zu treffen:
- Motor aus, nicht rauchen, alle offenen Feuer aus (Kocher, Gaskühlschrank), keine elektrischen Schalter betätigen.
- Fenster und Luken dicht.
- Nicht von oder an Bord gehen.
- Metallischen Kontakt zwischen Tankpistole und Einfüllstutzen herstellen, bevor man den Brennstoff laufen läßt, denn zwischen Land und Boot bestehen oft elektrische Potentialunterschiede, die zu Funkenbildung führen können.

Nach dem Tanken:
- Luken und Fenster auf.
- Einige Minuten das Lüftergebläse im Motorraum laufen lassen (sollte eigentlich vor jedem Start der Maschine selbstverständlich sein).

Motorleistung und Rumpfgeschwindigkeit

Um für alle Situationen ausreichend motorisiert zu sein, rechnet man, nach einer Faustformel mit 3 bis 3,5 kW pro Tonne Verdrängung. Daneben gibt es noch ein anderes Berechnungsverfahren für Segelyachten, in dem man die Motorleistung in ein Verhältnis zur Am-Wind-Segelfläche bringt. Es läßt sich nahezu auf jeden Yachttyp übertragen, ausgenommen sehr leichte Kurzkieler. Um unter Motor die gleiche Geschwindigkeit zu erreichen wie unter Segeln, setzt man 1 kW je 3,5 m^2 Segelfläche an, um dreiviertel der normalen Segelgeschwindigkeit zu erzielen, 1 kW je 7 m^2.
Jedes Schiff hat eine rechnerisch zu ermittelnde **Rumpf-** oder **Grenzgeschwindigkeit.*** Bezeichnet man die Länge des Bootes in der Wasserlinie mit L und mißt sie in Metern, dann ist die Rumpfgeschwindigkeit
in Knoten (kn) $= 2{,}43\sqrt{L}$
in km/h $= 4{,}50\sqrt{L}$
Sie heißt so, weil das Schiff dabei ein Wellensystem erzeugt, das auch die Länge L hat. An Bug und Heck läuft ein Wellenberg mit. Treibt man ein Schiff mit schlankem Linienverlauf im Heck oder einen Spitzgatter noch stärker an, dann sinkt das

* s. auch Kapitel »Theorie des Segelns«, Seite 128.

Heck tief ein und saugt sich fest. Das Boot wird nicht schneller, sondern unkontrollierbar.
Moderne Segelyachten mit ihren breiten Rümpfen und vollen Linien im Achterschiff und auch Motorsegler mit einem breiten, in Ruhelage leicht eintauchenden Spiegelheck kann man mit einer starken Maschine jedoch noch über die Rumpffahrt hinaus bis auf $2{,}8\sqrt{L}$ kn bringen. Dort haben auch sie endgültig ihre Grenze. Wirtschaftlich und notwendig ist solche Motorisierung nicht. Wirtschaftlich akzeptabel sind die relativen Geschwindigkeiten von 1,8 bis $2{,}1\sqrt{L}$, alles auf Knoten bezogen.

Reichweite

Meist wird fälschlich von »Aktionsradius« gesprochen; doch der ist nur die Hälfte der Reichweite, der Radius nämlich des Operationskreises, innerhalb dessen das Schiff von einem Punkte aus hin und zurück operieren kann.
Es ist wichtig, sich bald Klarheit darüber zu verschaffen, wie weit man mit einer Tankfüllung kommt. Dazu muß man nicht nur wissen, was der Motor an Brennstoff pro Stunde verbraucht, sondern auch, welche Fahrt das Schiff in sm/h (kn) oder km/h bei diesem Verbrauch läuft; denn erst Stunden im Tank × Fahrt ergeben die Reichweite in Seemeilen beziehungsweise Kilometern.
Propeller belasten den Motor bei allen Drehzahlen unter der Höchstdrehzahl nicht voll, sondern nur ähnlich wie den Motor eines Autos, das mit etwas Gas bergab läuft. Drosselt man den Motor so, daß er nur mit 80% seiner Nenndrehzahl läuft, dann wird er durch den Propeller nur noch zu 50% seiner Nennleistung belastet. Ein Ottomotor hat bei diesem Fahrzustand meist auch seinen günstigsten Brennstoffverbrauch pro kW (PS). Beim Diesel entsprechen 85% Nenndrehzahl 62% Nennleistung. Es ist damit aber nicht gesagt, daß auch das Schiff bei solcher Drehzahl beziehungsweise Teilbelastung des Motors eine günstige Fahrt macht. Der Brennstoffverbrauch pro kW mag bei etwas niedrigerer Drehzahl wieder etwas günstiger werden, das Schiff dabei aber nur so wenig an Fahrt verlieren, daß es dennoch mit einer Tankfüllung weiter kommt.
Es ist wichtig, diese Zusammenhänge zu kennen. Bei Vollgas wird die Reichweite kürzer, weil Verbrauch und Schiffswiderstand hoch sind. Bei zu langsamer Fahrt wird die Reichweite auch wieder kürzer, weil die Fahrt klein, der Verbrauch des Motors pro kW aber unwirtschaftlich groß wird. Die ökonomische Fahrt mit größter Reichweite liegt zwischen den Extremen, jedoch nicht etwa bei halber Nenndrehzahl. Vorausberechnen läßt sich diese ökonomische Fahrt nicht. Man kann sie nur im Versuch ermitteln.
Hat man die Reichweite für ein Boot gefunden, was bei ruhigem Wasser geschehen sein muß, so ziehe man 10% als Sicherheitsreserve davon ab. Überdies bedenke man, daß Seegang, bei dem man die ökonomische Fahrt noch halten kann, die Reichweite bis um 30% verkürzen kann. Ebenso verkürzen Gegenwind, Gegenstrom und Bodenbewuchs die Reichweite, was man bei seinen navigatorischen Entschlüssen berücksichtigen muß.
Als Faustformel gilt: Die Fahrt ist ungefähr proportional der Motordrehzahl; der stündliche Verbrauch etwa proportional der dritten Potenz der Drehzahl.
Als **Verbrauch** rechnet man, ebenfalls nach einer Faustregel
- 0,33 l pro Kilowattstunde (kWh) beim Diesel
- 0,45 l pro Kilowattstunde (kWh) beim Benziner
- 0,54 l pro Kilowattstunde (kWh) beim Zweitakter-Außenborder

bei Vollast. Drosselt man den Motor auf etwa 80% seiner Nenndrehzahl, wird der Verbrauch erheblich günstiger, so daß man immer eine gewisse Reserve in seine Berechnungen einbeziehen kann.

Motorüberwachung

Vor dem Starten	Motorraumgebläse laufen lassen oder Luk auf – Ölstand in Motor und Getriebe kontrollieren – Seeventil für Kühlwassereintritt öffnen – Tankabsperrhahn öffnen
Nach dem Anlassen	Den kalten Motor nicht auf hohe Drehzahl hochfahren – Kontrolleuchten für Ladestrom und Öldruck beobachten, erlischt eine nicht, Motor abstellen und Ursache feststellen – Kontrollieren, ob Motor seine Leerlaufdrehzahl einhält und normale Betriebstemperatur erreicht hat – Kühlwasseraustritt kontrollieren

Während der Fahrt	Stopfbuchse kontrollieren –
Alle 10 Minuten	Temperatur und Öldruck kontrollieren –
Alle 20 Minuten	Wasserstand bei der Zweikreiskühlung –
Alle 60 Minuten	Ölstand im Getriebe, gegebenenfalls Ölwechsel –
Alle 4 Stunden	Gewissenhafter Rundumblick im Motorraum
Nach der Fahrt	Getriebe auf Leerlauf – Brennstoff- (außer Diesel) und Kühlwasserhähne schließen – Gegebenenfalls Fettpresse der Stopfbuchse nachdrehen – Batteriehauptschalter aus
Jede Woche Batterie	Säurestand und Dichte der Batterie prüfen, gegebenenfalls destilliertes Wasser nachfüllen, Pole sauberhalten

Motorstörungen

Bootsmotoren müssen zwangsläufig störanfälliger als Automotoren sein. Eine Störung kann, je nach Motorart – Außenborder, Benzin-Einbaumaschine, Diesel –, recht unterschiedliche Ursachen haben. Deshalb können hier nur ein paar allgemeinere Hinweise gegeben werden. Auf jeden Fall ist bei einer Störungssuche genau nach der Betriebsanleitung vorzugehen. Noch besser sind Werkstatthandbücher, die man allerdings nicht leicht in die Hand bekommt

Dieselmotoren: Startschwierigkeiten sollten nur auftreten, wenn die Batterie leer ist. Kleindiesel können, wenn im Motorkasten genug Platz ist, auch mit einer Anwerfkurbel gestartet werden. Es gibt aber auch sehr praktische Federkraftanlasser. Mit einer Handkurbel wird ein Federpaket aus Tellerfedern vorgespannt und so die notwendige Anlaßenergie gespeichert. Gibt man den Auslösehebel frei, wird der Motor mit hoher Geschwindigkeit durchgedreht. Nur bei Einzylinder-Diesel muß der Startvorgang eventuell wiederholt werden. Startschwierigkeiten treten erfahrungsgemäß vor allem dann auf, wenn der Motor ganz dringend gebraucht wird – und dann liegt es meist nur an der Nervosität. Vorkammerdiesel brauchen die »Dieselgedächtnisminute«, das Vorglühen zum Anheizen der Vorkammer, sonst springt die kalte Maschine nicht an. Man werfe den Motor in schwierigen Lagen besser zu früh als in letzter Sekunde an – zum Beispiel auf unsicherem Ankerplatz bei Wetterverschlechterung oder vor dem Einlaufen in enge Hafeneinfahrten.

Weil die Einspritzpumpen von Dieselmotoren feinmechanische Toleranzen haben, muß der Brennstoff sehr sorgfältig gefiltert werden, und solche Filter setzen sich mit der Zeit zu. Das kann bei kalter Witterung sehr schnell geschehen, wenn das Paraffin aus dem Dieselöl ausflockt. Dagegen gibt es Zusätze an den Tankstellen. Häufiger ist der Störstoff Wasser im Brennstoff, das mit der Luftfeuchtigkeit in den Tank gelangt und sich als Kondenswasser in ihm niederschlägt und sammelt. Wird der Motor häufig benutzt, dann wird dies Wasser mit dem Öl mitgenommen und im Wasserabscheider ausgeschieden, den man unbedingt in die Brennstoffleitung einbauen lassen sollte, wenn die Werft ihn aus Sparsamkeit weggelassen haben sollte. Wird der Motor aber selten benutzt, oder liegt das Boot lange Zeit unbenutzt am Steg, dann sammelt sich erstaunlich viel Wasser im Tank, wenn der Tank nur viertel- bis halbvoll ist. Es sammelt sich unten am Boden, und das Entnahmerohr, das bis dicht über den Tankboden hinunterreicht, taucht nur in Wasser ein. Wollte man dieses Wasser mit dem Anlasser entfernen, dann wäre die Batterie leer, ehe Brennstoff gefördert wird. Wasser verstopft auch Brennstoffilter. Wer seinen Motor selten benutzt, sehe zu, daß der Tank immer randvoll ist; dann bildet sich kaum Kondenswasser.

Eine andere Störung ist Luft in der Einspritzleitung. Die Luftblase in der Leitung wirkt als zusammendrückbares Polster und verhindert damit das Öffnen der Düsennadel an der Einspritzdüse. Die Einspritzleitung muß dann entlüftet werden. Wie dabei zu verfahren ist, steht in der Bedienungsanweisung für den Motor.

Einspritzpumpe und Düsen sind Verschleißteile, die nach 800 bis 1000 Betriebsstunden überholt oder ausgewechselt werden sollten. Vorausgesetzt, daß in der Brennstoffleitung ein Wasserabscheider ist. Emulgiertes Wasser im Dieselöl hat bei den langen Betriebspausen des Hilfsmotors reichlich Gelegenheit, die Ventile der Pumpe und der Einspritzdüsen zu korrodieren.

Kühlung: Streng überwachen muß man bei der heutigen Wasserverschmutzung die Kühlwassertemperatur; am besten mit einer Anlage, die akustisch warnt. Eine unbemerkte Kühlungsstörung kann den Ruin der Maschine nach wenigen Minuten bedeuten. Auch Zweikreiskühlung ist störanfällig. Außerdem muß bei ihr nachgesehen werden, ob im inneren Kühlsystem auch Wasser ist. Schon mancher Motor ist gleich nach dem Winterlager sauergefahren worden, weil keiner daran gedacht hatte, daß beim Einlagern das Kühlwasser abgelassen worden war, um den Motor vor Frostschäden zu bewahren. Man sollte das Wasser überhaupt nicht ablassen, sondern dem inneren System, wie beim Auto, genug Frostschutz zugeben. Weil das Mittel ebenfalls gegen Korrosion schützt, beläßt man es auch im Sommer im Kühlwasser und wechselt auch das Kühlwasser nicht aus, sondern gießt frisches Wasser nach, wenn es nötig ist.

Einige weitere denkbare Pannen:

Störung	**Mögliche Ursache**
Anlasser dreht Motor nicht durch	Batterie zu schwach, Batteriekabel locker oder korrodiert, Anlasser gebrochen oder festgefressen, Anlasser schadhaft
Anlasser läuft durch, Motor springt nicht an	Zündschalter steht auf »Aus«, Batterie zu schwach, kein Brennstoff, Zündsystem feucht (Kerzen trocknen), Schmutz oder Wasser in der Brennstoffleitung
Motor stirbt ab beim Einlegen des Ganges	Fremdkörper, Plastiktüten oder Angelschnur, im Propeller – Das Getriebe blockiert wegen fehlender Schmierung (passiert wenn die Propellerwelle lange mitdreht und keine separate Ölversorgung hat) oder wegen verbogener Teile
Motor bleibt stehen	Kein Brennstoff, Brennstoffleitung defekt, Zündkabel von der Zündkerze gelöst, Brennstoffpumpe ausgefallen
Außenborder stottert und bleibt stehen	Entlüftungsschraube am Tank nicht geöffnet
Die Drehzahl steigt, die Geschwindigkeit nimmt ab	Die Kraftübertragung zwischen Motor und Propeller ist unterbrochen: Getriebe- oder Wellenschaden, Scherstift am Propeller ist gebrochen, Rutschkupplung defekt, Propeller verloren
Motor läuft normal, die Geschwindigkeit nimmt ab nach Kollision mit Treibgut	Der Propeller ist stark verbogen oder beschädigt

Störung	**Mögliche Ursache**
Drehzahl und Geschwindigkeit nehmen etwas ab	Der Propeller hat sich Angelschnur, Plastikfolie oder ähnliches eingefangen
Fehlzündung	Zu fettes oder falsches Brennstoffgemisch, Ventile verbrannt oder festgefressen, verschmutzte Zündkerzen
Überhitzung des Motors	Schlechte Schmierung der Wasserpumpe, Kühlsystem undicht oder verschmutzt, zu wenig Motoröl, zu heiße Kerzen, falsche Zündzeitpunkteinstellung, Kühlwasseransaugsystem verstopft
Motor vibriert stark	Motorbefestigungen sind locker, Aushängungslagerung ausgeschlagen
Niedriger Öldruck	Motor hat zu wenig Öl, Ölpumpe defekt, Ölkühler oder Pumpenfilter verstopft, falsche Ölqualität
Schwache Kompression	Ventile haben sich festgefressen, Kolbenringe sind abgenutzt, Zylinderkopfdichtung undicht
Lichtmaschine ladet nicht	Antriebsriemen gerissen, Regler defekt, Anschlüsse lose oder korrodiert, Sicherung durchgebrannt
Abgase haben eine starke Blaufärbung	Undichte Kolbenringe, so daß Schmieröl in den Verbrennungsraum gelangt
Mit den Abgasen tritt Wasserdampf aus (starke Weißfärbung)	Defekte Zylinderkopfdichtung, Wasser gelangt in den Verbrennungsraum

Ersatzteile und Werkzeug

Für den Benzinmotor:

2 Satz Unterbrecherkontakte
2 Unterbrecherkondensatoren
1 Satz Zündkerzen
1 Kerzenkabel von der größten nötigen Länge
je 1 Verteilerdeckel und Verteilerrotor (bei stark verschmorten Unterbrecherkontakten wechsle man diese und den Kondensator aus, denn die Verschmorung kommt von einem Kondensatordefekt)
1 Prüflampe

Für alle Motoren:

Flügelräder für Wasserpumpen
1 komplette Brennstoffpumpe (schneller auszuwechseln als die Membrane)
Ventilfedern mit Montagezange
1 Thermostat
Ersatz für jeden Keilriemen und jedes Ende Kühlschlauch
Schlauchschellen der benötigten Größen
3 0-Ringdichtungen
1 Sortiment von Schrauben, Muttern und Unterlegscheiben
Keilriemen
1 Ende Neoprenschlauch zum Flicken von Brennstoffleitungen
ca. 5 m isoliertes Litzenkabel, einadrig 1,5 mm^2
Patronen für Öl- und Brennstoffilter
Motorenöl (komplette Füllung für den Motor)
Getriebeöl für jedes Getriebe
Hydraulikflüssigkeit (für hydraulische Kupplungen)
Wasserpumpen-, Schmier- und Elektrikfett

Dazu einen reichhaltigen Satz nicht rostendes Werkzeug (Schraubendreher mit isoliertem Griff), wasserabstoßendes Kriechöl und Drahtbürste zur Reinigung der Batterieanschlüsse. Viel Werkzeug kann man sparen, wenn man sein Boot hundertprozentig metrisch ausrüsten läßt. Vielfach hat man an Bord das metrische und das angelsächsische Maßsystem gemischt.

Seemännische Arbeiten

Knoten

Seemännische Knoten dienen zum Sichern eines Endes, zum Verbinden zweier Enden oder zum Festmachen einer Leine oder Trosse an einem festen Gegenstand. Sie müssen zuverlässig halten. Immerhin kann von der Haltbarkeit eines solchen Knotens die Sicherheit von Schiff und Besatzung abhängen. Sie müssen sich zugleich aber auch wieder, speziell in nassem Tauwerk, leicht lösen lassen. (In den Abbildungen sind sie zum besseren Verständnis nur lose zusammengesteckt dargestellt. Damit sie in der Praxis halten, müssen sie dichtgeholt werden.)

Bucht ist ein in Haarnadelform gelegtes Ende, Ausgangsbasis der meisten Knoten.

Auge ist die seemännische Bezeichnung für alle Arten von Schlingen. Es kann ein lose gelegtes Auge sein (wie hier) oder ein festes, wie beim Augspleiß.

Der **Achtknoten** kommt stets in den Tampen von Schoten und innengeführten Fallen, damit sie nicht aus ihren Blöcken oder Leitösen, beziehungsweise ihrem Scheibengat ausrauschen.

Der **Kreuzknoten** dient zum Verbinden zweier gleich starker Enden aus gleichem Material. Er besteht aus zwei sogenannten Überhandschlägen. Wichtig ist: er muß symmetrisch sein, das heißt, die Tampen müssen auf derselben Seite aus der Bucht des anderen Tampens kommen. In Naturfaser- und geflochtenem Tauwerk kann er sich bei starker Belastung so fest zusammenziehen, daß er sich nur schwer wieder lösen läßt. In glattem geschlagenem Kunstfasertauwerk dagegen kann er sich aufziehen, auch wenn er richtig gemacht worden ist.

Einfacher und **doppelter Schotstek** Beide verbinden zwei ungleich starke Enden oder Enden aus ungleichem Material. Die Tampen müssen sich gegenüber liegen. Bei steifem Kunstfasertauwerk ist unbedingt der doppelte Schotstek zu empfehlen. Auch bei glatten gleich starken Enden sollte man den doppelten Schotstek dem Kreuzknoten vorziehen.

Der **Palstek** ist einer der wichtigsten Knoten an Bord. Mit ihm läßt sich ein beliebig großes Auge herstellen, das sich nicht zusammenziehen kann. Er dient zum Festmachen an Pfählen, Pollern oder auch Ringen oder im Notfall, um jemand, der über Bord gefallen ist, im Wasser zu sichern. Auch Leinen kann man mit zwei Palsteks zuverlässig verbinden. Der Tampen soll außerhalb des Auges liegen.

Den **doppelten Palstek** steckt man in ein doppelt gelegtes Ende. Er besitzt die gleichen Eigenschaften wie der einfache Palsteck und kann als Ersatz für einen Bootsmannsstuhl benutzt werden.

Stopperstek Mit ihm kann ein Tampen an ein laufendes Ende gesteckt werden, beispielsweise die Vorleine an eine Schlepptrosse. Er hält nur, so

Seemännische Knoten

Bucht | Auge | Achtknoten | Kreuzknoten | Einfacher Schotstek | Doppelter Schotstek | Roringstek und ein halber Schlag

lange Kraft auf der festen Part steht. Entlastet läßt er sich verschieben.

Der **Rundtörn** ist Ausgangsbasis für weitere Knoten.

Ein **halber Schlag** ist der Anfang von zwei halben Schlägen. Man setzt sie häufig zur Sicherung auf andere Knoten, beispielsweise auf einen Webeleinstek.

1½ Rundtörn und **2 halbe Schläge** sind eine Knotenverbindung zum vorübergehenden Festmachen an Rohr, Ring, Spieren oder Stangen.

Der **Webeleinstek** dient zum Festmachen an Pollern oder ähnlichem, sofern Poller und Festmacheleine nicht zu dick sind. Dann bekneift er sich nicht genügend. Zusätzlich sollte er mit zwei halben Schlägen gesichert werden. Man kann ihn über einen Poller werfen, indem man einfach zwei Augen legt, oder ihn auch stecken, beispielsweise um Fender an der Seereling oder einem Handlauf festzubändseln.

Den **Roringstek** verwendet man zum Festmachen an Ringen. Er sollte ebenfalls mit ein oder zwei halben Schlägen gesichert werden. Nicht zu empfehlen zum Anstecken der Ankertrosse an den Ankerroring. Für diesen Zweck ist er zu unsicher. Dorthin gehört ein Schäkel.

Einen **Slipstek** erhält man, wenn man nach einem halben Schlag die Bucht durchsteckt. Er ist überall dort wichtig, wo man ein belegtes Ende, auf dem Kraft steht, schnell loswerfen will oder muß. Durch Reißen am Tampen kann der Knoten augenblicklich wieder gelöst werden.

Der **Marlschlag** diente früher zum Anreihen des Segels am Baum, wie es heute noch auf Oldtimern praktiziert wird. Sonst noch zum Auftuchen des Großsegels am Baum üblich.

Den **Trossenstek** verwendet man zum Verbinden schwerer Leinen, besonders auch von Tau- und Drahtenden. Die Tampen der Enden werden beigebändselt. Ein Bändsel aufsetzen, beibändseln

Rundtörn | Halber Schlag | Zwei halbe Schläge | Eineinhalb Rundtörn und zwei halbe Schläge | Slipstek | Webeleinstek

Trossenstek

Stopperstek

Webeleinstek

Palstek

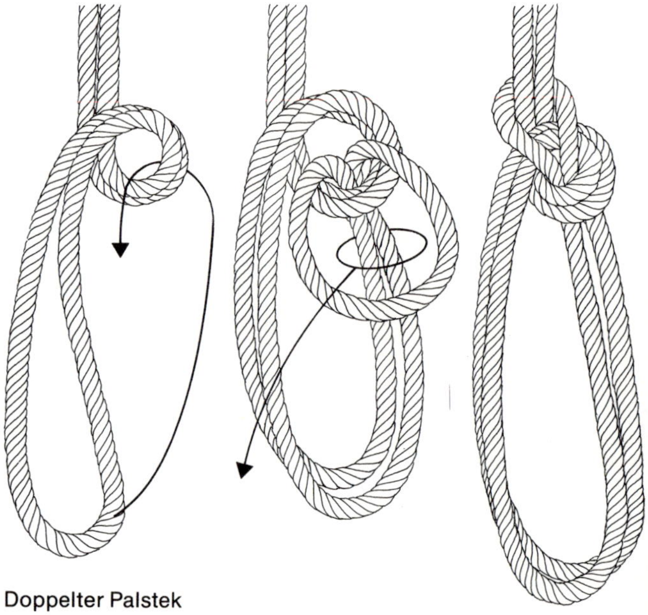

Doppelter Palstek

oder beizeisen bedeutet: zwei Enden, die parallel zueinander laufen, aber in entgegengesetzter Richtung beansprucht werden durch Umwickeln miteinander zu verbinden. Ein Bändsel muß in der Richtung des Endes aufgesetzt werden, in der es beansprucht wird.

Der **Pollerstek** eignet sich besonders zum Belegen einer Kette auf einem Poller. Bei einem Webeleinstek können sich die Kettenglieder leicht unlösbar miteinander bekneifen.

Hierüber hinaus gibt es zahlreiche Gebrauchs- und Zierknoten aus der Segelschiffszeit, die aber in der Sportschiffahrt keine Bedeutung mehr haben.

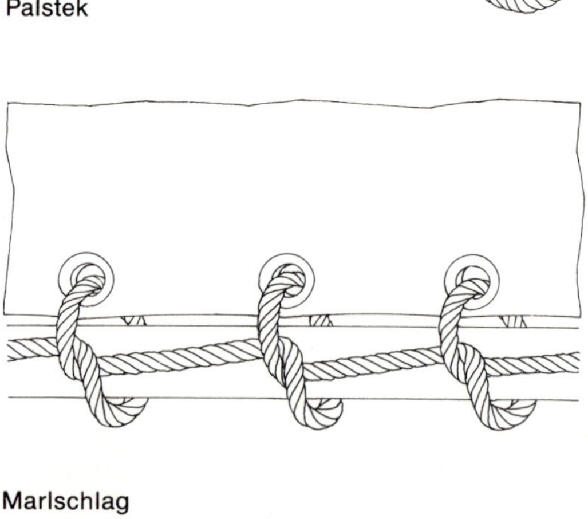

Marlschlag

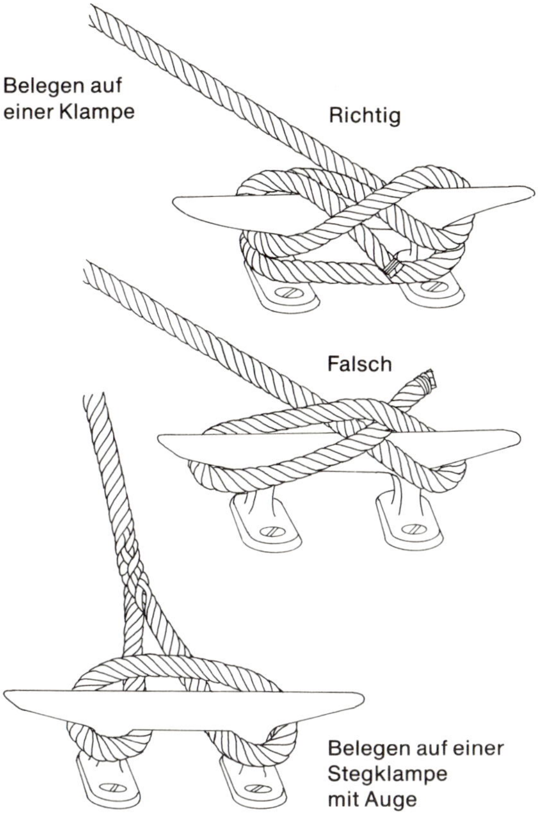

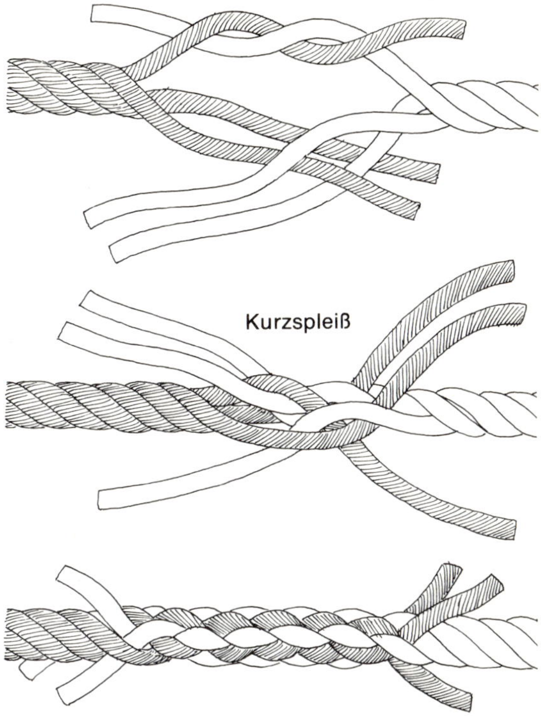

Beim Spleißen von Tauwerk werden die Kardeele gegen den Schlag untergesteckt. Jedes Kardeel muß über das Kardeel zu seiner Linken geführt und dann unter dem nächsten durchgesteckt werden.

Belegen nennt man das Festmachen eines Endes an einer Klampe, einem Poller, einem Ring oder ähnlichem. Beim Belegen auf einer Klampe – Fallen, Festmacher, Schoten – darf sich das Ende, auf dem Zug steht, nicht an der Klampe bekneifen, weil man es dann weder fieren noch losnehmen kann. Man kommt also zunächst von hinten um die Klampe herum. Abschließend kann man einen **Kopfschlag** auf die Klampe setzen, praktisch ein Auge, das sich auf dem Horn der Klampe bekneift. Der Tampen muß dabei parallel zur stehenden Part liegen.

Spleißen und Takeln

Mit Spleißen bezeichnet man die dauerhafte Verbindung von Tauwerk durch Verflechten der einzelnen Kardeele. Es gibt den
Kurzspleiß, den **Langspleiß** und den **Augspleiß.**
Der Kurzspleiß ergibt eine starke Verdickung an der Verbindungsstelle, so daß solche Enden nicht mehr durch Blöcke oder über Scheiben laufen. Um das zu erreichen, müßten sie langgespleißt werden. Doch die Bestimmungen der Seeberufsgenossenschaft verbieten den Langspleiß ausdrücklich wegen seiner geringen Haltbarkeit. Auch Sportschiffer sollten aus diesem Grunde darauf verzichten. Daraus folgert, daß man stets Ersatztauwerk in ausreichender Menge an Bord haben muß.
Häufigste Verwendung an Bord ergibt sich für den Augspleiß am Tampen einer Leine. Zu unterscheiden ist zwischen dem normalen und dem Segelmacherspleiß. Beim normalen Augspleiß werden die Kardeele entgegen dem Verlauf der Kardeele im Ende verspleißt, also bei rechtsgeschlagenem Tauwerk linksherum, bei linksgeschlagenem rechtsherum. Beim Segelmacherspleiß dagegen verläuft der Spleiß in Richtung des Schlages; dadurch passen sich die einzelnen Kardeele besser dem Drehsinn des Tauwerks an. Der Spleiß wird dünner, ist aber auch nicht so haltbar.
Um ein Schamfilen – darunter versteht man eine Beschädigung durch Scheuern oder Reiben – des Auges zu vermeiden, wird meistens eine Kausch eingespleißt.

Da sich die einzelnen Kardeele von synthetischem Tauwerk nicht sehr fest miteinander verbinden, empfiehlt es sich, die Tampen der durchgesteckten Kardeele mit dem Ende über einer Flamme kurz zu verschweißen. Jedoch nicht so intensiv, daß sich der gesamte Spleiß stark verhärtet und nicht mehr lehnig ist.

Man kann auch ein Auge um eine Kausch mit einem aufgesetzten oder genähten Bändsel bilden. Das genähte ist haltbarer. Eine weniger elegante Lösung, die häufiger bei geflochtenem Tauwerk praktiziert wird, denn das ist schwierig zu spleißen.

Ein Augspleiß in Drahttauwerk – benötigt etwa an Wanten, Fallen und Streckern – ist im Prinzip ähnlich dem in Fasertauwerk, nur ist das Material

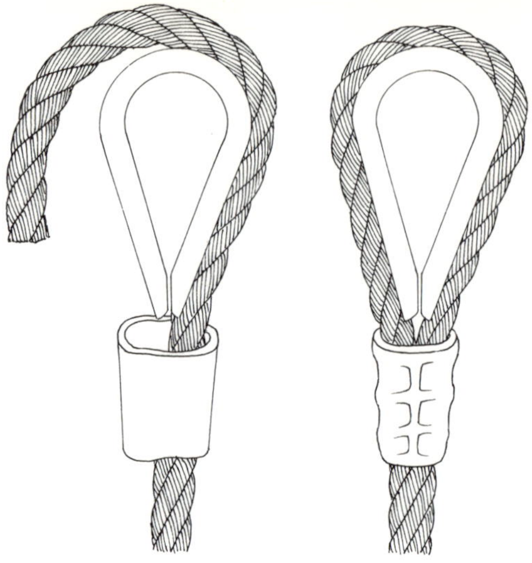

Augpressung
(Talurit- oder Nicopres-Spleiß)

Augspleiß

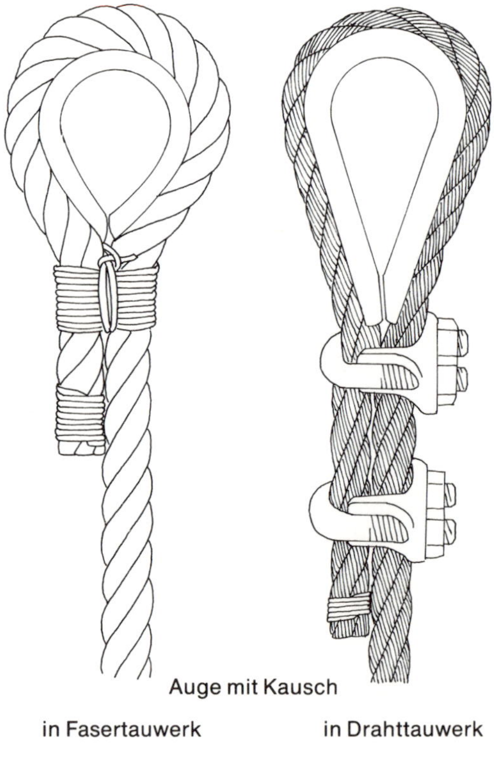

Auge mit Kausch

in Fasertauwerk in Drahttauwerk

wesentlich spröder und schlechter zu handhaben. Man braucht dazu einen speziellen Marlspieker, Zange und Holzhammer und einen Handschutz. Deshalb haben sogenannte **Talurit-** oder **Nicopress-Spleiße** den Augspleiß weitgehend verdrängt. Allerdings eignen sie sich nur für flexibles

Drahttauwerk. Der Draht wird einfach um die Kausch gebogen, eine Metallhülse über beide Enden geschoben und unter hohem Druck zusammengepreßt, so daß sie fast mit dem Draht verschmilzt. Nur ist darauf zu achten, daß an den Rändern der Hülse keine Kardeele angebrochen werden. Und Hülse und Draht müssen materialmäßig zueinander passen, um Elektrolyse zu vermeiden. Etwa Kupferhülsen für nicht rostenden Stahldraht. Das dafür erforderliche Preßwerkzeug ist bequem im Werkzeugkasten unterzubringen.
Auch Draht- und Fasertauwerk können miteinander verspleißt werden. Etwa die Drahtvorläufer an Fallen und Streckern. Doch überläßt man diese Arbeit wohl besser dem Takler, zumal es dafür ein spezielles maschinelles Verfahren gibt.

Rückspleiß oder Spanischer Takling

Betakeln

Jeder Tampen muß betakelt werden, damit er nicht ausfranst oder sich aufdreht. Das Betakeln von Kunststofftauwerk ist besonders einfach, wenn man dafür ein Stückchen passenden Schrumpfschlauches aus einem besonderen Kunststoff verwendet. Er zieht sich beim Erwärmen zusammen. Die Schnittkante des Tampens muß in jedem Fall über einer Flamme verschweißt werden. Man arbeitet mit der Flamme von den Außenkanten zur Mitte der Schnittfläche hin. Dabei muß man aufpassen, daß abtropfende Kunststoffmasse nicht mit der Haut in Berührung kommt. Sie klebt sofort fest und erzeugt Brandwunden.
Eleganter ist es jedoch, dem Tampen mit Takelgarn einen **Takling** aufzusetzen. Er sollte nicht breiter sein als das Ende dick ist. Auf starke Enden, beispielsweise Festmacher, setzt man zwei Taklings. Der Abstand zwischen beiden soll die doppelte Breite eines Taklings betragen.
Man unterscheidet zwischen dem **einfachen** oder

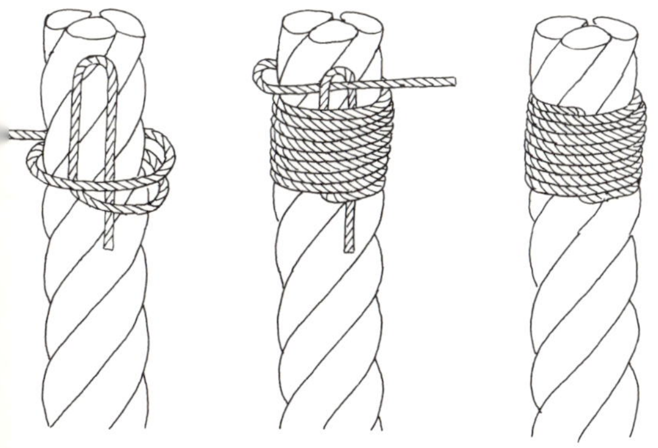

Einfacher oder Behelfstakling

Aus Takelgarn eine Bucht von etwas mehr als Tampendurchmesser legen, die Bucht mit dem Takelgarn von unten nach oben fest umwickeln und das Garnende durch die Bucht stecken. Jetzt an dem unten heraushängenden Garnende den Bogen der Bucht bis etwa zur Mitte unter den Takling ziehen und die beiden Garnenden abschneiden.

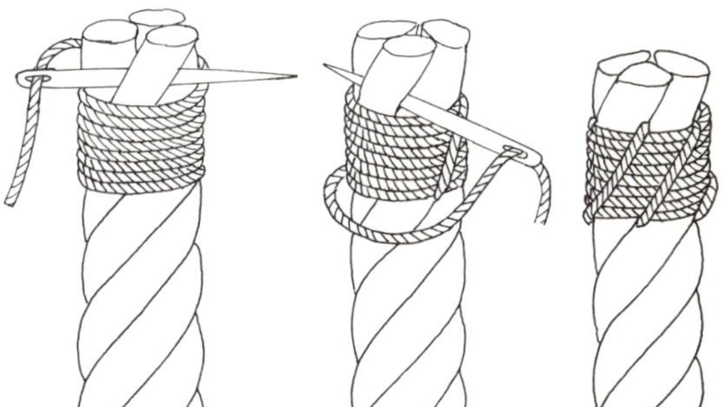

Genähter Takling

Das Garn durch ein Kardeel stechen und den Tampen von unten nach oben mit dem Garn fest umwickeln. Oben unter einem Kardeel einstechen, das Garn der Keep folgend, diagonal über den Takling ziehen, unten unter dem nächsten Kardeel durchstechen und mit dem Garn der Keep nach oben folgen und so weiter, bis alle Keepen mit Takelgarn versehen sind. Das Garnende mit der Nadel befestigen und abschneiden.

Behelfstakling, dem **genähten Takling,** von dem es einige Varianten gibt, und dem **spanischen Takling** oder **Rückspleiß.** Der genähte ist die beste Lösung und am haltbarsten. Beim spanischen Takling wird der Tampen so dick, daß er sich nicht mehr durch Blöcke scheren läßt, doch ist dies oft ein willkommener Effekt, beispielsweise bei innengeführten Fallen, damit das Fall nicht aus dem Scheibengat rauschen kann.

Segelmacherhandschuh

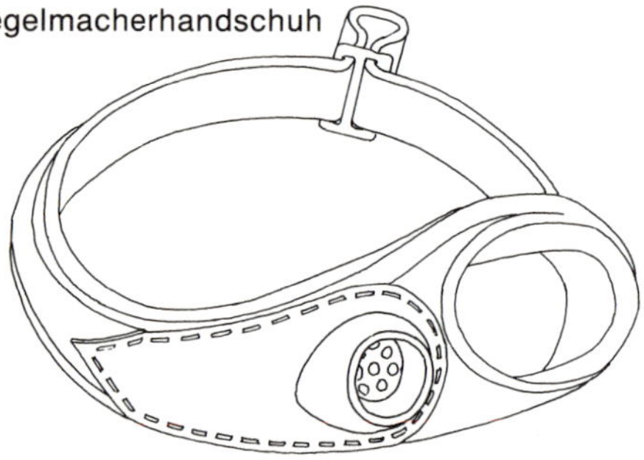

Der **Marlspieker,** ein starker eiserner Dorn mit oder ohne Holzgriff, ist ein unerläßliches Universalwerkzeug: zum Spleißen, Aufbrechen festgezogener Knoten und Aufdrehen festgefressener Schäkelbolzen. Marlspieker zum Spleißen von Drahttauwerk haben eine Hohlkehle, in die man die einzelnen Kardeele beim Durchstecken einführt.

Takelmesser

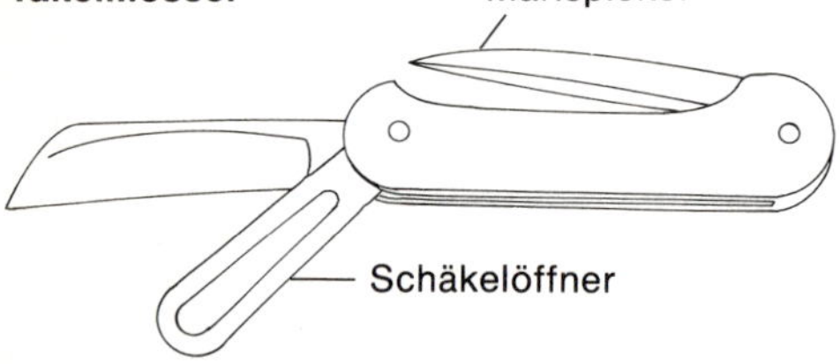

Sehr gebräuchlich ist ein **Takelmesser,** eine Kombination von einem robusten Klappmesser mit einem Marlspieker.

Umgang mit Tauwerk

Zur guten Seemannschaft gehört, daß das gesamte Tauwerk stets sofort aufgeschossen wird, um jederzeit einsatzbereit zu sein. Nicht aufgeschossenes Tauwerk hat die unangenehme Eigenschaft, sich heillos zu vertörnen. Aufschießen heißt, in Buchten zusammenlegen. Da das meiste Tauwerk rechts geschlagen ist, legt man die Buchten im Uhrzeigersinn, bei linksgeschlagenem entsprechend entgegengesetzt. Gegen den Schlag aufgeschossen, wirft die Leine sogenannte Kinken, die nur mühsam wieder herauszubringen sind. Auch wenn eine Leine gefiert werden soll, muß das Ende aufgeschossen werden, will man keinen Leinensalat riskieren, der sich in Blöcken, Leitösen oder ähnlichen Führungen bekneift. Aufgeschossen

Wurfleinenknoten

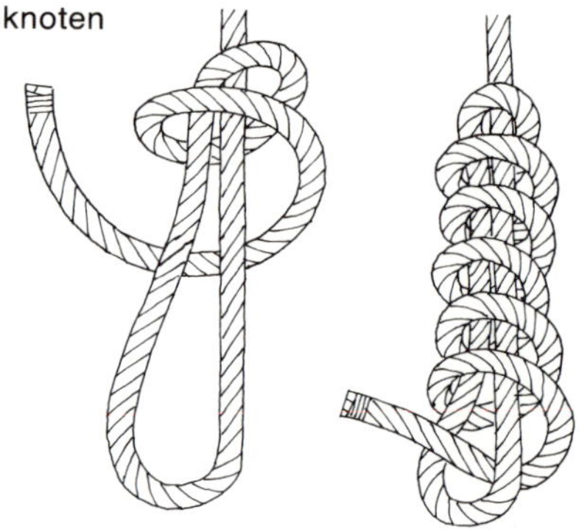

wird stets von der stehenden Part in Richtung zum Tampen. Die Bucht mit dem Tampen kommt zuunterst. Bei auslaufenden Leinen unbedingt darauf achten, daß man klar von den Buchten steht und nicht etwa mit den Füßen hineingerät.

Mit einem **Wurfleinenknoten** versieht man leichtere Leinen, die gegen den Wind oder über eine größere Distanz geworfen werden sollen. Um sicher zu gehen, sollte das Ende der geworfenen Leine immer an Klampe oder Poller belegt sein.

Die **Bruchfestigkeit** einer Leine sollte mindestens das Fünffache der denkbar möglichen Belastung betragen. Wenn eine Kunstfaserleine bricht, kündigt sie das nicht – wie Naturfaser- oder Drahttauwerk – optisch oder durch Knirschen an. Es geschieht urplötzlich, und, wegen ihrer hohen Dehnungsfähigkeit, schnellt die Leine mit großer Kraft zurück. Dabei hat es schon mehrere Unfälle mit tödlichem Ausgang gegeben. Deshalb gilt als oberstes Gesetz:

Halte dich niemals in Richtung einer unter Kraft stehenden Leine auf.

Pflege Alles Tauwerk muß laufend auf Scheuerstellen kontrolliert werden. Angerauhtes Kunstfasertauwerk kann bis zu 50% seiner Festigkeit einbüßen. Deshalb sind Leinen mit Abrieb sofort durch neue zu ersetzen. Bei stark beanspruchten Leinen kann sich das Material durch innere Reibung (Wärme) zersetzen. Man erkennt das an einer Pulverisierung zwischen den Kardeelen.

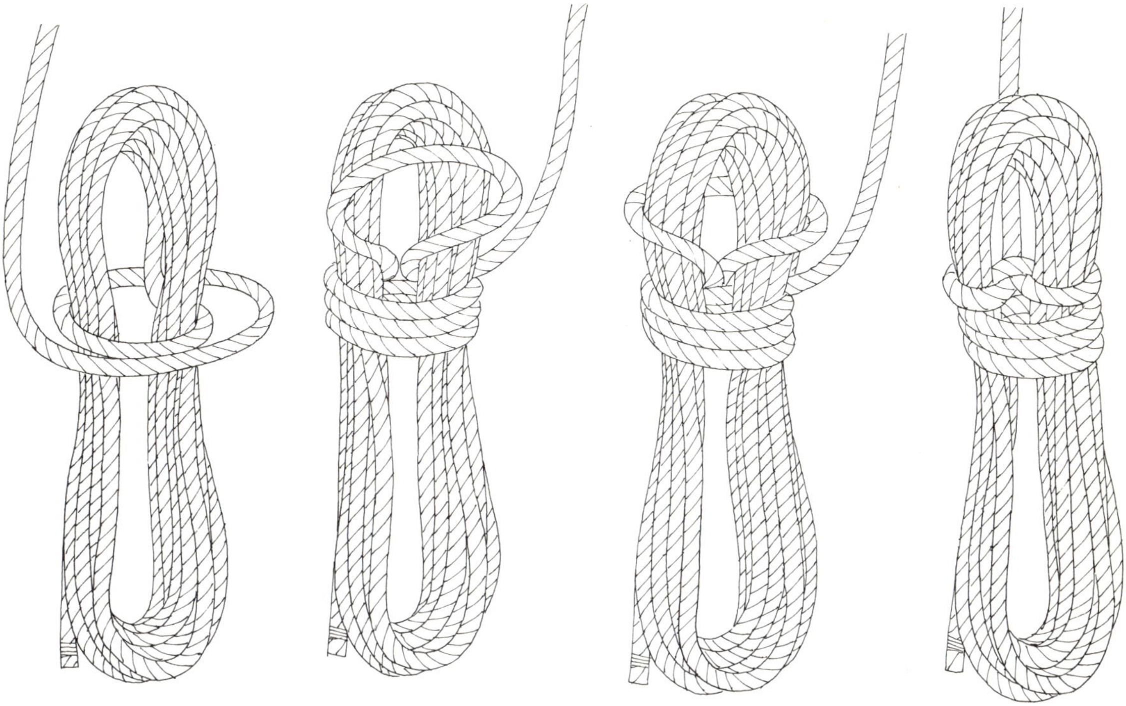

Leine aufschießen
Da die meisten Leinen rechtsherum geschlagen sind, müssen sie auch rechtsherum aufgeschossen werden. Die gleichlangen Buchten werden durch einige rechtwinklig herumgelegte Törns zusammengehalten. Dann den letzten Törn als Bucht oben durchziehen, über den Kopf rüber- und zusammenziehen.

Wegen der zerstörerischen Wirkung der UV-Bestrahlung sollen Kunstfaserleinen, Dyneema ausgenommen, nie länger als unbedingt erforderlich der Sonne ausgesetzt werden. Leinen, die nicht gebraucht werden, staut man unter Deck oder in entsprechenden Stauräumen (Backskisten).
Leinen, die mit Chemikalien (Lösungsmitteln) in Berührung gekommen sind, sofort gründlich mit Wasser abwaschen. Das gilt auch für Leinen, die in chemisch stark verschmutztem Wasser hingen.
Festmacher sollten dort, wo sie durch Lippen oder Klüsen laufen, bekleidet, das heißt, mit Gummi oder Kunststoff fest ummantelt werden. Ein nur lose übergeschobener Schutz rutscht unter der ständigen Reibung beiseite.

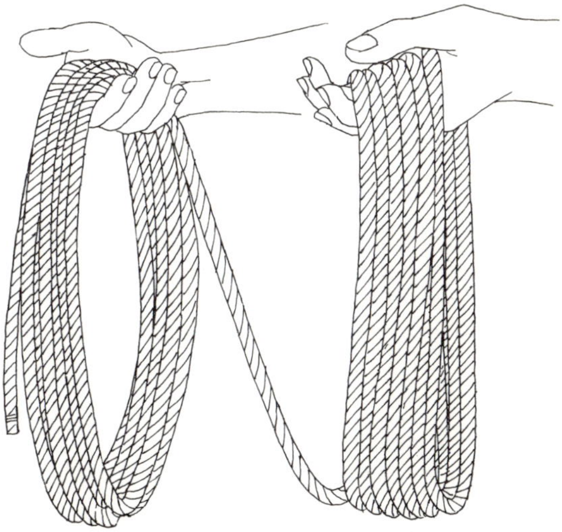

Leine werfen
Die Leine wird in Buchten aufgeschossen, dann teilt man sie, nimmt in jede Hand ungefähr die Hälfte der Buchten und wirft nur einen Teil mit der Wurfhand hinüber. Den anderen Teil gibt die zweite Hand im Flug hinterher.

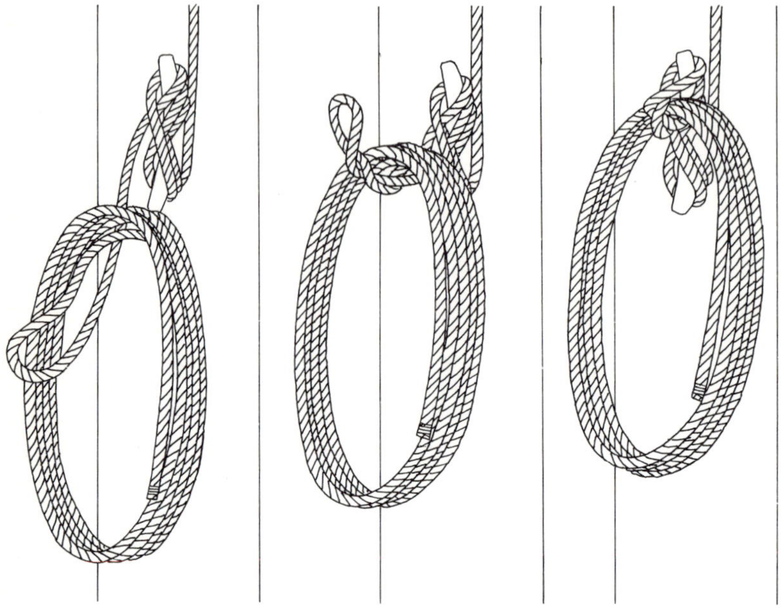

Fall aufschießen
Zunächst das Fall auf der Klampe am Mast belegen, dann das Ende aufschießen. Nun kann man es einfach hinter das Fall klemmen, eleganter aber ist es, wenn es über das obere Horn der Klampe gehängt wird. Die letzte Bucht von hinten durchholen, über Kreuz »verdrillen« und das so gewonnene Auge rüberhängen.

Festmachen

Zum gekonnten Umgang mit Leinen gehört auch das Festmachen. Dazu dienen **Vor-** und **Achterleinen.** Die Bezeichnung der Leinen bezieht sich auf das Vor- und Achterschiff. Die Achterleinen können also vom Heck zu den Achterpfählen führen, aber ebenso gut zum Steg, wenn das Boot mit dem Heck zum Steg liegt.
Die **Vorspring** führt vom Bug zu einem Fixpunkt hinten, die **Achterspring** vom Heck zu einem Fixpunkt vorne. Die Springs fesseln das Boot, so daß es sich nicht mehr in der Längsrichtung bewegen oder mit Bug oder Heck abscheren kann, was sonst von Wind oder Strom bewirkt werden könnte.

Festgemacht wird ein Schiff entweder längsseits an einem Steg oder einer Pier oder in einer Stegbox, an Pfählen oder an einer Boje (Muring), je nach den örtlichen Gegebenheiten. Beim Längsseitsliegen kommt man mit je einer Vor- und Achterleine aus, zusätzlich werden Springs gesetzt. Als drittes Leinenpaar schließlich mag man noch eine vordere und achtere **Brustleine** setzen, die das Boot dicht am Steg halten.
Wichtig sind Fender, drei auf einer Seite genügen meist, die die Bordwand vorm Schamfilen am Steg oder an anderen Booten schützen. Sie werden an der Reling, an Relingsstützen oder Handläufen festgemacht oder auf Klampen belegt. An Spundwänden oder Pfählen, wie sie manchmal vor einer Pier in den Grund gerammt sind, kommt man mit

Festmachen längsseits

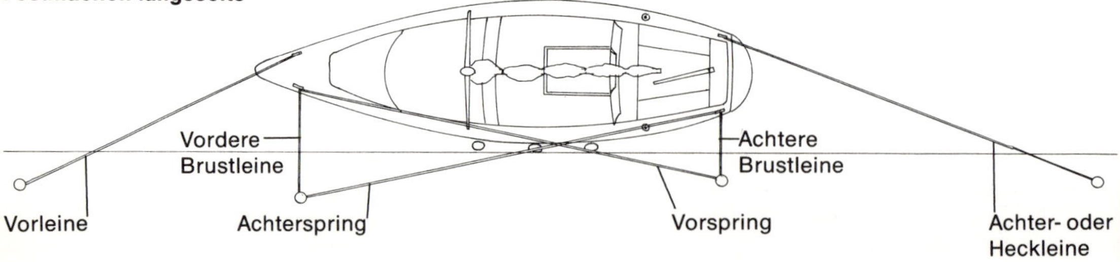

Fenderbrett

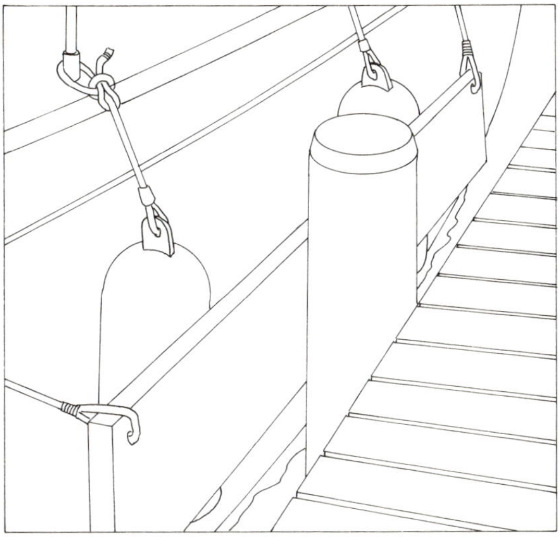

einzelnen Fendern nicht aus. Man braucht die Fender überbrückenden Fenderbretter.

Ist man gezwungen, in Luv, an der Windseite, an einer Brücke oder einem Kai längsseits zu gehen, kommt den Fendern erhöhte Bedeutung zu. Sind Wind oder Seegang so stark, daß die Fender nicht mehr genügend schützen, muß das Schiff von der Anlegestelle freigehalten werden. Gibt es in Luv keine Bojen oder Dalben, zu denen man Leinen ausbringen kann, muß man den Bug- und Heckanker nach Luv ausfahren und das Boot mit den Ankern freihalten.

An Liegeplätzen mit stark schwankenden Wasserständen sollten Vor- und Achterleine so lang wie möglich nach vorne und achtern ausgebracht werden. So ergibt sich ein flacherer Winkel bei niedrigem Wasser. Auf die Gesamtlänge der Leinen bezogen ist der vergrößerte Abstand zu den Fixpunkten an Land relativ geringfügig. Es kann sogar günstiger sein, nur vor entsprechend lang ausgebrachter Vor- und Achterspring zu liegen und auf Vor- und Achterleine zu verzichten.

Liegen im Päckchen

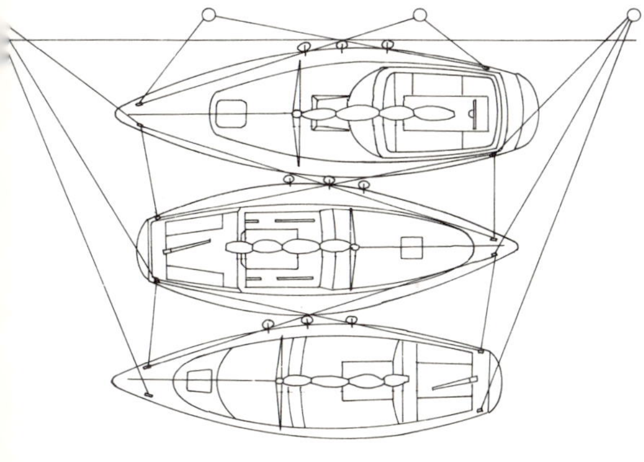

Unter **Liegen im Päckchen** versteht man das Längsseitsliegen mehrerer Boote an nur einem Liegeplatz. Ganz sicher keine wünschenswerte Art des Festmachens, weil man als Außenlieger über die anderen Boote hinwegsteigen muß und das Ablegen eines der innenliegenden Boote recht schwierig ist, doch hat man in überfüllten Häfen oft gar keine andere Wahl.

Alle Boote des Päckchens belegen ihre Vor- und Achterleinen an Land. Es genügt nicht, jeweils nur am Nachbarboot festzumachen, weil das eigene Boot so nicht sicher liegt und die Belastung auf den Festmachern des innenliegenden Bootes zu groß wird. Zum Nachbarboot werden nur Vor- und Achterspring ausgebracht und zusätzlich Brustleinen. Damit sich die Riggs beim Rollen der Boote im Schwell nicht verhaken und beschädigen, legt man die Schiffe abwechselnd, Bug zum Heck, aufs Päckchen.

Festmachen in der Stegbox

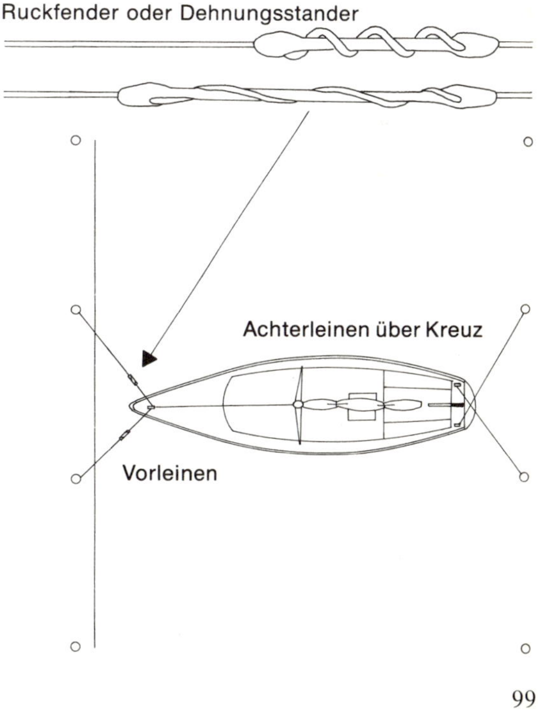

In der Stegbox setzt man je zwei Vor- und Achterleinen, die genügend Spiel haben müssen, damit sich das Boot bei fallendem Wasser nicht in seinen Leinen aufhängt. Die Vorleinen sollten möglichst weit auseinander belegt werden, dann wirken sie wie ein Federsatz, und das Boot ruckt bei Schwell nicht so heftig in die Leinen. Überhaupt empfiehlt es sich, an seinem ständigen Liegeplatz die Festmacher mit sogenannten **Ruckfendern** zu versehen, auch **Dehnungsstander** oder **Anlegefedern** genannt. Es sind Hartgummikörper, die ruckartige Belastungen elastisch abfedern oder auch Stahlfedern, die aber meistens bald quietschen und deshalb in Häfen nicht sehr beliebt sind. Die Achterleinen macht man über Kreuz fest, damit das Boot nicht seitlich mit dem Heck ausscheren kann. Liegt man mit dem Heck zum Steg, gilt Entsprechendes für die Vorleinen, vorausgesetzt, man hat zwei Vorschiffsklampen.

Trockenfallen an der Pier

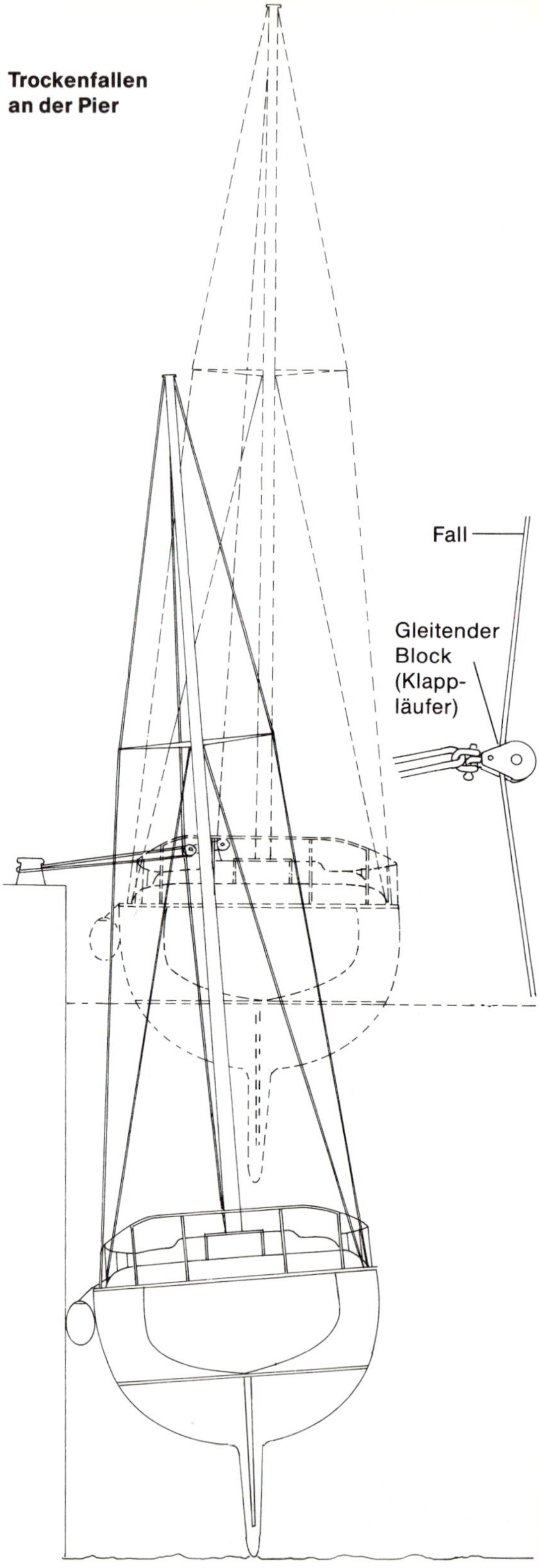

Trockenfallen

In tidenabhängigen Gewässern fallen manche Häfen bei Niedrigwasser trocken und mit ihnen die an der Pier liegenden Boote. Kimmkieler haben damit wenig Probleme. Auch die älteren Langkieler liegen noch verhältnismäßig sicher. Hingegen neigen die heute üblichen Kurzkieler dazu, vornüber zu fallen. Schon durch eine Gewichtsverlagerung der Crew kann das passieren. Deshalb ist vor dem Trockenfallen Ballast nach achtern und zugleich so zu trimmen, daß die Yacht leicht zur Mauer krängt, damit sie nicht zur Seite umkippt. Sie darf aber auch nicht zu viel Schräglage in Richtung Hafenmauer erhalten, weil sonst das Rigg (Saling) beschädigt werden kann. Deshalb ist es wichtig, den Bootskörper so dicht wie möglich an der Pier zu halten.

Um das Boot vorm Umkippen zur Seite zu sichern, bringt man eine Querleine zur Pier aus und setzt sie mit einem Block auf ein belegtes Fall. Mit den unterschiedlichen Wasserständen rollt er auf dem Fall auf und nieder.

Will man Vor- und Achterleine nicht ständig kontrollieren müssen, steckt man sie so lang, wie es für den Niedrigwasserstand erforderlich ist. Eingehängte Gewichte (Reitgewicht, Anker, eine in einem Behälter aufgeschossene Kette) halten die langen Leinen bei Hochwasser unter Zug und das

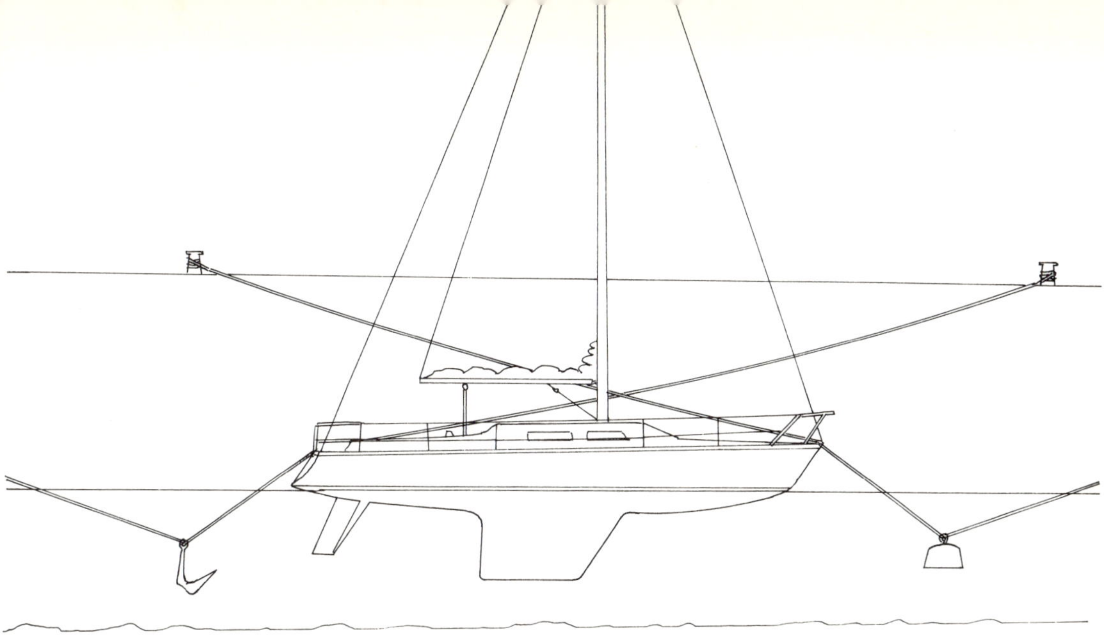

Gewichte halten bei steigendem Wasserstand Vor- und Achterleine unter Spannung. – Als Faustformel für die Länge der Leinen gilt: 1 Meter Differenz im Wasserstand = ½ Schiffslänge zusätzliche Trossenlänge.

Boot dicht an der Mauer. Zu achten ist darauf, daß Leinen und Springs nicht an Spundwänden oder den eigenen Fendern hängen bleiben. In ihren Lippen sollten sie beigezeist werden, damit sei beim Zug nach oben nicht herausspringen und an irgendwelcher Decksausrüstung schamfilen.

Beibootbedienung

Auf Booten unter etwa 9 m Länge kann ein starres Dingi nur geschleppt werden. Das ist nicht unproblematisch. Es bremst erheblich die Fahrt und behindert Hafenmanöver. Dabei muß die Schleppleine so kurz wie möglich geholt werden, damit sie nicht in den Propeller gerät. Besser manövriert man natürlich, wenn man währenddem das Dingi längsseits nimmt. Die Schleppleine muß am Vorsteven an einem Augbolzen direkt über der Wasserlinie angreifen, damit das Dingi nicht unterschneidet. Es muß mit einer Persenning fest abgedeckt werden, damit es nicht vollschlägt. Steigt eine See ein, was bei achterlichem Wind leicht geschehen kann, entsteht eine ungeheure ruckartige Belastung, durch die die Schleppbeschläge herausgerissen werden können.
Der Schleppwiderstand verringert sich etwas, wenn man die Länge der Schleppleine so bemißt, daß das Dingi auf dem Vorderhang der Heckwelle reitet, die, je nach Geschwindigkeit der Yacht, unterschiedlich weit vom Heck entfernt nachläuft. Im übrigen sollte das Beiboot möglichst der gleichen Wellenbewegung wie die schleppende Yacht ausgesetzt sein, also zur gleichen Zeit im Wellental oder auf dem Wellenberg sein.
Bei achterlicher See kommen Dingis oft ins Surfen und rammen dann das Heck der Yacht. Um das zu vermeiden muß mehr Leine gesteckt werden, auch wenn das Beiboot dadurch unter Umständen stark zu gieren anfängt. Allerdings wird die Bremswirkung auch noch größer und es besteht die Gefahr, daß das Dingi umschlägt. Ein leichtes Boot aber wird unter Umständen an der langen Leine noch mehr Fahrt aufnehmen, mit der es auf das Heck zusurft. In diesem Fall hilft nur eins: vom Dingi Leinenbuchten nachschleppen zu lassen, die aber die eigene Fahrt ebenfalls erheblich bremsen können. Geschleppte Schlauchboote bremsen weniger und sind ungefährlicher, wenn sie aufs Heck auflaufen. Aber sie werden bei starkem Wind eventuell in die Luft geblasen und umgeworfen, zumal beim Kreuzen. Um das zu vermeiden holt man sie ans Heck heran und zieht sie mit dem Vorschiff aus dem Wasser.
Ein Festboot, schon bei mehr als 20 kg Gewicht, von Hand an Deck zu holen, ist recht schwierig. Als »Kranausleger« bietet sich der Spinnakerbaum an. Er wird waagerecht ausgestellt und mit dem Toppnant festgesetzt. Das Spinnakerfall führt man durch die Baumnock zum Heißauge im, beziehungsweise an eine Hahnepot am Dingi. Mit der Winsch kann es nun am Fall, ohne allzu große

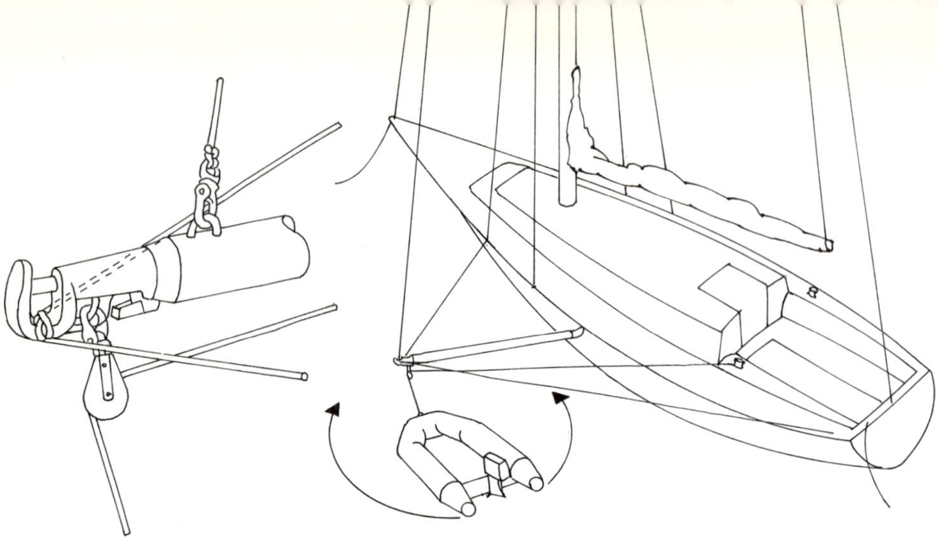

So bleibt das Dingi beim Schwojen der Bordwand fern.

Kraftanstrengung und ohne an der Außenhaut entlangzuschrammen, hochgeholt oder zu Wasser gelassen werden.

Zwangsläufig kentern kleine Dingis leicht, besonders starre; Schlauchboote haben eine höhere Querstabilität. Deshalb Vorsicht beim Besteigen. Nur in die Mitte treten und sich sofort hinsetzen.

Ist das Boot zu Wasser gebracht, wird es mit einer Fangleine in Höhe der Wanten festgemacht. Der Ruderer steigt zuerst ein und klariert die Riemen. Dann folgt einer nach dem anderen, das Boot aufmerksam ausbalancierend. *Niemals bei Fahrt durchs Wasser in ein Beiboot steigen.*

Vor Anker läßt man sein Beiboot gewöhnlich achteraus treiben. Das funktioniert aber nur so lange, wie in strömendem Gewässer kein Wind gegenan steht. Denn er treibt das leichtere Dingi immer wieder gegen das Heck der Yacht, die sich ungefähr in Stromrichtung legt. Ein kleiner Treibanker, wie er sich an Rettungsinseln befindet oder als Schlauchboot-Zubehör lieferbar ist, hält das Dingi sicher von der Bordwand ab.

Die übliche, wenn auch etwas umständlichere Methode, um das Dingi der Außenhaut fernzuhalten: Der Spinnakerbaum wird querab an der Relings-Lochschiene oder am Pütting fixiert und der Festmacher des Dingis durch einen an der Baumnock angeschlagenen Block geschoren, kurz geholt und an Deck geführt. Dieses Verfahren empfiehlt sich auch dann, wenn die Yacht vor Bug- und Heckanker in kenterndem Strom liegt.

Pullen und Wriggen

Pullen ist der seemännisch korrekte Ausdruck für rudern, doch rudern ist gebräuchlicher. Es wird nicht etwa mit dem Ruder gepullt, sondern mit einem **Riemen.** Die Riemen lagern in **Dollen** (Drehgabeln) oder Rundseln (Ausschnitte im Rundselbord größerer Ruderboote) oder auf Schlauchbooten oft nur in einer Hartgummilippe. Man sitzt mit dem Rücken nach vorn auf der **Ducht** (Ruderbank).

Beim **Anrudern** werden die Riemenblätter von vorn nach achtern durchs Wasser geholt: Das Boot macht Fahrt voraus.

1 Man beugt sich mit ausgestreckten Armen nach vorne, taucht die Blätter der Riemen ein . . .
2 . . . und zieht sie, unter gleichzeitigem Strecken des Oberkörpers, kräftig durchs Wasser . . .
3 . . . lehnt sich zurück und zieht die Riemen so weit durch, bis die Unterarme an den Körper gewinkelt sind.
4 Dann drückt man die Riemen nach unten, bis die Blätter aus dem Wasser kommen . . . und zurück in Position 1.

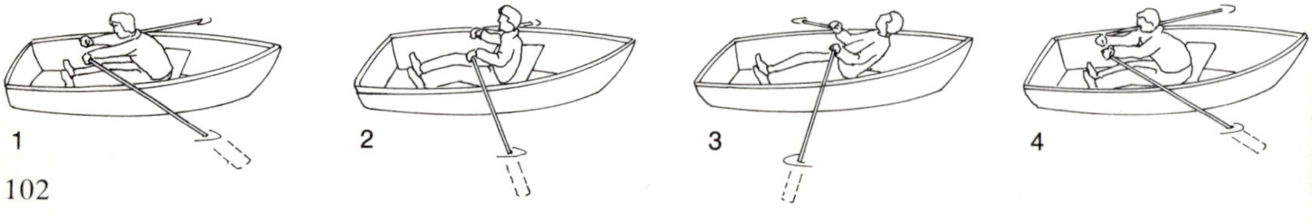

Beim **Streichen** werden die Riemenblätter unter Zurückbeugen des Oberkörpers und Herunterdrücken der Handgelenke mit ihrer Vorkante eingetaucht und von achtern nach vorn durchs Wasser gedrückt: Das Boot macht Fahrt achteraus.
Beim **Wasserhalten** wird durch Eintauchen der senkrecht stehenden Riemenblätter die Fahrt des Bootes gestoppt.
Durch einseitiges Anrudern mit nur einem Riemen dreht das Boot nach der Seite, auf der nicht gepullt wird. Durch gleichzeitiges Wasserhalten mit dem anderen Riemen wird die Drehbewegung beschleunigt. Durch Anrudern auf einer Seite und gleichzeitiges Streichen auf der anderen dreht das Boot auf der Stelle. Durch Wasserhalten oder Streichen auf einer Seite dreht es langsam oder schnell zu dieser Seite hin.
Beiboote werden fast immer gepullt und nur selten gewriggt.
Gewriggt wird nur mit einem Riemen über das Heck des Bootes. Der Riemen liegt in einer Dolle, einer Rundsel oder einem speziellen Wriggloch zunächst so, daß er einen Winkel von etwa 30 bis 40° zur Mittschiffsebene bildet und die innere Riemenblattkante in einem Winkel von ungefähr 45° ins Wasser zeigt. Nun wird er, ohne seinen Anstellwinkel zu ändern, quer zur Fahrtrichtung auf die andere Seite gedrückt oder gezogen. Bei dieser Bewegung versucht das Blatt, nach unten auszuweichen. Dem wirkt man entgegen, indem man den Griff des Riemens mit der äußeren Hand leicht hinunter drückt. Die Schrägstellung des Blattes drückt das Boot nach vorne. Bei der Endstellung auf der anderen Seite wird das Riemenblatt um 90° gedreht. Dabei darf weder am Griff nachgegriffen noch das Blatt aus dem Wasser gezogen werden. Das Blatt hat nun wieder einen Anstellwinkel von ungefähr 45° und wird wieder quer zur Fahrtrichtung auf die andere Seite gedrückt. Der Vorgang wiederholt sich jedesmal. Die Drehbewegung, die das Boot ebenfalls bei jeder Querbewegung des Riemens erhält, muß durch die schnelle Folge der einzelnen Wriggbewegungen ausgeglichen werden. Eine Änderung der Fahrtrichtung erreicht man beim Wriggen durch mehr oder weniger starken Druck und entsprechende Veränderung des Anstellwinkels.

Kranen

Größere Yachten werden im allgemeinen nur zweimal im Jahr gekrant: Im Frühjahr, wenn sie zu Wasser gebracht werden, und im Herbst, wenn sie herausgenommen werden. Anders sieht es mit kleineren Booten aus, die einen häufigeren Revierwechsel auf dem Landwege ermöglichen. Oder eine Yacht muß zwischendurch zur Inspektion des Unterwasserschiffes aus dem Wasser genommen werden. Wenngleich die Bedienung des Krans meist Aufgabe des Personals von Werft oder Hafenmeisterei ist, so handelt es sich doch um eine Arbeit, mit der jeder Segler vertraut sein muß. In einigen Yachthäfen befinden sich auch Elektrokräne zur Selbstbedienung.
Das **Heißgeschirr,** in das die Yacht eingehängt wird, gehört zum Kran. Doch wer häufiger krant, für den kann es durchaus sinnvoll sein, sein eigenes maßgeschneidertes Heißgeschirr (Gurte) zu haben, um keine unangenehmen Überraschungen zu erleben.
Stahltrossen, selbst wenn sie ummantelt sind, eignen sich zum Unterfangen der meisten Yachten ebenso schlecht wie Tauwerktrossen. Die Punktbelastungen auf die Querverbände sind beträchtlich. Traversen oder ein Balkenkreuz können den Stauchdruck im Decksbereich zwar mildern, aber keineswegs verhindern. Schrammen in der Außenhaut, selbst wenn man sie mit Kissenfedern und

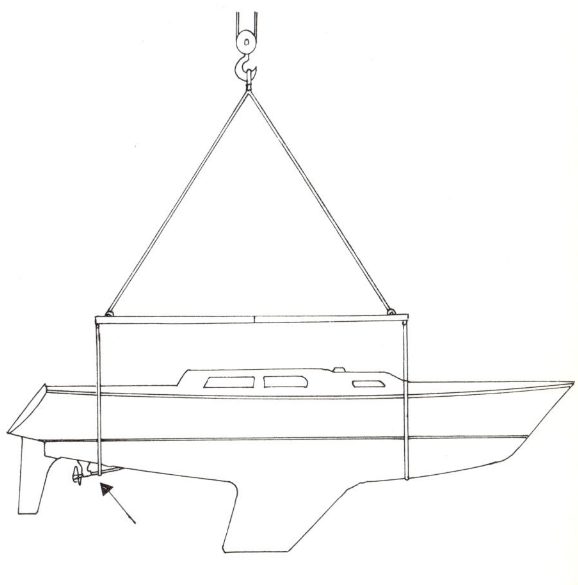

Kurzkieler sind besonders empfindlich gegen ein außen herumgeführtes Heißgeschirr. Propeller, Propellerwellen und freistehende Ruder können leicht beschädigt werden.

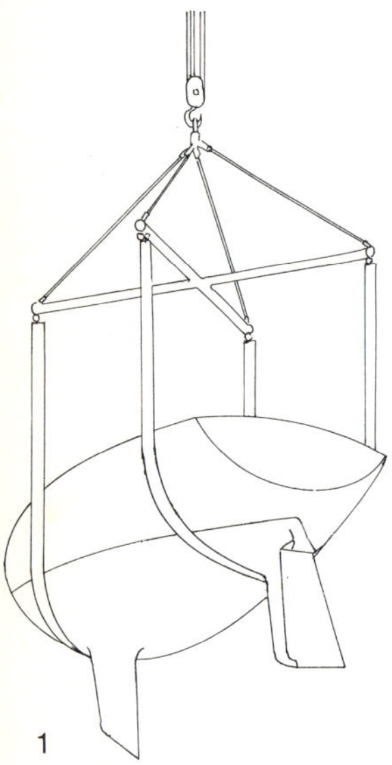

1

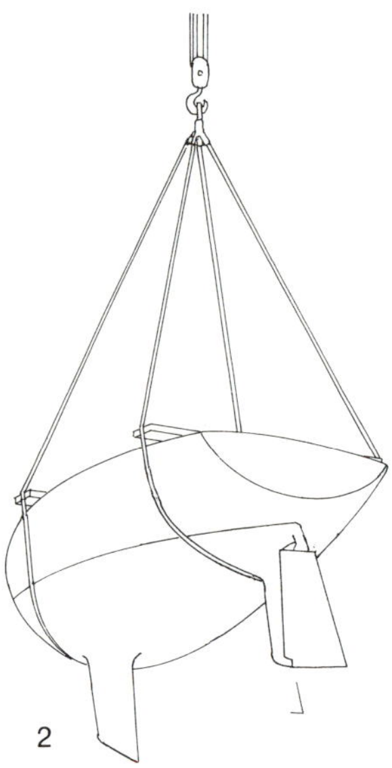

2

1 So sollte ein Heißgeschirr aussehen: Breite gummiarmierte Gurte, die von Traversen abgesteift werden. Hier kann nichts verrutschen und der Druck auf die Decksverbände bleibt minimal.

2 Bei Einzelgurten, die direkt am Kranhaken hängen, treten erhebliche Drücke im Bereich des Schandecks und eventuell auch der Aufbauten auf. Mit quer über Deck geführten Balkenaussteifungen lassen sie sich abfangen.

alten Matratzen noch so gut schützt, werden sich kaum vermeiden lassen, ebensowenig wie im Kielbereich.

Weitaus besser geeignet sind breite Gurte, wie sie in Yachthäfen meistens auch verwendet werden. Aber auch sie sollten mindestens an einer Quertraverse oder – besser noch – an einer gekreuzten Traverse aufgehängt sein, in deren Mitte der Kranhaken angreift. So werden die starken Querkräfte im Decksbereich erheblich verringert und das Boot kann nicht verrutschen, weil die Gurte fast senkrecht ziehen. Hängen die Gurte direkt am Kranhaken – greift also die Kraft in einem spitzen Winkel an – sollte man sie, und bei Trossen ist das noch viel wichtiger, durch zwei quer übers Deck gezurrte Hölzer so absteifen, daß sie frei von Schanzkleid oder Waschbord laufen.

Ein Problem bleibt auch beim Unterfangen mit »rumpffreundlicheren« Gurten: sie unter Wasser so unter dem Rumpf durchzuführen, daß die Yacht später waagerecht hängt und der achtere Gurt nicht an Ruder, Propeller oder Welle aufliegt oder dorthin rutscht. Diese Gefahr ist bei modernen Kurzkielern sehr groß. Provisorische Markierungen am Rumpf, in welcher Position der Gurt sicher zwischen Ruder und Propeller liegt, können hilfreich sein. Gelegentlich muß das Boot nach einem vorsichtigen Anhieven wieder abgesetzt werden, um die Position der Gurte zu korrigieren. Ebenfalls nicht auszuschließen ist, daß aus dem Bootsrumpf hervorragende Instrumente wie Schwinger des Echolots oder Impeller des Speedometers beschädigt oder abgerissen werden. Ähnliche Vorsicht gilt beim Zuwasserlassen des Bootes. Der kritische hintere Gurt muß entsprechend weit abgetaucht werden, damit er, ohne am Ruder hängenzubleiben, unter dem Bootsboden herausgezogen werden kann.

Die feste Heißvorrichtung

Allen Risiken beim Unterfangen mit dem Heißgeschirr geht man mit einer festen Heißvorrichtung aus dem Wege. Ältere Yachten haben sie oft serienmäßig: Ein Heißauge auf dem Kielbolzen im Gewichtsschwerpunkt des Bootes. Der Heißstropp oder Heißstander kommt eventuell aus dem Niedergang heraus oder – wahrscheinlicher – aus einer Heißöffnung im Kajütdach oder Deck, die wasserdicht verschraubt wird. Eine Ummantelung des Heißstanders an dieser Stelle mit Leder oder Kunststoffschlauch schützt das Gewinde vor Beschädigungen.

Man kann sich auf Langkielern eine solche Heißvorrichtung auch nachträglich einbauen lassen. Das verursacht zwar einige Umstände und wird

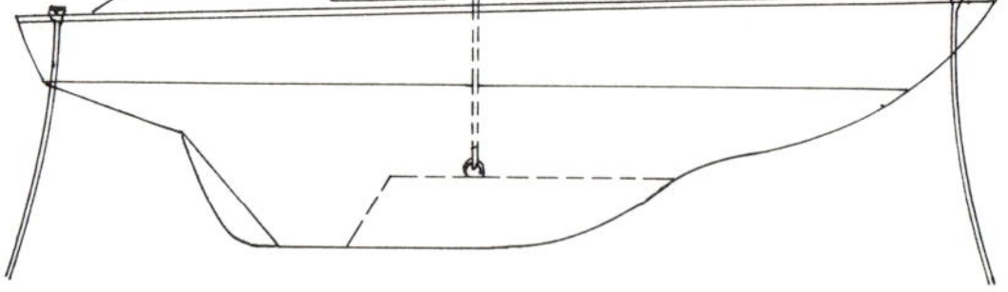

Heißauge auf dem Kielbolzen mit Durchführung des Heißgeschirrs durch den Kajütaufbau. Das Boot hängt gut ausbalanciert am Kran. Kein Druck auf die Verbände, kein Schamfilen an der Außenhaut. Eine nur auf konventionellen Langkielern praktikable Installation.

von einer Werft ausgeführt werden müssen. Die Vorteile aber: keine Beschädigungen der Außenhaut mehr, keine verbogene Welle, kein abgerissener Propeller oder weggeknickter Ruderzapfen, kein zeitraubendes Lavieren mehr beim Umlegen und Sichern des Heißgeschirrs. Zu bedenken ist allerdings stets, daß sich der einmal ermittelte Gewichtsschwerpunkt, beispielsweise durch den Einbau eines Motors oder durch gefüllte oder leere Tanks, verändern kann. Bevor das Boot aus dem Wasser kommt, muß es gegebenenfalls gelenzt werden. Beim Kranen nach vorne oder achtern schießendes Bilgenwasser kann die Stabilitätsverhältnisse bedenklich beeinträchtigen.
Mit Vor- und Achterleine wird das am Kran hängende Boot von Steg, Kaimauer oder ähnlichem freigehalten, beziehungsweise so dirigiert, daß es richtig auf seinem Lagerbock oder Transportwagen aufsetzt. Selbstverständlich ist, daß sich während des gesamten Kranvorganges niemand unter dem schwebenden Boot aufhält.

Mast setzen

Für den Jollensegler, der häufiger mit seinem Boot über Land reist, ist das Mastsetzen eine Routinesache. Auch der Eigner trailerbarer Kielboote wird mehr als einmal in der Saison seinen Mast legen und setzen müssen. Auf größeren Schiffen hingegen geschieht es meistens jeweils nur einmal: im Herbst und im Frühjahr.
Jollenmasten Auf Jollen ist das Mastsetzen sogar von einem allein zu bewerkstelligen, wenn der Mast nicht allzu lang ist. Entweder steht er in einer Spur auf dem Kiel oder an Deck.
Bei der **Kielspur** den Mast, Topp nach achtern, ins Cockpit legen und den Fuß in der Spur befestigen. Dann den Mast am Vorstag hochziehen, wenn vorhanden, die Mastfalle schließen, und dann das Vorstag und anschließend die beiden Wanten anstecken.
Bei der **Decksspur** den Mast neben das Boot legen, das Vorstag und gegenüberliegende Want befestigen, dann den Mast aufrichten. Neigt man ihn etwas in Richtung des bereits angeschlagenen Wants und des Vorstags, kann man ihn leicht in seine Spur einsetzen. Nun das noch freie Want anschlagen. Für längere Jollenmasten braucht man in jedem Fall einen Helfer, der den Mast hochstemmt und hält.
Auf Kielbooten ist zwischen Klapp- und Steckmasten zu unterscheiden.

Klappmasten zu setzen ist verhältnismäßig einfach. Sie können liegend bereits mit einem Bolzen in den Mastbacken befestigt werden und um diesen Bolzen drehend, von zwei Mann, Hand über Hand, aufgerichtet werden, während ein dritter am Vorstag führt. Vorher die Oberwanten und das Achterstag an den Püttings feststecken, damit der Mast nicht seitlich oder nach vorne wegkippen kann. Steht er, kommt der zweite Bolzen durch die Backen und Vorstag, Achterstag und Unterwanten werden angeschlagen.
Ist der Mast zu lang und zu schwer, um ihn zu zweit hochstemmen zu können, gibt es ein Hilfsmittel, das besonders dann empfehlenswert ist, wenn der Mast, beispielsweise für Brückendurchfahrten, häufiger gelegt werden muß:
die **Jütt,** bestehend aus Bock und Talje. Sie bildet einen Winkelhebel, um ein ausreichend großes aufrichtendes Moment zu erzeugen. Es kann eine ein- oder zweibeinige Jütt sein. Die einbeinige, von der Länge der Vorsegelbasis zwischen Mastfuß und Vorstagbeschlag, wird auf den Mastfuß gesetzt, die zweibeinige an Deck – etwa an den Püttings – gelascht. Sie ermöglicht eine sicherere Führung des Mastes beim Aufrichten (und natürlich auch beim Legen). Oberwanten und Achterstag werden ebenfalls vorher angesteckt. Sinnvoll ist es, an der Jütt das Fockfall und nicht das Vorstag anzuschlagen. Dann braucht das Vorstag nicht erst wieder von der Jütt gelöst zu werden, um es am Bugbeschlag anzuschäkeln, sobald der Mast mit der Talje in die Senkrechte geholt worden ist. Ist keine Jütt vorhanden muß der Mast mit dem Mastenkran gesetzt werden. Genau wie ein
Steckmast, der senkrecht durch die Öffnung im Deck auf seine Spur im Kiel gestellt werden muß. Auch für Masten, die nicht klappbar in einer Decksspur stehen – eine häufige Anordnung auf mittleren Fahrtenbooten – braucht man den Kran. Zunächst wird das laufende Gut steif durchgesetzt und das stehende Gut geordnet – auf Verdreher achten (Steuerbord-Wanten auf die rechte Seite etc.) – und an den Mast gebändselt, damit es nicht wild durch die Gegend peitscht. Bändsel oder Tape nicht höher als etwa 1,50 Meter über Deck, damit man sie später von Deck aus lösen kann. Sinnvoll ist es, die entsprechenden Bolzen gleich an die richtigen Endstücke zu stecken und die Splinte nur so weit aufzubiegen, daß sie sich leicht herausziehen lassen, aber nicht von selbst herausfallen. Den Kranstropp mit einem Palstek mit großem Auge unter die Saling legen. Bei Masten mit einer Toppsaling unter diese. Dann ist ein beson-

ders großes Auge im Stropp erforderlich, damit er später, wenn der Mast steht, weit genug nach unten rutscht, um ihn von Deck aus erreichen zu können. Während der Kran mit dem Mast einschwenkt, den Mastfuß von Hand in seine Position dirigieren und sobald er steht, die Oberwanten, das Achter- und Vorstag anschlagen, aber zunächst nur provisorisch festsetzen. Nun kann der Kranstropp gefiert und gelöst werden. Ob der Mast in der Decksdurchführung mit Keilen verspannt werden muß, und ob mit elastischen oder festen Keilen, ist unterschiedlich.

Wer häufiger seinen Mast in der Saison legen muß, sollte sich die Spannstellungen an den Wantenspannern markieren, so kann er sofort die endgültige Fixierung vornehmen. Sonst beginnt man, den Mast genau senkrecht zu stellen. Ein an Großfall oder Dirk aufgehängter Schraubenschlüssel dient als Lot. Dann das stehende Gut steif durchsetzen, aber nur so, daß der Mast keine S-Kurven bekommt, sondern exakt senkrecht bleibt. Grundsätzlich gilt, die Oberwanten am stärksten anziehen, damit der Mast beim Segeln nicht nach Lee biegt. Die vorderen Unterwanten nicht ganz so steif setzen und die hinteren noch etwas weniger. Beim Segeln mit etwa 20° Lage dürfen die Leewanten leicht Lose bekommen, ohne daß die Mastmitte nach achtern oder seitlich ausweicht oder das Vorstag deutlich durchhängt.

Sobald der Mast endgültig steht, den Baum und Baumniederholer anschlagen und – falls vorhanden – die Elektrik anschließen und ihre Funktion überprüfen. Beim ersten Schlag mit dem neu aufgestellten Rigg sollten unbedingt die Kontermuttern an Wanten und Stagen kontrolliert werden, erst recht, wenn sie unter Ummantelungen verborgen sind.

Setzen eines Steckmastes

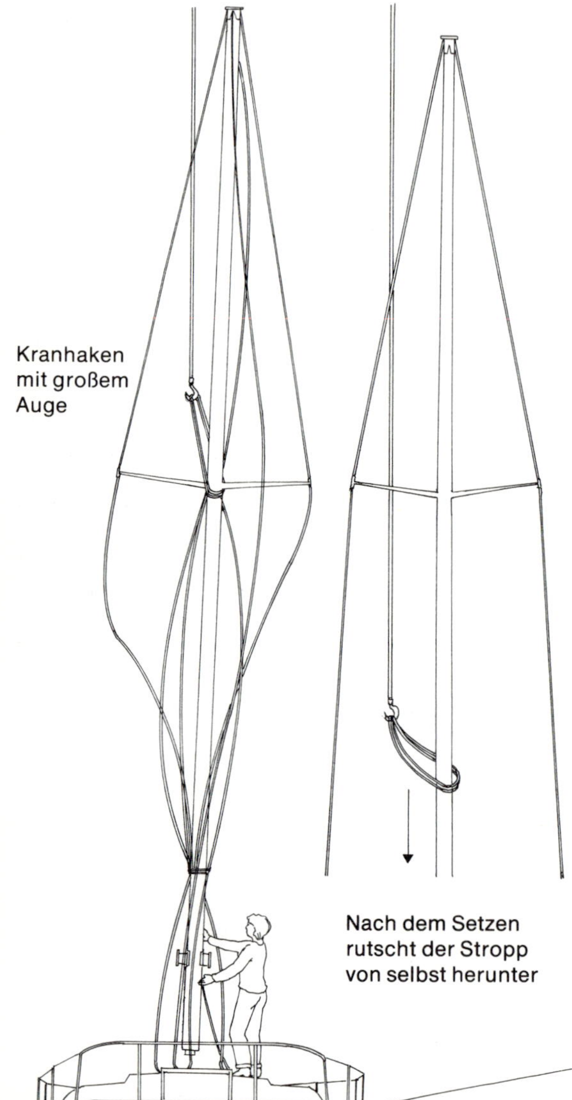

Zweibeinige Jütt

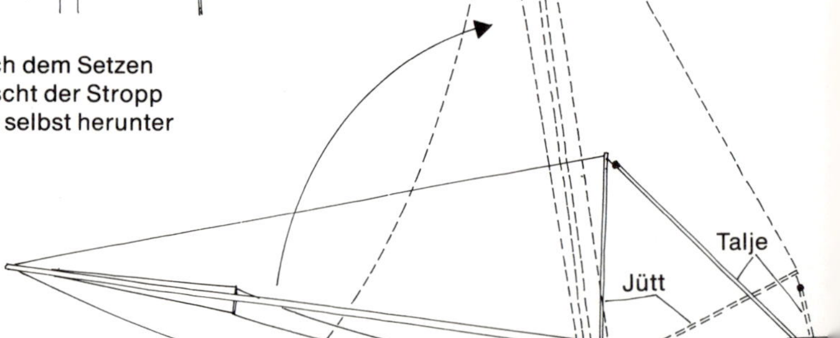

Bootspflege

Laufende Pflege während der Saison

Rumpf und Deck

Kunststoff Obwohl glasfaserverstärkter Kunststoff als pflegeleicht gilt, ist Waschen, Wachsen und Polieren angebracht. Man benutzt dazu synthetische Reinigungsmittel. Die rutschfest gemachten Decksflächen werden mit einer trockenen harten Bürste und etwas flüssiger Seife gereinigt. Keine scharfen Lösungsmittel oder gar Scheuersand verwenden: es entstehen leicht Schrammen in der Feinschicht. Im Prinzip kann man die gleichen Mittel wie für das Auto benutzen. Mit Tetrachlorkohlenstoffen und Azeton muß man jedoch vorsichtig umgehen. Farbentferner, Sodalösungen, Trichloräthylen und dergleichen sollte man ganz vermeiden. Sie können zum Kreiden des Kunststoffes führen.

Reinigungs- und Pflegemittel enthalten in der Regel Silikone. Bei einer Außenhautreparatur müssen die Flächen daher sorgfältig gereinigt werden, damit die neu aufgetragenen Mittel auch haften.

Kleinere Schrammen, bei denen die darunterliegende Laminatschicht nicht beschädigt worden ist, bessert man mit Gelcoatkitt aus. Beschädigungen, bei denen Glasfasern zutage treten, müssen sofort mit Zweikomponenten-Epoxid-Spachtel oder Polyesterkitt ausgebessert werden, weil das Laminat sonst Wasser aufnimmt, das zu größeren Schäden im gesamten Laminat führen kann.

Osmose Nicht nur ältere Kunststoffboote werden zunehmend von der „Blasenkrankheit" Osmose befallen. Osmose bedeutet die Diffusion von Wasser durch die Gelcoatfeinschicht: Eine Flüssigkeit geringerer Dichte wandert durch eine durchlässige Membran (die Feinschicht) zu einer Flüssigkeit höherer Dichte. Selbst bei sorgfältigster Arbeit bleiben Hohlräume (Luftblasen) im Laminat. Sie enthalten meist Substanzen wie unvollkommen gehärtetes Harz, Härter und Binder. Wasserdampfmoleküle wandern durch die Feinschicht, schlagen sich als Tröpfchen nieder und bilden mit den löslichen Substanzen eine Flüssigkeit höherer Dichte. Mehr Wassermoleküle werden angezogen, Druck baut sich auf, und es bildet sich eine Blase.

Osmoseblasen sind normalerweise kreisrund und können zwischen 2 mm und mehreren Zentimetern im Durchmesser liegen. Wenn sie aufbrechen, ist der stechende Geruch einer sauren Flüssigkeit unverkennbar. Durch die saure Flüssigkeit kann das Laminat langsam abbauen und dadurch empfindlich geschwächt werden. Deshalb sollte sorgfältig auf beginnende Osmose geachtet werden.

Polyesterharze auf Isophthalsäure-Basis (Iso-Harze) neigen weit weniger zur Blasenbildung als die noch überwiegend verarbeiteten auf Orthophthalsäure-Basis (Ortho-Harze). Noch bessere Wasserbeständigkeit hat ein Isophthalsäure-Neopentylglycol-Harz (Iso-NPG). Auch Glasmatten mit einem Binder auf Polyvinylacetat-Basis (PVAC) neigen mehr zu Blasenbildung als mit Polyesterpulver gebundene.

Holz Holzreparaturen während der Saison werden sich auf kleinere Leimarbeiten und Lackierungen beschränken. Voraussetzung zum Leimen sind saubere und nicht zu glatte Holzteile. Oftmals muß man die Oberfläche aufrauhen. Man verwendet wasserfesten Kauresinleim, Phenolharzleim oder Epoxid-Kleber. Jede Verleimung – eine Ausnahme sind die Epoxid-Verklebungen – benötigt einen Anpreßdruck. Beide zu verleimenden Teile sind deshalb mit Schraubzwingen, je nach Leim, fünf Stunden und mehr zusammenzupressen. Zwischen die zu verleimenden Teile und die Zwingen legt man Holzklötze und dazwischen Zeitungspapier.

Einen abgespaltenen Span beispielsweise sollte man sofort wieder aufleimen, zumindest aber mit Tape „sichern". Hierfür eignet sich am besten Epoxid-Kleber. Kleine Risse und Löcher füllt man mit einem „Füller", den man selbst aus Sägespänen der gleichen Holzart und Epoxid-Kleber herstellt. Nach dem Aushärten schleift und lackiert man ihn über.

Auch kleine Stellen im Lack bessert man sofort aus, damit das Holz nicht angegriffen wird und sich während der Saison keine größeren Schäden einstellen. Dazu wird die beschädigte Stelle mit feinem Schleifpapier sauber ausgeschliffen und anschließend mit einem feinen Pinsel mehrmals überlackiert. Mehrere Schichten – des bereits verwendeten Lacks – sind nötig, damit beispielsweise eine Schramme ausgefüllt wird. Auch wenn die Segelsaison sich ihrem Ende nähert und im Winterlager ohnehin eine Generallackierung fällig ist, rohes Holz muß sofort „konserviert" werden.

Lackierte Flächen Moderne Lacke kann man ebenso behandeln wie Kunststoffflächen. Ist das unter der Lackschicht liegende Material nicht beschädigt, kann man mit normalen Pflege- und Konservierungsmitteln arbeiten. Polituren reinigen und konservieren, Wachs bildet einen Konservierungsfilm, der besonders gut schützt. Matte und verwitterte Flächen bringt man mit Politur und, bei größeren Flächen, mit einer Lammfellscheibe wieder auf Hochglanz.

Stahl- und Aluminium Metalle werden in der Seeluft durch Korrosion in Mitleidenschaft gezogen. Dabei geht es in erster Linie um Aluminium und Stahl. Alle anderen auf Yachten verwendeten Metalle, wie rostfreier Stahl (Niro, VA o. ä.) und Bronze sind ziemlich korrosionsfest. Aber Stahlrümpfe müssen immer gut in Farbe sein. Abgeplatzte Stellen bessert man sofort aus. Roststellen sind dennoch nicht immer zu vermeiden. Sie müssen im Winterlager von Grund auf in ihrem Farbaufbau ausgebessert werden. Korrosionsstellen am Alurumpf muß man während der Saison auf jeden Fall beheben und beobachten. Sie sind gefährlich, weil sie sehr schnell fortschreiten.

Das Rigg

Korrosion an (eloxiertem) Mast und Spieren lakkiert man mit farblosem Lack. Kratzer heilen sich hier selbst durch die sich bildende Oxidschicht, die man bis zur Winterüberholung nicht wegpolieren sollte. Mastbeschläge sind zwar aus rostfreiem Stahl hergestellt, doch kann es bei ihnen zu Materialermüdung kommen, die zu Spannungsrissen führen. Solche Beschläge müssen sofort ausgewechselt werden.

Am stehenden Gut treten selten Schäden auf. Doch sollte man von Zeit zu Zeit die Terminals überprüfen, die das schwächste Glied der Takelage darstellen. Sie müssen regelmäßig auf Korrosion untersucht und eingefettet werden.

Splintsicherungen und Schäkelverbindungen sollten ebenfalls regelmäßig kontrolliert werden.

Beim laufenden Gut konzentriert man sich besonders auf die Stellen, wo es über Scheiben und Blöcke läuft.

Außenlaufende Fallen sollten, wenn das Boot im Hafen liegt, durch Gummistropps oder Bändsel vom Mast abgehalten werden. Einmal, weil die im Wind am Mast peitschenden Fallen ein nervtötendes Geräusch verursachen, zum anderen, weil sie die Lackierung beziehungsweise die Eloxierung von Alumasten schädigen. Fallen oder Schoten mit Abrieb sind sofort durch neue zu ersetzen. Angerauhtes Kunstfasertauwerk kann bis zu 50% seiner Festigkeit verlieren. Wantlaschen, Püttings oder Spanner sind Vorschotenfresser. Deshalb sollten sie, sofern die Vorschot daran schamfilt, mit Kunststoffrohr ummantelt werden.

Die Segel

Segel sollten nicht länger als unbedingt nötig im Wind killen. Appretur und Kunststoffaser ermüden dabei schnell, das Segel verliert seine Form, Lattentaschen oder Achterlieksaum reißen ein. Deshalb sofort nach dem Anlegen alle Segel bergen.

Wenn das Großsegel an den Salingen schamfilt, sollten diese mit Gummi- oder Kunststoffbällen umkleidet werden.

Aufgeplatzte Nähte und Risse im Segel muß man sofort reparieren, damit der Schaden nicht größer wird. Das Ausbessern einer Naht und das Aufsetzen eines Flickens sollte jeder Segler selbst vornehmen können. Nach der Rückkehr von einer Segelreise kommt das Segel dann sofort zum Segelma-

Die Bootsmannsnaht
Sie dient zur provisorischen Reparatur von glatten Segelrissen, ohne daß die Ränder überlappen. Die Nadel von unten neben dem Ende des Risses einstechen, mit dem Faden über den Riß hinweggehen und auf der gegenüberliegenden Seite von oben einstechen. Von unten hinten kommend, den Faden kreuzen, von unten einstechen, gegenüber von oben und dann mit der Nadel durch die mit dem Faden gebildete Bucht gehen und den Querstich kreuzen. Unten – oben – Bucht – kreuzen usw. bis der Riß geschlossen ist.

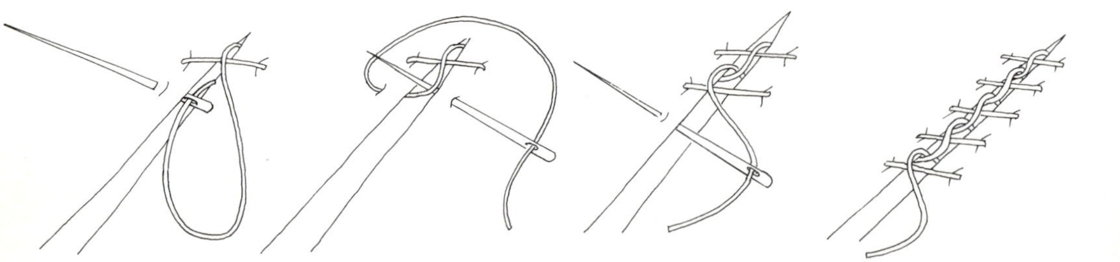

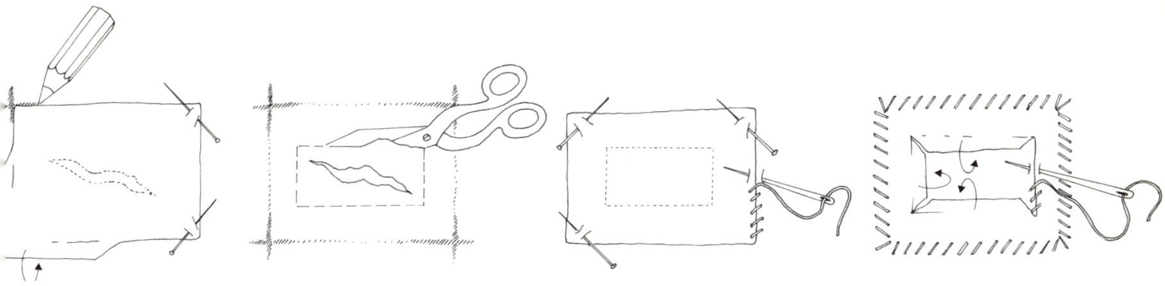

Aufsetzten eines Flickens
Er muß deutlich größer als die beschädigte Stelle sein. Die Kanten des Flickens nach innen umlegen und mit Stecknadeln fixieren. Die Umrisse des Flikkens markieren. Jetzt die beschädigte Stelle so knapp wie möglich rechteckig ausschneiden. Anschließend den Flicken wiederum mit den eingefalteten Kanten auf dem Tuch fixieren. Beim Aufnähen mit einfachen Rundstichen die Kanten zwischen Daumen und Zeigefinger halten. Jetzt das Segel umdrehen und die Kanten des ausgeschnittenen Rechtecks nach innen unter den Flicken falzen und ebenfalls vernähen.

cher. Zur kurzfristigen Reparatur gibt es im Zubehörhandel ein selbstklebendes Band mit hervorragender Haltekraft. Aufgegangene Nähte werden damit einseitig, Risse beidseitig und zur Verstärkung noch mehrfach vertikel verklebt.

Der Motor

Ob Einbau- oder Außenbordmotor, beide sind komplizierte technische Gebilde, die einer Wartung und Pflege bedürfen. Gerade weil sie meist nur als Hilfsmotor eingesetzt werden und deshalb selten laufen, sollte man sich strikt an die Wartungspläne der Hersteller halten. Während der Saison behandelt man sie schonend, läßt sie warmlaufen, bevor man Vollgas fährt und achtet auf Kühlwasseraustritt. Alle 14 Tage prüft man den Ölstand. Bei Benzinmotoren kontrolliert man öfter die Zündkerzen und hält Zündverteiler und Zündspule trocken. Die nötigen Inspektionen verlegt man in den Herbst und in das Frühjahr.

Die Elektrik

Die Instandhaltung der Elektrik beschränkt sich im wesentlichen auf die Wartung der Batterie. Nach jedem Segeltörn überprüft man ihre Ladung und sorgt dafür, daß sie immer voll ist. Nur eine volle Batterie ist in der Lage, den Motor nach längerem Stehen zu starten und den nötigen Strom für eine durchsegelte Nacht zu liefern, und sie hält zudem länger.
Nichtfunktionierende Elektrik hat ihre Ursache in der Regel in schlechten Kontakten. Stromübergänge an Anschlüssen, Schaltern, Steckern und Glühlampen-Fassungen macht man mit Kontaktspray leitend. Korrodierte Stellen ebenfalls. Reserve-Sicherungen und -Lampen sollten sich immer an Bord befinden.

Ins Winterlager

Seemännisch wird das Ein- und Auswintern einer Yacht als Außerdienst- und Indienststellung bezeichnet.

Die Lagerung

Leichtere noch trailerbare Kielboote kann man auf dem Trailer lagern. Sei es draußen oder in einem Schuppen. Doch ist es sinnvoll, den Trailer unter der Deichsel und den Achsen mit Pallhölzern aufzubocken, damit nicht eine monatelange Punktbelastung der Reifen entsteht. Natürlich muß der Trailer zuvor, entsprechend der Betriebsanleitung, winterfest gemacht werden.
Als **aufpallen** bezeichnet man das Abstützen und Lagern einer Yacht mit und auf Hölzern. Dies erfordert viel Umsicht und wird in kommerziellen Winterlagern im allgemeinen zuverlässig von der Werftmannschaft erledigt. Wichtig für eine sichere Lagerung ist, das Boot muß fest auf dem Kiel stehen. Seitlich wird nur abgestützt. Selbstverständlich müssen die Stützen stark und sicher ge-

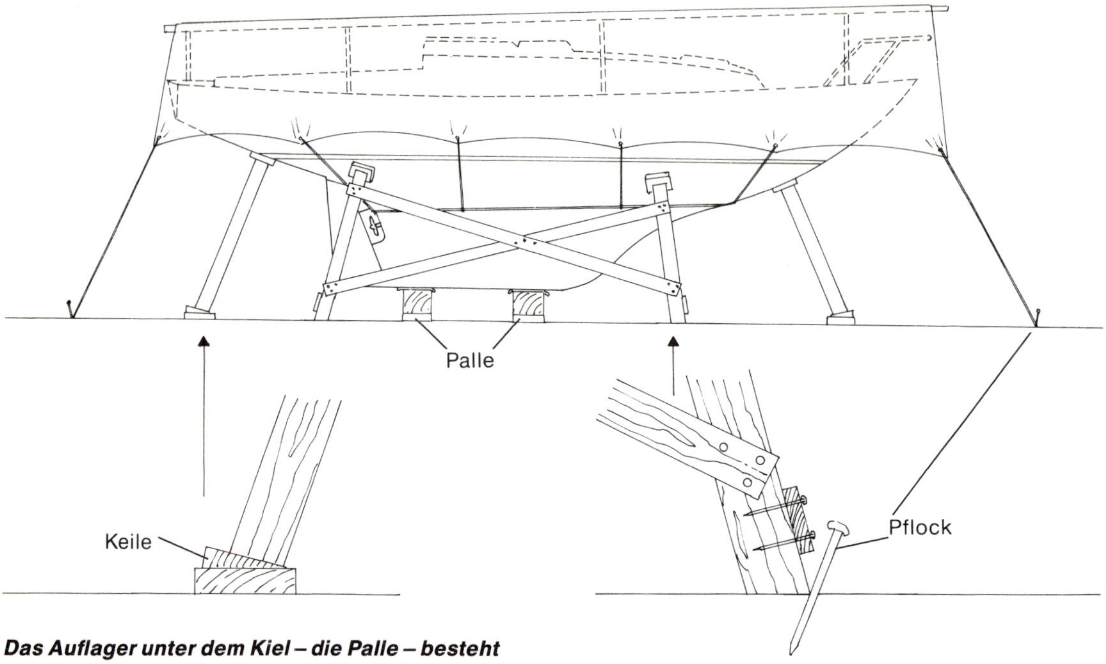

Das Auflager unter dem Kiel – die Palle – besteht aus Kanthölzern. Die diagonale Verstrebung wird an den Seitenstützen angenagelt. Pflöcke im Boden verhindern seitliches Wegrutschen. Die Überhänge vorne und hinten müssen, besonders bei Kurzkielern, abgestützt, die Streben sicher verkeilt werden. Stropps an einer unter dem Bootsboden rundum laufenden Leine halten die Plane eng am Rumpf. Die »Giebel« bleiben zur Ventilation offen. Die Halteleinen an der leicht ausgestellten Plane werden in den Boden gepflockt.

nug sein, um winterlichen Stürmen (draußen) standzuhalten und um sich beim Arbeiten überall auf dem Schiff bewegen zu können. Längere Überhänge vorne und achtern werden gegen den Boden verstrebt. Bei Langkielern unterpallt man das hintere Ende des Ballastes extra. Die seitlichen Stützen verstrebt man diagonal, damit sie nicht in Längsrichtung wegrutschen können. Um sie gegen Verrutschen in der Querrichtung zu sichern, sollte man daneben Winkeleisen oder ähnliches als Pflöcke in das Erdreich rammen, wenn das Boot draußen lagert. Zwischen Außenhaut und Auflager von Stützen und Streben kommen Polster aus Schaumgummi, Lappen oder ähnlichem.

Das Aufpallen ist zeitraubend, und die Gefahr, daß die Stützen doch abrutschen oder – gerade im Freien – durch Unachtsamkeit anderer umgestoßen werden, ist niemals gänzlich auszuschließen.

Diese Probleme gibt es nicht mit einem festen Lagerbock, starr oder sogar zerlegbar, aus Stahl oder Aluprofilen. Er hat eine Kielplatte und mit Gewindespindeln verstellbare Seitenstützen mit beweglichen Pratzen, die sich unterschiedlichen Rumpfformen weitgehend anpassen. Einige Werften bieten sogar maßgeschneiderte Lagerböcke für verschiedene Serienboote an.

Eine andere Möglichkeit der Lagerung ist ein Bootswagen, etwa ein umgebautes Lkw-Fahrgestell, den man sich selbst maßschneidern läßt. Er kann eine Tragfähigkeit bis zu etwa 6 t haben. Hinter einem Trecker oder einer ähnlichen Zugmaschine kann man mit ihm beliebig auf dem Lagergelände rangieren und sogar innerhalb von 100 km mit 20 km/h über Land fahren, sofern gewisse Auflagen erfüllt werden.

Abdecken

Boote, die den Winter über draußen lagern, müssen abgedeckt werden. Unbedingt muß die Luft unter der Abdeckplane zirkulieren können, denn unter einer dicht verzurrten, fest auf Deck und Rumpf aufliegenden Plane finden Schimmel- und Fäulniserreger ideale Lebensbedingungen. Es mag lohnen, sich eine entsprechende Firstkonstruktion für die Plane arbeiten zu lassen, die jedes Jahr

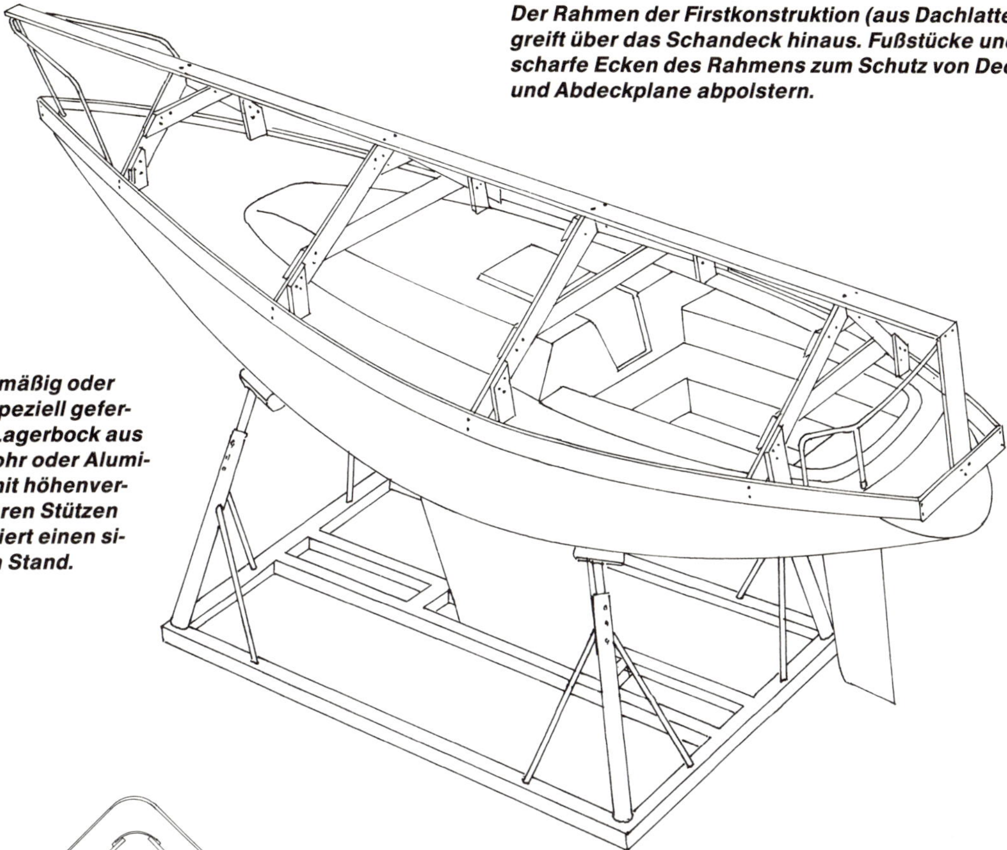

Der Rahmen der Firstkonstruktion (aus Dachlatten) greift über das Schandeck hinaus. Fußstücke und scharfe Ecken des Rahmens zum Schutz von Deck und Abdeckplane abpolstern.

Serienmäßig oder auch speziell gefertigter Lagerbock aus Stahlrohr oder Aluminium mit höhenverstellbaren Stützen garantiert einen sicheren Stand.

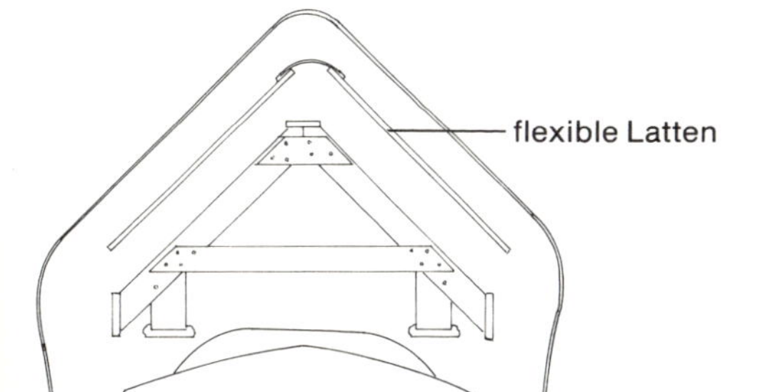

Die bessere Lösung: die Plane bedeckt den Rumpf vollständig. Gehalten wird sie von Pflöcken im Erdreich. Sie darf aber nicht auf dem Boden aufliegen, damit Luft unter der Plane zirkulieren kann.

Eine andere Lösung: Passend gebogene Rohre, die man als »Dachsparren« in die Fußstücke der Relingsstützen steckt, die ohnehin zum Winter gezogen werden müssen. Oder man nimmt mit Leinen oder Segeltuch flexibel verbundene Latten, die oben nur über einen First gehängt werden und unten auf Schandeck oder Fußreling ruhen.

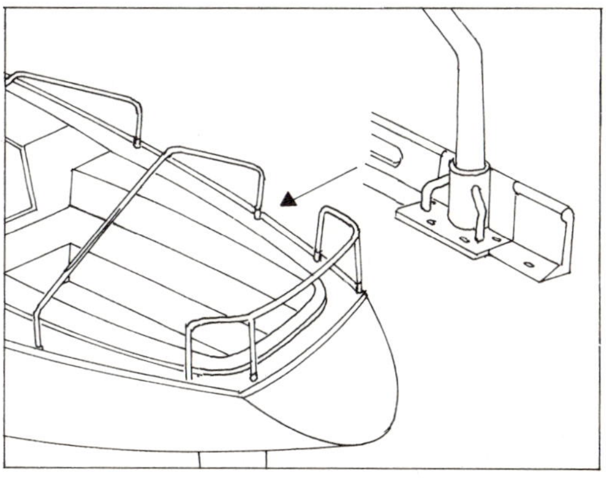

wieder verwendet werden kann. Der Unterbau sollte selbsttragend sein und nicht Bug- und Heckkorb als Auflager haben. Das „Dach“ sollte möglichst so steil sein, daß Schnee abrutscht. Zumindest dürfen sich in der Plane keine Wassersäcke bilden können. Die „Giebel“ müssen offen sein, damit Luft unter der Plane hindurchstreichen kann. Die Ecken der Plane an den „Giebeln“ muß man extra an den Boden pflocken oder fest an den Rumpf zurückzurren, damit sie nicht im Wind zu schlagen beginnen.

Man darf die Abdeckung niemals an den Pallhölzern befestigen. Ein Sturm, der unter die Plane faßt, könnte die Stützen leicht losreißen, und das Boot kippt um, bei der üblichen Enge der Lagerplätze womöglich andere Boote mitreißend. Deshalb die Plane stets am Kiel oder Rumpf befestigen. Da die Leinen im Wind arbeiten, muß die Außenhaut dort, wo sie aufliegen, durch Lappen oder Schaumstoff gegen Schamfilen geschützt werden. Eine noch bessere Lösung ist es, die Plane an Pflöcken oder anderen Verankerungen im Boden so zu befestigen, daß Luft auch an den Rumpf gelangt, der Wind die Plane aber nicht abheben kann.

Häufig wird auch der eigene Mast, auf Bug- und Heckkorb gelegt, zur Aussteifung der Abdeckplane benutzt. Ideal ist das nicht, weil die Mastenden ungeschützt unter der Plane hervorragen werden und außerdem der Mast über einen längeren Zeitraum Punktbelastungen ausgesetzt wird, die zu Materialermüdung führen können.

Reinigung von Rumpf und Deck

Noch während das Boot im Kran hängt oder auf dem Slipwagen liegt, spritzt man es mit einem Hochdruckreiniger ab. Solche Geräte sind in allen Winterlagerbetrieben zu finden. Sie sorgen für eine gründliche Reinigung, insbesondere des Unterwasserschiffes, aber auch des Decks. Bewuchs, Seepocken und anderes Getier wird so beseitigt, bevor es antrocknet. Den Rumpf kann man ohne weiteres mit bis zu 100 bar abstrahlen, wobei nicht nur Schmutz und Bewuchs abgelöst werden, sondern auch lose Farbe und mögliche Blasen im Gelcoat.

Am Überwasserschiff, einschließlich Deck, arbeitet man mit verringertem Druck (ca. 40 bar). Ist kein Hochdruckgerät vorhanden, muß man sich mühevoll mit dem Schrubber an die Außenreinigung machen. Bewuchsentferner sollte man nur in hartnäckigen Fällen verwenden. Seine ätzenden Bestandteile greifen leicht Gelcoat und Lack an. Aufbauten und Lackflächen reinigt man mit Seifenpulver oder flüssiger Seife.

Unter Deck

Nachdem die bewegliche Einrichtung entfernt worden ist, macht man sich an das Säubern unter Deck. Man geht mit einem starken Staubsauger systematisch durch alle Räume, Stauräume und Backskisten. Schrankflächen, Deckel, Türen, Bodenbretter und dergeichen nimmt man heraus und bearbeitet sie mit frischem Wasser, dem man etwas Spülmittel (Dor o. ä.) zusetzt. Auch alle Flächen, Schränke und Schotten werden so behandelt.

Bilge und Ankerkasten säubert man unter Umständen mit stärkeren Reinigungsmitteln. Es gibt dafür spezielle Yacht-Cleaner.

Eisbox oder Kühlschrank gründlich mit Frischwasser und einem Zusatz Spülmittel auswischen. Achtung! Die Türdichtungsprofile werden vom Spülmittel angegriffen. Den Winter über offen lassen.

Dem Trinkwasser einen Rapid-Entkeimer oder ähnliche Mittel hinzufügen und einige Stunden im Tank stehen lassen und ihn dann über das Leitungssystem restlos lenzen. So erreicht man eine einfache, aber wirkungsvolle Desinfektion der Trinkwasseranlage.

Bodenbretter hochnehmen, Schubladen und Schapps im Winter offenstehen lassen, damit überall Luft zirkulieren kann. Das ist besonders wichtig bei Holzeinbauten, die von verschiedenen Pilzen befallen werden können.

Nach diesen Arbeiten geht man durchs Schiff und notiert sämtliche Schäden, die während des Winterlagers behoben werden müssen.

Das Ruder

Das Spiel der oberen und unteren Lager kontrollieren. Alle zwei Jahre sollte man das Ruder herausnehmen und den Koker auf Verschleiß hin untersuchen. Ketten-, Seil- und Gelenkruder-Anlagen (Radsteuerungen) müssen konserviert werden. Das alte Fett mit Kaltreiniger oder Petroleum entfernen und neu fetten.

Das Rigg

Auch Mast und Spieren müssen außen und innen

gründlich mit Süßwasser ab- und ausgespült werden, um alle Salzkristalle zu entfernen. Besonders am Fußbeschlag, in Lagern, Scheiben und Blökken. Schadstellen in der Eloxierung schleift man jetzt an und gibt einen Aluminiumprimer darauf, anschließend werden sie zwei- bis dreimal gelackt. Ausblühungen an Mastbeschlägen behandelt man ebenso. Stärkere Ausblühungen sind ein sicheres Anzeichen von Kontaktkorrosion, zurückzuführen auf mangelnde Isolierung von Metallen unterschiedlicher Spannungsreihe. Gegebenenfalls müssen neue Beschläge, sorgfältig mit einem Isolierkleber isoliert, angebracht werden.
Um Korrosion zwischen Drahtfalllen und Alumast zu vermeiden, ist es sinnvoll, die Fallen auszuscheren und durch Sorgleinen zu ersetzen. Will man die Fallen nicht ausscheren, muß man dafür sorgen, daß der Draht nicht mit dem Mast in Kontakt kommt. Auch das stehende Gut wird demontiert. Das stehende und laufende Gut wird eingefettet und auf Verschleiß kontrolliert. Ist auch nur ein Draht gebrochen, sollte das ganze Stag, Want oder Fall ausgewechselt werden. Eine besondere Schwachstelle ist der Übergang von Drahtvorläufer zu Tauwerk. Verbogene Spanner, Toggles etc. richtet man. Stage und Wanten können aufgerollt eingelagert werden.
Lager von Blöcken und Scheiben werden mit wasserfestem Fett versehen. Winschen, deren Lager schwergängig sind, zerlegen und mit Kaltreiniger oder Petroleum auswaschen und die Lager mit Winschenfett schmieren. Schließlich sind noch die elektrischen Zuleitungen (Beleuchtung, Antennen, Windmesser) an den Mastaustritten zu kontrollieren. Sie können leicht beim Mastziehen beschädigt werden.
Der Mast wird in der Regel auf Böcken oder in Regalen so ausreichend unterstützt gelagert, daß er nicht durchhängen kann. Schützt man ihn mit einer Persenning, muß Luft hindurchstreichen können.

Der Motor

Motoren müssen konserviert werden. Deshalb nimmt man bei noch warmem Motor einen Ölaustausch vor gegen ein sogenanntes Ganzjahresöl (Storage) mit hohem Korrosionsschutzanteil. Dann läßt man den Motor mit dem frischen Öl noch etwa fünf Minuten laufen. Auch das Getriebeöl wird ausgetauscht.
Beim **Benzinmotor** nimmt man Luftfilter oder Flammschutz ab und spritzt, bei laufendem Motor, in jede Ansaugöffnung etwa 50 cm^3 Korrosionsschutzöl. Die Verteilerkappe abnehmen und die Unterbrecherkontakte einsprühen, außerdem Anlasser, Lichtmaschine, Regler und alle elektrischen Anschlüsse, auch die blanken Flächen an den Riemenscheiben, nachdem die Keilriemen abgenommen worden sind.
Beim **Dieselmotor** ist besonders die Einspritzanlage sehr empfindlich. Um sie zu konservieren setzt man ⅔ Einheiten Dieselöl ⅓ Einheit Korrosionsschutzöl zu und läßt den Motor mit diesem Gemisch warmlaufen. So gelangt es an die gefährdeten Teile der Einspritzpumpe und Einspritzdüse. Auch müssen die Einspritzdüsen entfernt werden, doch das macht besser ein Mechaniker.
Im übrigen gilt für die Wartung des Dieselmotors sinngemäß das gleiche wie für die des Benziners. Bei allem sind die Betriebsanleitungen genau zu beachten. Nun müssen noch die Brennstoffilter entleert werden.
Für Motoren mit konventioneller Wellenanlage (L-Trieb) mag es empfehlenswert sein, die Wellenanlage vom Getriebeflansch zu lösen, bevor das Boot aus dem Wasser genommen wird. Die Spannungen, die beim Kranen in einer elastischen Rumpfkonstruktion auftreten, könnten sich auf Propellerwelle und Lager übertragen und diese eventuell beschädigen.
Im **Kühlwassersystem** darf kein Wasser zurückbleiben. Hat der Motor einen geschlossenen Kühlwasserkreislauf, Kielkühler oder Zweikreis, dann bekommt das Innenwasser Frostschutzmittel, das gleichzeitig gegen Korrosion schützt und das auch im Sommer drin bleibt, wie bei Autos. Es wird nicht abgelassen. Die Lenzstopfen des Seewasserkreises schraubt man heraus: am Auspuffkrümmer, am Schwanenhals des Auspuffs, am Auspuffschalldämpfer und am Wärmetauscher, meistens auch noch an der Wasserpumpe für den Seewasserteil. Bei seewassergekühlten Motoren muß das Kühlsystem gründlich mit Süßwasser durchgespült werden, um alle Salzablagerungen herauszulösen – eine halbe Stunde spülen ist nicht zuviel. Bei Zweikreiskühlung muß der Wärmetauscher mit einem scharfen Wasserstrahl durchgespült werden, damit auch der dort abgesetzte Feinschlamm herauskommt. Manche Wärmetauscher können auseinandergenommen werden. Die Ablaßstopfen fette man am Gewinde leicht mit einem graphit- oder molybdänhaltigen Fett ein und sammle sie in einem Plastikbeutel, den man an der Maschine sichtbar aufhängt.

Selbstverständlich muß neben dem Kühlwassersystem auch alle übrige wasserführende Installation gelenzt werden. Beispielsweise Wasserleitungen, Warmwasserbereiter und das Ansaugventil der WC-Pumpe, über dem Wasser bis in den Pumpenzylinder steht. Und nicht vergessen, alle Seehähne zu öffnen.
Motor und Motorraum werden gesäubert, Rohrleitungen und Anschlüsse auf Leckagen untersucht. Dichtungen bestellt man jetzt für das kommende Frühjahr. Auch die Stopfbuchse kann man jetzt schon neu verpacken – auf jeden Fall aber Fett nachpressen.
Anlassermotor, Generator und Kontakte von Gebern (Öldruck, Wassertemperatur etc.) sprüht man mit einem Konservierungsspray (Kontaktspray) gegen Feuchtigkeit ein.
Den **Propeller** zieht man ab und untersucht ihn auf Korrosion (Entzinkung). Neue Zinkringe (Opferanoden) sowie der gereinigte und gegebenenfalls nachgearbeitete Propeller werden mit seewasserbeständigem Fett neu aufgezogen.
Die **Brennstofftanks** werden im Winterlager entleert. Wenngleich randvolle Benzintanks nicht so gefährlich sind wie leere, die explodieren können, so geht es hier doch darum, das Boot so weitgehend wie irgendmöglich zu erleichtern. Die Explosionsgefahr leerer Benzintanks läßt sich vermeiden, wenn man gründlich mit Druckluft ausbläst oder mit CO_2 (»Kohlensäure«) auffüllt. Dazu kann man den CO_2-Feuerlöscher nehmen, der ohnehin im Winter inspiziert und nachgefüllt werden soll. Nicht zu verwenden sind Pulverlöscher.
Den **Außenborder** wintert man ein, indem man ihn ohne Schutzhaube am festgemachten Boot im Wasser laufen läßt und bei etwa Halbgas so lange Korrosionsschutzöl ins Luftfilter des Vergasers spritzt, bis der Motor von selbst stehenbleibt. Damit ist er innerlich vollkommen konserviert. Man nimmt ihn ab, hält ihn senkrecht, damit das Wasser herausläuft, nimmt die Zündkabel von den Kerzen, damit er nicht anspringt, wenn man ihn jetzt noch zwei-, dreimal mit der Hand durchpullt, damit auch die Wasserpumpe leer wird. Nun sprüht man die Elektrik und den Block mit Korrosionsschutzspray ein und schmiert den Motor nach Betriebsanleitung ab, wechselt das Getriebeöl unten am Propellerteil, nimmt den Propeller ab und fettet die Welle. Wenn nötig, schickt man den Propeller bereits im Herbst zur Reparatur ein. Der Motor wird über einen Ständer an einem trockenen luftigen Ort gehängt und allenfalls mit Sackleinwand gegen Staub abgedeckt. Keineswegs darf er in eine Folie eingeschnürt werden, weil sich darunter schädliches Kondensat bildet. Zum Frühjahr erhält er neue Zündkerzen.
Man kann den Motor natürlich auch einer Service-Werkstatt übergeben.

Die Elektrik

Die **Batterie** baut man aus und lagert sie in einem temperierten Raum, nicht zu warm, möglichst in der Nähe eines Ladegerätes. Den Wasserstand überprüfen, nachfüllen und volladen. Nachladen während des Winters ist bei neuzeitlichen Hochleistungsbatterien nicht mehr erforderlich. Man stellt sie vollgeladen ins Lager und lädt erst im Frühjahr vor dem Wiedereinbau nach.
Ob man die **Elektronik** abmontieren und mit nach Hause nehmen soll, ist eine Frage, die von Fall zu Fall zu entscheiden ist. Wenn Gelegenheit für Diebe gering ist, lasse man alles am Bordnetz angeschlossen, was angeschlossen ist. Denn grundsätzlich gilt, daß zuviel Demontieren und Anmontieren nur schadet. Man deckt die Geräte mit Folie staubdicht ab. Vorher löst man ihre Steckverbinder und sprüht die Kontakte leicht mit Kontaktspray ein. Das macht sie sauber und verhindert eine Korrosion.
Auf keinen Fall sollte man elektronische Geräte öffnen. Zum Teil sind sie, um Korrosion durch feuchte Seeluft zu vermeiden, mit Gas (Stickstoff) gefüllt, das dann entweicht.
Werden Geräte von eigenen Batterien (Akkus oder Trockenbatterien) gespeist, dann baut man diese, auch wenn sie noch voll sind, aus und konserviert die Gerätekontake (Spray). Sehr leicht nämlich laufen solche autarken Stromversorger aus und zerstören die Elektronik.
Bei einem Ausbau der Geräte muß die Polung eindeutig gekennzeichnet werden. Elektronische Geräte vertragen keine Verwechslung von Plus und Minus.
An Deck nimmt man sich die Antennenisolatoren vor, untersucht sie auf Haarrisse und befreit sie von Salz und Schmutz. Womögliche Störungen, insbesondere an der Sendeantenne, gibt es dann in der neuen Saison nicht mehr.

Zubehör

Segel werden gründlich auf Schamfilstellen, aufgerauhte Nähte, verbogene Kauschen und Gatchen etc. hin durchgesehen. Sind sie reparaturbedürftig, kommen sie bereits im Herbst zum Segelmacher. Sind sie in Ordnung, nimmt man sie mit nach Hause und spült sie in warmem Wasser in der Badewanne. Für hartnäckige Flecken gibt es spezielle Segel-Cleaner. Sind die Segel zu groß für die Badewanne, reinigt man sie auf einer sauberen Bodenfläche mit Gartenschlauch, Waschmittel und weichem Schrubber (oder bringt sie dem Segelmacher). Nachdem sie getrocknet sind, werden sie lose und offen in einem luftigen, nicht beheizten Raum aufbewahrt. Die Segel nicht – womöglich noch mit den Latten – den Winter über im Segelsack lassen.

Rettungsinseln äußerlich mit Süßwasser reinigen und trocken lagern. Sind sie zur Inspektion fällig, gibt man sie bereits im Herbst zur Wartungsfirma.

Rettungswesten aus Feststoff in 30° warmem Wasser mit einem Wollwaschmittel waschen und den Winter über trocken lagern. Aufblasbare Rettungswesten auf ihre Funktionstüchtigkeit hin überprüfen. Einige Fabrikate zeigen beispielsweise einen roten Punkt, wenn sie nicht mehr funktionstüchtig sind. Dann muß im Frühjahr eine neue Automatik eingesetzt werden.

Seenotsignale müssen alle zwei Jahre erneuert werden, deshalb auf das Verfalldatum achten. Gegebenenfalls bei einer örtlichen Polizeidienststelle erkundigen, wo die verfallenen Signalmittel abgeliefert werden können (manchmal nicht ganz unproblematisch). Auf jeden Fall läßt man die Signalmittel nicht den Winter über auf dem Schiff.

Vordringliche Ausbesserungsarbeiten

Kunststoff Gravierende Schäden an Kunststoffoberflächen muß man bereits vor dem eigentlichen Einlagern für den Winter, beziehungsweise zu Beginn des Winterlagerns angehen. Dazu gehören größere Lecks, die durch Havarie entstanden sind, aber auch Schäden durch die sogenannte Bläschenkrankheit, die Osmose. Im GFK entstandene Blasen enthalten Wasser, das sich oft bis in die Laminate fortsetzt. Nach dem Abschleifen der Feinschicht an diesen Stellen muß man dem GFK Gelegenheit geben, langfristig auszutrocknen; an eine Schnellreparatur im Frühjahr ist daher nicht zu denken. Das gleiche gilt für Leckstellen im Unterwasserbereich. Bei größeren Schäden im GFK muß man ohnehin Fachleute zu Rate ziehen. Alle großen Farbenhersteller halten geeignete Systeme bereit, Osmose-Schäden zu beseitigen. Manchmal ist es nötig, die gesamte Feinschicht zu entfernen, mit einer anschließenden Austrocknung. Eine rechtzeitige Inspektion des GFK-Bootskörpers ist deshalb unerläßlich.

Holz An Holzbooten prüft man, bevor sie zum Winterschlaf abgedeckt werden, Fugen und Nähte. Nieten und Nägel werden auf Korrosion untersucht. Schäden listet man für die Winterarbeit auf. Faules Holz entdeckt man mit einem Messer, mit dem man ins Holz zu stechen versucht. Je tiefer es eindringt, desto weiter ist Fäulnis bereits fortgeschritten. Holzpfropfen sollten festsitzen, ebenfalls die Befestigungsschrauben. Alles was rott und morsch ist, muß über Winter ausgewechselt werden, je früher um so besser.

Stahl und Aluminium An Metallrümpfen – in der Regel aus Stahl und Aluminium – interessiert als erstes nach dem Aufslippen, ob und wo galvanische Korrosion Schäden am Schiff hinterlassen hat. Danach richtet sich das Anbringen der Opferanoden im nächsten Frühjahr. Vorhandene »Zinkmäuse«, die weitgehend angefressen sind, liegen richtig und haben vorschriftsmäßig gearbeitet. Solche, die noch ganz sind, wurden an die falsche Stelle gesetzt; man kann sie wieder entfernen. Als nächstes überprüft man den Rumpf, ganz besonders in Höhe der Wasserlinie und im Heckbereich, auf Korrosion. Anfressungen im Material kreist man mit Kreide ein. Diese Stellen sind bei den Überholungsarbeiten am Rumpf besonders zu behandeln: Nach einem örtlichen Sandstrahlen oder Behandeln der Fläche mit einem Winkelschleifer wird ein von Grund auf neuer Farbaufbau nötig. In schlimmen Fällen muß hier von der Werft die Beplattung erneuert werden. An diesen Stellen sollten im Frühjahr auch zusätzliche Zinkanoden vorgesehen werden.

Alle Blasen und rostintensiven Stellen, wie Ecken, Borddurchführungen, Speigatten etc., schabt man mit einem Spachtel auf. Da die Oxidation auch an Land weiter fortschreitet, sollte man schon im Herbst primern und grundieren.

Die Frühjahrsüberholung

Reparieren von Kunststoffflächen

Einzelne Blasen und Haarrisse schleift beziehungsweise kratzt man auf und verspachtelt sie. Anschließend bekommen sie einige Lackschichten.

Bevor jedoch das Füllmaterial aufgebracht wird, muß die beschädigte Stelle vollkommen ausgetrocknet sein. Man stellt das mit einem Stück Folie fest, die mit Tape darübergeklebt, nicht mehr beschlagen darf. Die Spachtelmasse, Polyester über Wasser, Epoxid für Unterwasserstellen, mischt man nach Gebrauchsanweisung mit etwas Härter und trägt sie mit einem Spachtel auf. Dabei muß man zügig arbeiten, bei einer Temperatur von 18° Celsius beginnt des Gemisch innerhalb von 20 Minuten bereits zu gelieren und hart zu werden. Man trägt immer etwas mehr auf als nötig, da der Spachtel schrumpft. Mit feinem Schleifpapier schleift man das Überstehende nach Aushärten ab und lackiert die Stelle, wobei man mit DD-Lack auf Polyester drei bis vier Wochen warten muß. Epoxid kann gleich nach dem Aushärten gelackt werden.

Größere Ansammlungen von Blasen sind meist Anzeichen von Osmose. Hier muß die Feinschicht, wenn man Glück hat, zum Teil, ansonsten völlig herunter, was man mit Winkelschleifern vorsichtig, ohne das Laminat zu beschädigen, oder mit Hilfe von Heißluftgebläsen bewerkstelligt. Nach Austrocknen des Laminats kann man mit dem Aufbau einer neuen Feinschicht beginnen. Man hält sich dabei strikt an die Herstellerangaben. Man beginnt mit einem Epoxid-Polyamid-Vorprimer, füllt Löcher mit Epoxid-Filler auf und überzieht dann alles mit einer Spachtelmasse. Danach trägt man noch einmal mit einem gezahnten Spachtel einen Filler auf, als Basis für vier bis sechs Schichten Light Primer.

Osmoseblasen in begrenzten Bereichen – bis zu etwa 10% der Unterwasserfläche – werden geöffnet, sauber ausgewaschen, getrocknet und die Blasenkrater mit Epoxid-Spachtelmasse aufgefüllt.

Schon mit wenigen handwerklichen Fertigkeiten kann man kleine Laminierarbeiten ausführen, Beschädigungen am Kiel und selbst Löcher im Rumpf reparieren. Großflächige Beschädigungen überläßt man jedoch einer Werft, die die »klimatischen« Voraussetzungen für solche Arbeiten hat.

Merke:

- Härter und Beschleuniger niemals gleichzeitig ins Harz gießen. Es besteht Explosionsgefahr! Man rührt zuerst die eine und dann die andere Komponente dem Harz zu. In vielen Fällen ist der Beschleuniger dem Polyesterharz bereits beigemischt.
- Härter ätzen. Augen und Haut schützen. Und nicht die Dämpfe einatmen, und nur im Freien arbeiten.

Reparieren von Holzflächen

Naturholz ist nicht so leicht zu reparieren. Man kann es nicht einfach spachteln. Beschädigte Stellen muß man heraussägen und ein neues Stück einpassen. Ein gutes Sortiment von Tischlerwerkzeugen, wie Sägen, Hobel, Bohrer und Schraubzwingen, sind dazu notwendig.

Den Ausbau eines rotten und den Einbau eines entsprechenden neuen Holzteiles nimmt man in etwa nach folgendem Arbeitsplan vor: Das beschädigte Teil wird vermessen, am besten fertigt man sich eine Schablone an. Dann muß man sich den richtigen Holztyp suchen. Er sollte auch nach Jahresringen und Struktur (Maserung) passen. Das richtige Stück Holz wird dann entsprechend bearbeitet und vorsichtig eingesetzt. Man kann dazu Epoxid-Kleber benutzen, die man mit Härter ansetzt. Während die älteren Typen noch Anpreßzeiten bis zu vier Stunden erforderten, gibt es heute solche, die bereits in 10 bis 20 Minuten »angezogen« haben. Das vereinfacht die Arbeit. Daß sie bis zu einem gewissen Grad »fugenfüllend« sind, ist ein weiterer Vorteil. Zu verklebende Flächen müssen staubfrei, fettfrei und trocken sein. Teakholz schleift man kurz an und wäscht die zu verklebenden Flächen mit Benzin ab.

Müssen Holzteile ersetzt werden, die tragende Funktion haben und in den Festigkeitsverband des Bootes eingreifen, dann muß geschäftet werden. Das beschädigte Holz »sticht« man mit einem Stecheisen (Beitel) schräg heraus und leimt ein Stück »mit Überstand« neu ein. Natürlich achtet man auch hier auf gleichen Faserverlauf. Oftmals muß man mit Schrauben arbeiten. Man verwendet nur Bronze- oder Messingschrauben und »versenkt« sie im Holz, indem man den Schraubenkopf in einer Bohrung von der Größe des Kopfes verschwinden läßt. Anschließend wird die Bohrung mit einem Holzpfropfen aus demselben Holz verschlossen. Dabei achtet man auf den Faserverlauf. Holz ist ein empfindlicher Werkstoff; so bohrt man immer von der glatten zur rauhen Seite, um ein Ausfasern der sichtbaren Fläche zu vermeiden. Beim Sägen geht man umgekehrt vor. Auch Holz sollte vor dem Bohren »angekörnt« werden. Tape im Bohrbereich verhindert Beschädigungen beim Ausrutschen. Vorbohren sollte man auch beim Nageln (Drillnägel aus Messing verwenden).

Reparieren von Stahl- und Aluminiumflächen

Im Prinzip lassen sich Metallflächen sehr leicht ausbessern. Man schneidet ein korrodiertes Stück heraus und schweißt ein neues ein. Das ist bei einem Stahlrumpf sehr einfach, denn Schiffbaustahl läßt sich mit jedem einfachen Elektro-Schweißgerät schweißen. Aluminium ist zwar leichter zu verformen, etwa wenn ein Plattengang in der Kimm neu eingesetzt werden soll, aber es muß mit Schutzgas vom Fachmann geschweißt werden. Und das ist nicht überall möglich.

Ein anderes Problem ist die Inneneinrichtung. Sie und die Isolierung müssen örtlich ausgebaut werden, damit sie sich nicht durch die beim Schweißen entstehende Hitze entzünden.

In der Regel haben die Yacht-Stahlbauer der Außenhaut so viel »Rostzuschlag« gegeben, daß es der Korrosion kaum möglich ist, einen Stahlrumpf merklich zu schwächen. Nach den im Herbst eingeleiteten Maßnahmen folgt jetzt ein Gesamtfarbenaufbau an den beschädigten Stellen und eine neue Deckschicht insgesamt. Vorher jedoch ordnet man neue Zinkanoden an (s. Seite 121).

Aluminium-Rümpfe sind sogar noch pflegeärmer: Ein Alu-Schiff bildet im Wasser (und an der Luft) eine eigene Schutzschicht, eine Korrosionshaut, die eine weitere Korrosion verhindert. Eigentlich brauchte man einen Aluminium-Rumpf gar nicht zu streichen. Gefahren drohen der Aluminiumhaut durch galvanische und elektrolytische Korrosion. Sie treten auf, wenn durch Fremdmetalle beziehungsweise Fremdstrom vornehmlich das Unterwasserschiff katodisch wird. Dann allerdings wird ein Alu-Rumpf sehr schnell angefressen. Eine gute Isolierung zum Beispiel zwischen Bronze-Fittings und Rumpf ist daher unbedingt nötig. Ebenso muß die elektrische Bordanlage in Ordnung sein. Es dürfen auf keinen Fall Kriechströme über den Rumpf gehen. Auf diese Punkte muß man besonders achten. Schutzanoden sind deshalb bei Aluminium ein absolutes Muß.

An einer Stahlfläche dürfen nur Stahl- oder VA-Schrauben, an einer Aluminiumfläche nur VA-Schrauben verwendet werden. Ebenso dürfen keine kupferhaltigen Antibewuchsfarben verarbeitet werden. Sie würden Löcher in den Rumpf fressen.

Lackieren und Malen

Der beste Lack nützt nichts, wenn die geschliffenen Flächen nicht einwandfrei staubfrei sind.

Meistens ist man bei dieser Tätigkeit nicht allein auf der Werft, und die Boote stehen auch ziemlich dicht beieinander. So ist es kein Vergnügen, wenn der Nachbar mit der Schleifmaschine beginnt, während man selber pönt (malt). Deshalb verständigt man sich vorher mit seinen Nachbarn und wartet gegebenenfalls mit dem Schleifen, bis des anderen Lack trocken ist. Inzwischen kann man sich um den Motor kümmern, die Batterie anschließen, die Zinkanoden erneuern usw. Man wird sich zum Lackieren auch weder einen windigen Tag aussuchen noch warme, stechende Sonne.

Die Farbenfabriken geben ausführliche Broschüren heraus über den richtigen Umgang, die richtige Anwendung und den richtigen Aufbau des Anstrichs für die verschiedenen Bootsbaumaterialien. Wenn man sich daran genau hält, kann man eigentlich kaum etwas falsch machen.

Deshalb hier nur einige grundsätzliche Hinweise:

- Holz nie quer zur Faser schleifen. Keine Tellerschleifmaschinen (Bohrmaschinen) verwenden, sondern Band- und Vibrationsschleifer.
- Zweikomponentenlacke und -farben nach dem Ansetzen nie unbeaufsichtigt in der Nähe irgendwelcher brennbaren Gegenstände herumstehen lassen. Das gleiche gilt für angesetztes Kunstharz. Beide binden auch im Topf ab und entwickeln dabei Hitze, die sich infolge der Ballung des Materials nicht abkühlen kann; die Töpfe werden dann heiß wie Brandbomben.
- Holz- und Stahlschiffe können abgebeizt werden, um einen neuen Anstrich aufzubringen, GFK-Rümpfe müssen geschliffen werden, weil der Farbentferner die Gelcoat-Schicht zerstört.
- Farben verschiedener Hersteller nicht mischen; auch Ausbessern nur mit dem gleichen Fabrikat.
- Niemals einen Zwei-Komponenten-Lack auf einen Ein-Komponenten-Lack streichen. Umgekehrt ist es möglich.

Farben und Lacke kann man auf drei verschiedene Arten auftragen. Das beste für den Ungeübten ist noch immer das Streichen. Das Rollen erfordert etwas Übung, und das Spritzen, wenigstens größerer Flächen, sollte man besser dem Fachmann überlassen. Zumindest ist eine Druckluft-Becherpistole erforderlich.

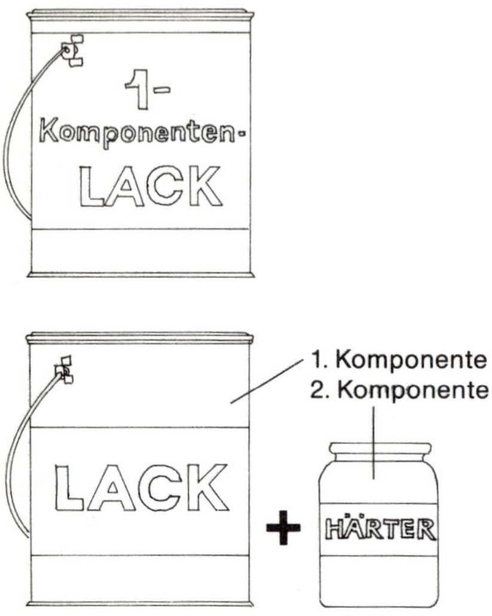

Ein-Komponenten-Lack trocknet durch Verdunstung des Lösungsmittels. Haltbar etwa 2 Jahre. – Zwei-Komponenten-Lack härtet durch chemische Reaktion aus. Haltbar etwa 6 Jahre. – DD-Lacke bestehen aus den beiden Komponenten Desmophen und Desmodur. Beste Verarbeitungstemperatur zwischen 12° und 20° C.

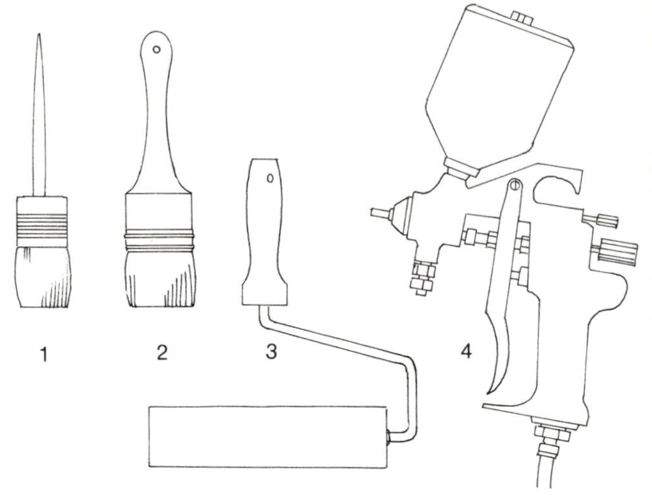

Das Werkzeug
1 Rundpinsel für großflächige Grundierungs- und Voranstriche
2 Flachpinsel für Endlackierungen
3 Schaumstoff- oder kurzhaarige Mohairrolle, die lösungsmittelfest sein muß
4 Druckluft-Becherpistole

Ein Flachpinsel mit Chinaborsten macht das Malen leicht. Dabei soll der Pinsel grundsätzlich höchstens bis zur Hälfte der Borstenlänge in die Farbe eingetaucht werden; er wird sonst überladen. Zur zu streichenden Fläche hält man den Pinsel ungefähr im rechten Winkel und verteilt die Farbe in horizontaler Richtung über einen kleinen Bereich. In vertikaler Richtung malt man sie dann aus. Das verhindert sogenannte Läufer. Eine hochglänzende und pinselstrichfreie Fläche erhält man, wenn man ohne Druck mit schräggestelltem Pinsel nur in einer Richtung nachstreicht.

Zum Arbeiten mit der Farbrolle ist unbedingt ein Maltrog mit einem Abstreifsieb zu verwenden. Die Rolle darf nur so weit in die Farbe eingetaucht werden, daß die Halterung nicht benetzt wird. Nach Abstreifen überflüssiger Farbe bringt man sie im Kreuzgang mit gleichmäßigem Druck auf.

Spachtelarbeiten

Für Spachtelarbeiten im Unterwasserbereich verwendet man nur Spachtelmassen auf Zwei-Komponenten–Epoxidharz-Basis. Über Wasser kann es Polyester sein, das sich auch auf die erste Schicht einer Zwei-Komponenten-Primerschicht aufbringen läßt. So kann man noch nach dem ersten Anstrich schadhafte Stellen behandeln. Anschließendes Nachschleifen ergibt eine glatte und feinporige Oberfläche. Spachtelstellen zeigen sich nach dem ersten Anstrich oft durch Flecken und Ränder, oft werden auch Unebenheiten sichtbar. Das ist jedoch nicht weiter problematisch, weil nachgespachtelt werden kann, ohne daß die Qualität der Oberfläche darunter leidet. Erst wenn alles glatt gespachtelt und geschliffen ist, beginnt man mit dem Farbaufbau.

Grundierungen (Primer)

Bei Grundierungen unterscheidet man grundsätzlich zwischen Über- und Unterwasser-Grundierungen. Im Unterwasserbereich soll auch hier möglichst Zwei-Komponenten-Primer auf Epoxidharz-Basis verwendet werden. Für den Überwasserbereich sind Primer auf der Basis von Epoxidharz oder Polyurethan, beide Zwei-Komponenten-Primer, oder Ein-Komponenten-Primer auf Chlorkautschuk- und Alkydharz-Basis gut.

Primer dienen als Haftvermittler und sollen den Untergrund sättigen, damit dieser den endgültigen

Farbanstrich nicht ungleichmäßig aufsaugt. Will man einen zusätzlichen Schutzanstrich mit einem Primer vorsehen, etwa zur besseren Wasserdichtigkeit einer Gelcoatschicht, dann muß der Primer ein Zwei-Komponenten-Epoxidharz sein. Bei allen nachfolgenden Anstrichen muß man unbedingt die Überstreichbarkeits-Intervalle beachten. Überschreitungen der Intervallzeit beeinträchtigen die Durchtrocknung des gesamten Farbaufbaus: Jede Schicht hält dann die Lösungsmittel unnötig lange im Anstrichfilm fest, was zu Haftverlusten der jeweils nachfolgenden Schicht führt.
Für Aluminium- und Stahlrümpfe verwendet man im Unterwasserbereich sogenannte Dickschichtanstriche auf Teer/Epoxid- beziehungsweise auf Zinkstaub-Basis. Sie können Korrosion und Rost für viele Jahre verhindern. Voraussetzung ist jedoch, daß nach gründlichem Sandstrahlen sofort gestrichen wird.

Antifouling

Antifoulings sollen Boote im Unterwasserbereich vor Bewuchs schützen, vor Mikroorganismen, Algen, Muscheln, Seepocken etc. Sie setzen sich an, wenn sie bestimmte Lebensbedingungen vorfinden. Antifoulings verhindern das, indem sie bioaktive Wirkstoffe auslaugen. Solche Biozide (heute allerdings meist Kupferoxid) sind indes nur wirksam in der richtigen Konzentration, zum richtigen Zeitpunkt, am richtigen Ort. Deshalb ist eine genügende Schichtdicke für einen gewünschten Zeitraum nötig, ebenso wie das richtige Antifouling für das jeweilige Gewässer. Das zu bestimmen überläßt man am besten dem Farbenhersteller.
Für Yachten verwendet man nur noch **Hart-Antifouling.** Es kann bis zu sechs Monaten der Luft ausgesetzt werden, ohne daß sich die Wirkung verliert. Wichtig vor allem für Trailer-Boote, die an Land gelagert werden. Eine Weiterentwicklung des Hart-Antifoulings ist das sogenannte selbstpolierende Antifouling, das einen besonders hohen Schutz bietet und auch das Schleifen vor dem Folgeanstrich erübrigt.
Hart-Antifoulings geben ihren Wirkstoff erst bei Kontakt mit Wasser ab. Das Trägermaterial besteht aus Chlorkautschuk oder Vinylharz. Erst nach und nach wird bioaktives Material ausgelöst. Zum Ende der Saison bleibt ein Farbskelett zurück, das trotz ausgelaugter Farbschicht noch 50% des Wirkstoffs enthält. Für einen Neuanstrich abgeschliffene Partikel müssen entsorgt werden.
Selbstpolierende sogenannte **Copolymer-Antifoulings** kommen mit so wenig Gift wie gerade nötig aus: Wirkstoffmoleküle werden erst abgelöst, sobald das Bindemittel wasserlöslich wird. Durch den Reibungswiderstand beim Fahren wird Schicht für Schicht abgewaschen und die nächste aktiviert. Dieser Antifoulingtyp stellt den umweltgünstigsten Yachtanstrich dar.
Für Propeller und Welle gibt es farblose Antifoulings.

Pigmentierte Lackfarben

Auch hier kann man wählen zwischen Ein- und Zwei-Komponenten-Farben. Ein-Komponenten-Farben für den Bootsbau bestehen in der Regel aus Alkydharzen oder aus Alkyd-Acrylat-Gemischen. Die große Auswahl von Alkydharzen ermöglicht sehr beständige und hochwertige Qualitäten. Dennoch liegen sie in ihrer Belastbarkeit unter den Zwei-Komponenten-Systemen. Die enthalten als Basisfarbe Polyurethan oder Polyacrylate. Außerdem können Zwei-Komponenten-Farben innerhalb der vom Hersteller angegebenen Intervalle, ohne zwischendurch zu schleifen, verarbeitet werden. Zwei-Komponenten-Anstriche sind elastisch und besonders kratzfest.

Klarlacke

Soll der Holzcharakter eines Schiffes erhalten bleiben, verwendet man Klarlacke. Beschaffenheit und Qualität des Holzes bestimmen, ob man mit Ein- oder Zwei-Komponenten-Systemen besser bedient ist. Hier sollte man unbedingt den Fachmann hinzuziehen. Um eine dauerhafte Lackierung herzustellen, sind acht bis zwölf Arbeitsgänge nötig. Erst dann ist das Holz ausreichend geschützt.
Mattierte Klarlacke zeigen schon nach wenigen Anstrichen ein zufriedenstellendes Finish. Dennoch sollte man ebenso viele Schichten auftragen wie mit Klarlack. Eine zu dünne Schicht bietet keinen ausreichenden Schutz für den Untergrund.

Arbeitsschutz

Frühjahrsüberholung bedeutet in der Regel, arbeiten mit gesundheitsschädlichem Staub und/oder gefährlichen Dämpfen. Besonders bei Schleifar-

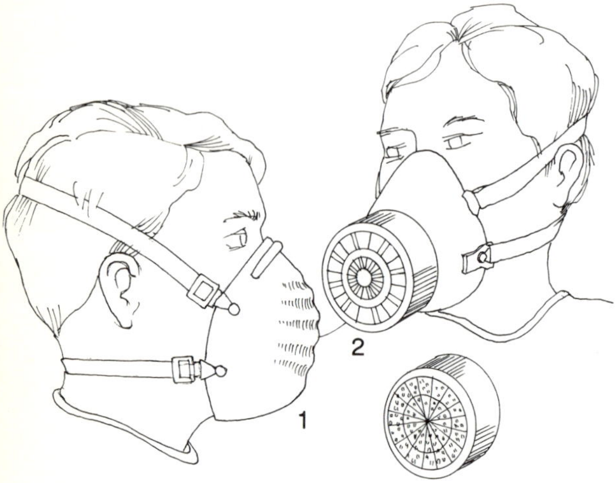

1 Staubmaske mit Aktivkohlefilter.
2 Halbmaske mit austauschbaren Filtern für unterschiedliche Giftstoffe.

beiten am Unterwasserschiff entsteht giftiger Staub von Antifouling-Anstrichen. Um sich davor zu schützen, gibt es verschiedene Staubmasken und für Arbeiten mit Farben und Lösungsmitteln Gasmasken. Einfache Staubmasken schützen nicht vor giftigem Staub oder Dämpfen von Epoxidharz und Polyester. Es muß deshalb eine Maske mit Aktivkohlefilter sein. Besser und sicherer jedoch sind sogenannte Halbmasken mit austauschbaren Filtern für unterschiedliche Giftstoffe. Die Filter sollten vom Berufsgenossenschaftlichen Institut für Arbeitssicherheit typgeprüft sein.
Selbstverständlich müssen beim Arbeiten mit Antifouling auch die Augen mit einer dichtschließenden Kunststoffbrille geschützt und Gummihandschuhe getragen werden.

Korrosionsschutz

Korrosion, hervorgerufen durch galvanische Elementbildung, ist die Ursache, wenn der Metallrumpf Löcher bekommt, die Propellerwelle dünner geworden ist oder Kielbolzen sich gelockert haben. Eine galvanische Reaktion erfolgt immer dann, wenn zwei unterschiedliche nicht gegeneinander isolierte Metalle in eine leitende Flüssigkeit (Elektrolyt) getaucht werden. In diesem Fall in salzhaltiges Seewasser oder chemisch verunreinigtes Flußwasser. Oder wenn sie in elektrisch leitender Verbindung stehen. Um so niederohmiger diese Verbindung ist, desto nachhaltiger die Korrosion. Der elektrische Strom fließt von dem unedleren Metall (Anode) zu dem edleren (Katode). Die Anode korrodiert dabei, weil von ihr Metall-Ionen mit dem Strom ins Wasser wandern. Die Korrosion schreitet um so schneller voran, je näher zueinander sich zwei unterschiedliche Metalle befinden, je weiter sie in der elektrolytischen Spannungsreihe auseinander liegen und je wärmer und salzhaltiger das sie verbindende Wasser ist.
Um nun die sogenannte Nutzanode – etwa Aluteile oder den Bronzepropeller – zu schützen, werden Opferanoden aus Zink – schlicht Zinkmäuse genannt – angebracht. Seltener sind sie aus Magnesium. Reines Zink reicht im allgemeinen aus, Bronze, Stahl und die im Yachtbau verwendeten Alu-Legierungen zu schützen.

Anbringung von Opferanoden

Im Prinzip bringt man sie da an, wo sich nach einer Saison Korrosion zeigt. Gewisse Gefahrenstellen am Unterwasserschiff aber kann man bereits vorher bestimmen: Etwa im Heckbereich, wo zu den unterschiedlichen Metallen (beispielsweise Rumpf = Stahl, Welle = Edelstahl, Propeller = Bronze) noch eine korrosionsfördernde Anströmung und Sauerstoffzufuhr durch den drehenden Propeller hinzu kommt. So sind bereits meist von der Werft unter dem Bootsboden im Propellerbereich, im Bereich um den Ruderschaft und auf der Schwanzwelle Zinkmäuse angebracht worden. Schließlich erhält jeder Unterwasserbeschlag, der aus einem anderen Metall ist als der Rumpf oder in seiner Nähe liegende größere Metallteile, wie Wellenbock, Propeller etc., seine eigene Opferanode. Sie müssen natürlich ausgetauscht werden, wenn sie angefressen sind.
Oft stellt sich heraus, daß sich auch an Nur-Metallflächen durch Schweißspannungen oder Anströmung anodische Bereiche gebildet haben. Hier zieht man am besten einen Fachmann zu Rate.
- Die Opferanoden müssen stets mit dem zu schützenden Teil direkt verbunden sein. Da Metallrümpfe elektrisch leitend sind, kann man sie dort einfach aufschweißen, oder man setzt sie auf aufgeschweißte Bolzen aus Edelstahl und

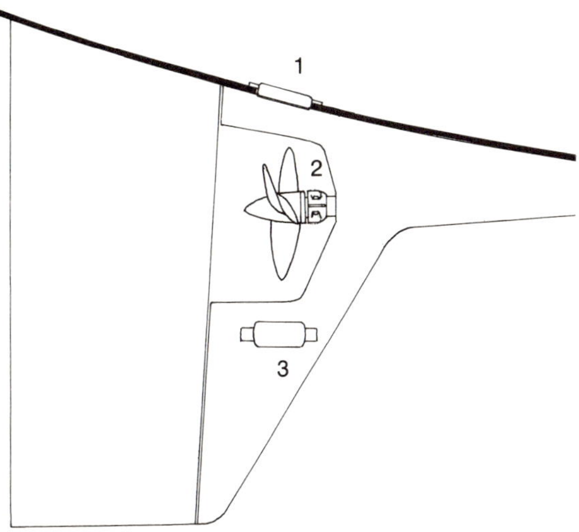

Anordnung von Opferanoden an einem Metallrumpf
1 Wegen eines ungestörten Wasserablaufs im Rumpf versenkte Zinkanode.
2 Zweischaliger Zinkring zum Schutz der Propellerwelle.
3 Aufgeschweißter Halter für Zinkanode.

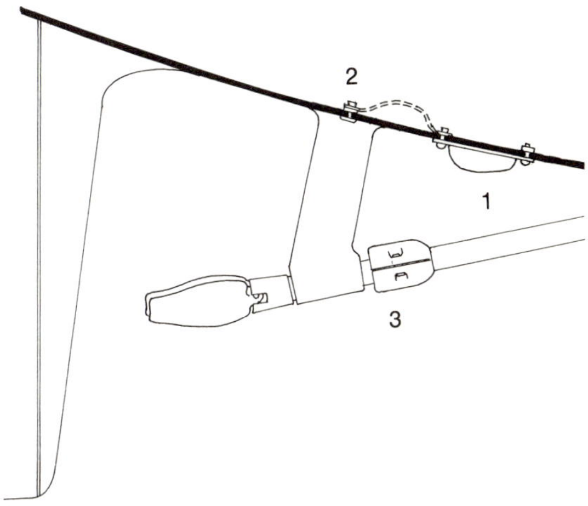

Anordnung von Opferanoden an einem Metallrumpf
1 Wegen eines ungestörten Wasserablaufs im Rumpf versenkte Zinkanode.
2 Zweischaliger Zinkring zum Schutz der Propellerwelle.
3 Aufgeschweißte Zinkanode.

schraubt sie, unter Verwendung von Fett, mit Muttern fest. An nichtmetallischen Rümpfen (GFK, Holz) muß innerhalb des Schiffes eine leitende Verbindung mit einem Kupferkabel (Querschnitt 2,5 mm^2) zu dem zu schützenden Teil hergestellt werden.
- Die Opferanoden müssen sich auch bei Ruhelage des Bootes im Hafen unterhalb der Wasserlinie befinden.
- Sie sollten hydrodynamisch günstig in Strömungsrichtung, also waagerecht, montiert werden.
- Sie dürfen niemals mit Farbe überstrichen werden (was man immer mal wieder sieht).

Katodische Schutzpolung

Nach einem anderen Prinzip arbeitet der aktive Katodenschutz: Eine Sonde mißt die je nach Elektrolyt (Seewasser) unterschiedlichen Korrosionsströme. Eine Elektronik rechnet sie in die dazu nötigen Schutzströme um, die dann über sogenannte Fremdstromanoden geschickt werden, die am Unterwasserschiff sitzen. Dieses Verfahren bietet einen wesentlich besseren Korrosionsschutz als die Zinkmäuse, erfordert aber eine permanente Stromzufuhr und ist deshalb nur für große Schiffe (Motorsegler) mit einer entsprechenden Energieversorgung geeignet.

Theorie des Segelns

Wahrer und scheinbarer Wind

Boote segeln an der Grenze zweier Medien, nämlich Luft und Wasser. Aus der Luft erhalten sie Antrieb; das Wasser trägt sie nicht nur, sondern es leistet auch einen Widerstand, der vom Antrieb überwunden werden muß.

Trifft der Wind auf eine feststehende Wand, so übt er auf diese einen Druck aus, und zwar als Folge der Ablenkung der bewegten Luftmasse. Ein angenehmer Segelwind von 5 m/s drückt auf jeden Quadratmeter Fläche mit einer Kraft von 19 N. Bei doppelter Geschwindigkeit, 10 m/s, bei der man gerade noch ungerefft segeln kann, steht dieselbe Fläche nicht etwa unter dem doppelten, sondern unter dem vierfachen Druck, 76 N/m². Wächst die Windgeschwindigkeit auf 20 m/s = Windstärke 8 bis 9, was bereits ein gelinder Sturm ist, so wird auf jeden quer im Winde stehenden Quadratmeter Fläche ein Druck von über 300 N ausgeübt, bei vierfachem Winde der sechzehnfache Druck!

Manche Segelmacher besitzen einen an Land aufgebauten Takelmast, an dem sie probeweise Segel setzen, um deren Stand beobachten zu können. Je nach dem Winkel, unter dem die Segel zum Winde stehen, bilden sich geringere oder größere Kräfte aus, die sogar quer zur Windrichtung wirken können. Alle diese Erscheinungen werden vom wahren Wind hervorgerufen.

Sobald aber die Besegelung auf einem Boot steht und dieses Fahrt aufnimmt, tritt eine für den Segler wichtige Änderung ein: Der wahre Wind wandelt sich unter dem Einfluß der Fortbewegung in den scheinbaren Wind, gelegentlich auch relativer Wind genannt. Segelt man platt vor dem Wind bei einer wahren Windgeschwindigkeit von 10 m/s und erzielt dabei eine Fahrt von 5 m/s, so ist offensichtlich, daß das Segel nur noch die Differenz spürt, das heißt, daß es von einem scheinbaren Wind von 5 m/s angetrieben wird (Abb. 1). Fällt derselbe wahre Wind quer zur Fahrtrichtung ein und erzielt man dabei ebenfalls eine Fahrt von 5 m/s, so wirkt auf das Segel ein scheinbarer Wind, der vorlicher einkommt als der wahre. Diese Erscheinung ist eine Folge der Fahrt, genauer gesagt, des durch sie hervorgerufenen Fahrtwindes des Bootes (Abb. 2). Solange ein Boot seine Fahrt aufrechterhält, ist es nur sehr schwer möglich, von Bord aus Stärke und Richtung des wahren Windes festzustellen. Nur der scheinbare Wind existiert für das Boot und das Segel. Nur der scheinbare Wind wird vom Stander angezeigt. Daß man heute sehr hoch am Wind segeln kann, gilt jedem Segler als selbstverständlich. Man sollte es aber eher als ein Wunder bezeichnen, daß man dem Wind eine Vor-

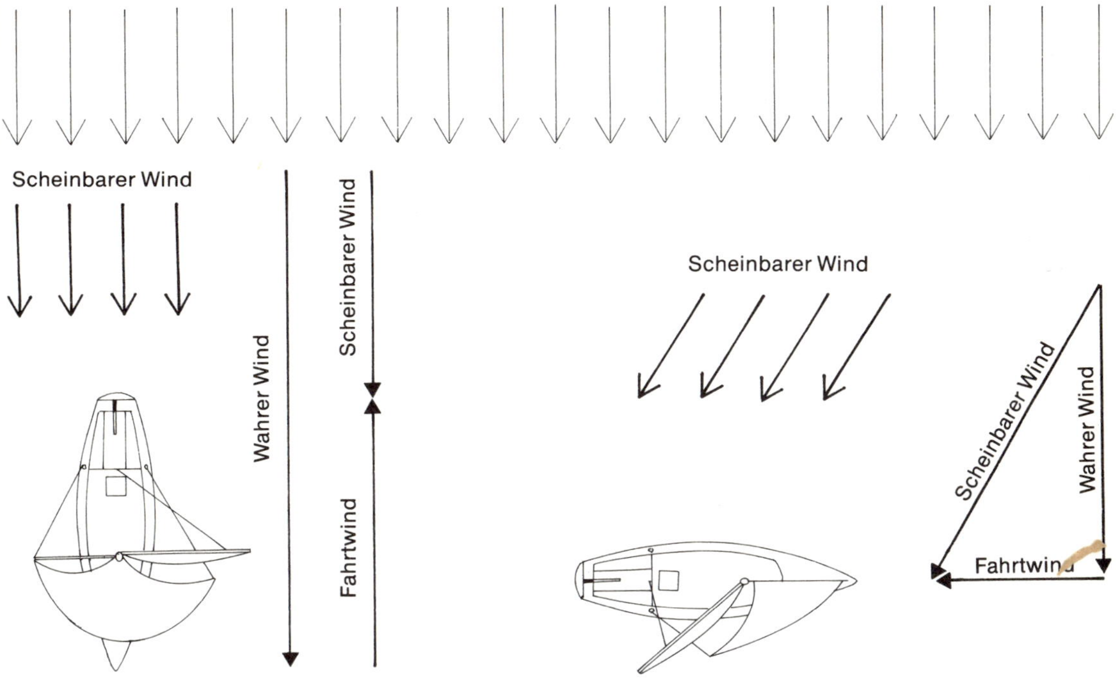

Abb. 1 Bei der Fahrt vor dem Wind ergibt sich ein um so geringerer »scheinbarer Wind«, je schneller das Boot segelt. Es läuft gewissermaßen dem Wind davon, erreicht aber niemals Windgeschwindigkeit, da dann kein Antrieb mehr vorhanden wäre.

Abb. 2 Quer zum wahren Wind ist nicht halber Wind! Als Folge der Fahrt des Bootes fällt der scheinbare Wind vorlicher ein. Wie man an den Windpfeilen rechts erkennt, ist der scheinbare Wind hier stärker als der wahre Wind.

triebskraft entlockt, mit der man fast gegen ihn ansegeln kann. Es ist der Segelschnitt, der dem Wind diese Kräfte entnimmt, und es ist die Unterwasserform der Boote, die das Quer-Abtreiben verhindert und das Boot in diese Richtung nach Luv zwingt. Allerdings trifft der scheinbare Wind hierbei um so ungünstiger auf die Segel, je schneller das Boot segelt. Abb. 3 gibt einen Aufschluß über die Vorgänge und läßt erkennen, daß beim Hart-am-Wind-Segeln die Geschwindigkeit des scheinbaren Windes bedeutend größer ist als die des wahren, ferner, daß der scheinbare Wind leider auch vorlicher einfällt. Man segelt also »scheinbar« höher am Winde als »wirklich«.
Je schneller ein Boot segelt, um so größer wird der Unterschied zwischen wahrem und scheinbarem

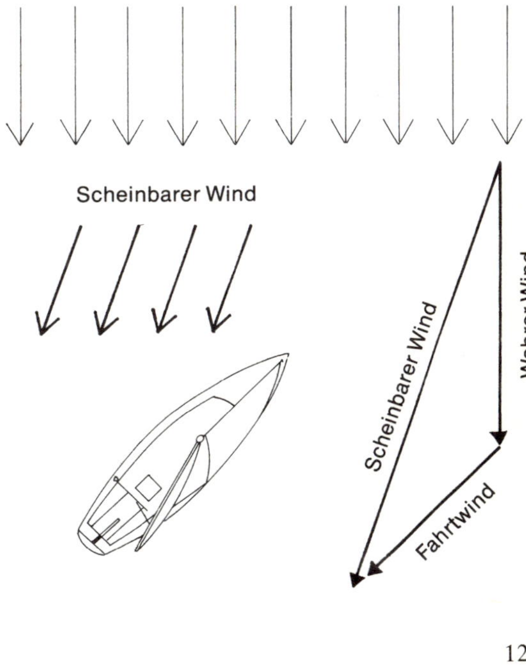

Abb. 3 Auch beim Segeln hoch am Wind fällt der scheinbare Wind vorlicher ein als der wahre. Dazu ist er vergleichsweise noch stärker als bei Fahrt quer zum wahrenWind, wie an den Pfeilen rechts erkennbar ist.

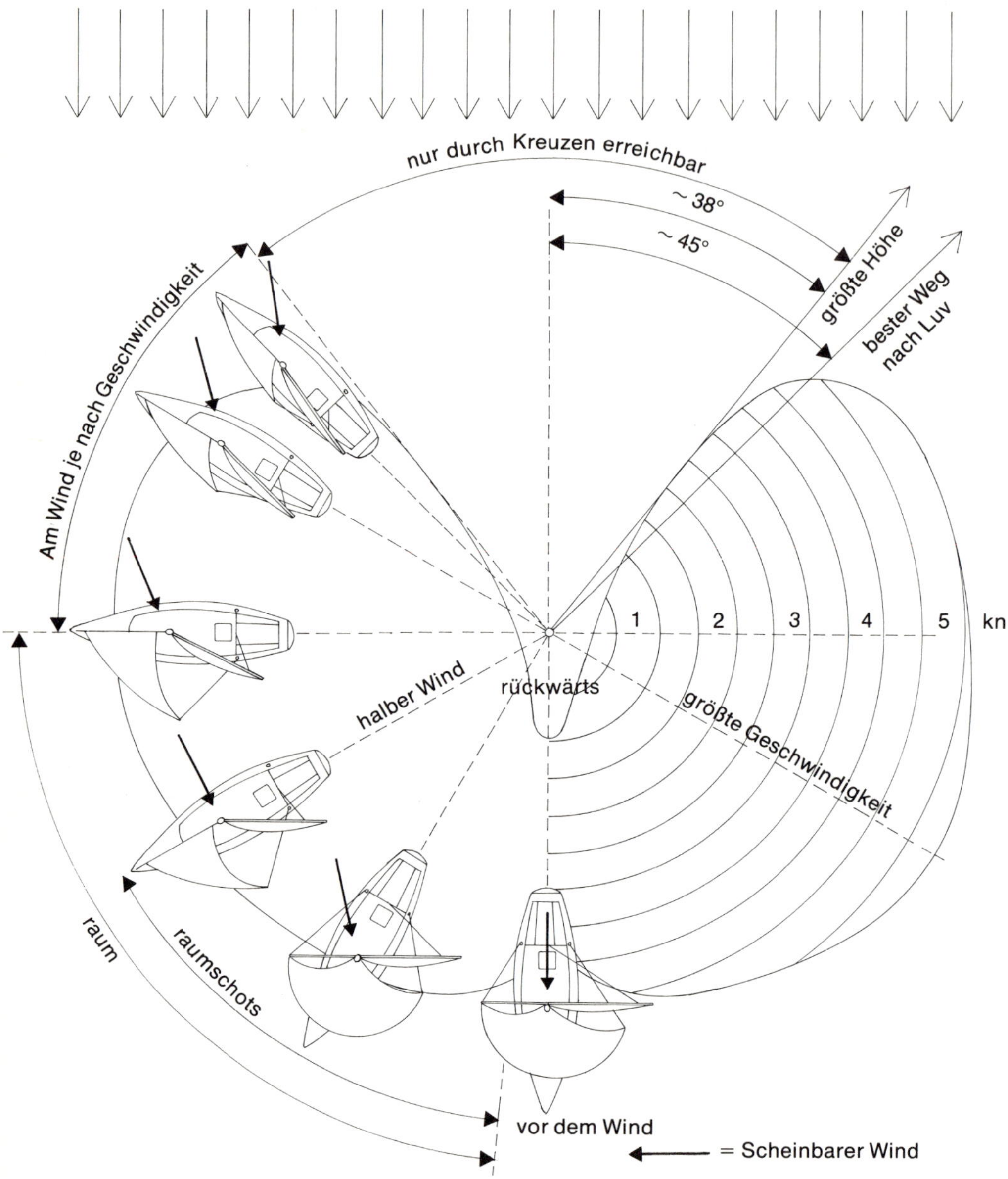

Abb. 4 Eine Gesamtdarstellung der Bedingungen von Kurs und Wind
Auf der linken Seite wurden die Boote samt der Stellung ihrer Segel für alle wichtigen Kurse eingetragen. Die Richtung des entstehenden scheinbaren Windes ist an den eingezeichneten Pfeilen zu erkennen. Was man Segeln mit halbem Wind nennt, ist quer zum scheinbaren Wind, aber ganz und gar nicht zum wahren. Verallgemeinernd nennt man die Kurse zwischen »am Wind« und »vor dem Wind« auch »raum«. Auf der rechten Seite findet man die Kurve der wahrscheinlichen Geschwindigkeiten des Bootes relativ zum wahren Wind. Bei etwa 45° gewinnt man den besten Weg nach Luv. Zwar kann man das Boot noch höher an den Wind zwingen, doch erreicht man bei der größten Höhe in unserem Beispiel von 38° zu wenig Fahrt, um vorteilhaft zu segeln. Versucht man gar, in das »unerreichbare Gebiet« nach Luv einzudringen, so bleibt das Boot zunächst im Wind liegen und treibt schließlich rückwärts.

Wind. Ein schnellsegelnder Katamaran kann daher nicht so hoch an den wahren Wind gehen wie eine normale Yacht. Da Eis- und Strandyachten noch viel schneller segeln, können diese noch weniger hoch anliegen, es sei denn, daß sie absichtlich langsam gesegelt werden.

Will man ein Ziel ansegeln, das genau entgegengesetzt der Windrichtung liegt, das man also ankreuzen muß, so kommt es nicht darauf an, so hoch wie möglich an den Wind zu gehen. Übertreibt man nämlich den Drang nach Luv, so erzielt man keine gute Fahrt mehr. Das Zusammenwirken aus Höhe und Fahrt ergibt den gewonnenen Weg nach Luv.

Für den scheinbaren Wind gelten folgende Regeln:

- Solange noch Fahrt im Boot ist, können scheinbarer und wahrer Wind niemals gleich sein. Nur vor Anker liegend oder festgemacht erkennt man an Bord den wahren Wind in Richtung und Stärke.
- Nur mit dem scheinbaren Wind kann man segeln.
  Der scheinbare Wind ist um so vorlicher, je höher die Fahrt ist.
- Der scheinbare Wind fällt stets vorlicher ein als der wahre. Bei Fahrt genau vor dem Wind behält er dieselbe Richtung bei, wird jedoch schwächer.
- Das Segeln mit scheinbarem Wind benachteiligt die Fahrt hoch am Wind und auch vor dem Wind.
  Der scheinbare Wind begünstigt daher die Fahrt mit halbem Wind und raumschots.

Abdrift

Anfänger im Regattasegeln erleben immer wieder mit Verwunderung, daß sie eine günstig am Wind liegende Boje zunächst gut anliegen können. Doch je näher sie der Boje kommen, um so schwieriger wird das Anliegen, bis sie schließlich erkennen, daß sie noch einen Schlag einlegen müssen, um überhaupt zur Wendemarke zu gelangen. Warum? Sie wurden von der Abdrift irregeführt. Ein Boot segelt nämlich nur in den seltensten Fällen dorthin, wohin sein Bug zeigt. Als Folge des Winddruckes auf die Segel weicht es stets etwas in Querrichtung aus (Abb. 5). Deshalb muß man auf allen Am-Wind-Kursen höher halten, als der direkte Kurs zum Ziel erfordern würde.

Der Winkel zwischen dem gesteuerten und dem gesegelten Kurs ist die Abdrift. Auf Kursen hoch am Winde ist sie vor allem von Tiefe und Form des Schwertes oder des Kiels abhängig. Je größer der Tiefgang, um so geringer die Abdrift. Ein langgestrecktes Unterwasserprofil mit geringem Tiefgang dagegen bringt eine erhebliche Abdrift. Die Abdrift hängt aber noch von anderen Faktoren ab, wie vor allem dem Schnitt der Segel und der Krängung des Bootes. Mit den meisten heutigen Yachten wird man 4° bis 5° höher steuern, als das gewählte Ziel erfordert, bei starken Winden 6° bis 7°. Abdrift gibt es auf allen Kursen, auch platt vor dem Wind. Auf allen Kursen von Am-Wind bis einschließlich raumschots handelt es sich um eine

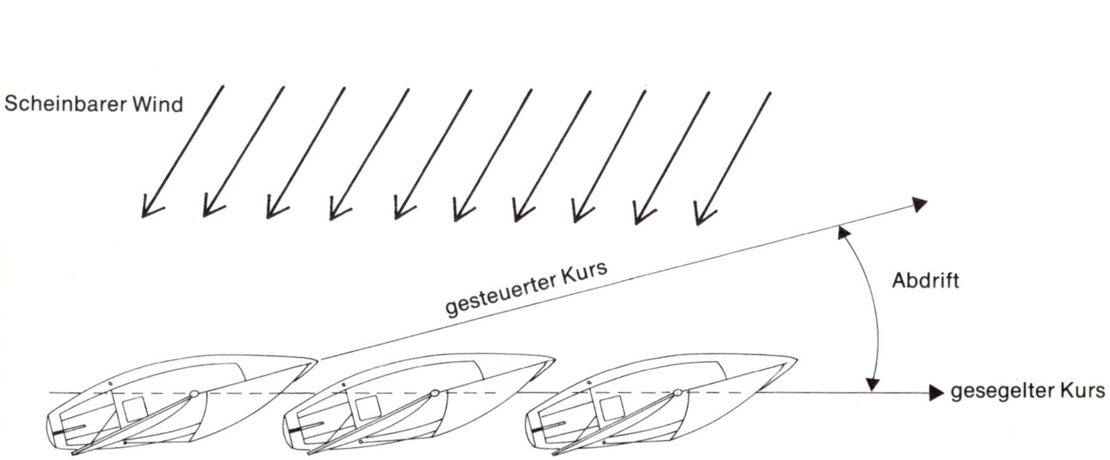

***Abb. 5** Da der Wind nicht nur Vortrieb erzeugt, sondern auch eine starke Querkraft auf das Boot ausübt, entsteht Abdrift. Man sieht in etwas übertriebener Darstellung, wie der tatsächlich gesegelte Kurs weniger hoch an den Wind führt als der gesteuerte Kurs.*

echte Abdrift als Folge des quergerichteten Winddruckes. Auf dem Kurs Vor-dem-Wind dagegen entsteht eine unechte oder falsche Abdrift, deren Effekt zwar derselbe ist, deren Ursache jedoch in ungleicher Verteilung der Vortriebskräfte beiderseits des Mastes liegt. Segelt man vor dem Wind mit einer Jolle und holt das Schwert vollkommen auf, so erkennt man sofort diese unechte Abdrift. Deshalb soll man auch platt vor dem Wind segelnd einen Teil der Schwertfläche unter dem Boden herausragen lassen.

Vortrieb

Wind kann Kräfte zum Antrieb eines Bootes nur hergeben, wenn er aus seiner Richtung abgelenkt oder wenn er abgebremst wird. Jahrtausendelang wurde nicht anders als in Windrichtung gesegelt; denn es schien nur möglich zu sein, vom Winde mitgenommen zu werden, nicht aber quer zum Winde oder gar gegenan zu segeln. Segelt man vor dem Wind, so wird dadurch Vortrieb gewonnen, daß die Segel dem Wind einen Widerstand bieten. Je größer die Segel, je stärker der Wind, desto mehr Widerstand wird zum Antrieb des Bootes erzielt. Es kommt nur darauf an, eine möglichst große Luftmasse »abzubremsen«, um einen großen Vortrieb zu erzielen (Abb. 6).

Welches ist nun aber die günstigste Form, um einen möglichst großen Windwiderstand zu bekommen? Eine hohle Halbkugel, wie sie beispielsweise der geöffnete Fallschirm bildet, erzielt 25 Prozent mehr Luftwiderstand als eine gleichgroße ebene Platte.

Auf Kursen vor dem Wind wirkt jeder Widerstand als Vortrieb, also auch der Mast, die Verstagung und sogar die im Wind stehende Mannschaft. Wi-

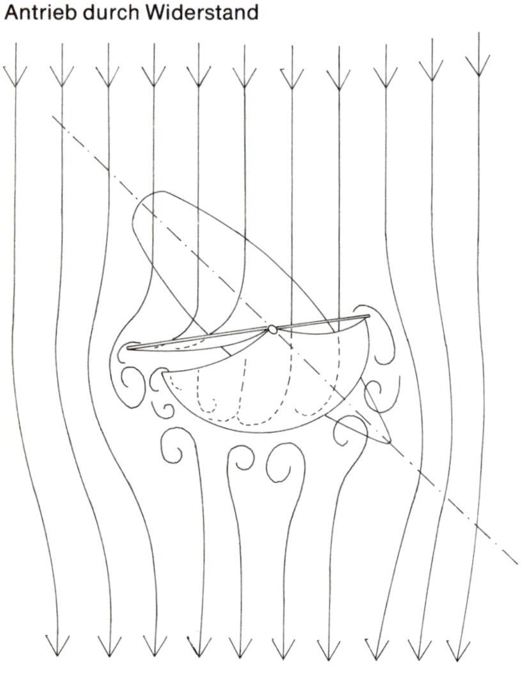

Abb. 6 Beim Vor-dem-Wind-Segeln wird Antrieb durch den Widerstand erzeugt, den die Segel dem Wind bieten. Je mehr Luftmasse abgebremst wird, desto mehr Widerstand = Vortrieb wird gewonnen. Am besten eignen sich dafür bauchig geschnittene Segel.

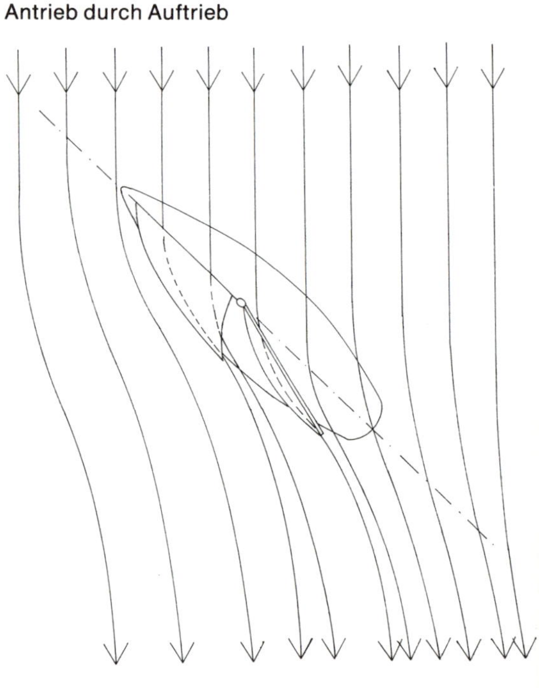

Abb. 7 Von hart am Wind bis raumschots wird Antrieb durch Ablenkung, nicht Abbremsen des Windes erzeugt. Dadurch wird in aerodynamischem Sinne Auftrieb geschaffen, der vom Boot in Vortrieb umgewandelt wird. Hierfür eignen sich flachgeschnittene Segel am besten, weil sie die Luftströmung allmählich und mit geringer Störung umlenken.

derstand und Antrieb sind beim Vor-dem-Wind-Segeln gleich groß. Deshalb sollen für diesen Kurs alle Segel so bauchig wie möglich geschnitten werden. Es wäre sogar vorteilhaft, ein extra bauchig geschnittenes Großsegel zu fahren; doch wird in den Wettsegelbestimmungen das Auswechseln des Großsegels während der Regatta zugunsten guten Sportes verboten.

Auf ganz andere Art entsteht Vortrieb beim Segeln am Wind. Nicht mehr ein bauchiges Segel erzeugt Widerstand, sondern ein flach als aerodynamisches Profil geschnittenes Segel sorgt für störungsfreie allmähliche Umlenkung des Windes (Abb. 7).

Aus der Aerodynamik stammt auch der Ausdruck »Auftrieb«, der nicht gleichbedeutend ist mit dem Vortrieb.

Um die Luftströmung möglichst ungestört abzulenken, wobei sie zugleich in Luv verzögert und in Lee beschleunigt wird, muß die Wölbung der Segel ziemlich flach ausgeführt werden. Man strebt danach, einem aerodynamischen Profil nahezukommen, mit der stärksten Wölbung im vorderen Drittel.

Das Segeln hoch am Wind erfordert ein ganz besonderes Zusammenwirken von Segel und Boot. Es gibt keine noch so hervorragend geschnittenen Segel, die für sich allein Vortrieb zur Fahrt hoch am Winde schaffen könnten. Man braucht nur das Schwert einer am Wind segelnden Jolle aufzuholen, und diese wird sofort quer abtreiben. Der Wind liefert nämlich überhaupt keinen nach vorn gerichteten Vortrieb, sondern nur einen quer zur Windrichtung orientierten Auftrieb. Erst das Boot selbst, sein Schwert, sein Kiel, sein Lateralwiderstand verwandeln die quergerichtete Kraft des Auftriebs in nutzbaren Vortrieb.

Unter Anwendung der Abb. 8 lassen sich diese

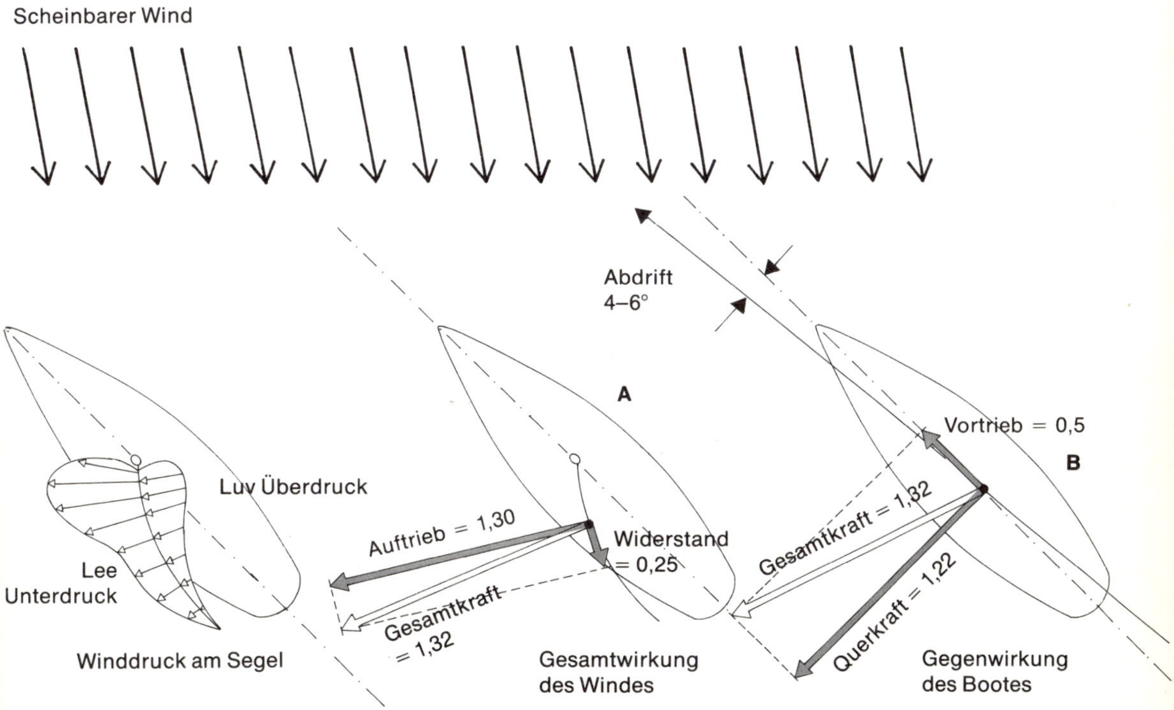

***Abb. 8** Windkräfte beim Am-Wind-Segeln. Im linken Teil wird gezeigt, wie sich in Luv des Segels Überdruck und in Lee Unterdruck entwickeln, die gemeinsam in derselben Richtung wirken. In der Mitte wurde die Summe dieser Kräfte durch den hellen Pfeil »Gesamtkraft« dargestellt, aus dem sich großer Auftrieb und geringer Widerstand ableiten lassen. Im rechten Teil erkennt man, wie der seitliche Widerstand des Bootes gegen Abdrift aus der Gesamtkraft des Windes sowohl Vortrieb als auch Querkraft ableitet. Wäre kein seitlicher Widerstand vorhanden, so würde das Boot in Richtung der Gesamtkraft quer abtreiben.*

Vorgänge leicht erklären. Im linken Teil wurden die vom Wind am Segel erzeugten Kräfte durch Pfeile dargestellt, die Größe und Richtung dieser Kräfte erklären. Kein Pfeil zeigt voraus. Man erkennt, daß der Unterdruck in Lee erheblich größer ist als der Überdruck in Luv, daß aber beide gemeinsam in der gleichen Richtung »ziehen«, nämlich fast senkrecht zur Richtung des einfallenden Windes. Wichtig ist dabei aber die Stellung des Segels; die gezeigte Stellung liefert die größten Kräfte, wie in zahlreichen Untersuchungen nachgewiesen werden konnte. Da diese Kräfte den Vortrieb ausmachen, achtet jeder gute Segler auf die in der Abbildung gezeigte Segelstellung: das Vorliek zeigt in die Richtung des einfallenden Windes.

Die Gesamtwirkung des Windes auf das Segel ist durch einen Pfeil dargestellt, der in seiner Länge die Größe der Gesamtkraft und in seiner Richtung die Richtung dieser Kraft angibt. Die Gesamtkraft wird in den Widerstand (in Richtung des Windes) und den Auftrieb quer zum Winde zerlegt (Abb. 8 Mitte). Man erkennt die Wirksamkeit des gut profilierten Segels daran, daß es ungefähr fünfmal soviel Auftrieb wie Widerstand erzielt. Aus diesen beiden gemessenen Kräften kann man graphisch leicht die Gesamtkraft ermitteln. Sie ist geometrisch gesprochen die Resultierende aus Auftrieb und Widerstand. Doch darf man sich nicht irreführen lassen; denn die Gesamtkraft ist die einzige vom Winde auf das Segel ausgeübte Kraft, aus welcher Auftrieb und Widerstand resultieren.

Die in A sich ergebende Zusammenfassung aller Windkräfte findet man im rechten Teil der Abbildung unter B wieder, wo die Wirkung der Gesamtkraft auf den Bootskörper gezeigt wird. Da der Lateralplan großen seitlichen Widerstand leistet, treibt das Boot nicht einfach in Richtung der Gesamtkraft ab, sondern widersetzt sich so gut wie möglich der Querkomponente der Gesamtkraft, um dafür um so besser die voraus gerichtete Komponente auszunutzen. Die mit der Ziffer 1,22 versehene Querkraft wirkt auf Krängung und Abtrift des Bootes, wogegen der mit Ziffer 0,5 gekennzeichnete Vortrieb das Boot vorwärtstreibt. Es wird aus den Windkräften also tatsächlich eine fast gegen den Wind gerichtete Vortriebskraft gewonnen, was allerdings nur dank des großen Lateralwiderstandes des Bootskörpers möglich ist.

Die eingetragenen Ziffern stellen Beiwerte dar, mit denen man die tatsächlich auftretenden Kräfte errechnen kann. Man muß nur die Beiwerte multiplizieren mit

- der Segelfläche in m^2,
- dem Quadrat der Geschwindigkeit des scheinbaren Windes in m/s,
- der halben Dichte der Luft = 0,063.

Würde ein Boot mit 20 m^2 Segelfläche bei einem scheinbaren Winde von 5 m/s segeln, so ergäbe sich eine Gesamtkraft von

$P = 1{,}32 \cdot 20 \cdot 25 \cdot 0{,}063 = 41{,}6$ daN (früher kp).

Wendet man auf den Vortrieb den Beiwert 0,5 an, so erhält man einen Vortrieb von fast 16 daN. In der Tat segeln Jollen und Yachten erstaunlich gut mit geringen Vortriebskräften.

Widerstand und Geschwindigkeit

In Fahrt schiebt der Bootskörper bei Zurücklegung einer Strecke seiner Wasserlinienlänge jeweils eine Wassermenge beiseite, deren Gewicht gleich dem Bootsgewicht ist. Das »Loch im Wasser« schließt sich wieder hinter dem Boot, doch geht ein Teil der Antriebsenergie verloren, wie man an der davonrollenden Bug- und Heckwelle erkennen kann. Man spricht hier vom **Formwiderstand.**

Zugleich entsteht aber auch eine erhebliche Reibung des Wassers an der benetzten Fläche des Bootes, und zwar ist dieser **Reibungswiderstand** fast immer größer als der Formwiderstand. Schließlich entsteht auf allen Am-Wind-Kursen ein recht erheblicher Luftwiderstand. Nur auf Spinnakerkurs entsteht kein schädlicher Luftwiderstand, weil ja hierbei der Luftwiderstand als Antrieb wirkt. Der Wind wirkt entweder fahrthindernd oder antreibend auf sämtliche Teile, die aus dem Wasser herausragen, nämlich Überwasserschiff, Mast, Spieren, gesamte Takelage und sogar Mannschaft.

Bei starkem Wind gelangt jedes Boot an eine Grenzgeschwindigkeit – auch als Rumpfgeschwindigkeit bezeichnet –, bei welcher der Formwiderstand besonders groß wird. Sie ist dann erreicht, wenn die Heckwelle sich kurz hinter dem Heck ausbildet (Abb. 9). Ein Kielboot in konventioneller Bauweise kann diese Grenzgeschwindigkeit nicht überschreiten, auch nicht, wenn sehr große Vortriebskräfte das Boot antreiben. Sie wird als Geschwindigkeitsgrad oder relative Geschwindigkeit 4,5 gekennzeichnet. Diese Zahl bedeutet, die Geschwindigkeit in km/h kann nicht größer sein als $4{,}5 \cdot \sqrt{\text{Wasserlinienlänge}}$. Hat z. B. ein Kielboot

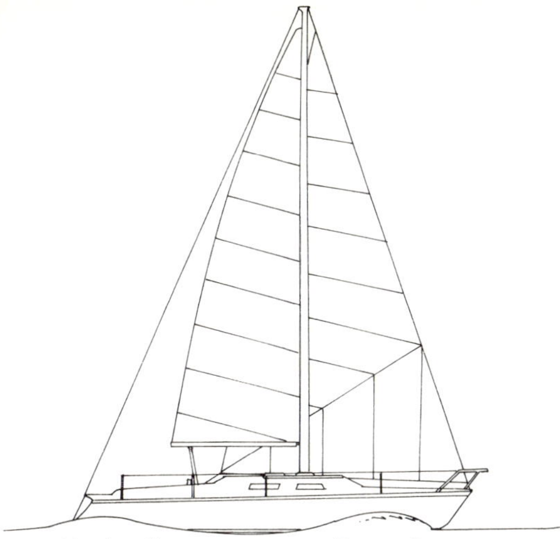

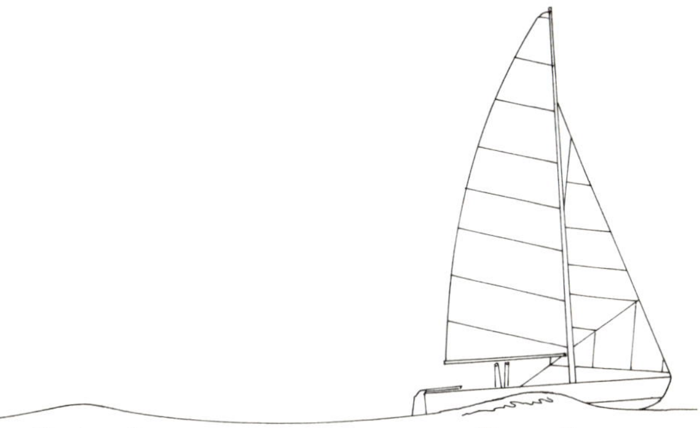

Abb. 9 Der größte Fahrtwiderstand eines Bootes entsteht, wenn sich die Heckwelle kurz hinter dem Heck ausbildet. Ein konventionelles Kielboot kann deshalb eine Geschwindigkeit v (km/h) = 4,5 · $\sqrt{LWL}$ oder v (kn) = 2,43 · $\sqrt{LWL}$ nicht überschreiten.

Abb. 10 Eine leichte Jolle kann die kritische Geschwindigkeit überschreiten und gelangt dann in den Zustand des Gleitens. Sie »reitet« dabei auf ihrer eigenen Bugwelle und läßt die Heckwelle weit hinter sich.

eine WL-Länge von 9 m, Quadratwurzel = 3, so liegt seine höchste erreichbare Grenzgeschwindigkeit bei 4,5 · 3 = 13,5 km/h = 7,3 Knoten. Möchte man die Fahrt gleich in kn ermitteln, so rechnet man 2,43 $\sqrt{LWL}$.

Auch die leichte Rennjolle erleidet eine Verstärkung des Widerstandes bei derselben kritischen Geschwindigkeit. Hat sie jedoch eine passend abgeflachte Bodenform, so kann sie diesen kritischen Punkt überwinden und erreicht dann den Zustand des Gleitens. Das bedeutet, daß sich das Vorschiff heraushebt und das Boot gleichzeitig auf der eigenen Bugwelle reitend davonläuft, die Heckwelle weit hinter sich lassend (Abb. 10). Es entsteht ein teilweiser dynamischer Auftrieb, der mithilft, das Boot zu tragen. Es verdrängt beim Gleiten also weniger Wasser, als seinem Gewicht entspricht, wodurch sich einerseits der Formwiderstand vermindert, andererseits aber auch weniger Reibung erzeugt wird, weil sich die benetzte Oberfläche verkleinerte. Auf raumen Kursen kann eine trainierte Mannschaft unter günstigen Umständen große Gleitgeschwindigkeiten erreichen.

Stabilität

Der Druck des Windes wirkt stets über Wasser, der Widerstand des Bootes dagegen unter Wasser. Folglich versuchen die Windkräfte, das Segelboot umzuwerfen, zum Kentern zu bringen. Diesem Bestreben muß eine aufrichtende Kraft entgegenwirken; sie wird Stabilität genannt. Ohne Stabilität wäre ein Segeln unmöglich.

Beim **Kielboot** wird die erforderliche Stabilität durch »toten« Ballast erzielt, ein Blei- oder Eisengewicht tief unter Wasser am Boden befestigt (Abb. 11). Als Folge der Krängung gelangt in Lee ein größerer Teil des Bootskörpers unter Wasser, wodurch ein Auftrieb außerhalb der Mittellinie im Formschwerpunkt F entsteht. Der Gewichtsschwerpunkt des Bootskörpers einschließlich Takelage, jedoch ohne Ballast, würde in Gs liegen. Der tiefliegende Ballast sorgt dafür, daß der Gesamtschwerpunkt auf den Punkt Gg fällt, an welcher Stelle das Gesamtgewicht des Bootes nach unten drückt. Aus beiden Kräften, Auftrieb und Gewicht, bildet sich ein aufrichtendes Moment, dessen Hebelarm ebenfalls eingetragen ist. Je größer der Hebelarm, desto größer die Stabilität, ausgedrückt durch das Moment aus Kraft (= Gewicht) mal Weg (= Hebelarm).

Genau ebenso groß ist das vom Wind erzeugte krängende Moment, das sich aus Winddruck und einem anderen Hebelarm ergibt, nämlich dem senkrechten Abstand zwischen Windpfeil und Wasserdruckpfeil. Je größer die Stabilität, desto größer das Segeltragevermögen. Werden bei star-

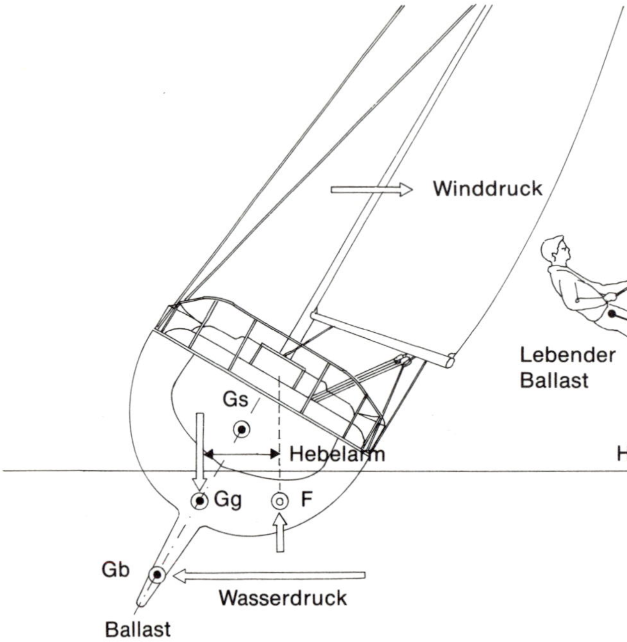

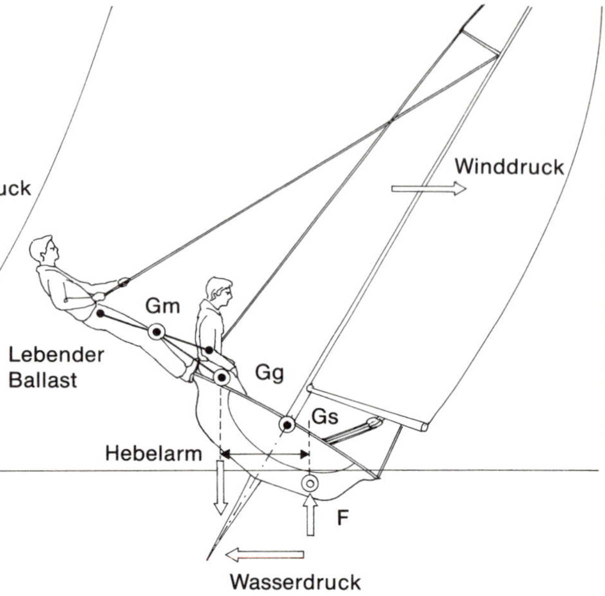

***Abb. 11** Während der Winddruck ein »krängendes Moment« erzeugt, arbeitet ihm die Stabilität mit einem »aufrichtenden Moment« entgegen. Das Gesamtgewicht des Bootes zieht in Gg nach unten, während der Auftrieb in F nach oben wirkt. Gb = Schwerpunkt des Ballastes, Gs = Bootsschwerpunkt ohne Ballast.*

***Abb. 12** Bei einer Jolle wird statt des toten Ballastes des Kielbootes der lebende Ballast der Mannschaft eingesetzt. Auch hier wirkt das Gesamtgewicht Gg (Gm mit Trapez), das die Mannschaft einschließt, an einem Hebelarm und ergibt ein großes aufrichtendes Moment.*

ken Winden die krängenden Kräfte zu groß, so muß die Segelfläche durch Reffen verkleinert werden, andernfalls würde das Boot zu stark überliegen. Glücklicherweise braucht man hierbei aber keine Momente zu berechnen, weil sich nämlich eine Art automatischer Regulierung einschaltet. Je stärker sich ein Boot überlegt, desto mehr verringert sich die dem Wind gebotene Segelfläche. Zugleich wird beim Kielboot das aufrichtende Moment größer. Bei plötzlich einfallender heftiger Bö kann eine Besegelung sogar platt aufs Wasser gedrückt werden, ohne daß dem Kielboot dabei etwas passiert. Ausgenommen allerdings sind jene mit offenem Cockpit, die bei starker Krängung vollaufen.

Ganz andere Umstände bewirken die Stabilität einer **Jolle.** Da sie keinen toten Ballast besitzt, muß »lebender« Ballast eingesetzt werden (Abb. 12). Dadurch wird der Gewichtsschwerpunkt Gs nach Luv verlegt und gelangt nach Gg oder sogar Gm. Er wirkt an einem sehr langen Hebelarm, so lange die Mannschaft sich genügend weit hinauslegen kann. Bei sehr starker Krängung, etwa ab 50°, wird allerdings die physische Schwierigkeit für die Mannschaft so groß, daß unmittelbare Kentergefahr auftritt.

Luv- und Leegierigkeit

Um das Entstehen von Luv- oder Leegierigkeit zu erklären, sei der Segelriß eines Kielbootes betrachtet (Abb. 13). Man erkennt die Flächenschwerpunkte von Groß- und Vorsegel sowie den mit S bezeichneten Gesamtdruck- oder -schwerpunkt der Besegelung. In diesem kann man den Angriffspunkt aller Windkräfte annehmen. Der grau gezeichnete Lateralplan besitzt ebenfalls einen Flächendruckpunkt L, in dem man sich den Widerstand gegen Abtrift vorstellen kann. Wie man

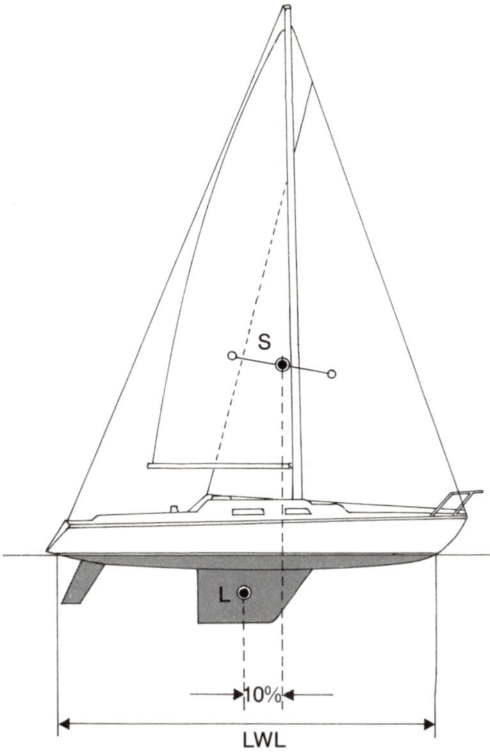

***Abb. 13** Aus der gesamten Segelfläche ergibt sich der geometrische Druckpunkt S. Grau dargestellt der abdrifthindernde Lateralplan mit seinem Druckpunkt L. Bei dem hier gezeichneten Kielboot liegt der Segeldruckpunkt 10% der WL-Länge vor dem Lateraldruckpunkt L.*

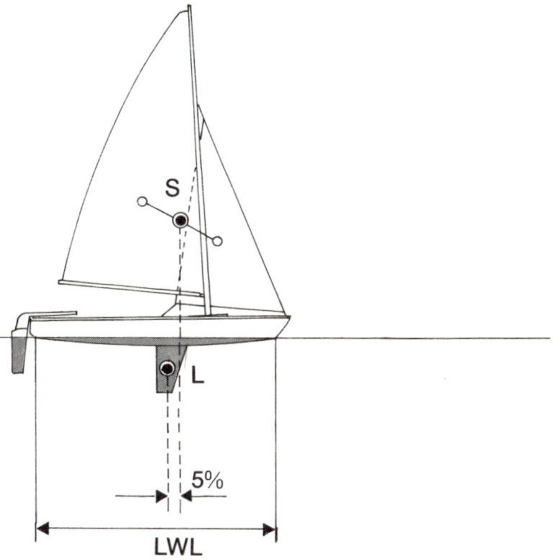

***Abb. 14** Bei dieser Jolle, die mittels Trapez möglichst aufrecht gesegelt wird, liegt der Segeldruckpunkt S nur um 5% der WL-Länge vor dem Lateraldruckpunkt L.*

sieht, befindet sich der Gesamt-Segeldruckpunkt vor dem Lateralschwerpunkt, und zwar in diesem Beispiel um 10% der Wasserlinienlänge.

Nicht unähnlich liegen die Verhältnisse bei der Jolle (Abb. 14). Hier liegt der Segelschwerpunkt jedoch nur 5% der WL-Länge vor dem Lateraldruckpunkt.

Weshalb liegen nun beide Druckpunkte nicht einfach senkrecht übereinander? Würden sich dann nicht Winddruck und Lateralwiderstand wunderbar ausgleichen? Nein, im Gegenteil, sie würden eine starke Luvgierigkeit erzeugen; denn beim Segeln am Wind ist die Querkraft erheblich größer als der Vortrieb (Abb. 8 und 15), nämlich meistens 2½ bis 3mal so groß.

Aber auch der Vortrieb wirkt auf Luvgierigkeit, da er weit außerhalb der Bootsmittellinie angreift (Abb. 16): Der obere Pfeil zeigt den Vortrieb im Segel an, der untere den Widerstand unter Wasser, und zwischen beiden besteht ein seitlicher Abstand, der Hebelarm a. Dadurch wirkt der Wind, als ob ein Schlepper das Boot an einer Leine schleppt, die außen am Want des Bootes befestigt ist. Ein weißer Pfeil am Bug gibt an, in welche Richtung das Boot gedrückt würde, wenn man nur den Vortrieb berücksichtigte.

Nun wirkt die Querkraft, die ja wie der Vortrieb im Segeldruckpunkt angreift, dieser durch den Vortrieb hervorgerufenen »Luvgierigkeit« des Bootes entgegen. Würden jetzt beide Schwerpunkte senkrecht übereinander stehen, so hätte die Querkraft keine Wirkung; das Schiff wäre also luvgierig.

Da eine Jolle möglichst aufrecht gesegelt wird, wird bei ihr auch die Luvgierigkeit nicht so groß wie bei einem Kielboot; daher darf der Hebelarm, an dem die Querkraft angreift, bei der Jolle nicht so groß sein wie bei dem Kielboot (vgl. Abb. 13 u. 14). Nun wird aber die Einfachheit der Beziehungen ständig durcheinandergeworfen. Segelt das

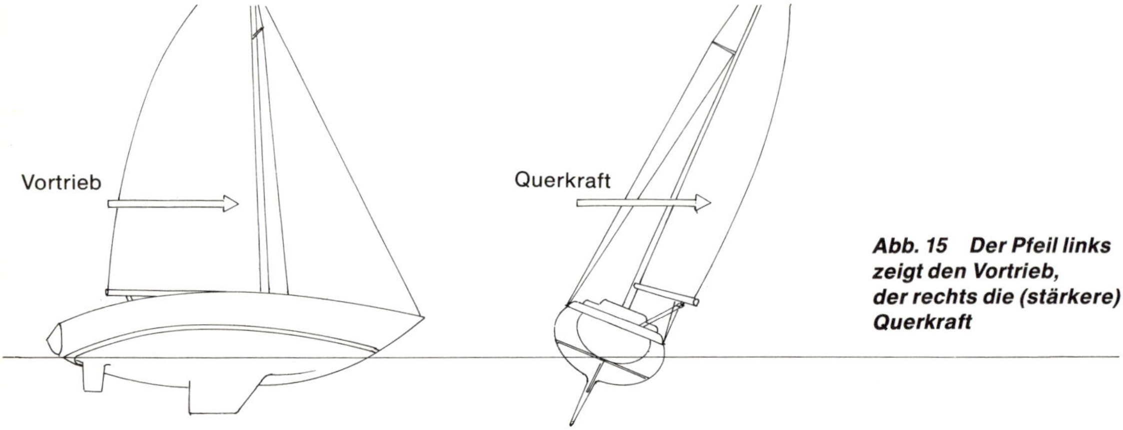

Abb. 15 Der Pfeil links zeigt den Vortrieb, der rechts die (stärkere) Querkraft

Boot mit weniger Krängung, so wird a kleiner, ohne daß b sich verändert, d. h. der Drang nach Luv verringert sich. Es gehört zweifellos viel Erfahrung dazu, ein Boot zum ausbalancierten Segeln am Wind zu bringen, und damit erscheint der Ausdruck des Trimmens.

Es gibt keine einzig und für immer richtige Lage der Schwerpunkte. Selbst die persönliche Art des Steuerns beeinflußt sie; denn der eine Steuermann versucht, größte Höhe herauszusegeln, der andere hält mehr auf gute Fahrt, aber weniger Höhe. Hat man Gelegenheit, bei bedeutenden Rennen den Trimm der einzelnen Boote zu vergleichen, so findet man selbst unter den Spitzenbooten erstaunliche Unterschiede.

Das Eintrimmen eines Bootes geschieht unter Ausnutzung aller veränderlichen Möglichkeiten: Mast vorausneigen oder vorversetzen verringert die Luvgierigkeit ebenso wie Schwert zurückversetzen oder etwas aufholen. Das Versetzen der

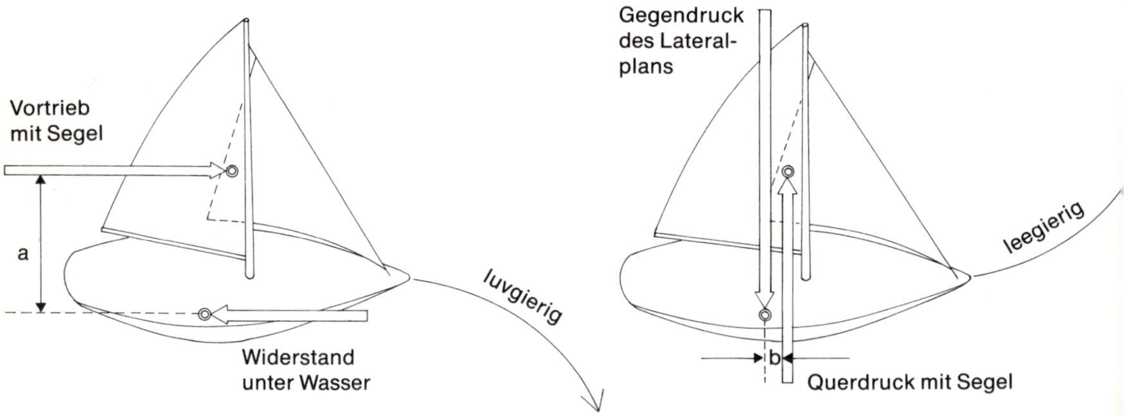

Abb. 16 Wegen der Krängung des Bootes wirkt der Vortrieb im Segel nicht in der Mittschiffslinie, sondern erheblich außerhalb in Lee. Dadurch entsteht mit dem Hebelarm a eine stark luvgierige Tendenz. Die Querkraft dagegen greift mit dem Hebelarm b an, wodurch eine etwa gleichgroße Tendenz zur Leegierigkeit gewonnen wird. Nur durch gutes Auswägen beider Kräfte und Hebelarme entsteht ein ausgeglichen auf dem Ruder liegendes Boot.

Holepunkte von Groß- und Vorschot ergibt weitere Möglichkeiten. Zu dicht geholte Vorsegel wirken leegierig, zu offen stehende dagegen luvgierig. Selbst das Großsegel bietet beachtliche Trimmöglichkeiten. In zunehmendem Maße werden flexible (biegsame) Masten und sogar Großbäume verwandt. Der Grad der Biegung läßt sich während des Segelns je nach Windstärke und Kurs regulieren. Je stärker der Wind und je höher die Yacht am Wind segelt, um so flacher soll das Großsegel stehen. Wird der Mast peitschenartig nach achtern durchgebogen, flacht sich das Großsegel erheblich ab. Ähnliches bewirkt ein nach unten durchgebogener Großbaum.

Allgemein gilt:
Luvgierigkeit wird behoben durch:
Vergrößern der Vorsegel,
Versetzen der Vorsegel weiter nach vorn,
Versetzen der Fockschotholepunkte weiter einwärts,
Versetzen des Mastes nach vorn,
Verkleinern des Großsegels,
Belasten des Achterschiffes mit Ballast,
Aufholen des Schwertes und des Ruderblattes (bei Schwertbooten),
Auffieren der Großschot,
Verstellen des Travellers nach Lee.
Leegierigkeit wird behoben durch:
Verkleinern der Vorsegel,
Versetzen der Vorsegel weiter nach achtern,
Versetzen der Fockschotholepunkte weiter nach auswärts,
Versetzen des Mastes nach achtern,
Vergrößern des Großsegels,
Verbreitern des Großsegels,
Belasten des Vorschiffs mit Ballast,
Auffieren der Vorschot(en),
Verstellen des Travellers nach Luv.
Das Trimmen mit Ballast vorn oder achtern ist aber nur bedingt anzuwenden. Moderne Yachtkonstruktionen sind häufig, speziell im Achterschiff, so ausbalanciert, daß sie keinen zusätzlichen Ballast vertragen, sondern sich dann in der Welle festsaugen und erheblich an Fahrt und Manövrierfähigkeit einbüßen. (Mehr über Segeltrimm und die Auswirkungen auf die Segeleigenschaften einer Yacht auf Seite 138.)

Praxis des Segelns

Segel setzen und bergen

Um dem Wind beim Setzen der Segel keine Angriffsfläche zu bieten, muß das Boot mit dem Bug im Wind liegen. Möglichst sollte auch das Heck schwojen, das heißt, frei ausschwingen können. Dann stellt sich das Boot, ähnlich einer Wetterfahne, selbst in den Wind. Ist dies am Liegeplatz nicht möglich, muß man sein Boot an die Leeseite eines Steges, an einen Pfahl oder eine Boje paddeln (Jolle) oder mit Leinen verholen. Oder man läuft unter Maschine in freies Wasser, dreht in den Wind, und setzt dann die Segel; die auf Fahrtenyachten meist übliche Praxis.

Anschlagen des Großsegels

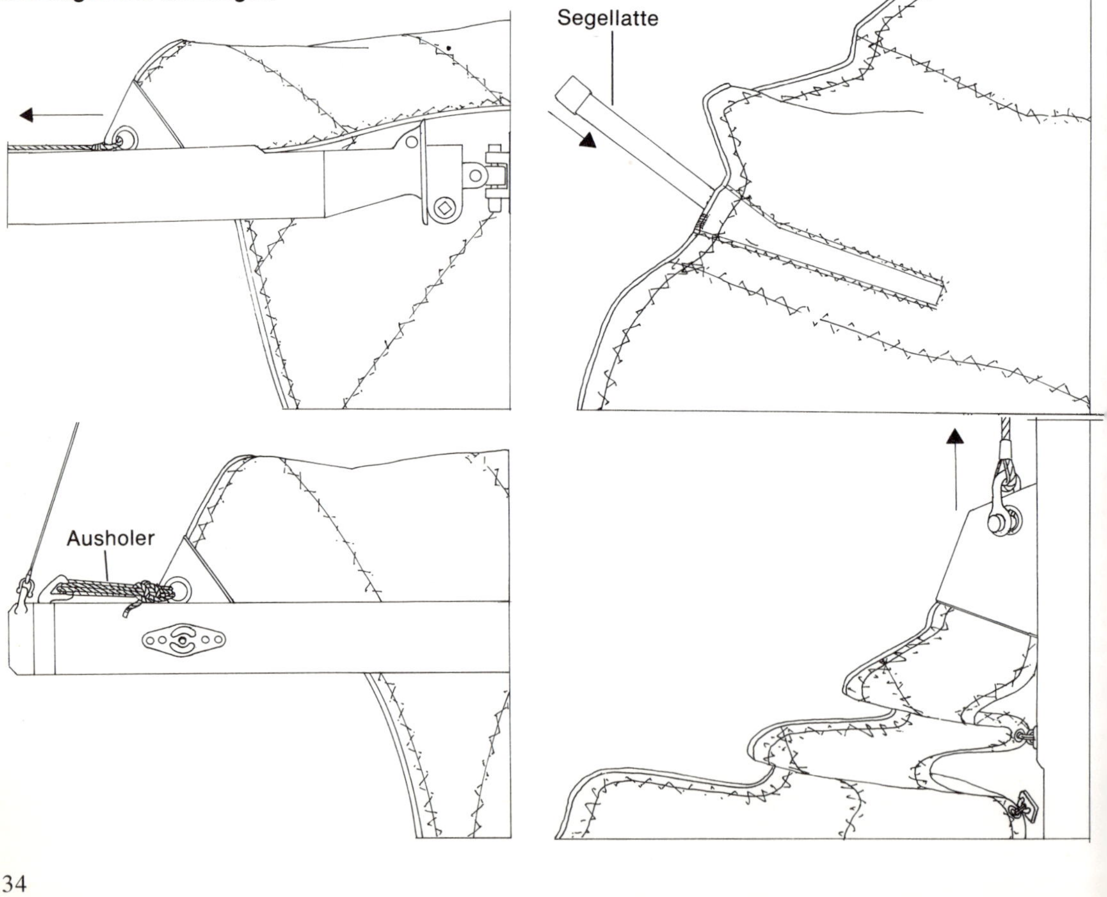

Segel anschlagen

Um die Segel setzen zu können, müssen sie zunächst einmal angeschlagen werden. Fälschlicherweise wird das An- und Abschlagen der Segel oft als Auf- und Abtakeln bezeichnet. Das aber bedeutet das Aufrichten und Abnehmen des gesamten Riggs, was auf größeren Yachten im allgemeinen nur einmal geschieht: zu Saisonbeginn und Saisonende. Auf größeren Booten allerdings bleibt das Großsegel meistens auf dem Baum aufgetucht angeschlagen. In diesem Fall ist nur die Persenning abzunehmen, und das Segel kann sofort gesetzt werden, nachdem die Zeisinge gelöst worden sind.

Anschlagen des Großsegels Auf Jollen die Großschot am Baum und am Fußbeschlag anschäkeln. Kontrollieren, ob sie nicht blockiert. In den Tampen der Großschot einen Achtknoten machen. Auf Kielbooten bleibt die Großschot im allgemeinen angeschlagen. Sie wird zum Segelsetzen gelöst. Ebenfalls der Baumniederholer, falls er ständig am Baum bleibt.

Das Segel am Schothorn mit dem Unterliek in die Nut im Baum einziehen und nach hinten ausholen, bis das ganze Unterliek in der Nut sitzt. Dann die Halskausch vorne am Baum anschäkeln und das Schothorn mit dem Ausholer an der Baumnock festbändseln. Der Ausholer kann eine Talje mit Klemme sein, über die sich beim Segeln die Unterliekspannung regulieren läßt.

Kontrollieren, ob das Vorliek nicht vertörnt ist, indem man es vom Hals zum Kopf durch die Hand laufen läßt. Nun das Großfall los, den Segelkopf am Fall anschäkeln und das Vorliek am Kopf ein Stück in die Mastnut einführen oder die Rutscher (Schlitten) auf die Mastschiene setzen. Jetzt die Segellatten in die Segeltaschen stecken. (Bleibt das Segel aufgetucht auf dem Baum, wird es meistens möglich sein, die Segellatten stecken zu lassen.) Soll das Groß nicht gleich gesetzt werden, mit Stropps am Baum zeisen, damit es nicht ausweht.

Anschlagen der Fock Das Vorsegel wird stets abgeschlagen, ausgenommen die Rollreff-Fock. Zuerst den Segelhals am Vorstagbeschlag anschäkeln. Dann die Stagreiter von unten nach oben auf das Vorstag setzen und dabei darauf achten, keinen zu verdrehen. Einige Jollen fahren das Vorsegel ohne Stagreiter, Kielboote manchmal ein Profil als Vorstag, in das das Vorliek mit dem Kopf eingeführt wird. Manche Profile haben sogar zwei Nuten. Bei einem Vorsegelwechsel kann das neue Segel bereits gesetzt werden, bevor man das stehende niederholt.

Anschlagen der Fock

Fockfall los und den Segelkopf am Fall anschäkeln. Dann die Fockschot am Schothorn einschäkeln oder besser einknoten und die Schoten über die Seitendecks und durch die Leitösen nach achtern zum Cockpit führen. Auf ihre Tampen kommen Achtknoten, damit sie nicht ausrauschen können. Wird nicht unmittelbar abgelegt, das Vorsegel am Vorstag zeisen, damit es nicht Wind fängt. Außen verlaufende Fallen beim Segelanschlagen niemals aus der Hand lassen, allzu leicht könnten sie unerreichbar in den Mast hochrauschen. Die Tampen von im Mast verlaufenden Fallen müssen durch einen Achtknoten gesichert sein, groß genug, um sich nicht in das Scheibengat ziehen zu können.

Segel setzen

Das **Großsegel** wird stets zuerst gesetzt, seemännisch korrekt, geheißt, doch ist dieser Ausdruck ungebräuchlich geworden. Falls sie noch durchgesetzt sind, zuerst Großschot, Baumniederholer und Halsstrecker lösen. Dann das Fall Hand über Hand holen. Läuft das Vorliek in einer Nut, muß es einer einfädeln. Auf dem letzten Ende wird das Fall über die Winschtrommel genommen und mit der Winschkurbel durchgesetzt. Auf großen Yachten mit Drahtfallen erfolgen Segelsetzen und -bergen nur über die Fallwinsch. Auf kleineren Booten ohne Winsch wird das Fall mit einer Bucht um die Klampe geführt und mit einer Hand in die feste Part eingefallen. Das Fall auf der Klampe belegen, das Ende aufschießen und an der Klampe aufhängen. Halsstreckertalje und Baumniederholer durchsetzen und der Dirk Lose geben.

Das **Vorsegel** (Fock, Genua) wird mit dem Fall so steif durchgesetzt, daß das Vorstag gerade anfängt, lose zu kommen, bei Topptakelung bis zum Anschlag im Masttopp. Manche Boote haben auch am Vorsegel einen Halsstrecker, mit dem Spannung auf das Vorliek gebracht werden kann.

Grundsätzlich gilt – damit sich jeder auf jedem Schiff sofort zurecht findet: Alle Vorsegelfallen kommen an die Backbordseite des Mastes, das Großsegelfall an Steuerbord. Ist ein Mast jedoch beispielsweise mit doppelten Vorsegel- und doppelten Spinnakerfallen bestückt, läßt sich diese strikte Trennung nicht einhalten. Auch wandert das Spinnakerfall bei innen verlaufenden Fallen manchmal an Steuerbord.

Segel bergen und verstauen

Zum Bergen des Großsegels muß das Boot ebenfalls im Wind liegen. Das Vorsegel hingegen läßt sich auf allen Kursen zum Wind bergen, vorausgesetzt, es wird nicht in der Nut eines Profilstags gefahren. Wenn man seinen Liegeplatz nicht vorm Wind unter Vorsegel anlaufen muß, wird es zuerst

Zusammenlegen und Aufrollen von Groß- und Vorsegel

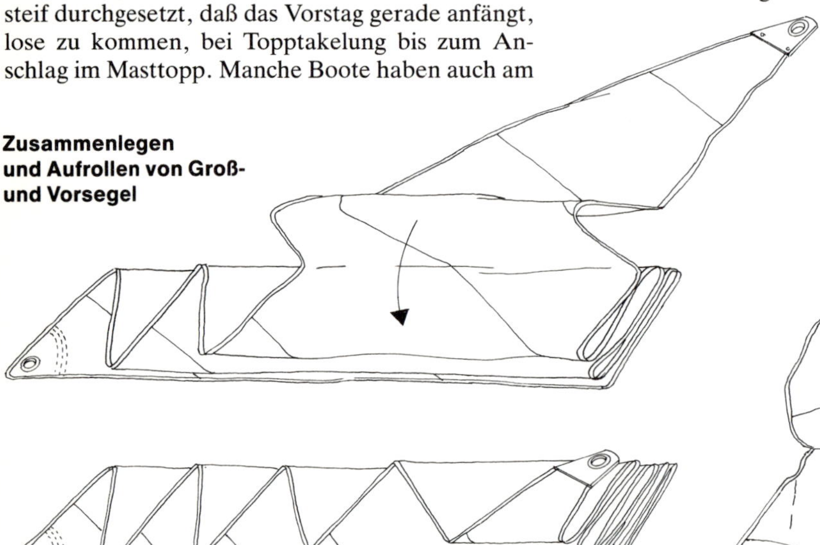

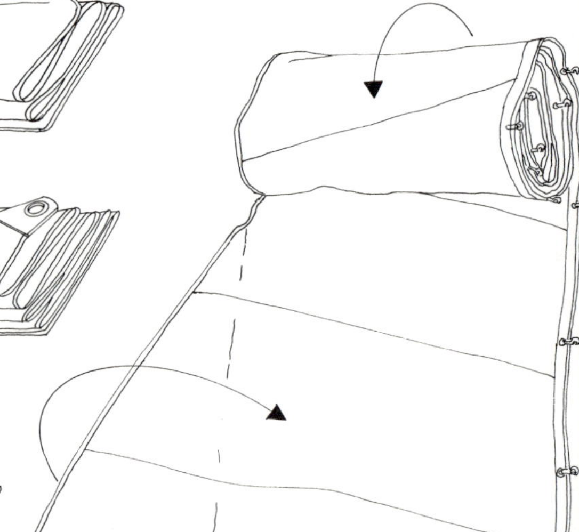

Um beim Vorsegel keine allzu langen Würste zu bekommen, muß eventuell das Tuch zuerst vom Schothorn her einmal eingeschlagen werden.

geborgen, um beim Anlege- oder Ankermanöver auf dem Vorschiff ungehindert arbeiten zu können.

Bergen der Fock Fall und Schot werden losgeworfen. Während man das Fall fiert, muß man gleichzeitig das herunterkommende Segel wahrnehmen, damit es nicht ins Wasser weht. Auf größeren Booten macht man das am besten zu zweit: einer sitzt im Bugkorb und holt das Segel nieder, der andere bedient das Fall. Das Fall vom Kopf abschäkeln und gleich an seinem üblichen Platz festsetzen. Die Stagreiter von oben nach unten und den Segelhals auspicken, die Achtknoten in den Tampen der Schoten lösen und die Schoten aus ihren Leitösen ziehen. Entweder bleibt die Schot angeschlagen, dann wird sie aufgeschossen und aus dem Segelsack heraushängen gelassen, oder man nimmt sie besser ab.
Obwohl es üblich ist, das Vorsegel »irgendwie« in seinen Sack zu stopfen, wenn nur der Kopf obenauf liegt, sollte man das Segel lieber vom Kopf zum Hals hin einrollen, wenn es für längere Zeit weggestaut bleiben soll. So vermeidet man Knicke. Vor allem Segelfenster – häufig in Jollen-Genuas – dürfen nicht geknickt werden, auch Segel aus Mylar nicht. Und ein Drahtvorliek sollte ebenfalls vor scharfen Knicken bewahrt werden.

Bergen des Großsegels Zunächst die Schot loswerfen, damit das Segel auswehen kann, dann die Dirk durchsetzen, sonst würde der Baum womöglich aufs Kajütdach krachen. Auf Jollen ohne Dirk fängt der Steuermann den Baum auf und legt ihn in eine Baumstütze oder ins Cockpit. Das Großfall fieren, mit der Hand ins Vorliek greifen und holen. Dann den Kopf vom Fall abschäkeln. Boote, deren Vorliek in einer Mastnut läuft, müssen unbedingt beim Bergen genau im Wind liegen, sonst könnte sich das Vorliek so verklemmen, daß es nicht mehr zu bewegen ist.
Entweder wird das Großsegel am Baum aufgetucht oder – auf kleineren Kielbooten und Jollen – ebenfalls abgeschlagen und in einem Segelsack verstaut.
Vorm Auftuchen die Großschot durchsetzen, damit der Baum fixiert ist, und den Unterliekstrecker fieren, damit das Unterliek des eingerollten Segels nicht unnötig gereckt wird. Dann das Segel am Achterliek nach hinten ausholen und einige Buchten parallel zum Baum bilden. In sie wird das übrige Segeltuch hineingeschüttelt. Die letzte Bucht am Baum, in der sich alles Tuch möglichst gleichmäßig verteilt befindet, rollt man dann zu-

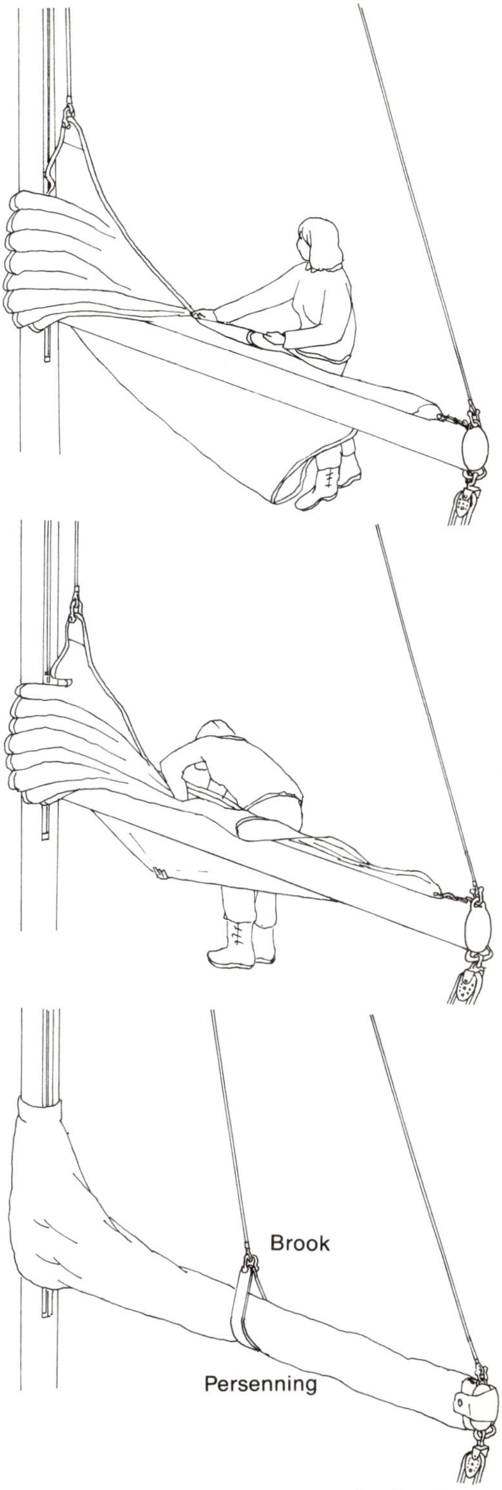

Es gibt verschiedene Methoden, das Groß aufzutuchen. Hauptsache ist in jedem Fall, es liegt dem Baum glatt und fest auf.

sammen (Abb. S. 135), legt sie auf den Baum und bindet sie mit Gummistropps oder besser mit einer Marlleine fest. Um das Segel vor Schmutz und UV-Strahlung zu schützen, wird eine Persenning herübergezogen. Sie sollte von unten Luft ans Segel lassen. Lange schwere Bäume werden mit **Brooken,** starken Gurten, die im Fall hängen, abgefangen, damit sie nicht durchbiegen.
Wird das Segel vom Baum abgeschlagen, zunächst die Segellatten herausnehmen, dann das Segel glatt ausbreiten und vom Unterliek ausgehend in fächerförmigen Bahnen zusammenlegen und das so entstandene Paket zusammenrollen und im Segelsack verstauen. Hat der Großbaum ein Drehreff, wird nach dem Abschlagen des Segels die Nut nach unten gedreht, damit kein Regenwasser hineinläuft.

Segeltrimm

Nur ein optimal getrimmtes Segel garantiert auch optimale Segeleigenschaften. Richtiger Trimm beginnt bereits beim Setzen der Segel.
Trimm des Vorsegels Das Vorsegel darf an keinem der drei Lieken Falten ziehen.
- Falten am Vorliek bedeuten: das Fall ist nicht steif genug durchgesetzt.
- Falten am Unterliek signalisieren: die Fockschotleitöse muß weiter nach achtern versetzt werden.
- Falten am Achterliek: die Fockschotleitöse muß weiter nach vorne versetzt werden. Vorausgesetzt, das Vorsegel ist vom Segelmacher nicht verschnitten oder so alt, daß es die Form verloren hat.

Bei dichtgeholter Fockschot müssen Achter- und Unterliek gleichmäßig unter Zug stehen und dürfen nicht killen. Der Schotzug muß etwa der Winkelhalbierenden zwischen Unter- und Achterliek entsprechen.
Trimmfäden, ungefähr 30 cm lange Wollfäden, etwa 15 cm hinter dem Vorliek zu beiden Seiten angebracht, sind ein weiterer vorzüglicher Indikator für den richtigen Stand des Vorsegels. Sie zeigen sofort an, ob der Holepunkt der Vorschot richtig sitzt.
- Flattern alle Fäden auf beiden Seiten nach hinten, stimmt der Holepunkt.
- Wirbeln die oberen, und flattern nur die unteren nach hinten, steht der Holepunkt zu weit achtern.

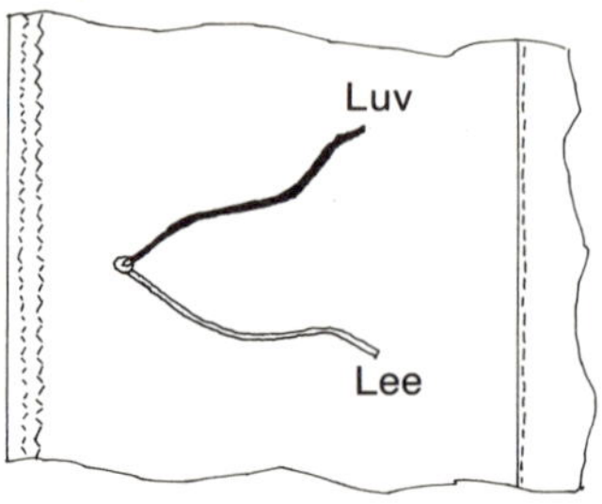

Die Vorsegelführung stimmt: Die Lee-Strömung liegt am Segel an, der Luv-Faden wird durch Krängung leicht nach oben ausgelenkt.

- Wirbeln die unteren, und wehen nur die oberen nach hinten, sitzt der Holepunkt zu weit vorne.

Damit ist die Funktion der Trimmfäden aber noch nicht erschöpft. Sie sind ein wichtiger Indikator für optimales Steuern am Wind. Solange die Luftströmung am Segel anliegt, wehen die Fäden in Luv und Lee annähernd waagerecht nach hinten aus. Läuft das Boot jedoch zu hoch am Wind, fangen die Luv-Fäden zunächst an unruhig zu flattern, und schließlich weisen sie nach oben: Der Rudergänger muß abfallen.
Fällt er jedoch, bei unveränderter Schotführung, zu weit ab, flattern die Lee-Fäden nach oben oder zeigen sogar voraus. Das signalisiert, die Windströmung in Lee ist zusammengebrochen. Obwohl das Segel noch voll steht, zieht es kaum noch. Man muß anluven oder die Schot(en) fieren.
- Lee-Fäden auf Am-Wind- und Raumschots-Kursen müssen stets waagerecht nach achtern auswehen.
- Luv-Fäden können bei stärkerem Wind und entsprechender Krängung des Bootes bis zu etwa 45° nach oben auswehen. Das ist normal.

Trimm des Großsegels Das Vorliek muß so viel Spannung haben, daß sich keine waagerechten Falten mehr bilden und noch keine Falten parallel zum Mast entstehen. Die Vorliekspannung beeinflußt die Segelwölbung. Bei schwachem Wind wird weniger gestreckt, damit das Segel die größte eingearbeitete Wölbung behält und dieser Bereich nicht weiter als notwendig nach vorne geholt wird. Bei viel Wind verschiebt sich der Bereich größter Wölbung mehr nach achtern. Das ist unvorteilhaft, weil die Richtung der wirksamen Kraft des Segels dann mehr auf Krängung als auf Vortrieb arbeitet. Deshalb erhöht man bei mehr Wind die Vorliekspannung und bringt dadurch die Wölbung etwas weiter nach vorne.

1 Das Fall ist nicht steif durchgesetzt
2 Der Holepunkt liegt zu weit vorne
3 Der Holepunkt liegt zu weit hinten
4 Der Holepunkt sitzt richtig
Eine weitere Verstellmöglichkeit des Fockschotholepunktes in der Querschiffsrichtung bietet der Barber-Hauler oder Fockschotbeiholer. Meist ein kugelgelagerter Läufer, um den Holepunkt bei stärkerem Wind nach außen, bei schwächerem nach innen zu bringen.

Die **Cunningham-Kausch** dient der Regulierung der Vorliekspannung. Sie sitzt etwa 15 bis 30 cm über dem Hals des Großsegel im Vorliek (seltener auch im Vorsegel) und kann mit einer Ausholerleine oder Talje auf den Baum heruntergeholt werden.

Allgemein gilt für den Trimm des Großsegels: bei leichtem Wind ein bauchigeres Segel zu fahren, bei viel Wind ein flacheres. Unabhängig von der Windstärke ist ein gewölbteres Segel auf Kursen mit achterlichen Winden wirksamer – ein flaches auf Am-Wind-Kursen. Die einfachste Maßnahme, um ein flaches Segel bauchiger zu bekommen: den Schothornausholer loser zu fahren. Dadurch rutscht das Unterliek etwas in Richtung Mast.

Manche Segel haben im Achterliek von Groß- und Vorsegel eine **Liekleine,** die man anholen kann, um ein gelegentliches Killen des Achterlieks zu verhindern. Das freilich muß mit viel Fingerspitzengefühl geschehen, sonst rollt sich das Achterliek ein, was für den Vortrieb störender ist als ein kurzzeitiges Killen. Der Großschot-Traveller – ursprünglich eine Einrichtung nur auf Rennjollen und Regattaschiffen, heute auch auf den meisten Fahrtenyachten üblich – bietet eine weitere Trimmöglichkeit. Zumindest am Wind. Ein mittschiffs oder gar nach Luv geholter Traveller bewirkt eine leichte Wölbung für leichte Winde, ein weit nach Lee gefahrener Traveller ein flacheres Segel für stärkeren Wind (Abb. S. 138). Bei flexiblen Masten kommt auch dem Baumniederholer eine Trimmfunktion zu. Über eine leichte Biegung des Großbaums läßt sich mehr Spannung auf das Achterliek bringen und dadurch der Masttopp etwas nach achtern holen. Größere Rennyachten haben sogar eine gebogene Schiene, auf der der Niederholer mit einem Schlitten läuft, um seine Einsatzmöglichkeiten voll auszuschöpfen.

Nachdem das **⅞-Rigg** von den Rennyachten auch auf Tourenyachten überzugreifen begann, vervielfältigten sich die Trimm-Möglichkeiten auch für Fahrtensegler erheblich. Um die gemeinsam im Topp angreifenden Zugkräfte von Oberwanten, Vor- und Achterstag und den durch sie verursachten Stauchdruck aufzunehmen, muß der Mast eines toppgetakelten Bootes besonders biegesteif sein. Außer daß sich vielleicht der Mastfall verändern läßt, bietet er kaum eine Möglichkeit, den Trimm des Segels zu beeinflussen.

Anders der ⅞-Mast. Vorstag und Oberwanten sitzen unterhalb des Topps, die Backstagen nehmen die Zugkräfte des Vorstags auf. Der Mast verjüngt sich häufig zum Topp hin und kann hochgradig flexibel gehalten werden. Mit entsprechend dosierter Achterstagspannung läßt sich der Topp mehr oder minder stark nach achtern und, im Zusammenwirken mit den Backstagen, auch nach vorne holen. Auf diese Weise kann man das Großsegel-

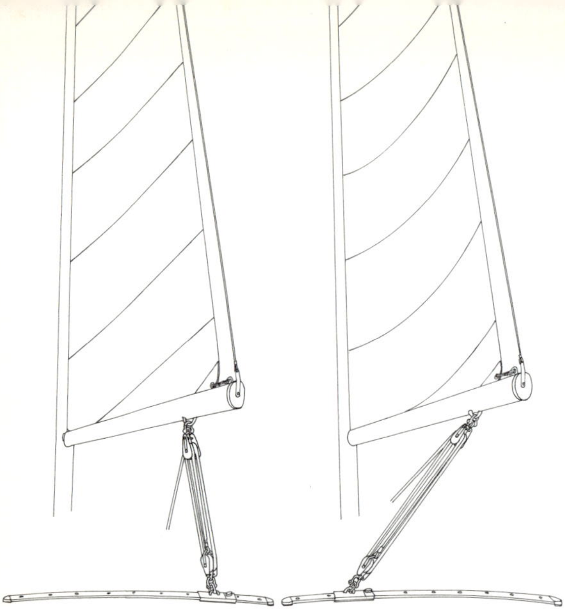

Links: Traveller in Lee – flacheres Segel für stärkeren Wind.

Rechts: Traveller in Luv – bauchigeres Segel für leichten Wind.

profil erheblich verändern und den Segeltrimm sehr exakt unterschiedlichen Wind- und Seegangsverhältnissen anpassen.
Auf kleineren Booten bis zu etwa 8 m Länge werden die Backstagen mit Taljen dichtgeholt, auf größeren Schiffen über Zweigangwinschen. Das System mit Taljen ermöglicht häufig eine getrennte Grob- und Feineinstellung. Die Grobeinstellung dient zum Loswerfen und Dichtholen der Backstagen beim Halsen. Mit der Feineinstellung trimmt man das Luv-Backstag auf einem Amwind-Kurs.
Regattayachten fahren häufiger sogar doppelte Backstagen. Das untere dient zum Trimm der Mastbiegung im unteren Bereich.
Kleinere Fahrtencrews werden kaum mehr in der Lage sein, die vielfältigen Trimm-Möglichkeiten, die das ⅞-Rigg bietet, voll zu nutzen oder sie auch gar nicht beherrschen. Die zusätzlich zu bedienenden Backstagen können leicht zur Belastung werden. Ein derart »biegefreudig« ausgelegter Mast ist zudem anfällig gegen Fehlbedienung, etwa der Backstagen. Ein Mastbruch, bei stürmischem Wetter, ist viel wahrscheinlicher als auf einem toppgetakelten Schiff. Wenn Fahrtenyachten schon ein ⅞-Rigg tragen, sollten die Masten so biegesteif sein, daß sie ohne Backstagen auskommen.

1 Dichtholen der Backstagen über zwei Taljen mit Grob- und Feineinstellung. Das Backstag endet etwa 1 m über Deck in einem Block mit einer Talje. Das eine Ende der Talje läuft über eine Umlenkrolle auf eine Belegklemme (Grobeinstellung). Das andere Ende der Talje ist wiederum über einen Block mit einer mehrpartigen Talje verbunden, deren holende Part ebenfalls auf eine Klemme läuft (Feineinstellung).
2 Dichtholen der Backstagen über eine Winsch.

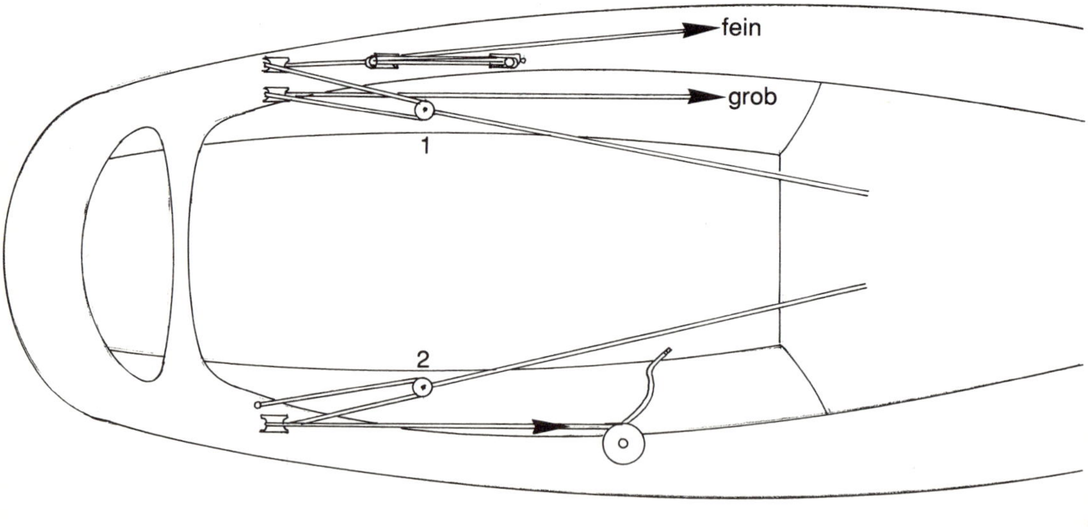

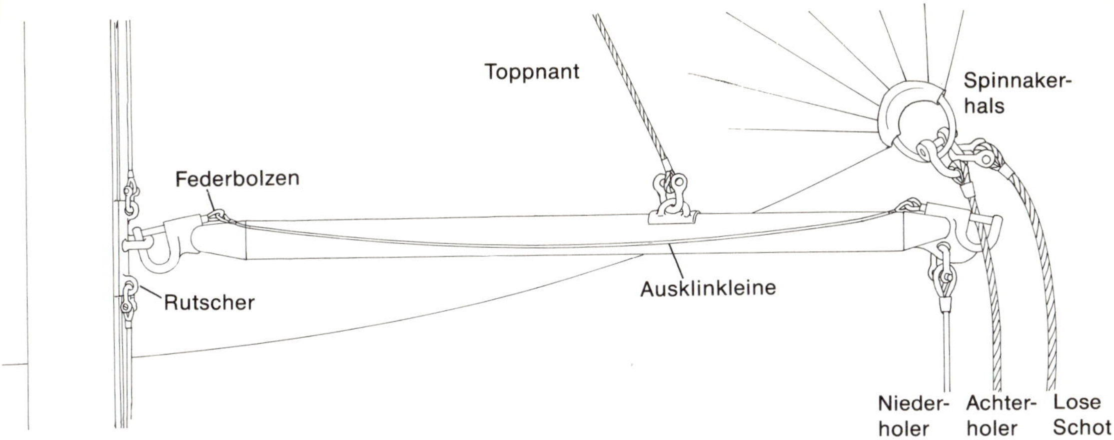

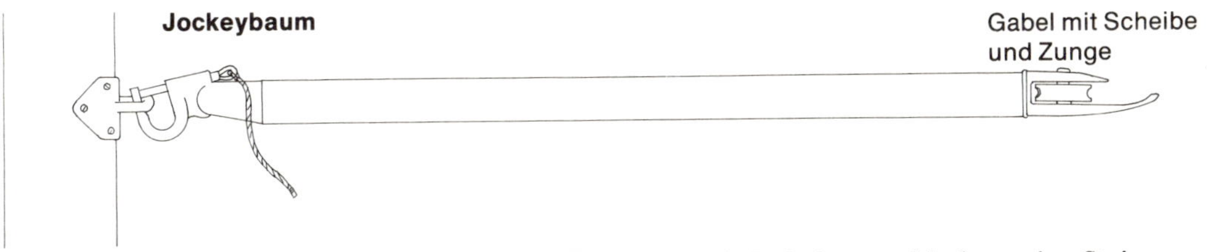

Spinnaker

Der Spinnaker – auch kurz Spi genannt –, hat sich auch unter Fahrtenseglern etabliert, obwohl er als ein kompliziertes und schwierig zu handhabendes Segel gilt. Um einen Spinnaker fahren zu können, bedarf es einer zusätzlichen Ausrüstung:

Der **Spinnakerbaum** hat an seinen beiden Enden Haken mit Federbolzen, die mit einer Reißleine geöffnet werden können. Der eine wird an einem drehbaren Bügel oder festen Ring eingepickt, die an einem Schlitten auf der Spinnakerschiene an der Vorderseite des Mastes auf- und niederfahren. Mit dem anderen Haken wird der Hals des Spinnakers an die Baumnock geholt. Große Yachten haben einen Glockenbeschlag am Mast, in den der konische Nockbeschlag einrastet. Die beiden Endbeschläge am Baum sind dann unterschiedlich.

Die Länge des Baums entspricht dem Abstand zwischen Vorstag und Mast in Deckshöhe. Gerade für den Fahrtensegler aber lohnt es sich, bei der Länge auch die Lagerung an Deck zu bedenken. Oft läßt sich der Baum, wenn die Länge entsprechend abgestimmt wurde, an Bugkorb, Relingstützen oder Fußreling einpicken. Andernfalls müssen spezielle Halterungen an Deck montiert werden.

Der **Toppnant,** seltener auch Aufholer genannt, trägt den Spibaum. Er läuft zu einer Umlenkrolle im Mast und greift etwa in der Mitte – auf Jollen und kleineren Kielbooten – oder – auf größeren Yachten – an der Nock des Baumes an.

Der **Niederholer** verhindert ein Steigen oder Hochschlagen des Baumes. Auf kleineren Booten ist er auf etwa der Mitte des Baumes fixiert und führt zum Mastfuß. Auf größeren Yachten wird er an der Baumnock angeschlagen und über einen Block nahe dem Bug ins Cockpit geführt.

Das **Fall** wird am Spikopf mit einem Wirbelschäkel angeschlagen. Es läuft im Masttopp über eine Rolle, die ebenfalls einen Wirbel haben sollte, um dem größeren Richtungswinkel des Spi folgen zu können.

Die **Schot** sitzt am Schothorn und läuft über eine Umlenkrolle am Heck zu einer Winsch im Cockpit. Das Schothorn ist immer die Lee-Ecke des Spi.

Der **Achterholer** sitzt am Hals des Spi, an dem der Baum angreift. Der Hals ist immer die Luv-Ecke des Spi. Auf kleineren Booten sind Schot und Achterholer austauschbar. Beim Wechsel von Luv und Lee – beim Schiften des Spibaumes – wird die Schot in Lee zum Achterholer in Luv und umgekehrt. Auf größeren Yachten wird an jeder Seite eine Schot und ein Achterholer gefahren. Die am Baumende mitangeschlagene Schot bleibt lose, der am jeweiligen Schothorn mitangeschlagene Achterholer ebenfalls.

Der **Jockeybaum** gehört zwar nicht unmittelbar zur Spinnakerausrüstung, ist aber doch ein fast unerläßliches Zubehör: Auf raumen Kursen muß der Spibaum dicht ans Vorstag herangeholt werden, weil sonst der Spi nicht mehr steht. In dieser Position schamfilt der Achterholer an den Wanten, außerdem wird der Winkel zwischen Baum und

Achterholer sehr klein und nahezu unwirksam. Mit dem Jockeybaum drückt man den Achterholer nach draußen. Meistens wird er mit Haken und Federbolzen an einem festen Ring, seitlich am Mast, eingepickt, seltener mit einem Zapfen in eine Buchse an der Mastseite gesteckt. Die Nock ist eine offene Gabel mit einer Scheibe und einer Zunge, damit der Achterholer, wenn er Lose bekommt, nicht herausspringt. Außerdem sollte der Jockeybaum ungefähr im letzten Drittel ein Auge haben, um ihn am Want beizubändseln, damit er nicht nach vorne oder achtern schwingt.

Spinnaker setzen

Die Methoden sind auf Jollen und Yachten etwas unterschiedlich, bedingt durch unterschiedlich große Segel und Bäume und abweichende Spinnakerausrüstung.

Spinnakertrompete

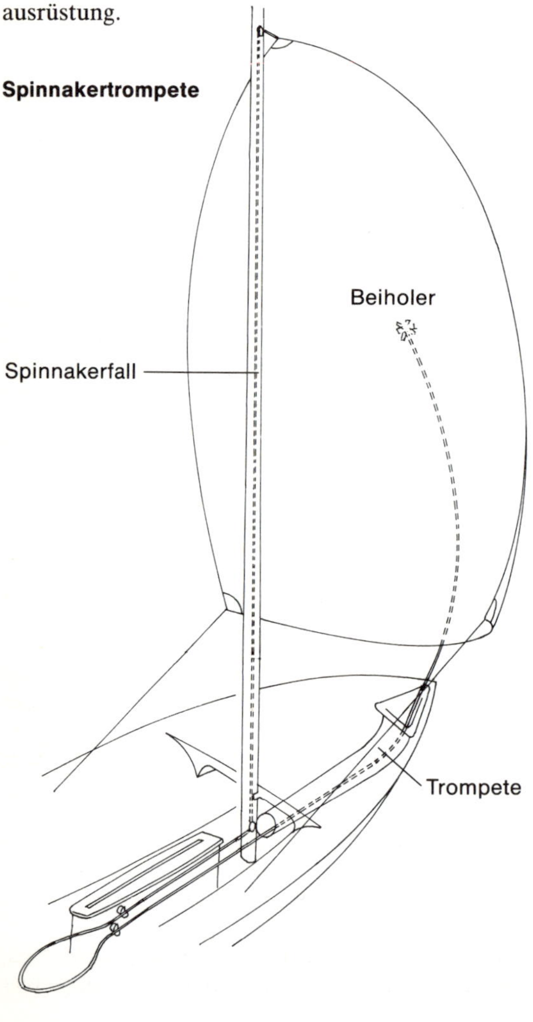

Auf Jollen

Man bringt Spi und Baum aufs Vorschiff, den Baum mit der Nock nach vorne, pickt den Spihals an der Baumnock, den Achterholer am Hals, die Schot am Schothorn und das Fall am Kopf ein und gibt Schot und Achterholer außerhalb der Wanten nach achtern. Nicht vergessen, die Schot vorher noch von Luv nach Lee vorne um das Vorstag herumzuführen. Währenddem muß der Spi gut niedergehalten werden, damit er keinen Wind fängt. Nun setzt der Vorschoter den Spi, während der Steuermann Schot und Achterholer bedient. Nachdem der Vorschoter das Fall belegt hat, übernimmt er die Schoten und trimmt den Spi.
Die **Spinnakertrompete** ist eine trichterförmige Öffnung im Vordeck von Rennjollen und kleineren Kielbooten mit einem Führungsrohr, in das man den Spi mit einem annähernd im geometrischen Mittelpunkt auf der Vorderseite des Segels befestigten Beiholer hineinzieht. Das Fall ist mit dem einen Ende am Kopf des Spi angeschäkelt, mit dem anderen am Beiholer angeschlagen. Dieses Ende läuft durch die Trompete nach achtern zu einer Umlenkrolle mit Klemme. So ergibt sich gewissermaßen ein endloses Fall. Dieses System hat den großen Vorteil, der Spi vertörnt nicht, Fall und Schoten können nach dem Bergen angeschlagen bleiben, und man kann ihn sofort aus der Trompete heraus wieder setzen.

Auf Yachten

Spinnaker packen Die riesigen Spinnakergebilde der großen Yachten neigen dazu, sich hoffnungslos zu vertörnen, wenn sie nicht sehr sorgfältig gepackt werden. Auf kleineren bis mittleren Booten ist es üblich, den Spi aus einer **Spinnakerbox** heraus zu setzen. Sie besteht aus Segeltuch oder Plastik und hat Stropps, um sie an Bugkorb oder Leewanten zu verzurren.
Zuerst den Kopf zur Seite legen. Dann entlang des jeweiligen Seitenlieks das dazugehörige Schothorn suchen und unverdreht neben den Kopf legen. Die meisten Spinnaker sind mit roten und grünen Liekbändern versehen, damit man die Lieken besser unterscheiden kann. Nun packt man den Mittelteil des Segels in den Sack und als letztes die Lieken, Schothörner und den Kopf. Schothörner und Kopf schauen oben heraus, klar zum Anpicken von Fall und Schoten.
Diese Art des Packens und das Setzen unmittelbar

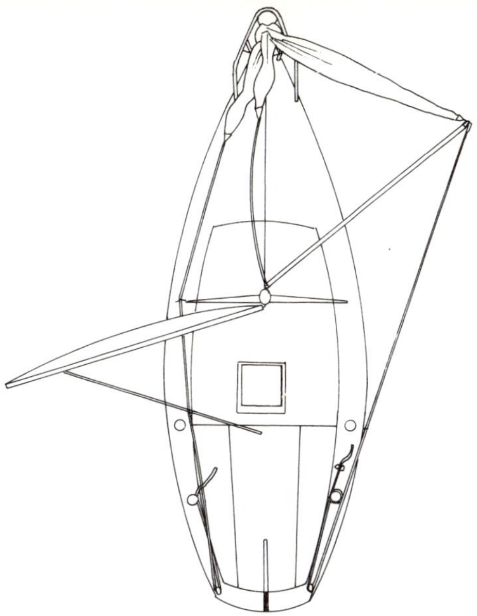

Spinnakersetzen auf einem Vorm-Wind-Kurs aus einem Behälter am Bug heraus
Fall, Schot und Achterholer sind angeschlagen, das Luvschothorn mit dem Achterholer bis zur Baumnock aus dem Behälter gezogen, der Baum in Position gebracht. Jetzt kann das Fall durchgesetzt und der gepackte Spinnaker mit der Schot ausgerissen werden.

aus der Box heraus hat bei Spinnakern von etwa 9 m Liekläge seine Grenzen. Darüber hinaus besteht die Gefahr, daß sich der Spi beim Heißen zu schnell oder im Kopfteil zuerst füllt, so daß er sich zu der gefürchteten »Eieruhr« verdreht.

Am besten behält man den Spi unter Kontrolle, wenn man ihn aufgetucht setzt. Dazu legt man die Lieken zusammen und rollt den Bauch des Segels zu einer Wurst parallel zu den Lieken auf. Dann wird die »Wurst« mit dünnen Bändseln oder Gummibändern zusammengebunden. Sie reißen, sobald sich das Unterliek, durch ruckartiges Holen an Schot und Achterholer, entfaltet und der Spi sich von unten nach oben zu füllen beginnt.

Statt aufzutuchen wird auf manchen Yachten ein **Spinnakerschlauch** gefahren, der durchgehend mit Reißverschluß oder Klettenband verschlossen wird. Nachdem der Verschluß ausgerissen worden ist, holt man die Hülle mit einem Beiholer an Deck. Eine Variante ist ein geschlossener Schlauch aus leichtem Tuch, der vom Kopf aus wie ein Strumpf über den Spi gezogen wird. Sobald der Spi gesetzt ist, zieht man den Schlauch mit einem Aufholer zieharmonikaartig zum Masttopp hoch. Zum Bergen braucht man nur wieder den Schlauch von oben über den Spi zu ziehen. Später kann man ihn erneut aus dem Schlauch heraus vorheißen.

Das **Setzen des Spinnakers** unterscheidet sich im Prinzip nicht wesentlich von der Praxis auf der Jolle: Das Boot auf einen Kurs mit achterlichem Wind bringen. Den Spibaum am Mastbeschlag einpicken und durch den Nockbeschlag des Baumes den Achterholer führen.

Den Baum mit dem Toppnant horizontal holen und den Niederholer durchsetzen, damit der Baum nicht hochgerissen wird, wenn sich der Spi füllt. Dann das Fall schnell holen. Dabei einen Törn um die Winschtrommel legen, für den Fall, daß sich das Segel doch vorzeitig füllt und einem das Fall durch die Hand reißt. Den Achterholer mit der Winsch holen, bis der Spi an der Baumnock steht und der Baum ungefähr im rechten Winkel zum scheinbaren Wind. Erst dann die Schot dichtholen. Wird die Schot zuerst geholt, kann passieren, daß sich der Spi in Lee füllt, die Yacht stark krängt, der Achterholer der Crew aus den Händen gerissen wird und der womöglich noch nicht vollständig vorgeheißte Spinnaker samt den Schoten ausweht. Man darf Achterholer und Schoten überhaupt nicht dichtholen, bevor der Spi ganz vorgeheißt ist, weil er sich sonst zu früh füllt und es dann unmöglich werden kann, ihn bis zum Masttopp vorzuheißen. Steht der Spi, das Vorsegel bergen.

Auf größeren Yachten stehen oder hängen der oder die Spinnakerbäume oft senkrecht an der Vorderseite des Mastes. Sie werden mit zusätzlichen Vor- und Achterholern in Position gebracht.

Spinnaker bergen

Sinnvoll ist es, ein Vorsegel zu setzen, bevor man den Spi niederholt. Dann kann er sich nicht ums Vorstag wickeln, wenn etwas schief läuft. Er wird grundsätzlich in Lee (des Großsegels) geborgen. Fast unmöglich ist es, ihn zu bergen so lange er noch voll steht. Deshalb muß zunächst der Wind aus dem Segel gebracht werden. Dies geschieht, indem man den Spihals an der Baumnock auspickt und den Achterholer fliegen läßt, so daß der Spinnaker wie eine Flagge ausweht und schließlich hinter dem Großsegel zusammenfällt. Dann kann man ihn, unter dem Großbaum hindurch, an Lee- und Unterliek binnenbords ziehen. In gleichem Maße das Fall fieren, damit der Spi nicht ins Wasser fällt, erneut vom Wind nach vorne geweht und wieder gefüllt wird oder gar unter den Bug gerät. Um ihn aber an der Baumnock auspicken zu können, muß zunächst der Achterholer so weit gefiert

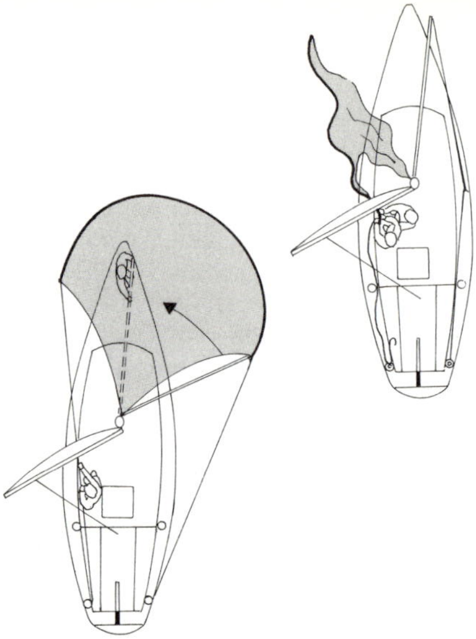

Spinnakerbergen vor dem Wind
Achterholer fieren, bis der Mann im Bugkorb die Reißleine greifen und ausklinken kann. Gleichzeitig muß ein zweites Crewmitglied an der Schot bereitstehen und den Spi am Unterliek einholen, sobald das Luvliek ausweht.

werden, daß der Baum bis etwa ans Vorstag schwingt und, unter Fieren des Toppnants und gleichzeitigem Holen des Niederholers, wird er tief genug gesenkt. Das Crewmitglied, das ausklinkt, darf nicht in Luv des Baums stehen, weil der, vom starken Zug des Achterholers befreit, zurückfedert.

Regattayachten arbeiten auch mit einem Beiholer. Er ist am Spikopf angeschlagen und läuft über einen Ring in der Mitte des Segels. In diesem Fall kann man den Spi in Luv stehen lassen. Man fiert den Achterholer durch den Nockbeschlag, wirft das Fall los und zieht den Spi mit dem Beiholer hart nach unten. Das Segel fällt dann hinter dem so dicht wie möglich geholten Vorsegel an Deck. Es ist ähnlich wie Spibergen auf der Jolle mit Trompete, nur eben ohne Trompete.

Spinnaker-Trimm

Auf einem reinen Vorm-Wind-Kurs ist der Spinnakerbaum so hoch wie möglich zu setzen. Im Ge-

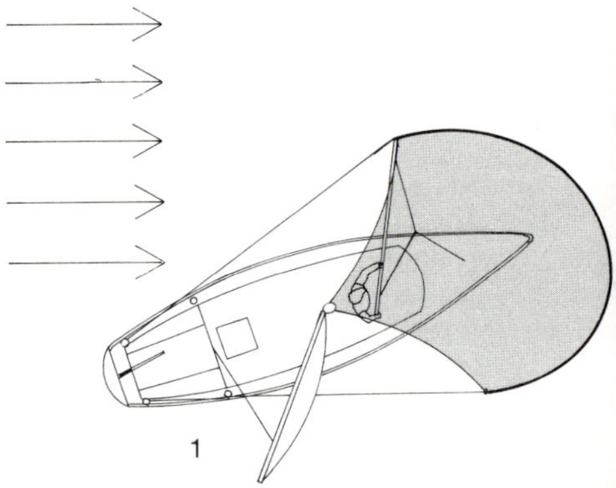

Schiften auf kleinen Booten
1 Der Vordecksmann löst den Baum vom Mast . . .
2 . . . holt die Schot zu sich heran und pickt die Baumnock ein. Die Schot ist zum Achterholer geworden.
3 Der Steuermann schiftet das Groß, der Vordecksmann klinkt den Achterholer aus,
4 . . . der jetzt zur Schot wird, drückt den Baum hinaus und pickt ihn am Mast ein.

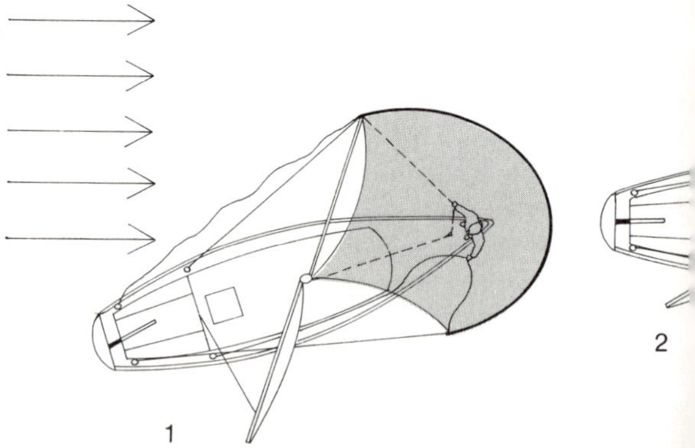

Schiften mit doppelten Schoten
1 Ein Crewmitglied steht im Bugkorb mit dem losen Achterholer und dem Niederholer.
2 Ein zweiter Mann am Mast klinkt den Achterholer am Baum aus und fiert den Toppnant. Die jetzt auf die neue Schot kommende Kraft wird mit der Winsch aufgefangen.
3 Während das Großsegel übergeht, den neuen Achterholer einpicken, den Baum unterm Vorstag hindurch auf die andere Seite drücken und gleich wieder antoppen.
4 Der neue Achterholer wird dichtgeholt, die alte Schot gefiert.

gensatz zu den anderen Fallen wird das Spinnakerfall nicht steif durchgesetzt, sondern so, daß es etwa 30 cm aus dem Kopfblock gefiert bleibt, damit sich der Spinnaker in einer Art Schwebezustand den Bewegungen des Bootes im Seegang anpassen kann. Toppnant und ein Niederholer halten den Spinnakerbaum in einer horizontalen Lage, 90° zum Mast. Sie sind ebenfalls nicht zu steif zu setzen, so daß der Baum nach oben und unten einen gewissen Bewegungsspielraum behält. Der Stand des Spinnakers wird mit Schot und Achterholer so reguliert, daß der Spinnakerbaum in einem rechten Winkel zum scheinbaren Wind steht. Hals und Schothorn müssen sich auf gleicher Höhe befinden, und die Schot muß so getrimmt werden, daß das Luvliek des Spinnakers gerade noch nicht einfällt.

Schiften des Spinnakers

Als Schiften bezeichnet man das Übernehmen des Baums von einer Seite auf die andere. Es gibt verschiedene Methoden.

Schiften durch Umdrehen des Baumes

Auf Jollen und kleineren Yachten, auf denen am Hals und Schothorn nur eine Leine gefahren wird, die jeweils als Achterholer und Schot dient, und die Nockbeschläge des Baumes gleich sind, wird so geschiftet: Den Baum vom Mast loshaken und auf der bisherigen Leeseite in die Schot einpicken. Der Spinnaker wird also vorübergehend mit beiden Schotecken am Baum gefahren. Dann pickt man den Hals aus, der nun zum Schothorn wird, hakt den Baum mit der freigewordenen Nock am Mast ein und bringt durch Holen und Fieren von Schot und Achterholer den Spinnaker wieder in die richtige Position. Der Baum braucht also nur in der Horizontalen bewegt zu werden.
Bei kräftigerer Brise bedarf es dabei einer hervorragend aufeinander eingespielten Crew. Sicherer, wenngleich umständlicher ist es dann, den Spinnaker zu bergen und neu zu setzen.

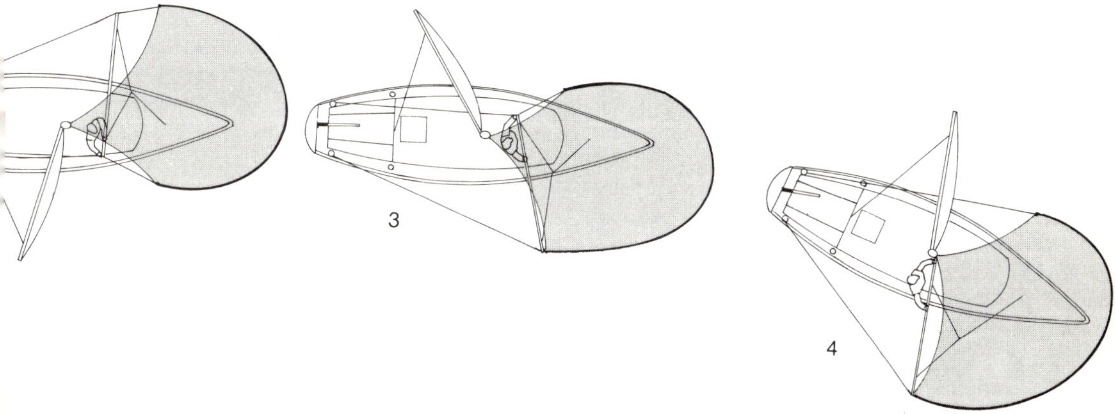

3

4

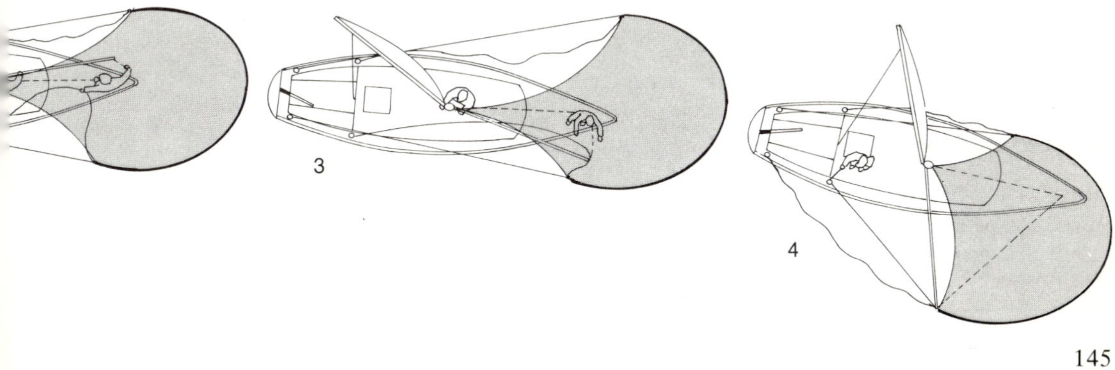

3

4

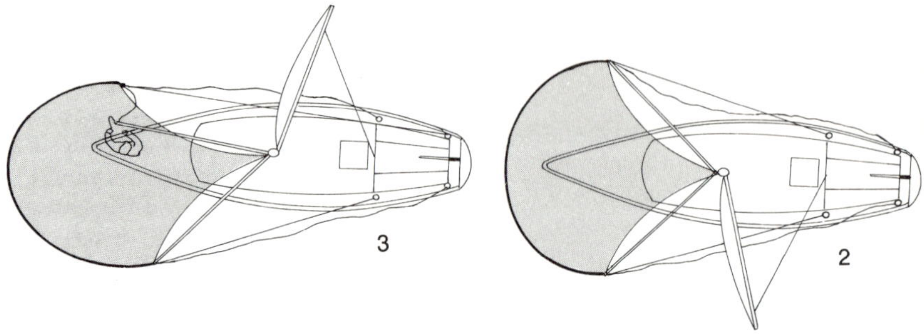

Schiften mit gesenktem Baum

Mit schwereren und längeren Bäumen, die jedoch auch nur eine Leine als Schot oder Achterholer fahren, zuerst die Baumnock vom Achterholer auspicken und zugleich den Toppnant so weit fieren, daß die Baumnock knapp über den Bugkorb schwingt. Den Baum unter dem Vorstag hindurchführen und in die Schot einpicken. Der Spi wird also vorübergehend ohne Baum gefahren. Deshalb ist es wichtig, daß das Boot genau vor dem Wind liegt, damit er nicht zusammenfällt.

Üblicherweise werden jedoch in dieser Größenordnung doppelte Schoten und Achterholer gefahren, weil es problematisch werden kann, den Baum in die alte noch unter Last stehende Schot einzupicken. Der freie Achterholer wird in einer Bucht nach vorne zum Bugkorb in bequeme Reichweite des dort aufgestellten Crewmitgliedes gebracht, der den freien Achterholer in den Nockbeschlag einlegt, sobald der Baum zu ihm herangeschwungen ist. Anschließend den Niederholer zur korrekten Länge fieren, den Baum antoppen und den Achterholer dichtholen, bis der Hals an der Baumnock sitzt. Die alte Schot bleibt belastet, bis der neue Achterholer seine Arbeit aufnimmt. Dann wird sie gefiert, bis man sie nach einem erneuten Schiften wieder braucht. Inzwischen ist auf der neuen Leeseite die bisher freie Schot zum Tragen gekommen.

Schiften mit zwei Bäumen

Auf großen und vornehmlich Rennyachten ist es üblich, mit zwei Bäumen zu schiften. Das erfordert in jedem Fall doppelte Schoten und Achterholer. Der zweite Baum wird zunächst in seine Position gebracht und der freie Achterholer eingelegt und dichtgeholt, so daß er zusammen mit der alten Schot den Zug des Segels aufnimmt. Die neue Schot auf der anderen Seite wird ebenfalls dichtgeholt, so daß der Spi vorübergehend an jedem Schothorn einen Baum hat. Dann wird der erste Baum vom alten Achterholer abgeschlagen und in seine Ruheposition gebracht. Der Vorteil dieser Methode ist eine bessere Kontrolle des Spi, weil immer wenigstens ein Schothorn von einem Baum gehalten wird.

Setzen und Bergen des Blisters

Beim Blister handelt es sich um ein spinnakerähnliches Segel, das jedoch asymmetrisch geschnitten und flächenmäßig etwa zwischen einer großen Genua und einem Spi angesiedelt ist. Es wird am Spifall gesetzt, aber ohne den stets etwas schwierig zu handhabenden Baum. Entsprechend entfallen auch Achterholer, Toppnant und Niederholer. Gesetzt und geborgen wird der Blister wie eine Genua. Das Vorliek fährt mit einem auch Trimmtalje genannten Halsstrecker am Bugbeschlag und mit je einem Reiter oben und unten auf dem Stag. Auf Vorm-Wind-Kursen wird er in Luv bauchig wie ein Spi geführt, auf Raumschots-Kursen, flachgetrimmt in Lee vor dem Großsegel. Wegen seiner Handigkeit wird er, vor allem auf Tourenyachten mit einer nicht so versierten Crew, oft dem Spi vorgezogen. Zum Bergen wird das Schiff an den Wind gebracht und die Schot gefiert. Dann Stagreiter und Talje lösen, das Fall fieren, und der Blister kann »eingesammelt« werden. Oder man macht es wie beim Spinnakerbergen: Schiff vor den Wind, Talje und Stagreiter lösen und das nach vorn auswehende Segel in Lee vom Großsegel unter dem Baum hindurch ins Cockpit ziehen.

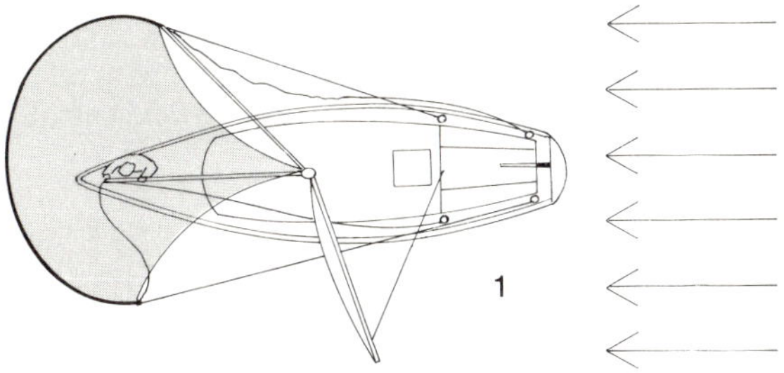

1 **_Den zweiten Baum am Mast in gleiche Höhe wie den ersten bringen. Die Baumnock liegt an Deck, der lose Achterholer (hier an Backbord) ist eingepickt._**
2 **_Den zweiten Baum in gleiche Position wie den ersten bringen. Lose in die alte Schot (hier an Backbord) geben und den neuen Achterholer dichtholen. Beide Bäume sollten jetzt einen Winkel von etwa 90° bilden._**
3 **_Den alten Achterholer (Steuerbord) fieren, die neue Schot nimmt den Zug auf. Den alten Baum am Niederholer einwärts und an Deck holen, den Achterholer ausklinken und den Baum vom Mast abschlagen._**

Reffen und Reffeinrichtungen

Frischt der Wind stärker auf, muß die Segelfläche gerefft, das heißt, verkleinert werden, damit sie dem Wind weniger Angriffsfläche bietet. Es hängt von der jeweiligen Bootsgröße und Konstruktion ab, wann die Reffgrenze erreicht wird. Bei Windstärke 7 etwa kann eine kleine Fahrtenyacht nur noch Sturmbesegelung tragen. Eine 24-m-Maxi-Rennyacht hingegen prescht noch unter Vollzeug vorwärts.
Es gibt zwei Möglichkeiten, die Segelfläche zu verkleinern: Man wechselt die Segel gegen kleinere aus oder man refft sie. Gewöhnlich werden die Vorsegel gegen kleinere ausgetauscht, das Großsegel aber wird gerefft. Üblicherweise beginnt man zunächst die Vorsegelfläche zu verkleinern und refft danach das Groß. Bei weiter auffrischendem Wind wieder erst Vorsegel und dann Groß und so weiter. Wichtig ist es, beim Segelverkleinern zwischen Vorsegel- und Großsegelfläche eine Balance zu halten, bei der das Boot noch gut auf dem Ruder liegt.
Da man während des Reffens nur beschränkt manövrierfähig ist, sollte stets rechtzeitig und eher zu viel als zu wenig eingerefft werden. Außerdem wird das Reffen um so schwieriger, je mehr Wind und Seegang zunehmen.
Um das Großsegel zu verkleinern, gibt es drei unterschiedliche Einrichtungen, das
Dreh- oder **Patentreff,** das
Rollreff und das
Binde- oder **Bändselreff.**

Beim Drehreff wird das Segel von unten auf den Baum gerollt. Das geschieht entweder mit einem Hebel mit Zahnkranz und Sperrklinke oder mit einer Kurbel mit Schneckengetriebe. Ein Drehreff ist jedoch nur dann möglich, wenn die Großschot an einem drehbaren Nockbeschlag angreift.
Das Segel kann zwar stufenlos verkleinert und den Windverhältnissen genau angepaßt werden, aber es steht gerefft nicht mehr gut, das Tuch wird stark verzogen und der Baumniederholer kann nicht mehr gefahren werden. Diese Nachteile haben dazu geführt, daß das Rollreff heutzutage kaum noch installiert wird.
Beim Bindereff gibt es im Großsegel meistens zwei, manchmal auch drei Reihen Reffgatchen mit Reffbändseln, mit denen das weggereffte Tuch am Mast beigebändselt wird. Das Hakenreff hat statt der Reffbändsel eine durchgehende Reffleine, deren Buchten über Reffhaken am Baum gehakt werden.
Der Nachteil ist, daß es meist nur zwei genau fixierte Reffmöglichkeiten gibt – von Bändselreihe zu Bändselreihe –, die oft zu weit auseinanderliegen. Entscheidend aber ist: auch das gereffte Segel steht einwandfrei und das Tuch wird nicht vertrimmt. Der Baumniederholer kann weiter gefahren werden und jede Schotführung ist möglich. Aus diesen Gründen ist das Bindereff heute am meisten verbreitet.
Eine moderne Variante ist das hauptsächlich auf Rennyachten gefahrene Schnellreff, das ohne Bändsel auskommt. Nur Vor- und Achterliek werden mit einem Reffstander vom Cockpit aus auf den Baum heruntergeholt. Das überschüssige Segeltuch bleibt einfach lose neben dem Baum hängen. Die Arbeit kann gegebenenfalls von einem einzelnen in kürzester Zeit erledigt werden.

Reffen mit Drehreff

Die Dirk leicht durchsetzen, so daß sie gerade das Gewicht des Baumes abfängt. Hebt sie den Baum an, rollt sich das Achterliek mit Falten ein. Den Baumniederholer auspicken. Während der Baum gedreht wird, mit dem Fall langsam dem Zug des Reffs nachkommen. Bekommt das Vorliek zu viel Lose, rollt es sich ungleichmäßig auf. Aufpassen, daß sich das Vorliek nicht auf den Drehmechanismus aufwickelt und das Liektau hintereinander und nicht übereinander liegt. Während des Aufrol-

Drehreff

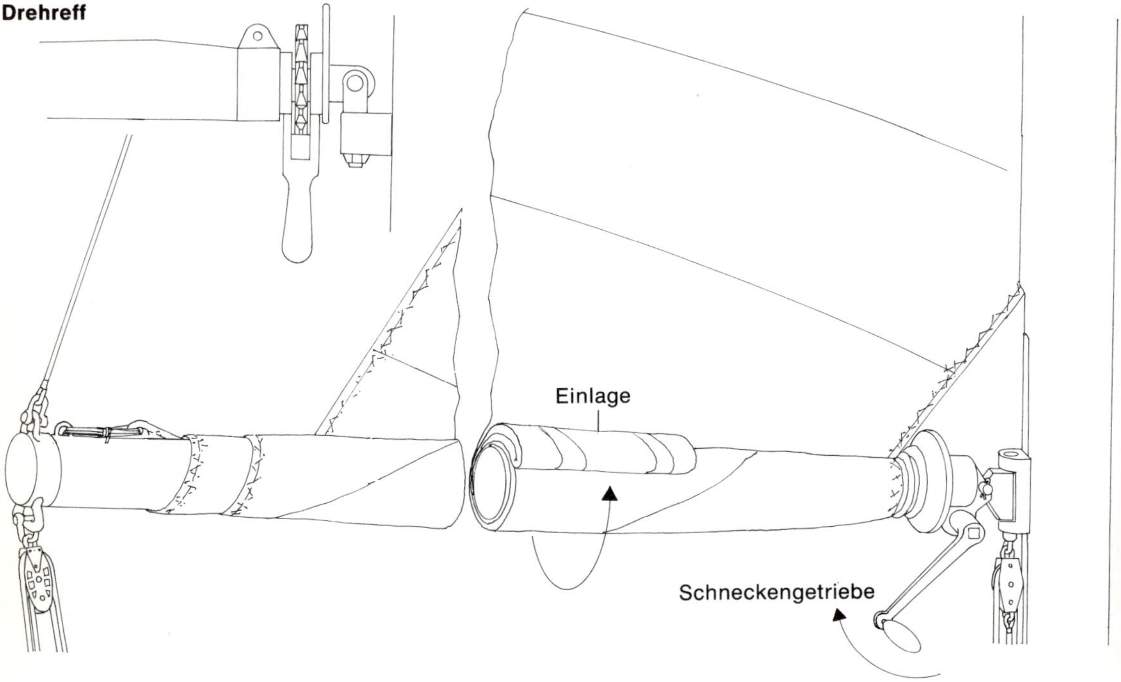

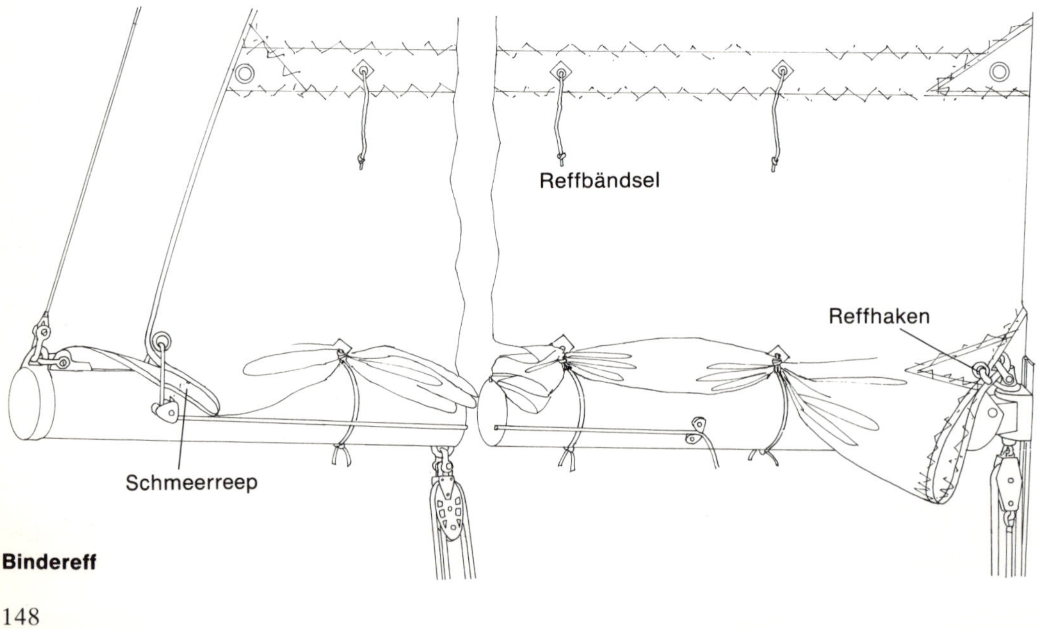

Bindereff

lens das Achterliek kräftig nach achtern ausholen. Um den Stand des Segels etwas zu verbessern, Segellatten, Lappen oder ähnliches in den Bauch miteinrollen. Ist eine genügend große Fläche eingerollt, das Fall wieder durchsetzen und die Dirk fieren.

Reffen mit Bindereff

Das Großfall so weit fieren, daß die Reffkausch in den Reffhaken am Lümmelbeschlag eingehakt werden kann und das Fall gleich wieder belegen. Das Achterliek mit Reffstander oder Schmeerreep auf den Baum herunterholen und an seiner Reffkausch steif durchsetzen. Die beiden Reffkauschen an Vor- und Achterliek müssen den gesamten Druck aufs Segel aufnehmen. Das überschüssige durchhängende Tuch auf den Baum rollen und mit den Reffbändseln festbinden.
Das Ausreffen, das Ausschütten des Reffs, geschieht in umgekehrter Reihenfolge, indem man zunächst das Segel vom Baum abrollt, beziehungsweise Reffbändsel Schmeerreep und Vorliekkausch vom Haken löst und dann das Fall durchsetzt.
Manchmal wird das Schmeerreep über Umlenkrollen an Baum und Mast entlang ins Cockpit geführt, so daß es von dort aus, zusammen mit dem Vorliekniederholer, bedient werden kann. So braucht man das Cockpit zum Reffen nicht zu verlassen, wenn das Fall ebenfalls dorthin umgelenkt ist.
Auf Jollen ohne Reffeinrichtung nimmt man zum Reffen des Großsegels einfach den Baum aus seinem Mastlager und rollt das Segel von Hand auf. Möglich ist das allerdings nur, wenn die Großschot an einem Schotring angreift oder an der Baumnock, wo sie ab- und nach dem Reffen wieder angeschäkelt werden muß.

Reffen der Vorsegel

An einem Baum gefahrene Vorsegel, wie man sie gelegentlich noch auf Fahrtenyachten findet, haben meistens ein Bändselreff und werden genauso wie das Großsegel gerefft. Sonst wechselt man Vorsegel im allgemeinen gegen kleinere aus.

Rollreff-Anlagen

Statt das **Vorsegel** mit Bändseln zu reffen oder gegen ein kleineres auszuwechseln, kann man sich auch einer Rollreff-Fock bedienen. Sie ermöglicht, das Vorsegel stufenlos vom Cockpit aus zu verkleinern. Speziell auf Fahrtenyachten mit nicht so routinierter Crew erhöht es ganz entschieden die persönliche Sicherheit, wenn bei hartem Wetter niemand zum Segelwechsel aufs Vorschiff muß. Deshalb haben sich dort Rollreff-Focks auch schnell durchgesetzt.
Das Prinzip ist bei den in der Ausführung recht unterschiedlichen Anlagen gleich: Durch Zug an der Reffleine wird über eine Refftrommel ein Profilrohr gedreht, auf das sich das Segel aufrollt, wenn man gleichzeitig die Schot fiert. Holt man die Schot und fiert die Reffleine, entrollt es sich wieder. Das Profil wird entweder auf das vorhandene Vorstag gesetzt oder gegen das Vorstag ausgetauscht. Es kann eine einfache oder auch eine Doppelnut haben. In einer Doppelnut lassen sich auf Vorm-Wind-Kursen zwei Vorsegel im Schmetterlingsstil – sogenannte Passatsegel – führen. Kopf- und Fußbeschlag mit Refftrommel sind kugelgelagert.
Eine Rollreff-Fock muß passend zur Anlage geschnitten sein, damit sie bei leichtem Wind uneingerollt genauso gut steht wie gerefft bei starkem Wind. Das erreicht man durch Dopplungen im Vorliekbereich. Nur sie garantieren einen einwandfreien Stand des Segels in jeder Reffphase. Auch sollte sie so gearbeitet sein, daß der Winkel der Schot zum Holepunkt stets gleich bleibt, andernfalls müßte der Holepunkt beim Reffen und Ausreffen ständig verstellt werden. Farbige Markierungen am Unterliek ermöglichen, eine genau bestimmbare Segelfläche einzureffen oder auszurollen.
Üblicherweise bleibt das eingerollte Segel während der Liegezeit im Hafen stehen. Vor Schmutz und UV-Strahlung geschützt wird es entweder durch eine Persenning, die nicht ganz leicht anzubringen ist, oder durch Verstärkungsstreifen aus farbigem, UV-geschützten Material an beiden Seiten des Achter- und Unterlieks, die ähnlich wie eine Persenning schützen.
Auch für das **Großsegel** (und Besansegel) gibt es nach ähnlichem Prinzip arbeitende Rollreff-Anlagen. Nach dem einen System wird das Segel im Inneren des Mastes auf ein Profilrohr gerollt. Bei einem anderen wird das Großsegel an einem

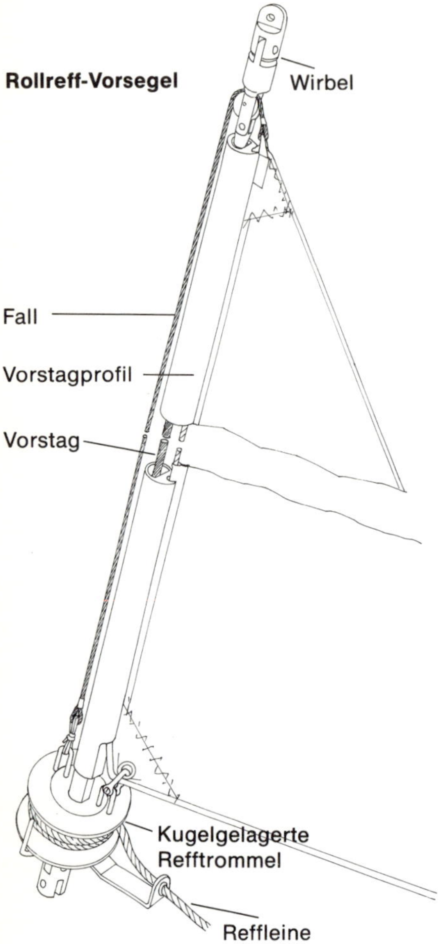

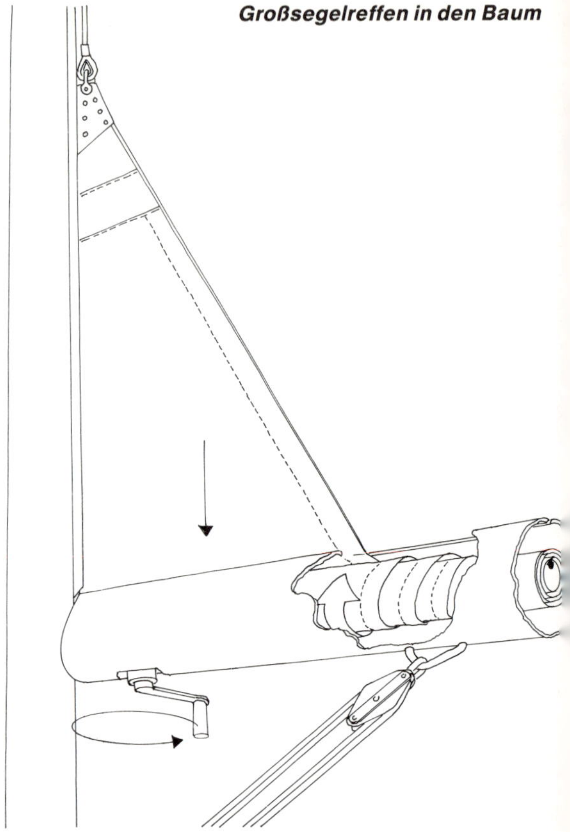

Ein anderes System arbeitet mit einer ins Cockpit umgelenkten Reffleine.

selbsttragenden Profilstag gefahren, das hinter dem Mast steht. Gedreht wird das Profil mit einer ins Cockpit geführten Reffleine über eine Refftrommel, die unter dem Lümmelbeschlag sitzt. Aerodynamisch nachteilig wirkt sich dabei der Spalt zwischen Mast und Profil aus. Da das Profilstag zudem nur am Lümmel- und Toppbeschlag mit dem Mast verbunden ist und beim Segeln nach Lee ausweht, können unkontrollierte Stauchkräfte auf den Mast einwirken.

Günstiger ist ein System, bei dem ein Hohlkammerprofil fest mit der Achterkante des Mastes vernietet wird. Ein zentral darin rotierendes Profilrohr rollt das Groß in die Hohlkammer.

Das Segel wird mit losem Unterliek gefahren. Das Schothorn gleitet mit einem Rutscher auf einer Schiene. Mit einem Schothornausholer, der über Umlenkrollen ebenfalls ins Cockpit läuft, kann der Rutscher in jeder gewünschten Position fixiert werden.

Beim Ausreffen dieser Anlagen muß der Baum exakt im Wind stehen und die Schot gefiert sein. Denn wenn das Segel während des Ausrollens Winddruck erhält und die Reffleine nicht sehr kontrolliert über eine Winsch gefiert wird, rauscht das Segel schlagartig aus und knallt ins Vorliek. Das kann zu einem Riß im Vorliekbereich führen.

Bei einer Kombination von konventionellem

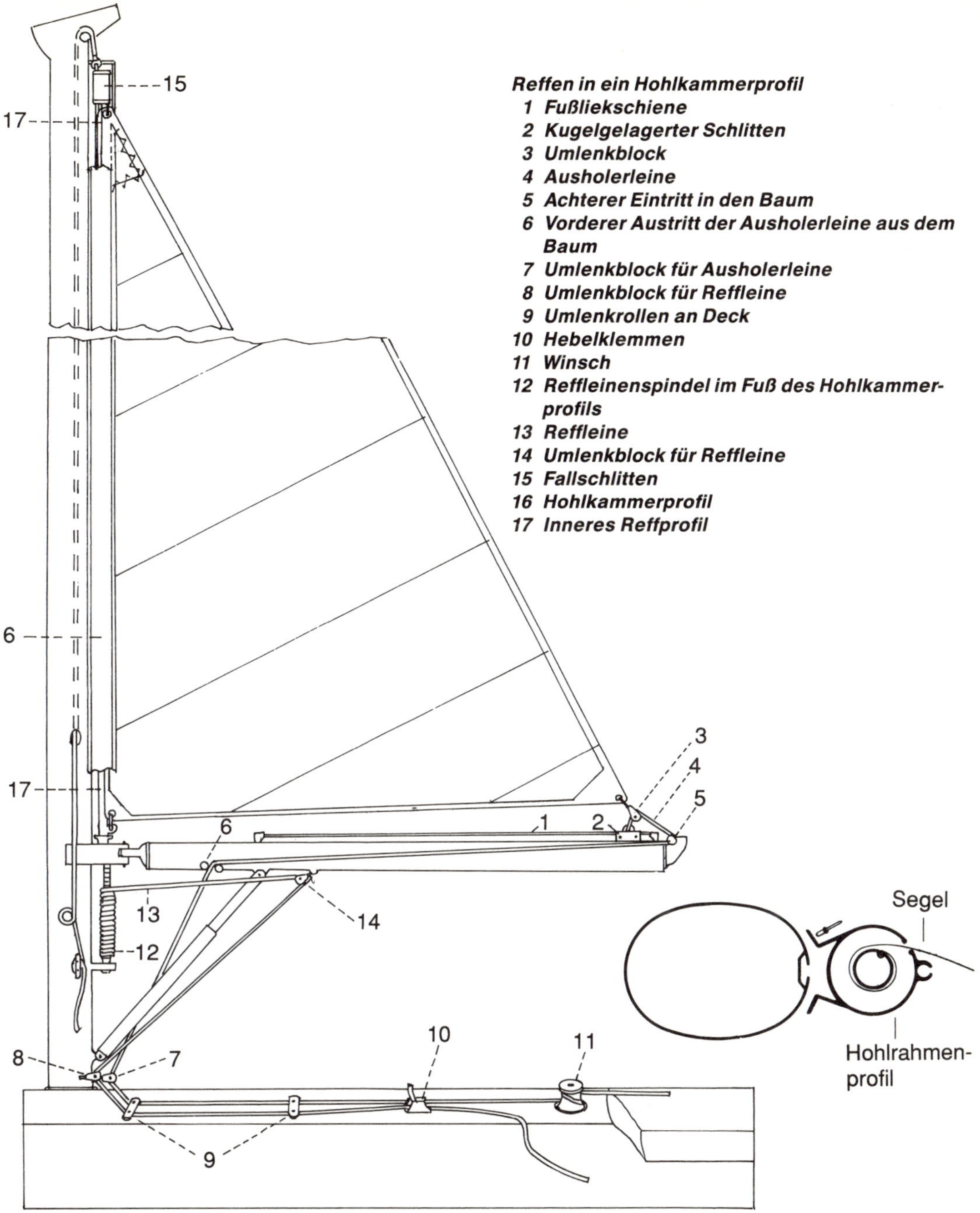

Reffen in ein Hohlkammerprofil

1 Fußliekschiene
2 Kugelgelagerter Schlitten
3 Umlenkblock
4 Ausholerleine
5 Achterer Eintritt in den Baum
6 Vorderer Austritt der Ausholerleine aus dem Baum
7 Umlenkblock für Ausholerleine
8 Umlenkblock für Reffleine
9 Umlenkrollen an Deck
10 Hebelklemmen
11 Winsch
12 Reffleinenspindel im Fuß des Hohlkammerprofils
13 Reffleine
14 Umlenkblock für Reffleine
15 Fallschlitten
16 Hohlkammerprofil
17 Inneres Reffprofil

Dreh- und neuzeitlichem Rollreff wird das Großsegel auf eine im Baum gelagerte Drehachse gerollt. Dieses System ermöglicht ebenfalls ein stufenloses Reffen und funktioniert auch noch bei viel Wind zuverlässig. Allerdings ist an der Hinterkante des Mastes ein Extraprofil mit Keep für das Vorliek erforderlich, damit dies sich einwandfrei aufrollt. Ein auf die Anlage abgestimmter Schnitt verleiht auch dem gerefften Segel einen guten Stand. Obwohl sich solche Reffanlagen auf Langfahrten durchaus bewährt haben, weisen sie kaum so überlegene Vorteile gegenüber den üblichen Reffsystemen auf, daß der erhebliche technische Mehraufwand gerechtfertigt zu sein scheint.

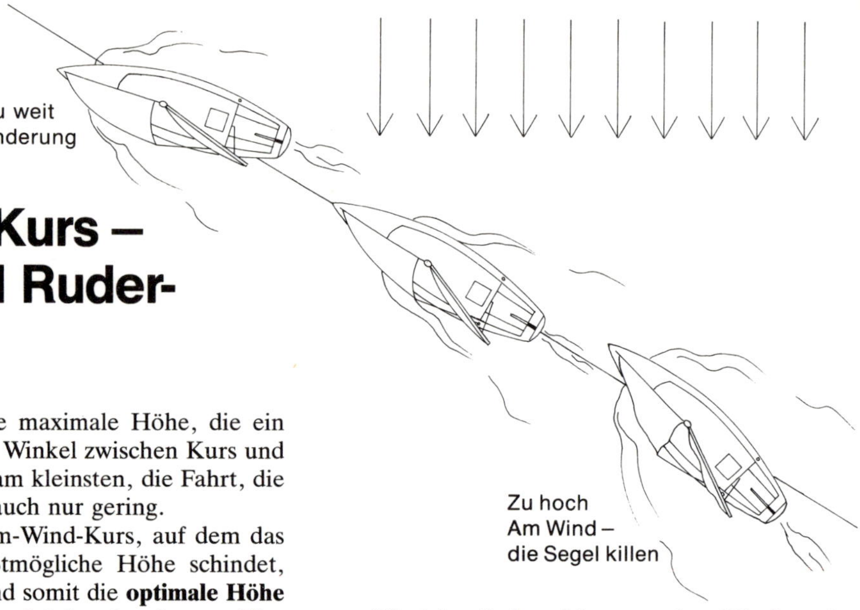

Wind und Kurs – Schot- und Ruderführung

Am Wind bedeutet die maximale Höhe, die ein Boot laufen kann. Der Winkel zwischen Kurs und einfallendem Wind ist am kleinsten, die Fahrt, die das Boot macht, aber auch nur gering.
Voll und bei ist ein Am-Wind-Kurs, auf dem das Boot nicht mehr größtmögliche Höhe schindet, aber schneller segelt und somit die **optimale Höhe** läuft oder, anders ausgedrückt, den besten Weg nach Luv macht.
Halber Wind ist der von querab einfallende scheinbare Wind und bedeutet nicht etwa, in einem Winkel von 90° zum wahren Wind segeln.
Raumer Wind weht in dem Sektor zwischen halbem und genau achterlichem Wind. Das Segeln in diesem Bereich wird als **Raumschots-Kurs** bezeichnet. **Raum** nennt man jedoch verallgemeinernd auch alle Kurse zwischen »am Wind« und »vorm Wind«.
Vor dem Wind Der Wind kommt von recht achteraus.
Alle diese Kurse sind spiegelgleich für Steuerbord- und Backbord-Bug.
Der Wind kommt entweder von Steuerbord oder von Backbord. Dementsprechend fährt man die Segel an Backbord bzw. Steuerbord – der jeweils der Windseite (Luv) gegenüberliegenden Seite (Lee). Man segelt über **Backbordbug**, wenn die Segel an Backbord stehen, über **Steuerbordbug**, wenn sie an Steuerbord stehen. Alle Kurse über einen Bug kann man also ändern, ohne mit den Segeln mehr zu tun, als sie, je nach dem Einfallswinkel des Windes zur Kielrichtung des Bootes, anzuholen oder aufzufieren. Diese Kursänderungen, bei denen die Windseite die gleiche bleibt, nennt man
anluven oder **abfallen**.
Ein Boot luvt so lange an, wie es seinen Kurs mehr in den Wind hinein ändert, bis es völlig im Wind liegt. Es fällt so lange ab, wie es seinen Kurs mehr vom Wind fort ändert, bis es vor dem Wind segelt. Es besteht ein grundlegender Unterschied für das Verhalten von Rudergänger und Schotleuten, ob man am Wind beziehungsweise vorm Wind oder nicht am Wind, sondern raumer segelt. Am Wind werden die Schoten dichtgeholt, und es ist Aufgabe des Rudergängers, das Boot möglichst hoch am Wind so zu steuern, daß die Segel richtig vollstehen. Auf raumen Kursen dagegen hält der Rudergänger Kurs und läßt die Segelstellung von den Schotleuten korrigieren. Vorm Wind hat wiederum ausschließlich der Rudergänger durch entsprechende Kurskorrekturen darauf zu achten, daß die Segel voll stehen.

Segeln am Wind

Das Segeln am Wind erfordert viel Erfahrung. Man muß sein Boot genau kennen, um zu wissen, wieweit man die Segel anholen darf, um die vorwärtstreibende Kraft noch genügend ausnutzen zu können. Ein gut getrimmtes, das heißt genau ausbalanciertes Boot wird meistens auf eine falsche Segelstellung durch zunehmende Luv- oder Leegierigkeit reagieren. Um den richtigen Kurs am Wind zu ermitteln, geht man so hoch an den Wind heran, bis das Vorliek der Genua oder Fock gerade zu killen anfängt. Dann fällt man gerade so viel ab, bis diese Erscheinung wieder verschwindet. Da der Wind in seiner Richtung veränderlich ist, muß das »Heranfühlen« an den Wind häufiger wiederholt werden. Diese Windschwankungen sind auch verantwortlich dafür, wenn die Segel eben noch einwandfrei standen, plötzlich aber das Achterliek des Vorsegels anfängt zu killen, ohne daß man seinen Kurs geändert hätte. Der Wind hat geschralt.

Aber nicht nur die Richtung des Windes schwankt, sondern auch die Stärke. Er besteht häufig aus einer Folge mehr oder minder stark ausgeprägter Böen. Beim Einfallen einer Bö aber raumt der Wind, und zwar aus folgendem Grund: Der sprunghaft anwachsende wahre Wind bewirkt nicht sofort auch eine Erhöhung der Bootsgeschwindigkeit und damit des Fahrtwindes, weil die Masseträgheit des Bootes erst überwunden werden muß. Also fällt der scheinbare Wind zunächst achterlicher ein als bisher. Nimmt dann der Fahrtwind zu, weil das Boot schneller wird, nimmt auch der scheinbare Wind zu und kommt vorlicher. Er schralt wieder.

Raumen bedeutet, daß der Wind nach einer Richtungsänderung weiter von achtern und somit günstiger einfällt,

schralen, daß er vorlicher, also ungünstiger einfällt. Man läuft am Wind wie an einer unsichtbaren Grenzlinie entlang. Versucht man, über sie hinaus anzuluven, beginnen die Segel zu killen, und das Boot läuft nicht mehr. Das merkt man sofort.

Kaum bemerkt wird jedoch von einem nicht so erfahrenen Steuermann, wenn er zu weit abfällt. Das Boot läuft dann auch nicht mehr richtig, weil jetzt die Segel zu dicht gefahren werden. Sie werden nicht mehr optimal angeströmt. Im Gegenteil: Es kommt zu einer fahrthemmenden Verwirbelung der Luftströmung am Segel. Eine gute Orientierungshilfe ist der Verklicker. Er sollte immer parallel zum Kopfbrett des Großsegels stehen.

Eine weitere Hilfe sind Trimmfäden (Wollfäden) im Segel, auch Fadensonden genannt. Wenn sie auf der Luv-Seite flattern oder schlaff hängen, muß man abfallen, flattern sie in Lee, etwas anluven.

Einem Raumen des Windes kann man auf zweierlei Weise begegnen:

Kurs halten und die Schoten etwas fieren, man läuft dann höhere Geschwindigkeit, oder

anluven und Höhe gewinnen, um einen Kurs zu steuern, der näher an ein Ziel im Wind heranführt.

Grundsätzlich gilt:

Langsam und vorsichtig anluven, um nicht zu übersteuern, aber:

schnell und entschlossen abfallen, um durch das Killen der Segel nicht allzuviel Fahrt zu verlieren.

Segeln mit halbem und raumem Wind

Auf Halb-Wind-Kurs ist es meist noch möglich, das Großsegel optimal anzustellen. Auf raumeren Kursen geht das nicht mehr, weil Segel und Baum an Wanten und Saling anliegen. Man fiert die Großschot so weit auf, daß das Vorliek gerade noch nicht killt, und die Vorschot so weit, daß die Fock noch voll steht. Es sind dies die Kurse, auf denen der Baum zu steigen beginnt und das Großsegel verwindet. Man spricht auch von Twist. Ein verwundenes (twistendes) Segel aber büßt erheblich an Wirksamkeit ein. Deshalb muß spätestens jetzt der Baumniederholer steif durchgesetzt werden.

Auf Schwertbooten holt man das Schwert um so mehr auf, je achterlicher der Wind einkommt, da die Abtrift, der es entgegenwirken soll, abnimmt, bis sie vor dem Wind praktisch verschwindet. Dabei verringert sich bei aufgeholtem Schwert die benetzte Oberfläche – das Boot wird schneller. Allerdings muß auch vor dem Wind das Schwert etwas gefiert bleiben.

Spinnaker Bereits bei halbem Wind ist es möglich, den Spinnaker zu setzen. Er muß dann allerdings so flach wie irgend möglich getrimmt werden. Dazu muß der Baum möglichst tief heruntergeholt werden. Man darf ihn jedoch nie gegen das Vorstag drücken lassen. Auch darf die Schot nicht zu dicht geholt werden, weil sonst der Wind zwischen Spinnaker und Großsegel nicht mehr hindurchstreichen kann, sondern als Abwind in Lee ins Großsegel fällt.

Es gibt auf diesem Kurs einen Grenzbereich von etwa 10°, in dem es zweifelhaft sein kann, ob der Spinnaker noch wirksam ist, also mehr Vortrieb erzeugt als Fock oder Genua allein. Man kann sich leicht täuschen lassen, indem man einen vollstehenden Spinnaker noch für wirksam hält, während das gar nicht mehr der Fall ist. Sobald nämlich der reine Vorm-Wind-Kurs verlassen wird, ist das Vollstehen nicht mehr ein Beweis für wirksamen Vortrieb, sondern lediglich für den erzeugten Widerstand zum Wind. Schon auf Raumschots-Kurs bildet sich eine Luftströmung, die vom Luvliek zum Leeliek verläuft. Für eine solche Luftströmung aber ist die Austrittskante, also das Leeliek eines bauchig geschnittenen Spinnakers, viel zu stark gewölbt, als daß sie ungestört abfließen könnte; vielmehr erzeugt die Luftströmung eine starke Bremswirkung, die die Wirksamkeit des Spinnakers völlig aufheben kann.

Gieren Je stärker und achterlicher der Wind und je höher die Wellen, um so mehr wird das Boot gieren, das heißt, von Wind und Seen aus dem Kurs geworfen werden. Wenn der Rudergänger die Absicht des Bootes zu gieren rechtzeitig bemerkt, kann er dem noch mit wenig Ruderlegen entgegenwirken. Ist das Boot aber schon aus dem Kurs geschoren, kann er es nur durch viel Ruder zurückbringen. Läßt man dann das Ruder nur Sekunden zu lange liegen, schert das Boot gleich weit nach der anderen Seite aus, weil häufig auch die See gerade in diesem Augenblick ein Gieren nach dieser Seite bewirkt. Ein wenig erfahrener Rudergänger kann nur versuchen, mit häufigem Hart-Ruder-Gegenan einigermaßen auf Kurs zu bleiben. Man stoppt dadurch allerdings erheblich Fahrt ab. Ein erfahrener Rudergänger läßt das Boot innerhalb eines gewissen Spielraums gieren.

Boote mit freistehendem Balanceruder neigen dazu, bei viel Wind und rauhem Wasser einem unaufmerksamen Steuermann aus dem Ruder zu laufen. Solche Boote sind für Anfänger nicht gerade empfehlenswert. Man muß in dem Augenblick, da man spürt, daß die Yacht aus dem Ruder laufen will, kurz und ruckartig Gegenruder legen. Falls danach die spürbare Tendenz zum Aus-dem-Ruder-Laufen noch nicht aufgehoben sein sollte, ist das Manöver noch ein-, zweimal zu wiederholen. Den richtigen Zeitpunkt zu erfassen, ist Gefühlssache; ein Rezept dafür gibt es nicht. Beginnt das Boot bereits aus dem Ruder zu laufen, kann es vielfach durch Hartruderlage nicht mehr auf Kurs gebracht werden. Es wird in den Wind schießen und häufig sogar querschlagen.

Segeln vor dem Wind

Beim Segeln vor dem Wind ist es, von der Ausweichpflicht einmal abgesehen, gleichgültig, ob man den Großbaum an Steuerbord oder Backbord fährt. Die Großschot wird so weit aufgefiert, wie es die Takelage erlaubt. Der Großbaum darf keinesfalls gegen stehendes Gut liegen. Dieser Kurs verlangt vom Rudergänger äußerste Konzentration, damit der Großbaum nicht unversehens auf die andere Seite hinüberschlägt, ironisch als »Patenthalse« bezeichnet. Der Baum erhält dabei solche Schwungkraft, daß schwere Schäden in der Takelage verursacht werden können und selbst der Mast über Bord gehen kann, von der sogar tödlichen Gefahr für Besatzungsmitglieder gänzlich zu schweigen. Man darf deshalb das Boot niemals zu weit nach Lee ausscheren lassen.

Ein **Bullenstander** – eine Leine, die von der Nock des Baumes möglichst weit nach vorn gefahren und auf dem Vorschiff belegt oder von dort über eine Umlenkrolle ins Cockpit geführt wird – bietet gegen ein solches unfreiwilliges Halsen weitgehende Sicherheit.

Hat man keinen Spinnaker, so baumt man die Fock, die vor dem Wind vom Großsegel abgedeckt wird, an einem Bootshaken oder speziellen Fockbaum nach der dem Großbaum gegenüberliegenden Seite aus. Dadurch wird auch der Luvgierigkeit des Bootes auf diesem Kurs begegnet.

Spinnaker Beim Setzen eines Spinnakers wird die dann wirkungslos gewordene Fock geborgen. Giert das Boot stark, ist die Spinnakerschot besonders aufmerksam zu beobachten und sofort zu fieren, wenn etwa eine stärkere Bö einfällt. Auch wenn das Boot Neigung zeigt, aus dem Ruder zu laufen, muß sofort die Spinnakerschot soviel wie möglich gefiert werden. Nicht immer wird das ausreichend sein; es kann dann notwendig werden, den Spinnaker augenblicklich loszuwerfen. Zu diesem Zweck empfiehlt es sich, zwischen Spinnakerhals und Achterholer einen mit einer Reißleine versehenen Schnappschäkel zu setzen. Ein Zug an der Reißleine: Der Spinnaker fliegt nach Lee weg und läßt sich leicht mit der Schot wieder einholen. Doch sollte man es möglichst nicht erst so weit kommen lassen, sondern wenn das Boot so stark giert, daß Gefahr besteht, es könnte aus dem Ruder laufen, rechtzeitig das Großsegel reffen und den Spinnaker gegen die Fock austauschen.

Kreuzen vor dem Wind Hat man keinen erfahrenen Rudergänger an Bord, sollte man bei steifem Wind und grober See lieber vor dem Wind kreuzen, das heißt so segeln, daß der Wind nicht platt von achtern kommt, sondern 10° bis 15° von jeder Seite. Aber auch bei sehr leichten Winden kann kreuzen vor dem Wind schneller zum Ziel führen trotz des längeren Weges, weil das Boot höhere Geschwindigkeit läuft.

Achteraussegeln

Will man länger recht achteraus laufen, wird das Großsegel am Baum gegen den Wind herausgedrückt, das heißt, backgehalten. Eventuell auch das Vorsegel auf der gegenüberliegenden Seite. Das Ruder liegt dann mittschiffs.

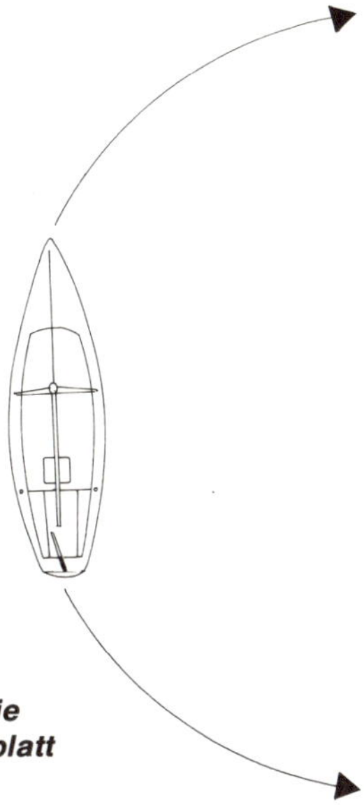

Achterausfahrt
Ob voraus oder achteraus: das Schiff dreht immer in die Richtung, in die das Ruderblatt eingeschlagen ist.

Meist wird man aber nur weit genug achteraus treiben wollen, um abfallen und danach Fahrt voraus aufnehmen zu können. Dazu wird allein die Fock backgehalten. Immer entgegengesetzt der Seite, über die abgefallen werden soll.
Bei Fock back an Backbord dreht das Boot nach Steuerbord – oder umgekehrt.
Nicht nur Anfänger haben beim Achteraussegeln manchmal Schwierigkeiten mit der Ruderlage. Am besten vielleicht verdeutlicht man sich das auf einem Kreisbogen. Ob voraus oder achteraus, die Bewegungsrichtung bleibt stets gleich: Steuerbord-Ruder bei Fahrt voraus dreht das Vorschiff nach Steuerbord, und Steuerbord-Ruder bei Fahrt achteraus dreht das Achterschiff nach Steuerbord.

Surfen und Gleiten

Yachten erreichen oft nur im Idealfall ihre rechnerisch zu ermittelnde Rumpf- oder Grenzgeschwindigkeit (Seite 128). Wann ein Schiff seine Grenzgeschwindigkeit läuft, ist leicht zu erkennen. Der Rumpf liegt dann nämlich in einem ausgeprägten Wellental zwischen Bug- und Heckwelle eingebettet. Mehr Antriebskraft – sei es durch Segel oder Motor – macht das Schiff nicht schneller, sondern sie erzeugt nur höhere Wellenberge und ein tieferes Wellental. Man spricht in diesem Fall von Verdrängern und Verdrängerfahrt. Ein Verdränger bleibt immer in seinem eigenen Wellensystem gefangen.
Leichte Boote aber mit einer entsprechend konstruierten Bodenform können ihrem Wellensystem entrinnen. Sie klettern auf ihre Bugwelle und lassen ihre Heckwelle hinter sich. Ihre vom Wasser benetzte Rumpffläche und damit der Reibungswiderstand verringert sich.
Fast alle Jollen sind Gleitboote. Sie gleiten bereits bei 3 Windstärken.
Größere Kielyachten kommen nur in den seltensten Fällen bei starkem Wind ins Gleiten, sofern es sich um extrem leichte Konstruktionen handelt, die außerdem noch eine günstige Rumpfform haben müssen. Surfen jedoch können fast alle modernen Kielyachtkonstruktionen, sofern Wellenlänge, -höhe und -geschwindigkeit entsprechend sind und zur Bootslänge »passen«.

Segelmanöver

Der Aufschießer

Ein Segelboot hat keine Bremsen: Man kann es nur abstoppen, indem man in den Wind schießt oder aufschießt, das heißt, hart anluvt, bis das Boot mit dem Bug im Wind steht. Aufgeschossen wird in den wahren Wind, der achterlicher einfällt als der scheinbare, mit dem man segelt. Man unterschätzt deshalb leicht beim Ruderlegen und Andrehen den Kreisbogen, den der Bug zu durchmessen hat, bis er im wahren Wind liegt.
Der Abstand des Drehpunktes von der Stoppstelle muß so bemessen sein, daß das verbleibende Fahrtmoment des Bootes gerade ausreicht, um mit killenden Segeln hin zu kommen. Das Geschick beim Anlegemanöver beispielsweise liegt darin, diese Auslaufstrecke richtig einzuschätzen. Sie ist abhängig von der Windstärke, dem Seegang und dem Bootsgewicht.
Allgemein gilt:
- Je größer und schwerer das Boot ist, um so länger ist auf Grund der größeren Masseträgheit der Auslauf.

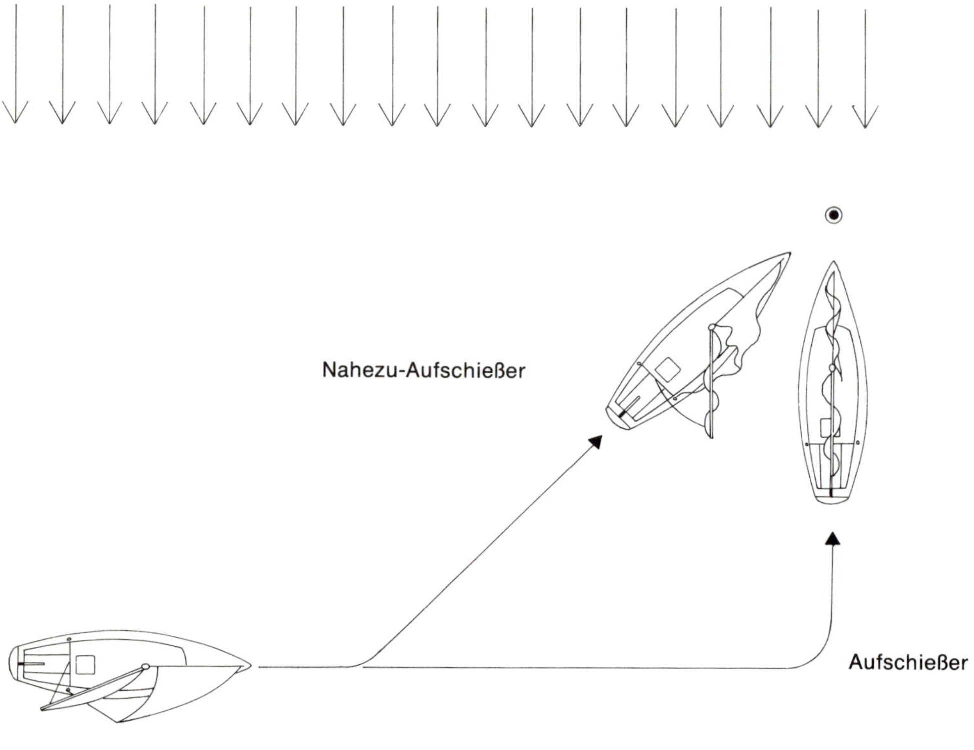

- Je stärker der Wind und bewegter die See ist, um so kürzer ist der Auslauf.
- Je härter die Ruderlage beim Aufschießen, besonders auf Jollen, um so stärker ist die Bremswirkung und um so kürzer ist daher der Auslauf.

Der Nahezu-Aufschießer

Er ist ein modifizierter Aufschießer. Der Drehpunkt liegt nicht mehr genau in Lee, sondern etwa drei Bootslängen rechts oder links vom Ziel. Das Boot läuft mit killenden Segeln auf einem Am-Wind-Kurs, entweder über Steuerbord- oder Backbord-Bug aus.
Besonders wichtig beim Nahezu-Aufschießer ist, daß Fock- und Großschot völlig losgegeben werden und nicht haken, damit die Segel frei nach Lee auswehen können.
Der Vorteil des Nahezu-Aufschießers: Merkt man, daß der Auslauf zu kurz bemessen war, kann man durch kurzes Holen der Schoten wieder etwas mehr Fahrt aufnehmen und sich auf diese Weise an das Ziel heranarbeiten. Die Schoten müssen allerdings geholt werden, bevor das Boot zum Stillstand gekommen ist. Sonst erzeugt das Schotenholen statt des erwünschten Vortriebs nur Abdrift, und man muß, um wieder etwas Fahrt aufzunehmen, so weit abfallen, daß man sehr wahrscheinlich in Lee an seinem Ziel vorbeitreibt.

Wenden

Wenden ist der Wechsel der Windseite gegen den Wind, also eine Drehung des Bootes mit dem Bug durch den Wind, so daß der Wind nach dem Manöver von der anderen Seite einfällt. Jollen sind vor dem Wenden von einem raumen Kurs aus unter allen Umständen zunächst an den Wind zu bringen, um den Fahrtverlust bei der größeren Drehung und das damit meist verbundene stärkere Krängen zu vermeiden, bei dem der Baum leicht ins Wasser schlägt.
Auf das Kommando »Klar zum Wenden« wird die Lee-Fockschot bis auf den letzten Törn von der Klampe genommen, bleibt aber dichtgeholt. Bei dem Ausführungskommando »Ree!« legt der Rudergänger Ruder, luvt an, geht durch den Wind

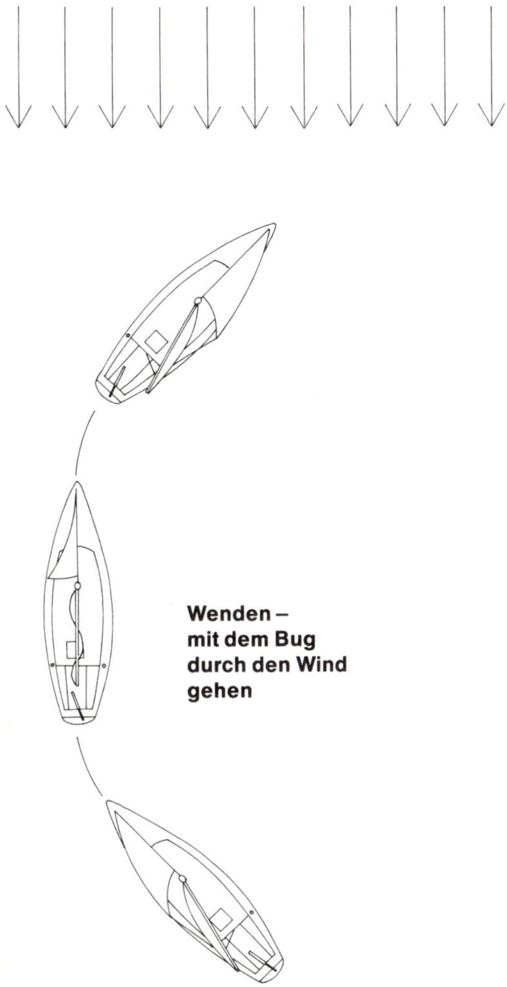

Wenden – mit dem Bug durch den Wind gehen

und fällt wieder auf den Am-Wind-Kurs auf dem neuen Bug ab. Gleichzeitig wirft der Vorschotmann die Leeschot los und holt, sobald der Wind von der anderen Seite einkommt, die andere Fockschot dicht – nicht zu früh, weil sonst die Fock back kommt –, jedoch bevor der Wind voll im Segel steht, weil es dann kaum noch möglich ist, die Schot dichtzuholen. Die Großschot bleibt auf größeren Booten belegt und geht selbständig über. Auf Jollen jedoch fährt man sie aus der Hand und kann durch Mittschiffsholen des Großbaums das Manöver unterstützen.
Auf Yachten mit beweglichen Backstagen (⅞-Rigg) wird beim Ausführungskommando »Ree!« das Luvstag losgeworfen und, sobald das Boot durch den Wind geht, das neue Luvstag steifgesetzt.
Wichtig ist, daß das Boot während des Wendens Fahrt behält und nicht etwa auf den alten Bug zurückfällt. Deshalb legt man das Ruder nicht schnell und mit einem Ruck in die Hartlage, sondern zügig langsam und weich. Sonst liegt das Ruderblatt schon hart, bevor das Boot andrehen konnte, und stoppt gleich zu Anfang die Fahrt erheblich ab. Die Ruderlage muß sich der Drehgeschwindigkeit des Bootes anpassen und darf ihr nicht vorauseilen. Nach dem Durch-den-Wind-Drehen muß man rechtzeitig mit dem Ruder aufkommen, um nicht zuviel Gegenruder gebrauchen zu müssen.
Geht ein Boot schwer durch den Wind, läßt man die Vorschot belegt. Die Fock kommt dann nach einiger Zeit über den neuen Bug back und unterstützt dadurch die weitere Drehung. Sie wird dann erst auf das Kommando »Über vorn!« losgeworfen und übergenommen.
Ist nun das Boot im Wind doch zum Stehen gekommen, hat das Ruder keine Wirkung mehr. Es muß langsam auf Rückwärtsgang gelegt werden, weil das Boot allmählich Fahrt achteraus aufnimmt. Die Fock ist backzuholen, jedoch nicht zu weit hinauszuhalten; denn dann wirkt sie weniger auf Drehung, als daß sie die Achterausfahrt unterstützt. Das auf Achterausfahrt gelegte Ruder wird nun in Verbindung mit der backstehenden Fock das Wenden doch noch bewirken. Sobald der Wind gut von der neuen Seite einkommt, sind die Schoten überzunehmen und das Ruder entsprechend für Fahrt voraus zu bedienen. Sollte das Boot doch auf den alten Bug abfallen, muß man zunächst wieder ausreichend Fahrt aufnehmen, um dann das Manöver unter sorgfältiger Ausnützung niedriger Wellen zu wiederholen.

Halsen

Halsen ist der Wechsel der Windseite vor dem Wind, also das Mit-dem-Heck-durch-den-Winddrehen. Auf das Kommando »Klar zum Halsen!« wird zunächst mit Lee-Ruder und dem Kommando »Fier auf die Schoten!« vor den Wind gegangen. Erst auf das Kommando »Hol dicht die Großschot!« wird sie schnell, aber möglichst gleichmäßig und steif durchgeholt, bis der Baum mittschiffs

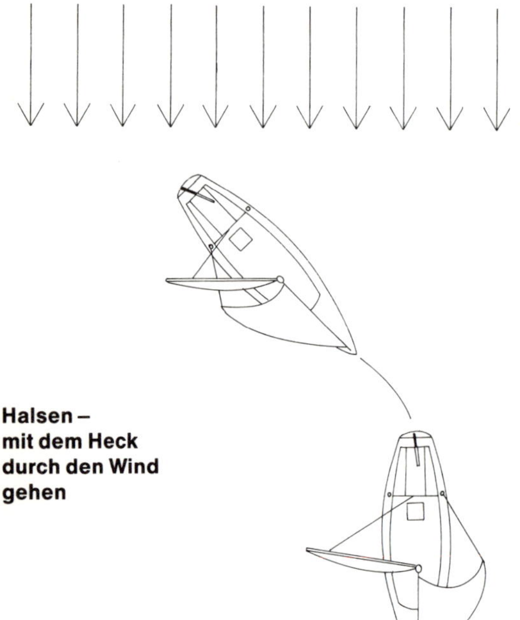

Halsen – mit dem Heck durch den Wind gehen

steht. Wird die Großschot zu langsam dichtgeholt, entsteht Gefahr für Boot und Besatzung. Denn wenn der Wind das Großsegel bereits von der anderen Seite erfaßt, bevor die Großschot dichtgeholt wurde, schlägt er das Großsegel mit gewaltigem Schwung auf die andere Seite. Dabei kann leicht etwas im Rigg zu Bruch gehen.
Auch könnte jemand vom Großbaum getroffen oder sogar außenbords geschleudert werden.
Auf das Kommando »Rund achtern!« wird das Ruder langsam und vorsichtig so weit nach Lee gelegt, bis der Großbaum von selbst überkommt. Bei leichtem Wind kann man das Überkommen durch Nachdrücken mit der Hand am Großbaum unterstützen. Beim Beginn des Übergehens ist sofort Stützruder zu legen. Dann wird die Großschot blitzschnell Hand über Hand gefiert. Auf jeden Fall muß das Auffieren der Großschot so rechtzeitig begonnen werden, daß es gar nicht erst zu einem »Einrucksen« des Baumes in die noch dichte Schot kommt. Sie muß sofort nachgeben, wenn Kraft darauf kommt. Das Boot muß unbedingt so lange vor dem Wind gehalten werden, bis die Großschot auf dem neuen Bug bis in die Vorm-Wind-Stellung aufgefiert ist. Erst danach kann nach der neuen Luvseite gedreht werden, um unter Anholen der Schot auf den gewünschten Kurs zu gehen. Die Vorsegel waren bei »Rund achtern!« bereits auf die andere Seite genommen worden.
Der Rudergänger muß bei »Rund achtern!« darauf gefaßt sein, daß das Boot durch das übergehende Großsegel schlagartig eine scharfe Drehtendenz nach der neuen Luvseite hin erhält. Wenn er in diesem Augenblick nicht Gegenruder gibt, sondern das Boot anluven läßt, gerät es gleich darauf mit der noch hart angeholten Großschot quer zum Wind. Die nach außen wirkende Zentrifugalkraft kommt hinzu, und das Boot kann kentern (wenn es sich um eine Jolle handelt). Das Loswerfen der Großschot nützt dann kaum noch etwas, weil das Boot schon so stark gekrängt ist, daß der Großbaum gleich ins Wasser kommt und dadurch wieder nach hinten gedrückt wird. Die meisten Kenterungen werden durch diesen Fehler beim Halsen verursacht.
Diese Art zu halsen nennt man gelegentlich auch **Blockhalse**.
Als **Regattahalse** bezeichnet man die Methode, auf Jollen und kleinen Kielbooten mit leichten Bäumen, beim Schiften die Großschot einfach gefiert zu lassen. Der Steuermann greift oben um die Schot und nimmt das Segel von Hand, mit etwas Schwung, auf die andere Seite rüber. Das Stützruder darf natürlich auch hierbei nicht vergessen werden. Aufmerksamkeit gilt dabei dem losen schlagenden Teil der Schot, die sich im Cockpit verhaken oder für die Cockpitcrew gefährlich werden kann.

Halsen mit Backstagen

Vor dem Halsen wird das Lee-Backstag auf die Winsch gelegt und schon so dicht wie möglich gegen Großbaum und Großsegel durchgesetzt. Das Luv-Backstag muß zum schnellen Fieren vorbereitet werden. Während die Großschot dichtgeholt wird, holt man auch das Lee-Backstag von Hand dicht. Während der Baum auf die andere Seite schwingt, muß das neue Luv-Backstag dichtgeholt und gleichzeitig das neue Lee-Backstag vollständig losgeworfen worden sein. Andernfalls blockiert es den Großbaum, und das Boot schießt in den Wind. So ein Manöver erfordert je ein Crewmitglied an jedem Backstag.

Die »Gefahrenhalse«

Sie wird vom Ausgangskurs Am-Wind gefahren. Sie geht von der Annahme einer gefährlichen Situation aus, die einen abrupten Kurswechsel verlangt und zwar nach Lee, weil in Luv kein Raum zum Wenden ist. Eine Situation, wie es sie in engen Fahrwassern, Hafenbecken, aber auch beim Regattasegeln häufiger gibt.

Die Großschot wird kurz losgegeben und hart Lee-Ruder gelegt. Das Boot beginnt mit einer scharfen Drehung fast auf der Stelle. Der Steuermann (auf einer Jolle) muß zur neuen Luvseite gewechselt haben, bevor das Großsegel mit dem Schiften beginnt. Beim Schiften sofort kräftig Stützruder legen und die Schot ausrauschen lassen. Erst nachdem die Großschot voll aufgefiert worden ist, wieder anluven, die Schoten anholen und auf Kurs gehen.

Wer diese Art zu halsen perfekt beherrscht, wird dieses Manöver auf leichten Booten der normalen Halse vorziehen, da es schneller und erheblich einfacher geht.

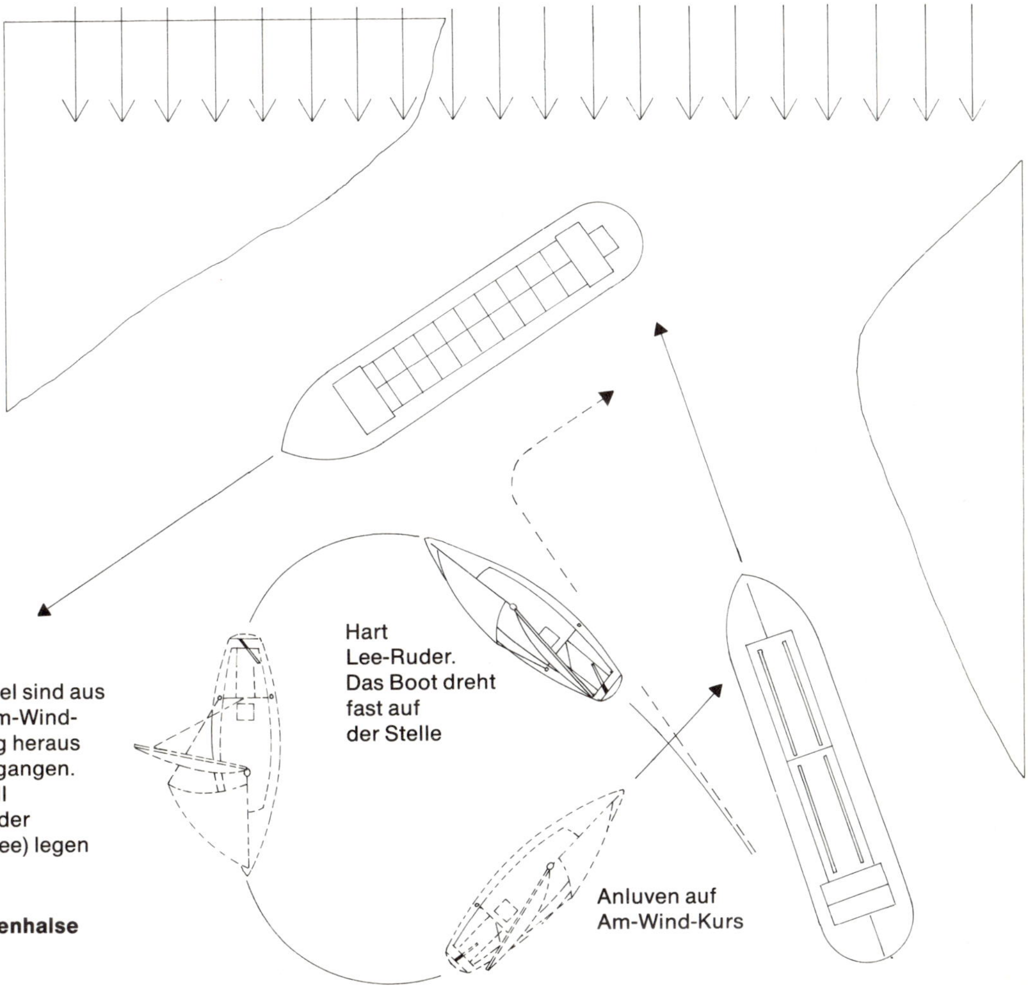

Gefahrenhalse

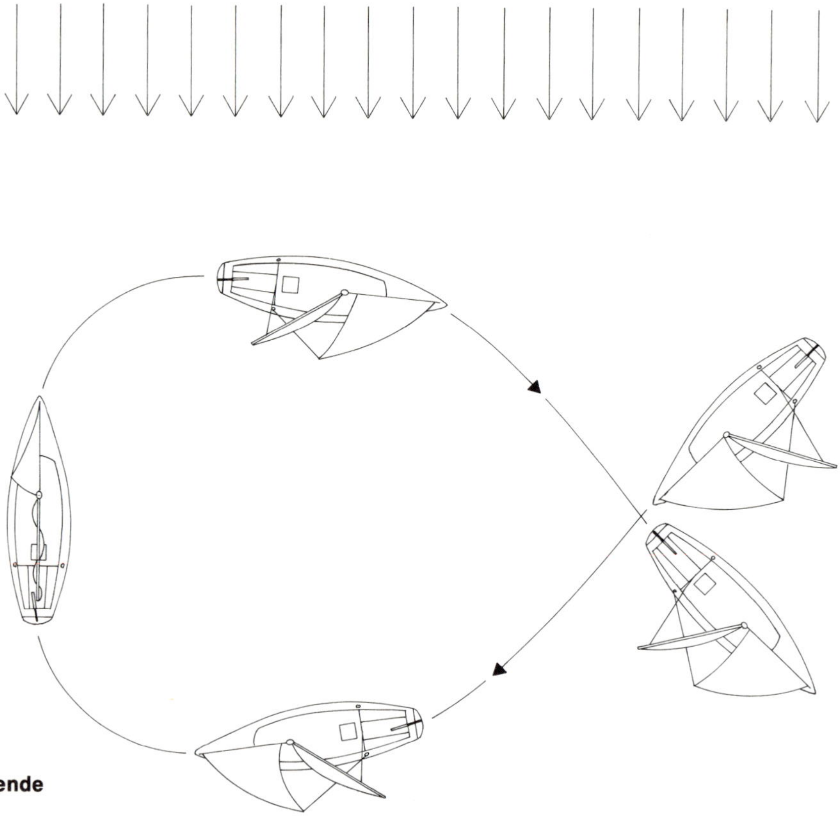

Die Q-Wende

Die Q-Wende

Bei grobem Wetter und mit einer uneingespielten Besatzung sollte man das Halsen möglichst vermeiden und sich mit der sogenannten Q-Wende (auch Kuhwende) behelfen. Statt mit dem Heck durch den Wind zu gehen, wird vom Raumschots-Kurs aus angeluvt bis an den Wind, dann regulär gewendet und wieder abgefallen.

Schiften

Unter Schiften versteht man das Übernehmen der Segel vor dem Wind von einer Seite auf die andere, beispielsweise beim Halsen. Man schiftet aber auch das Großsegel, den Besan oder Spinnaker unter Einhaltung des Kurses Vor-dem-Wind, etwa bei geringfügigen Änderungen der Windrichtung, aus Gründen des Trimms – denn nicht jedes Boot liegt auf jedem Bug gleich gut auf dem Ruder – oder um beim Regattasegeln Wegerecht zu erlangen, weil durch das Schiften gleichzeitig Steuerbord-Bug und Backbord-Bug gewechselt werden. Das Schiften des Großsegels und entsprechend des Besansegels geschieht wie beim Halsen beschrieben. Wie der Spinnaker geschiftet wird, s. Seite 143.

Kreuzen

Kreuzen heißt, mit einzelnen Schlägen abwechselnd über Backbord- und Steuerbordbug segelnd, auf Zickzackkurs zu einem Ziel zu gelangen, das man nicht direkt anliegen kann, weil der Wind aus Richtung des Zieles weht.

Als die **Kreuz** bezeichnet man einen Kurs, auf dem aufgekreuzt werden muß. Liegt das Ziel nicht direkt in Richtung des Windes, wohl aber in dem

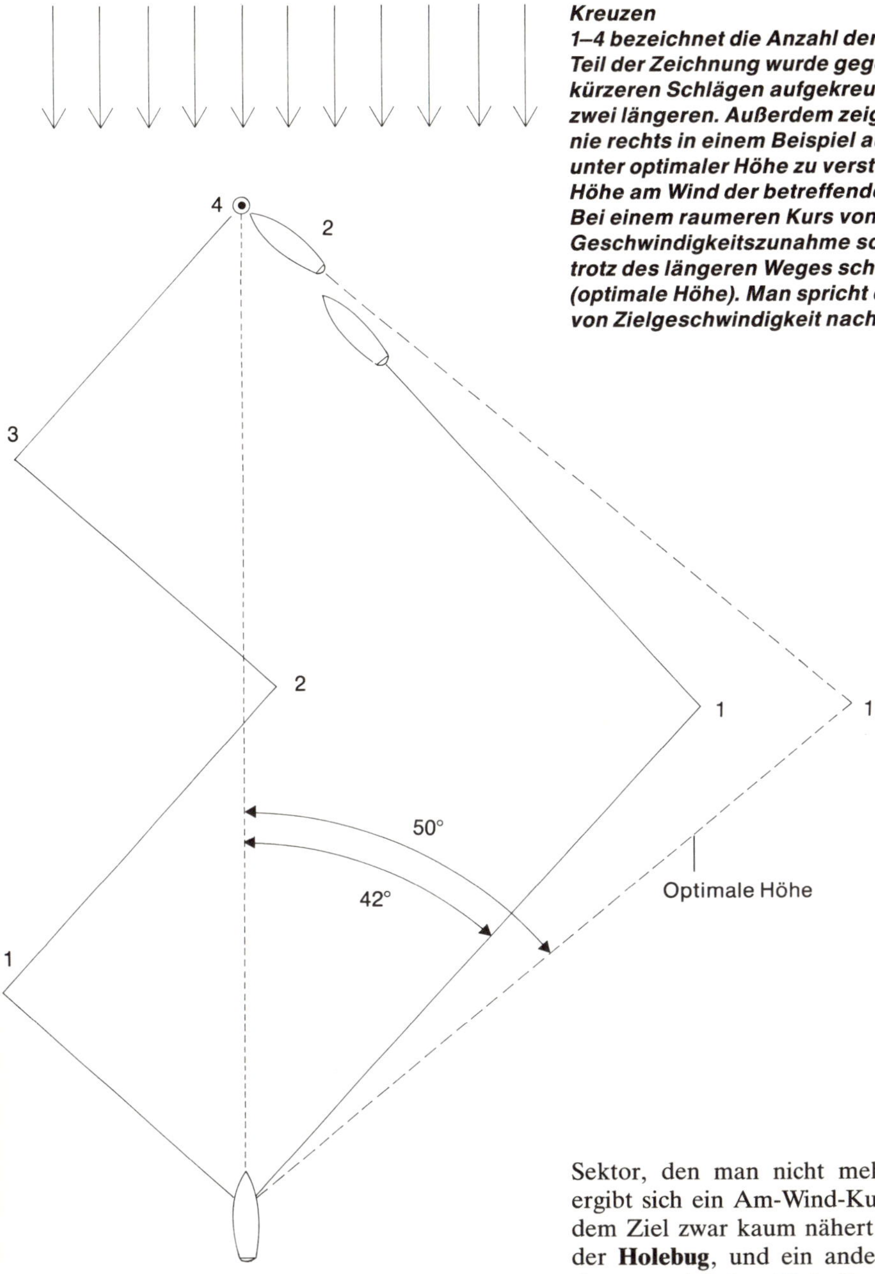

Kreuzen
1–4 bezeichnet die Anzahl der Schläge. Im linken Teil der Zeichnung wurde gegen das Ziel mit vier kürzeren Schlägen aufgekreuzt, im rechten Teil mit zwei längeren. Außerdem zeigt die gestrichelte Linie rechts in einem Beispiel aus der Praxis, was unter optimaler Höhe zu verstehen ist. Die größte Höhe am Wind der betreffenden Yacht lag bei 42°. Bei einem raumeren Kurs von 50° am Wind war die Geschwindigkeitszunahme so groß, daß die Yacht trotz des längeren Weges schneller am Ziel war (optimale Höhe). Man spricht entsprechend auch von Zielgeschwindigkeit nach Luv.

Sektor, den man nicht mehr anliegen kann, so ergibt sich ein Am-Wind-Kurs, auf dem man sich dem Ziel zwar kaum nähert, aber Höhe gewinnt, der **Holebug**, und ein anderer – längerer –, auf dem man sich dem Ziel nähert, ohne wesentlich an Höhe zu gewinnen, der **Streckbug**. Wie man beim Kreuzen die einzelnen Schläge macht, hängt weitgehend von den örtlichen und Windverhältnissen ab, aber auch von den Segeleigenschaften des Bootes. Nach Möglichkeit sollte man, besonders bei schwachem Wind, nicht zu viele kurze Schläge machen, weil jedes Wendemanöver Zeitverlust be-

deutet. Wenn die Windrichtung jedoch stärker schwankt, können lange Schläge nachteilig sein, weil man sich vielleicht unnötig weit von seinem Ziel entfernt. Das letzte Wendemanöver auf das Ziel zu mache man dann, wenn es etwas achterlicher als querab liegt, weil man es sonst unter Umständen noch nicht anliegen kann.
Im allgemeinen gilt für das Kreuzen, daß man möglichst hoch am Wind segeln soll. Dabei ist jedes Raumen des Windes auszunützen, um durch Anluven Höhe zu gewinnen. Entscheidend ist jedoch, daß man sich in kürzester Zeit seinem Ziel nähert. Wenn man genügend Platz hat, kommt man auf einem etwas raumeren Kurs aufgrund der geringeren Abdrift und höheren Geschwindigkeit oft schneller an das im Wind liegende Ziel, obwohl das Boot einen längeren Weg macht. Es läuft dann seine optimale Höhe. Sie ungefähr herauszufinden, ist Sache der Erfahrung des Rudergängers. Auf wieviel Grad zur Windrichtung die optimale Höhe einer Yacht genau liegt, läßt sich nur durch exakte Geschwindigkeitsmessungen ermitteln; denn jeder Bootstyp hat eine andere, auch von der Windstärke abhängende optimale Höhe, deren Kenntnis für den Regattasegler in jedem Falle von entscheidender Bedeutung ist.

Beidrehen und Beiliegen

Diese beiden Begriffe sind nicht klar gegeneinander abgegrenzt. Nach der einen Auffassung ist beidrehen ein kürzerer Stopp, bei dem es gilt, das Boot unter Segeln in relativ ruhiger Lage nahezu auf der Stelle zu halten. Beispielsweise, um zu reffen, das Längsseitkommen eines anderen Bootes zu erwarten, etwas an Bord zu reparieren oder um einen Überbordgefallenen aufzufischen. Nach anderer Ansicht gilt dies bereits als beiliegen und das Beidrehen nur als das vorbereitende Manöver zum Beiliegen. Üblicherweise aber versteht man unter beiliegen eine Maßnahme, um einen Sturm unter Sturmfock und Trysegel abzuwettern, wenn segeln nicht mehr möglich ist.
Die einfachste Methode beizudrehen, ist, zu wenden, aber die Fockschot nicht loszuwerfen, so daß die Fock back steht. Nun das Großsegel, je nach Bootstyp, mehr oder weniger fieren. Man muß ausprobieren, bei welcher Stellung das Boot am ruhigsten liegt. Dann Luv-Ruder legen und die Pinne oder das Rad festsetzen. Allerdings lassen sich Yachten mit stark konzentriertem Lateralplan (Kurzkieler) nur schwer beidrehen. Manchmal liegt man auch mit dichtgeholter Großschot und Mittschiffsruder besser beigedreht.
Meist wird das Boot abwechselnd leicht anluven und wieder etwas abfallen und eventuell auch noch geringe Fahrt voraus machen. Außerdem wird es leicht nach Lee treiben. Das hängt von der Unterwasserschiffsform, den Segeln, aber auch den Wetter- und Seegangsverhältnissen ab.

Boje-über-Bord-Manöver
(Mann-über-Bord-Manöver)

Der Ruf »Mann über Bord!« bedeutet, daß sich ein Mensch in unmittelbarer Lebensgefahr befindet. Ist man sich darüber mit allen Folgen klar, verbietet es sich von selbst, diesen Ruf leichtfertig und gedankenlos zu verwenden. Um jede Verwechslung mit dem Ernstfall auszuschließen, wird das schulmäßige Üben dieses Ernstfalls als Boje-über-Bord-Manöver bezeichnet. Doch manchmal geht es auch nur darum, außenbords gegangene Gegenstände aufzufischen. Dann wird, sofern identifizierbar, dieser Gegenstand ausgerufen, beispielsweise »Fender ...«, »Bootshaken ...« oder auch die vom Kopf gewehte »Mütze ...« des Rudergängers »... über Bord!«
Es geht hier nur um die Darstellung des rein seglerischen Teils des Manövers. Der Notfall »Mann über Bord« mit allen seinen Konsequenzen wird auf Seite 263 behandelt.
Es ist dies eines der wenigen Segelmanöver, bei denen es im Ernstfall katastrophale Folgen haben kann, wenn man sie nicht beherrscht. Deshalb kann es gar nicht oft genug geübt werden. Insbesondere unter erschwerenden Wind- und Seegangsverhältnissen. Zumal die Manövriereigenschaften verschiedener Bootstypen recht unterschiedlich sein können. Faktoren spielen da eine Rolle, wie der von Lateralplan und Wasserlinienlänge abhängige Wendekreisradius oder der von Windstärke, Seegangshöhe, Besegelung und Verdrängung der Yacht beeinflußte Auslauf, um nur einige zu nennen. Und nicht nur der Schiffsführer muß das Manöver sicher beherrschen, sondern mindestens ein, besser noch alle Mitsegler, denn gerade der Skipper könnte es sein, den es im Notfall herauszufischen gilt.

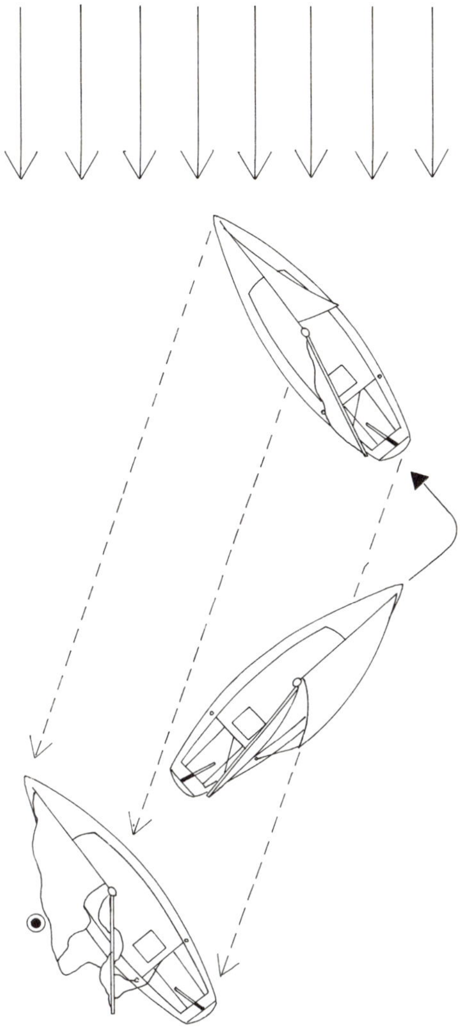

Boje-über-Bord-Manöver vom Ausgangskurs am Wind mit Driftenlassen, bei schneller Reaktion des Steuermanns.

Ziel des Manövers ist es, unter allen Umständen auf schnellstem Wege innerhalb kürzester Zeit zum Ausgangspunkt zurückzukehren und das Boot dort – im Idealfall – so zum Stehen bringen, daß sich Boje oder Mann, unmittelbar neben dem Schiff, in Höhe der Wanten oder des Cockpits befindet. Keinesfalls sollte man beim Aufschießen direkt auf Boje oder Mann zulaufen und dann versuchen, einen Menschen vom Vorschiff aus aufzufischen. Die Verletzungsgefahr durch den Vorsteven eines stampfenden Schiffes ist erheblich.

Mit Nahezu-Aufschießer

Versuche mit verschiedenen Bootstypen – Jollen und Kielbooten – haben gezeigt, daß das Nahezu-in-den-Wind-schießen für dieses Manöver die am besten geeignete Methode ist. Allerdings nur, wenn es in einem Winkel von mindestens 45° zum wahren Wind erfolgt. Es gleicht also einem Auslaufen auf Am-Wind-Kurs mit losen Schoten.

Angedreht zum Nahezu-Aufschießer wird, wenn sich die Boje etwa in Verlängerung des Großbaums befindet.

Ausgangskurs am Wind Ein Rudergänger mit schnellem Reaktionsvermögen braucht nur hart Luv-Ruder zu legen. Das Boot dreht dann mit dem Bug durch den Wind, das Vorsegel steht back, und man driftet auf die Boje zu – dort alle Schoten loswerfen – oder nahe genug heran, um jemand eine Leine oder Rettungsboje mit Leine zuzuwerfen, die er erreichen kann. Der Nachteil dieses Manövers ist, daß man den genauen Driftweg nicht unter Kontrolle hat.

Das Quick-Stop-Manöver

Unter Federführung der United States Yacht Racing Union (USYRU) wurden, in einem großangelegten Versuch, mit unterschiedlichen Yachtkonstruktionen und unterschiedlichsten Crews, bei allen Wetterbedingungen, Boje-über-Bord-Manöver gefahren und ausgewertet. Dabei erwies sich das sogenannte Quick-Stop-Manöver als schnellstes und sicherstes. Vorausgesetzt, man leitet es ohne Verzögerung ein. Beim Quick-Stop wird sofort gewendet, dabei bleibt das Vorsegel back stehen und die Großschotstellung unverändert. Der Drehkreis von 360° führt, mit geringer Fahrt, unmittelbar oder dicht an die Boje heran. Das Manöver klappte auch noch bei halbem Wind.

Als schnellstes sogenanntes konventionelles Manöver, bei nicht zu starkem Wind, gilt das mit halsen. Man segelt noch etwa drei Bootslängen weiter, fällt dann ab, halst und luvt wieder an zum Nahezu-Aufschießer.

In der seglerischen Praxis wird es wahrscheinlich bei starkem Wind sein, daß jemand außenbords geht. Eine Situation also, in der Halsen zu riskant erscheinen kann. Zumal noch eine allgemeine Nervosität und die um den über Bord Gefallenen geschwächte Crew einkalkuliert werden müssen. Deshalb wird man dann vielleicht besser eine Q-Wende fahren.

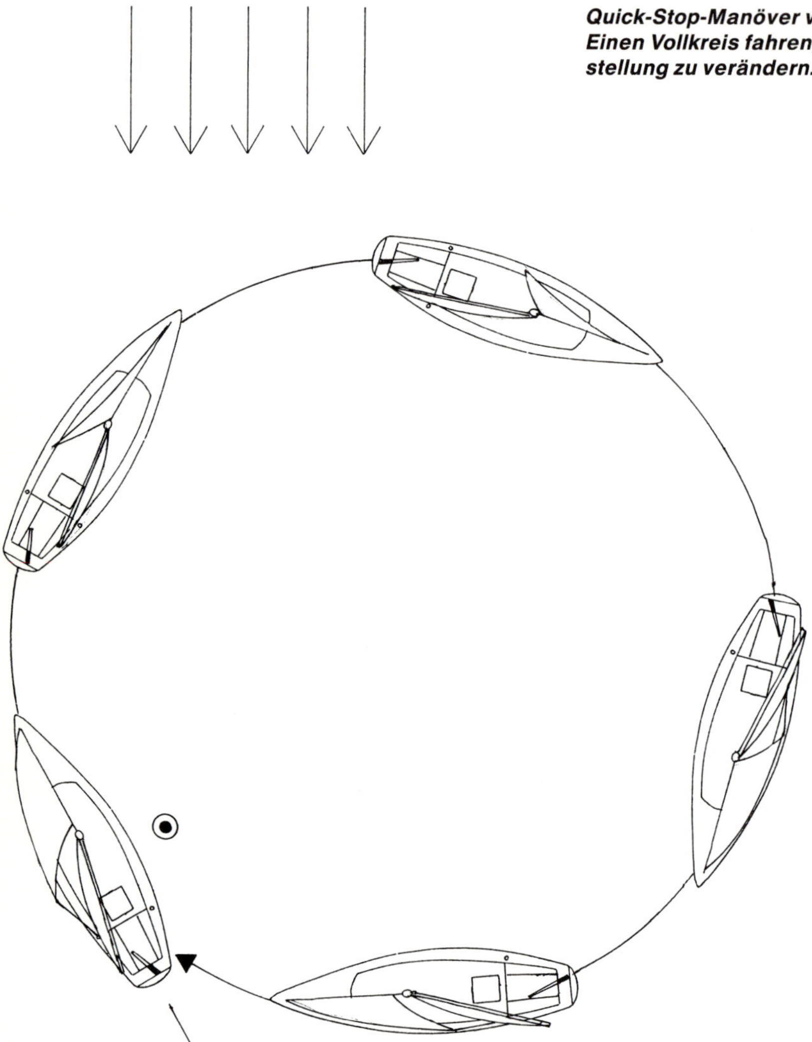

Quick-Stop-Manöver vom Ausgangskurs am Wind: Einen Vollkreis fahren, ohne die Schot- und Segelstellung zu verändern.

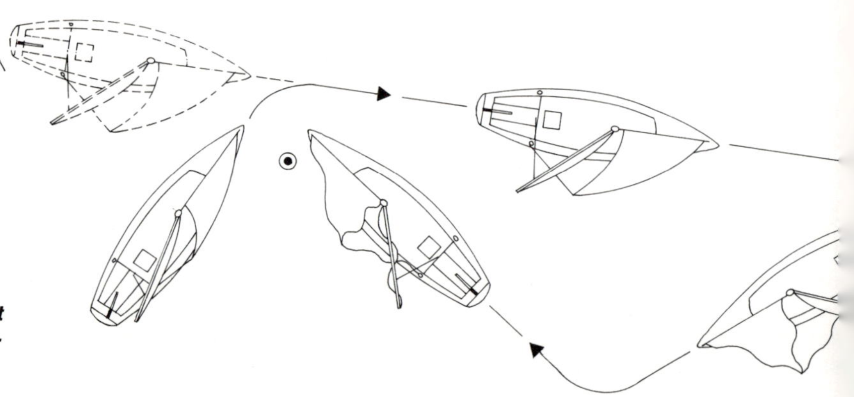

Boje-über-Bord-Manöver vom Ausgangskurs am Wind oder halber Wind mit Q-Wende. Sicheres Manöver speziell bei viel Wind.

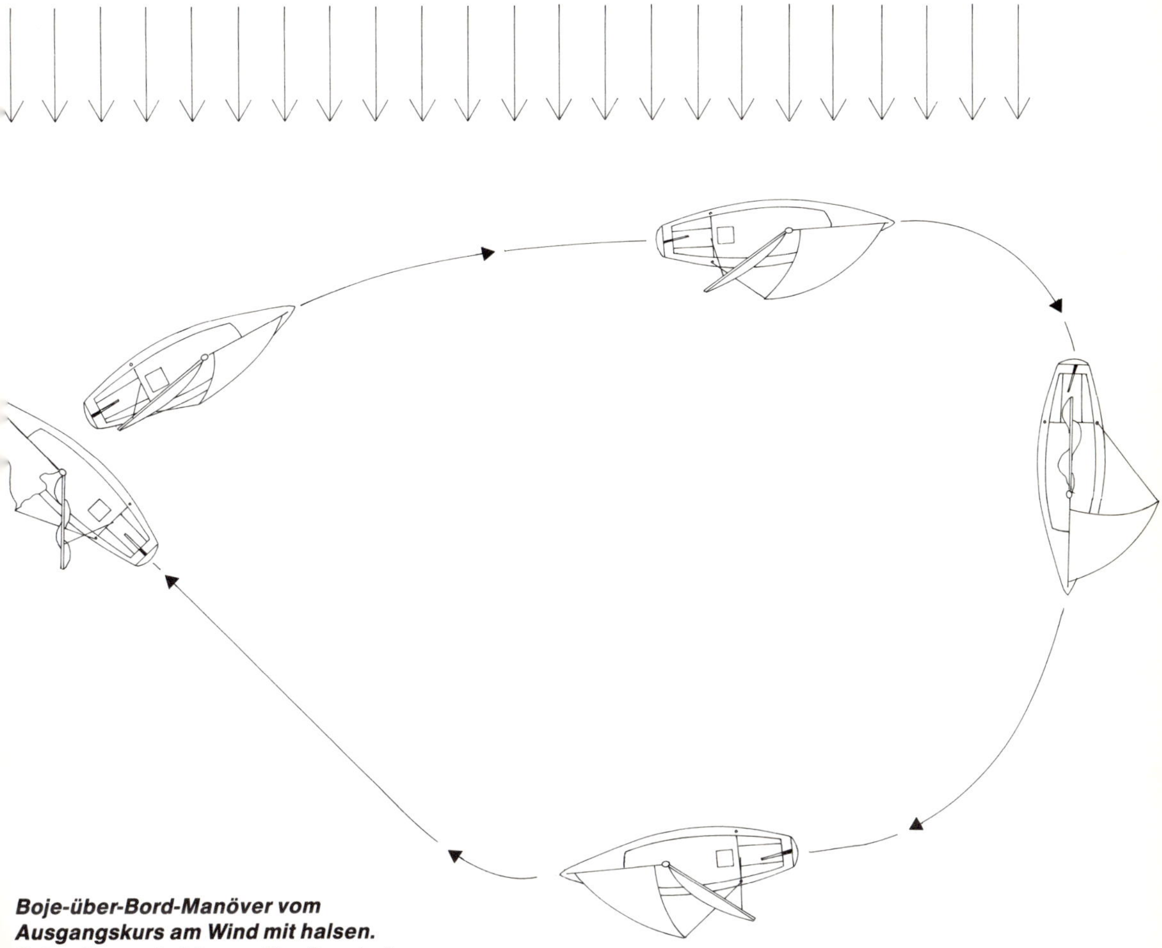

Boje-über-Bord-Manöver vom Ausgangskurs am Wind mit halsen. Schnelles und sicheres Manöver bei nicht zu starkem Wind.

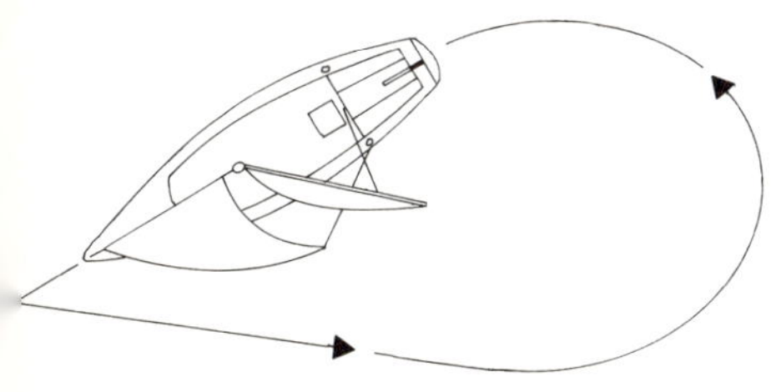

Sofort auf Halbwind-Kurs abfallen, anluven, die Q-Wende fahren, wieder auf Halbwind-Kurs abfallen und zum Nahezu-Aufschießer anluven. Wenn man ohnehin bereits auf Halbwind-Kurs segelte, läuft das Manöver natürlich genauso ab.

Ausgangskurs raumer bis achterlicher Wind Auf einen Halbwind-Kurs anluven und einige Bootslängen weiterlaufen – nur so kann nach dem Wenden der Anlaufkurs für den Nahezu-Aufschießer mit halbem Wind gesegelt werden. Läuft man zu lange vor dem Wind ab, besteht die Gefahr, zur Ausgangsposition zurückkreuzen zu müssen und dadurch viel Zeit, aber auch sein Ziel leicht aus den Augen zu verlieren. Ist vorher noch ein Spinnaker zu bergen, wird die Lee-Distanz wahrscheinlich immer so groß sein, daß man aufkreuzen muß.

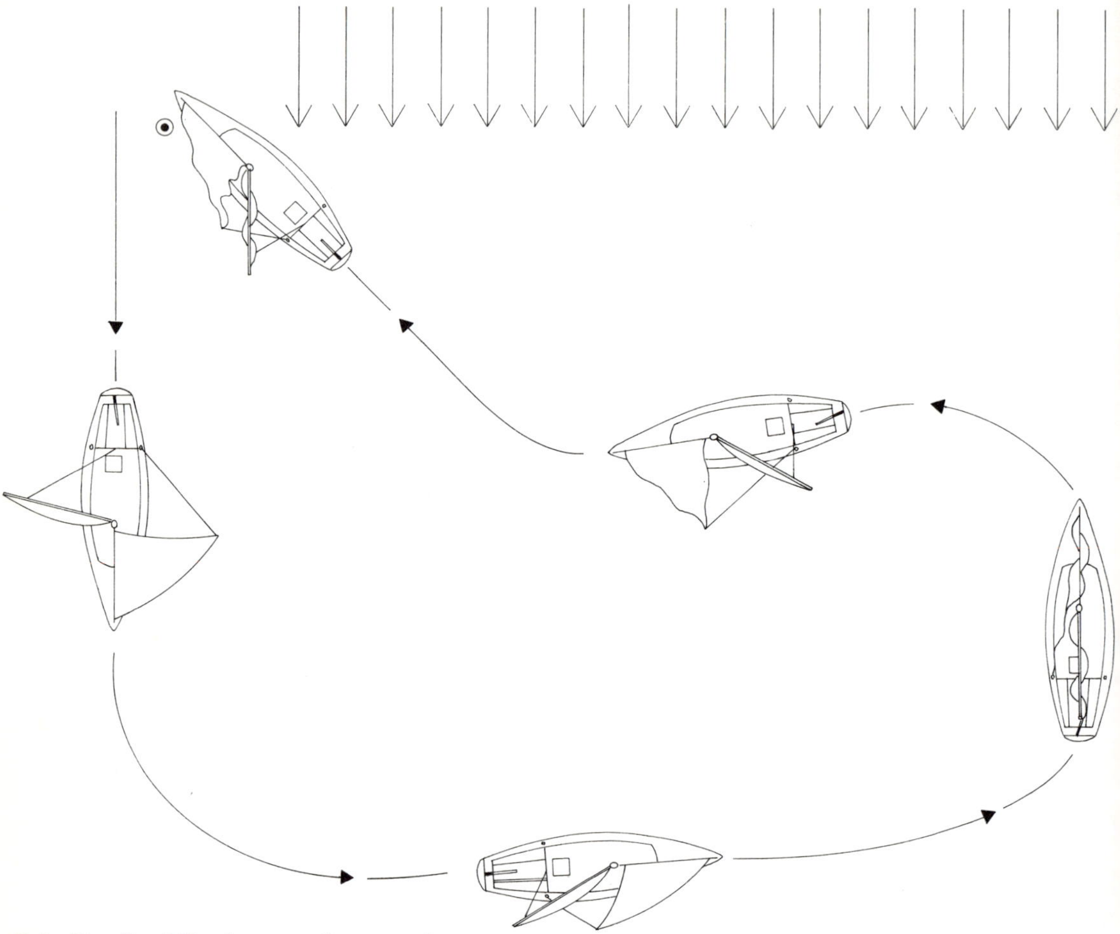

Boje-über-Bord-Manöver vom Ausgangskurs vorm Wind und raumschots. Schnelles und sicheres Manöver mit Wende.

Aufnehmen in Luv oder Lee

Der Nahezu-Aufschießer ermöglicht, das Boot in Luv oder Lee von Boje oder Mann zum Stehen zu bringen. Bei einer Boje spielt das keine Rolle, wohl aber bei einem aufzufischenden Menschen.
Die Aufnahme in Lee ist auf einer Kielyacht leichter, weil durch die Krängung die Freibordhöhe etwas geringer ist. Nur auf Jollen kann man nicht in Lee bergen. War der Abstand beim Aufschießen zu groß, driftet das Boot auf Boje oder Mann zu, statt von ihm weg. Bei großen und schnell driftenden Yachten kann das allerdings auch zu einer Gefahr werden, indem der Mann unter den Bootsboden gedrückt wird und in eine lebensgefährliche Situation geraten kann, aus der er sich möglicherweise nur durch Tauchen befreien kann. Sofern er dazu in der Lage ist.
Andererseits besteht, beim Anlaufen des über Bord Gefallenen in Lee, die Gefahr, daß die Yacht von ihm fortdriftet, bevor man ihn sichern oder an Bord holen kann. Wahrscheinlich wird ein neues Manöver erforderlich, durch das viel kostbare Zeit verloren geht.
Im Notfall wird man – sofern vorhanden – sofort die Maschine einsetzen (s. Seite 263). Doch sie kann im entscheidenden Augenblick versagen, und man ist allein auf sein seglerisches Können angewiesen. Auch braucht ein Maschinenmanöver nicht in jedem Fall sicherer und schneller zu sein.

Ablegen

Früher war es üblich, Ab- und Anlegemanöver unter Segeln zu fahren. Bei der heutigen Verkehrsdichte auf dem Wasser, den überfüllten Häfen und den manchmal verwinkelten Steganlagen und Boxen der Marinas, wäre das oft kaum noch möglich. So werden diese Manöver mit größeren Booten denn üblicherweise unter Motor gefahren. In einigen Hafenanlagen ist das sogar Vorschrift. Dennoch sollte jeder verantwortungsbewußte Skipper auch das Manövrieren unter Segeln beherrschen, selbst wenn er nur selten davon Gebrauch machen kann. Immerhin kann er jederzeit, etwa durch einen Motorausfall, in eine Situation geraten, die diese Kunst erforderlich macht, um sein eigenes Schiff und andere Hafenlieger vor Schaden zu bewahren. Denn dichtbesetzte Bojenfelder und überbelegte Yachthäfen lassen einem nur sehr wenig Raum für falsche Manöver.
Wie man ablegt hängt von verschiedenen Faktoren ab: vom Boot (Jolle, Kielboot), vom Liegeplatz (Boje, Steg, Box), von der Wind- oder Stromrichtung und besonders von dem zur Verfügung stehenden Lee-Raum. Je nachdem gibt es verschiedene Möglichkeiten.
Obwohl die seglerischen Manöver mit einer Jolle und mit einem schwereren Kielboot im Prinzip gleich anzulegen sind, muß man sich stets vergegenwärtigen, daß beide, auf Grund ihrer unterschiedlichen Masse, recht unterschiedlich reagieren. Und es ist etwas anderes, ob man eine Jolle von Hand bugsiert oder zu einem günstigen Ableplatz paddelt, oder ob man eine tonnenschwere Yacht mit Leinen in Bewegung setzen muß.
Um Ab- und auch Anlegemanöver sicher fahren zu können, muß man sie immer wieder geübt haben, muß der Skipper das Verhalten des von ihm geführten Schiffes genau kennen. Nur dann kann man mit den unterschiedlichen Gegebenheiten fertig werden, die man an unterschiedlichen Liegeplätzen bei unterschiedlichen Wind- und Stromverhältnissen vorfindet.

Grundsätzlich gilt: Schwerere Boote haben meistens kurz nach dem Ablegen unter Segeln noch nicht genügend Fahrt, um zufriedenstellend aufs Ruder zu reagieren. Sie sprechen in dieser Phase überwiegend auf die Segelstellung an, so daß man durch Fieren oder Dichtholen der Schoten oder Backstellen der Segel die erforderlichen Steuerhilfen geben muß.
Strom Auf Strom am Liegeplatz ist sorgfältig zu achten. Er kann das Ablegemanöver entscheidend beeinflussen: Parallel zum Liegeplatz setzender Strom bringt das Boot zum Abscheren – vorne oder achtern, je nach Richtung –, wenn man die Vor-, beziehungsweise Achterleine auffiert oder loswirft und die Leine am entgegengesetzten Ende des Schiffes festhält. Schwierig wird es, wenn starker quersetzender Strom das Boot auf seinen Liegeplatz drückt. Da hilft denn oft nur das Ausbringen einer Leine zu einem festen Punkt in Stromluv oder das Ausfahren eines Ankers, um sich daran zu verholen.
In manchen Yachthäfen ist der Raum zum Manövrieren so beengt, daß man sich überhaupt nur mit Leinen und von Hand in eine zum Ablegen geeignete Position manövrieren kann. Da lassen sich denn auch keine allgemein gültigen Regeln aufstellen, sondern jeder Skipper muß für sich und seinen Bootstyp überlegen, wie er es am besten bewerkstelligt.

Ablegen unter Segeln

Drehen mit Leinenhilfe

Manchmal ist es zum Ablegen erforderlich, das Schiff mit Leinen zu drehen, weil Wind oder Strom aus der falschen Richtung kommt. Solche kontrollierten Leinenmanöver, die durchaus sicherer sein können als fragwürdige Motormanöver, entsprechen absolut korrekter Seemannschaft.
Das Boot muß möglichst mit dem Wind gedreht werden. Gegen eine kräftigere Brise anzudrehen dürfte in den meisten Fällen nicht gelingen. Wichtig ist, daß die Yacht während der Drehung nicht außer Kontrolle gerät.
Die achtere Verholleine läßt sich nur dann ums Heck herumführen, wenn sie, unter Belastung, mit dem Heckkorb klar läuft. Schiffe mit übers Heck

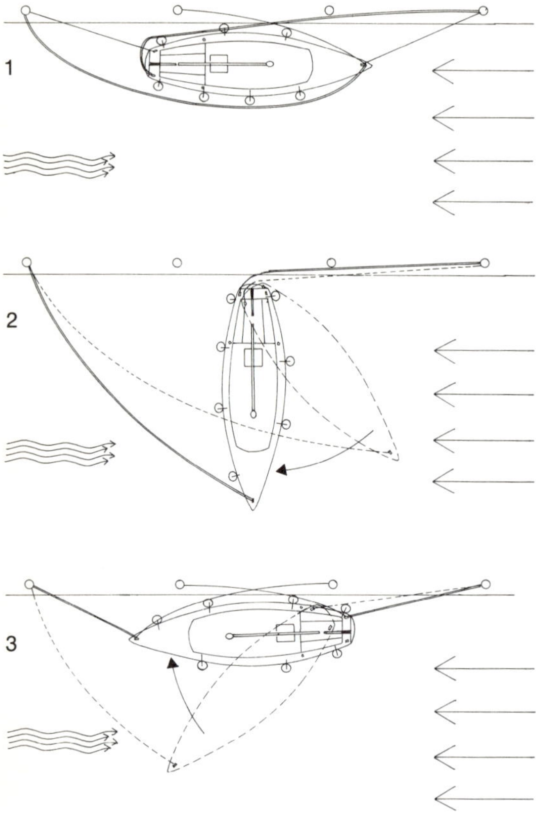

geführten Rudern (Spitz- und Plattgatter) lassen sich ebenso wenig über den Achtersteven drehen wie moderne Rennyachten mit ihren extrem einwärts geneigten Spiegeln, weil sie achtern nicht entsprechend abgefendert werden können. Ähnlich problematisch gestaltet sich das Abfendern beim Drehen um den Bug bei einem stark ausfallenden Vorsteven.

Drehen mit Leinenhilfe
1 Achterschiff und Heck gut abfendern. Eine zusätzliche Leine von der landfernen Bugklampe außenherum nach achtern an Land bringen. Die Vorspring ums Heck herum auf die äußere Heckklampe führen.
2 Alle anderen Leinen los, das Vorschiff mit dem Bootshaken absetzen. Zunächst mit der Bugleine, dann auch mit der Achterleine holen. In dieser Position die Fender am Achterschiff auf die andere Seite umsetzen. Besser: dort gleich Fender ausgebracht zu haben.
3 Die Verholleinen zu Vor- und Achterleine verkürzen und Springs ausbringen, sofern nicht schon bald abgelegt werden soll.

Ablegen von der Boje (hier über Backbord)
1 Groß und Vorsegel sind gesetzt. Eine Slipleine durch den Bojering scheren und auf die vordere Springklampe führen. Den Bojestander loswerfen. Das Vorsegel an Steuerbord backhalten, das Ruderblatt zur gleichen Seite. Sobald der Bug genügend abgefallen ist, die Slipleine einholen, Backbord-Ruder legen, die Schoten dichtholen und auf Kurs gehen.
2 Das Großsegel mit einer Bullentalje an Backbord backsetzen. Ruder nach Steuerbord einschlagen. Slipleine zur Boje einholen. Das Boot beginnt rückwärts zu segeln. Ist der Bug freigefallen, das Vorsegel setzen, die Bullentalje loswerfen, Ruder nach Backbord einschlagen, Schoten dichtholen und auf Kurs gehen.

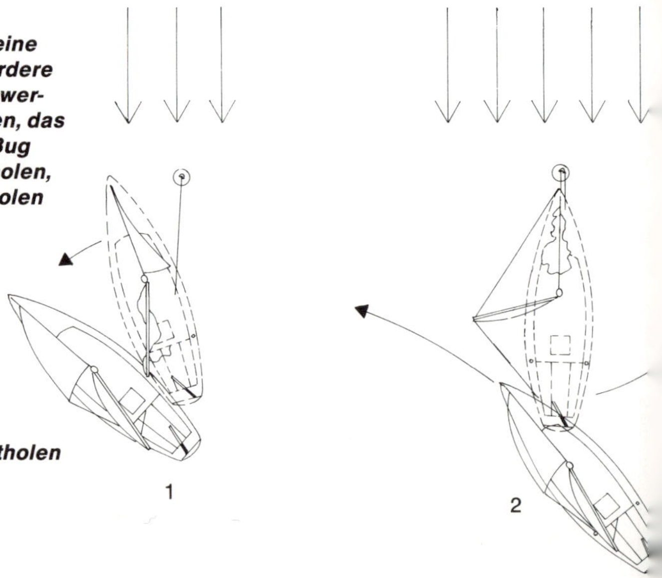

Ablegen von der Boje

Nicht selten wird man mitten in einem Bojenfeld liegen und muß sich genau überlegen, über welchen Bug man abfallen will, um sich von anderen Booten und Bojengeschirren freihalten zu können. Es gibt zwei Möglichkeiten, um von der Boje freizufallen:

1. das Vorsegel back halten und
2. das Groß back setzen.

Die erste Methode funktioniert wahrscheinlich nur, wenn man auf dem Seitendeck Springklampen hat, zu denen man von der Boje eine Slipleine führen kann. Nur so erhält man einen Drehpunkt hinter dem Bug. Gibt es keine Springklampe, und fixiert der Bojenstander den Bug, ist es kaum möglich, die Yacht durch Backhalten des Vorsegels zum Abfallen zu bringen, weil jetzt der Drehpunkt vor dem Bug liegt. Dann muß unter backgesetztem Groß kurz achteraus gesegelt und dabei gedreht werden.

Ähnlich, wenn auch einfacher, ist das Ablegen von einem Pfahl. An ihm kann man sich nach vorne verholen, den Bug kräftig absetzen und braucht dann die bereits eingeleitete Drehbewegung mit dem backgehaltenen Vorsegel nur noch unterstützen, um so weit abzufallen, daß auf Kurs gegangen werden kann.

Ablegen vom Steg

Wind vorlich – ablandig Sehr einfach ist das Ablegen, wenn ein Boot längsseits an einem Steg oder einer Pier liegt und der Wind parallel zum Steg von vorne oder leicht ablandig kommt. Bereits am Steg können alle Segel gesetzt werden. Das Heck muß

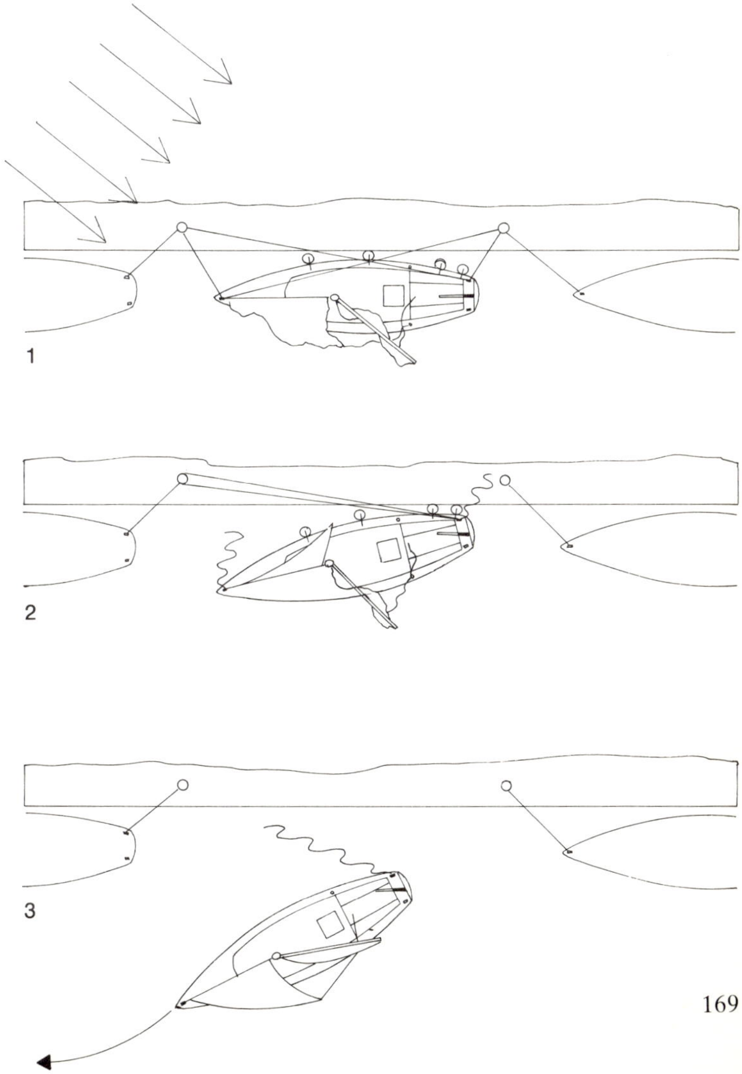

Ablegen vom Steg – Wind ablandig / vorlich
1 Alle Segel sind gesetzt. Das Heck gut abfendern.
2 Alle Leinen los bis auf die auf Slip gelegte Achterspring. Ruder zum Fahrwasser. Den Bug absetzen, das Vorsegel backholen.
3 Ist der Bug weit genug abgefallen und klar von voraus liegenden Booten, Achterspring los, Vorsegel auf die andere Seite und Großschot dichtholen.

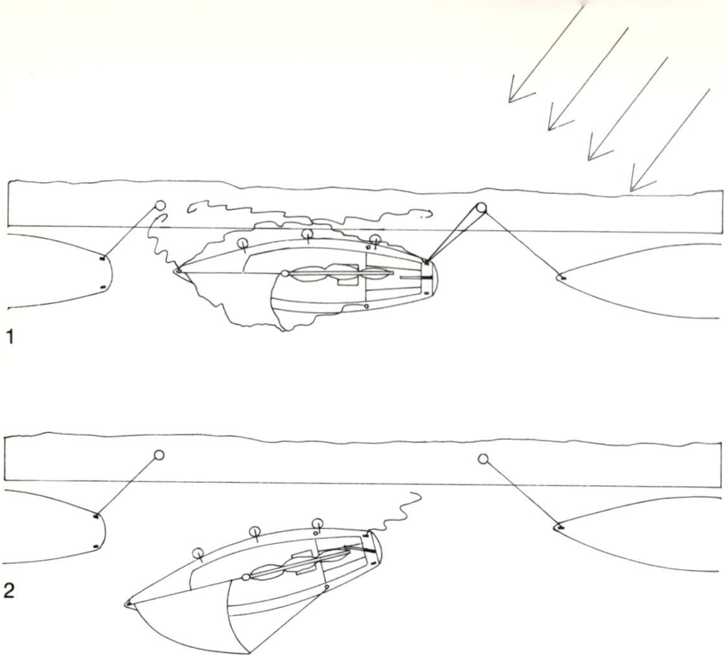

1

2

Ablegen vom Steg – Wind ablandig / achterlich

1. ***Nur das Vorsegel setzen. Alle Leinen los bis auf die auf Slip gelegte Achterleine.***
2. ***Ruder zum Fahrwasser und die Vorsegelschot anholen. Lossegeln unter allmählichem Fieren der Achterleine. Im freien Wasser in den Wind drehen und das Groß setzen.***

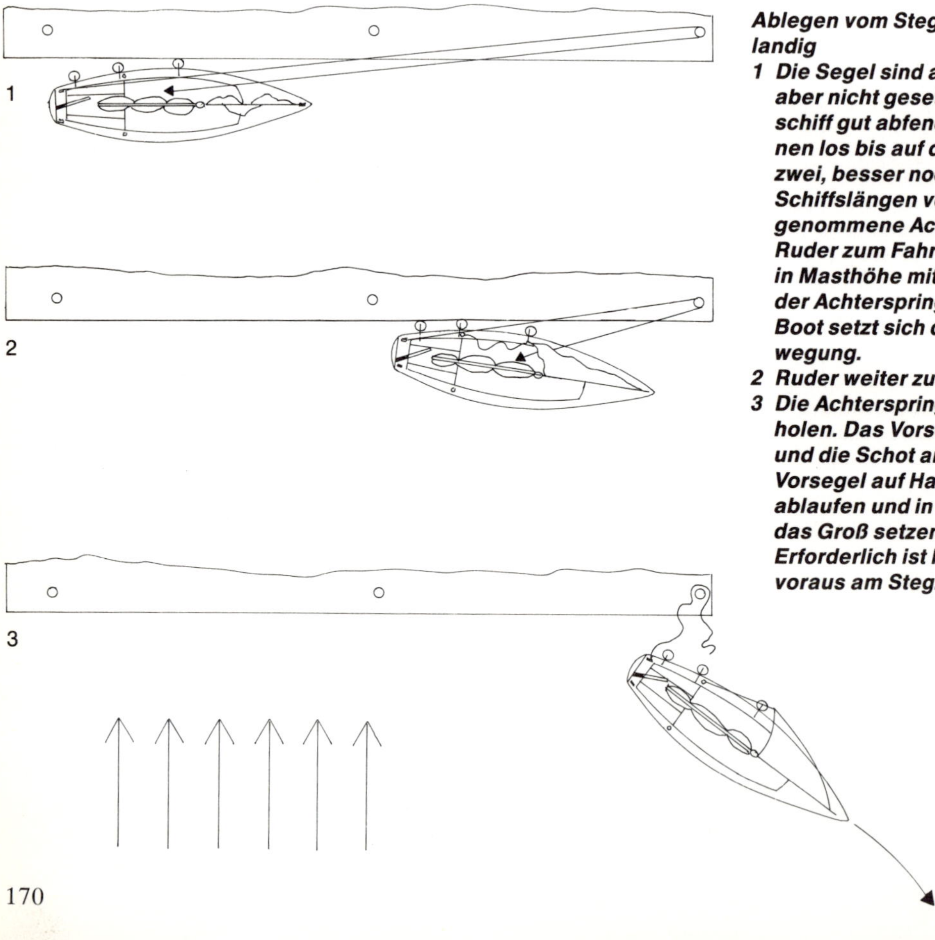

1

2

3

Ablegen vom Steg – Wind auflandig

1. ***Die Segel sind angeschlagen, aber nicht gesetzt. Das Achterschiff gut abfendern. Alle Leinen los bis auf die mindestens zwei, besser noch mehr Schiffslängen voraus auf Slip genommene Achterspring. Ruder zum Fahrwasser. Etwa in Masthöhe mit aller Kraft an der Achterspring holen. Das Boot setzt sich dadurch in Bewegung.***
2. ***Ruder weiter zum Fahrwasser.***
3. ***Die Achterspring schnell einholen. Das Vorsegel setzen und die Schot anholen. Unter Vorsegel auf Halbwind-Kurs ablaufen und in freiem Wasser das Groß setzen. Erforderlich ist hinlänglich Platz voraus am Steg.***

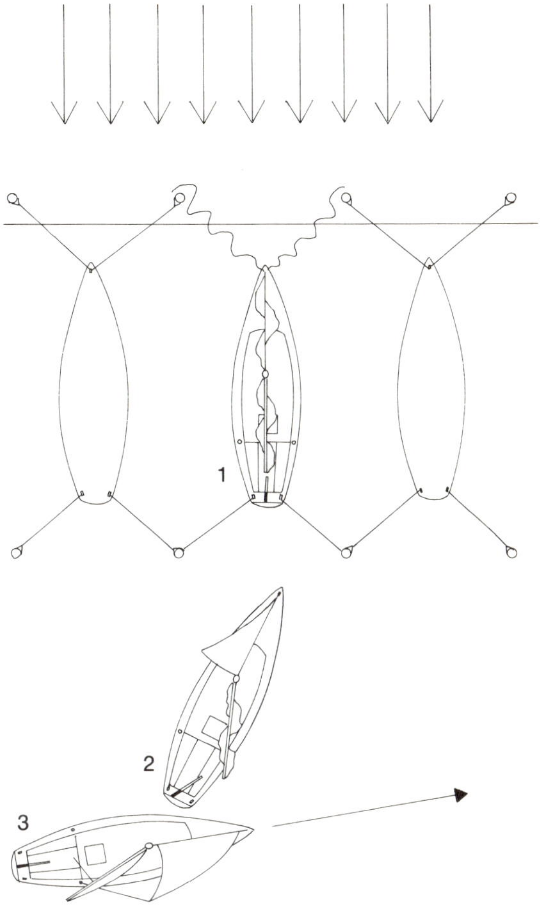

Aus der Stegbox – Wind ablandig
1 Alle Segel sind gesetzt. Vorleinen los. An den Achterleinen so weit wie möglich achteraus holen. Leinen los.
2 Ruder einschlagen und das Boot an den Pfählen kraftvoll achteraus absetzen. Fock back.
3 Fock rüber, Ruder zur anderen Seite, Großschot dichtholen und auf Kurs gehen.

gut abgefendert werden, weil es beim Abfallen des Vorschiffs gegen den Steg dreht. Dann werden alle Festmacher in der Reihenfolge: Vorspring – Achterspring – Vorleine losgemacht und die Achterleine wird auf Slip genommen. So kann der Bug zunächst abdrehen, ohne daß das Boot gleich Fahrt aufnimmt. Nun die Fock backhalten. Ist der Bug weit genug abgefallen, Achterleine los, Fock über, Schoten dichtholen und auf Kurs gehen.

Wind achterlich – ablandig In diesem Fall wird am Steg nur das Vorsegel gesetzt, allein unter Vorsegel abgelaufen und im freien Wasser das Groß gesetzt.

Wind auflandig In einer solchen Situation wird das Ablegen äußerst problematisch. Mit einer starken und gut eingespielten Crew mag es gelingen, dem Schiff mit einer Achterspring so viel Fahrt zu geben, daß man es mit Ruderlage zum Fahrwasser zum Abscheren bringt. Wichtig dabei ist, die Leine bei Fahrtaufnahme sofort zu slippen, damit die Fahrt nicht wieder gebremst wird.

Andernfalls muß man eine Leine – von Hand oder mit dem Dingi, – zu einem Steg oder Pfahl in Luv ausbringen und das Schiff dorthin verholen. Oder es muß ein Anker, mindestens fünf Bootslängen nach Luv ausgebracht werden, an dem man sich abwarpt.

Ablegen aus der Stegbox

Wind ablandig Ein unkompliziertes Manöver. Liegt man mit dem Bug im Wind, setzt man bereits am Liegeplatz die Segel, wirft die Vorleinen los, holt sich an den Achterleinen achteraus, setzt den Bug vom Pfahl ab, unterstützt die Drehbewegung durch Backholen des Vorsegels und läßt sich so weit freifallen, daß auf Kurs gegangen werden kann.

Liegt das Heck im Wind, wird unter Vorsegel ausgelaufen und das Groß erst im freien Wasser gesetzt.

Kommt der Wind seitlicher, zieht man sich ebenfalls mit den Achterleinen aus der Box, kontrolliert aber dabei den Bug mit der luvwärtigen auf Slip gelegten Vorleine, und hängt sich dann auf Slip mit einer Vorleine zum Segelsetzen auf den Luv-Pfahl.

Wind auflandig Auch dieses Manöver wird nur mit einer kräftigen und eingespielten Crew gelingen. Das Schiff muß zum Segelsetzen an den Pfählen gedreht werden. Und dann ergibt sich ein ähnliches Problem wie beim Längsseitsliegen und auflandigem Wind: Durch Vorausholen an den zwischen die Pfähle gehängten Leinen und Absetzen von den Pfählen selbst, muß man versuchen, dem Boot so viel Fahrt zu geben, daß das Ruder anspricht und das Boot zum Abscheren bringt. Mißlingt das Manöver, wird das Boot quer auf die Pfähle gesetzt. Selbst wenn die Segel sofort geborgen werden, wird man sich kaum, ohne fremde Hilfe, aus dieser äußerst unangenehmen Lage befreien können.

Ablegen unter Motor

Bei allen Manövern unter Motor spielt, neben der Richtung von Wind oder Strom, der Drehsinn des Propellers eine Rolle. Bei den Ab- und Anlegemanövern wird deutlich, wie wichtig es für den Skipper ist, den Drehsinn seines Propellers zu kennen, weil der Radeffekt (s. Seite 82) ein Manöver erleichtern oder erschweren kann.

Bei Achterausfahrt von Segelyachten ist die Ruderwirkung mehr oder minder schlecht, weil sie vom starken Radeffekt überlagert wird. Er ist bei Achterausfahrt weitaus stärker ausgeprägt als bei Fahrt voraus. Oft läßt er sich nur durch harte Ruderlage in die Gegenrichtung so weit ausgleichen, daß die Yacht noch eben geradeaus rückwärts fährt. Das ist beispielsweise beim Achterausziehen aus einer Stegbox zu berücksichtigen. Möglicherweise wird man nur kontrolliert in einer Leine fahren können.

Die hier beschriebenen Manöver werden mit linksgängigen Propellern gefahren, weil die Mehrzahl aller Segelyachten linksgängige Propeller hat. Ihre günstigere Seite ist die Steuerbordseite. Bei Yachten mit rechtsgängigen Propellern läuft alles spiegelbildlich ab.

Ablegen vom Steg – Wind oder Strom auflandig bis achteraus

1 Alle Leinen los bis auf eine auf Slip belegte Vorleine. Bug gut abfendern.

2 Ruder zum Steg. Kurz mit ½ Gas vorausgehen, bis das Heck etwa 15° bis 20° ausgeschwungen ist. Maschine stopp.

3 Ruder zum Fahrwasser, Maschine mit ½ Gas zurück. Vorleine los. Maschine stopp.

4 Maschine voraus und auf Kurs gehen.

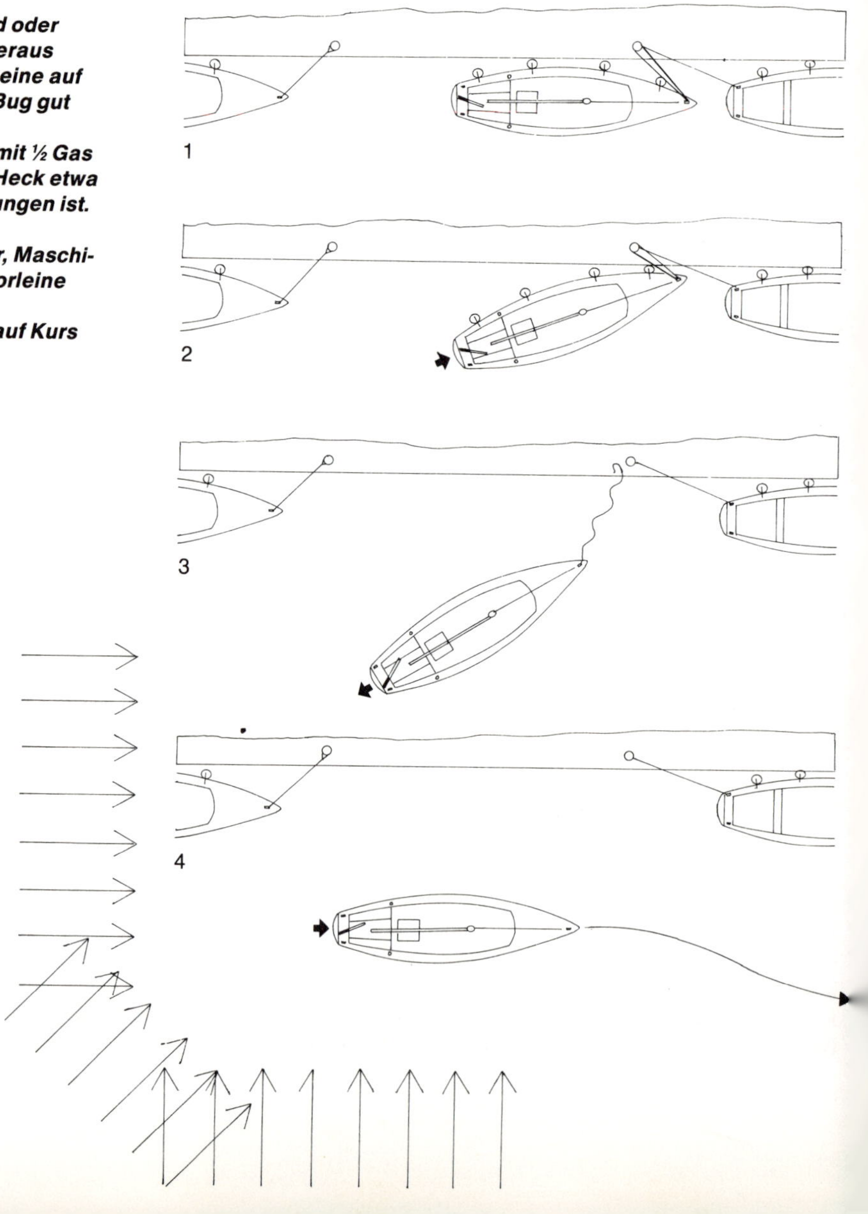

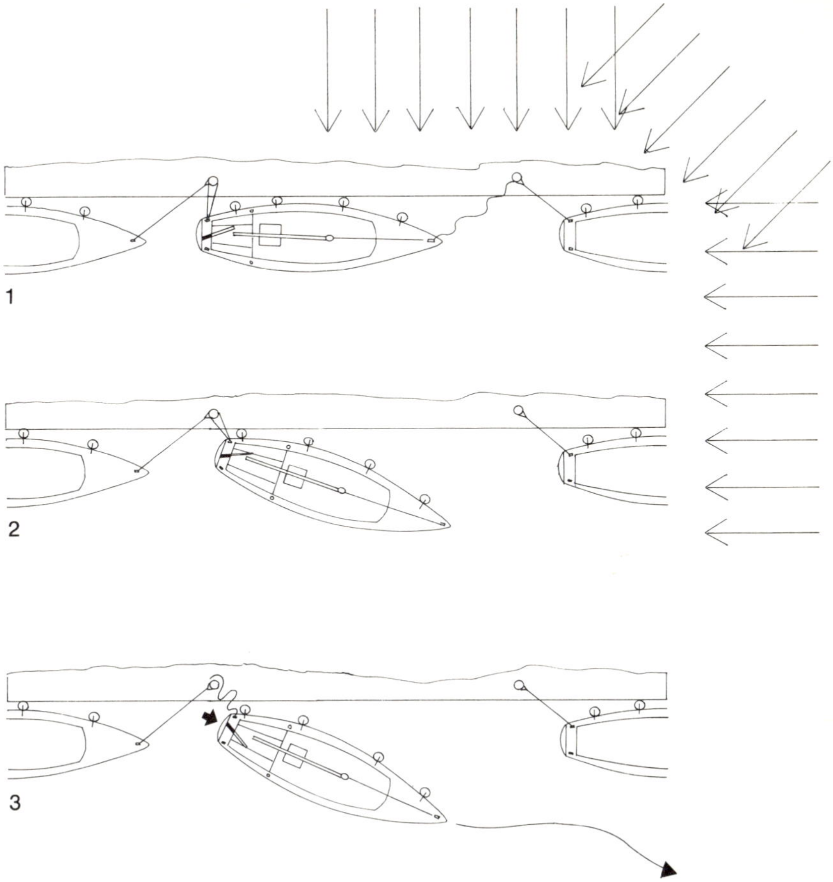

Ablegen vom Steg – Wind oder Strom ablandig bis voraus
1 Alle Leinen los bis auf eine auf Slip belegte Achterleine. Ruder zum Fahrwasser.
2 Das Vorschiff kräftig absetzen. Wenn der Bug etwa 10° bis 20° vom Steg abgeschoren ist . . .
3 . . . Achterleine loswerfen und schnell einholen, damit sie nicht in den Propeller kommt. Ruder zum Steg, damit das Heck vom Steg freikommt und nicht dagegen schlägt, wenn der Propeller andreht. Maschine langsam voraus. Auf Kurs gehen.

Ablegen vom Steg

Wind oder Strom auflandig bis achteraus Wichtig bei diesem Manöver ist es, den Bug gut abzufendern, was bei stark ausfallenden Vorsteven allerdings etwas schwierig ist. Man braucht entsprechende Langfender (keine Kugelfender), die von Hand geführt werden müssen. So ermöglicht der Motor ein relativ einfaches und sicheres Ablegen auch bei auflandigem Wind.

Wind oder Strom ablandig bis voraus Sind Wind oder Strom nur schwach, kann natürlich ohne Leinenhilfe abgelegt werden:

- von Backbord mit Achterausfahrt,
- von Steuerbord mit Vorausfahrt.

So zieht, beziehungsweise drückt der Radeffekt das Heck vom Steg weg. Niemals darf dabei gleich hart Ruder gelegt werden, Heck oder Vorschiff würden unsanft gegen die Pier schlagen. So ist denn der Ablaufwinkel ziemlich flach. Deshalb setzt ein solches Ablegen ohne Leinenhilfe genügend Platz vor, beziehungsweise hinter sich voraus.

Das Vorschiff nur mit den Beinen oder besser noch mit dem Bootshaken absetzen. Absetzen von Hand ist gefährlich, weil dabei leicht der Körperschwerpunkt außenbords geraten und man über Bord fallen kann. Dies gilt natürlich für das Absetzen unter Segeln genauso.

Verlassen einer Stegbox Ein an der Achterleine kontrolliertes Ausscheren aus der Box ist bei allen Wind- und Stromverhältnissen möglich und sicher. Es ist üblich, am ständigen Boxliegeplatz die Festmacher an Land, beziehungsweise auf den Pfählen zurückzulassen. Das ist weder praktisch noch sonderlich sicher, wenn man bei der Rückkehr widrige Wind- oder Strömungsverhältnisse antrifft. Man sollte es sich zum Grundsatz machen, seine Festmacher mitzunehmen. Es ist beim Anlegen einfacher eine Bucht über einen Pfahl zu werfen, als eine Leine von einem Pfahl zu angeln.

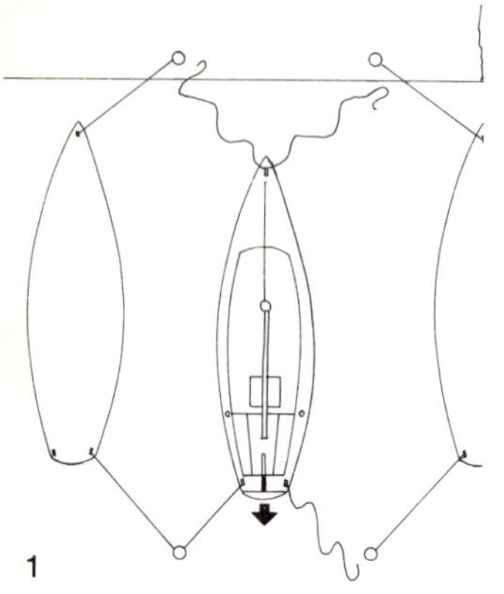

1

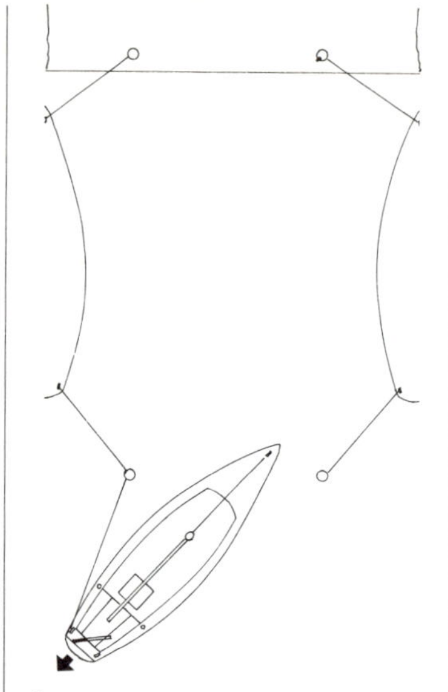

2

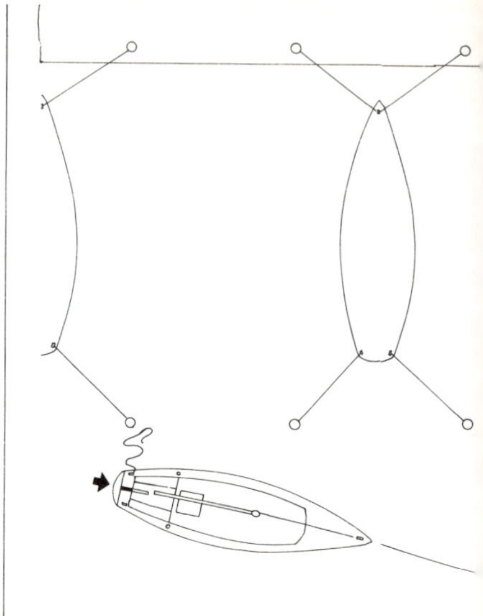

3

Verlassen einer Stegbox

1. ***Alle Leinen los bis auf eine Achterleine zu dem Pfahl, um den man herausfahren will. Maschine langsam zurück.***
2. ***Achterleine bis auf etwa ⅔ der Bootslänge von der Heckklampe aus fieren und steifkommen lassen. Ruder zum Pfahl, bis das Boot aus der Box herausgezogen ist. Maschine stopp. Ruder ab vom Pfahl, einen kleinen Pull voraus. Stopp.***
3. ***Leine loswerfen und einholen. Fahrt voraus und auf Kurs gehen.***

Ablegen aus dem Päckchen

1. ***Die eigene Vor- und Achterleine los. Die Vor- oder Achterleine – je nach Lage – aller Außenboote los. Eine Brustleine vom außenliegenden Nachbarn hinten um das eigene Boot herumnehmen, um die beiden neuen Nachbarn miteinander zu verbinden. Die Springs und Brustleinen zum Außen- und Innenboot loswerfen. Maschine langsam voraus.***
2. ***Brustleinen zwischen den neuen Nachbarbooten dichtholen, Springs setzen, alle Vor-, beziehungsweise Achterleinen wieder zum Land ausbringen. Bei Strom oder Wind von vorne legt man achteraus ab. Dabei ist der starke Radeffekt des Propellers zu berücksichtigen. Wahrscheinlich muß man eine auf Slip gelegte Vorspring zum Innenboot stehen lassen, in die man mit Maschine voraus »eindampft«.***

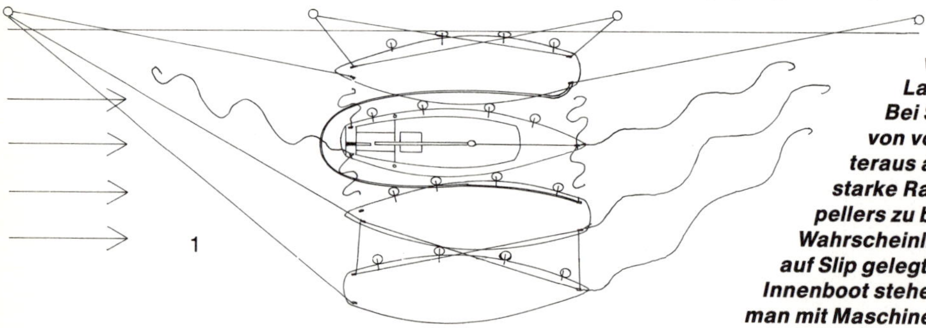

1

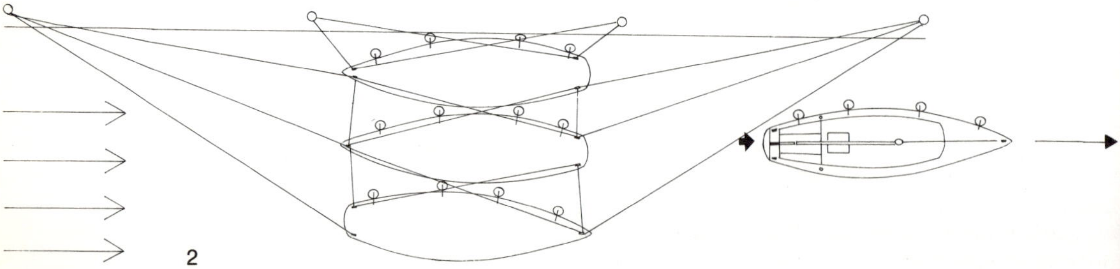

2

Ablegen vom Päckchen

Wenn man außen liegt, ist das überhaupt kein Problem. Da man sich, je nach Wind- oder Stromverhältnissen, am Nachbarboot voraus oder achteraus verholen kann, ist es noch einfacher als vom Steg abzulegen. Schwieriger wird es hingegen, wenn man aus der Mitte heraus ablegen muß. Grundsätzlich wird mit dem Wind oder Strom herausgefahren, damit die Boote hinter einem zusammentreiben. Macht man es umgekehrt, driften sie auseinander und man sieht sich – ohne Hilfe von den anderen Booten – einem kaum lösbaren Problem gegenüber.
Sind die Nachbarboote unbemannt, muß die eigene Crew die Lücke wieder schließen. Das heißt, zwischen den neuen Nachbarliegern sind Springs und Brustleinen zu setzen und die Vor- und Achterleinen zum Land entsprechend dichtzuholen und neu zu belegen. Ist die Crew damit fertig, holt man sie vom Außenlieger des Päckchens ab.
Sind die anderen Boote bemannt, sollte der Außenlieger bei Beginn des Ablegemanövers seinen Motor starten. Droht der Verband aufzubrechen – etwa bei Wind gegen Strom – genügt es, mit der Maschine langsam vorauszugehen, um das Päckchen zusammenzuschieben.

Wenden auf engem Raum

Manchmal ist man beim Ab-, aber auch beim Anlegen gezwungen, sein Schiff vor der Box zu drehen. Die Passagen zwischen den Boxpfählen sind

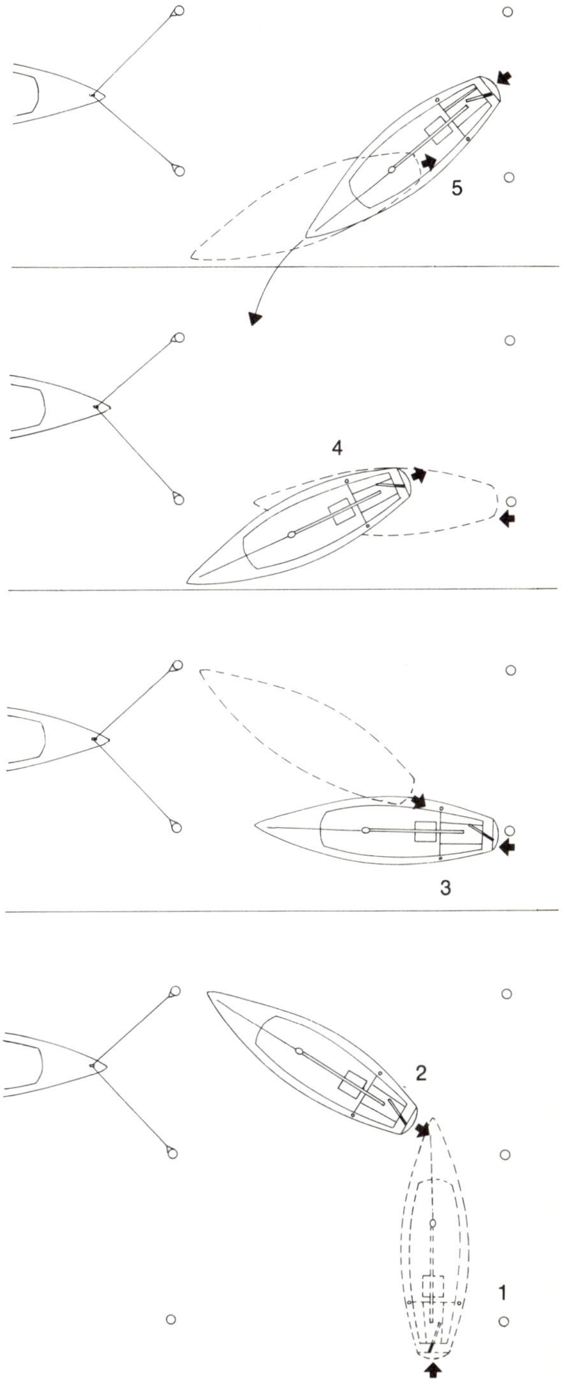

Drehen auf engem Raum
1 Mit einem linksgängigen Propeller Anlauf auf der rechten Seite mit langsamer Fahrt. Hart Backbord-Ruder. Das Boot dreht in Position . . .
2 . . . Voll zurück, bis die Fahrt aus dem Boot ist, und es achteraus zu gehen beginnt. Das Ruder bleibt auf Backbord liegen. Es hätte jetzt ohnehin keine Wirkung. Das Boot dreht allein durch den Radeffekt des rückwärts gehenden Propellers etwa in Position . . .
3 . . . Stopp. Voll voraus, um die Achterausfahrt abzubremsen, bis das Boot etwa Position . . .
4 erreicht hat. Voll zurück. Das Ruder bleibt weiter in Backbordlage. Der Radeffekt des rückwärtsgehenden Propellers drückt das Heck etwa in Position . . .
5 . . . Stopp. Mit ½ Gas voraus, Ruder mittschiffs und auf Kurs gehen.

jedoch oft enger als der Drehkreisdurchmesser des Bootes bei Vorausfahrt. Aber auch in anderen Situationen kann es notwendig werden, das Wenden auf engstem Raum sicher zu beherrschen.
Das Manöver ist stets nach der Seite einzuleiten, nach der der Propeller dreht. Also bei einem linksgängigen nach Backbord, bei einem rechtsgängigen entsprechend nach Steuerbord, weil der Propeller achteraus dann entgegen der Propellerrichtung dreht und so den größten Radeffekt bewirkt. Der aber ermöglicht überhaupt erst ein Drehen auf einem Raum, enger als der Drehkreisdurchmesser des Bootes.
Zwei grundsätzliche Verhaltensweisen zeigen sich hier, die für alle anderen Manöver unter Motor einkalkuliert werden müssen:

- Auf kräftiges, kurzes Vorausgehen bei Ruderlage reagiert das Boot unmittelbar mit einer Drehung, entsprechend der Ruderlage. Es nimmt aber kaum Fahrt auf.
- Kräftiges, kurzes Achterausgehen bewirkt einen starken Heckausschlag in Drehrichtung des Propellers (Radeffekt), während das Ruder überhaupt keine Wirkung zeigt. Das Boot kommt dabei zunächst zum Stillstand und nimmt danach keine nennenswerte Achterausfahrt auf.

Anlegen

Was über den Einsatz von Segeln oder Motor beim Ablegen gesagt wurde, gilt sinngemäß auch hier. Auch hier muß man sich auf die verschiedenen Möglichkeiten einstellen: Anlegen an der Boje (Muring), anlegen längsseits an einem Steg oder festmachen in einer Stegbox. Dennoch gibt es einen wesentlichen Unterschied: Die große Bedeutung, die dem verschiedenen Masseverhalten von leichter Jolle und schwerer Kielyacht beim Anlegen zukommt.
Mit einer Jolle lernt man, einen Aufschießer gegen einen Steg oder eine Pier zu fahren. Es ist kein Problem, eine Jolle oder ein leichtes Kajütboot auf ein paar Handbreit genau vorm Ziel zum Stehen zu bringen. Hat das Boot doch noch etwas zu viel Fahrt, kann man es leicht, auf dem Vordeck sitzend, mit den Beinen abhalten. Bei einem tonnenschweren Kielboot aber ist das unmöglich, und eine heftige Kollision mit Schäden am Rumpf bleibt kaum aus. Zwar ist das richtige Bemessen des Auslaufs eine Frage der Erfahrung, die man sich für jeden Bootstyp neu erwerben muß. Dennoch ist es in der Praxis nahezu ausgeschlossen, mit einem schweren Schiff einen Aufschießer auf mindestens einen Meter genau zu fahren. Das aber wäre Voraussetzung für das Gelingen eines solchen Anlegemanövers.
Kommt man in einen fremden Hafen, muß man zunächst Ausschau nach einem freien Liegeplatz halten, beziehungsweise in Erfahrung bringen, wo sich die Gastliegeplätze befinden. Deshalb ist es häufig unerläßlich, eine orientierende Runde durch den Hafen zu drehen. Bei der unterschiedlichen Ausrichtung vieler Schlengel und Boxen wird das unter Segeln vielfach kaum möglich sein. Hinzu kommt, daß Gebäude im Hafengelände den Wind verwirbeln können und das wohlüberlegte Manöver vereitelt wird, weil der Wind mehrfach plötzlich aus einer anderen Richtung einfällt. Deshalb sollte man sein Manöver, wenn irgend möglich, so anlegen, daß ein Fluchtweg zum Abdrehen offen bleibt.
Aber auch darüber muß man sich im klaren sein: Ein unter Segeln eingeleitetes Anlegemanöver kann meist nicht mehr beliebig abgebrochen werden. Deshalb sollten Manöver, die offensichtlich schiefzulaufen beginnen, sofort entschlossen abgebrochen und mit Ruhe und Überlegung aus einer sicheren Position heraus neu gefahren werden. Deshalb sind rechtzeitig alle Vorkehrungen zu treffen, falls das Manöver mißlingen sollte. Alle Segel müssen klar zum Bergen sein, das heißt, die Fallen klar zum Laufen; die Dirk muß so durchgeholt sein, daß sie sofort trägt. Der Anker muß klar zum Fallen, Vor- und Achterleine klar zum Werfen sein. Man nimmt die an Deck verbleibende Part vorsorglich um eine Klampe, um ein Ausrauschen zu verhindern, führt die Leine unter dem Bug- oder Heckkorb hindurch, holt sie oben wieder darüber hinweg und schießt sie an Deck an einer Stelle auf, von der aus man unbehindert einen gezielten Wurf ausführen kann.
Unerläßlich ist, daß der Skipper seine Crew genau über das beabsichtigte Manöver instruiert. Wenn irgend möglich sollte das Boot zum Anlegen stets gegen die Kraft gedreht werden, die den größeren Einfluß auf das Manöver hat, sei es Wind oder Strom. In Mittelmeerhäfen ist es üblich, vor Buganker mit dem Heck zur Pier festzumachen, allgemein als »römisch-katholisch« bezeichnet. In nördlichen Ländern liegt man gewöhnlich mit dem Heck an einem oder zwei Pfählen und mit dem Bug zum Steg. Entsprechend unterschiedlich sind die Manöver anzulegen.
Beim Liegen mit dem Heck zur Pier ist unbedingt

darauf zu achten – besonders in Häfen mit wechselnden Wasserständen –, ob der Grund bis hin zur Mauer rein ist. Leicht könnte sonst das Ruder oder ein eventuell installiertes Windfahnenruder beschädigt werden. Bei starkem Winddruck können sich längere Festmacher bis zu einem Meter dehnen.

Anlegen unter Segeln

Anlegen an der Boje

Die Crew muß mit Bootshaken und Festmacher bereitstehen, um die Boje schnell fischen zu können. Hat man genügend Raum, wird mit halbem Wind angelaufen und dann gegen die Boje so aufgeschossen, daß sie in Lee des Bugs liegt. So treibt man auf sie zu, falls der Abstand zu groß geraten ist. Vor dem Aufschießen wird das Vorsegel geborgen, um unbehindert auf dem Vorschiff arbeiten zu können.
Etwas schwieriger wird es, wenn starker Strom gegen Wind steht und man nach dem Aufschießen zu schnell an der Boje vorbeidriften würde. Dann muß zuvor aufgeschossen werden, um das Groß zu bergen. Danach drehen und die Boje unter Vorsegel anlaufen. Sowie sie gefischt worden ist, die Vorschot loswerfen und das Vorsegel auswehen lassen, um die Fahrt aus dem Boot zu bringen. In gleicher Weise läuft das Manöver auch dann ab, wenn man aus Platzgründen die Boje mit raumem oder achterlichem Wind anlaufen muß.

Anlegen am Steg

Querwind Das Vorsegel wird auf jeden Fall schon beim Anlauf auf Am-Wind-Kurs geborgen. Es beeinträchtigt die Sicht des Steuermanns, behindert die Vorschiffscrew und kann durch Schlagen und Haken der Schoten backkommen und dadurch das Boot zum Abfallen bringen. Auf leichteren Yachten – und Jollen – bleibt das Groß zum Aufschießen neben dem Steg stehen. Die Schot fiert man schon vorher, wie bei einem Nahezu-Aufschießer. Auf größeren Schiffen müssen alle Segel bereits geborgen sein, bevor die Yacht die Pier erreicht.
Die Restfahrt wird mit der Achterleine abgestoppt. Beim Abstoppen mit der Vorleine würde das Vorschiff gegen die Pier schlagen und das Heck in Richtung Fahrwasser herumschwingen. Das Heck muß gut abgefendert werden, da es von der Achterleine an die Pier gezogen wird, selbst dann, wenn man das Ruder auf Abscheren legt. Die Fahrt mit dem backgeholten Groß abzustoppen gelingt nur auf leichteren Booten. Auf einer schweren Yacht ist der Bremseffekt zu gering.
Wenn das Boot an den Steg herankommt, darf es nur noch so wenig Fahrt machen, daß ein Crewmitglied, in Höhe der Wanten, an Land übersteigen kann, um die Achterleine auszubringen. Bei zu großem Abstand niemals mit der Leine springen! Ein Sturz zwischen Bordwand und Pier kann lebensgefährlich werden. Stoppleinen niemals aus der Hand führen, sondern stets einen Rundtörn um Klampe oder Poller nehmen. Durch die Reibung lassen sich selbst größere Kräfte abfangen.

Anlegen am Steg – Querwind
1 Anlaufen am Wind unter Groß. Durch entsprechendes Fieren der Schot Fahrt reduzieren. Fender raus, insbesondere am Heck.
2 Aufschießen und Groß bergen. Achterleine zum Abstoppen an Land. Ruder zum Land einschlagen zum Abscheren des Hecks.
3 In der Reihenfolge: Vorleine, Achterspring und Vorspring ausbringen.

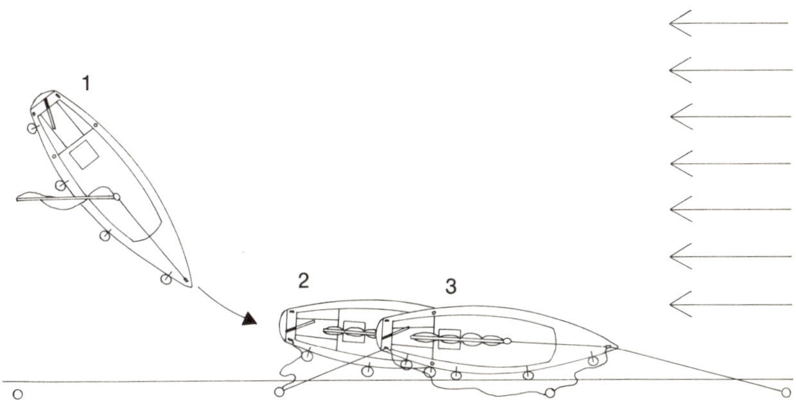

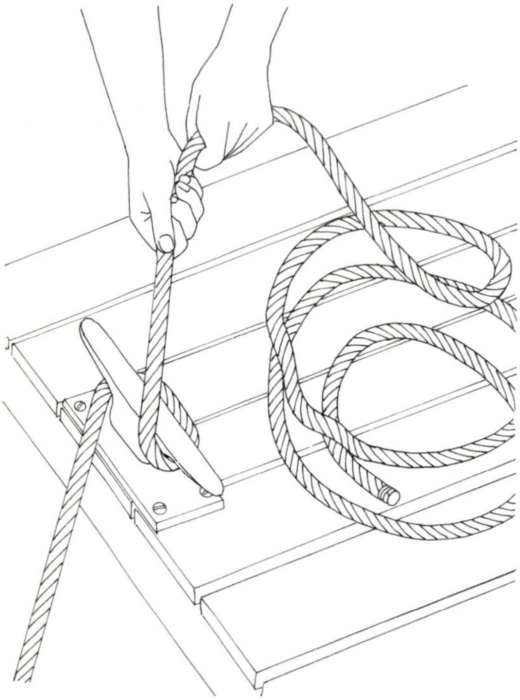

Mit einem halben Törn um die Stegklampe läßt sich das Boot zuverlässig stoppen, niemals jedoch ungesichert aus der freien Hand.

Wind ablandig Ob man nur unter Groß oder nur unter Vorsegel anläuft, hängt von den Am-Wind-Segeleigenschaften des jeweiligen Bootes unter Vorsegel ab. Auf einer großen Yacht wird man wahrscheinlich zunächst das Vorsegel bergen, dicht vor der Pier zum Bergen des Großsegels in den Wind drehen und mit der Restfahrt parallel zum Steg ziehen. Bei diesen Windverhältnissen müssen Achter- nd Vorleine gleichzeitig ausgebracht werden, um nicht mit dem Bug abzudriften.
Wind auflandig Dies ist das schwierigste Anlegemanöver. Nur wenn es gelingt, das Boot dicht neben dem Steg zum Stehen zu bringen, driftet es heran. Eventuell kann man das Driften mit dem backgeholten Vorsegel unterstützen.

Einlaufen in die Box

Wind ablandig Das Geschick besteht darin, seinen Aufschießer zwischen die beiden Pfähle so zu bemessen, daß es gelingt, mindestens eine Achterleine zum Abstoppen über einen Pfahl zu bringen. Am besten geschieht dies in Höhe der Wanten, an der breitesten Stelle des Bootes. Zweckmäßigerweise hält man zwei Leinen mit einem großen Pahlstek klar, die man gegebenenfalls mit dem Bootshaken über die Pfähle hängen kann. Oder man nimmt die Buchten entsprechend langer Leinen. Sie liegen dann gleich auf Slip. Sollte der

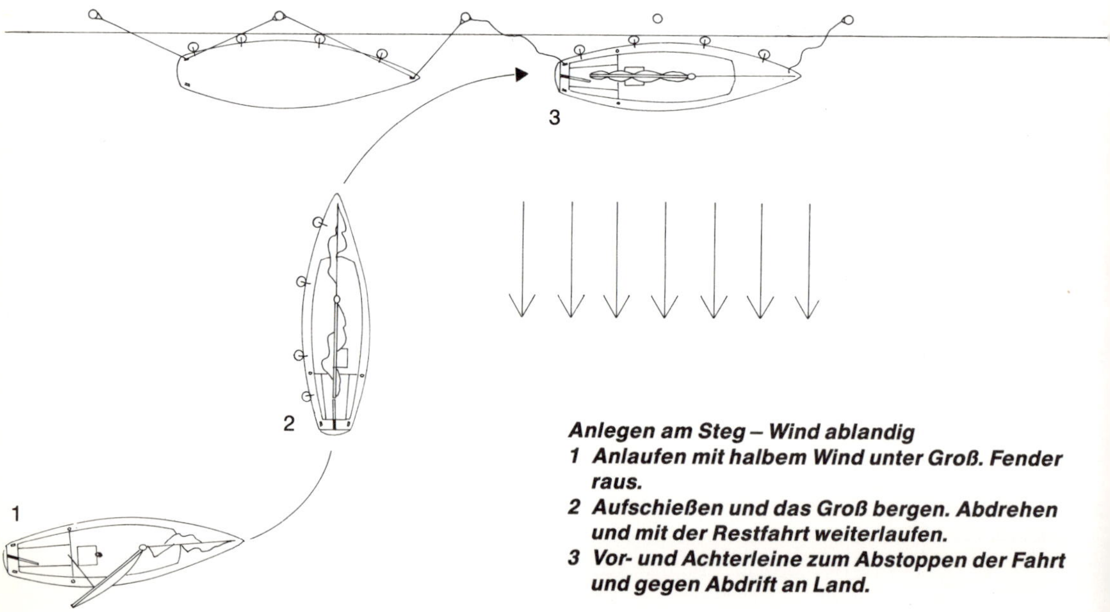

Anlegen am Steg – Wind ablandig
1 Anlaufen mit halbem Wind unter Groß. Fender raus.
2 Aufschießen und das Groß bergen. Abdrehen und mit der Restfahrt weiterlaufen.
3 Vor- und Achterleine zum Abstoppen der Fahrt und gegen Abdrift an Land.

Anlegen am Steg – Wind auflandig

1. ***Anlaufen unter Vorsegel. Fender raus, insbesondere am Bug.***
2. ***So dicht wie möglich am Steg, parallel zum Liegeplatz drehen, den Bug etwas nach Luv. Fockschot los und Vorsegel bergen.***
3. ***An den Steg driften lassen. Vor- und Achterleine an Land.***

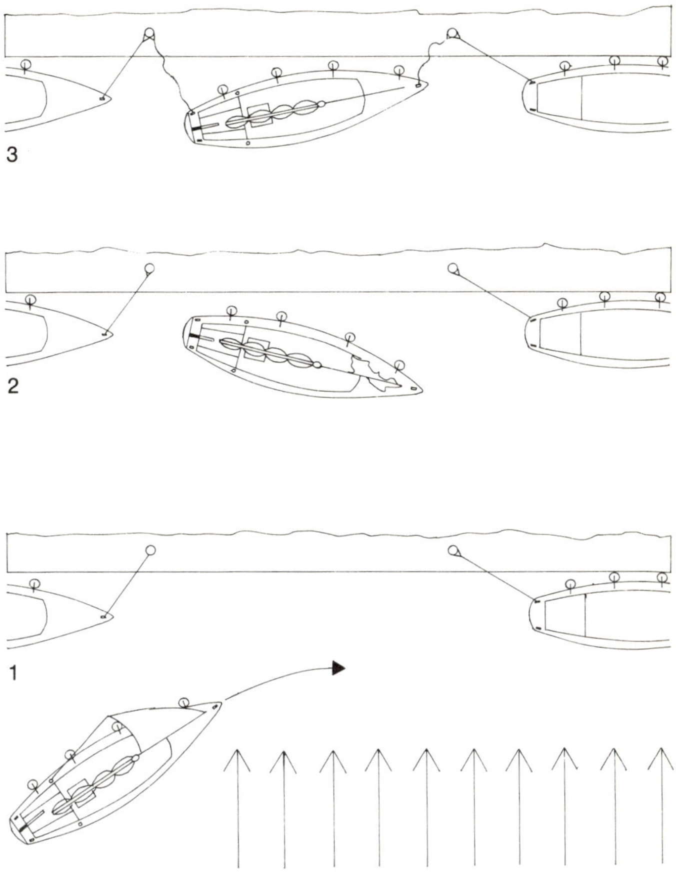

In die Box – Wind ablandig

1. ***Anlaufen unter Groß mit halbem Wind. Durch Fieren der Schot die Fahrt reduzieren.***
2. ***In Höhe des Liegeplatzes aufschießen.***
3. ***Mindestens um einen Pfahl eine Achterleine ausbringen zum Abstoppen des Auslaufs. Vorleinen an Land. Wichtig ist es, schnell eine Leine am Steg festzubekommen, weil das Boot sonst durch Achteraus- oder Quertreiben in eine schwierige Lage geraten kann.***

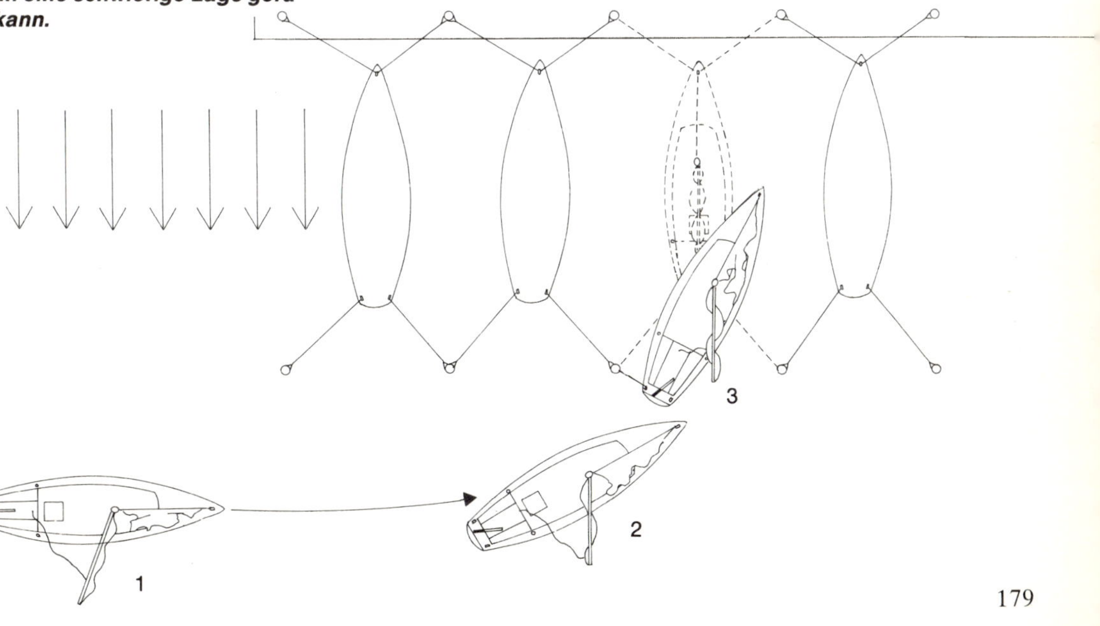

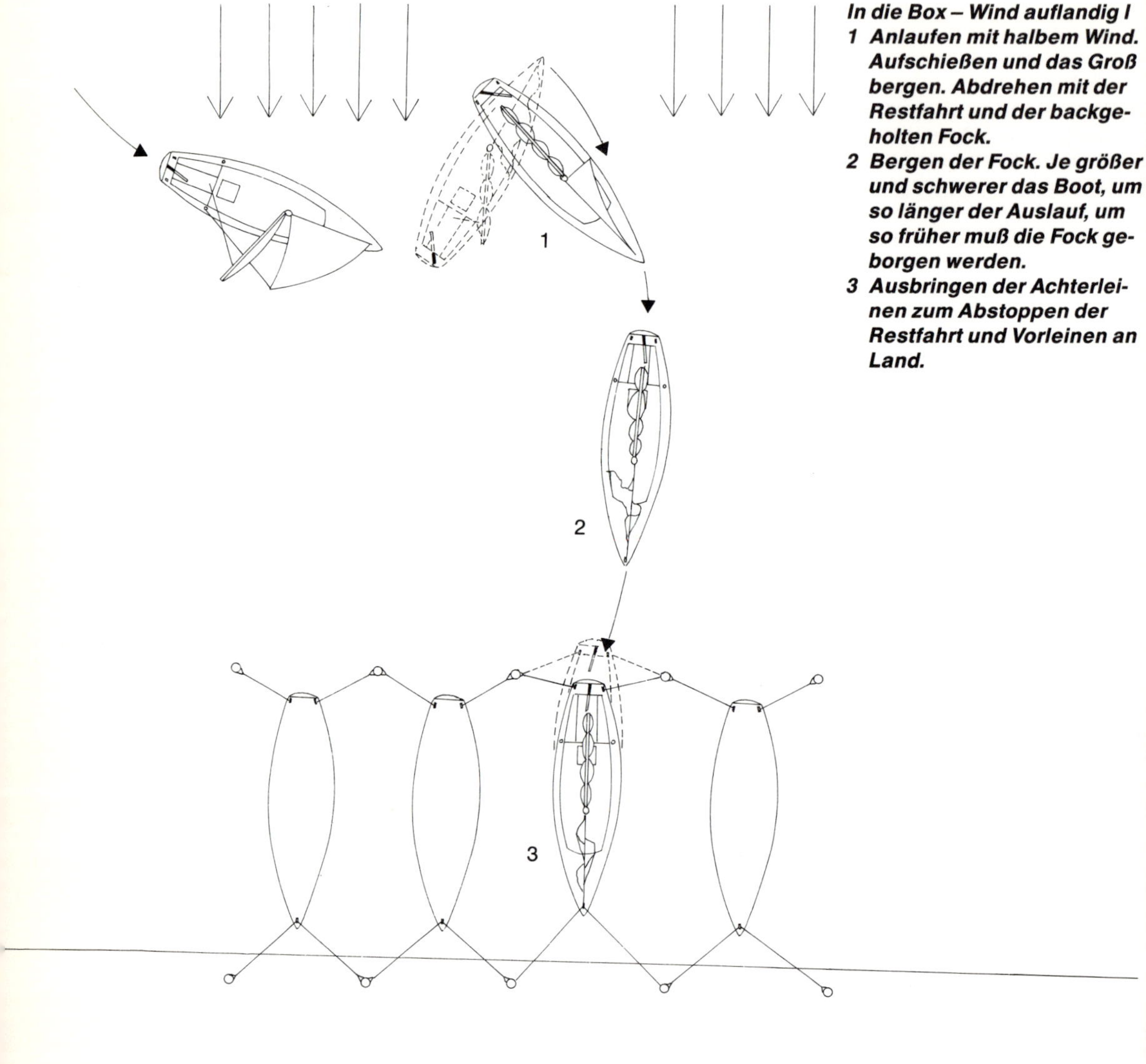

In die Box – Wind auflandig I

1. ***Anlaufen mit halbem Wind. Aufschießen und das Groß bergen. Abdrehen mit der Restfahrt und der backgeholten Fock.***
2. ***Bergen der Fock. Je größer und schwerer das Boot, um so länger der Auslauf, um so früher muß die Fock geborgen werden.***
3. ***Ausbringen der Achterleinen zum Abstoppen der Restfahrt und Vorleinen an Land.***

Auslauf des Bootes hingegen nicht bis an den Steg heranreichen, muß die Vorleine über einen Nachbarlieger an Land gebracht werden.

Wind auflandig Bei genügend Platz, um in ausreichendem Abstand von der Box zum Segelbergen aufschießen zu können, läuft man mit geborgenen Segeln in die Box. Auch hier sollten besser beide Achterleinen zum Abstoppen auf die Pfähle ausgebracht werden.

Mit einem großen Schiff ist es wahrscheinlich sicherer, an einem luvwärtigen Pfahl aufzuschießen, daran eine Vorleine auf Slip auszubringen und sich, eventuell unterstützt vom backgeholten Groß und Vorsegel, achteraus in die Box sacken zu lassen.

Querwind In einer solchen Situation ist es unmöglich, ohne Leinenhilfe an seinen Liegeplatz zu gelangen. Man schießt am luvwärtigen Pfahl auf, setzt das Boot mit einem Fenderbrett auf den Pfahl, dreht um den Pfahl mit dem Heck in die Box, verholt sich ans benachbarte Leeboot und bringt von dort die Leinen an Land, mit denen das Boot an den Steg verholt wird. Erheblich vereinfacht wird das Manöver, wenn man vor dem Auslaufen auf jeder Seite zwischen Pfahl und Steg eine Leine spannt.

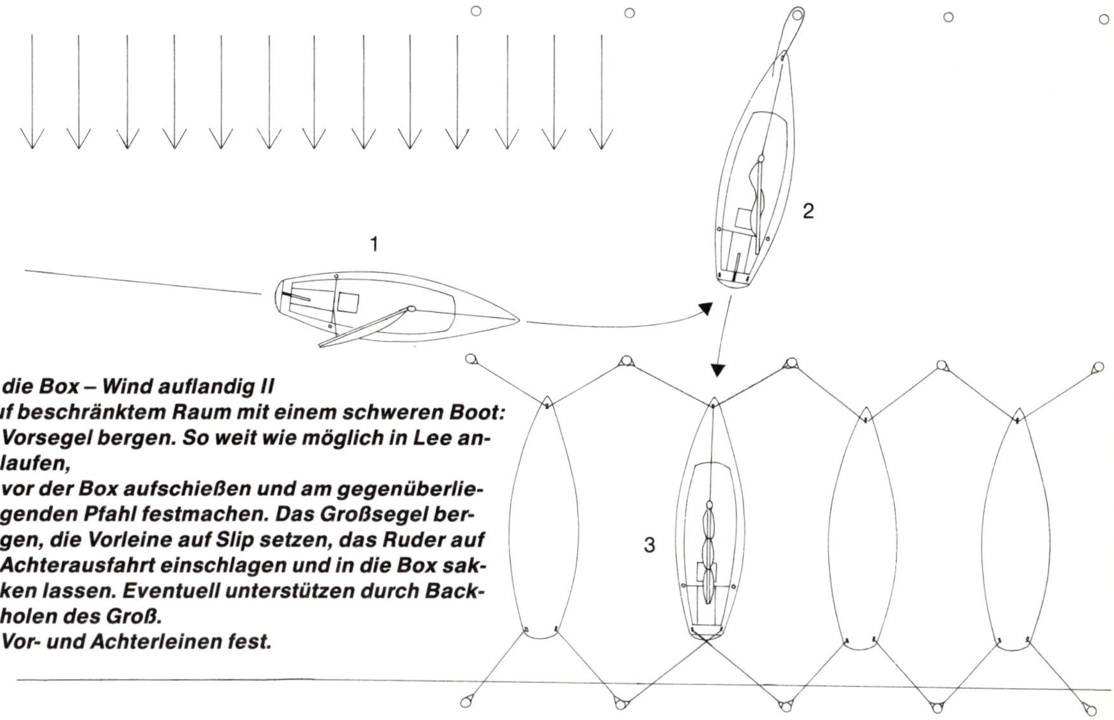

In die Box – Wind auflandig II

Auf beschränktem Raum mit einem schweren Boot:

1. ***Vorsegel bergen. So weit wie möglich in Lee anlaufen,***
2. ***vor der Box aufschießen und am gegenüberliegenden Pfahl festmachen. Das Großsegel bergen, die Vorleine auf Slip setzen, das Ruder auf Achterausfahrt einschlagen und in die Box sakken lassen. Eventuell unterstützen durch Backholen des Groß.***
3. ***Vor- und Achterleinen fest.***

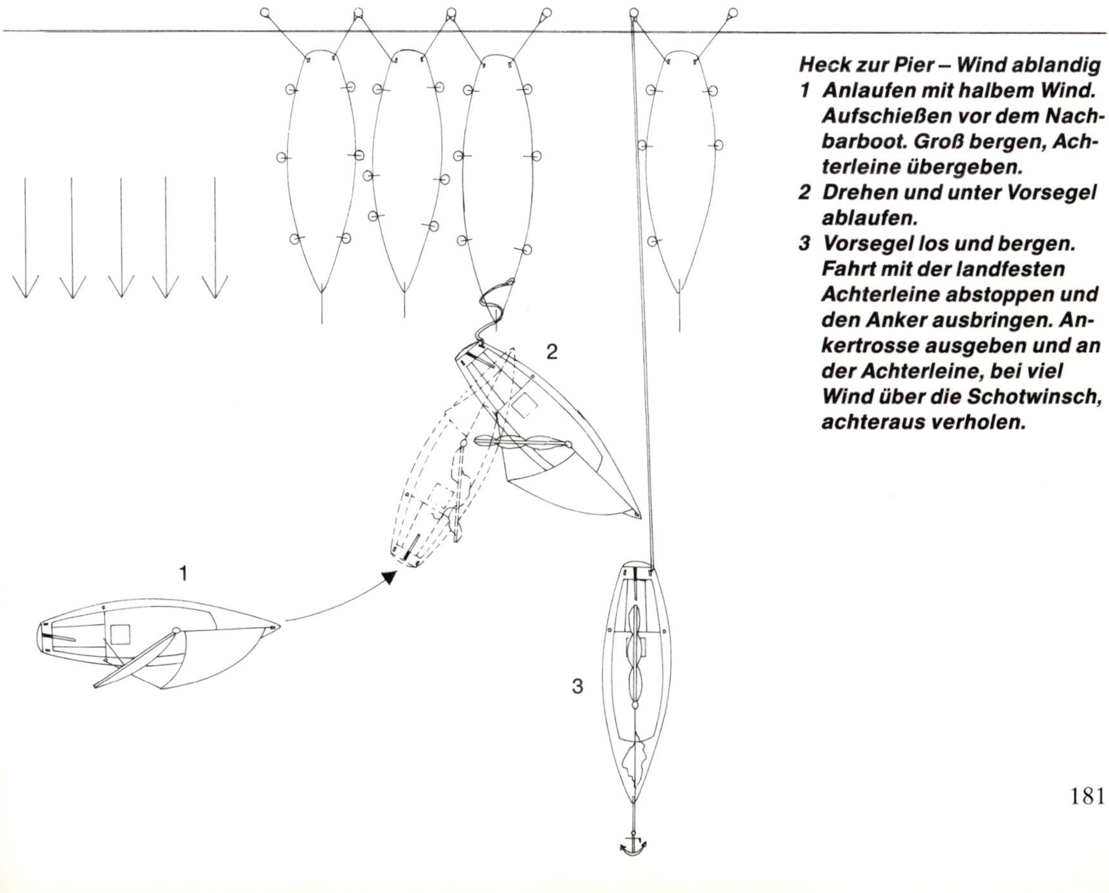

Heck zur Pier – Wind ablandig

1. ***Anlaufen mit halbem Wind. Aufschießen vor dem Nachbarboot. Groß bergen, Achterleine übergeben.***
2. ***Drehen und unter Vorsegel ablaufen.***
3. ***Vorsegel los und bergen. Fahrt mit der landfesten Achterleine abstoppen und den Anker ausbringen. Ankertrosse ausgeben und an der Achterleine, bei viel Wind über die Schotwinsch, achteraus verholen.***

In die Box – Querwind

***1** Anlaufen am Wind unter Groß.*

***2** Aufschießen am Luv-Pfahl und Groß bergen. – Vor- und Achterleine als Spring auf Slip auf den Pfahl. Ruder zur Box, an der Vorspring achteraus verholen, die Achterspring entsprechend fieren.*

***3** Achterspring los, Achterleine zum Lee-Pfahl. Am Lee-Pfahl und Festmacher des Lee-Bootes weiter achteraus ziehen. Vorleine auf den Lee-Pfahl und*

***4** ... die Achterleinen über das Nachbarboot an Land bringen, festmachen und die Vorleinen regulieren.*

(Eine andere Methode: In Pos. 2 eine Brustleine mittschiffs zum Pfahl ausbringen, mit der Vorspring das Boot um den Pfahl drehen und am Luv-Boot entlang zum Steg verholen.)

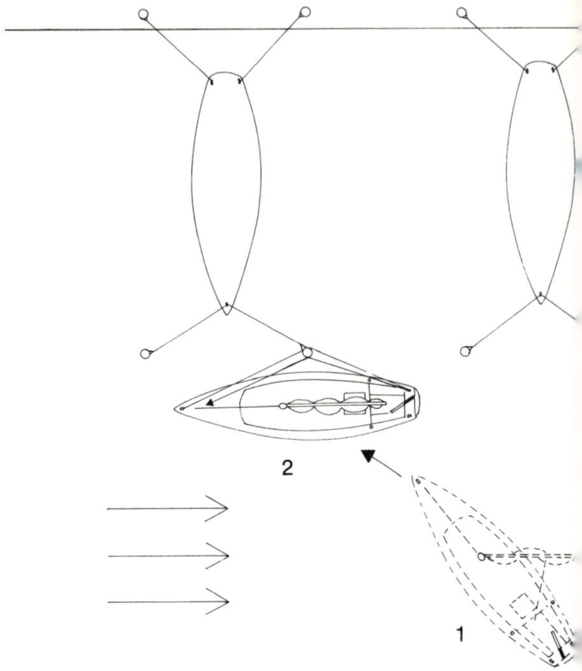

Heck zur Pier – Querwind

***1** Vor dem Luvboot aufschießen. Groß bergen und Achterleine übergeben. Unter Vorsegel abdrehen und zum Ankerplatz ablaufen.*

***2** Vorsegel los und Anker ausbringen.*

***3** An der Achterleine an den Liegeplatz verholen. Bei starkem Wind gegen die seitlichen Scherkräfte eine Querleine zu einem Boot so weit wie möglich in Luv ausbringen und auf eine Schotwinsch setzen.*

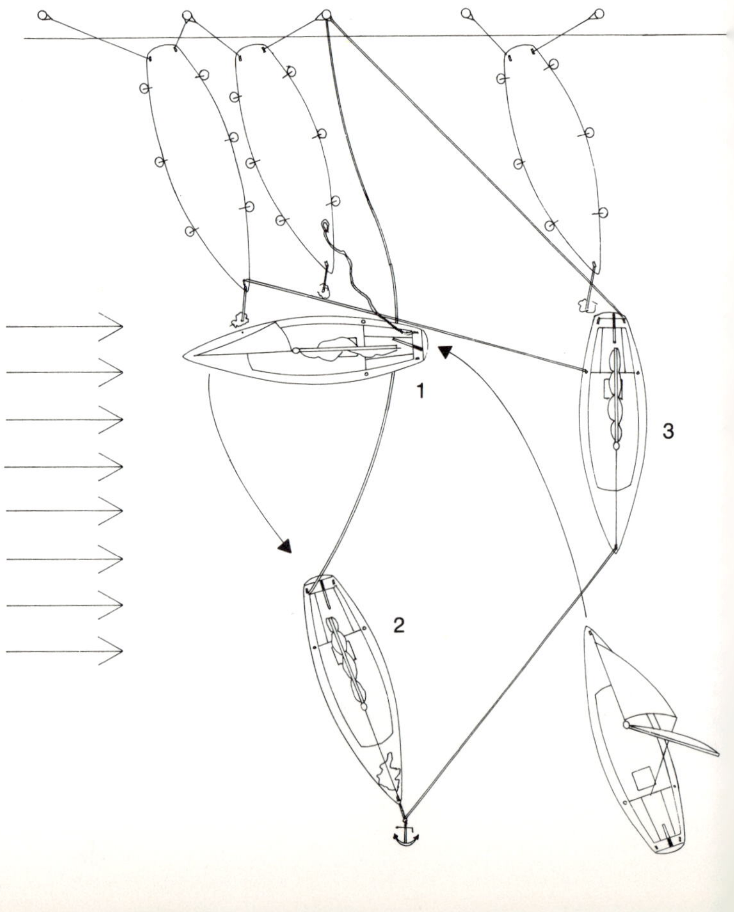

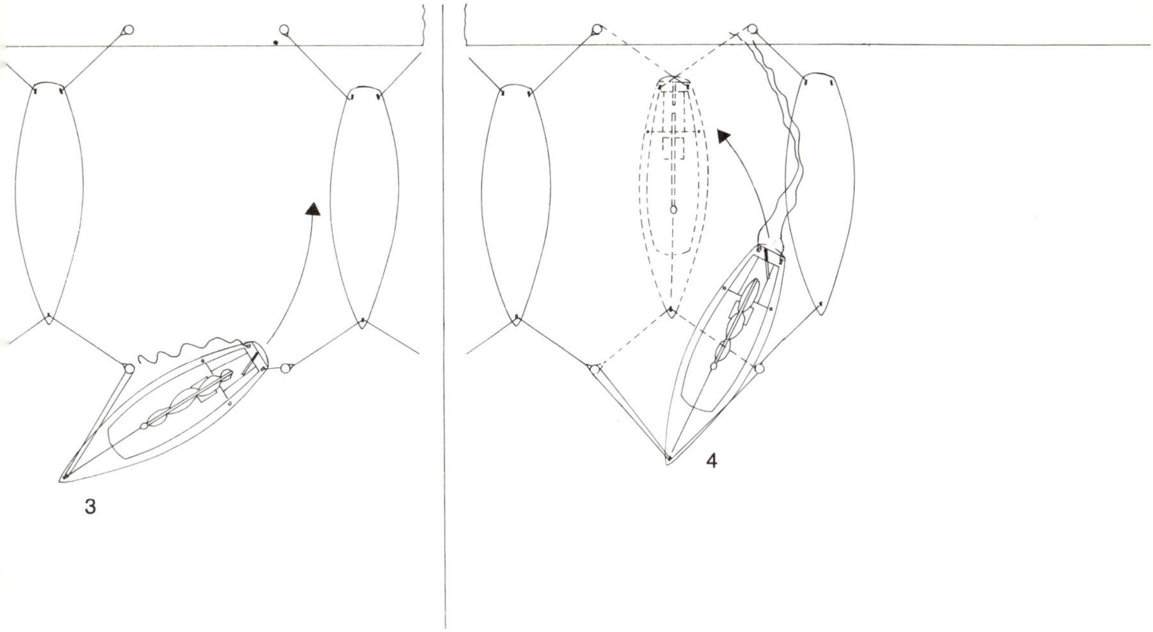

Anlegen Heck zur Pier

Überall dort, wo man vor der Pier keine Pfähle oder Muringbojen zum Festmachen von Vor- oder Achterschiff hat – und das ist in den meisten Mittelmeerhäfen der Fall – muß der Anker ausgebracht werden. Unter Segeln ein schwieriges Manöver, das einen Skipper verlangt, der sein Boot sehr genau kennt, und eine erfahrene gut eingespielte Crew.

Bei **auflandigem Wind** ist es noch am einfachsten: Vor dem Liegeplatz wird aufgeschossen, der Anker ausgebracht und sich dann an der Ankertrosse achteraus sacken gelassen. Das Risiko dabei ist: Faßt der Anker nicht, führt das bei starkem Wind unweigerlich zu Kollisionen mit anderen Booten.

Bei **ablandigem Wind** ist das Manöver zwar ungefährlicher, aber es bedarf noch mehr seglerischen Geschicks und eines Helfers auf dem künftigen Nachbarboot. Man schießt an diesem Boot auf, birgt das Groß und gibt mit einer Wurfleine die Verholleine über. Dann wird unter Vorsegel abgefallen, auf den vorgesehenen Ankerplatz abgelaufen und dort mit der inzwischen zum Land ausgebrachten Leine die Fahrt abgestoppt.

Bei **Querwind** muß noch schneller reagiert werden, denn die Restfahrt, nach der Leinenübergabe, muß ausreichen, um bis zum Ankerplatz abzulaufen. Bei starkem Querwind kann es schwierig oder gar unmöglich werden, das Boot an der Achterleine gerade in eine Lücke an der Pier zu verholen. Den beträchtlichen Scherkräften ist nur mit einer von der Schotwinsch oder einer Springklampe weit nach Luv zu einem anderen Boot ausgebrachten Leine zu begegnen.

Anlegen unter Motor

Beim Anlegen kann sich unter Umständen der Radeffekt des Propellers recht günstig auswirken. Beim längsseits Anlegen mit linksgängigem Propeller ist Steuerbord die »Schokoladenseite«. Legt man zum Abstoppen der Fahrt den Rückwärtsgang ein, holt der Radeffekt das Heck fast automatisch an den Steg heran.

Grundsätzlich gilt für alle Manöver:

Der Rückwärtsgang »greift« schlecht. Als Bremse, um zu viel Fahrt abzustoppen, funktioniert er recht

ungenügend. Deshalb alle Anlegemanöver nie mit mehr Gas fahren, wie unbedingt erforderlich ist, um Ruder im Schiff zu haben. Die mangelhafte Bremswirkung ist vor allem beim Abstoppen der Fahrt vor achterlichem Wind oder mit mitlaufendem Strom einzukalkulieren.
Rückwärts manövrieren die meisten Segelyachten ausgesprochen schlecht. Man sollte sich deshalb möglichst so einrichten, Anlegemanöver gegen Wind und Strom und vor allem mit Fahrt voraus zu absolvieren. Lieber die kleine Unbequemlichkeit in Kauf nehmen, das Schiff vorher zu drehen, als sich auf das Risiko eines unsicheren Achterausmanövers einzulassen.
Viele Yachten – besonders Langkieler – brechen bei Rückwärtsfahrt, nach kurzer Fahrstrecke, aus dem Kurs aus. Sie müssen dann mit einem Schub voraus wieder ausgerichtet werden. Unter Umständen muß man das mehrfach wiederholen.
Bei einem Anlegemanöver unter Motor sollte man nie das Vorsegel abschlagen, das Großsegel unter der Persenning aufgetucht und den Anker unzugänglich weggestaut haben. Der Motor könnte plötzlich ausfallen oder eine Leine in den Propeller geraten. Zumindest das Groß sollte klar zum Setzen sein und der Anker klar zum Fallen.

Anlegen an der Boje

Eine Boje wird stets von Lee angelaufen, damit man nicht versehentlich das Bojengeschirr überfährt und in den Propeller bekommt. In stehenden Gewässern wird gegen den Wind an die Boje herangefahren, weil sie in Windrichtung liegt. In strömenden Gewässern geht man gegen den Strom heran, weil er ihre Lage bestimmt und nicht der Wind.

Längsseits gehen am Steg

Gerade bei diesem Manöver kommt dem Drehsinn des Propellers besondere Bedeutung zu. Fast immer wird es erforderlich sein, ein Crewmitglied an Land abzusetzen, bevor endgültig angelegt werden kann. Deshalb ist es unerläßlich, daß der Skipper bei jedem Wetter in der Lage ist, sein Boot mit dem Bug so nahe an die Pier zu bringen, daß jemand, ohne einen waghalsigen Sprung machen zu müssen, übersteigen kann.
Das Anlegen – »Draufpacken« – an einem Päckchen entspricht dem Anlegen längsseits an einem Steg.

Anlegen am Steg – mit der günstigeren Seite (Steuerbord)
1 Mit wenig Fahrt im spitzen Winkel von etwa 20° anlaufen. Fender an Steuerbord raus.
2 Etwa ½ Meter vorm Steg oder noch weniger – Leine rüber – voll zurück, ohne Ruder zu legen, es bringt nichts.
3 Der Radeffekt holt das Heck an den Steg. Es wäre nicht mal die Vorleine erforderlich. Achterleine und Springs an Land.

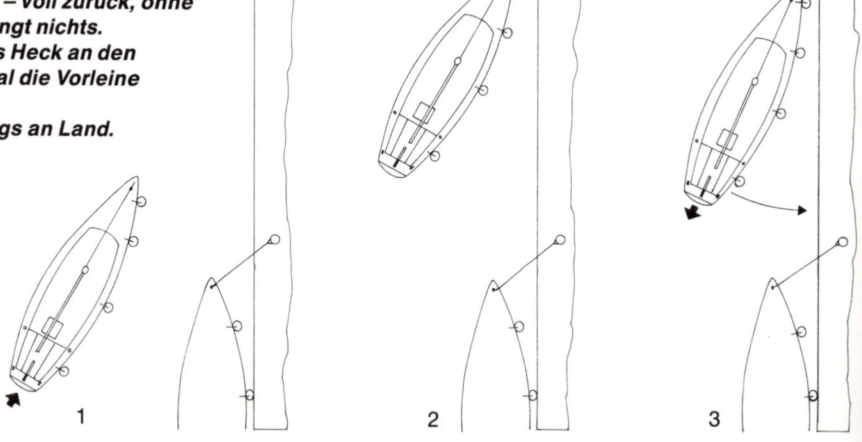

Anlegen mit linksgängigem Propeller an Steuerbord

Anlegen am Steg – mit der ungünstigeren Seite (Backbord)

1. ***Im spitzen Winkel von etwa 20° mit wenig Fahrt anlaufen. Fender an Backbord raus.***
2. ***Maschine stopp. Vorleine an Land, Steuerbord-Ruder.***
3. ***Weiter Steuerbord-Ruder, langsame Fahrt voraus. Das Heck wird durch die zur Vorspring werdende Vorleine an den Steg geholt.***

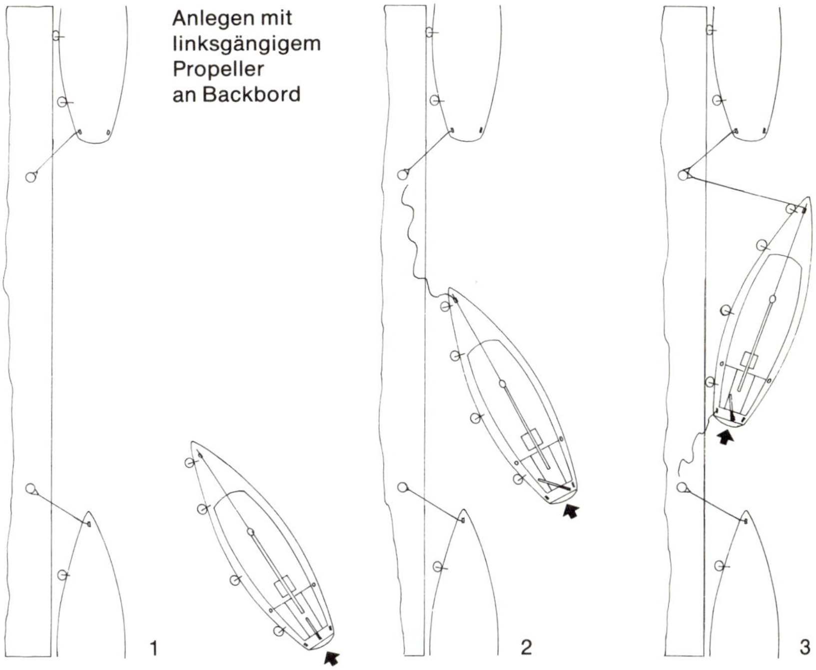

Anlegen am Steg – Wind oder Strom auflandig

1. ***Im steilen Winkel mit so wenig Fahrt wie möglich den Steg anlaufen.***
2. ***Ruder zum Fahrwasser und mit voll zurück die Fahrt aus dem Boot nehmen. Maschine stopp. Vorleine an Land. Wenn nötig, den Bug absetzen oder mit langsam rückwärtsgehendem Propeller auf Abstand halten.***
3. ***Das Ruder weiter zum Fahrwasser, Maschine zurück. Wind und Radeffekt drücken und ziehen das Heck an den Steg.***

Bei sehr starkem auflandigem Wind sollte versucht werden, an Backbord anzulegen. Der Radeffekt des achterausgehenden Propellers wirkt dann dem starken Winddruck auf das Achterschiff entgegen. Es könnte sonst gegen den Steg gedrückt werden, bevor man die Fahrt aus dem Schiff hat.

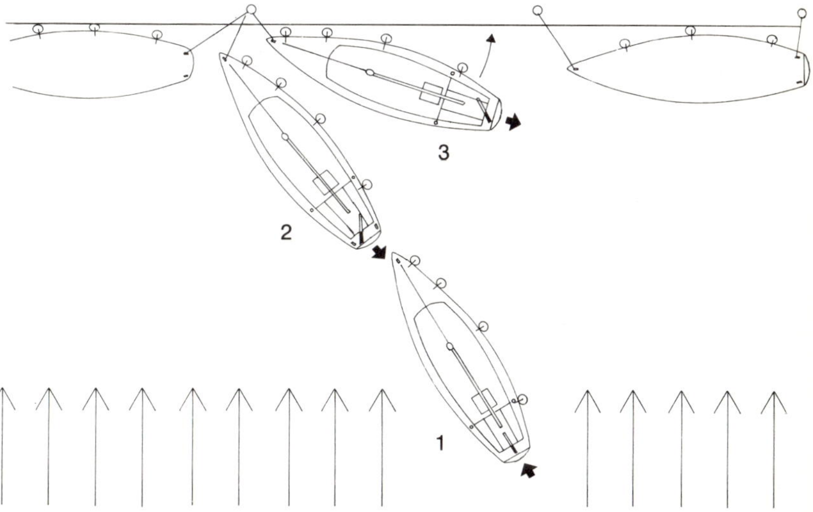

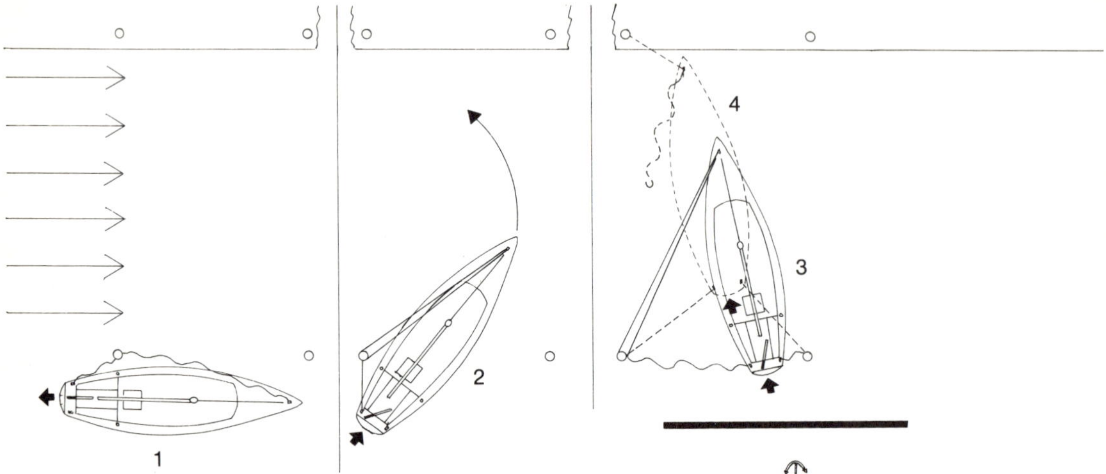

In die Box – Querwind achterlich

1. ***Aufstoppen am Luv-Pfahl und eine längere Vorleine auf Slip und eine kürzere Achterleine ausbringen.***
2. ***Ruder zum Drehpfahl, Maschine voraus und in die Springs eindrehen.***
3. ***Die Achterleine so viel fieren, daß das Heck zum zweiten Pfahl schwingt und die zweite Achterleine ausbringen. Maschine stopp.***
4. ***Ruder geradeaus. Maschine langsam voraus. Durch Holen und Fieren an den Leinen kann das Boot sicher geführt und vor dem Schieftreiben bewahrt werden. Die Vorspring erst dann loswerfen, wenn eine luvwärtige Vorleine zum Steg den Bug hält.***

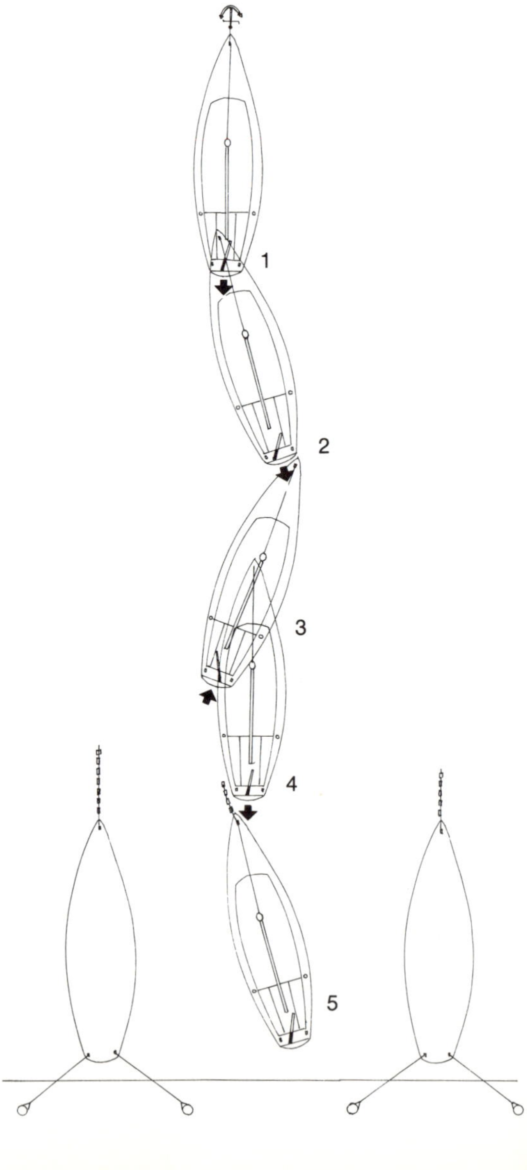

Heck zur Pier

1. ***In einem Abstand, der entsprechend der Wassertiefe des Hafens ein sicheres Ankern ermöglicht, vor der Lücke den Anker ausbringen. Maschine zurück. Zum Ausgleich des Radeffekts eines linksgängigen Propellers, Ruder leicht nach Backbord einschlagen.***
2. ***Das Heck läuft nach Steuerbord aus dem Kurs.***
3. ***Maschine stopp. Ruder nach Steuerbord, Maschine voraus. Den Bug über die Mittelachse hinausdrehen. Maschine stopp.***
4. ***Die Trosse steifsetzen und mit der Maschine kräftig achteraus gehen, damit sich der Anker sicher eingräbt.***
5. ***Unter weiterem Stecken von Trosse mit achteraus laufender Maschine an die Pier verholen.***

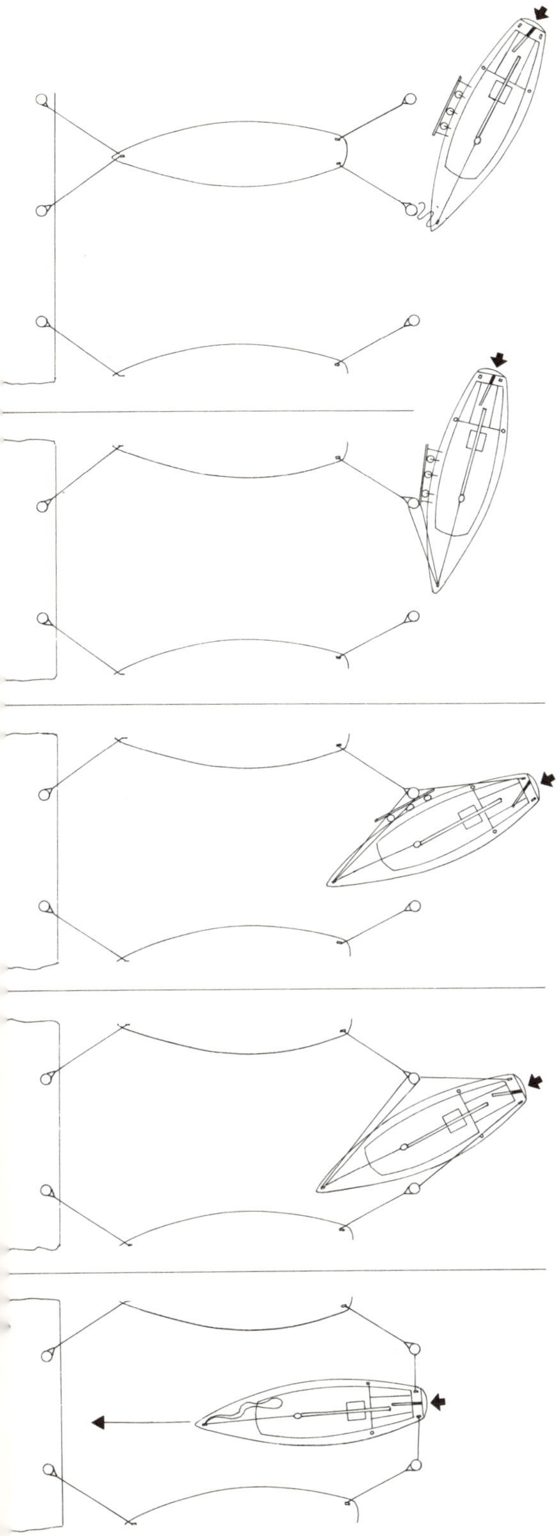

In die Box – Wind aus allen Richtungen, außer Querwind von achtern

1. ***In spitzem Winkel mit langsamer Fahrt den Pfahl anlaufen. Vorleine klar, Fenderbrett raus. Maschine stopp oder kurz zurück und die Leine auf den Pfahl bringen.***
2. ***Langsam voraus und die Leine auf etwa ½ Bootslänge steif durchsetzen.***
3. ***Ruder zum Drehpfahl einschlagen und mit der Maschine kurz vorausgehen, stopp. Die Achterleine zum Drehpfahl ausbringen.***
4. ***Ruder zum anderen Pfahl, Vorspring fieren, Maschine voraus, damit der Bug zum anderen Pfahl dreht und man auch dort eine Achterleine festmachen kann.***
5. ***Vorspring los und kontrolliert in den Achterleinen an den Steg heranfahren. Besonders mit der Backbord-Achterleine dem Radeffekt beim Aufstoppen mit rückdrehendem Propeller (bei linksgängigem Propeller) entgegenwirken.***

Einlaufen in die Box

Ohne Wind oder Strom oder bei schwachem Wind ist es ein sehr einfaches Manöver: Man fährt zwischen die Pfähle und bringt die Achterleinen aus. Hat man einen rückwärts schlecht greifenden Propeller, unterstützt man das Abstoppen vorm Steg mit den Achterleinen. Das gilt in verstärktem Maße bei auflandigem Wind.
Muß man das Boot am Pfahl drehen, sind breite Kissenfender erforderlich oder besser noch ist ein Fenderbrett.

Anlegen Heck zur Pier

Der Anker muß möglichst weit entfernt von der Pier ausgebracht werden. Auf etwa halbem Weg zurück wird die Trosse gestoppt und mit einem kräftigen Schub achteraus steifgeholt, damit sich der Anker sicher eingräbt. Dann gibt man die Trosse weiter aus und setzt langsam zurück bis an die Pier. Dabei wird das Boot wegen des Radeffekts nicht geradeaus laufen. Das korrigiert man mit Ruderlage und einem kurzen Schub voraus. Dabei kann man getrost etwas übersteuern, weil das Boot beim Rückwärtsfahren wieder zur selben Seite wegläuft.

Ankermanöver

Ankergrund und Ankerplatz

Um einem Schiff vor Anker einen sicheren Halt zu geben, muß sich der Anker mit seinen Pflugen dauerhaft eingraben können. Alle Anker arbeiten nach dem Pflugschar-Prinzip. Mit einer mehr oder weniger schräggestellten Metallfläche, die eben oder gekrümmt sein kann, graben sie sich im Boden ein – allerdings erst, nachdem sie in liegender Stellung ein Stück über den Boden geschleift worden sind.

Entscheidend für einen sicheren Halt ist der Ankergrund. Sand ist guter Ankergrund, weil sich die Pflugen leicht eingraben und beim Ausbrechen auch wieder leicht loskommen. In Ton und Lehm faßt der Anker langsamer und kommt beim Ausbrechen auch schwerer los. Schlecht sind steinige, schlammige und verkrautete Böden. Zumal kleinere Patentanker manchmal nicht schwer genug sind, um das Kraut zu durchdringen und im Boden zu fassen. Besonders günstige Ankerplätze sind auf den Karten durch einen eingezeichneten Anker gekennzeichnet. Gelegentlich findet man auch halbe Anker dargestellt. Sie besagen, daß der Ankergrund nur stellenweise gut ist.

Der Ankerplatz soll gegen Wind und See geschützt sein, und zwar nicht nur bei der zur Zeit des An-

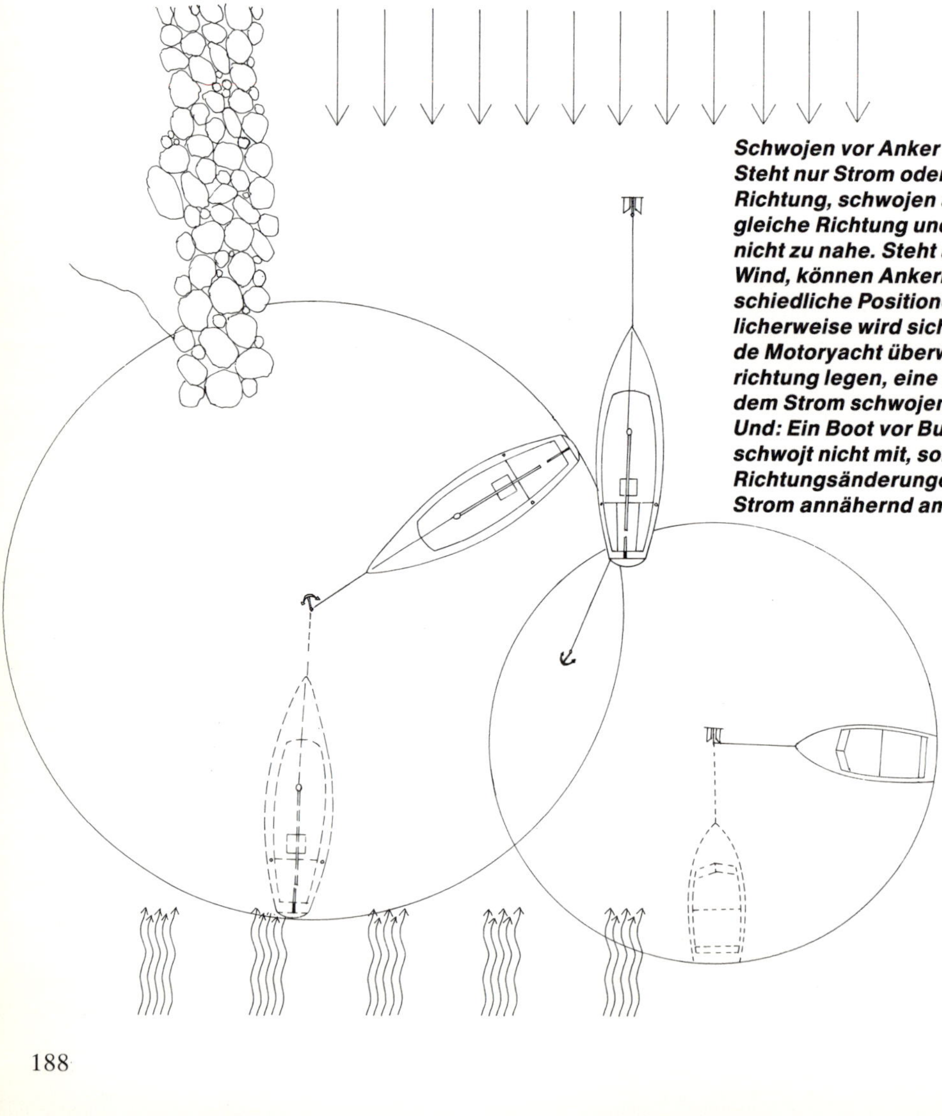

Schwojen vor Anker
Steht nur Strom oder Wind aus einer Richtung, schwojen alle Boote in die gleiche Richtung und kommen sich nicht zu nahe. Steht aber Strom gegen Wind, können Ankerlieger recht unterschiedliche Positionen einnehmen. Üblicherweise wird sich eine flachgehende Motoryacht überwiegend in Windrichtung legen, eine Kielyacht aber mit dem Strom schwojen.
Und: Ein Boot vor Bug- und Heckanker schwojt nicht mit, sondern bleibt bei Richtungsänderungen von Wind oder Strom annähernd am selben Platz.

Die Länge von Kette und Trosse
Kette: mindestens das 4fache der Wassertiefe.
Leine mit Kettenvorlauf: mindestens das 6fache der Wassertiefe.
Leine: mindestens das 10fache der Wassertiefe.
In Gezeitenrevieren ist der Tidenhub zu berücksichtigen. Im übrigen gilt: Eine Ankertrosse kann nie lang genug sein. In sehr flachem Wasser wird der angegebene Multiplikator etwas fragwürdig. Man sollte dort nie weniger als 25 m Trosse stecken.
Tags muß ein ankerndes Boot einen schwarzen Ball führen, nachts ein weißes Rundumlicht.

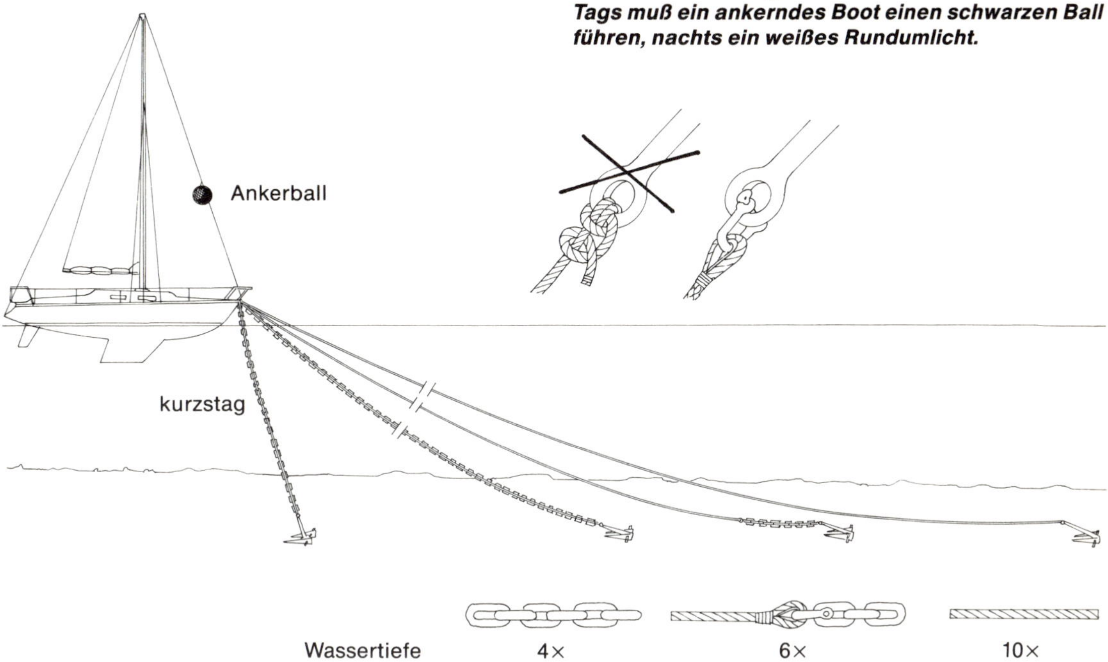

kerns herrschenden Wetterlage. Ankern dicht am Ufer sollte man möglichst vermeiden und auf jeden Fall von einem möglichen **Legerwall** – einem Platz in Luv vom Land – so weit entfernt bleiben, daß man sich vom Ankerplatz aus nach beiden Seiten jederzeit freikreuzen kann. Beim Ankern im Strom ist die Stromrichtung entscheidend. Der Ankerplatz muß unbedingt außerhalb des Fahrwassers der Berufsschiffahrt liegen und weit genug von anderen Booten entfernt sein, damit alle einen vollen Kreis um ihren Anker schwojen können, wenn sich die Wind- oder Stromrichtung ändert, ohne miteinander zu kollidieren.

Ankerkette und Ankerleine

Der Ankerplatz ist vorher sorgfältig auszuloten und danach die Länge der Ankertrosse zu bestimmen. In Tidengewässern muß man nachrechnen, ob die Trossenlänge auch bei Hochwasser ausreichend ist, oder aber auch, ob das Boot bei Niedrigwasser noch schwimmt. Je länger Kette oder Leine ist, um so besser hält der Anker.

Die Kette hält mit ihrem Eigengewicht den Schaft des Ankers parallel zum Grund und verstärkt durch ihre Haftreibung die Effektivität des Ankers. Sie ist das einzig richtige Geschirr für eine große Yacht. Leichtere Kurzkieler hingegen trimmt das Kettengewicht im Vorschiff zu buglastig. So nimmt man lieber eine Polyamid-Trosse. Die Polyamidfaser besitzt bei hoher Festigkeit eine gute Dämpfung, wenn das Boot im Seegang hart in die Trosse einruckt. Zwischen Anker und Leine muß jedoch ein Kettenvorlauf von 5 bis 12 m – je nach Größe der Yacht – geschäkelt werden, um den Anker sicherer zum Eingraben zu bringen. Außerdem schützt der Kettenvorlauf die Leine auf felsigem Grund vorm Schamfilen.

Auch wenn nur eine Leine – auf kleineren leichten

Booten – verwendet wird – sollte sie stets am Anker angeschäkelt sein und nicht etwa mit einem Roringstek am Ankerroring angesteckt werden. Er ist unsicher in glattem synthetischem Tauwerk und verringert die Reißfestigkeit der Leine um etwa 50%.
Das Ende einer Kette sollte im Kettenkasten stets mit einer Tauwerk-Lasching gesichert sein, die im Notfall leicht gekappt werden kann.

Ankern mit einem Anker

Liegt der Ankerplatz fest, birgt man das Vorsegel und klariert auf dem Vorschiff den Anker. Man überzeugt sich, ob Kette oder Trosse tatsächlich im Kettenkasten beziehungsweise an einer Klampe belegt und der Splint bei Stockankern gesichert ist. Die Trosse wird in Serpentinenbuchten auf dem Vordeck aufgeschossen, damit sie ohne Kinken auslaufen kann. Bei Ankerwinden entfällt das. Man löst nur die Kupplung der Kettennuß. Muß befürchtet werden, daß der Anker am Grund unklar ankommt, steckt man eine Trippleine mit einer kleinen Boje (Fender) an sein Kreuz. Sie markiert später die Position des Ankers.
Dann läuft man am Wind mit langsamer Fahrt den Ankerplatz an, dreht dort in den Wind oder, bei Strom, gegen den Strom und läßt das Boot auslaufen. Nicht der Mann auf dem Vorschiff entscheidet, wann der Anker fallen soll, sondern der verantwortliche Rudergänger. Nur er kann beurteilen, wann der richtige Zeitpunkt gekommen ist. Das Kommando »Fallen Anker!« darf erst dann gegeben werden, wenn die Fahrt aus dem Schiff ist und es beginnt, achteraus zu treiben. Steckt man schon Kette, während das Boot noch über dem Anker steht, kann sie leicht an Stock oder Pflugen unklarkommen. Auf keinen Fall darf die Kette oder Leine lose geworfen oder ausrauschen gelassen werden. Dabei können sich ebenfalls leicht Törns bilden, die sich am Grund um die Pflugen oder den Ankerstock schlingen. Die Kette soll aber zunächst auch nicht steifkommen, sondern erst kurz vor der vorgesehenen Kettenlänge, damit der Anker nun faßt. Dann steckt man langsam den Rest, damit das weiter achteraus treibende Boot allmählich zum Stehen kommt. Ob der Anker wirklich gefaßt hat, erkennt man daran, daß das Boot vor der steifen Kette auftörnt, das heißt, in den Wind dreht.
Fährt man das Ankermanöver unter Motor, braucht man nicht auf das allmähliche Achteraussacken des Bootes zu warten, sondern geht langsam mit der Maschine zurück. Kommt die Trosse steif, voll zurück, um den Anker »hineinzufahren«. Würde er dabei ausbrechen, würde er auch bei starkem Wind, bewegtem Wasser und entsprechendem Einrucken der Trosse nicht halten.
In strömenden Gewässern ist es manchmal unvermeidlich, den Anker bei Fahrt voraus fallen zu lassen. Wichtig ist nur, daß das Boot überhaupt Fahrt macht, damit Kette oder Leine nicht auf den Anker fallen. Bei Fahrt voraus muß das Boot durch entsprechend harte Ruderlage zum Abscheren gebracht werden, so daß es einen Bogen um den Anker beschreibt.
Sobald der Anker gefaßt hat, werden der Ankerball oder bei Dunkelheit das Ankerlicht gesetzt und alle anderen Lichter gelöscht. Dann nimmt man eine Ankerpeilung, am besten eine Kreuzpeilung. Über den Kompaß werden Dwars- und Längsmarken an Land gepeilt und notiert. Mit dem Lot an einer Leine von etwa doppelter Wassertiefe kontrolliert man, ob das Boot treibt. Solange die Lotleine auf und nieder, also senkrecht steht, trägt der Anker. Man kann auch sehr einfach feststellen, ob der Anker schliert, indem man einige Zeit den Fuß auf die Ankerkette setzt. Spürt man ein leichtes Rucken der Kette, hat der Anker nicht richtig gefaßt. Sollte das Boot bei Stillwasser quer zum Wind liegen, dann ist es auf Drift. Erst wenn man eindeutig festgestellt hat, daß der Anker hält, wird das Großsegel geborgen, um so lange bei einem möglicherweise erforderlichen neuen Ankermanöver sofort manövrierfähig zu sein.
Während des Ankerliegens kontrolliert die Ankerwache Lot und Ankerpeilung und beobachtet die Wetterentwicklung, besonders, wenn der Wind dreht oder auffrischt. Gerät das Schiff ins Treiben und ist man gut manövrierfähig – etwa unter Motor – läßt man sich am besten auf gar keine Experimente ein, sondern holt den Anker auf und fährt ein neues Ankermanöver. Sonst versucht man durch Nachstecken der Kette, den Anker wieder zum Halten zu bringen.
Ein **Reitgewicht** kann dazu beitragen, die Haltefähigkeit des Ankers zu erhöhen. Vor allem aber federt es ruckartige Bewegungen wirkungsvoll ab. Man läßt es mit einer Fangleine an einem Gleitschäkel an der Ankertrosse entlang bis zu ihrem letzten Drittel hinabgleiten.
Grundsätzlich empfiehlt es sich, überall dort, wo der Ankergrund fragwürdig ist, und auf allen über-

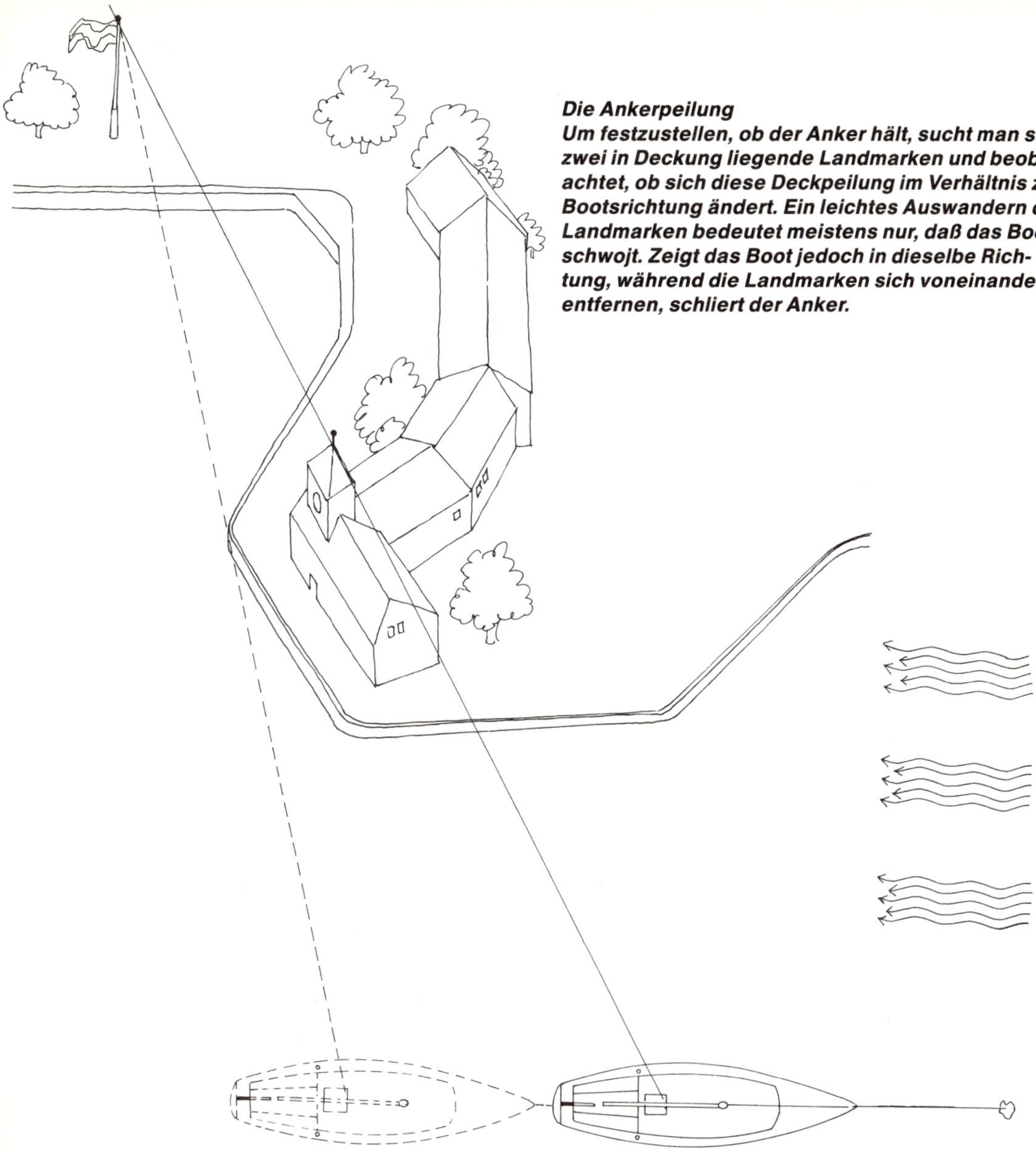

Die Ankerpeilung
Um festzustellen, ob der Anker hält, sucht man sich zwei in Deckung liegende Landmarken und beobachtet, ob sich diese Deckpeilung im Verhältnis zur Bootsrichtung ändert. Ein leichtes Auswandern der Landmarken bedeutet meistens nur, daß das Boot schwojt. Zeigt das Boot jedoch in dieselbe Richtung, während die Landmarken sich voneinander entfernen, schliert der Anker.

füllten Ankerplätzen den Anker mit einer Boje zu versehen. Durch diese Vorsichtsmaßnahme markiert man zugleich die Lage seines Ankers, so daß sich später ankernde Yachten freihalten können. Auf Grund miteinander unklar kommende Anker und Ketten sind eine der Hauptverdrießlichkeiten an überfüllten Liegeplätzen. Das **Bojereep** – die Tripp- oder Fangleine – darf nicht zu dünn sein, sonst kann man daran einen unklaren Anker nicht freischleppen.
Eine andere Möglichkeit, um Probleme mit unklaren Ankern zu vermeiden: Man schäkelt eine zweite Leine ans Kreuz des Ankers, bändselt sie am Schaft bei und läßt sie parallel zur Ankertrosse mitlaufen. Kommt der Anker beim Hieven mit einer anderen Kette unklar, wird das Bändsel mit der zweiten Leine ausgerissen, der Anker freigeholt und über Kopf gehievt.

Ankern mit zwei Ankern

Verkatten

Eine andere Methode, die Haltefähigkeit des Ankers bei unsicherer Wetterlage zu erhöhen – außer mit dem Reitgewicht – ist das Verkatten: Am

Durch Reitgewicht beschwerte Ankertrosse
Es wird mit einem Gleitschäkel an einer Fangleine auf der Trosse hinabgelassen. – Eine Ankerboje ist am Kreuz des Ankers mit einem Bojereep angeschäkelt. Sie bezeichnet die Position des Ankers und kann auch hilfreich beim Klarieren des unklar gekommenen Ankers sein. – Eine zweite Leine, die am Kreuz angeschäkelt und am Schaft beigebändselt ist, ermöglicht ausgerissen, einen unklaren Anker über Kopf zu hieven.

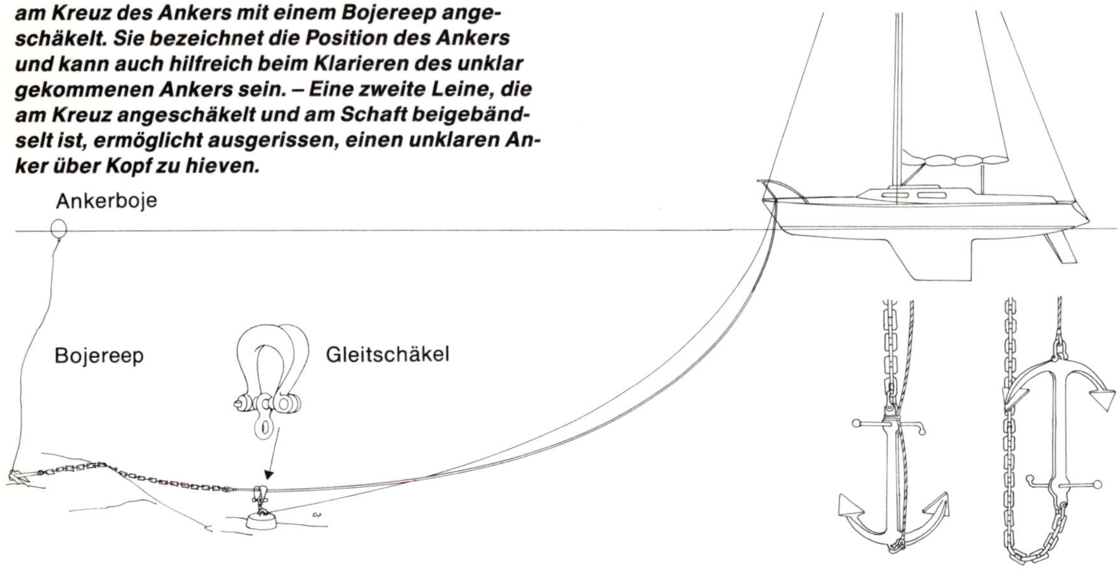

Kreuz des Bugankers wird ein zweiter Anker angesteckt, den man zuerst fallen läßt und der den Buganker im Grund festhält. Der Abstand beider sollte etwas größer sein als die Wassertiefe, damit man beim Ankerlichten den Buganker sicher an Deck hat, bevor das Hieven des Kattankers beginnt. Dennoch sind Ausbringen und Anbordholen der beiden Anker schwierig. Deshalb wird dieses Verfahren denn auch in der Praxis wenig angewandt.

Zwei Buganker

Weht es bereits oder ist stärkerer Wind zu erwarten, sollte unbedingt ein zweiter Buganker ausgebracht werden. Zwei Buganker ergeben mehr Sicherheit. Sie erzielen mehr Haltekraft als ein einzelner Anker und begrenzen den Schwojeraum und das Gieren des Bootes, das dadurch wesentlich ruhiger liegt.
Vor nur einem Anker schwojt das Boot mehr als einen Viertelkreis um seinen Anker. Das spielt sich so ab: Am Endpunkt der Schwojbewegung kommen ruckartig erhebliche Zugkräfte auf die Ankertrosse, die den Bug in Richtung Anker herumreißt. Das Boot nimmt Fahrt voraus auf, die Trosse kommt lose. Deshalb bleibt das Boot nicht mit dem Bug im Wind liegen, sondern hält die durch das Einrucken ausgelöste Drehbewegung bei und giert zur anderen Seite. Am Endpunkt wieder das harte Einrucken in die Trosse, und der Tanz beginnt von neuem über den anderen Bug. Eine zweite Ankertrosse stoppt die Gierbewegung und es kommt zu keinem so heftigen Einrucken.
Zum Ausbringen des zweiten Ankers läuft man unter Maschine oder Segeln bis zur Höhe des ersten Ankers, der für diesen Zweck mit einer Boje markiert sein muß. Dann läßt man den zweiten daneben in einem solchen Abstand fallen, daß die beiden Trossen nachher einen Winkel von etwa 45° miteinander bilden. Anschließend zieht man das Boot achteraus oder läßt es zurücksacken (unter Segeln) bis beide Trossen etwa gleich lang sind.*
Bei ruhigem Wetter mag es für ein Boot ohne Motor einfacher sein, den zweiten Anker mit dem Dingi auszufahren.
Man kann den Anker auch noch auf andere Weise ausbringen: Man läßt ihn fallen, wenn das Boot beim Schwojen den äußersten Punkt erreicht hat. Sobald es auf die Im-Wind-Position zurückgeschwojt ist, wird die Trosse des Zweitankers steifgesetzt. Dadurch reduziert sich der Schwojbereich wenigstens auf etwa die Hälfte.

* Vertreten wird aber auch die Ansicht, beide Trossen dürften keineswegs gleich lang sein. Sollten die Anker ins Schlieren geraten, würden sie sich zusammenziehen und sich gegenseitig am erneuten Eingraben hindern.

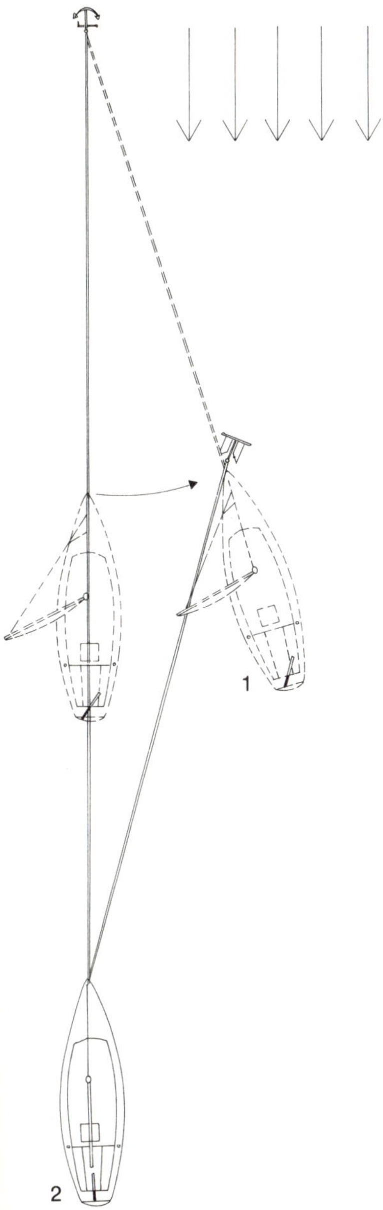

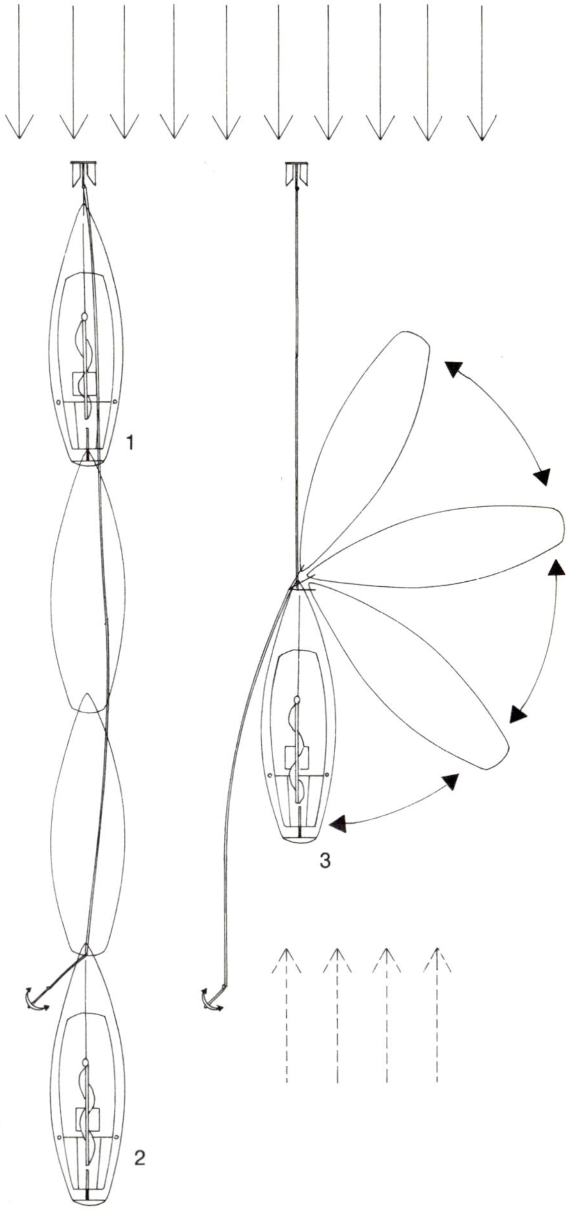

Ausbringen eines zweiten Ankers, wenn der erste nicht hält

1. ***Der zweite Anker wird dann fallengelassen, wenn das Boot beim Schwojen den größten seitlichen Abstand von der Windachse erreicht hat. Das Abfallen kann unterstützt werden durch Backsetzen des Großsegels. Ruder nach Luv einschlagen.***
2. ***Beide Trossen gleichmäßig stecken, bis die Trosse des Zweitankers die der Wassertiefe entsprechende Länge erreicht hat.***

Vermuren

1. ***Hauptanker fallenlassen und an der doppelten Länge der Ankertrosse achteraus sacken lassen.***
2. ***Den Zweitanker fallen lassen . . .***
3. ***. . . und die Hälfte der Trossenlänge des Hauptankers wieder aufholen, die Trosse des Zweitankers entsprechend fieren. Bei einem Kentern des Stromes oder auch einer Drehung des Windes bleibt der Schwojekreis auf zwei Bootslängen beschränkt.***

Bug- und Heckanker

Auf fließenden Gewässern oder schmalen Revieren oder auch, um sich von einem Fahrwasser freizuhalten, kann es sinnvoll oder notwendig sein, zwischen Bug- und Heckanker zu liegen.

Zunächst bringt man den Buganker aus, steckt jedoch das Doppelte der erforderlichen Ketten- oder Leinenlänge, läßt sie steif kommen und dann den Heckanker fallen. Nun holt man langsam und gleichmäßig die Hälfte der Bugankerleine wieder ein und steckt entsprechend Leine am Heckanker nach. Hat man eine Maschine an Bord, empfiehlt es sich, das Manöver unter Maschine zu fahren, um nicht so viel Zug auf die Bugleine zu bringen, weil sich der Buganker dadurch unter Umständen so fest eingraben kann, daß man später beim Ausbrechen Schwierigkeiten bekommt.

Ein Einhieven des Ankers ist meist einfacher vom Bug aus als vom Heck. Will man vor Bug- und Heckanker liegen, kann man die Trosse dennoch vom Bug aus stecken, indem man sie außen am Boot entlangführt und am Heck belegt. Das hat den Vorteil, daß man eventuell bei starkem Seitenwind jederzeit die Leine am Heck loswerfen kann. Man liegt dann vor zwei Ankern mit 180° zwischen sich.

Vermuren

In Tidengewässern ist es riskant, vor nur einem Anker zu liegen. Kentert der Strom, treibt das Boot über den Anker hinweg. Der Anker wird um 180° gedreht und kann dabei leicht ausbrechen. Deshalb müssen zwei Buganker, weit auseinander, in die Hauptrichtungen des Stroms ausgebracht werden. Je nach Richtung des Stroms trägt dann der eine oder der andere Anker.

Man manövriert beim Ausbringen des zweiten Bugankers genauso wie beim Ausbringen eines Heckankers: Beim ersten Anker doppelte Trosse stecken, den zweiten fallen lassen und die halbe Leinenlänge wieder aufholen. Wichtig dabei ist, daß in beiden Trossen genügend Lose bleibt. Werden sie zu steif durchgesetzt, können sie sich beim Schwojen um den Kiel legen, die natürlichen Bewegungen des Schiffes behindern und sogar Schäden am Unterwasserschiff verursachen.

Man kann das verhindern, indem man die Trosse des zweiten Ankers auf die Kette des ersten steckt oder auch beide Trossen miteinander verbindet. Tief genug, damit das Schiff ungehindert über die jeweilige Leetrosse hinwegschwojen kann. Durch das Vermuren wird der Schwojekreis aufs äußerste begrenzt: auf etwas über zwei Bootslängen.

Vermuren mit einer Lee-Trosse, die unterhalb des Kiels mit einem Muringschäkel angesteckt ist.

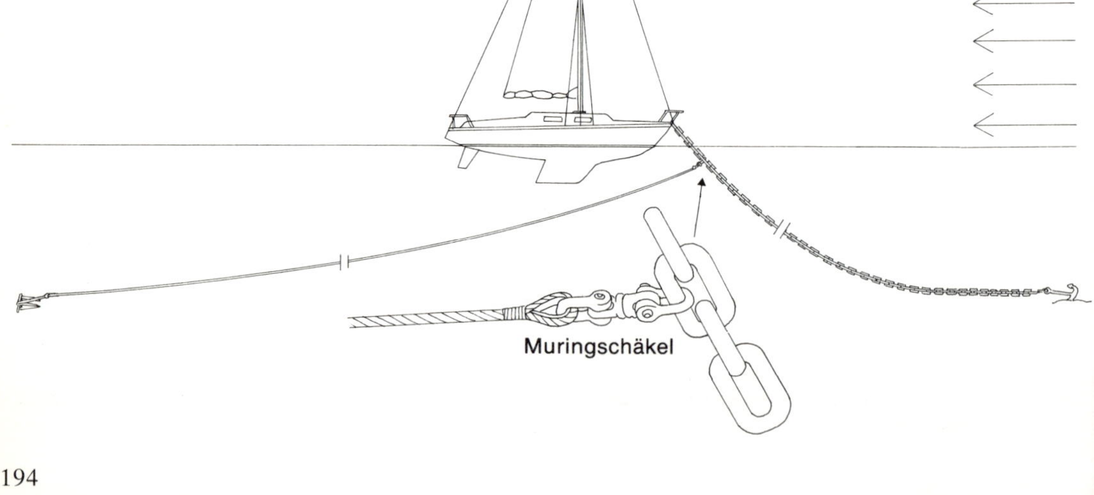

Ankerausbringen mit dem Dingi

Es gibt verschiedene Gründe, weshalb der Anker bisweilen mit dem Beiboot ausgefahren werden muß. Einmal kann es der zweite Anker sein. Zum anderen kann es erforderlich werden, um von einem besonders ungünstigen Liegeplatz zu verholen oder um einen Warpanker auszubringen, wenn man auf Grund gelaufen ist. Oder aber um das Boot bei starkem auflandigen Wind oder Schwell von der Pier freizuhalten.

Zum Ausfahren eignet sich nur eine Leine mit Kettenvorlauf. Eine Kette wäre zu schwer, so daß sich das Dingi nicht von der Yacht freipullen könnte. Ob man nun die in Achterbuchten aufgeschossene Ankerleine – deren Ende auf der Yacht belegt ist – aus dem Dingi heraus abspulen läßt oder sie entsprechend von der Yacht aus fiert, ist Ansichtssache. Von der Arbeitsteilung her ist es sicher sinnvoller, die Leine vom Vordeck auszugeben. Sobald der Anker auf dem Dingi über Bord gegeben worden ist, wird die Trosse von der Yacht aus geholt, um den Anker einzugraben. Da er auf diese Weise einen längeren Weg zum Eingraben braucht, empfiehlt es sich, 10 bis 15 m Trosse mehr auszugeben als für die Wassertiefe vorgesehen ist.

Ankerlichten

Unter Maschine ist das Ankerlichten normalerweise ein kurzes und einfaches Manöver. Man schlägt die Segel an und läuft mit niedrigster Fahrstufe zum Anker, während gleichzeitig die Trosse eingeholt wird. Steht sie auf und nieder – senkrecht – genügt meist ein kurzer Ruck, um den Anker auszubrechen. Er wird gehievt, ausgewaschen und an Bord genommen. Bei schweren Stockankern ist es nicht ganz einfach, sie an Deck zu bringen, ohne die Bordwand zu zerkratzen. Da hilft ein am Kreuz befestigtes Ende von etwa 2 m Länge. Man faßt es mit dem Bootshaken, steckt es an ein freies Fall, während gleichzeitig die Trosse wieder etwas gefiert wird, und nun kann man den Anker, mit dem Kreuz voraus, vom Bootshaken auf Distanz gehalten, mit dem Fall an Bord holen.

Liegt das Schiff vor Bug- und Heckanker oder vermurt, erfolgt das Ankerlichten in genau umgekehrter Abfolge wie das Ankern: Doppelte Trossenlänge am Hauptanker stecken, zum Zweitanker fahren und ihn ausbrechen und dann zurück zum Hauptanker.

Unter Segeln ist das Manöver schwieriger, zumal

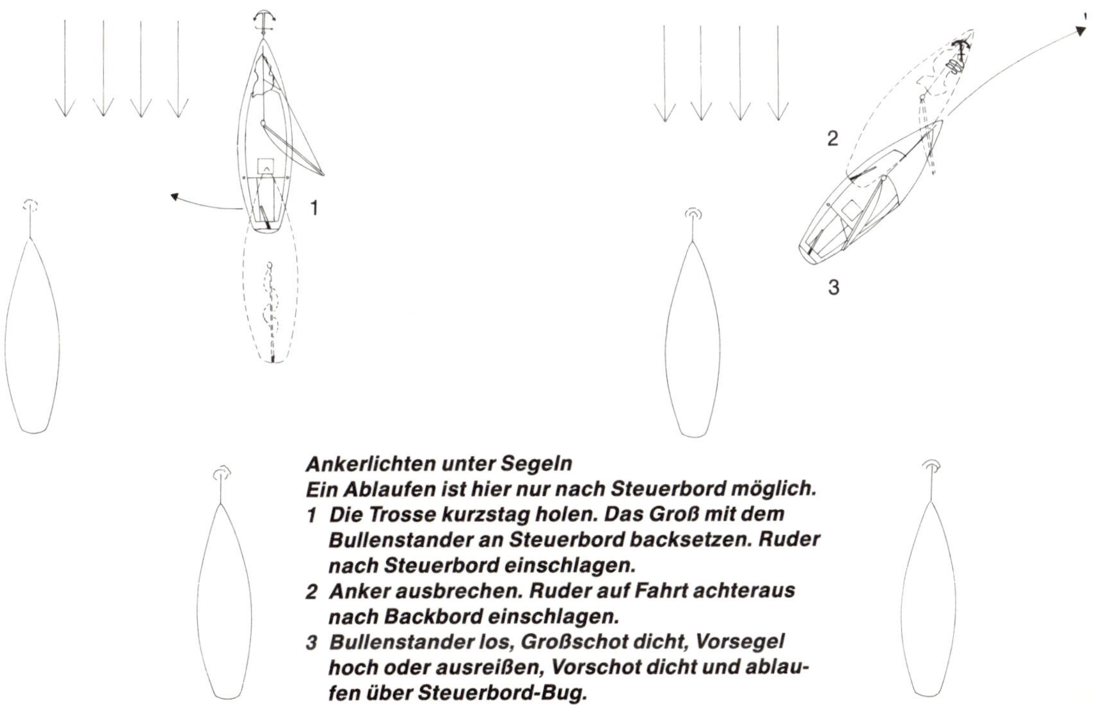

Ankerlichten unter Segeln
Ein Ablaufen ist hier nur nach Steuerbord möglich.
1. ***Die Trosse kurzstag holen. Das Groß mit dem Bullenstander an Steuerbord backsetzen. Ruder nach Steuerbord einschlagen.***
2. ***Anker ausbrechen. Ruder auf Fahrt achteraus nach Backbord einschlagen.***
3. ***Bullenstander los, Großschot dicht, Vorsegel hoch oder ausreißen, Vorschot dicht und ablaufen über Steuerbord-Bug.***

__Freisegeln des Ankers__
__1 Alle Segel sind gesetzt. Sowie das Boot aus der Windachse giert, die Drehbewegung durch Backholen des Vorsegels unterstützen. Lee-Ruder legen.__
__2 Großschot dicht, Vorsegel über und Fahrt aufnehmen.__
__3 Wenden und schnell die Ankertrosse aufholen, sie abstoppen . . .__
__4 . . . und in Luv mit möglichst viel Fahrt über den Anker hinwegsegeln und ihn dabei ausbrechen.__
__Erschwerend kommt bei diesem Manöver hinzu, daß die Vordeckscrew stark durch das Vorsegel behindert wird.__

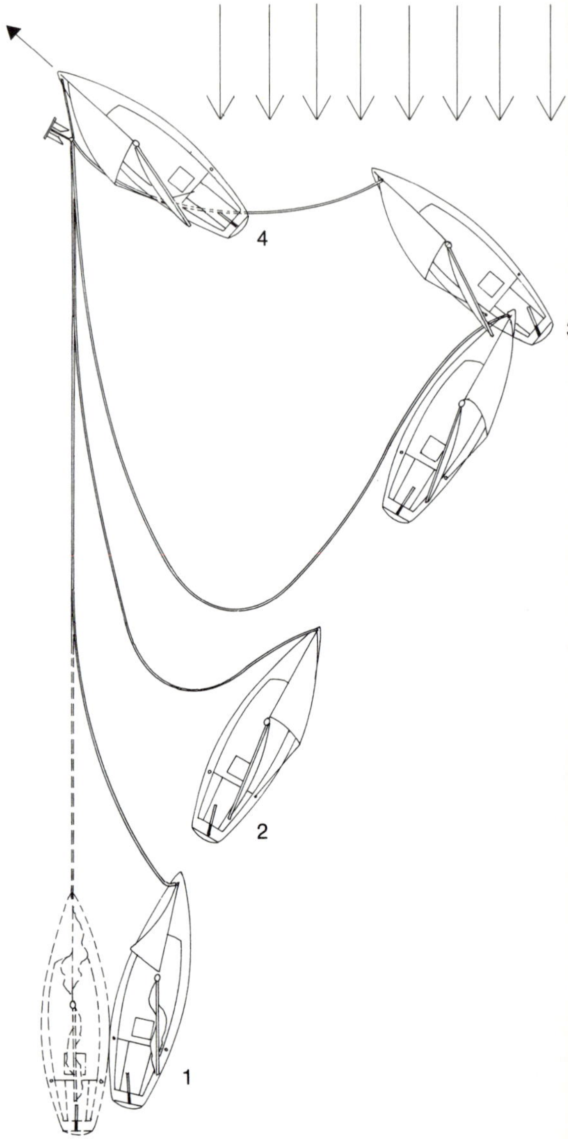

sich häufiger in unmittelbarer Nachbarschaft andere Ankerlieger befinden, so daß man nach einer bestimmten Seite ablaufen muß und keinen oder kaum Raum zum Treiben hat.
Mit gesetztem Groß, das Vorsegel klar zum Setzen angeschlagen, verholt man sich entweder von Hand, auf kleinen Booten, oder mit der Ankerwinsch zum Anker hin. Ist die Trosse kurzstag gehievt, das heißt, bis auf etwa eineinhalbfache Wassertiefe eingeholt worden, so daß sie in einem Winkel von ungefähr 45° zum Anker zeigt, muß man damit rechnen, daß der Anker nicht mehr sicher hält. Dies ist eine kritische Situation, zumindest auf beschränktem Raum, denn in diesem Augenblick ist das Schiff nicht manövrierfähig.
Wenn der Anker jetzt ausbrechen würde, müßte sofort wieder Kette gesteckt werden. Er darf erst dann kommen, wenn das Boot in die Richtung gedreht hat, nach der abgelaufen werden soll oder muß. Das wird erreicht, indem man das Groß nach dieser Seite back setzt. Erst wenn das Boot eine ungefähre Am-Wind-Position eingenommen hat, heißt es: »Anker auf!« Nun mit dem backgesetzten Groß und zur anderen Seite eingeschlagenem Ruder über den Achtersteven noch etwas weiter eindrehen. Dann die Großschot dicht, das Ruder auf Fahrt voraus legen und das Vorsegel setzen.
Nicht immer läßt sich der Anker leicht aus dem Grund herausbrechen. Unter Maschine wird die Trosse belegt, wenn sie auf und nieder zeigt, und dann fährt man mit halber Kraft über den Anker hinweg. Das mag genügen, ihn auszubrechen.
Auf kleineren Booten geht die Besatzung möglichst weit aufs Vorschiff, damit der Bug tief eintaucht, setzt die Trosse steif und läuft dann nach achtern. Der Auftrieb des heraustauchenden Bugs erzeugt eine erhebliche Kraft, die meistens stark genug ist, um den Anker auszubrechen. Bei Seegang läßt sich auch die Wellenbewegung nutzen. Man stoppt die Trosse in dem Moment ab, wenn das Vorschiff in ein Wellental eintaucht. Möglicherweise wird mit der nächsten Aufwärtsbewegung der Anker ausgebrochen. Geschieht das ohne Maschine, ist das Boot gerade dann manövrierunfähig, wenn der Anker ausbricht, und die Gefahr ist groß, daß man unkontrolliert zurücktreibt und mit anderen Ankerliegern kollidiert.

Eine andere Möglichkeit ist das Freisegeln des Ankers, das genügend freien Seeraum und eine reaktionsschnelle Vorschiffscrew erfordert. Man läßt genügend Trosse ausgebracht, um unter Groß und Fock zum Anker zu segeln. Dabei muß die Trosse schnell eingeholt und dann belegt oder gestoppt werden, so daß man den Anker in voller Fahrt bei steifer Trosse erreicht und dadurch möglicherweise ausbrechen kann.

Ankerklarieren

Ein Anker, der sich in anderen Ankerketten, Wrackteilen oder ähnlichem so verhakt hat, daß er mit einem normalen Manöver nicht gelichtet werden kann, ist unklar. Oft ist das Klarieren mit den zur Verfügung stehenden Mitteln nicht möglich, so daß der Anker entweder aufgegeben oder durch einen Taucher klariert werden muß. Manchmal kann man sich jedoch auch selbst helfen.
Wenn sich der Anker unter der Kette eines fremden Schiffes verhakt hat und es gelingt, ihn mitsamt der Kette bis dicht an die Wasseroberfläche zu holen, bringt man vom Dingi eine Leine aus, nimmt sie unter der Fremdkette hindurch und belegt beide Tampen an Bord, so daß die Fremdkette jetzt in der Bucht hängt. Nun wird es entweder möglich sein, den Anker von Hand zu klarieren, oder man braucht nur die Ankerleine zu fieren, bis der Anker frei von der fremden Kette schwingt.
Kommt die fremde Kette nicht mit hoch, versucht man, sie vom Dingi aus mit einem Draggen zu fischen. Hat man sie gefaßt, wird die Draggenleine zur Yacht verfahren und von dort aus versucht, die fremde Kette mit dem Draggen so weit wie möglich aufzuholen, um den eigenen Anker darunter zu klarieren.
Wie bereits eingangs erwähnt, kann es durchaus sinnvoll sein, vorm Ankern eine Tripp- oder Fangleine mit seiner Boje ans Kreuz des Ankers zu stecken. So läßt er sich eventuell klarieren, indem an dieser Leine, entgegen der Zugrichtung der Trosse, geholt wird. Eine Methode, die sich vor allem dann bewähren wird, wenn sich eine Flunke (Stockanker) in einer Felsspalte verklemmt hat.

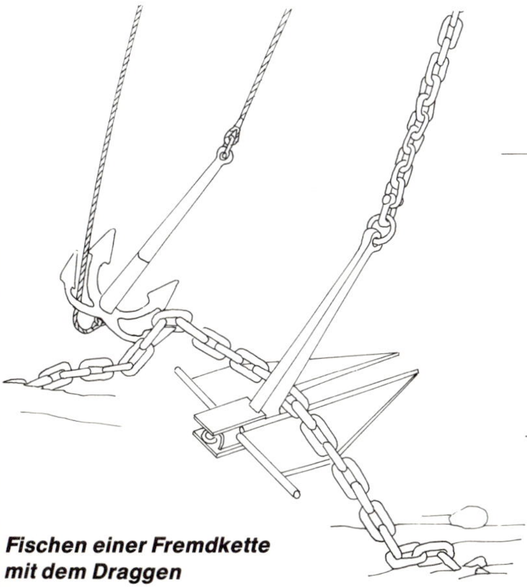

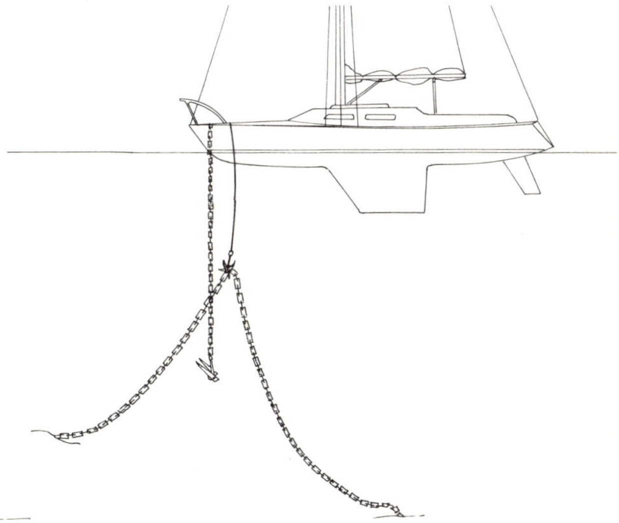

Fischen einer Fremdkette mit dem Draggen

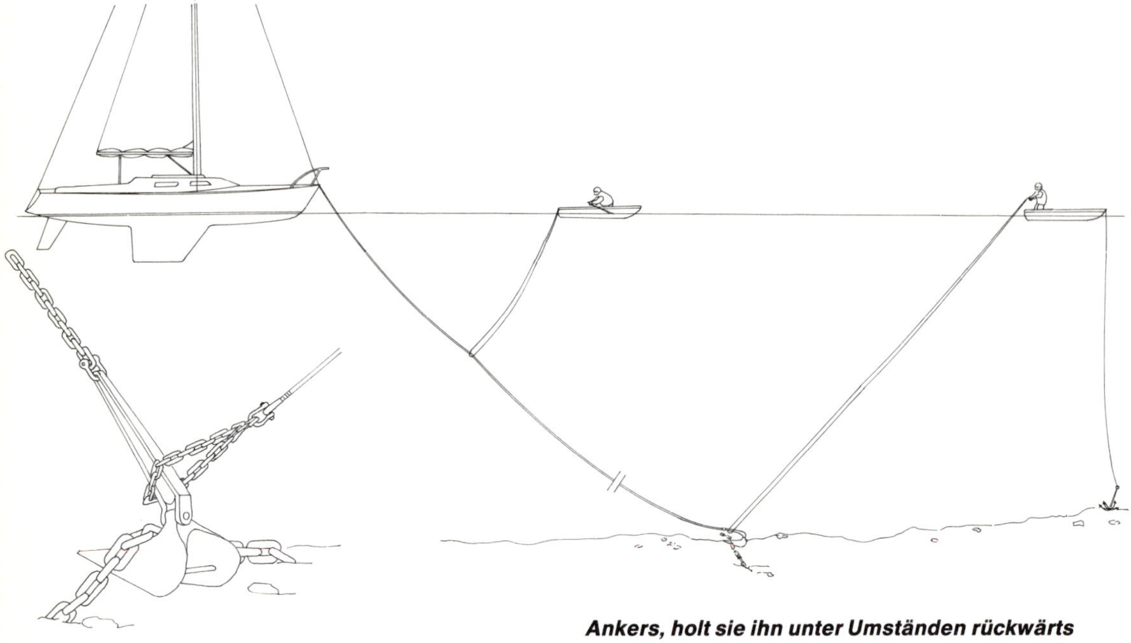

Klarieren der Ankerkette mit dem Dingi
Man nimmt eine Leine von etwa drei- bis vierfacher Länge der Wassertiefe mit einer Bucht unter der Ankerkette hindurch und pullt mit dem Dingi unter ständigem Stecken von Leine in Richtung des ausliegenden Ankers und darüber hinaus. Dann wirft man den Dingi-Anker und holt die Bucht der Leine durch. Sie gleitet an der Kette entlang bis zum Anker. Hat man Glück, und sie faßt das Kreuz des Ankers, holt sie ihn unter Umständen rückwärts vom Hindernis frei. Natürlich kann das Dingi für dieses Manöver auch an einem Dalben, anderen Ankerliegern oder an Land festgemacht werden. Eine andere Methode: Man holt die Ankertrosse kurzstag und läßt eine Leine mit einem (schweren) Kettenauge daran hinuntergleiten (links). Dann muß ebenfalls vom Dingi aus in der entgegengesetzten Richtung geholt werden. Gerade bei Pflugschar- und Bruce-Ankern kann diese Methode recht erfolgversprechend sein.

Segeln im Strom

Beim Segeln in strömenden Gewässern ist nicht nur die Abdrift durch den Wind einzukalkulieren, sondern Kurs und Geschwindigkeit werden ganz erheblich vom Strom beeinflußt.

- In Fahrtrichtung mitlaufender Strom erhöht die Fahrt des Bootes um seine eigene Geschwindigkeit.
- Gegenanlaufender Strom reduziert die Fahrt eines Bootes um seine eigene Geschwindigkeit. Das kann so weit gehen, daß die Stromgeschwindigkeit die Bootsgeschwindigkeit übersteigt und nicht mehr ausgesegelt werden kann.

Die **Fahrt durchs Wasser** ist in beiden Fällen gleich. Es ist die Geschwindigkeit des Bootes gegenüber dem vorbeiströmenden Wasser. Nur sie kann man mit dem Log messen.

Die **Fahrt über Grund** hingegen unterscheidet sich beträchtlich. Es ist die Geschwindigkeit des Bootes gegenüber dem Grund. Sie beträgt in dem Beispiel hier einmal 7 Knoten und einmal 3 Knoten (Seemeilen pro Stunde).

In beiden Fällen wird das Boot vom Strom nicht oder zumindest nicht nennenswert aus seinem Kurs versetzt. Das geschieht jedoch, wenn Stromrichtung und Kurs einen Winkel bilden. Die **Stromversetzung** ist bei quer setzendem Strom am größten. Außerdem ist sie abhängig von der Stärke des Stromes. Jetzt muß deutlich zwischen dem gesteuerten **Kurs durchs Wasser** und dem tatsächlich

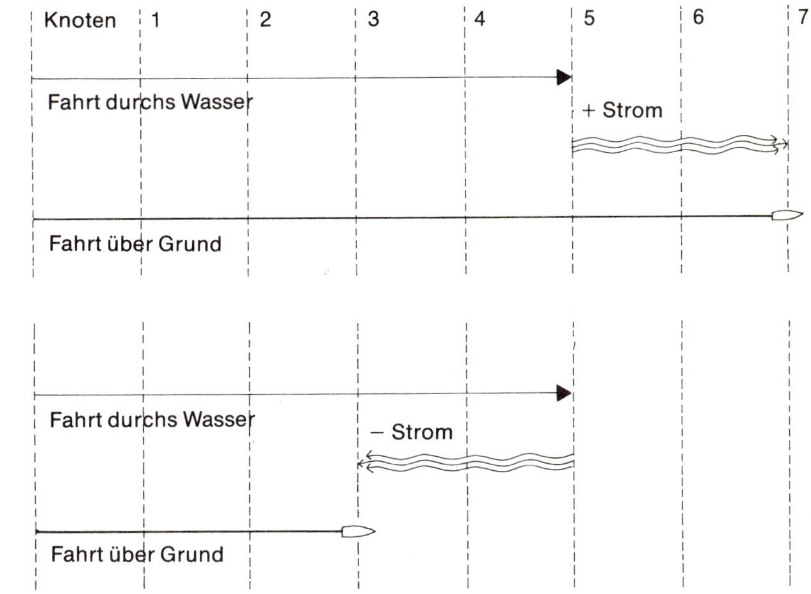

Mitlaufender Strom: Läuft das Boot mit 5 Knoten (kn) und der Strom mit 2 kn, ergibt sich eine Fahrt von 5 + 2 = 7 kn. Gegenanlaufender Strom: 5 – 2 = 3 kn.

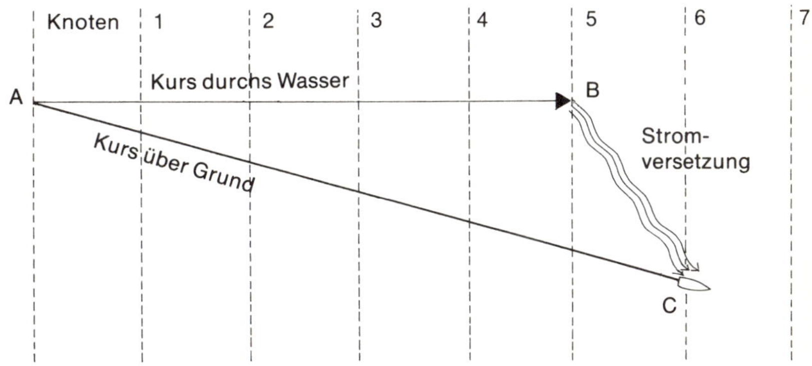

Das Stromdreieck
Die Strecke A–B entspricht dem Kurs, den das Boot innerhalb einer gegebenen Zeit mit einer gegebenen Geschwindigkeit durch das Wasser von A nach B zurückgelegt hat. Die Strecke B–C entspricht in Richtung und Länge der Stromrichtung und Stromgeschwindigkeit. Indem man die Punkte A und C verbindet, erhält man den Kurs und die Geschwindigkeit über Grund.

gelaufenen **Kurs über Grund** unterschieden werden, der das Boot immer in Stromlee vom Ziel bringt. Deshalb muß beim Kurs durchs Wasser gegen den Strom vorgehalten werden.
Als Stromstärke wird in der Regel die Stromgeschwindigkeit in einer Stunde angegeben. Die Stromrichtung läßt sich unschwer an Bojen, schwimmenden Seezeichen oder Ankerliegern erkennen, die Stärke nur mit viel Erfahrung aus der Schräglage von Bojen und dergleichen und den sich dahinter bildenden Wasserwirbeln ablesen. Jedenfalls sollte man keine Fahrwassertonne passieren, ohne sie auf etwaige Stromwirkungen hin zu beobachten.
Bei schwachem Wind wirkt sich der Strom am unangenehmsten aus, wenn man Wind und Strom gegenan hat. Mitunter wird es dann nicht mehr möglich sein, den Strom auszukreuzen. Hat man keinen Motor, empfiehlt es sich, rechtzeitig an einem geeigneten Platz zu ankern, um nicht bei weiterem Nachlassen des Windes auf ein Seezeichen, einen Ankerlieger, aufs Ufer oder auf eine Untiefe getrieben zu werden.
Bei Ausweichmanövern von Booten, die dem glei-

chen Strom ausgesetzt sind, spielt der Strom keine Rolle, so daß er unberücksichtigt bleiben kann. Berücksichtigt werden muß er beim Ausweichen vor Ankerliegern, Seezeichen und anderen Hindernissen.

Will man in einen Hafen einlaufen, in den Strom hineinsetzt, werden die gleichen Manöver gefahren, als wenn kein Strom vorhanden wäre. Es ist lediglich zu berücksichtigen, daß das Boot mehr Fahrt über Grund macht, der Auslauf also auch entsprechend länger ist. Deshalb sollten Bug- und Heckanker klar sein, um damit gegebenenfalls die Fahrt zu mindern oder abstoppen zu können. Beim Auslaufen mit Strom braucht der Strom nicht berücksichtigt zu werden.

Häufig aber setzt er quer zu Einfahrten. In diesem Falle darf man nicht die Einfahrt ansteuern, sondern muß entsprechend der Stromstärke mehr oder weniger weit nach Stromluv vorhalten. Erst unmittelbar vor der Einfahrt dreht man darauf zu. Man muß damit rechnen, daß bei querlaufendem Strom auch mehr oder weniger Strom in die Einfahrt hinein- oder aus ihr heraussetzt. Auch bildet der vorbeilaufende Strom in engen Einfahrten oft starke Wirbel (Kreisstrom), die beim Kurshalten erhebliche Schwierigkeiten bereiten können. Beim Auslaufen ist so weit wie möglich nach Stromluv zu halten. Das Boot könnte sonst leicht von einer bereits in der Einfahrt laufenden Querströmung erfaßt und auf die Leemole oder andere dort befindliche Hindernisse gesetzt werden, von denen man nur schwer wieder freikommt.

Kurs durchs Wasser – vorhalten nach Stromluv (hier 10°).

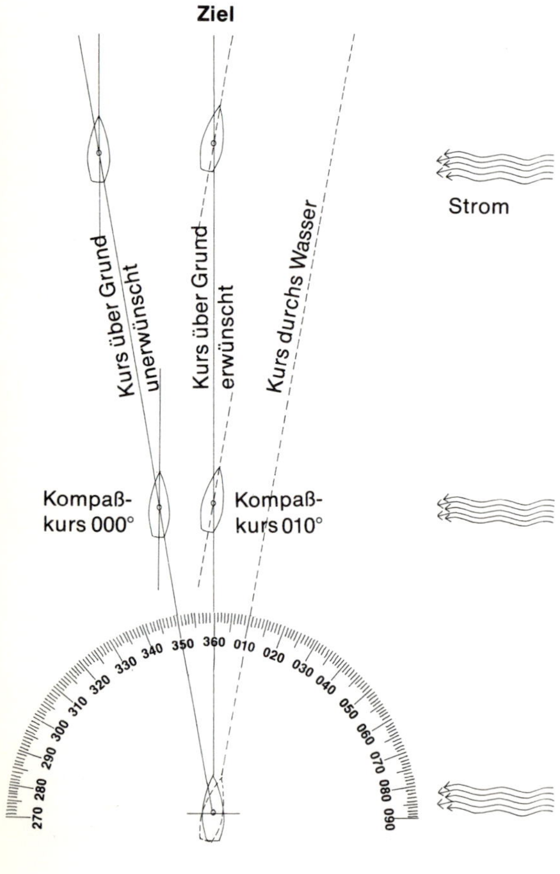

Einlaufen in eine enge Einfahrt

1 Mit dem Strom: Man kommt mit verhältnismäßig viel Fahrt an. Der Augenblick des Eindrehens muß genau abgepaßt werden, um nicht an der Einfahrt vorbeigesetzt zu werden.

2 Quer zum Strom: Auf diesem Kurs ist die Stromversetzung am größten, deshalb ist weit nach Stromluv vorzuhalten.

3 Gegen den Strom: Erst in Stromluv der Einfahrt eindrehen.

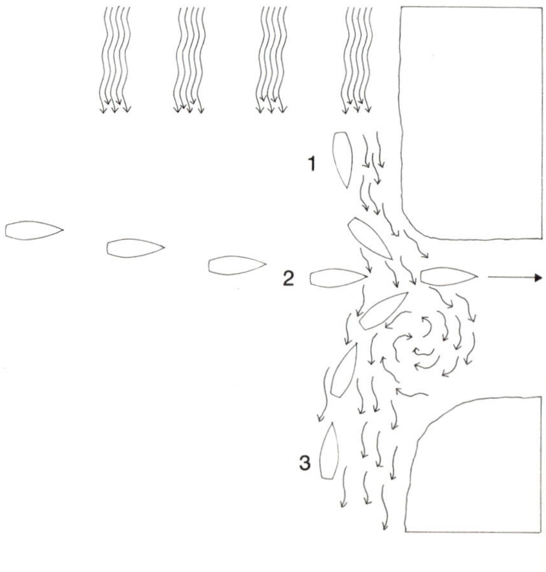

Schleusen

Nahezu jede Schleusenanlage ist anders konzipiert, was den Ausbau mit Pollern und Leitern anbelangt und die unterschiedlichen Torsysteme und Spültechniken. Eine Patentlösung für Schleusenmanöver gibt es deshalb nicht. Die Größe der Schleuse, ihre technischen Einrichtungen, Windrichtung und Schleusenverkehr schaffen immer wieder andere Situationen, denen man seine Manöver anpassen muß.

Im Schleusenbereich darf nicht gesegelt werden. Wer keinen Motor hat, muß sich einen Schlepper suchen. Wer gar nicht schleusen will, darf auch nicht im Schleusenbereich festmachen. Den häufig über Lautsprecher gegebenen Anweisungen des Schleusenpersonals ist unverzüglich nachzukommen.

Die Ein- und Ausfahrt in die Schleusenkammer wird bei Tag und Nacht durch Ampeln geregelt. Sie stehen auf einer oder auf beiden Seiten der Schleusenkammern. Gibt es mehrere Kammern, bezeichnen zwei weiße Blinklichter die jeweils zu benutzende Kammer. Vorrang haben jedoch im Zweifelsfall die direkten Anweisungen des Schleusenpersonals. Yachten unter 15 t haben in allgemeinen Schleusen kein Anrecht auf Einzelschleusung. Sie können nur in einer Gruppe oder zusammen mit anderen Schiffen geschleust werden.

Grundsätzlich gilt für das Manövrieren im Schleusenbereich:

- Absolutes Überholverbot.
- Wellenschlag vermeiden.
- Ausreichenden Sicherheitsabstand halten.
- Als Yacht nur hinter der Berufsschiffahrt ein- und auslaufen.
- An den Schleusenwänden markierte Grenzen nicht überschreiten.
- In der Schleusenkammer den Motor abstellen.
- Vor dem Einlaufen genügend Fender ausbringen und die Festmacher vorne und achtern klarlegen.
- Nicht zu dicht hinter dem letzten Großschiff einlaufen, man gerät sonst voll in den Schraubenstrom, den man nicht ausmanövrieren kann.

In dem ziemlich schnell einströmenden Wasser kann das Boot heftig zu schwojen beginnen. Boote mit unterschiedlichen Unterwasserschiffskonstruktionen reagieren auch recht unterschiedlich. Das Verhalten seines Bootstyp beim Schleusen muß jeder Skipper selbst herausfinden. In jedem Fall wird es richtig sein, mit Vor- und Achterleine an der Schleusenwand festzumachen oder die Vorleine zu dem voraus liegenden Schiff überzugeben. Während des Schleusens müssen die Festmacher gefiert oder geholt oder auf den nächsten Poller in der Nische der Schleusenwand umgehängt werden. Niemals an Bord mit Kopfschlag oder am Schleusenpoller mit Webeleinstek belegen, sondern immer auf Slip, damit man die Leinen jederzeit loswerfen oder versetzen kann und sich das Boot nicht darin aufhängt, wenn der Wasserspiegel fällt. Beim Längsseitsliegen an einem großen Schiff hat man die Probleme mit den Leinen zwar nicht, es besteht aber immerhin die Gefahr, zwischen der Bordwand des Großen und der Schleusenmauer eingequetscht zu werden. Ideal sind natürlich die in einigen modernen Schleusen vorhandenen Schwimmpoller, die sich dem steigenden und fallenden Wasserstand anpassen.

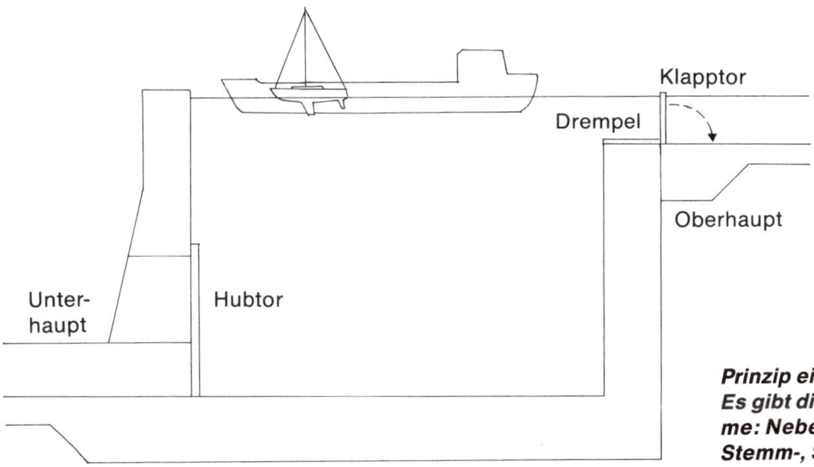

Prinzip einer Schachtschleuse Es gibt die verschiedensten Torsysteme: Neben Klapp- und Hubtoren Stemm-, Segment- und Schiebetore.

Beim Abschleusen am Oberhaupt muß man aufpassen, daß das Boot nicht mit dem Heck auf den Schleusendrempel aufsetzt. Wie weit er in die Schleusenkammer hineinragt, zeigen meistens weiße oder gelbe Farbmarkierungen an den Schleusenmauern an. In Spundwand-Schleusen auch auf die Fender achten. Sie bleiben leicht in den Vertiefungen hängen und reißen beim Aufwärtssteigen ab.

Beim Auslaufen die Leinen so lange belegt lassen, bis sich das Schraubenwasser des „Vorgängers“ etwas beruhigt hat. Die Turbulenz kann so stark sein, daß man – selbst wenn man bereits unter Motor läuft – gegen die Schleusenwand zurückgeworfen wird. Und erst den Motor starten, bevor die Leinen losgeworfen werden.

Schleppen und geschleppt werden

Wer auf den Haken genommen, daß heißt, geschleppt werden will, schwenkt einen Tampen oder die in Buchten bereitgehaltene Schleppleine.

Unter Segeln Der Schlepper nimmt die Schleppleine in Lee über. Da sich ein treibendes Boot in einem Winkel von etwa 50° zum Wind anstellt, läuft der Schlepper hoch am Wind an. Er braucht in Höhe des Havaristen nur die Schoten zu fieren, um zum Stillstand zu kommen, in Ruhe die Leine zu übernehmen und bei sich an Bord zu belegen. Dann die Schoten anholen und langsam die Leine steiffahren. Danach weiter abfallen, um mehr Fahrt aufzunehmen und die anfängliche Masseträgheit des Schleppanhangs zu überwinden. Läuft die Schleppleine auf dem geschleppten Boot an Steuerbord am Vorstag vorbei, wird sie auf der Achterklampe des Schleppers an Backbord belegt – oder umgekehrt.

Auf keinen Fall darf der Schlepper in den Wind schießen, weil dann die Gefahr besteht, daß er bei eventuellem Backkommen der Fock über den falschen Bug abfällt und mit dem zu schleppenden Boot kollidiert. Der Schlepper muß zunächst auf demselben Bug weitersegeln, auf dem der Anlauf gefahren wurde.

Wenden mit einem schwereren Anhang ist nicht unproblematisch, weil der Schlepper während des Überstaggehens entlastet werden muß. Man erreicht dies, indem man die Schleppleine langsam um so viel einholt, daß sie, wieder gefiert, während des Wendens Lose hat. Indem der Schlepper danach zunächst abfällt, nimmt er so schnell wie möglich wieder Fahrt auf.

Unter Motor Von Achtern mit so wenig Fahrt anlaufen, daß man gerade noch Ruder im Schiff hat. In Lee passieren, in gleicher Höhe mit dem anderen stoppen und die Schleppleine rübergeben. Keine Leine mehr annehmen, wenn die Übernahme nicht geklappt hat, man vorbeigelaufen ist und sich bereits vor dem Bug des anderen befindet. Wirft er zu kurz, kann seine Leine allzu leicht in den Propeller geraten und das eigene Schiff manövrierunfähig machen.

Wenn Heckklampe oder Poller nicht mittschiffs

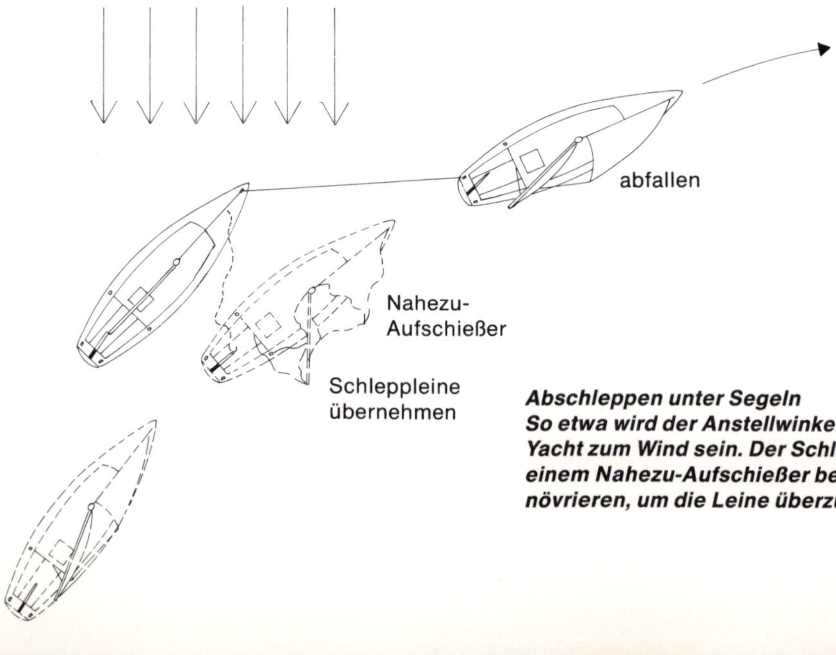

Abschleppen unter Segeln
So etwa wird der Anstellwinkel einer treibenden Yacht zum Wind sein. Der Schlepper kann sich mit einem Nahezu-Aufschießer beinahe parallel manövrieren, um die Leine überzunehmen.

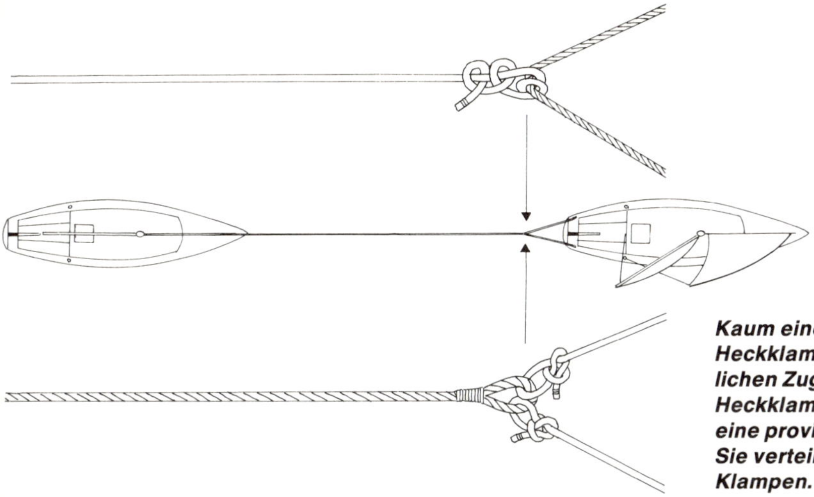

Kaum eine Yacht hat eine zentrale Heckklampe. Um den ständigen seitlichen Zug zu vermeiden, von jeder Heckklampe je eine Leine fahren oder eine provisorische Hahnepot bilden. Sie verteilt zudem die Last auf beide Klampen.

sitzen, die Leine möglichst über eine Hahnepot auf die beiden Heckklampen führen, damit der Anhang nicht fortwährend zu einer Seite zieht. Die Verteilung der Zugkräfte über eine Hahnepot oder auf zwei getrennte Schleppleinen ist auch dann unbedingt ratsam, wenn der Anhang ein schweres Boot oder von Grund freizuschleppen ist. Langsam anfahren, damit die Leine nur allmählich den vollen Zug aufnimmt.

Auf dem geschleppten Boot die Leine zunächst nur mit einem Rundtörn auf der Vorschiffsklampe belegen, um dort beim Anschleppen elastisch nachgeben zu können und ein hartes Einrucksen der Leine zu vermeiden. Auch läßt sich der anfängliche Geschwindigkeitsunterschied zwischen Schlepper und Geschlepptem durch leichtes Nachgeben ausgleichen. Da die Vorschiffsbeschläge kleinerer Yachten oft nicht ausreichend dimensioniert und verankert sind, um einer längeren Schleppbelastung standzuhalten, sichert man die Leine zusätzlich am Mastfuß.

Beim Schleppen im Seegang die Länge der Trosse so bemessen, daß sich beide Boote gleichzeitig entweder auf dem Wellenkamm oder im Wellental befinden. Exakt erreicht man das kaum, aber einigermaßen synchron sollten die Bewegungen beider Schiffe schon ablaufen. Vor mitlaufender See hingegen spielt die Anpassung an die Wellenlänge keine Rolle. Die Boote werden von den Wellen unterschiedlich schnell beschleunigt. So kann der Geschleppte durchaus dazu ansetzen, den Schlepper zu überholen.

Die Ankertrosse mit Kettenvorläufer an die Schleppleine gesteckt, trägt ferner dazu bei, Ruckbelastungen aufzufangen. Ein größerer und schnellerer Schlepper muß seine Fahrt der Rumpfgeschwindigkeit des kleineren Anhangs anpassen. Sonst gibt es Bruch. Der Schlepp durch Berufsschiffe ist deshalb für ein kleineres Boot immer risikoreich, denn sie müssen Geld verdienen und können auf die Rumpfgeschwindigkeit ihres Anhangs keine Rücksicht nehmen.

Auf einer Jolle muß vor dem Anschleppen unbedingt das Schwert aufgeholt werden. Sie würde sonst querschlagen. Bei schnellem Motorschlepp ist es sinnvoll, das Ruderblatt ebenfalls aufzuholen und die Pinne mittschiffs zu laschen. Das Boot folgt dann unmittelbar der Zugrichtung der Schleppleine. Ein unbeabsichtigt harter Ruderausschlag könnte andernfalls eventuell zu einer Kenterung führen.

Das geschleppte Boot muß so gesteuert werden, daß es sich im Kielwasser des Schleppers hält und möglichst wenig giert; bei einem Querschießen droht Leinenbruch. Das Schlepptempo ist so einzurichten, daß die Bucht der Leine möglichst nicht aus dem Wasser kommt. Kursänderungen müssen vom Schlepper in weitem Bogen ausgeführt werden; sonst droht ihm Kenterung oder Bruch der Schleppleine.

Beim Loswerfen der Schleppleine am Ziel darauf achten, daß sie nicht in den Propeller gerät. Die fremde Leine weit genug achteraus werfen, die eigene Leine nur bei ausgekuppeltem Propeller einholen.

Wird eine Schleppleine auf dem geschleppten Boot losgeworfen, ist der Schlepper rechtzeitig davon zu verständigen, damit er mit seiner Maschine auf die plötzliche Entlastung vorbereitet ist und die Leine klar von seiner Schraube halten kann.

Der Schleppverband

Sollen mehrere Boote geschleppt werden, kann nicht mehr jedes Boot mit seiner Schleppleine am Vordermann festmachen, weil dann die Zugkraft des gesamten Schleppzuges auf die dafür zu schwachen Leinen, Klampen oder Poller der vorderen Boote kommen würde. In diesem Fall gibt der Schlepper eine lange starke Leine achteraus, deren Tampen aufgebojt ist. An ihr machen die einzelnen Boote abwechselnd auf Lücke mit Stopperstek fest, die schwereren Boote vorne. Nebeneinander festgemacht, würden sich die Bootskörper gegenseitig ansaugen. Das Ruder auf den geschleppten Booten wird auf Abscheren gelegt, um sie parallel zur Zugrichtung der Schlepptrosse zu halten.

Das Schleppen mehrerer Boote
Meist werden es Jollen sein, die beispielsweise von einer Regattabahn einzuschleppen sind. Sie werden auf Lücke, so daß sie sich nicht überschneiden, mit einem Stopperstek an die zentrale Schlepptrosse gesteckt. Oder diese hat in entsprechenden Abständen eingespleißte Augen, in die sich die Jollen mit ihren Vorleinen nur einzupicken brauchen.

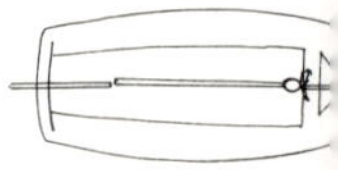

Längsseitschleppen

In Schleusen und engen Fahrwassern ist es häufig vorteilhafter, längsseits zu schleppen, weil man mit dem kompakten Gebinde besser auf engstem Raum manövrieren kann. Im Seegang ist Längsseitschleppen nicht möglich. Die Boote könnten nicht so gut abgefendert werden, daß sich die Rümpfe nicht gegenseitig beschädigen würden. Das zu schleppende Boot wird auf die Seite genommen, nach der der Propeller dreht. Auf Segelyachten üblicherweise also auf die Backbordseite. Die Leinen müssen so steif wie möglich durchgesetzt werden, damit sich die Boote nicht gegeneinander verschieben können. Zum Festmachen genügen Vor- und Achterleinen als Brustleinen, eine Vorspring – sie nimmt den Schub in Fahrtrichtung auf – und eine Achterspring. Sie nimmt die Kräfte bei Stopp- und Achterausmanövern auf. Das Gebinde läßt sich verhältnismäßig leicht manövrieren: Mehr Gas bewirkt automatisch eine Drehung nach Backbord (bei einem Bb-Beipack), Zurücknehmen der Fahrt oder kurzes Stoppen eine Steuerbord-Drehung.
Ist der Schlepper kleiner, macht er so weit wie möglich am Heck des größeren fest, damit sein Propeller rundum genügend Wasser bekommt.
Eine Yacht bis zu etwa 4 t läßt sich auf diese Weise sogar von einem mit einem 3- bis 4-PS-Außenborder angetriebenen Beiboot recht gut bugsieren. Am besten eignet sich ein Schlauchboot für derartige Schleppdienste. Gegen Wind oder Strom bringt eine so schwächliche Antriebsleistung das Gespann allerdings nicht voran. Gesteuert wird besser mit dem Ruder der Yacht.

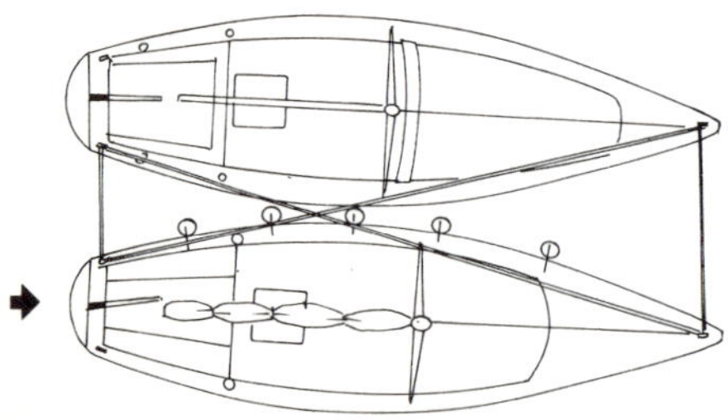

Längsseitschleppen
Kräftige Fender ausbringen. Sie müssen erhebliche Druck- und Schubkräfte aufnehmen.

Nachtsegeln

In dem Maße wie die Yachten größer und damit komfortabler und die navigatorischen Hilfsmittel immer »narrensicherer« werden, dehnen sich auch die Fahrtziele immer weiter aus. Nachttörns gehören zunehmend zum seglerischen Alltag.
Es wird wohl kaum jemand geben, der ohne Zwang bei schwerem Wetter oder schlechter Sicht auf Nachttörn geht. Aber auch bei zunächst gutem Wetter gilt einzukalkulieren, wie die Wetterentwicklung innerhalb der nächsten zwölf Stunden sein könnte oder sein wird. Auch die Dauer der Nacht spielt eine gewisse Rolle. Beispielsweise ist im Sommer die Dunkelperiode im Süden länger als in der nördlichen Ostsee. Kommt man in eine navigatorisch schwierige Zone, sollte dies unbedingt in die Überlegungen für den Beginn eines Törns einbezogen werden.

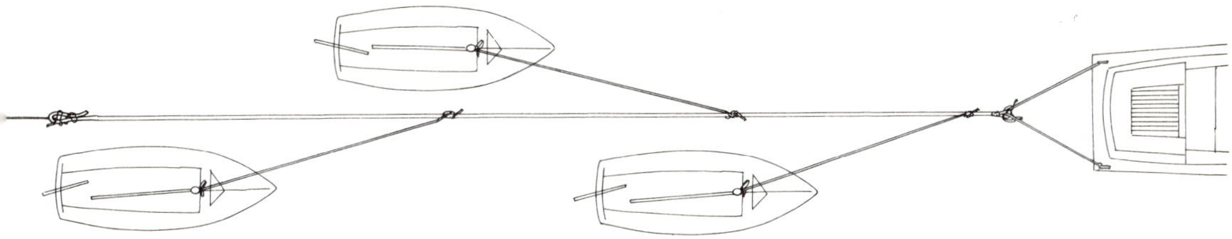

Der Wachplan

Gleichgültig, ob Langfahrt oder Nachtfahrt: Außer dem Skipper muß ein Crewmitglied an Bord sein, das verantwortlich als Wachführer fungieren kann. Es muß ein Wachplan aufgestellt und dieser strikt eingehalten werden. Üblich sind Vierstundenwachen: von 2000 Uhr – 2400 Uhr, von 0000 Uhr – 4000 Uhr und von 4000 Uhr – 8000 Uhr. Bei einer Crew von sechs und mehr Mitgliedern ist das kein Problem. Schwieriger wird es auf kleinen Booten mit einer Drei- oder Viermanncrew. Aber auch für sie wird sich eine akzeptable Lösung finden. Wie es überhaupt keine allgemein gültige und passende Wacheinteilung gibt.

Zu unterschiedlich sind die Voraussetzungen. Denn nicht allein die Größe der Crew ist entscheidend, sondern auch ihre Eignung und seglerische Erfahrung. Jeder Schiffsführer wird da seine eigene bewährte Methode haben.

Selbst reiht er sich so in die Wache ein, daß er sich bei Annäherung an eine Küste oder an einen Hafen an Deck befindet. Er wird sich unabhängig davon die Wache aussuchen, während der Schwierigkeiten zu erwarten sind. Mögen sie navigatorischer Art oder aber durch starken Schiffsverkehr bedingt sein.

Erwiesen ist, daß sich normalerweise ab Mitternacht Müdigkeit einstellt. Aufmerksamkeit und Reaktionsvermögen nehmen immer mehr ab, bis etwa gegen 3.00 Uhr der Tiefpunkt erreicht ist. Je länger die Dunkelperiode dauert, um so deutlicher sind Leistungs- und Konzentrationsabfall.

Während der Nachtfahrt kein Licht an Deck gebrauchen. Die Kajütbeleuchtung muß gegen das Cockpit abgeschirmt sein (geschlossener Niedergang). Zehn Minuten vor dem Wachwechsel sollte die Kajütbeleuchtung möglichst ausgeschaltet werden. An Deck dauert es noch weitere zehn Minuten bis man volle Nachtsicht erreicht hat.

Timing

Ist der Seeraum frei, sollte man so auslaufen, daß der Zielhafen bei Tageslicht erreicht wird. Sind unbeleuchtete Tonnen zu passieren, sollte dies möglichst bei noch ausreichender Sicht geschehen. Liegt der Zielhafen vor einer (größeren) Stadt, hat man meist erhebliche Schwierigkeiten, die Ansteuerungslichter aus dem Gewirr der Lichtreklamen herauszufinden. Keineswegs sollte man einlaufen, wenn nicht vorher alle navigatorischen Lichter eindeutig identifiziert worden sind. Erfahrungsgemäß verlöschen in den meisten Ländern gegen 2.00 Uhr viele städtische Lichtquellen. Die Orientierung wird deshalb nach dieser Zeit beträchtlich einfacher.

Begegnungen

Heutzutage fahren die meisten großen Schiffe mit eingeschalteter Selbststeueranlage. Ein Ausguck ist zwar vorgeschrieben, aber oft mit anderen Dingen beschäftigt. Die Chancen, daß die Positionslichter einer Yacht gesehen werden, sind gering. Im Zweifelsfall ist es besser, alle Lichter einzuschalten, einschließlich der Salingsleuchten. Das ist zwar nicht korrekt, wichtiger aber ist, man wird gesehen. Hat man eine starke Lampe, richtet man den Lichtstrahl auf die Brücke des Schiffes (nicht auf die eigenen Segel). Notfalls schießt man weiße Sterne.

Noch ein letzter Hinweis: Bei gleicher Lichtstärke sieht man weiß zuerst. Dann gelb, rot und zuletzt grün. Weiße Lichter können bei Dunst rötlich erscheinen. Grünes Licht setzt sich zusammen aus bläulichen und gelblichen Anteilen. Die kurzwelligen bläulichen werden durch die Atmosphäre stark ausgefiltert. Übrig bleiben die gelblichen, die das grüne Licht auf größere Entfernungen weiß erscheinen lassen. Schon mancher ließ sich davon täuschen.

Starkwind und Sturm

Das meiste, was zu diesem Thema zu sagen ist, müssen theoretische Überlegungen bleiben. Das Verhalten einer Yacht im Sturm ist von so zahlreichen Imponderabilien abhängig, daß es sich kaum auch nur annähernd voraussagen läßt. So lassen sich denn auch keine allgemein verbindlichen Empfehlungen für Maßnahmen zum Abwettern eines Sturmes geben. Windgeschwindigkeit, Dauer des Sturmes, Höhe und Länge der Wellen spielen dabei eine ebenso große Rolle wie Taklung, Größe, Verdrängung und Konstruktion der Yacht. Beispielsweise unterscheidet sich das Verhalten eines schweren Langkielers von einem leichten Kurzkieler in wesentlichen Punkten.
Viele Segler sind während ihres Fahrtenlebens niemals in Situationen geraten, das Verhalten ihres Schiffes unter derart extremen Wetterbedingungen erproben zu müssen. Die Erfahrungen zahlreicher befahrener Hochseesegler stehen sich oft konträr gegenüber: War für den einen der **Treib-** oder **Seeanker** die letzte Rettung, bewährte er sich auf einer anderen Yacht überhaupt nicht. Wurde in einem Fall eine sich vollkommen selbst überlassene Yacht am besten mit dem Sturm fertig, führte das mit einem anderen Schiff zu katastrophalen Folgen. Schwört der eine auf das Ablaufen unter Segeln, kenterte ein anderer dabei durch. Bewährten sich auf einer Yacht nachgeschleppte Trossen vorzüglich, mußte ein anderer sie wieder kappen.
So können hier nur die verschiedenen Möglichkeiten aufgezeigt werden, die zur Verfügung stehen. Jedem verantwortungsbewußten Skipper kann nur der Rat gegeben werden, mit seiner Yacht auch dann mal hinauszugehen, wenn ein steifer Wind bläst, damit er ein sicheres Gefühl dafür bekommt, wie sich sein Schiff auf verschiedenen Kursen zum Seegang benimmt. Er wird dabei sein Reaktionsvermögen als Steuermann schärfen. Es ist nun einmal so, daß es oft nur von den Fähigkeiten des Steuermanns abhängt, ob eine Yacht querschlägt oder unterschneidet oder nicht. Sorgfältig muß er die Wellen in Luv beobachten. Nur so kann er sich auf eine besonders hohe See oder eine See, die aus einer anderen Richtung kommt, einstellen, bevor sie die Yacht erreicht. Schwierig wird es in der Dunkelheit, eine gefährliche See rechtzeitig zu erkennen. Ein erfahrener und guter Steuermann entwickelt da so etwas wie einen sechsten Sinn, der es ihm erlaubt, die See gewissermaßen vorauszuahnen.

Vorkehrungen und Verhalten

Eine erste Vorsichtsmaßnahme, um nicht unvorbereitet von einem Sturm überrascht zu werden, ist, sich alle verfügbaren Wettermeldungen zu beschaffen und sie durch aufmerksame eigene Wetterbeobachtung zu ergänzen. Dabei muß man sich stets dessen bewußt sein, daß es eine absolut zuverlässige Wettervorhersage nicht gibt.
Bei den ersten Anzeichen eines Sturmes wird jeder versuchen, einen Schutzhafen anzulaufen. Das ist jedoch nur sinnvoll, wenn er – je nach Wetterlage – innerhalb von zwei bis drei Stunden zu erreichen ist. Andernfalls gilt es, freien Seeraum und tiefes Wasser zu gewinnen, um den Sturm draußen abzureiten. Selbst wenn nicht die Gefahr besteht, vor einer Küste auf Legerwall zu geraten, kann auch eine Luvküste unter einen parallelen Sturmstrich geraten, wenn das Tief über sie hinwegzieht. Auch heißt es, die steile brechende Grundsee zu meiden, die weit vor der Küste stehen kann.
Zu den Vorbereitungen auf einen Sturm zählt das Aufklaren des Decks. Schwere Deckslasten zur Erhöhung der Stabilität möglichst tief im Schiff stauen. Beiboot (an Deck) und Rettungsinsel mit zusätzlichen Zurrings versehen. Luks, Backskistendeckel und die Steckschotten im Niedergang sichern. Unter Deck alle losen Dinge in Kästen und Schüben verstauen. Schübe und Schränke sicher verriegeln. Den Maschinenraum aufklaren, Batterie, Werkzeugkästen und sonstiges schweres Gut extra zurren, damit es sich nicht losreißen kann. Die Bilge lenzen. Rettungsmittel und Notsignale klarmachen und an einem oder mehreren Orten so bereit legen, daß sie im Notfall von der Crew schnell und ohne Panik zu erreichen sind.
Wenn noch Zeit ist, vorher etwas Warmes essen und unverzüglich eine kräftige Dosensuppe aufwärmen und in Thermosbehälter füllen. Ebenso heißen Kaffee oder Tee. Rechtzeitig warme Kleidung und Ölzeug anziehen und Rettungswesten

und Sicherheitsgurte (Lifebelts) anlegen. Gegebenenfalls ein Strecktau oder Jackstag längs Deck scheren, zum Einpicken der Sicherheitsleine.
Ein besonderes Problem besteht bei wirklich schwerem Wetter darin, daß die Sicht bei Windstärken von 9 aufwärts durch den in die Luft gefegten Gischt so schlecht wird, daß optische Methoden der Schiffsortbestimmung unmöglich werden. Aber auch technische Ortungsmethoden fallen bei heftigen Bewegungen kleiner Schiffe im Seegang aus oder werden unzuverlässig. Radar und Echolot geben, wenn überhaupt noch, keine verläßlichen Ergebnisse mehr.

Dem Sturm ausweichen

Betrachtet man einen Sturmwirbel in seiner Zugrichtung, dann ist auf der nördlichen Halbkugel die rechte Hälfte des Tiefs gefährlicher als die linke. Südlich des Äquators ist es umgekehrt.

- Dreht der Wind immer mehr nach rechts, dann befindet man sich auf der gefährlicheren rechten Seite der Zugbahn des Sturmtiefs, das auf einen zukommt. Man bringt den Wind auf etwa 45° Seitenpeilung an Steuerbord und läuft so viel Fahrt wie möglich, um allen nur erreichbaren Abstand vom Sturmzentrum zu gewinnen. Gegebenenfalls unter Einsatz des Motors. Allerdings vertragen nicht alle Motoren, über längere Zeit mehr als etwa 20° gekrängt zu laufen. Sie bekommen dann Probleme mit der Ölschmierung.
- Dreht der Wind mehr nach links – man nennt das krimpen oder auch rückdrehen –, dann liegt man auf der harmloseren Seite der Zugbahn. Den Wind auf etwa 130° Seitenpeilung an Steuerbord bringen und ablaufen.
- Hält der Wind seine Richtung und nimmt seine Stärke laufend zu, während das Barometer ständig fällt, dann liegt man genau in Zugrichtung des Sturms. Den Wind auf 160° Seitenpeilung an Steuerbord bringen und ablaufen. So gelangt man am schnellsten auf die sichere Seite und am weitesten vom Sturmzentrum weg. Auf diesen Kursen dürfte der Motor kaum einen Geschwindigkeitszuwachs bringen, so daß man gegebenenfalls auf ihn verzichten kann.

Selbstverständlich muß man auf allen diesen Kursen die Nähe von Land und Untiefen berücksichtigen.

Abwettern eines Sturmes

Die erste Maßnahme, um einem Sturm zu begegnen, ist, rechtzeitig und ausreichend zu reffen. Segelt eine Yacht am Wind, dürfte es selten vorkommen, daß ein Schiffsführer länger mit Vollzeug durchhält, als es zu verantworten wäre, weil die Yacht zu hart in ihren Bewegungen und so stark gekrängt wird, daß sie kaum noch Fahrt voraus macht. Außerdem werden moderne Konstruktionen meist auch stark luvgierig.
Auch bei halbem Wind erhält man im allgemeinen rechtzeitig ein Gefühl dafür, wann der Zeitpunkt kommt, die Segelfläche zu verkleinern. Die Wellenkämme brechen gegen die Luvbordwand, durch heftiges Rollen und Krängen verliert das Boot ebenfalls erheblich an Fahrt.
Beim Segeln vor einem an Stärke zunehmenden Wind und mitlaufender See jedoch ist der Zeitpunkt zum rechtzeitigen Reffen schwerer abzuschätzen. Viele Yachten geraten in die ersten Schwierigkeiten, weil sie, in Verkennung der tatsächlichen Windstärke, den Spinnaker zu lange stehen lassen.

Kurzkieler Für leichte Kurzkieler, zu denen auch mehr und mehr Fahrtenyachten zählen, hat sich das Segeln gegenan unter Sturmfock als erfolgreiche Sturmtaktik erwiesen. Wichtig dabei ist, so viel Fahrt zu machen (und Segel zu führen), daß man stets Ruderwirkung im Schiff hat. Man steuert in einem Winkel zwischen 60° und 90° am wahren Wind. Rollt eine steile brechende See heran, luvt man bis fast an den Wind an. Sowie das Boot den Kamm der See übersteigt, wieder auf 60° bis 90° abfallen, um Fahrt aufzunehmen. Man darf aber vor einer solchen See nicht zu früh andrehen, weil sonst die Fahrt nicht mehr ausreichen könnte, auf die See hinauf zu kommen. Dann aber wird die Yacht rückwärts mitgerissen, ein Ruderbruch ist beinahe unvermeidlich, oder das Schiff wird quergeschlagen und möglicherweise vom nächsten Brecher gekentert. Das Abfallen auf dem Kamm muß schnell geschehen, damit der Bug nicht senkrecht in das Wellental hinab donnert und die Fahrt aus dem Schiff nimmt.

Langkieler (schwere Verdränger) sind, konstruktionsbedingt, kaum geeignet, die See in dieser Weise auszusegeln.

Mit dem Kurzkieler gegenan

1 **Im Wellental etwa quer zur See segeln und Fahrt aufnehmen.**
2 **Auf dem Vorderhang der See anluven . . .**
3 **fast rechtwinklig durch den Brecher hindurchstoßen . . .**
4 **und sofort, noch auf dem Kamm, wieder abfallen.**

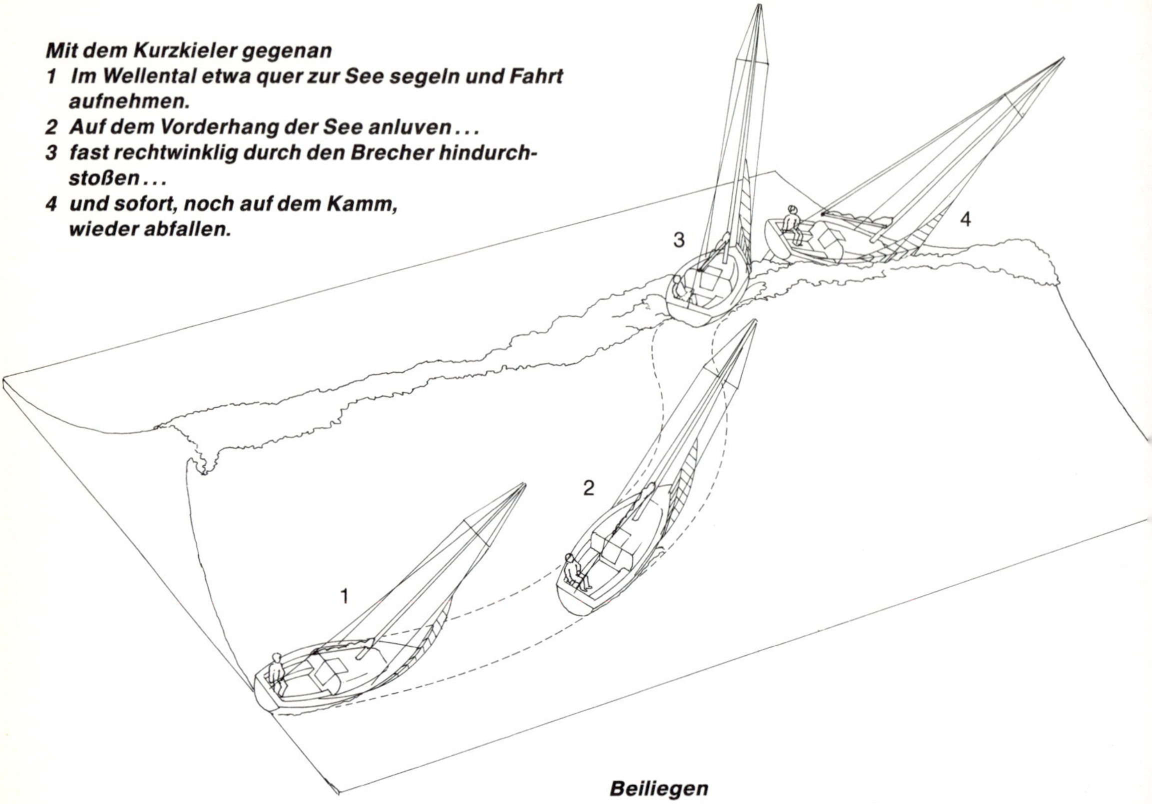

Beiliegen
Vorsegel back, gerefftes Groß oder Trysegel dicht, Ruder nach Luv. Das Boot driftet nahezu quer mit einer sehr minimalen vorausgerichteten Komponente. Die dabei in Luv gebildete Wirbelzone dämpft die See etwas.

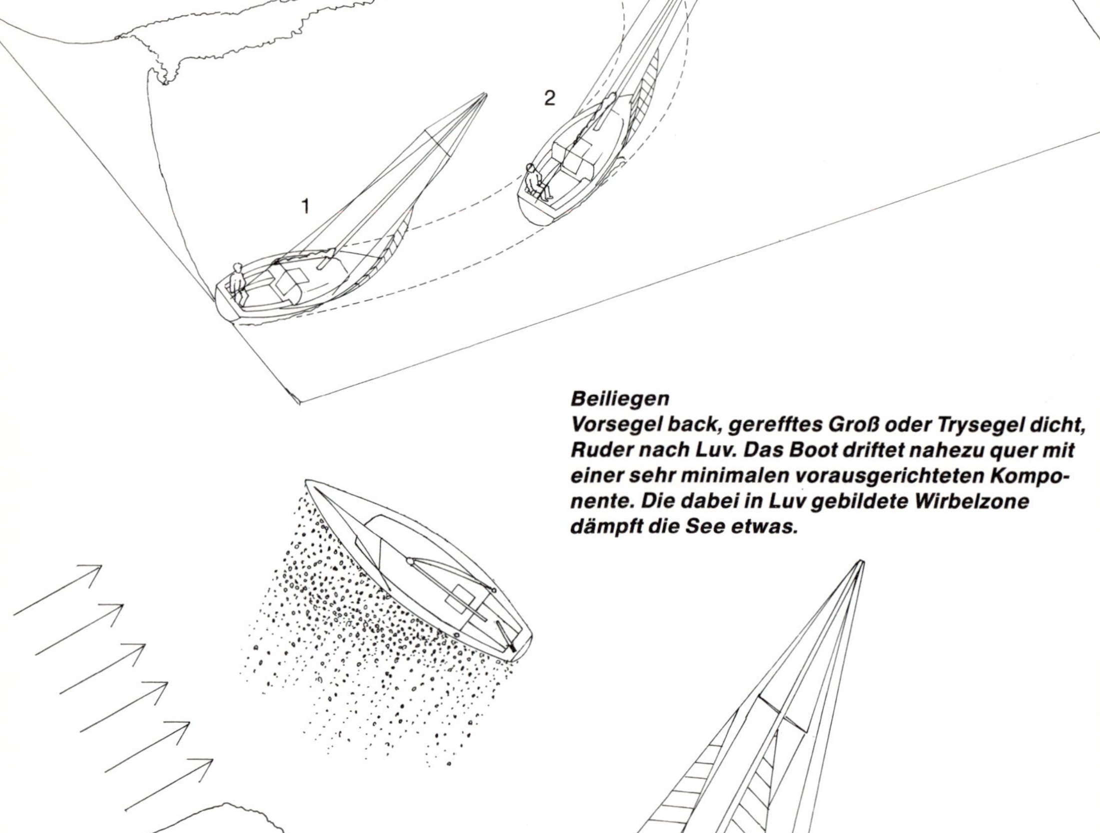

Beiliegen

Unter Segeln

Langkieler können im allgemeinen ohne Schwierigkeiten zum Beiliegen gebracht werden (s. Seite 159). Das Großsegel wird stark gerefft oder gegen das Trysegel ausgewechselt, die Fock backgesetzt. Auf einer Yawl oder Ketsch wird das Groß geborgen und am Besan ein Sturmsegel gesetzt. Luvruder legen und Pinne oder Rad festsetzen. Die Yacht wird sich in einem Winkel von etwa 70° zum Wind anstellen und langsam nach Lee driften. Die Drift liegt, je nach Konstruktion des Unterwasserschiffes und Höhe des Überwasserschiffes, etwa zwischen eineinhalb und vier Knoten. Sie bewirkt in Luv eine Wirbelzone. In dieser laufen sich die anrollenden Brecher teilweise aus, so daß sie das Boot nicht mehr mit unverminderter Stärke treffen. Die Besegelung wirkt darüber hinaus stabilisierend, so daß die Yacht nicht allzu stark rollt und der Aufenthalt unter Deck, den Umständen entsprechend, relativ angenehm ist. Das Ruder braucht nicht besetzt zu werden.

Boote mit geteiltem Lateralplan lassen sich allenfalls beilegen, wenn das Ruder eine größere Leitflosse (Skeg) hat.

Kurzkieler mit ihren runden Unterwasserschiffen kann man, unter Segeln, kaum beilegen. Sie gieren stark, schießen immer wieder in den Wind, und dem freistehenden Ruder droht Bruch.

Ohne Segel

Die Meinungen gehen auseinander, ob man diesen Zustand noch als beiliegen oder aber als treibenlassen bezeichnen soll. Nur das Luvruder bleibt weiterhin festgesetzt.

Langkieler haben auf diese Weise Stürme abgewettert, als die Segel zum Beiliegen noch zu viel Tuch waren. Allerdings rollt das Boot stark, und die ziemlich unberechenbaren Bewegungen in der See sind für die Crew unter Deck äußerst zermürbend. Die Drift ist gering. Nicht ausgeschlossen werden kann, daß steile Wellen über dem Schiff brechen und zumindest die Decksausrüstung zerschlagen, aber auch die Yacht zum Kentern bringen.

Kurzkieler können, wenn überhaupt, nur auf diese Weise beigelegt werden. Wegen ihrer geringen Lateralfläche driften sie schneller nach Lee und dämpfen dadurch die See in Luv etwas. Wegen

Lenzen vor Topp und Takel
Nachschleppen von einer oder mehreren Trossen zur Verminderung der Fahrt und Stabilisierung des Kurses. Auf die Trossen können erhebliche Kräfte kommen, deshalb empfiehlt es sich, sie zusätzlich auf die Schotwinschen zu führen, was gegebenenfalls auch das Einholen erleichtert oder überhaupt ermöglicht. An den Decksdurchführungen die Trosse durch Ummantelungen gegen Schamfilen schützen.

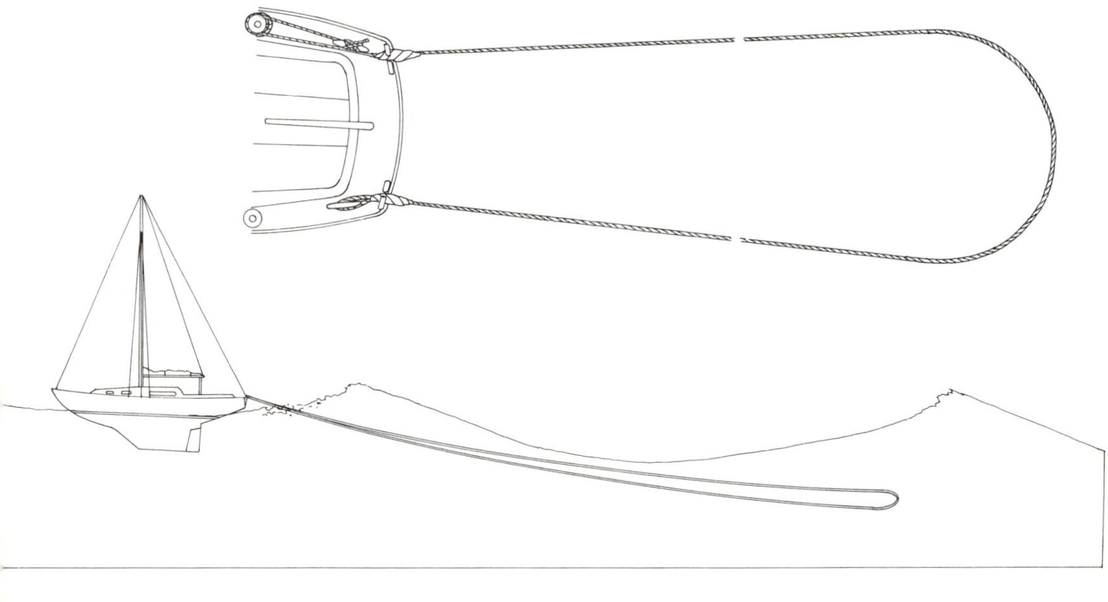

ihres meist breiten Unterwasserschiffes mit hoher Formstabilität rollen sie nicht so stark wie ein Langkieler. Dank ihrer geringen Verdrängung und des kurzen Kiels, der sie nicht „festnagelt", können sie einer brechenden See besser ausweichen. Besser sollten Kurzkieler wohl überhaupt nicht beigedreht, sondern aktiv gesegelt werden. Das heißt, sie sollten stets genügend Tuch tragen, um voll manövrierfähig zu sein. Im Orkan des Fastnet-Rennens, 1979, und des Auckland-Suva-Rennens, 1983, kamen nur jene Yachten in größte Schwierigkeiten oder sanken sogar, die die Segel heruntergenommen oder den Mast verloren hatten. Das ergaben spätere Untersuchungen. Es handelte sich durchweg um Kurzkieler.

Ablaufen

Herrscht eine so schwere See, daß ein Beiliegen nicht mehr möglich oder ratsam ist, läßt man die Yacht **vor Topp und Takel lenzen,** das heißt, mit vollständig geborgenen Segeln, nur von der Kraft des Windes auf das nackte Rigg angetrieben, vor Wind und Wellen ablaufen. Dieses Lenzen vor dem Sturm setzt natürlich genügend freien Seeraum nach Lee voraus und erfordert einen äußerst aufmerksamen und konzentrierten Steuermann. Das Boot muß stets mit dem Heck zur anrollenden Welle gehalten werden. Sonst würde es sofort aus dem Ruder laufen, querschlagen und sogar kentern können.

Macht das Boot noch zu viel Fahrt oder aber um die Gefahr des Querschlagens zu verringern, bringt man Trossen übers Heck aus. Ihre Tampen werden auf beiden Seiten des Achterschiffs belegt, so daß die Trossen in Buchten nachschleppen, an die man gegebenenfalls noch zusammengebändselte Fender oder ähnliches stecken kann, um den Schleppwiderstand zu erhöhen. So hält die Yacht besser Kurs. Vor allem aber bewirkt die nachgeschleppte Trosse, daß die See meistens schon bricht, bevor sie das Heck erreicht und nicht ins Cockpit einsteigen kann.

Kurzkieler eignen sich wenig oder gar nicht zum Lenzen vor Topp und Takel. In einer brechenden See wird das freistehende Ruder nicht mehr angeströmt, das Boot wird beschleunigt, stolpert gewissermaßen über seinen Kiel, schlägt quer, und die Gefahr, dabei zu kentern, ist groß.

Treibanker

Der Treib- oder Seeanker ist gewissermaßen ein Relikt aus Großseglertagen. Es ist ein tütenartiger Schleppwiderstand. Theoretisch ergibt er die geringste Abdrift und wäre sinnvoll überall dort einzusetzen, wo nicht genügend Seeraum nach Lee vorhanden ist. Doch ist er für Segelyachten wenig geeignet. Er kann nur wirkungsvoll sein, wenn er einen größeren Wasserwiderstand erbringt als das Boot Luftwiderstand hat. Schon bei einer Yacht um die 10 m muß er so groß sein, daß er im Sturm kaum noch zu handhaben ist. Es werden auch handliche Fallschirmtreibanker angeboten. Sie funktionieren jedoch nicht unbedingt zuverlässig.

Es gibt Berichte, daß Treibanker, übers Heck oder über den Bug ausgebracht, die Yacht beruhigten. In anderen Fällen konnte der Treibanker ein Querschlagen nicht verhindern, führte er, über den Bug ausgebracht, zu einem Ruderbruch des achteraus treibenden Bootes, oder er hielt das Heck derart in den Seen fest, daß die Yacht ständig von ins Cockpit einsteigenden Brechern überrollt wurde.

Erfahrungen mit Kurzkielern sind bisher nicht bekannt geworden. Aber auf Grund des Verhältnisses ihrer Druckpunkte von Über- und Unterwasserschiff zueinander dürfte ein Treibanker sie nicht beruhigen, sondern nur gefährlich fesseln. Diese Überlegungen sind denn wohl auch der Grund, weshalb Treibanker auf Kurzkielern anscheinend noch nie eingesetzt wurden.

Öl

Da Öl die natürliche Oberflächenspannung des Wassers verändert, bewirkt es eine starke Dämpfung des Seegangs. Die anrollende See kann nicht mehr im ursprünglichen Rhythmus weiterschwingen und wird am Rande der Ölfläche zum Brechen gebracht. Schon eine geringe Menge ausgebrachten Öls hat solche Wirkung auf Wellen im freien Seeraum, jedoch kaum irgendeinen Einfluß auf Grundseen und Brandungswellen, wenn also die Auflösung der Wellenform bereits eingesetzt hat.

Am besten eignen sich tierische Tranöle, aber auch Schmieröle. Dieselöl, Petroleum und Paraffinöle sind ungeeignet.

Es ist jedoch aus den letzten Jahrzehnten kein einziger Fall bekannt geworden, in dem eine Yacht im Sturm Öl eingesetzt hätte.

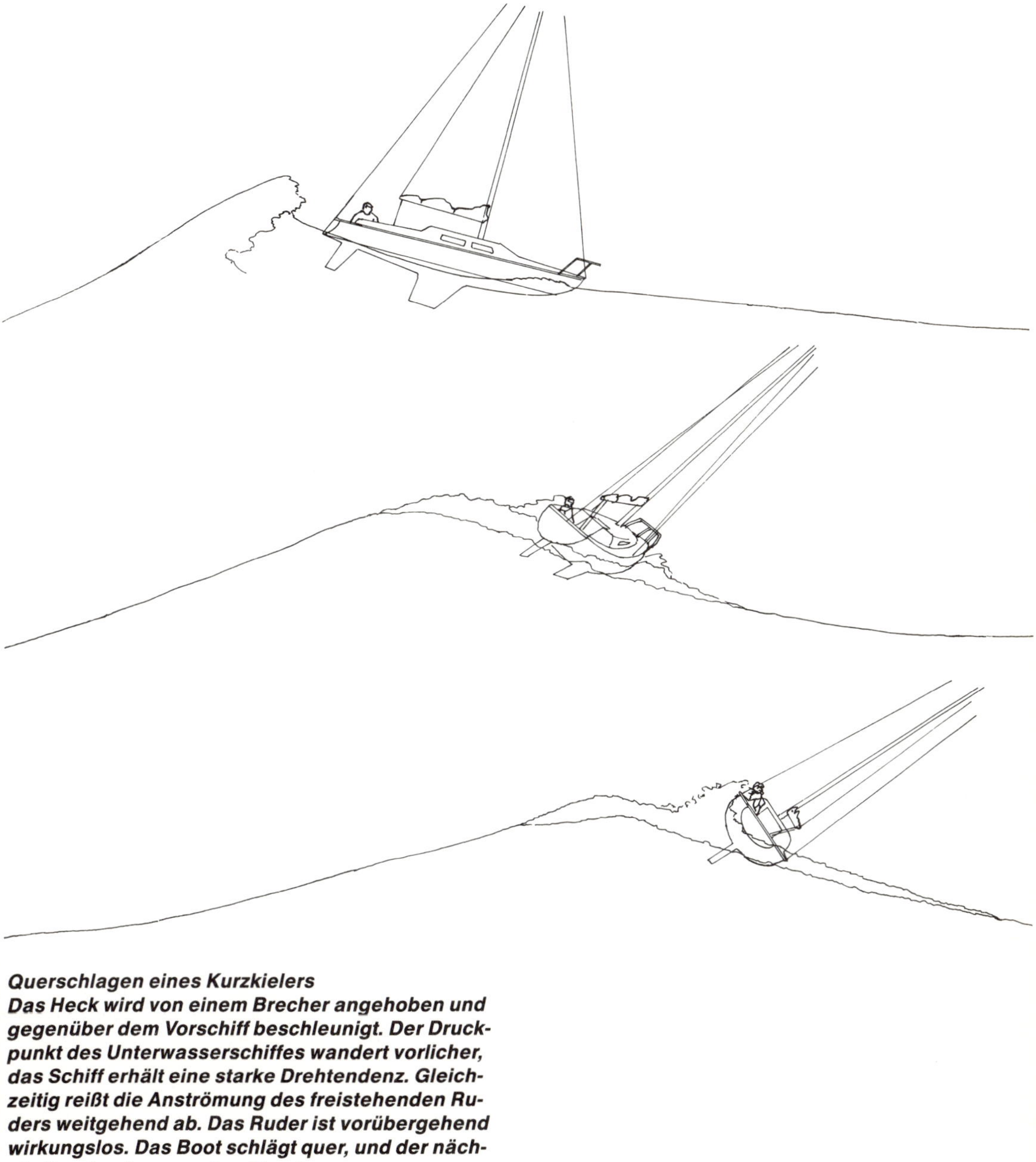

Querschlagen eines Kurzkielers
Das Heck wird von einem Brecher angehoben und gegenüber dem Vorschiff beschleunigt. Der Druckpunkt des Unterwasserschiffes wandert vorlicher, das Schiff erhält eine starke Drehtendenz. Gleichzeitig reißt die Anströmung des freistehenden Ruders weitgehend ab. Das Ruder ist vorübergehend wirkungslos. Das Boot schlägt quer, und der nächste Brecher kann es durchkentern.

Segeln mit der Jolle

Die Bezeichnung der Segelmanöver ist natürlich die gleiche wie bei Kielbooten. Die Unterschiede in der Manöverpraxis sind nur gering. Allerdings reagiert eine leichte Jolle viel unmittelbarer. Nicht ohne Grund wird auf Segelschulen ausschließlich oder wenigstens anfänglich auf Jollen unterrichtet. Zwar läßt sich ein Anlegemanöver mit zu viel Fahrt fast immer durch Abhalten von Hand korrigieren, kann eine Jolle zum Ablegen von Hand an Vorleine, oder Want in eine geeignete Position bugsiert werden. Doch sie reagiert auf Bedienungsfehler weitaus empfindlicher als ein Kielboot: sie kentert. Üblicherweise wird eine Jolle zu zweit gesegelt: von Steuermann und Vorschoter. Sie müssen noch intensiver aufeinander eingespielt sein als eine mehrköpfige Kielbootcrew, weil sie in noch stärkerem Maße auf ein reibungsloses Zusammenspiel angewiesen sind. Während Jollencrews im allgemeinen ohne Probleme mit Kielbooten zurechtkommen, ist das umgekehrt durchaus nicht immer der Fall. Abgesehen davon unterscheidet sich die Praxis des Jollensegelns in einigen Punkten doch erheblich vom Kielbootsegeln.
Jollen bleiben häufig nicht die Saison über ständig – am Steg oder in einer Box – im Wasser liegen. Sie lagern – insbesondere in Ferienzentren – am Strand oder am Ufer auf ihren Slip- oder Bootswagen. So wird mit ihnen denn auch direkt vom Ufer oder Strand abgelegt und wieder auf den Strand aufgelaufen.
Eine spezielle Jolleneinrichtung ist das **Trapez**, das zusätzlichen Einsatz vom Vorschoter verlangt.
Da Jollen kentern können, muß die Crew normalerweise auch in der Lage sein, ihr Boot, ohne fremde Hilfe, wieder aufzurichten.
Den Jollen zuzuzählen sind die sogenannten Strandkatamarane, wenngleich sie wiederum eine spezielle Segeltechnik erfordern, die einem Jollensegler anfänglich Schwierigkeiten bereiten kann.

Jollen am Strand

Ablegen

Eine Rolle spielt dabei, ob ablandiger oder auflandiger Wind herrscht. Mit ablandigem Wind vom Ufer wegzukommen ist ziemlich einfach. Auflandiger Wind erfordert von der Jollencrew größeres

Ablegen bei auflandigem Wind
1 ***Das Boot liegt, Bug im Wind, mit dem Heck auf dem Strand. Die Segel sind gesetzt. Die Crew schiebt das Boot bis in ungefähr hüfthohes Wasser und senkt entsprechend Schwert und Ruderblatt ab. Der Steuermann steigt ein und nimmt seine Position an Ruder und Großschot ein. Der Vorschoter drückt den Bug nach Lee, gibt dem Boot einen kräftigen Pull voraus und hangelt sich ins Cockpit.***
2 ***Abfallen und die Großschot dichtholen. Sobald es die Wassertiefe erlaubt, Schwert und Ruderblatt vollständig absenken.***
3 ***Zum Fahrt aufnehmen auf Halbwind-Kurs abfallen. Die Fockschot erst dichtholen, wenn das Boot Fahrt aufgenommen hat und nicht mehr seitlich nach Lee treibt. Anluven und ablaufen.***

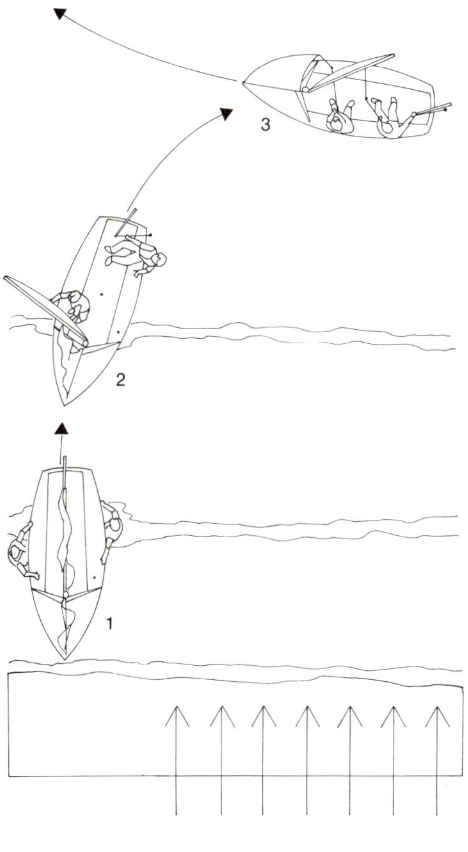

Ablegen bei ablandigem Wind
1 Das Boot liegt mit dem Bug im Wind, die Segel sind gesetzt. Die Crew schiebt es, Heck voran, ins Wasser, fiert entsprechend Schwert- und Ruderfall und steigt ein.
2 Ruder entgegengesetzt der Richtung einschlagen, nach der man ablaufen will (hier nach Backbord). Das Groß auf dem Bug zum Rückwärtssegeln backhalten (hier an Steuerbord), über den man ablaufen will.
3 Ruder zur anderen Seite, Fock und Groß auf Kurs halber Wind schoten und ablaufen.

Geschick oder macht es, bei Brandung, gar unmöglich, vom Strand abzulegen. Das Boot wird immer wieder ans Ufer zurückgeworfen oder vollgeschlagen.

Anlegen

Bei **ablandigem Wind** ist es leicht: Man kreuzt gegen das Land auf, holt auf dem letzten Schlag Schwert und Ruderblatt, entsprechend der abnehmenden Wassertiefe auf, springt ins Wasser und zieht das Boot aufs Land. In Lee eines hohen

Anlegen bei auflandigem Wind
1 Mit halbem Wind parallel zum Ufer, außerhalb der Brandungszone anlaufen.
2 Aufschießen und das Groß bergen.
3 Ruder zum Strand einschlagen und mit der backgehaltenen Fock wenden.
4 Unter Fock auf den Strand zulaufen. Das Schwert vollständig aufholen, das Ruderblatt bis auf eine geringe Führung im Wasser aufholen.
5 Fockschot los und die Fock auswehen lassen, rausspringen, mögliche Restfahrt von Hand abstoppen und das Boot aufs Land ziehen.

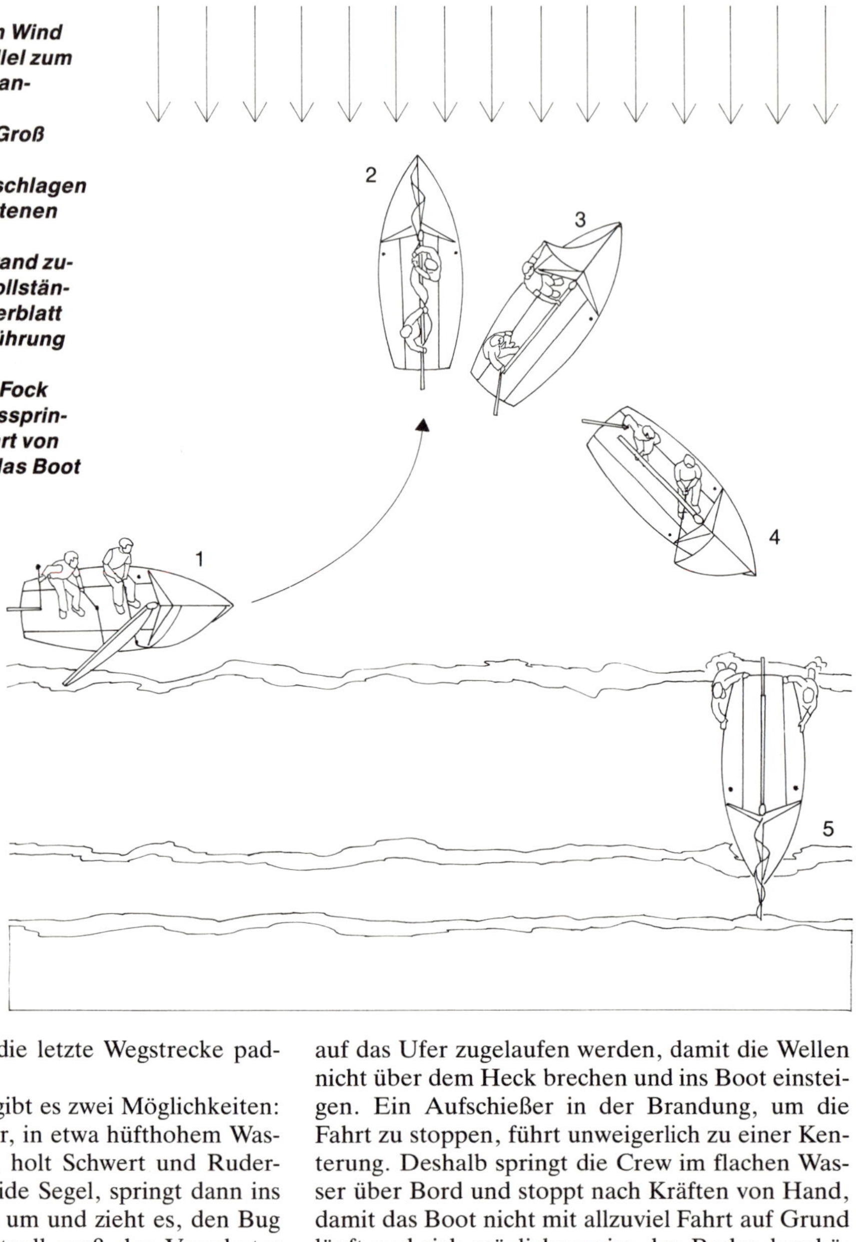

Ufers wird man sogar die letzte Wegstrecke paddeln müssen.

Bei **auflandigem Wind** gibt es zwei Möglichkeiten: Man fährt vor dem Ufer, in etwa hüfthohem Wasser, einen Aufschießer, holt Schwert und Ruderblatt hoch und birgt beide Segel, springt dann ins Wasser, dreht das Boot um und zieht es, den Bug voran, an Land. Eventuell muß der Vorschoter vom Wasser aus den Bug im Wind halten, während der Steuermann die Segel birgt. Das hängt von den örtlichen Wind- und Wasserverhältnissen ab.

Oder aber – wenn der Grund gleich am Ufer steil abfällt – macht man einen Aufschießer im tiefen Wasser, birgt dort das Großsegel und läuft unter Fock ans Ufer.

Kritisch wird es bei Brandung mit steilen brechenden Wellen. Dann muß mit möglichst hoher Fahrt auf das Ufer zugelaufen werden, damit die Wellen nicht über dem Heck brechen und ins Boot einsteigen. Ein Aufschießer in der Brandung, um die Fahrt zu stoppen, führt unweigerlich zu einer Kenterung. Deshalb springt die Crew im flachen Wasser über Bord und stoppt nach Kräften von Hand, damit das Boot nicht mit allzuviel Fahrt auf Grund läuft und sich möglicherweise den Boden beschädigt. Dann wird es sofort mit dem Bug in den Wind gedreht.

Gleiten

Eine der wichtigsten Voraussetzungen ist, daß das Boot aufrecht gesegelt wird. Das Trapez (s. Seite 213) ermöglicht das sogar auf Am-Wind-Kursen.

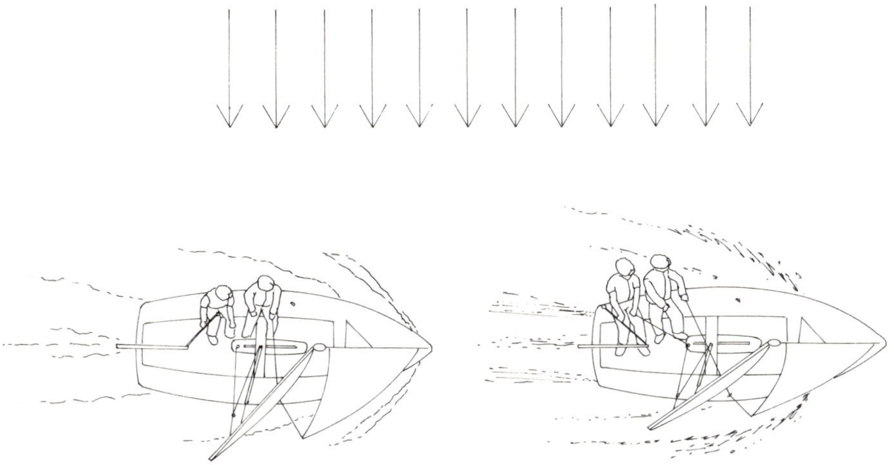

Ansetzen zum Gleiten

Schoten kurz dichtholen und nach achtern rutschen

Doch am leichtesten beginnen Jollen auf den Kursen zu gleiten, auf denen sie ohnehin höchste Geschwindigkeiten laufen: auf Raumschots- und Halbwind-Kursen. Hier wird vielfach auch noch ein Spinnaker gefahren, der die Geschwindigkeit weiter erhöht.

Die Technik ist verhältnismäßig einfach. Das Schwert muß so weit wie möglich – ungefähr zur Hälfte, das muß man ausprobieren – aufgeholt sein. Wann das Boot zum Gleiten ansetzen will, spürt man daran, daß der Ruderdruck nachläßt. Die Besatzung rutscht nun weiter nach achtern, als sie normalerweise sitzt, um das Vorschiff zu entlasten. Oft genügt dann ein kurzes, aber nicht zu ruckweises Holen der Großschot, um das Boot in Gleitfahrt übergehen zu lassen. Der Ruderdruck ist jetzt vollständig aufgehoben.

Meist wird es in einer Bö sein, daß die Jolle zum Gleiten ansetzt. Beginnt die Bö nachzulassen, etwas anluven und die Großschot behutsam weiter dichtholen. Dadurch erhöht sich die Geschwindigkeit des scheinbaren Windes und das Boot wird weitergleiten. In der nächsten Bö dann wieder leicht abfallen und die Schoten etwas fieren.

Bei zunehmendem Wind muß der Baumniederholer dichter gefahren werden, damit der Baum nicht steigt und das Segel seine günstige Form behält. Ein zu starkes Steigen des Baumes kann die Gleitfahrt sofort unterbrechen. Auch der Großschotschlitten muß ganz außen gefahren werden. Bei Seegang muß der Steuermann sehr aufmerksam die Wellen aussegeln. Er darf das Boot nicht mit dem Vorsteven in eine Welle rennen lassen. Es wird dadurch so stark abgebremst, daß es in Verdrängerfahrt zurückfällt.

Surfen

Sind die Wellen lang genug, kann der Steuermann versuchen, das Boot nicht nur gleiten, sondern auch surfen (wellenreiten) zu lassen. Normalerweise ist die Fortpflanzungsgeschwindigkeit der Wellen größer als die Geschwindigkeit des Bootes, so daß es sich lohnt, sich von einer Welle mittragen zu lassen. Läuft eine entsprechend große Welle von achtern auf, muß der Steuermann so weit abfallen, daß die Jolle sich mit dem Heck auf den Kamm der Welle setzen kann. Die Besatzung rutscht jetzt ganz nach achtern, damit das Achterschiff belastet wird. In diesem Augenblick werden Fock- und Großschot kurz dichtgeholt, wodurch das Boot etwas beschleunigt wird, so daß es möglichst nahe an die Wellengeschwindigkeit herankommt. Das Heck wird nun von einer Welle emporgehoben, und das Boot rutscht den Wellenvorderhang hinunter. Jetzt luvt der Steuermann leicht an, so daß die Jolle den Wellenvorderhang schrägwinklig hinuntersegelt. Befindet sie sich im vollen Surfen, muß die Besatzung ihr Gewicht weiter nach vorn verlagern. Denn sobald die Welle durchgelaufen ist, muß das Heck entlastet sein, damit es sich

Surfen
1. Phase: Die von achtern aufkommende Welle hebt das Heck und beginnt, das Boot zu schieben. Die Besatzung ist bereits nach achtern gerutscht, um das Heck stärker zu belasten und dadurch der Welle eine bessere Angriffsfläche zu bieten. Um das Boot auf Wellengeschwindigkeit zu bringen, muß eventuell die Großschot kurz dichtgeholt werden.
2. Phase: a) Das Boot liegt vollständig auf dem Wellenkamm und fährt den Wellenvorderhang mit Wellengeschwindigkeit hinunter; es surft. Die Besatzung ist nach vorn gerutscht, um das Heck zu entlasten. b) Bei kurzen Wellen kann leicht angeluvt werden, um die Welle schräg hinunterzusegeln. Dadurch wird sie künstlich verlängert. Das Boot kann eine längere Strecke auf dem Wellenvorderhang absegeln.
3. Phase: a) und b) Die Welle ist unter dem Rumpf durchgelaufen, die Fahrt des Bootes wird gebremst. Die Besatzung rutscht wieder nach achtern, der Steuermann sucht sich eine neue Welle, auf der er hinuntersegeln kann.

besser auf die nächste Welle setzen kann. Und schon beginnt das Spiel von vorne.
Bei starkem Wind kann eine leichte Jolle durchaus schneller gleiten, als die Welle sich fortpflanzt. Das Boot überholt also die Welle. In solchem Fall muß der Steuermann ein Surfen, weil er dabei langsamer würde, verhindern, indem er die Wellen aussteuert, gewissermaßen um sie herum segelt. Für Regattasegler kann die Beherrschung dieser Technik von ausschlaggebender Bedeutung sein.

Trapezsegeln und Trapeztechnik

Das Trapez ist ein unerläßliches Hilfsmittel, um leichte Jollen mit einer verhältnismäßig großen Besegelung auch bei mehr Wind ungerefft und aufrecht segeln zu können. Die Trapezeinrichtung besteht aus je einem dünnen Stahldraht an Steuerbord und Backbord, der mit dem oberen Ende am Wanthänger des Mastes eingeschäkelt ist. Ein an dem Pütting über oder unter Deck befestigter Gummistropp hält das untere Ende des Drahtes

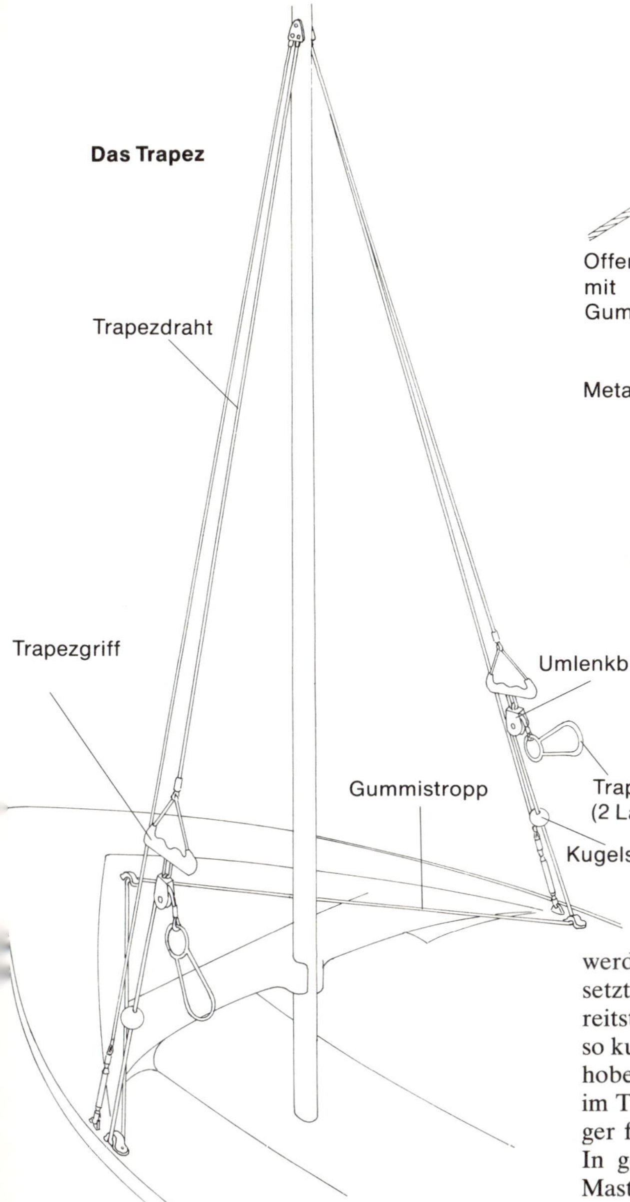

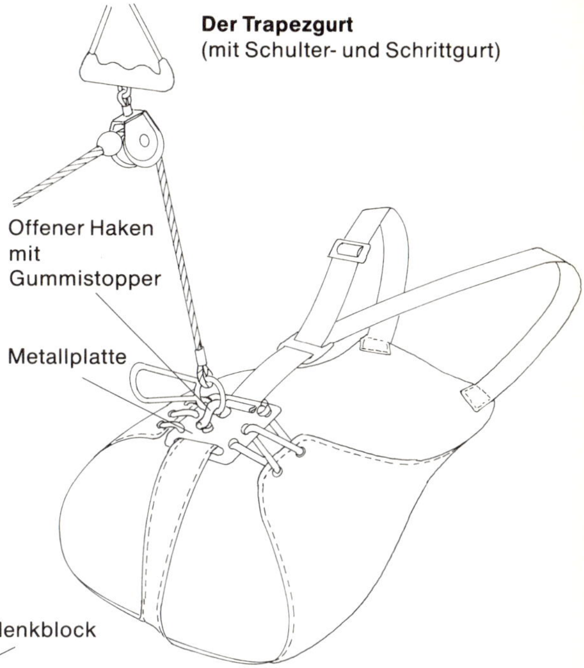

unter Spannung, so daß er nicht frei ausschwingen kann.

Der **Trapezgurt** wird in einen Ring am Ende des Trapezdrahtes eingehakt. Wichtig ist, daß der Haken am Gurt offen ist, damit sich der Trapezmann beim Kentern schnell vom Draht befreien kann. Die Länge des Drahtes läßt sich verstellen, damit er den verschiedenen Trapezgurten und unterschiedlichen Größen der Trapezleute angepaßt werden kann. Um die richtige Länge einzustellen, setzt sich der Trapezmann in seiner normalen Ausreitstellung aufs Seitendeck. Der Draht darf nicht so kurz sein, daß der Körper vom Seitendeck abgehoben wird, weil der Vorschotmann sonst nachher im Trapez zu aufrecht stehen muß und kein Auflager findet, wenn er ins Boot zurückkommen will. In gestreckter Trapezhaltung sollen Körper und Mast ungefähr einen Winkel von 85° bilden.

Die Trapeztechnik verlangt ein gutes Zusammenspiel von Steuermann und Trapezmann. Alle beabsichtigten Manöver müssen vom Steuermann rechtzeitig angekündigt werden, damit der Trapezmann vorher ins Boot kommen und seinen Gurt aushaken kann.

Einsteigen ins Trapez

Beim Einsteigen ins Trapez zieht der Trapezmann das vordere (in Richtung zum Bug befindliche) Bein an und stemmt den Fuß gegen das Want,

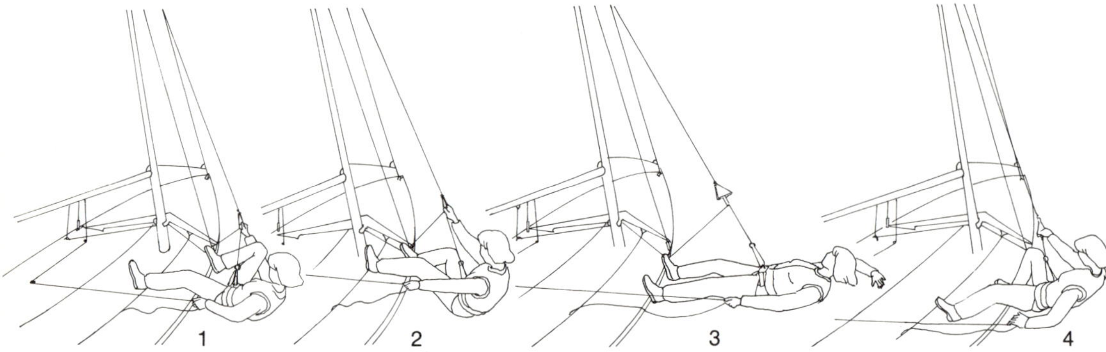

Der Vorschoter steigt ins Trapez

1** **Das Körpergewicht wird so weit nach hinten verlagert, bis man voll im Gurt hängt. Gleichzeitig das vordere Bein anwinkeln, auf den Bootsrand setzen und am Pütting abstützen.

2** **Das vordere Bein strecken und dabei gleichzeitig dem seitlichen Zug des Trapezdrahtes entgegenwirken. Dann das hintere Bein nachziehen und auf den Bootsrand setzen.

3** **Den Trapezgriff loslassen, die Beine strecken und die Endstellung einnehmen. Sie ist ideal, wenn der Körper einen Winkel von etwa 85° mit dem Mast bildet.

Der Vorschoter kommt zurück ins Boot

4** **Hand an den Trapezgriff, das hintere Bein vom Bootsrand lösen und den Körper in einer Art leichtem Kreisbogen nach hinten schwingen lassen. Dann das vordere Bein so stark anwinkeln, daß man sich auf das Seitendeck setzen kann und auch das vordere Bein ins Cockpit ziehen.

während er gleichzeitig den Oberkörper zurücklehnt, damit der Trapezdraht auf Zug steht. Nun drückt er sich mit dem hinteren Bein vom Schwertkasten und mit der hinteren Hand von der Scheuerleiste ab, während die vordere Hand die Vorschot hält, und geht in die volle Ausgangslage, indem er den hinteren Fuß ebenfalls auf die Scheuerleiste stellt und die leicht gegrätschten Beine streckt. Er beschreibt also beim Hinausgehen eine Art Kreisbogen um den vorderen Fuß, der wegen des nach vorn ziehenden Drahtes einen Teil des Körpergewichts abfangen muß. Man bezeichnet deshalb auch das vordere Bein als Stemmbein, das hintere als Schwungbein. Wichtig ist, daß der Trapezdraht von Anfang an unter Spannung bleibt. Auf keinen Fall darf sich der Trapezmann ängstlich mit der freien Hand am Draht hochziehen oder festhalten. Er steht mit den Zehen fest auf der Scheuerleiste und fängt kleinere Bewegungen des Bootes im Fußgelenk ab. Schlägt die Jolle hart auf eine Welle auf, muß er leicht in den Knien mitwippen. Um mit den Füßen einen sicheren Halt zu haben, muß die Scheuerleiste aufgerauht oder eingekerbt sein.

Zurück ins Boot

Beim Einsteigen ins Boot schwingt der Trapezmann um das leicht gebeugte Stemmbein nach achtern zurück, löst das Schwungbein gänzlich von der Scheuerleiste, sucht damit Halt unter dem Reitbalken oder Ausreitgurt und stützt sich mit der hinteren Hand gegen die Scheuerleiste. Dabei luvt der Steuermann leicht an, damit das Boot nicht stark überholt. Die Vorschot muß beim Einsteigen selbstverständlich dichtgeholt bleiben.
Hat der Trapezmann sich zunächst einmal mit dieser Technik hinlänglich vertraut gemacht, kann er mit einer anderen Methode auch noch schneller ins Boot zurückkommen. Aus der gestreckten Trapezhaltung geht er in die tiefe Hocke, winkelt also die Beine stark an und hockt nun mit strammem Trapezdraht auf der Scheuerleiste. Dann zieht er die Füße hoch, wobei er sich gleichzeitig mit einer oder beiden Händen an der Scheuerleiste abstützen muß, und schwingt am Draht ins Boot zurück. Durch diese Technik wird er nicht nur erheblich schneller, sondern es wird auch das Gewicht nicht nach achtern verlagert wie bei der zuvor beschrie-

Kentern nach Luv
1 Durch eine schräg von achtern unter dem Heck durchlaufende Welle krängt das Boot nach Luv und läuft dabei nach Lee aus dem Ruder. Das nach Luv gelegte Ruder bleibt ohne Wirkung.
2 Die draußen hängende Crew wird durchs Wasser geschleift, die Stabilisierung des Bootes durch die Segel ist in diesem Augenblick minimal, und das Boot kentert.

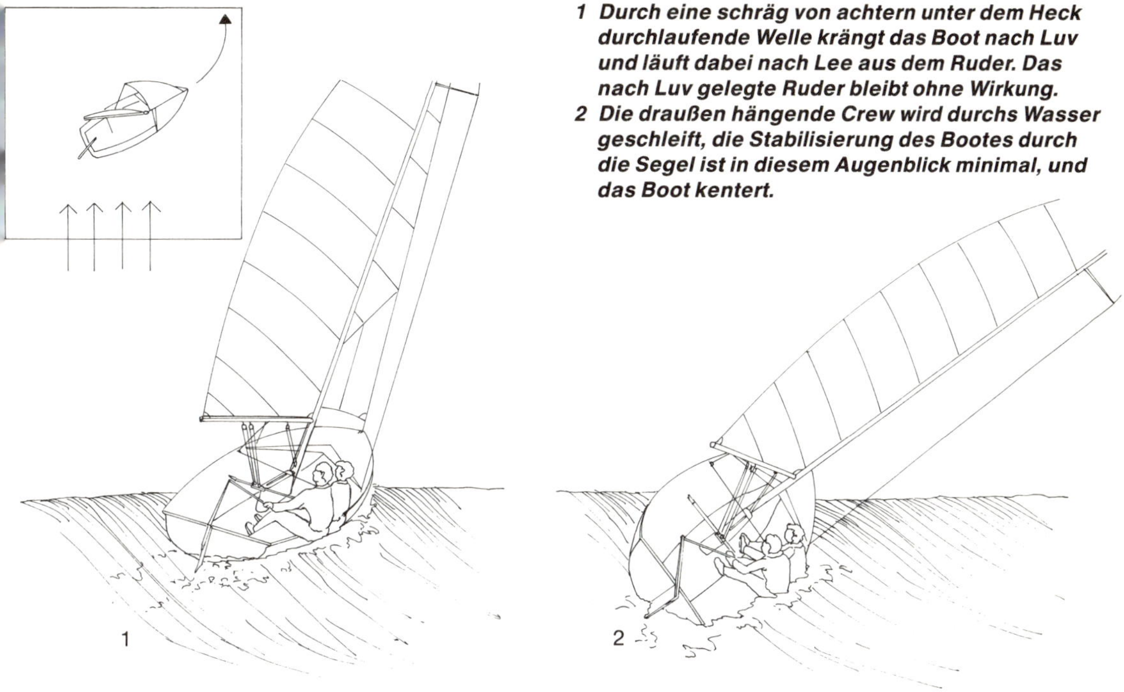

benen Methode. Auch wenn der Wind für einen Augenblick nachläßt, genügt es in der Regel, wenn der Trapezmann nur in die tiefe Hockstellung geht, um sich sofort wieder hinausdrücken zu können, wenn eine Bö einfällt.
Mit einer gut eingespielten Besatzung dauert ein Wendemanöver, bei dem der Trapezmann ins Boot zurückkommen, die Fock übernehmen und sich auf dem neuen Bug wieder hinaushängen muß, nicht länger als etwa fünf Sekunden.

Kenterungen

Drei Ursachen sind es, auf die sich die meisten Kenterungen **nach Lee** im allgemeinen zurückführen lassen:
1. Ungeschicktes Halsen. Während des gesamten Manövers darf die Großschot keinesfalls lose kommen. Nach dem Halsen darf erst angeluvt werden, wenn vor dem Wind die Großschot völlig aufgefiert worden ist.
2. Zu starkes Anluven in einer Bö auf einem Kurs hoch am Wind. Das Boot verliert dabei zu viel Fahrt und dadurch auch Stabilität, da diese sich bei Fahrtverminderung verringert.
3. Zu schnelles, hartes Anluven in Böen beim Segeln mit raumem Wind aus dem gleichen Grund (Fahrtverlust und wirksam werdende Zentrifugalkraft).
Ein Kentern **nach Luv** geschieht seltener, kann aber auch auf Revieren ohne ausgeprägten Seegang vorkommen.
Wenn bei starkem und böigem Wind und weit in Luv sitzender Besatzung bei Einfallen einer Bö die Großschot zu plötzlich und zu weit aufgefiert wird, so daß der Winddruck nachläßt, wird das Gewicht in Luv zu groß und verursacht ein Kentern nach dieser Seite.
Auch auf einem Raumschots-Kurs kann man nach Luv kentern: Wenn eine See schräg von achtern unter dem Boot durchläuft, wird der Bug angehoben, während gleichzeitig das Heck in das nachfolgende Wellental absackt. Auf der schrägen Rückseite der Welle krängt nun das Boot nach Luv. Gleichzeitig dreht die Strömung innerhalb der Welle – auf dem Wellenkamm mit, im Wellental gegen den Wind laufend – das Boot nach Lee,

wodurch die einsetzende Zentrifugalkraft die Krängung nach Luv verstärkt. Die noch nach Luv heraushängende Besatzung wird nun möglicherweise durchs Wasser geschleift; ihr verspätetes Bemühen, sich ins Boot zu ziehen, kann den Ausschlag für ein Kentern nach Luv geben. Der Steuermann kann in solcher Situation nur noch im Augenblick des unfreiwilligen Abfallens durch hartes Ruderlegen versuchen, das Boot wieder auf Kurs zu bringen.

Vor dem Eintreten einer solchen kritischen Lage müßte die Besatzung bereits blitzschnell in das Boot gerutscht sein.

Außergewöhnlich ist der Fall, daß eine Jolle unterschneidet und über den Vorsteven kentert.

Alle Schwertboote besitzen genügend Auftriebskörper, um das Boot mit Besatzung schwimmfähig zu halten. Diese Schwimmkörper bestehen entweder aus aufblasbaren Luftschläuchen oder fest eingebauten Lufttanks, die zusätzlich noch mit Styropor oder ähnlichen Schaumstoffen ausgeschäumt sein können. Natürlich ist unbedingt darauf zu achten, daß die Lufttanks wirklich wasserdicht verschlossen sind und die Luftschläuche sich nicht lösen können.

Grundsätzlich gilt, daß niemand das Boot nach dem Kentern verläßt, auch nicht um Hilfe herbeizuholen. Erfahrungsgemäß werden die Entfernungen bis zum Ufer erheblich unterschätzt und die eigenen Körperkräfte überschätzt. Gar noch im Ölzeug lassen sich selbst kurze Strecken nur unter erheblichem Kraftaufwand bewältigen. Außerdem ist ein treibendes Boot viel leichter auszumachen als ein Schwimmer.

Aufschwimmende Gegenstände wie Ruder, Paddel, Bodenbretter oder ähnliches birgt man nur dann, wenn sie greifbar in unmittelbarer Nähe des Bootes schwimmen. Sie treiben wesentlich schneller als das gekenterte Boot. Nicht selten sind die Fälle, in denen Segler bei dem Versuch, solchen Dingen nachzuschwimmen, ertrunken sind.

Reichen die eigenen Kräfte zum Aufrichten der Jolle nicht aus, muß auf Hilfe gewartet werden.

Aufrichten einer Jolle

Die meisten Jollen können in der Regel von einer erfahrenen Mannschaft innerhalb kurzer Zeit, ohne fremde Hilfe, wieder aufgerichtet werden.

Zunächst überzeugt sich nach der Kenterung jeder, ob der Mitsegler sich nicht irgendwo am Boot oder am laufenden Gut verfangen hat oder unter das Segel geraten ist. Ihm gilt die erste Hilfsmaßnahme. Gerät jemand unter das Segel, kann er sich davon nur befreien, indem er unter dem Segel hinwegtaucht, und zwar immer zum Achterliek hin, um nicht in die Wanten zu geraten. Das Segel mit Kopf und Armen hochzudrücken, um zunächst darunter Luft zu schöpfen, ist zwecklos. Das nasse synthetische Tuch schließt völlig luftdicht ab. Ist die Besatzung mit sich selbst soweit klar, muß das Durchkentern des Bootes verhindert werden, indem man sich auf das Schwert stemmt – sofern es nicht in den Schwertkasten zurückgerutscht ist – oder zum Masttopp schwimmt und ihn hochhält.

Normalerweise kann das Boot aufgerichtet werden, ohne daß die Segel geborgen zu werden brauchen. Ist man jedoch unter Spinnaker gekentert, muß der Spinnaker unbedingt vor dem Aufrichten geborgen werden. Vom Wind erfaßt, würde er das Boot sofort wieder zum Kentern bringen.

Hilfreich zum Aufrichten ist, wenn der Masttopp im Wasser nach Lee weist. Denn wenn das Boot mit Schwung wieder in seine Schwimmlage hochschnellt, steht der Wind gegen das Segel und verhindert eine Kenterung zur anderen Seite. Liegt der Masttopp, beispielsweise nach einer Luv-Kenterung, in Luv, kann der Wind unter das austauchende Segel fassen und das Boot mit der in Lee noch außenbords hängenden Crew nach Lee kentern. Während einer Regatta wird man dieses Risiko in Kauf nehmen, um keine wertvolle Zeit zu verlieren. Leicht kann die gekenterte Jolle auch vom Wind in diese ungünstige Ausgangslage – Topp nach Luv – gedreht werden. Dann nämlich, wenn der Rumpf durch große Lufttanks hoch aufschwimmt und dadurch viel Windwiderstand bietet.

So sollte man zunächst versuchen, das Boot zumindest so weit zu drehen, daß der Bug im Wind liegt. Meist genügt es, wenn einer zum Vorsteven schwimmt und das Boot dort festhält. Der Wind wird das Heck dann wahrscheinlich herumdrücken.

Liegt die Jolle also Masttopp nach Lee, läßt sie sich relativ leicht aufrichten. Einer oder beide stellen oder stemmen sich aufs Schwert und drücken und wippen das Boot hoch. Wer geübt genug ist, steigt sofort übers Seitendeck ins Cockpit, wenn sich das Boot aufrichtet. Er wirft dort alle noch belegten Schoten los und hilft dann seinem Mitsegler an Bord. Deshalb mag es nicht sehr sinnvoll sein, wenn beide auf das Schwert steigen. Sie behindern sich gegenseitig beim Einsteigen, so daß wahrscheinlich keiner ins Cockpit gelangt.

Aufrichten – Topp nach Luv

1 ***Einer stellt sich aufs Schwert, der zweite klariert im Cockpit die Schoten. Der Schwertmann hängt sich voll in die Leine (Fockschot) und beginnt das Boot aufzurichten.***

2 ***Sobald der Masttopp aus dem Wasser taucht, hängt sich der Mann am Cockpit in die Fußgurte und versucht mit seinem Körpergewicht zu verhindern, daß die Jolle sofort zur anderen Seite kentert. Dennoch wird sie sich ruckartig aufrichten, sobald der Wind unters Segel faßt. Derjenige, der in den Fußgurten hängt, wird dabei automatisch ins Cockpit gezogen. Ist der Schwertmann reaktionsschnell, kann es ihm gelingen, vom Schwert direkt ins Cockpit überzusteigen.***

3 ***Er muß augenblicklich bereit sein, unter dem nach Lee herumschlagenden Baum wegzutauchen.***

Auch beim Aufrichten mit dem Masttopp nach Lee ist diese Methode praktikabel, erschwert aber die Arbeit, so daß es sinnvoller ist, wenn die Crew gemeinsam am Schwert hebelt.

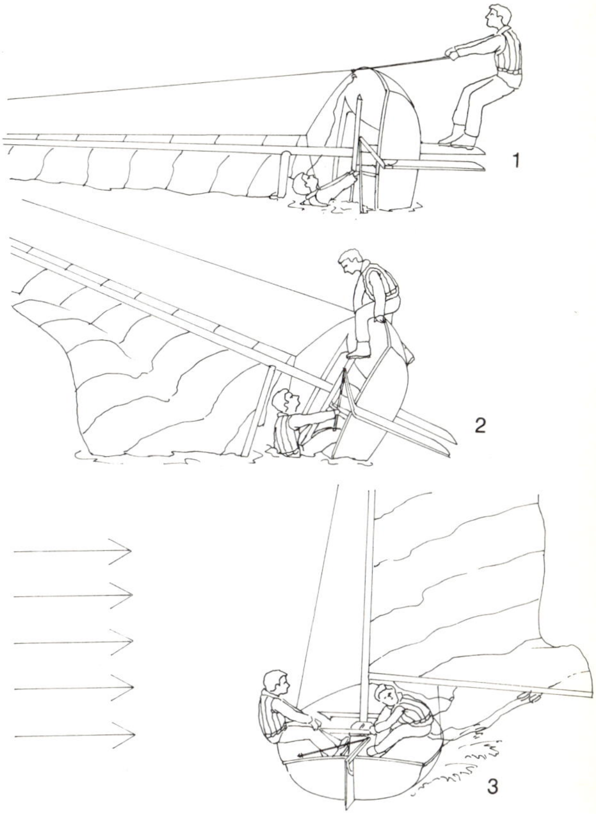

1

2

3

Aufrichten einer durchgekenterten Jolle

1 ***Das Schwert ist vollständig in den Schwertkasten gerutscht. Einer schwimmt zum Lee-Want, fischt sich dort die Fockschot oder eine andere Leine, zurrt sie am Want fest und wirft das Ende über den Bootsboden zur anderen Seite.***

2 ***Beide stemmen sich mit den Füßen gegen die Scheuerleiste und holen im Gleichtakt. In dem Maße, wie sich die Jolle aufrichtet, steigen sie höher auf den Bootsboden hinauf. Ist sie halb aufgerichtet, das Schwert herausschieben, um sich die weitere Arbeit zu erleichtern.***

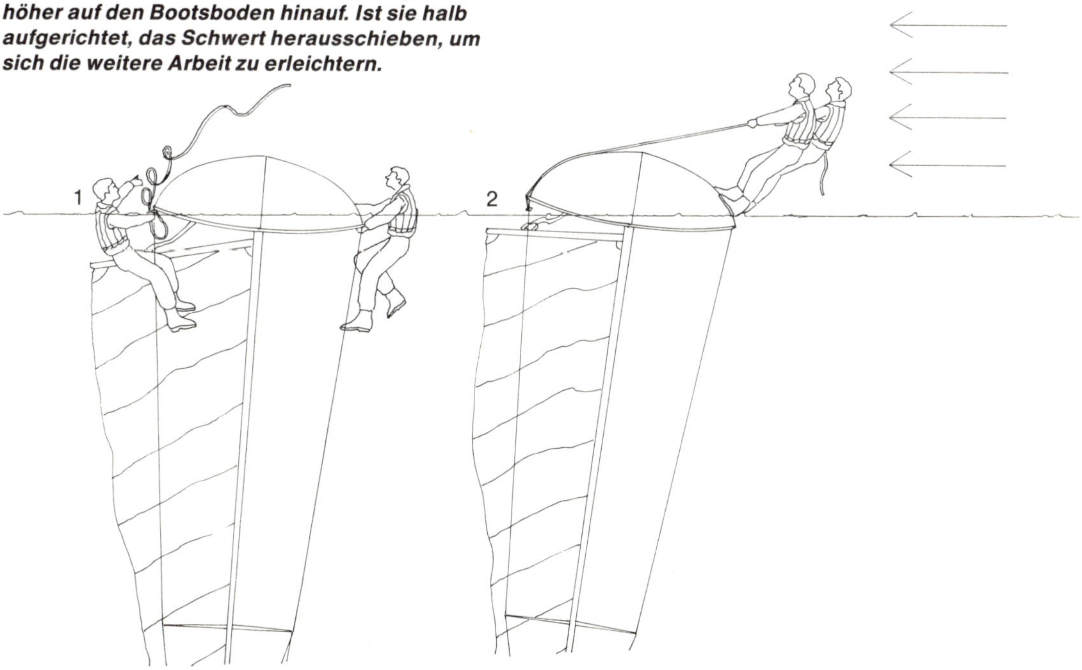

1

2

Einsteigen nach dem Aufrichten
Nicht immer gelingt es einem der Crew, sich beim Aufrichten an Fußgurten oder Traveller ins Cockpit »schaufeln« zu lassen oder direkt vom Schwert überzusteigen. Beide schwimmen nach dem Aufrichten im Wasser. Einer zieht sich ins Boot, während der andere auf der gegenüberliegenden Seite die Jolle möglichst am Want oder kurz davor stabilisiert, damit sie nicht wegdreht und abfällt.

In diesem Fall ziehen sich beide, von je einer Seite – dadurch das Boot stabilisierend – möglichst zugleich ins Cockpit. Das ist, zumal mit vollgesogener Kleidung, gar nicht ganz leicht. Meistens wird man jedoch einen Fußgurt oder den Traveller zu fassen bekommen und sich dann, von einer kräftigen Beinschere unterstützt, ins Cockpit halb ziehen und halb wälzen können.
Nach einer anderen Methode hebelt einer auf dem Schwert. Der andere stößt den Masttopp hoch und hängt sich übers Seitendeck in die Ausreitgurte, sobald das Boot beginnt, sich aufzurichten. So wird er automatisch ins Cockpit »geschaufelt«. Er kann das Boot sofort austrimmen, denn mit dem Wasser im Cockpit hat es eine sehr instabile Schwimmlage, und verhindern, daß es erneut kentert.
Ist die Jolle durchgekentert – Mast zum Grund – angelt man sich zunächst eine Vorschot und zieht sie nach außen durch das Leitauge, bis der Achterknoten am Tampen das Ende stoppt. Dann die Bucht über den Bootsboden hinweg zur anderen Seite werfen. (Man kann auch irgendein anderes Leinenende nehmen, das man am Pütting festzurrt). Dort stützt sich die Crew mit den Füßen an der Scheuerleiste ab und zieht an dem Ende. Um eine optimale Hebelwirkung zu erzielen, muß sie sich so weit wie möglich vom Rumpf abstemmen. Wenn das Schwert vollständig in den Kasten gerutscht ist, wie das auf achterlichen Kursen mit ohnehin größtenteils aufgeholtem Schwert leicht geschieht, ist dies die einzige Möglichkeit, die Jolle wieder aufzurichten. Ist das Schwert draußen geblieben, bekommt man das Boot eventuell auch allein durch kräftiges Ziehen und rhythmisches Wippen am Schwertende umgedreht.
Ziehen an der Großschot erleichtert das Aufrichten nicht sonderlich, weil dadurch das Segel im Wasser dichtgeholt wird und so einen starken Widerstand bildet. Unerläßlich ist während des Aufrichtens eine Leinenverbindung (Schot) mit dem Boot. Allzu leicht könnte die Jolle sonst Fahrt aufnehmen und der im Wasser schwimmenden Crew unerreichbar davonsegeln.

Lenzsegeln

Wieder an Bord, sind sofort die Schoten zu klarieren und aufzufieren, damit die Segel frei auswehen können. Als nächstes klart man die herumschwimmenden Tampen auf und beginnt dann mit dem Lenzen.
Hat die Jolle beim Aufrichten viel Wasser gemacht – es gibt einige Typen, die auf Grund ihrer besonderen Konstruktion fast überhaupt kein Wasser übernehmen –, und hat sie Selbstlenzer, segelt man sie über die Lenzer auf einem Raumschots Kurs leer. Dabei muß sie möglichst aufrecht gehalten werden. Krängt sie, läuft das Wasser über das Lee-Deck ab. Das macht das Boot äußerst instabil so daß die Gefahr einer erneuten Kenterung besteht. Auch sollte die Crew das Heck belasten damit der Bug nicht unterschneidet und das Boot möglicherweise über den Vorsteven kentert. Wahrscheinlich muß ohnehin zunächst etwas von Hand geöst werden, denn die Lenzventile werden im allgemeinen erst dann voll wirksam, wenn das Cockpit nur noch zu etwa einem Drittel voll Wasser ist.
Deshalb gehört ein Ösfaß – ein Schöpfgefäß – sicher beigebändselt, zur unerläßlichen Ausrüstung jeder Jolle. Das Ruder muß eine Sicherung gegen das Herausfallen bei einer Kenterung haben. Bei der Standardausrüstung mancher Jollen fehlt sie leider.

Einige Jollen jedoch, insbesondere konventionelle Vollholzjollen, sind kaum oder gar nicht mit eigenen Kräften wieder aufzurichten. Man ist auf die Hilfe eines Motorbootes angewiesen. Übrigens meist auch dann, wenn sich beim Durchkentern der Mast in den Schlick des Grundes gebohrt hat.

Hilfeleistung vom Motorboot

Zunächst sollte sich die Motorbootbesatzung darum bemühen, treibendes Gut aufzufischen. Die Segler holen umherschwimmendes Tauwerk ein, damit es nicht in den Propeller gerät. Dann manövriert das Motorboot vorsichtig an den Masttopp heran, holt ihn in Deckshöhe – bei großer Freibordhöhe mit dem Bootshaken – und richtet die Jolle am Want durch »unterfahren« auf. Nun macht man die Schleppleine am Vorsteven der Jolle fest und hält sie so lange im Wind, bis die Crew die Segel geborgen hat, sofern das nicht bereits vorher geschehen ist.
Zum Abschleppen muß das Schwert vollständig aufgeholt werden, damit die Jolle nicht querschießen kann. Ist viel Wasser im Boot, läßt es sich meistens besser schleppen, wenn ein Mann im Heck die Balance hält. Die Schleppverbindung muß kurz geschoren werden – je nach Höhe des Motorboothecks –, etwa eine knappe Bootslänge der zu schleppenden Jolle, damit beim Anschleppen der Vorsteven aus dem Wasser gehoben wird. Bei zunehmender Fahrt lenzt auf diese Weise genügend Wasser übers Heck aus dem Cockpit der Jolle, so daß sie ausreichend schwimmfähig wird.

Katamaransegeln

Die Segeltechnik des offenen Sportkatamarans – kurz Kat genannt – unterscheidet sich in einigen Punkten wesentlich von der einer Jolle. Die Gründe resultieren aus der Konstruktion: Zwei schmale scharfe Rümpfe – geringe benetzte Oberfläche und minimaler Formwiderstand –, dazwischen nur ein Trampolin. Hohe Anfangsstabilität durch ausladende Breite. Ein meist drehbarer Mast mit einem Großsegel mit durchgehenden Latten. Zusammen ergeben sie ein aerodynamisches Profil, das maximale Vortriebskräfte erzeugt. Speziell auf Raumschots-Kursen zeigt es seine große Überlegenheit gegenüber konventionellen Riggs von Einrumpfbooten.
Übrigens heißt die Kat-Takelung (ohne Vorsegel) bei den Katamaranen **Una-Rigg** und ist dort weit verbreitet. Bis auf eine Klasse, den konventionellen Shearwater, werden Kats ohne Spinnaker gesegelt. Aus gutem Grund: Dort, wo andere Boote ihren Auftrieb vorm Mast her beziehen, nämlich vom Vorschiff, gähnt beim Kat ein großes Loch, seitlich lediglich durch zwei scharfe, schmale Schwimmersteven begrenzt. Der Spinnaker vergrößert den Segeldruck oberhalb des Schwerpunktes und steigert dadurch das vertikale Drehmoment; das bedeutet, die Schwimmerhecks werden angehoben und die Vorsteven in die See gedrückt. Es kann dabei zu einem Kentern über den Bug kommen.
Ein Kat ist dann am schnellsten – seine benetzte Oberfläche am geringsten –, wenn der Luv-

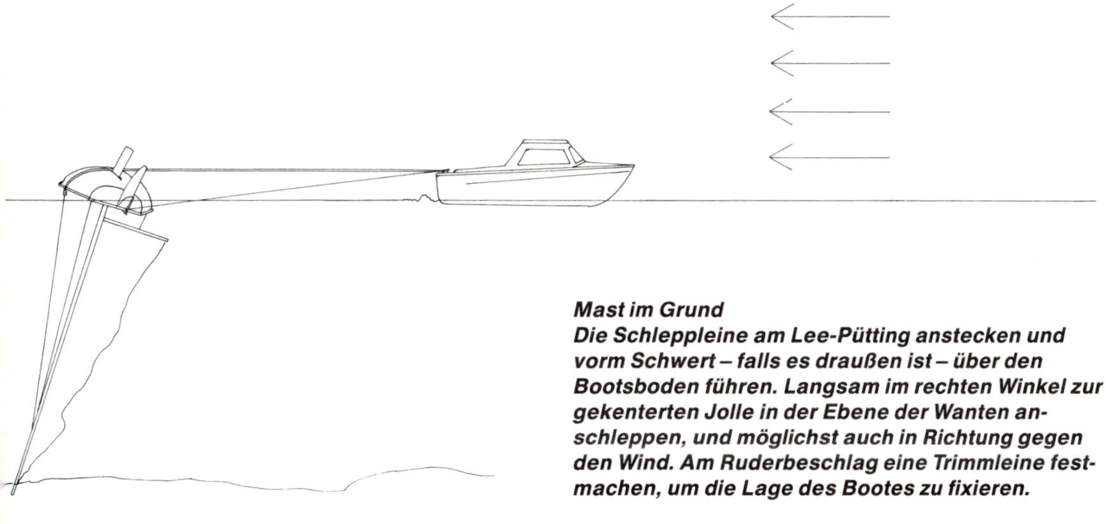

Mast im Grund
Die Schleppleine am Lee-Pütting anstecken und vorm Schwert – falls es draußen ist – über den Bootsboden führen. Langsam im rechten Winkel zur gekenterten Jolle in der Ebene der Wanten anschleppen, und möglichst auch in Richtung gegen den Wind. Am Ruderbeschlag eine Trimmleine festmachen, um die Lage des Bootes zu fixieren.

Schwimmer ab und zu ins Wasser dippt, das heißt, bei einer Krängung von etwa 5°. Allerdings ist die große Anfangsstabilität trügerisch. Bei einem Kielboot nimmt die Stabilität um so mehr zu, je stärker es krängt. Die Jolle erreicht ihre größte Stabilität bei einer Krängung von etwa 30°. Der Kat jedoch erreicht sein Stabilitätsmaximum bereits bei nur 12° bis 15° Krängung. Dann, wenn der Luv-Schwimmer gerade vom Wasser abgehoben hat. Bei einer weiteren Krängung nimmt die Stabilität rapide ab.

Am Wind

Die durchgelatteten Segel haben auf dem Am-Wind-Kurs einen Nachteil: man kann nicht erkennen, ob der Anstellwinkel zum Wind stimmt, weil ein Lattensegel nicht zu killen beginnt, wenn man zu hoch am Wind segelt.
Ein Kat ist äußerst trimmempfindlich. Die richtige Gewichtsverteilung der Mannschaft spielt auf ihm eine größere Rolle als auf einer Jolle. Befindet sich der Vorschotmann nur zehn oder zwanzig Zentimeter zu weit vorne oder achtern, kann der Kat luv-, beziehungsweise leegierig werden. Am Ruderdruck kann der Steuermann sofort bemerken, ob der Gewichtstrimm verändert werden muß. Dies gilt natürlich auch für die anderen Kurse zum Wind.
Beim Einfallen einer Bö muß der Jollensegler umdenken. Luvt der Steuermann instinktiv an, wird er mit Überraschung feststellen, daß das Großsegel einfach nicht killen will. Der Grund ist einfach. Kats erreichen eine weitaus höhere Geschwindigkeit als Jollen, infolgedessen fällt der wahre Wind wesentlich raumer ein, er trifft also das Großsegel trotz des Anluvens immer noch voll, bringt den Luv-Schwimmer zum Steigen und möglicherweise den Kat zum Kentern. Fürs Katamaransegeln gilt deshalb: In einer Bö die Schoten fieren. Und zwar zuerst die Fockschot, weil dadurch der Druck auf den Lee-Bug verringert wird und man ein Unterschneiden vermeiden kann. Holt man zudem das Lee-Schwert auf, gräbt sich der Lee-Rumpf beim Steigen nicht in der See fest, weil er seitlich wegrutschen kann.

Raumschots

Die auf raumem Kurs erreichbaren Geschwindigkeiten haben den Kat berühmt gemacht: 20 bis 25 Knoten sind bei Windstärke 5 und mehr keine Seltenheit. Sobald der raume Kurs anliegt, muß der Vorschotmann im Trapez weiter nach achtern gehen, hinter den Steuermann – bei etwa Windstärke 5 eventuell sogar auf den achterlichsten Punkt des Luv-Schwimmers, damit der leicht zum Unterschneiden neigende Lee-Schwimmer angehoben wird. Der Kat macht auf diesem Kurs sehr viel Spritzwasser, wie es ein Jollensegler kaum kennt. Allerdings nimmt das Spritzwasser noch erheblich zu, wenn der Kat nicht genügend hecklastig getrimmt ist. Dann schneiden die Vorsteven tief in die Seen und werfen gewaltige Wassermassen über die Besatzung, so daß die Sicht zeitweilig völlig ausfällt. Schließlich kommt der Augenblick, in dem ein oder beide Steven unterschneiden. Die Fahrt wird dadurch so heftig gebremst, daß die Mannschaft nach vorn geschleudert werden kann. Auf diese Situation müssen Steuer- und Vorschotmann ständig vorbereitet sein und sich stets einen sicheren Halt suchen. Besonders gefährdet ist der Trapezmann, entweder gegen den Mast oder sogar um das Vorstag herum in Lee geschleudert zu werden. Verletzungen sind dabei nicht ausgeschlossen.
Einige Boote haben Fußschlaufen für den Trapezmann. Eine weitere Sicherung ist ein sogenanntes Hecktrapez, ein elastischer Stropp am Schwimmerspiegel, der zusätzlich in den Trapezgurt eingepickt wird und dem Zug des Trapezes nach vorne und der Fliehkraft entgegenwirkt.

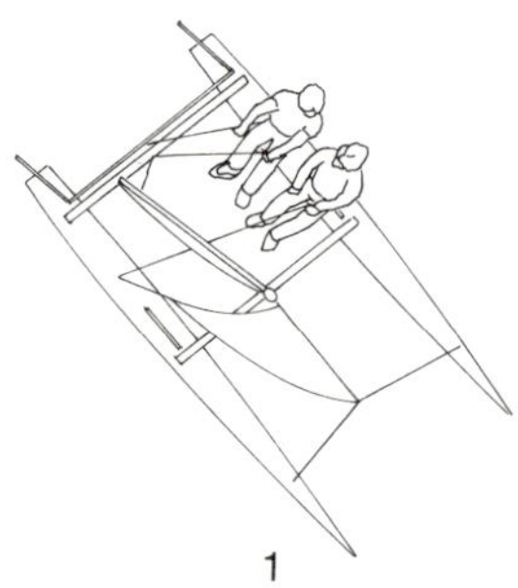
1

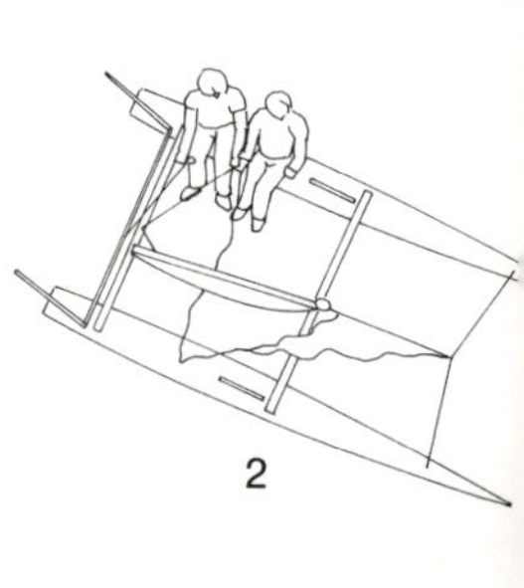
2

Schneidet nur der Lee-Schwimmer unter und der Luv-Schwimmer beginnt zu steigen – das Ruder ist in solcher Situation kaum noch wirksam, weil es nahezu horizontal liegt –, müssen sofort die Schoten gefiert werden, weil sonst die Gefahr des Kenterns besteht.
Da der Kat auf diesem Kurs seine größte Geschwindigkeit erreicht, sollte man ein Ziel nicht platt vor dem Wind ansteuern, sondern das Geschwindigkeitspotential nutzen und vor dem Wind kreuzen. Die längere Wegstrecke wird durch die wesentlich höhere Geschwindigkeit mehr als wettgemacht. In diesem Punkt unterscheiden sich Kats von Einrumpfbooten, die mit raumem Wind zwar auch schneller segeln, aber keinesfalls um so viel schneller, daß sich der Kreuzkurs vor dem Wind lohnen würde.

Vor dem Wind

Auch vorm Wind ist der richtige Trimm des Kats sehr entscheidend. Bei leichtem Wind wird die Fahrt durch eine zu weit achtern sitzende Mannschaft erheblich verlangsamt. Sie sollte so weit vorne sitzen, daß sich die Schwimmerhecks eben aus dem Wasser heben und das Wasser wirbellos abläuft. Bei stärkerem Wind dagegen muß sich die Mannschaft soweit wie möglich nach achtern begeben. Obwohl ein Kat bei achterlichem Wind nicht so stark dazu neigt, zu gieren oder gar aus dem Ruder zu schießen wie eine Jolle, besteht doch die Gefahr des Unterschneidens. Schon ab etwa Windstärke 4 kann der Vorm-Wind-Kurs mit einem Kat problematisch werden. Sinnvoll wäre es, jetzt zu reffen, doch ist das auf den meisten Kats nicht möglich.

Wenden

Der Kat als extreme Leichtbaukonstruktion hat nur ein geringes Schwungmoment. Er bleibt sofort stehen, wenn er keinen Vortrieb mehr erhält. Um das Schwungmoment durch möglichst hohe Fahrt zu vergrößern, kann es angebracht sein, vor dem Wenden etwas abzufallen. Dann leicht Ruder legen, bis zu etwa 30°. Man bedenke, daß der Weg der breiten Doppelrumpfkonstruktion durch den Wind ein längerer ist als der eines schmalen Jollenrumpfes. Die Crew rutscht so weit wie möglich nach achtern, um die Vorsteven zu entlasten und dadurch die Drehtendenz zu unterstützen.
Wichtig ist auch, daß die Fock nach dem Wenden zuerst und schneller wieder dichtgeholt wird als das Großsegel, sonst wird er sofort luvgierig und dreht in den Wind. Sowie die Vorsteven im Wind liegen, muß die Fock backgehalten werden und in dem Augenblick in Lee wieder stehen, wo der Kat auf dem neuen Bug liegt. Um die Latten des Groß-

Wenden mit dem Kat
1 Eventuell durch leichtes Abfallen erhöhte Geschwindigkeit aufnehmen.
2 Andrehen mit maximal 30° Rudereinschlag. Die Crew bringt ihr Gewicht so weit wie möglich nach achtern.
3 Großschot los, Fock backholen.
4 Zuerst die Fock auf dem neuen Bug dichtholen. Die Crew bleibt noch so lange auf dem alten Luv-Rumpf sitzen, bis der Kat Fahrt aufzunehmen beginnt.
5 Die Crew hat den Rumpf gewechselt und ihre normale Position wieder eingenommen.

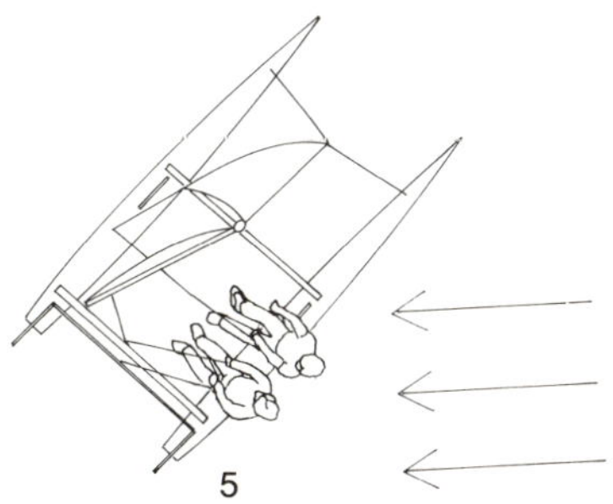

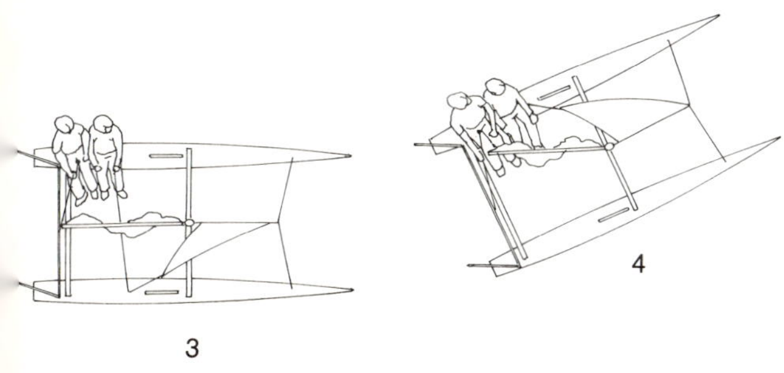

segels am Mast umspringen zu lassen, zieht man den Baum oder die Großschottalje ein- oder zweimal ruckartig zu sich heran.
Außerdem muß die Crew so lange auf dem alten Luv-Schwimmer sitzen bleiben, bis der Kat auf dem neuen Bug Fahrt aufnimmt. Erst dann steigt sie um, weil der Lee-Schwimmer beim Wenden die Außenkurve fährt, also den längeren Weg durchs Wasser zurückzulegen hat und deshalb unbelastet bleiben soll, während das Gewicht der Crew unmittelbar über dem Drehpunkt die Drehbewegung am geringsten hemmt.
Unmöglich ist es, aus einem Raumschots-Kurs heraus ein Wendemanöver zu fahren. Bei der hohen Geschwindigkeit, die der Kat auf diesem Kurs läuft, täuscht der scheinbare Wind eine völlig falsche Windrichtung vor. So scheint es, als ob beim Ruderlegen nicht nur das Boot, sondern auch der Wind mit herumschwenkt, denn durch das Andrehen wird die Fahrt gebremst und der scheinbare Wind fällt mehr und mehr auf die Richtung des wahren Windes zurück, während gleichzeitig der Vortrieb erheblich geringer wird. Bis die Vorsteven endlich im Wind liegen, hat der Kat seine gesamte Fahrt verloren. Man muß also zunächst hoch an den Wind gehen und kann erst dann wenden.
Ist das Boot dennoch in der Wende verhungert, legt man die Ruder in Richtung des alten Bugs und hält die Fock back, damit der Kat achteraus treibend auf den neuen Bug eindreht. Sobald er weit genug abgefallen ist, die Ruder auf Fahrt voraus, Fock über und Großschot anholen.

Halsen

Mit dem Kat wird stets die Regattahalse (s. Seite 155) gefahren. Beim Dichtholen der Großschot, wie beim konventionellen Halsen auf Einrumpfbooten, würde man unnötig Zeit verlieren und nicht mehr mit maximaler Geschwindigkeit und dadurch bedingtem schwächerem scheinbarem Wind halsen können. Für einen Kat aber ist das wichtig. Die auf einer Jolle beim Halsen stets latent vorhandene Kentergefahr besteht auf einem breiten Kat nicht.
Wird aber, bei einer frischen Brise, etwas zuviel Ruder gelegt und nicht gleich Stützruder gegeben, kann es geschehen, daß der Kat bereits mit hoher Geschwindigkeit Halbwind-Kurs läuft, während sich die Crew noch auf dem Lee-Schwimmer oder bestenfalls mittschiffs auf dem Trampolin befindet. Der Luv-Schwimmer steigt nun sofort, und nur mit Mühe wird sich durch Abfallen ein Kentern noch vermeiden lassen.

Kentern und Aufrichten

Kats können beim Unterschneiden kentern oder dann, wenn sich der Luv-Schwimmer so hoch in der Luft befindet, daß der Wind unter das Trampolin fassen kann. Wasserdichte, großvolumige Masten verhindern weitgehend ein Durchkentern. Einige Kats haben standardmäßig eine Aufrichte-

Aufrichten eines durchgekenterten Kats

1 Die Crew wartet, bis das Boot quer zum Wind liegt, steigt dann auf den Lee-Schwimmer und hängt sich in die Aufrichtleine.

2 Es ist gelungen, den Kat in die beim Kentern übliche Seitenlage zu drehen. Der Masttopp liegt in Luv, der Wind drückt gegen das Trampolin . . .

3 . . . und es ist jetzt ein leichtes, den Kat vollständig aufzurichten. Wichtig, vorher die Schoten loszuwerfen, damit nicht die womöglich unter das Trampolin geratene Crew von dem Fahrt aufnehmenden Boot mitgeschleift wird.

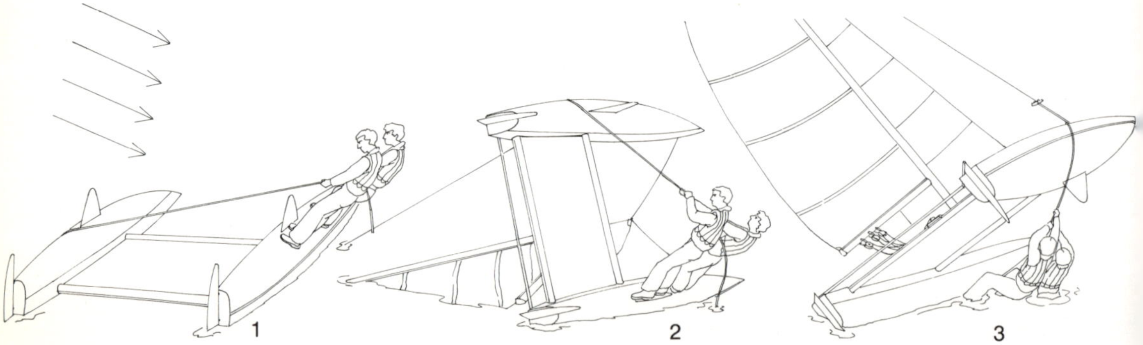

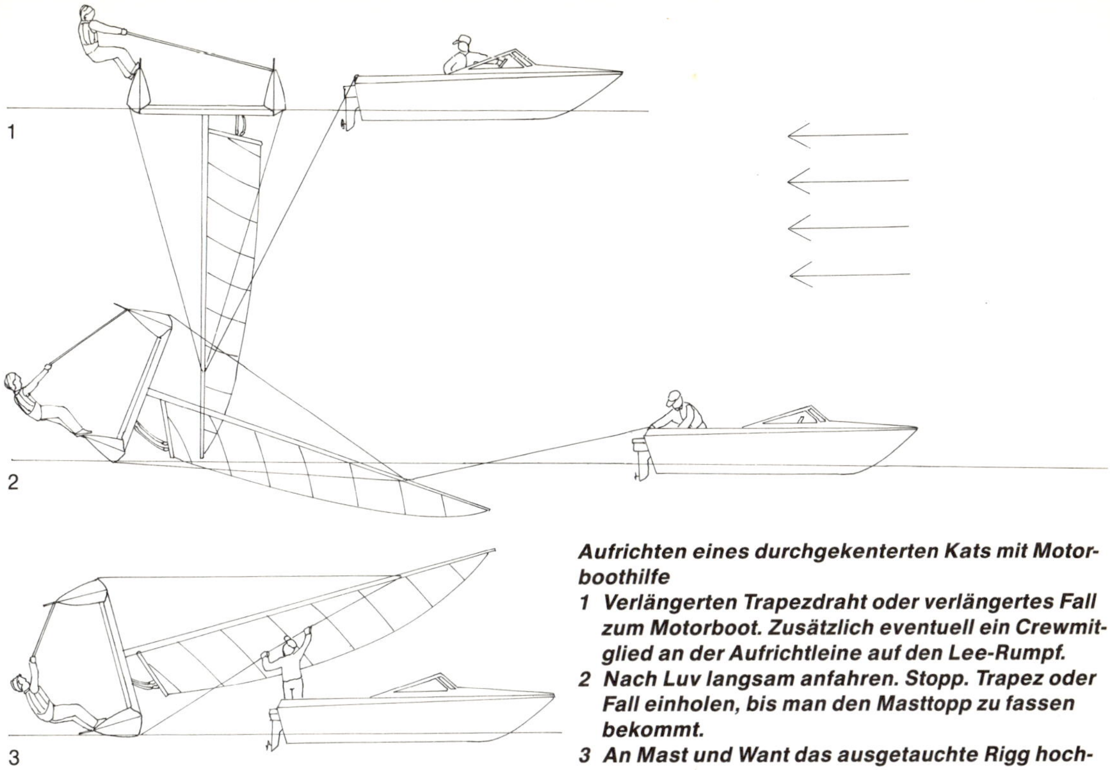

Aufrichten eines durchgekenterten Kats mit Motorboothilfe
1 Verlängerten Trapezdraht oder verlängertes Fall zum Motorboot. Zusätzlich eventuell ein Crewmitglied an der Aufrichtleine auf den Lee-Rumpf.
2 Nach Luv langsam anfahren. Stopp. Trapez oder Fall einholen, bis man den Masttopp zu fassen bekommt.
3 An Mast und Want das ausgetauchte Rigg hochdrücken.

leine, und im allgemeinen ist es kein Problem für eine Crew, ihr Boot wieder aufzurichten.
Zunächst ist es unerläßlich, die Verbindung zum Boot nicht zu verlieren, da es noch weitaus schneller als eine Jolle nach Lee driftet und von einem durch Kleidung und Schwimmweste behinderten Schwimmer nicht wieder einzuholen ist. Man wartet, bis sich die Rümpfe quer zum Wind gedreht haben, so daß der Masttopp nach Luv weist. Das geschieht relativ schnell. Die Aufrichteleine – oder ein anderes Ende – wird am Mastfuß belegt und hinter dem Want herum über den oberen Schwimmer geführt. Sie muß so lang sein, daß sich die Crew auf dem unteren Schwimmer, mit ausgestreckten Armen, nahezu waagerecht an die Leine hängen kann. Nur dann ergibt sich der notwendige Hebelarm. Wegen seiner Breite besteht beim Kat nicht die Gefahr – im Gegensatz zur Jolle – bei dieser Methode zur anderen Seite zu kentern. Befindet sich der Mast in Lee, und drückt der Wind gegen die große Fläche des Trampolins, ist ein Aufrichten kaum möglich.
Auch durchgekenterte Kats lassen sich häufig von der Crew aufrichten. Man muß ebenfalls warten, bis sich das Boot langsam quer zur Welle gelegt hat. Dann versucht man mit der Aufrichteleine den in Luv befindlichen Schwimmer von der Wasseroberfläche abzuheben. Sobald er so weit angehoben ist, daß der Wind unter die Oberseite des Trampolins fassen kann, hat man gewonnenes Spiel.

Hilfe vom Motorboot

Gelingt es jedoch nicht – etwa weil der Mast im Schlick steckt –, ist man auf fremde Hilfe angewiesen. Die Jollen-Methode des Aufrichtens durch ein quer ziehendes Motorboot ist zumindest bei einigen Kats bedenklich. Durch die hier auftretenden großen Kräfte können Beschläge ausgerissen werden, sind selbst schon Rümpfe von der Schleppleine zersägt worden. Besser und sicherer ist es, den Trapezdraht von seinem Gummi zu lösen und mit einer Leine zu verlängern. Falls kein Trapez vorhanden, nimmt man ein entsprechend verlängertes Fall. Mit dieser Leine fährt das Motorboot langsam nach Luv bis der Masttopp aus dem Wasser kommt. Ein Crewmitglied auf dem Lee-Schwimmer unterstützt das Aufrichten mit der Aufrichteleine, dabei gleichzeitig richtungsstabilisierend wirkend.

Wettsegeln

Sportliche Wettfahrten mit Segelbooten sind nur dann durchführbar, wenn jeder Teilnehmer über das gleiche oder zumindest annähernd gleiche »Sportgerät« verfügt. Diese Voraussetzung zu erfüllen, gibt es verschiedene Möglichkeiten. Am weitesten verbreitet ist die Normung von Bootstypen, so daß die sogenannten Klassen entstehen. In die Anfänge der Yachtsegelei zurück reicht die Schaffung von Ausgleichs- und Berechnungsformeln, in die Boote hineinkonstruiert werden. Schließlich gibt es noch sogenannte Handicap-Systeme, wie beispielsweise das Yardstick-System, wo einzelnen Booten oder auch einer Klasse ein empirisch ermittelter Geschwindigkeits-Koeffizient zugeordnet wird.

Klassen

Die Einteilung der Klassen erfolgt nach unterschiedlichen Gesichtspunkten.

Internationale Klassen müssen in mehreren Ländern verschiedener Kontinente verbreitet und von der International Yacht Racing Union (IYRU) in London anerkannt sein. Aus dem Kreis dieser Klassen werden jeweils die olympischen Klassen ausgewählt. Zu den internationalen bei uns verbreiteten Klassen zählen u. a. Optimist, Drachen, H-Boot, Flying Dutchman, 505er, 420er, Funboard und die Olympiaklassen Finn, 470er, Star, Laser, Soling, Tornado, Europe und Mistral One Design.

Nationale Klassen werden von den nationalen Segelverbänden der einzelnen Länder – in der Bundesrepublik Deutschland durch den Deutschen Segler-Verband (DSV) – anerkannt und eingeführt. Zu den deutschen nationalen Klassen gehören u. a. Korsar, Pirat, H-Jolle, Schwert- und Kielzugvogel, 15-m^2-Jollenkreuzer, Dyas, Trias, 10-m^2-Wanderjolle (Z-Jolle) und Xylon.

Ein-Typ-Klassen sind vom DSV anerkannte **Werftklassen,** also Bootstypen, die von einer Werft nach eigenen Bauvorschriften einheitlich hergestellt werden. Der moderne Formenbau erlaubt dabei eine so weitgehende Einheitlichkeit, wie sie früher, selbst durch strenge Bauvorschriften, kaum zu erreichen war. Damit eine Werftklasse zur Ein-Typ-Klasse wird, müssen mindestens 100 Jollen oder Katamarane und 80 Kielboote, Konstruktionsklassen oder Jollenkreuzer unter den Standern anerkannter DSV-Clubs segeln. Bei den Segelsurfern gilt eine andere Regelung. Da müssen mindestens 100 Surfer als Mitglieder in der Klassenvereinigung registriert sein.

Eine Ein-Typ-Klasse kann sogar den Status einer nationalen Klasse erreichen, wie zum Beispiel die Varianta.

In den internationalen und nationalen Klassen können Deutsche Meisterschaften und Deutsche Klassenmeisterschaften ausgesegelt werden, in den Ein-Typ-Klassen werden nur Klassenmeister ermittelt.

Eine weitere Klassifizierung geschieht nach den Bauvorschriften. **Einheitsklassen** entstehen nach demselben Bauplan und sehr enggefaßten Bauvorschriften, die das Gewicht, die Maße und die Beschaffenheit des Rumpfes und des Riggs sowie jedes Detail in der Beschlagsausrüstung genau festlegen. Bei GFK-Booten stammen die Formen der einzelnen Werften oft sogar von einer einzigen Urform ab. So entstehen theoretisch völlig gleiche Boote. Zu den kompromißlosesten Einheitsklassen gehören der Laser, der 420er, der Dart und der Soling.

Beschränkte Klassen haben etwas gelockertere Vorschriften. Im allgemeinen werden nur die wichtigsten Abmessungen, die Rumpfform, das Mindestgewicht, die Segelmaße und bestimmte Sicherheitserfordernisse festgelegt. Dagegen sind andere Einzelheiten freigestellt, so etwa Baumaterial, Schwert- und Schotführung, Lenzeinrichtungen und Verstagung oder die Größe und Anordnung der Plicht. Neben dem Flying Dutchman gehören viele Gleitjollen, aber auch der Drachen in diese Gruppe. Die Grenzen zwischen diesen beiden Klassifizierungen sind jedoch fließend.

Konstruktionsklassen werden nicht durch Festmaße begrenzt. Boote dieser Kategorie können beträchtliche Abweichungen in Länge, Breite, Gewicht und sogar Segelfläche aufweisen. Die zulässigen Abweichungen in den Abmessungen werden durch eine Meßformel ausgeglichen, beispielsweise eine größere Länge durch eine kleinere Segelfläche oder eine größere Verdrängung. Zu dieser Gruppe gehören die ehemals olympischen 5,5- und die 12-m-Yachten, in denen der America's Cup bis 1987 ausgesegelt wurde, aber auch die neue America's Cup-Klasse fällt in diese Kategorie.

Im weiteren Sinne sind auch die **Grenzmaßklassen** des DSV Konstruktionsklassen. Bei ihnen werden lediglich bestimmte Höchst- oder Mindestmaße für Rumpf und Rigg vorgeschrieben und die Segelfläche festgelegt. Beispiele dafür sind die H-Jolle, der 16-m^2-Jollenkreuzer und die internationale Raceboard-Klasse.

Katamaran-Klassen werden von der IYRU in die Divisionen A – Einmannboote –, B und C – Zweimannboote – und D – Dreimannboote – eingeteilt. Innerhalb der einzelnen Divisionen sind Höchstmaße für die Segelfläche oder Länge und Breite der Doppelrumpf-Konstruktion festgesetzt, so daß es sich eigentlich um Grenzmaßklassen handelt. Aus einigen der Divisions-Kats haben sich Einheitsklassen wie der in Deutschland kaum verbreitete Shearwater, der Dart und der olympische Tornado (B-Kat) entwickelt.

In keine dieser Kategorien gehören die Strand-Katamarane wie Prindle, Top-Cat oder die Hobie-Familie (Hobie 13, 14, 16, 17, 18 und 21), die im strengen Sinne national oder international verbreitete Werftklassen darstellen. Allerdings übertreffen sie an Zahl und Verbreitung alle anderen Kat-Klassen bei weitem.

IOR-Klassen Diese Gruppe umfaßt Ausgleichs- oder Formel-Yachten. Sie werden nach einer internationalen Meßformel klassifiziert, der IOR-(International Offshore Rule)-Formel. Danach erhalten die Boote einen bestimmten Rennwert (Rating). Yachten mit gleichem oder auch verschiedenem Rennwert können direkt gegeneinander segeln – auch wenn sie recht unterschiedlicher Bauart sind. Die gesegelten Zeiten werden mit einem Zeitkorrekturfaktor versehen und in berechnete Zeiten umgewandelt (vergütet), nach denen dann die Ergebnisse zusammengestellt werden.

Nach einem Rennwert in Fuß, der aber nichts mit der Länge des Bootes zu tun hat, sind die IOR-Yachten in acht Klassen eingeteilt:

Klasse I	33,0 bis 70,0 Fuß
Klasse II	29,0 bis 32,9 Fuß
Klasse III	25,5 bis 28,9 Fuß
Klasse IV	23,0 bis 25,4 Fuß
Klasse V	21,0 bis 22,9 Fuß
Klasse VI	19,0 bis 20,9 Fuß
Klasse VII	17,5 bis 18,9 Fuß
Klasse VIII	unter 17,5 Fuß

Eine Klasse-VIII-Yacht ist etwa 7,00 m lang und wiegt um 1,4 t. Eine Klasse-I-Yacht (70,0 Fuß) hat eine Länge von etwa 24 m und wiegt um die 20 t.

Tonner-Klassen sind IOR-Klassen mit gleichem Rennwert, die vergütungslos gegeneinander segeln können. Auch in diesem Fall hat die Bezeichnung nichts mit der Verdrängung des Bootes zu tun, sondern bezieht sich auf einen historischen Eintonner-Pokal, der in einer Klasse mit einer Vermessungstonne ausgesegelt wurde. Es gibt:

Klassen	Rennwert	Länge ü. a.	Segelfläche	Verdrängung
Minitonner	16,55 Fuß	ca. 6,50 m	ca. 20 m^2	ca. 1,0 t
Vierteltonner	18,55 Fuß	ca. 7,50 m	ca. 28 m^2	ca. 1,4 t
Halbtonner	22,05 Fuß	ca. 9,00 m	ca. 36 m^2	ca. 2,4 t
Dreivierteltonner	24,55 Fuß	ca. 10,40 m	ca. 45 m^2	ca. 3,8 t
Eintonner	30,55 Fuß	ca. 12,00 m	ca. 80 m^2	ca. 6,0 t
Zweitonner	35,05 Fuß	ca. 13,50 m	ca. 100 m^2	ca. 7,5 t
50-Füßer	40,05 Fuß	ca. 15,20 m	ca. 120 m^2	ca. 11,5 t
Maxis	70,00 Fuß	ca. 25,50 m	ca. 260 m^2	ca. 28,0 t

Die Liberas

Was die IOR-Yachten für die Seesegelszene sind, das sind die Libera-Yachten für die großen alpenländischen Binnenseen – die Avantgarde des technischen Fortschritts. Zwar gibt es bei den Liberas auch eine Klasseneinteilung, aber damit hören dann schon die Gemeinsamkeiten auf. Ohne von irgendeiner Formel oder Materialvorschriften eingeengt zu sein, ist bei den Liberas – fast – alles machbar, sofern es sich innerhalb der für die einzelnen Klassen geltenden Längenmaße, den daraus resultierenden Breiten und dem aus Sicherheitsgründen vorgeschriebenen aufrichtenden Moment abspielt.
Zu den wenigen Klassenregeln zählt, daß die benetzte Oberfläche des Rumpfes nicht unterbrochen werden darf. Damit sollen die seitlich weit überstehenden Decksüberhänge, die »Ohren«, die bei Krängung Auftrieb erzeugen können, vermieden werden. Eine Sicherheitsvorschrift besagt, daß die Crew nur mit angelegter Schwimmweste auf den gewaltigen Trapezauslegern herumturnen darf. Ausreithilfen, auf die inzwischen keine der High-Tech-Rennmaschinen mehr verzichtet.
Eingeteilt sind die Liberas nach der Bootslänge über alles:

Klasse C bis 8,70 m
Klasse B bis 10,70 m
Klasse A bis 12,70 m

Die Maximallänge ist bestimmt durch die 40-Fuß Normcontainer, in denen die Schiffe von einem Regatta-Ort zum anderen transportiert werden. Die internationale Classe Libera, die Klassenvereinigung, wurde 1984 in Genf gegründet, wo sie seitdem auch ihren Sitz hat.
Zu Beginn der Libera-Ära wurde noch mit konventionellen Yachten wie Schärenkreuzern oder den 6-Meter-R-Yachten gesegelt – nach dem Motto, Sieger ist, wer als erster im Ziel ist. Einen ersten Durchbruch zu reinen Binnenrennyachten brachten die Quartas von Helmut Stöberl und die schweizerischen Toucans. Die italienischen »Grifo« und »Farrneticante«, Schwesterschiffe vom Reißbrett des Neuseeländers Bruce Farr, brachen 1980 radikal mit allen schiffbaulichen Traditionen. Die zwei überdimensionalen 505er mit den an einer langen Kielplatte aufgehängten Ballastbomben wurden die Vorläufer all der High-Tech-Konstruktionen mit jollenähnlichem Leichtbaurumpf und weitausladenden Ausreitgestellen, die heute mit dem Begriff Libera verbunden werden.

Organisation der Klassen

In den meisten internationalen und nationalen Klassen haben sich die Segler zu Interessengemeinschaften, den sogenannten **Klassenvereinigungen,** zusammengeschlossen. Die Klassenvereinigungen erarbeiten mit Konstrukteuren, Werften und dem nationalen Segelverband die Klassenvorschriften und halten sie auf dem laufenden Stand der Technik. In internationalen Klassen bedürfen Änderungen allerdings der Bestätigung durch die IYRU.
Eine weitere wichtige Funktion der Klassenvereinigungen besteht darin, für ihre Mitglieder jede Saison Ranglisten zu erstellen, die häufig als Grundlage für die Qualifikation zu internationalen Meisterschaften dienen. Die Klassenvereinigung bestimmt die einzelnen Schwerpunktregatten, verteilt die Ranglistenfaktoren und informiert die Mitglieder in Rundschreiben über alle wichtigen Aktivitäten und Termine.

Ausgleichsformeln

Ausgleichs- oder Vermessungsformeln wurden geschaffen, damit auch Yachten unterschiedlicher Konstruktion chancengleich gegeneinander segeln können. Zweck derartiger Formeln ist es, Schiffe verschiedener Größe und Form durch ihren Zahlenwert so auszugleichen, daß sie bei gleicher seglerischer Leistung zu gleichen Zielergebnissen kommen. Bei der Vielzahl der Variationsmöglichkeiten einer Schiffsform wird jedem verständlich, wie schwierig ein solcher Ausgleich durch eine Vergütung sein muß. Grundtendenz aller Formeln ist es, alle Faktoren, die die Geschwindigkeit positiv beeinflussen – wie Länge und Segelfläche – erhöhend zu bewerten und alle Faktoren, die die Geschwindigkeit negativ beeinflussen – wie Breite und Verdrängung – vermindernd.
Doch neben den Abmessungen des Bootskörpers und der Besegelung spielen für das Endergebnis natürlich noch andere Faktoren eine Rolle, beispielsweise die durchschnittlich gesegelte Geschwindigkeit. Sie hängt ab von der Windstärke, Strömung und Windrichtung.
Die bedeutendsten internationalen Rennformeln waren die vom britischen Royal Ocean Racing Club entwickelte **RORC-Formel** und die vom Cruising Club of America ausgearbeitete **CCA-Formel.** Daneben gab es noch nationale Formeln,

wie die deutsche **KR-Formel** (Kreuzer-Renn-Formel) und in Skandinavien die schwedische Seekreuzer-Regel **SHR** (Svenska Havskryssar Regeln).
Als im Zuge engerer internationaler Kontakte Yachten unterschiedlicher Vermessungsherkunft aufeinandertrafen, gab es erhebliche Schwierigkeiten. Die jeweils in eine der Formeln hineinkonstruierten Yachten schnitten unweigerlich schlecht ab, wenn nach einer anderen Formel gesegelt wurde. Deshalb lag es im Interesse aller Nationen, eine einheitliche internationale Lösung zu finden. So entstand die vom international besetzten Offshore Rule Coordinating Committee (ORCC) erarbeitete **International Offshore Rule,** kurz **IOR-Formel** genannt. Sie wurde seit ihrer Einführung im Jahre 1969 mehrfach modifiziert Denn schon sehr früh erkannten die Konstrukteure die Lücken und nutzten sie, um die Yachten in die Formel hineinzukonstruieren. Mit den immer besseren, aber auch teureren Materialien stiegen die Kosten für IOR-Rennyachten ins Unermeßliche, was dazu führte, daß seit dem Ende der 80er Jahre die IOR-Flotten schrumpfen.
Da die IOR-Formel jedoch recht kompliziert ist und einen hohen Vermessungsaufwand erfordert, schuf man in Skandinavien die **Scandicap-Formel,** die wesentlich einfacher zu handhaben ist, und nach der im gesamten Ostseeraum viele Regatten ausgeschrieben werden. Sie wurde inzwischen zur **Dansk Handicap** modifiziert.
Im Ärmelkanal und im westlichen Mittelmeer ist inzwischen das **Channel Handicap System** (CHS) stark verbreitet.

Der Zeitberichtigungsfaktor

Die Umrechnung der gesegelten Zeit in die berechnete Zeit erfolgt über einen vom jeweiligen Rennwert abhängigen Zeitberichtigungsfaktor (TMF). Er wird mit der gesegelten Zeit multipliziert. Anders ausgedrückt: eine Yacht mit höherem Rennwert muß beispielsweise pro Stunde um eine mit dem Zeitberichtigungsfaktor genau ermittelte Zeit schneller sein als eine Yacht mit niedrigerem Rennwert. Nicht wer als Erster im Ziel ist gewinnt, sondern wer nach berechneter Zeit am schnellsten war.

Handicap-Systeme

Eine weitere Möglichkeit, Boote gegeneinander in einer Regatta segeln zu lassen, die nicht in eine bestimmte Formel hineinkonstruiert worden sind, wie beispielsweise reine Tourenschiffe, besteht darin, ihnen einen empirisch ermittelten Rennwert zuzuordnen. Hier hat sich das 1951 entwickelte **Yardstick-System** international und auch im Bereich des Deutschen Segler-Verbandes durchgesetzt. Die Ausgleichszahlen werden anhand von Testregatten ermittelt. Eine Vermessung der Boote entfällt.
Eine andere Handicap-Variante praktiziert man in Australien, wo Boote ohne jede Rücksicht auf Rennwerte oder Formeln gegeneinander segeln. Dabei starten sie in der zweiten Wettfahrt in der umgekehrten Reihenfolge ihres Zieleinlaufs in einem bestimmten zeitlichen Abstand nacheinander. Für die Startfolge des dritten Rennens ist die Zielreihenfolge des zweiten Laufes maßgebend usw.

Das International Measurement System

Wie Yardstick ist auch das **International Measurement System (IMS)** ein Handicap-System, im Gegensatz zu den Konstruktionsformeln. Deren gravierender Nachteil besteht darin, daß sie bestimmte Daten vorgeben, die zu einer Formel zusammengefügt werden und in die dann die Konstrukteure die Yachten »hineinkonstruieren«. Da wiederum jede Formel zahllose Möglichkeiten der Ausnutzung bietet, bedarf sie ständig einer Überarbeitung und Aktualisierung, was zu immer neuen Konstruktionen führt und selbst nur wenige Jahre alte Yachten benachteiligt.
Das 1976 auf Anregung des amerikanischen Seglerverbandes entwickelte IMS kennt diese Nachteile nicht, da es auf der ganzheitlichen Vermessung einer Yacht basiert. Kennt man die aerodynamischen Kräfte einer Yacht und die Widerstände ihres Rumpfes und Riggs, dann läßt sich daraus im Zeitalter des Computers leicht die optimale Geschwindigkeit unter allen Bedingungen errechnen. Die in langen Versuchsreihen erstellten Computerprogramme des IMS VPP (Velocity Predicting Program = Geschwindigkeits-Vorhersage-Programm) sind in der Lage, die theoretisch erzielbare, optimale Geschwindigkeit einer Yacht zu bestimmen, sofern sie nur genau genug vermessen wird. Das geschieht mit einer Vermessungsmaschine, die sämtliche Rumpflinien bis auf 3 mm exakt erfaßt. Zusätzlich gehen Segelfläche gerefft und ungerefft sowie der Windwiderstand des Riggs in die Berechnungen ein. Allerdings geht das System davon aus, daß eine Yacht von ihrer Crew unter allen Bedingungen auch optimal gesegelt wird.

Sind die theoretisch möglichen Geschwindigkeiten mit dem Computer bestimmt, dann kann auch jeder Yacht die theoretisch zu segelnde Zeit pro Seemeile zugeordnet werden. Die Unterschiede zwischen den theoretischen Segelzeiten ergeben dann die Vergütung der Yachten untereinander. Mit dem IMS ist es möglich, auch extreme Yachten, wie den Cupper und das Fahrtenschiff, gegeneinander segeln zu lassen, ohne daß der eine von vornherein chancenlos ist. Deshalb erfreut sich das System wachsender Beliebtheit auf den Seebahnen. Doch auch bei IMS hat es sich inzwischen als sinnvoll erwiesen, eine Klasseneinteilung vorzunehmen, und es läuft alles darauf hinaus, ab 1994 eine reine Racing-Class zu installieren, um die IMS-Fahrtenyachten von den IMS-Racern zu trennen.
Während Yardstick ein empirisch ermitteltes und daher recht grobes, freilich auch billiges Handicap-System darstellt, beruht IMS auf wissenschaftlich abgesicherten Computerprogrammen in Verbindung mit einer totalen Rumpfvermessung.

Die Organisation von Wettfahrten

Man unterscheidet Regatten und Wettfahrten. Eine Regatta umfaßt eine oder mehrere Wettfahrten an einem oder mehreren Tagen, eine Wettfahrt nur den Zeitraum zwischen dem Vorbereitungssignal und dem Zieldurchgang einer einzelnen Klasse. Es gibt Verbands-, Sonder-, Vereins- und Jugendregatten.
Verbandsregatten dürfen nur für vom Deutschen Segler-Verband anerkannte, reviergeeignete Klassen ausgeschrieben werden, und zwar von einem oder auch mehreren Verbandsvereinen. Sie müssen dem DSV und den Landesseglerverbänden gemeldet werden. Zu einer **Sonderregatta** sind nur bestimmte Klassen zugelassen, die vom Veranstalter in der Ausschreibung einzeln genannt werden. Zu einer **Vereinsregatta** sind nur Yachten zugelassen, deren Steuerleute dem veranstaltenden Verein angehören. Teilnehmer an **Jugendregatten** müssen Jugendliche im Sinne der Jugendordnung des Deutschen Segler-Verbandes sein und außerdem einem Verbandsverein angehören.
Gesegelt wird nach den **Internationalen Wettsegelbestimmungen** (IWB) der International Yacht Racing Union (IYRU), Deutsche Ausgabe, mit ihren Anhängen, den **Klassenbestimmungen** sowie nach der **Wettsegelordnung** (WO) des DSV. An Verbandsregatten können alle Segler teilnehmen, die einem dem Deutschen Segler-Verband angeschlossenen Verein angehören und einen für das jeweilige Revier vorgeschriebenen Verbandsführerschein besitzen, ferner Segler aus Vereinen einer anderen Landesvertretung der IYRU oder aus einem vom Deutschen Segler-Verband besonders anerkannten deutschen oder ausländischen Verein. Außer bei Vereinsregatten müssen alle Boote einen gültigen Meßbrief oder einen gültigen Klassenschein ihres Vereins besitzen.
Die Veranstaltung von Regatten obliegt einem oder mehreren DSV-Vereinen oder Wettfahrtgemeinschaften, zu denen sich häufig an einem Revier beheimatete Vereine zusammenschließen, um die Kosten für das eingesetzte Gerät so gering wie möglich zu halten.
Auch der Deutsche Segler-Verband veranstaltet Regatten: nämlich die **Deutschen Meisterschaften** und **Deutschen Klassenmeisterschaften.** Die Durchführung der Meisterschaften überträgt er an Verbandsvereine. Meldungen zu den Meisterschaftsregatten können nur von Verbandsvereinen oder ausländischen Clubs abgegeben werden, deren Landesverbände Mitglied der IYRU sind. Meldeberechtigt zu Meisterschaften sind nur solche Segler, die in der gültigen Rangliste ihrer Klasse mit einer Mindestpunktzahl geführt werden.
Die **Wettfahrtleitung** legt die Bahn sowie die Start- und Ziellinie fest. Sie entscheidet, ob eine Wettfahrt gesegelt, aufgehoben, verkürzt oder abgebrochen wird.
Der **Zielrichter** hat von allen teilnehmenden Yachten die Zeit zu nehmen und darauf zu achten, ob eine Yacht beim Zieldurchgang eine Protestflagge zeigt. Segelt eine Yacht wiederholt über die Ziellinie, kann sie ausgeschlossen werden, wenn ein solcher Ausschluß in den Segelanweisungen vorgesehen ist.
Das **Schiedsgericht** tritt unter dem Vorsitz eines Obmannes zusammen. Der Jury gehören mindestens drei Schiedsrichter an. Sie haben alle anfallenden Proteste zu entscheiden. Berufungen sind beim jeweiligen Landesverband möglich.
Abweichend von den Wettsegelbestimmungen gibt es bei Meisterschaftsregatten bei Protesten gegen die Entscheidung der Schiedsrichter keine Berufung an den Deutschen Segler-Verband. Die Protestentscheidung muß aber von fünf Schiedsrichtern mit Mehrheit gefällt worden sein.

Die Wertung

Gewertet wird nach einem Punktsystem. Bei uns nach dem Bonus-Punktsystem (ehemals olympisches Punktsystem) oder nach dem Niedrig-Punkt-System (Low-Point Scoring System).

Niedrig-Punkt-System		Bonus-Punktsystem
1. Platz	0,75	0
2. Platz	2	3
3. Platz	3	5,7
4. Platz	4	8
5. Platz	5	10
6. Platz	6	11,7
7. Platz	7	(7+6) 13
8. Platz	8	(8+6) 14
usw.		usw.

Die schlechteste Wettfahrt kann häufig gestrichen werden.
Für Nichtstarten, Aufgeben einer Wettfahrt und Disqualifikation wegen eines Regelverstoßes gibt es »Strafpunkte«. Nach jedem System ist Gesamtsieger, wer am Schluß die niedrigste Punktzahl hat. Auch bei Seeregatten wird zunehmend nach einem dieser Punktsysteme gewertet.

Preise

Der Deutsche Segler-Verband unterscheidet Tages-, Punkt-, Wander-, Herausforderungs- und Sonderpreise.
Tagespreise werden nur noch selten vergeben, da die Kosten für Preise allgemein zu hoch geworden sind. Üblich ist die Vergabe von **Punktpreisen** nach dem jeweiligen Punktsystem. Punktpreise, die für mehrere Regatten ausgesetzt worden sind, müssen innerhalb eines Jahres endgültig gewonnen werden.
Ein **Wanderpreis** geht meistens nach dreimaligem Gewinn in den endgültigen Besitz des Gewinners über.
Ein **Herausforderungspreis** ist ein Wanderpreis, für den der endgültige Gewinner zur Verteidigung herausgefordert werden muß. Erscheint er nicht zu den Wettfahrten, verliert er den Preis.
Sonderpreise können für besondere seglerische Leistungen oder aus speziellen Anlässen gestiftet werden.

Die Wettsegelbestimmungen

Wenn das Segeln als vergleichender sportlicher Wettkampf ausgeübt werden soll, so bedarf es dafür – wie bei anderen Sportarten – fester Spielregeln. Diese Regeln wurden von der International Yacht Racing Union (IYRU) erstellt und herausgegeben. Sie werden alle vier Jahre überarbeitet und, wenn nötig, ergänzt. Es sind die **Internationalen Wettsegelbestimmungen (IWB).**
Für den Bereich des Deutschen Segler-Verbandes gilt die deutsche Fassung. Sie wird von dem Wettfahrtsausschuß in der Regatta-Ausschreibung und im Programm durch Segelanweisungen ergänzt. Solche **Segelanweisungen** haben den Rang von IWB-Regeln und können eventuell einzelne Regeln der Wettsegelbestimmungen ändern oder ersetzen.

Der Start

Der Start ist ein sogenannter fliegender Start. Zehn Minuten vor dem Start wird als Ankündigungssignal die Klassenflagge vorgeheißt, ein akustisches Signal gegeben und die Start- und Bahnanzeige gesetzt. Die Klassenflagge jeder Klasse ist aus der Segelanweisung ersichtlich. Fünf Minuten vor dem ersten Start werden die Flagge P des internationalen Flaggenalphabets und die Klassenflagge des folgenden Starts vorgeheißt und wieder ein akustisches Signal gegeben. Beim Start wird die Klassenflagge des ersten Starts niedergeholt und die des dritten Starts vorgeheißt, während die Flagge P stehenbleibt. Gleichzeitig ertönt zum dritten Male ein akustisches Signal. Die optischen Signale haben jedoch Vorrang; die Zeiten werden nach ihnen genommen. Das zu wissen ist wichtig, falls die akustischen Signale einmal versagen oder sich verzögern. Deshalb muß auch beim Start einer einzigen Klasse, beispielsweise bei Meisterschaftsregatten, bei der Ankündigung stets ein optisches Signal gezeigt werden. Erfolgen die Starts in Abständen von zehn Minuten, so gilt das Startsignal für die erste Klasse gleichzeitig als Ankündigungssignal für die folgende.
Zu früh über die Startlinie gehende Boote müssen auf ein Rückrufsignal hin umkehren und die Startlinie noch einmal passieren. Dabei müssen sie allen anderen Booten ausweichen. Sind die Frühstarter zu zahlreich, gibt die Wettfahrtleitung ein allgemeines Rückrufsignal (erster Hilfsstander und

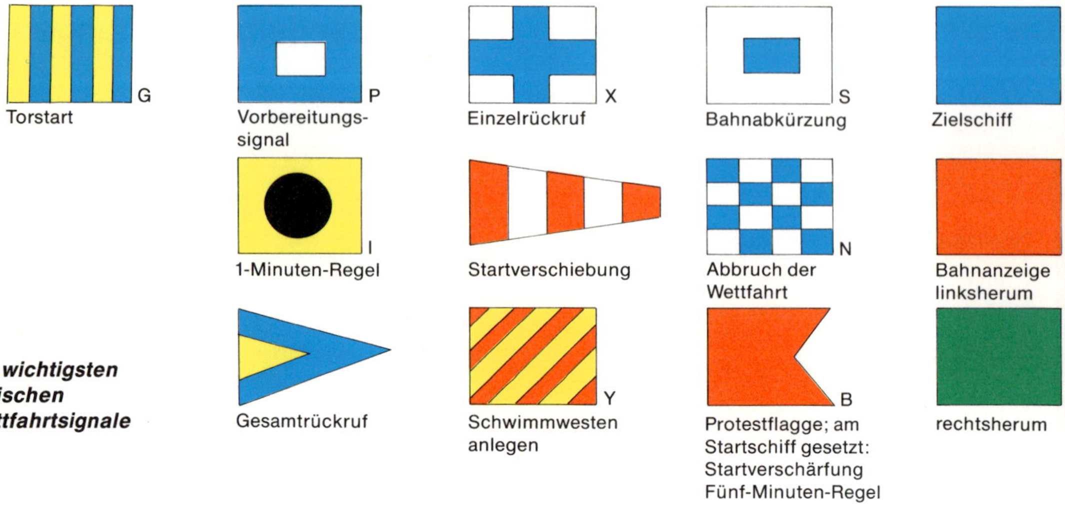

Die wichtigsten optischen Wettfahrtsignale

zwei kurz aufeinanderfolgende akustische Signale). Der Wiederholungsstart kann unmittelbar, aber auch nach dem letzten erfolgen.

Es ist üblich geworden, dabei die sogenannte **Ein-Minuten-Regel** anzuwenden. Sie bedeutet, daß jede Yacht ausgeschlossen wird, die sich in der letzten Minute vor ihrem Wiederholungsstart in dem Dreieck, gebildet aus der Startlinie und der ersten Tonne, befindet. Es wird auch jede Yacht ausgeschlossen, die eine dieser Linien berührt, schneidet oder überquert. Eine besondere Warnung erfolgt nicht. Der Beginn der Sperrzeit wird durch Wegnehmen des entsprechenden Flaggensignals (meist India) und ein langes akustisches Signal angezeigt. Eine Yacht kann ihren Ausschluß jedoch vermeiden, wenn sie entweder das Startschiff oder die Begrenzungstonne der Startlinie umsegelt und erneut von der richtigen Seite aus startet. Sie muß nur allen anderen Booten ausweichen. Eine weitere Verschärfung stellt die Fünf-Minuten-Regel dar. Danach wird disqualifiziert, wer sich in den letzten fünf Minuten vor dem Start in dem beschriebenen Dreieck befindet. Eine Entlastung von dem Ausschluß ist nicht möglich. Der Ausschluß gilt auch bei Wiederholungsstarts und sogar bei der Wiederholung der Wettfahrt an einem anderen Tag. Die Fünf-Minuten-Regel wird durch setzen der Flagge Bravo, zusammen mit dem Ankündigungssignal, angezeigt.

Der Torstart

Dieses Verfahren wird vor allem bei großen Feldern angewandt oder nach wiederholten Massenfrühstarts beim herkömmlichen Verfahren. Ist der Torstart vorgesehen, muß er als Alternative in den Segelanweisungen beschrieben sein.

Beim Torstart gibt es keine festausgelegte Startlinie, sondern lediglich eine innere Begrenzungstonne als Startbahnmarke in der Nähe des Startschiffes. Außerdem werden benötigt ein Teilnehmerboot als Pfadfinder, ein Torboot und ein Wachboot, auf dem ein oder mehrere Schiedsrichter sitzen. Die Zeitsignale werden in den gleichen Abständen wie beim normalen Linienstart gegeben.

Ungefähr 30 Sekunden vor dem Startschuß nimmt der Pfadfinder beim Startschiff Fahrt zur inneren Begrenzungstonne auf und segelt dann von dieser aus mit Wind von Backbord hoch im Wind. Unmittelbar in seinem Kielwasser folgt das Torboot. In Lee vom Pfadfinder fährt das Wachboot. Nach dem Startschuß können alle Teilnehmer durch das sich hinter dem Torboot immer weiter öffnende Tor zwischen Torboot-Heck und Begrenzungstonne starten. Dabei dürfen weder Begrenzungstonne noch Tor- oder Wachboot berührt werden. Wer den Pfadfinder auf seinem Kurs hoch am Wind behindert, wird disqualifiziert. Nach etwa zwei bis drei Minuten wird der Pfadfinder vom Torboot entlassen und kann wählen, ob er seinen Kurs fortsetzen oder auf Steuerbord-Wind wenden will. In jedem Fall setzt das Torboot den anliegenden Kurs mit gleicher Geschwindigkeit noch für etwa zwei Minuten fort und läßt sich dann treiben. Nach fünf Minuten wird das Tor geschlossen, indem das Torboot abdreht und zum Startschiff zurückfährt. Es darf dann nicht mehr gestartet werden.

Bei großen Windschwankungen in Stärke und

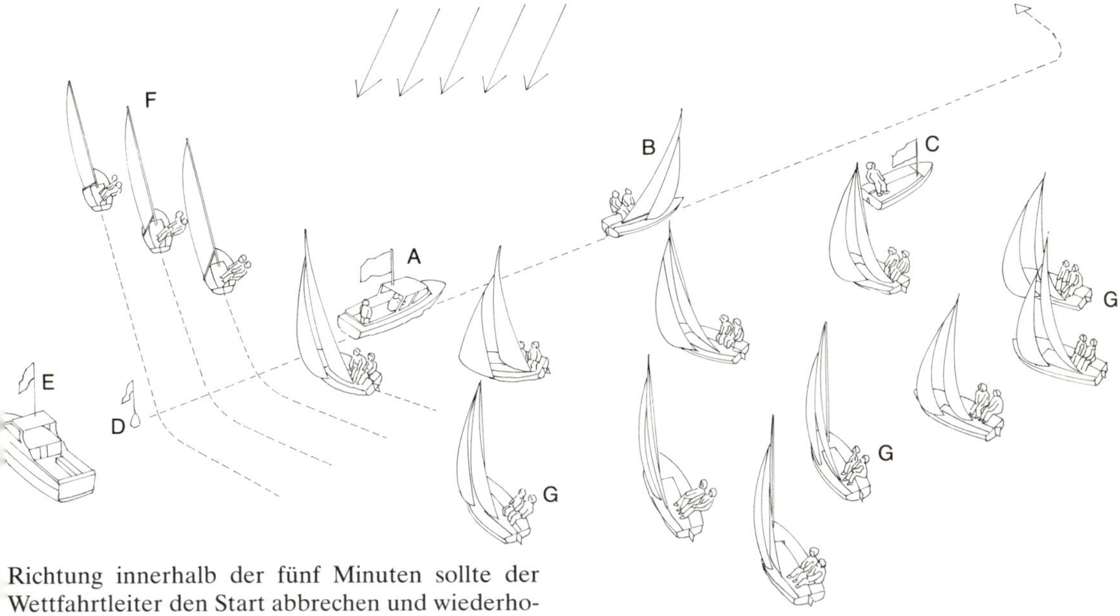

Richtung innerhalb der fünf Minuten sollte der Wettfahrtleiter den Start abbrechen und wiederholen. Ein Frühstart eines einzelnen Bootes oder gar eines ganzen Pulks ist beim Torstart nicht möglich. Ein weiterer Vorteil des Verfahrens: Da es während des gesamten Ablaufes in Bewegung ist, eignet es sich besonders gut in Stromrevieren.

Der Torstart
Nach dem Setzen der inneren Begrenzungsboje D folgt das Torboot A dem Pfadfinder B, der mit Wind von Backbord am Wind segelnd das Tor öffnet. Er wird in Lee durch das voraus laufende Wachboot C gegen die mit Steuerbord-Wind startenden Boote G geschützt. Vom Startschiff E wird dem Pfadfinder signalisiert, wann er ebenfalls das Rennen aufnehmen kann. Die Boote F, die das Kielwasser des Torbootes gekreuzt haben, sind bereits gestartet.

Die Bahn

Die Bahn, normalerweise aus einem Dreieckskurs bestehend, führt vom Start um Bahnmarken herum zum Ziel. Auf den meisten Revieren wird sie vor jeder Wettfahrt neu ausgelegt. Sehr häufig bedienen sich die Veranstalter dazu aufblasbarer Bahnmarken. Die auf dem Startschiff ausgehängte Bahnanzeige besteht aus dem Kompaßkurs und aus einer roten oder grünen Tafel (Flagge), je nachdem ob links oder rechts herum gesegelt werden soll. Der normale Kurs ist dann: 1–2–3–1–3–1–2–3–Ziel. Auf Revieren, wo die Bahn nicht vor jeder Wettfahrt ausgelegt wird oder werden kann, ist häufig ein fester Tonnenkreis, den jeweiligen Revierbedingungen angepaßt, installiert. Dann ist in den Segelanweisungen und den Bahnkarten detailliert beschrieben, wie der Kurs abzusegeln ist. Die Bahn kann durch in den Segelanweisungen festgelegte Signale geändert oder abgekürzt werden. Beliebt sind neuerdings auch reine Kreuz-Vormwind-Kurse.
Die Startlinie wird durch eine Peilung auf dem Startschiff und eine Begrenzungstonne – meistens mit gelber Flagge – gebildet, ebenso die Ziellinie. Start- und Ziellinie liegen meist an der Backbordseite des Startschiffes.

Die Segelvorschriften

Im folgenden seien nun noch kurz die »Wegerechtsregeln« des Teiles IV der Wettsegelbestimmungen gestreift. Der Abschnitt A – Ständige Regeln – erläutert, wann eine Yacht disqualifiziert werden darf, etwa, wenn sie gegen die Segelanweisungen verstößt oder als Wegerecht-Yacht, aber auch als ausweichpflichtige bei einer Kollision größeren Schaden verursacht, ohne versucht zu haben, die Kollision zu vermeiden. Eine weitere Regel besagt, daß eine Yacht, die eine Wettfahrt-Regel oder Segelanweisung verletzt hat, sofort aufgeben sollte. Tut sie das jedoch nicht, hat sie weiterhin alle Rechte einer im Rennen liegenden

Normaler Dreieckskurs
In der Abbildung kommt der Wind aus Nord, so daß die Boote bei Tonne 3 starten. Zuerst wird ein Dreieckskurs 1–2–3 gesegelt, dann ein Kreuzkurs 3–1 und ein Vorm-Wind-Kurs 1–3 und noch einmal der Dreieckskurs 1–2–3 und schließlich noch einmal ein Kreuzkurs zum Ziel bei Tonne 1.

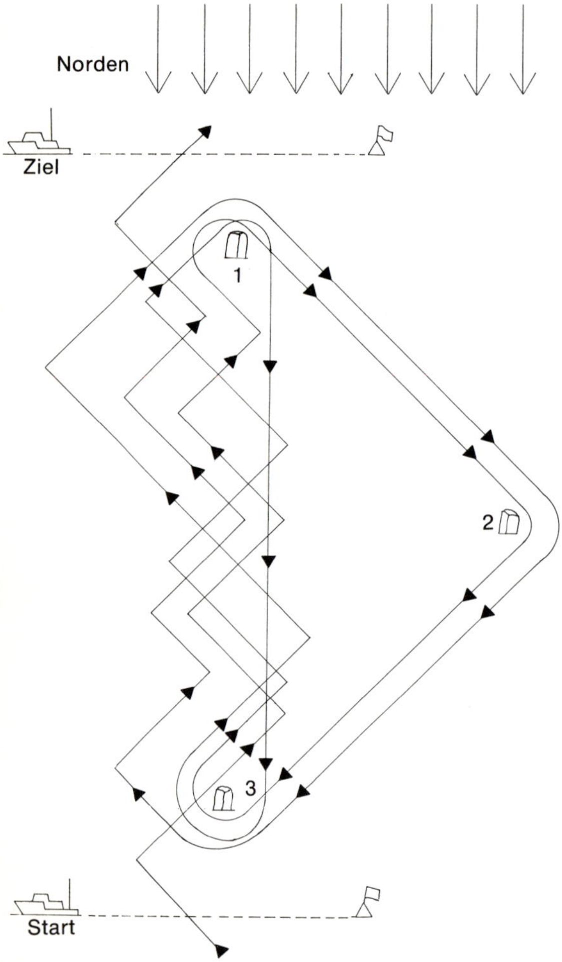

Yacht. Andere Regeln befassen sich mit dem Behindern von Yachten im Rennen.
Abschnitt B enthält die grundsätzlichen Wegerechtsregeln und ihre Einschränkungen. Danach muß sich eine Yacht mit Wind von Backbord von einer mit Wind von Steuerbord freihalten, eine Luv-Yacht von einer Lee-Yacht, und eine klar achteraus liegende Yacht muß sich von einer klar voraus liegenden Yacht freihalten. Eine Yacht, die von klar achteraus eine Überlappung in Lee herstellt, muß der Luv-Yacht Raum und Zeit lassen, um sich klar halten zu können.

In Abschnitt C wird eingehend das Runden und Passieren von Bahnmarken und Hindernissen geregelt. Wie sich eine Yacht bei einer Überlappung an einer Bahnmarke zu verhalten hat, ist in drei Unter-Regeln festgelegt. Außerdem enthält dieser Abschnitt noch weitere Ausnahmen zu den Regeln des Abschnittes B.
Der Teil V – weitere Segelvorschriften – definiert die Pflichten von Steuermann und Besatzung.
Auch die sehr wichtige und immer wieder umstrittene Regel über die Vortriebsmittel steht hier. So darf eine Yacht nur durch Segeln vorangetrieben werden. Die moderne Entwicklung zu immer leichteren Jollen machte eine ständige Modifizierung dieser Regel nötig. So ist es auch zulässig, durch Pumpen mit den Segeln ein Boot in ein Wellental hinein zu beschleunigen oder ins Gleiten zu bringen, jedoch nur einmal pro Welle oder Bö.
Über allem jedoch steht die Grundregel »Faires Segeln«. Sie besagt: Eine Yacht, ihr Eigner und ihre Besatzung dürfen eine Wettfahrt nur durch Segeln, Einsatz ihrer Geschwindigkeit, seglerisches Können und eigenes Bemühen zu gewinnen trachten. Der Passus des eigenen Bemühens entfällt bei Team-Wettfahrten.

Der Protest und die Ersatzstrafen

Ist nun ein Segler der Ansicht, daß er wegen eines Verstoßes Dritter gegen irgendeine dieser zahlreichen Regeln benachteiligt wurde, so kann er protestieren. Durch Setzen der Buchstabenflagge »B« aus dem internationalen Flaggenalphabet und durch Zuruf muß er seinen Protestgegner davon unterrichten, ebenfalls die Wettfahrtleitung durch Zeigen der **Protestflagge** beim Zieldurchgang. Das Schiedsgericht entscheidet nach Anhören beider Parteien und ihrer Zeugen den Protest. Keine Yacht darf ohne eine ordentlich durchgeführte Protestverhandlung ausgeschlossen werden, es sei denn, daß sie nicht gestartet oder ordnungsgemäß durchs Ziel gegangen ist. Kann ihr Steuermann dem Wettfahrtausschuß jedoch glaubhaft machen, daß möglicherweise ein Irrtum vorlag, so kann seine Yacht auch nur durch eine ordentliche Protestverhandlung ausgeschlossen werden.
Sind in den Segelanweisungen Ersatzstrafen vorgesehen, so kann sich eine Yacht durch die Annahme und Ausführung einer Ersatzstrafe entlasten und den Ausschluß vermeiden.

WEITER AUF SEITE 24[illegible]

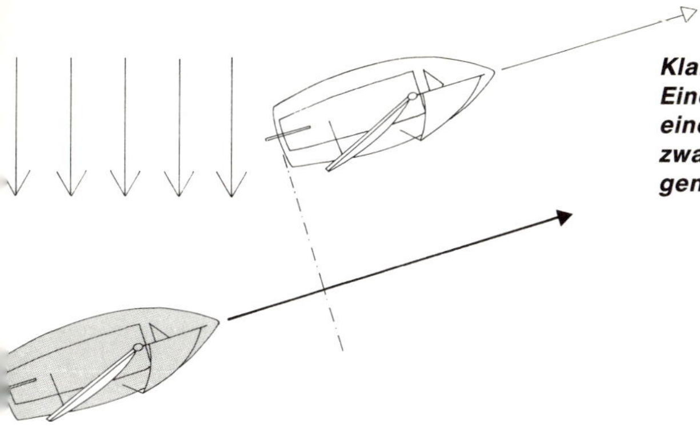

Klar achteraus
Eine klar achteraus liegende Yacht hat sich von einer klar voraus liegenden freizuhalten. »Grau« ist zwar Lee-Yacht, könnte aber keinen Raum verlangen, weil die beiden Yachten nicht überlappen.

Überlappung durch ein drittes Boot, das sich dazwischen geschoben hat
C überlappt mit A, weil B dazukommt und sich zwischen beide Boote schiebt, so daß B mit A und C überlappt. Sonst würde C natürlich nicht mit A überlappen.

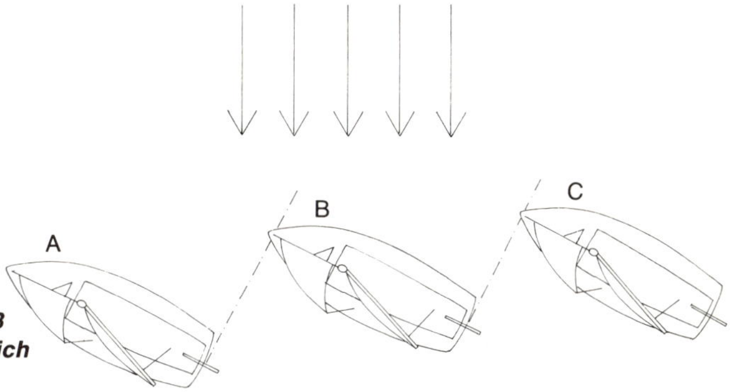

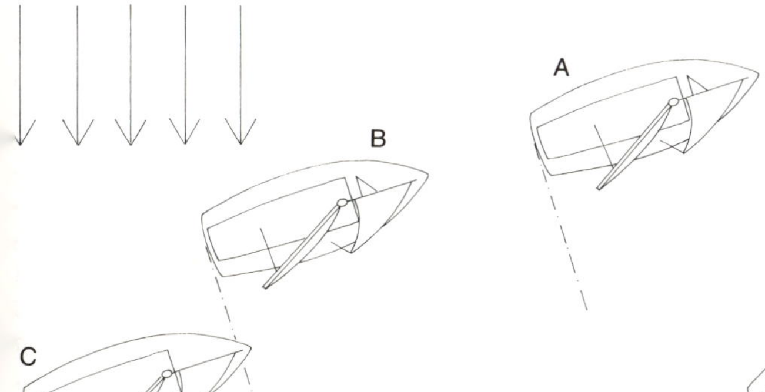

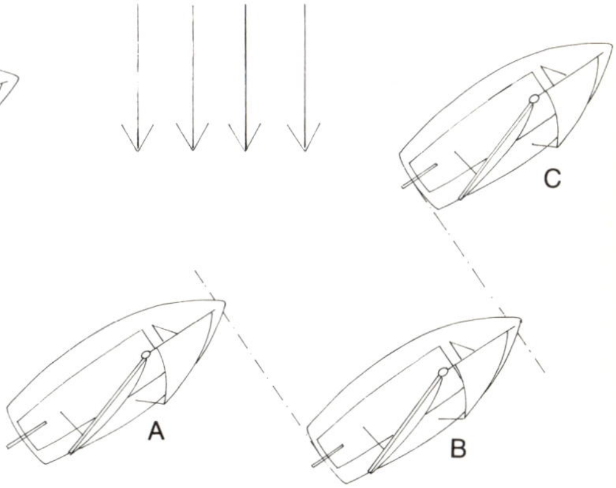

Überlappen und klar achteraus bzw. voraus
Eine Yacht liegt dann klar achteraus, wenn sie sich mit Rumpf und Ausrüstung hinter einer gedachten Linie befindet, die querab zum achterlichsten Punkt des voraussegelnden Bootes verläuft. Andernfalls überlappt sie. A ist klar voraus von B. C überlappt dagegen mit B.

Keine Überlappung
In diesem Fall ist die Situation anders. B ist nicht eine zwischen A und C dazukommende Yacht, weil beide auf derselben Seite von B segeln. Deshalb ist A klar achteraus von C.

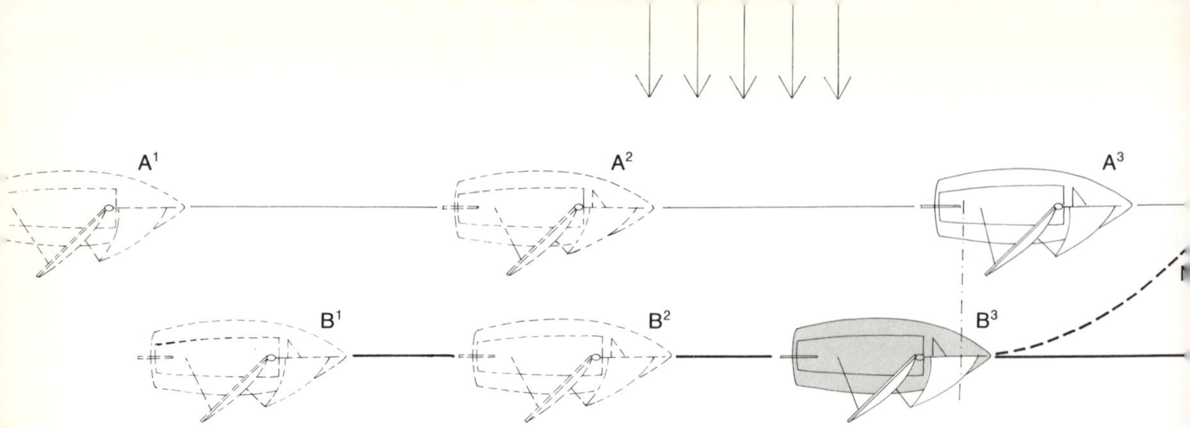

Überholen in Luv
Wenn zwei Yachten überlappen und der Steuermann der Luv-Yacht sich querab oder voraus vom Großmast der Lee-Yacht befindet, darf die Lee-Yacht für die Dauer des Überlappens nicht über ihren richtigen Kurs hinaus höher an den Wind gehen: A^1 hat eine Überlappung in Luv von B^1 hergestellt. Anfänglich hat sich »Grau« nicht durch Luven verteidigt. Später darf »Grau« nicht mehr luven, weil sich der Steuermann (A^3) vor dem Großmast von (B^3) befindet.

Überholen in Lee
Die Lee-Yacht »Grau« hat eine Überlappung aus der Position klar achteraus hergestellt (A^2–B^2). Sie kann aber nicht über den richtigen Kurs hinaus höher am Wind segeln, wenn es ihr nicht gelingt, sich klar voraus von der Luv-Yacht zu manövrieren und so die Überlappung zu beenden.

Überlappung in Lee
Darüber hinaus muß die Yacht, die aus einer Position klar achteraus eine Überlappung in Lee herstellt, der Luv-Yacht genügend Raum und die Möglichkeit geben, sich klarzuhalten.

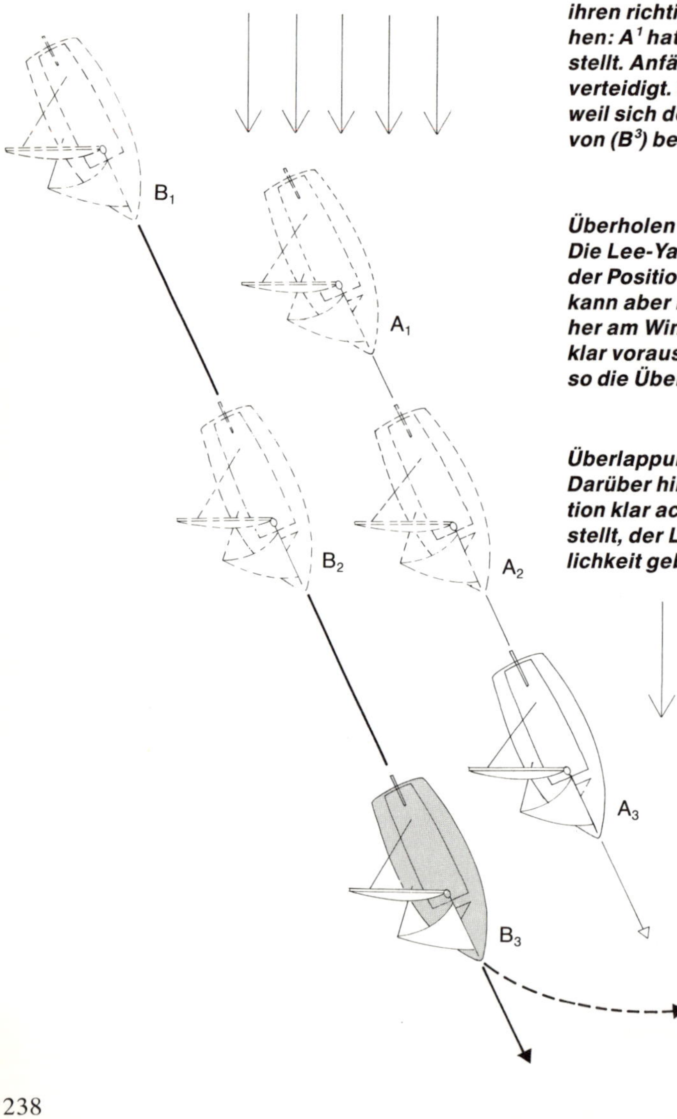

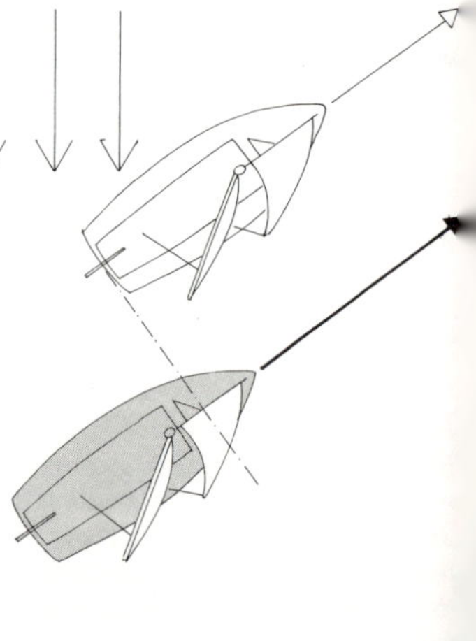

Unerlaubtes Wenden oder Halsen
Eine Yacht, die wendet oder halst, muß sich von einer Yacht, die mit Wind von Steuerbord oder von Backbord segelt, freihalten.

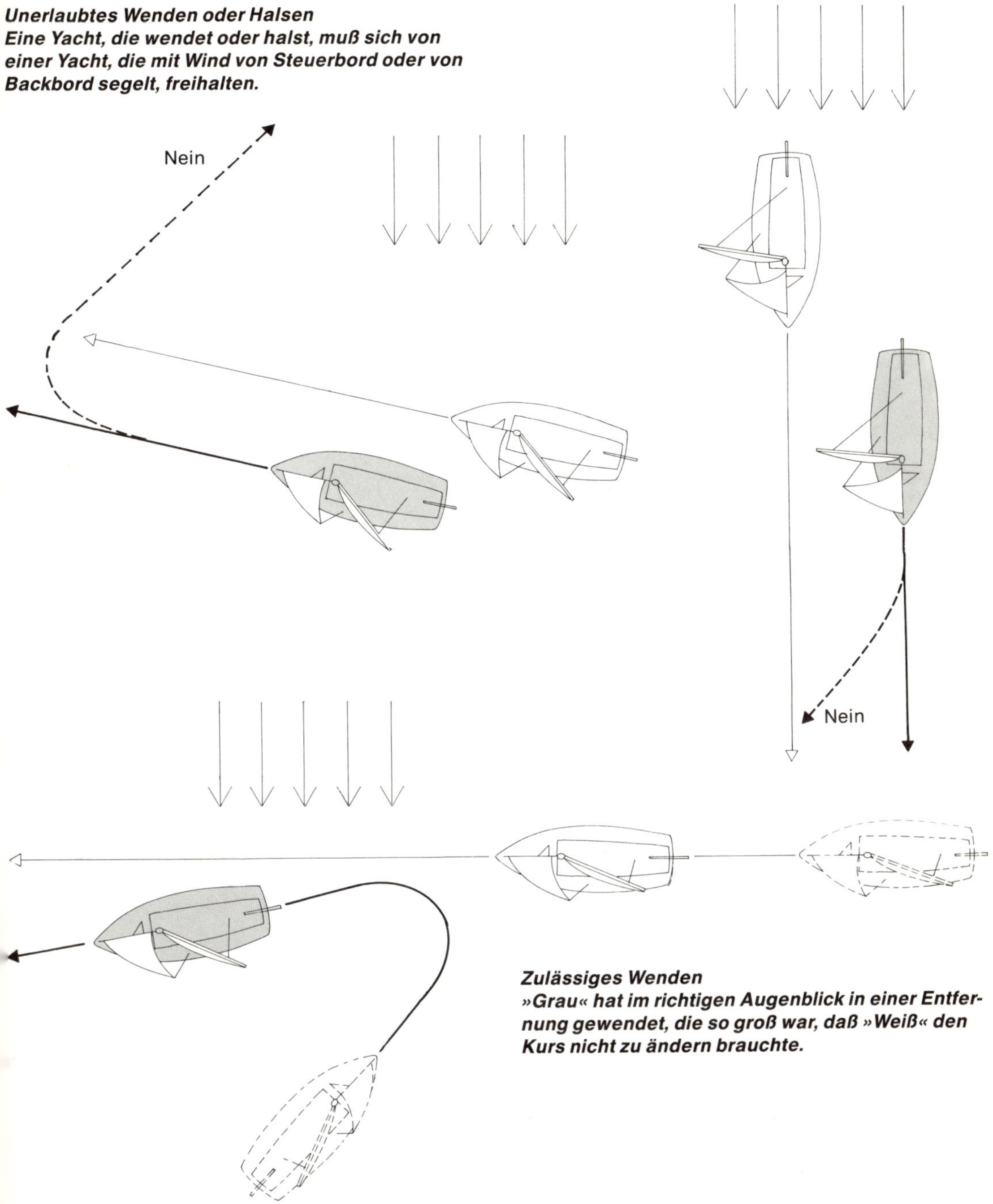

Zulässiges Wenden
»Grau« hat im richtigen Augenblick in einer Entfernung gewendet, die so groß war, daß »Weiß« den Kurs nicht zu ändern brauchte.

Passieren von Bahnmarken oder Hindernissen bei Überlappung
Wenn Yachten, gleich auf welchem Bug, eine Bahnmarke oder ein Hindernis auf derselben vorgeschriebenen Seite runden oder passieren, muß die äußere Yacht allen innenliegenden, mit denen sie überlappt, Raum geben.

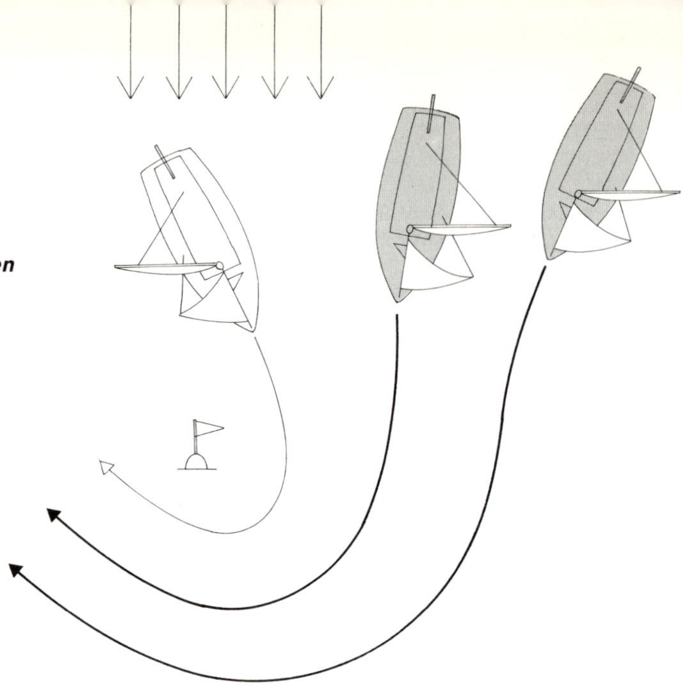

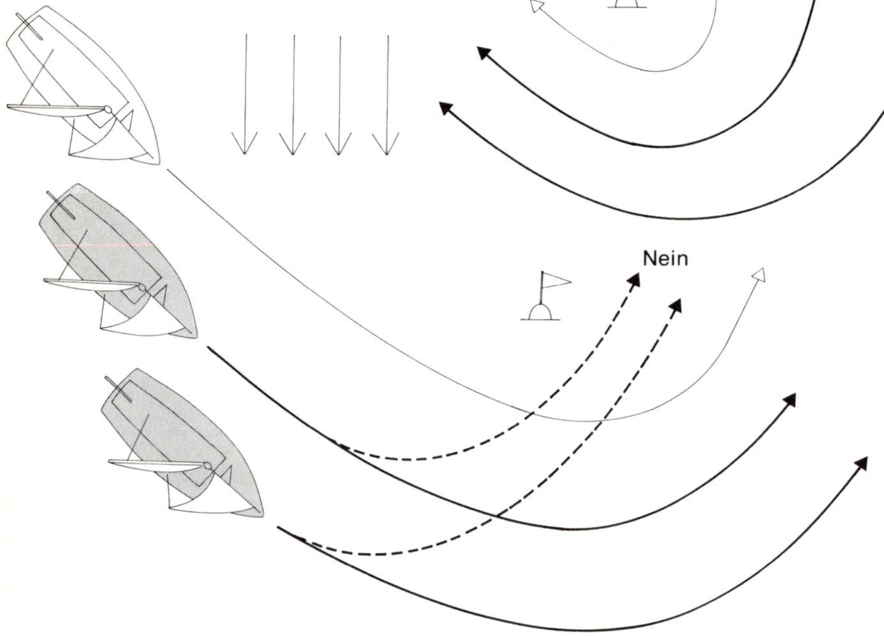

Ausweichpflicht an einer Bahnmarke
Wenn zwei Yachten auf entgegengesetztem Bug entweder auf einem Kreuzkurs liegen oder eine von ihnen wenden muß, um die Bahnmarke zu runden, gilt die Regel, daß Steuerbordwind gegenüber Backbordwind Wegerecht hat. »Grau« segelt mit Backbordwind und ist dementsprechend ausweichpflichtig.

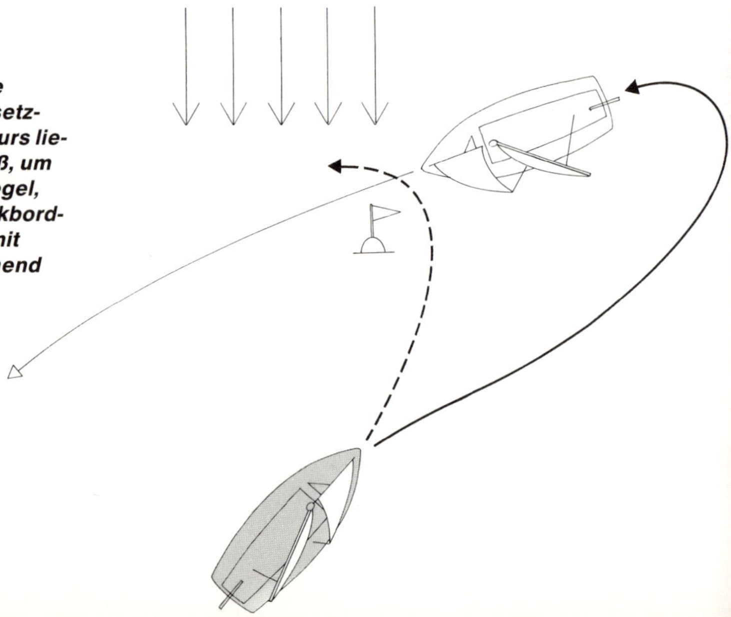

Raumgeben an einer Bahnmarke
Der Begriff »Raum« umfaßt auch den Raum zum Wenden oder Halsen beim Passieren oder Runden der Bahnmarke. Rechts: Weiß hat Anspruch auf Raum beim Wenden an der Bahnmarke. Unten: Wenn eine innenliegende Yacht auf entgegengesetztem Bug beim Runden einer Bahnmarke halsen muß, um den richtigen Kurs zur nächsten Bahnmarke einzunehmen, so muß sie bei erster zumutbarer Gelegenheit halsen und auf den richtigen Kurs gehen.

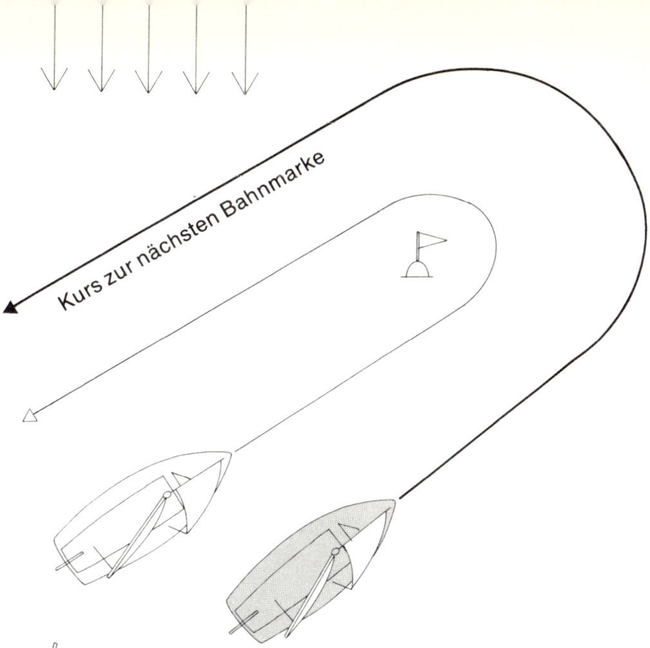

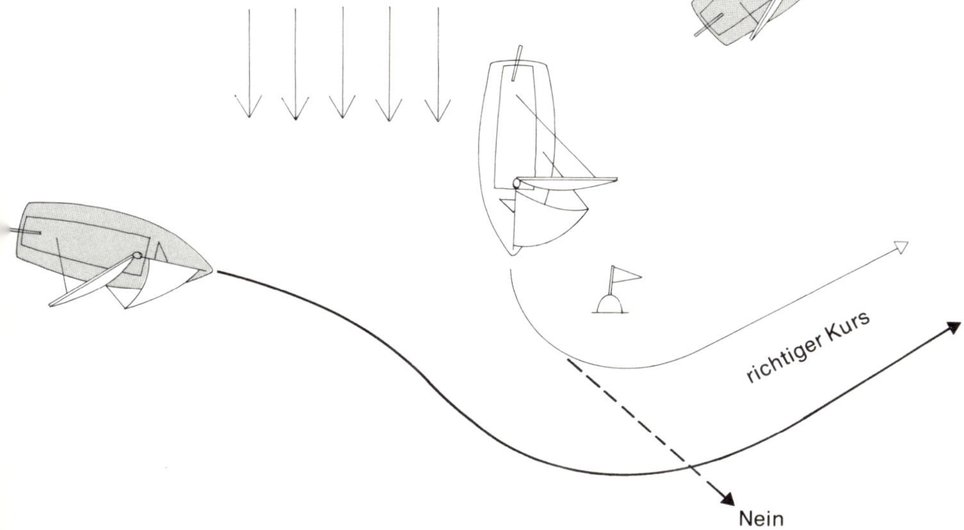

Überlappen vor einer Bahnmarke
Um Wegerecht an einer Bahnmarke zu beanspruchen, muß die innenliegende Yacht eine Überlappung im Abstand von zwei Bootslängen vor der Bahnmarke hergestellt haben.

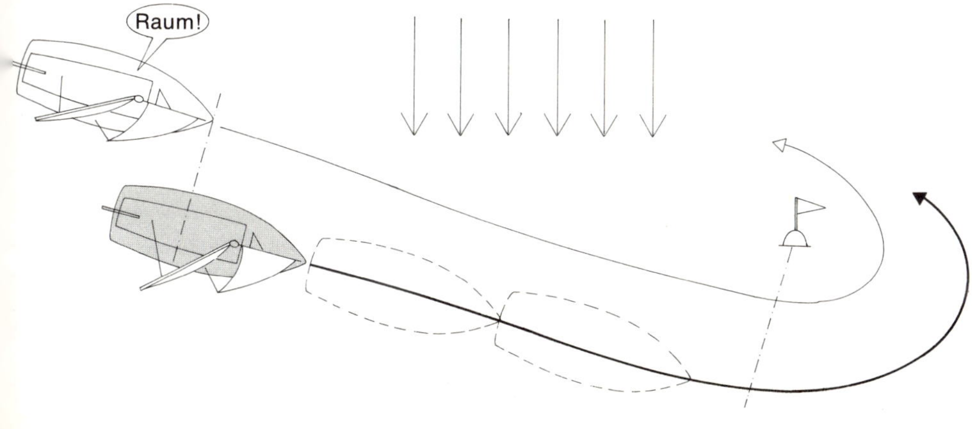

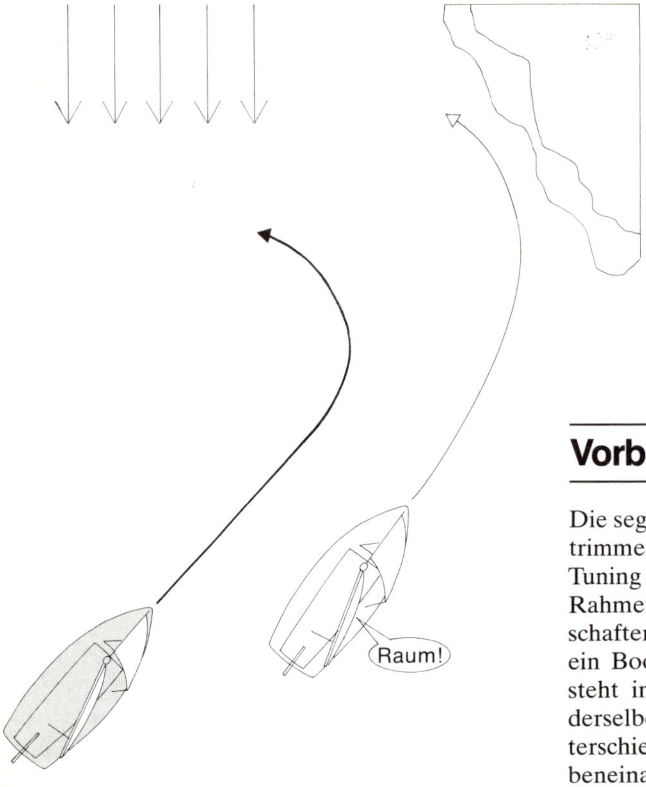

Zuruf auf Raum zum Wenden an Hindernissen
Wenn die sichere Schiffsführung es verlangt, daß eine von zwei auf gleichem Bug am Wind segelnden Yachten eine wesentliche Kursänderung vornehmen muß, um von einem Hindernis freizukommen, und wenn sie beabsichtigt zu wenden, jedoch nicht wenden kann, ohne mit der anderen Yacht zu kollidieren, so hat sie duch Zuruf um Raum zum Wenden zu ersuchen.

Verpflichtung für ein drittes Boot zum Raumgeben. »A« muß »B« ausweichen und verlangt von »C« Raum zum Wenden. »C« muß so schnell wie möglich wenden, und »A« muß unverzüglich mit dem Wendemanöver folgen.

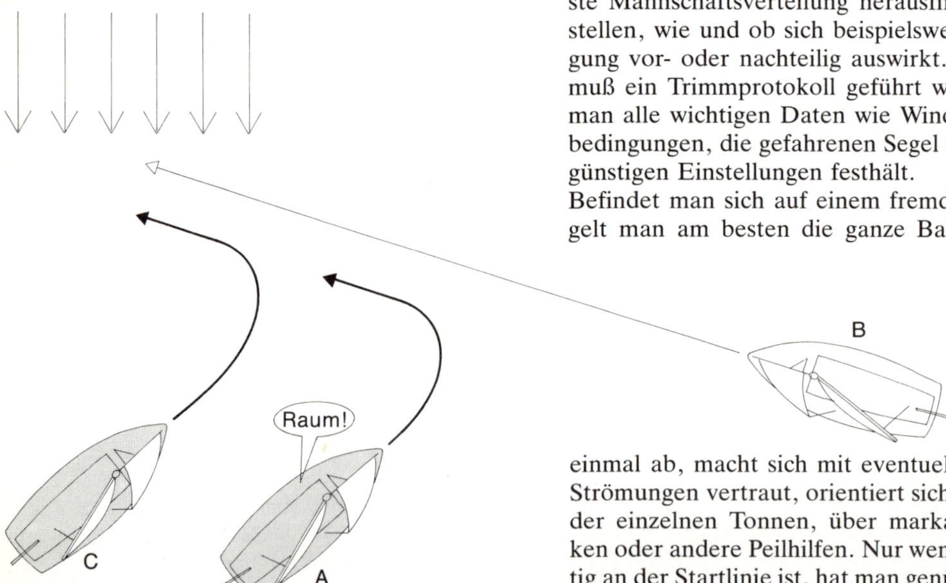

Vorbereitungen für eine Regatta

Die seglerische Vorbereitung beginnt mit dem Eintrimmen des Bootes. Dieses Trimmen – oder auch Tuning – ist die einzige Möglichkeit, die sich im Rahmen des Erlaubten bietet, um die Segeleigenschaften zu verbessern. Eine bewährte Methode, ein Boot in guten Regattatrimm zu bringen, besteht im Vergleichssegeln zwischen zwei Booten derselben Klasse. Beide werden bei möglichst unterschiedlichen Wetterlagen auf allen Kursen nebeneinander gesegelt. Doch während man auf dem einen mit unverändertem Segel- und Mannschaftstrimm Kurs hält, nimmt man auf dem einzutrimmenden Boot nacheinander alle möglichen Veränderungen vor. So wird man bald die günstigste Schotführung, den günstigsten Mastfall und die beste Mannschaftsverteilung herausfinden und feststellen, wie und ob sich beispielsweise eine Krängung vor- oder nachteilig auswirkt. Anschließend muß ein Trimmprotokoll geführt werden, in dem man alle wichtigen Daten wie Wind- und Wellenbedingungen, die gefahrenen Segel und die jeweils günstigen Einstellungen festhält.

Befindet man sich auf einem fremden Revier, segelt man am besten die ganze Bahn mindestens einmal ab, macht sich mit eventuell vorhandenen Strömungen vertraut, orientiert sich über die Lage der einzelnen Tonnen, über markante Landmarken oder andere Peilhilfen. Nur wenn man frühzeitig an der Startlinie ist, hat man genügend Zeit, um sich mit Windstärke und Windrichtung und der Lage der Startlinie zum Wind vertraut zu machen. Beim Ankündigungssignal wird die Stoppuhr gedrückt, beim Vorbereitungsschuß die Zeit kontrolliert. Gutes Starten ist Übungssache. Das besagt, daß man das Starten üben soll, wann immer sich Gelegenheit dazu bietet, daß man sich einen genauen Plan macht, in dem alle möglichen unvorhergesehenen Situationen bereits einkalkuliert sind.

Regattatechnik und -taktik

Die Technik des Regattasegelns besteht darin, die Bahn mit größter Geschwindigkeit abzusegeln. Mit der Regattataktik dagegen bemüht man sich, mit allen erlaubten Mitteln zu verhindern, daß der Gegner das gleiche tut. Die technischen Überlegungen beginnen bereits vor dem Start, die taktischen ergeben sich aus der jeweiligen Situation während des Rennens.

Starttechnik Wie man am besten startet, richtet sich nach dem Bootstyp. Jollen läßt man an die Startlinie flattern, das heißt, spätestens zwei Minuten vor dem Start liegt man Kurs Startlinie. Man nähert sich der Linie mit killenden Segeln und hat nur sehr wenig Fahrt im Boot. In der letzten Sekunde werden die Schoten dichtgeholt, und das anspringende Boot geht durch die Peilung.

Mit einem schweren Kielboot muß man anders verfahren: Die erste Minute nach dem Vorbereitungssignal bleibt man auf der Linie und läuft dann eineinhalb Minuten mit voller Fahrt auf einem erdachten Kurs vom Start fort. Eine halbe Minute setzt man für die Drehung an. Nun hat man noch zwei Minuten bis zum Startschuß, normalerweise aber nur einen Weg von eineinhalb Minuten zurückzulegen. Bei gleichmäßigem Wind läßt man die Segel leicht killen, um dadurch die Fahrt entsprechend zu verlangsamen, ohne sie jedoch vollständig aus dem Boot zu nehmen. Bei unregelmäßigem Wind behält man eine Minute Reservezeit. Aber auch die Windstärke spielt eine Rolle. Bei leichten Winden und Flaute kann man nicht nahe genug an der Linie bleiben. Je stärker der Wind weht, um so länger sind die Auslaufdistanzen zu wählen. Auf jeden Fall sollte man in den letzten zwei Minuten stets Kurs auf die Startlinie haben und keine Drehung mehr riskieren, in deren Dauer man sich leicht verrechnen kann. Den besten Start macht nicht das Boot mit der Nase zuerst über der Linie, sondern jenes, das wenige Sekunden nach dem Startschuß mit Fahrt frei und vorne liegt.

Befindet sich die Startlinie genau rechtwinklig zum Wind, ist es völlig gleichgültig, an welcher Seite der Startlinie man startet. Bevorzugt ist dann die Position, aus der heraus man frei am schnellsten auf die richtige, das heißt, die als vorteilhaft erkannte Seite der Bahn gelangen kann. Um die begünstigte Seite der Startlinie festzustellen, legt man das Boot vor dem Start auf der Linie genau in den Wind. Bei jeder Abweichung der Startlinie vom rechten Winkel zum Wind ist die luvwärts liegende Seite bevorzugt. Erfahrungsgemäß werden sich dort aber auch die meisten Boote zusammendrängen. Wenn man das Risiko vermeiden will, dort in einem Pulk hängenzubleiben, empfiehlt es sich, ein Stück vom Luv-Ende entfernt relativ unbehelligt zu starten, allerdings höchstens bis zu einem Drittel der Gesamtstartlinienlänge. Sonst verschenkt man zu viele Meter, vor allem bei großen Feldern.

Die Kreuz Nach dem Start muß man versuchen, sich so schnell wie möglich von den Konkurrenten freizusegeln. Da der Wind erfahrungsgemäß nicht stetig aus einer Richtung kommt, sondern meistens mehr oder weniger hin- und herpendelt, sollte man möglichst bald versuchen herauszufinden, auf welchem Bug man die Luvmarke am höchsten anliegen kann. Liegt man weiter hinten, und die führenden Boote laufen offensichtlich den richtigen Schlag, lasse man sich nicht zu irgendwelchen Kursänderungs-Experimenten verführen, sondern folge ihnen in der Hoffnung, daß ihnen irgendwann ein Fehler unterläuft. Man verliere nie den großen Überblick und vergeude nie Zeit, indem man sich auf einen Zweikampf mit einem einzigen anderen Konkurrenten einläßt. Es nützt gar nichts, einen Platz zu gewinnen, wenn man dadurch zusammen mit dem anderen mehrere Plätze verliert. Schon während der Kreuz bereitet man sich auf das Manöver an der ersten Bahnmarke vor. Ist diese an Steuerbord zu lassen, kann man ruhig auf der linken Seite der Bahn aufkreuzen. Kalkuliert man dabei etwas Reservehöhe ein, wird man die Marke ohne weiteres runden können. Es ist gut, etwas höher als die Marke zu liegen, um nicht in den Pulk der die Tonne mit Steuerbordwind anlaufenden Boote zu geraten und ihnen ausweichen zu müssen. Ist die erste Bahnmarke an Backbord zu lassen, sollte man sich lieber auf der rechten Seite halten, um mit Steuerbordwind die Tonne anzuliegen. Segelt man mit Backbordwind, findet man meistens nur schwer einen Platz im Pulk der mit Steuerbordwind ankommenden Boote. Wer die Technik des Rundens von Bahnmarken einwandfrei beherrscht, kann dadurch gegenüber dem Konkurrenten oft einen erheblichen Vorsprung gewinnen. Häufig wird die Tonne zu scharf gerundet und dadurch dem Boot jegliche Fahrt genommen.

Der Raumschots-Kurs ist vom taktischen Gesichtspunkt her nicht so interessant wie die Kreuz. Besonders bei leichten Winden kann man sehr wenig zur Verbesserung seiner Position unternehmen, außer durch ausgefeilten Trimm zu versuchen, sein Boot schneller zu machen. Auch auf diesem Kurs sollte man einen Luvkampf mit einem Konkurrenten möglichst vermeiden; denn man muß dann später, wenn man sich der Bahnmarke nähert, wieder stark abfallen. Dadurch verringert sich die Geschwindigkeit, und die übrigen Konkurrenten können währenddessen aufkommen und möglicherweise passieren. Liegt man hinter einem Boot und kommt ins Gleiten, kann man nur in Luv passieren, weil das Gleiten sofort wieder aufhört, wenn man in Lee in die Abdeckung gerät. Ist es unsicher, ob der Spinnaker wirkungsvoll gefahren werden kann, sollte das führende Boot ihn nicht eher setzen, als bis das folgende Boot damit beginnt. Es besteht sonst nämlich die Gefahr, in Luv überholt zu werden, während man damit beschäftigt ist, den Spinnaker zum Stehen zu bringen.

Der Vorm-Wind-Kurs Auf diesem Kurs sind die Möglichkeiten zur Verbesserung der eigenen Position nicht so deutlich, doch wer sie zu nutzen weiß, der kann viel gwinnen. Mitunter kann das Kreuzen vor dem Wind einen erheblichen Gewinn erbringen, dann nämlich, wenn es gelingt, eine leichte Jolle auf dem raumen Kurs ins Gleiten zu bringen. Im übrigen gilt es wieder, sich auf solchem Kurs der Bahnmarke so zu nähern, daß man Wegerecht besitzt und die anderen herannahenden Boote zum Halsen zwingt. Ferner sollte man versuchen, die Bahnmarke mit Innenposition zu erreichen, weil dann die Außenliegenden alle Raum geben müssen.

Um sämtliche regattataktischen Fragen zu beherrschen, bedarf es einer gründlichen theoretischen Vorbereitung und einer umfangreichen Praxis.

Match Racing

Regatta-Sonderformen sind das Match-Racing und Team-Regatten, die jedoch beide im Bereich des Deutschen Segler-Verbandes sehr unterschiedlich verbreitet sind. Sie entstammen der anglo-amerikanischen Regattatradition.

Das Match Racing hat seinen Ursprung in den Regatten um den America's Cup. Zur Perfektion entwickelt wurde es nach dem Zweiten Weltkrieg, seit der Kampf um die »bodenlose Kanne« in Zwölfern entschieden wurde. Seinen unbestreitbaren Reiz erhält das Match Racing daher, daß nur zwei Boote vom Start bis ins Ziel gegeneinander segeln, im Gegensatz zu herkömmlichen Regatten, bei denen alle Boote gleichzeitig auf die Bahn geschickt werden.

Bedeutende Match-Race-Veranstaltungen in Deutschland sind die Meisterschaft der Meister auf der Hamburger Alster (seit 1980), das Baltic Match Race in Kiel (seit 1989) und das Corum Match Race der Kieler-Woche-Sieger (seit 1990). Um die Chancengleichheit zu gewährleisten, werden bei diesen Match Races die Boote vom Veranstalter gestellt. Der damit verbundene finanzielle Aufwand läßt sich aber nur noch durch Sponsoren auffangen, was oft dazu führt, daß Rumpf und Segel mit Werbung versehen werden. Das ideale Match-Race-Boot ist um die zehn Meter lang, verfügt über eine Genua oder zumindest große Fock (auf jeden Fall keine Selbstwendefock), ist nicht allzu wendig und wird von einer fünf- bis sechsköpfigen Crew gesegelt.

Üblicherweise wird kein Dreieck, sondern nur ein Linearkurs, bestehend aus Kreuz und Vormwind-Kurs, gesegelt. Die auf reine Geschwindigkeit ausgelegten Raumschotskurse enthalten zu wenige taktische Elemente. Oftmals gehen die Yachten sogar vor dem Wind ins Ziel, damit der Verfolger noch eine letzte, reelle Chance hat, das führende Boot abzudecken und zu überholen.

Das Duell zweier Yachten erfordert natürlich ganz andere Strategien und Taktiken als das Segeln in einem großen Feld. Von entscheidender Bedeutung ist die Vorstartphase, in der jeder versucht, die Kontrolle über den anderen zu gewinnen. Dabei wird nicht so sehr der Null-Start angestrebt als vielmehr ein Start, bei dem der Kontrahent schon von Beginn an kontrolliert wird, so daß ihm nur noch der direkte Angriff mit vielen Wenden bleibt, um sich aus der Abdeckung zu lösen. Die Angriffsmanöver können indes leicht von dem Verteidiger gekontert werden, indem er den Angreifer entweder knallhart abdeckt und jede Wende mitfährt oder indem er sich zumindest stets zwischen ihm und der Luvbahnmarke hält.

Hat die Kontrolle am Start nicht geklappt, so wird man versuchen, sie auf der Startkreuz herzustellen, spätestens jedoch nach der ersten Tonne, wenn klar ist, wer Erster und wer Verfolger ist.

Nur in den seltensten Fällen gelingt es dem Angreifer, die Verteidigung zu durchbrechen. Meist ist das nur möglich bei einer glücklichen Winddrehung, weil der Verteidiger nicht konsequent gedeckt oder weil er ein Manöver verpatzt hat.
Ein grundlegender Unterschied zu herkömmlichen Regatten liegt darin, daß beim Match Racing sogenannte Bahnschiedsrichter (engl. umpires) eingesetzt werden, die im Falle von Wegerechtsverletzungen noch auf dem Wasser ihre Entscheidungen fällen. Der Regelverletzer muß noch auf der Bahn eine Ersatzstrafe ausführen, womit normalerweise das Duell entschieden ist, da die dadurch verlorene Distanz sich kaum wieder aufholen läßt. Ein ganz wichtiger Punkt ist, daß jede Yacht Berührungen oder Kollisionen unbedingt vermeiden muß. Andernfalls kann sie von der ganzen Serie ausgeschlossen werden.
Um den Sieger in einer Match-Race-Serie zu ermitteln, gibt es verschiedene Verfahren. Das eine besteht aus einer Kombination von herkömmlichem fleet racing (also im Feld segeln) und Match Racing. Dabei segeln in einer Qualifikationsserie von mehreren Wettfahrten alle Teilnehmer im Feld gegeneinander, und nur die besten acht bestreiten das eigentliche Match. Hier bietet sich das K.-o.-System an mit Viertel- und Halbfinale bis hin zum Finale, wie beim Tennis. Bei manchen Serien wird das K.-o.-System aber auch von vornherein angewandt, wobei die Stars einer Regatta oft erst im Viertel- oder Halbfinale eingesetzt werden. Der Nachteil des K.-o.-Systems liegt darin, daß für manch eine Crew die Serie schon nach einer Wettfahrt zu Ende ist.
Daher wird oft ein Verfahren bevorzugt, bei dem jeder einmal gegen jeden segelt (Round Robin). Wer die meisten Siege errungen hat, ist Gewinner der Serie. Haben zwei Boote gleich viele Siege verbucht, so kann das Ergebnis des direkten Vergleichs zwischen diesen beiden entscheiden, oder aber sie segeln noch ein abschließendes Stechen.
Das Finale wird oft nach dem »best of three«-Verfahren ausgesegelt. Sieger dabei ist, wer als erster zwei von drei Wettfahrten gewonnen hat.
Um Match Races auch für Zuschauer und das Fernsehen attraktiv zu machen, liegt der Regattakurs meist dicht unter Land, dichter als bei sonstigen Dreiecksregatten üblich. Aufgrund der dort oftmals unbeständigeren Winde kommt ein zusätzliches Spannungsmoment in die Rennen, denn der Verfolger erhält mehr Möglichkeiten, seine Position zu verbessern.
Da die Segler beim Match Racing gezwungen sind, aus taktischen Gründen konsequent die Wegerechtsregeln anzuwenden und nicht auf die Durchsetzung zu verzichten (wie das sonst in Regatten schon mal vorkommt), eignet sich Match Racing auch im Verein besonders gut als praktische Taktikschulung.

Team-Regatten

Viel Spannung versprechen, sowohl für den Segler selbst als auch für den Zuschauer, die Team-Wettfahrten. Trotzdem sind sie in Deutschland so gut wie unbekannt. Lediglich bei den Surfern werden sie in bescheidenem Umfang praktiziert. Die Ursache für die geringe Verbreitung liegt vor allem darin, daß das benutzte Material absolut gleich sein sollte, was wiederum bedeutet, daß Boote oder Bretter tunlichst zur Verfügung gestellt werden sollten. Das läßt sich häufig nur sehr schwer realisieren, und wenn, dann überhaupt nur für besonders herausragende Ereignisse, wie Europa- oder Weltmeisterschaften.
Anders als in einer herkömmlichen Wettfahrt, wo nachgewiesenes »Teamsegeln« zur Disqualifikation führt, kommt es bei Team-Regatten gerade darauf an, mit einer geschlossenen Mannschaftsleistung mehrerer Boote ein Konkurrenzteam zu schlagen. Eine Mannschaft besteht normalerweise aus drei bis fünf Booten oder Brettern. Um mehr Abwechslung hineinzubringen, ist es bei den Windsurfern üblich, daß zu jedem Team ein Jugendlicher und eine Surferin gehört.
Jeweils zwei Teams segeln gegeneinander. Dabei ist es das erklärte Ziel, durch regelgerechtes Behindern und Abdecken der Spitzenboote der Konkurrenz, möglichst viele eigene Boote vor den Gegnern zu plazieren. Beliebtes Spiel ist zum Beispiel, auf der Zielkreuz einen Konkurrenten so abzudecken, daß ein eigenes, hinter ihm liegendes Teamboot noch passieren kann und vor ihm die Ziellinie quert. Dabei dürfen Teamboote untereinander auf das Wegerecht verzichten. Behinderungen von Yachten auf einem anderen Bahnschenkel hingegen sind nicht erlaubt.
Das Punktsystem für Team-Wettfahrten ist das Low-Point Scoring System. Zusätzliche Strafpunkte von 2,5 bis 6 gibt es für Regelverletzungen, je nachdem, welche Regel nicht beachtet wurde. Sieger ist die Mannschaft mit der niedrigsten Punktzahl.

Hochseeregatten

Teilnahmebedingungen

Hochseeregatten werden entweder von einzelnen Segelclubs der betreffenden Nationen oder, wenn Start und Ziel in verschiedenen Ländern liegen, von mehreren Clubs gemeinsam veranstaltet und ausgeschrieben. Die Ausschreibungen müssen, genau wie bei den Dreiecksregatten, nach den Wettsegelbestimmungen der IYRU (International Yacht Racing Union) abgefaßt sein. Je nach Art der Hochseeregatta und dem Seegebiet können Sonder- oder Zusatzregeln erforderlich werden, die dann aber auch in der Ausschreibung enthalten sein müssen.
Zunächst einmal legt die Ausschreibung fest, welche Yachten der Größe nach für das jeweilige Rennen zugelassen sind. Es wird eine Mindest- und eine Maximalgröße entweder in Rating oder in Länge (Lüa oder LWL) vorgeschrieben. Es folgen Bestimmungen, die alle Punkte für eine klare und einheitliche Durchführung der Regatta festlegen und vor allem ganz bestimmte Forderungen an die Sicherheit von Boot und Besatzung stellen. Es ist fast überall üblich, daß die Erfüllung und Einhaltung der Vorschriften von freiwilligen Komitees vor dem Start überprüft wird und die endgültige Zulassung davon abhängt. Der DSV hat seine Sicherheitsvorschriften für See-Regatten und Langfahrten in dem von der Kreuzer-Abteilung herausgegebenen Heft *Richtlinien für die Ausrüstung und Sicherheit seegehender Segelyachten* zusammengestellt.
Besonders hervorzuheben ist unter anderem: Von Sonnenunter- bis Sonnenaufgang müssen Navigationslichter gemäß der Kollisionsverhütungsregeln (KVR) geführt werden. Im voraus arrangierte Sendungen für individuelle Teilnehmer sind verboten. Die Benutzung automatischer, mechanischer oder durch eine Windfahne gelenkter Selbststeueranlagen ist nicht gestattet. Seit 1983 sind jedoch alle elektronischen Navigationshilfsmittel zugelassen. Ferner ist vorgeschrieben, unter welchen Bedingungen der Motor laufen darf, beispielsweise zum Laden der Batterien oder im Fall von »Mann über Bord«.

Die Crew – das Boot

Um mit einiger Aussicht auf Erfolg an einer Hochseeregatta teilnehmen zu können, muß, als *eine* Voraussetzung, das Boot selbstverständlich von entsprechend guter Konstruktion sein. Jedoch bedeutet ein gelungener Riß noch lange keinen Sieg. Weitere entscheidende Erfolgsfaktoren sind:
die Crew, der Zustand des Bootes, die Ausrüstung und der Trimm. Alle Vorbereitungen für ein Hochseerennen müssen rechtzeitig in Angriff genommen werden, und eine der ersten Maßnahmen ist die Zusammenstellung einer geeigneten Crew.
Die Auswahl der Crew für eine Hochseeregatta ist sehr viel schwieriger und bedeutsamer als für eine Hochseelangfahrt. Auf Langfahrt kann meistens eine kleine Besatzung alle Anforderungen erfüllen, da die Sicherheit vor der Geschwindigkeit rangiert. Segelwechsel können so rechtzeitig eingeleitet werden, daß weniger Hände für die Arbeit gebraucht werden. In einem Hochseerennen liegen die Dinge anders. Die Yacht muß vom Start bis zum Ziel, oft über Tausende von Seemeilen, Tag und Nacht so hart wie möglich vorwärtsgetrieben werden. Die Erfahrung hat gezeigt, daß eine gute Besatzung, natürlich einschließlich des Skippers, von größerem Ausschlag für das Endergebnis sein kann als kleine Geschwindigkeitsunterschiede zwischen den beteiligten Booten.
Die zahlenmäßige Stärke der Crew hängt von der Größe der Yacht ab. Es ist aus Sicherheitsgründen eher ratsam, einen Mann mehr als einen zu wenig zu haben. Allgemein gesprochen, sollte eine Crew aus einsatzfreudigen, aber nicht leichtsinnigen Männern oder auch Frauen bestehen mit ausgeglichenem Wesen, frei von Komplexen. Man wird Seekrankheit nicht ausschalten können, aber man sollte möglichst eine Mannschaft zusammenbekommen, die weiter aktionsfähig ist, wenn Seekrankheit auftritt.
Zwei guten, erfahrenen Wachführern, dem Navigator und dem Koch fallen wichtige und entscheidende Funktionen an Bord zu. Unter den restlichen Besatzungsmitgliedern, die Hochsee-Erfahrung haben und mit dem Schiff vertraut sein müssen, sollten noch wenigstens zwei gute, zuverlässige Rudergänger sein.

Wenn die Besatzung in zwei Wachen eingeteilt ist, sollten diese möglichst gleichwertig und in der Lage sein, die meisten Manöver allein auszuführen, damit ein zu häufiges Wecken der Freiwache vermieden wird, weil man dadurch nur die allgemeine Leistungsfähigkeit stark mindert. Wichtig ist, daß die Crew vor dem Rennen in gutem physischen Zustand und so eingetrimmt ist, daß ihr alle eventuell vorkommenden Manöver und Tätigkeiten vollkommen vertraut sind.

Das Boot und seine Ausrüstung sind vor dem Rennen sorgfältig zu untersuchen und im Hinblick auf die zu erwartenden Beanspruchungen zu prüfen. Es liegt in der Natur eines Hochseerennens, daß oft bis an die Grenze der Belastbarkeit von Mensch und Material und manchmal auch darüber hinaus gegangen wird. Reparatur- und Reservematerial muß, je nach Länge der Regatta, ausreichend an Bord sein.

Im Rennen

Hat das Rennen begonnen, dann darf es für die ganze Crew zu jeder Tages- und Nachtzeit nur einen Gedanken geben: Wie können wir unter den gegebenen Verhältnissen das Höchste an Geschwindigkeit aus unserem Boot herausholen? Geschwindigkeit ist der dominierende Faktor, dem sich alle anderen Probleme unterzuordnen oder anzugleichen haben. Man muß sich stets und ständig vor Augen halten, daß verlorene Sekunden sich schnell zu Minuten und Minuten sich schnell zu Stunden und schließlich zu Tagen summieren.

Yachten in Hochseerennen müssen ihr Hauptaugenmerk auf die Ausnutzung günstiger Winde und Strömungen richten und darauf, ungünstige Bedingungen auf das unerläßliche Mindestmaß zu reduzieren. Aufgabe von Strategie und Taktik in Hochseerennen ist es, die Yacht in die Position zu bringen, wo das am besten erreicht wird.

Eine genaue Navigation ist in Hochseeregatten von ganz besonderer Bedeutung. Sie soll nicht nur die Yacht sicher ins Ziel bringen, sondern Hauptaufgabe der Navigation ist es, die Yacht in der denkbar kürzesten Zeit ins Ziel gelangen zu lassen. Fehler macht jeder. Eine Hochseeregatta gewinnt im allgemeinen aber die Yacht, die am wenigsten Fehler macht. Es ist in diesem Zusammenhang stets interessant, einen Rückblick zu halten und in Zeit- und Entfernungswerten abzuschätzen, wieviel man im Verlauf des Rennens verschenkt hat. Ob man gewonnen hat oder nicht – was wahrscheinlich häufiger der Fall sein wird –, es wird wohl kein Rennen geben, das man nicht hätte besser segeln können.

Die bedeutendsten Hochseerennen

Gebiet	Bezeichnung	Regatta-Art Länge in sm	Anmerkungen
Englischer Kanal und Irische See	Admiral's Cup	Serie von verschieden langen Regatten, längste das Fastnet-Race 615 sm.	Alle 2 Jahre, ungerade Zahlen. Jeweils 3 Yachten einer Nation bilden ein Team und werden gemeinsam gewertet. Heute die international populärste Hochsee-Veranstaltung. Gilt inoffiziell als Mannschafts-Weltmeisterschaft im Hochsee-Regatta-Sport. Starker Einfluß auf die technische Entwicklung im Hochseesegelsport.
Nordatlantik	Transatlantik-Rennen	3500 sm.	Ohne Regelmäßigkeit, meistens von Nordamerika (Bermuda oder Newport R.I.) nach England, Skandinavien oder Spanien.
Südatlantik	Buenos Aires – Rio de Janeiro	1200 sm.	Alle drei Jahre. Bedeutendstes Ereignis des südamerikanischen Hochseesegelsports.

Gebiet	Bezeichnung	Regatta-Art Länge in sm	Anmerkungen
Südatlantik	Kapstadt – Punta del Este	Transatlantik-Regatta 3600 sm.	Alle 3 Jahre. Erfreut sich wachsender Beliebtheit unter Hochseeseglern, starke Beteiligungszunahme, zumal da dieses Race die zweite Seite eines den Nord- und Südatlantik umfassenden Dreiecks bildet 1. Schenkel: Zubringer-Regatta St. Malo – Kapstadt 2. Schenkel: Rückregatta Rio de Janeiro – Portsmouth.
Pazifik	Kalifornien – Honolulu	2225 sm.	Alle 2 Jahre, gradzahlig. Schnelles Hochseerennen mit großen Etmalen.
Australien – Pazifik	Southern Cross	Serie von 4 verschieden langen See-Regatten, mit dem 660 sm Sydney-Hobart-Race	Jedes Jahr. Bedeutendste Hochseeveranstaltung im australischen und pazifischen Raum.
Nordatlantik – USA	Bermuda-Rennen	635 sm.	Alle 2 Jahre, in gerader Zahl endend.
Weltmeere	Whitbread Round the World Race	Rund um die Welt, ca. 27 000 sm.	Alle drei Jahre in mehreren Etappen. Start und Ziel Portsmouth/England. Gesegelt wird in der 60 Fuß Einheitsklasse und den Maxis.
Weltmeere	Globe Challenge	Einmann-Regatta, Nonstop um die Welt, ca. 27 000 sm.	Seit 1989 alle vier Jahre. Start und Ziel Les Sables/Frankreich.
Weltmeere	BOC-Challenge	Einmann-Regatta in Etappen um die Welt, ca. 27 000 sm.	Alle vier Jahre seit 1982. Start und Ziel Newport R.I./USA mit Stopps in Kapstadt, Sydney und Punta del Este.
Gewässer um Großbritannien	Round Britain	Zweimann-Regatta, ca. 2000 sm.	Seit 1966 alle vier Jahre im Uhrzeigersinn um die britischen Inseln mit vier Etappen (4 Stunden Aufenthalt). Keine Beschränkung der Rumpfformen, für Yachten von 25 Fuß = 7,62 m bis 85 Fuß = 25,90 m. Gilt seglerisch und navigatorisch als außerordentlich schwierig.
Nordatlantik	Single Handed Transatlantic Race	Einmann-Regatta, ca. 3500 sm.	Seit 1960 von Plymouth/England nach Newport USA gesegelt. Das älteste Einhandrennen, offen für Ein- und Mehrrumpfboote von 25 Fuß = 7,62 m bis 60 Fuß = 18,29 m. Alle vier Jahre (in Olympia-Jahren).

Gebiet	Bezeichnung	Regatta-Art Länge in sm	Anmerkungen
Nordatlantik	TWOSTAR	Zweimann-Regatta ca. 3500 sm.	Die gleiche Route wie bei der Einmann-Regatta. Alle vier Jahre zwischen den olympischen Spielen. Gestartet wird in sechs Klassen von 30 Fuß = 9,14 m bis 85 Fuß = 25,90 m.
Nordatlantik	Route du Rhum	Einmann-Regatta, ca. 3500 sm.	Von St. Malo/Frankreich nach Pointe à Pītre/Guadeloupe. Alle vier Jahre für Boote von 35 Fuß = 10,66 m bis 75 Fuß = 22,90 m. Als Besonderheit: für den Sieger sind 250 000 Franc ausgesetzt. Der Kurs führt absichtlich dicht unter der bretonischen Küste entlang, so daß die Regatta von Tausenden von Zuschauern beobachtet werden kann.
Nordatlantik	Atlantic Rallye for Cruisers (ARC)	Fahrtensegler-Regatta, ca. 2800 sm.	Jährlich von Las Palmas/Gran Canaria nach St. Lucia/Karibik. Offen für alle Yachten ab 26 Fuß, ausgenommen Regatta-Multis. Extrastart für reine Regattaschiffe.
Nordatlantik	Transarc	Fahrtensegler-Regatta, ca. 3100 sm.	Jährlich Karibik – Bermudas – Gibraltar. (Rückregatta der ARC im Frühjahr.)
Nordatlantik	Mini Transat	Einmann- und Zweimann-Regatta, ca. 4000 sm.	Alle zwei Jahre, in Minitonnern bis 6,50 m Lüa, von Frankreich nach Martinique/Karibik.
Mittelmeer, Gewässer um Sardinien	Sardinia Cup	Serie verschiedener Wettfahrten unterschiedlicher Länge	Höchstbewertete Wettfahrt Porto Cervo/Sardinien – Hyères/Frankreich und zurück. Alle zwei Jahre, alternierend mit dem Admiral's Cup. Ansonsten ähnliche Bedingungen.
Europäische Gewässer	Course de l'Europe	Variierende Distanzen	Seit 1983 alle zwei Jahre für Mehrrumpfboote bis 75 Fuß Lüa und Einrumpf-Whitbread-Maxis. Start-, Zwischen- und Zielhäfen wechseln, die Länge variiert.

Internationale, nationale und Ein-Typ-Klassen

Einmann-Jollen

Contender Internationale Klasse. Länge über alles 4,88 m, Breite 1,44 m, Tiefgang ohne/mit Schwert 0,15/1,29 m, Gewicht 104 kg, Segelfläche 10,93 m^2; Baumaterial Holz oder Kunststoff.

Europe Internationale Klasse. Länge über alles 3,35 m, Breite 1,38 m, Tiefgang ohne/mit Schwert 0,14/1,00 m, Gewicht 63 kg, Segelfläche 7,00 m^2; Baumaterial Kunststoff und Sperrholz.

Finn Internationale Klasse. Länge über alles 4,50 m, Breite 1,51 m, Tiefgang ohne/mit Schwert 0,15/0,85 m, Gewicht 150 kg, Segelfläche 10,00 m^2; Baumaterial Holz oder Kunststoff.

Laser Internationale Klasse. Länge über alles 4,23 m, Breite 1,37 m, Tiefgang ohne/mit Schwert 0,11/0,80 m, Gewicht 57 kg, Segelfläche 7,06 m^2; Baumaterial Kunststoff.

Moth Internationale Klasse. Länge über alles 3,35 m, Breite 2,25 , Tiefgang ohne/mit Schwert 0,15/1,00 m, Gewicht 40 kg, Segelfläche 8,00 m^2; Baumaterial Sperrholz oder Kunststoff.

Olympiajolle (O-Jolle) Nationale Klasse. Länge über alles 5,00 m, Breite 1,66 m, Tiefgang ohne/mit Schwert 0,15/1,10 m, Gewicht 180 kg, Segelfläche 10,00 m^2; Baumaterial Holz oder Kunststoff.

OK-Jolle Internationale Klasse. Länge über alles 4,00 m, Breite 1,42 m, Tiefgang ohne/mit Schwert 0,15/0,95 m, Gewicht 85 kg, Segelfläche 8,50 m^2; Baumaterial Sperrholz oder Kunststoff.

Optimist-Dinghy Internationale Klasse. Länge über alles 2,30 m, Breite 1,113 m, Tiefgang ohne/mit Schwert 0,08/0,75 m, Gewicht 35 kg, Segelfläche 3,50 m^2; Baumaterial Sperrholz oder Kunststoff.

Einmann-Kielboote

Monarch Ein-Typ-Klasse. Länge über alles 4,90 m, Breite 1,80 m, Tiefgang ohne/mit Kiel 0,35/0,85 m, Gewicht 320 kg, Segelfläche 13,5 m^2; Baumaterial Kunststoff.

Monas Nationale Klasse. Länge über alles 7,00 m, Breite 1,90 m, Tiefgang 1,10 m, Gewicht 680 kg, Segelfläche 22,00 m^2; Baumaterial Kunststoff.

Zweimann-Jollen

Conger Nationale Klasse. Länge über alles 4,98 m, Breite 1,80 m, Tiefgang ohne/mit Schwert 0,20/1,80 m, Gewicht 240 kg, Segelfläche 12,00 m^2; Baumaterial Kunststoff.

Fireball Internationale Klasse. Länge über alles 4,93 m, Breite 1,35 m, Tiefgang ohne/mit Schwert 0,13/1,24 m, Gewicht 90 kg, Segelfläche 13,42 m^2; Baumaterial Sperrholz oder Kunststoff.

Flying Dutchman (FD) Internationale Klasse. Länge über alles 6,05 m, Breite 1,68 m, Tiefgang ohne/mit Schwert 0,13/1,12 m, Gewicht 165 kg, Segelfläche 17,00 m^2; Baumaterial Sperrholz oder Kunststoff.

Flying Junior Internationale Klasse. Länge über alles 4,03 m, Breite 1,54 m, Tiefgang ohne/mit Schwert 0,15/0,85 m, Gewicht 90 kg, Segelfläche 9,30 m^2; Baumaterial Holz oder Kunststoff.

505er Internationale Klasse. Länge über alles 5,05 m, Breite 1,96 m, Tiefgang ohne/mit Schwert 0,17/1,24 m, Gewicht 127 kg, Segelfläche 16,30 m^2; Baumaterial Sperrholz oder Kunststoff.

H-Jolle Nationale Klasse. Länge über alles 6,20 m, Breite 1,85–2,00 m, Tiefgang ohne/mit Schwert 0,20/1,20 m, Gewicht 190 kg, Segelfläche 15,00 m^2 (vermessen), tatsächliche 18,00–22,00 m^2; Baumaterial Sperrholz oder Kunststoff.

Ixylon-Jolle Nationale Klasse. Länge über alles 5,10 m, Breite 1,80 m, Tiefgang ohne/mit Kimmschwertern 0,20/0,82 m, Gewicht 190 kg, Segelfläche 14,30 m^2; Baumaterial Kunststoff.

Javelin Ein-Typ-Klasse. Länge über alles 5,38 m, Breite 1,68 m, Tiefgang ohne/mit Schwert 0,15/1,10 m, Gewicht 150 kg, Segelfläche 15,80 m^2; Baumaterial Kunststoff.

Jeton Nationale Klasse. Länge über alles 4,95 m, Breite 1,82 m, Tiefgang ohne/mit Schwert 0,15/1,12 m, Gewicht 160 kg, Segelfläche 15,55 m^2; Baumaterial Kunststoff.

Korsar Nationale Klasse. Länge über alles 5,00 m, Breite 1,73 m, Tiefgang ohne/mit Schwert 0,15/1,00 m, Gewicht 110 kg, Segelfläche 11,50 m^2; Baumaterial Sperrholz oder Kunststoff.

Laser II Internationale Klasse, IYRU-Jugendweltmeisterschaftsklasse. Länge über alles 4,38 m, Breite 1,42 m, Tiefgang 1,00 m, Gewicht 70 kg, Segelfläche 11,52 m^2; Baumaterial Kunststoff.

Pirat Nationale Klasse. Länge über alles 5,00 m, Breite 1,61 m, Tiefgang ohne/mit Schwert 0,20/1,34 m, Gewicht 190 kg, Segelfläche 10,00 m^2; Baumaterial Holz oder Kunststoff.

Schwert-Zugvogel Nationale Klasse. Länge über alles 5,80 m, Breite 1,88 m, Tiefgang ohne/mit Schwert 0,25/1,10 m, Gewicht 230 kg, Segelfläche 15,00 m^2; Baumaterial Sperrholz oder Kunststoff.

Tempo-Jolle Ein-Typ-Klasse. Länge über alles 4,72 m, Breite 1,52 m, Tiefgang ohne/mit Schwert 0,14/0,98 m, Gewicht 80 kg, Segelfläche 12,40 m^2; Baumaterial Holz oder Kunststoff.

Trainer Ein-Typ-Klasse. Länge über alles 4,39 m, Breite 1,70 m, Tiefgang ohne/mit Schwert 0,13/0,98 m, Gewicht 120 kg, Segelfläche 13,01 m^2; Baumaterial Kunststoff.

Vaurien Internationale Klasse. Länge über alles 4,08 m, Breite 1,47 m, Tiefgang ohne/mit Schwert 0,12/0,96 m, Gewicht 95 kg, Segelfläche 8,10 m^2; Baumaterial Holz oder Kunststoff.

VB-Jolle Ein-Typ-Klasse. Länge über alles 4,87 m, Breite 1,69 m, Tiefgang ohne /mit Schwert 0,20/0,70 m, Gewicht 200 kg, Segelfläche 12,50 m^2; Baumaterial Kunststoff.

470er Internationale Klasse. Länge über alles 4,70 m, Breite 1,68 m, Tiefgang ohne/mit Schwert 0,15/1,05 m, Gewicht 118 kg, Segelfläche 12,70 m^2; Baumaterial Kunststoff.

420er Internationale Klasse. Länge über alles 4,20 m, Breite 1,63 m, Tiefgang ohne/mit Schwert 0,14/0,97 m, Gewicht 110 kg, Segelfläche 10,25 m^2; Baumaterial Kunststoff.

Windy Ein-Typ-Klasse. Länge über alles 5,28 m, Breite 1,98 m, Tiefgang ohne/mit Schwert 0,14/1,35 m, Gewicht 180 kg, Segelfläche 16,21 m^2; Baumaterial Kunststoff.

10-m^2-Wanderjolle (Z-Jolle) Nationale Klasse. Länge über alles 5,25 m, Breite 1,70 m, Tiefgang ohne/mit Schwert 0,12/1,00 m, Gewicht 155 kg, Segelfläche 10 m^2 (vermessen), tatsächliche 15,40 m^2; Baumaterial Kunststoff.

Zweimann-Kielboote

Dyas Nationale Klasse. Länge über alles 7,17 m, Breite 1,94 m, Tiefgang 1,94 m, Gewicht 580 kg, Segelfläche 22,00 m^2; Baumaterial Kunststoff.

Kiel-Zugvogel Nationale Klasse. Länge über alles 5,80 m, Breite 1,88 m, Tiefgang 0,87 m, Gewicht 340 kg, Segelfläche 17,00 m^2; Baumaterial Sperrholz und Kunststoff.

Sailhorse Ein-Typ-Klasse. Länge über alles 6,13 m, Breite 2,14 m, Tiefgang ohne/mit Kiel 0,35/0,90 m, Gewicht 500 kg, Segelfläche 21,10 m^2; Baumaterial Kunststoff.

Starboot Internationale Klasse. Länge über alles 6,92 m, Breite 1,73 m, Tiefgang 1,02 m, Gewicht 680 kg, Segelfäche 27,92 m^2; Baumaterial Holz und Kunststoff.

Tempest Internationale Klasse. Länge über alles 6,68 m, Breite 1,90 m, Tiefgang 1,10 m, Gewicht 460 kg, Segelfläche 22,90 m^2; Baumaterial Kunststoff.

Varianta Nationale Klasse. Länge über alles 6,50 m, Breite 2,10 m, Tiefgang ohne/mit Kielschwert 0,70/1,30 m, Gewicht 920 kg, Segelfläche 22,05 m^2; Baumaterial Kunststoff.

Yngling Internationale Klasse. Länge über alles 6,35 m, Breite 1,73 m, Tiefgang 1,05 m, Gewicht 630 kg, Segelfläche 14,00 m^2; Baumaterial Kunststoff.

Dreimann-Kielboote

Drachen Internationale Klasse. Länge über alles 8,90 m, Breite 1,95 m, Tiefgang 1,20 m, Gewicht 1,7 t, Segelfläche 26,50 m^2; Baumaterial Holz oder Kunststoff.

H-Boot Internationale Klasse. Länge über alles 8,28 m, Breite 2,18 m, Tiefgang 1,30 m, Gewicht 1,45 t, Segelfläche 24,50 m^2; Baumaterial Kunststoff.

IF–Boot (Internationales Folkeboot) Anerkannte ausländische Klasse. Länge über alles 7,85 m, Breite 2,25 m, Tiefgang 1,21 m, Gewicht 2,15 t, Segelfläche 26,00 m^2; Baumaterial Kunststoff.

Nordisches Folkeboot Anerkannte ausländische Klasse. Länge über alles 6,64 m, Breite 2,20 m, Tiefgang 1,20 m, Gewicht 2 t, Segelfläche 24,00 m^2; Baumaterial Holz und Kunststoff.

Soling Internationale Klasse. Länge über alles 8,15 m, Breite 1,90 m, Tiefgang 1,30 m, Gewicht 1 t, Segelfläche 21,70 m^2; Baumaterial Kunststoff.

Trias Nationale Klasse. Länge über alles 9,17 m, Breite 2,11 m, Tiefgang 1,30 m, Gewicht 1,3 t, Segelfläche 28,80 m^2; Baumaterial Kunststoff.

Jollenkreuzer

Fam Ein-Typ-Klasse. Länge über alles 5,38 m, Breite 2,03 m, Tiefgang ohne/mit Schwert 0,23/1,42 m, Gewicht 445 kg, Segelfläche 15,20 m^2; Baumaterial Kunststoff.

15-m^2-Jollenkreuzer Nationale Klasse. Länge über alles 6,50 m, Breite 2,20–2,50 m, Tiefgang ohne/mit Schwert 0,20/1,30 m, Gewicht 500 kg, Segelfläche 15,00 m^2 (vermessen), tatsächlich 20,00 m^2; Baumaterial Holz oder Kunststoff.

Hansa-Jolle Nationale Klasse. Länge über alles 5,85 m, Breite 1,65 m, Tiefgang ohne/mit Schwert 0,50/1,00 m, Gewicht 550 kg, Segelfläche 13,75 m^2; Baumaterial Holz oder Kunststoff.

Lis-Jollenkreuzer Ein-Typ-Klasse. Länge über alles 5,00 m, Breite 1,72 m, Tiefgang ohne/mit Schwert 0,28/1,30 m, Gewicht 170 kg, Segelfläche 12,00 m^2; Baumaterial Kunststoff.

16-m^2-Jollenkreuzer Nationale Klasse. Länge über alles 7,00 m, Breite 2,20–2,40 m, Tiefgang ohne/mit Schwert 0,20/1,40 m, Gewicht 600 kg, Segelfläche 16,00 m^2 (vermessen), tatsächlich 23,50 m^2; Baumaterial Sperrholz oder Kunststoff.

20-m^2-Jollenkreuzer Nationale Klasse. Länge über alles 7,75 m, Breite 2,15–2,50 m, Tiefgang ohne/mit-Schwert 0,20/1,30 m, Gewicht 700 kg, Segelfläche 20,00 m^2 (vermessen), tatsächlich 25,00 m^2; Baumaterial Holz oder Kunststoff.

Kielyachten

Ballad Ein-Typ-Klasse. Länge über alles 9,14 m, Breite 2,96 m, Tiefgang 1,55 m, Gewicht 3,3 t, Segelfläche 44,0 m^2; Baumaterial Kunststoff.

Bandholm 24 Ein-Typ-Klasse. Länge über alles 7,20 m, Breite 2,30 m, Tiefgang 1,30 m, Gewicht 2,2 t, Segelfläche 23,00 m^2; Baumaterial Kunststoff.

30-m^2-Schärenkreuzer Internationale Konstruktionsklasse. Abmessungen etwa: Länge über alles 12,40 m, Breite 2,14 m, Tiefgang 1,50 m, Gewicht 2500 kg, Segelfläche 30 m^2; Baumaterial Holz oder Kunststoff.

J 24 Internationale Klasse. Länge über alles 7,32 m, Breite 2,70 m, Tiefgang 1,22 m, Gewicht 1375 kg, Segelfläche max. 32,6 m^2, min. 24,2 m^2; Baumaterial Kunststoff.

Neptun 22 Ein-Typ-Klasse. Länge über alles 6,80 m, Breite 2,40 m, Tiefgang ohne/mit Kielschwert 0,55/1,05 m, Gewicht 900 kg, Segelfläche 23,00 m^2; Baumaterial Kunststoff.

Rebell MK II Ein-Typ-Klasse. Länge über alles 7,60 m, Breite 2,45 m, Tiefgang 1,20 m, Gewicht 1,45 t, Segelfläche 31,25 m^2; Baumaterial Kunststoff.

Shark 24 Ein-Typ-Klasse. Länge über alles 7,31 m, Breite 2,10 m, Tiefgang 0,96 m, Gewicht 1 t, Segelfläche 20,80 m^2; Baumaterial Kunststoff.

Sprinta Sport Ein-Typ-Klasse. Länge über alles 7,00 m, Breite 2,40 m, Tiefgang 1,35 m, Gewicht 1,1 t, Segelfläche 29,00 m^2; Baumaterial Kunststoff.

Sunbeam Ein-Typ-Klasse. Länge über alles 6,68 m, Breite 2,15 m, Tiefgang 1,15 m, Gewicht 1 t, Segelfläche 20,00 m^2; Baumaterial Kunststoff.

Vega Ein-Typ-Klasse. Länge über alles 8,25 m, Breite 2,46 m, Tiefgang 1,17 m, Gewicht 2,3 t, Segelfläche 37,50 m^2; Baumaterial Kunststoff.

Katamarane

A-Catamaran Internationale Klasse. Länge über alles 5,49 m, Breite 2,30 m, Tiefgang ohne/mit Schwert 0,12/0,75 m, Gewicht 75–95 kg, Segelfläche 13,94 m^2; Baumaterial Kunststoff.

Dart Internationale Klasse. Länge über alles 5,48 m, Breite 2,28 m, Tiefgang 0,28 m, Gewicht 110 kg, Segelfläche 16,00 m^2; Baumaterial Kunststoff.

Hobie Cat 14 Ein-Typ-Klasse. Länge über alles 4,25 m, Breite 2,30 m, Tiefgang 0,20 m, Gewicht 110 kg, Segelfläche 10,96 m^2; Baumaterial Kunststoff.

Hobie Cat 16 Ein-Typ-Klasse. Länge über alles 5,11 m, Breite 2,41 m, Tiefgang 0,26 m, Gewicht 155 kg, Segelfläche 20,25 m^2; Baumaterial Kunststoff.

Hobie Cat 18 Ein-Typ-Klasse. Länge über alles 5,49 m, Breite 2,44 m, Tiefgang 0,70 m, Gewicht 175 kg, Segelfläche 22,00 m^2; Baumaterial Kunststoff.

Topcat Ein-Typ-Klasse. Länge über alles 4,80 m, Breite 2,00 m, Tiefgang 0,24 m, Gewicht 105 kg, Segelfläche 11,00 m^2; Baumaterial Kunststoff.

Tornado Internationale Klasse. Länge über alles 6,10 m, Breite 3.05 m, Tiefgang ohne/mit Schwert 0,17/0,76 m, Gewicht 157 kg, Segelfläche 21,80 m^2; Baumaterial Sperrholz oder Kunststoff.

Sicherheits-ausrüstung

Sicherheitsrichtlinien

Auf der Grundlage der *Special Regulations* des Offshore Rating Councils (ORC), ergänzt durch Richtlinien der Kreuzer-Abteilung (KA) des Deutschen Segler-Verbandes (DSV), entstanden die *Internationalen und nationalen Richtlinien für die Ausrüstung und Sicherheit seegehender Segelyachten.* Darin enthalten sind Mindestsicherheitsanforderungen. Ursprünglich für Seeregatten erarbeitet, sind sie zu einer wesentlichen Basis für die Sicherheit aller seegehenden Yachten geworden. Gewissermaßen Rahmenbedingungen. Sie sollte jeder Skipper kennen.

Die Anforderungen sind abgestuft, entsprechend dem Seegebiet, das die Yacht befährt. International erfolgte eine Einteilung der Seegebiete in vier Kategorien nach folgenden Kriterien:

- Seegebiet Kategorie 1
  Langstreckenfahrten fern von Küsten. Völlig auf sich allein gestellt, muß die Yacht über längere Zeiträume in der Lage sein, mit schweren Stürmen fertig zu werden und darauf vorbereitet sein, in gefährliche Notsituationen zu geraten, ohne Hilfe von außen erwarten zu können.
- Seegebiet Kategorie 2
  Fahrten von längerer Dauer, nicht allzu weit von Küstenlinien entfernt oder in großen ungeschützten Buchten, wo ein hohes Maß von Selbständigkeit von Yachten verlangt wird, aber eine berechtigte Wahrscheinlichkeit besteht, daß bei ernsthaften Notfällen Hilfe von außen herangerufen werden kann.
- Seegebiet Kategorie 3
  Fahrten über offenes Wasser, das aber relativ geschützt ist oder nahe der Küstenlinie verläuft.
- Seegebiet Kategorie 4
  Kurze Fahrten in Landnähe in relativ warmen und geschützten Gewässern.

Es gibt – beispielsweise in Frankreich und Italien – verschärfende nationale Vorschriften, die das Befahren der verschiedenen Seegebiete an bestimmte bauliche und konstruktive Kriterien einer Yacht und eine genau vorgeschriebene Sicherheitsausrüstung knüpfen.

Weder empfohlen noch vorgeschrieben sind einige Details, denen dennoch im Rahmen der Sicherheitsausrüstung ein fester Stellenwert zukommt:

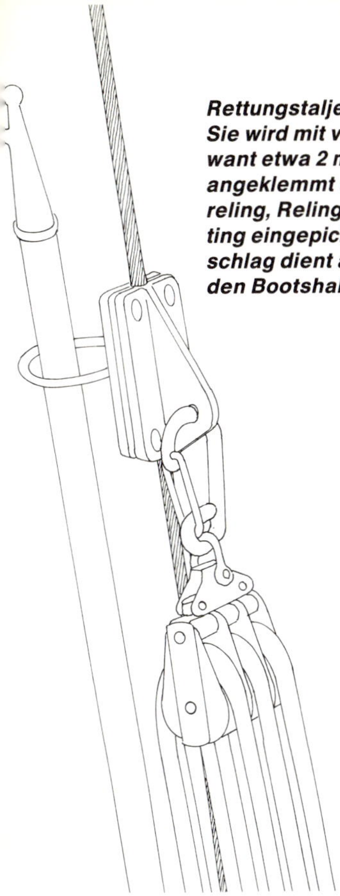

Rettungstalje Sea-Lift
Sie wird mit vier Bolzen am Oberwant etwa 2 m über Deckshöhe angeklemmt und unten in Fußreling, Relingsfuß oder am Pütting eingepickt. Ein Ring am Beschlag dient als Halterung für den Bootshaken.

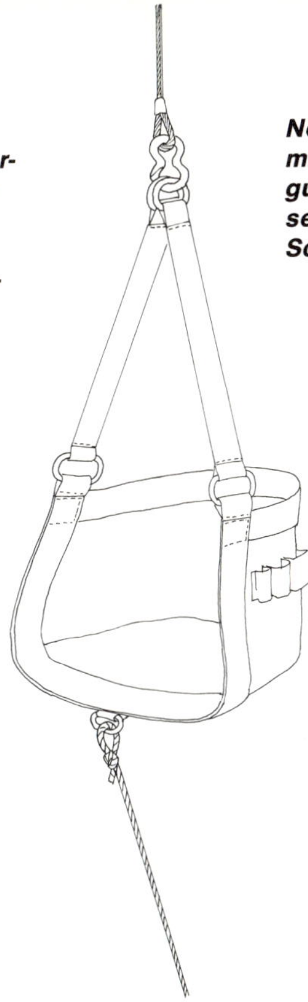

Neuzeitlicher Bootsmansstuhl mit Halteseil gegen Pendelbewegungen. Seitlich außen aufgesetzt, Taschen, beziehungsweise Schlaufen für Werkzeug.

Rettungsleitern setzen sich erst allmählich durch. Als „Badeleitern" waren sie konservativen Seglern lange Zeit suspekt. Sehr zu Unrecht. Das größte Problem ist es, jemand aus dem Wasser wieder an Bord zu holen. Schon bei einer Freibordhöhe von nur 60 cm ist es nicht mehr möglich, ohne aufwendige Hilfsmittel an Bord zu gelangen. Deshalb ist eine Rettungsleiter unerläßlich für jede seegehende Yacht. Einige tödliche Unfälle hätten nachweislich vermieden werden können, wenn es eine Rettungsleiter gegeben hätte. Fast immer wird es einem über Bord Gefallenen gelingen, allein oder assistiert von helfenden Händen, die Leiter emporzuklettern. Sie sollte fest am Spiegel montiert sein – manche sind mit dem Heckkorb kombiniert –, auch vom Wasser aus heruntergeklappt werden können und mindestens mit einer, besser noch einer zweiten Stufe tief genug ins Wasser hinabreichen. Auch gibt es im Handel Teleskopleitern, die man seitlich über die Bordwand hängt.

Rettungstaljen Einen (entkräfteten) Menschen mit einem Fall, eingepickt an Sicherheitsgurt oder Rettungsweste, aus dem Wasser zu hieven, ist nahezu unmöglich. Die Großschot als Rettungstalje zu scheren ist umständlich und zeitraubend. Besser ist es, eine jederzeit einsatzbereite Talje ständig fest an einem Want – möglichst an Steuerbord und an Backbord – zu fahren. Mit einem Safe-Lift genannten Beschlag läßt sich die Talje einfach anklemmen.

Mastleitern Gelegentlich muß jemand in den Mast, sei es, um ausgerauschte oder klemmende Fallen zu klarieren, das Topplicht in Ordnung zu bringen oder aus einem anderen wichtigen Grund. Dabei sind Maststufen, klappbar oder starr montiert, eine große Hilfe. Nur sie ermöglichen ein sicheres Besteigen. Sonderlich beliebt sind sie bei Seglern allerdings nicht, weil sie als störend empfunden werden.

Ein **Bootsmannsstuhl** ist auf jeden Fall unerläßlich, um jemand in den Mast vorzuheißen. Bisweilen werden vom Handel dafür schlichte, in Tampen eingeknotete Sitzbretter angeboten. Sie sind für die im Seegang überaus gefährliche Arbeit im Mast ungeeignet. Es muß ein steifer Sitzkorb aus verstärkter Leinwand sein, vorne möglichst mit einem Gurt zu verschließen, der bis über die Taille hochreicht.

Die persönliche Sicherheitsausrüstung

Sicherheit läßt sich nicht verordnen, noch kann man sie käuflich erwerben. Sie beginnt mit dem Sicherheitsbewußtsein jedes einzelnen. Selbst Fragen der richtigen Bekleidung können zu einem Faktor im Sicherheitsdenken werden. Ein durchnäßtes, durch Kälte erschöpftes Crewmitglied – gleichgültig ob als Rudergänger oder Vordeckshand – ist nicht nur selbst in Gefahr, sondern kann zu einem erheblichen Sicherheitsrisiko für das Schiff werden.

Schuhzeug beispielsweise mit einer richtig profilierten rutschhemmenden Sohle ist ein unabdingbares Muß.

Auch zu den Farben des Ölzeugs, beziehungsweise vergleichbarer Wetterschutzbekleidung, ist ein Wort zu sagen für den Fall, daß jemand außenbords geht: Die „Tarnfarben" Dunkelgrün und Blaugrau sind schon bei leicht bewegtem Wasser nach einigen Metern nicht mehr auszumachen. Weiß sieht man am Tage, bei brechender See, ebenfalls nach wenigen Metern nicht mehr. Gelb und Rot haben am Tage etwa die gleiche Auffälligkeit, nachts hingegen wirkt Rot schwarz. Den geringsten Auffälligkeitsgrad hat am Tage Gelborange, den höchsten Rotorange (RAL 2005). Speziell in der Dämmerung ist es allen anderen Farben weit überlegen. Nachts reflektiert es gleichstark wie Weiß (bei brecherloser See).

Rettungswesten

Grundsätzlich ist zwischen Schwimm- und Rettungswesten zu unterscheiden. Schwimmwesten sind Feststoffwesten, die nur als Schwimmhilfen dienen, indem sie dem Schwimmer zusätzlichen Auftrieb geben. Sie werden von Jollenseglern auf überschaubaren Binnenrevieren und beim Regattasegeln bevorzugt. Beim Aufrichten eines gekenterten Bootes – was auf Regatten häufiger erforderlich wird – können Rettungswesten unter Umständen hinderlich sein. Auf See aber gehören grundsätzlich Rettungswesten.

Der europäische Binnenmarkt brachte eine europaweite Normierung und Kennzeichnung für Schwimm- und Rettungswesten:

- EN 393 (50 N) – Schwimmhilfe für geschützte Gewässer, nicht ohnmachtssicher.
- EN 395 (100 N) – Schwimmweste für Binnenreviere, nur bedingt ohnmachtssicher.
- EN 396 (150 N) – Ohnmachtssichere Rettungsweste für Küstenreviere.
- EN 399 (275 N) – Ohnmachtssichere Rettungsweste für Hochsee und extrem schwierige Bedingungen.

Ohnmachtssichere Rettungsweste
Sie wird vollautomatisch von einer CO_2-Patrone aufgeblasen. Links: unaufgeblasen unter ihrer Schutzhülle, kombiniert mit einem Bergegurt. Rechts: aufgeblasen, Modell ohne Bergegurt.

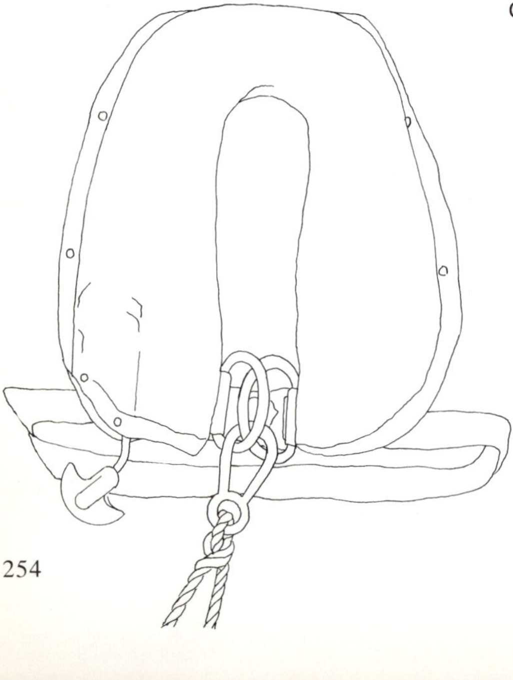

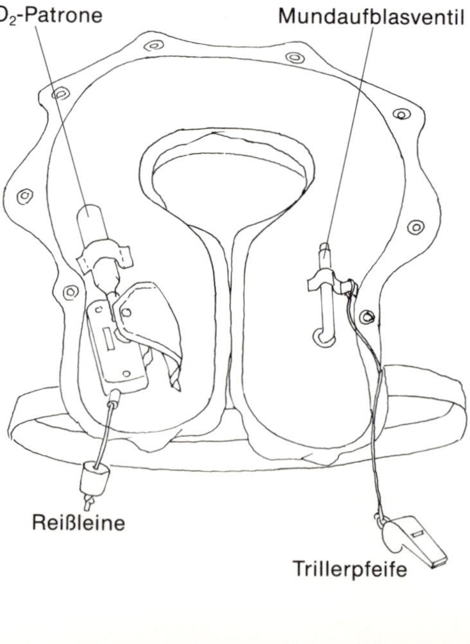

Ohnmachtssicher heißt, die Rettungsweste muß einen Bewußtlosen automatisch in eine stabile Rückenlage drehen und sein Gesicht über Wasser halten. Die Forderung nach der ohnmachtssicheren Rettungsweste geht nicht von dem höchst seltenen Fall aus, daß jemand besinnungslos über Bord fällt. Vielmehr droht Ohnmacht jedem durch Unterkühlung, auch im Hochsommer, auch in südlichen Gewässern, und zwar erschreckend schnell.
Ein Bewußtloser im Wasser driftet mit dem Gesicht zur anrollenden See. Sein Gesicht wird ständig von Gischt überspült. Auch dadurch kann er ertrinken. Deshalb gibt es Rettungswesten mit einer Spray-Cap, einer Art geschlossener Kapuze mit Sichtfenster. Sie verlängert unbedingt die Überlebenschancen.
Die meisten ohnmachtssicheren Westen sind luftgefüllt und werden entweder von Mund oder durch CO_2-Patronen aufgeblasen, vollautomatisch durch Seewasseraktivierung, oder halbautomatisch durch Handauslösung. Von Mund aufblasbare Westen müssen in Gefahrensituationen bereits mindestens halbgefüllt getragen werden, denn im Wasser reicht wahrscheinlich die Lungenkraft nicht mehr aus, sie vollständig aufzublasen.
Neben strapazierfähigem Trägermaterial sind reißfeste Verschlüsse und Gurtbänder unerläßlich. Sie müssen der Belastung standhalten, die auftritt, wenn man einen Geretteten an der Weste aus dem Wasser zieht. Als Beipack gehört eine Doppeltonpfeife dazu. Automatische und halbautomatische Rettungswesten müssen einmal jährlich gewartet werden, wenn sie im Notfall zuverlässig funktionieren sollen.
In Wetterkleidung eingearbeitete automatische oder halbautomatische Rettungswesten sind nicht in jedem Fall ohnmachtssicher, weil sich die Schwimmverhältnisse durch eingeschlossene Luft in der Kleidung verändern.
Selbstverständlich muß für jedes Besatzungsmitglied eine Rettungsweste an Bord sein. Nachts, bei unsicherer Wetterlage, wird von der gesamten Crew an Deck eine Rettungsweste getragen.

Sicherheitsgurt mit Schrittgurt und zwei gleichlangen Sorgleinen mit Karabinerhaken.

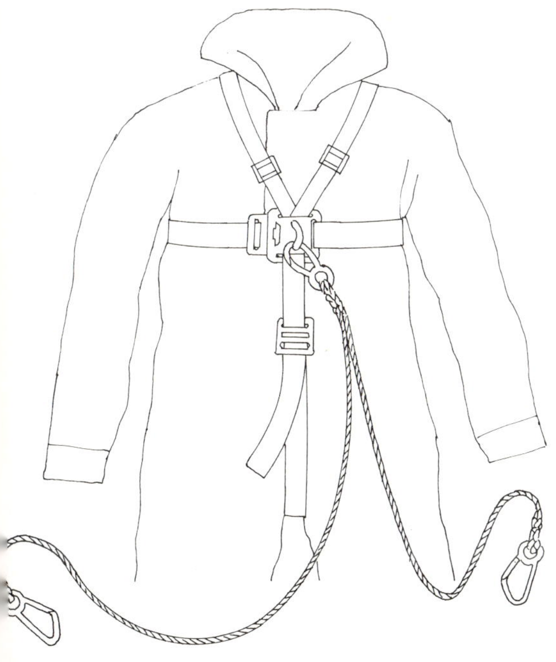

Sicherheitsgurte (Lifebelts)

Der Sicherheitsgurt ist eine Art Schultergerüst mit einem breiteren Brustgurt direkt unter den Achseln. Der Angriffspunkt muß in Höhe des Brustbeins sitzen, um zu vermeiden, daß ein außenbords Gefallener kopfüber unter Wasser gezogen wird. Ein Schrittgurt ist nicht unbedingt erforderlich. Die Sorgleine hat zwei, besser drei Karabinerhaken, die sich nicht nach außen öffnen können: einen zum Einpicken am Gurt, einen zum Einpikken an Deck und einen auf halber Länge. Bei einigen Gurten ist auch eine Doppelleine mit Karabinerhaken vorgesehen. So bleibt, beim Wechsel des Befestigungspunktes, eine Leine stets eingepickt. Die Bruchlast von Karabiner und Leine sollte keineswegs unter 1500 daN liegen. Außerdem muß die Sorgleine auch eine gewisse Stärke von 13–14 mm Durchmesser haben, um sich im Wasser daran entlang ans Schiff heranziehen zu können.
Es gibt auch Ölzeug, in das der Sicherheitsgurt gleich eingearbeitet ist. Das fördert sicher die Bereitwilligkeit, sich bei Decksarbeiten einzupicken. Einige Rettungswesten sind ebenfalls mit einem Sicherheitsgurt kombiniert. Doch besteht dort die Gefahr, daß die Aufblasautomatik bei harter Beanspruchung des Gurtes beschädigt wird.
Auf Schiffen mit einer größeren Crew sollten die Sicherheitsgurte, vor Beginn der Reise, jedem Mitglied angepaßt und möglichst mit seinem Namen gezeichnet werden. So findet jeder seinen Gurt sofort, ohne langes Suchen und Probieren.
Ein Sicherheitsgurt kann seinen Zweck nur erfüllen, wenn die Sorgleine an Punkten befestigt werden kann, die alle in Frage kommenden Zugbelastungen aushalten. Am besten sind spezielle Aug-

bolzen für diesen Zweck geeignet. Natürlich eignen sich zum Einpicken auch Handläufe, Wanten, Stage und die Relingsfüße. Nicht jedoch Relingsstützen und -durchzüge. Zum Einpicken der Vorschiffscrew können Strecktaue (Drahtstander) längs Deck gespannt werden.
Die Gurte müssen grundsätzlich bereits unter Deck angelegt werden. Es sind mehrere Fälle bekannt, in denen ein ablösendes Crewmitglied in dem Augenblick über Bord geschleudert wurde, indem es von unten den Niedergang hoch kam. Beim Anlegen ist außerdem die Aufmerksamkeit abgelenkt und keine Hand frei zum Festhalten.

Rettungsringe – Rettungsschwimmkörper

Sowohl die konventionellen runden als auch die neueren hufeisenförmigen Rettungsringe sind als Rettungsmittel ungeeignet. Dennoch sieht man sie auf vielen Yachten. Einzig effektives Rettungsmittel sind die ohnmachtssicheren Feststoff-Rettungsschwimmkörper aus geschlossenzelligem Schaumstoff. Sie werden auch in den Ausrüstungsrichtlinien der Kreuzer-Abteilung empfohlen. Mit Brustgurten einfach im Wasser anzulegen, drehen sie augenblicklich in die sichere Rückenlage und halten den Kopf über Wasser.
Zwei dieser Rettungsschwimmkörper sollten in unmittelbarer Reichweite des Rudergängers an Heckkorb, Seereling oder Achterstag gehaltert sein, jedoch nicht mit Zeisingen festgebändselt werden. Im Notfall, bei der dann unvermeidlichen Nervosität, würde das Klarmachen viel zu lange dauern. Es gibt sogar eine Katapultvorrichtung. Reagiert man schnell, kann der Rettungsschwimmkörper dem über Bord Gefallenen direkt »zugeschossen« werden.
Tatsächlich zählen Sekunden. Ein untrainierter Schwimmer, in schwerer Kleidung, in kaltem Wasser schnell erschöpft, braucht etwa 4 Minuten für

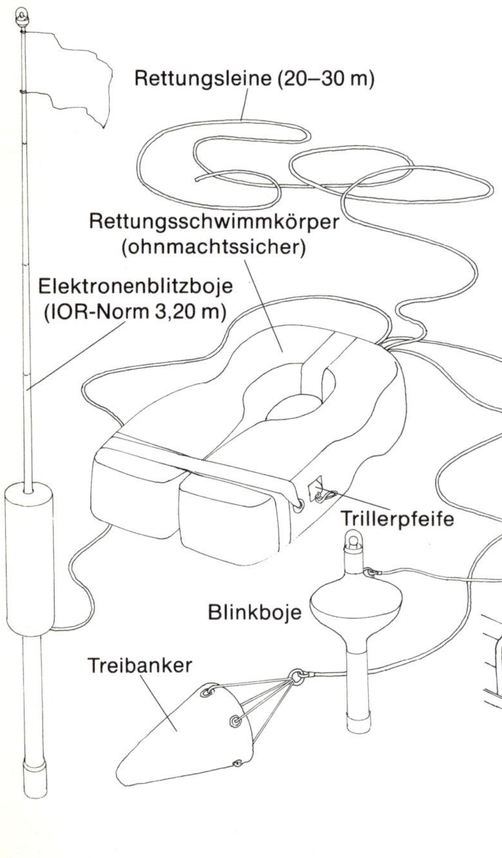

Abklappbare Sicherheitsleiter am Spiegel, integriert in den Heckkorb. Ohnmachtssicherer Rettungsschwimmkörper am Heckkorb gehaltert, verbunden mit einer Blinkboje (Funktionsdauer zwischen 8 und 48 Stunden). Am Achterstag eine Elektronenblitzboje mit Teleskoprute (Funktionsdauer zwischen 10 und 24 Stunden).

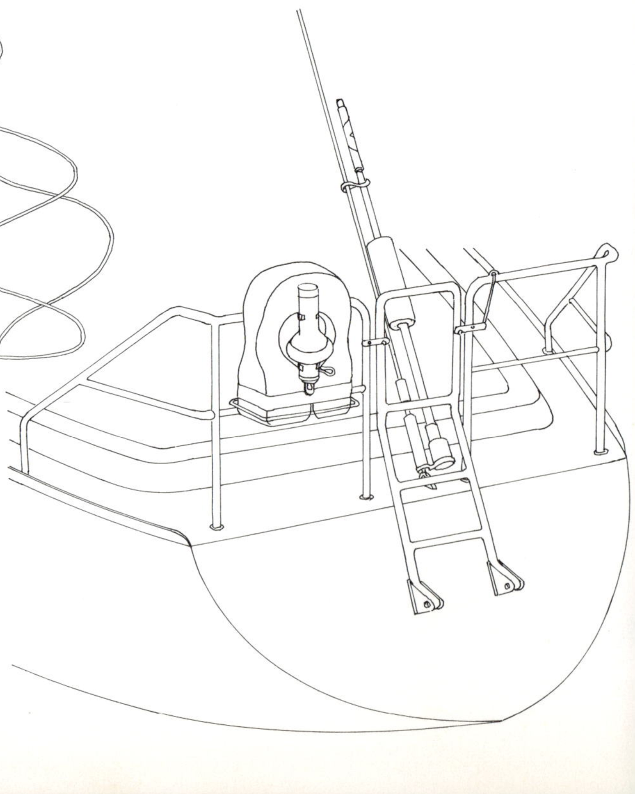

eine Distanz von 100 m. Der Schwimmkörper driftet etwa 14 m in 1 Minute. Ist das Schiff bereits 100 m abgelaufen und treibt der nachgeworfene Schwimmkörper nicht auf den Schwimmer zu, sondern von ihm weg, hat er keine Chance mehr, ihn zu erreichen. Was wiederum nur verdeutlicht, wie lebenswichtig es ist, eine Rettungsweste zu tragen. Eine Trillerpfeife zählt überlicherweise zur Standardausrüstung eines Rettungsschwimmkörpers. Ein kleiner Treibanker als Zubehör verhindert eine zu schnelle Drift. Für den Nachteinsatz sollte der Schwimmkörper unbedingt mit einem von Batterien oder seewasseraktivierten Zellen gespeisten Nachtrettungslicht versehen sein. Noch besser sind automatisch blitzende Elektronenblitzleuchten, die durch ihre große Helligkeit noch auf mehrere Seemeilen durch die Reflektion an den Wolken auszumachen sind.

Eine etwa 3 m lange Kunststoff- oder Alustange, durch ein Kontergewicht in aufrechter Schwimmlage gehalten, mit einer gelben oder orangefarbenen Flagge und/oder einer Blinkleuchte, dient als Markierungsboje. Nur Leuchtboje oder Elektronenblitz bieten in der Nacht überhaupt eine Chance, jemand wieder aufzufinden. Vor Antritt einer Nachtfahrt sollte man sich unbedingt vergewissern, ob nicht etwa die Batterien ausgelaufen sind.

Am Tage kann man die Unfallstelle mit einem Farbbeutel markieren, der die Wasseroberfläche stark gelb färbt, oder mit dem Orangerauch aus einer Rauchbüchse. Der allerdings verflüchtigt sich schnell.

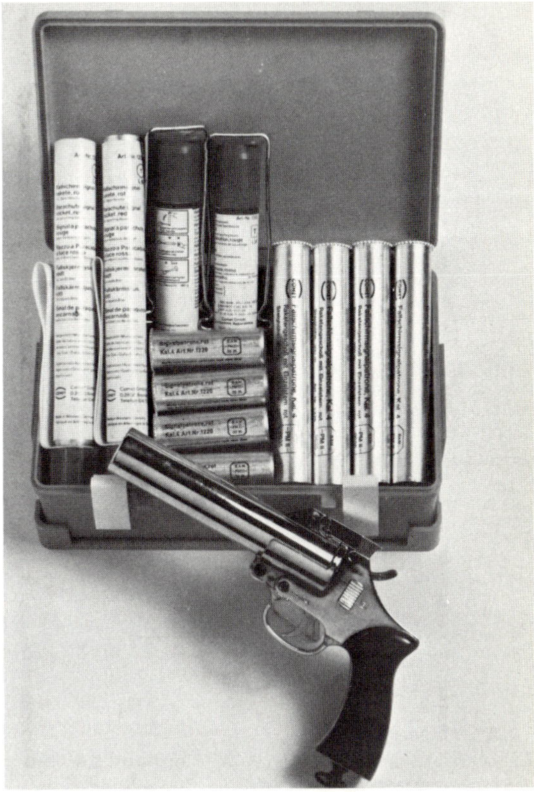

Seenotsignalepack für Seegebiete der Kategorie 2 bis 4
Inhalt des Containers: 1 Signalpistole Kaliber 4, 4 Fallschirmsignalpatronen, 4 Signalpatronen, 2 Fallschirmsignalraketen, 2 Handfackeln.

Seenotsignale

Die *Richtlinien für die Ausrüstung und Sicherheit seegehender Segelyachten* enthalten auch Vorschriften über die je nach Seegebiet (Kategorie) mitzuführenden Seenotsignalmittel:
- 12 rote Fallschirmsignale (Kategorie 1)
- 4 rote Fallschirmsignale (Kategorie 2, 3)
- 4 rote Handfackeln (Kategorie 1 bis 4)
- 2 orangefarbene Rauchtagsignale (Kategorie 1, 2, 3)

Darüber hinaus werden, unabhängig vom Seegebiet, für alle Yachten empfohlen:
- 8 rote Fallschirmsignale
- 2 rote Handfackeln
- 2 schwimmfähige orangefarbene Rauchsignale

Auch werden Mindestanforderungen an die Fallschirmsignale gestellt:
- Steighöhe 200 m
- Brenndauer 30 s
- Lichtstärke 10 000 cd

Falls sich eine Signalpistole*, Kaliber 4, an Bord befindet, empfiehlt die Kreuzer-Abteilung an Munition:
- 4 Schuß rote Fallschirmmunition
- 8 Schuß Einzelstern rot (mindestens)
- 4 Blitz-Knall-Schüsse

* Welche gesetzlichen Auflagen zum Erwerb von Signalpistole und Munition erfüllt werden müssen, s. Seite 510

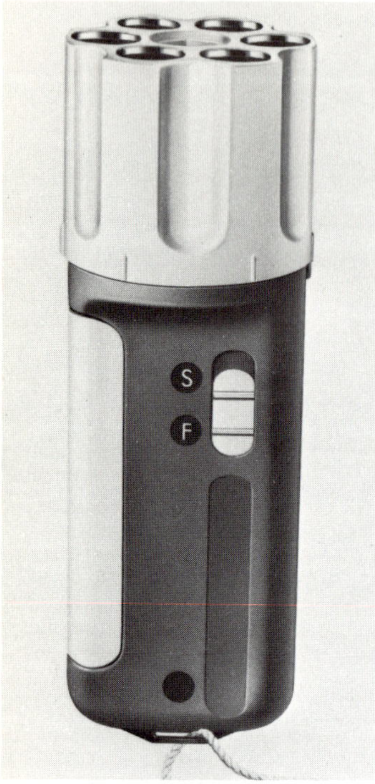

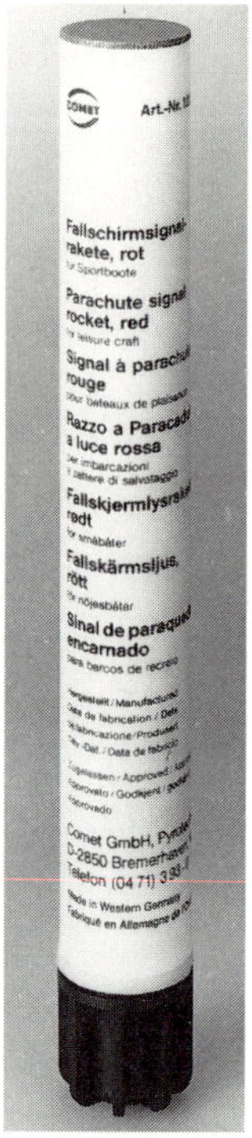

Links: Nicosignal
Ein waffenbesitzkartenfreier Signalgeber, Kalilber 16, mit auswechselbarem 6-Schuß-Magazin, seewasserfest und wartungsfrei. Er bietet ein Höchstmaß an Betriebssicherheit. Steighöhe etwa 70 m, Brenndauer etwa 8 Sekunden.

Rechts: Fallschirmsignalrakete
Steighöhe 300 m, Leuchtdauer 30 s, Sichtweite bei Tag etwa 4 sm, bei Nacht 20 sm.

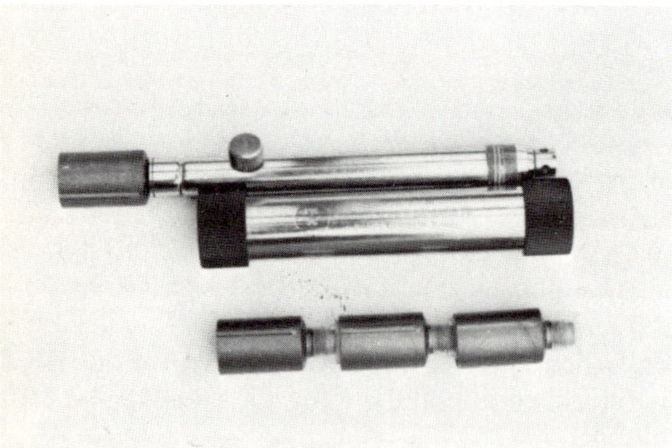

Signalstift mit 3-Schuß-Reservemagazin, Kaliber 16, ebenfalls frei erhältlich, seewasserfest, mit einem Befestigungsclip, um ihn (nachts) an Ölzeug oder Rettungsweste zu tragen. Für einen über Bord Gefallenen kann er zu einem lebensrettenden Signalmittel werden.

Der kugelschreiberähnliche Komet-Signalstift ist ein praktisches Zusatzsignalmittel, weil man ihn bequem in der (Ölzeug-)Tasche tragen kann. Mit einer Steighöhe von etwa 65 m und einer Brenndauer von 6 bis 8 Sekunden ist er durchaus akzeptabel für die Küstenfahrt.

Stets sollte man zwei rote Raketen kurz nacheinander abschießen. Ein Beobachter könnte das erste Signal allzu leicht für eine Täuschung halten – wie es schon wiederholt geschehen ist. Pistolenmunition ist am Tage, bei wolkenlosem Himmel, kaum weiter als 1,5 sm zu sehen. Raketenmunition ist bei guter Sicht am Tage bis zu 4 sm weit sichtbar. In klarer Nacht sind Signale mit der Pistole 6 sm, Raketen bis zu 8 sm zu erkennen. Man verschwende also seine wertvollen Signalmittel nicht – etwa im ersten Anflug von Panik – wenn keine Chance besteht, gesehen zu werden.

Um tags außerdem die Aufmerksamkeit auf sich zu lenken, empfiehlt die Deutsche Gesellschaft zur Rettung Schiffbrüchiger das in kurzem Wechsel wiederholte Setzen und Bergen der Segel. Falls die Wetterlage dies nicht erlauben sollte, können auch Bettücher, Hemden oder andere gut sichtbare Kleidungsstücke in halber Masthöhe gezeigt werden.

Die Raketenmunition muß unbedingt in ihrer wasserdichten Verpackung belassen werden, bis sie gebraucht wird. Jeder an Bord sollte, vor Antritt eines Seetörns, die Bedienungsanleitung genau studieren und nicht erst damit beginnen, wenn der Notfall eingetreten ist. Unbedingt ist auf das aufgedruckte Verfalldatum zu achten. Ist es überschritten, dann ist die Munition nicht mehr zuverlässig und sogar gefährlich. Man sollte sie auch nicht zu viel herumwerfen oder sie in der Nähe des Motors oder der Propellerwelle stauen, weil die Vibrationen sie unbrauchbar machen können.

Notsignale der Kollisionsverhütungsregeln

Jeder, der ein Seenotsignal sieht oder empfängt – also auch Yachten –, muß unverzüglich Hilfe leisten. Diese Verpflichtung zur Hilfeleistung gilt, nach internationalem Seerecht, jedoch nur gegenüber Menschen und nicht auch gegenüber dem in Seenot geratenen Schiff.

Man selbst darf übrigens auch dann Notsignale geben, wenn man einen anderen in Not gesichtet hat, der nicht in der Lage ist, eigene Notsignale zu geben, und man ihm nicht oder nicht ausreichend Hilfe leisten kann. Man muß sich dann aber mit

seiner Yacht bereithalten, die herbeigerufene Hilfe einzuweisen.
Will ein Flugzeug ein Schiff zur Hilfeleistung veranlassen, umkreist es das Schiff und fliegt dann in Richtung auf den in Not befindlichen Havaristen. Die Verwendung von weißer und grüner Munition bleibt jedem freigestellt. Ein weißes Signal ist beispielsweise vorzüglich geeignet, einen Kollisionsgegner auf das eigene Schiff aufmerksam zu machen. Rotfeuer und rote Sterne sind allein den Seenotsignalen vorbehalten, sie dürfen für keinen anderen Zweck verwendet werden.

Notsignale nach den Kollisionsverhütungsregeln

Langsames und wiederholtes Heben und Senken der nach beiden Seiten ausgestreckten Arme.

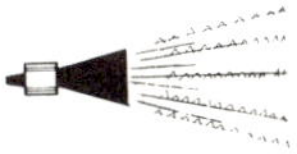

Anhaltendes Ertönen eines Nebelsignalgeräts.

Raketen oder Leuchtkugeln mit roten Sternen einzeln in kurzen Zwischenräumen.

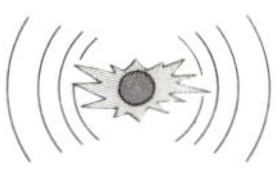

Kanonenschüsse oder andere Knallsignale in Zwischenräumen von ungefähr einer Minute.

Eine rote Fallschirm-Leuchtrakete oder eine rote Handfackel.

Flammensignale auf dem Fahrzeug, z. B. brennende Teertonnen, Öltonnen oder dergleichen.

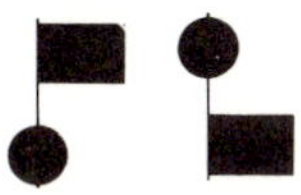

Ein Signal aus einer viereckigen Flagge, darüber oder darunter ein Ball oder etwas, das einem Ball ähnlich sieht.

SOS
· · · — — — · · ·

Das durch Telegraphiefunk oder eine andere Signalart gegebene Morsesignal.

MAYDAY

Das Sprechfunksignal aus dem gesprochenen Wort »Mayday«.

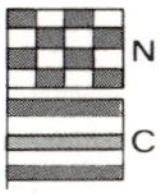

Das Notzeichen NC des Internationalen Signalbuchs.

Ein Rauchsignal mit orangefarbenem Rauch.

Rettungsinseln

Rettungsinseln – häufig auch als Rettungsflöße bezeichnet – sind das letzte Mittel, um auf See zu überleben, und keineswegs ein ideales. Bei der Konstruktion der Yacht-Rettungsinseln stehen Kriterien wie kleine Abmessungen und geringes Gewicht im Vordergrund. Sie sind üblicherweise für die zugelassene Personenzahl viel zu eng. Ein längerer Aufenthalt in einer vollbesetzten Rettungsinsel ist überaus strapaziös, wenn nicht gar qualvoll. Dennoch, es gibt kein besseres Rettungsmittel. Schiffbrüchige Yachtbesatzungen haben sogar wochenlang in Rettungsinseln überlebt. Vorgeschrieben sind sie zwingend nur für Seeregatten. Sie sollten aber auch auf keiner Fahrtenyacht fehlen, die längere Seetörns unternimmt.
Noch gibt es keine Normen für Rettungsinseln, doch sind sich die verschiedenen Fabrikate im Aufbau sehr ähnlich: Ein unterer und ein oberer Trageschlauch bilden zwei getrennte Luftkammern. Auch bei Beschädigung einer Luftkammer muß die Insel die zugelassene Personenzahl noch tragen. Mit dem Oberschlauch fest verbunden ist der Dachträger, ein weiterer Schlauch, der das Verdeck mit seinem verschließbaren Einstieg aussteift. Der Boden kann ein einfacher oder ein doppelter aufblasbarer sein. Wegen der besseren Isolation und dem größeren Schutz gegen Beschädigungen sollte man einen doppelten unbedingt bevorzugen. Unter dem Boden hängen stabilisierende Wassersäcke (Kenterschutzbeutel). Ein schirm- oder tütenähnlicher Treibanker (oft ein Extrazubehör) soll eine allzu schnelle Drift verhindern und die Rettungsinsel so im Wind halten, daß sich der Einstieg möglichst auf der Leeseite befindet. Als Einstiegshilfen gibt es Gurt- oder Festleitern. Häufig hat man auch innen und außen je ein Licht, gespeist aus seewasseraktivierten Batterien. Aufgeblasen wird die Rettungsinsel mit Druckgas (CO_2), ausgelöst mit der Fangleine, die zugleich Reißleine ist. Das über den normalen Betriebsdruck hinausgehende überschüssige Gas entweicht über Überdruckventile. Deshalb hört man meist nach dem Aufblasen noch einige Zeit ein vernehmliches Zischen.
Die Ausrüstung der Rettungsinsel ist in das Belieben der Hersteller gestellt. Oft beschränken sie sich auf Blasebalg oder Handpumpe, Kappmesser und Reparaturset. Nur als Zusatzausrüstung erhält man meistens Paddel, Handfackeln und Fallschirmsignale, Signallampe, Signalspiegel, Ösfaß

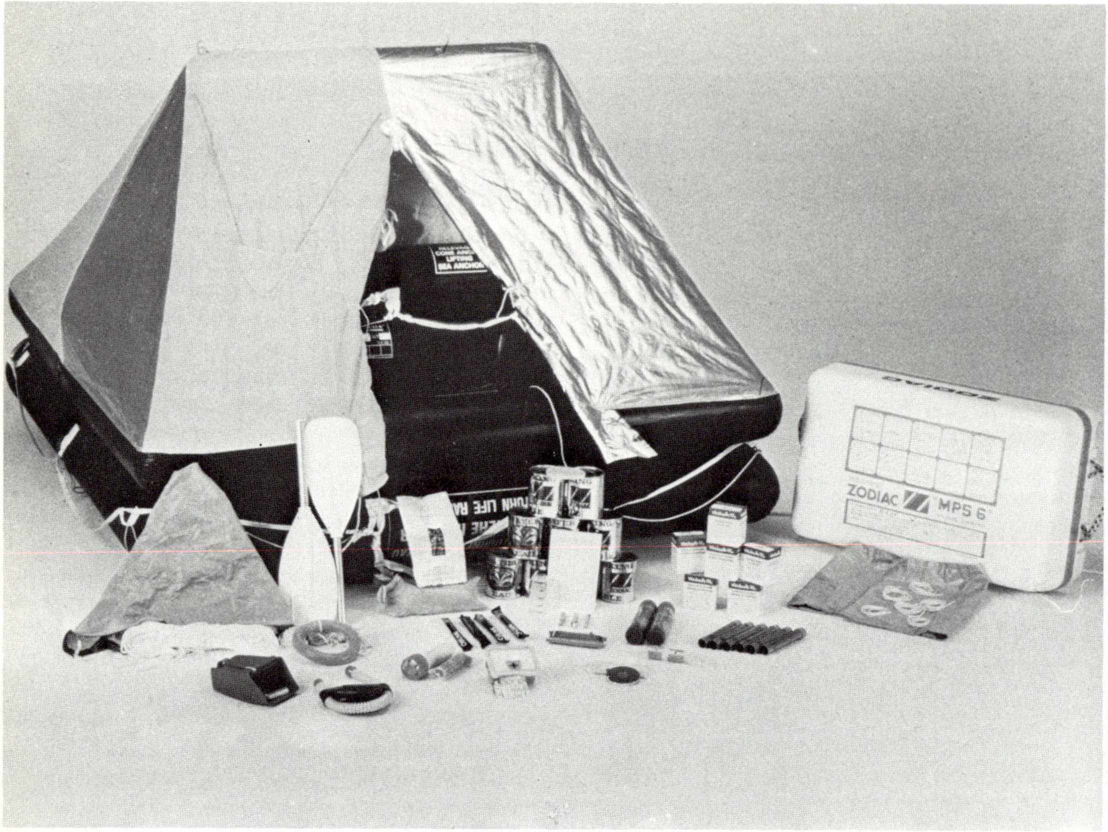

Rettungsinsel für 6 Personen, Seegebiet Kategorie 1 und 2, mit dem dazugehörenden Container und komplett mit Notpäckchen ausgerüstet: Ösfaß – Wurfring mit Leine – schwimmfähiges Messer – Signalspiegel – Signalpfeile – Blasebalg – Paddel – 2 Fallschirmsignale – 6 Handfackeln – Überlebensinstruktionen – Erste-Hilfe-Kit mit Tabletten gegen Seekrankheit – Schwämme – Reparaturkitt – Angelzeug – Taschenlampe mit Ersatzbatterien und -birne – 500 g Notverpflegung – 9 l Wasser – Trinkbecher – Büchsenöffner – Treibanker mit Fangleine. Insel mit 4-Kammer-System (Doppelboden), Außen- und Innenbeleuchtung und Regenwasserauffangvorrichtung, Schutzdach mit radarreflektierender Metallfolie.

und Schwamm, Dosenöffner, Notverpflegung und Trinkwasser und eine Erste-Hilfe-Ausrüstung mit Tabletten gegen Seekrankheit. In einer Rettungsinsel sehr wichtig. Trotz der Kenterschutzbeutel können Rettungsinseln im Seegang – und schon beim Einstieg in die unbemannte Insel – kentern. Deshalb müssen sich am Boden entsprechende Griff- oder Aufrichtleinen befinden, in die man sich reinhängen kann, um die Insel wieder aufzurichten.

Der Einstieg in schwerer Kleidung ist trotz der Einstiegshilfen außerordentlich schwierig. Es kann deshalb nur dringend empfohlen werden, ihn für den Notfall zu üben – und zwar nicht in der Badehose. Segelclubs, Verbände und auch Firmen geben bei Demonstrationen dazu Gelegenheit.

Als Verpackung hat sich gegenüber Segeltuch-Tragesäcken der unempfindlichere Kunststoff-Container mehr und mehr durchgesetzt. Er muß einsatzklar an Deck gefahren werden oder zumindst in einem Stauraum mit direkter Öffnung zum Deck, der nichts anderes enthält. Die Unterbringung auf kleineren Yachten ist nicht unproblematisch. Ideal ist eine Halterung am Heckkorb oder auf einer speziellen Slipbühne im Spiegel. Üblicherweise lagert er, sicher gezurrt, hinter dem Mast.

Funkverkehr

Obwohl Yachten nicht »funkausrüstungspflichtig« sind, dienen Funkanlagen an Bord in hohem Maße der Sicherheit. Auf vielen Yachten sind sie zur Selbstverständlichkeit geworden, für Seeregatten werden sie häufig zwingend vorgeschrieben. Es sind vorrangig Anlagen im Bereich der Grenzwelle (1605–3800 kHz) und der Ultrakurzwelle (30–300 MHz), die hier eine Rolle spielen.

Auf der **Grenzwelle** wird der gesamte nautische Dienst mit Warn- und Suchmeldungen abgewikkelt. Die wichtigste Frequenz ist die internationale **Seenot- und Anruffrequenz 2182 kHz**. Sie muß von ausrüstungspflichtigen Schiffen rund um die Uhr abgehört werden. Auf ihr werden Dringlichkeits- und Sicherheitsmeldungen angekündigt, kann auch die Erstaussendung einer nicht zu langen Dringlichkeitsnachricht erfolgen. Der Anrufverkehr darf nicht länger als 1 Minute dauern, der Notverkehr dagegen in voller Länge abgewickelt werden. Und in einem Seenotfall ist jeder andere Verkehr einzustellen, beziehungsweise verboten. Zweimal in jeder Stunde, von 00–03 h und 30–33 h, hat für den gesamten Anrufverkehr absolute Funkstille zu herrschen, um eventuelle Notrufe von Schiffen mit schwachen Sendern hören zu können. Man kann seine Anlage mit einem automatischen Alarmzeichengeber ausrüsten, der dann auf der Seenotfrequenz ein Seenotzeichen gegebenenfalls so lange ausstrahlt, bis die Batterie erschöpft ist. Bei einer für die Bordbatterie vertretbaren Ausgangsleistung von 30 W kann man mit einer Reichweite von etwa 50 bis 100 Seemeilen rechnen, je nach Installation.

Mit einem Grenzwellenempfänger kann man nur am »einseitigen Sprechverkehr« teilnehmen. Will man selber sprechen, braucht man ein Seefunktelefon und das *Allgemeine Sprechfunkzeugnis für den Seefunkdienst*. Funkgespräche können, über eine Landstation, in das öffentliche Fernsprechnetz eingespeist werden. Diese Regelung gilt bis 1999. Ab dann wird die Funkkommunikation und

Yacht-SSB-Sprechfunkanlage TRP 7000 für Grenz- und Kurzwelle, die als Back-up-Station auch im Rahmen des Global Maritime Distress and Safety System (GMDSS) eingesetzt werden kann. Diese modernen Funktelefone suchen sich selbsttätig die von Ort und Tageszeit abhängige günstigste Sende- und Empfangsfrequenz, optimieren darauf die Antenne und bieten über einen integrierten digitalen Selektivruf (DSC) Telefonkomfort ohne Anmeldung über eine Küstenfunkstelle. Über DSC kann man auf See auch direkt angerufen werden. (Foto: H.-G. Kiesel)

UKW-Handfunkgerät: Zusätzlich zum mit DSC ausgerüsteten UKW-Seefunktelefon – hierfür ist der Kanal 70 freigemacht worden – schreibt GMDSS UKW-Handsprechfunkgeräte vor. Sie können mit in die Rettungsinsel genommen werden und funktionieren mit ihrer integrierten Antenne auch noch, wenn der Mast einmal von oben gekommen ist. Sie dürfen allerdings nur betrieben werden, wenn auch eine festeingebaute UKW-Station an Bord ist – außer im Notfall. (Foto: H.-G. Kiesel)

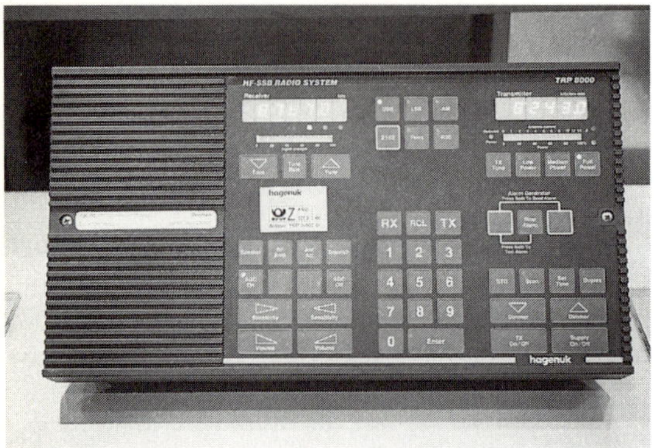

Alle GMDSS-Erfordernisse abdeckendes HF-Radio-System. Diese Anlage arbeitet mit abgesetztem Sender/Empfänger, so daß lediglich das abgebildete Steuergerät am Kartentisch einen Platz finden muß. Notrufe werden automatisch aufgefaßt und weitergeleitet. Jedes Funktelefon ist deshalb mit einem Alarmgenerator ausgerüstet, hier auf dem Tastenfeld Mitte rechts, der, einmal getastet, vollautomatisch die Schiffsposition, Schiffsdaten und Art der Havarie aussendet. Die Retter können dann sofort die richtigen Maßnahmen einleiten. Geräte ohne DSC und Alarmgenerator sind nicht GMDSS-kompatibel. (Foto: H.-G. Kiesel)

damit das Seenotfunksystem umgestellt sein. Statt über landgebundene Grenz- und Kurzwellensender wird der Funkverkehr künftig ausschließlich via Satellit abgewickelt. Ausrüstungspflichtige Schiffe werden bereits seit 1993 mit entsprechendem Gerät bestückt.

Die Ausrüstung mit **UKW-Anlagen** ist obligatorisch für den Funkverkehr in der Revier- und Küstenfahrt. Zum Betrieb ist das *Beschränkt gültige Sprechfunkzeugnis für Ultrakurzwellen* erforderlich. Im Frequenzbereich zwischen 156 und 174 MHz stehen 54 Sprechwege zur Verfügung. Wichtigster Kanal ist der

Not- und Anrufkanal 16 (156,8 MHz). Er wird von den Küstenfunkstellen rund um die Uhr abgehört. Auch stehen in der Küstenfahrt die UKW-Geräte der Berufsschiffahrt ständig auf Empfang, weil sie den Verkehr mit Lotsen- und Schiffsmeldediensten über UKW abwickeln. Nur gibt es auf Kanal 16 keine Funkstille zu bestimmten Zeiten.

Zuschaltbar sind Selektivruf-Dekoder. Bei einem Ruf »an alle« wird ein optisches Signal und ein akustischer Alarm ausgelöst, die beispielsweise auf »wichtige Warnmeldungen« aufmerksam machen. Sie werden auf Kanal 16 ausgesendet. Außerdem kann man selbst von einer Küstenfunkstelle direkt gerufen werden.

Für den Schiff-Schiff-Verkehr, speziell zwischen Yachten, sind die Kanäle 69 und 72 vorgesehen.

Die Abwicklung des Seenotverkehrs erfolgt auf Grenzwelle und auf UKW in derselben genau vorgeschriebenen Form.

Schema für das Absetzen einer Seenotmeldung

1. Mayday Mayday Mayday
2. Hier ist
3. 3 × der Schiffsname und
   1 × das Rufzeichen (buchstabiert)
4. Mayday
5. 1 × der Schiffsname
6. Position nach Breite und Länge
7. Kurze Beschreibung des Notfalls
8. Art der erbetenen Hilfe
9. Durch Drücken der Sprechtaste 2 × 10–15 Sekunden langes Peilzeichen senden
10. 1 × Schiffsname mit Rufzeichen
11. Over

Sprechfunkgeräte dürfen normalerweise nur von jemand mit dem entsprechenden Sprechfunkzeugnis bedient werden. Im Notfall aber darf selbstverständlich jeder ans Gerät. Deshalb sollte der Skipper vor einem Segeltörn die Crew anhalten, die (auszuhängende) Anleitung zum Absetzen eines Notrufs gründlich zu studieren und ihr die Bedienung des Gerätes zeigen.

Mayday darf nur gerufen werden, wenn eine unmittelbare Gefahr für Menschenleben oder den Verlust des Schiffes besteht. Bei einer Havarie etwa, die das Schiff nur manövrierunfähig macht, darf nur ein Dringlichkeitsruf abgesetzt werden. Er beginnt mit 3 × Pan-Pan.

Die wichtigste Mitteilung für den Retter ist eine möglichst genaue Positionsangabe. Gerade aber auf kleineren Yachten in schwerem Wetter kann man sich da erfahrungsgemäß erheblich vertun. Ist kein elektronischer Navigator wie Decca oder GPS an Bord und ist man sich seiner Position nicht sicher, sollte dies unbedingt gleich bei der Positionsmeldung dazugesagt werden. Wer außerhalb seiner heimischen Gewässer einen Notruf absetzen will, sollte es in Englisch tun, der internationalen Seenot- und Navigationssprache.

Jede UKW-Funkstelle an Bord kann um ein Hand-Sprechfunkgerät erweitert werden, das ebenfalls auf den Seefunkfrequenzen arbeitet. Mit ihm kann man selbst dann noch sprechen und hören, wenn

die Hauptfunkstelle ausgefallen ist, oder man kann es gegebenenfalls auch in die Rettungsinsel mitnehmen.
Wegen der quasi-optischen Ausbreitung der ultrakurzen Wellen ist die Reichweite von der Antennenhöhe abhängig. Der beste Platz, um eine möglichst große Reichweite zu erzielen, ist natürlich der Masttopp. Da man aber immerhin mal mit einem Mastbruch rechnen muß, empfiehlt sich, eine Halterung am Heckkorb für eine Ersatzantenne vorzusehen.
Auch im UKW-Sprechfunkverkehr wird sich ab 1999 einiges ändern. Zwar werden UKW-Geräte weiterhin im Küstenbereich eingesetzt, doch sind ab diesem Termin nur noch Geräte mit digitalem Selektivruf (DSC) zulässig. Moderne UKW-Geräte werden seit einiger Zeit nur noch mit gesperrtem Kanal 70 verkauft. Er ist dem zukünftigen DSC vorbehalten. Mit dem digitalen Selektivrufsystem kann man dann, ohne ein Gespräch bei einer Küstenstation anmelden zu müssen, automatisch im Selbstwählverfahren eine Landverbindung herstellen. Ebenso kann man per »Durchwahl« von Land direkt angerufen werden.

Seenotfunksender

Einige Geräte, die auf Grenzwelle arbeiten, können senden und empfangen. Eine besondere Genehmigung ist für sie nicht erforderlich. Sie dürfen ohne Sprechfunkzeugnis, aber selbstredend nur im Notfall benutzt werden.

COSPAS/SARSAT-Notfunkboje der GMDSS-Generation. Mit der neuen Frequenz 406 MHz (zur Frequenz 121,5 MHz) wird dieses System, neben Inmarsat E, als Notfunksystem innerhalb GMDSS geführt. Die Frequenz 121,5 MHz ist zum Anpeilen von seiten der Retter gedacht. (Foto: H.-G. Kiesel)

Seenotboje mit starker Sendeleistung, die auf allen Seenotfrequenzen sendet. Sie bietet die denkbar größte Sicherheit im Seenotfall.

Andere, die EPIRB (Emergency Position Indicating Radio Beacon) genanntgen Funkbojen senden nur. Auf 2182 kHz oder auf Kanal 16 (UKW). Sie können angepeilt werden und dienen der Lokalisierung der Seenotposition.
Noch andere UKW-Seenotsender senden auf der Notfrequenz der zivilen (121,5 MHz) und der militärischen (243 MHz) Luftfahrt. Interessant eventuell für einen Notruf über die Satellitensysteme SARSAT und COSPAS. Sie arbeiten auch mit der Flugnotfrequenz, können die Position sehr genau einpeilen und den Notruf sekundenschnell an die zuständigen Einsatzleitstellen übermitteln. Bei den Fliegern selbst gibt es keine Hörwache. Doch die Seenotkreuzer der Deutschen Gesellschaft zur Rettung Schiffbrüchiger und die SAR-Flugzeuge sind mit Peilern dieser Frequenzen ausgerüstet. Der Vorteil dieser Geräte: sie sind so klein und handlich, daß sie im Notfall in der Kleidung getragen werden können. Allerdings ist ihre Sendeleistung sehr gering. So kommt denn das Bundesministerium für Forschung und Technologie in einem vorläufigen Untersuchungsbericht zu dem enttäuschenden Ergebnis: »Der Wert der Geräte für einen Notfall muß bezweifelt werden.«
Nach Abschluß der Einführung von GMDSS sind Grenzwellen-Seenotsender (EPIRB) nicht mehr zugelassen. Die Frequenz 121,5 MHz der COSPAS-SARSAT-Notsender wird weiterhin für ein »homing«, ein Anpeilen vom Suchflugzeug oder Seenotkreuzer aus, verwendet. Hinzu kommt die Frequenz 501 MHz, die weniger störanfällig ist. Sie wird von den die Notfunkboje überfliegenden Satelliten zudem gespeichert und von ihm erst abgestrahlt, wenn er auch eine Landstation in Sicht hat.

GMDSS

Das Kürzel bedeutet Global Maritime Distress and Safety System, weltweites Not- und Sicherheitssystem also. An der Nachrichtenübermittlung innerhalb GMDSS sind vorwiegend die geostationären Inmarsat-Satelliten beteiligt, aber auch die bereits vorhandenen künstlichen COSPAS-SARSAT-Sterne und für den Nahbereich die UKW-Seefunkeinrichtungen – erweitert mit dem digitalen Selektivruf DSC. Die Informationsabläufe gehen vorwiegend automatisch vonstatten. Für den Sprechfunkverkehr sind die Systeme Inmarsat A und B vorgesehen, Sprechfunk über Satelliten also, die Antennen müssen jedoch den Satelliten nachgeführt werden. Große Radome, in denen

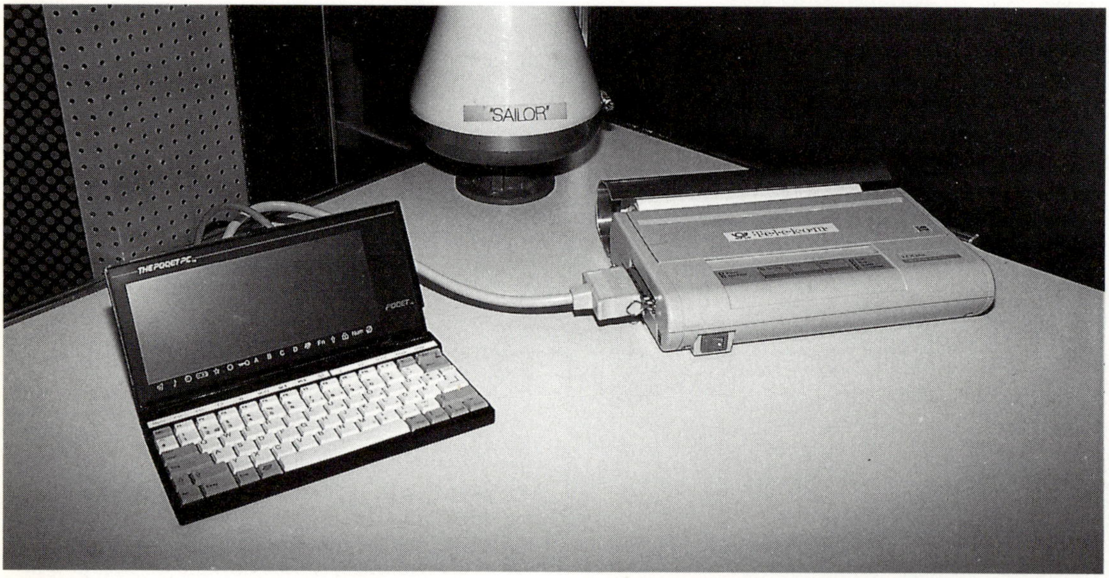

Inmarsat-C-System, bestehend aus Notebook (transportablem PC), Antenne und Drucker (von links). Der Sender/Empfänger wird separat eingebaut: Dieses mit der kleinen kegelförmigen Antenne via Satellit arbeitende Kommunikationssystem ist von seiner Größe her für Yachten besonders geeignet, läßt aber keine Sprechübertragungen zu: Es arbeitet ausschließlich über Telefax. Dafür bietet Inmarsat C spezielle Dienste, wie Wetterberichte, Sammelanrufe und dergleichen. Mit der Tastatur des Notebooks und einem Mini-Drucker paßt es in jede Navigationsecke. (Foto: H.-G. Kiesel)

diese empfindlichen Schüsseln sitzen, sind dazu nötig.
Inmarsat C kommt mit kleineren, für Yachten unter 20 Metern schon eher geeigneten Antennen aus, ist aber nur für Telefax und nicht für Sprechfunk geeignet. Telefonieren von kleinen Yachten kann man mit Inmarsat M, das jedoch nicht Bestandteil von GMDSS ist. Ein spezielles Inmarsat-M-Yachtsystem gibt es aktenkoffergroß mit einer von Hand nachzuführenden Flachantenne. Für die feste Installation werden auch hier – allerdings kleiner als bei den Systemen A und B – kreiselgesteuerte Parabolspiegel angeboten. Alle Verbindungen über Inmarsat laufen automatisch ab.
Zu den COSPAS-SARSAT-406-MHz-Bojen bietet Inmarsat ein zweites Notrufsystem: Inmarsat E. Es kommt ebenfalls in Form einer Boje an Bord und ist schon deshalb besonders effektiv, weil es von den Inmarsat-Satelliten, die permanent über den Ozeanen stehen, aufgefaßt wird und weil ein integrierter GPS-Navigator per Funkcode dauernd die Position des Havaristen angibt. Yachtbojen dieses Systems besitzen eine Schnittstelle (Anschluß), über den dieses GPS-System auch zur Bordnavigation herangezogen werden kann.
GMDSS-geeignetes Gerät ist nur für ausrüstungs-

Inmarsat-Antenne für das System M. Unter dem Radom verbirgt sich eine Antennenschüssel, die kreiselgesteuert und abhängig von Kurs und Fahrt des Schiffes immer »Sichtverbindung« mit dem Satelliten hält. (Foto: H.-G. Kiesel)

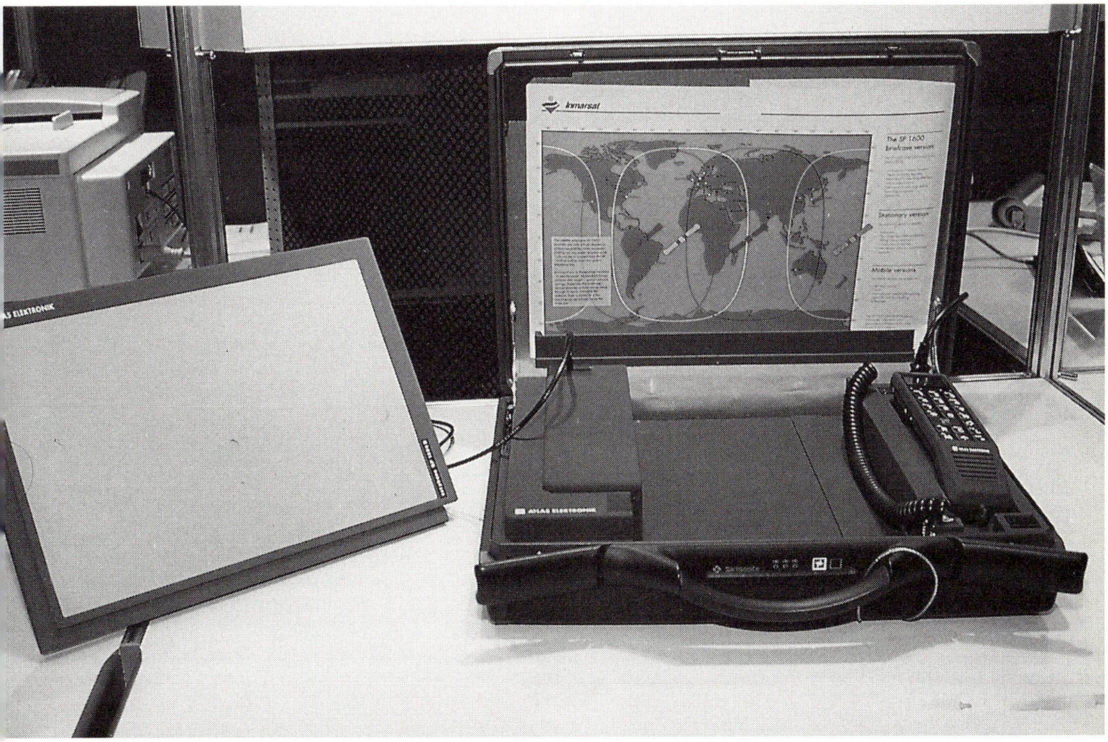

Yacht-Sprechfunksystem Inmarsat M. Damit ist Satellitenkommunikation aus dem Aktenkoffer möglich. Links die Antenne; im Koffer Sender/Empfänger, Handapparat und im Deckel die Standorte der Inmarsat-Satelliten. Inmarsat M ist nicht für GMDSS zugelassen. Für kleine Boote aber ist dieses System ideal. (Foto: H.-G. Kiesel)

pflichtige Schiffe vorgeschrieben. Zu ihrer eigenen Sicherheit sollten Yachten jedoch am GMDSS partizipieren, zumal es ab 1999 dann kein adäquates Seenotfunksystem, etwa über Kurz- oder Grenzwelle, mehr gibt.

D-Netz

Das mobile D-Netz-Funktelefon ist für Yachten nur als Zusatz empfehlenswert, wenn UKW-Seefunk bereits an Bord vorhanden ist. In den Seefunk ist das D-Netz nicht integriert; es kann das UKW-Telefon also nicht ersetzen. Wohl aber ergänzen. Alles, was an »Kaffee«-Gesprächen sonst die UKW-Kanäle blockiert, läßt sich über das D-Netz einfacher und besser abwickeln, dazu abhörsicher.
Das D-Netz, ursprünglich als Autotelefon konzipiert, ist mit den anderen europäischen Mobilfunksystemen kompatibel, das heißt, man kann an jedem Punkt Europas, sofern er nur in Küstennähe liegt, von seinem Schiff anrufen und angerufen werden. In Deutschland gibt es das D1- und das D2-Netz. Den Unterschied macht die entsprechende Telefonkarte, die den Teilnehmer identifiziert, seine Rufnummer enthält und über die abgerechnet wird. Die Geräte selbst sind für beide Systeme gleich.
Es gibt sie als sogenannte Portables und Handies. Die Handies arbeiten mit 1 W Leistung und passen in die Segeljackentasche. Die Portables sind für Yachten allerdings mehr zu empfehlen: Mit einer separaten Antenne auf dem Masttopp oder am Heckkorb leisten sie bis zu 8 W. Das D-Netz ist ein zellenartig aufgebautes Landnetz, dessen Sender in der Nordsee bis über Helgoland hinausreichen in der Ostsee bis nach Dänemark.

Brandschutz

Kaum etwas ist mehr gefürchtet, wie der Ausbruch eines Feuers auf See. Gelingt es der Besatzung nicht, den Brand in kürzester Zeit erfolgreich unter Kontrolle zu bringen, bleibt keine andere Wahl, als das Schiff zu verlassen. Der umsichtige Eigner sorgt deshalb dafür, daß alle Geräte und Anlagen, die ein Brandrisiko darstellen – Motor, Tank, Elektrik, Kocher – richtig eingebaut und sorgfältig gewartet werden. Er wird ihre Betriebssicherheit regelmäßig – und besonders dann, wenn das Schiff in schwerer See hart gearbeitet hat – überprüfen, denn der beste Brandschutz ist und bleibt die Vorsorge.

Feuerlöscher

Für alle Feuerlöscher gilt: Sie müssen amtlich geprüft und zugelassen sein, vor Korrosion geschützt und regelmäßig, mindestens alle zwei Jahre, fachgerecht gewartet werden. Die Sicherheitsrichtlinien der Kreuzer-Abteilung schreiben für seegehende Yachten mindestens zwei getrennt voneinander unterzubringende 2-kg-Löscher vor: einen vom Cockpit aus erreichbar neben dem Niedergang, um sich gegebenenfalls von außen nach innen vorarbeiten zu können, den anderen am Vorschiffsschott, um von innen nach außen vorzuge-

▒ Geeignet

Amtliche Brandklasseneinteilung	A Brände fester Stoffe, hauptsächlich organischer Natur, die normalerweise unter Glutbildung verbrennen, z. B. Holz, Papier, Stroh, Kohle, Textilien, Gummi	B Brände von flüssigen oder flüssig werdenden Stoffen, z. B. Benzin, Öle, Fette, Lacke, Harze, Wachse, Teer, Äther, Alkohol, Kunststoffe	C Brände von Gasen, z. B. Methan, Propan, Wasserstoff, Acethylen, Stadtgas	D Brände von Metallen, z. B. Lithium, Natrium, Kalium, Aluminium und deren Legierungen, Magnesium
Glutbrandpulverlöscher	▒	▒	▒	▒
CO_2-Löscher		▒		
Schaumlöscher	▒	▒		
Naßlöscher	▒			

hen. Ausreichend sind die beiden Löscher jedoch nicht. In höchstens 10 Sekunden ist jeder leer. Zu einer wirksamen Brandbekämpfung sind mindestens vier 2-kg-Löscher erforderlich, wenn man sich nicht wenigstens bei einem der Löscher für die 6-kg-Größe entscheidet (ca. 15 Sekunden).
Für den Yachteinsatz in Frage kommen praktisch nur Glutbrand- und CO_2-Löscher.
Der **Glutbrandpulverlöscher** ist ein Allzwecklöscher für alle vier Brandklassen, doch dürften Brände der Klasse D auf Yachten kaum vorkommen. Der Löscher arbeitet mit einem sogenannten antikatalytischen Effekt: Die Pulverpartikelchen unterbrechen die chemische Reaktionskette bei der Verbrennung, indem sie die brennbaren Kohlenwasserstoffteile von den Sauerstoffmolekülen der Luft trennen. So können Schwelbrände nicht nachzünden. Allerdings wird das abgelöschte Material auch nicht abgekühlt. Es gast weiter und muß deshalb sofort mit Wasser nachgelöscht werden. Als Rückstand bleibt eine üble glasige Schmelze, die Geräte und Einrichtungen außer Funktion setzen kann.
Halon ist das ideale Löschmittel und wurde fast ausnahmslos auf Yachten gefahren. Bis es in der Bundesrepublik in den Ruf eines Ozonkillers geriet. Deshalb ist der Einsatz von Halonlöschern seit Ende des Jahres 1993 bei uns verboten.
CO_2-Löscher erbringen nur ⅓ der Löschleistung eines Halonlöschers und müssen, wegen des höheren Druckes, weitaus schwerere Behälter erhalten. Zudem sind sie nur in einem frühen Stadium der Entstehung eines Brandes wirksam. Die sich schnell entwickelnde Thermik reißt CO_2 mit fort und macht es weitgehend wirkungslos. CO_2 greift in die chemischen Reaktionen des Verbrennungsprozesses ein und unterbricht sie. Außerdem entzieht das expandierende flüssige Kohlendioxid dem Brandherd Wärme. Es löscht weitgehend rückstandfrei und dringt als Gas selbst zu verdeckten Brandherden vor, ist aber lediglich auf die Brandklasse B beschränkt.
Naßlöscher, nur für die Brandklasse A geeignet, sind dort den Pulverlöschern überlegen, weil sie den Schaden in etwa auf den Brandherd begrenzen und die Glut so runterkühlen, daß Feuer nicht wieder aufflammt. Der gleiche Effekt aber läßt sich meistens genauso gut mit einigen Pützen des reichlich vorhandenen Wassers erzielen.
Schaumlöscher, geeignet für die Brandklassen A und B, sind an Bord nicht gebräuchlich.
Feuerlöschdecken, wie sie der Handel anbietet, sind hervorragend geeignet, einen Entstehungsbrand zu ersticken. Eine solche Decke sollte stets griffbereit an der »Feuerstelle« Pantry liegen. Sie enthalten kein Asbest mehr und entwickeln keine giftigen Dämpfe. Notfalls tut es auch eine wassergetränkte Wolldecke.

Blitzschutz

Auf einem Metallschiff ist ein Blitzschutz eigentlich nicht erforderlich. Hält sich die Crew unter Deck auf, befindet sie sich in einem Faradayschen Käfig.
Ein Alumast ist ein vorzüglicher Blitzableiter, doch ist er, speziell auf größeren Schiffen, häufig mit elektrischen oder elektronischen Meß- und anderen Instrumenten bestückt. Sie müssen durch einen Blitzableiter aus Elektro-Kupfer (E-Cu) von mindestens 5 mm Durchmesser geschützt werden. Er muß mindestens um 30 cm überragen, was vorm Blitz geschützt werden soll und oben angespitzt sein. Er ist zugleich die Spitze eines unsichtbaren Schutzkegels für Schiff und Besatzung, wenn ein Kegelwinkel von etwa 60° erreicht wird. Selbstverständlich ist eine durchgehende Erdung vom Blitzableiter über den Mast und von den Wanten und Stagen zu den Kielbolzen notwendig.
Falls die Püttings nicht bereits von der Werft mit dem Kiel verbunden worden sind, sollte man nachträglich Erdungskabel anbringen (Mindestquerschnitt 16 mm^2) und sie mit den Kielbolzen verbinden. Zur Verbindung kommen nur spezielle Blitzschutzklemmen mit großer Übergangsfläche in Frage, die unbedingt korrosionsfrei gehalten werden müssen. Bei einlaminierten Kielen mit Innenballast ist eine Erdung nicht möglich. In dem Fall muß außenbords, unter dem Rumpf oder seitlich am Kiel, eine Kupferplatte von wenigstens 0,5 m^2 angebracht werden. Mit dieser Platte sind alle Erdungskabel über einen Zentralleiter (Mindestquerschnitt 25 mm^2) zu verbinden.
Als behelfsmäßigen Blitzschutz kann man ein, besser zwei 8 mm starke Kupferseile an Wanten oder Stage klemmen. Sie müssen sich jedoch auf einer Länge von mindestens 1,5 m im Wasser befinden. Noch besser: sie enden im Wasser in einer 30 cm × 1,5 cm großen Kupferplatte.

Blitzschutz für elektrische und elektronische Anlagen*

Ein Blitzschlag kann elektrische und elektronische Anlagen in der Nähe der Blitzschutzeinrichtungen zerstören. Sie können selbst dann gestört und unbrauchbar werden, wenn ein Blitz neben dem Boot ins Wasser schlägt.
Diese Gefahr läßt sich verringern, wenn folgendermaßen ein konsequenter Potentialausgleich hergestellt wird: Die metallenen Gehäuse aller elektrischen Geräte untereinander und mit einer Blitzableitung metallisch verbinden. In den Potentialausgleich sind Motor, Brennstoff- und Wassertank aus Metall einzubeziehen. Der Querschnitt dieser Potentialausgleichsleitungen darf 4 mm^2 Cu nicht unterschreiten. Erforderlichenfalls sind elektrische Leiter in diesen Potentialausgleich über Überspannungsschutzgeräte einzubeziehen. Um die Induktionswirkung auf den elektrischen Leitungen zu vermeiden, nur verdrillte und abgeschirmte Leitungen verwenden. Diesen Kabelschirm mit dem Potentialausgleich verbinden. Bei Stagen, die als Antenne dienen, müssen als Isolatoren spezielle Abspannglieder mit eingebauter Funkenstrecke verwendet werden. Sie isolieren gegen die normale Antennenspannung, leiten den Blitz über die Funkenstrecke jedoch ab. Antennen und Windmeßanlagen auf dem Masttopp müssen über Trennfunkenstrecken an den Toppbeschlag angeschlossen werden.
Beim Blitzeinschlag in den Alumast sind hohe induzierte Spannungsspitzen in den Mastkabeln nicht zu vermeiden. Sie sollten deshalb bei Gewitter mit einem Erdungsschalter gegen Erde gelegt werden.

* Gemäß *Internationale und nationale Richtlinien für die Ausrüstung und Sicherheit seegehender Segelyachten*

Notfälle und Havarien

Mann über Bord

Es muß hier noch einmal mit aller Deutlichkeit gesagt werden, ein Patentrezept für ein einzig richtiges Manöver, das mit jedem Bootstyp gefahren werden könnte, gibt es nicht. Zu viele Faktoren spielen dabei ein Rolle: Wetter-, Wind- und Seegangsverhältnisse, unterschiedliche Manövriereigenschaften der einzelnen Bootstypen, die Zeit, die vergangen ist, bis der Sturz über Bord bemerkt wurde und die bis zu einer entsprechenden Reaktion des Rudergängers abermals verstreicht, verzögerte oder gar falsche Ausführungen der Kommandos durch die reduzierte und nun unter psychischem Druck stehende Crew. Das sind nur einige der ein solches Manöver erheblich beeinflussenden Kriterien.

Das schulungsmäßige Mann-über-Bord-Manöver unter Segeln ist auf Seite 159 beschrieben worden. Wahrscheinlich wird man sein Manöver am schnellsten und sichersten unter Motor fahren: Der Steuermann legt sofort hart Luv-Ruder, um den Bug in den Wind zu bringen, und startet den Motor. Im Wind werden die Segel geborgen. Geschah der Unfall auf einem Vorm-Wind-Kurs können die Segel sogar stehenbleiben, wenn man unter Motor gegen den Wind zurückläuft. Auch wenn man den Spinnaker oben hatte, wird man zurück immer motoren, weil man beim Bergen des Spi so weit ablaufen muß, daß man mühsam zur Unfallstelle aufkreuzen müßte und gerade dabei die Gefahr besonders groß ist, den Mann im Wasser aus den Augen zu verlieren. Gleichgültig, wie man sein Boot zur Unfallstelle zurückbringt, entscheidend allein ist, daß es innerhalb der kürzesten Zeit geschieht.

Alle Vorkehrungen müssen daraufhin ausgerichtet sein, daß überhaupt niemand über Bord gehen kann. Man muß sich stets vergegenwärtigen:

- nachts gibt es nahezu keine Chance, ihn ohne Leuchtboje wiederzufinden;
- schon nach kurzer Zeit tritt in unseren Küstengewässern Unterkühlung ein. Sie führt zu Apathie und Bewegungsunfähigkeit, die die Bergung erheblich erschweren.

Ist, trotz aller Sicherheitsvorkehrungen, doch jemand über Bord gefallen, gilt es einen klaren Kopf zu bewahren, um ruhig und besonnen die notwendigen Maßnahmen zu treffen.

1. Nach dem Ruf »Mann über Bord!« sich den Kompaßkurs einprägen und unverzüglich den Rettungsschwimmkörper mit Markierungsboje (Farbbeutel, Rauchsignal) über Bord werfen. Wenn der Mann schon bald, neben der rechtzeitig nachgeworfenen Schwimmflagge, im hohen Seegang achteraus nicht mehr auszumachen ist, wird einem schlagartig klar, wie wichtig ein derartiges Rettungsmittel ist.
2. Ein Crewmitglied bestimmen – sonst verläßt sich einer auf den anderen –, das nichts weiter zu tun hat, als den über Bord Gefallenen im Auge zu behalten, einerlei, was inzwischen an Bord geschieht. Hat man den im Wasser Treibenden nur für Sekunden aus den Augen verloren, kostet es große Mühe, ihn wiederzufinden.

Unbedingt eine Peilung des über Bord Gefallenen über den Steuerkompaß nehmen, wenn man sich von ihm entfernt.

Hat man seinen Mann, trotz aller Aufmerksamkeit, tatsächlich aus den Augen verloren, ist es absolut falsch, zunächst ziellos umherzukreuzen in der trügerischen Hoffnung, ihn vielleicht wiederzufinden. Denn wo soll nachher der gezielte Sucheinsatz beginnen? Äußerst präzise Navigation ist jetzt geboten. Wenn vorhanden, wird der Meilenzähler sofort auf Null gestellt und – unter Motor – auf Gegenkurs gegangen und das Seegebiet in der wahrscheinlichen Driftrichtung des Verunglückten systematisch abgesucht, indem man parallele Bahnen abfährt. Der Navigator bestimmt den Kurs und Länge und Abstand der Bahnen. Der Abstand hängt von den Sichtverhältnissen ab. Bei mittlerem Tageslicht und bewegter See sollte er nicht mehr als 50 m betragen. Hin und wieder muß der Motor abgestellt werden, um etwaige Rufe oder Pfiffe der Signalpfeife zu hören.

Kann man den Verunglückten bei der Rückkehr zum vermeintlichen Ausgangspunkt nicht sehen, muß eine Suche im Viereck durchgeführt werden. Auch sie ist nur unter Maschinenfahrt möglich. Viele elektronische Navigationsgeräte haben die »Track«-Funktion. Man gibt vom Ist-Standort einen Sollkurs über Grund ein, oder die Koordinaten der Zielposition, und kann die seitliche Versetzung sehr genau ablesen. So läßt sich der Suchstreifen exakt ablaufen und der nächste Durchlauf präzise um eine Sichtweite versetzt fahren. Hat die Yacht einen Autopiloten, sollte der eingeschaltet werden. Er wird meistens den Kurs besser halten als der psychisch gestreßte Steuermann.

Sofern die Suche erfolglos bleibt oder man später Schwierigkeiten hat, den Verunglückten aufzufischen, sollte man sofort versuchen, Hilfe über Funk herbeizurufen oder rot schießen.

Suchschema 1
Ist jemand über Bord gefallen und nicht mehr auszumachen als sein Fehlen bemerkt wird, sofort unter Motor auf Gegenkurs gehen und bis über die wahrscheinliche Unfallstelle hinauslaufen. Wenden und in der vermuteten Driftrichtung des Verunglückten parallele Kurse abfahren und sie dann rechtwinklig schneiden, so daß über den fraglichen Seeraum eine Art Gitterraster gezogen wird. Ans Ruder gehört dazu der beste Steuermann. Nach diesem Suchschema gelang es einer Yacht, ein Crewmitglied nach 20 Stunden aufzufinden und zu retten.

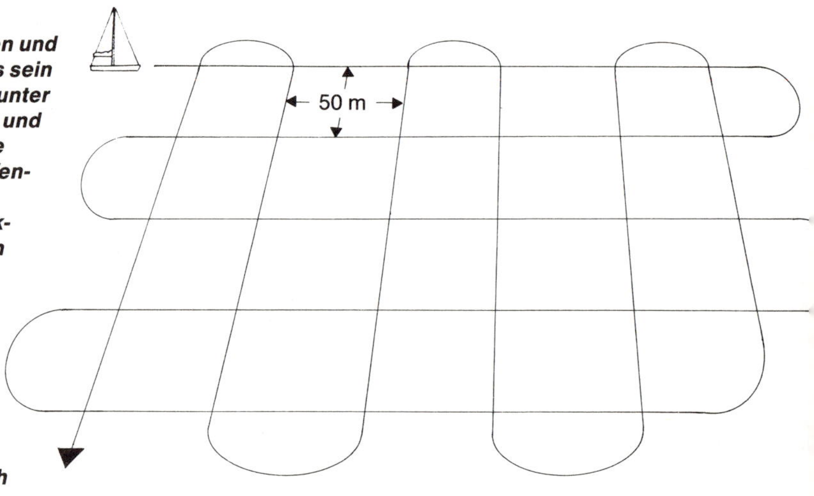

Suchschema 2
Hat man den über Bord Gefallenen bei der Rückkehr zum Ausgangspunkt aus den Augen verloren, muß im Umkreis gesucht werden. Die Länge des ersten 90°-Schlages sollte dem Doppelten der maximalen Entfernung der Suchkurse voneinander entsprechen (bei 50 m Abstand, jeder Schenkel 50 m). Die Länge des zweiten verdoppelt sich, die des dritten verdreifacht sich usw.

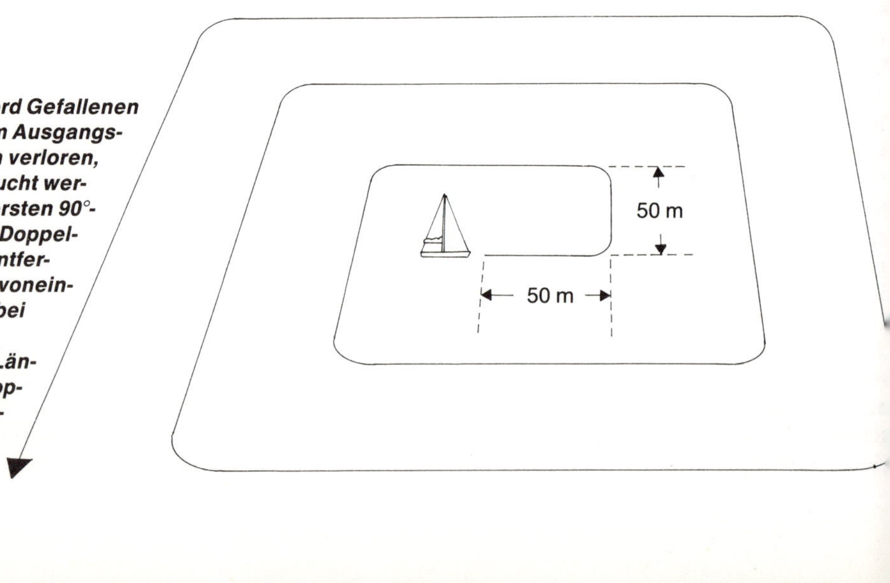

Mann in der See

Jeder Segler kann eines Tages in die Situation geraten, den Spiegel seines Schiffes entschwinden zu sehen. Wie soll er sich verhalten?

- Eisern Ruhe bewahren. Nicht in Panik geraten, weil sich die Yacht vielleicht schnell entfernt. Sie braucht Raum für ihr Rettungsmanöver.
- Sich in Rückenlage bringen – falls man keine Rettungsweste trägt – und sich so wenig wie möglich bewegen. Nicht schwimmen, um Wärmeverluste des Körpers zu vermeiden und Kräfte zu sparen. Erst dann durch Winken auf sich aufmerksam machen, wenn die Wahrscheinlichkeit besteht, auch gesehen zu werden.
- Schwere Gegenstände aus den Taschen entfernen, aber niemals Kleidung ausziehen. Sie bietet zunächst zusätzlichen Auftrieb durch die darin eingeschlossene Luft. Ist sie voll Wasser gesogen, verhindert sie den schnellen direkten Wärmeaustausch zwischen Körper- und Wassertemperatur. (Nasse Kleidung wird im Wasser kaum schwerer, denn Wasser wiegt nichts im Wasser.)
- Unbedingt bei den nachgeworfenen Rettungssignalmitteln bleiben, gegebenenfalls sie am Körper festbinden. Niemals versuchen, von diesen fort- und der Yacht hinterher- oder entgegenzuschwimmen.

Die Bergung

Hat man sein Boot unter Maschine an den Verunglückten herangebracht, den Motor abstellen. Auskuppeln allein genügt nicht. Der Gang könnte versehentlich einrasten, etwa durch eine hakende Leine. Verletzungen durch den Propeller können tödlich sein. Ist man über den zu Rettenden hinausgelaufen, darf man keineswegs mit der Maschine rückwärtsgehend, direkt auf ihn zu manövrieren, sondern man muß einen neuen Anlauf fahren. Nun folgt das Problem, seinen Mann an Bord zu holen. Es gibt auch hier keine Patentlösung dafür, wie man es am besten macht. Voraussetzung für ein sicheres An-Bord-Nehmen ist zunächst überhaupt einmal, daß die Yacht wirklich keine Fahrt mehr macht. Wohl kann man dem zu Rettenden vom noch in Fahrt befindlichen Boot aus eine Leine zuwerfen, die er vielleicht auch zu fassen bekommt. Er wird sich aber, selbst bei geringer Fahrt, nur sehr kurze Zeit gegen den Fahrtstrom halten können. Und durch eine Wiederholung des Manövers geht kostbare Zeit verloren.

Auf jeden Fall sind sofort Leinen zum Festhalten auszubringen. Eine Leine sollte der Mann im Wasser sofort an Sicherheitsgurt oder Rettungsweste festmachen oder – falls er weder das eine noch das andere trägt – mit einem Pahlstek unter den Armen hindurch um Brust und Rücken nehmen. Eine feste Leinenverbindung mit dem Boot hat zudem einen beachtlichen psychologischen Effekt für den außenbords Gefallenen. Befindet er sich nun solchermaßen gesichert längsseits, beginnen die eigentlichen Schwierigkeiten erst.

Bei einer Freibordhöhe von mehr als 0,75 m – und das gilt für alle neuzeitlichen Konstruktionen ab etwa 8 m Länge – gelingt es nicht mehr, ohne Hilfsmittel wieder an Bord zu gelangen.

Einstieg über die Rettungsleiter Die fest montierte, abklappbare Leiter am Spiegel oder eine mobile, aber starre seitlich anzuhängende Leiter sind dann die einzige Möglichkeit, aus eigener Kraft, aufs Schiff zu kommen. Der Einstieg über die Heckleiter einer in schwerer See stampfenden Yacht ist nicht unbedenklich. Leicht kann man unter das Heck geraten. Er verlangt vollen körperlichen Einsatz und ein schnelles Reaktionsvermögen. Der Einstieg über die Seite ist da unproblematischer.

Mit Rettungstalje – wenn keine Leiter vorhanden oder der zu Rettende durch Auskühlung bereits zu kraftlos geworden ist. Am schnellsten gelingt die Bergung mit einer fest am Want gefahrenen jederzeit einsatzbereiten Rettungstalje (s. Seite 249). Sie wird in den Sicherheitsgurt oder Bergegurt der Rettungsweste eingepickt und geholt.

Nicht viel mehr Zeitaufwand erfordert der Einsatz einer lose mitgeführten Bergungstalje mit zwei Doppelblöcken. Der obere wird an ein Fall geschäkelt und etwa 1,80 m über Deck geholt. Am unteren Doppelblock pickt man den zu Rettenden ein. In Ermangelung eines angelegten Bergegurtes kann man einen Bootsmannsstuhl an die Rettungstalje anstecken, in den der zu Rettende im Wasser einsteigt. Auch ein doppelter Pahlstek mag als freilich recht provisorischer »Sitz« dienen.

Mit der Großschot Auch sie kann als Bergungstalje eingesetzt werden. Doch bedingt ihr Einsatz, wie auch der aller anderen Hilfsmittel, mehr oder minder zeitaufwendende Arbeitsvorbereitungen. Den Fußblock lösen, den Baum seitlich ausschwingen – er wirkt jetzt ähnlich wie ein Ladebaum –, ihn mit Dirk und Bullenstander, eventuell auch noch mit einem Achterholer fixieren, und die

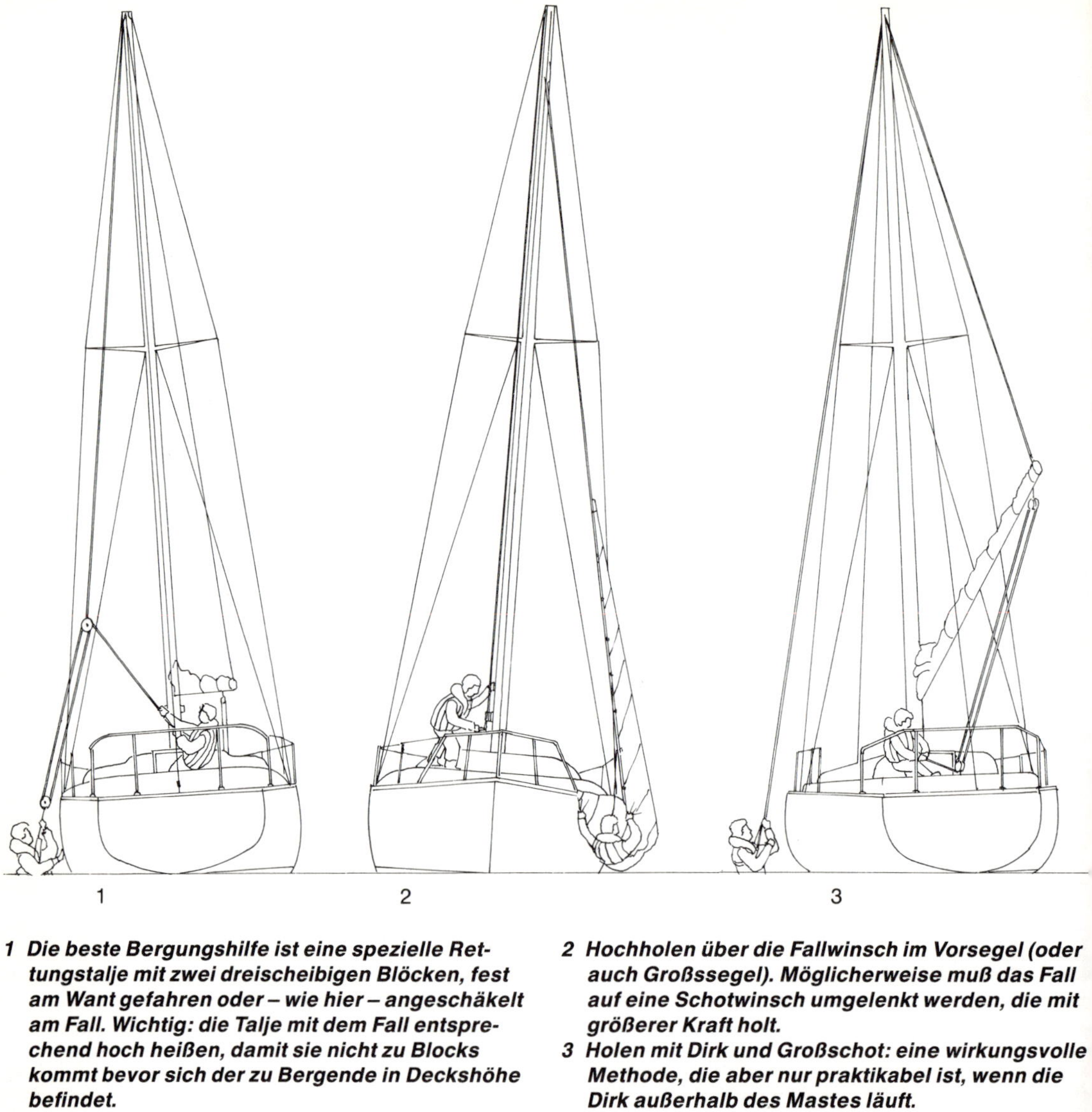

1 2 3

*1 **Die beste Bergungshilfe ist eine spezielle Rettungstalje mit zwei dreischeibigen Blöcken, fest am Want gefahren oder – wie hier – angeschäkelt am Fall. Wichtig: die Talje mit dem Fall entsprechend hoch heißen, damit sie nicht zu Blocks kommt bevor sich der zu Bergende in Deckshöhe befindet.***

*2 **Hochholen über die Fallwinsch im Vorsegel (oder auch Großssegel). Möglicherweise muß das Fall auf eine Schotwinsch umgelenkt werden, die mit größerer Kraft holt.***

*3 **Holen mit Dirk und Großschot: eine wirkungsvolle Methode, die aber nur praktikabel ist, wenn die Dirk außerhalb des Mastes läuft.***

Schot am Bergegurt festmachen. Keine leichte Arbeit von einem hochbordigen stampfenden driftenden Schiff aus, wenn der Verunglückte nicht mehr fähig ist, sich selbst anzuschäkeln. Auch wird es nicht immer gelingen, einen schweren Menschen mit der Großschot von Hand aus dem Wasser zu ziehen. Dann muß man die holende Part der Schot über einen Fockschotleitblock umlenken, auf die Fockschotwinsch führen und über die Winsch holen.

Mit Dirk und Baum Schneller einsatzbereit ist man mit einer anderen Methode: Der Großbaum wird so weit wie möglich angedirkt und die Dirk als Bergeleine verwendet. Dann den Baum mit der Großschot nach unten holen und dadurch den Mann am anderen Ende der Dirk hieven.

Einen Erwachsenen allein mit einem Fall aus dem Wasser an Deck zu ziehen, ist kräftemäßig meist nicht möglich, auch wenn über eine Fallwinsch geholt wird.

Mit dem Großsegel Das Groß vom Mast abschlagen und so weit niederholen, daß es, bei dichtgesetztem Baum, mit einer großen Bucht ins Wasser hängt. In diese Bucht zieht man den zu Rettenden an seiner Bergeleine hinein und holt dann das Fall über die Fallwinsch. Dabei rollt er an Deck. Allerdings müssen wahrscheinlich zuvor zumindest die unteren Relingsdurchzüge gekappt werden.

Mit der (Sturm-)Fock Hals und Schothorn an der Bordwand zurren – an Relingsfüßen oder der Fußreling –, den Segelkopf unter dem Mann im Wasser hindurchziehen, an Deck zurück holen und am Fall anschäkeln. Wenn vorhanden, sollte man das Spi-Fall verwenden, weil es auf seitlichen Zug ausgelegt ist. Das Einschwimmen in das Segel kann sich recht schwierig gestalten. Aber es mag die beste und vielleicht einzige Methode sein, jemand, der stark unterkühlt oder so geschockt ist, daß er kaum etwas zu seiner Rettung beitragen kann, überhaupt an Bord zu bekommen.

Die Industrie brachte im Laufe der Jahre verschiedene Bergungshilfen auf den Markt, die jedoch beim Einsatz in der Praxis bisher alle nicht überzeugen konnten.

Dringend ist davon abzuraten – auch wenn es immer wieder empfohlen wird –, zur Hilfeleistung ins Wasser zu gehen, auch wenn man noch so gut mit Leinen gesichert ist. Nachher kommen womöglich beide nicht mehr an Bord. Das ist leider mehr als einmal passiert.

Grundberührung und Freikommen

Leichtere Grundberührungen zählen zu den Erfahrungen jedes Fahrtenseglerlebens. Unter bestimmten Voraussetzungen jedoch können Grundberührungen gefährlich werden und sogar zu Strandung und Verlust der Yacht führen: bei starkem Seegang etwa und ungünstiger Beschaffenheit des Grundes. Zurecht gefürchtet ist eine Grundberührung auf Legerwall – vor einem Ufer, einer Barre oder einem anderen Hindernis mit auflandigem Wind. – Mehr ärgerlich ist es, in einem Tidengewässer beim höchsten Springhochwasser festzukommen, weil man möglicherweise eine Woche warten muß, bis man sein Schiff wieder flott bekommt.

Welche Maßnahmen nach dem Festkommen zu ergreifen sind, hängt von den verschiedensten Faktoren ab: von Windrichtung und -stärke, Seegang und Strom, vom Yachttyp und seiner Größe, von Grundbeschaffenheit und Ausdehnung der Untiefe, in Tidengewässern von der Gezeit und natürlich davon, wie fest man sitzt.

Am Wind genügt es manchmal bereits, die Großschot zu fieren und das Vorsegel back zu holen, damit der Bug nach Lee und achteraus weggedrückt wird.

Kimmkieler kommen am Wind üblicherweise nur mit dem Lee-Kiel fest. Auffieren der Schoten genügt meist, das Boot in aufrechte Lage zu bringen und es dadurch wieder frei zu bekommen.

Bei halbem und **raumem Wind** kann möglicherweise reaktionsschnelles Halsen das Boot los- und in tiefes Wasser bringen. Andernfalls sind sofort die Schoten zu fieren, bei stärkerem Wind auch die Segel zu bergen, damit das Boot nicht höher auf die Untiefe gesetzt wird. Hat man nur leichtere Grundberührung, hängt sich die Mannschaft außenbords an Seereling und Wanten, um genügend Krängung zu bewirken, damit das Boot frei kommt. Nützt das nichts, läßt sich die Krängung verstärken, indem sich ein oder zwei Mann an den querabgeschwenkten angedirkten, vorn und achtern fixierten Großbaum hängen. Eine Taudirk, die für solche Belastungen vielleicht nicht ausgelegt sein könnte, sicherheitshalber mit dem Großfall verstärken. Kommt das Boot jetzt frei, sofort mit dem Motor in tiefes Wasser ziehen, und zwar genau auf dem gleichen Kurs zurück, auf dem man aufgelaufen ist.

Da der Propeller von Segelyachten durch Kiel, Ruder oder Skeg im allgemeinen geschützt ist und deshalb bei Grundberührungen kaum in Mitleidenschaft gezogen werden kann, versucht man stets, sich zunächst mit der Maschine rückwärts von der Untiefe hinunterzuziehen. Gelingt das nicht, muß man einen Warpanker in die günstigste Abschlepprichtung möglichst weit mit dem Beiboot ausfahren, damit sich ein flacher Zugwinkel ergibt und der Anker beim Warpen nicht gleich wieder aus dem Grund bricht.

Bei leichtem Wind und in einem Gewässer ohne Strömung kann man versuchen, das Boot vom Wasser aus mit der Schulter abzudrücken, sofern der Boden fest genug ist, um den Füßen Halt zu bieten. Um das festzustellen und auch, ob der Grund nicht plötzlich steil abfällt, zunächst den Untergrund in Reichweite mit Bootshaken oder Spi-Baum auf seine Beschaffenheit hin ausloten. Wenn man dann ins Wasser geht, unbedingt durch eine Sicherheitsleine fest mit dem Schiff verbunden bleiben.

Überhaupt kann es sinnvoll sein, sich mit Tauchmaske (und Schnorchel), gesichert mit einer Leine, einen Überblick über die Situation unter Wasser zu verschaffen. Doch sollte dabei niemals ein Risiko eingegangen werden, etwa bei starkem Seegang oder niedriger Wassertemperatur.

Bei achterlichem Wind sofort die Segel bergen und den Anker fallen lassen, damit das Boot nicht noch

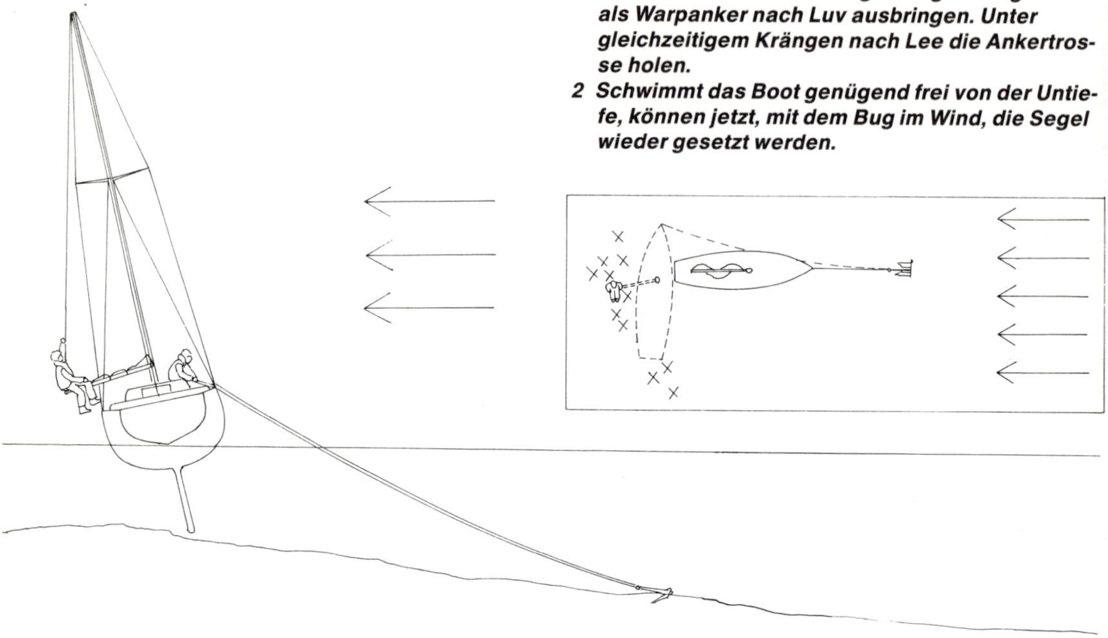

Grundberührung bei halbem Wind
1 Schoten sofort los und Segel bergen. Buganker als Warpanker nach Luv ausbringen. Unter gleichzeitigem Krängen nach Lee die Ankertrosse holen.
2 Schwimmt das Boot genügend frei von der Untiefe, können jetzt, mit dem Bug im Wind, die Segel wieder gesetzt werden.

weiter auf die Untiefe geschoben wird. Häufig wird man auf diesem Kurs mit so viel Fahrt so hoch auflaufen, daß man ohne fremde Hilfe nicht mehr frei kommt. Schlecht sieht es auch für Kimmkieler vor achterlichen Winden aus, weil sie mit beiden Kielen auflaufen und der Tiefgang sich durch Krängung nicht verringern läßt.

Abbringen mit Bordmitteln

Nachdem man sein Boot weder durch krängen, staken und schieben noch mit Motorkraft freibekommen hat, bleibt noch als letzte Möglichkeit das Verholen am Warpanker.

Liegt das Boot bereits vor Anker – aufgelaufen mit achterlichem Wind – muß ein zweiter Anker zum Warpen in eine günstige Abschlepprichtung ausgebracht werden. Die Warpleine holt man, wegen der größeren Zugkraft, über beide Schotwinschen. Wer nicht winscht, sollte versuchen, das Boot zu krängen oder in Rollbewegung zu versetzen, um die Sogwirkung am Kiel zu brechen.

Am wahrscheinlichsten ist ein Erfolg der Bemühungen, wenn die Krängung während des gesamten Warpmanövers beibehalten wird. Man erreicht das, indem man ein Fall auf die steif durchgesetzte Ankertrosse steckt und mit der Fallwinsch holt, bis sich ein entsprechender Krängungswinkel einstellt. Zuvor muß die Ankertrosse auf die Schotwinsch umgelenkt werden, mit der geholt wird. Dabei wandert der Angriffspunkt des Falls dichter ans Boot, was die Krängung verringert oder gänzlich aufhebt. Deshalb muß das Fall eventuell auf der Ankertrosse versetzt werden. Das Abbringen erfolgt querschiffs.

Unter Umständen kann man die Ankertrosse auch direkt ans Spinnakerfall anstecken und dann über die Fallwinsch holen. Fraglich ist allerdings, ob der Spi-Beschlag für so hohe Querkräfte ausgelegt ist. Die von Groß- und Fockfall zumindest sind es nicht.

Es kann aber durchaus sinnvoll sein, einen zweiten Anker mit seiner Leine ans Spi-Fall zu schäkeln und mit ihm das Boot nur zu krängen, während das Abbringen mit dem Warpanker besorgt wird.

Ferner ist zu überlegen, ob und wie man seine Yacht leichtern kann: etwa durch Lenzen des Wassertanks und die Übergabe schwergewichtiger Ausrüstungsgegenstände ans Beiboot. Auch Crewmitglieder, die nicht an Bord gebraucht werden, sollten umsteigen.

Bleiben schließlich alle diese Versuche erfolglos, ist man auf fremde Hilfe angewiesen.

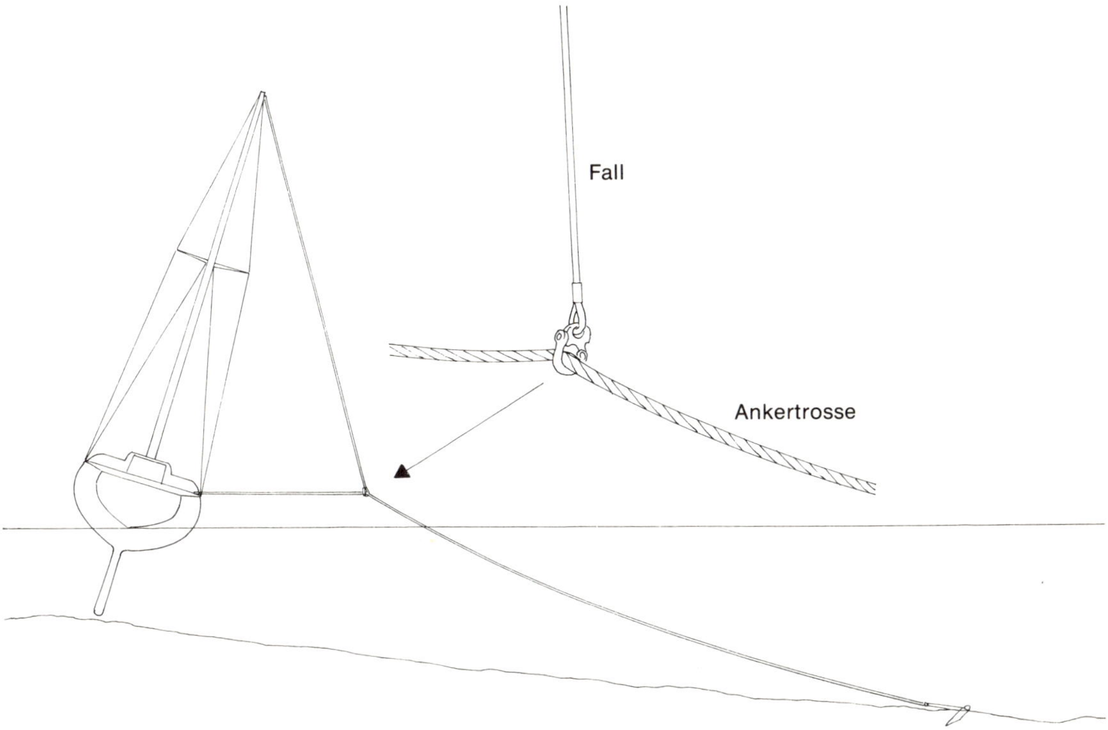

Seitlich abholen mit dem Warpanker
Das Spi-Fall auf die Warpankertrosse gesteckt bewirkt die notwendige Krängung. Um den Warpanker auszubringen und das Fall anzustecken ist ein Dingi erforderlich.

Freischleppen

Ohne fremde Hilfe wird man auch dann kaum freikommen, wenn man mit hoher Fahrt so aufgelaufen ist, daß sich das Vorschiff bei der Grundberührung deutlich gehoben hat. Man kontrolliere daraufhin unverzüglich die Bilge, ob das Schiff Wasser macht. Vor allem Kurzkieler neigen dazu, an der Kielaufhängung hinter der Kielflosse ein Leck in den Boden zu schlagen – seltener davor. Langkieler mit untergebolztem oder eingegossenem Kiel hingegen können Grundberührungen im allgemeinen ohne Schaden überstehen.

Gegebenenfalls ist sofort das Leck zu suchen und zumindest provisorisch zu dichten, denn ein überflutetes Leck ist nur noch unter großen Schwierigkeiten zu finden. Zwischen solchem Festkommen und einer Strandung ist kein allzu großer Unterschied mehr. Man zögere nicht zu lange mit einem Hilferuf über UKW oder Grenzwelle oder auch rot zu schießen, denn durch Wetterverschlechterung könnte die Lage völlig aussichtslos werden.

Aber nicht immer ist das Geschehen so dramatisch. Oft wird ein vorbeikommendes Motorboot oder eine Segelyacht mit Maschine den Grundsitzer freischleppen*. Wenn es ihm nicht gelang, mit Bordmitteln freizukommen, ist es im allgemeinen auch nicht möglich, ihn unter Segeln freizuschleppen. In einer Legerwall-Situation sollte das ein Segler auch gar nicht erst versuchen. Zu groß ist die Gefahr, daß er selber strandet.

Natürlich erleichtert eine Krängung auch das Freischleppen. Man erreicht sie durch den querab ausgebrachten mit Gewichten belasteten Großbaum und Mannschaftsgewichtstrimm. Oder man legt die Schlepptrosse mit einem Pahlstek um den Mast und heißt sie mit einem Fall bis unter die Wantbeschläge auf. Das ist unbedingt sicherer als die Schlepptrosse ans Spi-Fall zu stecken. Doch bei an Deck stehenden Masten läßt sich die Gefahr nicht

* Näheres über die rechtliche Seite unter »Hilfeleistung und Bergung«, Seite 509.

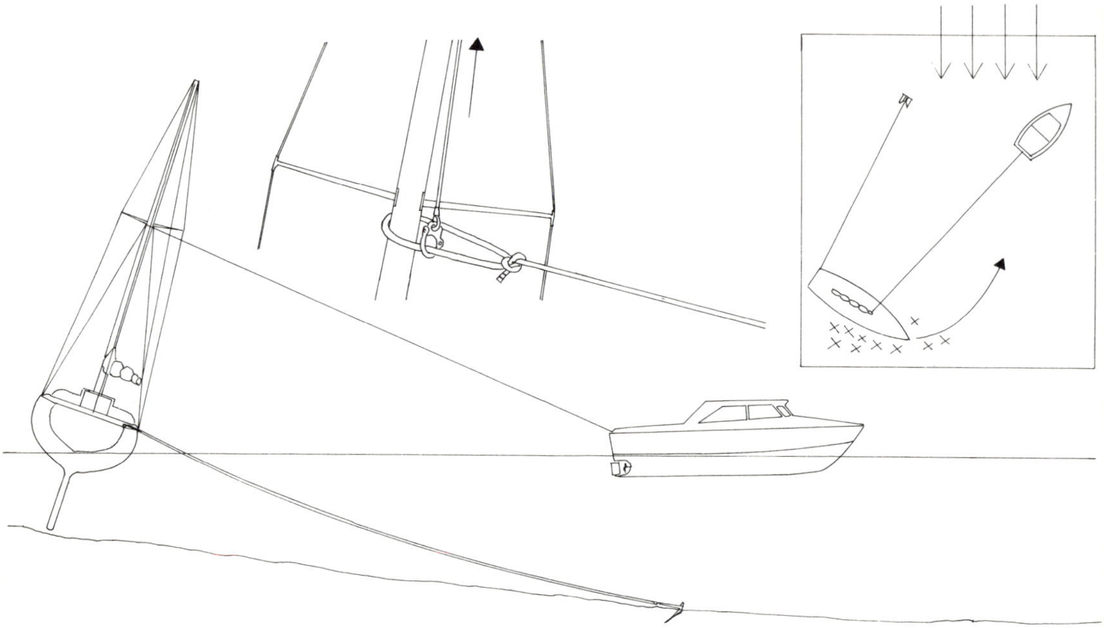

Hoch und trocken bei achterlichem Wind
Segel bergen. Den Heckanker nach Luv ausbringen, damit das Boot nicht noch höher auf die Untiefe gesetzt wird. Die Yacht muß mit fremder Hilfe unter gleichzeitiger Krängung seitlich abgeholt werden. Um einen entsprechenden Krängungswinkel zu erreichen wird die Schleppleine mit einem Pahlstek um den Mast gelegt und mit einem Fall bis unter die Saling aufgeheißt.

Festmachen der Schlepptrosse
1 auf dem Schlepper
2 auf dem Geschleppten.
Die Kraft auf möglichst viele Punkte verteilen. Einfache Rundtörns um Bugkorb- und Relingsstützen vergrößern die Reibung und verringern die punktuelle Belastung. Die Trosse auf dem Havaristen nicht hinten ums Cockpit herumführen. Bei Bruch besteht Gefahr für den Rudergänger.

gänzlich bannen, den Mast abzureißen. Der Berger muß jedenfalls vorsichtig anschleppen, dabei ist der Mast aufmerksam zu beobachten.

Freischleppen von Legerwall

Ein solches Manöver ist für den Berger nicht ungefährlich. Leicht kann er selbst Grundberührung bekommen oder mit dem Grundsitzer kollidieren. Handelt es sich um eine Segelyacht mit Hilfsmotor wird sie sich vorsichtig in Luv in die Nähe des Grundsitzers manövrieren und Anker werfen. Dann läßt sie sich an der Ankerleine noch näher herantreiben und an einem Schwimmkörper (Boje, leerer Kanister, Fender) eine leichte Holeleine hinübertreiben, an die der Havarist seine vorbereitete Schleppleine ansteckt. Sofern der Anker gut hält, ist er eine zusätzliche Kraft, wenn er beim Anschleppen eingehievt wird. Sollte der Anker

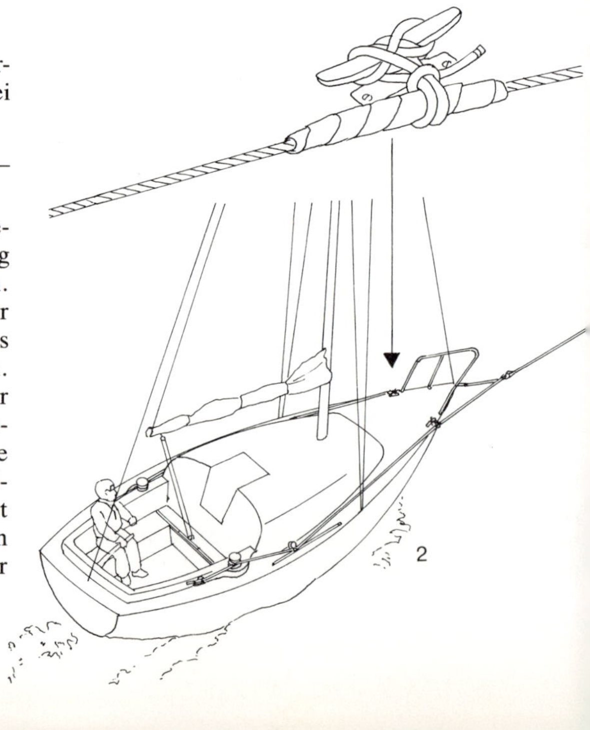

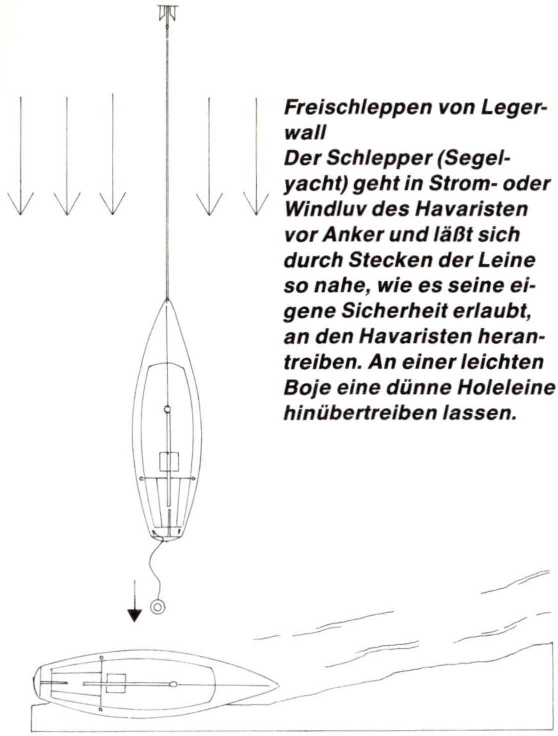

Freischleppen von Legerwall
Der Schlepper (Segelyacht) geht in Strom- oder Windluv des Havaristen vor Anker und läßt sich durch Stecken der Leine so nahe, wie es seine eigene Sicherheit erlaubt, an den Havaristen herantreiben. An einer leichten Boje eine dünne Holeleine hinübertreiben lassen.

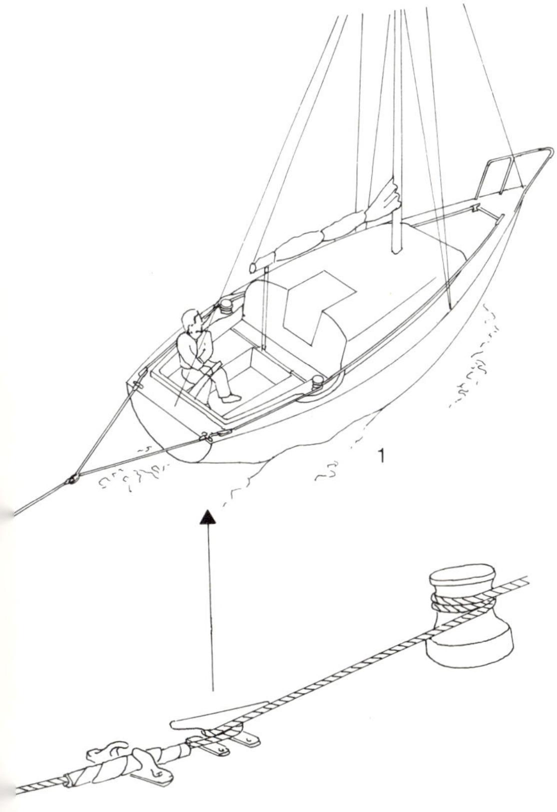

beim Ausbrechen Schwierigkeiten machen, dann slippe man ihn unverzüglich (der Havarist muß ihn mit allem dranhängenden Geschirr bezahlen).
Eine Motoryacht oder ein Motorsegler mit starker Maschine ankert nicht, sondern dreht gegen Wind und See auf und hält sich, mit kleiner Fahrt voraus, während der Leinenübergabe auf Position. Bei schwächerem Wind manövriert eine motorisierte Segelyacht ebenso. Die am Schwimmkörper driftende Leine darf nach dem Wurf nur unter Zug ausgegeben werden, damit sie nicht in den arbeitenden Propeller gerät.

Festmachen der Schleppleine

Das Freischleppen eines höher aufgelaufenen Schiffes beansprucht Grundsitzer und Schlepper weitaus stärker als gewöhnliches Schleppen. Die meisten Yachten sind für diesen Zweck mit zu schwachen Pollern und Klampen ausgerüstet, die – wie die Erfahrungen gezeigt haben – beim ersten Anschleppen häufig herausreißen. Festmachen an einem an Deck stehenden Mast ist auch nicht empfehlenswert, weil er häufig einer größeren Belastung, vor allem seitlichen Zug, nicht standhält. In der Regel wird es notwendig sein, die Schleppleine an mehreren Punkten – Pollern, Klampen, Mast, Winschen – so zu sichern, daß sich die Zugkraft möglichst gleichmäßig verteilt. Bricht der Hauptbelegepunkt, halten die nächsten gemeinsam, jedenfalls so lange, bis das Anschleppen gestoppt werden kann.
Auf dem Schlepper (Segelyacht) Die Schleppleine wird als Doppelleine oder Hahnepot mindestens auf den beiden Heckklampen, den Schotwinschen und den Vorschotklampen belegt. Wer noch sicherer gehen will, führt sie von den Schotwinschen durch die Vorschotleitblöcke, vorbei an den Aufbauten, auf die Vorschiffsklampen.
Auf dem Grundsitzer Bei einem Steckmast sollte die Doppelleine (Hahnepot) auf beiden Vorschiffsklampen belegt und dann erst am Mast gesichert sein. Oder die Leine wird auf der Ankerwinsch – wenn vorhanden – gesichert und dann am Mast belegt.
Bei einem an Deck stehenden Mast spart man diesen als Befestigungspunkt am besten vollständig aus. Man führt die Trossenenden von den Vorschiffsklampen an den Aufbauten vorbei auf die Schotwinschen und Vorschot- oder Heckklampen. Die Trosse sollte vorne ein Auge haben, das sich etwa 2 bis 3 Meter vor dem Bug befindet, um dort

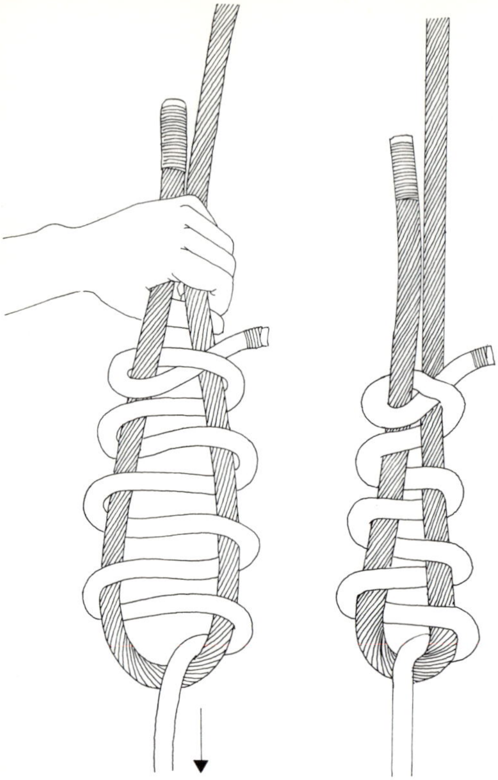

Wenn die Stahltrosse eines (professionellen) Schleppers kein Auge hat zum Anstecken der eigenen Leine: Unter Last zieht sich die handgepreßte Bucht zusammen.

Handzeichen

1 Eine kreisende Bewegung der erhobenen Hand: Alles klar, anschleppen (andrehen).
2 Auf- und Niederbewegen der ausgestreckten Arme mit abwärts gehaltenen Händen: Langsamer.
3 Waagerechtes Schwenken der Arme in Brusthöhe: Ende der Schleppfahrt (Lösen der Trosse).
4 Beide hocherhobenen Arme mit auswärtsgekehrten Handflächen über dem Kopf geschwenkt: Stopp!

die Schlepptrosse des Bergers anzustecken, falls man nicht seine eigene Trosse mit einer Wurfleine hinüber gibt.

Hat man eine Ankerwinsch, kann man auch den Anker vom Kettenvorlauf ab- und die Schlepptrosse anschäkeln. Dann gibt man 3 bis 4 Meter Kette aus, die aber mit dem Kettenstopper gesichert werden muß, weil auch Ankerwinschen den hohen Belastungen, die beim Anschleppen auftreten, gewöhnlich nicht gewachsen sind.

Die Kreuzer der Deutschen Gesellschaft zur Rettung Schiffbrüchiger, aber auch einige ausländische Rettungsdienste, schleppen grundsätzlich nur mit Stahltrossen, die nirgends an Deck belegt werden können. Sie müssen mit einem Schleppvorlauf verbunden werden. Zum schnellen Anstecken einer Leine an ein Auge oder Stahltrosse eignen sich am besten einige Rundtörns mit zwei halben Schlägen.

Eine übers Vordeck laufende Schleppleine muß stets am Steven beigelascht und gut ummantelt werden. Sie darf niemals nur in die Lippe gelegt werden, ohne sie am Steven beizufangen. Sie würde beim Ausscheren den Bugkorb wegreißen oder das Vorstag beschädigen. Überhaupt müssen die Leinen auf Schlepper und Geschlepptem an allen Punkten, an denen Reibungen auftreten, gegen schamfilen durch Lappen, Leder- oder Kunststoffmanschetten oder Schamfilkissen geschützt werden.

Wichtig für eine reibungslose Leinenverbindung und alle weiteren Maßnahmen ist die Kommunikation zwischen den beiden Besatzungen. Wind, Brandungs- und Motorengeräusch erschweren oft die Verständigung durch Zuruf. Auf entsprechend ausgerüsteten Yachten wird man sich über UKW verständigen. Auch gibt es einige verbindliche Handzeichen. Als internationale Verständigungssignale, gegeben mit Morselampe, Pfeife oder Signalflaggen, gelten:

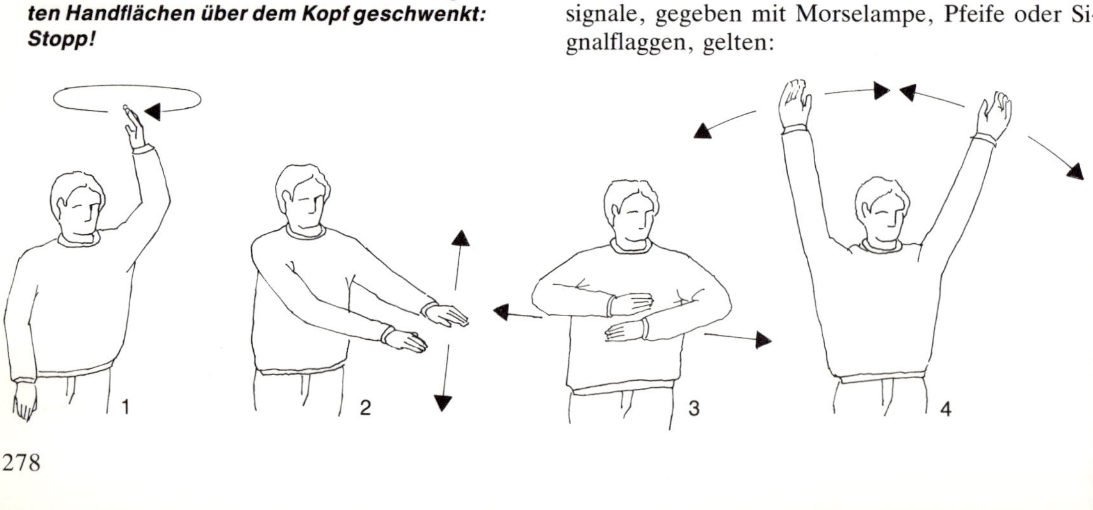

Signal	vom Schlepper gegeben	vom Geschleppten gegeben
•— (A)	Ist die Schleppleine fest?	Schleppleine ist fest
•—• (B)	Ich will langsamer fahren	Fahren Sie langsamer

Das Anschleppen

Während des Überbringens und Festmachens ist nur so viel Schleppleine auszugeben, wie für den Zweck und die Entfernung erforderlich ist. Die restliche Länge muß an Deck des Schleppers aufgeschossen und beim Anfahren gleichmäßig gesteckt werden. Auf keinen Fall darf die Leine auf einmal ausrauschen, weil sie in den Propeller geraten könnte. Das Anfahren bis zu dem Augenblick, in dem Last auf die Leine kommt, hat vorsichtig, unter Umständen mit mehrmaligem Stoppen zu geschehen, denn ein ruckartiges Steifkommen der Leine könnte zu Bruch führen.
Auf beiden Schiffen haben sich die Besatzungen in Deckung zu halten, sobald und solange die Leine beim Freischleppen unter höchster Spannung steht. Eine bei Bruch zurückschnellende Leine kann tödlich sein. Kunstfaserleinen brechen ohne Vorwarnung durch Knirschen oder Ächzen und schnellen, infolge ihrer Elastizität, ruckartig zusammen.
Bei möglicherweise anschließender Schleppfahrt muß, so gut es geht, vermieden werden, daß die Schlepptrosse häufiger ruckweise steifkommt. Deshalb sollte sie so lang wie irgend möglich sein. Um ihr noch mehr Durchhang zu geben, kann man einen Anker oder ein schweres Reitgewicht auf halber Länge einhängen. Der Geschleppte sollte auch nicht über die Trosse hinweglaufen. Gegebenenfalls muß er seine Fahrt verlangsamen, indem er eine Leinenbucht oder einen anderen Widerstand nachschleppt. Das erhöht zugleich die Kursstabilität, denn ein starkes Gieren, zu dem besonders Kurzkieler neigen, beansprucht die Beschläge übermäßig. Während einer Schleppfahrt in rauher See sollte sich die gesamte Crew – bis auf den Rudergänger – aus Sicherheitsgründen unter Deck aufhalten.

Leckbekämpfung

Kleinere Leckagen entstehen auf Vollholzbooten durch heftiges Arbeiten im Seegang, indem Nähte undicht werden. Auf Kunststoffbooten sind häufig Materialermüdung, feine Risse in der Außenhaut, schlechte Rumpf-Deck-Verbindungen oder mangelhafte Montage der Beschläge die Ursache. Weitere kritische Stellen sind undichte Außenbordanschlüsse, Stevenrohr, Ruderkoker und Skeg. Doch solche Leckagen bilden meistens kaum eine unmittelbare Gefahr für Schiff und Crew. Ein paar Pumpenschläge hin und wieder halten das Boot im allgemeinen trocken. Gedacht ist hier an Lecks, wie sie am Rumpf durch Grundberührung oder Kollision mit treibenden Gegenständen oder einem anderen Boot entstehen können.
Die häufigsten schweren Yacht-Kollisionen ereignen sich mit auf See treibenden Containern oder anderem Decksgut von Frachtschiffen, das in zunehmendem Maße die dichter befahrenen Seegebiete verunsichert.
Befindet sich ein Leck nahe der Wasserlinie, muß versucht werden, es über die Wasserlinie zu bringen: durch starken achterlichen Trimm (Leck am Vorsteven) oder indem man zunächst einen Am-Wind-Kurs segelt, auf dem sich das Leck auf der Luvseite befindet. Ein Unterwasserleck durch entsprechenden Bootstrimm nur bis nahe an die Wasserlinie zu bringen, kann auch schon überaus wichtig sein. Je höher es zum Wasserspiegel kommt, um so geringer wird die Einströmgeschwindigkeit des Wassers. Die Differenz macht vielleicht gerade den entscheidenden Unterschied aus, den die Lenzpumpe noch halten kann.
Als nächstes muß das Leck provisorisch abgedichtet werden. Daß es schnell gefunden wird, kann über das Schicksal des Schiffes entscheiden. Liegt es nicht frei – und das ist häufiger der Fall – muß unverzüglich die Einrichtung herausgeschlagen werden.
Kleinere Lecks lassen sich eventuell mit konischen Leckstopfen aus Holz, Kork oder Kunststoff, umwickelt mit Lappen, behelfsmäßig abdichten. In beinahe jedes für ein Abdichten noch in Frage kommendes Leck lassen sich Schaumstoffpolster und -kissen schmiegsam hineinrammen. Ein Stück Tischplatte oder Kojenbrett sorgt für den auf eine möglichst große Fläche zu verteilenden Anpreßdruck. Mit anderen geeigneten Einrichtungsgegenständen (Grätings, Schrankelementen etc.) wird die Platte abgestrebt und verkeilt. Eine durch

Ausbringen des Lecksegels
Dieses speziell geschnittene mit Leinen versehene Dreieckssegel, ersatzweise eventuell auch ein Vorsegel, wird mit der Basis, beziehungsweise dem Unterliek an Fußreling, Relingsstützen, Handlauf oder irgendwelchen anderen geeigneten Punkten angeschlagen. Den Kopf mit einem leichten Anker, Reitgewicht oder ähnlichem beschweren, der das Segel unter Wasser zieht, und mit einer Leine unter dem Bootsboden hindurch zur anderen Bootsseite holen. Dort das Segel so zurren, daß es auch bei Fahrtaufnahme nicht verrutschen kann.

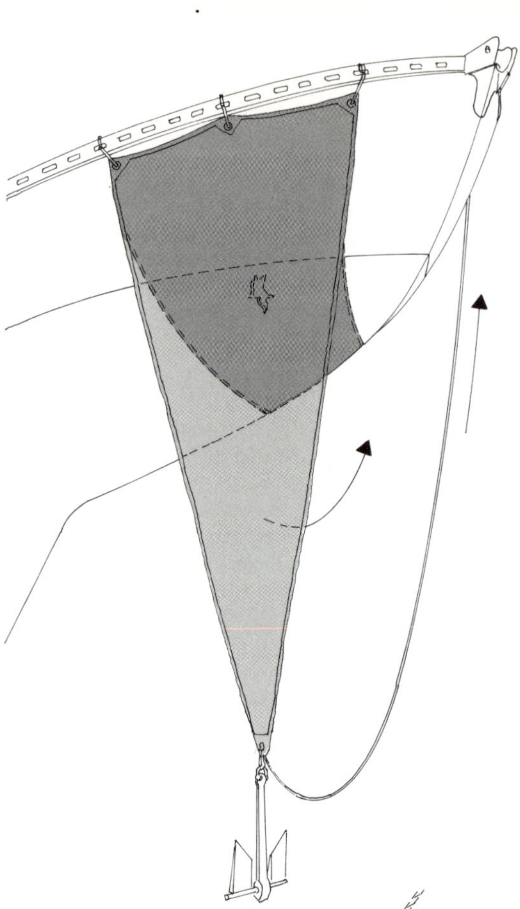

CO_2-Patronen aufblasbare Rettungsweste, in ein handtellergroßes Leck gestopft und abgezogen, bläst sich in dem Leck auf und hält im allgemeinen so lange, bis die Yacht in Sicherheit ist. Auch sie, wie jede Leckdichtung, ist so zu sichern, daß sie vom Wasserdruck nicht wieder binnenbords gedrückt wird.

Ein **Lecksegel** kann dabei dienlich sein, indem es den Wasserdruck auf das Leck etwas verteilt. Allerdings läßt sich ein Lecksegel auf Langkielern nur im Vorschiffsbereich effektiv zum Anliegen bringen. Auf Kurzkielern ist der wirkungsvolle Bereich bis zum Kiel wesentlich größer. Ein Lecksegel über den Kiel hinweg auszubringen wäre nur mit Taucherhilfe möglich.

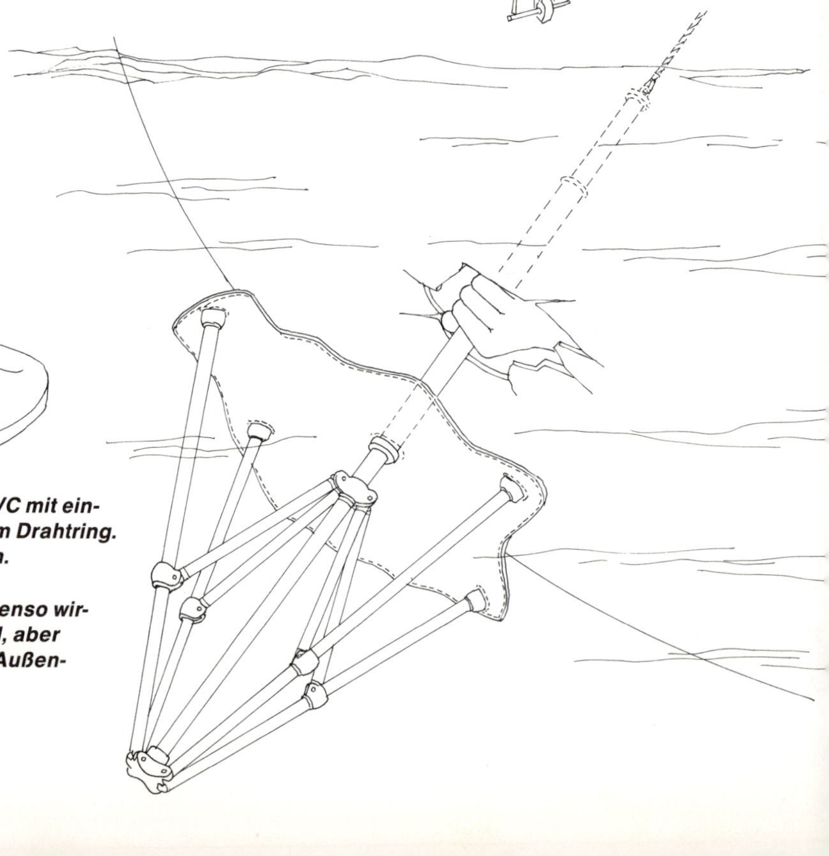

Leckscheiben aus Weich-PVC mit eingegossenem formgebendem Drahtring. Mindestdurchmesser: 10 cm.

Leckschirm: Mindestens ebenso wirkungsvoll wie ein Lecksegel, aber sperriges Gestänge an der Außenhaut.

Im Handel gibt es **Leckscheiben** verschiedener Größen aus PVC. Die elastische pilzförmige Scheibe wird von innen durch das Leck gesteckt und mit einem im Zentrum sitzenden Tampen fixiert.
Ein anderes bereits erfolgreich eingesetztes Hilfsmittel ist der **Leckschirm**. Zusammengeklappt wird er von innen durch das Leck geschoben, dann entfaltet und vom Wasserdruck gegen den Rumpf gepreßt. Er paßt sich auch konvexen Rumpfflächen gut an. Voraussetzung für den Einsatz ist ein mindestens faustgroßes Loch. Beide, Scheibe und Schirm, sind nicht zu verwenden, wenn sich das Leck unmittelbar neben dem Kiel befindet. Sie gegen den Wasserdruck durch das Loch zu zwingen ist gar nicht so leicht.
Allerdings kann man nicht erwarten, ein Leck unterhalb der Wasserlinie oder eben darüber vollkommen dicht zu bekommen. Man wird sich meistens damit begnügen müssen, den Wassereinbruch so weit einzudämmen, daß die Lenzpumpe ihn halten oder bewältigen kann.
Kleine Leckagen, auch im Unterwasserschiffsbereich, können mit spezieller Epoxyd-Spachtelmasse oder einem Zweikomponenten-Kleber, die im Wasser innerhalb kurzer Zeit aushärten, abgedichtet oder verklebt werden.
Häufig wird empfohlen, zum Lenzen im Notfall die Kühlwasserpumpe einzusetzen. Sie ist jedoch wegen der geringen Leistung der meist schwächeren Hilfsmotoren auf Segelyachten nicht sonderlich effektiv. Außerdem ist das Lösen des Schlauchs von seinem Stutzen am Rumpfdurchbruch zeitraubend, und er muß unbedingt mit einem Schmutzkorb versehen werden, damit Schmutz aus der Bilge nicht die Kühlwasserleitung verstopft. Es wäre nur ein Notbehelf bei Ausfall der elektrischen, beziehungsweise motorgetriebenen Pumpe.

Schäden im Rigg

Durch die Verwendung hochwertiger neuzeitlicher Materialien treten Schäden im Rigg von Fahrtenyachten heute nur noch selten auf. Häufiger sind sie auf Regattaschiffen, verursacht durch Trimmfehler der flexiblen Riggs, zu schwach dimensioniertes Material aus Gewichtsersparnis oder weil einfach bewußt auf Risiko gesegelt wird. Dennoch muß auch der Fahrtensegler immer einmal damit rechnen und sich dann zu helfen wissen, um den nächsten Hafen sicher zu erreichen.

Bruch im stehenden Gut

Bei Vorstagbruch das Boot sofort vor den Wind legen. Häufig wird das Vorsegel mit seinem stählernen Vorliek das Vorstag einigermaßen oder zumindest vorübergehend, bis eine Notreparatur

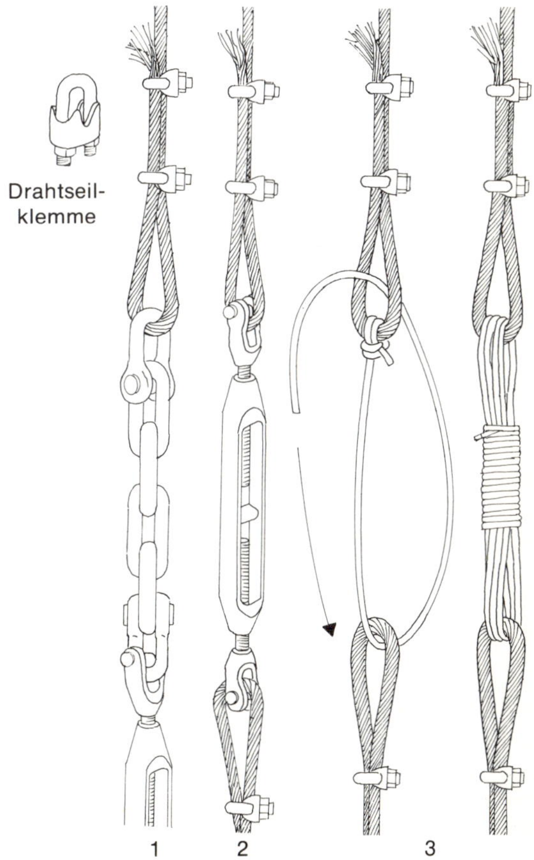

Bruch im stehenden Gut
Mit mindestens zwei Drahtseilklemmen im gebrochenen Draht ein Auge bilden. Da der U-förmige Bügel der Klemmen möglicherweise den Draht zerquetschen kann, sollen die Klemmen mit dem Bügel nur das kurze Ende umfassen und nicht die stehende Part. Die meist aufgefaserte Bruchstelle mit Tape umwickeln, um Verletzungen zu vermeiden.
1 Wantbruch oberhalb des Wantenspanners: Verbindungsglied aus Schäkeln.
2 Verbindung der gebrochenen Enden mit einem Ersatzwantenspanner . . .
3 und mit Taljereep.

ausgeführt worden ist, ersetzen können. Sofern sich die Bruchstelle in erreichbarer Höhe befindet mit Seilklemmen an beiden Enden je ein Auge bilden und dazwischen – wenn vorhanden – eine Talje setzen oder aber ein Taljereep scheren. Liegt der Bruch außerhalb der Reichweite, muß ein Fall als Notstag am Bugbeschlag angeschäkelt werden.
Bei Wantbruch – es wird fast immer das belastete Luvwant sein – sofort die Großschot fieren und wenden. Auch hier mit Seilklemmen Augen bilden und sie durch ein Taljereep oder andere geeignete Hilfsmittel verbinden. Ist ein Unterwant gebrochen sollte man Lose in das Achterstag geben, damit die Unterwanten vom Druck der Mastbiegung entlastet werden.
Bei Achterstagbruch sofort an den Wind gehen, den Großbaum mittschiffs, den Baumniederholer so dicht wie möglich holen und das (die) Vorsegel bergen. Vorübergehend übernehmen Achterliek des Großsegels und Schot die Funktion des Achterstags. Die Dirk dichtholen. Nun das Großsegel bergen, das Großfall am Achterstagbeschlag anschäkeln und das Fall mit der Winsch durchsetzen. Die Dirk ist als Notstag im allgemeinen wegen ihrer geringen Bruchfestigkeit wenig geeignet. Dann das Groß mit dem Spi-Fall oder – wenn nicht vorhanden – mit der Dirk wieder setzen und vorsichtig weitersegeln. Natürlich kann man auch beim Achterstag, wenn der Bruch in Reichweite liegt, eine der beschriebenen Verbindungen der Bruchstellen vornehmen.
Falls Fallen als Notstag nicht lang genug sein sollten, muß zwischen Decksbeschlag und Fall ebenfalls ein Taljereep geschoren werden.
Bricht ein Achterstag auf einem Vorm-Wind-Kurs bei kräftiger Brise, und wird zudem noch der Spinnaker gefahren, pflegt der Mast von oben zu kommen.

Bruch im laufenden Gut

Bricht ein **Fall**, muß jemand mit dem Bootsmannsstuhl in den Mast. Ein außenlaufendes Fall neu einzuziehen ist verhältnismäßig einfach. Schwieriger wird es mit einem innerhalb des Mastes geführten. In das obere Scheibengatt muß eine dünne, am Ende beschwerte Pilotleine eingeführt und am unteren Scheibengatt mit einem Drahthaken herausgeangelt werden. Pilotleine und Tampen des neuen Falls müssen provisorisch zusammengenäht oder sicher verklebt werden, um beide oben über die Fallscheibe wieder herausziehen zu können.
Der Aufstieg in den Mast bedeutet bei rauhem Wetter stets ein erhebliches Risiko. Deshalb sollte gegebenenfalls besser auf die Reparatur verzichtet und mit dem verbliebenen Segel allein weitergesegelt oder unter Motor weitergelaufen werden.
Die **Großschot** dürfte eigentlich nie brechen, wenn stets darauf geachtet wird, daß sich das Tauwerk in einwandfreiem Zustand befindet. Hier droht die Gefahr allenfalls von brechenden Schäkeln, Splintsicherungen oder Materialermüdung der Blöcke. Bei Bruch sofort auf einen Raumschots-Kurs gehen, damit der Baum nach Lee ausschwingt und jemand am Mast Dirk und Fall fieren kann bis der Baum auf der Seereling aufliegt und auf diese Weise »ruhiggestellt« ist, um den Schaden gefahrlos zu reparieren.

Bruch des Mastes

Bricht ein Mast im oberen Drittel – die häufigste Havarie –, wird er wahrscheinlich im stehenden Gut hängenbleiben. Die herunterhängenden Teile sind sofort an Deck zu holen oder zumindest provisorisch so festzuzurren, daß sie nicht hin- und herschlagen und weiteren Schaden verursachen können. Dann trennt man den gebrochenen Teil vom übrigen Rigg. Stehendes Gut wird abgenommen oder gekappt, laufendes Gut ausgeschoren. Während Holzmasten im allgemeinen splittern und vollständig durchbrechen, knicken Alumasten meist nur um und müssen gegebenenfalls mit einer Stahlsäge gekappt werden.
Gehen größere Teile des gebrochenen oder geknickten Mastes außenbords, besteht die Gefahr, daß der Rumpf im Seegang durch Riggteile leckgeschlagen wird. Deshalb muß zunächst versucht werden, die Teile an Fallen oder mit Leinen über Winschen so dicht längsseits zu holen, daß sie nicht mehr schlagen und keine Eigenbewegungen mehr vollführen können. Zum Schutz der Bordwand werden Fender und Kojenpolster ausgebracht.
Keinesfalls darf der Motor gestartet werden, so lange sich noch irgendwelche Teile des stehenden oder laufenden Gutes im Wasser befinden. Sie würden mit Sicherheit in den Propeller geraten.
Nun steht man vor der Frage, den Mast zu bergen oder zu kappen und zu versenken. Die Entscheidung hängt von den herrschenden Seegangsverhältnissen ab und davon, ob es gelingt, die Riggteile an Deck zu holen oder so zu sichern, daß sie keinen Schaden mehr anrichten können. Erst wenn alle Versuche fehlgeschlagen sind und dem

Boot droht, leckgeschlagen zu werden, sollte man sich zum Kappen entschließen. Wenn es nicht bereits geschehen ist, als erstes das Segel bergen. Läuft es in einer Keep, das Vorliek abschneiden. Dann Fallen und Kabel – vorher die Sicherung ausschalten – mit dem Bolzenschneider kappen. Das stehende Gut löst man am schnellsten, indem man die Wantenspanner von den Püttings abschraubt. Rod-Material kann nur mit einer Eisensäge mit sogenanntem Highspeed-Blatt gekappt werden. Es ist dies eine anstrengende und zeitraubende Arbeit. Schon Drahttauwerk 1 × 19 schafft der Bolzenschneider kaum noch, deshalb ist eine Stahlsäge unerläßlich im Werkzeugkasten.

Der Notmast

Ist der nächste Hafen nicht unter Motor zu erreichen, muß ein Notmast aufgerichtet und behelfsmäßig geriggt werden. Dabei bleibt dem Improvisationsgeschick der Crew ein weiter Spielraum. Eine entscheidende Rolle spielt, wieviel vom Mast noch stehengeblieben ist. Ist er oberhalb der Saling abgeknickt, kann man am vernünftig abgestagten Rest ein kleineres Segel setzen: das Try, eine Fock oder sogar das entsprechend gereffte Groß. An einem kürzeren Maststumpf lassen sich Großbaum oder Spinnakerbaum laschen. Zum Verstagen verwendet man das noch vorhandene stehende Gut und/oder Ersatzleinen, die über Winschen steif durchgesetzt werden. Auch eine Zweibeinkonstruktion, gebildet aus Groß- und Spi-Baum mag sich anbieten, deren Fußstücke an den Püttings fixiert werden. An solchen kurzen Notmasten mag eine Genua, um 90° gedreht, als Notsegel gefahren werden: das Schothorn am Bugbeschlag, der Hals als Kopf und der Segelkopf als Schothorn.

Bruch des Großbaums

Gebrochene Großbäume wird man nur in den seltensten Fällen mit Bordmitteln laschen können. Man schlägt das Großsegel vom Baum ab, macht die Großschot am Schothorn fest und muß das Segel ohne Baum weiterfahren. Bei einem Bändselreff ist es unter Umständen möglich, das Großsegel am Spinnakerbaum zu fahren, indem man es so weit einrefft, daß die Unterliekänge der des Spinnakerbaums entspricht. Dann wird das Segel mit einer durch die Reffgatchen geschorenen Leine mit einem Marlschlag am Spi-Baum angereiht und die Schot an der Baumnock eingepickt.

Ruderbruch

Zu unterscheiden ist zwischen einem Bruch der Pinne oder der Seilzüge einer Radsteuerung und einem Bruch des Schaftes, der das Boot unsteuerbar macht, oder der zum Verlust des Ruderblattes geführt hat.
Für die Pinne sollte Ersatz an Bord sein. Wenn nicht, wird sie sich wahrscheinlich – je nach Bruchstelle – laschen oder durch geeignete Holz- oder Metallteile (Bootshaken) ersetzen lassen. Auf einen Vierkantkopf des Schaftes kann beispielsweise ein Maulschlüssel oder eine Schraubzwinge gesetzt werden. Auf radgesteuerten Yachten läßt sich meistens eine Notpinne auf den Schaft stecken. Für Yachten, die an Seeregatten teilnehmen, ist dies zwingend vorgeschrieben.
Ein Ruderblatt, dessen Schaft gebrochen ist, läßt sich am einfachsten mit zwei Hilfssteuerleinen bewegen. Langfahrtyachten haben manchmal gleich entsprechende Beschläge auf beiden Seiten des Ruderblattes, in die die Leinen nur eingepickt zu werden brauchen. Oder auch eine Bohrung an der Achterkante, durch die eine Leine geschoren werden kann. Die Steuerleinen müssen im Cockpit so weit nach vorne geführt werden, daß sich ein Zugwinkel von ungefähr 45° zum Angriffspunkt am Ruderblatt ergibt.
Bei totalem Ruderausfall läßt sich ein gut getrimmter Langkieler auf Am- und Halbwind-Kursen weitgehend mit den Segeln steuern:
- anluven = Großsegel dichter holen und Vorsegel fieren;
- abfallen = Großsegel fieren und das Vorsegel stehen lassen oder dichter nehmen.

Bei mäßigen achterlichen Winden gelingt es eventuell auch mit Groß und Spinnaker oder ausgebaumter Genua. Eine Ketsch oder Yawl läßt sich im allgemeinen durch verschiedene Segelkombinationen, die von Fall zu Fall ausprobiert werden müssen, sogar ziemlich gut auf allen Kursen zum Wind steuern. Auf diese Weise sind von Yachten lange Distanzen zurückgelegt worden. Kurzkieler hingegen sind mit Segeln meist nur sehr schwer zu steuern.

Das Notruder

Die Ausführung hängt von Größe und Konstruktion der Yacht ab. Auch für den Bau solcher Notruderanlagen gibt es keine Patentlösungen. Zu

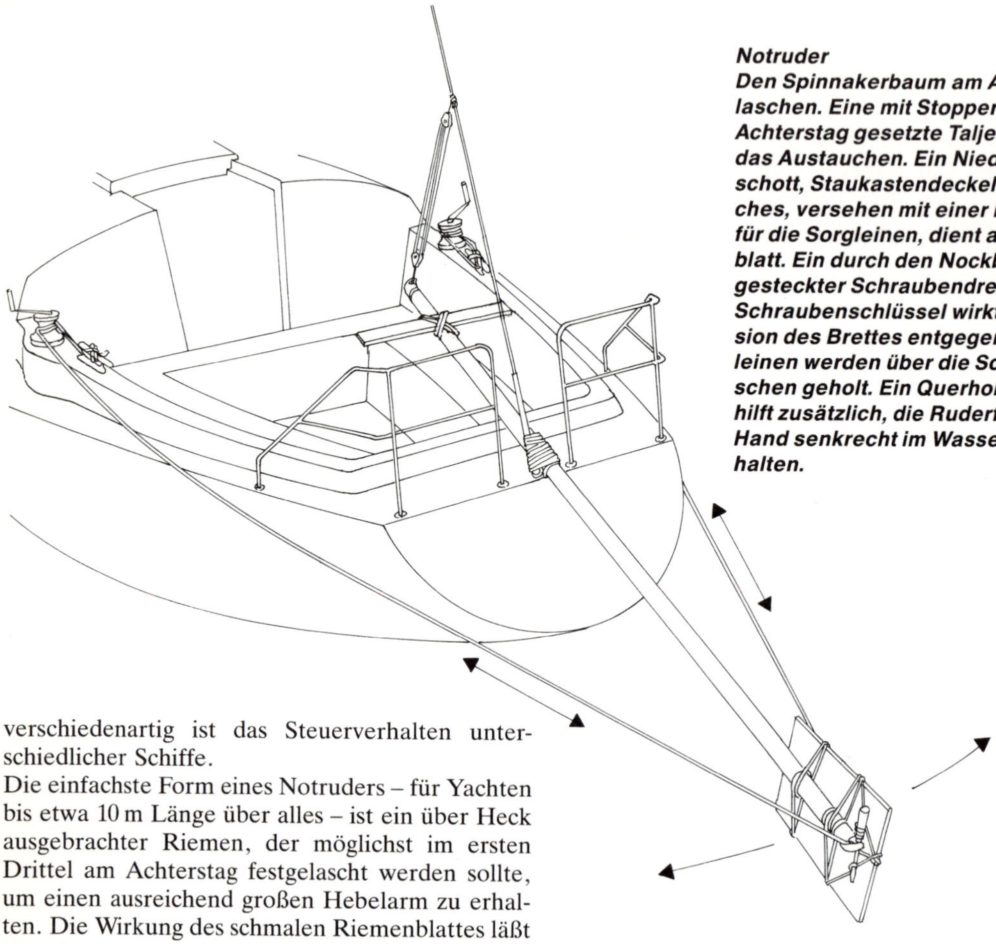

Notruder
Den Spinnakerbaum am Achterstag laschen. Eine mit Stopperstek aufs Achterstag gesetzte Talje verhindert das Austauchen. Ein Niedergangsschott, Staukastendeckel oder ähnliches, versehen mit einer Bohrung für die Sorgleinen, dient als Ruderblatt. Ein durch den Nockbeschlag gesteckter Schraubendreher oder Schraubenschlüssel wirkt der Torsion des Brettes entgegen. Die Sorgleinen werden über die Schotwinschen geholt. Ein Querholz (Pinne) hilft zusätzlich, die Ruderfläche von Hand senkrecht im Wasser zu halten.

verschiedenartig ist das Steuerverhalten unterschiedlicher Schiffe.
Die einfachste Form eines Notruders – für Yachten bis etwa 10 m Länge über alles – ist ein über Heck ausgebrachter Riemen, der möglichst im ersten Drittel am Achterstag festgelascht werden sollte, um einen ausreichend großen Hebelarm zu erhalten. Die Wirkung des schmalen Riemenblattes läßt sich durch ein aufgenageltes oder aufgeschraubtes Brett erhöhen. In Ermangelung eines Riemens kann auf gleiche Weise der Spi-Baum zum Einsatz gelangen. Am Ende wird ein Brett befestigt. Sinnvoll ist es, ein geeignetes mit mehreren Lochpaaren vorbereitetes Brett mitzuführen. Durch die Löcher gezogene breite Schlauchschellen verbinden Brett und Spi-Baum. Noch besser, man hat eine entsprechend mit Bohrungen versehene Holz- oder Aluspiere an Bord, die im Notfall mit dem Brett schnell verschraubt oder verbolzt werden kann.
Auf Yachten, auf denen größere Ruderkräfte auftreten, muß mit zwei Sorgleinen an jeder Seite des Brettes gesteuert werden, die man über die Vorschot- oder Spi-Winschen holt. Um das Brett am Aufschwimmen zu hindern, gibt es zwei Vorschläge: Die hintere untere Ecke mit einem angeschäkelten Anker oder Kettenstück zu beschweren oder die Spi-Baumnock mit einer ans Achterstag gesteckten kurzen Talje aufzuholen.

Gut bewährt hat sich auch, den Spi-Baum nach Art eines Seitenruders auszubringen, gelascht an Fußreling (oder Heckklampe) und Heckkorb. Er muß zwar zuverlässig fixiert sein, sich aber, mit einem oben gelaschten Querholz, noch so weit drehen lassen, daß die Ruderfläche angestellt werden kann. Damit das wirkungsvoll gelingt, darf der Spi-Baum nicht mittig, auf dem »Ruderblatt« sitzen. Es muß vorbalanciert sein, so daß sich nur etwa ein Viertel vor dem Schaft befindet. Sonst ist die Ruderwirkung gleich Null, wie praktische Erprobungen gezeigt haben. Um ein seitliches Aufschwimmen der Hilfskonstruktion zu verhindern, muß man eine Leine unter dem Bootsboden durchziehen und auf der gegenüberliegenden Seite belegen.

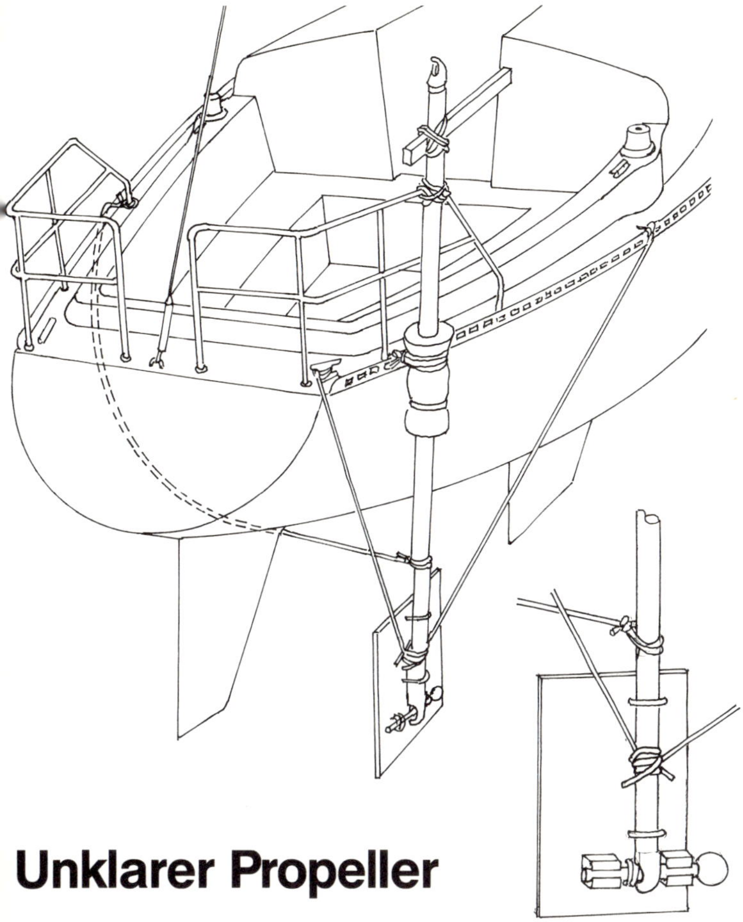

Seitenruder
Das Querholz dient regulär als Pinne. Etwa ein Viertel der Fläche des Brettes liegt vor dem als Schaft dienenden Spi-Baum, der Rest dahinter. Vorsicht mit Skeg (Spurlager) und Propeller, wenn die Fixierleine unter dem Achterschiff durchgezogen wird. Wo der Schaft an der Bordwand aufliegt, muß er mit Schaumstoff, Gummimanschette oder ähnlichem ummantelt werden.

Unklarer Propeller

Wenn aus irgendwelchen Gründen – etwa Riggschäden – die Segel nicht einsatzklar sind, kann auch eine Segelyacht mit einem blockierten Propeller in äußerst kritische Situationen geraten. Auf Langkielern mit ihrem in einem Schraubenbrunnen geschützten Propeller war und ist die Gefahr relativ gering, sich Leinen, Plastikfolien oder ähnliches einzufangen. Anders auf Kurzkielern mit ihren meist völlig ungeschützten Propellern.
Beinahe am übelsten sind Plastikfolien, die dicht unterhalb der Wasseroberfläche schweben und deshalb kaum auszumachen sind und besonders die küstennahen Gewässer belasten. Durch die entstehende Reibungswärme werden Welle und Propeller von ihnen regelrecht verschweißt. Aber auch dünne Kunststoff-Leinen schmelzen und verursachen innerhalb kurzer Zeit eine Beschädigung des Wellenlagers.
Bemerkt man, daß der Propeller unklar ist – der Motor bleibt plötzlich stehen oder die Drehzahl fällt ab –, sofort den Motor stoppen und gegebenenfalls vor Anker gehen, um den Propeller in Ruhe zu klarieren. Hat man seine eigene Leine eingefangen, die Welle vom Getriebe abflanschen, an der Leine ziehen und gleichzeitig von einem anderen Crewmitglied die ausgekuppelte Welle drehen lassen. Auf diese Weise gelingt es sehr wahrscheinlich, die Leine abzuwickeln. Gleiches gilt für eine aufschwimmende Fremdleine, die zum Holen an Bord zunächst aufgefischt werden muß. Hat sich die Leine mit den Propellerblättern verknotet oder sind Leine oder Plastikfolie bereits »verschweißt«, muß man mit Messer oder Metallsäge über Bord. Bei einem leichten Kurzkieler gelingt es unter Umständen, durch vorlichen Trimm, den Propeller so weit an die Wasseroberfläche zu bringen, daß jemand mit Rettungsweste und gesichert durch einen Lifebelt, schwimmend den Propeller klarieren kann. Auf größeren Yachten bleibt nur die Möglichkeit, mit Maske und Schnorchel zu tauchen oder aber im nächsten Hafen an den Kran oder auf den Slip zu gehen.

Auch bei Arbeiten am Propeller gilt es wieder, sehr sorgfältig das Risiko abzuwägen. Abgesehen einmal von der Wassertemperatur, eine im Seegang – treibend oder ankernd – stampfende Yacht macht jede Arbeit unterhalb des Achterschiffs zu einem äußerst gefährlichen Unterfangen.
Für alle Arbeiten am Propeller gilt als oberstes Gesetz: sich zunächst überzeugen, daß der Motor abgestellt und die Zündung ausgeschaltet, besser sogar, der Zündschlüssel abgezogen ist.

Feuer

Eine häufige Brandquelle an Bord ist die Pantry. Deshalb sollte dort in Reichweite die Feuerlöschdecke aufbewahrt werden. Mit ihr lassen sich die meisten kleinen Brände im Anfangsstadium ersticken. Oder auch mit einer nassen Wolldecke. Keinesfalls aber mit einer Decke (Schlafsack) aus Kunstfasern. Sie entflammen zu schnell und verkleben mit der Haut.
Bei einem größeren Brand sofort durch den Ruf »Feuer!« die gesamte Crew alarmieren.

- Einen eventuell laufenden Motor abstellen und die Brennstoffleitungen schließen. Elektrische Stromkreise vom Bordnetz trennen.
- Das Boot auf einen Kurs bringen, daß der Wind Flammen und Rauch nicht über Deck treibt. Bei stärkerem Wind kann es sinnvoll sein, vorm Wind abzulaufen, damit möglichst wenig Fahrtwind das Feuer weiter anfacht. Bei leichtem Wind eventuell beidrehen, damit der Fahrtwind überhaupt aufhört.
- Alle Öffnungen (Luks, Bulleyes, Lüfter) schließen, um Durchzug zu vermeiden und die Sauerstoffzufuhr zu unterbinden.
- Das Feuer mit dem Feuerlöscher mit dem Wind und nicht gegen den Wind bekämpfen. Mit dem Löscher so dicht wie möglich an den Brandherd herangehen und den Strahl nicht in die Flammen, sondern auf die glühenden Teile richten. Den Brandherd, wenn irgend möglich, kriechend angehen, denn unten sind keine Flammen, ist weniger Rauch, und entsprechend sind Sicht und Atemluft dort noch am besten.
- Die Kleidung triefend naß machen, damit sie nicht Feuer fängt. Ein nasses Tuch vor Mund und Nase gebunden, dient als behelfsmäßiger Atemschutz.
- Schotten (Türen) langsam und nur spaltbreit öffnen und sich kriechend nähern, denn die Flammen schlagen oben heraus. Muß ein Luk geöffnet werden, sich auf die Scharnierseite stellen und das Luk so wenig wie möglich anheben.
- Schaumstoffpolster müssen nach dem Ablöschen sofort über Bord geworfen werden, weil sie weiterschwelen und praktisch gar nicht vollständig zu löschen sind.
- Glasharz-Brände sind nur im frühen Anfangsstadium mit den üblichen Feuerlöschern zu bekämpfen. Sodann muß man schnell mit einer großen Menge Wasser abkühlen, damit sich das weich gewordene Harz wieder verfestigt. Wird mit Wasser gelöscht, nicht vergessen, die Lenzpumpe zu betätigen.
- Wenn Kunststoff-Einbauten oder der Kunststoffrumpf erst brennen und bereits starke Rauchentwicklung eingesetzt hat, darf die Kajüte nicht mehr betreten werden. Es entwickeln sich hochgiftige Dämpfe, die innerhalb kürzester Zeit zur Ohnmacht führen und gesundheitliche Schäden verursachen.
- Gegebenenfalls ist die Rettungsinsel aus dem vom Feuer bedrohten Bereich zu bergen.

Läßt sich ein Brand unter Deck mit den Bordmitteln nicht vollständig löschen, besteht aber keine Explosionsgefahr, muß das Schiff nicht unbedingt gleich verlassen werden. Wahrscheinlich wird es an Deck einen rauchfreien Platz geben, auf dem die Crew das Eintreffen von Hilfe erwarten kann. Die Yacht aufzugeben und in Rettungsinsel oder Beiboot einzusteigen, bleibt immer noch als letzte Möglichkeit.

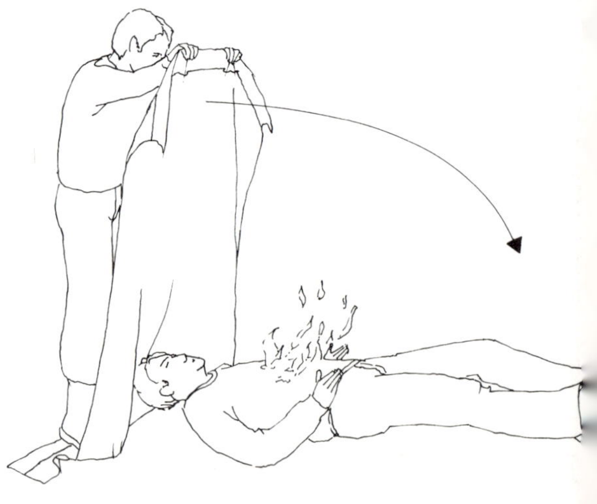

Ablöschen brennender Kleidung
Die Löschdecke vom Kopf her über den Liegenden werfen, um die Flammen vom Gesicht wegzuschlagen.

Ablöschen brennender Menschen

Hat die Kleidung Feuer gefangen, kann natürlich mit Wasser abgelöscht werden. Niemals jedoch einen Feuerlöscher auf Menschen richten. Notfalls sofort über Bord springen, Rettungsschwimmkörper mit Leine hinterher. Ist das aus irgendwelchen Gründen nicht möglich, legt man den Brennenden hin, stellt sich mit der Löschdecke oder einer wassergetränkten Wolldecke hinter seinen Kopf – mit den Füßen auf dem unteren Deckenrand – und wirft sich dann mit vorgehaltener Decke über ihn. Dadurch werden die Flammen vom Retter und vom Gesicht des Brennenden weggedrängt. Man erstickt die Flammen unter der Decke, indem man sie fest an den Brennenden preßt, ohne dabei Luft unter die Decke zu wedeln. Die Sauerstoffzufuhr muß für etwa 60 Sekunden unterbrochen werden.

Aufgabe der Yacht

Ist eine Havarie – sei es durch Grundberührung oder Kollision – so schwer oder der durch ein Feuer entstandene Schaden so groß, daß es unmöglich ist, die Yacht zu bergen, muß sich der Skipper dazu entschließen, sein Schiff aufzugeben. In einer solchen Situation geht es dann nur noch ums Überleben, muß die Crew abgeborgen werden.

Abbergen von Schiffbrüchigen

In fast allen Küstengewässern operieren hervorragend organisierte Rettungsdienste – bei uns die Deutsche Gesellschaft zur Rettung Schiffbrüchiger –, so daß in den meisten Fällen in kürzester Zeit Hilfe möglich ist. An Bord der Seenotrettungskreuzer befinden sich durchweg erfahrene Rettungsmänner. Man ist gut beraten, ihre Anweisungen genau zu befolgen, wenngleich die letzte Entscheidung de jure immer beim Skipper der Yacht liegt.

Abbergen durch einen Rettungskreuzer

Sofern es die Seegangsverhältnisse irgendwie zulassen, wird der Rettungskreuzer versuchen, beim Havaristen längsseits zu gehen oder sein Tochterboot zu Wasser lassen und die Schiffbrüchigen direkt übernehmen. Selbstverständlich wird dabei von allen eine Rettungsweste getragen.
Denkbar ist aber auch, daß der Rettungskreuzer nur eine Leinenverbindung herstellt und die Besatzung der havarierten Yacht auffordert, über Bord zu springen. Er bringt seitlich ein Kletternetz aus, dessen Maschen man beim Anschwimmen gut ergreifen kann.

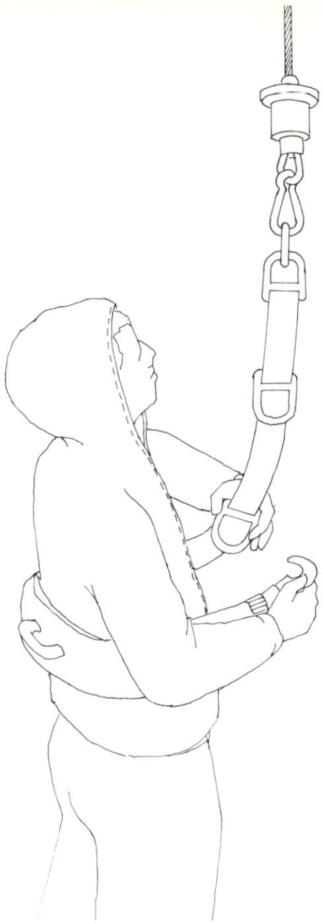

Anlegen des Hubschrauber-Rettungsgurtes
Den Rettungsgurt unter den Armen hindurch nach vorne führen und vor der Brust in die am engsten sitzende Verschlußschnalle haken. Beim Aufwinschen die Arme fest an den Körper pressen.

Abbergen durch einen Hubschrauber

In vielen Ländern – so auch in der Bundesrepublik – werden SAR-Hubschrauber (Search and Rescue) im Seenotrettungsdienst eingesetzt. Der Hubschrauber fliegt den Havaristen von achtern an und bleibt immer an seiner Backbordseite, weil sich seine Bergeluke an Steuerbord befindet. Er läßt sich dann senkrecht bis auf Winschöhe – etwa 12 Meter – mit seiner Steuerbordseite über der Yacht absinken und das Drahtseil mit Rettungsgurt und Fangleine – der sogenannten Hi-Line – herab. Die Rotorblätter des Hubschraubers erzeugen einen »downwash«, einen mit 50 bis 60 Knoten abwärts gerichteten Luftstrahl, mit fliegender Gischt, die einem sogar im Cockpit noch völlig die Sicht nehmen kann. Der Lärm macht jede mündliche Verständigung der Crewmitglieder untereinander unmöglich. Die Hubschrauberbesatzung gibt ihre Anweisungen über UKW auf Kanal 16.

Beim Erfassen des Winschseils wird man vielleicht einen leichten elektrischen Schlag erhalten, der allerdings harmlos ist. Während des Anlegens der Rettungsschlinge schert der Hubschrauber nach Backbord aus, um sich gut freizuhalten. Er schwebt erst zum Anhieven wieder über den Havaristen zurück. In diesem Augenblick winscht er auch schlagartig mit voller Geschwindigkeit an, um den Abzubergenden möglichst schnell frei vom Rigg zu bekommen.

Wenn es Komplikationen gibt oder der zu Rettende aus dem Wasser aufzufischen ist, wird sich ein Besatzungsmitglied des Hubschraubers in einer Winschhose abseilen und Hilfe leisten. Sollte jemand so verletzt sein, daß er den Gurt nicht anlegen kann, seilt sich ein Retter mit einem »Stretcher« genannten Rettungskorb ab, in dem der Verletzte, gut gesichert, aufgehievt wird.

Das Rettungsseil darf niemals an Deck belegt werden. Um sich nicht selbst zu gefährden wäre der Hubschrauber gezwungen, das Seil abzusprengen und ergebnislos zurückzufliegen.

Das Abbergen direkt von einer Segelyacht ist für einen Hubschrauber stets riskant, weil sich das Winschseil allzu leicht im Rigg verfangen kann – es sei denn, das gesamte Rigg ist von oben gekommen. Empfohlen wird, einen Treibanker auszubringen, der den Bug im Wind hält und die Schlingerbewegungen etwas dämpft. So wird auf einer Slup eventuell das Abbergen vom Heck (Cockpit) möglich. Dafür sind Großbaum und Achterstag abzuschlagen und das Achterstag am Mast festzulaschen. Andernfalls muß sich die Besatzung ins Beiboot oder in die Rettungsinsel begeben – die am Schiff festgemacht bleiben – und sich möglichst weit freifallen lassen, um unbehindert aufgewinscht werden zu können. Es ist jedoch nicht auszuschließen, daß eine Rettungsinsel oder ein Schlauchboot von der Rotorturbulenz gekentert oder sogar durch die Luft gewirbelt wird.

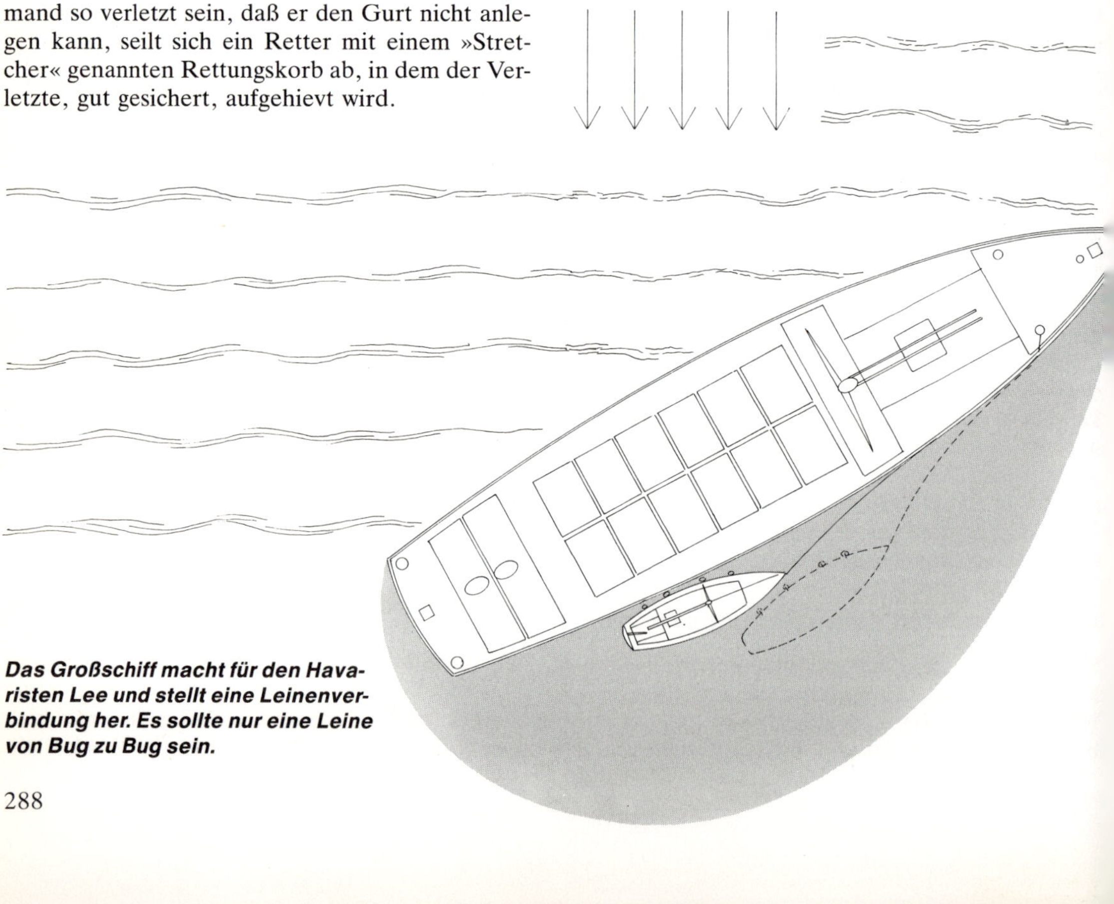

Das Großschiff macht für den Havaristen Lee und stellt eine Leinenverbindung her. Es sollte nur eine Leine von Bug zu Bug sein.

Abbergen durch ein Großschiff

Auf hoher See ist es wahrscheinlich ein Handelsschiff in der Nähe, das den Notruf auffängt – oder die Notsignale sichtet – und zur Hilfe kommt. Wenn überhaupt Hilfe zu erwarten ist. Die Übernahme der Schiffbrüchigen bei hartem Wetter ist nur möglich, wenn das Schiff längsseits geht und ein Fallreep oder Enternetz ausbringt. Die Gefahr ist groß, daß bei diesem Manöver die Yacht nun endgültig so schwer beschädigt wird, daß ein Verlust unumgänglich ist.
Ein erfahrener Kapitän wird sein Schiff in einem Winkel von etwa 40° zu Wind und See in Luv an den Havaristen heranmanövrieren, um die Bergung maximal abzuschirmen. Er gibt vom Bug eine Wurfleine aus, an der die Bugleine als Festmacher auf die Yacht heruntergeholt wird. Sie muß in eine Position gebracht werden, in der Fallreep oder Enternetz klar vom Mast sind, weil sonst jemand, der hinaufklettert, vom schlagenden Mast verletzt oder sogar herabgerissen werden kann.
Auch auf der Leeseite kann die Yacht 2 Meter und mehr auf- und niedergehen. Man muß genau den Augenblick abpassen, wenn sie den höchsten Punkt ihrer Aufwärtsbewegung erreicht hat, um an Leiter oder Netz zu springen, und schnell hinaufklettern, um zu vermeiden, gequetscht zu werden, wenn die Yacht doch noch höher kommen sollte. Möglichst sollte sich jeder mit einer vom Großschiff abgefierten Sorgleine sichern. Der Skipper muß zuvor genau die Reihenfolge festlegen, in der aufgeentert werden soll, denn es muß schnell und reibungslos vonstatten gehen. Eine kleinere Yacht in bewegter See längsseits eines Großschiffes kann in kürzester Zeit zerschmettert und versenkt werden.

Aussteigen in die Rettungsinsel

Die Entscheidung, seine Yacht aufzugeben und in die Rettungsinsel auszusteigen, muß sich der Skipper sehr reiflich überlegen. Sie darf keinesfalls zu früh und in Panik getroffen werden. Die bisher größte Katastrophe in der Geschichte des Segelsports, die Fastnet-Regatta 1979, hat es deutlich gezeigt: viele Yachten, die übereilt aufgegeben worden waren, wurden später weitgehend unversehrt in der See treibend gefunden. Unter den Besatzungen aber, die ausgestiegen waren, gab es mehrere Opfer zu beklagen. So lange eine Yacht noch schwimmfähig ist, wird man an Bord fast immer sicherer und zumindest komfortabler aufgehoben sein als in einer Rettungsinsel. Abgesehen von einem Feuer, das einen weiteren Aufenthalt an Bord unmöglich macht, sollte man sich erst dann zu einem Verlassen durchringen, wenn klar zu erkennen ist, daß die Yacht in Kürze sinken wird.
Ist eine solche Situation eingetreten, überzeugt man sich, daß die Fang-/Reißleine sicher an einem starken Beschlag belegt ist. Dann wirft man die Rettungsinsel, wenn möglich, am Heck über Bord, um sie gleich in der Nähe der hoffentlich am Spiegel vorhandenen Rettungsleiter zu haben. Die Rettungsinsel öffnet sich nicht von alleine. Sie muß aufgerissen werden. Zunächst die Fang-/Reißleine vollständig herausziehen und dann mit einem letzten kräftigen Ruck den Schlagbolzen für den CO_2-Zylinder auslösen. Innerhalb von 10 bis 70 Sekunden, je nach Fabrikat, bläst sich die Insel selbsttätig auf und liegt danach normalerweise richtig herum im Wasser.
Nicht auszuschließen ist jedoch, daß sie auch

Aufrichten einer leeren gekenterten Rettungsinsel. Auf allen Rettungsinseln steht, nach welcher Seite sie aufzurichten sind. Das sollte man unbedingt beachten. Sie sollte ferner mit dem Dach in Windrichtung gedreht werden. Das erleichtert das Aufrichten erheblich.

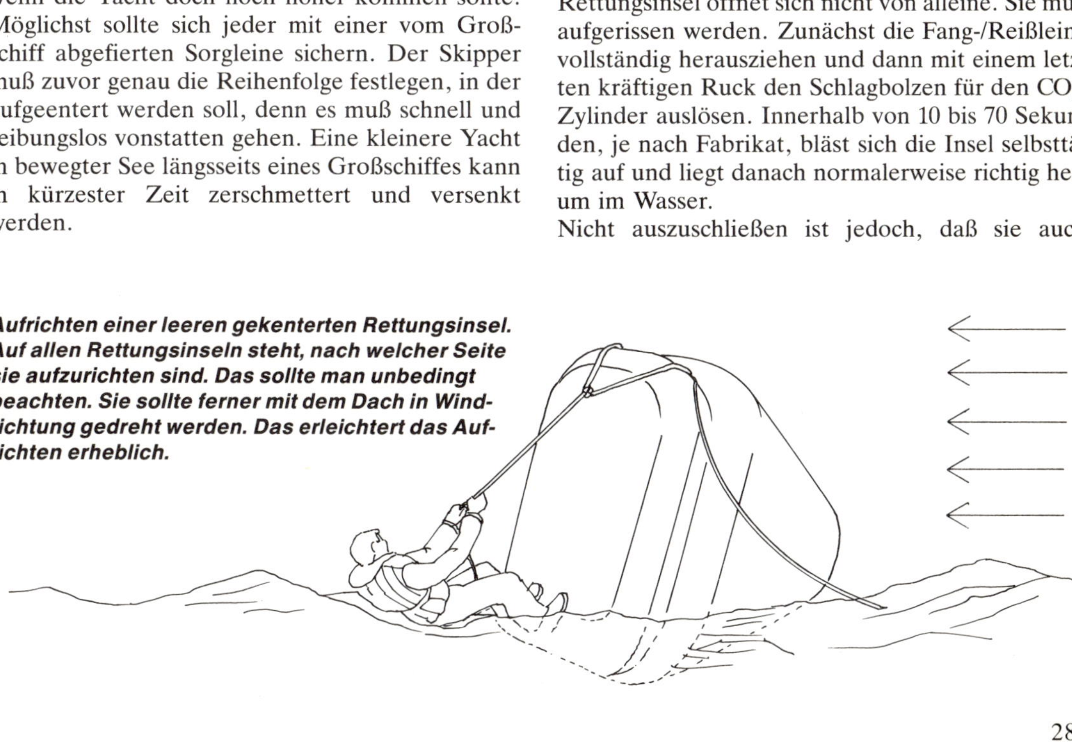

kopfüber schwimmt oder sofort umgeworfen wird. Dann muß jemand, mit einer Sorgleine gesichert, ins Wasser, sich in die Trittgurte stellen und die Insel an der für diesen Zweck über den Boden geführten Leine aufrichten.
Vorm Einsteigen sollten von allen Medikamente gegen die Seekrankheit eingenommen werden. Die gegenüber einem Boot ungewohnten und kreiselnden Bewegungen einer Rettungsinsel machen häufig auch seekrank, wer ansonsten seefest ist. Alle verfügbare Kleidung übereinander anziehen, um der Aus- und Unterkühlung entgegenzuwirken. Sie ist in unseren Breiten die größte Gefahr für die Insassen einer Rettungsinsel. Daß Rettungswesten angelegt werden ist selbstverständlich. Sobald die Insel vollständig aufgeblasen ist, steigt zunächst ein Crewmitglied über und übernimmt die vorgesehene Zusatzausrüstung: Dekken, Lebensmittel, Wasser, navigatorische Hilfsmittel und alle noch vorhandenen Seenotsignale. Es empfiehlt sich, während des Übersteigens die Insel vorsorglich mit einer zweiten Leine zu sichern und am Schiff zu halten.

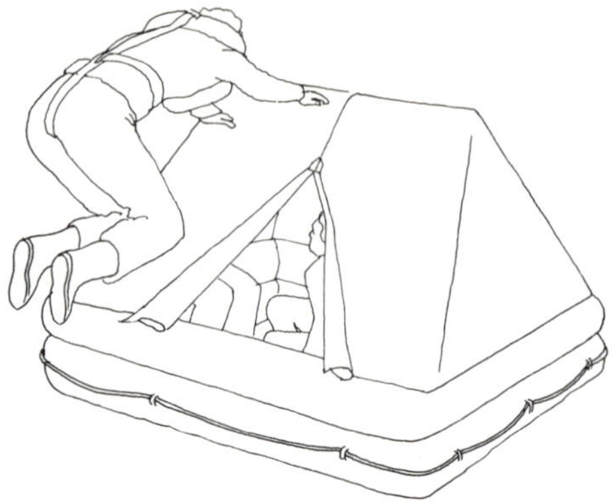

Sprung in die (besetzte) Rettungsinsel
Mit leicht angewinkelten Beinen auf den Trageschlauch des Einstiegs springen und mit den Armen den Aufprall des Körpers am Dachträger abfangen.

Einsteigen in die Rettungsinsel

Man sollte immer versuchen, sie direkt zu besteigen. Schon damit möglichst wenig nasse Kleidung eingebracht wird. Sie erhöht die Gefahr der Auskühlung durch Verdunstungskälte. Die Füße vorsichtig auf den oberen Trageschlauch setzen und sich dann vornüber ins Innere Fallen lassen. Sonst könnte die unbelastete Insel kentern. Unbedingt zu vermeiden ist, mit den Füßen voran von Bord in die Insel zu springen. Die puntkförmige Belastung könnte die Gummihaut beschädigen. Läßt sich ein Sprung nicht vermeiden, mit angewinkelten Beinen so in den Inseleingang springen, daß die Unterschenkel auf dem Wulst des Trageschlauches landen und der Oberkörper auf der Dachbespannung. Der Sprung mit ausgebreiteten Armen und Beinen und dem ganzen Körper auf das Inseldach ist nur so lange möglich, wie noch nicht mehrere in der Insel sitzen, die dadurch verletzt werden könnten.
Der Einstieg vom Wasser aus ist schwierig und ohne Hilfestellung manchmal gar nicht möglich, wie die Praxis gezeigt hat. Die Insassen müssen die Insel stabilisieren und den Mann hereinwälzen oder -ziehen. Befinden sich alle im Wasser, etwa nach einer Kenterung der Rettungsinsel, kann es notwendig werden, daß einer, sich an der Sicherheitsleine festhaltend, kurz untertaucht und ein anderer auf seine Schultern steigt.
Die Fangleine zur Yacht wird erst dann gekappt, wenn sie tatsächlich zu sinken beginnt. Die Leine hat eine Sollbruchstelle, so daß keine Gefahr besteht, nicht vom sinkenden Schiff freizukommen. Solange die Yacht noch schwimmfähig ist, sollte die Rettungsinsel festgemacht bleiben, denn für Retter auf See und in der Luft ist die Yacht natürlich leichter auszumachen als nur die Rettungsinsel allein.
Nach der Statistik müssen nur 5% aller Schiffbrüchigen 5 Tage und länger auf ihre Rettung warten. Doch wer kann wissen, ob nicht ausgerechnet er dazu gehört? Deshalb sollte man sich vorsorglich auf einen längeren Aufenthalt in der Rettungsinsel einstellen. Und deshalb müssen sofort Nahrungsmittel und Wasser rationiert werden. Innerhalb der ersten 24 Stunden erhalten überhaupt nur eventuell Verletzte etwas zu trinken. In den folgenden Tagen reichen 0,5 l pro Kopf, ausgegeben in kleinen Rationen. Außerdem sollte die Crew gleich in Wachen eingeteilt werden, damit rund um die Uhr jemand für den Ausguck verantwortlich ist. Mit Signalmitteln muß noch vorsichtiger als ohnehin an Bord üblich hantiert werden, um nicht die empfindliche Gummihaut der Rettungsinsel zu verletzen.

Sprechverkehr

Bereits wenn es sich abzuzeichnen beginnt, aussteigen zu müssen, ist es durchaus sinnvoll, einen Dringlichkeitsruf (PAN PAN) auszusenden. Inhalt sind die kurze Beschreibung der gegenwärtigen Situation und der Hinweis, das Schiff wahrscheinlich aufgeben zu müssen. Wichtig ist die Angabe des genauen Standorts. Der Rettungsdienst kann, dermaßen vorgewarnt, bereits seine Einsatzstrategie festlegen. Möglicherweise entscheidet er sogar, ohne Not-(MAYDAY-)Lage zum Havaristen hinauszufahren und ihm Geleitschutz zu geben. Bei der Deutschen Gesellschaft zur Rettung Schiffbrüchiger beispielsweise ist das durchaus üblich. Außerdem können die Seenotretter, die in dem Seegebiet zu Hause sind, per Funk, navigatorische und – nicht zu unterschätzen – moralische Hilfe leisten.

Erst wenn die Yacht endgültig aufgegeben werden muß, ist es Zeit, einen Notruf (MAYDAY) zu senden.

Überfällig

Folgender oder ähnlicher Fall ist in der Praxis leider nicht selten: Eine Yacht gerät in schlechtes Wetter und setzt einen Notruf ab, weil der Skipper die Orientierung verloren und es in der schweren See mit der Angst bekommen hat. Wenig später sichtet er die Molenfeuer eines Hafens, läuft ein und begibt sich erschöpft zur Ruhe. Inzwischen aber läuft eine aufwendige Suchaktion an, deren Kosten durchaus in die Hunderttausende gehen können.

Sobald eine Notlage aufgehoben oder mit eigenen Mitteln behoben werden konnte, muß das unter allen Umständen so schnell wie möglich bekanntgegeben werden, entweder über Seenotfunk oder in dem nächsterreichbaren Hafen.

Übrigens sind die grünen Raketen für die Aufhebung eines Seenotfalles da. Wenn jemand also Rot geschossen hat und sich dann, wider Erwarten, doch noch aus eigener Kraft helfen konnte, sollte er sofort und mehrmals Grün schießen, denn das könnte unter Umständen eine Menge unnötigen Aufwand bei bereits eingeleiteten Rettungsaktionen ersparen.

Häufig werden Suchaktionen von Verwandten oder Freunden ausgelöst, wenn sie längere Zeit von der Mannschaft der Yacht nichts hörten oder wenn sie erfuhren, daß über den fraglichen Seeraum ein Sturmtief hinweggezogen ist. In solchen Fällen sollte es selbstverständlich sein, daß man sich vom nächsten Hafen, den man erreicht, telefonisch oder telegrafisch zu Hause meldet. Das hat nichts mit übertriebener Ängstlichkeit zu tun, sondern ist ein Gebot korrekter Seemannschaft.

Darüber hinaus ist es eine gute Selbstversicherung, Verwandten oder Freunden seinen genauen Reiseplan bekanntzugeben, mit allen Häfen, die man anlaufen will, und auch den voraussichtlichen Ankunfts- und Abreisezeiten. Man könnte immerhin wirklich einmal überfällig werden, manövrierunfähig irgendwo auf See und ohne die Möglichkeit zur Kontaktaufnahme mit anderen Schiffen. Je kleiner die Yacht ist, um so größer ist die Gefahr, weil sie und ihre Notsignale schwerer ausgemacht werden können. Die Suchaktion wird dann erheblich aufwendiger und sehr viel zeitraubender und schwieriger, wenn niemand zu Hause die Reiseroute kannte.

Medizin an Bord

Erste-Hilfe-Grundkenntnisse

Eigner oder Schiffsführer von Yachten tragen nicht nur die Verantwortung für Seetüchtigkeit und Sicherheitseinrichtungen ihrer Schiffe. Sie müssen auch in der Lage sein, sachgemäße Erste Hilfe zu leisten. Das gilt besonders für Yachten, die auf Langstreckenfahrt fern von Küsten segeln. Aber auch in landnahen Gewässern kann es bei den Maßnahmen der Ersten Hilfe auf Minuten ankommen.
Die Vorschriften für den Erwerb des amtlichen Sportbootführerscheins See und der Führerscheine des Deutschen Segler-Verbandes verlangen daher den Nachweis über Kenntnisse in der Ersten Hilfe. Ihr Umfang entspricht etwa den Anforderungen, wie sie beim Erwerb des Kfz-Führerscheines gestellt werden. Dem für seine Besatzung verantwortlichen Schiffsführer ist aber dringend zu empfehlen, sich weitergehende Kenntnisse in einem Lehrgang des DRK oder einer anderen Hilfsorganisation anzueignen.
Dieser Abschnitt setzt die erwähnten Grundkenntnisse in der Ersten Hilfe voraus und ruft sie daher nur in knapper Form in Erinnerung. Der Schwerpunkt liegt auf der Vermittlung solcher Kenntnisse, die für die Erste Hilfe auf Yachten wesentlich sind und beim Erwerb der erwähnten Führerscheine im allgemeinen nicht behandelt werden.
Bei lebensbedrohlichen Zuständen ist der Schiffsführer über die Erste Hilfe hinaus verpflichtet, den Verunglückten baldmöglichst in ärztliche Behandlung zu geben, sei es, daß er den nächsten Hafen anläuft oder ihn einem Seenotkreuzer, einem Hubschrauber oder einem Handelsschiff übergibt. In allen Fällen sollte er sich funkärztlich beraten lassen.

Wiederbelebung

Blaß-bläuliche Hautfarbe besonders der Lippen, Ohrläppchen und Fingerkuppen sowie Bewußt- und Bewegungslosigkeit deuten auf Atem- und Herzstillstand.
Atemstillstand Heben und senken sich Brustkorb und Leib? Um auch leichte Atembewegungen zu erkennen, legt man eine Hand seitlich auf die unteren Rippen, die andere auf den Leib.
Bei Bewußtlosigkeit und Atemstillstand entscheiden wenige Minuten zwischen Leben und Tod! Die Überlebensaussichten sind nach einer Minute noch 97%, nach zwei Minuten 92%, dann sinken sie schnell ab und betragen nach fünf Minuten nur noch 24%. Es muß also schnellstens gehandelt werden.
Herzstillstand Extrem weite und lichtstarre Pupillen, Puls am Handgelenk oder an der Halsschlagader nicht zu tasten, keine Atmung.

Atemspende

Die wirksamste Methode der künstlichen Atmung ist das Einblasen der eigenen Atemluft durch die Nase (oder den Mund) des Verunglückten. Man muß seine Scheu überwinden und sofort beginnen,

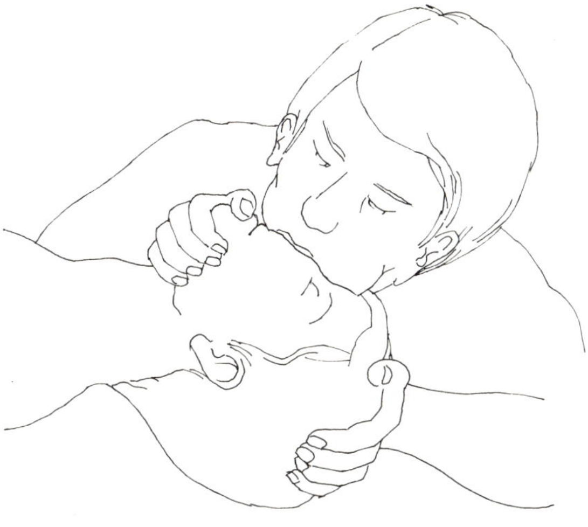

Beatmung durch die Nase
Den Kopf weit zurückbiegen, eine Hand drückt das Kinn nach oben, der Daumen quer über der Unterlippe verschließt den Mund.

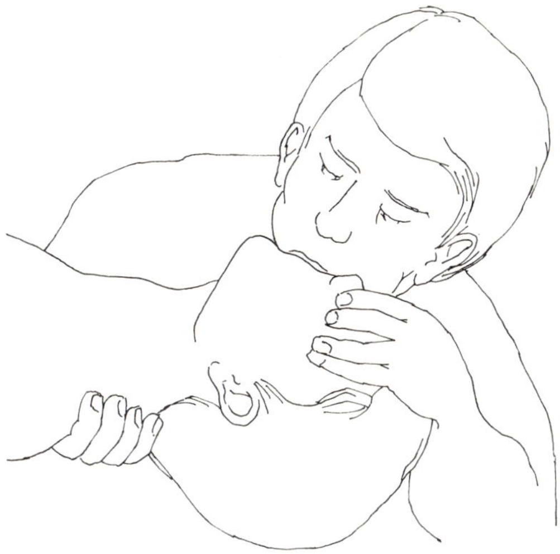

Mund-zu-Mund-Beatmung
Daumen und Zeigefinger der einen Hand pressen die Nase zu, die andere Hand unterstützt den Nacken.

u. U. ein Taschentuch zwischenlegen. Die ersten Beatmungsstöße sind entscheidend.

Der Helfer legt den Verunglückten platt auf den Rücken und kniet seitlich neben dessen Kopf. Mit seiner einen Hand drückt er das Kinn des Verunglückten nach oben, schiebt es nach vorn und verschließt mit dem Daumen den Mund; mit der anderen Hand drückt er den Kopf an der Stirn nach hinten und hält ihn in dieser zurückgeneigten Stellung fest. Dann atmet der Helfer normal ein, stülpt seinen geöffneten Mund über die Nase des Verunglückten und bläst ihm die Luft ein; der Brustkorb muß sich sichtbar heben. Nach dem Einblasen richtet der Spender sich auf, um neu Luft zu holen und dabei die Ausatmung des Verunglückten zu beobachten, die von selbst geschieht. In gleicher Weise erfolgt die nächste Beatmung. Bei Beginn der Wiederbelebung gibt man sofort 5 bis 6 schnelle Atemspenden, dann beatmet man weiter ruhig und ohne Hast wie bei der normalen Atmung (12- bis 15mal in der Minute).

Mund-zu-Mund-Beatmung: Mit Daumen und Zeigefinger verschließt man die Nase und unterstützt mit der anderen Hand das Kinn so, daß der Mund ein wenig geöffnet bleibt. Beatmung wie bei der Mund-zu-Nase-Beatmung.

Bei zu schneller oder zu kräftiger Atemspende tritt Schwindel auf; der Spender muß dann eine Erholungspause von 15 bis 20 Sekunden einlegen.

Jede Wiederbelebung muß solange fortgesetzt werden, bis eine regelmäßige Atmung wieder eingetreten ist oder der Arzt den Tod feststellt; noch nach stundenlangen Wiederbelebungsversuchen kann der Erfolg kommen.

Fremdkörper in Mund und Rachen: Verspürt man bei der Beatmung Widerstand, korrigiert man zu-

Fremdkörper aus dem Rachenraum entfernen
Die Zeigefinger um die Kieferwinkel legen und mit den beiden Daumen den Unterkiefer herunterdrücken.

nächst die Lage des Kopfes durch weiteres Überstrecken. Gelingt die Beatmung dennoch nicht, muß man Mund und Rachen auf Fremdkörper kontrollieren und diese entfernen: Oberhalb des Kopfes knieen, Daumen beiderseits auf den Unterkiefer und Zeigefinger um die Kieferwinkel legen und mit beiden Daumen den Unterkiefer abwärts drücken. Dann mit einem Daumen die Wange zwischen die Zahnreihen drücken und mit der anderen Hand Mund und Rachen so tief wie möglich nach Fremdkörpern austasten und diese entfernen.

Herzmassage

Die Herzmassage ist nicht ganz risikolos und gehört daher in die Hand eines Arztes oder Rettungssanitäters. Allein auf sich gestellt, steht der verantwortliche Schiffsführer vor einem übergesetzlichen Notstand und muß zwischen dem Risiko eines Brustbein- oder Rippenbruchs und dem sicheren Tod des Verunglückten abwägen. Jedem Schiffsführer ist dringend zu empfehlen, sich in der Herz-Lungen-Wiederbelebung ausbilden zu lassen. Die nachstehende Beschreibung dient lediglich der Auffrischung praktisch erworbener Kenntnisse.

Vor Beginn der Herzmassage beatmet man den Verunglückten 5mal und prüft sofort den Puls an beiden Halsschlagadern sowie die Pupillenweite an beiden Augen. Sind sie weit und reaktionslos, beginnt man unverzüglich mit der Herzmassage beziehungsweise die Herz-Lungen-Wiederbelebung: Den Verunglückten auf den Rücken auf eine feste Unterlage (Gräting, Brücke) legen. Wenn möglich, Beine hochlagern oder hochheben lassen. Seitlich neben den Verunglückten knieen, das untere Brustbeinende in der Mitte des Brustkorbs aufsuchen und etwa 3 Querfinger oberhalb dieses Punktes einen Handballen mit nach oben gestreckten Fingern aufsetzen. Den anderen Handballen auf das Gelenk der ersten Hand, ebenfalls mit nach oben gestreckten Fingern, aufsetzen. Dann durch Gewichtsverlagerungen des Körpers einen stoßweisen Druck senkrecht auf das Brustbein ausüben, Frequenz etwa 60mal in der Minute. Der Druck ist richtig dosiert, wenn dabei der Puls am Hals tastbar wird. Das muß ein zweiter Helfer prüfen.

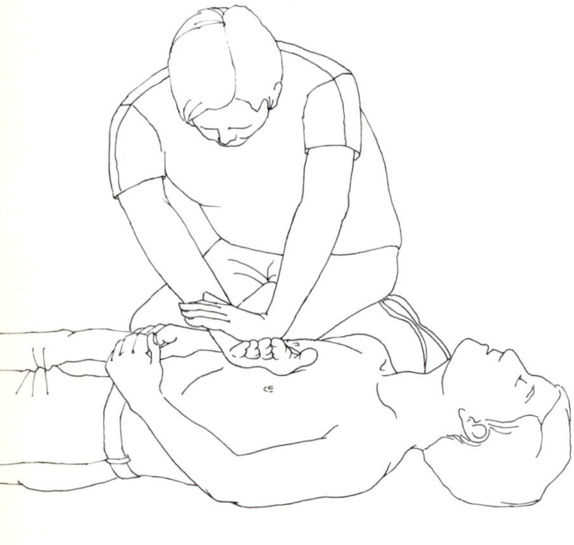

Herzmassage
Den Handballen mit nach oben gestreckten Fingern etwa drei Fingerbreit über dem unteren Brustbeinende aufsetzen. Den anderen Handballen, ebenfalls mit nach oben gestreckten Fingern, auf das Gelenk der ersten Hand aufsetzen.

Herz-Lungen-Wiederbelebung

Hierunter versteht man die Kombination von Atemspende und Herzmassage. Steht nur ein Helfer zur Verfügung, wechseln 15 Herzmassagen mit 2 Atemstößen. Erfolgversprechender und weniger anstrengend ist die Wiederbelebung durch zwei Helfer. Der erste führt die Herzmassage mit der Frequenz 60 in der Minute durch, der zweite Helfer beatmet nach jeder 5. Herzmassage einmal. Nach jeweils 2 bis 3 Minuten müssen Puls und Pupillen kontrolliert werden.

Seitenlagerung

Bewußtlose werden grundsätzlich in die Seitenlage gebracht, besonders wenn sie aus Mund oder Nase bluten oder erbrechen. Derartige Unfälle können an Bord beispielsweise durch den überkommenden Großbaum oder durch einen Sturz in den Niedergang geschehen. Zuerst prüft man bei Bewußtlosen die Atmung. Ist sie regelrecht, werden sie wie folgt in die Seitenlage gebracht:

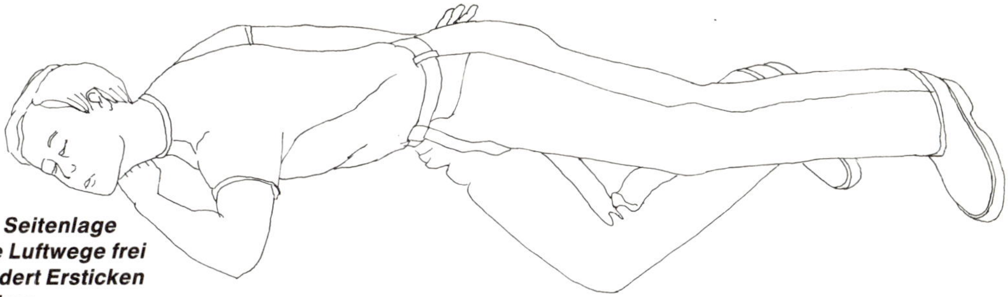

Die stabile Seitenlage Sie hält die Luftwege frei und verhindert Ersticken bei Erbrechen.

Seitlich neben den Bewußtlosen knieen, den dem Helfer zugewandten Arm unter sein Gesäß schieben, das Bein der selben Seite anwinkeln und aufstellen, dabei Hacken dicht an das Gesäß schieben. Schulter und Hüfte der gegenüberliegenden Seite fassen und den Bewußtlosen zu sich herüberziehen. Kopf kräftig nach hinten beugen und das Gesicht ein wenig zum Boden drehen. Dann den untenliegenden Arm nach hinten hervorziehen und die Hand des obenliegenden Armes unter die Wange legen.
Mit dieser Lagerung verhütet man, daß der Bewußtlose an seinem Blut oder Mageninhalt erstickt oder die zurückfallende Zunge die Atemwege verlegt. Üben Sie diese wichtigen Handgriffe zuerst zu Hause, dann aber auch im engen Cockpit.

Schock

Starke Blutungen, Verbrennungen, Knochenbrüche oder Unterkühlung bei einem über Bord gegangenen Mitglied der Besatzung können zu einem lebensbedrohlichen Schock führen.
Anzeichen: Schneller, kaum tastbarer Puls, fahlgraue, schweißbedeckte und kalte Haut, Unruhe und getrübtes Bewußtsein.
Maßnahmen: In die Koje legen, flach lagern und die Beine durch Kojenpolster oder Segelsäcke hochlagern. Zur Vermeidung weiterer Wärmeverluste warm zudecken, aber bei entsprechenden Außentemperaturen Überwärmung vermeiden. Keine unnötigen Manipulationen, die Schmerzen bereiten. Ein Knochenbruch kann später versorgt, massive Blutungen müssen dagegen sofort gestillt werden. Tröstender Zuspruch und laufende Kontrolle des Zustandes sind jetzt wichtig.

Lebensbedrohliche Blutungen

Massive Blutungen gehören zu den Situationen, in denen man unverzüglich handeln muß: Bein oder Arm hochhalten, sofort abdrücken, notfalls auch tief in die Wunde hineindrücken und Druckverband anlegen. Abbindungen werden nur dann angelegt, wenn andere Maßnahmen erfolglos blieben.

Abdrücken

Am Arm: Arm hochhalten und mit vier Fingern in die Muskelrinne auf der Innenseite des Oberarms greifen und Schlagader gegen den Knochen drücken.
Am Bein: Mit beiden Händen den Oberschenkel umgreifen und mit beiden Daumen in der Mitte der Leistenbeuge die Schlagader gegen den Bekkenknochen drücken.
An Kopf und Rumpf: Keimfreies Material wie keimfreie Wundauflagen oder Verbandpäckchen aufpressen.

Druckverband

Während ein Helfer die Blutung durch Abdrücken stillt, bereitet der zweite Helfer den Druckverband vor. Druckverbände müssen elastisch und hoch genug sein und dürfen nicht verrutschen. Mit einem richtig angelegten Druckverband lassen sich Schlagaderblutungen fast immer stillen.
Ausführung: Wundauflage eines Verbandpäckchens auf die Wunde legen und mit einigen Bin-

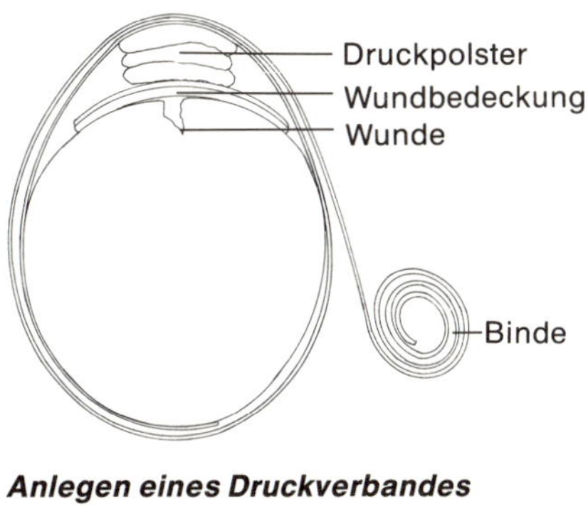

Anlegen eines Druckverbandes

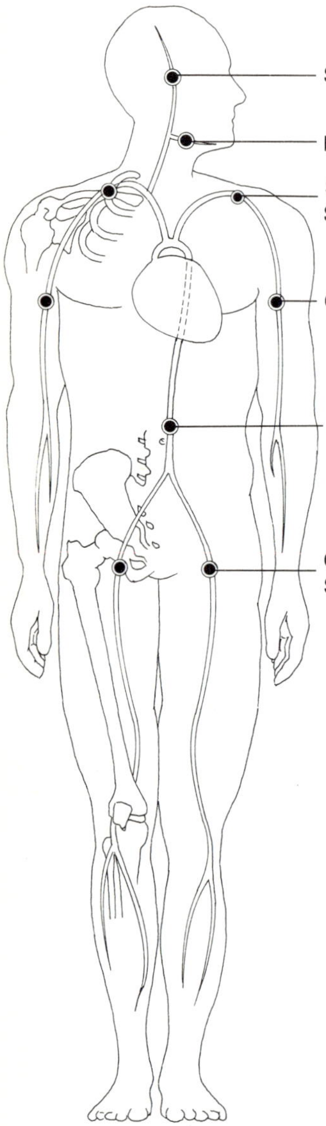

Die sechs wichtigsten Punkte zum Abdrücken der betreffenden Schlagadern

dengängen fixieren. Als Druckpolster nimmt man eine geschlossene Mullbinde oder ein ungeöffnetes Verbandpäckchen, legt es über den Wundbereich auf die Wundauflage und bezieht es unter vermehrtem Zug in die Bindengänge ein.
Blutet der Verband dennoch durch, ein weiteres Druckpolster mit Bindengängen befestigen. Statt Binden kann man auch ein zur Krawatte gefaltetes Dreiecktuch nehmen.

Man achte beim Anlegen eines Druckverbandes darauf, daß es nicht zu einer Stauung kommt, erkenntlich an der blauroten Verfärbung der Haut.

Abbinden

Abbindungen einer Gliedmaße können zu schweren Gewebeschäden führen, besonders wenn sie unsachgemäß angelegt sind oder länger liegen. Da einmal angelegte Abbindungen nicht gelöst werden dürfen, weil die Einschwemmung der aufgestauten Schlacken einen schweren Schock auslösen können, andererseits eine zu lange liegende Abbindung zum Verlust der Gliedmaße führen kann, sollte man auf alle Fälle versuchen, mit einem Druckverband auszukommen. Zur Abbindung benutzt man ausschließlich Dreiecktücher oder sehr breite Gummibinden, niemals aber einschnürendes Material wie Gummistropps, Tampen o. ä. Abbindungen werden nur an Gliedmaßen und oberhalb (herzwärts) der Blutung angelegt.
Am Arm: Arm hochhalten, das zur Krawatte gefaltete Dreiecktuch schlingenförmig um den Oberarm legen, Enden kräftig auseinanderziehen und verknoten (Kreuzknoten).
Am Bein: Krawatte oberhalb der Wunde locker um den Oberschenkel legen und verknoten. Knebel (Holzstab o. ä.) zwischen Oberschenkel und Krawatte schieben und drehen, bis die Blutung gerade steht. Knebel mit einer zweiten Krawatte in dieser Stellung fixieren. Bein hochlagern.
Eine Abbindung liegt richtig, wenn die Blutung gerade zum Stillstand gekommen ist, kein Puls fühlbar ist und die Haut weiß bleibt.
Bei Abgabe des Verletzten an einen Rettungswagen oder an ein anderes Schiff ist eine **Abbindungsmitteilung** mitzugeben. Sie muß die Personalien und den Zeitpunkt der Abbindung enthalten.

Verbände

Verbände bestehen aus einer keimfreien Wundauflage und der Befestigung mit Binden, Dreiecktüchern, Schlauchverbänden oder Pflastern.
Wunden dürfen nicht berührt, ausgewaschen, mit Pudern, Salben und anderen Mitteln behandelt und Fremdkörper nicht entfernt werden.

Bindenverbände

Die keimfreie Wundauflage wird mit Mullbinden oder den an Bord besonders geeigneten elastischen und selbsthaftenden Fixierbinden befestigt.
Gewickelt wird von unten nach oben, also herz-

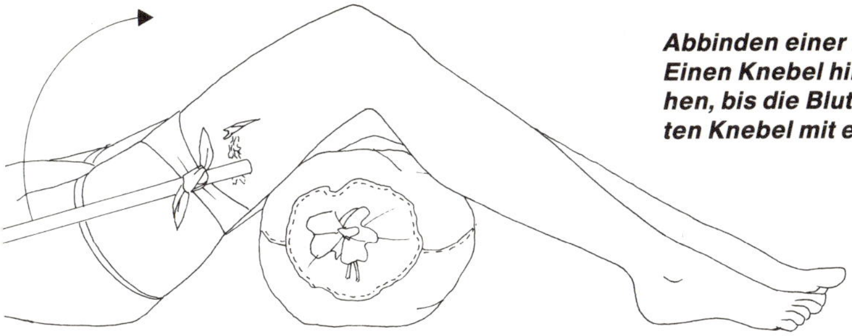

Abbinden einer Blutung am Bein
Einen Knebel hinter die Krawatte schieben und drehen, bis die Blutung steht, und den um 180° gedrehten Knebel mit einer zweiten Krawatte festbinden.

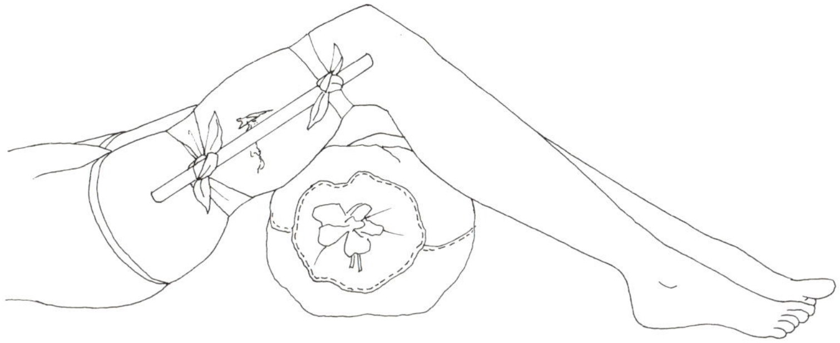

wärts, und rechts (Linkshänder links) herum. Das Ende wird mit einem Pflasterstreifen befestigt.
Ausgedehnte Verletzungen und Stellen, die, wie Kopf, Schulter und Gelenke, schwieriger zu verbinden sind, versorgt man mit Dreiecktüchern oder Schlauchverbänden. Bei Verbandpäckchen ist die Wundauflage auf der Binde befestigt.

Dreiecktuchverbände

Auch bei Dreiecktuchverbänden wird die Verletzung zuerst mit einer keimfreien Wundauflage abgedeckt. Stirn-, Ohren-, Kiefer- und Augenverletzungen werden mit einem zur Krawatte gefalteten Dreiecktuch verbunden. Bei Augenverletzungen sind stets beide Augen zu verbinden.

Schlauchverbände

Schlauchverbände bestehen aus elastischen und gewirkten Schläuchen. Sie sitzen faltenlos und rutschfest und engen die Bewegungsfreiheit nicht ein. Sie eignen sich daher besonders für den Bordgebrauch.
Schlauchverbände gibt es als gebrauchsfertige Einzelverbände für Finger, Hand, Fuß, Kopf und Achselhöhle bzw. Schulter.
Das offene Schlauchstück wird über die Wundauflage geführt und der gerollte Teil wie ein Strumpf darübergestülpt. Der restliche Wulst wird durchschnitten und die Enden über dem Gelenk verknotet.
Schlauchverbände können ohne störende Maschenbildung an beliebiger Stelle eingeschnitten werden, beispielsweise um den Daumen oder die Ohren freizugeben.

Pflasterwundverbände

Pflasterwundverbände dienen dem Schutz kleiner, nicht stark blutender Verletzungen. Sie bestehen aus einem Heftpflaster und der darauf befestigten Wundauflage (Schnellverband). Neben den wasserabstoßenden und luftdurchlässigen Standardpflastern gibt es wasserfeste Pflaster und solche, die sich ohne Schere in Längs- und Querrichtung reißen lassen.
Für die mit Pflasterwundverbänden schwieriger zu verbindenden Finger empfehlen sich fertige Finger- und Fingerkuppenverbände.

Blutungen in Körperhöhlen

Bei Blutungen in der Brust- oder Bauchhöhle beschränkt sich die Erste Hilfe auf eine entsprechende Lagerung und auf die Verhütung bzw. Bekämpfung eines Schocks. Diese Blutungen sind nicht unmittelbar zu erkennen. Man kann sie vermuten, wenn es nach einem entsprechenden Unfall

(Schlag, Sturz, Prellung) zu Schmerzen, Atemnot und einem sich vertiefenden Schock kommt.
Bei Blutungen oder vermuteten inneren Verletzungen im Bauchraum wird der Verletzte flach gelagert und bekommt zur Entspannung der Bauchdecken eine Rolle unter die Kniekehlen. Bei Blutungen oder Verletzungen im Brustraum wird der Verletzte halbsitzend gelagert.
Krampfaderblutungen Verletzten in die Koje legen, Bein mit Decken, Segelsäcken o. ä. hochlagern und verbinden, gegebenenfalls mit einem Druckverband.
Nasenbluten Der Blutende soll sitzen und seine Nasenflügel dicht unterhalb des Nasenrückens mit Daumen und Zeigefinger etwa 10 Minuten fest zusammenpressen. Kein Wasser aufschnupfen lassen.

Knochenbrüche

Einen Knochenbruch vermutet man, wenn der Verletzte starke Schmerzen hat, die Gliedmaße eine unnatürliche Form oder Stellung aufweist und ihre Gebrauchsfähigkeit gestört ist. Ist die Haut über der vermuteten Bruchstelle unverletzt, liegt ein geschlossener Bruch vor. Verletzungen über oder in der Nähe der vermuteten Bruchstelle lassen einen offenen Knochenbruch vermuten.
Bis zum Erreichen des nächsten Hafens genügt es im allgemeinen, den Bruch mit Decken, Polstern, Dreiecktüchern o. ä. in der Koje ruhig zu stellen. Die Anfertigung behelfsmäßiger Schienen aus Segellatten, Brettern und dergleichen empfiehlt sich im allgemeinen nicht. Ausnahmsweise wird man sie verwenden, wenn man einen Verletzten mit Ober- oder Unterschenkelbruch an ein anderes Schiff abgibt. Behelfsschienen müssen gut gepolstert sein. Auf Langstreckenfahrten können vom Hersteller bereits gepolsterte biegsame Schienen verschiedener Größe (Cramer-Schienen) oder die aus PVC-Folie und Nylongewebe hergestellten aufblasbaren Kammerschienen, je eine für Arm und Bein, nützlich sein.
Armbrüche Finger-, Hand-, Unter- und Oberarmbrüche werden in einem Armtragetuch ruhiggestellt. Der Arm wird mit zwei Krawatten zusätzlich an den Brustkorb fixiert.
Beinbrüche Fuß-, Knöchel-, Unter- und Oberschenkelbrüche werden in der Koje ruhiggestellt. Der Raum zur Bordwand und zum Leesegel wird mit Decken, Polstern, Kissen, Segelsäcken u. ä. so ausgepolstert, daß das Bein auch bei stärkeren Schiffsbewegungen völlig ruhig liegt. Diese Maßnahmen sind ausreichend und bei den engen Verhältnissen an Bord einfacher als eine behelfsmäßige Schienung.
Für den Abtransport an Land überlassen wir die Schienung der Besatzung des Rettungswagens. Soll der Verletzte einem Seenotkreuzer oder einem anderen Schiff übergeben werden, muß der Bruch jedoch sorgfältig geschient werden. Stehen keine gebrauchsfertigen Schienen zur Verfügung, muß behelfsmäßig geschient werden. Die Segellatten kleiner Yachten sind hierfür ungeeignet. Man sollte daher auf Langfahrten einige entsprechend lange, etwa 10 cm breite und nicht zu massive Bretter mitführen. Sie werden mit Decken gepolstert und bei Unterschenkelbrüchen auf der Außen- und Unterseite des Beins von der Ferse bis zum Gesäß mit Krawatten fixiert. Bei Oberschenkelbrüchen müssen die Schienen weit über das Gesäß hinausreichen. Eine dritte Schiene wird auf der Innenseite des Beins von der Ferse bis zum Schritt angebracht.
Wirbelsäulenbrüche Sie lassen sich nur aus der Art des Unfalls, Schmerzen, Bewegungsunfähigkeit und taubem Gefühl in den Gliedmaßen schließen. Wenn die Umstände (Schiffsbewegungen, Hafen erreichbar) es erlauben, wird die Lage des Verletzten nicht verändert. Sonst muß er sehr vorsichtig auf einer festen Unterlage (Gräting, Kajütboden, Kojenbretter) gelagert werden.
Rippenbrüche werden mit breiten elastischen Binden fixiert.

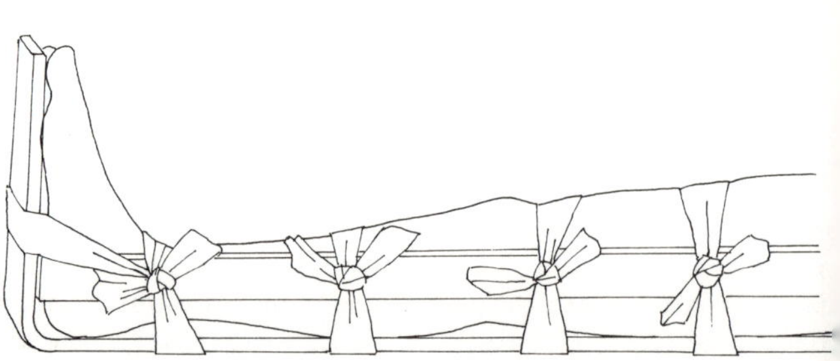

Behelfsmäßige Schienung eines Unterschenkelbruchs

Verrenkungen und Verstauchungen

Verrenkungen und Verstauchungen werden wie Knochenbrüche durch Ruhigstellung versorgt. Ein Gelenk muß innerhalb von 12 bis 24 Stunden von einem Arzt eingerenkt werden. Lediglich Finger können unter langsam zunehmendem Zug in der Längsachse des Knochens von einem erfahrenen Laienhelfer eingerenkt werden, wenn ärztliche Hilfe nicht erreichbar ist. Verstauchungen nach Abschwellen mit einer elastischen Binde versorgen.

Zerrungen, Prellungen und Quetschungen

Sie gehören beim Segeln zu den häufigsten Verletzungen. Dabei reißen Bindegewebs- und Muskelfasern sowie kleine Blutgefäße. Es bildet sich ein Bluterguß, der oberflächlich als blauer Fleck sichtbar wird, in der Tiefe auf Muskeln und Nerven drückt und diese zusätzlich schädigen kann.
Erste Hilfe: Sofortige Kühlung durch kalte Umschläge oder mit Eiswürfeln, die in ein Tuch gewikkelt werden. In der Sportmedizin verwendet man Eissprays. Sie dürfen nicht in offene Wunden gespritzt und nicht am Nacken, Kopf und Unterleib angewandt werden. Anschließend wird ein elastischer Verband aus selbsthaftenden Binden angelegt.
Schwere Quetschungen und Prellungen können mit inneren Blutungen verbunden sein und zum Schock führen.

Ertrinken

Entgegen früheren Meinungen können Ertrunkene auch dann noch erfolgreich wiederbelebt werden, wenn sie länger als 5 bis 10 Minuten unter Wasser gelegen haben. Sofern man den Ertrinkenden nicht von Bord oder Land aus mit einer zugeworfenen Leine oder einem Rettungsring bergen kann, legt man eine Rettungsweste an und sichert sich, sofern es die Entfernung zum Ertrinkenden gestattet, mit einer langen Schwimmleine. Beengende Oberbekleidung, mindestens Ölzeug und Stiefel, sollte man vorher ablegen. Allerdings wird es von den jeweiligen Umständen abhängen, ob man den mit diesen Vorbereitungen verbundenen Zeitverlust in Kauf nehmen kann.
Bergung Bei Annäherung an den Ertrinkenden rufe man ihm laut zu, daß Hilfe gebracht wird. Einen Ertrinkenden, der um sich schlägt, zu ergreifen, ist gefährlich. Sicherheitshalber schwimme man von hinten an, fasse ihn bei den Haaren oder an den Armen dicht bei den Schultern oder unter dem Kinn und gebe ihm mit dem Knie einen Stoß ins Kreuz, um den Körper hochzudrücken. Hat der Ertrinkende einen umklammert, so stemme man die Hand gegen sein Kinn und ein Knie gegen seinen Leib; im Notfall drücke man ihm mit zwei Fingern die Nase zu. Wenn er ruhig geworden ist oder das Bewußtsein verloren hat, drehe man ihn auf den Rücken und halte ihn mit beiden Händen über der eigenen Brust entweder an den Kinnbakken oder unter den Achseln, so daß man ihn durch Rückenschwimmen transportieren kann. Das Gesicht des Verunglückten muß über Wasser bleiben. Man kann in dieser Weise sich auch auf der Stelle halten, wenn weitere Hilfe unterwegs ist.

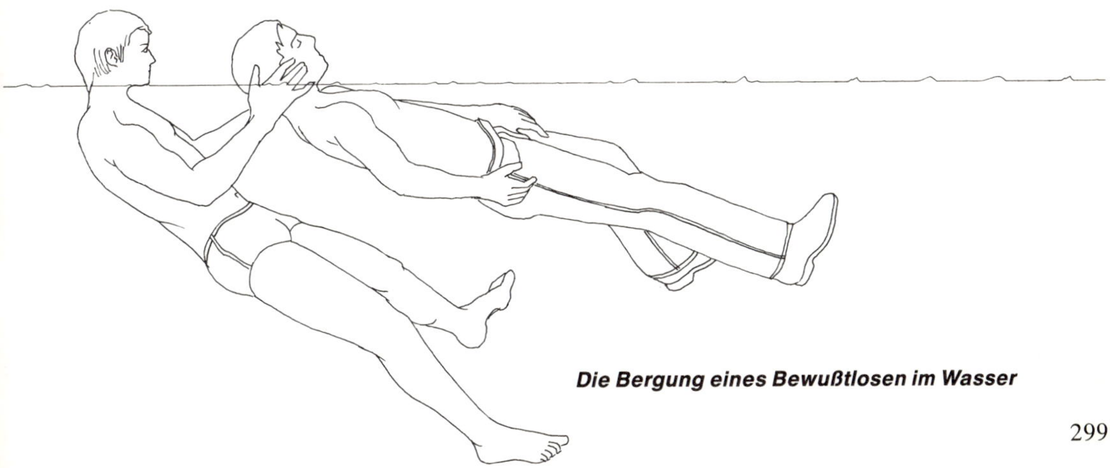

Die Bergung eines Bewußtlosen im Wasser

Ist der zu Rettende schwimmkundig und nur vorübergehend ermattet, so legt er die Hände auf die Schultern des Helfers, und dieser macht »Transportschwimmen« in der Brustlage.
Ist der Verunglückte auf den Grund gesunken, so ist die Stelle bei ruhigem Wasser möglicherweise an den zur Oberfläche steigenden Blasen kenntlich. Indem man unter Berücksichtigung etwaigen Stroms in der durch die Blasen bezeichneten Richtung niedertaucht, kann man oft den Ertrunkenen wiedererlangen, ehe es zu seiner Wiederbelebung zu spät ist. Man ergreife ihn dann nur mit einer Hand und gebrauche die andere und die Füße, um an die Oberfläche zu kommen.
Ist der Geborgene stark erschöpft, bringe man ihn ohne Verzug unter Deck oder in einen geschützten Raum, um weitere Auskühlung zu verhindern. Nasse Kleider sind durch trockene Decken zu ersetzen.
Grundsätzlich falsch ist es, zur »Belebung des Kreislaufs« Alkohol einzuflößen. Er kann genau das Gegenteil bewirken, nämlich einen Zusammenbruch des Kreislaufs.
Bei Atemstillstand beginnt man unverzüglich mit der Atemspende und gegebenenfalls mit der Herzmassage. Man vergeude keine Zeit mit dem Versuch, Wasser aus den Atemwegen zu entfernen. Das ist nur mit Absauggeräten möglich.

Bewußtlosigkeit

Bewußtseinsstörungen können zahlreiche Ursachen haben: Schädelhirnverletzungen, Herz- und Kreislaufstörungen, innere Erkrankungen, Vergiftungen u. v. m. Unabhängig von der Ursache werden Bewußtlose unverzüglich in die Seitenlage gebracht und Herz- und Atemtätigkeit kontrolliert.
Bei einer **Ohnmacht** handelt es sich um einen vorübergehenden Kreislaufkollaps. Bei *rotem Gesicht und starkem Puls* Kopf leicht hochlegen und kalte Kopfumschläge. Bei *blassem Gesicht und schwachem Puls* Beine anheben. Kleidung lockern, warm zudecken und Atemtätigkeit beobachten. Kehrt das Bewußtsein nicht nach Sekunden bis Minuten zurück, liegt eine ernstere Störung vor, beispielsweise eine **Gehirnerschütterung** durch Schlag oder Stoß an den Schädel, an Bord häufig durch den Großbaum. Anzeichen: kurze Bewußtlosigkeit, Übelkeit, Erbrechen, Kopfschmerzen und Erinnerungslücke für die Zeit kurz vor dem Unfall.
Erste Hilfe: Bei Bewußtlosigkeit Seitenlage, Atmung und Herztätigkeit kontrollieren, nach Rückkehr des Bewußtseins in der Koje belassen und über 24 Stunden beobachten. Innerhalb dieser Zeit kann es durch Blutung im Gehirn bzw. den Hirnhäuten zum Hirndruck kommen: Erneute Bewußtseinstrübung, zunehmende Kopfschmerzen, langsamer Puls. Diese Situation erfordert sofortige ärztliche Hilfe: den nächsten Hafen anlaufen, Anforderung eines Seenotkreuzers oder Rettungshubschraubers. Bis dahin muß der Schiffsführer über eine »Funkärztliche Beratung« mit einem Arzt an Land in Kontakt bleiben. Das gilt auch für **Schädel-Hirnverletzungen**.
Blutungen aus Mund, Nase und Ohren deuten auf **Schädelbasisbruch** hin.

Hitzeerkrankungen

Körperliche Belastung bei großer Hitze und hierfür ungeeigneter Bekleidung (Ölzeug) führen durch Schweißabgabe zu Wasser- und Kochsalzverlust und damit zur
Hitzeerschöpfung. Anzeichen: Blasse, kühle und schweißbedeckte Haut, Schwäche, kaum tastbarer, schneller Puls.
Beim **Hitzschlag** kommt es nicht zur Schweißabgabe, sondern zum Wärmestau: roter Kopf, heiße und trockene Haut, Bewußtseinstrübung bis zu Bewußtlosigkeit.
Der **Sonnenstich** ensteht durch direkte Sonnenbestrahlung des ungeschützten Kopfes. Kleinkinder sind besonders gefährdet. Anzeichen: Roter, heißer Kopf, aber meistens kühle Haut, Übelkeit, Erbrechen, Schwindel und Bewußtseinstörungen.
Die Erste Hilfe richtet sich nach den Symptomen: Lagerung an einem schattigen kühlen Ort, flach bei blassem Gesicht, mit erhöhtem Kopf bei rotem Gesicht, Entfernung beengender Kleidung, kalte Kompressen auf Brust, Stirn und in den Nacken. Bewußtlose werden in die Seitenlage gebracht und die Atemtätigkeit kontrolliert.
Bei Hitzeerschöpfung und vorhandenem Bewußtsein gibt man Salzwasser (1 Teelöffel auf 1 Liter) in kleinen Schlucken.

Verbrennungen und Verbrühungen

Verbrennungen und Verbrühungen schädigen nicht nur die Haut. Sie können zur Wundinfektion

und zum Schock mit schweren Stoffwechselstörungen (Verbrennungskrankheit) führen.
Erste Hilfe: Brennende Personen zu Boden werfen und Brand durch Umhüllen mit Decken, Kleidungsstücken, Tüchern usw. oder Herumwälzen des Brennenden auf dem Boden ersticken. Festklebende Kleider nicht entfernen.
Bei Verbrühungen durchtränkte Kleidung in jedem Fall sofort entfernen.
Verbrannte Gliedmaßen sofort unter fließendes kaltes Wasser halten oder eintauchen, bis der Schmerz nachläßt. Anschließend Brandwundenverbandpäckchen, bei ausgedehnten Verbrennungen Brandwundenverbandtuch anlegen. Keine Salbe, kein Puder oder andere Hausmittel anwenden. Bei ausgedehnten Verbrennungen und erhaltenem Bewußtsein Salzwasser (1 Teelöffel auf 1 Liter) in kleinen Schlucken trinken lassen, gegebenenfalls Schockbekämpfung (s. dort).

Verätzungen

Zu Verätzungen kommt es durch Säuren (z. B. Batteriewasser) oder Laugen (Natron-, Kalilauge, ungelöschter Kalk).
Erste Hilfe: Haut sofort und ausdauernd unter fließendem Wasser spülen. Bei Verätzungen der Speiseröhre, des Mundes und Magens in kleinen Schlucken reichlich Wasser oder Milch trinken lassen (Verdünnungseffekt), aber niemals zum Erbrechen reizen. Bei Augenverätzungen sofort ausgiebige Augenspülung mit fließendem Wasser, wobei der Helfer das Wasser aus 10 Zentimeter Höhe in den inneren Augenwinkel gießt. Diese Sofortmaßnahmen entscheiden oft darüber, ob es zu bleibenden Schäden (Verengung der Speiseröhre, Hornhautnarben) kommt oder nicht.

Vergiftungen

Atemgifte

An Bord kommt es in erster Linie zu Vergiftungen durch Kohlenmonoxid (CO) bei schadhaften Auspuffanlagen und bei ungenügender Verbrennung fester Brennstoffe in schlecht ziehenden Öfen. Kohlendioxid (CO_2) reichert sich in der Luft an, wenn der Sauerstoff durch offene Flammen (Kocher, Öfen) verbraucht und nicht für Frischluftzufuhr gesorgt wird. Auch Lösungsmittel wie Tetrachlorkohlenstoff können ebenfalls zu Vergiftungen führen.
Je nach Art des Gases kommt es zu Benommenheit bis zur Bewußtlosigkeit, Kopfschmerzen, Schwindel, Übelkeit und Atemlähmung. CO-Vergiftete sehen auffällig rosa aus.
Erste Hilfe: Vergiftete an die frische Luft und bei Bewußtlosigkeit in die Seitenlage bringen. Vorsicht: CO-Luftgemische sowie Propan- und Butangas sind hochexplosiv. Keine elektrischen Anlagen bei der Bergung einschalten oder Streichhölzer benutzen.

Magen-Darm-Gifte

Auch an Bord kann es durch verdorbene Nahrungsmittel, Medikamente, Alkohol, Lösungs- und Reinigungsmittel u. a. zu Vergiftungen kommen. Spezifische Maßnahmen können wegen der Vielfalt der Substanzen nicht angegeben werden.
Die Erste Hilfe beschränkt sich auf lebensrettende Maßnahmen wie Seitenlagerung, Schockbekämpfung und Wiederbelebung. Nicht zum Erbrechen reizen, nichts zu trinken geben, weil dadurch die Aufnahme des Gifts in das Blut beschleunigt wird. Funkärztliche Beratung unter Angabe des vermuteten Giftes. Der Funkarzt wird sich gegebenenfalls an eine Giftinformationsstelle (im deutschen Küstenbereich in Bremen, Hamburg und Kiel) wenden.

Elektrounfälle

Zu Elektrounfällen kann es bei unsachgemäß überbrückten Landanschlüssen, nicht mit Sicherheitsschaltern versehenen Leitungen für Landstrom an Bord und schadhaften Kabeln kommen, insbesonders bei Nässe. Auf Binnengewässern und auf Kanälen kann das Rigg stromführende Leitungen berühren. Auch der Blitzschlag führt zu einem Elektrounfall. Haushalts- und Gewerbestrom bis zu 1000 V verursachen Herzrhythmusstörungen und Herzstillstand. Hochspannungsstrom über 1000 V bis zu 1 Mio Volt beim Blitzschlag führen neben Herzstillstand zu schweren Verbrennungen und Verkohlungen.
Erste Hilfe: Strom unterbrechen, wenn nicht möglich, auf isolierende Unterlage (trockene Gräting, Decken) stellen und Verunglückten mit nichtleitendem Gegenstand (hölzerner Peekhaken) aus dem Gefahrenbereich ziehen. Bei Hochspannungsstrom unbedingt Abschaltung der Leitung durch E-Werk abwarten. Sofern erforderlich, Herz-Lungen-Wiederbelebung und Schockbekämpfung. Verbrennungen wie oben beschrieben versorgen.

Unterkühlung

Das Wärmezentrum des Gehirns sorgt wie der Thermostat einer Heizung für eine konstante Temperatur im Körperinneren von etwa 38°C. Schwankungen der Außentemperatur gleicht der Organismus in erster Linie über die Durchblutung der Haut aus: Wärmeabgabe durch verstärkte Durchblutung der Haut und Schweiß bei erhöhten Außentemperaturen, Drosselung der Hautdurchblutung und vermehrter Sauerstoffverbrauch bei niedrigen Außentemperaturen.

Übersteigt der Wärmeverlust die Möglichkeit des Körpers zur Gegenregulation, kommt es zur Unterkühlung. Bis zu einer Wassertemperatur von 32°C kann der Körper den Wärmeverlust ausgleichen. Die nachstehende Tabelle zeigt die wahrscheinliche Überlebenszeit bei unterschiedlichen Temperaturen:

Temperatur	Wahrscheinliche Überlebenszeit
unter 2° C	weniger als 45 Minuten
2–4° C	weniger als 90 Minuten
4–10° C	weniger als 3 Stunden
10–15° C	weniger als 6 Stunden
15–20° C	weniger als 12 Stunden
über 20° C	abhängig von Erschöpfung

Diese Anhaltszahlen können in Einzelfällen überschritten werden. Häufiger aber tritt der Tod in kürzerer Frist ein. Die Überlebenszeit ist auch vom Verhalten im Wasser, dem körperlichen Zustand, von Alter und Geschlecht und vor allem von der Bekleidung abhängig.

Bei zunehmender Unterkühlung versucht der Körper die im Körperinneren herrschende Temperatur (»Kerntemperatur«) aufrecht zu erhalten: die Durchblutung aller nicht lebenswichtigen Bereiche wie Haut, Unterhaut und Gliedmaßen wird gedrosselt und konzentriert sich auf Gehirn, Herz, Lunge und andere lebenswichtige Organe. Vertiefte Atmung und Kältezittern gehören zu der natürlichen Gegenregulation des Organismus. Hieraus ergeben sich die Stadien der Unterkühlung:

1. Grad: Kerntemperatur zwischen 37° und 35°C, starkes Kältezittern, Bewußtsein voll erhalten.
2. Grad: Kerntemperatur zwischen 36° und 31°C, Muskelstarre, Bewußtseinstrübung, langsamer, oft unregelmäßiger Puls.
3. Grad: Kerntemperatur zwischen 31° und 27°C, Körperstarre, Atmung und Puls nicht oder kaum wahrnehmbar.

Unter 27°C tritt der Tod meistens durch Herzversagen ein. In Ausnahmefällen können Wiederbelebungsmaßnahmen aber auch bei Temperaturen unter 27°C erfolgreich sein. Umgekehrt kann der Tod gelegentlich auch bei Kerntemperaturen über 30°C eintreten.

Erste Hilfe: Je tiefer die Unterkühlung und je älter der Unterkühlte ist, desto behutsamer muß man bei der Wiedererwärmung vorgehen. Der Unterkühlte wird sofort unter Deck oder mindestens an einen windgeschützten Ort gebracht. Unterkühlte 1. Grades werden ausgezogen, stärker Unterkühlte beläßt man in den Kleidern und hüllt sie warm ein. Die Anlage einer »Isolationsrettungsdecke« verhindert die Abstrahlung weiterer Körperwärme. Aktive Bewegungen müssen unterbleiben, passive Bewegungen bei Unterkühlten 2. und 3. Grades sind auf das notwendigste Maß zu beschränken, da Herztätigkeit und Kreislauf bei stärker Unterkühlten eingeschränkt sind und bei zusätzlicher Belastung völlig zusammenbrechen können. Tiefer Unterkühlte müssen daher soweit möglich liegend transportiert werden und dürfen bei der Versorgung in der Koje auch nicht aufgerichtet werden.

Ist der Unterkühlte bei Bewußtsein, bekommt er reichlich gesüßten Tee, auf keinen Fall aber Alkohol. Eine rasche Wiedererwämung mit heißen Kompressen oder gar im Überwärmungsbad kann bei tiefer Unterkühlten zu Verbrennungen und zu Herzrhythmusstörungen oder zu Herzstillstand führen. Diese Maßnahmen sind nur unter ärztlicher Kontrolle möglich oder den geschulten Besatzungen der Seenotkreuzer zu überlassen. Gegen die Anlage einer Wärmepackung (in Tücher gehüllte oder auf die Unterbekleidung gelegte heiße Kompressen auf Nacken, Brust und Leib) ist bei Unterkühlten 1. Grades nichts einzuwenden. Sie ist aber in diesem Stadium nicht unbedingt erforderlich.

Maßnahmen gegen Unterkühlung

Muß man das Schiff im Seenotfall verlassen, sollte man soviel wie möglich anziehen und auch Schuhe oder Seestiefel anbehalten. Das Ölzeug wird an Hand- und Fußgelenken zugebunden. So halten

die Bekleidungsschichten das vom Körper erwärmte Wasser, verringern die Auskühlung und erhöhen durch die eingeschlossene Luft den Auftrieb. Kopf und Nacken werden durch Wollmütze und Schal besonders geschützt, weil hier die wärmeabgebenden Blutgefäße dicht unter der Haut verlaufen.
Optimalen Schutz bieten die sogenannten Überlebensanzüge (»survival suites«). Sie bestehen aus mehreren isolierenden Schichten, sind absolut wasserdicht und schützen auch bei niedrigen Temperaturen viele Stunden vor Unterkühlung. – Vor Verlassen des Schiffs trinkt man – sofern irgend möglich – reichlich heißen gesüßten Tee, aber keinen Alkohol.

Verhalten im Wasser

Oberste Regel: Keine unnötigen Bewegungen, kein »Warmschwimmen«. Bewegung steigert die Wärmeabgabe und verringert die Kraftreserven. Empfohlen wird eine zusammengekauerte, »embryoartige« Haltung. Sie verringert die Wärmeabgabe erheblich. Mehrere Personen sollen sich eng zusammenschließen. Entscheidend sind oft die Hoffnung und der Wille zum Überleben: sich selbst und den seelisch weniger widerstandsfähigen Kameraden Mut zusprechen. Die Erlebnisberichte vieler Schiffbrüchiger bestätigen dieses. Auch aus diesem Grund sollten Schiffbrüchige zusammenbleiben und sich untereinander mit Leinen sichern.
In einer Rettungsinsel spielen Seekrankheit und Unterkühlung eine entscheidende Rolle. Seekrankheitsmittel müssen vor Verlassen der Yacht eingenommen werden. Gegen Auskühlung schützen Isolationsrettungsdecken.

»Igelhaltung« gegen die Auskühlung
Die verschränkten Arme und Beine werden eng an den Körper gepreßt, nur möglich mit einer ohnmachtssicheren Rettungsweste. Jede unnötige Bewegung ist zu vermeiden.

Abbergen von Verletzten und Kranken

Unter den beengten Verhältnissen einer Yacht bereitet es oft Schwierigkeiten, einen Verletzten den Niedergang herauf zu bringen, ihn einem anderen Schiff zu übergeben oder an Land zu transportieren. Hierbei wendet man die Rautek-Rettungs- und Transportgriffe an.
Beim Transport in sitzender Haltung kreuzen zwei Helfer ihre Handgelenke so, wie es die Abbildung zeigt. Der Verletzte setzt sich auf die Handgelenke und hält sich an den Schultern der Helfer fest. Man kann auch aus einem dicken Tampen ein Auge machen und den Verletzten in diesen Ring setzen.

»Notsitz«

Der Rautek-Rettungsgriff

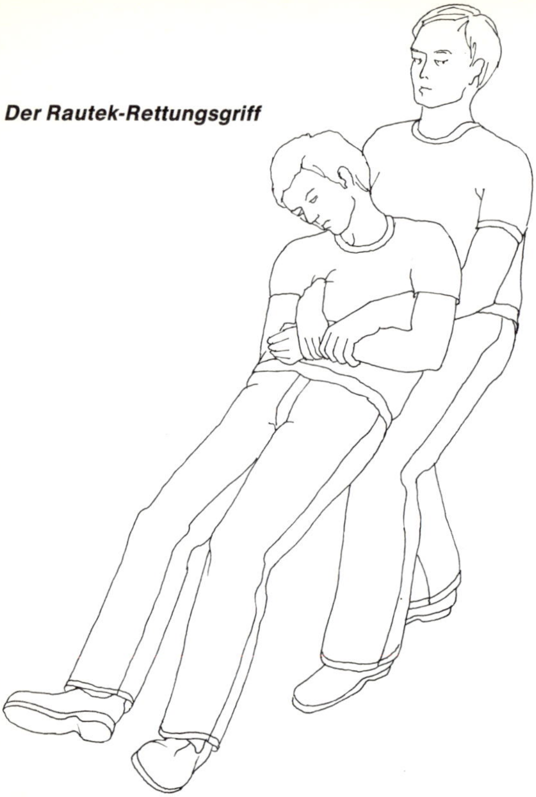

Dann haben die Helfer je einen Arm zur Unterstützung des Verletzten und zur eigenen Sicherung frei.

Mit dem **Rautek-Rettungsgriff** bringt ein Helfer den Verletzten aus der Gefahrenzone.

Beim Transport über den Niedergang mit zwei Helfern trägt der erste Helfer den Verletzten mit dem Rautek-Rettungsgriff. Der zweite Helfer geht voran und schlägt die Beine des Verletzten über seine Schultern. Beim Transport nach oben geht der erste Helfer rückwärts.

Beim Abbergen auf ein anderes Schiff benutzt man den »Rettungsknoten«: Aus einer Leine werden 5 Parten in Körperlänge gelegt und durch einen Überhandknoten in 4 Augen unterteilt. Die kleineren Augen sind für die Arme, die größeren für die Beine bestimmt. In diesen Augen hängt der Erkrankte sicher, besonders wenn man noch eine Sorgleine ansteckt, um ihn von der Bordwand abzuhalten.

Seekrankheit

Die Ursachen der Seekrankheit sind vielfältig: Einwirkungen der Schiffsbewegungen auf das Gleichgewichstorgan, optische Eindrücke, Gerüche aus der Kombüse und dem Motorraum, Auskühlung, Ermüdung, falsche Ernährung und auch Angst.

Medikamente Grundsätzlich gibt es keine wirksamen Medikamente, die nicht auch (meist unerwünschte) Nebenwirkungen haben. Antihistaminica wie Bonamine®, Peremesin®, Vomex A® u. a. m., insbesonders wenn sie mit Coffein kombiniert sind, erzeugen relativ geringe Ermüdungserscheinungen. Stärker ermüdend wirken Neuroleptica wie Atosil® oder Megaphen®. Cinnarizinpräparate wie Stutgeron® u. a. machen offenbar weniger müde. Wenn Angst und Spannung im Vordergrund stehen, kann ein niedrig dosiertes Psychopharmakon wie Psyquil® angezeigt sein. Wirksam sind auch Scopolamin-Präparate. Sie werden als Hautpflaster (z. B. Scopoderm TTS®) angeboten und wirken durch die kontinuierliche Abgabe durch die Haut bis zu 72 Stunden. Auch sie sind nicht frei von Nebenwirkungen und wie alle stärker wirksamen Medikamente verschreibungspflichtig.

Akute Erkrankungen

Herzschmerzen

An Bord läßt sich nicht sicher feststellen, ob Herzschmerzen vom Herzen selbst (Angina pectoris, Herzinfarkt) ausgehen oder ob Schmerzen von anderen Organen in die Herzgegend ausstrahlen (Halswirbelsäule, überblähter Magen). In vielen Fällen handelt es sich auch um »nervöse», das heißt vegetativ bedingte Beschwerden, besonders bei jungen Menschen. Einen Hinweis kann das Allgemeinbefinden geben. Schweißausbruch, Atemnot, Kollaps und Schock deuten manchmal auf einen Herzinfarkt.

Die Erste Hilfe muß sich daher auf Maßnahmen beschränken, die bei den unterschiedlichen Ursachen auf keinen Fall schaden: Lagerung mit erhöhtem Oberkörper, beengende Kleidung öffnen, heiße Kompressen auf die Herzgegend. Der Kranke muß unter Beobachtung bleiben, um die ersten Zeichen eines Schocks zu erkennen. Funkärztliche Beratung ist in jedem Fall angezeigt.

Leibschmerzen

Auch bei Leibschmerzen läßt sich an Bord kaum eine sichere Diagnose stellen. Die Maßnahmen richten sich nach den Symptomen und dem Allgemeinzustand.

Schmerzen in der Mitte des Oberbauchs Wahrscheinlich handelt es sich um eine Magenschleimhautentzündung oder um ein Magengeschwür. Erste Hilfe: Nur Tee und Zwieback, heiße Kompressen auf den Leib, Rabro®-Tabletten und bei krampfartigen Schmerzen Spasmo-Cibalgin®-Zäpfchen.

Schmerzen im rechten Oberbauch Wahrscheinlich von der Gallenblase ausgehend, besonders wenn sie kolikartig auftreten. Behandlung wie bei Magenschmerzen. Werden heiße Kompressen nicht vertragen, legt man kalte Kompressen auf.

Schmerzen in der Flanke Wahrscheinlich Nieren- oder Harnleiterkolik, besonders wenn sie in die Blasengegend ausstrahlen und mit Brennen beim Wasserlassen verbunden sind. Behandlung: Reichlich trinken lassen, feucht-warme Umschläge auf Flanke und Unterleib, Spasmo-Harnosal®-Tabletten, bei kolikartigen Schmerzen Spasmo-Cibalgin®-Zäpfchen.

Schmerzen im rechten Unterbauch eventuell mit Fieber und Erbrechen verbunden: wahrscheinlich akute Blinddarmentzündung. Erste Hilfe: Kalte Umschläge auf den Leib, den nächsten Hafen anlaufen. Ist das nicht in wenigen Stunden möglich, gibt man bis dahin ein Antibioticum (Binotal®, Hostacyclin®). Funkärztliche Beratung.

Schmerzen im gesamten Leib dabei bretttharte Bauchdecken, Kollaps oder Schock: wahrscheinlich Bauchfellentzündung oder Darmlähmung. Nichts essen und trinken, Reise sofort abbrechen, wenn nicht möglich, Antibiotica geben und funkärztlich beraten lassen.

Magen-Darm-Infektionen

An unspezifischen Infekten durch Bakterien und Viren kann man in allen Fahrtengebieten erkranken. Wenn bei diesem als »Reisediarrhoe« bekannten Infekt das Allgemeinbefinden nicht stärker gestört ist, genügt eine 24stündige Teepause (nur ungesüßter Tee und Zwieback), dazu Kohletabletten. Bei stärkerer Störung des Befindens und Fieber nimmt man ein in der Bordapotheke empfohlenes Medikament.

Augenerkrankungen

Bindehautentzündungen, erkenntlich an der rötlichen Verfärbung der Bindehaut, Tränenfluß, Jukken und Schmerzen, entstehen durch Salzwasser, Staub, starke Sonneneinstrahlung. Behandlung

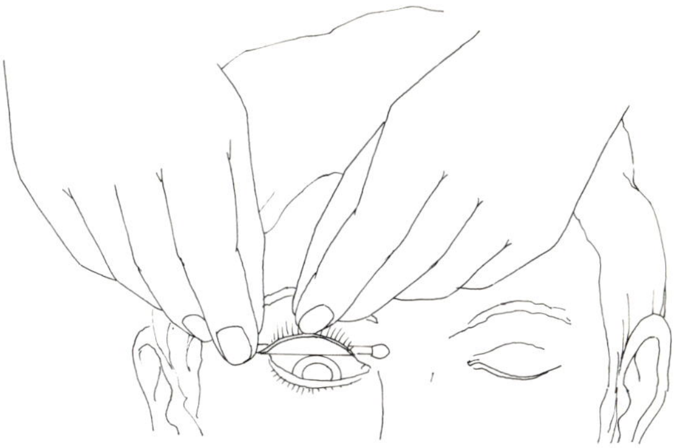

Fremdkörper im Auge
So wird das Oberlid an den Wimpern über ein Streichholz gezogen. Der Verletzte blickt dabei nach unten.

mit Aristamid®-Augentropfen 3mal täglich. Sonnenbrille oder Augenklappe tragen.

Lidrandentzündungen behandelt man mit Combisonum®-Augensalbe.

Befindet sich ein **Fremdkörper** im unteren Augenlid, läßt er sich meist ohne Mühe nach Abziehen des Lides mit der Ecke eines sauberen Tuches oder mit einem feuchten Tupfer herauswischen. Einen Fremdkörper im oberen Lid entfernt man entweder dadurch, daß man das obere Lid über das untere zieht und mit dem unteren Wimpernrand auswischt, oder man schlägt das Oberlid über ein eingelegtes Streichholz noch oben um und wischt es mit dem angefeuchteten Zipfel eines Taschentuches aus. Niemals am Augapfel reiben, niemals festhaftende Fremdkörper vom Augapfel zu entfernen versuchen!

Ohrenschmerzen

Entzündungen der Ohrmuschel oder des Gehörgangs (Furunkel) behandelt man mit feucht-warmen Umschlägen und Combisonum®-Salbe. Bei ausgedehnten Entzündungen und Fieber kann auch ein Antibioticum angezeigt sein (Binotal®).

Mittelohrentzündungen erkenntlich an tiefer liegenden, stechenden und klopfenden Schmerzen und Schwerhörigkeit, später auch an eitrigem Ausfluß, behandelt man mit Leucomycin®-Ohrentropfen. Ist ärztliche Hilfe in wenigen Stunden erreichbar, sollte man darauf verzichten, um die Diagnose nicht zu verschleiern. Aus diesem Grund sei man auch mit Schmerzmitteln (Otalgan®-Ohrentropfen, Dolviran®) zurückhaltend. Ohren mit Wolle warm halten.

Zahnschmerzen

und ihre Ursachen lassen sich mit Bordmitteln kaum beheben. Deswegen sollte man vor jeder längeren Reise den Zahnarzt aufsuchen und eventuelle Schäden beheben lassen. Verliert man unterwegs eine Füllung, kann man Kreosotspiritus eintropfen und den Defekt mit Kaugummi schließen. Entzündungen und Schwellungen im Bereich von Mund und Kiefer behandelt man mit Antibiotica (Binotal®), sofern zahnärztliche Hilfe in absehbarer Zeit nicht erreichbar ist.

Impfungen

Jeder Segler sollte sich grundsätzlich gegen Wundstarrkrampf (Tetanus) und Kinderlähmung (Poliomyelitis) schützen und den Schutz regelmäßig auffrischen lassen. Vor allem die Polio ist in warmen Ländern noch verbreitet. Darüber hinaus verlangen manche Länder in den Tropen und Subtropen beim Einklarieren den Nachweis einer Schutzimpfung gegen Gelbfieber und Cholera. Die Tropeninstitute und Landesimpfanstalten geben über den aktuellen Stand der jeweils geforderten Impfungen Auskunft. Gegen Typhus und Paratyphus kann man sich impfen lassen, unbedingt erforderlich ist es aber nicht, wenn man sich an die Regeln der Hygiene in warmen Ländern hält und keinen engen Kontakt mit der Bevölkerung hat.

Verletzungen durch Meerestiere

Fische

Petermännchen, Weberfische oder Adriafische kommen in allen Fahrtengebieten vor. Man tritt auf sie, wenn sie sich im Sand verbergen oder verletzt sich beim Lösen von der Angel. Ihr Stich ist schmerzhaft, jedoch in der Regel nicht gefährlich. Das gilt auch für die Drachenköpfe. Wesentlich gefährlicher sind Verletzungen durch Stein- oder Teufelsfische.

Erste Hilfe: Finger oder Fuß für etwa eine Stunde in möglichst heißes Wasser tauchen oder an anderen Körperstellen heiße Kompressen auflegen, um das Gift zu zerstören. Vorbeugend sollte man Badeschuhe tragen und unbekannte Fische vorsichtig (Arbeitshandschuhe) von der Angel lösen.

Quallen

Die Reaktion auf die in unseren Breiten vorkommenden Quallen entspricht etwa der Berührung von Brennesseln. Feuerquallen führen gelegentlich zu stärkeren behandlungsbedürftigen Reaktionen. Wesentlich gefährlicher sind die in warmen Gewässern, vereinzelt auch im mittleren Atlantik vorkommenden Nesseltiere, z. B. die Portugiesische Galeere. Sie ist erkenntlich an einer tiefblauen Blase.

Erste Hilfe: Schleim sofort mit Alkohol inaktivieren oder mit trockenem Sand, Mehl oder Puder einreiben und abschaben. Wasser und feuchter Sand dagegen aktivieren die Nesselkörperchen. Anschließend mit Antihistaminsalbe einreiben.

Gesundheitspflege auf Langstreckenfahrten

Jeder der Besatzung sollte sich vor Antritt der Reise ein ehrliches Selbstzeugnis über seinen Gesundheitszustand ausgestellt haben und bei geringster Unsicherheit sich einer ärztlichen Untersuchung unterziehen. Für Zähne gilt dies besonders. Grundsätzlich gelten an Bord die gleichen Hygieneregeln wie an Land. Wegen des engen Zusammenlebens sind sie an Bord aber besonders zu beachten. Trinkwasser muß mit geeigneten Silberkomplexpräparaten wie Certosil® und Mikropur® keimfrei gehalten und in warmen Ländern grundsätzlich abgekocht werden.

Segler, die für Wochen, Monate oder länger fern von Küsten segeln, müssen sich vertiefte Kenntnisse der Gesundheitspflege durch einen Lehrgang beim DRK oder einer anderen Hilfsorganisation erwerben. Sehr nützlich ist auch die hospitierende Tätigkeit in einer Unfallambulanz oder bei einem chirurgisch tätigen niedergelassenen Arzt. Spritzentechnik, Wundklammerung und andere über die Erste Hilfe an Land hinausgehende Maßnahmen lassen sich nur so erlernen.

Auch entsprechende Fachliteratur darf in der Bordbibliothek nicht fehlen. Empfehlenswert ist die *Anleitung zur Gesundheitspflege auf Kauffahrteischiffen*. Dieses Werk gehört zur Ausrüstung der Handelsschiffe und ist für den Laien (Schiffsoffi-

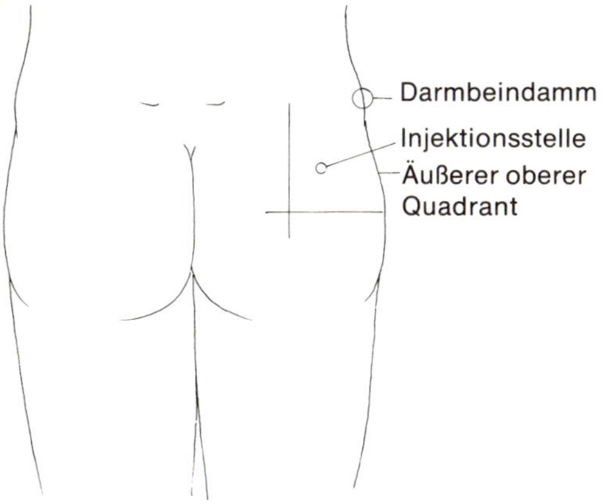

Der Punkt zum Einstich der Nadel bei intramuskulären Spritzen

zier) verständlich geschrieben. Die *Erste Hilfe auf seegehenden Yachten*, herausgegeben von der Kreuzer-Abteilung des DSV, unterrichtet besonders Segler und Motorbootsportler über die gesundheitlichen Besonderheiten ihres Sports.

Verabreichung von Spritzen

Besondere Notlagen weitab von ärztlicher Hilfe erlauben es auch dem Laien, Spritzen zu geben. Die Anwendung sollte sich aber auf intramuskuläre Spritzen beschränken. Sie werden in den oberen äußeren Quadranten des Gesäßmuskels gesetzt. Vorher desinfiziert man die Stelle mit Alkohol und zieht nach dem Einstich den Spritzenstempel an, um zu prüfen, ob die Nadel nicht in einem Blutgefäß liegt. In dem Fall die Spritze etwas zurückziehen.

Für den Bordgebrauch empfehlen sich steril verpackte Einmal-Spritzen (2 und 5 ml) einschließlich Kanülen oder fertige Spritzampullen. Man kann sich auf je 3 Ampullen eines stärkeren Schmerzmittels (z. B. Fortral®), eines Breitbandantibioticum gegen schwere Infektionen und eines Mittels bei Schock und starken allergischen Reaktionen (z. B. Fortecortin®-Mono-Ampullen) beschränken.

Wundklammerung

Fern jeder ärztlichen Hilfe sollten klaffende Wunden mit glatten Rändern durch einige Wundklammern geschlossen werden. Die Wunde darf aber nicht verschmutzt und nicht älter als 6 bis 8 Stunden sein. Einfacher für den Laien als das Hantieren mit chirurgischen Nadeln ist die Klammerung. Dazu benötigt man steril verpackte Einmal-Handschuhe und ein Klammerbesteck (Klammerpinzette, chirurgische Pinzette, Wundklammern verschiedener Größe), steril verpackt oder vor Gebrauch auszukochen.

Unter Bordbedingungen sollten die Klammern nicht zu eng, etwa im Abstand von 2 bis 2,5 cm, gesetzt werden. Nach acht Tagen werden die Klammern mit dem Besteck entfernt. Entzündet sich die Wunde, sind die Klammern sofort zu entfernen.

Spritzentechnik und Wundklammerung sollte man vor einer längeren Reise unbedingt unter ärztlicher Anleitung üben.

Wesentliche medizinische Hilfeleistungen sind wegen möglicher Rechtsfolgen im Logbuch zu vermerken.

So hält man die Spritze zum Einstich

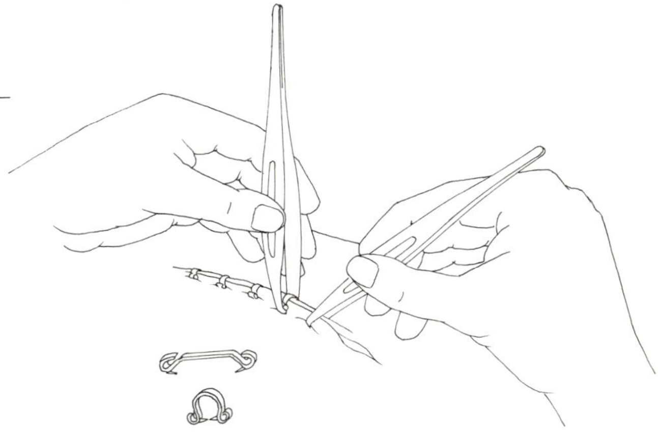

Die Klammerung klaffender Wunden

Funkärztliche Beratung

Über das Anrufverfahren informiert das *Handbuch Seefunk* der Deutschen Bundespost und der vom Deutschen Hydrographischen Institut herausgegebene, jährlich erscheinende *Jachtfunkdienst*. Im Bereich der Küste der Bundesrepublik Deutschland ruft man den Funkarzt Kiel-Radio oder Norddeich-Radio, in England den Medical Officer, in den skandinavischen und den meisten anderen Ländern Radiomedical, in besonders dringlichen Fällen jeweils mit dem Zusatz PAN-PAN. Alle Küstenfunkstellen verkehren neben der Landessprache auch auf Englisch.
Um dem beratenden Arzt eine möglichst genaue Diagnose zu ermöglichen, muß er mit ausreichenden Informationen über das Krankheitsbild versorgt werden. Die Seeberufsgenossenschaft (Reimerstwiese 2, 2000 Hamburg 11) hat einen funkärztlichen Beratungsbogen in deutscher und englischer Sprache herausgegeben. Auch die *Sicherheitsrichtlinien* der Kreuzer-Abteilung des DSV enthalten einen entsprechenden Fragebogen, der hier wiedergegeben ist. Er ist unbedingt vor dem Medico-Gespräch auszufüllen.

Die Bordapotheke

Aus Gründen der Einheitlichkeit und um dem Funkarzt einer deutschen Küstenfunkstelle eine schnelle Information über den Bestand der Bordapotheke zu ermöglichen, wird die von der Kreuzer-Abteilung des DSV und dem Germanischen Lloyd empfohlene Ausstattung der Bordapotheke hier übernommen.
Die Medikamente sollen an Bord kühl und trocken aufbewahrt werden. Hierfür eignen sich besonders Plastikbehälter mit wasserdichten Gummiabdichtungen, die mit einer Wandhalterung befestigt werden können.
In dem Verzeichnis sind die Medikamente in der Spalte Nr. 1 laufend numeriert. Diese Nummern werden mit wasserfestem Filzschreiber gut sichtbar auf alle sechs Seiten der Medikamentenpackungen geschrieben. In jeder Medikamentenpackung sollte sich die Gebrauchsanweisung befinden. In der Spalte 2 (Kontrolle) wird mit Bleistift vermerkt, ob sich die Medikamente in der Apotheke befinden, bzw. ob sie verbraucht wurden. Auch lassen sich hier Vermerke über Verfallsdaten anbringen.

Funkärztlicher Beratungsbogen*

1. Name des Schiffes – Rufzeichen
   Name des Kranken
2. Alter und Geschlecht
3. Vorgeschichte bei Unfällen, Angaben über das Unfallereignis (Fallhöhe, Dauer der Unterkühlung)
   bei Erkrankungen Angaben über frühere Erkrankungen, bes. ähnlicher Art, Operationen
   Beginn der jetzigen Erkrankung
4. Befund
   Puls (Schläge pro Minute)
   Atmung (Atemzüge pro Minute
   Geisteszustand (klar, bewußtlos, verwirrt, benommen, ängstlich, heiter, unruhig etc.)
   Alkohol- oder Medikamentenbeeinflussung (Menge)
   Körpertemperatur (rektal, d. h. im After messen) Wichtig bei Unterkühlungen (Frühgeburtenthermometer benutzen) und bei Leibschmerzen (liegt Temperatur über 37° C, auch unter der Achselhöhle messen)
   Hauptbeschwerden: Wo? Seit wann? Welcher Art? (z. B. Dauer-, Druck- oder kolikartiger Schmerz)
   Bei Verletzungen: Was ist verletzt worden? Wodurch?
   Verformung von Gliedmaßen?
   Schockzeichen?
   Blutverlust? Ausmaß von Verbrennungen?
   Aussehen (normal, blaß, Lippenfarbe, Schweißausbrüche, Gesichtsrötung)
   Zunge (trocken, feucht, belegt, frei)
   Rachen (gerötet, Mandeln belegt)
   Urin (Farbe, wann zuletzt gelassen)
   Stuhl (Farbe, wann zuletzt, Durchfall)
   Erbrechen (Häufigkeit, wann zuletzt)
5. Bisherige Maßnahmen und Verlauf
6. Angaben über die an Bord vorhandenen Medikamente und Behandlungsmöglichkeiten. Die nachfolgend aufgeführte Apotheke entspricht etwa den Verzeichnissen III und IVa der Verordnung über die Krankenfürsorge auf Kauffahrteischiffen. Weisen Sie darauf hin, daß die Medikamente an Bord nach der nationalen und internationalen Nomenklatur der Handelsschiffahrt gekennzeichnet sind. (Siehe vorletzte und letzte Spalte der Arzneimittelliste)
7. Standort des Schiffes
   (Entfernung zum nächsten Hafen in Stunden)

* Aus: Sicherheitsrichtlinien der Kreuzer-Abteilung des Deutschen Segler-Verbandes

In der 3. Spalte sind die Medikamente nach Krankheitsgebieten geordnet aufgeführt. Die benötigten Mengen richten sich nach dem Fahrtgebiet und sind den Spalten 4 und 5 aufgeführt.
In der 6. Spalte finden sich Vorschläge für Präparate, wie sie in Deutschland häufig verordnet werden. Vor dem Einräumen in die Bordapotheke sind die Medikamente, wie beschrieben, zu numeriern. Hierdurch entfällt langes Suchen, Präparatenamen braucht man sich nicht zu merken. Dieses Verfahren ist auch in der Handelsschiffahrt üblich, die entsprechenden Nummern für Medikamente auf deutschen oder ausländischen Schiffen finden Sie in den Spalten 7 und 8.
Die im Verzeichnis aufgeführten Medikamente können auch durch andere entsprechende Präparate ersetzt werden. Ein Teil der Medikamente ist verschreibungspflichtig. Medikamente, die unter das Betäubungsmittelgesetz fallen, sind in der Bordapotheke nicht enthalten.

Ausstattung der Bordapotheke für Langstreckenfahrten
(mittlere Reisedauer von 4 Wochen, 5 Mann Besatzung)

Lfd. Nr.	Kontrolle	Medikamente nach Krankheitsgebieten	Menge nach Fahrtbereich		Medikamentenvorschläge	Nummern	
			Küste	See		Dtsch. Verz.	Intern. Verz.
		Mittel bei Erkrankungen der Atmungsorgane					
1		lösende Hustenmittel	1 Fl.	2 Fl.	Optipect Tropfen od. Drg.	1	25
2		hustendämpfendes Mittel	10 Tbl.	20 Tbl.	Tiamon Tabletten	2	24
3		Asthmamittel	50 Tbl.	50 Tbl.	Perspiran	4	23
			5 Amp.	10 Amp.	Afpred Forte oder Alupent	53	–
		Herz- und Kreislaufmittel					
4		für Herzschwäche	30 Drg.	30 Drg.	Miroton	6	–
5		für Herzanfälle (Angina pectoris)	15 Kps.	30 Kps.	Nitrolingual	7	27
6		Kreislaufschwäche	20 Tbl.	50 Tbl.	Effortil	8	–
			ø	5 Amp.	Novadral	55	14
		Magenmittel					
7		Reizmagen	20 Tbl.	100 Tbl.	Masigel-K Rabro, Gelusil-Lac	10	28
		Darmmittel					
8		Durchfall, leicht	50 Tbl.	100 Tbl.	Kohle-Kompretten	14	–
9		Durchfall, schwer	20 Tbl.	50 Tbl.	Intestopan	15	26
10		Verstopfung	30 Tbl.	30 Tbl.	Dulcolax	22	29
		Blasen- und Nierenmittel					
11		bei Entzündungen	60 Tbl.	120 Tbl.	Spasmo-Harnosal	24	–
		bei Koliken siehe Schmerzmittel					
		Schmerzmittel					
12		mittlere Schmerzen (Zahn- oder Kopfschmerzen)	20 Tbl.	50 Tbl.	Gelonida, Treupel	28	32

Lfd. Nr.	Kontrolle	Medikamente nach Krankheitsgebieten	Menge nach Fahrtbereich Küste	See	Medikamentenvorschläge	Nummern Dtsch. Verz.	Intern. Verz.
13		starke krampfartige Schmerzen (Koliken, Migräne)	10 Zäpf.	20 Zäpf.	Spasma-Cibalgin comp.	31	–
14		schwerste Schmerzen (Koliken, Verbrennungen)	5 Zäpf.	10 Zäpf.		56	33
				10 Amp.	Fortral		
		Schlafmittel					
15		leichte (zur Beruhigung)	20 Drg.	50 Drg.	Plantival, Neurovegetalin	34	35
16		mittlere	10 Tbl.	20 Tbl.	Doroma, Staurodorm	33	34
		Allergiemittel					
17		leichte Formen (z. B. Hautausschlag)	20 Tbl.	50 Tbl.	Antihistamine, z. B. Soventol-C	39	13
18		schwere Formen, Asthma	10 Tbl.	20 Tbl.	Corticosteroide, Betnesol WL	40	–
			ø	5 Amp.	Urbason solubile 40 mg	65	–
19		**Seekrankheit**	20 Drg.	20 Drg.	Bonamine, Rodavan,	41	38
			10 Zäpf.	20 Zpf.	Peremesin, Stutgeron	42	–
		Bakterielle Infektionen					
20		Penicillin	20 Tbl.	40 Tbl.	Binotal, Beromycin Mega	44	16
		Tetracycline (stärker als Penicillin)	ø	20 Tbl.	Hostacyclin	45	15
22		Sulfonamide	20 Tbl.	20 Tbl.	Durenat	43	17
23		**Malariamittel**	ø	100 Tbl.	nur in den Tropen, z. B. Resochin, Fansidor	49	31
24		**Vitamine**	ø	50 Tbl.	Cebion, Multibiontaforte	48	–
25		**Regelblutungen**	ø	30 Tbl.	Methergin	60	–
		Hauterkrankungen					
26		Sonnenbrand und Insektenstiche, Juckreiz	1 gr. Tube	2 gr. Tuben	Antihistaminsalbe, z. B. Soventol	87	05
27		Verbrennungen und eitrige Hauterkrankungen	1 Tube	1 Tube	Aristamid Gel	84	09
28		Hautpilz	1 Tube	1 Tube	Canesten	75	–
29		**Haemorrhoidenmittel**	ø	2 Kombipck.	Posterisan, Scheriprokt (Salbe und Zäpfchen)	105 106	11 –
29.1		**Blutergüsse**	1	1	Thrombophob-Gel	–	–
		Augenmittel					
30		gegen Bindehautentzündung	1 Fl.	2 Fl.	Aristamid-Augentropfen	93	02
31		gegen »Gerstenkörner«	1 Tube	1 Tube	Combisonum Augensalbe	96	–
		Ohrentropfen					
32		gegen Schmerzen	1 Fl.	1 Fl.	Otalgan		
33		bei »laufendem« Ohr	1 Fl.	1 Fl.	Leucomycin-Ohrentropfen	97	01
34		**Halsschmerzen**	20 Tbl.	40 Tbl.	Targophagin	100	–
35		**Nasentropfen**	1 Fl.	1 Fl.	Endrine, Otriven	101	07
36		**Grippetabletten**	20 Tbl.	20 Tbl.	Bisolvon-Gribletten	28	
		Pflegemittel-Bezeichnung					
37		Verbandsmull 10 cm x 100 cm	1 Pckg.	1 Pckg.		122	

Lfd. Nr.	Kontrolle	Medikamente nach Krankheitsgebieten	Menge nach Fahrtbereich Küste	See	Medikamentenvorschläge	Nummern Dtsch. Verz.	Intern. Verz.
38		sterile Mullkompressen 15 cm x 5 cm einzeln verpackt	ø	10 Stck.		123	
39		Verbandspäckchen, klein	5 Stck.	5 Stck.			
40		Verbandspäckchen, mittel	2 Stck.	5 Stck.		136	
41		Verbandspäckchen, groß	2 Stck.	5 Stck.		137	
42		Metalline Verbandstuch, 60 cm x 80 cm	1	2	für großflächige Verbrühungen	135	
43		Große Brandwundenverbandspäckchen	1	5		–	
44		Elastische Binden 8 cm breit	3	5	z. B. Idealbinden	138	
45		Gipsbinden 10 cm breit	ø	6	luftdichte Verpackung	140	
46		Klammerpflaster	1 Pckg.	2 Pckg.	z. B. Leucostrip	149	
47		Pflasterschnellverband elastisch, 6 cm x 100 cm	1	2	z. B. Hansaplast	147	
48		Augenklappe	1	1		151	
49		Lederfingerlinge	1	2		150	
50		Dreieckstücher	1	3		155	
51		Schienenmaterial	ø	1 Satz	am besten aufblasbare Schiene	–	
52		Zephirollösung zur Desinfektion	1 Fl.	1 Fl.		–	
53		Einmalkatheter nach Mercier, Charrière 16	1	3		176	
54		Instellagel	1 Tube	3 Tub.		–	
55		Einmalspritzen 2 ccm	2 Stck.	5 Stck.		186	
56		Einmalspritzen 5 ccm	1	2		187	
57		Einmalkanülen	5	10		190	
58		Leukoplast Gr. 2 2,5 cm x 500 cm	2	5		145	
58.1		Rettungsdecke aus Aluminiumfolie	1	2	Schock, Unterkühlung	–	
		Instrumente					
59		Verbandsschere	1	1		196	
60		Coopersche Schere 14,5 cm	1	1		197	
61		Anatomische Pinzette	1	1		199	
62		Chirurgische Pinzette	1	1		200	
63		Splitterpinzette 11 cm	1	1		201	
64		Chirurgisches Naht- oder Klammerbesteck	ø	1		205	
65		Impletolamp. 2 ccm	5	10		206	
66		Fieberthermometer und	1	1		192	
		Frühgeburtenthermometer	ø	1			
67		Sicherheitsnadeln	1 Pckg.	2 Pckg.		161	
68		Universal-Zahnzange	ø	1		207	

Ausstattung einer Bordapotheke für geschützte Küstengewässer
(mittlere Reisedauer von 4 Wochen, 5 Mann Besatzung

Nr.	Bezeichnung	Menge	Bemerkungen
1	Stark wirkendes, nicht eintragungspflichtiges Analgetikum in Tbl.	2 x 20 Stück	z. B. Dolviran, Algaphan, Delevin, Retard-Kapseln
2	Seekrankheitsmittel in Dragees	100 Stück	z. B. Novamina-C, Rodavan (nur für Rettungsfloß-Sanitätskästen)
3	Zäpfchen gegen Seekrankheit, eingesiegelt in Aluminiumfolie	12 Stück	z. B. Rodavan, für schwere Erkrankungsfälle (nur für Rettungsfloß-Sanitätskästen)
4	PH5-Eucerinsalbe in Tube zu 42 g	1 Stück	
5	Heftpflaster, wasserfest, 2½ cm x 5 m	1 Rolle	
6	Pflasterwundverband, elastischer 6 cm x 1 m	1 Orig.-Packung	
7	Verbandtuch, schwarzes, dreieckiges 130 cm x 90 cm x 90 cm	1 Stück	
8	Verbandpäckchen, kleines	5 Stück	
9	Verbandpäckchen, mittleres	5 Stück	
10	Verbandpäckchen, großes	5 Stück	
11	Schere, gerade, aus nichtrostendem Chromstahl in Plastikbeutel, luftdicht verschlossen, 10,5 cm	1 Stück	
12	Sicherheitsnadeln, nichtrostende, Größe 2 im Plastikbeutel luftdicht verschlossen	1 Schachtel mit 12 Stück	
13	Schlagader-Abbinder, breiter	1 Stück	
14	Kiesel-Gel-Einlage zur Lufttrocknung	1 Stück	
15	Mittel zur Erweiterung der Herzkranzgefäße	30 Stück	z. B. Nitrolingual-Kapseln
16	Lederfingerlinge, mittlere Größe	3 Stück	

Auto und Boot

Der Dachtransport

Die einfachste und billigste Art, ein Boot zu befördern, ist die auf dem Autodach. Die zulässige Dachlast, angegeben von Herstellerwerk, schränkt jedoch Größe und Gewicht des Bootes ein. Sie liegt zwischen 50 und 100 kg. Bei der Ermittlung des Bootsgewichtes kann man sich nicht immer auf die Prospektangaben verlassen. Meistens sind die Boote schwerer als angegeben. So bleibt oft nichts anderes übrig, als das Boot auf einer öffentlichen Waage wiegen zu lassen. Das Bootsgewicht zuzüglich Gewicht des Gepäckträgers ergibt dann die Dachlast.

Für den Dachtransport selbst gibt es erfreulich wenige gesetzliche Vorschriften. Boot und Mast dürfen nach vorn nicht über den Wagen hinausragen, nach hinten bis zu 1,50 m. Fährt man nicht weiter als 100 km, darf die Ladung bis zu 3,00 m nach hinten hinausragen. In jedem Fall muß das mehr als 1 m über den Autorückstrahler hinausragende Ende, wie beim Trailertransport, bei Tag und Nacht gekennzeichnet sein.

Unter den Dachträgern gibt es inzwischen ausgereifte Konstruktionen, darunter speziell für den Bootstransport entwickelte.

Boote, schwerer als etwa 50 kg bis 60 kg, lassen sich meist nicht mehr zu zweit aufs Dach heben. Wer oft auf diese Weise sein Boot transportiert, sollte sich für einen sogenannten Lift entscheiden, auf dem das Boot seitlich oder achtern herauf- und

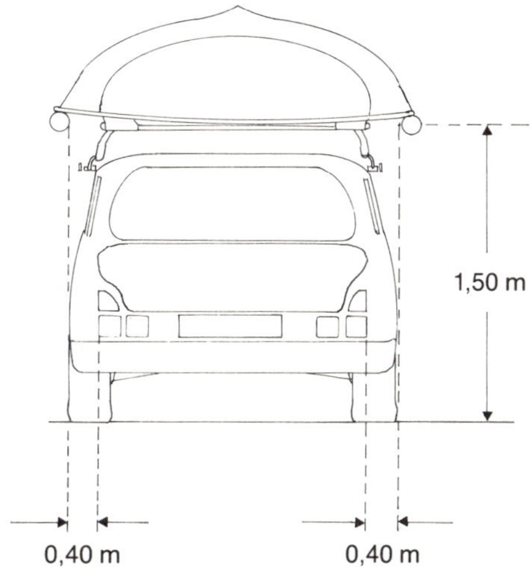

Vorschriften für den Dachtransport
Maximale Breite 2,50 m (wird praktisch von keiner für den Dachtransport geeigneten Jolle erreicht). Ragt das Boot mehr als 0,40 m über den Außenrand der Scheinwerfer hinaus, muß es nachts mit Begrenzungsleuchten – weiß nach vorne, rot nach hinten – kenntlich gemacht werden.
Höhe der Leuchten über der Fahrbahn nicht mehr als 1,50 m. Entfernung von der breitesten Stelle des Umrisses des Bootes maximal 0,40 m.
Boot und Mast dürfen nach vorne nicht über den Wagen hinausragen. Nach hinten bis zu 1,50 m. Beim Transport innerhalb von 100 km bis zu 3 m. Markierung am Tage und bei Nacht wie beim Trailertransport.

heruntergekurbelt wird, der aber gleichzeitig auch Träger ist.
Der Träger muß stabil und sollte möglichst TÜV-geprüft sein.
Die Holme und seitliche Halterungen sollten gummi- oder kunststoffgeschützt sein, um Scheuerschäden am Boote zu vermeiden.
Ein Boot sollte stets kieloben transportiert werden. Fahrversuche ergaben, daß dadurch Kraftstoff gespart wird. Zur sicheren Befestigung sollten grundsätzlich nur Spanngurte verwendet werden, weil sie im Gegensatz zu Leinen keinen Reck haben. Gummistropps sind unbrauchbar. Neben der seitlichen Befestigung muß das Boot auch nach vorn und hinten gesichert werden. Dafür eignen sich am Boot Bugauge und Heckklampe, am Auto die Abschleppösen vorn und hinten. Auf längeren Fahrten sollte man nicht nur die Gurte, sondern auch sämtliche Schrauben und Muttern des Gepäckträgers mindestens einmal täglich – auf schlechten Straßen häufiger – kontrollieren.

Fahrpraxis

Eine Geschwindigkeitsbeschränkung gibt es nicht. Dennoch ist das Fahren mit solcher Bürde auf dem Dach kein ungetrübtes Vergnügen. Der Luftwiderstand wird erheblich höher. Selbst die verbliebene Spitze auszunutzen, kann ein riskantes Unterfangen sein, weil das Boot auf dem Dach meist einen spürbaren Auftrieb erzeugt. Seitenwind ist besonders gefährlich; er erfordert langsameres Fahren und sofortiges Gegensteuern bei Böen. Auch die Beschleunigung im oberen Geschwindigkeitsbereich läßt ganz erheblich nach, was man sich vor dem Überholen klarmachen sollte. Der Benzinverbrauch steigt um etwa 2 l auf 100 km. Auch Kurven ist mit größter Vorsicht zu begegnen. Der Schwerpunkt gerät durch das Boot bedenklich nach oben und beeinträchtigt die Straßenlage auch des besten Wagens erheblich. Kritisch kann es werden, wenn man plötzlich ausweichen – also hin- und herlenken – muß. Dabei kann sich der topplastige Wagen aufschaukeln und unkontrollierbar werden.

Der Trailertransport

Gesetzliche Vorschriften Trailer sind steuerfrei, solange sie ausschließlich zum Bootstransport genutzt werden. Sie erhalten ein eigenes polizeiliches Kennzeichen. Das Kennzeichen muß so angebracht werden, daß die vorhandene Bodenfreiheit des Trailers nicht verringert wird. Der obere Rand darf nicht höher als 2,50 m, der untere nicht weniger als 0,30 m über der Fahrbahn liegen. Trailer müssen regelmäßig zum Technischen Überwachungsverein (TÜV).
Gesetzlich vorgeschrieben an einem Trailer sind Brems- und Schlußleuchten, Rückstrahler und seitliche Katzenaugen, Blinkleuchten zum Anzeigen der Fahrtrichtungsänderung und Nummernschildbeleuchtung. Ferner muß der Trailer am vorderen Teil der rechten Seite ein Schild tragen, aus dem Hersteller, Baujahr, Nummer des Fahrgestells und der Kupplung, zulässiges Gesamtgewicht und zulässige Achslast ersichtlich sind.
Trailer und Boot dürfen nicht breiter als 2,50 m, nicht höher als 4 m und nicht länger als 12 m sein. Das gesamte Gespann, das heißt, einschließlich Zugwagen, darf eine Länge von 18 m nicht überschreiten. Ausgenommen beim Transport innerhalb von 100 km mit einer hinten herausragenden Ladung (Mast), da darf es eine Gesamtlänge von 20 m erreichen. Ausnahmegenehmigungen für einen einmaligen Transport gibt es beim zuständigen Straßenverkehrsamt in begründeten Fällen.
Das Boot darf nach hinten nicht mehr als 1,50 m über die Schlußleuchten hinausragen, beim Transport innerhalb von 100 km 3,00 m. Einachsige Trailer brauchen keine eigene Bremsvorrichtung zu haben, wenn der Zugwagen eine Allradbremse besitzt und das Gesamtgewicht 750 kg nicht überschreitet. Im übrigen gilt: Anhänger und Boot zusammen dürfen nicht mehr wiegen als die Hälfte des Pkw-Leergewichtes + 75 kg. Als Einachser gelten auch Tandemtrailer, wenn der Achsenabstand weniger als 1 m beträgt. Sie müssen jedoch eine in der Höhe einstellbare Stützvorrichtung haben, wenn die Deichsellast am Kupplungspunkt bei gleichmäßiger Lastverteilung mehr als 50 kg beträgt.
Trailer mit mehr als 750 kg Gesamtgewicht müssen grundsätzlich eine eigene Bremsvorrichtung haben. Ihr Gesamtgewicht darf das zulässige Gesamtgewicht des Zugwagens nicht überschreiten, noch den vom Fahrzeughersteller angegebenen oder amtlich als zulässig erklärten Wert. Die maximale Anhängelast setzt sich zusammen aus: Bootsgewicht plus Eigengewicht des Trailers abzüglich der maximalen Stützlast.* Bei der Berechnung des

* Sie wird der zulässigen Anhängelast des Zugwagens zugerechnet.

Vorschriften für den Trailertransport
Höchstgeschwindigkeit in der Bundesrepublik Deutschland 80 km/h.
Maximale Gesamtlänge des Gespanns 18 m, des Anhangs 12 m.
Maximale Höhe 4 m.
Maximale Breite 2,50.
Nach hinten dürfen Boot und Ausrüstung bis 1,50 m, beim Transport innerhalb von 100 km bis zu 3 m über die Schlußleuchten hinausragen.
Markierung am Tage: ein 0,30 × 0,30 m großes hellrotes Schild oder eine gleich große gespreizte rote Fahne oder ein hellroter zylindrischer Körper von 0,30 m Höhe und 0,35 m Durchmesser, nicht höher als 1,50 über der Fahrbahn.
Bei Dunkelheit: ein rotes Licht nicht höher als 1,50 m über der Fahrbahn und ein roter Rückstrahler nicht höher als 0,90 m über der Fahrbahn.

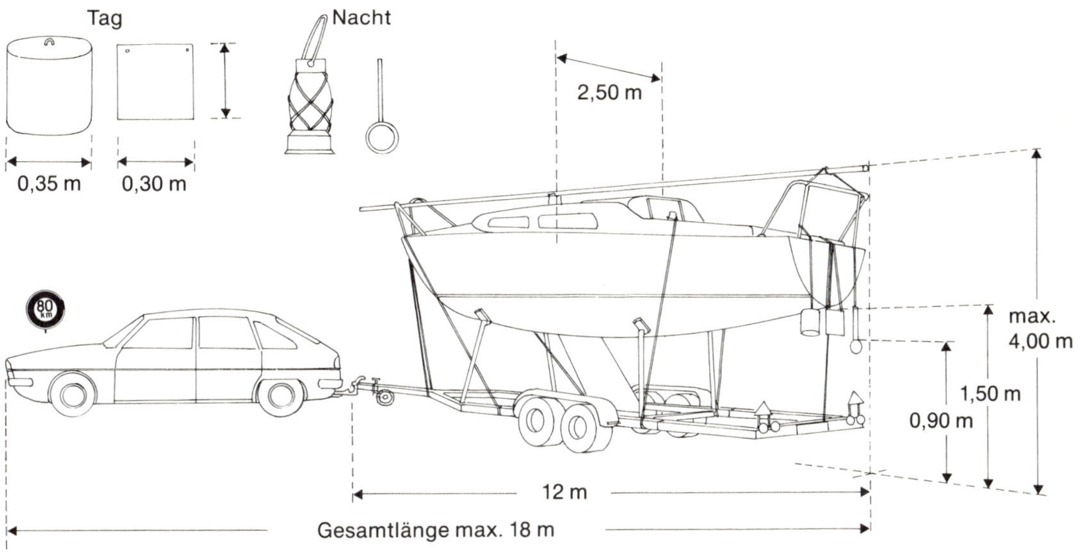

Anhängergesamtgewichtes ist nicht nur an das tatsächliche Bootsgewicht zu denken, sondern auch an die Ausrüstung wie Rigg, Segelsäcke, Paddel, Fender, Außenborder und andere Ausrüstungsgegenstände. Um sicher zu gehen, empfiehlt es sich, mit dem Gespann auf eine öffentliche (Gemeinde)Waage zu fahren. Im Boot darf ausschließlich transportiert werden, was unmittelbar zur Ausrüstung gehört, also kein Campingbedarf oder Reisegepäck.

Versicherung Die Kraftfahrzeug-Versicherung schließt alle Schäden ein, die durch den Trailer verursacht werden, solange er mit dem Zugfahrzeug verbunden ist oder sich während der Fahrt löst und sich noch in Bewegung befindet. Bei Auslandsreisen wird auch für den Trailer eine eigene grüne Versicherungskarte erforderlich, die Versicherungskarte des Zugwagens schließt bei Grenzüberschreitungen den Trailer nicht ein. Verliert man ein sachgemäß verzurrtes Boot während der Fahrt, während der Zugwagen mit dem Hänger weiterrollt, werden auch die durch das Boot verursachten Schäden durch die Haftpflichtversicherung des Kraftwagens gedeckt – nicht jedoch, wenn der Trailer abgekuppelt ist, beispielsweise, wenn man beim Auf- und Abslippen von Hand die Gewalt über den Anhänger verliert. Dafür muß die Bootshaftpflicht eintreten.

Trailerkonstruktion

Bei dem Transport auf dem Trailer treten beträchtliche Punktbelastungen des Bootsrumpfes an zwei oder auch drei Stellen auf. Hinzu kommt das gleichzeitige Ein- und Zusammenwirken von Zen-

Ungebremster Segelbootstrailer

Die Längsauflagen sind verstellbar, um sich unterschiedlichen Rumpfformen anpassen zu lassen. Die Bugauflage mit beweglichen Pratzen ist auf dem Deichselrohr verschiebbar, ebenfalls der Buganschlag, der wiederum höhenverstellbar auf dem Führungsrohr der Maststütze sitzt. Die Beleuchtungsanlage läßt sich nach hinten ausziehen.

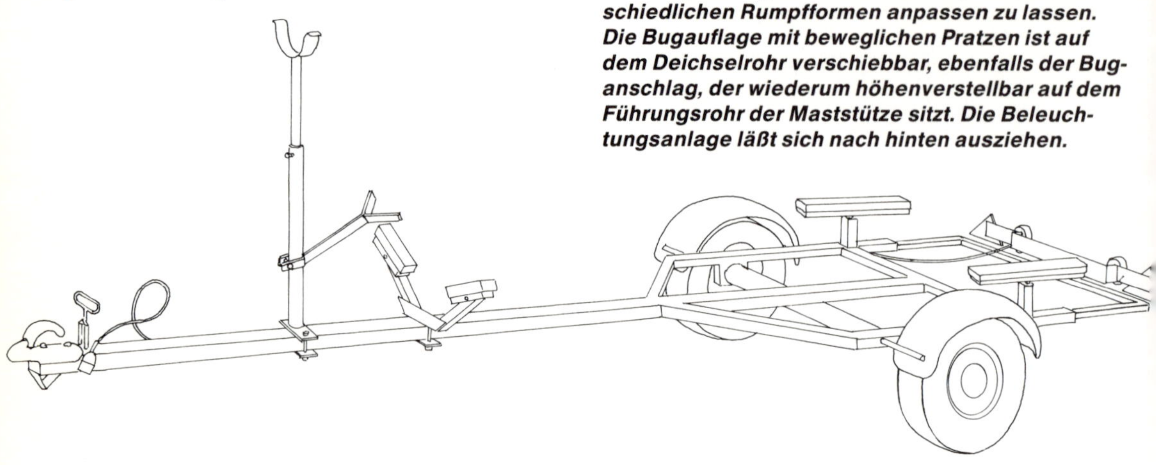

trifugalkräften und Schwingungen, die durch das Fahrgestell übertragen werden, und unterschiedliche Eigenschwingungen der nicht unterstützten Rumpfteile. Das Fahrgestell sollte deshalb gegen horizontale und vertikale Schwingungen abgesichert sein. Eine Deichsel, direkt mit der Radachse verbunden, erfüllt diese Forderung kaum. Besser ist bereits ein V-förmiger, in die Deichsel auslaufender Rahmen. Am besten erfüllt alle Forderungen ein Doppelrahmen, der der Deichsel aufgesetzt wird, während die Radachse von einem Unterzug der Deichsel getragen wird. Holme, Pratzen usw. sollen niemals auf oder unmittelbar über der Radachse sitzen, sondern dahinter und (oder) davor und am Rahmengestell befestigt sein. Um die Eigenschwingungen des überhängenden Achterschiffes weitgehend zu mildern, sollten die Querauflagen möglichst weit zum Heck hin sitzen und nicht mehr als 1 bis 1,50 m Abstand vom Spiegel von Segelbooten haben, bei Motorbooten sogar nur 0,50 bis 1 m. Die Stützpunkte sollen im übrigen dort liegen, wo Spanten oder Stringer zur Versteifung des Bootskörpers beitragen. Gummipolster auf den Auflagen neigen dazu, bei sommerlicher Wärme am Rumpf festzukleben und häßliche Flecken zu hinterlassen. Besser sind kunstlederüberzogene Gummi- oder Filzeinlagen. Eine Bugstütze, bei größeren Booten mit Seilwinde zum Ab- und Aufslippen kombiniert, manchmal ein Extra, ist empfehlenswert, denn sie verhindert am

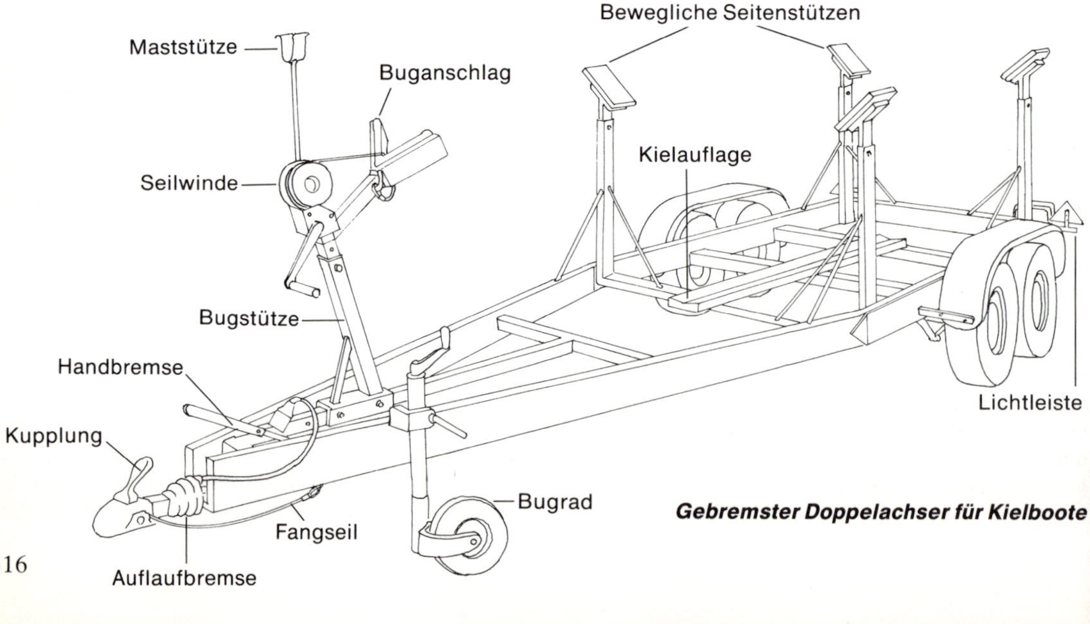

Gebremster Doppelachser für Kielboote

sichersten ein Verrutschen in der Längsrichtung nach vorn, speziell bei harten Bremsmanövern.

Je niedriger das Fahrzeug, desto besser die Straßenlage. Das gilt natürlich auch für das Boot auf Rädern. Kleine Räder 350 × 8, höchstens 440 × 10, empfehlen sich für alle leichteren Trailerkonstruktionen, aber auch für schwerere, wenn sie zweiachsig sind. Die kleineren Reifen leiden zwar stärker unter Abnutzung, erleichtern aber auch das Auf- und Abslippen, sofern der Trailer keine Abkippvorrichtung hat.

Schließlich muß der Trailer auch ins Wasser. Es gibt kaum eine hundertprozentig wasserdichte Radnabe. Deshalb nach der Saison im Herbst die Radlager selbst prüfen oder in der Fachwerkstatt checken lassen. Meistens wird vom Achsenhersteller eine entsprechende Wartungsanleitung mitgeliefert. Die regelmäßige Kontrolle der Radlager ist besonders wichtig, weil defekte Radlager zu den häufigsten Unfallursachen zählen.

Auch die Bremsen leiden darunter, wenn man damit ins Wasser fährt. Dagegen hilft nur sofortiges Trocken-Bremsen: Raus aus dem Wasser, und mit dem leeren Hänger mehrere Bremsungen nacheinander. Doch im übrigen gilt dasselbe wie für die Achsen: Jedes Jahr wenigstens einmal durchchekken. Auch die Bremszüge oder -gestänge von gebremsten Trailern zeigen sich gelegentlich gegen Salzwasser anfällig, was dann zum Blockieren führen kann. In diesem Fall hilft oft ein kurzes Rückwärtsfahren, um die Blockierung zu lösen (vorher Auflaufbremse sperren). Da die Blockierung beim nächsten Bremsen wieder erfolgen kann, ist sofort eine Werkstatt aufzusuchen.

Auch absolut wasserdichte Beleuchtung gibt es nicht. Deshalb nie vergessen, die gesamte elektrische Anlage vorm Wassern abzunehmen. Sie ist in der Regel vom Hersteller dafür vorgesehen und auch genehmigt. Wenn nicht, empfiehlt sich eine Umrüstung vor dem ersten Wassern. Allerdings ist dann eine Sondergenehmigung von dem für den Wohnsitz zuständigen Straßenverkehrsamt erforderlich; denn prinzipiell soll die Beleuchtung fest angebracht sein. Stecker und Steckerkupplung sollten mindestens zweimal während der Saison mit feuchtigkeitsunterwanderndem Spray eingesprüht werden.

Lebenserhaltende Bedeutung kommt auch dem Schutzanstrich und der Lackierung zu, besonders in salzhaltigem Wasser. Farbbeschädigungen sollte man gleich, zumindest provisorisch, zunächst mit Rostschutzfarbe, ausbessern.

Zur **Ausrüstung** eines Trailers gehören:

- Ein Reserverad. Man kann es sich sparen, wenn beim Trailerkauf gleich darauf geachtet wird, daß Räder von Auto und Hänger identisch sind.
- Ein Wagenheber. Ungeeignet ist der Auto-Wagenheber. Erforderlich ist ein Hydraulikheber mit entsprechender Hubleistung, das heißt: 2 bis 3 t. Damit keine Punktbelastung den Trailerrahmen verbiegt, empfiehlt sich ein entsprechend langes Hartholzbrett als Unterstützung.
- Eine leistungsfähige Fuß-Luftpumpe mit Manometer, wie sie in jedem Kaufhaus oder Zubehörladen angeboten wird.

Nützlich sind Schmutzfänger an den hinteren Kotflügeln des Zugautos, weil sie den zerstörerischen Steinschlag am Trailer erheblich vermindern.

Fahrpraxis

Die Höchstgeschwindigkeit ist vom Gesetzgeber (in der Bundesrepublik Deutschland) auf 80 km/h beschränkt. Im Ausland gelten mitunter höhere Geschwindigkeitsbeschränkungen. Was zuvor über die Fahrweise mit Dachlast gesagt wurde, gilt im verstärkten Maße für das Trailergespann.

Besondere Aufmerksamkeit gilt dem Trimm der Trailerlast. Das Boot sollte so auf dem Trailer liegen, daß grundsätzlich die maximale Stützlast auf der Autokupplung erreicht wird. Das sind in der Regel 50 kg oder 75 kg je nach Autotyp. Auf keinen Fall die Stützlast unterschreiten, das heißt, den Trailer hecklastig trimmen, denn das verschlechtert das Fahrverhalten des Gespanns erheblich. Die hinteren (meist) Antriebsräder des Zugwagens werden nicht mehr genügend belastet, während gleichzeitig die Steuerung durch den starken Hebeldruck auf die Vorderräder erschwert wird. Außerdem neigt das Gefährt leichter zum Schlingern. Das Boot muß mit seinem ganzen Gewicht auf dem Kiel stehen. Die Seitenauflagen dienen nur der Abstützung des Rumpfes.

Eine Überladung des Trailers über die zulässige Nutzlast hinaus oder ein Überschreiten der zulässigen Zuglast führt neben unsicherem Fahrverhalten bei einer der während der Saison häufigen Polizeikontrollen unweigerlich zur Strafanzeige. Wiegekontrollen durch die Polizei gehen zu Lasten des Wagenbesitzers.

Auto-Trailer-Tests ergaben, daß es nicht immer am Trailer liegen muß, wenn er sich bei höheren Geschwindigkeiten, Kurven, Fahrbahnrillen oder Wind aufschaukelt. Es kann auch schon mal – aber

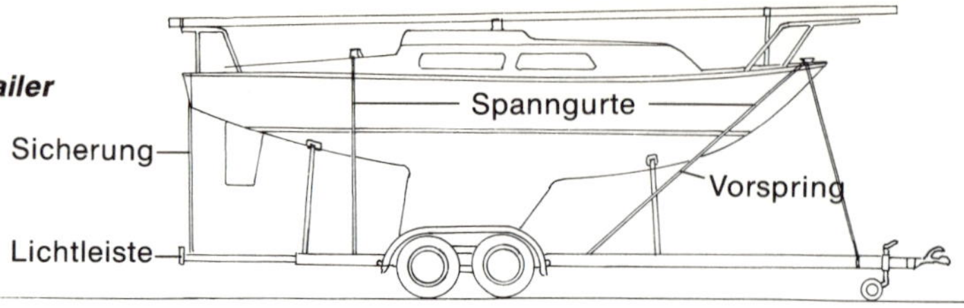

So ist das Boot auf dem Trailer richtig verzurrt

selten – am Zugauto liegen. Sicher fährt, wer folgende Trailer-Regeln beherzigt:

- Die Stützlast unbedingt einhalten. Mit einer Personenwaage und einem Brett oder Besenstiel kann man sie selbst an der Trailer-Kupplung ermitteln.
- Der Reifendruck muß exakt eingehalten werden. Viele fahren mit Unterdruck und wundern sich, wenn die Reifen platzen oder der Trailer schwimmt. Man kann sich, wenn man den Druck nicht genau kennt, an folgende Faustregel halten: Mindestens 2,5 bar.
- Das Boot muß sicher auf dem Trailer gezurrt sein. Eine Bugstütze verhindert bei abrupten Bremsmanövern, daß sich das Boot vorn aufs Autoheck schiebt. Bei größeren Booten reicht die Stütze allein nicht. Dann müssen vom Bugbeschlag nach hinten an den Trailerrahmen Spanngurte als Spring geführt werden. Solche Gurte müssen auch rechts und links von den beiden Achterklampen oder Vorschotklampen zum Rahmen gespannt werden. Sie verhindern, daß das Boot auf und ab wippen kann. Auf keinen Fall sollte man zum Verzurren seine

Rückwärts rangieren mit dem Trailergespann

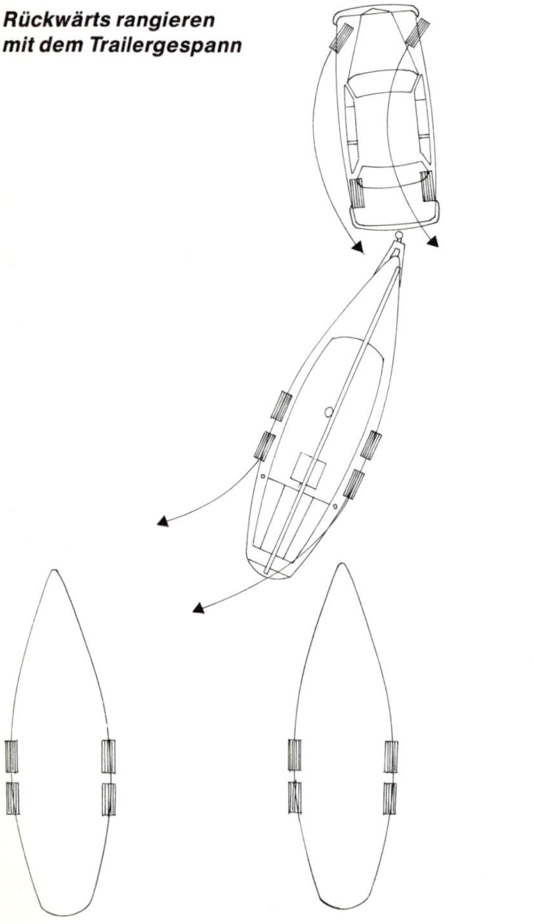

Das Lenkrad jeweils entgegengesetzt der Richtung einschlagen, in die man seinen Anhang haben möchte. Will man den Trailer nach links bugsieren, das Lenkrad nach rechts drehen, die Vorderräder also nach rechts einschlagen. Das Heck des Wagens dreht nach rechts, der Trailer schwingt nach links. Oder umgekehrt. Wenn das Gespann zu stark einknickt, kurz voraus fahren, damit es sich wieder streckt.

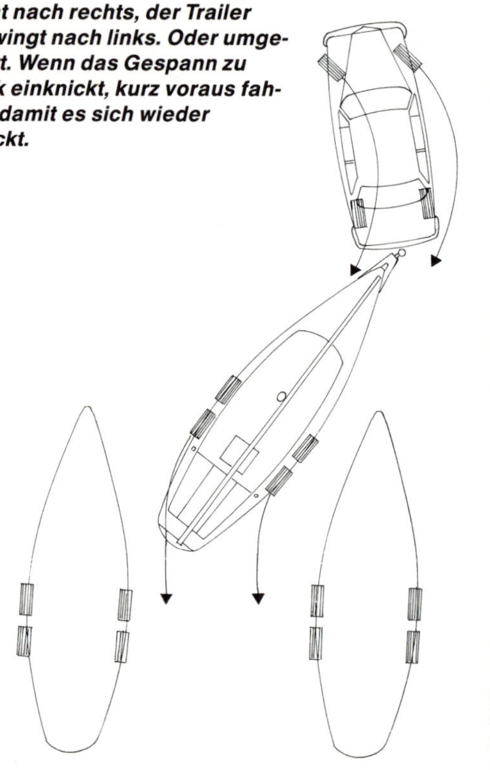

Festmacherleinen verwenden, weil sie durch Reck lose kommen.

- Der Trailer muß »passen«. Ein zu kleines (leichtes) Boot auf einem zu großen Trailer verursacht eine gefährliche Vibration des Trailers, die sich auf den Zugwagen überträgt.
  Schwere Ausrüstung möglichst nicht in den Bootsenden stauen, sondern konzentriert über oder zumindest nahe der Trailerachse. Sie kann sonst ein Aufschaukeln des Trailers bewirken.
- Unterwegs regelmäßige Kontrolle der Spanngurte, der Reifen, der Lichtanlage und des Sicherheitsseils an der Kupplung. Beim Halt an Steilstrecken zusätzlich vor oder hinter die Hängerräder Bremskeile oder auch Steine packen.

Bremsungen sind frühzeitig und weich einzuleiten. Der Bremsweg mit Gespann kann bis zum Doppelten des normalen Bremsweges des unbelasteten Wagens betragen. Bei hartem Bremsen mit einem ungebremsten Trailer kann es geschehen, daß sich der Trailer querstellt und den Wagen mit dem Heck zur Seite reißt.

Gleichmäßige Lenkbewegungen beim Fahren erhöhen ebenfalls die Sicherheit. Schaukelt sich der Hänger doch einmal auf, so daß er zu wedeln beginnt, dann sofort bremsen und auf keinen Fall gegenlenken.

Umdenken erfordern auch Rückwärtsmanöver. Anfänger sollten es an einem ruhigen Ort üben, ehe sie sich in den Verkehr stürzen. Nur so bekommt man ein Gefühl dafür, daß man beim Rückwärtsrangieren das Lenkrad stets nach rechts drehen muß, wenn der Trailer linksherum bugsiert werden soll oder umgekehrt. Hat der Trailer eine Auflaufbremse, muß sie natürlich vor dem Rückwärtsrangieren gesperrt werden.

Ab- und Aufslippen

Das Slippen des Bootes scheitert in der Praxis häufig an geeigneten Sliprampen. Entweder sind sie zu steil, zu kurz, zu flach, zu bestimmten Stunden nur benutzbar, weil von Gezeiten abhängig, oder der Untergrund ist zu unsicher, die Rampe durch starken Algenbewuchs unpassierbar. Mit Jollen mag man auf den meisten Slips zurecht kommen, mit Kimmkielern und Kielschwertern noch auf einigen.

Grundsätzlich läßt sich jedoch sagen, daß Sliperfolg oder -mißerfolg weitgehend vom Zugwagen abhängt. Es ist wichtig, daß das Auto auf sicherem Untergrund steht, das heißt, nicht auf glitschig bewachsener Rampe; auch müssen lose herumliegende Steine, wie Kiesel oder ähnliches, vorher weggefegt werden. Es kann sonst passieren, daß der Wagen beim Abslippen samt Trailer ins Wasser rutscht oder später nicht mehr die Sliprampe hinaufkommt, weil die Antriebsräder keinen Halt finden.

Kommt man mit dem Auto nicht dicht genug ans Wasser heran, muß von Hand abgeslippt werden. Schwere Boote sind jedoch auf abschüssigen Rampen von Hand nicht zu halten. So hilft man sich mit einer Talje, die an der Trailerdeichsel und am Kupplungszapfen des Wagens angeschlagen wird. Je nachdem, wie oft sie geschoren ist, läßt sich mit ihr jedes Boot selbst von einem einzelnem abfieren. Mit dieser Talje werden Boot und Trailer auch wieder aus dem Wasser gezogen. Zur Sicherung des Wagens sollte zusätzlich zur Handbremse unbedingt ein Gang eingelegt werden.

Während das Einschwimmen einer Jolle in den Trailer, mit Leinen oder auch direkt, kaum Schwierigkeiten bereitet, wird es mit einem Kielboot (Kielschwerter) schon komplizierter. Der Trailer muß tief ins Wasser gefahren werden und ist bei den meist verschmutzten Ufergewässern nicht mehr genau zu beobachten. Der Kiel muß aber in das schmale Kielauflager bugsiert werden. Liegt ein schweres Boot erst einmal falsch auf dem Trailer, läßt es sich später auf dem Trockenen nur noch mit großer Mühe oder gar nicht mehr richtig lagern. Patentrezepte für das richtige Einschwimmen eines solchen Bootes gibt es nicht. Hier führen nur Übung, Ausdauer und etwas Glück zum erwünschten Erfolg.

Genau betrachtet, lassen sich Kielboote überhaupt nicht slippen. Bei einem Gewicht von allenfalls 0,8 Tonnen haben sie ihre Grenzen. Deshalb sollte man sich bei seiner Reiseplanung besser gleich nach solchen Ausgangshäfen umsehen, in denen man kranen kann. Die dadurch entstehenden Mehrkosten lohnen sich. Das Boot kommt problemlos ins Wasser und aus dem Wasser und die Lebenserwartung des Trailers verlängert sich. Denn eine häufige Tauchfahrt bekommt ihm, entgegen den Versicherungen der Hersteller, keineswegs sonderlich.

Der Schwertransport

Die Tendenz geht zum immer leichteren Auto. Da die Anhängelast aber vom Leergewicht des Wa-

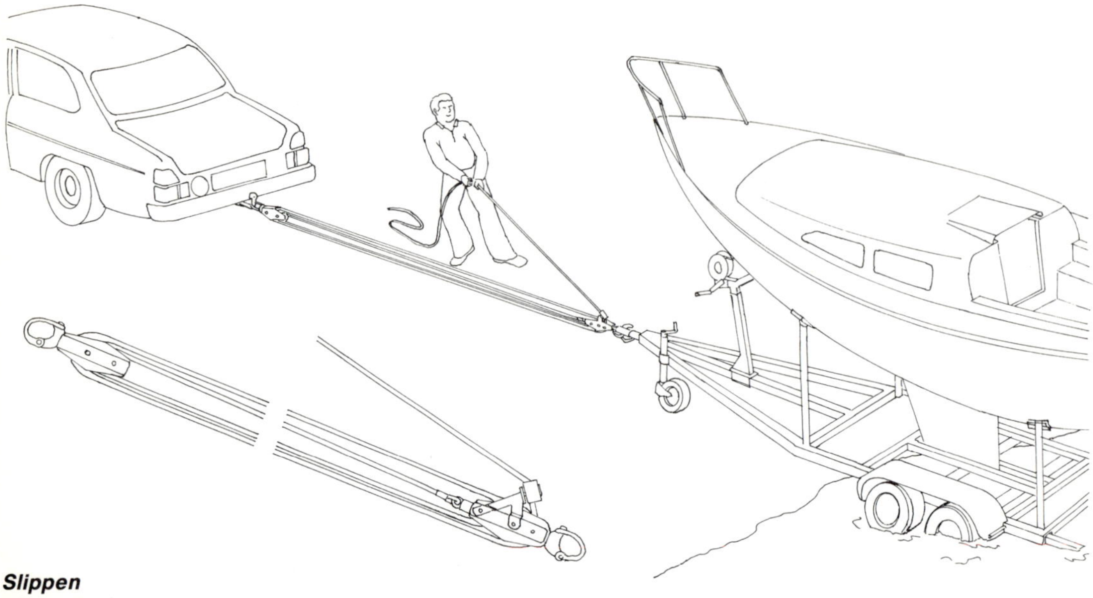

Slippen
Wenn die Sliprampe sehr steil oder das Ufer weich oder unsicher ist, so daß man mit dem Wagen nicht nahe genug ans Wasser heranfahren kann, empfiehlt sich eine Talje mit Curryklemme als Ablaufstopper und natürlich auch zum Herausziehen von Trailer und Boot.

gens abhängig ist, gehen die maximalen Anhängelasten zurück. Pkw, die 2 t schleppen dürfen, sind heute schon Raritäten, über 2 t gibt es sie gar nicht mehr. Als Ausweg bieten sich Geländewagen an, die mit werksseitiger Sondergenehmigung bis zu 2,8 t ziehen dürfen.
Einige Geländewagenhersteller erlauben ihren Fahrzeugen Anhängelasten bis zu 5 t, vorausgesetzt, der Wagen wird als Zugmaschine zugelassen. Dafür müssen jedoch die technischen Voraussetzungen gegeben sein (ab 3,5 t Maulkupplung anstatt Kugelkupplung, Fahrtschreiber), die dann von einer Typprüfstelle, beispielsweise beim TÜV, überprüft und genehmigt werden.
Ohne dieses recht aufwendige Verfahren besteht noch die Möglichkeit, einen Lkw bis 7,5 t (noch mit der Fahrerlaubnis der Klasse 3 zu fahren) in einen Bootstransporter umzufunktionieren. Boote um die 5 t Eigengewicht können so noch transportiert werden. Wer jedoch solche schweren Boote ziehen möchte, wird meist Probleme mit den zulässigen Abmessungen bekommen. In der Bundesrepublik Deutschland und auch in den europäischen Nachbarländern sind maximale Abmessungen vorgeschrieben: Höhe 4 m, Breite 2,50 m, Länge (Fahrzeug + Anhänger) 18 m. Ausnahmegenehmigung im Einzelfall erteilt die Straßenverkehrsbehörde relativ unproblematisch, wenn folgende Daten nicht überschritten werden:
- Höhe 4 m
- Breite 3 m
- Länge (Fahrzeug + Anhänger) 22 m
- Hinausragen der Ladung nach hinten 4 m
- Hinausragen der Ladung über die letzte Achse 5 m
- Hinausragen der Ladung nach vorn 1 m

Eine Ausnahmegenehmigung wird jedoch nur erteilt, wenn der Transport nicht – wenigstens zum größten Teil der Strecke – auf der Schiene oder dem Wasser möglich ist oder wenn durch den Transport auf dem Schienen- oder Wasserweg unzumutbare Mehrkosten entstehen würden. Auch müssen natürlich die geeigneten Straßen vorhanden sein.
Alles, was die genannten Höchstmaße übertrifft, erfordert einen behördlichen Aufwand bis hin zur Polizeieskorte, der einen Privatmann meist überfordert. Deshalb gibt es gewerbliche Fuhrunternehmen, die sich auf derartige Bootstransporte spezialisiert haben. Bei ihnen ist man mit seinem Boot in den richtigen Händen.

Wetterkunde

Wetterelemente

Luftdruck

Unsere Erde ist von einer Lufthülle umgeben, der Atmosphäre. Sie wird nur bis zu etwa 10 km Höhe von den Wärmeverhältnissen auf der Erdoberfläche beeinflußt, und nur in dieser Schicht, der Troposphäre, bildet sich unser Wetter.
Die Luft würde mit ihrer Masse von 1,293 kg/m^3 ruhig und gleichmäßig auf der Erdoberfläche lagern und ungestört die Erddrehung mitmachen, wenn die Luftdichte sich nicht durch die Ausdehnung bei Erwärmung oder durch das Zusammenziehen bei Abkühlung änderte. Die Luft übt in Meereshöhe bei 15° C normalerweise einen Druck von 1013 hPa (Hektopascal) aus. Mit der Höhe nimmt der Druck zunächst je etwa 8 m um 1 hPa ab; in 5500 m beträgt er noch die Hälfte.
Die Erwärmung der Luft beruht indirekt auf der Sonneneinstrahlung. Die Strahlung heizt die Erdoberfläche auf; je senkrechter sie einfällt, um so stärker ist die Aufheizung. An der Erdoberfläche erwärmt sich die Luft; durch Strahlung wird sie fast gar nicht erwärmt. So ist bei Sonnenschein die Lufttemperatur normalerweise in Bodennähe am höchsten. Die erwärmte, leichter gewordene Luft steigt also vom Erdboden auf, und es entsteht ein Gebiet geringen Luftdrucks, in das von den Seiten aus Gebieten höheren Luftdrucks kühlere Luft einströmt. Diese erwärmt sich alsbald und steigt nun ebenfalls, während weiter kühlere Luft folgt. Es entsteht also eine aufwärts gerichtete (vertikale) Luftbewegung, die in einem Kreislauf in größeren Höhen dem Gebiet hohen Luftdrucks zuströmt, hier abgekühlt als schwere Luft absinkt und die abgesogene Luft auf der Erdoberläche ergänzt.
Auf der Erde werden nun die Äquatorgebiete durch den steilen bis senkrechten Einfall der Sonnenstrahlen stark erwärmt, während die Polargegenden infolge des flachen Einfalls der Strahlen und der etwa halbjährigen sonnenlosen Zeit kalt sind. Wir haben also ständige Hochdruckgebiete über den Polen und ständig niedrigen Druck in den Tropen. Diese Druckdifferenzen zwischen schwerer und leichter Luft würden sich schnell ausgleichen, wenn nicht die Erddrehung diese Luftbewegung durch die **Corioliskraft** beeinflußte, und zwar auf der nördlichen Halbkugel durch eine Rechts-, auf der südlichen durch eine Linksablenkung. Hierdurch entsteht auf der Erde im großen eine Druckverteilung mit einer Tiefdruckzone um den Äquator herum – den **Kalmen** oder **Mallungen** –, den Hochdruckgebieten um 30° Breite – den **Roßbreiten** – und zwischen diesen und den Polargebieten wieder je einer durchgehenden Tiefdruckzone. Gewisse Abweichungen sind auf die Jahreszeiten und auf kontinentale Einflüsse zurückzuführen.
Die tägliche Druckverteilung ergibt allerdings ein wesentlich verwickelteres Bild. Das Nebeneinan-

Schematische Darstellung der Erwärmung der Luft durch die Sonneneinstrahlung und des Ausgleichs der Druckunterschiede mit der Ablenkung des Windes durch die Erddrehung (nördliche Halbkugel). Oben: Sicht in der Horizontalen. Unten: Aufsicht. Merke: Der Wind weht rechts herum aus dem Hoch heraus und links herum in ein Tief hinein.

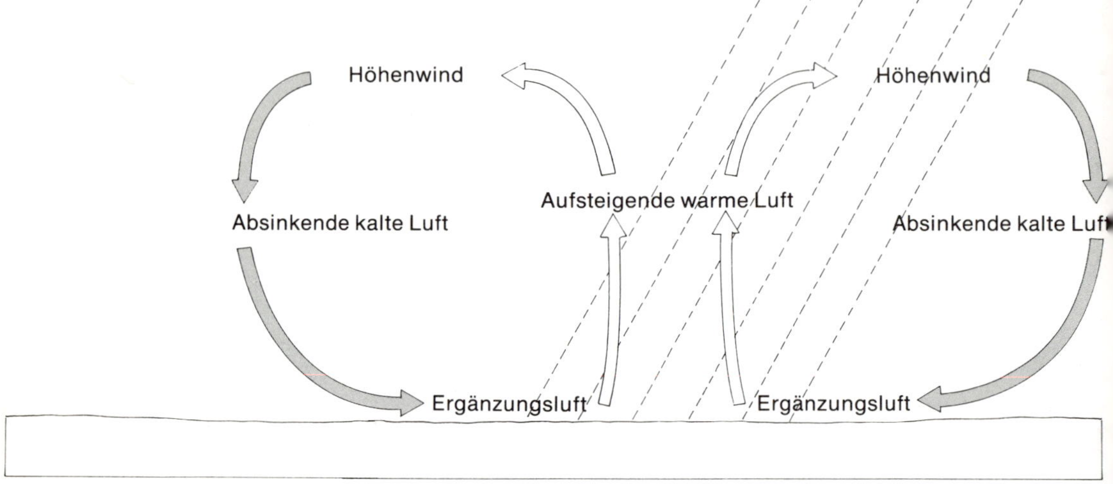

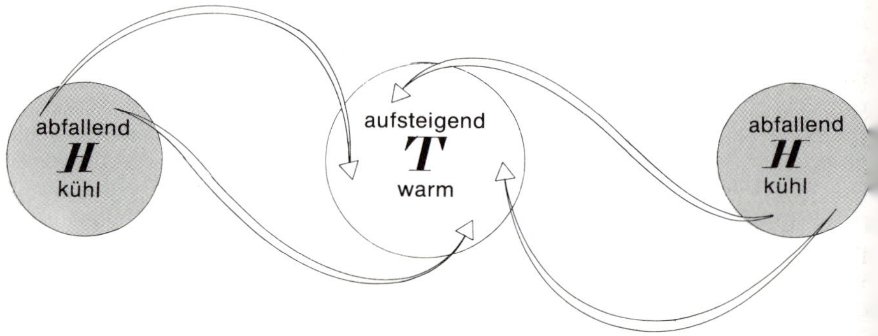

der von kalter und warmer Luft und die Wirkung unterschiedlicher Sonneneinstrahlung führen in Verbindung mit den besonders in der nördlichen, gemäßigten Zone stark wechselnden Einflüssen von Land und Meer zu ständigen Vermischungen und Wirbelbildungen. So entstehen die Tiefdruckgebiete, die das Wetter unserer Breiten bestimmen, vorwiegend an der Grenze polarer und subtropischer Luftmassen, wo Einbrüche von kalter in warme Luft auf der Nordhalbkugel zu linksdrehenden Tiefdruckwirbeln führen.

Im Kern eines Tiefs, einer **Zyklone*** – dort wo die Luft aufsteigt oder hochgewirbelt wird –, ist der Druck am geringsten; nach außen hin nimmt er zu. Umgekehrt herrscht in der Mitte eines Hochs, einer **Antizyklone,** wo die schwere Luft von oben niederfällt, der höchste Druck, der beim Auseinanderfließen der Luft am Boden nach außen abnimmt. Um die Druckverteilung zu einem bestimmten Zeitpunkt auf der Karte deutlich zu machen, verbindet man alle Punkte gleichen Luftdrucks (meist von fünf zu fünf Hektopascal), so daß in sich geschlossene Kurven, die **Isobaren,** entstehen.

* Nicht zu verwechseln mit einem Zyklon, einem Wirbelsturm.

Lebenslauf einer Zyklone

1 Warmluftmasse ist in die Kaltluftmasse eingedrungen. Vor ihrer Aufgleitfront (rechts) befindet sich ein ausgedehntes Regengebiet (Warmluft = runde Zacken). Die schnellere Kaltfront (Spitzzacken) unterläuft den Warmlufteinbruch, engt ihn ein und drängt ihn in die Höhe. Hinter ihr ein schmales Regenfeld, gefolgt von Schauertätigkeit.

2 Durch das Aufsteigen der Warmluft hat sich der Kerndruck weiter vermindert. In Kernnähe hat die Kaltfront die Warmfront eingeholt (Beginn der Okklusion).

3 Okklusion der Fronten. Die leichte Warmluft des Einbruchs ist vollständig vom Boden abgehoben, kühlt sich in der Höhe ab und wird wieder dichter. Das Tief füllt sich auf.

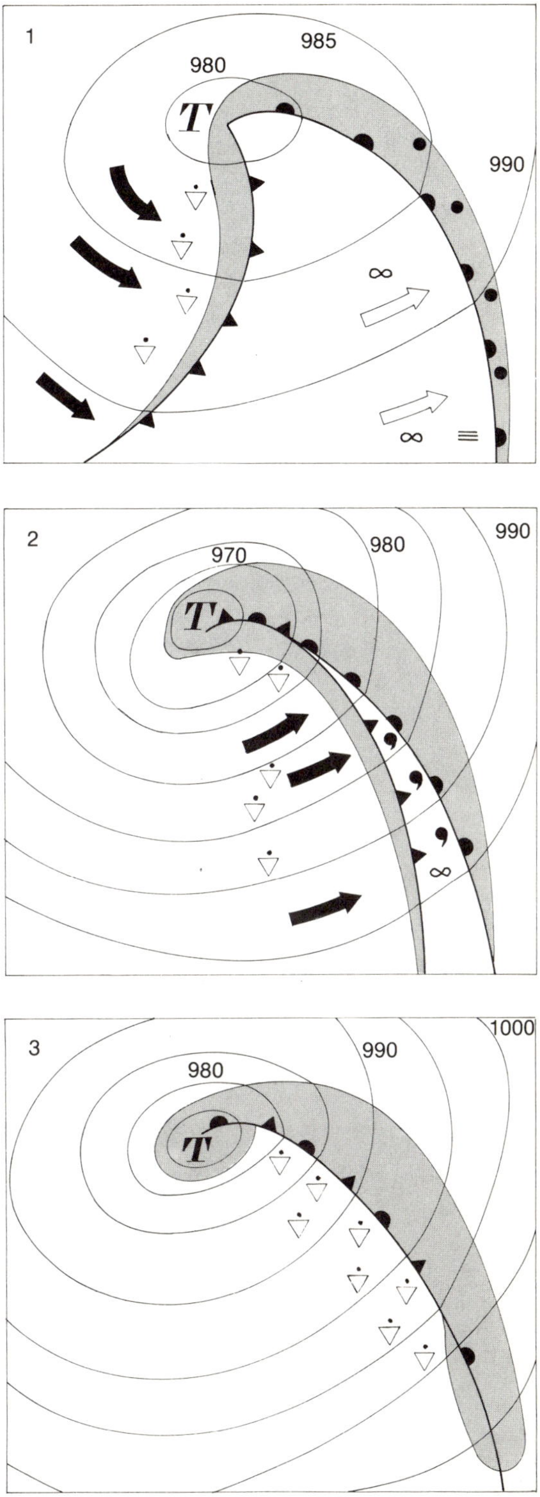

Werdegang eines Tiefs

Warmluft gelangt mehr oder weniger instabil aus den Tropen und aus den Subtropen in unsere Breiten, die Kaltluft aus der Polarzone oder dem großen Kaltluftreservoir zwischen 60° und 70° Breite. In einem an der Grenze zwischen Warm- und Kaltluftmassen neu entstandenen Tiefdruckwirbel sind die Sektoren warmer und kalter Luft noch getrennt. Die leichtere Warmluft gleitet allmählich auf die schwere kalte Luft auf, hier die **Warmfront** bildend, während von der anderen, der westlichen Seite her nachfolgend, schnellere Kaltluft mit einer **Kaltfront** den Warmsektor unterwandert, bis die gesamte Warmluft vom Boden abgehoben ist und Warm- und Kaltfront zu einer gemeinsamen Front, der **Okklusion,** zusammenklappen (okkludieren). Das Tief ist gealtert und stirbt ab: »Es füllt sich auf.« Während dieses Vorgangs bewegt sich in unseren Breiten das gesamte Tiefdruckgebiet mit abnehmender Geschwindigkeit in meist etwa östlicher Richtung.

Zugbahnen der Tiefs

Langjährige Wetterbeobachtungen zeigen, daß die Tiefs bevorzugte Wege einschlagen, auf denen sie durch Landmassen und stabilere Hochdruckgebiete gesteuert werden. Für Europa kann man vier natürliche Zugbahnen erkennen:

Zugbahn A folgt im großen und ganzen den Ausläufern des Golfstroms; auf ihr wandern größere, atlantische Zyklonen.

Die **Zugbahn B** folgt im wesentlichen der Grenze des eigentlichen Kontinents; sie führt vom Ostat-

Wettersymbole, wie sie in den Wetterkarten verwendet werden, und ihre Bedeutung

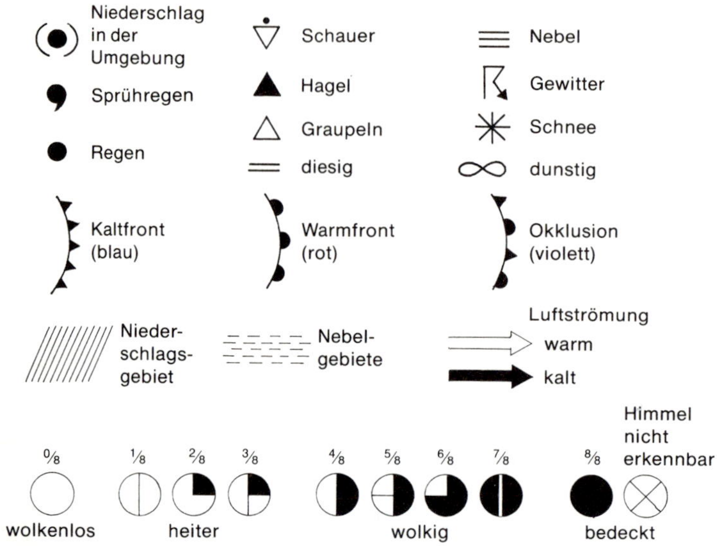

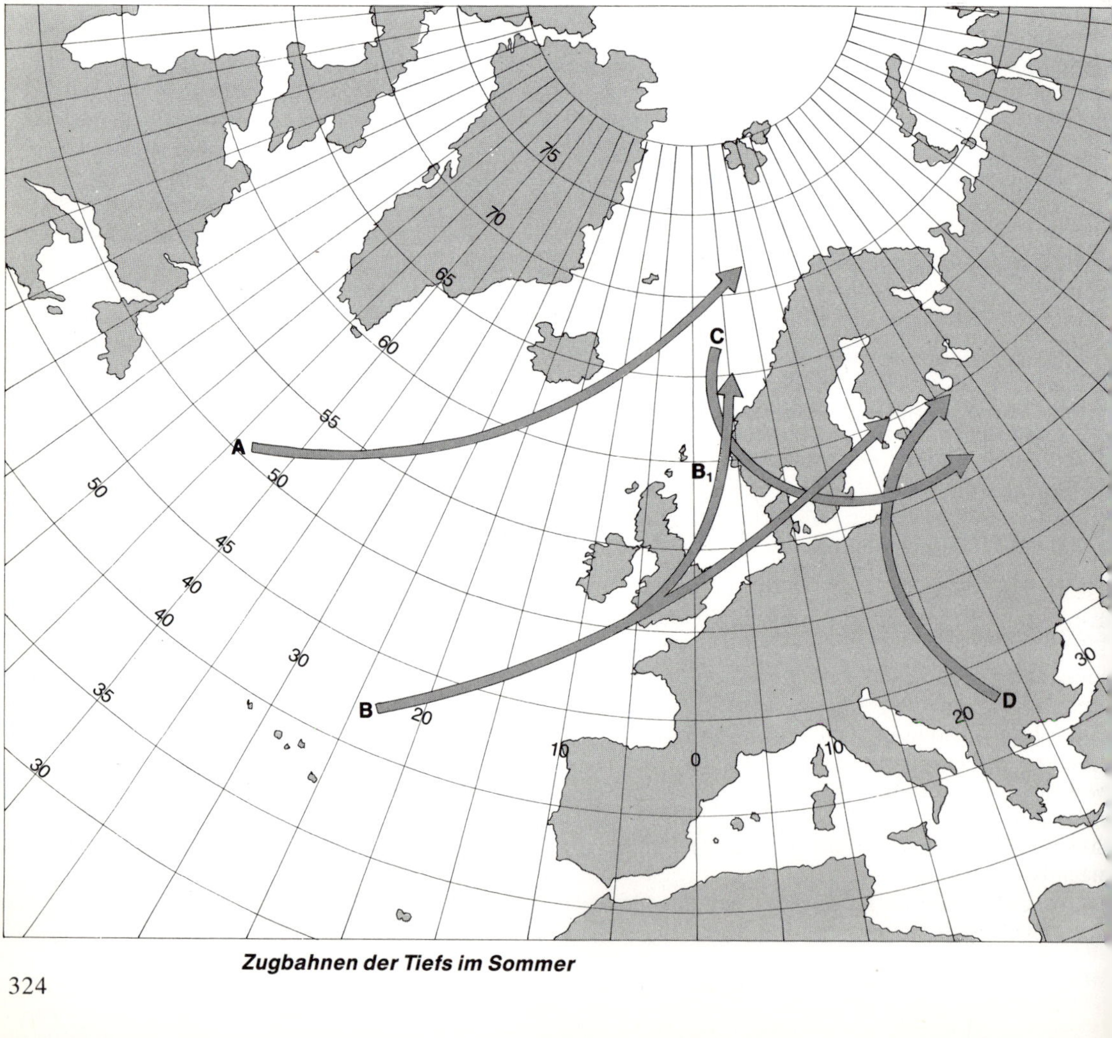

Zugbahnen der Tiefs im Sommer

lantik durch den Ärmelkanal, entlang der deutschen Küste in den Ostseeraum. Auf dieser Bahn wandern besonders im Hochsommer manchmal kleine, aber kräftige und schnell ziehende Wirbel, teilweise als Randtiefs eines umfangreichen Tiefs im hohen Norden. Über dem südlichen Mitteleuropa findet sich dabei ein festliegender Keil des Azorenhochs oder eine Hochdruckbrücke, die das Azorenhoch mit einem über Rußland ebenfalls festliegenden Hoch verbindet. Dort herrscht dann warmes, trockenes »Hundstagewetter«, während unsere Gewässer – Nordsee und Ostsee – unbeständiges, zum Teil regnerisches und stürmisches Wetter haben.

Die Tiefs der Bahn B zweigen oft auf die Bahn B_1 ab: Vom Atlantik kommend können sie nämlich im Sommer unter den Einfluß kontinentaler warmer Süd- oder Südost-Winde gelangen und gehen dann von der Deutschen Bucht nach Norden. Die Ostsee wird dabei von den Kernen der Tiefs nicht mehr erreicht und behält schönes und beständiges Sommerwetter; die Nordsee dagegen hat starke Winde und Regen mit kühler atlantischer Luft.

Die **Zugbahn C** führt vom Nordmeer am Rande Skandinaviens entlang über Dänemark in den Ostseeraum. Dies ist eine ungünstige, ja gefährliche Wetterlage, die plötzlich aufkommende Nordwest-Stürme bringen kann.

Die **Zugbahn D** führt am russischen Hoch entlang zunächst nach NW, um dann nach NE einzudrehen. Der Ostseesegler, der in die Bornholmer Gewässer oder nach Gotland kommt, kann mit diesen Tiefs Bekanntschaft machen und ungewohnte Wetterentwicklungen erleben. Ein aus Osten kommender Wolkenaufzug muß als Warnung dienen. Da schwer abzuschätzen ist, wie weit die Wetterverschlechterung gehen wird, sei bei einer D-Wetterlage zu besonderer Vorsicht geraten. Sie kann bei Nordost-Winden erhebliche Regenfälle bringen.

Gelegentlich halten diese Tiefs auch ihren NW-Kurs durch und führen dann im Bereich der dänischen Inseln zu einer außergewöhnlichen Wetterentwicklung: Beim Zusammentreffen warmer kontinentaler Luft mit hochreichender atlantischer Kaltluft über Frankreich entstehen oft über Nacht kräftige Zyklonen; besonders im Hochsommer, wenn das Ostseewasser durch eine vorhergegangene Schönwetterperiode warm geworden ist. Ein solches Tief, das vom Seeraum Rügen–Bornholm nach NNW zieht, erreicht hier seine größte Energie, und das Wetter schlägt im weiteren Verlauf in eine Westwindlage um. Solange das Ostseewasser kalt ist, können sich über ihm keine kräftigen Tiefs bilden; über warmem Ostseewasser muß dagegen mit stärkeren Stürmen gerechnet werden.

Der Wind

Die Luftdruckunterschiede bewirken eine oft kräftige Ausgleichströmung, den Wind. Wichtig für den Seemann ist der an der Erdoberfläche wehende Wind, während den Meteorologen auch die Höhenwinde interessieren. Auch zwischen den einzelnen Tief- und Hochdruckgebieten wird ein schneller Ausgleich der Druckunterschiede durch die Erddrehung verhindert. Zwischen Hoch und Tief weht der Wind fast senkrecht zur Verbindungslinie beider Kerne und weicht gegen die Isobaren nur wenig zum Tiefdruckkern hin ab.

So gibt einem die Windrichtung am Ort gleich einen Anhalt für den Isobarenverlauf. Es zeigt sich dabei das grundlegende Windgesetz, das für das Tief und für das Hoch gilt – allerdings nur auf der nördlichen Halbkugel, auf der südlichen sind die Drehrichtungen umgekehrt.

In einem Tief der nördlichen Halbkugel hat also ein vor dem Wind laufendes Boot den Kern des Tiefs etwas vorlicher als Backbord querab, in einem Hoch dessen Kern etwas achterlicher als Steuerbord querab. Zieht also ein Tief auf seinem üblichen östlichen Kurs nördlich von einem vorbei, so dreht der zunächst südliche Wind auf W und NW, zieht es südlich vorbei, auf E und NE:

Das Windgesetz: Auf der *rechten* Seite der Zugrichtung dreht der Wind *rechts*.

Auf der *linken* Seite der Zugrichtung dreht der Wind *links*.

Statt rechtsdrehend spricht man auch von ausschießend, statt linksdrehend von rückdrehend oder krimpend.

Zieht ein Tief mit seinem Kern unmittelbar über einen hinweg, so springt der Wind nach einer kurzen Windstille in die entgegengesetzte Richtung um. Die Stille im Zentrum darf einen nicht zu der Annahme verleiten, alle Gefahr sei vorüber. Gleichzeitig geht der vorher ständige Druckfall deutlich in einen Druckanstieg über, der wieder kräftigen Wind bedeutet.

In einem Hoch sind die Verhältnisse entsprechend, jedoch meist nicht so scharf ausgeprägt. Zwar ist das Wetter nicht überall »gut«; das ist es meist nur im Westteil des Hochs, im Bereich östlicher Winde. Das sommerliche Schönwetter unserer Gewässer wird meist von der Lage und Ausdehnung des

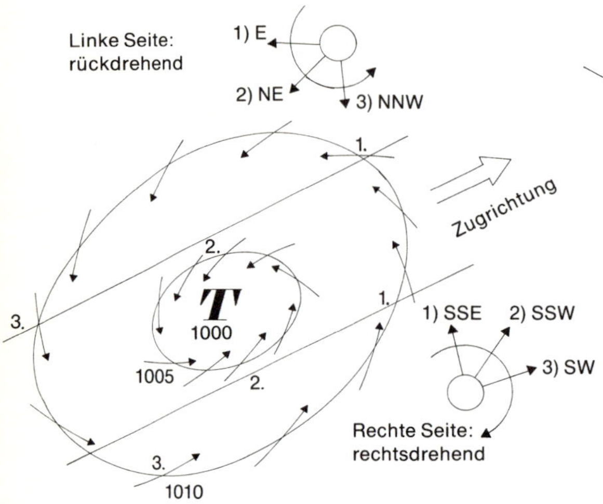

Winde um ein Tief auf der nördlichen Halbkugel
Auf der linken Seite eines Tiefs ist der Wind links- oder rückdrehend, auf der rechten Seite rechts- oder rechtdrehend.

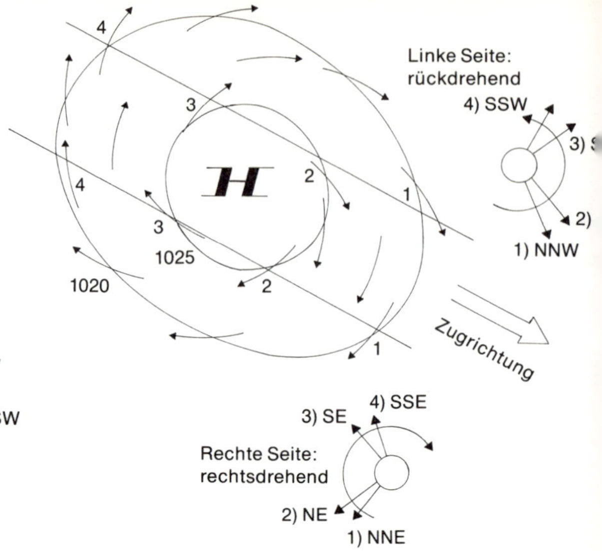

Winde um ein Hoch auf der nördlichen Halbkugel
Auf der linken Seite eines Hochs ist der Wind links- drehend, auf der rechten Seite rechtsdrehend.

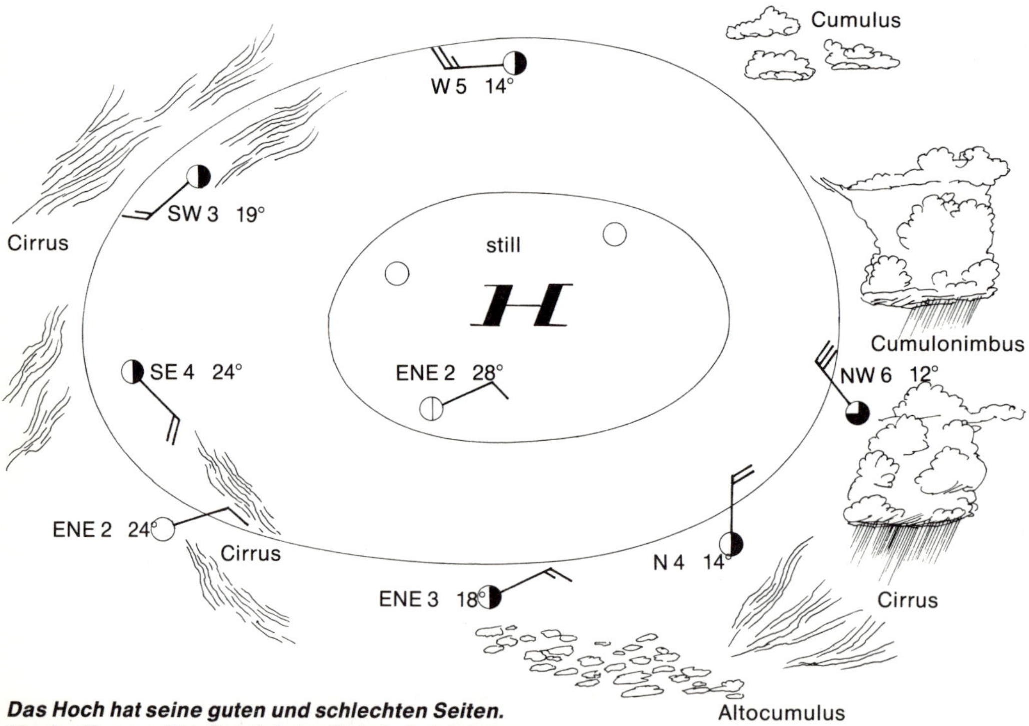

Das Hoch hat seine guten und schlechten Seiten. Nur im Kern und im Bereich der Ostwinde ist gutes Wetter zu erwarten. Im NW-Windbereich bleibt es meistens schlecht.

Azorenhochs bestimmt, dessen nach Europa abzweigende Teilhochs uns trockene, warme und oft länger anhaltende Schönwetterperioden bringen.
Die Stärke des Windes hängt von den Druckunterschieden zwischen Hoch und Tief und dem Abstand ihrer Isobaren ab. In mittleren Breiten ist bei einem Abstand der 5-hPa-Isobaren von 300 sm mit Windstärke 3 zu rechnen, von 200 sm mit Windstärke 5 und von 100 sm mit Windstärke 7 bis 8.
Die Druckänderung in Hektopascal auf eine definierte Distanz nennt man den **Gradienten.**

Die Luftfeuchtigkeit

Luft enthält eine wechselnde Menge Feuchtigkeit. Das an der Erd- oder Wasseroberfläche verdunstende Wasser wird von der Luft als Wasserdampf aufgenommen, dessen Höchstmenge, die **Sättigungsfeuchte,** von der Lufttemperatur abhängig ist. Je wärmer die Luft ist, um so mehr Feuchtigkeit kann sie aufnehmen. Da zum Verdunsten von Wasser – zu seiner Verwandlung in Wasserdampf von gleicher Temperatur – viel Wärme verbraucht wird (2500 Joule für 1 Gramm Wasser), die nicht verloren geht, sondern beim Kondensieren wieder frei wird, können durch den Wind erhebliche Wärmemengen über weite Strecken transportiert werden.
Umgekehrt kann nun auch durch Temperaturabnahme, z. B. durch Aufsteigen der Luft in größere Höhen oder durch den Hinzutritt kälterer Luft, die Sättigungsgrenze überschritten werden; die Luft wird dann merklich naß. Ein Teil der in der Luft enthaltenen Feuchtigkeit kondensiert zu feinen Tröpfchen (Nebel) oder fällt als Tau aus; die zugehörige Temperatur heißt daher **Taupunkt.** Voraussetzung ist allerdings, daß kleinste feste Teilchen (Luftverschmutzungen, Staub, Ruß, Meersalz) als Kondensationskerne in der Atmosphäre schweben, an denen sich die Feuchtigkeit niederschlagen kann.
Die Annäherung an den Taupunkt in der Luft macht sich durch Verschlechterung der Sicht und Aufkommen von Dunst erkennbar. Sobald die Kondensation einsetzt, bilden sich Nebel und Wolken, und wenn die Kondensationströpfchen zu groß werden, um sich in der Luft schwebend halten zu können, fallen sie als Niederschlag (Nieselregen, Sprühregen, Regen, Schnee usw.).
Verringert sich die Sichtweite auf weniger als 1000 m, dann spricht man von Nebel.

Nebel

Nebelbildung kann verschiedene Ursachen haben:
1. Warme Luft weht über kälteres Wasser und kühlt sich dabei ab; bei Erreichen des Taupunktes kondensiert ein Teil der Luftfeuchtigkeit. Das Ufer kann im Nebel liegen, während es über dem am Morgen wärmeren Wasser klar ist.
2. Kalte Luft mischt sich mit feuchtwarmer Luft. Dieser für die Wolkenbildung ursächliche Vorgang reicht bis zur Erdoberfläche hinunter. Auf dem Boden aufliegende Wolken sind Nebel.

Nebel findet sich daher häufig
1. über küstennahem kaltem Auftriebswasser, wo ablandiger Wind das warme Oberflächenwasser wegtreibt und kühleres Wasser aus der Tiefe emporquillt;
2. über Randmeeren im Frühjahr; z. B. in der Nord- und Ostsee, wenn wärmere Luft über kaltes Wasser weht;
3. über kalten Meeresströmungen, z. B. am Ostrand der Neufundland-Bank, wo vor allem von Mai bis Juli warme Golfstromluft mit Südwind über das kalte Wasser des Labrador-Stroms weht;
4. als Küstennebel infolge der starken Abkühlung des Landes gegenüber der warmen See.
5. als Landnebel, wenn in klaren, ruhigen Nächten das Land abkühlt und die Feuchtigkeit der darüber liegenden Luft kondensiert, wobei der Nebel in Flußmündungen und unter der Küste liegt und möglicherweise Leuchtfeuer einhüllt;
6. an Steilküsten oder höheren Inseln, wenn auflandiger Wind weht, wobei die aufsteigende Luft abgekühlt wird; die Küsten können dann in Nebel und Wolken verschwinden.

Naturgemäß ist Meeresluft feuchter als Festlandsluft, so daß im ganzen gesehen die Bewölkung geringer wird, je weiter man ins Binnenland kommt. Dabei spielt auch eine Rolle, ob die Luft vom Meere stammt – vorwiegend westliche Winde – oder vom Festland – vorwiegend östliche Winde.
Im Gegensatz zu der aufsteigenden Luft im Tief ist die absteigende Luft im Hoch trocken. Sie kann bei ihrer Erwärmung in Nähe der Erdoberfläche immer mehr Feuchtigkeit aufnehmen, so daß sie die Wolken »auftrocknet« und gute Sicht schafft.
Auch wenn der Wind durch Gebirgszüge in größere Höhe gedrückt wird, kommt es durch die damit verbundene Temperaturabnahme meist zu Wolkenbildungen und Niederschlägen. Umgekehrt ist der vom Gebirge her wehende Wind durch solchen Entzug von Feuchtigkeit am Luvhang und durch das spätere Absinken trocken.

Wettererscheinungen

Die Wolken

Zur Beurteilung der Wetterlage sind neben den Instrumenten die eigenen Beobachtungen des Wetters und die Kenntnis der einzelnen Wettererscheinungen unentbehrlich. Die Bedeckung des Himmels, deren Grad in Achteln angegeben wird, und die Formen der Wolken geben wichtige Aufschlüsse. Sie zeigen die horizontalen und vertikalen Luftbewegungen, geben einen Anhalt für die Art und die Temperaturen der Luftmassen und lassen die Fronten erkennen. Die horizontnahe Bewölkung sollte man wegen der Kulissenwirkung nur bedingt berücksichtigen.

Die Bewölkung ist nach Höhe und Form sehr verschieden. Man unterscheidet
- niedrige Wolken bis 2000 m,
- mittelhohe Wolken zwischen 2000 und 6000 m,
- hohe Wolken über 6000 m,
- niedrige Wolken, die in höhere Schichten hineinragen,

außerdem

Haufenwolken (Cumulus-Wolken), die scharfe Begrenzungen haben und sich vertikal aufbauen,

Schichtwolken (Stratus-Wolken), die sich ohne auffallende Gliederung horizontal lagern.
Mittelhohe Wolken bezeichnet man mit dem Zu-

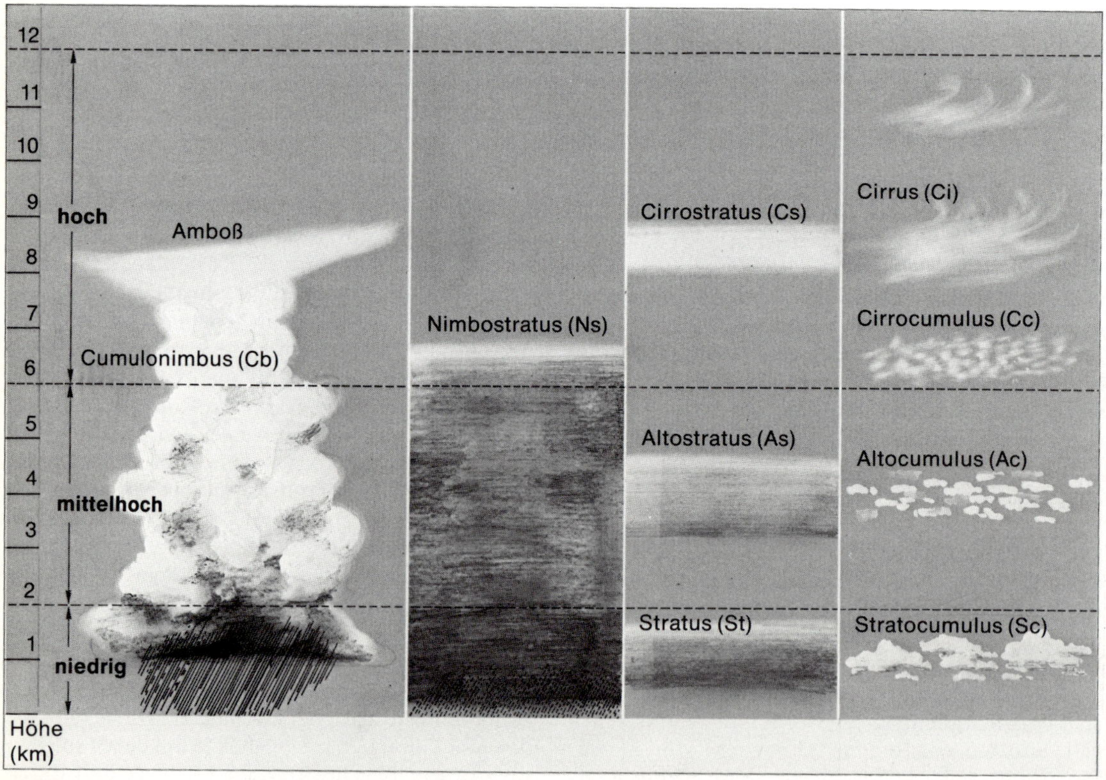

Die drei Wolkenstockwerke in der Atmosphäre

satz »Alto-«, hohe mit »Cirro-«. Daraus ergibt sich folgende in der Wetterkunde gebrauchte Einteilung der Wolken:

Niedrige	Mittelhohe	Hohe
Cu Cumulus		Ci Cirrus
St Stratus		
Sc Stratocumulus	Ac Altocumulus	Cc Cirrocumulus
Ns Nimbostratus	As Altostratus	Cs Cirrostratus
Cb Cumulonimbus		

Diese Wolkenformen haben folgende Bedeutung: **Cu** Haufenwolke, in kleinen Formen Schönwetterwolke, in großer Form oft Vorläufer von Schauern und Gewittern. Sie sind meist das Kennzeichen unregelmäßiger Erwärmung. Für den Segler sind sie besonders interessant, weil sie Wind bringen. Ist dieser böig, so kann man meist auch ein Schwanken der Richtung beobachten: beim Auffrischen dreht der Wind um 10° bis 20° nach rechts; ziehende Wolken sieht man oft noch stärker nach rechts abgelenkt. Die sich auftürmende Haufen-

Die flache Haufenwolke (Cumulus), oft in Reihen in der Windrichtung angeordnet, bringt wohl schwache rechtsdrehende Böen, hat aber für die Wetterentwicklung keine Bedeutung.

Die geballte Haufenwolke (Cumuluscongestus) wächst in kurzer Zeit zu großer Mächtigkeit an und erreicht die »Vereisungszone«, in der sich Schleier bilden können.

Schäfchenwolken (Altocumulus), wenn schnell ziehend, zeigen Schlechtwetter an.

Cirruswolken zeigen bei fallendem Barometer ein heranziehendes Tief an.

Ausgereifte Gewitter- oder Schauerwolke (Cumulonimbus) mit vereisten oberen Türmen. Die Wolke erzeugt ein eigenes Windsystem.

Schichtartige Wolkenteppiche (Stratocumulus) deuten auf ruhiges Wetter. Als geschlossene Wolkendecke im Herbst und Winter typisch für ruhiges Hochdruckwetter.

Der Cirrostratus-Schirm, mit oder ohne Sonnenring, zeigt eine hohe geschlossene Eisnadelbewölkung an. Anzeichen für schlechtes Wetter.

wolke erreicht bald Höhen, in denen die Temperatur unter Null sinkt. Dabei verwandelt sich das Wasser in Eiskristalle, wie man an der faserigen, glatteren Struktur der hohen Wolkenschichten erkennt. Bei weiterem Aufsteigen entsteht eine Gewitterwolke, Cb. Treffen aufquellende Cu auf eine »Inversionsschicht« – eine warme Luftschicht, durch die die normale Temperaturabnahme mit der Höhe unterbrochen wird –, so breiten sie sich horizontal aus und bekommen Pilz- oder Amboßform.

St Tiefe Schichtwolke, darunter Wolkenfetzen; Himmel grau in grau.

Sc Niedrige, flache graue Wolken mit Struktur; Wolken der Ruhe, die das Fehlen vertikaler Luftströmungen anzeigen; der Wind ist stetig und nicht böig. Flache Wolkenbänke bei Sonnenuntergang sind Zeichen ruhigen Hochdruckwetters.

Ns Dunkle Regenwolken großer Mächtigkeit ohne jede Struktur.

Cb Böen-, Schauer- und Gewitterwolke, auch Böenwalze. Kräftige, in große Höhen aufsteigende Cu, die starke Niederschläge mit sich bringen.

Ac Schäfchenwolken, mittelhohe Wolken in Form von einzelnen Ballen; in ruhiger Schicht Schönwetterwolken, in schnell ziehenden Bänken Schlechtwetterzeichen.

As Dünne Schichtwolke, die den Himmel wie mit Milchglas überzieht. Das langsame Aufziehen, Dichterwerden und Absinken kündigt Flaute und Regen an; bei großen Feuchtigkeitsmengen entstehen Ns, die länger anhaltenden Regen bringen.

Ci Feine, hohe, faserige weiße Wolken, eisblumen- und fadenartig, bestehen aus Schnee oder Eisnadeln. Bei Druckfall sind sie Vorboten schlechten Wetters.

Cc Feine, hohe Schäfchenwolken, oft in linsenartigen Bänken, erscheinen bei sich auffüllenden Tiefs, sind aber auch nicht selten Vorläufer neu sich bildender kräftiger Tiefdruckgebiete.
Cs Feiner Schleier hoher Wolken aus Schnee und Eisnadeln, durch die die Sonne hindurchscheint. Bevor noch die ersten dünnen Cs erkennbar sind, zeigt sich schon das Vorhandensein von Feuchtigkeit und feinen Eiskristallen in hohen Luftschichten durch Höfe und Ringe um Sonne und Mond. Sie entstehen durch Beugung des Lichts an Wassertröpfchen oder Eiskristallen in der Atmosphäre. Die weißlichen oder gelblichen Höfe haben einen Halbmesserwinkel von 2°; die Ringe entweder 22° oder 46°, gelegentlich mit heller leuchtenden Stellen, den Nebensonnen.
Diese **Halo-Erscheinungen** künden das Herannahen einer Warmfront mit regnerischem Wetter an. Es folgen dann bei langsamem Druckfall Ci, Cs und As.
Wenn Wolken auch vorwiegend Kennzeichen von Tiefdruckgebieten sind, so sind Hochs doch keinesfalls immer wolkenlos; vor allem auf ihrer Ostseite befindet sich oft stärkere Bewölkung.

Niederschläge

Wolken sind kondensierte Luftfeuchtigkeit. Doch fällt nicht aus jeder Wolke Niederschlag, sondern erst dann, wenn die schwebenden Nebeltröpfchen infolge Zusammenwachsens nicht mehr von der Luftbewegung getragen werden und auch nicht in tieferen Schichten gleich wieder verdunsten. Es fallen dann bei Wolkentemperaturen über 0° C aus niedrigen Wolken sehr kleine Tröpfchen als Sprühregen (Niesel) oder – meist aus großer Höhe – schwerere Tropfen als Regen. Bei Wolkentemperaturen unter dem Gefrierpunkt fallen Schnee, Graupeln (Eiskörner aus unterkühlten Tropfen) oder Hagel (Eisstückchen wachsender Größe). Aus Schichtwolken regnet es langsam und anhaltend, aus Cb-Wolken heftig in Schauern.

Gewitter

Infolge starker Sonneneinstrahlung kräftig in große Höhen aufsteigende feuchtwarme Luft führt zu örtlich begrenzten **Wärmegewittern.** Plötzlicher Einbruch kalter Luft in warme innerhalb eines Tiefs – Vorstoß einer kräftigen Kaltfront – führt dagegen zu ausgedehnten **Frontgewittern,** die viel Wind, erhebliche Abkühlung und eine allgemeine Wetterumstellung mit sich zu bringen pflegen. Die starke Bewegung der Luftmassen verursacht elektrische Spannungen, die sich in Blitzen von Wolke zu Wolke oder von Wolke zur Erde entladen. Aus dem Zeitunterschied zwischen Blitz und Donner läßt sich die Entfernung des Gewitters errechnen (Anzahl der Sekunden geteilt durch drei gibt die Entfernung in Kilometern). Blitze, nach denen kein Donner zu hören ist, heißen Wetterleuchten. Als ruhiges Glimmen auftretende – ungefährliche – elektrische Entladungen an Mastspitzen nennt man **Elmsfeuer.**
Wärmegewitter über Land, wie man sie im Sommer in dänischen und schwedischen Gewässern oft beobachten kann, kommen nur zögernd und abgeschwächt auf See hinaus. Eine Schätzung, wie stark die aus einem Gewitter kommende Bö sein wird, ist schwierig. Man muß sorgfältig die Wasseroberfläche in Luv beobachten. Die Böen ziehen allerdings nur schmale Schneisen, so daß die Verhältnisse in geringer Entfernung recht unterschiedlich sein können.

Wetterbeobachtung

Instrumente

Der Luftdruck wird konventionell mit dem **Barometer** gemessen. Es überträgt die elastische Verformung einer oder mehrerer luftleerer Druckdosen auf ein Zeigerwerk.
Die exakte Messung des Luftdrucks ist unerläßlich für das Wetterverstehen und die eigene Wetterprognose. Dabei kommt es nicht auf den absoluten Zahlenwert an, sondern auf den relativen Änderungsbetrag innerhalb einer bestimmten Zeitspanne. Ob ein Druckgebilde als Hoch oder Tief anzusprechen ist, hängt nicht von seinem Druckwert im Kern ab, sondern davon, ob die Umgebung größere oder kleinere Druckwerte hat. Wenn der Wert

im Kern höher ist als ringsumher, handelt es sich um ein Hoch, wenn er niedriger ist, um ein Tief.
Barographen haben heute an Bord die Barometer weitgehend verdrängt. Sie ermöglichen einen wesentlich besseren Überblick über die Luftdruckentwicklung. Durch die laufende Aufzeichnung des Luftdrucks entgehen dem Beobachter keinerlei Druckänderungen, was bei einem Barometer sehr leicht geschehen kann.
Moderne Barographen arbeiten vollelektronisch. Weder die Vibrationen des Motors, noch die heftigen Bewegungen im Seegang können die Messung oder Aufzeichnung beeinflussen.
Windmesser (Anemometer) findet man im Masttopp vieler Yachten. Es gibt mechanische und elektronische. Sie sollten unbedingt wartungsfrei sein und keine korrosionsanfälligen Materialien enthalten. Sie zeigen jedoch auf einem Schiff in Fahrt verständlicherweise nur die Geschwindigkeit des scheinbaren Windes an. Ein **Handwindmesser** mag eine nützliche Ergänzung sein, um beispielsweise von einem Molenkopf aus den wahren Wind »draußen« zu ermitteln.

Moderner elektronisch arbeitender Marinebarograph. Die Aufzeichnung ist sehr präzise. Ein Jahr lang wird der Luftdruck vollautomatisch registriert, bevor Aufzeichnungspapier und Batterien gewechselt werden müssen. Das Gerät ist wartungsfrei und korrodiert nicht. (Foto: Wempe Chronometerwerke)

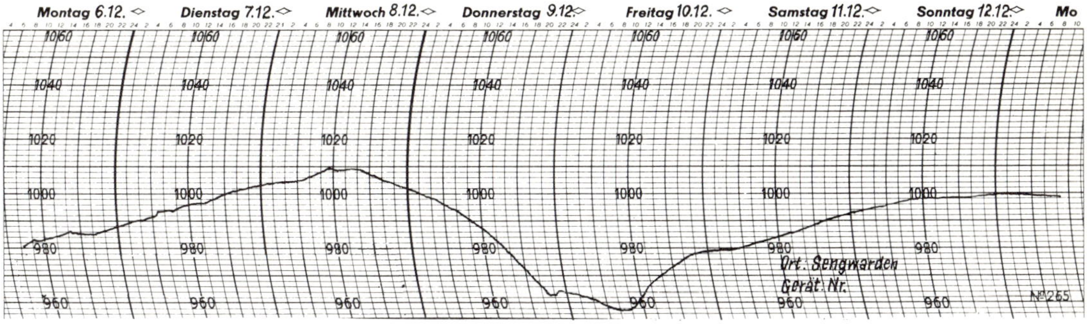

Luftdruckkurve eines Barographen
Dem Hoch vom 8. 12. folgt bei schnellem Fallen des Luftdrucks (Wind!) ein kräftiges Tief. Nach dessen Durchzug (Winddrehung) und bei dem ziemlich schnellen Steigen am Nachmittag des 10. 12. weht es zunächst stärker. Bei abflauendem Wind tritt ab 12. 12. ruhiges Hochdruckwetter ein.

Bei einiger Erfahrung kann man Rückschlüsse auf die wahre Windstärke und Windrichtung aus Erscheinungen an der Wasseroberfläche ziehen. Dabei sind allerdings auch die speziellen Gegebenheiten des Reviers zu berücksichtigen – Flachwasser (Ostsee), Tiefwasser (Atlantik), Strom etc.
In Wetterberichten wird die Windgeschwindigkeit international in Knoten angegeben.
In Wetterkarten wird die **Windgeschwindigkeit** international ebenfalls in Knoten eingezeichnet. Einzige Ausnahme sind die Wetterkarten des Seewetteramtes Hamburg (mit denen der deutsche Yachtskipper vornehmlich zu tun haben wird). Dort wird die **Windstärke** in Beaufort angegeben. Da die Symbole gleich sind, kann das durchaus Anlaß zu Verwirrung und Fehlinterpretation geben.

Der vollelektronische Meteo-Liner ist ein Spitzen-High-Tech-Barograph. Der Luftdruck der letzten 24 Stunden wird ständig dargestellt. Datum, Uhrzeit und programmierbarer Druckalarm zählen zum Standard. (Foto: Vetus)

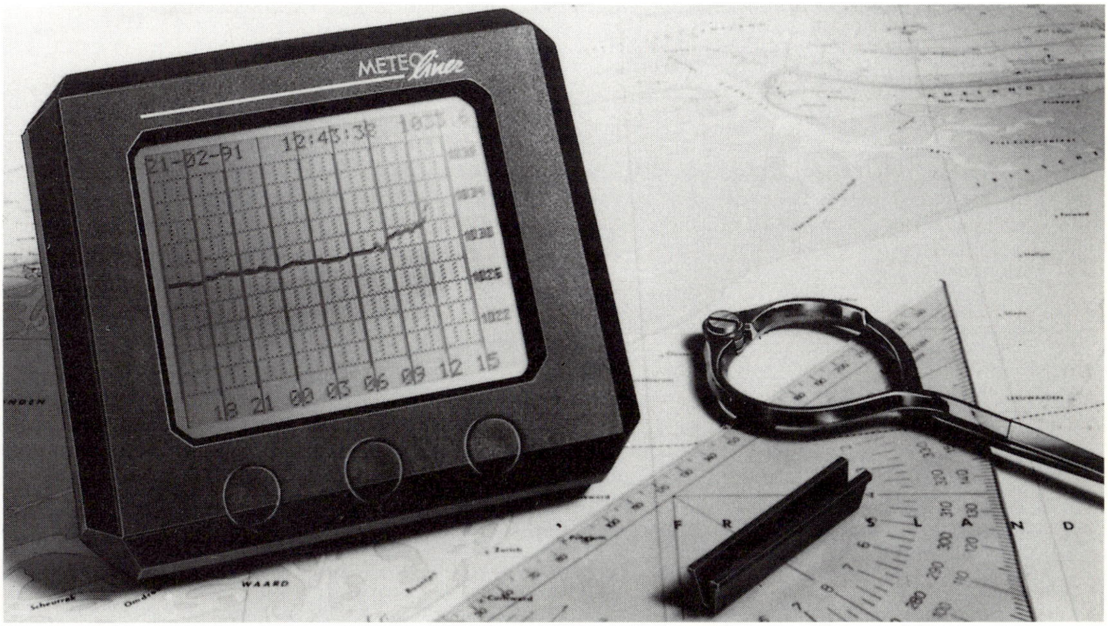

Wind							
Stärke nach Beaufort	Windgeschwindigkeit			Bezeichnung	Beschreibung	Zeichen in der eigenen Bordwetterkarte	Wetterkarten international (kn)
	kn	m/s	km/h				
0	0–1	0–0,2	0–1	Windstille	Keine Luftbewegung.		
1	1–3	0,3–1,5	1–5	Leiser Zug	Windrichtung nur an ziehendem Rauch erkennbar.		1–2  5 
2	4–6	1,6–3,3	6–11	Leichte Brise	Wind im Gesicht fühlbar.		
3	7–10	3,4–5,4	12–19	Schwache Brise	Blätter werden bewegt, leichte Wimpel gestreckt.		10 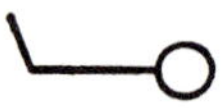
4	11–15	5,5–7,9	20–28	Mäßige Brise	Kleine Zweige werden bewegt, schwere Wimpel gestreckt.		15 
5	16–21	8,0–10,7	29–38	Frische Brise	Größere Zweige werden bewegt; Wind im Gesicht schon unangenehm.		20 
6	22–27	10,8–13,8	39–49	Starker Wind	Große Zweige werden bewegt; Wind singt in der Takelage.		25 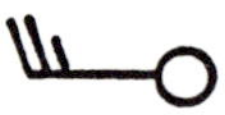
7	28–33	13,9–17,1	50–61	Steifer Wind	Schwächere Bäume werden bewegt; fühlbare Hemmung beim Gehen gegen den Wind.	Windwarnung (6–7) 	30 
8	34–40	17,2–20,7	62–74	Stürmischer Wind	Große Bäume werden bewegt, Zweige abgebrochen; bei Gehen erhebliche Behinderung.	Sturmwarnung 	35  40 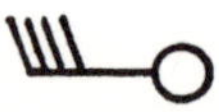

9	41–47	20,8–24,4	75–88	Sturm	Leichtere Gegenstände werden aus ihrer Lage gebracht; Schäden an Dächern.	 Sturmwarnung	45  50 
10	48–55	24,5–28,4	89–102	Schwerer Sturm	Bäume werden entwurzelt, Häuser beschädigt.		55 
11	56–63	28,5–32,6	103–117	Orkanartiger Sturm	Schwere Sturmschäden.		60 
12	>64	>32,7	≧118	Orkan	Verwüstungen.		

Seegang	
Windstärke Beaufort	Auswirkungen der Windstärke auf die See
0	Spiegelglatte See.
1	Kleine schuppenförmig aussehende Kräuselwellen ohne Schaumkämme.
2	Kleine Wellen, noch kurz, aber ausgeprägter. Die Kämme sehen glasig aus und brechen sich nicht.
3	Die Kämme beginnen sich zu brechen. Schaum überwiegend glasig, ganz vereinzelt können kleine weiße Schaumköpfe auftreten.
4	Wellen sind noch klein, werden aber länger. Weiße Schaumköpfe treten schon ziemlich verbreitet auf.
5	Mäßige Wellen, die eine ausgeprägtere lange Form annehmen. Überall weiße Schaumkämme. Ganz vereinzelt kann schon Gischt vorkommen.
6	Die Bildung großer Wellen beginnt; Kämme brechen und hinterlassen größere weiße Schaumflächen; etwas Gischt.
7	See türmt sich; der beim Brechen entstehende weiße Schaum beginnt sich in die Windrichtung zu legen.
8	Mäßig hohe Wellenberge mit Kämmen von beträchtlicher Länge. Von den Kanten der Kämme beginnt Gischt abzuwehen. Der Schaum legt sich in gut ausgeprägten Streifen in die Windrichtung.
9	Hohe Wellenberge; dichte Schaumstreifen in Windrichtung; »Rollen« der See beginnt. Der Gischt kann die Sicht schon beeinträchtigen.
10	Sehr hohe Wellenberge mit langen überbrechenden Kämmen. See weiß durch Schaum. Rollen der See schwer und stoßartig. Sicht durch Gischt beeinträchtigt.
11	Außergewöhnlich hohe Wellenberge. Die Kanten der Wellenkämme werden überall zu Gischt zerblasen. Die Sicht ist herabgesetzt.
12	Luft mit Schaum und Gischt angefüllt. See vollständig weiß. Die Sicht ist sehr stark herabgesetzt; jede Fernsicht hört auf.

Schlüsse aus den eigenen Wetterbeobachtungen

Stehen einem keine Wettermeldungen zur Verfügung, so muß man versuchen, aus den eigenen Beobachtungen Schlüsse auf die Wetterentwicklung zu ziehen. Für unsere Seegebiete können folgende Wetterregeln gelten:

Luftdruck

Gleichbleibender Luftdruck bedeutet gleichbleibendes Wetter. Langsam steigender Luftdruck bringt eine Schönwetterperiode. Stetiges Fallen des Luftdrucks kündigt Schlechtwetter an, schnelles Fallen, mit viel Wind. Fällt der Druck stärker als 1 hPa in der Stunde, ist Sturm zu erwarten. (Eine Barographenkurve zeigt die Entwicklung sehr deutlich.)

Lufttemperatur

Bei Sonnenaufgang die niedrigste Lufttemperatur mit Anstieg bis kurz nach Mittag, dann langsames Sinken kennzeichnen beständiges, gutes Wetter.

Im Sommer bedeutet stark steigende Temperatur gutes, stark sinkende schlechtes Wetter. Im Winter ist es umgekehrt.

Wind

Dreht der Wind, nachdem er tagelang aus gleicher Richtung geweht hat, so ist Wetterverschlechterung zu erwarten.

Windzunahme von Morgen bis Mittag, dann langsames Abflauen bedeuten gutes Wetter; Windzunahme am Abend läßt Sturm und Regen vermuten. An der Küste ist der normale Wechsel von See- und Landwind (s. Seite 329) ein Zeichen beständigen Wetters.

Wolken

Im normalen täglichen Gang hat der Nachmittag die stärkste Bewölkung. Wolkenaufzug am Abend oder abnehmende Haufenbewölkung am Tage lassen Wetterverschlechterung vermuten.

Allgemein zeigt Abnahme der Bewölkung Hochdruckeinfluß, Zunahme der Bewölkung Annäherung eines Tiefs an. Wolken in mehreren Schichten und Höhen bedeuten Wetterverschlechterung oder Fortdauer des veränderlichen Wetters.

As-Wolken, die gegen den Bodenwind aufziehen und sich allmählich verdichten, zeigen das Nahen einer Warmfront an; es ist Regen zu erwarten.

Bei einzelnen lockeren Ac-Wolken bleibt das Wetter beständig.

Hohe Wolken, die schnell vom Westen her zunehmen, bringen schlechtes Wetter (»Windwolken«); bei fallendem Druck wird die Bewölkung immer tiefer und dichter, bis Regen einsetzt.

Heller Sonnenaufgang mit rötlichem Schimmer und klarer Kimm, dann aufkommende stärkere Bewölkung lassen Regen und Wind erwarten.

Sonnenuntergang bei klarer Kimm oder hinter Haufenwolken mit leuchtenden Rändern bedeutet Schönwetter, Sonnenuntergang hinter dunklen Wolken Regen.

Schwefelgelbe bis grünliche Sonnenuntergänge, Ringe um Sonne und Mond, starkes Morgenrot und in der Luft sichtbare Sonnenstrahlen (» Wasserziehen der Sonne«) künden Schlechtwetter an.

Starkes Abendrot und ein silbern strahlender klarer Mond sind Zeichen beständigen Wetters.

Sichtigkeit

Schlechter werdende Sicht und Dunst sind meist Zeichen von Wetterverschlechterung.

Morgennebel, der durch die Sonne aufgelöst wird, bedeutet gutes Wetter. Will der Nebel aber nicht weichen, so ist mit Regen zu rechnen.

Tau

Nach warmen Tagen starker Tau bedeutet beständiges Wetter, fehlender Tau Regen.

Seewetterberichte

Die allgemein gehaltenen Wetterberichte des Rundfunks sind nicht auf die Erfordernisse des Wassersports zugeschnitten und haben für ihn wenig Wert. Man braucht den Seewetterbericht, der vom Seewetteramt des Deutschen Wetterdienstes in Hamburg erstellt und von verschiedenen Rundfunkanstalten und über Funk gesendet wird.

Die aktuellen Frequenzen von Rundfunkanstalten und Küstenfunk sind dem jährlich erscheinenden *Jachtfunkdienst* (Nord-/Ostsee und Mittelmeer) zu entnehmen. Er wird herausgegeben vom Bundesamt für Seeschiffahrt und Hydrographie (BSH), Bernhard-Nocht-Straße 76, 20359 Hamburg. Alle weiteren Informationen über den Wetterfunk enthalten die ebenfalls vom BSH herausgegebenen Bände *Nautischer Funkdienst II, Sprechfunk für Küstenschiffahrt* und teilweise der *Wetter- und Warnfunk*.

Ebenfalls eine Übersicht sämtlicher Frequenzen und Sendezeiten deutschsprachiger Seewetterberichte gibt der Deutsche Wetterdienst, Seewetteramt, heraus. Seine Anschrift ist identisch mit dem BSH.

Fernsprechansagedienst der Bundespost (Tele-

kom). Wetterberichte im Kurzfristbereich bis 24 Stunden können für Nord- und Ostsee über den Postansagedienst, zwischen 7.00 und 20.00 Uhr, abgerufen werden. Von 20.00 bis 7.00 Uhr mit Vorhersagen bis zu 5 Tagen (Tel.: 0-115 09).
Der **Telefax**-Seewetterbericht besteht aus einem sechsseitigen Fax, das täglich gesendet wird. Es enthält die aktuelle Wetterlage für Nord- und Ostsee und Stationsmeldungen. Ein Kartensatz zeigt die europäische Wetterlage und deren Entwicklung für die nächsten drei Tage (Fax: 040-3 19 08 73).
Eine andere gute Informationsquelle für Nord- oder Ostseesegler ist der Telekomdienst der 17 UKW-Küstenfunkstellen. Sie senden in der Zeit vom 1. April bis 30. September Wetterberichte.
Die Seewetterberichte beginnen mit einer **Wind-** oder **Sturmwarnung** für die betroffenen Gebiete, falls eine solche vorliegt.
Der Hauptteil des Seewetterberichtes enthält die allgemeine Wetterlage und ihre Entwicklung. Die Lage, Zugrichtung und Geschwindigkeit der wichtigsten Hoch- und Tiefdruckgebiete und der Wetterfronten werden angegeben und Meldungen von bestimmten ortsfesten Wetterstationen.
Beispielsweise kann ein Seewetterbericht folgendermaßen lauten (Seewetterbericht, aufgenommen vom Deutschlandfunk auf 1269 kHz um 0105 GZ):

Die Wetterlage von gestern 1900 Uhr:
Sturmtief, 995 hPa, wenig südverlagernd, Westpolen, gering abschwächend.
Randtief 1014 hPa, Svinoy, südziehend, heute mittag 1200 Uhr Belgien, etwas vertiefend.
Hoch 1027 hPa, Faroer, wenig ändernd.
Hoch 1035 hPa, nördlich Ural, mit Keil 1020 hPa, Südnorwegen, wenig verlagernd, verstärkend.

Stationsmeldungen:

Station	Wind	Wetter	Temp °C	Druck hPa
1 Sklinna	SSE 5		2	1020
2 Svinoy	NE 5	Schauer	3	1016
3 Lista	E 3		6	1017
4 Aberdeen	NW 3		3	1020
5 Tynemouth	ENE 4		4	1018
6 Hemsby	N 4		2	1014
7 Den Helder	N 4	Schauer	4	1012
8 FS Borkum Riff	NNE 7		3	1011
9 Helgoland	NNE 6		4	1010
10 List/Sylt	NNE 6		8	1011
11 Thyboron	ENE 3	Schauer	7	1014
12 Skagen	NNE 7		7	1015
13 Fornaes	NNE 6		6	1010
14 Kullen	NE 7		7	1007
15 Kegnaes	NNE 7		6	1008
16 Kiel-Holtenau	NNE 3		5	1007
17 Puttgarden	NNE 6		5	1004
18 FS Mön	N 6		5	1002
19 Arkona	NE 8	Schauer	3	1001
20 Bornholm	NE 8	Schauer	1	1000
21 Visby	ENE 5	Schauer	8	1008
22 Mariehamn	NE 4		15	1017
23 Hel	E 4		5	999
24 Ozeanwetterschiff L	SE 7		9	1013
25 Cherbourg	NNE 2		3	1015

Achtung: Ost wird stets mit E (engl. East) abgekürzt.

Vorhersagen bis heute 2400 Uhr:

Deutsche Bucht	NE 7 abnehmend 5, gute Sicht
Südwestliche Nordsee	NE bis E 6 abnehmend 4, Regen, mittlere Sicht
Fisher	E bis SE 4–5, später zunehmend 6
Skagerrak	NE 6, später NE 7, gute Sicht
Kattegat	NE 7, gute Sicht
Belte und Sund	NE 7, gute Sicht
Westliche Ostsee	NE 7, Ostteil anfangs 8, gute Sicht
Südliche Nordsee	NE 7–8, langsam abnehmend

Aussichten bis morgen 0600 Uhr:

Deutsche Bucht	NE bis E 5, zunehmend 6
Südwestliche Nordsee	NE zunehmend 6 bis 7
Fisher	E bis NE um 6
Skagerrak, Kattegat, Belte und Sund	NE um 6
Westliche Ostsee	NE 7, abnehmend 6
Südliche Ostsee	NE 7–8, langsam abnehmend

Die Vorhersagegebiete für Nordsee, Ostsee und Mittelmeer

Das Zeichnen einer Bordwetterkarte

Um sich das Wettergeschehen, so wie es der Seewetterbericht übermittelt, veranschaulichen und daraus seine Schlüsse ziehen zu können, muß eine Bordwetterkarte gezeichnet werden. Man verwendet dafür die Bordwetterkarte Nr. 9 (Nord-/Ostsee) oder Nr. 10 (Mittelmeer und Biskaya) des Seewetteramtes Hamburg. Sobald der ausgestrahlte Seewetterbericht auf dem Vordruck vollständig aufgenommen worden ist, beginnt die Kartenarbeit. Und so wird vorgegangen:

1 – Nachzeichnen der Stationskreise (hier: Svinoy)

2 – Antragen des Windpfeils für die Windrichtung (hier: NE)

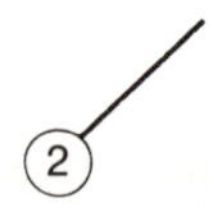

3 – Antragen der Windstärke in Bft (hier: Bft 5 – für je 2 Bft 1 langer Strich, für 1 Bft 1 kurzer Strich nach der Seite des niedrigeren Druckes)

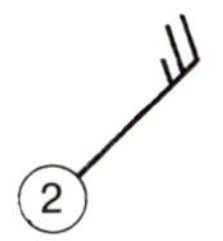

4 – Antragen der Lufttemperatur links neben dem Stationskreis (hier: 3° C – kann auch entfallen, wenn die Karte dadurch zu unübersichtlich wird

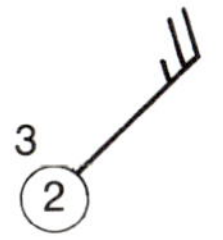

5 – Eintragen des Luftdrucks rechts neben dem Stationskreis (hier: 1016 hPa – es reicht und ist üblich, nur die letzten beiden oder drei Ziffern hinzuschreiben)

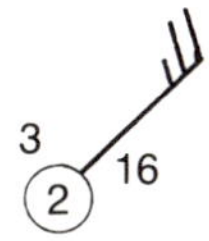

6 – Zum Schluß das an der Station beobachtete Wetter mit seinem Symbol unten rechts antragen (hier: Schauer)

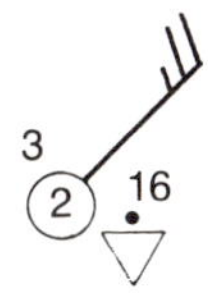

In dieser Reihenfolge werden zunächst alle Stationsmeldungen eingetragen. Danach zeichnet man die Zentren von Hoch und Tief ein und schreibt ihren Kerndruck daneben. In dem angeführten Beispiel wird für das Sturmtief ein großes T über Westpolen gezeichnet und 95 daneben geschrieben. Ein kleiner Pfeil nach Süden erinnert daran, in welche Richtung sich das Tief verlagern soll.

Ein T über oder direkt neben der Station 2 (Svinoy) skizziert das Randtief. Man kann die Zugrichtung mit einer gestrichelten Linie bis nach Belgien andeuten. Über die Faroer wird ein großes H mit 027 daneben gezeichnet.

Das Ural-Hoch liegt weit außerhalb der Bordwetterkarte, so etwas kommt öfter vor. Wenn es Einfluß auf die Wetterlage nehmen kann, wird solch ein außerhalb liegendes Druckgebilde an den Kartenrand gezeichnet und der zugehörige Standort daneben geschrieben.

Für den Hochkeil verwendet man ein kleines h.

Die Wetterlage ist jetzt vollständig in die Karte übertragen. Zur besseren Anschaulichkeit kann man die Hs blau, die Ts rot, Niederschlag mit grünem und Nebel oder Dunst mit gelbem Stift kolorieren.

Nun müssen die Isobaren gezeichnet werden. Im deutschen Sprachraum im Abstand von 5 hPa. In anderen Ländern ist ein Abstand von 4 hPa üblich. Dadurch erscheinen mehr Isobaren auf der Wetterkarte. Dem Unaufmerksamen täuscht das mehr Wind vor, denn je dichter die Isobaren zusammenliegen, desto größer ist die Windstärke. Merke:

- Verschiedene Isobaren können sich nicht berühren, schneiden oder gabeln. Denn das hieße, an einer Stelle wären gleichzeitig zwei verschiedene Luftdrucke.
- Eine Isobare ist immer eine in sich geschlossene Linie. Auf kleinen Wetterkarten ist jedoch oft nicht die vollständige Isobare drauf.
- Um die Tiefkerne verlaufen die Isobaren meistens kreisförmig, deswegen sind sie hier leicht zu zeichnen und man fängt am besten dort an.

Um das polnische Tief wird ein ganz kleiner Isobarenkringel gemacht, das ist die 995er Isobare. Die nächstgelegene Station ist Hel, die Nummer 23. Dort hat man einen Luftdruck von 999 hPa gemeldet. Soll die nächste Isobare – also die 1000er – gezeichnet werden, muß diese ganz knapp nördlich von Hel verlaufen. Weiter geht es nach Bornholm, dort sind genau 1000 hPa gemeldet worden. Die Isobare wird also genau über die Station verlaufen. An den Stationen 18 und 19 geht es östlich vorbei,

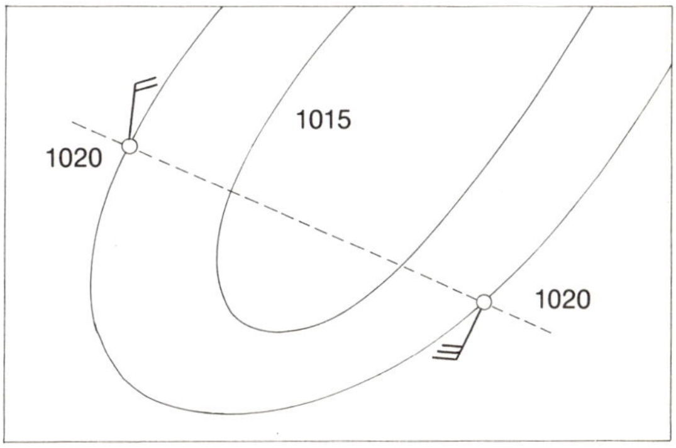

Linien gleichen Drucks sind nur selten Geraden. Hier haben zwei Stationen gleichen Druck von 1020 hPa gemeldet, aber eine »isobarische« Verbindung, wie gestrichelt, hätte den Wind von zwei Seiten, und das kommt in der Natur nicht vor. Die Isobare muß in einem spitzen Winkel zur Windrichtung verlaufen. Der tiefe Druck liegt also zwischen den Stationen, und bei der größeren Windstärke ist der Druckabfall ebenfalls größer = kleinerer Isobarenabstand.

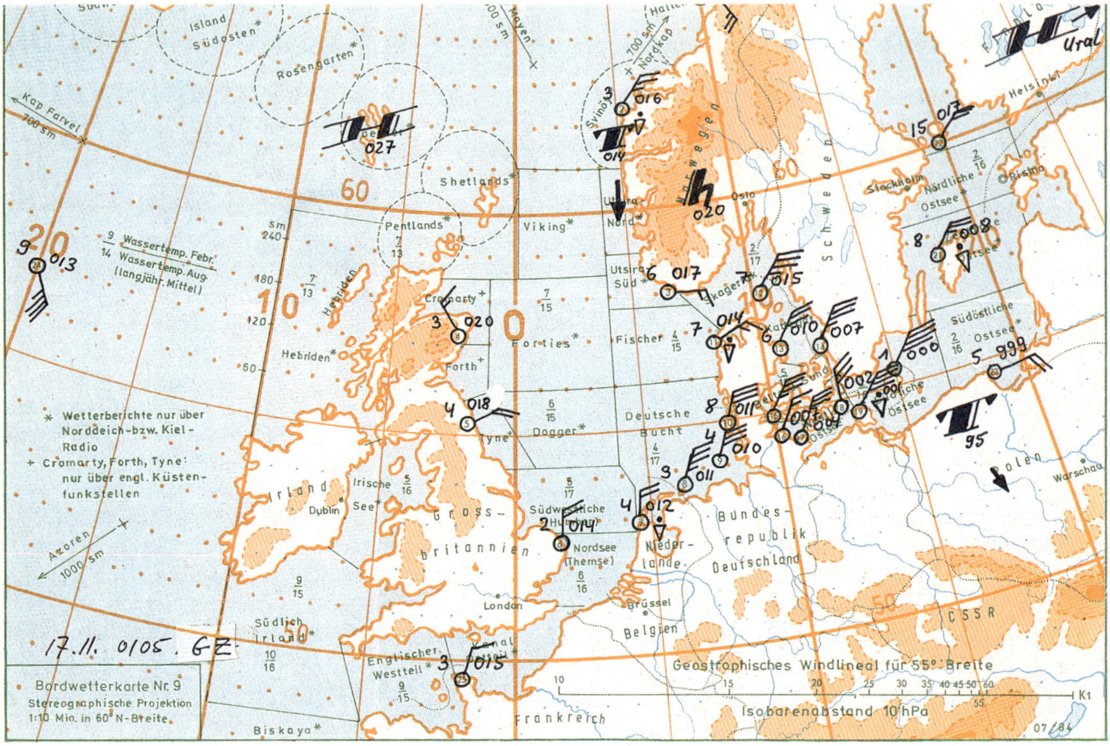

So sieht die Bordwetterkarte aus, wenn alle Stationen und die Wetterlage eingetragen worden sind.

denn dort ist der Druck über 1000 hPa hoch – diese Stationen müssen also zwischen der 1000er und der nächsthöheren, der 1005er Isobare liegen. Parallel zu der 995 wird nun die 1000er um den Kern gezeichnet und geschlossen. Nicht versäumen, zu jeder Isobare den Druckwert zu schreiben, womöglich vergißt man sonst eine.

Zwischen Bornholm und Visby muß die 1005er Isobare verlaufen: vom rechten Kartenrand, hinweg über Südschweden, südlich von Kullen, genau zwischen den Stationen 16 und 17 hindurch, um den Tiefkern herum und zurück an den rechten Kartenrand.

Auch beim Zeichnen der 1010er Isobare helfen die Stationswerte ausgezeichnet. Man beginnt nördlich von Visby, denn dort liegt die 1010er. Von dort verläuft sie über Südschweden nach Forneas (13), wo die Isobare genau auf der Station liegt, weil diese 1010 hPa gemeldet hat. Weiter verläuft sie nach Helgoland (9), hier ebenfalls direkt über die Station. Bei den nächsten Stationen (8 und 7) muß die Isobare etwas südlicher verlaufen. Schließlich zieht man sie mit kühnem Schwung um den Tiefkern herum und läßt sie am rechten Kartenrand irgendwo enden, denn diese Isobare würde bis zum Ural-Hoch reichen, wenn die Karte groß genug wäre. Ganz analog ergibt sich die Lage der 1015-hPa-Isobare über die Stationen Skagen (12) und Cherbourg (25) hinweg.

Kleiner Hinweis: Man sollte die Isobaren immer in die Richtung ziehen, in die der Wind weht, dann verdeckt man nicht mit der Hand die Meldungen, und die Windrichtungspfeile geben die Richtung an, in die die Isobare weitergezeichnet werden muß.

Zurück in die Bordwetterkarte: Wenn die Station 22 schon 1017 hPa Luftdruck hat, muß der Druck nördlich davon noch höher liegen, denn in dieser Richtung liegt das Ural-Hoch mit immerhin 1035 hPa Kerndruck. Eine weitere Hilfe für das Zeichnen der letzten Isobaren ist die Angabe des Hochkeiles. Der Verlauf der 1020er Isobare erfolgt also um den Keil, in gebührendem Abstand an Lista (3) mit 1017 vorbei und dann herauf nach

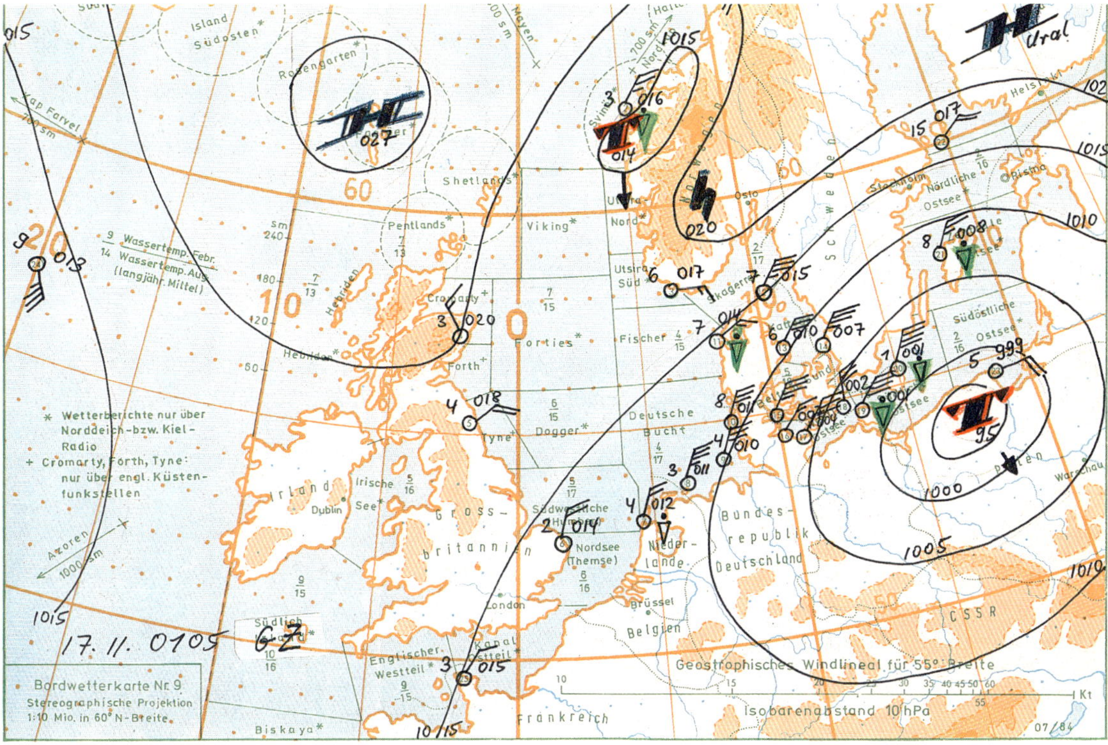

Die fertige Bordwetterkarte mit der Sturmwetterlage, wie sie sich nach dem Seewetterbericht des Deutschlandfunks von 0105 GZ ergibt.

Sklinna (1). Aus der Windrichtung dort ergibt sich, daß sie nach Westen weitergezeichnet werden kann. Sie muß zwischen dem Randtief bei Svinoy (2) und dem Hoch bei den Faroer liegen. Man zieht sie also nach Süden auf die Station Aberdeen (4), die 1020 hPa gemeldet hat. Und weiter zwischen dem Hoch bei den Faroer und dem Ozeanwetterschiff L (24) hindurch nordwärts nach Island. Die Lage der 1015 Isobare auf dem Atlantik ist nur ungefähr zu skizzieren. Windrichtung und -stärke beim Wetterschiff L fordern, daß die Isobaren dort südlich verlaufen. Wegen der hohen Windstärke muß die nächste Isobare (1010) recht dicht an der Station liegen.

Damit ist die Bordwetterkarte fertig. Spätestens jetzt gehören Datum und Uhrzeit deutlich eingetragen. Sobald sich an Bord mehrere Karten angesammelt haben, könnte man sonst leicht die falsche Wetterkarte zu Rate ziehen, mit möglicherweise fatalen Folgen. Wichtig ist, beim Zeichnen der Wetterkarte jeweils die Karte des vorhergegangenen Wetterberichts heranzuziehen, um die Weiterentwicklung des Wetters erkennen zu können.

Über eins muß man sich im klaren sein: die eingezeichnete Wetterlage ist mindestens schon vier Stunden alt. Dennoch ist sie dadurch für uns nicht etwa belanglos, denn eine Wetterlage in Zusammenhang mit Stationsmeldungen ist eine sorgfältige Bilanz des Wetters zu einem bestimmten Zeitpunkt. Nur wenn man eine Ausgangslage verstanden hat, kann man auch die Vorhersage verstehen, die sich ja aus der alten Wetterlage entwickeln soll. Die meisten Entwicklungen der Atmosphäre laufen zudem nicht so schnell ab, daß nach einigen Stunden bereits alles völlig anders ist.

Oft genug paßt nur ein Teil der umfangreichen Wetterlage in die Bordwetterkarte hinein. Besonders bei sommerlichen Lagen werden in der Wetterlage Hochs und Tiefs angesprochen, von denen sich kaum eins über Nord- oder Ostsee wiederfindet. Es gibt jedoch Kartenvordrucke, die ganz Europa und den Atlantik umfassen. Selbst wenn die Wetterlage nur angerissen wird, ist diese großräu-

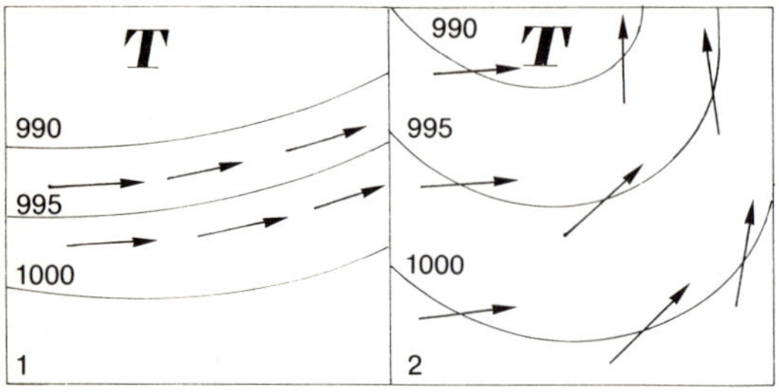

Isobaren und Windrichtung
1 Gerade Isobaren: Die Luft bewegt sich parallel zu den Isobaren.
2 Gekrümmte Isobaren: Je größer die Krümmung, um so stärker strömt die Luft im Winkel zu den Isobaren. – Über Land sind diese Ablenkungen größer als über See.

mige Darstellung hilfreich. Sie gibt ein Bild der Großwetterlage und eventuell Hinweise auf die künftige Entwicklung.

Die Zuggeschwindigkeit von Hoch und Tief

Generell gilt, daß sich Hochs recht langsam verlagern. Selten ziehen sie schnell. Die Zuggeschwindigkeit von Tiefs aber liegt zwischen Null und 60 kn. Der Seewetterbericht gibt indirekt einen Hinweis auf die Verlagerungsgeschwindigkeit, denn bei der Beschreibung der Wetterlage wird auch die Verlagerung angesprochen:

Langsam ziehendes Tief . . . . 5–10 Knoten
Normal ziehendes Tief . . . . um 15 Knoten
Rasch ziehendes Tief . . . . 20 bis 40 Knoten
Sehr rasch ziehendes Tief . . . . bis zu 60 Knoten

Mit dem Kartenzirkel können die Verlagerungsgeschwindigkeiten in Distanzen umgesetzt werden. Man greift an einem beliebigen Längengrad den Breitenunterschied mit dem Zirkel ab. 1° Breitenunterschied ≙ 60 sm. Die Formel dazu lautet:

$$\text{Strecke in Breitengraden} = \frac{\text{Strecke in sm}}{60}$$

Soll sich beispielsweise ein Tief langsam nach Süden verlagern, so setzt man etwa 5 kn an. Das ergibt nach 24 Stunden eine zurückgelegte Distanz von 120 sm. Mit dem Zirkel kann man das Tief auf der Wetterkarte verlagern und ersieht sofort, wo es in 24 Stunden liegen wird.

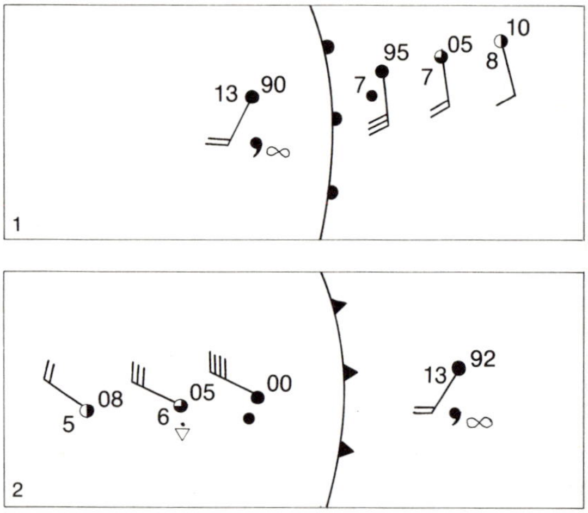

Abschätzung der Frontenlage nach Wind-, Wolken- und Temperaturmeldungen der Stationen:
1 Vor der Warmfront Wind- und Bewölkungszunahme, Druck- und Temperaturabfall. Hinter der Front Temperaturanstieg und leichtes Rechtsdrehen des Windes.
2 Hinter der Kaltfront rechtsdrehendes Umspringen und Auffrischen des Windes, Druckanstieg und baldiges Aufklaren, verbunden mit allmählicher Windabnahme.

Wetterfronten

Während zu einem Tief im allgemeinen nur eine Warmfront gehört, können in dem gleichen Tief zwei oder sogar drei Kaltfronten aufeinander folgen. Es ist also durchaus nicht sicher, daß sich das Wetter nach Passieren der Kaltfront alsbald bessert. Besonders unangenehm ist ein **Trog**: Meist liegt der tiefste Druck im Zentrum des Tiefs unmittelbar hinter der Kaltfront. Doch kann auch die Kaltfront bei schnellem Fortschreiten den Kern des Tiefs hinter sich gelassen haben, der dann eine langgestreckte Furche, einen Trog, bildet. Zwar wird der Wind nach Passieren der Kaltfront zu-

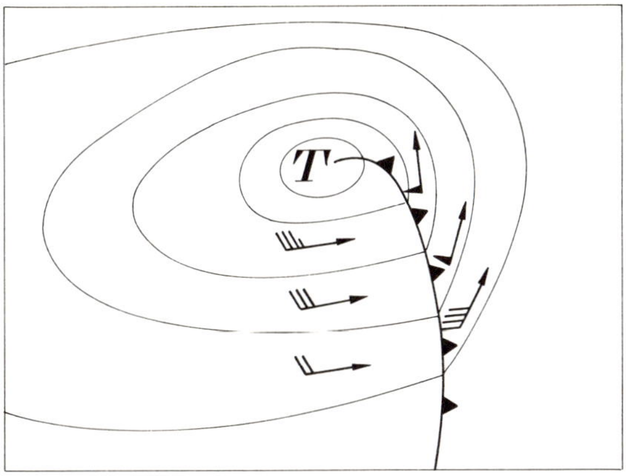

Manchmal fächern die Isobaren hinter einer Kaltfront auf, und der Wind flaut merklich ab. Häufiger ist die ruhige Wetterlage hinter der Front aber nur von kurzer Dauer.

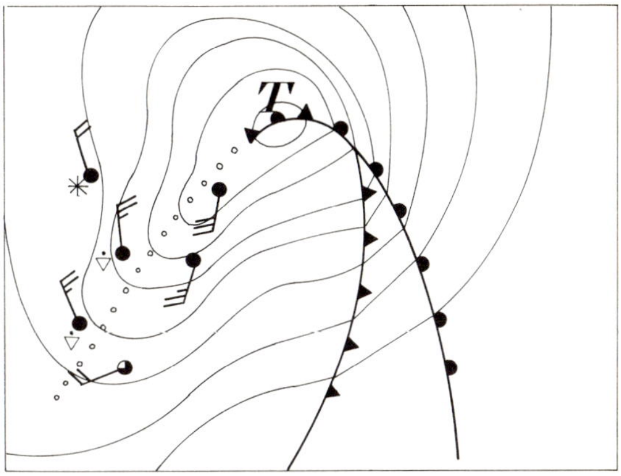

Trog hinter einer Kaltfront – die Isobaren fächern sich nach Durchgang der Kaltfront nicht auf.

nächst etwas abflauen, doch das kräftige Steigen des Drucks und das Umspringen des Windes bleiben aus – oder der Wind dreht schnell wieder rück. Dann steht noch ein kräftiger Sturm bevor. Er flaut erst ab und der Druck steigt an, wenn der Trog durchgegangen ist.
Je schärfer ein Isobarenknick an einer Wetterfront ist, um so ausgeprägter sind die Wettererscheinungen an der Front, um so stärker sind auch die Wetterumschwünge, die die Front mit sich bringt. Bei sehr markanten Fronten können Winddrehungen bis zu 180° auftreten.
Langsam ziehende Kaltfronten haben oft ein breites Regengebiet, bei dem der Regen erst hinter der Front einsetzt. Nach dem Durchzug der Front, zu erkennen an der Winddrehung und am Steigen des Barometers, bleibt die erwartete Wetterbesserung aus.
Rasch ziehende Kaltfronten haben oft kein geschlossenes Regengebiet. Kaltfronten, die sich mit mehr als 15 kn verlagern, bringen bereits weit vor der Front kräftige Schauer mit Böen. Man ist deshalb bei diesem Fronttyp geneigt, den Durchgang der Front viel zu früh anzusehen. Die schlechte Wetterlage hält recht lange an. Erst wenn der Druckanstieg längere Zeit gewirkt hat, läßt der Wind spürbar nach.

Der Wetterkarten-Faksimileschreiber

Die übliche Kurzbezeichnung ist Fax. Er wird, je nach Typ, entweder an den vorhandenen Funkempfänger angeschlossen, oder er hat – heute meist üblich – einen eigenen integrierten Empfänger. Er zeichnet Wetterkarten auf, die täglich nach einem festen Sendeplan ausgestrahlt werden, und erspart so, eigene Bordwetterkarten nach dem Seewetterbericht, möglicherweise mit Fehlern, zu erstellen. In jedem europäischen Seegebiet kann man mindestens drei verschiedene Wetterkartensender empfangen. Im Automatikbetrieb wählt der Empfänger in jedem Seegebiet selbständig den am besten zu empfangenden Sender aus und nimmt dessen Karten auf.
Die gesendete Wetterkarte basiert auf vielen hundert gleichzeitigen Beobachtungen zahlreicher Wetterstationen. Sie werden im Rechenzentrum eines Wetteramtes ausgewertet und analysiert. Das Ergebnis sind **Bodenwetter-** und **Höhenwetterkarten.** Für den Bordgebrauch interessant sind nur die Bodenwetterkarten. Es handelt sich um täglich verbreitete Vorhersagekarten für einen bis sieben Tage.

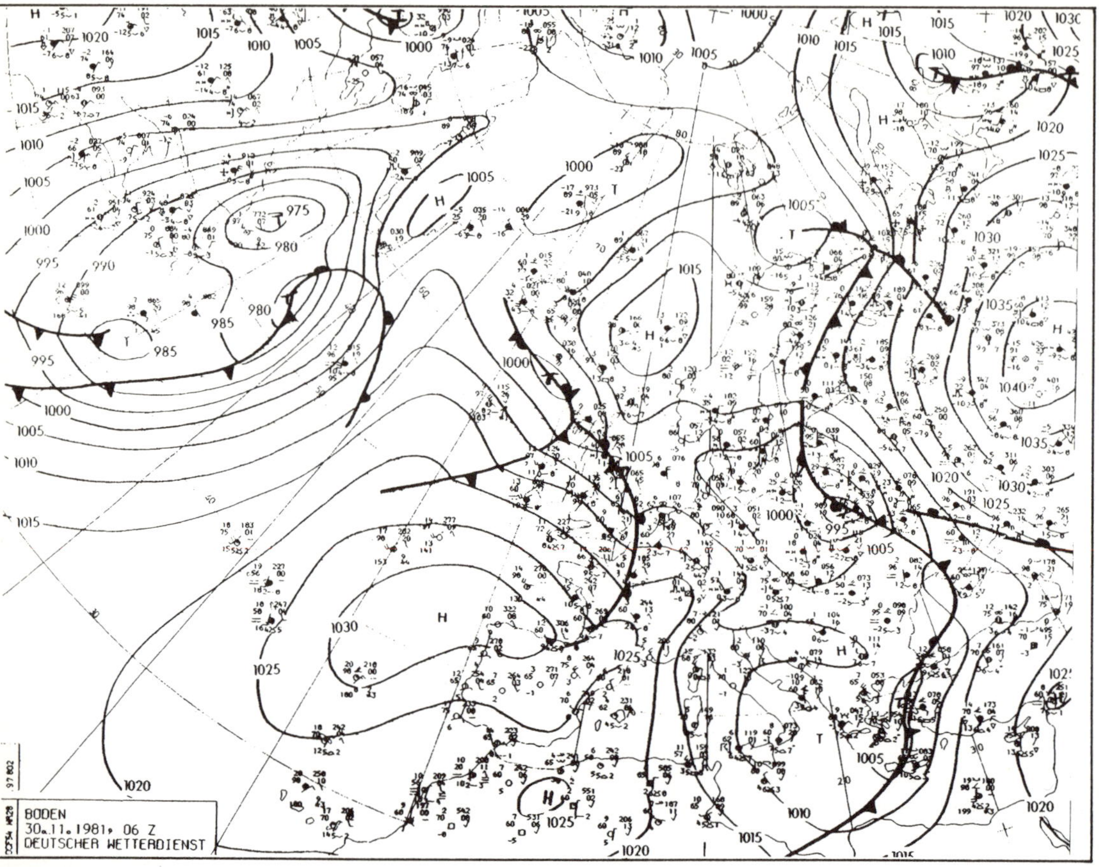

Bodenwetteranalyse
Dies ist das verkleinerte Original einer Wetterkarte, wie sie vom Bordwetterkartenschreiber produziert wird. Sie enthält die vollständige Analyse der europäischen und atlantischen Wetterlage.

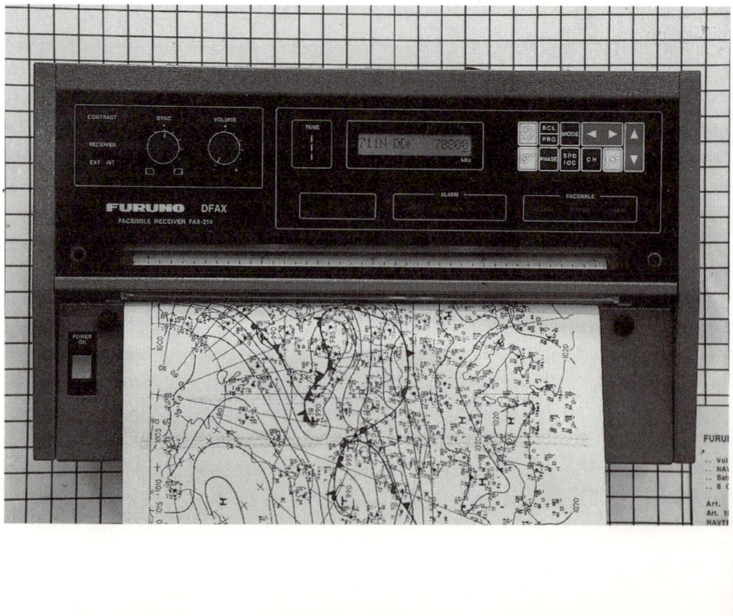

Wetterkartenschreiber
Modell mit eingebautem Empfänger. Es liefert hervorragende Druckqualität und arbeitet mit trokkenem Alupapier, auf dem auch gemalt werden kann.

Aus dem Programm, das jeder Wetterdienst dem Fax-Empfänger anbietet, genügt für den Segler die **Bodenwetteranalyse.** Sie ist eine Auswertung des tatsächlich eingetroffenen Wetters; und die **Bodenwettervorhersage.** Sie ist eine Prognose für die wahrscheinliche Weiterentwicklung.
Mit diesen beiden Karten ist man – wenn man sie zu interpretieren weiß – jedem Seewetterbericht überlegen, denn in allen Einzelheiten sieht man, wie sich Fronten verlagern und Druckgebilde verschieben und das Wetter verändern.

Die Wetterschlüsselsymbole

Die Beobachtungen der zahlreichen Wetterstationen werden in Zahlen und Symbolen in der Wetterkarte ausgedruckt. Sie sind weltweit einheitlich. Ihre Vielzahl mag zunächst etwas verwirren. Aber wenn man beginnt, nur die für den Segler wichtigen herauszufiltern, reduziert sich die Datenfülle auf wenige schlüssige Informationen:

- Windrichtung und -stärke
- Wettergeschehen (Bewölkung, Regen, Nebel etc.)
- Sichtweite
- Luftdruck und Tendenz.

Die Wetterschlüsselsymbole am Beispiel erklärt

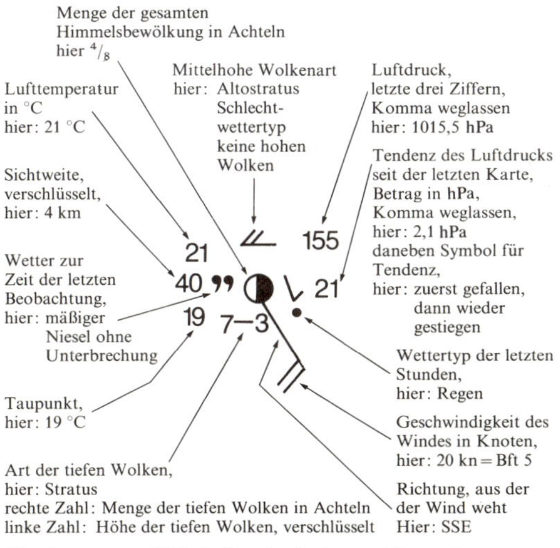

Hinweise: Fehlt ein Wert des Stationsmodells, wurde er nicht beobachtet oder gemessen.

Abweichungen:
- Das Symbol für die Drucktendenz steht bei deutschen Karten über dem Tendenzwert.
- Die Schlüsselzahl für die Sichtweite steht bei deutschen Karten oberhalb des Wettersymbols.
- Der Windpfeil wird oft auch tangential an den Stationskreis angetragen.

Wetterfax-Software

Ein transportabler PC, ob Laptop oder Notebook, läßt sich mit entsprechender Software zu einem Wetterkartenschreiber umfunktionieren. Erforderlich sind als Hardware nur ein Einseitenband-Empfänger, zumindest für den Kurzwellenbereich ausgelegt, und ein sogenannter Demodulator, der die Verbindung vom Empfänger zum Computer herstellt. Ohne größeren Aufwand hat man so auch an Bord kleinerer Yachten die Möglichkeit, sich nahezu rund um die Uhr mit Wetterkarten zu versorgen. Der Vorteil gegenüber dem herkömmlichen Bordfax: alle Daten werden elektronisch gespeichert und brauchen nicht auf Papier ausgedruckt zu werden.

Navtex

Mitte der achtziger Jahre wurde das in Skandinavien entwickelte Wetter- und Warnsystem Navtex installiert. Es wird auf der Frequenz 518 kHz ausgestrahlt und kann in einem Umkreis von 200 sm um den jeweiligen Sender empfangen werden. Gesendet wird ausschließlich in englischer Sprache in einem funktelexähnlichen Verfahren, Sitor genannt. Derzeit arbeiten in Westeuropa 12 Sendestationen, weitere sollen in Betrieb gehen.
Nach der Neuorientierung von 1993 ist die Langwellenfrequenz 518 kHz dem Küstenbereich vorbehalten, die neue Kurzwellenfrequenz 4209,5 kHz der offenen See. Eine weitere Frequenz von 490 kHz soll hinzukommen, auf der jedes Land Nachrichten in der jeweiligen Landessprache ausstrahlen kann.
Navtex bringt, unter einem Kennbuchstaben, folgendes Programm:

A Navigations- und Gefahrenmeldungen
B Sturmwarnungen, sobald sie das Wetteramt herausgibt
C Eismeldungen
D Erste Such- und Rettungsalarmmeldungen, danach muß der Kanal 16 (UKW) oder 2182 kHz (Grenzwelle) abgehört werden
E Wettermeldungen, zweimal täglich mit Vorhersagen
F Lotsen-Warnungen
G Warnungen vor Unregelmäßigkeiten elektronischer Navigationssysteme

Navtex- und Wetteranalyse-Empfänger (Decoder) mit Grenzwellenempfänger für Klartext-Wetterberichte der Küstenfunkstellen.

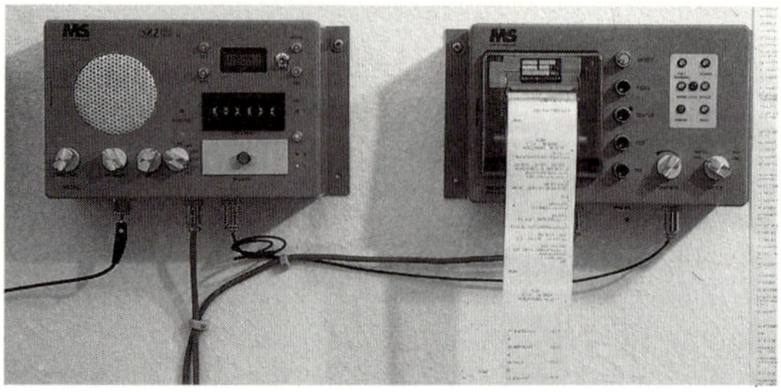

Alle Geräte können auf unterschiedliche Stationen und Aussendungen programmiert werden, nur Nachrichten der Kategorie A, B und D lassen sich nicht ausblenden. Bei ihnen ertönt zudem ein akustisches Alarmsignal, um sicherzustellen, daß sie auch gelesen werden. Der Empfang, die Decodierung eingehender Meldungen und der Ausdruck im Klartext geschehen vollautomatisch.
Es gibt auch bereits kombinierte Navtex-/Wetterfaxempfänger.

Wetteranalyse über Morsefunk

Es gibt noch eine weitere Möglichkeit, hervorragende Wetterberichte und Vorhersagen an Bord schriftlich zu empfangen. Wetter- und Warnnachrichten werden auch in Morse über Kurzwelle ausgestrahlt. Beispielsweise vom Deutschen Wetterdienst über Quickborn. Er liefert mehrmals täglich Analysen der aktuellen Wettersituation, der Wetterentwicklung in den nächsten 12 und 24 Stunden und Vorhersagen jeweils für die kommenden 5 Tage. Interpretationen des Wettergeschehens also, erstellt von den Fachleuten der Seewetterämter. Morsedecoder entschlüsseln die Wetternachrichten, speichern sie abrufbar und drucken sie aus. Fast alle Geräte schalten automatisch ein. So hat man das Wetter stets »vorrätig«, wenn man es braucht.
Wer einen PC an Bord hat, braucht wiederum nur die entsprechende Software (Diskette), um mit allem Komfort des Computers Morsesendungen zu empfangen.

Typische Wetterlagen für Europa

Bei längerer Beschäftigung mit Wetterkarten wird man feststellen, daß es für den europäischen Bereich bestimmte typische Druckverteilungen gibt, die häufiger wiederkehren und sich ähnelnde Wetterlagen schaffen, was gute Anhalte für Wettervoraussagen liefert.

Die Nordlage
Ein festliegendes Hoch über dem Ostatlantik und England, ein Tief über dem Baltikum und der Ostsee führen arktische Kaltluft mit Schauerwetter (»Aprilwetter«) in unseren Raum und bringen in wolkenlosen Nächten Frostgefahr. Diese Lage verursacht die Kälterückfälle im Frühjahr (»die Eisheiligen«).

Die Ostlage
Ein festliegendes Hoch über Skandinavien, ein Tief über dem Mittelmeer bringen Zufuhr kontinentaler Luft aus Ost nach Mitteleuropa. Das bedeutet im Sommer Hitze und Trockenheit, im Winter langanhaltende, trockene Kälteperioden.

Die Südlage
Mitteleuropa befindet sich am Rand eines russischen Hoch, dem ein Tief über dem Ostatlantik gegenüberliegt. Die vorherrschenden Südwinde bringen kontinentale Warmluft zur Nord- und Ostsee. Am Nordrand der Alpen herrscht Föhn, der die Charakteristik, trockene Wärme und geringe Bewölkung, verstärkt. Im Herbst besteht Nebelneigung.

Die Westlage
Bei dieser in unseren Gebieten am häufigsten und zu allen Jahreszeiten vorkommenden Wetterlage stehen sich ein Hoch über den Azoren und ein Tief zwischen Island, Skandinavien und Finnland gegenüber. Vom Hoch strömt warme Meeresluft nordwärts und stößt auf die am Westrand des Tiefs nach Süden strömende Kaltluft. Diese konträren Luftmassen bilden fortlaufende Reihen von West nach Ost über unser Gebiet ziehender Zyklonen, deren Breitenlagen von der jeweiligen Mächtigkeit und Ausbreitung der stationären Hochs und Tiefs abhängen. Somit herrscht oft lange Zeit wechselhaftes Wetter, in dem sich bei lebhaften Winden starke Bewölkung und Aufklaren, Niederschläge und heiteres Wetter ständig ablösen.

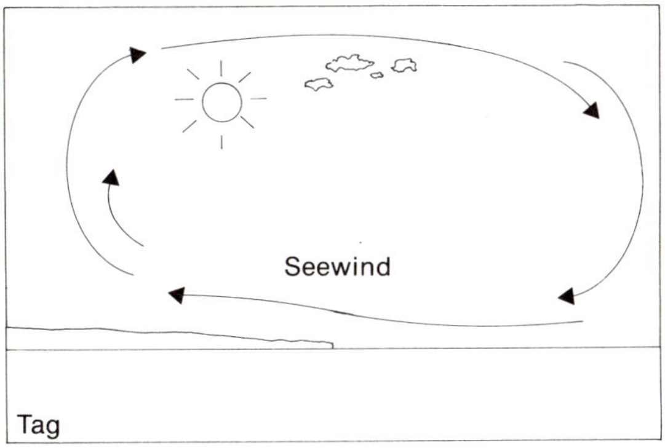

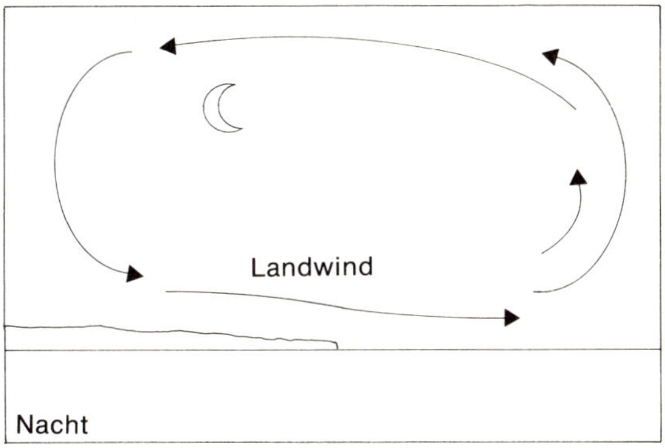

Land- und Seewind
Bei Landwind fließt abgekühlte Luft in den unteren Schichten seewärts. – Seewind dringt von See in das erhitzte Land und steigt darüber auf.

Besondere Windsysteme

Land- und Seewind

Ein örtlich und zeitlich begrenztes System bildet der tägliche Wechsel von Land- und Seewind, der für die Schiffahrt in Küstennähe eine besondere Rolle spielt. Die tägliche Erwärmung des Landes bei Sonneneinstrahlung bewirkt eine aufsteigende Luftbewegung, während über dem kühlen Wasser die Luft absinkt. Es ergibt sich ein Kreislauf, bei dem Wind von See nach Land – **Seewind** – weht, wie er auch auf größeren Binnenseen bei Sonne regelmäßig um Mittag zu entstehen pflegt.
Umgekehrt fällt über dem nachts schnell abkühlenden Land Luft herab, während über dem die Wärme länger haltenden Wasser die Luft aufsteigt: es findet ein Luftaustausch von Land nach See statt – **Landwind**.
Diese tägliche, räumlich begrenzte Periode – Voraussetzung: Sonneneinstrahlung – kann in den amtlichen Windvorhersagen nicht berücksichtigt werden.
Meist ist gut zu beobachten, wie sich am Abend der Streifen glatten Wassers von der Küste aus nach See hin laufend erweitert. In Förden wird es zunächst im innersten Bereich still, weil hier die Luft schneller abkühlt, während man weiter draußen noch guten Segelwind hat.

Wind aufgrund großräumiger Luftdruckunterschiede wird natürlich die Erscheinung von Land- und Seewind unterdrücken, dämpfen oder auch überlagern, so daß es unter Umständen zu einer erheblichen Zunahme der Windgeschwindigkeit kommen kann.

Fallwinde

Eine besondere Art von Landwinden sind die durch Gebirge und Steilküsten bedingten Fallwinde. Meist werden sie durch ein herannahendes Tief ausgelöst. Im Mittelmeer treten in Erscheinung:
die **Bora,** ein trockener, schneidend kalter, böiger Starkwind, der in der Adria aus NNE bis E von den kahlen Karsthängen Dalmatiens und Albaniens herabwehen kann – länger anhaltend allerdings nur im Winter. Er kündigt sich durch Wolkenkämme an den Küstengebirgen an;
der **Mistral,** der als trockener, kalter Wind heftig aus dem Rhônetal in den warmen Golfe du Lion weht und sich als kräftiger bis stürmischer NW bis zu den Ost-Balearen und der Südwestecke Sardiniens durchsetzen kann;
der **Schirokko** (Scirocco), der im westlichen Mittelmeer auf der Vorderseite eines Tiefs als heißer, trockener S bis SE weht und oft heftige Böen, Staubfall, Luftspiegelungen und Wasserhosen mit sich führt. Der Schirokko des mittleren und östlichen Mittelmeers ist kein Fallwind; er hat zwar gleiche Richtung und steht mit einem von Westen herannahenden Tief in Verbindung, ist aber feucht und schwül.
Die **Etesien** sind beständige Winde, die jedes Jahr von Juni bis Oktober mit durchschnittlich 6 Bft wehen. Sie erfassen nahezu das gesamte Seegebiet der Ägäis. Ausgenommen das Revier bei Athen und um die Chalkidiki. Die Etesien können durch

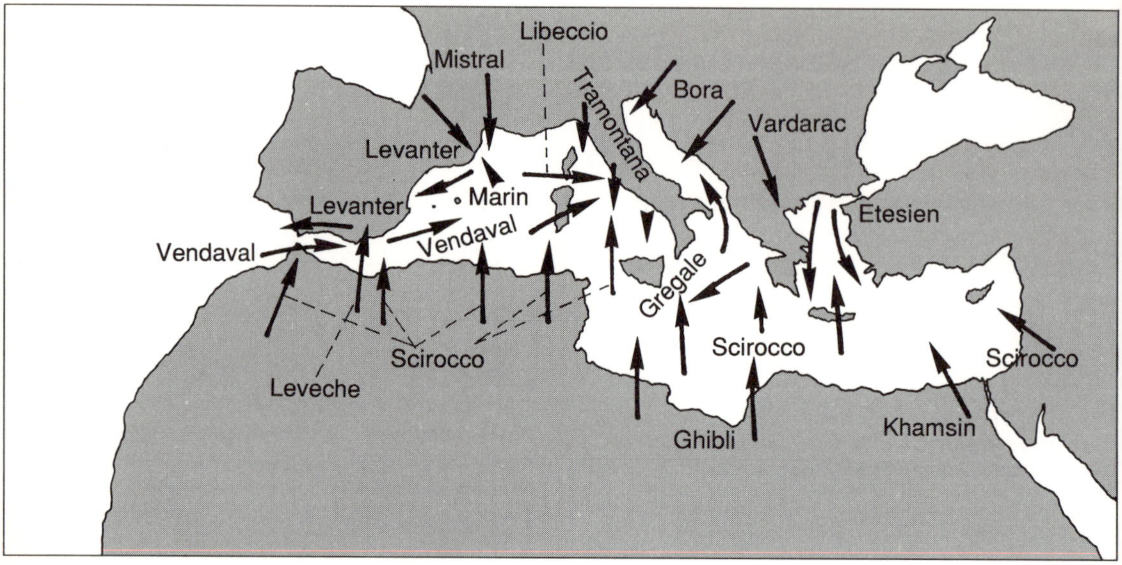

Die bekanntesten Windsysteme des Mittelmeers und ihre Hauptrichtungen. Insgesamt gibt es nahezu 100 verschiedene Mittelmeerwinde. Verwirrend zudem, daß einige Winde in verschiedenen Ländern unterschiedliche Bezeichnungen haben.

hohe Inseln leicht bis auf 8 Bft verstärkt werden. In der Türkei wird der gleiche Wind **Meltemi** genannt.

Monsune

Monsune sind großräumige Land- und Seewinde, durch jahreszeitlich verschiedene Erwärmung oder Abkühlung bedingt; ein stetiger Luftaustausch zwischen weiten Kontinental- und Ozeangebieten. Das Charakteristische an ihnen ist das Umsetzen, das Umkehren ihrer Richtung im Frühling und Herbst. In den etwa zwei bis vier Wochen des Umsetzens ist der Wind unstetig; Windstillen wechseln mit böigem Wetter.

Das markanteste Monsungebiet ist der Nordindische Ozean. Die Druckunterschiede sind hier bei der Masse des asiatischen Kontinents erheblich, so daß im Nordsommer ein sehr kräftiger SW (Rechtsablenkung) – am stärksten im Arabischen Meer mit Stärke 6 bis 8 – mit Cu-, Sc- und Cb-Bewölkung weht, dem im Winter ein etwas schwächerer, trockener und wolkenarmer NE mit einer mittleren Stärke 4 gegenübersteht. Im Südchinesischen Meer erreicht dieser Monsun nur etwa Windstärke 4 bis 5.

Nördlich von Australien, um den Nordwestteil von Afrika und an der Westküste von Mittel- und Nordamerika treten ebenfalls Monsune auf.

Passate

Den Luftausgleich zwischen den rund um die Erde liegenden gleichbleibenden (planetarischen) Zonen hohen und niedrigen Luftdrucks, den Roßbreiten und den Kalmen, schaffen die Passate, die das beständigste Wetter zeigen und in erster Linie die Routen für die Segelschiffe festgelegt haben. Am ausgeprägtesten sind sie im Atlantik mit einer ziemlich gleichmäßigen Stärke 4. Nördlich der Kalmenzone weht der NE-, südlich der SE-Passat. Doch infolge der ungleichen Verteilung von Land und Wasser auf den Halbkugeln liegen die Kalmen etwas nördlich des Äquators, und zwar im Nordsommer nördlicher als im Nordwinter.

Im nördlichen Indischen Ozean werden die Verhältnisse durch die Monsune bestimmt. Die allgemein im Passatgebiet sehr stetige Druckverteilung läßt hier die täglichen Durchschwankungen von 3 . . . 4 hPa, die in anderen Gebieten wegen des meist ziemlich schnell wechselnden Luftdrucks kaum erkennbar sind, sehr deutlich werden. Sollten sich auf dem Barographen auch nur kleine Abweichungen der Ebenmäßigkeit des Druckverlaufs mit den Maxima um 1000 und 2200 Ortszeit und den Minima um 0400 und 1600 OZ zeigen, dann sind atmosphärische Störungen zu erwarten –

tropische Wirbelstürme pflegen an den Grenzen von Passat und Kalmen zu entstehen, allerdings nicht in Äquatornähe, sondern zwischen etwa 10° und 20° Breite.

Wirbelstürme

Tropische Wirbelstürme sind Tiefdruckgebiete ganz besonderer Art. Im Vergleich zu normalen Tiefs ist ihre Ausdehnung gering; ihre Drehrichtung entspricht normalen Tiefs und ist auf der nördlichen Halbkugel links, auf der südlichen rechts. Sie entstehen bei Wassertemperatuen von über 27° C. Da sie in den in Frage kommenden Seegebieten nur in bestimmten Monaten auftreten, kann der Segler sie vermeiden. Der Südatlantik ist wirbelsturmfrei. Besonders gefürchtet sind die Wirbelstürme in der Karibik.
Regional haben diese tropischen Wirbelstürme unterschiedliche Namen:

Amerika, Europa	Hurricane, Hurrikan
Asien, Indien	Taifun
Australien	Willi-Willi

Die »Brüllenden Vierziger«

Die Erddrehung bewirkt auf beiden Erdhälften eine Ablenkung des aus den Roßbreiten polwärts strömenden Windes in östliche Richtung. Besonders ausgeprägt ist dieser Westwindgürtel in den weiten Seegebieten der südlichen Halbkugel zwischen 40° und 60° Breite, dem Bereich der »Brüllenden Vierziger« (»roaring forties«), mit vorherrschend großen Windstärken. Doch sind Windrichtung und -stärke nicht entfernt so stetig wie in den Passaten.

Einfluß der Küste auf den Wind

Im großen wie im kleinen wird der Wind durch die Küstengestaltung und durch Inseln mehr oder weniger stark beeinflußt.

Stau

Über der freien See erfährt der Wind an der Wasserfläche nur eine geringe Reibung, die sich in einer gewissen Abschwächung des Unterwindes bemerkbar macht. Stößt der Wind aber auf eine Küste, so kann hier ein erheblicher Stau eintreten, bei dem der Wind zum Aufsteigen gezwungen wird und Abkühlung und Kondensieren der Feuchtigkeit folgen können. Es bildet sich eine Wolkenbank, die den Küstenverlauf oft deutlich markiert. Es können Niederschläge fallen; die Windgeschwindigkeit nimmt ab. Ähnlich können die Erscheinungen sein, wenn der Wind parallel zu einer Gebirgsküste zur Rechten (auf der nördlichen Halbkugel) weht, z. B. südlicher Wind an der norwegischen Westküste. Die Erddrehung verursacht eine Ablenkung nach rechts, und es treten Stau und möglicherweise Niederschläge an der Küste ein. Wenn das Aufsteigen des Windes durch die Höhe der Berge oder eine wärmende Luftschicht (Inversion) behindert ist, fließt der Wind unter Auffrischen horizontal ab.
Ebenso kann es in den Fjorden und vor der Küste zu einem Auffrischen ablandigen Windes infolge von Sog kommen.

Der Eckeneffekt

Ein Verstärken der Windgeschwindigkeit, verbunden mit manchmal erheblichen Windrichtungsänderungen, tritt ein, wenn der Wind eine Huk, ein Kap oder eine Insel umweht. Dies zeigt sich auf kleinen Revieren ebenso wie in großen, z. B. an der Südspitze von Grönland, am Kap der Guten Hoffnung, am Kap Hoorn. Auf solche Eckeneffekte muß man vorbereitet sein, um sie je nach Lage zu nutzen oder zu meiden. In Lee kann völlige Flaute herrschen, die um die Ecke stehende Dünung aber äußerst unangenehm sein.

Der Flureffekt

Auch in einer Durchfahrt oder zwischen zwei Inseln, wo die Eckeneffekte zweier Seiten zusammentreffen, kann sich die Windgeschwindigkeit erheblich erhöhen. Man spricht dann von einem Flur-, Düsen- oder Trichtereffekt. Besonders bekannt für eine solche Düsenwirkung ist die Straße von Gibraltar, von der sich bei entsprechender Druckverteilung schon luvwärts der Levante Ostwind beträchtlich verstärken kann und gegen die in das Mittelmeer setzende Strömung kräftigen, kurzen Seegang aufwirft, während sich in Lee der Straße der Wind fächerförmig verteilt und an Stärke abnimmt. Ein weiteres »berüchtigtes« Beispiel ist die Straße von Bonifacio zwischen Korsika und Sardinien. Ein westlicher Wind, etwa von 4 Bft, kann sich auf Bft 8 bis 9 verstärken.

Der Seegang

Seegang setzt sich meistens zusammen aus der **Windsee,** dem unmittelbar vom Wind erzeugten Wellenbild, und der

Dünung, einer alten Windsee, die noch fortläuft, nachdem der Wind aufgehört hat. Ihre Wellen sind wesentlich länger und ihre Kämme stark abgerundet.

Eine **Kreuzsee** entsteht, wenn sich frische Windsee und alte Dünung aus unterschiedlichen Richtungen überlagern. Wegen der dabei oft unberechenbar auftretenden hohen Einzelwellen kann sie, nicht nur kleineren Yachten, außerordentlich gefährlich werden.

Eine **Grundsee** bildet sich dann, wenn eine Welle, gleichgültig ob Windsee oder Dünung, auf Flachwasser kommt. Sie wird kurz und steil, wenn die Wassertiefe etwa der zweifachen Wellenlänge entspricht.

Brandung entsteht, wenn die Wassertiefe geringer als die halbe Wellenlänge wird. Vereinzelte Brecher bilden sich aber bereits bei einer Tiefe von etwa Wellenlänge.

Nun wirft der Wind auf der Wasseroberfläche nicht ein einheitliches System von Wellen gleicher Länge und gleicher Höhe auf, sondern ein ganzes Spektrum der verschiedensten Wellen. Je stärker der Wind, desto höher laufen die Wellen auf. Hat der Wind genügend lange geweht, so stellt sich ein Gleichgewichtszustand ein, über den die Wellen nicht weiter anwachsen, da die in ihnen aufgespeicherte Energie durch das Brechen der Kämme wieder vernichtet wird.

Für die Ostsee kann man als größte Wellenhöhe, gemessen von Berg zu Tal, etwa 4 m annehmen. Die Wellenlänge beträgt dabei etwa 60 m. In der südlichen Nordsee erreichen die Wellen eine Höhe von etwa 6 m und eine Länge von 120 m. Im Mittelmeer liegt die Wellenhöhe bei 3,50 m im Sommer und 8 m im Winter. Es muß aber stets damit gerechnet werden, daß vereinzelte Wellen durch Überlagerung von Wellenzügen sehr viel höher auflaufen; in der Nordsee bis zu 18 m.

Auf die Entwicklung des Seegangs wirken folgende Faktoren ein:

- Windstärke und Böigkeit des Windes
- Dauer des Windes aus derselben Richtung
- Laufstrecke des Windes über das Wasser, allgemein als (engl.) **Fetch** bezeichnet
- Wassertiefe und Bodengestaltung
- Strom

Eine eben einfallende Bö ruft einen anderen Seegang hervor als ein schon stundenlang wehender Wind. Auf freier See steht eine genügend lange

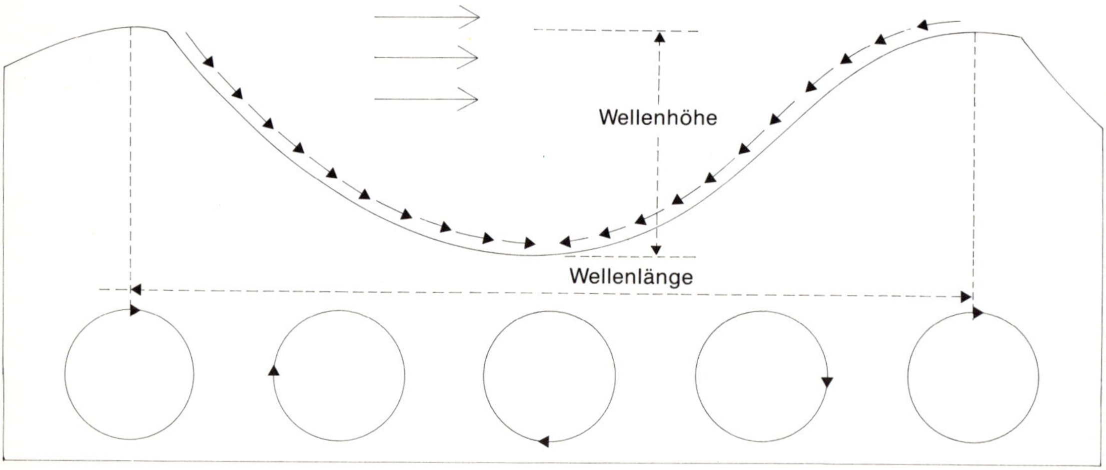

Definitionen zum Seegang
Wellenlänge ist die Entfernung von Wellenkamm zu Wellenkamm. Wellenhöhe ist der Abstand zwischen Wellental und Wellenkamm. Als Wellenperiode bezeichnet man die Zeit in Sekunden vom Durchgang eines Wellekammes bis zum Durchgang des nächsten. Auf der dem Wind zugekehrten Seite ist der Wellenhang länger als auf der windabgekehrten Seite. Gegen den Wind angehen heißt zugleich auch, gegen die steilere Wellen»wand« anzulaufen. Zugleich stark vereinfachte und schematisierte Darstellung der kreisenden oder Orbitalbewegung der Wasserteilchen und der Oberflächenströmung bei einer von links nach rechts wandernden Welle.

Laufstrecke für den Wind zur Verfügung, um den Seegang voll ausreifen zu lassen. Der Hochseesegler weiß diese lange, ausgerollte See, die die Fahrt nur wenig beeinträchtigt, zu schätzen, im Gegensatz zur knüppeligen See begrenzter Reviere, wie etwa dem Ijsselmeer.
Steht der Wind gegen den Strom, so entsteht, ähnlich wie auf flachem Wasser, eine steile kurze See, die besonders an der Nordseeküste im Bereiche der Flußmündungen berüchtigt ist und für eine Yacht gefährlich werden kann.
Wind und Strom in derselben Richtung hingegen bedeuten einen angenehm gerundeten Seegang.
Über den Wassertransport durch den Seegang bestehen oft falsche Vorstellungen. Nicht das Wasser bewegt sich in Wellenrichtung, sondern eine Bewegungsform pflanzt sich über das Wasser hinweg fort, indem jedes Wasserteilchen seine Bewegung auf das nächst benachbarte Teilchen überträgt und dieses die gleiche Bewegung etwas später beginnt als das erste. Dabei vollführen die einzelnen Wasserteilchen kreisartige Bewegungen, die sogenannten **Orbitalbewegungen.** Sie bewirken eine gegenläufige Oberflächenströmung auf dem vorderen und dem hinteren Wellenhang. Ein Schwimmer spürt sie sehr deutlich. Aber selbst auf größeren Yachten kann die Orbitalbewegung spürbar werden: beim Ablaufen vor Wind und Welle. Das Heck auf dem Wellenhang wird vorangeschoben, der Bug im Wellental abgebremst, was, zusammen mit anderen Komponenten, zum Querschlagen des Schiffes führen kann.

Wetternavigation

Letztes Ziel der Beschäftigung mit der Wetterkunde ist für den Segler das Ausnutzen der Wetterlage für eine sichere und schnelle Reise. Die weltweite Erfassung des augenblicklichen Wettergeschehens gibt uns heute die Mittel an die Hand, lang-, mittel- und kurzfristig meteorologische Verhältnisse bei der Planung und Durchführung einer Reise in Rechnung stellen zu können.
Während der Reise selbst wird man die Wetterentwicklung laufend verfolgen und sich durch Aufnahme der Seewetterberichte, mindestens zweimal am Tage, einen genauen Überblick verschaffen. Daneben beobachtet und notiert man im Logbuch sorgfältig Luftdruck, Wind, Wolken und Seegang. Auf Grund dieser örtlichen Feststellungen und der vermutlichen Weiterentwicklung des Wetters wird man sich bisweilen veranlaßt sehen, den ursprünglich festgelegten Kurs im Interesse eines guten und sicheren Fortkommens der erkannten Wetterlage anzupassen. Dies ist Wetternavigation.

Törnberatung

Als einen einzigartigen Service bietet das Seewetteramt in Hamburg eine meteorologische Törnberatung für die Ost- und Nordsee. Man erhält detaillierte Wetterdaten für zwei bis drei Tage und eine Vorhersage für den vierten und fünften Tag: die weitere Entwicklung der Wetterlage für das Törn-/Zielgebiet. Die Törnberatung kann zudem von unterwegs aktualisiert und für einen weiteren Zeit- und Seeraum verlängert werden, wenn man das von vornherein vereinbart. Auch für eine Atlantikfahrt kann man sich beraten lassen.
Da so eine detaillierte Törnberatung einen erheblichen Arbeitsaufwand erfordert, ist mindestens zwei Tage vor dem Auslaufen beim Seewetteramt anzurufen. Der Beratungstermin hingegen sollte so kurz wie möglich vor dem Auslaufen liegen.

Klimanavigation

Für eine längere Reise sind zunächst die klimatisch und jahreszeitlich bedingten meteorologischen Verhältnisse zu klären: Hauptwetterlagen, vorherrschende Winde, Sturmgefahren und Meeresströmungen. Als Unterlagen stehen zur Verfügung:
das **Seehandbuch** des betreffenden Seegebiets mit seinen meteorologischen Angaben,
die **Monatskarten,** in denen für jeden Monat in einer Windrose die auf langjährigen Beobachtungen beruhenden Windverhältnisse innerhalb jeweils eines Fünfgradfeldes eingetragen sind.

Fragen der Wetterbeurteilung

– Wann beginnt es zu regnen?
  Man beobachtet den Aufzug einer Warmfront, zweifellos wird es regnen, aber wann? Bevor es zu regnen beginnt, müssen sich alle unteren Wolken auflösen. Dann fällt der Regen aus noch ziemlich hoher Bewölkung. Nach einiger Regen-

zeit bilden sich tiefe Regenwolken (Nimbostratus).

- Wann fällt die Gewitterbö ein?
  Wenn die wurstartigen, häufig korkenzieherähnlichen dunklen Wolken unterhalb der eigentlichen Gewitterwolke über den Beobachter ziehen, ist mit Einsetzen der Bö zu rechnen.
- Wann hört die Bö auf?
  Wenn man unter der Böenwolke hindurchblikken kann, die Landschaft wieder ihre natürliche Farbe annimmt und der Westhimmel aufklart, ist die Bö bald vorbei.
- Wann ist nach einem Wetterumschlag mit weiterer Wetterverschlechterung zu rechnen?
  Wenn nach kurzem Aufklaren der Wind rückdreht und der Druckanstieg erneut in Druckfall übergeht, steht das schlechteste Wetter noch bevor (Troglage).
- Wann ist mit einer länger dauernden Schönwetterlage zu rechnen?
  Wenn der Druckanstieg sich langsam über Tage fortsetzt und der Wind gleichzeitig über Nord auf Ost dreht, der Westhimmel aufklart.
- Zu welcher Tageszeit kann man bei ungünstiger Wetterlage noch am besten segeln?
  Nachmittags ab 18.00 Uhr und morgens bis 10.00 Uhr ist das Wetter oft wesentlich handiger als in den Tagesstunden. Die Schauertätigkeit klingt während der Nacht im allgemeinen ab.
- Wann kommt der Seewind?
  Kurze Zeit, nachdem sich über Land die ersten Haufenwolken bilden, kann man mit dem Einsetzen einer Seebrise rechnen.
  Der Seewind bleibt dagegen aus, wenn der Himmel mit stärkeren Wolkenfeldern bedeckt ist, und häufig vor Gewittern.

Navigation

Hilfsmittel der Navigation

Unterschieden wird zwischen
terrestrischer Navigation (Ortsbestimmung nach Küstenzeichen),
astronomischer Navigation (Ortsbestimmung nach Gestirnen) und
Funknavigation (Verfahren, die elektromagnetische Wellen benutzen).
Das wichtigste Navigationsmittel auf einem Schiff ist der Kompaß, dann, dem Range nach, Log (Geschwindigkeitsmesser), Lot, Uhr und, zum Arbeiten in der Seekarte, Winkelmesser mit Lineal oder Kursdreiecke (2), Zirkel, Bleistifte und Radiergummi. Ferner Logbuch, Rechenblock, Gezeitentafel, Leuchtfeuerverzeichnis und eine Küsten- und Hafenbeschreibung. Die nächstwichtigste Anschaffung wäre ein Sextant; einer aus Plastik ist schon eine bedeutende Hilfe, aber ein besseres Instrument ist erstrebenswert.

Der Magnetkompaß

Bei vielen Serienbooten ist schon ein Kompaß eingebaut, was aber nicht garantiert, daß der Kompaß für Art und Zweck des Bootes geeignet ist – es ist nicht einmal garantiert, daß seine Kompensatoren auf null stehen.

Fast alle modernen Kompasse haben eingebaute Kompensatoren, über die in den folgenden Abschnitten noch viel zu sagen ist. Wichtig ist, daß keine Kompensation eingedreht sein darf, wenn der Kompaß an Bord kommt. Die Kompensatoren werden durch zwei rechtwinklig zueinander stehende Schlitzschrauben im Kompaßgehäuse betätigt, und Erfahrung lehrt, daß sehr oft schon einer an diesen Dingern gedreht hat. Die Kompaßhersteller liefern mit Kompensation null.
Der Kompaß muß so an Bord aufgestellt sein, daß er für den Steuermann mühelos abzulesen ist. Das ist er nur in einem Abstand von 55 bis 75 cm von den Augen, und der Steuermann sollte dabei seinen Kopf nicht tiefer als 20° nach vorn neigen müssen. Kompasse im Cockpitboden machen fast jeden seekrank.
Je größer die Kompaßrose, um so weniger ermüdend ist das Kurssteuern. Das gilt vor allem, wenn die Rose von Grad zu Grad geteilt ist. Die heute üblichen Yachtkompasse haben nur eine Teilung von 5° zu 5°.
Beim Kauf des Kompasses prüfe man durch Nachahmen der Roll- und Stampfbewegungen mit den Händen, ob die Rose in dem Kugelglas nicht schon bei kleinen Winkeln anstößt – wenigstens 30° sollte sie bei allen Neigungen frei bleiben und nicht aus ihrer Nordrichtung auswandern – tut sie's doch, dann ist der Kugelkompaß nur äußerlich einer; lassen Sie ihn stehen. Bei erstklassigen Kugelkompassen ist das ganze System in einem Bad aus unterschiedlich zusammengesetzten Flüssigkeiten

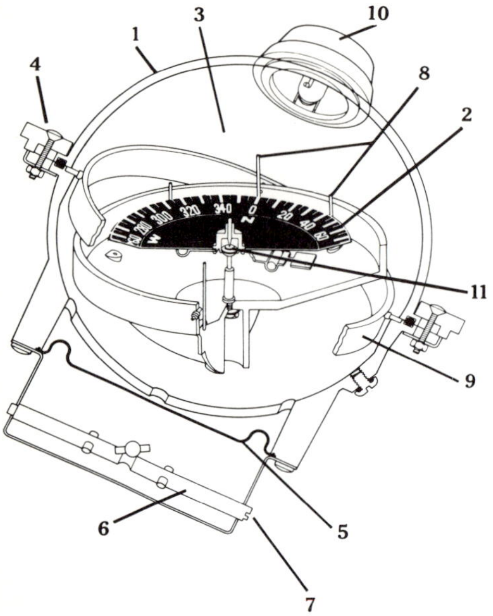

Abb. 1 Kugelkompaß
(1) Acrylglaskuppel, (2) Rose, (3) Füllung mit Kompaßöl (hochreines Petroleum), (4) Verschlußflansch zwischen Glashalbkugel und Gehäusehalbkugel, (5) Ausdehnungsmembrane gibt nach, wenn sich die Kompaßflüssigkeit in der Wärme ausdehnt, (6) Stellbolzen für Dwarskompensiermagneten, (7) Einsteckschlitz zum Kompensieren, (8) Fahrstriche voraus und 45° Stb fest montiert auf dem inneren Kardanchassis für die Rose, (9) Äußerer Kardanring (Querachse), (10) Rotlichtbeleuchtung, (11) Pinne.

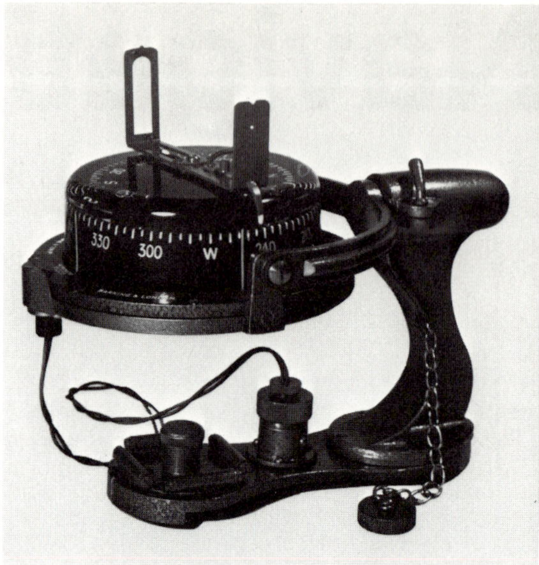

Abb. 2 Steuerkompaß in Flachbauweise. Die Rose kann seitlich und von oben abgelesen werden. Im Bedarfsfall kann ein praktischer Peilaufsatz aufgesetzt werden. Wird der Kompaß an Deck nicht gebraucht, kann er in einer speziellen Halterung in der Kajüte aufbewahrt werden. Beleuchtung von unten.

im Kugelinneren kardanisch gelagert und gedämpft.
Kompasse haben zwei bis drei Verschleißteile: Pinne und Stein und die Ausgleichmembran für die temperaturabhängigen Volumenänderungen des Fluids. Gute Kompasse können überholt werden, billige kann man nur wegwerfen, wenn ihre Dienstaltersgrenze erreicht ist. Die Ausgleichmembran lebt länger als üblich, wenn man dem Kompaß bei Nichtgebrauch einen Hut überstülpt.

Die Mißweisung

Wir wissen es aus der Schule: Die Erdkugel ist ein großer Magnet, dessen Pole aber nicht da liegen, wo die Erde von ihrer Drehachse an Nord- und Südpol durchstoßen wird. Die Feldlinien des Erdmagneten, in deren Richtung sich die Kompaßnadel (ein horizontal frei drehbarer Stabmagnet) einstellt, winden sich in Oberflächennähe in wundersamen Kurven, die nur an relativ wenigen Stellen mit der **rechtweisenden Nordrichtung**, die zum geographischen Nordpol weist, übereinstimmen.
Die Magnetnadel zeigt mit ihrem Nordpol meist mehr nach Ost (E, +) oder West (W, −) als rechtweisend Nord (rwN), und der Winkel dieser magnetischen Nordrichtung mit der rechtweisenden wird **Mißweisung** genannt. Mißweisend Nord (mwN) ist die von einer Kompaßnadel in eisen-, nickel- und kobaltfreier Umgebung angezeigte Nordrichtung.
Die örtliche Mißweisung ist zusammen mit ihrer jährlichen Änderung in den Seekarten eingedruckt, eine Seekarte kann ein Gebiet mit mehreren verschiedenen Mißweisungen zeigen.

Die Ablenkung

Die Nordmarke (000°) eines Schiffs- oder Bootskompasses zeigt gewöhnlich nur nach mwN, wenn das Schiff ungefähr auf mißweisendem Nord- oder Südkurs liegt, denn es gibt kaum noch Boote, auf denen es keine Eisenteile und keine Elektrik gibt, die den Kompaß zusätzlich ablenken, und zwar auf jedem Kurs anders.

Abb. 4 soll das Zustandekommen dieser mit der Kielrichtung des Schiffs sich ändernden Kompaßablenkung mit einem sehr simplen Schiffsmagnetismus erklären, der aus einem längs im Schiff liegenden Stabmagneten mit Südpol (S) im Bug besteht.

Die Schwächung des erdmagnetischen Feldes beim Südkurs gibt einen ersten Hinweis, warum der Schiffsmagnetismus für den Aufstellungsort des Kompasses so weit wie möglich aufgehoben werden muß. Wären Erdfeldstärke und Schiffsfeldstärke gleich, würde der Kompaß orientierungslos. Darum soll auf jeden Fall vor dem Aufstellen einer Ablenkungs- oder Deviationstabelle kompensiert werden.

Abb. 5 zeigt die typische Ablenkungskurve für einen Kompaß auf einem Stahlschiff vor Beginn der Kompensierarbeiten. Es ist die Summenkurve aus vier bis fünf unterschiedlichen Ablenkungsarten. Die Kurve zeigt außerdem, wie etwa die Meßpunkte bei Deviationskontrollen, die auf einer Yacht bestenfalls auf ein halbes Grad genau sein können, zu behandeln sind – eine Deviationskurve kann nie scharfe Ecken haben, denn sie ist, vom konstanten A-Fehler abgesehen, die Summe aus Sinus- und Cosinusfunktionen. Mißt man zum Beispiel bei mwK 150, 165 und 180 jedesmal 2,5°, dann muß beachtet werden, daß die Kurve hier nur einen Wendepunkt mit Abwärtstrend haben kann. Die Kompensation auf Eisenschiffen überlasse man einem Fachmann, den es in jedem Hafen gibt.

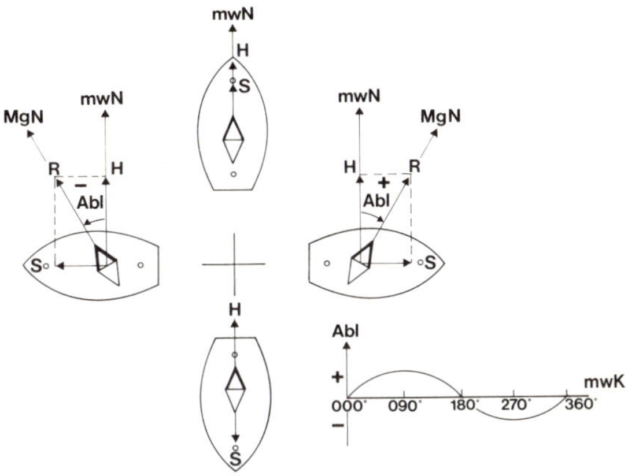

Abb. 4 Wirkung eines festen Pols auf den Kompaß. H ist die Richtung und Stärke des Erdmagnetfeldes, und S die Richtung und Stärke des Feldes des Schiffsmagneten. Die Nordspitze der Kompaßnadel ist mit dicker Kontur gezeichnet. Da der S-Pol des Schiffsmagneten den N-Pol der Kompaßnadel anzieht, wirkt der Schiffsmagnet verstärkend auf den Kompaß, wenn das Boot auf Kurs mwN liegt, und schwächend, wenn es auf Kurs mwS liegt. Auf E-Kurs und W-Kurs ist die Ablenkung des Kompaß aus der mwN-Lage am stärksten, und die Zeichnung macht klar, warum. R ist die Resultierende. Diese Richtung ist Magnetkompaß-Nord (MgN). mwN = mißweisend Nord, mwK = mißweisender Kurs.

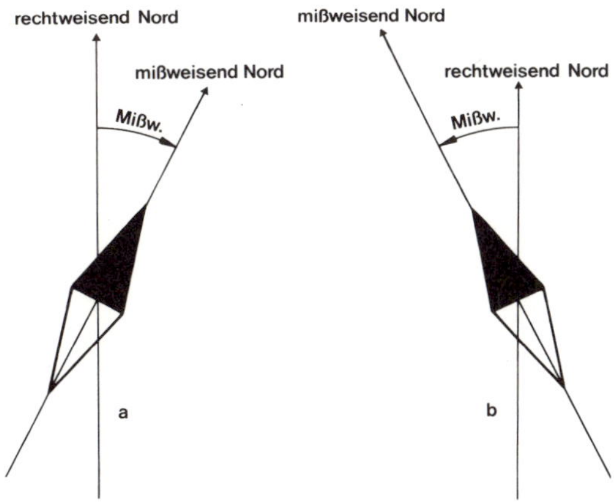

Abb. 3 Mißweisung
a = östliche, b = westliche

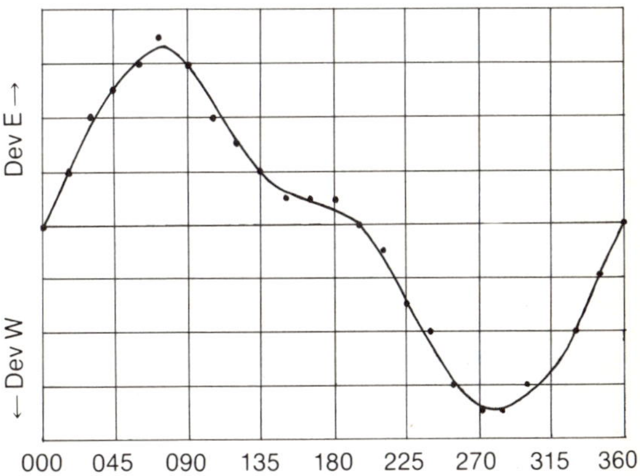

Abb. 5 Typische Ablenkungskurve für einen Kompaß auf einem Stahlschiff vorm Kompensieren.

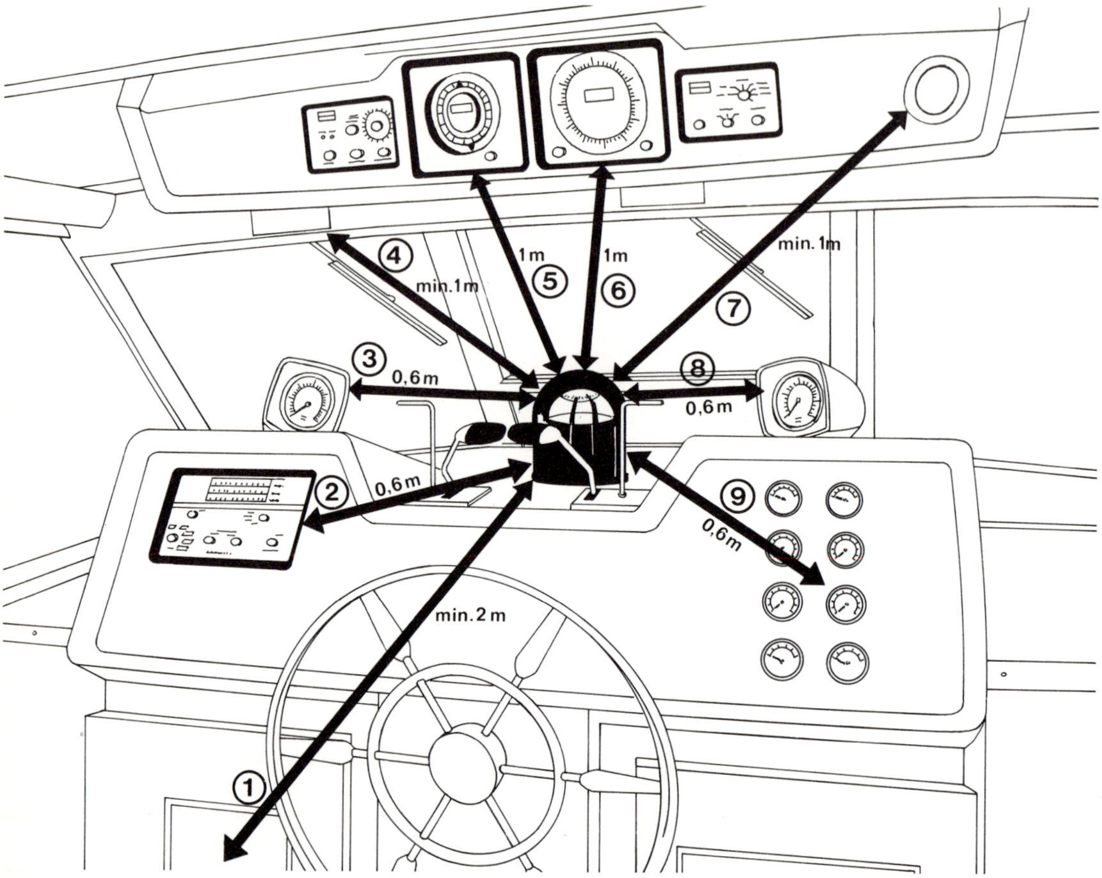

Abb. 6 Kompaßinstallation auf einer Motoryacht
Von dem kräftigen Motor und dem Schaltrelais des Steuerautomaten (1) sollte der Kompaß mindestens 2 m entfernt sein. Vom Funkgerät (2) sind 60 cm Abstand einzuhalten, was auch für den Abstand von allen Drehspuleninstrumenten zur Motorüberwachung gilt, wie Drehzahlmesser (3 und 8) und die Fernanzeigen für Wasser- und Öltemperatur, Druck- und Ladestromanzeigen (9). Von den kleineren Elektromotoren für Scheibenwischer (4), Radiokompaß (5) und Echolot des Flimmertyps (6) und auch von dem kräftigen Magneten eines dynamischen Lautsprechers (7) muß der Abstand mindestens 1 m betragen, damit der Kompaß in seiner Empfindlichkeit für das erdmagnetische Feld nicht zu sehr gestört wird.
Übrigens können einige Zentimeter Änderung des Aufstellungsortes eines Kompasses bereits einen Unterschied zwischen einem großen Ablenkungsfehler und keinem Ablenkungsfehler machen, denn der Störeinfluß ändert sich mit der dritten Potenz der Entfernung des Störers.

Ablenkungskontrolle

Die Ablenkung des Kompasses muß von Zeit zu Zeit, besonders bei Stahlschiffen und nach längeren Liegezeiten (Winterlager!) oder schiffbaulichen Veränderungen, überprüft werden.
Man kann die Ablenkung selbst bestimmen durch den Vergleich einer bekannten mißweisenden Peilung mit der an Bord beobachteten Kompaßpeilung eines Objektes.
Dafür zwei Beispiele:
1. Für eine auf Kompaßkurs 340° liegende Yacht kommt ein in der Seekarte eingezeichneter Schornstein A mit einem ebenfalls eingezeichneten Kirchturm in Deckpeilung. Aus der Karte entnimmt man die rechtweisende Peilung mit 066°, die Mißweisung mit −3°. Es ergibt sich daraus für die Deckpeilung eine mißweisende Peilung 069°. Im Augenblick des Passierens dieser Linie werden am Kompaß 071° gepeilt. Wie groß ist die Ablenkung und welches Vorzeichen bekommt sie?

Mißweisende Peilung	= 069°
−Kompaßpeilung	= 071°
Ablenkung	= 2°

Auf Kompaßkurs 340° ist also die Ablenkung −2° (westlich). Das Vorzeichen ergibt sich durch arithmetische Subtraktion. Es geht aber auch aus der Überlegung hervor, daß die Ablenkung der Nadel nach links (also −) zeigt. Oder mit anderen Worten: Um von der Kompaßpeilung auf die im Vergleich zu ihr »richtigere« mißweisende Peilung zu kommen, müssen von der Kompaßpeilung 2° abgezogen werden. Wert der Ablenkung also auch hier 2°. Sie erhält das Vorzeichen −.

Beispiel 2: Eine Yacht hat an einem im Hafenplan verzeichneten Dalben festgemacht und liegt auf Kurs 170°. In genügendem Abstand vom Dalben befindet sich ein Molenfeuer in der mißweisenden Peilung 091,5°. Die Kompaßpeilung ist 089°. Wie groß ist die Ablenkung, und welches Vorzeichen bekommt sie?

Mißweisende Peilung	= 091,5°
−Kompaßpeilung	= 089,0°
Ablenkung	= +2,5°

Einfaches Kompensieren

Holz-, Alu- und Kunststoffboote, deren Kompaß so aufgestellt ist, daß er keinem elektromagnetischen Teil zu nahe steht (Abb. 6), kann man verhältnismäßig einfach selber kompensieren. Viele moderne Bootskompasse haben eingebaute Kompensiermagnete, die durch Drehen einer Schlitzschraube N/S und einer E/W mit einem nicht magnetischen Schraubendreher eingestellt werden. Hat der Kompaß keine solche Einrichtung, muß man sich zwei Kompensiermagnete besorgen – sie sind meist in Messinghülsen eingelötet, deren exakte Mitte und die Lage des Nordpols markiert sind, außerdem haben sie Schraubenlöcher.

Um zu kompensieren, muß das Boot auf die mißweisenden Kardinalkurse gebracht werden, was einfach wäre, wenn in Yachtsportrevieren und Marinas Richtbaken für mwN oder mwS und mwE oder mwW aufgestellt wären. So aber muß man seine eigenen Vorbereitungen treffen, um auf exakten Gegenkurs gehen oder drehen zu können. Dazu macht man sich aus einem größeren Plastikbehälter, ca. 5 l, mit Schraubverschluß, den man zu etwa einem Viertel mit Sand als Ballast füllt, eine Behelfsboje.

An einem windstillen Tag in strömungsfreiem Gewässer fährt man das Boot von einem verankerten Seezeichen (Tonne) in genügend freiem Gewässer mit Kompaßkurs N möglichst genau Kurs haltend langsam etwa 500 m weit oder auch eine halbe Meile, läßt nun die Behelfsboje am Heck ins Wasser fallen und wendet das Boot mit dem günstigsten Drehkreis so auf Gegenkurs, daß man Behelfsboje und Ablauftonne recht voraus in Linie peilt (Abb. 7). Wenn dabei am Fahrstrich des Kompasses 180 anliegen, braucht nichts weiter zu geschehen; ansonsten muß der Fehler mit der N/S-Schraube halbiert werden. Angenommen, es liegt auf Gegenkurs 174 an, dann muß so kompensiert werden, daß 174 + 3 = 177 an den Fahrstrich kommt. Da ein fahrendes Boot besser im Kurs bleibt, kann man bei diesem Manöver seine Behelfsboje ruhig überfahren.

Merke: Der Gegenkurs wird nicht nach Kompaß gefahren, sondern nach der ausgelegten Peilung.

Diese Prozedur sollte, wenn sich ein Fehler von 4° oder mehr gezeigt hatte, noch einmal wiederholt werden, wobei die abgefahrene Strecke automatisch näher an die wirkliche mißweisende N-S-Linie herankommt.

Dasselbe dann in Ost-Westrichtung gemacht; zuerst nach Kompaß von der Ablauftonne nach Ost oder West gefahren, die Hilfsboje ausgelegt, nach Sicht auf Gegenkurs gegangen und den Fehler mit der Kompensiereinrichtung halbiert. Auch dieses Manöver sollte zweimal gefahren werden, wobei der Fehler auf Gegenkurs, nun kleiner, wiederum halbiert wird. Der verbleibende Restfehler sollte nicht größer als 4° sein.

Ist der Restfehler größer als 4°, muß man entweder ein Napier-Diagramm zeichnen, wie es gleich beschrieben wird, oder nach dem magnetischen Störer suchen, der im Steuermechanismus sitzen kann. Solch ein Teil läßt sich durch Abtasten mit einer ganz dünnen Fühllehre finden. Je nachdem, was leichter auszubauen ist, entfernt man den Kompaß und entmagnetisiert das Störteil mit einer Entmagnetisierspule, die man sich bei einer Reparaturwerkstatt für Unterhaltungselektronik ausleiht, oder man bringt das Störteil zum Entmagnetisieren in eine solche Werkstatt. Läßt man den Kompaß stehen, wenn man an Ort und Stelle entmagnetisiert, dann muß der Kompaß werksüberholt werden.

Eine einfachere Methode auf Gegenkurs zu gehen, ist die mit einem senkrecht stehenden Schattenstift in der Mitte einer horizontal auf Deck liegenden Gradrose; vorausgesetzt die Sonne scheint, das

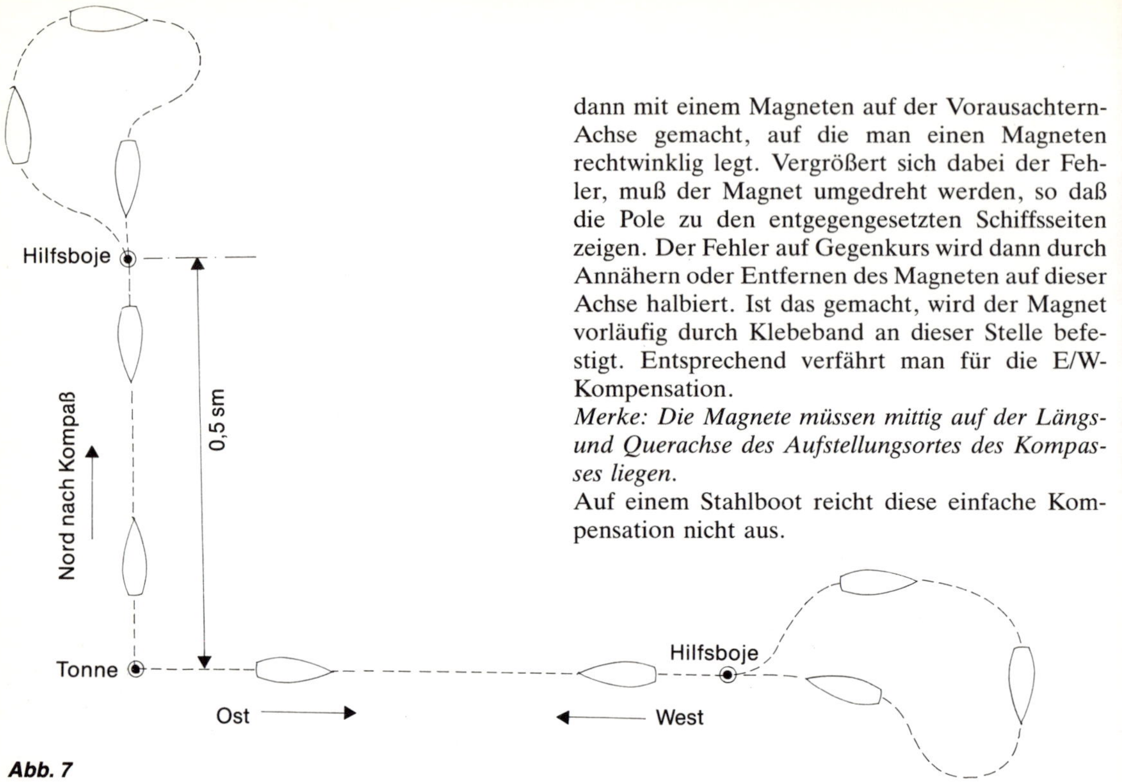

Abb. 7

Boot schaukelt nicht und läßt sich innerhalb von 2 min auf Gegenkurs drehen. Eine kardanisch gelagerte Peilscheibe mit Schattenstift wäre noch besser. Eine gute Zeit zur Durchführung ist etwa 4 h vor oder nach Ortsmittag, weil sich dann das Azimut nicht so schnell ändert. Ende April, Anfang Mai, wenn die Boote für die neue Saison klar gemacht werden, ändert sich das Azimut in den nördlichen Breiten von 40° bis 55° um etwa 1° in 5 min. (Siehe Kapitel »Astronomische Navigation«.)

Wenn der Kompaß keine Kompensiereinrichtung hat, muß man die Achsen seines Aufstellungsortes, vorausachtern und quer, mit Kreide exakt aufs Deck zeichnen (Abb. 8), denn die Mitte der Kompensiermagnete muß exakt auf diese Achsen plaziert werden, und die Magnete müssen rechtwinklig zu diesen Achsen liegen. Während des ersten Kurses müssen die Magnete weit weg vom Kompaß abgelegt werden. Die N/S-Kompensation wird dann mit einem Magneten auf der Vorausachtern-Achse gemacht, auf die man einen Magneten rechtwinklig legt. Vergrößert sich dabei der Fehler, muß der Magnet umgedreht werden, so daß die Pole zu den entgegengesetzten Schiffsseiten zeigen. Der Fehler auf Gegenkurs wird dann durch Annähern oder Entfernen des Magneten auf dieser Achse halbiert. Ist das gemacht, wird der Magnet vorläufig durch Klebeband an dieser Stelle befestigt. Entsprechend verfährt man für die E/W-Kompensation.

Merke: Die Magnete müssen mittig auf der Längs- und Querachse des Aufstellungsortes des Kompasses liegen.

Auf einem Stahlboot reicht diese einfache Kompensation nicht aus.

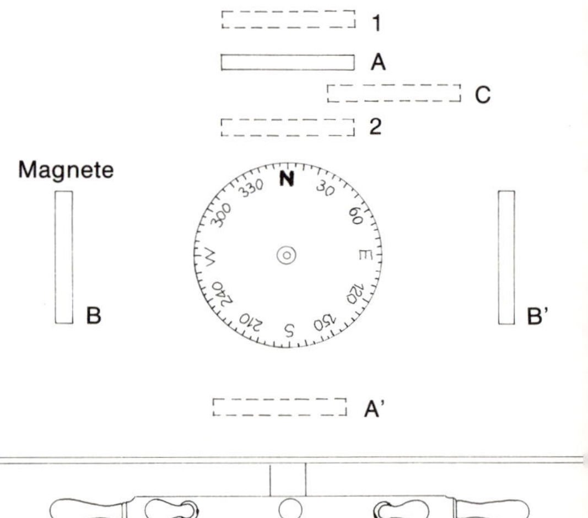

Abb. 8 Anbringung des N-S-Kompensators A und des E-W-Kompensators B. A' und B' sind alternative Plazierungen. Halbierung des Fehlers durch richtige Entfernung der Magneten vom Kompaß; bei A zwischen Positionen 1 und 2; bei B entsprechend. Nicht durch seitliches Verschieben (C) oder schräge Stellung zur Voraus- oder Querachse kompensieren wollen.

Ablenkungsdiagramm und Steuertafel

Die Ablenkung oder Deviation ist der Unterschied zwischen einer Kompaßpeilung und der mißweisenden Peilung desselben Objekts. Um eine Deviationstabelle aufzustellen, sucht man sich eine bekannte mißweisende Peilung aus. Das kann eine Deckpeilung sein, z. B. die Richtbaken einer Hafeneinfahrt, oder die Peilung eines auffälligen Objekts an Land von einem Seezeichen oder einem Deviationsdalben aus. Dazu wählt man eine Landmarke in mehr als 100fachem Abstand des Drehkreises des eigenen Bootes. Weil nur wenige Yachten einen größeren Drehkreisdurchmesser als 15 m haben, genügt die Faustregel: Abstand der Landmarke 1 sm. Die Marke und das Seezeichen, um das man herumfahren wird, sucht man sich aus der Seekarte und verwandelt die rechtweisende Peilung in die mißweisende.

Nur selten kann man über den Steuerkompaß einer Yacht auch peilen. Die Aufstellung einer Peilscheibe (Abb. 9) mit sorgfältiger Ausrichtung ihrer 000- und 180-Marke in Schiffslängsachse oder genau parallel zu ihr an einem Platz mit möglichst großer Rundumsicht ist deshalb nötig. Es gibt dann zwei Möglichkeiten, das Boot zur Deviationsfeststellung zu drehen.

1. Es wird um jeweils 15° Kompaßkurs weiter gedreht und dazu jeweils die Seitenpeilung der Landmarke genommen und notiert – das ist in der Berufsfahrt üblich.

Abb. 9 Peilscheibe

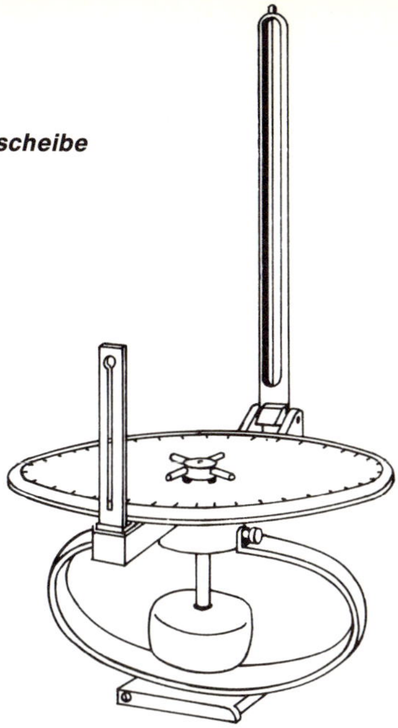

2. Vorweg wird für alle 24 mißweisenden Kurse von 15 zu 15 Grad die zugehörige Seitenpeilung ausgerechnet, beim Drehen an der Peilscheibe mit dem Diopter eingestellt und der Moment verkündet, wenn der Peilfaden durch die Marke geht und der Steuermann den Kompaßkurs laut ablesen muß, damit er aufgeschrieben wird.

Das zweite Verfahren ist bei Yachten vermutlich genauer, wenn der Kompaß aufs Grad genau abgelesen werden kann und – abgelesen wird. Der Mann an der Peilscheibe verfährt dann nach dem Ansageschema: »Kommt auf – achtung – null!« (Abb. 10) Bei den für schnelle Fahrt so angenehmen Kompassen mit 5°-Teilung muß jedoch mit beträchtlichen Schätzfehlern des Steuermanns beim Kompaßlesen gerechnet werden.

Das erste Verfahren ist immer ohne weitere Umstände anwendbar, wenn die Restdeviation 4° oder kleiner ist, denn dann kann man die für Kompaß-

Abb. 10 Blick durch den Diopter der Peilscheibe Das Fenster der Peilscheibe ist 5° breit. Bei dem Ruf »Kommt auf!« ist das Objekt noch etwa 5° vom Durchgang entfernt. Bei »Achtung!« sind noch 2,5° zu drehen. Der Ruf »Null!« kann bei konstanter Drehgeschwindigkeit zeitlich fast vorhergesagt werden.

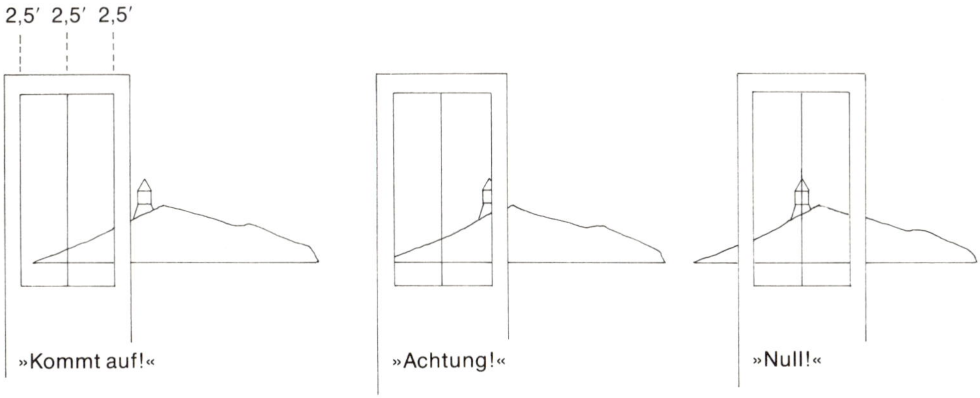

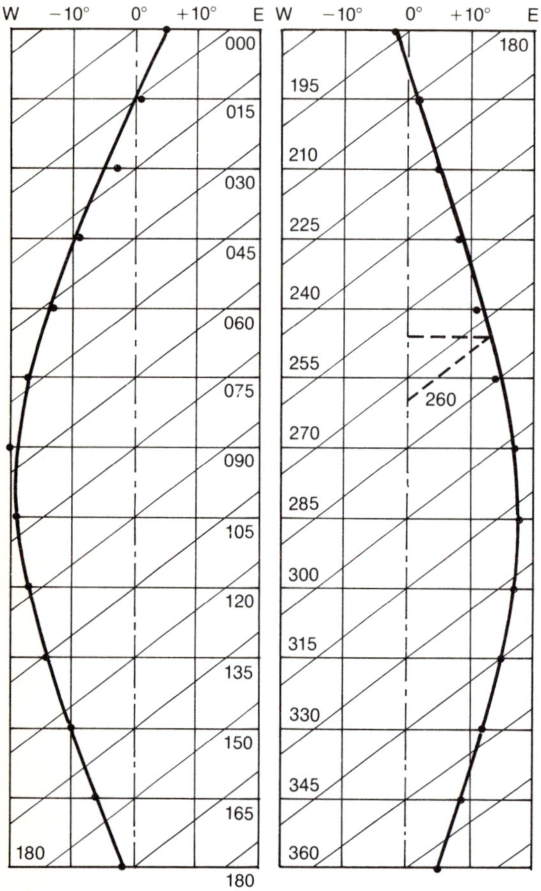

Abb. 11 Dies ist ein Napier-Graph, bei dem die Deviationen zu Kompaßkursen (MgK) beobachtet und auf den horizontalen Linien abgetragen worden sind – solch ein Graph wird im Hochformat dargestellt und gelesen. Will man die Ablenkung (Abl) zu einem mißweisenden Kurs (mwK) wissen, dann sucht man dessen Zahl auf der Kursachse heraus, legt durch sie eine Parallele zu den Schräglinien bis an die Abl-Kurve und fällt von diesem Treffpunkt das Lot auf die Kursachse, das dort den zum gefragten mwK passenden Kompaßkurs trifft; die Kursdifferenz MgK – mwK (oder umgekehrt) ist gleich der Abl für den mwK, ebenso aber auch die Länge des Lotes im Abl-Maßstab. Eingezeichnet ist das als Beispiel für mwK = 260°: der zugehörige MgK ist 246° und die zu mwK = 260° gehörige Ablenkung ist 14° E (also positiv).

kurs gefundenen Deviationswerte auch für mißweisenden Kurs nehmen. Ist die maximale Deviation größer als 5°, muß unter allen Umständen die Deviationskurve in ein Napier-Diagramm (siehe im folgenden) gezeichnet werden, das man entweder als Steuertafel benützt oder aus dem man eine Zusatzspalte für die Steuertafel mit Bezeichnung mwK ableitet.

Sind die Restdeviationswerte ≤4°, kann man sie gleich in die Steuertabelle schreiben. Nur eins muß man sich dabei merken: Die Werte müssen allmählich zu einem Maximum ansteigen, dann sanft wieder gegen null gehen, und nach dem Nullwert muß das Vorzeichen wechseln, und die weiteren Werte müssen wieder zu einem Maximum, nur nach der anderen Seite, anwachsen und von da aus wieder nach null gehen. Die Deviationskurve ist einer Sinuswelle sehr, sehr ähnlich, wenn sauber kompensiert wurde. Es kann sein, daß sie bei 000°, 180° (und 360° = 000°) nicht durch null geht, sondern jedesmal durch 1° oder 2° plus (E) oder minus (W) – das ist dann ein konstanter Fehler (A-Fehler), weil die N/S-Achse des Kompasses zur Schiffslängsachse einen Winkel dieser Größe bildet (Einbaufehler) oder seitlich, asymmetrisch, zum Längsmagnetismus des Bootes steht.

Merke: Selbst bei unkompensiertem Kompaßort kann eine Deviationsfolge der Art (−1), (0), (−1) nicht vorkommen, obwohl sie in Lehrbüchern zu finden ist.

Es ist immer gut, die Werte aus der Deviationsaufnahme in ein Diagramm (oder Graphen) zu zeichnen (Abb. 11). Dazu genügt kariertes Papier mit 5-mm-Abstand, doch die Teilung von Millimeterpapier ist genauer. Man wähle den Maßstab nicht zu klein, dann werden auch die Kurven nicht zu eng. Bei Ablenkung ≤ ± 4° nimmt man 1 cm ≙ 1° und für die Kursachse 5 mm ≙ 10°. Für große Deviationsmaxima wie im folgenden Beispiel unterteilt man die Kursachse, wie in Abb. 11 gezeigt, damit sie auf ein DIN–A4-Blatt geht (hier verkleinert abgebildet), teilt sie im Maßstab 1 cm ≙ 10° und nimmt für den *Abl*-Maßstab 1 cm ≙ 5°, weil das *Abl*-Maximum 19° ist.

Jede Messung ist im Graph der Abb. 11 gewissenhaft eingetragen, aber es gibt einige offensichtliche Fehlbeobachtungen, die von der *Abl*-Kurve nicht berücksichtigt worden sind, denn solche Buckel hat eine *Abl*-Kurve nicht.

Merke: Gehe zur Berichtigung von Peilungen nie mit der Rohpeilung in die Ablenkungs-Tabelle oder den Ablenkungsgraph. Maßgeblich ist dabei immer der mwK des Bootes.

Mgk	MgP	mwP	Abl (k)	mwK	Abl (m)
000	082	087	5 E	000	7,0 E
015	086	087	1 E	015	1,0 E
030	090	087	3 W	030	6,0 W
045	096	087	9 W	045	12,5 W
060	100	087	13 W	060	17,0 W
075	104	087	17 W	075	19,0 W
090	107	087	20 W	090	18,0 W
105	106	087	19 W	105	17,0 W
120	104	087	17 W	120	14,0 W
135	101	087	14 W	135	11,0 W
150	097	087	10 W	150	8,0 W
165	093	087	6 W	165	5,0 W
180	089	087	2 W	180	2,0 W
195	085	087	2 E	195	2,0 E
210	082	087	5 E	210	4,0 E
225	079	087	8 E	225	6,0 E
240	076	087	11 E	240	9,0 E
255	073	087	14 E	255	11,5 E
270	070	087	17 E	270	14,0 E
285	069	087	18 E	285	16,0 E
300	070	087	17 E	300	17,5 E
315	072	087	15 E	315	17,0 E
330	075	087	12 E	330	15,0 E
345	078	087	9 E	345	11,0 E

In dieser Dokumentation eines Drehmanövers zur Aufstellung einer Deviationstabelle bedeuten: *MgK* Magnetkompaßkurs, *MgP* Magnetkompaßpeilung (= *MgK* + Seitenpeilung), *mwP* mißweisende Peilung der Landmarke vom Drehort aus, *Abl(k)* Deviation zum Kompaßkurs. Aus der Auswertung des Napier-Graphs weiterhin: *mwK* mißweisender Kurs, *Abl(m)* Deviation zum mißweisenden Kurs.

Wenigstens am Beginn der Segelsaison sollte man überprüfen, ob die Steuertafel vom vorigen Jahr noch einigermaßen stimmt. Dazu reicht eine Kontrolle auf den vier Kardinalkursen – N, E, S, W – und den vier Interkardinalkursen – NE, SE, SW, NW – aus. Ehe man das jedoch mit einem Stahlboot macht, lege man es eine Woche lang auf Gegenkurs zu dem Kurs, den es hoch und trocken oder im Mittelmeerhafen während des Winterlagers hat halten müssen.

Sollte die Kompaßrose unruhig werden, wenn das Boot rollt (schlingert), dann wird der Kompaß durch einen vertikalen Schiffmagnetismus unter ihm gestört, der beseitigt werden muß. Kompaßfabrikanten und Hafenkapitäne können da gewöhnlich einen Fachman nennen, der das besorgen kann. Es gibt für lernwillige Laien ein gut verständliches und preiswertes Buch, das in beträchtliches Fachwissen über Kompasse führt: »Kompaß ABC« von Albert Heine, Verlag Klasing + Co.

Fluxgate-Kompasse

Der Fluxgate-Kompaß ist ein elektrischer Magnetkompaß, benannt nach dem ersten Serientyp einer englischen Firma. Er arbeitet ohne beweglichen Magnet und besteht aus einem Sensor, zwei kreuzförmig angeordneten Spulen. Sie sind mit µ-metallähnlichem ferromagnetischem Material gefüllt, in das soviel Wechselstrom eingekoppelt wird, daß man eine sogenannte Sättigung des Materials erreicht. Sie messen die erdmagnetischen Feldlinien. Verändert sich ein solches drehungsfest installiertes System mit dem Schiff gegenüber den Feldlinien, so ändern sich die Ausgangssignale beider Spulen. Diese Signale werden elektronisch gemessen und auf ein Anzeigegerät oder sogar mehrere Tochterkompasse übertragen. Diese können beliebig entfernt vom Kompaß (Sensor) installiert werden, so daß man diesen an einem störungsfreien Ort der Yacht einbauen kann.

Denn auch bei Fluxgate-Kompassen müssen die Einflüsse des Schiffsmagnetfeldes kompensiert werden. Bei neuzeitlichen Instrumenten erfolgt das über regelbare Widerstände elektronisch und sogar vollautomatisch. Man braucht lediglich zu drehen. Ein weiterer Vorteil des Fluxgate-Kompasses: die Sensorsignale lassen sich leicht einem integrierten elektronischen Navigationssystem einspeisen.

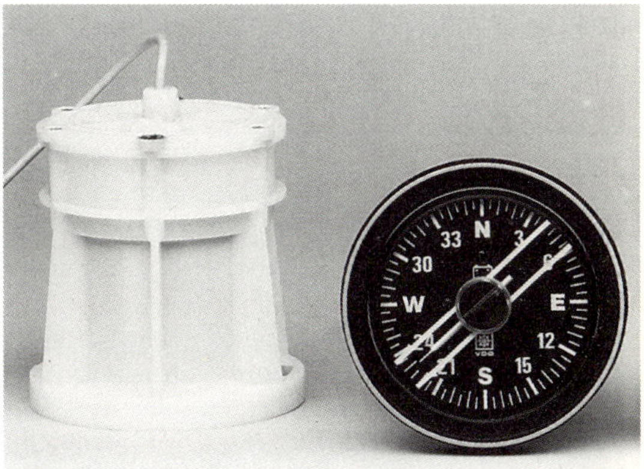

Abb. 11a Fluxgate-Kompaß (Sensor) mit Anzeigegerät (Gridkompaß)

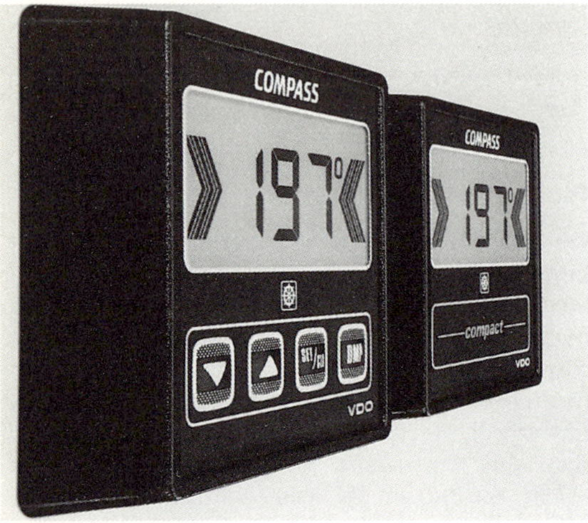

Abb. 11b Digitaler Fluxgate-Anzeiger (links) mit Tochterkompaß. Nach Eintippen der örtlichen Mißweisung zeigt das sich selbst kompensierende System den rechtweisenden Kurs an.

Handpeilkompasse

Weil Handpeilkompasse auch der Ablenkung unterliegen, müssen Peilergebnisse mit ihnen – zumindest auf Stahlyachten – mit skeptischer Vorsicht behandelt werden. Das Problem ist, daß man je nach Segelstellung von verschiedenen Orten an Deck aus mit ihnen peilt, keiner aber mag für mehrere Stellen an Deck besondere Deviationstafeln aufstellen. Immerhin sind Peilkompasse, auch auf Stahlbooten, geeignet, um Winkeländerungen bei Landmarkenpeilung in der Küstenfahrt festzustellen. In Handpeilkompassen mit Batteriebeleuchtung darf man keine Batterien mit Stahlmantel verwenden, wegen zu starker Ablenkung.

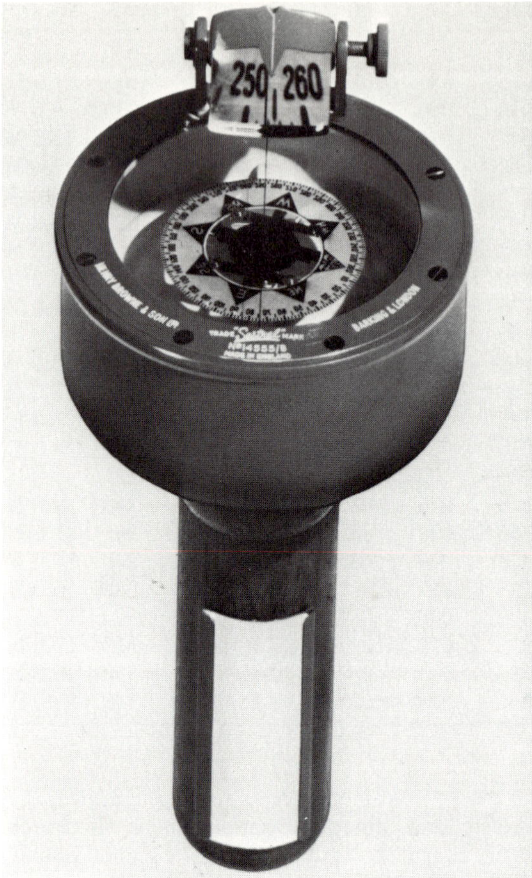

Abb. 12 Handpeilkompaß
Ein Prisma verbessert die Ablesbarkeit erheblich. Man kann mit einem Handpeilkompaß von jedem Punkt an Deck aus direkt peilen. Das Modell (oben) kommt auch bei Dunkelheit ohne elektrische Beleuchtung aus.
Unten: Viel zum Peilen verwendet werden solche kleinen Taschenkompasse mit eingebauter lichtstarker Optik. Es gibt sie mit Leuchtziffern oder Batterie-Lampe.

Das Log

Seemeilen und Knoten

Wege und Entfernungen (Distanzen) werden auf See in Seemeilen (sm) gemessen, Geschwindigkeit – kurz Fahrt genannt – in Knoten (kn = sm/h). Das Instrument, mit dem man beides oder eins von beiden mißt, heißt Log. Der Ausdruck »Knoten« stammt vom früheren Scheitlog. Das war eine mit Knoten in gleichmäßigen Abständen versehene Leine, deren freier Tamp mit einem Brettchen als

Wasserbremse versehen war, so daß die Leine mit etwa Schiffsgeschwindigkeit von der Rolle abgespult wurde. Dabei wurden die Knoten gezählt und die Zeit mit einer Sanduhr genommen.
Eine Seemeile ist die Länge einer Meridianminute. Der Umfang des Erdäquators – ein Großkreis – ist rund 40 000 000 m. Drückt man diese Länge in Bogenminuten aus, also 360° · 60′ = 21 600′, dann ergibt sich als Länge einer Meridianminute:
40 000 000 : 21 600 = 1851,8 m.
Die international vereinbarte Seemeile ist 1,852 km lang. Der zehnte Teil einer Seemeile, also 185,2 m, heißt Kabellänge.
Um km/h in kn umzurechnen, multipliziert man mit 0,54, dem reziproken Wert von 1,852. Die Umrechnung von sm/h in m/s ergibt:
1852 m : 3600 s = 0,514 m/s
0,514 ist die Strecke einer Meridiantertie – und der Knotenabstand bei der alten Logleine. 1 m ≙ 1,94 (rund 2) Meridiantertien.

Das Relingslog

Es macht sich die Meridiantertien zunutze. An Bord wird eine Strecke in Meter abgemessen (etwa die Länge über alles) und mit 2 (Meridiantertien) multipliziert. Dann einen schwimmenden Gegenstand ins Wasser werfen und die Zeit stoppen, die er braucht, um die abgemessene Strecke (Meridiantertien) zu durchlaufen. Die Meridiantertien dividiert durch die ermittelten Sekunden ergibt die Fahrt in Seemeilen pro Stunden, also Knoten (kn).

$$\text{Fahrt (kn)} = \frac{\text{Länge (m)} \cdot 2}{\text{Zeit (s)}}$$

Dieses »Log« ist aber nur bei geringer Fahrt des Bootes, bis zu etwa 5 kn, anwendbar. Vor Anker kann man mit dem Relingslog die Stärke eines etwa setzenden Stromes bestimmen.

Das Patentlog

Das Patentlog mißt den vom Schiff zurückgelegten Weg durch die Anzahl der Umdrehungen eines Propellers, der an einer geflochtenen Leine nachgeschleppt wird. Es gibt also nicht die augenblickliche Schiffsgeschwindigkeit an. Aus der in einem bestimmten Zeitraum zurückgelegten Strecke läßt sich jedoch die augenblickliche Geschwindigkeit errechnen, indem man beispielsweise die in einem Zeitraum von 6 Minuten (= ¹⁄₁₀ Stunde) zurückgelegte Strecke auf dem Zehntel-Seemeilen-Zeiger der Loguhr abliest und den gefundenen Wert mit 10 multipliziert. Dieses Log hat den Vorteil, frei von den Strömungsbeschleunigungen und Grenzschichtturbulenzen in der Nähe der Bootshaut zu messen. Das Patentlog ist auch heute unter Langfahrtseglern, die Strom sparen müssen, weit verbreitet.
Das moderne Schlepplog arbeitet elektronisch. Es zeigt die Gesamtdistanz, verbleibende Distanz zum Ziel, Tagesmeilen, augenblickliche Fahrt durchs Wasser und die zu erwartende Ankunftszeit. Das Anzeigeinstrument wird, genau wie das des mechanischen Logs, am Heckkorb gehaltert. Es erspart den Bordwanddurchbruch und mißt ebenfalls im turbulenzfreien Wasser.

Yachtlogs

Für Yachten gibt es besondere Yachtlogs, die meist fest eingebaut sind und Geschwindigkeiten bis zu 2 kn herunter anzeigen. Sie messen die Fahrt entweder nach den Umdrehungen eines kleinen, durch den Fahrtstrom angetriebenen Impellers aus Kunststoff oder nichtrostendem Stahl an der Unterseite des Schiffes oder nach dem durch die Fahrt verursachten Strömungsdruck im Wasser.

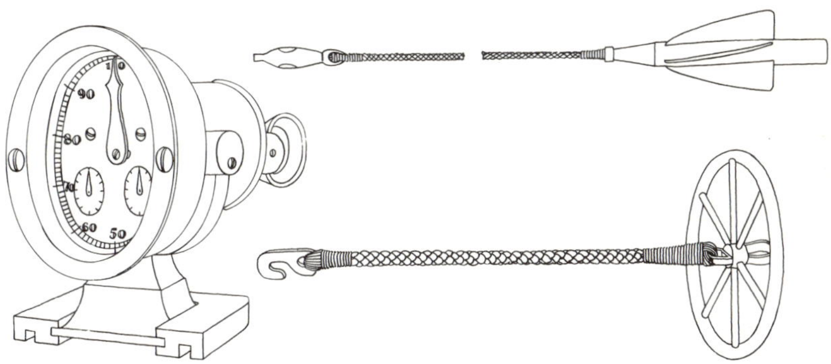

Abb. 13 Patentlog, bestehend aus Loguhr mit Halterung, Schleppleine, Flügelschraube (Impeller) und Regulator (Schwungrad).

Beim »klassischen« **Sumlog** werden die Impellerumdrehungen mechanisch übertragen.
Beim **Elektro-Sumlog** induziert ein von dem Impeller angetriebener Magnet in einer festen Spule eine elektrische Spannung. Beide Typen verfügen meist über eine Addiereinrichtung, die die abgelaufenen Meilen zählt.
Speedometer sind Logs, die den Strömungsdruck messen. Sie haben entweder einen Meßfühler, dessen drehbarer Arm gegen einen Piezokristall arbeitet oder ein Staudruckrohr, das die Druckdifferenz zwischen Wassereintritt und Wasseraustritt durch eine ölgefüllte Leitung auf ein empfindliches Manometer überträgt.
Yachtlogs liefern wegen der bei jeder Yacht unterschiedlichen Strömungsverhältnisse nur in begrenzten Bereichen zutreffende Werte; außerhalb dieser Grenzen können die Ungenauigkeiten durch ein »Trimmpotentiometer« beseitigt werden. Durch eine besondere Schaltung kann man bei einigen Typen die Anzeigen auseinanderziehen (»spreizen«), so daß Fahrtänderungen bis zu $\frac{1}{100}$ kn ablesbar sind. Diese »Deltaeinstellung« ermöglicht eine genaue Beurteilung jeder Änderung der Segelstellung, der Segelfläche oder im Trimm der Segel.
Beim **elektromagnetischen Log** wird die Tatsache ausgenutzt, daß das Wasser wie eine bewegte Leiterschleife wirkt, wenn es durch ein Magnetfeld strömt. Je schneller die Bewegung, um so stärker ist der induzierte Strom. Er läßt sich elektronisch verstärken und zeigt die jeweilige Fahrt an, nach Wunsch auch an mehreren Anzeigeinstrumenten gleichzeitig. Der größte Vorteil dieses Logs ist, daß die Knopfelektroden praktisch nicht aus der Bordwand herausragen.

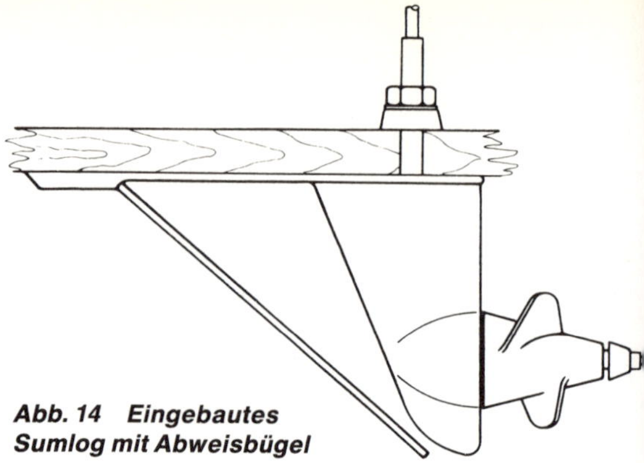

Abb. 14 Eingebautes Sumlog mit Abweisbügel

Abb. 16 Elektronisches Sumlog mit Schaufelrad-Geber
Es zeigt die Fahrt in Knoten an und die zurückgelegte Gesamtdistanz (oben). Unten ein rückstellbarer Tages- oder Teilstreckenmeilenzähler. Der Geber kann zur Inspektion aus seiner Halterung im Bootsboden gezogen werden. Ein Ventil schließt die Halterung automatisch ab, so daß kein Wasser eindringt. (VDO)

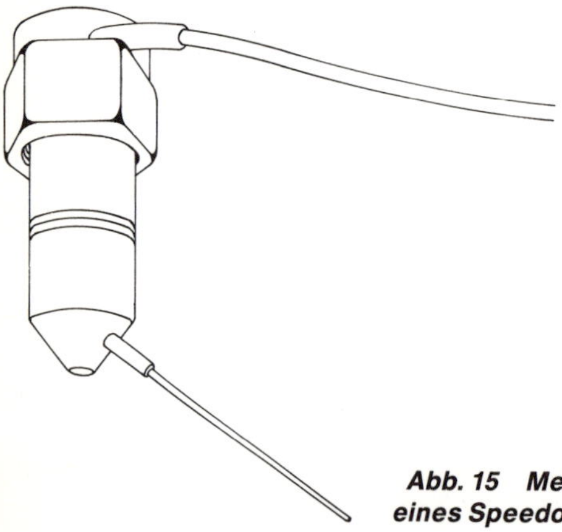

Abb. 15 Meßfühler eines Speedometers

Beim **Doppler-Log** wird die Frequenzverschiebung ausgenutzt, die ein Ultraschallstrahl erfährt, wenn er an Schwebestoffen oder Luftblasen im Wasser oder auch am Grund reflektiert wird. Theoretisch läßt sich also unabhängig von der Stromversetzung sogar die Fahrt über Grund direkt ablesen. In der Praxis geht das nur auf seichtem Wasser oder bei sehr hohem Energieverbrauch.
Das **Sonic-Speed-Log** gilt heute als das genaueste Yachtlog. Es arbeitet mit zwei Mini-Sonden, die, am Bootsboden und Kiel angebracht, eine Ultraschallstrecke bilden. Durch das strömende Wasser wird sie abgebremst, daraus errechnet sich die Fahrt. Dieses meist von Rennyachten benutzte System ist wegen seiner aufwendigen Elektronik allerdings auch störanfällig.

Prüfen des Logs

Um ein Log zu kontrollieren, läuft man eine bekannte Strecke ab und vergleicht die wirklich durchlaufene Distanz mit der vom Log angezeigten. Man bestimmt das Verhältnis

$$\frac{\text{richtige Entfernung}}{\text{geloggte Entfernung}}.$$

In dem gleichen Verhältnis sind alle geloggten Distanzen falsch. Die am Log abgelesenen Werte müssen mit diesem Verhältnis multipliziert werden, um die wahre Distanz zu erhalten. Betrug die durchlaufene Strecke beispielsweise 8 sm und das Log zeigte 6 sm, so ist diese
Verhältniszahl $8/6 = 1{,}33$.
Einer am Log abgelesenen Distanz von 30 sm entspricht also die wahre Distanz $30 \cdot 1{,}33 = 39{,}9 \sim 40$ sm. Dieser Verhältniswert gilt im allgemeinen aber nur für einen bestimmten Geschwindigkeitsbereich; es ist daher zweckmäßig, ihn für mindestens drei verschiedene Geschwindigkeitsbereiche zu ermitteln.

Das Lot

Das Lot dient zum Bestimmen der Wassertiefe, gegebenenfalls auch zum Feststellen der Beschaffenheit des Meeresgrundes.

Echolote

Gelotet wird mit Ultraschall ($f > 20$ kHz), der von einem am Bootsboden montierten Schwingkristall als kurzer Impuls ausgesandt und auch wieder empfangen wird, wenn er als Echo vom Boden zurückkehrt. Der Piezokristall des Schwingers wird durch Wechselstrom zu Schallschwingungen angeregt, setzt aber auf ihn treffende Schallschwingungen auch in einen entsprechenden schwachen Wechselstrom um, den man verstärken und zu einer Anzeige verwenden kann. Gemessen wird die Zeit zwischen Aussendung des Impulses und seiner Rückkehr – der Schall legt in Seewasser etwa 1500 m/s zurück. Bei dem in Abb. 17/1 gezeigten Gerät läuft eine elektromotorisch angetriebene Scheibe mit 25 U/s um, auf der eine Leuchtdiode montiert ist, die immer aufleuchtet, wenn der Impuls vom Schwinger ausgesendet wird (die Nullmarke) und sein Echo empfangen wird.

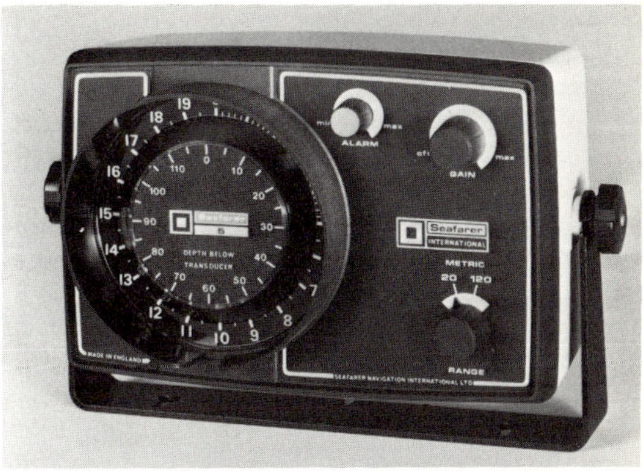

Abb. 17/1 Typisches Yacht-Echolot mit rotierender Leuchtdiode, einstellbarem Flachwasseralarm (0,8–30 m) und 2 Meßbereichen bis maximal 120 m. Für Batteriebetrieb oder Bordnetzanschluß. (Seafarer)

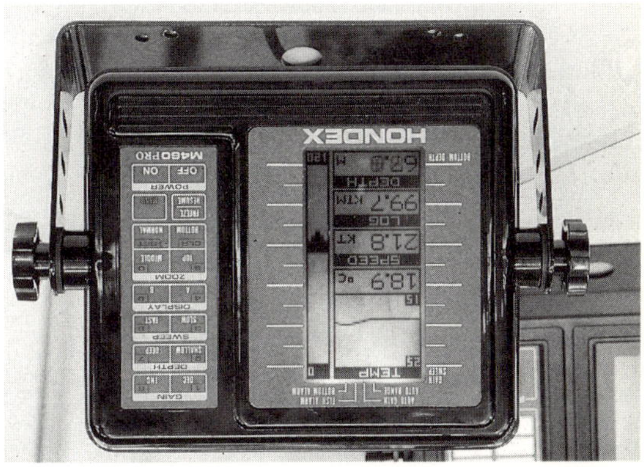

Abb. 17/2 Echograph mit Flüssigkristallanzeige Sie haben die mit Trockenpapier arbeitenden Geräte weitgehend abgelöst. Abstrahlwinkel des Gebers: 44°. Auf 11 Tiefenbereiche (von 0–2 m bis 0–160 m) umschaltbar. Mit regelbarem Bildvorschub, Zwischenbereichsvergrößerung (Zoom), Flachwasseralarm und Wassertemperaturanzeige. Zuschaltbar sind: Geschwindigkeitsmesser und Wegstreckenzähler (Log).

Die Drehzahl errechnet sich so: Bis das Lämpchen bei der 30-m-Marke ankommt, hat die Scheibe eine Umdrehung gemacht. Da der Schall für eine Lotung von 30 m hin und zurück 60 m zurücklegt, vergeht also eine Zeit von 60 m : 1500 m/s = 0,04 s, und in dieser Zeit muß die Scheibe eine volle Drehung gemacht haben; das sind 25 Umdrehungen in einer ganzen Sekunde.

Heute hat man allerdings meist elektronische Intervallmesser mit Zeiger- oder Digitalanzeige. Eindeutiger aber ist die Flimmeranzeige, weil sie falsche Echos, etwa von Fischen oder Luftblasen, erkennen läßt. Die meisten Geräte lassen sich auf verschiedene Meßbereiche umschalten. Manche sind auch mit einem Alarmzeichengeber kombiniert, der beim Unterschreiten einer vorher eingestellten Mindesttiefe ein akustisches Signal gibt.
Die aufwendigeren **Video-Echolote** senden bis zu 30 Impulse pro Sekunde aus, die in einem elektronischen Speicher gesammelt, aufbereitet und als von rechts nach links laufendes Bild auf dem Bildschirm aufgebaut werden. So entsteht ein Gesamtbild der Grundbeschaffenheit. Weiche Strukturen wie Schlick oder Seegras reflektieren die Ultraschallsignale nur schwach. Auf einem Farbbildschirm werden sie hellblau angezeigt. Mittelstarke Echos erscheinen gelb und starke, von festem Grund und Steinen, rot. Die Skala umfaßt alle Regenbogenfarben. So ermöglichen Video-Echolote, genaue Rückschlüsse auf die Bodenbeschaffenheit des Schiffsstandortes zu ziehen und Störungen aller Art zu erkennen, die eine Tiefenmessung verfälschen können, wie beispielsweise Plankton oder Luftblasen.

Bei **Echographen** gleitet ein dünner Griffel über ein ablaufendes Spezialpapier. Die Stromimpulse schwärzen das Papier. Der Tiefenverlauf des Meeresbodens erscheint als Kurve. Lotstreifen für Standlinien lassen sich jedoch nicht direkt daraus gewinnen.
Bei schneller Fahrt ist zu bedenken, daß die dabei untergezogenen Luftblasen auch Echos machen, so daß man glauben könnte, schon auf Grund zu sitzen.
Große Sorgfalt ist auf den Einbau des Schwingers zu verwenden. Da Luftblasen die Ausbreitung der Schallwellen stark dämpfen, wenn nicht gar ganz verhindern, muß der Schwinger so eingebaut werden, daß an der Einbaustelle kein mit Luft vermischtes Wasser vorbeiströmt. Der Schwinger darf auch bei starken Krängungen nicht aus dem Wasser heraustreten. Notfalls ist je ein Schwinger an Steuerbord und an Backbord einzubauen. Die eigentliche Schwingeroberfläche darf nicht übermalt werden. Bewuchs muß vorsichtig abgelöst werden. Da die modernen Anlagen voll transistorisiert sind, haben sie einen sehr geringen Stromverbrauch und können häufig auch mit Trockenbatterien betrieben werden.

Warnung

Wenn in der Karte »unreiner Grund« oder »Korallen« steht, sei man auf der Hut, denn bei den Lotungen der Hydrographen können immer einzelne Steine oder Riffe unentdeckt geblieben sein. In den Schären geben nur die eingezeichneten Schiffswege Garantie für reinen Grund.

***Abb. 18** Mikroprozessorgesteuerte Echolotanzeige mit Funktionsschalter und Alarmzeichengeber Die Digitalanzeige läßt die Tiefe auf 10 cm genau in Zahlenwerten erkennen. Die Analog-(Balken-)Anzeige ermöglicht ein schnelles Erfassen der aktuellen Wassertiefe und vor allem der Tendenz von aufsteigendem oder abfallendem Grund. Zwischenechos von Luftblasen, Fischschwärmen oder Seegras werden aussortiert und erscheinen als einzelne Balken in der Analoganzeige. Drei verschiedene Alarmfunktionen lassen sich schalten. Beispielsweise auch für Grundveränderungen, wenn der Anker schliert. (VDO)*

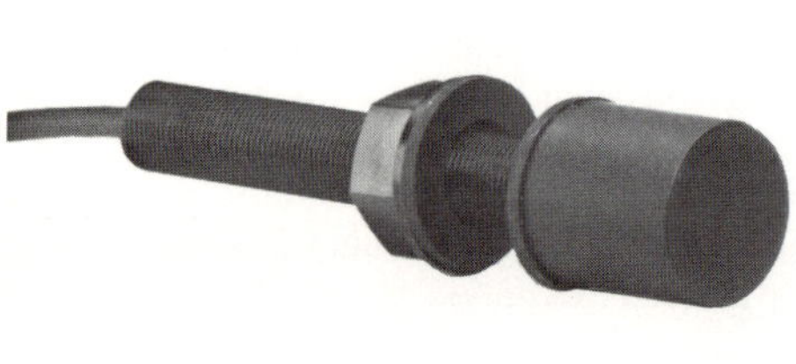

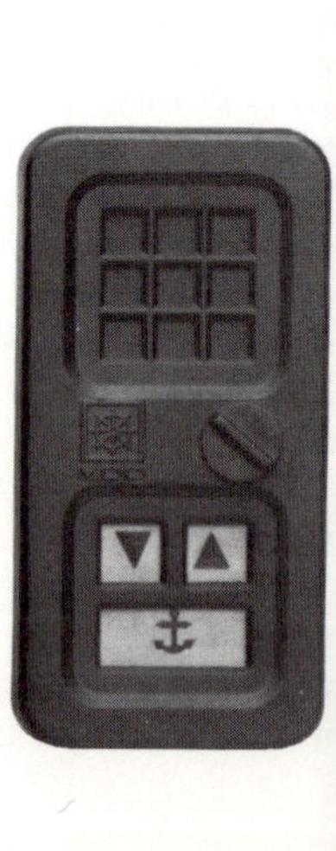

Die Seekarte

Die Kartenprojektion

Die Seekarte gibt uns die Abbildung eines Ausschnittes der Erdoberfläche, die ja gekrümmt ist, auf einer ebenen Fläche, auf der man die gesegelten Kurse und Distanzen, Peilungen usw. mit Lineal, Zirkel und Kursdreieck eintragen kann. Die Seekarte muß folgende Anforderungen erfüllen:

1. Die Kurse und Peilungen müssen in der Karte als gerade Linien eingetragen werden können, die die Meridiane immer unter dem gleichen Winkel schneiden. Die Meridiane müssen daher in der Karte parallel laufen.
2. Der Kurswinkel in der Karte muß der gleiche sein wie auf der Oberfläche der Erde.
3. Die Entfernung muß leicht meßbar sein.
4. Die in der Karte dargestellten Gebiete müssen flächenähnlich sein.

Diese Bedingungen erfüllen unsere Seekarten, die nach der Mercatorprojektion entworfen werden. Die Entstehung dieser Karte kann man sich in folgender Weise vorstellen: Man denke sich die Erdkugel mit einer dehnbaren Schicht überzogen und die einzelnen Meridiane, von den Polen beginnend, bis fast an den Äquator wie bei einer Apfelsine aufgeschnitten. Die vom Globus abgeschälte Schicht wird nun so in die Ebene gebreitet, daß immer von zwei nebeneinanderliegenden Meridianen Kugelzweiecke gebildet werden, die sich der Anzahl der Längengerade entsprechend in ununterbrochener Kette aneinanderreihen. Der Äquator teilt hierbei als eine von links nach rechts verlaufende gerade Linie diese Kugelzweiecke in Hälften. Um nun ein zusammenhängendes Kartennetz zu erhalten, müssen die einzelnen Kugelzweiecke oben und unten gleichmäßig nach beiden Seiten ausgedehnt werden, bis ihre Ränder – also die Meridiane – parallel laufen. Die auf diese Weise erhaltene Karte ergibt aber ein falsches Bild, das mit Ausnahme der Äquatorgegend in ost-westlicher Richtung verzerrt ist, und zwar um so mehr, je weiter wir uns den Polen nähern (Plattkarte). Eine kleine kreisrunde Insel würde auf dieser Karte nur auf dem Äquator als Kreis erscheinen, während sie um so mehr in Richtung Ost-West verzerrt sich darstellt, auf je höherer Breite sie liegt. Mercator hat nun diese Verzerrung im Kartenbild der Erdoberfläche dadurch wieder ausgeglichen, daß er die Abstände der Breitenparallele nach den Polen zu in dem der ost-westlichen Verzerrung entsprechenden Maße vergrößerte. Mit zunehmender Breite wächst daher bei gleichbleibender Längenminute die Breitenminute (wachsende Karte, Projektion der wachsenden Breite). Dadurch wird auch unsere zum Oval verzerrte Insel wieder zum Kreis, also ihrer Form auf der Erdoberfläche ähnlich.

Die Vergrößerung des Bildes nach den Polen zu erfordert, daß man die Distanzen auf der (ungefähren) Breite des Schiffsortes an den seitlichen Kartenrändern abgreift.

Einteilung der Seekarten

Die Seekarten teilt man ein in

Ozeankarten 1:5 000 000 und kleiner

Übersichtskarten (Übersegler) 1:1 600 000 bis 1:5 000 000

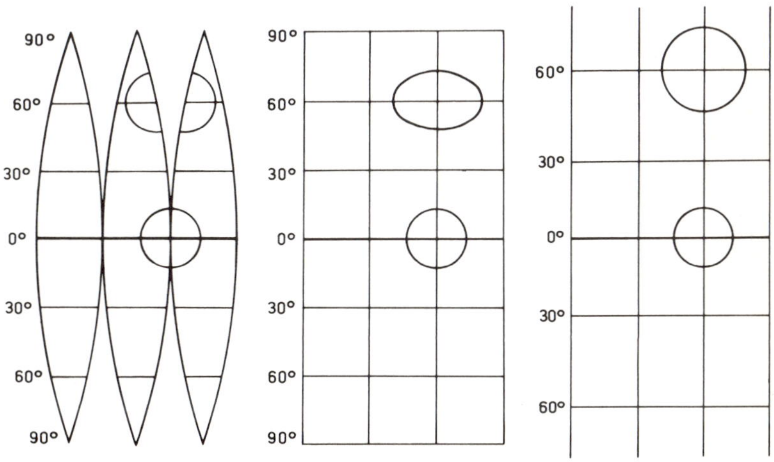

Abb. 19 So entsteht eine Mercatorkarte

Segelkarten 1:300 000 bis 1:1 600 000
Küstenkarten 1:30 000 bis 1:300 000
Pläne 1:30 000 und größer

Ozeankarten dienen zum Entwurf größerer Reisen; ihre Küstenangaben sind so ungenau, daß man auf ihnen nicht navigieren kann. Beispiel: Karte des Atlantischen Ozeans, Maßstab 1:12 000 000.

Eine **Segelkarte** stellt einzelne Meeresteile dar und dient der eigentlichen Schiffsführung über See. Beispiel: Karte der Deutschen Bucht, Maßstab 1:300 000.

Nähert man sich der Küste, braucht man Karten, die kleinere Teile der Küste genau darstellen, die **Küstenkarten.** Beispiel: Mündungen der Elbe, Weser, Jade, Maßstab 1:100 000.

Pläne (1:30 000 und größer), die Häfen, Buchten oder enge Fahrwasserstrecken in größerem Maßstab abbilden, findet man in manchen Seekarten, deren Maßstab an den betreffenden Stellen nicht genügend Einzelheiten erkennen läßt. Von Plankarten spricht man, wenn ein Kartenblatt nur solche Pläne enthält.

Diese Seekarten werden in Deutschland vom Bundesamt für Seeschiffahrt und Hydrographie (BSH) in Hamburg hergestellt und vertrieben. In anderen Ländern durch die entsprechenden amtlichen Institutionen. Darüber hinaus gibt das BSH

Karten für die Sportschiffahrt heraus, mit zusätzlichen Angaben speziell für die Yachtnavigation. Sie enthalten handliche Ausschnitte der normalen Seekarten und großmaßstäbige Hafenpläne. Es gibt sie in Sätzen von 7 bis zu 19 Blättern. Ein Beiheft informiert über Vorschriften, klimatische Verhältnisse, Leuchtfeuer etc.

Nicht amtlich sind die

NV-Sportschiffahrtskarten, die es zunächst nur für die Ostsee gibt. Das praktische Format von 60 × 40 cm kommt den beengten Platzverhältnissen in der Navigation auf Yachten sehr entgegen. Erreicht wird es durch geschickten Schnitt der Blätter und Maßstäbe, die etwas kleiner sind als auf den amtlichen Karten. Die farbliche und inhaltliche Darstellung entspricht jedoch den amtlichen Seekarten. Eine praktische Klarsichthülle, die mit Fettstift beschrieben werden kann, schützt vor Nässe. Auch die NV-Sportschiffahrtskarten sind nur in zweckmäßig zusammengestellten kompletten Sätzen erhältlich.

Bei Auswahl der Seekarte bevorzuge man grundsätzlich die größten zur Verfügung stehenden Maßstäbe, da hier die Einzelheiten genauer dargestellt sind. Vor Benutzung der Karte mache man sich mit der Einteilung der Längen- und Breitenskala vertraut. Fehler im Abgreifen der Distanzen werden vom Anfänger immer wieder gemacht. Bei Übergang auf eine andere Karte beachte man sorgfältig die mitunter abweichenden Maße im Koordinatensystem. Je älter eine Karte und die ihr zugrundeliegende Vermessung ist, um so weniger zuverlässig wird sie sein.

In den Häfen gibt es Vertriebsstellen, in denen man die Karten stets nach dem neuesten Stand erwerben kann.

Da sich vor allem die Tiefenangaben, die Betonnung und die Befeuerung ändern können, muß die Seekarte bis zum Kauftag berichtigt sein. Später muß der Nautiker seine Seekarten selbst berichtigen. Die notwendigen Änderungen entnimmt er den *Nachrichten für Seefahrer (NfS),* die wöchentlich erscheinen. Neuere, schnell zu verbreitende Nachrichten werden durch Aushang in den Schiffahrtsbehörden, notfalls als *Warnnachrichten* durch die Küstenfunkstellen verbreitet.

Man kann die mühselige Arbeit des Berichtigens einem Seekartenberichtigungsinstitut übertragen. Derartige Institute gibt es in Bremen, Hamburg und Kiel-Holtenau.

Sowohl die amtlichen »Karten für die Sportschiffahrt« als auch die »NV-Sportschiffahrtskarten« werden nicht berichtigt. Sie erscheinen alljährlich zum Saisonbeginn (März/April) neu.

Es ist leichtsinnig und unverantwortlich, mit Seekarten und nautischen Büchern in See zu gehen, die nicht auf den neuesten Stand gebracht sind.

Inhalt

In einer Seekarte sind in der Hauptsache die das Meer darstellenden Flächen abgebildet, während man die Landflächen nur in dem Maße ausgeführt findet, wie sie für die Schiffahrt wichtig sind.

In die das Wasser darstellenden Flächen sind eingetragen: die Wassertiefen mit Tiefenlinien, Beschaffenheit des Grundes, Untiefen, Angaben über Strömungen besonderer Art wie Stromkabbelungen oder Stromwirbel, feste und schwimmende Seezeichen wie Feuerschiffe, Tonnen, Baken, funktechnische Seezeichen, Wracks u. ä.

Die das Land darstellende Fläche ist gelb, Küstenvorland, insbesondere Watt, grün getönt und zeigt im besonderen die Gestaltung der Küste und des von See aus einzusehenden Geländes. Besonders markiert sind alle Landmarken wie Leuchttürme, Baken, Funkmasten, Kirchtürme, Mühlen, wichtige Ortschaften, Eisenbahnen, Dünen, Hügel und Berge, Wald, Binnengewässer in Küstennähe. Für die Wiedergabe der Einzelheiten sind bestimmte Zeichen eingeführt. In der »Karte 1 – Zeichen, Abkürzungen, Begriffe in deutschen Seekarten«, in jeder Kartenvertriebsstelle erhältlich, sind sie alle übersichtlich zusammengestellt.

Feuerschiffe, Leuchttürme und Leuchttonnen sind durch farbige Tropfen auffällig kenntlich gemacht und mit Namen, Angaben über Sichtweite*, Art und Farbe des Feuers sowie abgekürzter Kennung versehen. Ein um die Leuchtfeuer gezogener Kreis zeigt die Kennung und die dazugehörigen Sektorengrenzen des betreffenden Feuers. Aus der Länge der Sektorenschenkel darf man aber keine Schlüsse auf die Sichtweite des Feuers ziehen. Die genaue geographische Lage der navigatorischen Objekte an Land und auf See ist durch einen kleinen Kreis oder schwarzen Punkt bezeichnet.

Am linken unteren Kartenrand befinden sich Angaben über die Größe des Kartenbildes, so daß Kartenverzerrungen, die z. B. durch Feuchtigkeit entstanden sind, erkannt werden können. In einer unteren und oberen Ecke ist die Nummer der Karte eingedruckt. Am unteren Kartenrand stehen Angaben über kleine Berichtigungen, das Jahr der ersten Ausgabe der Karte, das Jahr der letzten neuen Ausgabe, Angaben über die herausgebende Dienststelle sowie die Druck- und Vertriebsstelle. Auf einem freien Platz der Karte sind angegeben: der Titel der Karte, ihr Maßstab, Höhen- und Tiefenangaben und Abkürzungen und besondere Hinweise. Ferner sind an mindestens einer Stelle, zumeist aber an drei oder vier Stellen, Kompaßrosen oder kleine Rechtecke mit der Angabe der örtlichen Mißweisung und ihrer jährlichen Änderung eingedruckt.

Eine Seekarte kann nicht alles enthalten, was für die Schiffsführung zu wissen notwendig und nützlich ist. Zur Ergänzung der Seekarten dienen deshalb Seehandbücher, Leuchtfeuerverzeichnisse, Nautischer Funkdienst, Gezeitentafeln (stets neueste Ausgaben), ferner die regelmäßigen Veröffentlichungen wie die »Nachrichten für Seefahrer«.

Änderung der Bezeichnung Gegenwärtig werden in den amtlichen deutschen Seekarten deutsche Bezeichnungen und Symbole auf englische (internationale) umgestellt. Bis zum Abschluß dieser Umstellung, etwa Ende des Jahrhunderts, wird es also nebeneinander deutsche Seekarten mit beiden Bezeichnungen und Symbolen geben. Davon abgesehen, bleiben einige deutsche (nationale) Bezeichnungen weiterhin, neben den internationalen, bestehen. Es erfordert vom deutschen Kartenleser beispielsweise einiges an Umstellung, statt der vertrauten Abkürzung sm für Seemeilen künftig ein großes M vorzufinden.

Hier einige der wichtigsten Änderungen:

Internat.	National	Internat./Deutsch
LtHo	Lcht-Tm.	Lighthouse/Leuchtturm
Ldg	Rcht-F.	Leading lights/Richtfeuer
Dir	Lt.-F.	Direction light/Leitfeuer
RearLt	Ob-F.	Rear light/Oberfeuer
FrontLt	U-F.	Front light/Unterfeuer
Oc	Ubr.	Occulting/Unterbrochen
Iso	Glt.	Isophase/Gleichtakt
Fl	Blz.	Flashing/Blitz
LFl	Blk.	Long-Flashing/Blink
Q	Fkl.	Quick/Funkel
IQ	Fkl.unt.	Interrupted quick/Funkel unterbrochen
VQ	SFkl.	Very quick/Schnelles Funkel
W	w.	White/Weiß
R	r.	Red/Rot
G	gn.	Green/Grün
RWG	r.w.gn.	Red, white, green/Rot, weiß, grün
Bu	bl.	Blue/Blau
Y	g.	Yellow/Gelb
B	s.	Black/Schwarz
M	sm	Sea mile/Seemeile
Bell	Gl-Tn.	Bell-Glockentonne
Whis	Hl-Tn.	Whistle/Heultonne
M	Sk.	Mud/Schlick
Cy	T.	Clay/Ton
P	kl.St.	Pebbles/Kleine Steine
Cb	gß.St.	Cobbles/Große Steine
R	Fls.	Rock/Felsen
Obstn	Sch-H.	Obstruction/Schiffahrtshindernis

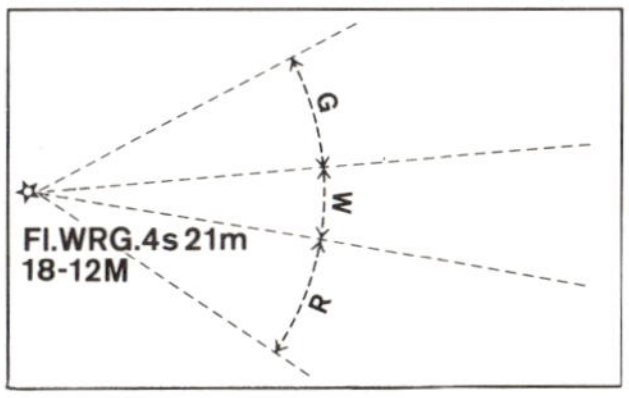

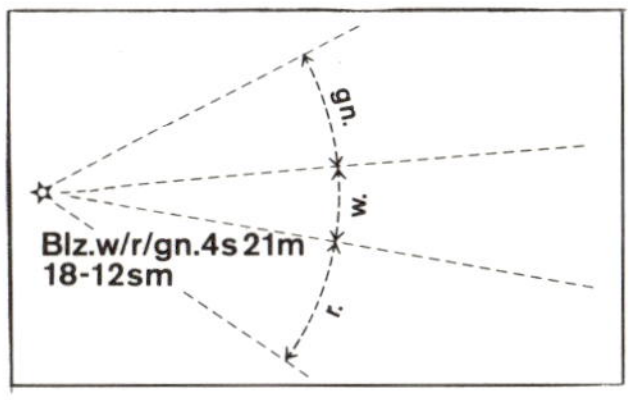

Beispiel der Darstellung eines Sektorenfeuers in der Seekarte, oben international, unten national.

* Nicht bei Tonnen und Feuerschiffen

Behandlung

Neben dem Kompaß sind die Seekarten das wichtigste Navigationshilfsmittel in der Schiffahrt. Sie sind deshalb mit größter Sorgfalt und Schonung zu behandeln. In den Kartenspinden sind sie trocken, flach liegend und gefaltet (nicht gerollt) aufzubewahren. Auf dem Kartentisch sollten Kugelschreiber niemals geduldet werden. Spuren früherer Arbeiten sind aus der Karte zu entfernen. Man radiere jedoch nicht, wenn die Karte feucht ist, da ihr Druck dadurch zerstört wird. Aus diesem Grunde vermeide man es, wenn irgend möglich, in nassem Zeug an der Karte zu arbeiten. Für Karten, die im Cockpit gebraucht werden, gibt es Schutztaschen aus festem Plastikmaterial.

Nautische Bücher

Außer den Seekarten müssen die folgenden nautischen Bücher an Bord sein:

Leuchtfeuerverzeichnisse
Seehandbücher
Gezeitentafeln

Sie werden ebenfalls vom Bundesamt für Seeschiffahrt und Hydrographie herausgegeben. Die *Leuchtfeuerverzeichnisse* erscheinen in der Regel alle zwei Jahre neu und geben uns alle notwendigen Angaben über die Leuchtfeuer und – in einem Anhang – die Signalstellen des betreffenden Bereichs.

Für jedes Feuer finden wir Angaben über seinen Aufstellungsort, die Kennung, die Höhe des Feuers, die Sichtweite bzw. Tragweite, Gestalt und Farbe des Leuchtfeuerträgers, etwaige Nebelsignale und ähnliches mehr.

Weitergehende Angaben über Fahrwasser, Ansteuerungen, aber auch über Wetterverhältnisse, Strömungen, Schiffahrtsbehörden, Lotsen und Ankerplätze enthalten die *Seehandbücher* oder die meist detaillierteren *Führer für Sportschiffer.* In Gezeitenrevieren sind die jährlich erscheinenden *Gezeitentafeln* oder zumindest der *Tidenkalender* zu beschaffen. Nützlich ist dann auch der *Gezeitenstrom-Atlas.*

Darüber hinaus sind außerordentlich wertvolle Hilfsmittel die von der Kreuzer-Abteilung des DSV für Nord-, Ostsee und Mittelmeer herausgegebenen *Hafenhandbücher,* die neben allgemeinen Angaben über das betreffende Seegebiet, Wetterverhältnisse u. ä. auch eine große Anzahl von Hafenplänen bringen.

Landmarken und Seezeichen

Betonnung

Für den Schiffsführer stehen in den Küstengewässern zur Ortsbestimmung tags Landmarken und Seezeichen, nachts Feuer zur Verfügung. Diese sind in den Seekarten eingezeichnet und in den nautischen Büchern näher beschrieben, gegebenenfalls in Küstenansichten (Vertonnungen) zeichnerisch so dargestellt, wie sie dem Schiffer erscheinen, wenn er sich der Küste nähert. Die natürlichen Landmarken, z. B. Hochhäuser, alleinstehende Bäume, auffällige Hügel, reichen meistens nicht aus und werden daher durch Seezeichen ergänzt, die von staatlichen Stellen in Betrieb gehalten werden.

Feste Seezeichen

Als feste Seezeichen dienen Leuchttürme, Baken, Dalben, Stangen und Pricken.

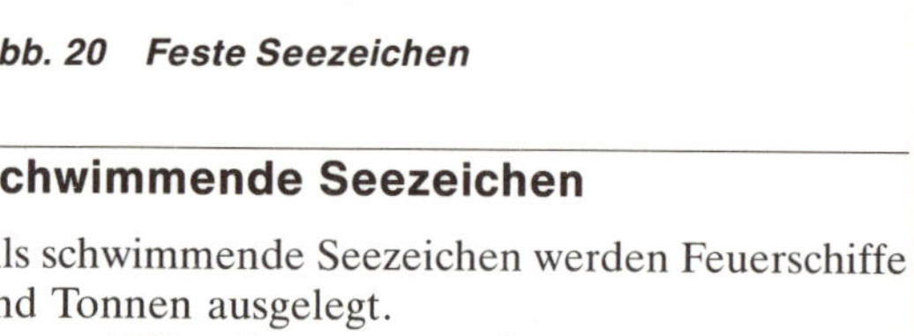

Stangenseezeichen (Backbord) | Stangenseezeichen (Steuerbord) | Pricken (Backbord)

Abb. 20 Feste Seezeichen

Schwimmende Seezeichen

Als schwimmende Seezeichen werden Feuerschiffe und Tonnen ausgelegt.

Feuerschiffe, die an genau festgelegter Stelle vor Anker liegen, sind rot angestrichen und tragen in großer weißer Schrift ihren Namen. In der Seekarte sind sie, wie alle Seezeichen, verhältnismäßig viel zu groß gezeichnet. Der kleine Kreis an der Wasserlinie ist die Stelle, an der nach geographischer Breite und Länge das Feuerschiff liegt, wo also der Zirkel einzusetzen ist.

Abb. 21 Feuerschiff

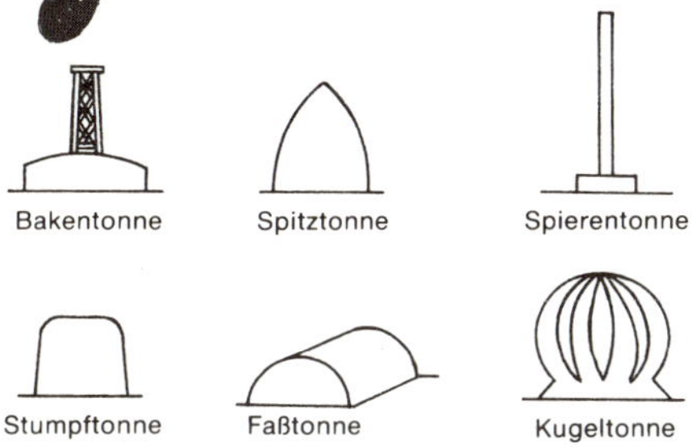

Abb. 22 Schwimmende Seezeichen

An **Tonnen** unterscheidet man:

Bakentonnen	Kugeltonnen
Spierentonnen	Faßtonnen
Spitztonnen	Kleintonnen
Stumpftonnen	

Die Bakentonnen, bei denen ein Aufbau über Wasser ragt, können auch für die Abgabe von Licht- und Schallsignalen ausgerüstet sein. Man unterscheidet

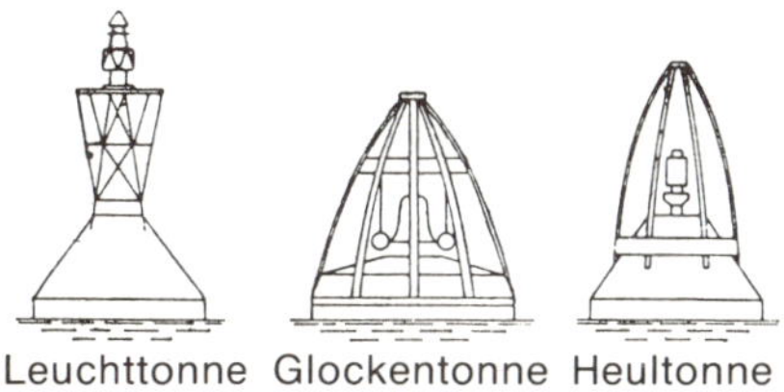

Abb. 23 Besondere Bakentonnen

Als Toppzeichen verwendet man Kreuze, Bälle, Kegel, Doppelkegel, Zylinder, Fähnchen u. ä. Sie bestehen aus Korbgeflecht, dünnem Blech oder Kunststoff und müssen aus jeder Richtung gesehen die gleiche Form haben.

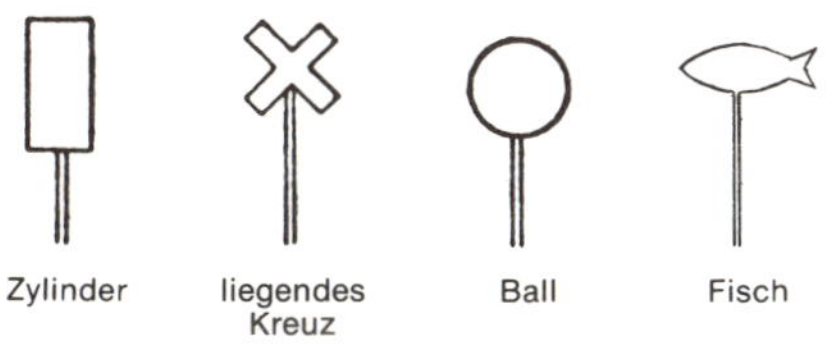

Abb. 24 Toppzeichen

Die Fahrwasserbezeichnung

Unterschieden werden zwei Bezeichnungssysteme:

1. das System der Seitenbezeichnung (Lateralsystem) zur Begrenzung eines Fahrwassers,
2. das System der Richtungsbezeichnung (Kardinalsystem) zur Bezeichnung der Lage einer Untiefe, eines Wracks oder ähnlichem.

Das Lateralsystem

Ein von See kommendes Schiff hat an seiner Steuerbordseite auch die Steuerbordseite des Fahrwassers und an seiner Backbordseite die Backbordseite des Fahrwassers.

Verbindet ein Fahrwasser zwei Meeresteile, gilt als Fahrwasser-Steuerbordseite diejenige, die ein aus westlicher Richtung (einschließlich Nord, aber ausschließlich Süd) kommendes Schiff an seiner Steuerbordseite hat. In einem stark gekrümmten Fahrwasser, in dem beide Ansteuerungen aus demselben Sektor erfolgen, bestimmt die nördlicher liegende Einfahrt die Steuerbordseite.

An der Steuerbordseite eines Fahrwassers befinden sich: grüne Spitz-, Baken- oder Spierentonnen, eventuell mit einem grünen Kegel, Spitze nach oben, als Toppzeichen. Sie sind von See aus mit ungeraden Ziffern numeriert (1, 3, 5, etc.).

An der Backbordseite befinden sich: rote Stumpf-, Baken- oder Spierentonnen, eventuell mit einem roten Zylinder als Toppzeichen. Sie sind von See aus mit geraden Ziffern numeriert (2, 4, 6 etc.).

Beide Fahrwasserseiten können nachts auch befeuert sein. Und zwar an Steuerbord mit einem grünen Feuer beliebiger Kennung, an Backbord mit einem roten Feuer beliebiger Kennung.

Zur Kennzeichnung der Fahrwassermitte und als Ansteuerungszeichen eines Fahrwassers dienen rot-weiß senkrechte gestreifte Kugel-, Baken- oder Spierentonnen, eventuell mit einem roten Ball als Toppzeichen. Nachts können sie ein weißes Feuer tragen.

Abzweigende und einmündende Fahrwasser

An der Steuerbordseite des durchgehenden Fahrwassers haben die grünen Tonnen ein waagerechtes rotes Band. An der Backbordseite haben die roten ein waagerechtes grünes Band. Unter der fortlaufenden Nummer des durchgehenden Fahr-

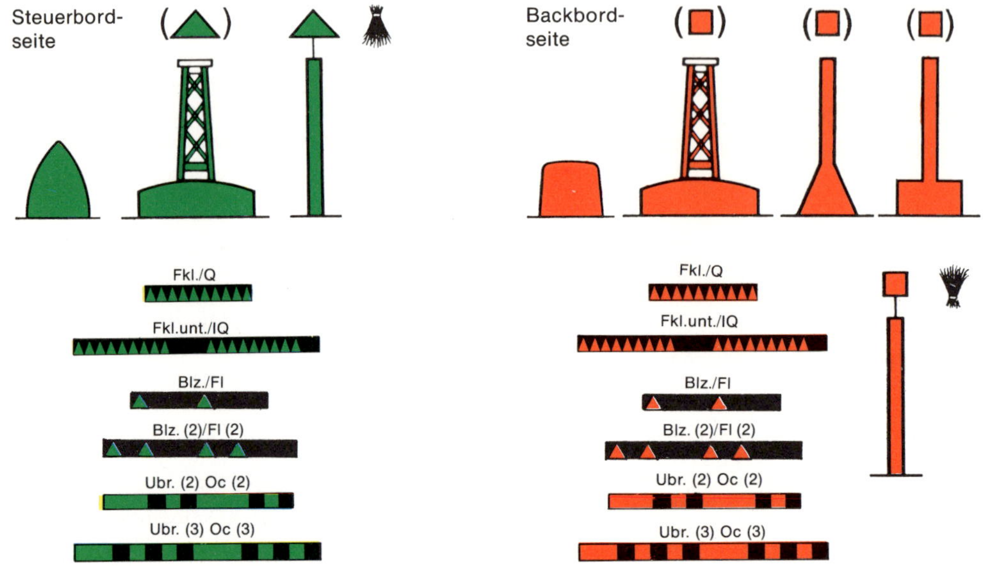

Betonnung eines Fahrwassers nach dem Lateralsystem mit Beispielen für die Befeuerung (Kennung) mit deutschen/internationalen Abkürzungen

Abb. 25

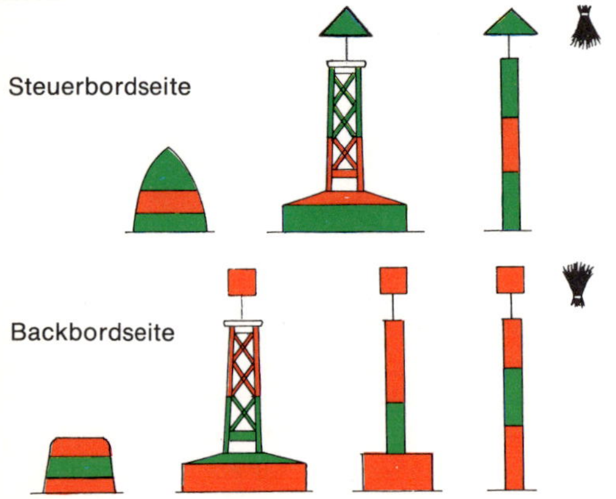

Betonnung für abzweigende und einmündende Fahrwasser

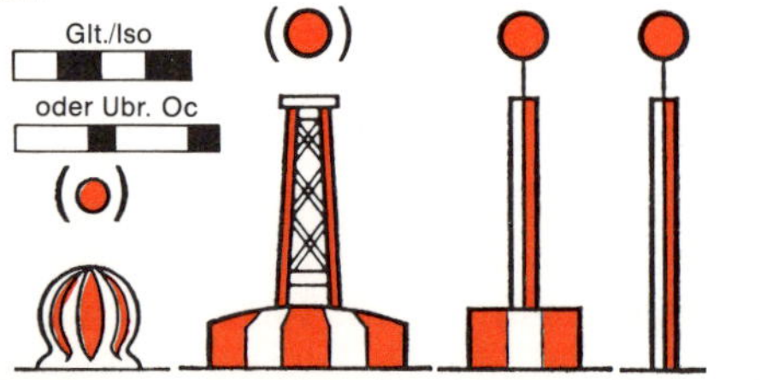

Mitte-Fahrwasserzeichen mit Befeuerung (Kennung)

Abb. 26

wassers stehen, durch einen waagerechten Strich getrennt, der Name (auch abgekürzt) und die erste Nummer des abzweigenden, beziehungsweise die letzte Nummer des einmündenden Fahrwassers. Die Feuer – wenn vorhanden – sind grüne, beziehungsweise rote Blitzfeuer (2 + 1).

Das Kardinalsystem

Allgemeine Gefahrenstellen wie Untiefen, Wracks und andere Schiffahrtshindernisse werden mit kardinalen Zeichen gekennzeichnet, und zwar innerhalb und außerhalb des Fahrwassers. Sie geben an, an welcher Seite das Hindernis passiert werden kann. Das Gefahrengebiet wird in vier Quadranten aufgeteilt, einen Nord-, Ost-, Süd- und Westquadranten, in dem die Tonnen liegen. Häufig ist jedoch auch nur ein Quadrant gekennzeichnet. In der Form unterscheiden sich die Tonnen nicht. Es können in jedem Quadranten Leucht-, Baken-, Spierentonnen oder Stangen sein. Entscheidend sind die schwarzen Toppzeichen und der gelbschwarze waagerechte Anstrich. Die Tonnen kön-

nen zusätzlich auch mit dem Namen der Untiefe und dem Quadranten, in dem sie ausliegen, beschriftet sein. Bei Nacht kann eine Kombination von weißen Blitzen als Lichtkennung verwendet werden. Die Kennung ist grundsätzlich Funkel oder schnelles Funkel, mit und ohne Unterbrechung. Sie unterscheidet sich in den vier Quadranten von Ost über Süd durch die unterschiedliche Anzahl von Blitzen (3, 6, 9).
Und so werden die vier Quadranten gekennzeichnet:

Nordquadrant
Schwarz-gelbe Tonnen, zwei Kegel mit den Spitzen nach oben als Toppzeichen.

Ostquadrant
Schwarz-gelb-schwarze Tonnen, zwei Kegel mit den Spitzen auseinander als Toppzeichen.

Südquadrant
Gelb-schwarze Tonnen, zwei Kegel mit den Spitzen nach unten als Toppzeichen.

Westquadrant
Gelb-schwarz-gelbe Tonnen, zwei Kegel mit den Spitzen gegeneinander als Toppzeichen.

Einzelgefahr- und Sonderzeichen

Einzelgefahrzeichen liegen auf Gefahrenstellen von geringer Ausdehnung, innerhalb und außerhalb des Fahrwassers, aus. Sie können an allen Seiten umfahren werden. Es sind schwarze Baken- oder Spierentonnen oder Stangen mit einem breiten waagerechten roten Band. Sie tragen immer als Toppzeichen zwei schwarze Bälle übereinander. Wenn sie befeuert sind, haben sie eine einheitliche festgelegte Kennung: »Blitzgruppe 2 weiß«.

Abb. 29 Kennzeichnung einer Gefahrenstelle nach dem Kardinalsystem. Merkregel: Die Spitzen der Toppzeichen zeigen zum Schwarz. Die Anzahl der Funkelblitzgruppen (3, 6, 9) entspricht den Ziffern einer Uhr.

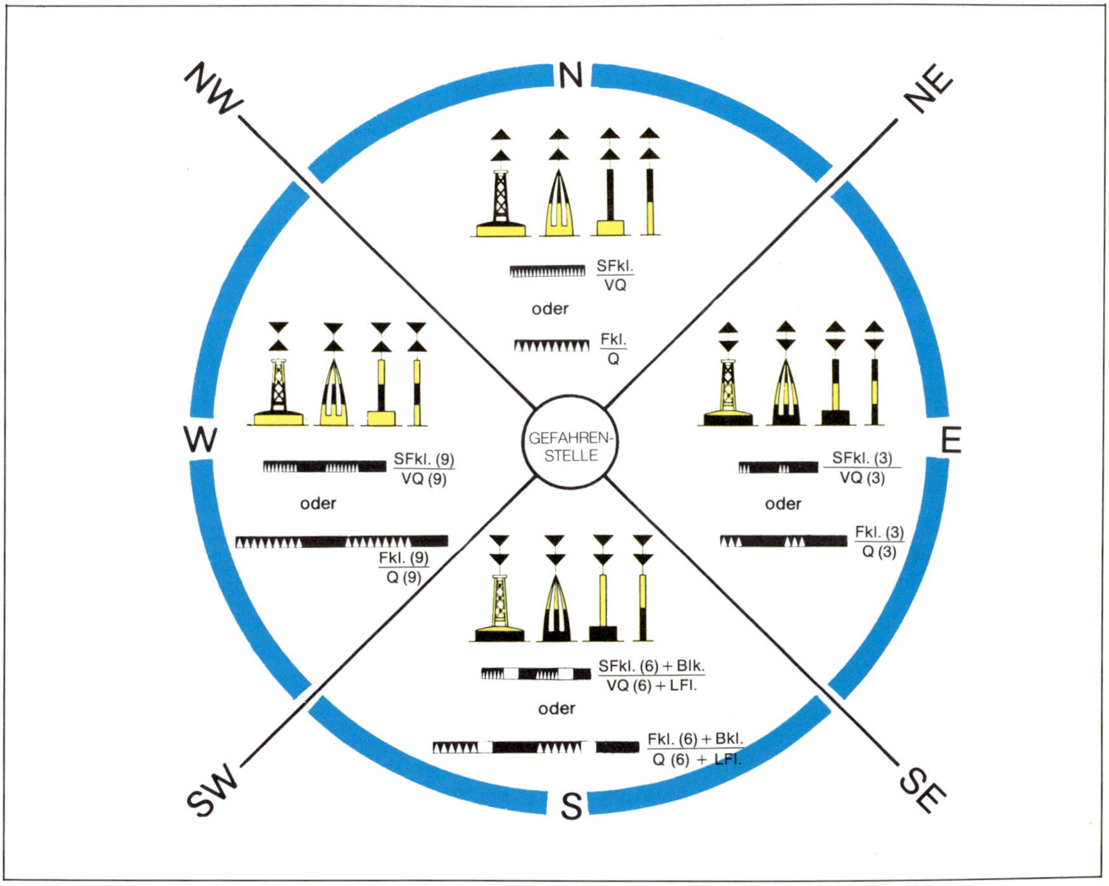

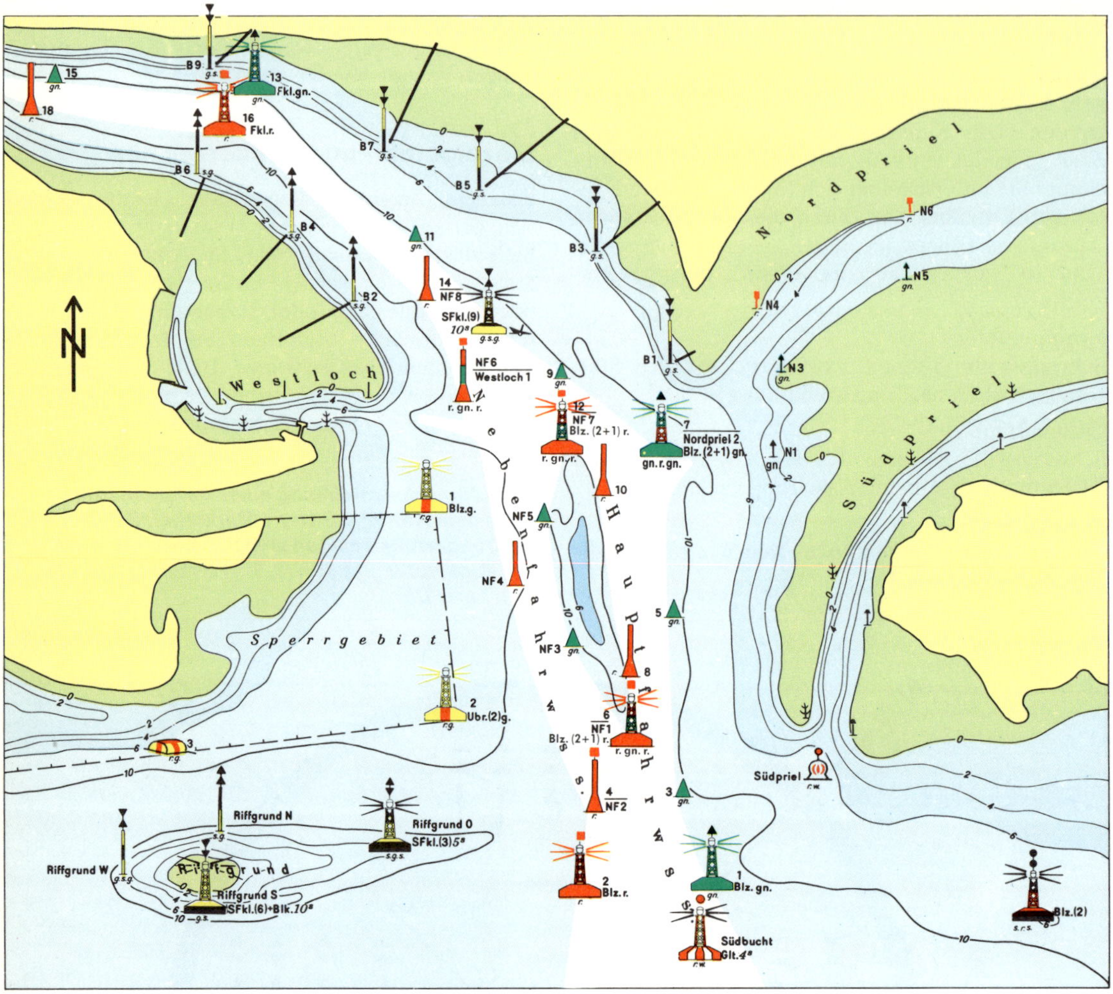

Abb. 27 Beispiel für die Betonnung eines Fahrwassers nach dem Lateralsystem (grüne und rote Tonnen), der Markierung von Gefahrenstellen (Untiefen) nach dem Kardinalsystem (schwarz-gelbe Tonnen) und eines Sperrgebietes (gelbe Tonnen mit rotem Streifen bzw. Kreuz). Alle Abkürzungen nach dem (alten) deutschen System.

Sonderzeichen dienen nicht der Navigation, sondern bezeichnen besondere Gebiete oder Punkte, deren Bedeutung den Seekarten oder anderen nautischen Veröffentlichungen zu entnehmen ist. Beispielsweise können es Baggerschüttstellen, militärische Übungsgebiete, Reeden, Kabel oder ähnliches sein. Die Tonnen sind gelb und können jede beliebige Form haben, außerdem ein liegendes gelbes Kreuz als Toppzeichen tragen und ein gelbes Feuer, dessen Kennung sich jedoch deutlich von benachbarten Navigationszeichen unterscheiden muß.

Militärische und **zivile Sperrgebiete** werden durch gelbe Faß- oder Leuchttonnen mit einem roten Kreuz oder gelbe Stangen mit rotem Band gekennzeichnet. Gegebenenfalls ein gelbes liegendes Kreuz als Toppzeichen.

Gesperrte Wasserflächen kennzeichnen weiße Faß- oder Kugeltonnen mit gelbem Kreuz oder weiße Stangen mit gelbem Band. Sie bezeichnen im allgemeinen Badezonen, die von Motorbooten nicht durchfahren werden dürfen.

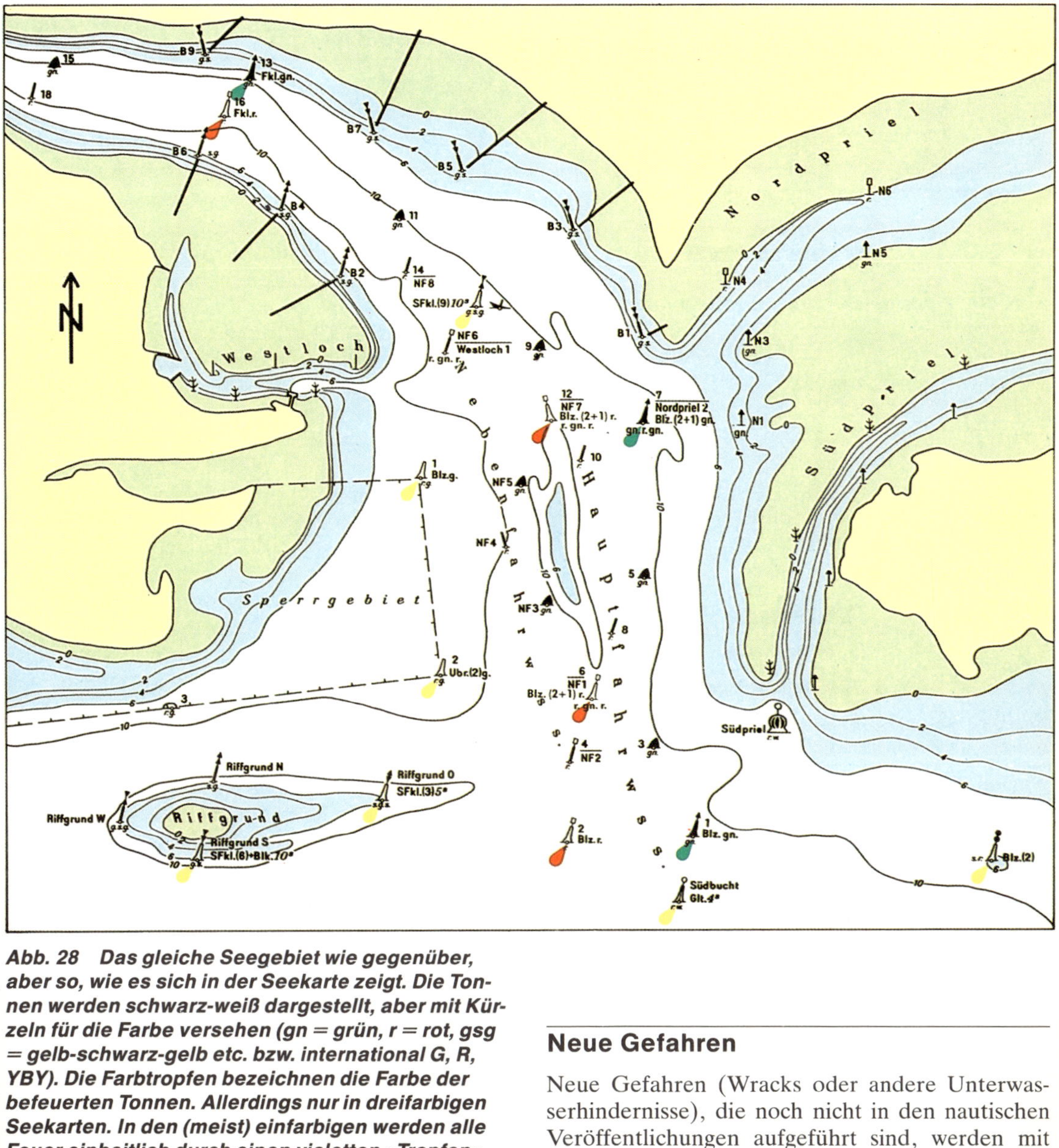

***Abb. 28** Das gleiche Seegebiet wie gegenüber, aber so, wie es sich in der Seekarte zeigt. Die Tonnen werden schwarz-weiß dargestellt, aber mit Kürzeln für die Farbe versehen (gn = grün, r = rot, gsg = gelb-schwarz-gelb etc. bzw. international G, R, YBY). Die Farbtropfen bezeichnen die Farbe der befeuerten Tonnen. Allerdings nur in dreifarbigen Seekarten. In den (meist) einfarbigen werden alle Feuer einheitlich durch einen violetten »Tropfen« dargestellt.*

Neue Gefahren

Neue Gefahren (Wracks oder andere Unterwasserhindernisse), die noch nicht in den nautischen Veröffentlichungen aufgeführt sind, werden mit (gelb-schwarzen) kardinalen Zeichen oder (schwarz-roten) Einzelgefahrzeichen markiert. Im Fall einer sehr schwerwiegenden Gefahr sollen zwei identische Tonnen nebeneinander ausgelegt werden, die möglichst auch eine Radarbake (Racon) tragen sollen. Die zweite Tonne wird wieder eingezogen, sobald die zuständige Verwaltung der Ansicht ist, die Gefahrenstelle sei der Schiffahrt inzwischen bekannt. Als Lichtkennung werden weißes Funkel oder schnelles Funkel verwendet.

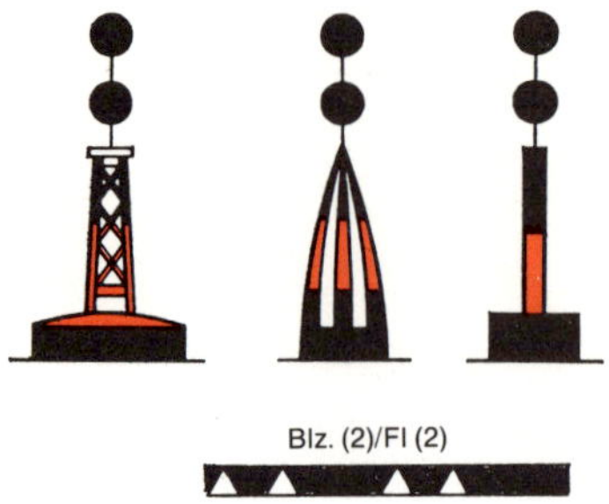

Abb. 30 Einzelgefahr-Zeichen mit Befeuerung (Kennung)

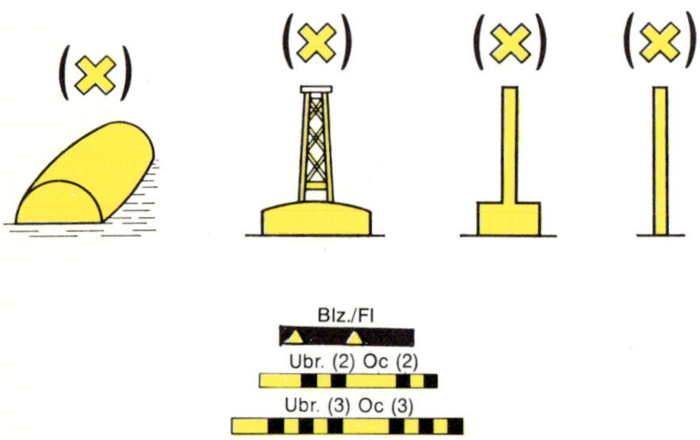

Abb. 31 Sonderzeichen mit Beispielen für die Befeuerung (Kennung)

Abb. 32 Sonderzeichen für militärische und zivile Sperrgebiete

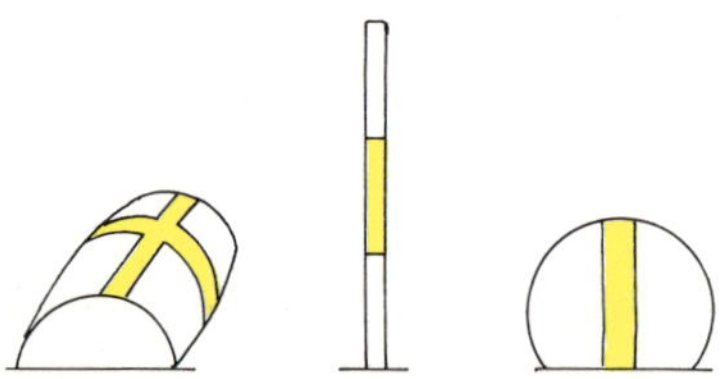

Abb. 33 Sonderzeichen für gesperrte Wasserflächen (Badezonen)

Befeuerung

Einem Schiff, das sich nachts einer Küste nähert, zeigen Leuchtfeuer an Land, Feuertürme oder Feuerschiffe und Leuchttonnen den Weg.

Kennungen

Um innerhalb eines Seeraums eingerichtete Leuchtfeuer unterscheiden zu können, werden verschiedenartige Lichterscheinungen und Lichtfarben gewählt, aus denen die Kennung des Feuers gebildet wird. An Lichterscheinungen unterscheidet man Festfeuer, Scheine, Blinke und Blitze.
Ein **Schein** ist die Lichterscheinung zwischen zwei Verdunklungen oder Abschwächungen oder zwischen zwei Lichterscheinungen anderer Farbe. Die Verdunklungen haben höchstens die Dauer der Lichterscheinung.
Ein **Blink** ist das Aufleuchten von mindestens zwei Sekunden Dauer aus verhältnismäßig langer Dunkelheit oder aus schwachem Licht heraus.
Ein **Blitz** ist das Aufleuchten von weniger als zwei Sekunden Dauer aus verhältnismäßig langer Dunkelheit oder aus schwachem Licht heraus. (Bei deutschen Feuern hat der Blitz im allgemeinen eine Zeitdauer von höchstens einer Sekunde.)
Diese Lichterscheinungen werden einzeln oder in Gruppen gegeben. Die Zeit vom Eintritt einer bestimmten Taktkennung bis zum Wiedereintritt der nächsten gleichen Taktkennung heißt Wiederkehr. Lichterscheinung und Wiederkehr werden bei benachbarten Feuern sehr verschieden gewählt, um Verwechslungen zu vermeiden. Sicherheitshalber sollte man die Kennungen immer genau auszählen (mit der Stoppuhr), um das Feuer eindeutig zu bestimmen.
Nach ihrer Kennung werden die Leuchtfeuer folgendermaßen unterschieden:

Festfeuer (F./F)
Weißes oder farbiges Licht von gleichbleibender Stärke und Farbe. Beispiel: Festfeuer rot = F.r.

Unterbrochenes Feuer (Ubr./Oc)
Weiße oder farbige Scheine zwischen Verdunklungen, und zwar: unterbrochenes Feuer mit Einzelunterbrechungen oder mit Gruppen von 2, 3, 4 Unterbrechungen. Beispiel: unterbrochenes Feuer mit 3 Unterbrechungen = Ubr.(3).

Gleichtaktfeuer (Glt./Iso)
Weiße oder farbige Scheine abwechselnd mit Verdunklungen von gleicher Zeitdauer.

Blinkfeuer (Blk./LFl)
Weiße oder farbige Blinke, und zwar Blinkfeuer

F./F	Festfeuer/Fixed
Ubr./Oc	Unterbrochenes Feuer mit Einzelunterbrechungen/Single-occulting
Glt./Iso	Gleichtaktfeuer/Isophase
Blz./Fl	Blitzfeuer mit Einzelblitzen/ Single-flashing
Blz. (3)/FL (3)	Blitzfeuer mit Gruppen von Blitzen/Group-flashing
Blk./LFl	Blinkfeuer (Lichterscheinung von mindestens 2 s Dauer)/Long-flashing
Fkl./Q	Funkelfeuer mit dauerndem Funkeln/ Continuous quick
Fkl.unt./IQ	Unterbrochenes Funkelfeuer/ Interrupted quick
SFkl./VQ	Schnelles Funkelfeuer mit dauerndem schnellen Funkeln/Continuous very quick
Mi./FFl	Mischfeuer: Festfeuer und Blitze/Fixed and flashing

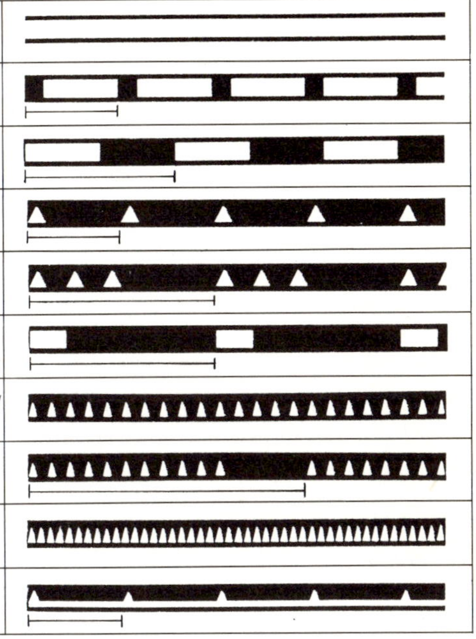

Abb. 34 Befeuerungsangaben in der Seekarte (links) national/international und Darstellung der Feuerkennungen

mit Einzelblinken oder mit Gruppen von 2, 3, 4 Blinken. Beispiel: Blinkfeuer mit Gruppen von 3 Blinken = Blk.(3).

Blitzfeuer (Blz./Fl)
Weiße oder farbige Blitze, und zwar: Blitzfeuer mit Einzelblitzen oder mit Gruppen von 2, 3, 4 Blitzen. Beispiel: Blitzfeuer mit Gruppen von 2 Blitzen = Blz.(2).

Funkelfeuer (Fkl./Q)
Schnell aufeinanderfolgende weiße oder farbige Lichtblitze (60 in der Minute), und zwar: Funkelfeuer mit dauerndem Funkeln, mit Gruppen von 3 oder 9 Funkeln oder von 6 Funkeln mit 1 Blink, unterbrochenes Funkelfeuer (Fkl. unt.). Beispiel: Funkelfeuer mit Gruppen von 6 Funkeln und 1 Blink = Fkl.(6) + Blk.

Schnelles Funkelfeuer (SFkl./VQ)
Sehr schnell aufeinanderfolgende weiße oder farbige Lichtblitze (100 bis 120 in der Minute), und zwar: schnelles Funkelfeuer mit dauerndem schnellem Funkeln, mit Gruppen von 3 oder 9 schnellen Funkeln oder von 6 schnellen Funkeln mit 1 Blink. Beispiel: schnelles Funkelfeuer mit Gruppen von 6 schnellen Funkeln und 1 Blink = SFkl.(6) + Blk.

Wechselfeuer (Wchs./Al)
Weiße oder farbige Scheine, wechselnd mit Scheinen anderer Farbe, und zwar: Wechselfeuer mit Einzelwechseln, mit Gruppen von 2, 3, 4 Wechseln, unterbrochenes Wechselfeuer mit Einzelunterbrechungen, mit Gruppen von Unterbrechungen, Blink- oder Blitzwechselfeuer mit Einzelblinken oder -blitzen, mit Gruppen von Blinken oder Blitzen. Beispiel: Blinkwechselfeuer mit Gruppen von 2 Blinken = Wchs.Blk.(2).
Wechselfeuer werden an den deutschen Küsten nicht verwendet.

Tragweite und Sichtweite

Im Leuchtfeuerverzeichnis wird die Entfernung in Seemeilen angegeben, in der man ein Feuer bei 5 m Augeshöhe noch einwandfrei ausmachen kann. Man unterscheidet die Tragweite und die Sichtweite eines Feuers.
Die **Tragweite** ist der Abstand, in dem ein Feuer einen eben noch deutlichen Lichteindruck im Auge des Beobachters hervorruft. Sie ist abhängig von der Lichtstärke des Feuers und dem Sichtwert (= Lichtdurchlässigkeit der Atmosphäre).
Die **Sichtweite** ist der Abstand, aus dem man ein in bestimmter Höhe über dem Meeresspiegel befindliches Feuer eben noch über die Kimm hinweg erblicken kann; sie ist abhängig von der Laternenhöhe und der Augeshöhe des Beobachters.

Für die Leuchtfeuer an der deutschen Küste gilt als **Feuerhöhe** in Gewässern mit Gezeiten die Höhe der Lichtquelle über mittlerem Hochwasser, in der Ostsee die über mittlerem Wasserstand.

Leit-, Richt-, Quermarken- und Torfeuer

Leitfeuer (Lt-F./Dir) sind Einzelfeuer, die durch Sektoren verschiedener Kennung ein Fahrwasser, eine Hafeneinfahrt oder einen freien Seeraum zwischen Untiefen bezeichnen. Der Sektor, der das Fahrwasser bezeichnet, der Leitsektor, führt ein weißes Festfeuer, die beiden Warnsektoren sind durch grünes (Stb.-Warnsektor) und rotes (Bb.-Warnsektor) Festfeuer oder durch weiße Blitzfeuer mit 1, 3, 5 bzw. 2, 4 Blitzen bezeichnet (von See kommend).

Richtfeuer (Rcht-F./Ldg) nennt man Feuer, die zu zweit durch Deckpeilung einen Kurs im Fahrwasser, durch eine Hafeneinfahrt oder einen freien Seeraum zwischen Untiefen bezeichnen. Ein Richtfeuer besteht aus einem Ober- und einem Unterfeuer. Man befindet sich in der Fahrwassermitte, wenn Ober- und Unterfeuer übereinanderstehen. Richtfeuer haben unterbrochenes Feuer mit Einzelunterbrechungen oder Gleichtaktfeuer.

Quermarkenfeuer (Qm-F.) sind Feuer, die durch Übergang von einer Kennung in eine andere in bestimmten, die Fahrtrichtung annähernd querenden Peilungen Anweisungen erteilen, insbesondere die Stelle bezeichnen, an der ein Fahrzeug in eine neue Leit- oder Richtfeuerlinie einzusteuern ist. Quermarkenfeuer sind Festfeuer oder unterbrochene Feuer mit Einzelunterbrechungen (weiß und rot, auch grün).

Torfeuer sind zwei Feuer gleicher Feuerhöhe, Lichtstärke und Kennung, die zu beiden Seiten der Fahrwasserachse einander genau gegenüber (rechtwinklig zur Fahrwasserachse) und von der Fahrwasserachse gleich weit angeordnet sind. Sie haben weißes Festfeuer.

Uferfeuer sind Feuer, die den Verlauf eines Ufers kenntlich machen.

Auch **Luftfahrtfeuer** können zur Navigation benutzt werden, wenn sie von See aus sichtbar sind. Sie werden allerdings in Zeiten, in denen der Flugverkehr ruht, abgeschaltet.

Nebelsignale

Bei Nebel, Schneefall oder stark unsichtigem Wetter werden zur Erleichterung der Navigation von einzelnen wichtigen Leuchttürmen und Feuerschiffen **Nebelschallsignale** gegeben. Über Kennung und Art der Nebelsignale gibt das »Leuchtfeuerverzeichnis« Aufschluß. Solche Schallsignale haben als Hilfsmittel für die Bestimmung des Schiffsortes jedoch nur bedingten Wert, weil Abstand und Peilung der Schallquelle nicht zuverlässig genug ausgemacht werden können; atmosphärische Verhältnisse üben meist einen unbestimmbaren Einfluß auf die Ausbreitung der Schallwellen aus. Daher täuscht man sich sehr leicht über die Richtung, in der man Schiffe zu hören glaubt.

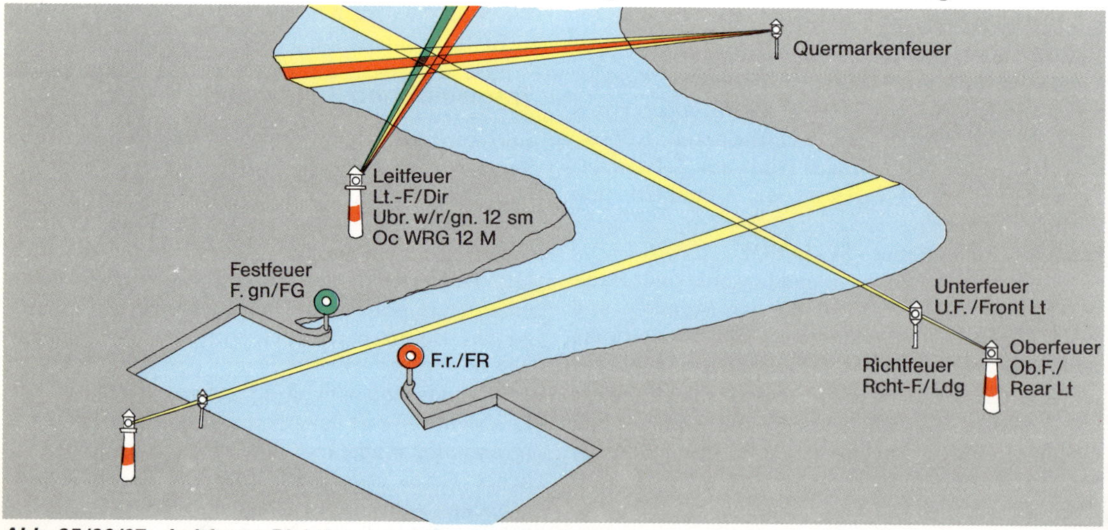

Abb. 35/36/37 Leitfeuer, Richtfeuer und Quermarkenfeuer

Terrestrische Standortbestimmungen

Das Koppeln

Erdkugel, Breite und Länge, Besteck

Für nautische Rechnungen kann die Erde ohne erhebliche Fehler als Kugel betrachtet werden.
Um einen Ort auf der Erde seiner Lage nach festlegen zu können, denkt man sich auf der Erde ein Liniennetz gezogen. Durch die beiden Erdpole, die Enden der Erdachse, werden Großkreise gelegt. Deren Mittelpunkte liegen im Erdmittelpunkt. Die vom Nordpol zum Südpol gehende Hälfte eines solchen Großkreises heißt **Meridian.** Der Meridian, der durch die Sternwarte von Greenwich bei London geht, ist der Null-Meridian, auch Meridian von Greenwich genannt. Senkrecht zu den Meridianen werden Parallelkreise gelegt, die **Breitenparallele.** Sie laufen parallel zum Erdäquator. Ihre Mittelpunkte liegen auf der Erdachse. Der Erdäquator ist der Großkreis, dessen sämtliche Punkte gleichweit von den Polen entfernt liegen. Die Erdachse steht senkrecht auf der Äquatorebene.

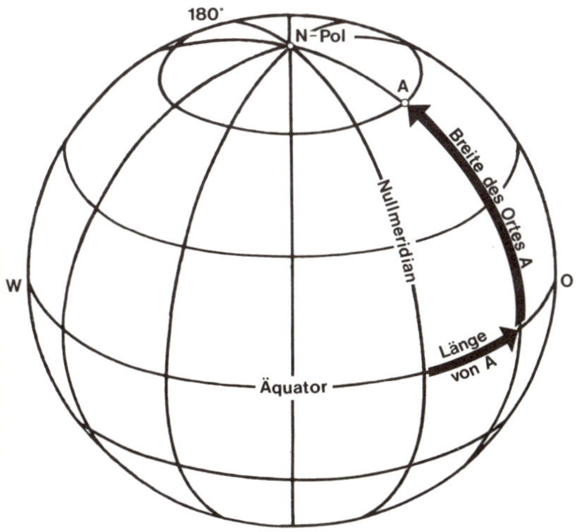

Abb. 38 Breite und Länge eines Ortes auf der Erdkugel

Teilt man den Äquator in 360 gleiche Teile und legt durch jeden Teilpunkt, mit dem Null-Meridian von Greenwich beginnend, einen Meridian, so erhält man 360 Meridiane, die man in Greenwich beginnend von 0° bis 180° Ost bzw. West benennt. Legt man zwischen Äquator und Pol in gleichen Abständen 90 Breitenkreise, so sind diese, am Äquator beginnend, von 0° bis 90° Nord bzw. Süd zu benennen.
Jeder Ort der Erde wird durch die zwei Koordinaten

Breite und Länge

festgelegt. Die (geographische) Breite ist der Abstand des Orts vom Äquator, gemessen in Graden auf dem Meridian des Ortes. Für die Breite verwendet man den kleinen griechischen Buchstaben φ (Phi). Die geographische Länge des Ortes ist der Winkel am Pol zwischen dem Meridian des Ortes und dem Null-Meridian oder, was dasselbe ist, der Bogen des Äquators vom Null-Meridian bis zum Meridian des Ortes, gemessen in Graden. Für genauere Angaben wird jeder Grad in 60 Bogenminuten ('), jede Minute in 60 Bogensekunden (") eingeteilt, z. B. 33° 12′ 16″. Für die Länge verwendet man den kleinen griechischen Buchstaben λ (Lambda).
Ein Punkt auf der Erde ist also z. B. bezeichnet durch die Angaben

$\varphi = 53° 16' N$
$\lambda = 007° 10' W$

Gradwerte von geographischen Breiten werden zweistellig geschrieben, von geographischen Längen dreistellig (lt. DIN 13312).
Alle Orte derselben Breite liegen auf demselben Breitenparallel, alle Orte derselben Länge auf demselben Meridian.
Segelt eine Yacht ohne Landsicht, so bestimmt man ihren Schiffsort durch Koppeln, d. h. man trägt die versegelte Distanz an dem in der Seekarte eingetragenen Kurs ab. Ein Querstrich durch die Kurslinie bezeichnet den erreichten Schiffsort. Man nennt ihn das **gegißte Besteck.** Bei jeder Besteckeintragung wird auch die Uhrzeit – quer zur Kurslinie – vermerkt.

Da das gegißte Besteck wegen der vielen unkontrollierbaren Fehler von Kurs und Distanz sehr ungenau sein kann, muß man es – sofern hierfür Möglichkeiten vorhanden sind – häufig nachprüfen. Man macht solche Kontrollen in Sicht von Land mit terrestrischen, ohne Landsicht mit astronomischen oder überhaupt mit elektronischen Navigationshilfsmitteln (Decca, Loran, GPS).

Abb. 39 Kursdreieck mit zweifarbiger Gradeinteilung

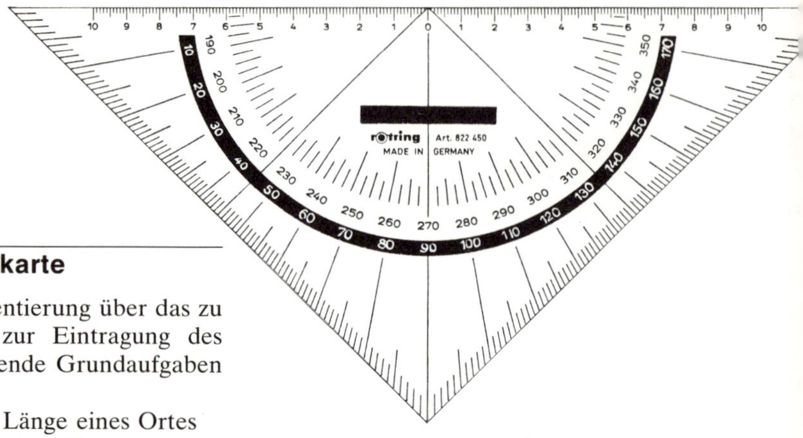

Das Arbeiten in der Seekarte

In der Seekarte, die zur Orientierung über das zu befahrende Seegebiet und zur Eintragung des Schiffsweges dient, sind folgende Grundaufgaben zu lösen:

1. Entnahme der Breite und Länge eines Ortes

Um beispielsweise die Lage eines Feuers zu entnehmen, setzt man den Kartenzirkel so ein, daß er den Abstand des Feuers von dem nächstgelegenen Meridian mißt. Schiebt man dann den Zirkel zum unteren oder oberen Kartenrand, kann man dort die Länge des Feuerortes ablesen. Die Breite gibt uns die Teilung am seitlichen Kartenrand rechts oder links.

2. Eintragen eines Ortes, dessen Breite und Länge gegeben sind

Auf dem Kartenmeridian, der unserem Ort am nächsten liegt, trägt man die gegebene Breite ab und zeichnet durch den so erhaltenen Ort einen Breitenkreis, indem man das Kursdreieck, wie in Abb. 40 angedeutet, anlegt. Auf diesem Breitenkreis trägt man die Länge ab, die man vom unteren oder oberen Kartenrand mit dem Zirkel abnimmt.

3. Eintragen einer Versegelung oder Peilung

Hat man an einem in der Seekarte eingetragenen Ort eine Versegelung nach Kurs und Distanz einzutragen, so legt man das Kursdreieck so an den nächstgelegenen Meridian, daß die gewünschte Gradzahl des Kurses und der Mittelpunkt auf dem Meridian liegen (Abb. 41).

Dann verschiebt man das Dreieck unter Benutzung eines zweiten Dreiecks als Schiene so, daß die – lange – Grundlinie des Kursdreiecks durch den Schiffsort geht. Auf der nun gewonnenen Kurslinie trägt man die Distanz ab, die man an der Seitenskala der Karte (für diese Breite!) in den Zirkel nimmt. Je geschickter man die Ausgangslage am Meridian wählt, desto weniger braucht man das

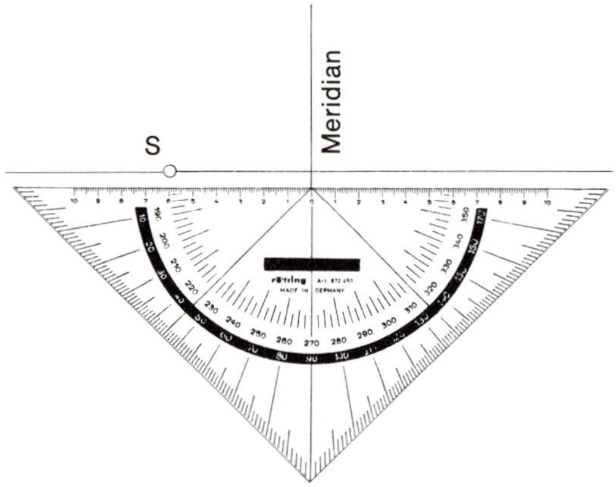

Abb. 40 Eintragung eines Schiffsortes mit einer Hilfslinie, auf der die Länge abgetragen wird.

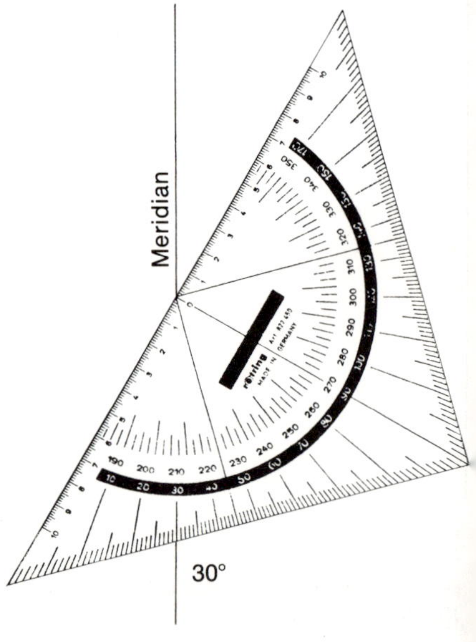

Abb. 41 Eintragen einer Versegelung
Das Kursdreieck wird so auf den nächsten Meridian gelegt, daß dieser durch den Nullpunkt und die gewünschte Gradzahl läuft (hier 30°), und dann mit dem Anlegedreieck entsprechend verschoben.

Dreieck zu verschieben. Entsprechend verfährt man bei der Einzeichnung einer rechtweisenden Peilung an einer Landmarke oder einem Seezeichen.

4. Entnehmen des Kurses und der Distanz von einem Ort A zu einem anderen Ort B

Man verbindet A mit B, legt an diese Kurslinie das Kursdreieck und verschiebt es dann an der Hypothenuse eines zweiten Kursdreiecks so weit nach rechts oder links, bis der Nullpunkt des Kursdreiecks auf dem nächstgelegenen Meridian liegt (Abb. 42) und liest Kurs (oder Peilung) auf dem entsprechenden Gradbogen ab, wobei bei zweifarbiger Kompaßteilung der grüne Gradbogen die Kurse (Peilungen) von 0° bis 180°, der rote entsprechend von 180° bis 360° enthält.

Der Zirkel in Abb. 42 zeigt an, wo eine Distanz zu entnehmen ist – stets an der Seite, nie oben oder unten.

Kurs und Kursverwandlungen

Nennt man den Winkel zwischen der Richtung Nord und der Kielrichtung des Schiffs den Kurs, so muß man drei Kurs-Arten unterscheiden, je nachdem ob man ausgeht von

rechtweisend Nord (rwN)
mißweisend Nord (mwN)
Magnetkompaß-Nord (MgN)

Rechtweisend Nord ist die Richtung des Meridians unseres Ortes, also die Richtung zum geographischen Nordpol hin.

Mißweisend Nord ist die Richtung, die ein von Eisenteilen des Schiffes unbeeinflußter Magnetkompaß zeigt.

Magnetkompaß-Nord ist die Richtung, die der von Eisenteilen beeinflußte Kompaß auf einem Schiff anzeigt.

Merke: Kurszahlen und Peilungen ohne Zusatz sind prinzipiell rechtweisend zu verstehen. In Meldungen usw. sind Kurse und Peilungen nur rechtweisend, ohne das Wort »rechtweisend« zu nennen.

Es ist also (Abb. 43)

Rechtweisender Kurs (rwK):
Der Winkel zwischen rwN und Kielrichtung des Schiffes

Mißweisender Kurs (mwK):

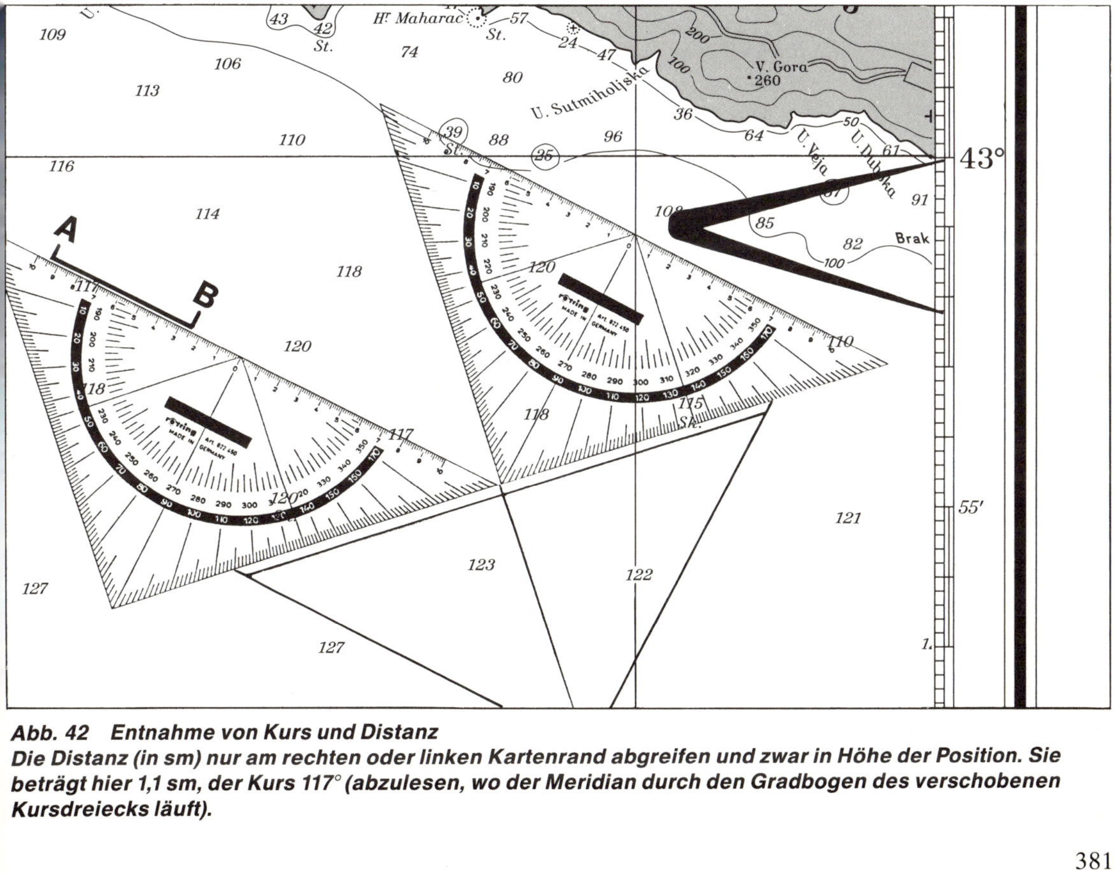

Abb. 42 Entnahme von Kurs und Distanz
Die Distanz (in sm) nur am rechten oder linken Kartenrand abgreifen und zwar in Höhe der Position. Sie beträgt hier 1,1 sm, der Kurs 117° (abzulesen, wo der Meridian durch den Gradbogen des verschobenen Kursdreiecks läuft).

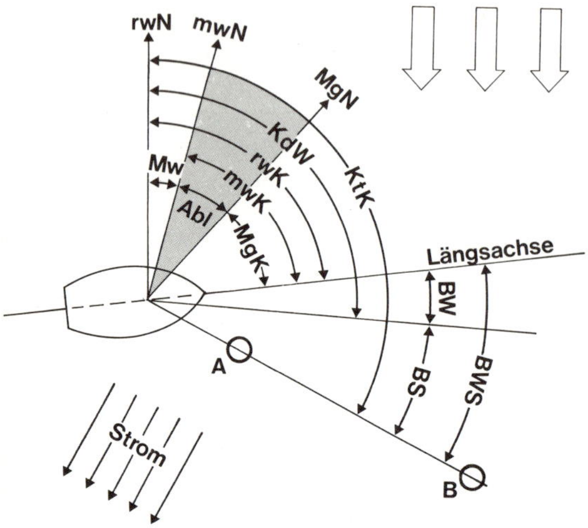

Abb. 43 Die Kursarten
Ist kein Stromversatz vorhanden, so ist selbstverständlich der Kurs durchs Wasser (KdW) der Kartenkurs (KaK); dementsprechend bei Fortfall von Wind- und Stromeinflüssen: rwK = KaK. Vom Kurs über Grund (KüG) spricht man genaugenommen erst dann, wenn man tatsächlich von A nach B versegelt hat, wobei diese Punkte natürlich auch auf der KdW- bzw. rwK-Linie liegen können (s. o.). BW = Beschickung Wind, BS = Beschickung Strom, BWS = Beschickung Wind + Strom.

Der Winkel zwischen mwN und Kielrichtung des Schiffes

Magnetkompaß-Kurs (MgK):

Der Winkel zwischen MgN und Kielrichtung des Schiffes

Die Kielrichtung des Schiffes gibt uns der Steuerstrich des Kompasses an. Hier lesen wir den Magnetkompaß-Kurs ab. Er muß für viele Aufgaben der Navigation in den rechtweisenden Kurs verwandelt werden. Umgekehrt ist ein aus der Seekarte entnommener rechtweisender Kurs in den Magnetkompaß-Kurs zu verwandeln, der am Kompaß anliegen muß, wenn man ein bestimmtes Ziel erreichen will.

Wenn man eine mit Hilfe des Magnetkompasses gewonnene Richtungsbestimmung in der Seekarte verwenden will, so muß man diese zunächst mit dem Betrag der Ablenkung zur mißweisenden Richtung und diese dann um den Betrag der Mißweisung zur rechtweisenden Richtung verbessern, die man dann in die Karte einträgt. Dabei werden die Vorzeichen von Ablenkung und Mißweisung in dem Sinne angewendet, wie sie in der Ablenkungstafel bzw. der Seekarte verzeichnet sind. Für die Praxis ist jedoch folgender Weg zu empfehlen: Man entnimmt mit dem anliegenden Kompaßkurs (auch bei Peilungen) aus der Ablenkungstafel die Ablenkung und vereinigt sie mit der Mißweisung arithmetisch zur Magnetkompaß-Fehlweisung. Mit dieser Fehlweisung beschickt man dann die Kompaßangaben (Kurs oder Peilung) in einem Zuge zur rechtweisenden Angabe. Man hat so den Vorteil, daß man, solange man auf diesem Kurs bleibt, zur Beschickung aller späteren Peilungen die einmal errechnete Fehlweisung immer wieder verwenden kann. Vor allem aber wird man so vor dem schweren Fehler bewahrt, beim Umrechnen von Kompaßpeilungen einen Ablenkungswert mit der Gradzahl der Peilung statt mit dem bei der Peilung anliegenden Kompaß-Kurs aus der Ablenkungstafel zu entnehmen. Will man dagegen einen der Karte entnommenen rechtweisenden Kurs am Magnetkompaß steuern lassen, so muß man ihn zunächst mit dem Betrag der Mißweisung zum mißweisenden Kurs und dann unter Beschickung mit der Ablenkung (die erst an Hand des mißweisenden Kurses aus der Steuertafel entnommen werden kann) zum Magnetkompaß-Kurs umwandeln, also eigentlich »verfälschen«. Bei dieser »Verfälschung« werden die Beträge für Mißweisung und Ablenkung nacheinander und mit entgegengesetztem Vorzeichen angebracht.

Gedächtnisregel für Kursverwandlungen:

Nennt man den Magnetkompaß-Kurs »falsch«, den mißweisenden bzw. den rechtweisenden Kurs »richtig«, so ergibt sich die altbewährte seemännische Gedächtnisregel:

Vom Falschen zum Richtigen: mit dem richtigen Vorzeichen beschicken!

Vom Richtigen zum Falschen: mit dem falschen Vorzeichen beschicken!

Beispiele:

1. Umwandlung eines Magnetkompaß-Kurses in den rechtweisenden Kurs.

Eine Yacht steuert am Magnetkompaß 270° und hat in ihrem Seegebiet eine Mißweisung von −4° (W) und auf dem Kompaß-Kurs 270° eine Ablenkung von +2°. Der rechtweisende Kurs ist zu errechnen:

Ablenkung (Abl)	= +2°
Mißweisung (Mw)	= −4°
Magnetkompaß-Fehlweisung (MgFw)	= −2°

Magnetkompaß-Kurs (MgK)	= 270°
Magnetkompaß-Fehlweisung (MgFw)	= −2°
rw. Kurs (rwK)	= 268°

(Mißweisung und Ablenkung werden mit unverändertem [»richtigem«] Vorzeichen in die Rechung eingesetzt.)

2. Umwandlung einer rechtweisenden Richtung in die entsprechende Richtung am Kompaß

Eine Yacht steuert am Magnetkompaß 130° und soll eine Kursänderung durchführen, wenn ein Leuchtturm rw 160° peilt. Die Mißweisung im Seegebiet ist nach Karte −2° (W), die Ablenkung auf 130° laut Ablenkungstafel −3,5°. Was muß am Kompaß in dem Augenblick gepeilt werden, wenn angedreht werden soll?
Für den anliegenden Kurs 130° ergibt sich folgende Fehlweisung:

Ablenkung (Abl)	= −3,5°
Mißweisung (Mw)	= −2°
Magnetkompaß-Fehlweisung (MgFw)	= −5,5°

Die Fehlweisung ist mit »falschem« Vorzeichen in die Rechnung einzusetzen.

Leuchtturm rwP	= 160°
entg. MgFw	= +5,5°
MgP	= 165,5°

Berücksichtigung von Wind und Strom

Abdrift

Unter Abdrift versteht man den Winkel, der durch die Kielrichtung des Schiffes und dessen Weg durch das Wasser unter dem Einfluß des Windes gebildet wird. Segelt eine Yacht vor dem Wind oder mit achterlichem Wind, so wird eine seitliche Versetzung durch Windeinfluß – eine Abdrift – nur ganz gering sein. Anders ist es bei Wind, der von der Seite oder aus einer vorlichen Richtung kommt; dann erfährt die Yacht eine Abdrift. Deren Größe hängt von der Stärke und Richtung des Windes, aber natürlich auch von der Bauart des Schiffes ab; sie läßt sich nicht leicht bestimmen. Man kann am Heck (über dem Ende der Wasserlinie) eine Peilscheibe aufstellen oder festhalten, den Diopter parallel zur Kielwasserlinie einrichten und dann den Winkel zwischen der recht Achteraus-Richtung und dem Kielwasser ablesen. Man bekommt hierbei sicherlich etwas genauere Werte, als wenn man die Abdrift als Winkel zwischen der recht Achteraus-Richtung und dem Kielwasser nur schätzt und hierbei bestenfalls auf 5° genaue Ergebnisse erhält. Moderne Navigationscomputer berechnen auch die Abdrift.
Die Abdrift oder Beschickung für Wind (BW), wie man vielfach auch sagt, hat das Vorzeichen +, wenn der Wind von Bb. einfällt, das Schiff also nach Stb. abgetrieben wird. Fällt der Wind von Stb. ein, wird das Schiff nach Bb. versetzt, und die Abdrift bekommt das Vorzeichen −.
Die Richtung, in der sich ein Schiff unter dem Einfluß des Windes fortbewegen kann, heißt der Kurs durchs Wasser (KdW). Sofern nicht noch eine zusätzliche Strömung zu berücksichtigen ist, wird dieser KdW in die Seekarte eingetragen und ist dann der Kartenkurs (KaK). Wollen wir den Kartenkurs berechnen, so sind demnach Ablenkung, Mißweisung und Abdrift am Magnetkompaßkurs anzubringen.

Es entstehen nun zweierlei Aufgaben:

1. Aufgabe

Man steuert am Wind, hat Abdrift und sucht den Kartenkurs.
Der anliegende Magnetkompaßkurs ist im Mittel 223°. Die Ablenkung soll dafür −3°, die Mißweisung −3° sein. Die Abdrift schätzt man bei einem westlichen Wind auf 7° ein. Er fällt von Steuerbord ein. Das algebraische Vorzeichen der Abdrift ist negativ.

Man rechnet:

MgK	= 223°
Abl	= −3°
mwK	= 220°
Mw	= −3°
rwK	= 217°
Abdrift (BW)	= −7°
Kartenkurs (KaK)	= 210°

2. Aufgabe

Man will trotz Abdrift einen Kartenkurs einhalten. Um diese aufzuheben, muß man entsprechend vorhalten. Der Seekarte entnimmt man den Kartenkurs von 179°. Bei WSW-Wind schätzt man die Abdrift auf 10° ein. Ihr algebraisches Vorzeichen ist, da der Wind von Steuerbord einfällt, negativ. Die Mißweisung beträgt laut Karte −3°, die Ablenkung laut Tabelle +5°.

Man rechnet:

KaK	= 179°
entg. Abdrift (BW)	= +10°
rwK	= 189°
entg. Mw	= +3°
mwK	= 192°
entg. Abl	= −5°
MgK	= 187°

Achtung!
Die Ablenkung muß für den mißweisenden Kurs der Steuertabelle entnommen werden.
Der ermittelte Magnetkompaß-Kurs muß gesteuert werden, um einen Kartenkurs von 179° einhalten zu können.

Versetzung durch Strom

In den beiden vorangegangenen Beispielen entsprach aufgrund der Tatsache, daß keine Strömung vorhanden war, der KdW dem KaK, und wenn wir davon ausgehen, daß sich die Yacht tatsächlich auf der Kartenkurslinie fortbewegt hat, auch dem Kurs über Grund (vgl. auch Abb. 44).
Ein Unterschied zwischen Kurs durchs Wasser und Kurs über Grund entsteht aber, wenn eine Strömung das Schiff versetzt.
Die Stärke des Stromes wird in Knoten angegeben. Als Richtung gibt man die Richtung an, in die der Strom setzt, also umgekehrt wie beim Wind.
Angaben über die Stromverhältnisse an einer Küste erhält man aus den Handbüchern, in Gezeitengewässern aus dem Atlas der Gezeitenströme.
Fährt ein Schiff in einer Wassermasse, die sich selbst in fortschreitender horizontaler Bewegung befindet, so wird es außer seiner eigenen Fahrt auch diese Wasserbewegung mitmachen. Wir müssen also den Kurs durchs Wasser und die Fahrt durch das Wasser von dem Kurs über Grund und der Fahrt über Grund unterscheiden (Abb. 44). Der Unterschied zwischen dem Weg durch das Wasser und dem Weg über Grund ist die Stromversetzung; bei Kursberechnungen ist also noch eine Beschickung für Strom (BS) anzubringen.
Ist mit Strömungen zu rechnen, so gibt es die folgenden drei Grundaufgaben:
1. Man steuert einen bestimmten Kurs mit einer bestimmten Fahrt und möchte wissen, wohin man unter Mitwirkung des Stromes kommt (1. Stromaufgabe). Gegeben sind also Kurs und Fahrt durchs Wasser sowie Richtung und Stärke des Stromes. Gesucht sind Kurs und Fahrt über Grund.
2. Oder man will ein bestimmtes Ziel erreichen und sucht den Kurs, den man bei Innehalten der Fahrt durch das Wasser steuern muß, um trotz Stromes das Ziel zu erreichen (2. Stromaufgabe). Gegeben sind also Kartenkurs und Distanz zum Ziel, Richtung und Stärke des Stromes und die Fahrt durchs Wasser. Gesucht sind der Kurs durch das Wasser und die Fahrt über Grund.
3. Als 3. Stromaufgabe bezeichnet man die Bestimmung eines Stromes nach Richtung und Stärke aus dem Weg durch das Wasser und dem Weg über Grund.
Die Stromaufgaben sind leicht zu lösen, wenn der Strom in Kursrichtung setzt; dann vergrößert man einfach die Fahrt des Schiffes durch das Wasser um den Betrag der Stärke des Stromes. Entsprechend wird bei einem Strom, der dem eigenen Kurs durch das Wasser entgegengesetzt ist, die Fahrt des Schiffes durch das Wasser um den Betrag der Stärke des Stromes verkleinert.
Bildet jedoch die Stromrichtung einen Winkel mit dem Kurs des Schiffes durch das Wasser, so findet man den Weg über Grund nach Richtung und Stärke als dritte Seite des Vektorendreiecks, dessen

Abb. 44 Das Stromdreieck

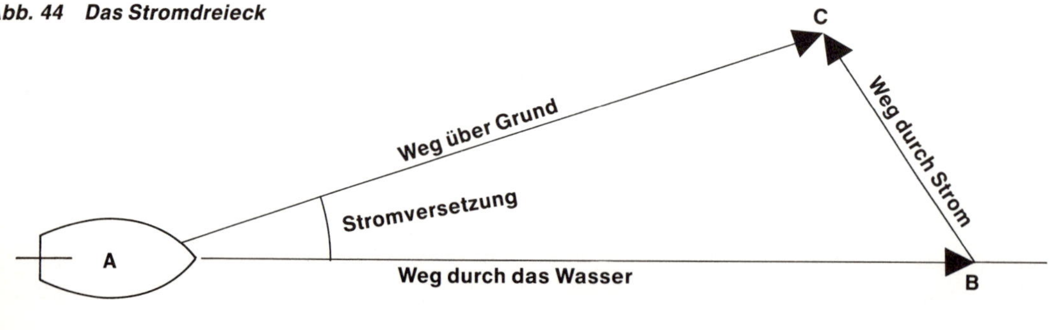

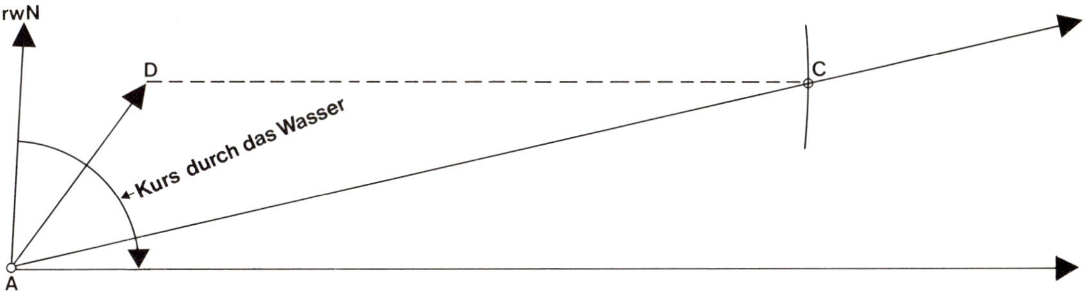

Abb. 45 Lösung der 2. Stromaufgabe

andere Seiten der Weg des Schiffes durch das Wasser und der gleichzeitige Weg des Stromes sind (Abb. 44). Weg durch das Wasser, Weg des Stromes und Weg über Grund bilden das Stromdreieck.
Die Stromaufgaben werden in der Küstenschifffahrt zeichnerisch in der Seekarte in folgender Weise gelöst:
Lösung der 1. Stromaufgabe
Man zeichnet den Weg durch das Wasser für eine Stunde = AB in die Karte ein und trägt im Endpunkt B den Strom nach Richtung und Stärke = BC gleichfalls für eine Stunde an. C ist dann der unter Einwirkung des Stromes erreichte Schiffsort nach einer Stunde; die Verbindungslinie zwischen dem Abgangsort A und dem erreichten Ort C gibt den Kurs und die Fahrt über Grund.
Lösung der 2. Stromaufgabe (Abb. 45)
Man trägt in die Karte den beabsichtigten Kurs über Grund AX ein und außerdem im Anfangspunkt A den Strom nach Richtung und Stärke = AD. Dann schlägt man um den Endpunkt des Strompfeiles D mit der Fahrt des Schiffes durch das Wasser einen Kreis, der AX in C schneidet. DC gibt den gesuchten Kurs durch das Wasser und AC den Weg des Schiffes über Grund (Fahrt über Grund).
Bei kleinem Kartenmaßstab werden diese Zeichnungen zweckmäßig nicht für 1 Stunde (»Stundendreieck«), sondern für 2 oder mehr Stunden gezeichnet.
Lösung der 3. Stromaufgabe
Diese Aufgabe tritt in der Navigation meist in der Form auf, daß die Besteckversetzung aus dem gekoppelten und dem terrestrisch oder astronomisch ermittelten wahren Schiffsort C in Abb. 44 bestimmt werden soll. Diese Aufgabe spielt bei der täglichen Besteckrechnung eine große Rolle. Die Verbindungslinie zwischen dem nach der Loggerechnung gefundenen gegißten Schiffsort B und dem wahren, durch genaue Beobachtung bestimmten Schiffsort C stellt den Strom nach Richtung und Stärke während der versegelten Zeit dar, wenn man annimmt, daß keine anderen Fehler oder Ungenauigkeiten, die den gegißten Schiffsort verfälschen, berücksichtigt zu werden brauchen.

Aufgaben aus der Praxis

Für den Segler entstehen zwei verschiedene Aufgaben der Kursbestimmung, je nachdem, ob er nach dem Wind sein Ziel unmittelbar anliegen kann oder es durch Kreuzen erreichen muß. Er will von A nach B segeln. Die Distanz ist 10 sm, der aus der Karte entnommene Kurs ist 218°, Mw −4°. Es setzt Strom 180° mit 1,5 kn.

1. Wind NW 3 (Abb. 46)
Die Yacht kann ihr Ziel B unmittelbar anliegen, also den Kartenkurs steuern. Kompaßkurs?
Die Abdrift sei nach Beobachtung des Kielwassers oder nach früher gemachten Erfahrungen bei dieser Windrichtung und -stärke −8°, die Ablenkung bei einem mwK von 240° +9°; die Fahrt durchs Wasser betrage 5 kn.
Zunächst ist der Vorhalt für den Strom nach Stromaufgabe zu ermitteln.
Es ergibt sich aus dem Stromdreieck: Vorhalt 12°, Fahrt über Grund 6,1 kn.

Kartenkurs (KaK)	= 218°
Umgekehrte Stromversetzung	= +12°
Umgekehrte Abdrift	= + 8°
rw Kurs	= 238°
Umgekehrte Mißweisung	= + 4°
mw Kurs	= 242°
Umgekehrte Ablenkung	= − 9°
Magnetkompaßkurs	= 233°

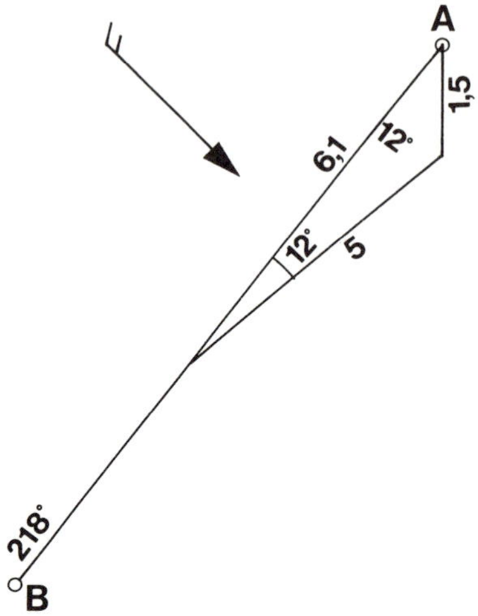

Abb. 46

2. Wind SW 3 (Abb. 47)
Die Yacht kann ihr Ziel B nicht anliegen, kann also den Kartenkurs nicht steuern. Der Rudergänger steuert statt dessen die Yacht mit ihrer optimalen Höhe am Wind. Den zugehörigen Kartenkurs findet man aus dem zugehörigen mittleren Magnetkompaß-Kurs. Er muß durch längeres Beobachten des Kompasses »ermittelt« werden, da die ständigen kleinen Änderungen der Windstärke und -richtung – auch bei »stetigem« Wind – ein laufendes Anpassen des Kurses an den Wind erfordern. Die Fahrt dieser Yacht sei 4 kn, die Ablenkung bei MgK 183° −7°, bei MgK 227° + 4°.

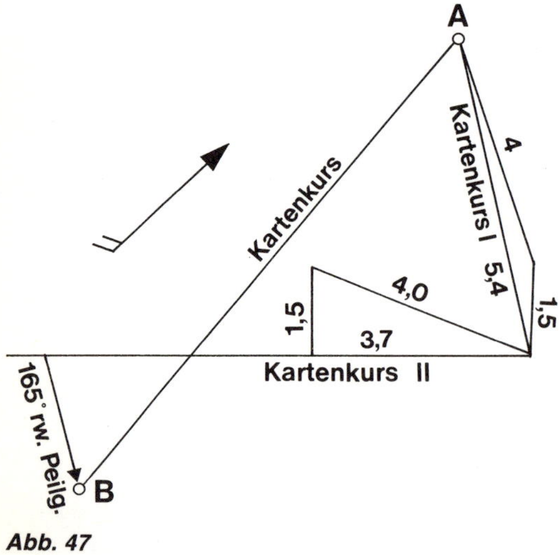

Abb. 47

Der ermittelte Magnetkompaßkurs, also

der Kurs am Wind über Bb.-Bug	= 183°
Abl + Mw = MgFw (−7 −4)	= −11°
rwK	= 172°
beobacht. Abdrift (BW)	= −12°
KdW	= 160°
Stromversetzung (BS)	= +5°
KaK	= 165°

Nach einer Stunde wird auf Stb.-Bug gewendet Es ergibt sich jetzt:

Ermittelt. Magnetkompaßkurs	= 277°
MgFw (+4 −4)	= ± 0°
rw. Kurs	= 277°
beobachtete Abdrift (BW)	= +13°
Kurs durchs Wasser	= 290°
Stromversetzung 1,5 sm (BS)	= −22°
KaK	= 268°

Wie muß schließlich B am Kompaß peilen, wenn es mit dem dritten Schlag erreicht werden soll? Vorausgesetzt, daß die Verhältnisse des 1. Schlages auch noch für den 3. Schlag gültig sind, muß die rw. Peilung beim Wenden auf B hin gleich dem Kartenkurs des 1. Schlages sein, also:

rw Peilung	= 165°
Umgekehrte MgFw für MgK 277°	= 0°
MgP	= 165°

Da die Yacht auf dem 2. Schlag 3,7 kn über Grund macht, wird der Punkt zum Wenden auf den letzten Kurs etwa nach 2 h 10 min erreicht werden. Der 3. Schlag mit 2,3 sm bis B wird dann etwa noch 25 min dauern.
In diesen Rechnungen sind »ideale« Verhältnisse angenommen. Die Praxis wird sich oft beträchtlich von diesen präzisen Annahmen und Ergebnissen unterscheiden. Doch Berechnungen sind immer anzustreben, weil man dadurch nicht nur den Forderungen der Sicherheit genügt, sondern auch ein Urteil darüber gewinnt, wo und warum Unterschiede zur Praxis auftreten, und man dadurch zu brauchbaren Erfahrungen kommt.

Die Kursverwandlungen kann man in folgender Anordnung in sein Tagebuch eintragen:

Beschickungen werden mit unverändertem Vorzeichen eingetragen. Beim Rechnen von links nach rechts wird addiert (+). Beim Rechnen von rechts nach links subtrahiert (−).										
Uhrzeit	Log	MgK	Abl	mwK	Mw	rwK	BW	KdW	BS	KaK
Aufgabe 1		233°	+9°	242°	−4°	238°	− 8°	230°	−12°	218°
Aufgabe 2		183°	−7°	176°	−4°	172°	−12°	160°	+ 5°	165°
Aufgabe 2		277°	+4°	281°	−4°	277°	+13°	290°	−22°	268°

Terrestrische Standlinien

Um einen Schiffsort festzulegen, sind mindestens zwei Beobachtungen erforderlich. Aus jeder Beobachtung folgt eine Standlinie für das Schiff. Der Schnittpunkt zweier Standlinien ist der Schiffsort. Werden die Beobachtungen an Objekten der Küste gewonnen, also an irdischen Objekten, so sprechen wir von terrestrischen Standlinien. Man erhält diese durch

- Peilen
- Abstandbestimmen
- Loten
- Messen von Horizontalwinkeln

Alle Schiffe, die ein Objekt der Küste in der gleichen Richtung sehen – peilen –, stehen auf einer Geraden durch dieses Objekt.

Alle Schiffe, die von einem Objekt den gleichen Abstand haben, stehen auf einem Kreis, der das Objekt als Mittelpunkt und den Abstand als Radius hat.

Eine Lotung liefert als Standlinie eine Linie gleicher Wassertiefe, die im allgemeinen unregelmäßig gekrümmt ist, also auch eine Gerade mehrfach schneiden kann.

Alle Schiffe, auf denen eine bestimmte Strecke unter dem gleichen Horizontalwinkel gesehen wird, stehen auf einem Kreis, der die Strecke als Sehne und den gemessenen Winkel als Umfangswinkel hat.

Standlinien durch Peilen

Um zu peilen, d. h. die Richtung zu bestimmen, in der ein Objekt liegt, braucht man einen Kompaß mit Peilaufsatz.

Peilen am Magnetkompaß

Magnetkompaßpeilungen sind um den Betrag der Fehlweisung des Kompasses falsch. Wir müssen alle Magnetkompaßpeilungen erst in rechtweisende Peilungen verwandeln, ehe wir sie in die Seekarte eintragen können. Die Ablenkung entnehmen wir der Ablenkungstafel für den bei der Peilung anliegenden Kurs (für eine Rohpeilung nicht erforderlich).

Beispiel:

Eine Yacht steuert am Kompaß 130°. Als Mißweisung entnehmen wir der Seekarte −4°. Die Ablenkungstafel gibt für den Magnetkompaß-Kurs 130°, die Ablenkung +2°. Die Fehlweisung ist also auf dem gesteuerten Kurs:

−4° +2° = −2°

Der rechtweisende Kurs ist

130° −2° = 128°

Als 130° am Kompaß anliegen, peilt man eine Kirche (über den Kompaß) in 240° an. Die rechtweisende Peilung

240° −2° = 238°

Diese Peilung wird in die Seekarte übertragen.

Da auf kleineren Yachten das einwandfreie Peilen häufig mit großen Schwierigkeiten verbunden ist (Seegang, ungünstige Aufstellung des Kompasses), empfiehlt es sich in solchen Fällen, für die Dauer der Peilung auf das betreffende Objekt Kurs zu nehmen und den dann anliegenden Magnetkompaß-Kurs als Magnetkompaß-Peilung zu benutzen. Wenn mehrere Objekte in Sicht sind, kann man auf diese Weise, selbst unter Inkaufnehmen eines Segelmanövers, einen brauchbaren Standort erzielen. Die Ablenkung ist in diesem Fall für die Peilung = MgK zu nehmen. Ob bei dieser Peilung wegen Strom oder Wind nach der einen oder anderen Seite vorgehalten wird oder nicht, ist gleichgültig: die über den Magnetkompaß gepeilte, im Raum also festliegende Richtung, ist in beiden Fällen die gleiche.

Peilen an der Peilscheibe

Muß man über eine Peilscheibe peilen, so erhält man eine Seitenpeilung. Diese hängt mit dem Magnetkompaß-Kurs in folgender Weise zusammen (Abb. 48).

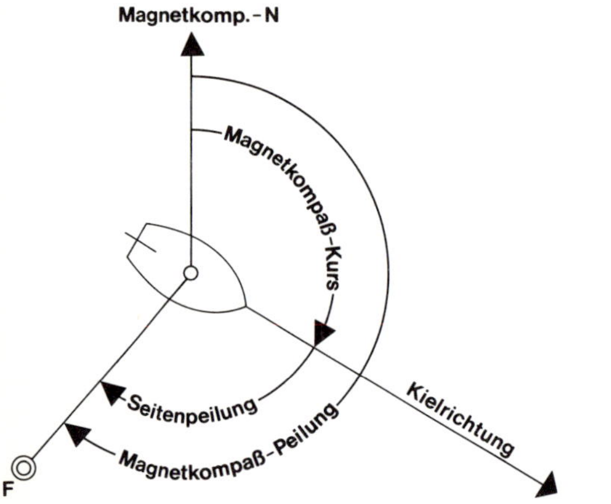

Abb. 48 Seitenpeilung + Kompaßkurs = Kompaßpeilung

Seitenpeilung + Magnetkompaß-Kurs = Magnetkompaß-Peilung
Beispiel:
Auf der Yacht, die am Kompaß 130° steuert, peilt man ein Feuer in der Seitenpeilung 115°. Wie groß ist die entsprechende rechtweisende Peilung?

Seitenpeilung	= 115°
+ MgK	= 130°
MgP	= 245°
MgFw	= −2°
rw. Peilung	= 243°

Standlinien durch Bestimmen des Abstandes

Abstand durch Höhenwinkelmessung

Wer ein Winkelmeßgerät an Bord hat, kann seinen Abstand von einem Objekt der Küste recht genau durch Messen des Höhenwinkels bestimmen (Abb. 49). Aus der Höhe des Turmes über dem Wasser (H) in Metern und dem Höhenwinkel (n) in Minuten findet man den Abstand (e) in Seemeilen nach der Formel

$$\text{Abstand } e = \frac{13}{7} \cdot \frac{\text{Höhe H (Meter)}}{\text{Winkel n (Minuten)}}$$

Man mißt bei den Leuchttürmen die Höhe der Laterne über der Wasserlinie. Die Höhe ist im Leuchtfeuerverzeichnis angegeben. Man darf nicht die ebenfalls angegebene Höhe über dem Erdboden benutzen, da der Fußpunkt des Turmes oft nicht einwandfrei auszumachen ist. Winkel $<10'$ sind zu ungenau im Ergebnis.

Feuer in der Kimm

Es gibt eine Methode, die man nachts vielfach anwendet, wenn man den Augenblick erfaßt, in dem ein Feuer zum ersten Male klar in der Kimm ausgemacht werden kann (nicht etwa, wenn man den über die Kimm hinausreichenden Lichtschein sieht).
Ist B ein Beobachter (Abb. 50), F ein Feuer, und erscheint dieses dem Beobachter in der Kimm, dann ist dieser BA + AF Seemeilen vom Feuer entfernt. Diese Entfernung hängt ab von der Feuerhöhe H, die man dem Leuchtfeuerverzeichnis entnimmt, und der Augeshöhe h des Beobachters, die man kennt. Aus $D \text{ (sm)} = 2{,}075 (\sqrt{H} + \sqrt{h})$ oder Tafeln des Leuchtfeuerverzeichnisses kann man die Entfernung entnehmen. Die Höhe des

Abb. 49 Abstand durch Höhenwinkelmessung

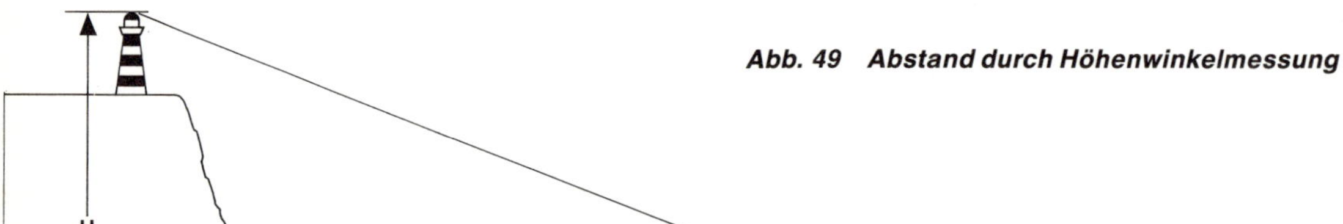

Abb. 50 Feuer in der Kimm

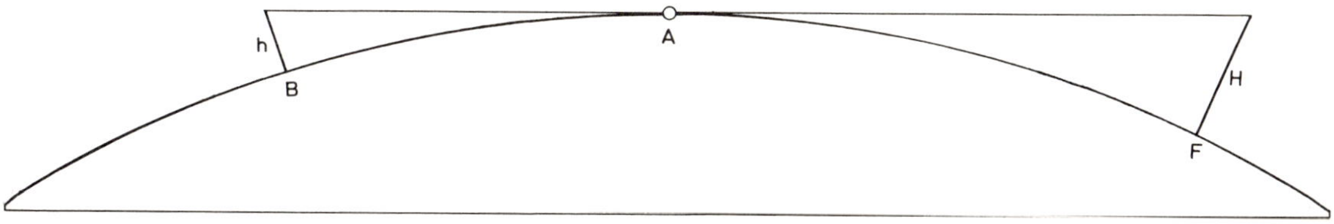

Feuers wird in Gezeitengewässern über Hochwasser, in gezeitenlosen (z. B. Ostsee) über Mittelwasser angegeben. Bei regnerischem oder diesigem Wetter muß man sich einem Feuer aber viel weiter nähern, ehe es durchkommt. Es steht dann schon über der Kimm, was man wegen der Unschärfe der Kimm nicht bemerkt.
Dringend zu warnen ist vor dem Schätzen des Abstandes! Auch erfahrene Navigatoren können sich bei ungewöhnlichen Sichtigkeitsverhältnissen dabei schwer irren.

Standlinien durch Loten

In vielen Fällen, besonders bei unsichtigem Wetter, bietet das Loten – sofern man keine Möglichkeit hat, seinen Schiffsort durch Funkpeilungen oder Radar zu bestimmen – die einzige Möglichkeit zur Feststellung des Schiffsortes. Da eine einzelne Lotung hierzu selten ausreicht, lotet man in bestimmten Zeitabständen (Reihenlotung) und trägt den Kurs und die zwischen den einzelnen Lotungen zurückgelegten Entfernungen mit Uhrzeit, dem Maßstabe der Karte entsprechend, auf ein Stück Pauspapier oder einen Papierstreifen auf. Die gefundene Wassertiefe, gegebenenfalls auch die Grundbeschaffenheit, werden bei der dazugehörigen Uhrzeit eingetragen. Das Pauspapier mit den Kurs- und Tiefeneinzeichnungen wird dann in der Gegend des wahrscheinlichen Schiffsortes so lange auf der Karte verschoben, bis ihre Tiefenangaben und die Reihenlotung sich decken. Allerdings wird man nur bei dem Vorhandensein charakteristischer Tiefenunterschiede genaue Schiffsorte erhalten.
Auf Yachten wird sich die Anwendung des Lotes bei unsichtigem Wetter meistens darauf beschränken

1. die Annäherung an flaches Wasser rechtzeitig zu bemerken oder
2. eine Einfahrt oder Durchfahrt zu finden.

Im 2. Falle steuert man nicht die Mitte der Einfahrt an, sondern hält absichtlich weit nach der Seite, die für das Einlaufen die bessere ist. Hat man dann die für das Boot passende Tiefe mit dem Lot erreicht, z. B. bei 1,70 m Tiefgang die 4-m-Tiefe, so weiß man wenigstens mit größter Wahrscheinlichkeit, auf welcher Seite der Einfahrt man steht, und kann sich nun auf der 4-m-Tiefenlinie entlang in die Einfahrt hineinloten. Das ist mit einem Echolot kein Problem.

Standlinien durch Horizontalwinkelmessung

Sofern ein Sextant zur Verfügung steht, läßt sich auch durch Messen des Horizontalwinkels, unter dem zwei Objekte A und B erscheinen, eine Standlinie gewinnen. Diese ist ein Kreis, der A–B als Sehne hat und auf dessen Umfang alle Orte liegen, die A–B unter dem gemessenen Winkel – dem zugehörigen Umfangswinkel – sehen. Man findet den Mittelpunkt dieses Kreises, indem man in jedem der beiden Punkte A und B das Komplement des gemessenen Winkels, also dessen Ergänzung zu 90°, nach dem Schiffsort hin anträgt; der Schnittpunkt der freien Schenkel ist der Mittelpunkt des Kreises.

Terrestrische Ortsbestimmungen

Ein Schiffsort ergibt sich aus zwei oder mehr Standlinien. Kompaßpeilungen werden vor dem Eintragen in die Seekarte in rechtweisende verwandelt. Der gefundene Schiffsort wird in der Karte mit einem Kreis und der Uhrzeit der Peilungen gekennzeichnet.

Gleichzeitige Peilungen

Kreuzpeilung

Peilt man gleichzeitig oder schnell hintereinander zwei Objekte, so kreuzen sich die damit gewonnenen Standlinien im Schiffsort. Dieser wird um so genauer, je näher der Winkel zwischen den beiden Peilungen bei 90° liegt und je näher die Peilobjekte dem Schiffsort sind. Ist der Winkel zwischen den Peilungen kleiner als 30° oder größer als 150°, so sind die Peilungen zur Ortsbestimmung nicht brauchbar, da sich die Peilungslinien beim Einzeichnen in die Karte nicht scharf genug schneiden.

Die Zuverlässigkeit des Schiffsorts kann man dadurch erhöhen, daß man mehr als zwei Objekte peilt. Es wird dann allerdings trotz aller Sorgfalt meist ein »Fehlerdreieck« entstehen, das einem ein Urteil über die Genauigkeit des gewonnenen Schiffsorts ermöglicht; man nimmt dann als Schiffsort den Schwerpunkt des Dreiecks an.

Peilung und Horizontalwinkel

Einen guten Schiffsort ergibt die Peilung eines Objektes und die gleichzeitige Messung des Horizontalwinkels zwischen dem gepeilten und einem zweiten geeigneten Objekt. Man benutzt dazu den Sextanten.

Man trägt die Peilung von A ein, trägt in einem beliebigen Punkt der Peilungslinie den gemessenen Horizontalwinkel an und zieht zu dem freien Schenkel des Winkels eine Parallele durch das zweite Objekt B. Der Schnittpunkt dieser Parallelen mit der Peilungslinie ist der gesuchte Schiffsort.

Ort aus zwei Horizontalwinkeln

Die genaueste Schiffsortbestimmung in der terrestrischen Navigation erhält man durch das gleichzeitige Messen zweier Horizontalwinkel zwischen drei Objekten (Doppelwinkelmessung).

Die mit dem Sextanten gemessenen Horizontalwinkel trägt man auf einem Stück Pauspapier in irgendeinem Punkt einer geraden Linie nach beiden Seiten hin mit einem Kursdreieck ab. Dieses durchsichtige Papier verschiebt man dann so lange auf der Karte, bis die Schenkel der beiden Winkel

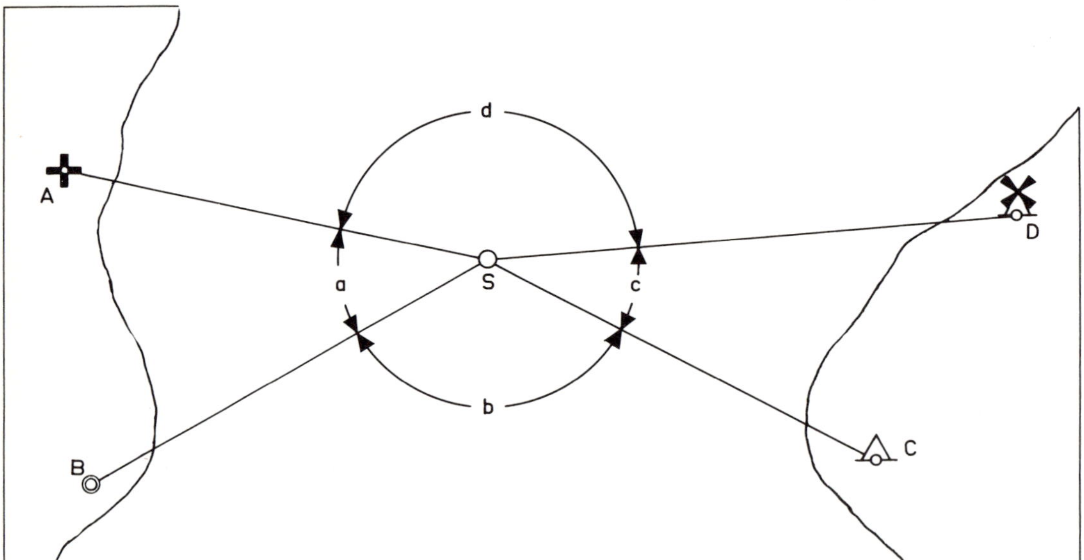

Abb. 51 Kreuzpeilung
Vom Schiffsort S aus peilen die Objekte A 282°, B 241°, C 118°, D 85° rechtweisend. Für eine Kreuzpeilung nach zwei Objekten sind günstig die Objekte A und B mit einem Schnittwinkel der Peilungslinien von 41° (a), bzw. B und C mit einem Schnittwinkel von 123° (b), bzw. C und D mit einem Schnittwinkel von 33° (c). A und D mit einem Schnittwinkel von 163° (d) sind nicht geeignet.

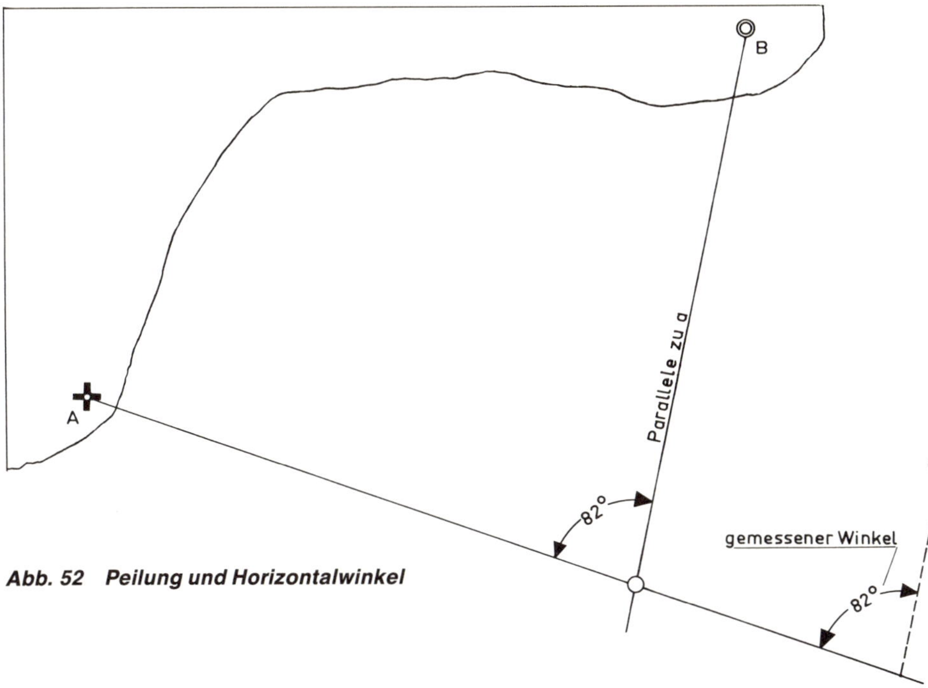

Abb. 52 Peilung und Horizontalwinkel

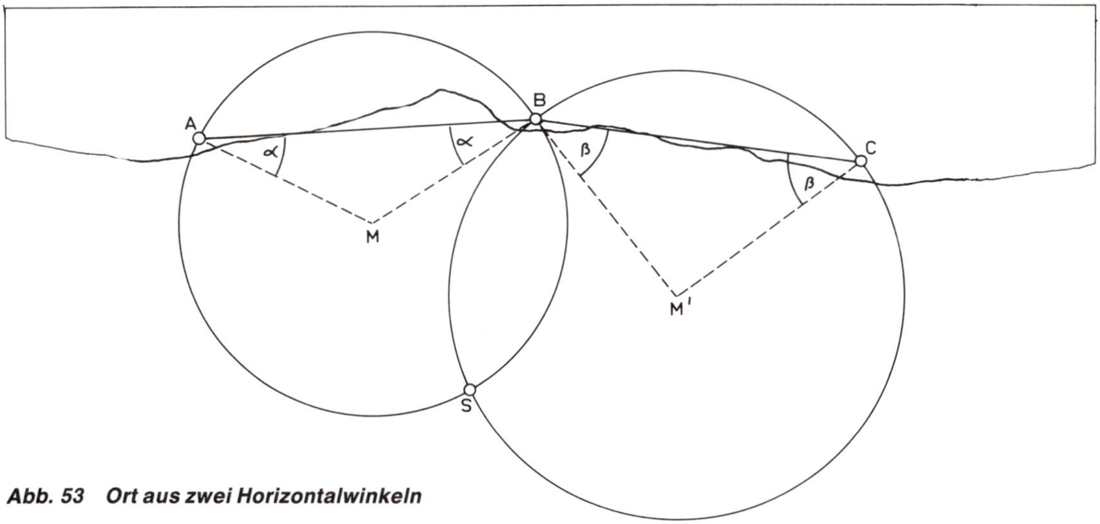

Abb. 53 Ort aus zwei Horizontalwinkeln

durch die entsprechenden drei Objekte gehen. Den gesuchten Schiffsort erhält man, indem man den gemeinsamen Schnittpunkt durch leichtes Durchdrücken der Bleistiftspitze auf der Karte markiert.

Man kann die Mittelpunkte der beiden Kreise, auf denen das Schiff steht, auch durch eine Konstruktion finden (Abb. 53):

A, B und C seien die drei Objekte, zwischen denen man die Winkel gemessen hat. Man mißt, südlich stehend, den Winkel zwischen A und B mit 57° und zwischen B und C mit 49°. A–B und B–C werden durch je eine Linie miteinander verbunden. Dann trägt man nach der Seite hin, auf der das Schiff steht (in diesem Fall nach Süden), den Komplementwinkel von 57°, als 33° = α, an der Verbindungslinie A–B in A und B an. Der Schnittpunkt der freien Schenkel ist der Mittelpunkt M des gesuchten ersten Kreises. Entsprechend trägt man das Komplement des zweiten Winkels von 49°, also 41° = β, an B–C in B und C an. Der Schnittpunkt der beiden freien Schenkel ist der Mittelpunkt M′ des zweiten gesuchten Kreises. Der Schnittpunkt der beiden Kreise um M und M′ ist der Schiffsort S.

Ist einer der gemessenen Winkel größer als 90°, so subtrahiert man von dem gemessenen Winkel 90°, zeichnet mit diesem Winkelwert ein Dreieck nach der entgegengesetzten Seite und schlägt dann um den Schnittpunkt der beiden freien Schenkel einen Kreisbogen.

Diese Art der Ortsbestimmung hat den Vorteil, daß sie unabhängig vom Kompaß und seinen Fehlern durchgeführt werden kann. Das Verfahren ist nicht anwendbar, wenn das Schiff und die drei Landmarken zufällig auf einem Kreis liegen.

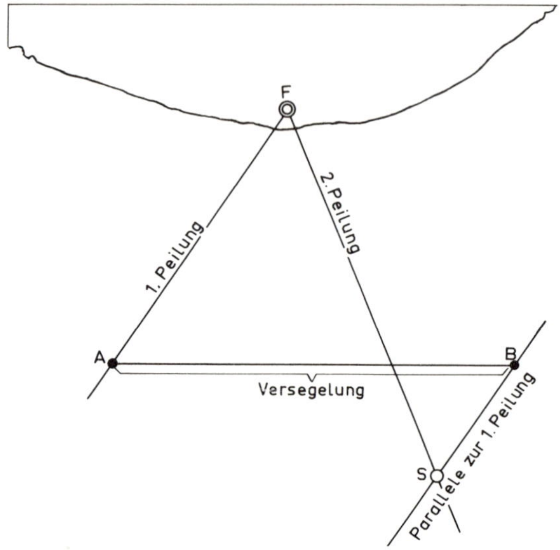

Abb. 54 Doppelpeilung

Doppelpeilungen

Als Doppelpeilung bezeichnet man das zweimalige Peilen des gleichen Objekts mit dazwischenliegender Versegelung. Die Doppelpeilung oder das mehrmalige Peilen des gleichen Objekts werden angewendet, wenn nur ein bekanntes Objekt vorhanden ist und dieses längere Zeit in Sicht bleibt. Die zweite Peilung darf erst gemacht werden, wenn das Objekt gut ausgewandert, der Winkel zwischen den Peilstrahlen also ausreichend groß geworden ist.

Den Schiffsort erhält man, indem man die erste Standlinie um den Betrag der Zwischensegelung in Richtung des Kurses verschiebt (Abb. 54). Der Schnittpunkt der verschobenen ersten mit der zweiten Peilung ist der Schiffsort zur Zeit der zweiten Peilung. Entsprechend verwertet man weitere Peilungen, die am besten in gleichen Zwischenzeiten genommen werden.

Allerdings sind Doppelpeilungen hinsichtlich ihrer Genauigkeit kaum mit gleichzeitigen Peilungen (Kreuzpeilungen u. ä.) zu vergleichen. Ein Bestandteil der Schiffsortbestimmung nach Doppelpeilungen ist ja der Weg über Grund zwischen den Peilungen. Die Versegelung enthält aber Fehlermöglichkeiten in Richtung und Länge: Steuerfehler, ungenaue Geschwindigkeit, Unsicherheiten der Abdrift und unbekannte Stromversetzung.

Bei den folgenden ersten beiden Verfahren bei Benutzung einer Peilscheibe beachten: bei Abdrift und Stromversatz ist der Vorhaltewinkel bei der Einstellung der Peilvorrichtung für die beabsichtigte Peilung zu berücksichtigen; andernfalls mißt man den Winkel um die Größe des Vorhaltewinkels falsch. Maßgebend sind der Kartenkurs und die auf ihn zu beziehenden Winkel.

Ist die Peilscheibe vollkreisig von 0° bis 360° geteilt und nicht auf Kartenkurs, sondern auf Kiellinie ausgerichtet, gilt folgende Regel für das Anbringen des Vorhaltewinkels:

Der Vorhaltewinkel wird mit entsprechendem Vorzeichen (Bb.- oder Stb.-Abdrift) von der Seitenpeilung abgezogen, wenn man den Winkel zwischen KaK und Peilstandlinie ermitteln möchte: er wird zum Winkel zwischen KaK und Peilstandlinie mit seinem entsprechenden Vorzeichen addiert, wenn man die zu nehmende Seitenpeilung sucht.

Vierstrich-Peilung (Abb. 55)

Macht man die erste Peilung eines Objektes F, wenn es in 45° voraus, die zweite, wenn es querab ist, so ist nach den Gesetzen für rechtwinklige Dreiecke die Zwischensegelung gleich dem Abstand des Schiffes vom Objekt bei der zweiten Peilung.

Um den Schiffsort bei der Querpeilung zu erhalten, braucht man also nur die zwischen den beiden Peilungen zurückgelegte Strecke in den Zirkel zu nehmen und vom Objekt aus auf der letzten Peilungslinie abzutragen, die rechtwinklig auf der Kurslinie steht.

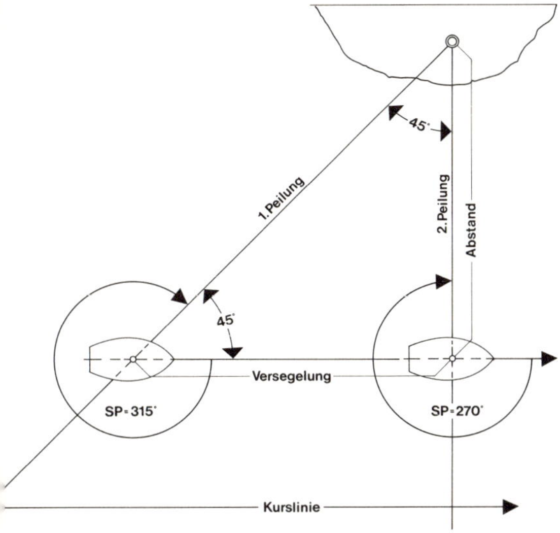

Abb. 55 Vierstrich-Peilung

Man bedarf also keiner weiteren Zeichnung oder Rechnung. Zur Kontrolle peilt man nach Möglichkeit das Objekt noch einmal, wenn es 45° achteraus von der Kurslinie peilt.

Abstand als doppelte Versegelung

In einfacher Weise ergibt sich der Querabstand auch, wenn die erste Peilung 63,5°, die zweite 90° vom Kurs über Grund beträgt; der Querabstand bei der zweiten Peilung ist dann das Doppelte der zwischen beiden Peilungen abgelaufenen Strecke.

Verdoppelung der Seitenpeilung
(Abb. 56)

Allgemeiner kann man das Objekt bei gleichbleibendem Kurs zum zweiten Mal in dem Augenblick peilen, wenn der Winkel zwischen Kurslinie und zweiter Peilung doppelt so groß geworden ist wie der Winkel bei der ersten Peilung. Der Abstand bei der zweiten Peilung ist dann gleich der zwischen den beiden Peilungen liegenden Versegelung. (Das Dreieck mit dem Außenwinkel 2 α ist gleichschenklig.)

Abgestumpfte Doppelpeilung
(Abb. 57)

Kann aus irgendeinem Grunde das gleiche Objekt nicht zum zweiten Male gepeilt werden, steht dafür aber ein anderes Objekt zur Verfügung, so kann man seinen Schiffsort durch eine abgestumpfte Doppelpeilung bestimmen. Man peilt z. B. ein Objekt in rw 42°, segelt rw 270° 11 sm und peilt nun ein zweites Objekt, das vom ersten in rw 265°, 22,5 sm entfernt liegt, in rw 350°.

Von einem beliebigen Punkt der ersten Peilungslinie setzt man den Kartenkurs und die versegelte Strecke ab, trägt die zweite Peilungslinie ein und verschiebt die erste Peilungslinie parallel durch den Endpunkt der abgetragenen Distanz. Der Schnittpunkt beider Peilungslinien ist der Schiffsort zur Zeit der zweiten Peilung.

Abb. 56 Verdoppelung der Seitenpeilung

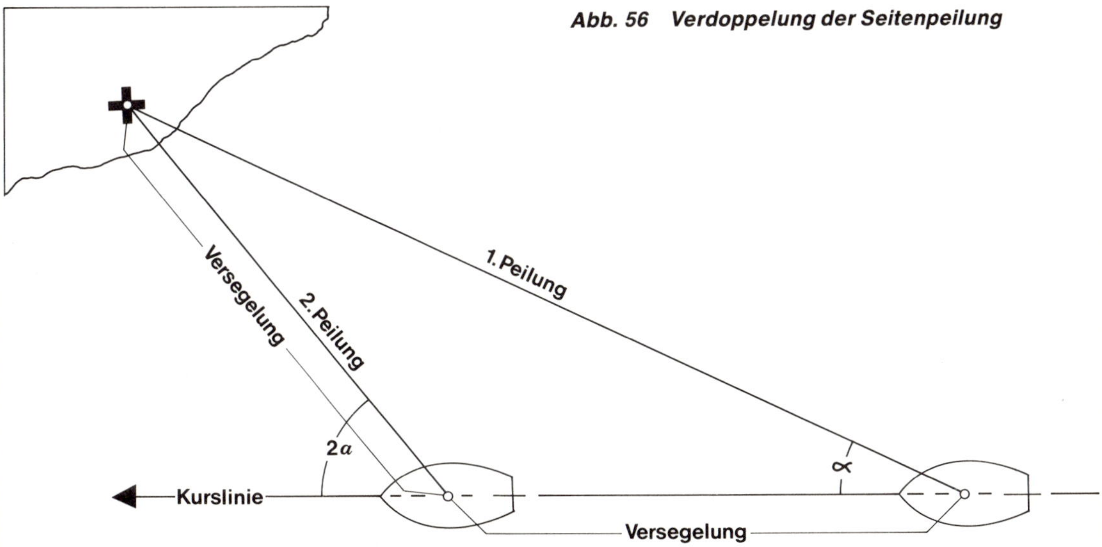

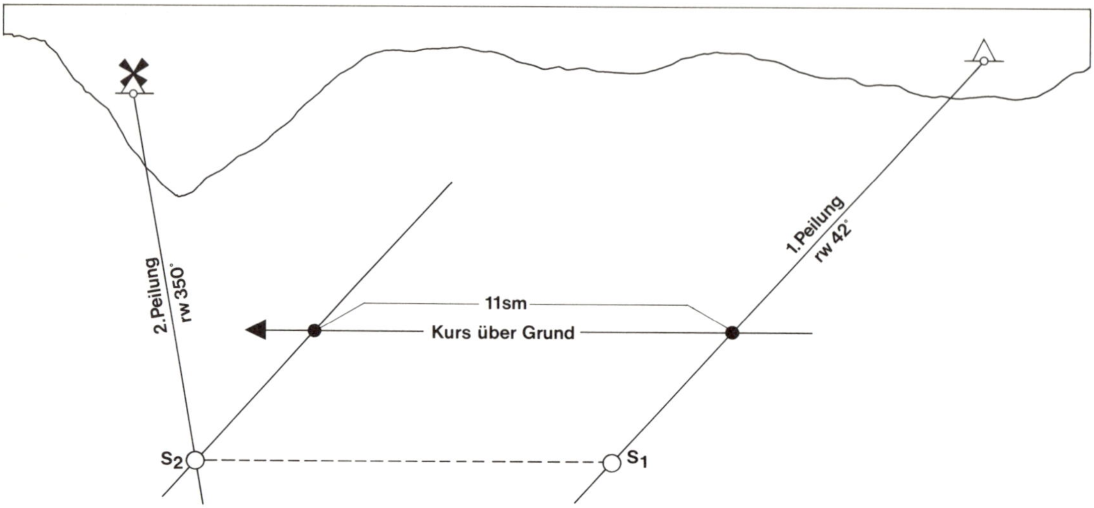

Abb. 57 Abgestumpfte Doppelpeilung

Einhalten von Mindestabständen

Oft liegen vor einer Küste gefährliche Untiefen, von denen ein Mindestabstand eingehalten werden muß. Ein Sextant ermöglicht eine sehr einfache und genaue Kontrolle dieses Abstandes.

Im einfachsten Fall stehen an Land zwei Peilobjekte A und B zur Verfügung. Man zeichnet auf der Karte jeweils eine Gerade von der Untiefe zu den beiden Peilmarken und mißt den von ihnen eingeschlossenen Winkel. Dieser Winkel ist der Gefahrenwinkel.

Auf der Yacht mißt man nun mit dem Sextanten den Horizontalwinkel zwischen A und B. Ist dieser Winkel größer als der Gefahrenwinkel, so ist man näher an Land als die Untiefe, ist er kleiner, so steht man weiter ab. Man kann gefahrlos außen oder innen passieren, solange sich die gemessenen Winkel deutlich vom Gefahrenwinkel unterscheiden.

Gibt es an Land nur ein Peilobjekt, so kann man den Gefahrenwinkel auch als Vertikalwinkel ableiten.

Man weiß z. B., daß eine Untiefe 1,3 sm vor einem Kap mit einem Leuchtturm liegt. Die Laterne dieses Leuchtturmes befindet sich z. B. 56 m über mittlerem Hochwasser (die Angabe findet sich im Leuchtfeuerverzeichnis). Dann ist nach der Abstandsformel $e = \frac{13}{7} \cdot \frac{\text{Höhe (m)}}{\text{Winkel (')}}$

$$\text{Gefahrenwinkel in }' = \frac{13}{7} \cdot \frac{56}{1,3} = 80' = 1°20'$$

Solange der Vertikalwinkel zwischen der Laterne des Leuchtturmes und dem Wasserspiegel kleiner als 1° 20′ ist, ist man frei von der Untiefe. Bei Niedrigwasser wird man sogar noch weiter abstehen, denn wenn die Ebbe die Höhe des Objektes um $\frac{1}{10}$ vergrößert, so ist auch die Distanz um etwa $\frac{1}{10}$ größer. (Bei Messung von Bergen oder dergleichen muß man die zugrundegelegte Bezugsfläche – Höhennull – berücksichtigen. Diese findet man in den »Bemerkungen« einer jeden Seekarte.)

Treffpunktaufgaben

In der Praxis, z. B. bei Havarien, kann es vorkommen, daß ein Schiff zu einem anderen geschickt oder ein Schiff einem anderen entgegengesandt werden soll. Bei der Lösung solcher Aufgaben ist für die Genauigkeit des Treffpunktes entscheidend, daß man Kurs und Fahrt bzw. Drift des anderen Schiffes annähernd kennt. Sind diese Werte bekannt, so findet man den zu steuernden Kurs am besten zeichnerisch in der Seekarte.

Dazu ein Beispiel (Abb. 58):

Eine Motoryacht hat um 12.10 Uhr über Sprechfunk an Norddeich Radio gemeldet, daß sie infolge

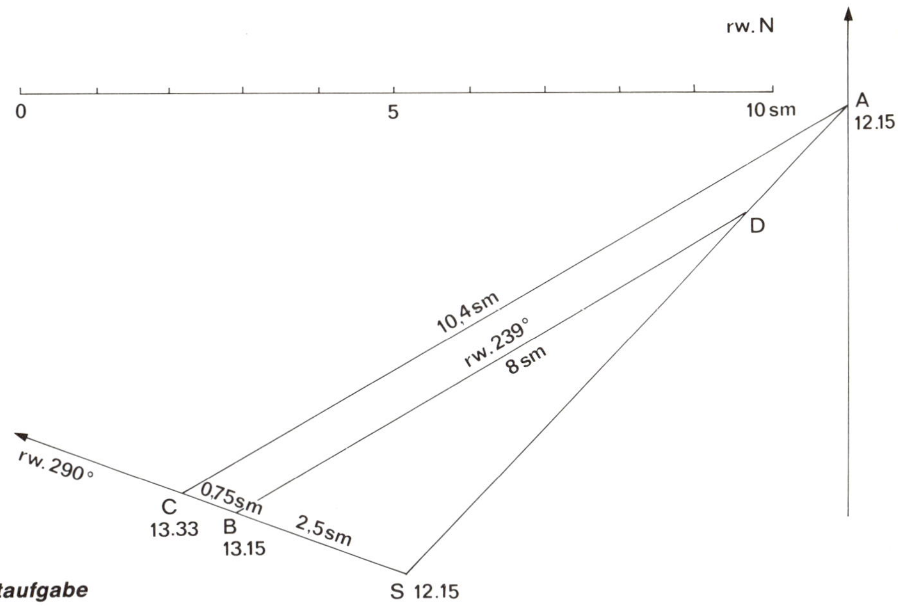

Abb. 58 Treffpunktaufgabe

Motorschadens in Not sei; um 12.15 Uhr gibt sie ihren Standort S bei Leucht-Heultonne 1 an (φ = 53° 52,1′ N und λ = 007° 58,9′ E). Sie teilt gleichzeitig mit, daß sie bei ESE-Windstärke 6 und ablaufendem Wasser mit 2,5 kn in Richtung rw 290° treibe. – Welchen Kurs muß eine andere Yacht, die um 12.15 Uhr bei der Leuchttonne Scharhörnriff steht (φ = 53° 58,6′ N und λ = 008° 8,8′ E), bei einer Fahrt von 8 kn steuern, und wieviel Zeit wird sie benötigen, um die in Not befindliche Yacht zu treffen?

Lösung: Man verbindet den Standort S der in Not befindlichen Yacht für 12.15 Uhr (Leucht-Heultonne 1) mit dem Ausgangspunkt A der Hilfe bringenden Yacht (Leuchttonne Scharhörnriff). Dann trägt man vom Standort S aus den Kurs der treibenden Yacht mit rw 290° und deren Drift für 1 Stunde (2,5 sm) in die Karte ein. Man erhält den Punkt B. Um B schlägt man einen Kreis mit der ebenfalls in 1 Stunde von der Hilfe bringenden Yacht zurückgelegten Distanz (8 sm). Dieser Kreis schneidet die Verbindungslinie Leucht-Heultonne 1 – Leuchttonne Scharhörnriff in Punkt D; die Verbindungslinie B–D ist der Kurs, den die Hilfe leistende Yacht zu fahren hat. Er wird mit rw 239° der Karte entnommen. Verschiebt man die Verbindungslinie D–B parallel durch den Punkt A, so schneidet diese Parallele den Kurs der in Not befindlichen Yacht im Punkt C, der 10,4 sm Abstand von der Leuchttonne Scharhörnriff (Punkt A) hat. Punkt C = Treffpunkt der beiden Yachten, ist vom Standort S der in Not befindlichen Yacht um 12.15 Uhr 3,25 sm entfernt. Bei 8 kn Fahrt benötigt die eine Yacht für die 10,4 sm lange Strecke von A nach C eine Fahrzeit von 1 h 18 min, die andere Yacht bei 2,5 sm Drift für die 3,25 sm lange Strecke die gleiche Zeit; beide Fahrzeuge werden sich also um 13.33 Uhr in C treffen, d. h. auf ungefähr 53° 52,3′ N, 007° 53,8′ E.

Beide Yachten befinden sich in einem Gebiet der Nordsee, in dem mit Sicherheit Strom zu erwarten ist. So muß für die Berechnung des Kompaßkurses, den die Hilfe leistende Yacht zu steuern hat, wie auch der Fahrt über Grund (die von der Fahrt durchs Wasser erheblich abweichen kann) der Strom berücksichtigt werden (Zeichnen des Stromdreiecks, aus dem sich Kurs durchs Wasser und Fahrt über Grund ergeben).

Gezeiten

In Tidegewässern wie in der Nordsee und im Englischen Kanal sind die Gezeiten zu berücksichtigen, und zwar sowohl das regelmäßige Steigen und Fallen des Wasserstandes wie auch die damit verbundenen horizontalen Wasserbewegungen, die Gezeitenströme.

Der zu einer betimmten Zeit herrschende Wasserstand über einer Barre, in einer Flußmündung oder in einem Hafen muß vom Navigator errechnet werden. Er muß auch ausrechnen, welcher Tiefenangabe auf der Seekarte eine Lotung entspricht und wieviel Wasser bei Niedrigwasser an einem bestimmten Punkt unter seinem Kiel bleibt. Die Rechnungen sind sehr einfach und können schematisch vollzogen werden, sogar im Kopf; denn es kommt nie auf ein paar Zentimeter an, wenn man die gute alte Regel befolgt, immer einen Fußbreit, besser einen halben Meter Wasser unter dem Kiel zu haben.

Grundlagen

Gezeiten sind Niveauschwankungen der Meeresoberfläche. Sie werden verursacht durch die Anziehungskräfte des Mondes und der Sonne auf die Wassermasse im Meer. Die Anziehungskräfte wirken im Mondmeridian und im Sonnenmeridian vertikal und in jeweils einem ganzen Erdviertel mehr oder weniger horizontal. Es entsteht dadurch auf der den Gestirnen zugewandten Seite durch Anziehung ein Flutberg, und auf der abgewandten Seite, durch die Erhöung der Zentrifugalkraft, ein weiterer Wasserberg.
Die Wirkung des Mondes ist weitaus größer als die der Sonne. Stehen Mond und Sonne auf der gleichen Seite der Erde, verstärken sich die Anziehungskräfte. Dies ist besonders der Fall bei Voll- und Neumond, wenn die Sonne in der Verlängerung der Linie zum Mond steht. Die dadurch bewirkten stärkeren Tiden bezeichnet man als **Springtiden.** Steht die Sonne etwa senkrecht zur Achse Erde-Mond, haben wir Halbmond und **Nipptiden.**
Da an einem gegebenen Ort die Anziehung am größten im Augenblick des Meridiandurchgangs des Himmelskörpers ist, haben wir an jedem Tag von 24 Stunden für die Sonne und 24 Stunden 50 Minuten für den Mond zwei Maxima und zwei Minima.
Wenn die Deklination des Himmelskörpers und die Ortsbreite entgegengesetzte Vorzeichen haben, wird ein Maximum größer sein als das andere. Jede Ungleichmäßigkeit in der Bewegung des Mondes um die Erde und der Erde mit ihrem Mond um die Sonne werden Ungleichmäßigkeiten in den Gezeitenkräften bewirken. Man hat also nicht nur die periodischen Ungleichheiten der Deklination der Himmelskörper zu berücksichtigen, wobei die Periode für den Mond 14 Tage und für die Sonne 6 Monate beträgt, sondern auch die Ungleichheiten der Paralaxe durch die elliptische Form der Umlaufbahnen. Die Anziehungskräfte werden daher am stärksten sein, wenn die Bahnentfernung am kleinsten ist, also im Perigäum.
Man kann auf diese Weise eine ganze Reihe von Komponenten herausschälen, die sich auf die Gezeiten auswirken, auch wenn ihre Wirkung sehr unterschiedlich ist. Die wichtigsten sind:
- Die halbtägige Mondtide M 2, die am wichtigsten ist.
- Die halbtägige Sonnentide S 2.
- Die mittlere elliptische Mondtide N 2, die durch – die wechselnde Entfernung des Mondes von der Erde gesteuert wird.
- Die halbtägige Mondsonnentide K 2, ausgelöst durch die unterschiedlichen Deklinationen von Mond und Sonne.

Dazu kommen noch Wellen langer Periode auf Grund der wechselnden Deklination und überlagerte Wellen.
Die Dauer zwischen zwei Flutbergen beträgt im

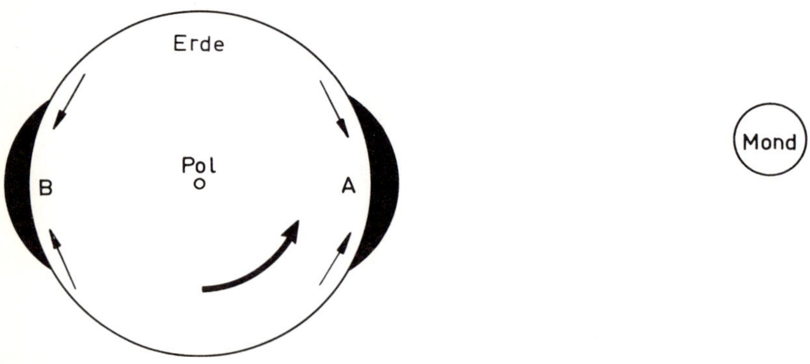

***Abb. 59** Die Anziehungskraft der Gestirne. A Flutberg durch Anziehung, B Flutberg durch Zentrifugalkraft.*

allgemeinen rund 12½ Stunden; zwischen einem Hoch- und einem Niedrigwasser werden daher im Mittel 6¼ Stunden liegen.
In Wirklichkeit ist die Sache noch etwas komplizierter.
Die mit der Erddrehung ständig in langgezogenen Bahnen hin und her schwingenden Wasserteilchen werden gehemmt durch Landmassen und beeinflußt durch verschiedene Tiefe der Meere und verschieden starke Beweglichkeit der Wassermoleküle (Viskosität). Die Gezeitenwellen werden dadurch phasenverschoben und durch Reflektion an den Küsten überlagert. Durch die Resonanzen zwischen den ozeanischen Bassins werden die Beziehungen noch weiter kompliziert. Sie lassen sich daher auch nicht vorausberechnen, sondern müssen aus Beobachtungen ermittelt werden.

An den Küsten des Atlantiks sind die Verhältnisse relativ einfach: Hier sehen wir die bekannten halbtägigen Gezeiten. Es gibt aber auch eintägige Gezeiten (im Golf von Tongking und in Kopenhagen) und halbtägige Gezeiten mit erheblichen täglichen Schwankungen (Stiller und Indischer Ozean), an einigen Stellen auch gemischte Gezeiten, bei denen die Höhen der beiden täglich auftretenden Hochwasser bzw. Niedrigwasser stark voneinander abweichen.

Die wichtigsten Begriffe der Gezeitenkunde

Die Abbildung 60 zeigt die wichtigsten Begriffe. Der Höhenunterschied zwischen Niedrigwasserhö-

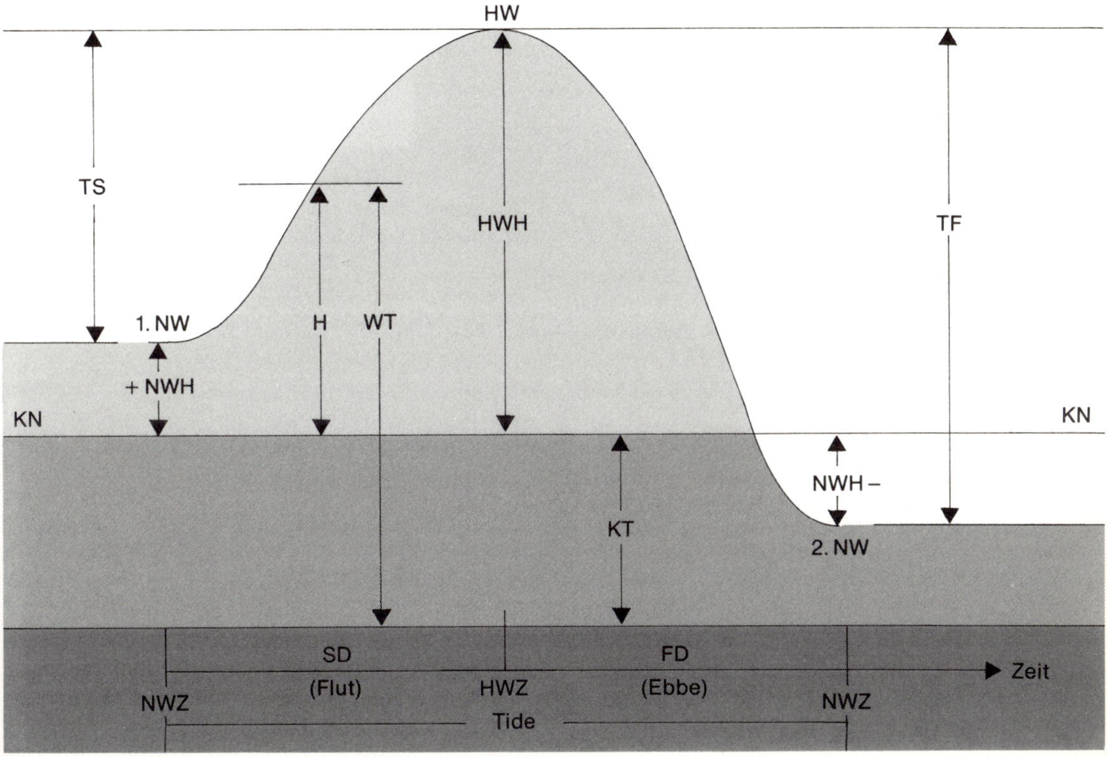

Abb. 60 Begriffe aus der Gezeitenlehre

KN = Kartennull
KT = Kartentiefe
H = Höhe der Gezeit
WT = Wassertiefe
NW = Niedrigwasser
NWH = Niedrigwasserhöhe
NWZ = Niedrigwasserzeit
SD = Steigdauer
TS = Tidenstieg
TH = Tidenhub = $\frac{TS + TF}{2}$
HW = Hochwasser
HWH = Hochwasserhöhe
HWZ = Hochwasserzeit
FD = Falldauer
TF = Tidenfall

he und Hochwasserhöhe ist der **Tidenstieg**; der Höhenunterschied zwischen Hochwasserhöhe und der folgenden Niedrigwasserhöhe der **Tidenfall**. Da sich zwei aufeinanderfolgende Niedrigwasser in ihrer Höhe unterscheiden, hat man den Begriff des **Tidenhubs** geschaffen. Er ist das arithmetische Mittel aus Tidenstieg und Tidenfall.

Das Kartennull (KN), auf das die Tiefenangaben der Seekarten bezogen sind, ist in den einzelnen Ländern verschieden festgelegt. In der Deutschen Bucht und ihren Flußgebieten liegt das Kartennull in der Ebene des mittleren Springniedrigwassers. In der Ostsee, in der Gezeiten keine Rolle spielen, stimmt das Kartennull mit dem mittleren Wasserstand in Swinemünde überein. Über die Festsetzungen in anderen Ländern findet man Angaben in den Gezeitentafeln.

Die Höhen, die man den Gezeitentafeln entnimmt, sind jeweils auf das Null der benutzten Seekarte bezogen, also auch auf das Null der Seekarten fremder Staaten oder der deutschen Seekarten von außerdeutschen Küsten.

In England und Frankreich ist das KN das niedrigste Springniedrigwasser. Manchmal aber gibt es Abweichungen innerhalb eines Landes, zum Beispiel in der Bretagne, wo das KN etwa 1,50 m unter dem mittleren Springniedrigwasser liegt.

Anlagen, die die Höhe des Wasserstandes messen, heißen **Pegel**. An den wichtigsten Plätzen findet man Pegel mit der Beschriftung »Schiffahrtspegel«. Sie zeigen den Wasserstand über Kartennull, also die Höhe der Gezeiten an. Nur sie dürfen für die Schiffsführung benutzt werden.

An vielen Küsten wird der Wasserstand über Kartennull durch Wasserstandssignale und Wasserstandsanzeiger angezeigt. Die nähere Beschreibung dieser Anlagen fidnet man im Anhang »Signalstellen« der Leuchtfeuerverzeichnisse.

Die **Kartentiefe** läßt sich der Seekarte entnehmen. Die **Wassertiefe** ergibt sich aus der Kartentiefe und der Höhe der Gezeit, sie ist der jeweils vom Lot gemessene Wert. Eine waagerecht unterstrichene Zahl besagt, daß diese Stelle mit der angegebenen Höhe über KN trockenfällt.

Die Höhe der Gezeit ist mit einigen Ausnahmen auf das Kartennull bezogen. Man muß daher die Tiefe nach Seekarte und die Höhe der Gezeit addieren, um die zur betreffenden Zeit vorzufindende Wassertiefe zu erhalten.

Springzeit, Nippzeit, Springverspätung

Die Höhen von Hoch- und Niedrigwasser nehmen im Laufe von 14 Tagen kontinuierlich zu bzw. ab. Die höchsten Hochwasser und niedrigsten Niedrigwasser finden sich bei Springzeitverhältnissen, wenn Erde, Mond und Sonne in einer Achse stehen, also bei Vollmond und bei Neumond. Zwischen Springhochwasser und Springniedrigwasser gibt es dann den größten Tidenhub, den Springtidenhub. Wenn der Mond im ersten oder letzten Viertel steht, entstehen besonders schwache Gezeiten, die Nipptiden. Die Hochwasserstände sind dann besonders niedrig, die Niedrigwasserstände besonders hoch.

Die Zeit zwischen Spring- und Nippzeit nennt man *Mittzeit.* Man rechnet

Springzeit:	2 Tage
Mittzeit:	3 Tage
Nippzeit:	4 Tage
Mittzeit:	3 Tage
Springzeit:	2 Tage
	14 Tage

Die Spring- und Nipptiden treten erst mit einer gewissen Verspätung auf, an unseren Küsten erst 3 Tage später. Diese Springverspätung, die zum Englischen Kanal hin kleinere Werte hat, entnimmt man der Tafel 1a im Teil IV der Gezeitentafeln.

Der Gezeitenunterschied

Es ist die Verbesserung, die man an die Zeiten für HW und NW und die Gezeitenhöhen eines Bezugsortes anzubringen hat, um die entsprechenden Werte für einen Anschlußort zu erhalten. (Siehe im folgenden Abschnitt.)

Die Gezeitentafeln

Band I der Gezeitentafeln behandelt die europäischen Gewässer. Der Teil I enthält die »ausführlichen Vorausberechnungen« der Hoch- und Niedrigwasserzeiten und der dazugehörigen Höhen für eine Reihe von ausgewählten Bezugsorten, der Teil II für eine große Anzahl von Anschlußorten, die in der Umgebung der Bezugsorte liegen, die Gezeitenunterschiede. Wenn man diese Gezeitenunterschiede an den Werten der Bezugsorte anbringt, erhält man die Gezeitenwerte der Anschlußorte. Mit diesen Werten sind die Küsten und Flußmündungen der europäischen Gewässer für die Zwecke der Navigation ausreichend erfaßt.

Wilhelmshafen (Alter Vorhafen) 19XX

Breite: 53° 31′ N, Länge: 8° 09′ E.

Mai

Tag	Zeit	Höhe m	Tag	Zeit	Höhe m
1	0005	0,1	16	0551	3,6
	0643	3,7		1137	0,5
Sa	1232	0,4	So	1811	3,8
	1904	4,0			
2	0118	0,2	17	0022	0,4
	0758	3,6		0654	3,5
So	1350	0,5	Mo	1244	0,6
	2026	4,0		1922	3,8
3	0243	0,2	18	0135	0,3
	0923	3,6		0812	3,5
Mo	1517	0,4	Di	1406	0,5
	2148	4,0		2041	3,9
4	0406	0,0	19	0255	0,2
	1038	3,7		0929	3,7
Di	1633	0,2	Mi	1528	0,4
	2256	4,0		2152	4,0
5	0510	-0,1	20	0407	0,1
	1134	3,8		1036	3,8
Mi	1728	0,1	Do	1638	0,3
	2346	4,1		2253	4,1
6	0556	-0,2	21	0508	0,0
	1216	3,9		1133	4,0
Do	1813	0,0	Fr	1737	0,1
				2347	4,2
7	0029	4,1	22	0603	-0,1
	0638	-0,1		1222	4,1
Fr	1257	4,0	Sa	1830	0,0
	1857	0,0			
8	0112	4,1	23	0036	4,3
	0720	-0,1		0651	-0,2
Sa	1335	4,0	So	1307	4,2
	1938	-0,1		1916	-0,1
9	0152	4,1	24	0122	4,3
	0757	-0,1		0735	-0,2
So	1409	4,1	Mo	1349	4,3
	2012	-0,1		1958	-0,2
10	0224	4,1	25	0209	4,3
	0825	-0,1		0820	-0,1
Mo	1437	4,1	Di	1433	4,3
	2042	-0,1		2044	-0,2
11	0254	4,1	26	0301	4,3
	0852	0,0		0908	0,0
Di	1505	4,1	Mi	1519	4,3
	2111	0,0		2133	-0,2
12	0323	4,0	27	0353	4,1
	0920	0,1		0953	0,0
Mi	1533	4,1	Do	1606	4,3
	2141	0,1		2221	-0,1
13	0354	3,9	28	0445	4,0
	0949	0,2		1038	0,1
Do	1603	4,1	Fr	1655	4,2
	2211	0,2		2310	-0,1
14	0426	3,8	29	0539	3,9
	1017	0,3		1127	0,3
Fr	1636	4,0	Sa	1750	4,2
	2245	0,2			
15	0503	3,7	30	0006	0,1
	1050	0,4		0638	3,8
Sa	1717	3,9	So	1225	0,4
	2326	0,3		1853	4,2
			31	0110	0,1
				0743	3,7
			Mo	1331	0,4
				2002	4,1

Juni

Tag	Zeit	Höhe m	Tag	Zeit	Höhe m
1	0219	0,1	16	0058	0,2
	0853	3,7		0729	3,7
Di	1443	0,3	Mi	1322	0,5
	2114	4,0		1952	4,0
2	0329	0,1	17	0206	0,2
	1000	3,7		0838	3,7
Mi	1553	0,2	Do	1437	0,4
	2219	4,0		2102	4,1
3	0431	0,0	18	0318	0,2
	1057	3,8		0947	3,9
Do	1652	0,1	Fr	1551	0,4
	2314	4,1		2209	4,2
4	0522	0,0	19	0426	0,1
	1142	3,9		1051	4,0
Fr	1742	0,1	Sa	1658	0,2
				2310	4,3
5	0002	4,1	20	0528	0,1
	0607	0,0		1148	4,1
Sa	1225	4,0	So	1758	0,1
	1829	0,1			
6	0046	4,1	21	0009	4,3
	0651	0,0		0625	0,0
So	1305	4,1	Mo	1239	4,3
	1912	0,0		1852	0,0
7	0125	4,1	22	0103	4,4
	0729	0,0		0716	0,0
Mo	1341	4,2	Di	1327	4,4
	1948	0,0		1942	-0,1
8	0200	4,1	23	0156	4,3
	0759	0,0		0806	0,0
Di	1412	4,2	Mi	1417	4,4
	2019	-0,1		2033	-0,1
9	0232	4,0	24	0252	4,3
	0828	0,0		0857	0,0
Mi	1442	4,2	Do	1508	4,5
	2052	0,0		2127	-0,2
10	0304	4,0	25	0347	4,2
	0859	0,1		0947	0,0
Do	1513	4,2	Fr	1558	4,5
	2125	0,1		2219	-0,2
11	0337	4,0	26	0438	4,0
	0932	0,2		1031	0,1
Fr	1545	4,2	Sa	1646	4,4
	2158	0,1		2306	-0,1
12	0411	3,9	27	0528	3,9
	1004	0,2		1117	0,2
Sa	1622	4,1	So	1736	4,3
	2235	0,2		2354	0,0
13	0450	3,8	28	0619	3,8
	1040	0,3		1206	0,3
So	1703	4,1	Mo	1829	4,2
	2316	0,2			
14	0535	3,7	29	0044	0,1
	1124	0,4		0711	3,7
Mo	1750	4,0	Di	1258	0,3
				1925	4,1
15	0002	0,2	30	0138	0,1
	0627	3,7		0806	3,7
Di	1217	0,4	Mi	1354	0,3
	1846	3,9		2026	4,0

Juli

Tag	Zeit	Höhe m	Tag	Zeit	Höhe m
1	0237	0,2	16	0122	0,3
	0907	3,7		0749	3,8
Do	1500	0,3	Fr	1350	0,5
	2132	3,9		2015	4,1
2	0341	0,2	17	0232	0,4
	1009	3,8		0858	3,9
Fr	1609	0,3	Sa	1507	0,5
	2236	4,0		2129	4,1
3	0443	0,2	18	0348	0,3
	1105	3,9		1012	4,0
Sa	1711	0,2	So	1624	0,3
	2333	4,0		2243	4,2
4	0536	0,2	19	0501	0,2
	1154	4,0		1120	4,1
So	1802	0,2	Mo	1735	0,2
				2351	4,2
5	0020	4,0	20	0607	0,2
	0622	0,2		1221	4,3
Mo	1238	4,1	Di	1838	0,0
	1846	0,1			
6	0101	4,1	21	0053	4,3
	0703	0,1		0706	0,1
Di	1316	4,2	Mi	1314	4,4
	1926	0,0		1934	-0,1
7	0138	4,1	22	0149	4,3
	0739	0,1		0759	0,1
Mi	1352	4,2	Do	1406	4,5
	2002	0,0		2028	-0,1
8	0214	4,0	23	0243	4,2
	0813	0,1		0850	0,0
Do	1426	4,3	Fr	1456	4,5
	2038	0,0		2119	-0,2
9	0249	4,0	24	0335	4,2
	0847	0,1		0936	0,0
Fr	1458	4,3	Sa	1545	4,5
	2113	0,0		2208	-0,2
10	0323	4,0	25	0422	4,1
	0920	0,1		1018	0,0
Sa	1531	4,3	So	1629	4,5
	2146	0,1		2250	-0,1
11	0358	3,9	26	0505	4,0
	0953	0,1		1056	0,0
So	1607	4,2	Mo	1712	4,3
	2222	0,1		2329	-0,1
12	0437	3,8	27	0547	3,8
	1031	0,2		1136	0,1
Mo	1649	4,2	Di	1755	4,2
	2305	0,1			
13	0520	3,8	28	0007	0,0
	1113	0,2		0627	3,7
Di	1732	4,1	Mi	1216	0,2
	2346	0,1		1839	4,1
14	0603	3,8	29	0048	0,2
	1157	0,3		0709	3,7
Mi	1816	4,1	Do	1300	0,3
				1931	3,9
15	0028	0,2	30	0137	0,3
	0650	3,8		0804	3,7
Do	1247	0,4	Fr	1401	0,4
	1909	4,1		2037	3,8
			31	0242	0,5
				0913	3,7
			Sa	1519	0,5
				2152	3,8

August

Tag	Zeit	Höhe m	Tag	Zeit	Höhe m
1	0356	0,5	16	0321	0,5
	1024	3,9		0946	4,0
So	1636	0,4	Mo	1604	0,4
	2301	3,9		2230	4,0
2	0504	0,4	17	0446	0,4
	1124	4,0		1105	4,1
Mo	1737	0,3	Di	1724	0,2
	2356	4,0		2345	4,1
3	0558	0,3	18	0558	0,3
	1213	4,1		1211	4,3
Di	1824	0,2	Mi	1831	0,0
4	0039	4,0	19	0048	4,2
	0642	0,2		0659	0,2
Mi	1254	4,2	Do	1305	4,4
	1906	0,1		1927	-0,1
5	0118	4,0	20	0142	4,2
	0723	0,2		0751	0,1
Do	1332	4,3	Fr	1354	4,5
	1946	0,1		2017	-0,1
6	0157	4,1	21	0230	4,2
	0801	0,1		0837	0,0
Fr	1408	4,3	Sa	1440	4,5
	2024	0,0		2103	-0,2
7	0234	4,1	22	0315	4,1
	0835	0,1		0918	-0,1
Sa	1442	4,3	So	1524	4,5
	2058	0,0		2145	-0,2
8	0307	4,1	23	0356	4,1
	0907	0,1		0955	-0,1
So	1514	4,3	Mo	1604	4,4
	2131	0,0		2223	-0,1
9	0341	4,0	24	0433	4,0
	0940	0,1		1028	0,0
Mo	1549	4,3	Di	1641	4,3
	2207	0,0		2256	0,0
10	0418	4,0	25	0506	3,9
	1018	0,1		1100	0,1
Di	1630	4,3	Mi	1716	4,1
	2247	0,1		2326	0,1
11	0458	3,9	26	0537	3,8
	1058	0,2		1132	0,2
Mi	1710	4,3	Do	1752	4,0
	2326	0,2		2356	0,3
12	0536	4,0	27	0611	3,7
	1135	0,3		1208	0,4
Do	1748	4,2	Fr	1836	3,8
13	0001	0,3	28	0036	0,6
	0614	3,9		0700	3,7
Fr	1215	0,4	Sa	1303	0,6
	1834	4,1		1938	3,7
14	0045	0,4	29	0139	0,8
	0707	3,9		0812	3,7
Sa	1313	0,6	So	1423	0,7
	1941	4,0		2059	3,7
15	0154	0,6	30	0302	0,8
	0821	3,9		0936	3,8
So	1434	0,5	Mo	1553	0,7
	2105	4,0		2222	3,8
			31	0426	0,7
				1050	4,0
			Di	1708	0,5
				2328	3,9

Abb. 61

UTC + 1 h 00 min (MEZ)

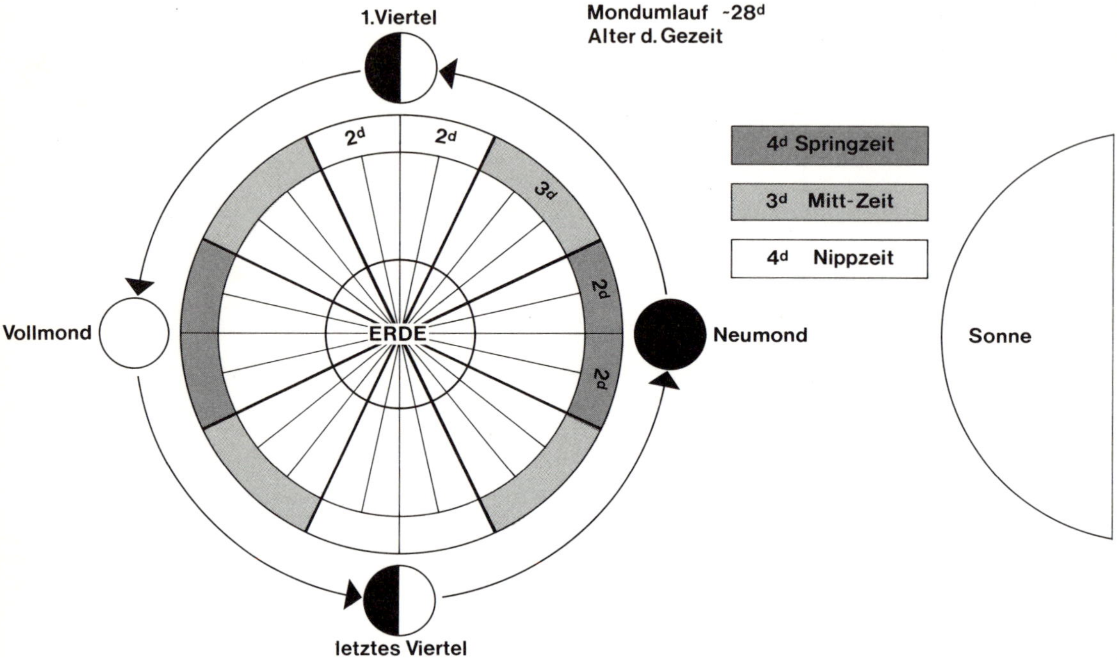

Abb. 62 d = Tag.

Für die Bezugsorte sind die an den betreffenden Tagen zu erwartenden Hoch- und Niedrigwasserzeiten ausführlich vorausberechnet angegeben. Mondphase (Spring-, Mitt-, Nippzeit) und Springverspätung sind berücksichtigt. Diese Hoch- und Niedrigwasserzeiten und -höhen können also aus der Tafel ohne weiteres in die Praxis übernommen werden. Für die Berechnung einer Höhe über Kartennull zu einer anderen beliebigen Gebrauchszeit, z. B. zur Zeit einer Lotung oder des Befahrens eines Gewässers, muß man den in den Tafeln angegebenen Höhen noch den Wert hinzufügen, um den sich die Höhe in der Zwischenzeit des Steigens oder Fallens des Wassers vermehrt oder vermindert hat. Da die Schnelligkeit des Steigens oder Fallens des Wassers sowie die Höhen bei Spring-, Nipp- oder Mittzeit verschieden sind und nicht exakt durch rechnerische Zwischenschaltung ermittelt werden können, benutzt man die Tidenkurven der Bezugsorte. Diese Kurven sind für mittlere Springverhältnisse und für mittlere Nippverhältnisse gezeichnet und geben die Wasserhöhen für jede Gebrauchszeit an. Für Mittzeitverhältnisse müssen die Höhen aus beiden Kurven ermittelt werden.

In einigen Fällen sind die Gezeitenunterschiede für einen Anschlußort nicht vollständig gegeben; man arbeitet dann am besten mit einer mittleren Steig- oder Falldauer von 6 h 12 min. Es kann sein, daß an einem Tag nicht zwei, sondern nur ein Hochwasser (HW) beziehungsweise Niedrigwasser (NW) angegeben sind; das zweite fällt dann auf den nächsten beziehungsweise den vorhergehenden Tag.

Steht die Yacht im freien Seeraum, so können angenäherte Werte für die Hochwasserzeit und den Tidenhub aus zwei Karten entnommen werden, die der Gezeitentafel beigegeben sind. Sie bedecken das Gebiet der Nordsee und der Gewässer um England.

Gebrauchsanweisungen für alle Gezeitenaufgaben findet man in den einleitenden Kapiteln der Gezeitentafeln, deren Studium nicht genug empfohlen werden kann. Im folgenden sind nur Hinweise für die Lösung der wichtigsten Aufgaben gegeben.

Zur Lösung der nachstehenden Beispiele können die auf diesen Seiten wiedergegebenen Auszüge aus der Gezeitentafel des BSH für das Jahr 19XX verwendet werden.

Tafel 3a

Mondphasen 19XX. UTC

Abb. 63

		Tag	Uhr		Tag	Uhr		Tag	Uhr		Tag	Uhr
Erstes Viertel	Januar	3	4.45	April	1	5.08	Juni	28	5.56	September	25	4.07
Vollmond		9	19.53		8	10.18	Juli	6	7.32	Oktober	3	1.08
Letztes Viertel		16	23.58		16	12.42		14	3.47		9	23.26
Neumond		25	4.56		23	20.29		20	18.57		17	0.04
Erstes Viertel	Februar	1	14.28		30	12.07		27	18.22		25	0.08
Vollmond		8	7.57	Mai	8	0.45	August	4	22.34	November	1	12.57
Letztes Viertel		15	20.21		16	5.11		12	11.08		8	6.38
Neumond		23	21.13		23	4.40		19	2.45		15	15.10
Erstes Viertel	März	2	22.15		29	20.07		26	9.49		23	20.05
Vollmond		9	20.45	Juni	6	15.59	September	3	12.28	Dezember	1	0.21
Letztes Viertel		17	17.15		14	18.06		10	17.19		7	15.53
Neumond		25	10.17		21	11.52		17	12.09		15	9.18
Erstes Viertel	April	1	5.08		28	5.56		25	4.07		23	14.17
Vollmond		8	10.18	Juli	6	7.32	Oktober	3	1.08		30	11.33

Tafel 1a

Gezeitengrundwerte der europäischen Bezugsorte

Abb. 64

Bezugsort	Springverspätung	Mittlere Steigdauer	Mittlere Falldauer	M Sp HW	M Np HW	M Sp NW	M Np NW	Art der Vorausberechnung	Vorausberechnet durch
	d h	h min	h min	m	m	m	m		
Ekaterininskaja	1 19	06 05	06 20	3,65	2,97	0,65	1,33	H. V.	D. H.
Narvik	2 02	06 06	06 19	3,07	2,39	0,52	1,20	H. V.	N. S.
Bergen	2 02	06 14	06 11	1,40	1,08	0,20	0,52	H. V.	N. S.
Helgoland	2 22	05 39	06 46	2,69	2,33	0,00	0,39	H. U.	D. H.
Husum	3 00	05 58	06 27	3,82	3,41	0,00	0,46	D. V.	D. H.
Büsum	3 01	06 13	06 12	3,70	3,26	0,00	0,47	H. U.	D. H.
Cuxhaven	3 00	05 42	06 43	3,23	2,82	−0,13	0,25	H. U.	D. H.
Brunsbüttel	3 01	05 21	07 04	2,99	2,63	−0,07	0,18	H. U.	D. H.
Hamburg	3 04	05 00	07 25	3,15	2,83	−0,35	−0,29	H. U.	D. H.
Bremerhaven	3 00	06 04	06 21	3,88	3,45	−0,20	0,25	H. U.	D. H.
Bremen	3 03	05 13	07 12	4,07	3,62	−0,33	−0,17	H. U.	D. H.
Wilhelmshaven	3 00	06 17	06 08	4,22	3,75	0,00	0,57	H. U.	D. H.
Norderney	2 22	06 01	06 24	2,79	2,42	0,00	0,41	D. V.	D. H.
Borkum	2 21	06 07	06 18	2,65	2,35	0,00	0,37	D. V.	D. H.
Emden	2 23	06 06	06 19	3,47	3,13	0,00	0,39	H. U.	D. H.
Terschelling	2 14	06 19	06 06	2,23	1,93	0,13	0,52	N. V.	R. G.
Hoek van Holland	2 04	06 47	05 38	2,29	1,75	0,44	0,28	N. V.	R. G.
Vlissingen	2 03	05 56	06 29	4,87	3,97	0,46	1,03	N. V.	R. G.
Le Havre	1 23	05 37	06 48	7,80	6,50	1,15	2,85	N. V.	H. P.
St. Malo	2 02	05 30	06 55	12,25	9,25	1,50	4,40	N. V.	H. P.
Brest	1 15	06 03	06 22	7,50	5,90	1,40	3,00	N. V.	H. P.
Devonport	1 18	06 11	06 14	5,55	4,39	0,76	2,16	H. V.	H. D.
Southamton	1 21	06 45	05 40	4,54	3,75	0,46	1,77	H. C.	I. B.
Portsmouth	2 02	07 08	05 17	4,69	3,81	0,61	1,77	H. C.	I. B.
Dover	2 03	05 07	07 18	6,68	5,33	0,76	1,98	H. C.	I. B.
London Bridge	2 17	05 56	06 29	7,10	5,79	0,46	1,55	H. C.	I. B.
Immingham	2 00	06 04	06 21	7,25	5,76	0,85	2,56	H. V.	I. B.
Leith	1 15	06 29	05 56	5,58	4,54	0,79	2,13	H. C.	I. B.
Aberdeen	1 13	06 18	06 07	4,27	3,41	0,64	1,65	H. V.	I. B.
Ullapool	1 09	06 06	06 19	5,18	3,90	0,73	2,10	H. V.	H. D.
Oban	1 11	06 10	06 15	3,99	2,93	0,73	1,77	H. V.	H. D.
Greenock	2 16	06 41	05 44	3,44	2,90	0,37	1,01	H. C.	I. B.
Liverpool	1 20	05 37	06 48	9,33	7,44	0,94	2,87	H. C.	I. B.
Avonmouth	2 10	05 36	06 49	13,23	10,00	0,94	3,54	H. C.	I. B.
Cobh	1 20	05 56	06 29	4,11	3,26	0,49	1,28	H. V.	I. B.
Pointe de Grave	1 10	06 28	05 57	5,30	4,30	1,05	2,10	D. V.	H. P.
Lissabon Marinewerft	1 03	06 42	05 43	3,81	2,99	0,49	1,40	H. V.	H. D.
Gibraltar	1 05	06 34	05 51	0,98	0,73	0,09	0,34	H. V.	H. D.

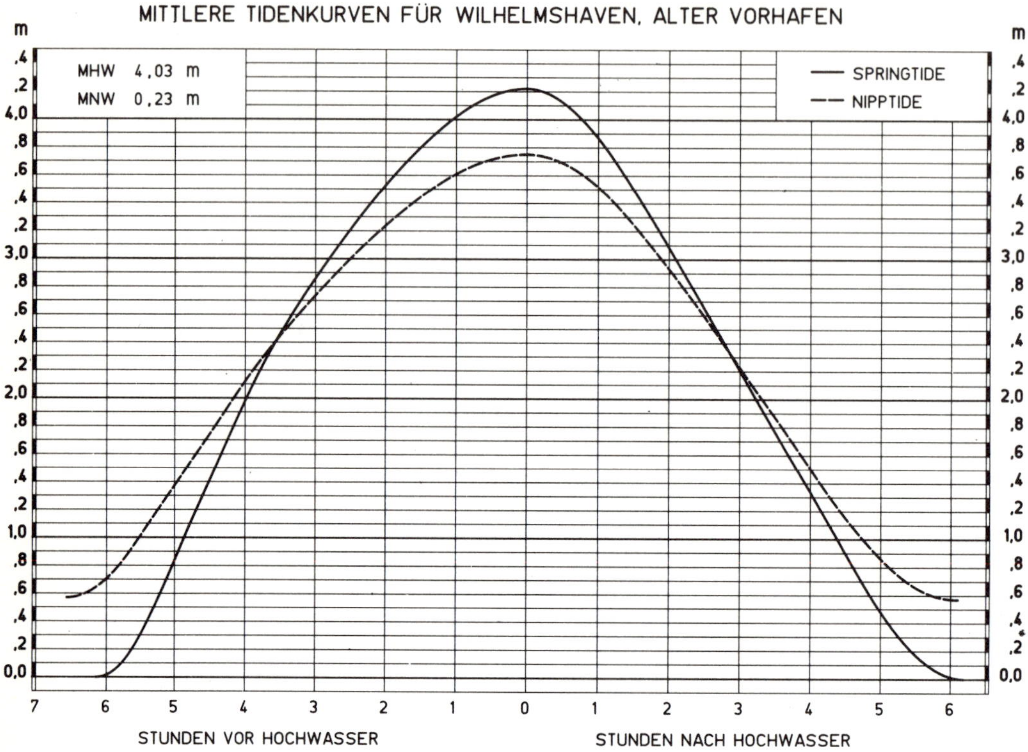

Abb. 65

Lösung von Gezeitenaufgaben

Bestimmung von Spring-, Nipp- und Mittzeit

Um festzustellen, ob an einem bestimmten Tage Spring-, Nipp- oder Mittzeit ist, stellt man zunächst in der Tafel 3a der Gezeitentafeln des Jahres fest, wann vor dem betreffenden Tage Voll- oder Neumond, bzw. erstes oder letztes Viertel war. An unseren Küsten tritt erst drei Tage nach der betreffenden Mondphase die Spring- bzw. Nipptide ein.

Die zwischen Spring- und Nipptide liegende Zeit teilt man in der Praxis in der Weise auf, daß man noch je zwei Tage vor und nach dem Zeitpunkt als Spring- oder Nippzeit rechnet. Für die dazwischenliegenden Tage nimmt man mittlere Verhältnisse (Mittzeit) an.

Ein Beispiel:
An welchen Tagen ist im Juli in Wilhelmshaven Springzeit und Nippzeit?
Nach Tafel 3a (Abb. 63) ist

Vollmond am 6. Juli
Letztes Viertel am 14. Juli
Neumond am 20. Juli
Erstes Viertel am 27. Juli

Da nach Tafel 1a (Abb. 64) für Wilhelmshaven eine Springverspätung von 3 Tagen anzusetzen ist, gilt also

Springzeit am 9. Juli
Nippzeit am 17. Juli
Springzeit am 23. Juli
Nippzeit am 30. Juli.

Praktisch rechnet man

Springzeit 7. bis 11. Juli und vom 21. bis 25. Juli
Nippzeit vom 15. bis 19. Juli und vom 28. Juli bis 1. August.

Hoch- und Niedrigwasser an einem Bezugsort

Wann und wie hoch treten am 6. Juni in Wilhelmshaven Hoch- und Niedrigwasser nach UTC + 1 h = MEZ ein? Beachte, daß dann die gesetzliche

Nr.	Ort	Geogr. Lage: Breite	Länge	HW	NW	Mittlere Höhen des Bezugsortes			
		° ′	° ′	h min	h min	m	m	m	m
	Bezugsort:					SpHW	NpHW	SpNW	NpNW
	BREMERHAVEN (Seite 34-36)					3,9	3,4	-0,2	0,2
				Zeitunterschiede		Höhenunterschiede			
	U T C + 1 h 00 min	N	E						
	Hunte								
747	Reithörne	53 10	8 19	+ 2 13	+ 3 03	-1,1	-1,0	+0,2	-0,3
748	Oldenburg, Drielake	53 08	8 14	+ 2 24	+ 3 33	-1,0	-0,9	+0,2	-0,3
						SpHW	NpHW	SpNW	NpNW
	BREMEN (Seite 37-39)					4,1	3,6	-0,3	-0,2
749	Farge	53 12	8 31	- 0 26	- 0 44	-0,2	-0,1	+0,1	+0,1
750	Vegesack	53 10	8 37	- 0 10	- 0 22	-0,1	-0,1	+0,1	+0,1
	Bremen								
751	Große Weserbrücke	53 04	8 48	+ 0 05	+ 0 20	+0,1	+0,1	0,0	0,0
752	Weserwehr	53 04	8 52	+ 0 08	+ 0 30	+0,1	+0,1	+0,1	+0,1
						SpHW	NpHW	SpNW	NpNW
	WILHELMSHAVEN (Seite 41-43)					4,2	3,8	0,0	0,6
	Jadegebiet								
755	Jadeplate	53 50	8 00	- 1 06	- 0 44	-1,1	-1,1	0,0	-0,2
756	Wangerooge Ost	53 46	7 58	- 0 58	- 0 29	-0,9	-0,8	0,0	-0,1
757	Blaue Balje	53 45	7 56	- 0 59	- 0 33	-1,0	-0,9	0,0	-0,1
759	Minsener Oog, Buhne C	53 45	8 02	- 0 48	- 0 20	-0,9	-0,8	0,0	0,0

Abb. 66

Zeit (GZ) UTC* + 2 h = deutsche Sommerzeit ist.

1. HW 0046 (4,1 m)
1. NW 0651 (0,0 m)
2. HW 1305 (4,1 m)
2. NW 1912 (0,0 m)

Ist die NW-Höhe negativ, liegt der Wasserstand unter Kartennull.

Hoch- und Niedrigwasser an einem Anschlußort

Wann und wie hoch treten am 4. August bei Wangerooge Ost Hoch- und Niedrigwasser ein? Bezugsort ist Wilhelmshaven. Gezeitenverhältnisse nach Tafel 3a und 1a:

4. 8. Vollmond (3a)
Springverspätung 3 d 00 h (1a)
Springzeit 7. August

* Siehe Kapitel »Astronomische Navigation«, Abschn. »Zeit«.

Da zwei Tage vor und zwei Tage nach Springdatum zur Springzeit zu rechnen sind, ist am 4. August noch keine Springzeit, sondern Mittzeit. Die Gezeitenunterschiede nach Zeit und, in Klammern, Höhe finden wir im Teil II der Gezeitentafel (Abb. 66) für HW und NW unter der Ortsnummer 756 und bringen sie an den Gezeitenwerten des Teils I für Wilhelmshaven mit den angegebenen Vorzeichen an.

Das ergibt:

Wilhelmshaven	1. HW	0039 (4,0)	2. HW	1254 (4,2)
GU Wangerooge Ost		–0058 (–0,9)		–0058 (–0,9)
Wangerooge Ost HW	(3.8.)	2341 (3,1)		1156 (3,3)

Wilhelmshaven	1. NW	0642 (0,2)	2. NW	1906 (0,10)
GU Wangerooge Ost		–0029 (–0,05)*		–0029 (–0,05)*
Wangerooge Ost NW		0613 (0,15)		1837 (0,05)

* Wegen Unsicherheit gemittelt

Höhen zu beliebigen Zeiten zwischen Hoch- und Niedrigwasser

Benutzung von Tidenkurven

Wie hoch ist in Wilhelmshaven am 17. August, 1800 Uhr, die verfügbare Wassertiefe an einer Stelle, die in der Seekarte eine Tiefe von 0,5 m aufweist?

Am 19. 8. ist Neumond. Die Springverspätung für Wilhelmshaven ist 3 d. Springzeit ist also am 22. 8. ± 2d. Am 17. 8. ist Mittzeit.

Die Gezeitentafel gibt für den 17. 8. am Nachmittag:

2. NW 1724 (0,2) 2. HW 2345 (4,1)

Uns interessiert die Höhe der Gezeit um 1800 Uhr, also 5 h 45 min vor HW. Nach der Tidenkurve für Wilhelmshaven (Abb. 65) hat das Wasser zu dieser Zeit 0,1 m Höhe zur Springzeit und 0,8 m Höhe zur Nippzeit. Zur Mittzeit ist die Höhe etwa (0,1 + 0,8)/2 = 0,45 m. Folglich

Kartentiefe	= 0,50 m
Gezeithöhe	= 0,45 m
Verfügbare Wassertiefe	= 0,95 m

Lösung von Gezeitenaufgaben ohne Verwendung von Tidenkurven

1. Nach Gezeitentafeln

Am 25. Mai um 1607 Uhr werden bei der Jadeplate (JPL) 5 m Wasser gelotet. Die Lotung soll auf Kartentiefe beschickt werden.

Bezugsort ist Wilhelmshaven (WHV). Da nach Tafel 3a (Abb. 63) am 23. Mai Neumond ist und die Springverspätung nach Tafel 1 für Wilhelmshaven 3 d beträgt, ist am 25. Mai mit Springzeit zu rechnen, und es sind die Gezeitenunterschiede für Springzeit zu entnehmen. Es ergibt sich:

WHV	2. Hw	1433	(4,3)	2. Nw	2044	(–0,2)
GU JPL		–0106	(–1,1)		–0044	(–0,0)
JPL	2. HW	1327	(3,2)	2. Nw	2000	(–0,2)

Da für den Anschlußort Jadeplate keine Tidenkurve angegeben ist, muß die Tafel 2 (Abb. 67) benutzt werden. Als Eingangswerte berechnet man:

Falldauer 2000 – 1327 = 6 h 33 min

Tidenfall 3,2 – (–0,2) = 3,4 m

Zeitunterschied gegen nächstliegendes HW = 1607 – 1327 = 2h 40min.

Man geht nun in den Spalten »Zeitunterschied gegen das nächstliegende Hochwasser« einmal unter 6 h und unter 7 h senkrecht nach unten und sucht den Tafelwert 2 h 40 min. In der entsprechend interpolierten Reihe geht man nach rechts und liest oben zwischen den Spalten »Tidenfall 3,0 m« und »Tidenfall 4,0 m« die Werte 1,9 und 2,5 und interpoliert (1,9 + 2,5)/2 = 2,2 m. Zu diesem Wert ist die NW-Höhe zu addieren, um die Höhe der Gezeit für 1607 Uhr zu erhalten:

2,2 + (−0,2) = 2,0 m

was von der Lotung abzuziehen ist, um die Kartentiefe an der Lotstelle zu erhalten:

5,0 − 2,0 = 3,0 m.

Liegt die zu passierende Stelle in der Nähe des Bezugsortes, so verwendet man zweckmäßig dessen Tidenkurven, besonders wenn es sich um eine Flußmündung handelt. Die Tafel 2 (Abb. 67) beruht nämlich auf einem sinusförmigen Tidengang, der das verhältnismäßig kurze und steile Ansteigen der Flut und das langsame Fallen der Ebbe in einer Flußmündung nicht wiedergibt.

2. Nach der Zwölftelregel

Im allgemeinen, jedenfalls immer wenn die Mondtide überwiegt, wie in europäischen Gewässern, entspricht die Tidenkurve stark angenähert einer Sinusfunktion. Man kann dann die sogenannte Zwölftelregel anwenden.

Das Wasser steigt oder fällt
in der 1. Stunde 1/12 des TH
in der 2. Stunde 2/12 des TH
in der 3. Stunde 3/12 des TH
in der 4. Stunde 3/12 des TH
in der 5. Stunde 2/12 des TH
in der 6. Stunde 1/12 des TH

Merke: 1–2–3–3–2–1. Dazu ein Beispiel:

Durch die Blaue Balje (Nr. 757 im Teil II der Gezeitentafel; Abb. 66 und Übungskarte D2) will eine Yacht mit 1,4 m Tiefgang am 13. Juni in das Wangerooger Wattenfahrwasser einlaufen. Die geringste Tiefe wird hier mit $\underline{1}_2$ (trockenfallend!) ausgewiesen. Wann ist nachmittags das Einlaufen möglich?

Gezeitentafel, Teil II, nennt für Nr. 757 Gezeitenunterschiede gegen NW von −33 min und 0,0 m und gegen HW −59 min und −0,9 m zum Bezugsort Wilhelmshaven.

W'haven	NW	1040	(0,3)	Hw 1703	(4,1)
GU		−0033	(0,0)	−0059	(–0,9)
Bl. Balje		1007	(0,3)	1604	(3,2)

Aus dem Tidenstieg 3,2 − 0,3 = 2,9 m ergibt sich das Zwölftel zu 0,242 m, womit wir aufstellen können:

Abb. 67 **Tafel 2 – Angenäherter Höhenunterschied gegen die Niedrigwasserhöhe**

Zeitunterschied gegen das nächstliegende Hochwasser bei einer Steig–oder Falldauer von					Tidenstieg oder Tidenfall											
h min 04 00	h min 05 00	h min 06 00	h min 07 00	h min 08 00	m 1,0	m 2,0	m 3,0	m 4,0	m 5,0	m 6,0	m 7,0	m 8,0	m 9,0	m 10,0	m 11,0	m 12,0
h min 00 00	h min 00 00	h min 00 00	h min 00 00	h min 00 00	m 1,0	m 2,0	m 3,0	m 4,0	m 5,0	m 6,0	m 7,0	m 8,0	m 9,0	m 10,0	m 11,0	m 12,0
00 07	00 08	00 10	00 12	00 13	1,0	2,0	3,0	4,0	5,0	6,0	7,0	8,0	9,0	10,0	11,0	12,0
00 13	00 17	00 20	00 23	00 27	1,0	2,0	3,0	4,0	5,0	6,0	6,9	7,9	8,9	9,9	10,9	11,9
00 20	00 25	00 30	00 35	00 40	1,0	2,0	2,9	3,9	4,9	5,9	6,9	7,9	8,8	9,8	10,8	11,8
00 27	00 33	00 40	00 47	00 53	1,0	1,9	2,9	3,9	4,8	5,8	6,8	7,8	8,7	9,7	10,7	11,6
00 33	00 42	00 50	00 58	01 07	1,0	1,9	2,9	3,8	4,8	5,7	6,7	7,6	8,6	9,5	10,5	11,4
00 40	00 50	01 00	01 10	01 20	0,9	1,9	2,8	3,7	4,7	5,6	6,5	7,5	8,4	9,3	10,3	11,2
00 47	00 58	01 10	01 22	01 33	0,9	1,8	2,7	3,6	4,5	5,5	6,4	7,3	8,2	9,1	10,0	10,9
00 53	01 07	01 20	01 33	01 47	0,9	1,8	2,6	3,5	4,4	5,3	6,2	7,1	7,9	8,8	9,7	10,6
01 00	01 15	01 30	01 45	02 00	0,9	1,7	2,6	3,4	4,3	5,1	6,0	6,8	7,7	8,5	9,4	10,2
01 07	01 23	01 40	01 57	02 13	0,8	1,6	2,5	3,3	4,1	4,9	5,7	6,6	7,4	8,2	9,0	9,9
01 13	01 32	01 50	02 08	02 27	0,8	1,6	2,4	3,1	3,9	4,7	5,5	6,3	7,1	7,9	8,7	9,4
01 20	01 40	02 00	02 20	02 40	0,8	1,5	2,3	3,0	3,8	4,5	5,3	6,0	6,8	7,5	8,3	9,0
01 27	01 48	02 10	02 32	02 53	0,7	1,4	2,1	2,8	3,6	4,3	5,0	5,7	6,4	7,1	7,8	8,5
01 33	01 57	02 20	02 43	03 07	0,7	1,3	2,0	2,7	3,4	4,0	4,7	5,4	6,0	6,7	7,4	8,1
01 40	02 05	02 30	02 55	03 20	0,6	1,3	1,9	2,5	3,2	3,8	4,4	5,0	5,7	6,3	6,9	7,6
01 47	02 13	02 40	03 07	03 33	0,6	1,2	1,8	2,3	2,9	3,5	4,1	4,7	5,3	5,9	6,5	7,0
01 53	02 22	02 50	03 18	03 47	0,5	1,1	1,6	2,2	2,7	3,3	3,8	4,3	4,9	5,4	6,0	6,5
02 00	02 30	03 00	03 30	04 00	0,5	1,0	1,5	2,0	2,5	3,0	3,5	4,0	4,5	5,0	5,5	6,0
02 07	02 38	03 10	03 42	04 13	0,5	0,9	1,4	1,8	2,3	2,7	3,2	3,7	4,1	4,6	5,0	5,5
02 13	02 47	03 20	03 53	04 27	0,4	0,8	1,2	1,7	2,1	2,5	2,9	3,3	3,7	4,1	4,5	5,0
02 20	02 55	03 30	04 05	04 40	0,4	0,7	1,1	1,5	1,9	2,2	2,6	3,0	3,3	3,7	4,1	4,4
02 27	03 03	03 40	04 17	04 53	0,3	0,7	1,0	1,3	1,6	2,0	2,3	2,6	3,0	3,3	3,6	3,9
02 33	03 12	03 50	04 28	05 07	0,3	0,6	0,9	1,2	1,4	1,7	2,0	2,3	2,6	2,9	3,2	3,5
02 40	03 20	04 00	04 40	05 20	0,3	0,5	0,8	1,0	1,3	1,5	1,8	2,0	2,3	2,5	2,8	3,0
02 47	03 28	04 10	04 52	05 33	0,2	0,4	0,6	0,9	1,1	1,3	1,5	1,7	1,9	2,1	2,3	2,6
02 53	03 37	04 20	05 03	05 47	0,2	0,4	0,5	0,7	0,9	1,1	1,3	1,4	1,6	1,8	2,0	2,1
03 00	03 45	04 30	05 15	06 00	0,1	0,3	0,4	0,6	0,7	0,9	1,0	1,2	1,3	1,5	1,6	1,8
03 07	03 53	04 40	05 27	06 13	0,1	0,2	0,4	0,5	0,6	0,7	0,8	0,9	1,1	1,2	1,3	1,4
03 13	04 02	04 50	05 38	06 27	0,1	0,2	0,3	0,4	0,5	0,5	0,6	0,7	0,8	0,9	1,0	1,1
03 20	04 10	05 00	05 50	06 40	0,1	0,1	0,2	0,3	0,3	0,4	0,5	0,5	0,6	0,7	0,7	0,8
03 27	04 18	05 10	06 02	06 53	0,0	0,1	0,1	0,2	0,2	0,3	0,3	0,4	0,4	0,5	0,5	0,6
03 33	04 27	05 20	06 13	07 07	0,0	0,1	0,1	0,1	0,2	0,2	0,2	0,2	0,3	0,3	0,3	0,4
03 40	04 35	05 30	06 25	07 20	0,0	0,0	0,1	0,1	0,1	0,1	0,1	0,1	0,2	0,2	0,2	0,2
03 47	04 43	05 40	06 37	07 33	0,0	0,0	0,0	0,0	0,0	0,0	0,1	0,1	0,1	0,1	0,1	0,1
03 53	04 52	05 50	06 48	07 47	0,0	0,0	0,0	0,0	0,0	0,0	0,0	0,0	0,0	0,0	0,0	0,0
h min 04 00	h min 05 00	h min 06 00	h min 07 00	h min 08 00	m 0,0	m 0,0	m 0,0	m 0,0	m 0,0	m 0,0	m 0,0	m 0,0	m 0,0	m 0,0	m 0,0	m 0,0

MEZ	NW	Stieg	Tiefe
1007	0,3 +	(0 · 0,242)	= 0,30 m
1100	0,3 +	(1 · 0,242)	= 0,54 m
1200	0,3 +	(3 · 0,242)	= 1,03 m
1300	0,3 +	(6 · 0,242)	= 1,75 m
1400	0,3 +	(9 · 0,242)	= 2,47 m
1500	0,3 +	(11 · 0,242)	= 2,96 m
1604	0,3 +	(12 · 0,242)	= 3,20 m

Um in das Wangerooger Wattenfahrwasser einlaufen zu können, braucht die Yacht 1,2 + 1,4 + 0,3 = 2,9 m Wasser. (1,2 m über KN, 1,4 Tiefgang, 0,3 Sicherheitsreserve unter dem Kiel.) Bis wann findet die Yacht 2,90 m Wasser?

In 67 Minuten (Gezeitenstunde) fällt das Wasser um rund 25 cm. Um von 3,2 auf 2,9 zu fallen, also 30 cm, braucht es

$$\frac{67 \times 30}{25} = 80 \text{ Minuten.}$$

Die Yacht muß um 1720 die flache Stelle hinter sich haben.

(Am besten läuft sie 1 Stunde vor HW an und hat dann gut 2 Stunden für die rund 6 sm zwischen den Fahrwassern.)

Gezeitenströme

Die Wasserstandsänderungen sind verbunden mit horizontalen Wasserbewegungen, den Gezeitenströmen.
Der bei Fallen des Wasserstandes fließende Strom ist der **Ebbstrom**, der bei Steigen fließende ist der **Flutstrom**. Der Flutstrom beginnt während der Flut zu laufen und kann nach Eintritt des Hochwassers noch anhalten. Entsprechend beginnt der Ebbstrom während der Ebbe zu laufen und kann nach Eintritt des Niedrigwassers noch anhalten. Wenn der Strom zur Ruhe gekommen ist, herrscht **Stillwasser**. Man spricht vom Kentern des Stromes, wenn der Strom beim Übergang vom Flut- zum Ebbstrom oder umgekehrt nur für kurze Zeit nahezu aufhört zu laufen.
Im Gegensatz zu den eben beschriebenen hin- und hersetzenden Gezeitenströmen, wie wir sie an unseren Küsten und Flußmündungen beobachten, treten im freien Seeraum auch Drehströme auf, deren Richtung sich dauernd ändert und bei denen ein ausgeprägtes Kentern nicht zu beobachten ist. Die Gezeitenstrom-Atlanten des BSH machen über Gezeitenströme nähere Angaben. Solche Angaben finden sich auch auf englischen Seekarten sowie im Almanach von Reed.

Sprungwellen

In vielen Flußmündungen kennt man ein ganz besonderes Gezeitenphänomen, die Sprungwellen oder Boren (engl. bore, frz. mascaret). Oft laufen solche Flutwellen wie eine senkrechte Wassermauer von beachtlicher Höhe einen Fluß hinauf (am höchsten in einem Fluß in China, wo die Bore 4 m hoch ist). Kleine Fahrzeuge können in Gefahr geraten, während die Großschiffahrt meist keine Notiz von der Bore nimmt. Man lese in den Seehandbüchern nach, ob mit solcher Erscheinung zu rechnen ist und wo sich geschützte Ankerplätze befinden. In Europa gibt es zum Beispiel im Severn und im Solvay Firth Boren.

Stromkabbelungen

Vor zahlreichen Kaps und in engen Durchlässen zwischen vorgelagerten Inseln erzeugt der Strom über Bodenunebenheiten Stromkabbelungen (engl. overfalls), die auch großen Booten gefährlich werden können. Läuft der Strom gegen den Wind, bricht häufig die Stromsee so stark, daß beim Befahren solcher »races« (frz. raz) selbst kleine Frachtschiffe in Gefahr geraten. Besonders quer setzender Strom muß beachtet werden, an einigen Stellen in Frankreich und in schottischen Gewässern laufen Ströme bis zu 10 kn.

Der Tidenkalender

Neben den Gezeitentafeln gibt das BSH jährlich einen Tidenkalender für die Deutsche Bucht und deren Flußgebiete heraus. Das Büchlein ist wesentlich weniger umfangreich als die Gezeitentafeln, reicht aber für die Küstenfahrt vollkommen aus. Allerdings sucht man vergeblich nach den Höhen der Gezeiten und es gibt auch keine Tidenkurven. Dafür lassen sich die mittleren Tidenhübe einer eigenen Tafel entnehmen, wenn man aus den Symbolen für den jeweiligen Mond festgestellt hat, was für Gezeitenverhältnisse gerade herrschen.

Gezeitentafel in England und Frankreich

Die englischen Gezeitentafeln geben für die Bezugsorte (Standard Ports) nur die Hochwasserzeiten und Höhen der Gezeit im HW, nicht aber die Zeit und Höhe für NW. Diese muß man aus beiden Angaben über Mittelwasser und mittlere Flutdauer selbst errechnen.
Reed's Almanac gibt zusätzlich zu den Gezeiten auch die Stromverhältnisse im Kanal und an anderen Stellen rund um die Britischen Inseln von Stunde zu Stunde nach und vor HW in Dover.
Die französischen Gezeitentafeln *(Annuaire)* geben für die Bezugsorte (Ports principaux) die Zeiten und Höhen für HW (PM) und NW (BM) und für die Anschlußorte (Ports rattachés) die gleichen Korrekturen wie die deutschen Gezeitentafeln. Die Gezeitenverhältnisse lassen sich aus den Tafeln der Koeffizienten ersehen.

Die wichtigsten Ausdrücke

Deutsch	Englisch	Französisch
HW	HW	PM
NW	LW	BM
Spring	Spring	VE
Mittelwasser	ML	Niveau Moyen
KN	CD	Zéro des cartes

Einfluß von Wind und Luftdruck

Wind und Luftdruckschwankungen üben oft einen großen Einfluß auf die Gezeitenerscheinungen aus, der naturgemäß in den Gezeitentafeln nicht berücksichtigt werden kann. Daher können die Angaben der Gezeitentafeln im Einzelfalle stark von dem tatsächlichen Erscheinungsbild der Gezeiten abweichen.

Der Luftdruck hat auf die Gezeiten nur theoretisch einen Einfluß; die geringen durch eine Luftdruckveränderung hervorgerufenen Änderungen des Wasserstandes fallen gegenüber dem Einfluß der Winde nicht ins Gewicht.

Auflandige Winde erhöhen im allgemeinen den Wasserstand an der Küste und in den Flußmündungen, ablandige erniedrigen ihn. Dieser Windstau ist im allgemeinen auf flachem Wasser größer als auf tiefem Wasser. In der Deutschen Bucht kann ein gefährlicher Stau entstehen, eine Sturmflut, wenn z. B. bei Durchgang eines Sturmtiefs die Winde allmählich von SW auf NW drehen. Das BSH gibt unter Berücksichtung der meteorologischen Verhältnisse täglich über den Rundfunk Vorhersagen über das Abweichen des nächsten Hochwassers vom Mittleren Hochwasser heraus. Bei außergewöhnlich hohen Unterschieden wird Sturmflutwarnung gegeben.

Die Winde erzeugen Meeresströmungen, die die Gezeitenströme überlagern und ihre Eintrittszeiten, Geschwindigkeit und Richtung stark verändern können. Die Seehandbücher geben genauere Einzelheiten über Einflüsse von Wind und Wetter auf die Gezeitenerscheinungen.

Funknavigation

Die technische Entwicklung der letzten Jahrzehnte brachte dem Schiffsführer wichtige neue Möglichkeiten zur Gewinnung von Standlinien, auch bei Nacht, Unsichtigkeit oder Nebel. Diese Verfahren benutzen die elektromagnetischen Wellen; deshalb spricht man von Funknavigation (Funkortung).

Steht an Land oder auf See ein Sender, so kann der Schiffsführer von seinem Schiff aus den Sender »peilen«, d. h. die Richtung bestimmen, in der der ortsfeste Sender vom Schiff steht. Er macht eine **Eigenpeilung**. Für diesen Zweck sind an Land Spezialsender, die **Funkfeuer**, aufgestellt. Das Schiff muß einen empfindlichen Empfänger mit Spezialantenne, den **Funkpeiler**, an Bord haben.

Andere Funknavigationsverfahren sind **Radar**, das Entfernung und Peilung eines Objektes gleichzeitig liefert, und die Hyperbelverfahren **Decca** und **Loran C** und das Satellitenverfahren **GPS.** Die entsprechenden Geräte sind auf Yachten leicht unterzubringen, ihr Stromverbrauch ist gering. Alle Funkortungsverfahren, außer Loran C und GPS, sind in der Dämmerung unbrauchbar und, außer GPS, in der Nacht ungenauer als am Tage.

Der »Jachtfunkdienst«

Seekarten zeigen nur, wo die Seefunkfeuer, Richtfeuer usw. stehen, enthalten aber keine weiteren Angaben. Die findet man im *Jachtfunkdienst,* den das BSH jährlich für Nord- und Ostsee und das Mittelmeer herausgibt. Wer gut Englisch versteht, kommt mit *Reed's Almanac* für die gesamte Navigation in Europa aus.

Für die weltweite Seefahrt braucht man den *Nautischen Funkdienst* Band II (Funkortung). Diese Literatur erklärt sich selbst, deshalb braucht hier nicht näher darauf eingegangen zu werden.

Gesetzliche Vorschriften

Das Betreiben von funktechnischen Einrichtungen ist grundsätzlich genehmigungspflichtig. Es ist dabei unerheblich, ob es sich um Funknavigations-, Funksende- oder Funkempfangsanlagen oder nur um einen Rundfunkempfänger handelt. Die Genehmigung wird auf Antrag von den Dienststellen der Deutschen Bundespost erteilt.

Eine wesentliche Voraussetzung für die Genehmigung ist, daß die betreffende Anlage eine Baumuster- oder Bauartzulassung besitzt. Diese Zulassung wird auf Antrag für den Anlagentyp nach erfolgreicher Prüfung erteilt, und zwar bei Sende- und Empfangsanlagen durch die Zentrale Zulassungsstelle für Fernmeldeanlagen (ZZF) und bei Navigationsanlagen durch das BSH. Mit der Zulassung wird auch eine Zulassungsnummer (ZZF- oder BSH-Nummer) erteilt, die an jeder Anlage als Nachweis der Übereinstimmung mit dem zugelassenen Typ angebracht sein muß. Mit der Zulassung hat der Benutzer nichts zu tun. Sie ist durch den Hersteller oder dessen Vertreter (z. B. Vertriebsfirma) zu erledigen. Bezüglich der Genehmigung zum Errichten und Betreiben einer Anlage wendet man sich an das Fernmeldeamt 6 Hamburg (Postfach 301792, 2000 Hamburg 36), da die Behandlung von Rundfunkempfängern, Peilfunkempfängern und Ortungsfunkanlagen unterschiedlich ist.

Grundbegriffe

Die Funknavigation bedient sich der elektromagnetischen Wellen. Diese werden von Antennen abgestrahlt und breiten sich mit einer Geschwindigkeit von 300000 km in der Sekunde in den Raum aus.

Die Länge dieser elektromagnetischen Wellen, die Wellenlänge λ (Lambda), hängt von der Frequenz ab, mit der die Elektronen vom Sender in der Antenne hin- und hergejagt werden. Die Anzahl dieser Schwingungen wird in Hertz (Hz) angegeben.

Es ist

1 Hz = 1 Schwingung in der Sekunde

1000 Hz = 1 Kilohertz (kHz) = 1000 Schwingungen in der Sekunde

1000000 Hz = 1 Megahertz (MHz) = 1 Million Schwingungen in der Sekunde

1000 MHz = 1 Gigahertz (GHz) = 1 Milliarde Schwingungen in der Sekunde

Frequenz *(f)*, Wellenlänge *(λ)* und Fortpflanzungsgeschwindigkeit *(c)* hängen zusammen. Es ist

$c = f \cdot \lambda$ (Wellenformel)

Ein Beispiel:

Ein Funkfeuer arbeitet auf einer Frequenz von 300 kHz. Wie groß ist die Länge der abgestrahlten Wellen?

Die Wellenformel umgestellt ergibt $\lambda = \frac{c}{f}$

Also ist $\lambda = \frac{300\,000\,000 \text{ m/s}}{300\,000 \text{ Hz}} = 1000 \text{ m}$

Alle für die Funkortung benutzten Wellen sind hochfrequent, d. h. alle Frequenzen liegen über 10 kHz.

Die Wellenhöhe, Amplitude genannt, hängt von der Energie des Senders ab. Wenn die Antennen nach allen Seiten gleichförmig abstrahlen, spricht man von Rundstrahlern oder ungerichteten Sendern. Eine solche Antenne ist praktisch weiter nichts als ein senkrecht ausgespannter Draht. Eine gerichtete Ausstrahlung erhält man durch eine Richtantenne, bei der mehrere Hochantennen zu einen Richtstrahler zusammengesetzt sind.

Man verwendet heute nur ungedämpfte Wellen, d. h. Wellen, deren Amplituden immer gleich groß sind; sie heißen A-Wellen.

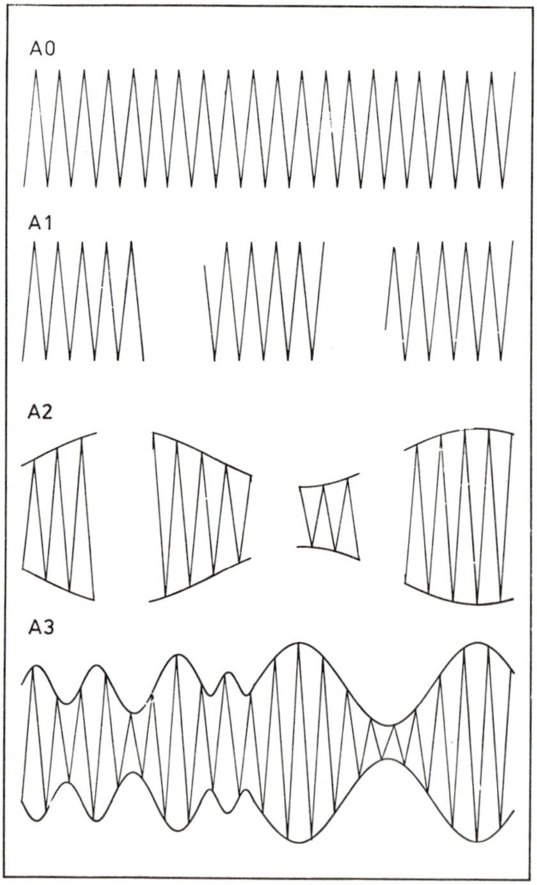

Abb. 68 Die verschiedenen Sendearten

Die hochfrequente Welle kann als Träger einer niederfrequenten Nachricht dienen: Man moduliert dann die Welle, indem man die Amplituden in einem niederfrequenten Rhythmus vergrößert und verkleinert. Das kann durch einen Ton oder durch Sprache bzw. Musik geschehen.

Man unterscheidet als Sendearten:

A0 Welle ohne jegliche Modulation zum Übertragen einer Nachricht.

A1 Welle ohne jegliche Modulation, die jedoch taktförmig ein- und ausgeschaltet wird (z. B. Morsezeichen).

A2 Welle mit einer oder mehreren Frequenzen moduliert, wobei entweder die Welle selbst ein- und ausgeschaltet wird oder aber die aufmodulierten Frequenzen ein- und ausgeschaltet werden. (Sonderfall: eine nicht getastete modulierte Aussendung).

A3 Welle moduliert mit Sprache oder Musik, d. h. einem Gemisch verschiedener Frequenzen.

Die Sendeart A3 wird seit 1982 im Kurzwellenbereich für den Seefunk nur noch mit einseitiger Modulation der Trägerwelle, kurz SSB (Single Side Band), betrieben. Diese Radiotechnik, auch die frequenzmodulierte mit Ultrakurzwelle UKW (engl. VHF), hat seit 1990 nur noch nachrichtendienstliche Bedeutung, abgesehen von Fremdpeilungen im Rettungsdienst.

Funkpeilung

Die »klassische« Funkpeilung hat für die tägliche Navigation auf Yachten heute keine Bedeutung mehr. Auch die Berufsschiffahrt nutzt andere Möglichkeiten. Dennoch gibt es sie weiterhin, sind auch die Funkpeilsender in Betrieb. Daß ihr an dieser Stelle weiterhin größerer Raum gegeben wird, liegt einmal an ihrem einfachen Prinzip, mit dem sich auch viele Probleme der modernen Verfahren wie Decca oder GPS erklären lassen, und zum anderen an der Tatsache, daß Funkpeiler immer noch eingesetzt werden, wenn es darum geht, einen Havaristen zu finden. Der ist oft genug gerade noch in der Lage, ein (einfaches) Funksignal auszusenden – sei es über UKW, Grenzwelle oder Radartransponder. Gleich welche Frequenz er benutzt, das Prinzip des Funkpeilens ist immer gleich.

Daß man »funkpeilen« kann, beruht auf der Tatsache, daß die Lautstärke, mit der man einen Sender, z. B. ein Funkfeuer, mit einer Rahmenantenne empfängt, von der Stellung dieser Rahmenantenne zum Sender abhängt. Die vom Sender ausgehenden magnetischen Kraftlinien breiten sich in konzentrischen Kreisen aus. In Abb. 69 ist nur die-

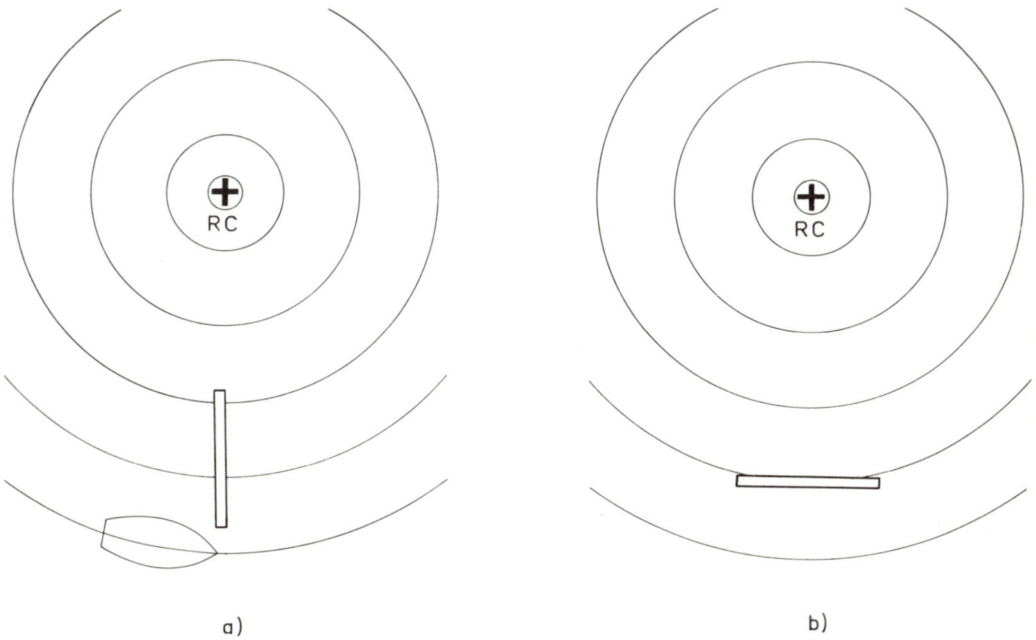

***Abb. 69** a) maximaler und b) minimaler Empfang durch eine Rahmenantenne*

ser magnetische Anteil der Ausstrahlung gezeichnet. Steht die Antennenebene senkrecht zu den ankommenden magnetischen Kraftlinien, also die Antennenebene in der Richtung des Senders, so wird eine große Anzahl dieser Kraftlinien durch den Rahmen fließen: die Lautstärke wird in dieser Antennenstellung am größten sein (»Maximum«). Steht die Antennenebene jedoch parallel zu den Kraftlinien, also die Antennenebene quer zur Richtung des Senders, so wird die Lautstärke sehr gering (»Minimun«).

Anstelle der früher üblichen Rahmenantennen werden heute kleine Drahtspulen mit Ferritkern verwendet. Zeigt dieser längliche Kern in Richtung Sender, steht die Antenne im Empfangsminimum. Damit ist die einfachste Peilantenne beschrieben. Sie ist drehbar auf einem Vollkreiswinkelmesser montiert, dessen 000-180-Gradachse parallel zur Schiffslängsachse eingerichtet sein muß, weil die Funkpeilung eine Seitenpeilung ist. Gepeilt wird immer mit dem Minimum-Empfang, weil das Empfangsminimum am deutlichsten und schärfsten erkennbar ist.

An modernen automatischen Funkpeilern (»Radiokompassen«) kann man an einem Leuchtzeiger laufend die Peilung des empfangenen Funkfeuers ablesen, sobald man den Empfänger einmal auf die aufzunehmende Frequenz dieses Funkfeuers abgestimmt hat.

In der Dämmerung, hauptsächlich um die Zeit von einer Stunde vor Sonnenuntergang und einer Stunde nach Sonnenaufgang, aber auch nachts, sind Funkpeilungen nur mit Vorsicht zu verwenden. Man erkennt diesen Dämmerungseffekt am »Verschwimmen« – einem Wandern – des Minimums, eine Folge der Laufzeitverschiebung von Boden- und Raumwelle.

Funkpeiler

Es gibt Handfunkpeiler, die man an Deck wie eine Pistole ins Minimum zielt. Sie sind mit einem Kompaß kombiniert, so daß man mit ihnen mißweisende Kompaßpeilungen des Funkfeuers macht. Die Funkbeschickung ist ungewiß. Dennoch sind sie als einziger Funkpeiler auf Yachten immer noch nützlich.

Abb. 70 Handfunkpeiler
Er hat als Antenne einen eingebauten Ferritstab mit einer darauf gewickelten Spule und einen aufgesetzten Kompaß. Der Peiler wird so lange gedreht, bis man im Kopfhörer das Minimum auffaßt. Dieses Modell hat auch eine optische Minimumanzeige. Frequenzeingabe über Tasten.

Funkbeschickung

Wenn die Funkwellen an Bord kommen, werden sie von den Metallmassen des Schiffes abgelenkt. Da die Ablenkung nur von der Einfallsrichtung des Funkstrahls abhängt, braucht sie nur einmal ermittelt zu werden. Zu diesem Zweck dreht man mit seiner Yacht, mindestems 1 sm von einem sichtbaren Funkfeuer entfernt (wichtige Leuchttürme haben eins), einen engen Vollkreis. Dabei peilt man alle 10° oder 15° optisch über eine in der Mittschiffsrichtung justierte Peilscheibe und gleichzeitig mit dem Funkpeiler das Funkfeuer. Dann stellt man die möglichen Differenzen zwischen optischer und Funkpeilung fest. Der Kompaß bleibt hierbei völlig außer Betracht, weil beide Peilungen Seitenpeilungen sind. Für die Auswertung gilt die alte nautische Regel: »Vom Falschen zum Richtigen mit richtigem Vorzeichen.« Hat man beispielsweise eine Funkpeilung von 110° und gleichzeitig eine optische von 103°, dann ist die Beschickung −7° für die Funkseitenpeilung 110°.

Die Zwischenwerte findet man, indem man die Meßpunkte auf kariertem Papier einzeichnet und mit einer glatten Kurve verbindet. Sie muß einer Sinuskurve ähnlich sein. Diese Ähnlichkeit ist, bei

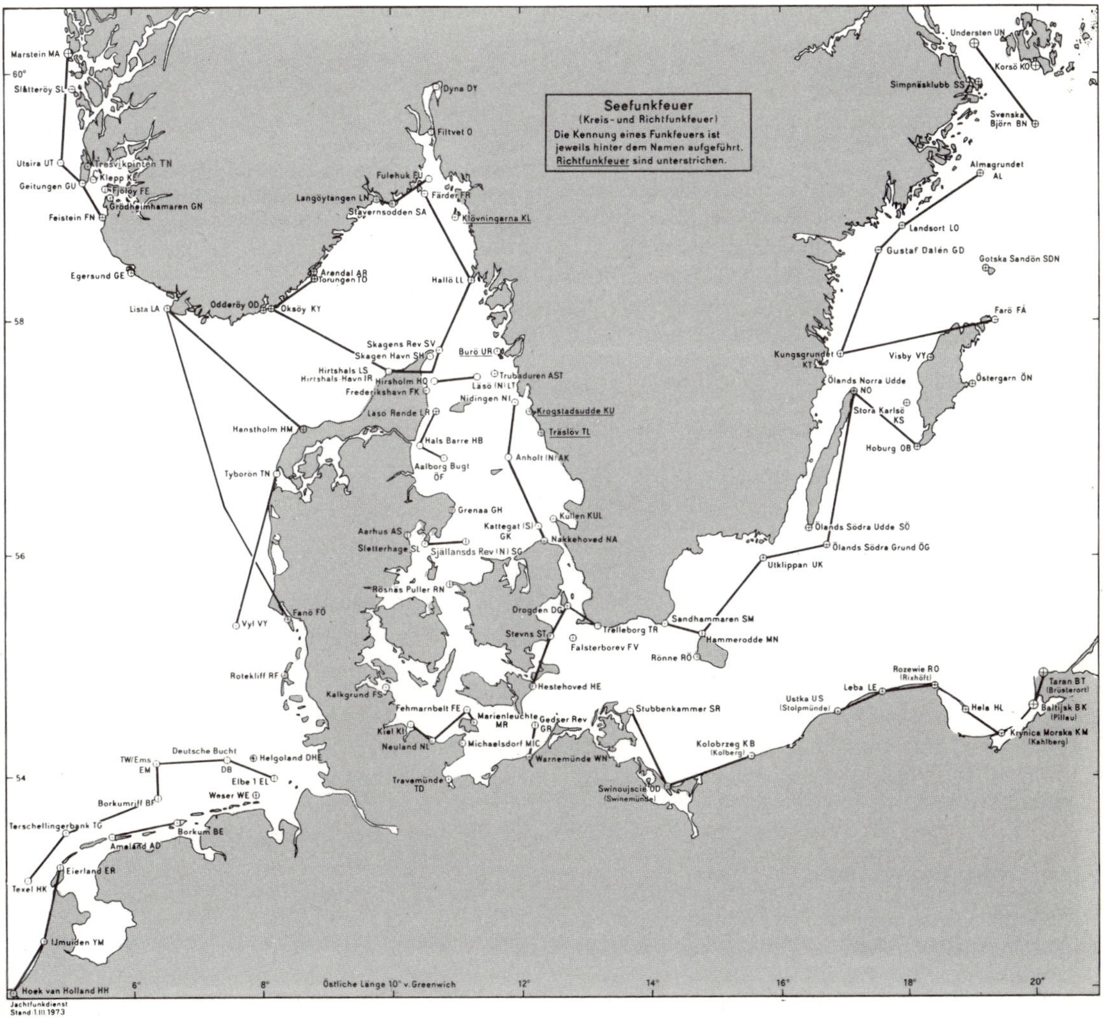

Jachtfunkdienst
Stand 1.III.1973

Abb. 71 Seefunkfeuer Deutsche Bucht, Skagerrak, Kattegat und Westliche Ostsee

Berücksichtigung der größten (±) Ablenkungen, wichtiger als die exakte Verbindung aller Meßpunkte. Bei 10°-Schritten genügt aber auch die Aufstellung einer Beschickungstabelle, aus der man für Zwischenwerte linear interpoliert.

Die Ablenkung, die ja vom Schiff und nicht vom Funkpeiler herrührt, kann nur dann erfaßt werden, wenn der Funkpeiler an Bord an einem bestimmten Platz fest angebracht ist. Die aufgenommenen Funkbeschickungswerte gelten nur für diesen Einbauort; in geringem Abstand davon kann die Funkbeschickung bereits erheblich andere Werte haben. Sie gilt auch für die gleiche Takelage und die gleiche Lage des Bootes. Bei starker Krängung kann die Funkbeschickung sich ändern. Wird der Ort der Peilantenne oder die Metallmasse oberhalb der Wasserlinie (Rigg, Reling) geändert, dann muß die Funkbeschickung neu festgestellt werden.

Auswertung der Funkpeilung

An die am Funkpeiler abgelesene rohe Funkseitenpeilung q bringt man die Funkbeschickung f an und erhält die beschickte Funkseitenpeilung p:

$$q + f = p$$

Beispiel einer Beschickung

Abgelesene Funkseitenpeilung q	= 072°
Funkbeschickung f für 072°	= −6°
Beschickte Funkseitenpeilung p	= 066°
MgK während der Peilung	= 067°
Mißweisung	= −3°
Ablenkung	= +4°
Rechtweisender Kurs	068°
Beschickte Funkseitenpeilung p	= 066°
Rechtweisende Peilung (rechtweisendes Funkazimut)	= 134°

Addiert man – ebenso wie bei optischen Seitenpeilungen – zu der Seitenpeilung den rechtweisenden Kurs, so erhält man die rechtweisende Peilung, die als Standlinie benutzt werden kann (Abb. 72).

Funkstrahlablenkung

Der »Strahl« ist eine Modellvorstellung. In Wirklichkeit werden Funkwellen parallel oder in spitzem Winkel zu einer Küste, wie auch die Wasserwellen zur Küste hin, umgelenkt. Die Richtung, mit der sie ankommen, ist nicht mehr die ihres

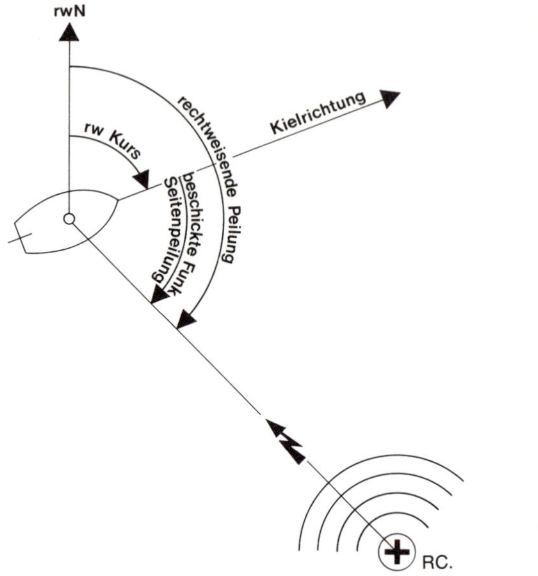

Abb. 72 Funkpeilung
Ebenso wie die optischen Peilungen und Magnetkompaßkurse müssen auch die Funkpeilungen korrigiert werden, um wahre Funkseitenpeilungen zu erhalten.

Ursprungs. Deshalb darf man keine Funkfeuer peilen, deren »Strahl« zum eigenen Schiff fast parallel und dicht an einer Küste entlang oder über Land und Inseln führt. Mit der Funkbeschickung hat das nichts zu tun, denn diese Ablenkung ist nicht meßbar, mithin also auch nicht korrigierbar.

Funkfeuer

Sie stehen an allen Küsten, und die meisten sind Tag und Nacht und bei jedem Wetter in Betrieb. Sie sind in allen Seekarten als Kreuz im Kreis (violett) und RC. eingezeichnet. Zu unterscheiden sind sie an ihrer Sendefrequenz (s. »Jachtfunkdienst«) und ihrer in langsamen Morsezeichen vor dem Dauerpeilton gesendeten Kennung. Auch die Flugfunkfeuer an den Küsten können gepeilt werden. In den Entwicklungsländern sind die Funkfeuer oft die einzige technische Navigationshilfe.

Die Funkpeiler gehören noch längst nicht der Vergangenheit an, auch wenn sie an Bord von Yachten weitgehend durch einfachere Verfahren abgelöst worden sind. Auf ausrüstungspflichtigen Schiffen sind sie vorgeschrieben, schon um Notrufer peilen und in Zielfahrt erreichen zu können.

Ab 1999 tritt für die Berufsschiffahrt das GMDSS genannte Funk- und Navigationssystem in Kraft, das vorwiegend auf satellitengestützte Verfahren zurückgreift. Das wird auch für die Ortung von Havaristen eingesetzt. Für Zielfahrten werden dann nur noch UKW- und Radarfrequenzen benutzt.

Loxodrombeschickung

Die Loxodrombeschickung ist mehr nur von akademischem Interesse. Nur wenige Funkfeuer haben Reichweiten von mehr als 50 sm; die meisten nicht mehr als 20 sm. Da kann man den Großkreis, auf dem Funksignale ankommen, als geraden Peilstrahl in die Mercatorkarte eintragen, ohne einen groben Fehler zu begehen.

Schiffsort durch Funkeigenpeilungen

Mit beschickten Funkeigenpeilungen kann man seinen Schiffsort durch Kreuz- oder Doppelpeilungen bestimmen, genauso wie in der terrestrischen Navigation (s. dort). Unter günstigen Voraussetzungen kann man eine Peilgenauigkeit von ± 1° erzielen und – je nach Abstand von den gepeilten Funkfeuern – einen Schiffsort innerhalb eines Kreises von 0,5–1 sm bekommen.

Richtfunkfeuer

Richtfunkfeuer dienen ebenso wie (Licht-)Richtfeuer zur Bezeichnung einer Hafeneinfahrt oder eines engen Fahrwassers. Sie senden von zwei Richtsendern aus gerichtete Funksignale, die mit einem Empfänger aufgenommen werden können, der auf die Frequenzen der Richtfunkfeuer eingestimmt und auf A2-Empfang (notfalls A1-Empfang) geschaltet werden kann. Beide Sender werden abwechselnd mit im Rhythmus verschiedenen Morsezeichen (A–N, E–T, D–U, L–F usw.) auf der gleichen Frequenz und mit der gleichen Energie derart gesteuert, daß die Sendungen des einen Senders die Sendepausen des anderen Senders lückenlos auffüllen. Befindet man sich nicht auf der Kurslinie, sondern steht seitlich davon, so hört man nur einen Sender und somit nur einen Morsebuchstaben. Nähert man sich aber der Kurslinie, so fließen die beiden Morsebuchstaben ineinander, bis sie auf der Richtlinie in einen Dauerton übergehen.
Auf welcher Seite der Richtlinie man sich befindet, wenn man den Dauerton nicht hört, und nach welcher Seite man eine Kursverbesserung vornehmen muß, entnimmt man dem *Nautischen Funkdienst,* der neben einem Übersichtsplan für jedes Richtfunkfeuer Angaben über das Richtsignal (Morsebuchstabenpaar), die Kennung, die Richtlinie (rechtweisend), die Breite der Strichzone in Graden, die Frequenz, die Sendefolge und die Reichweite enthält. Wegen der stets geringen Reichweite der Richtfunkfeuer für die Schiffahrt können diese Peilungen wie optische Peilungen behandelt werden.
In der Seekarte werden Richtfunkfeuer mit ⊕ RD. bezeichnet.
Richtfunkfeuer gibt es in der Ostsee, in Boulogne, Lorient und Ceuta. Sie dienen hauptsächlich dem Fährverkehr.

Funkortung zur Navigation

Die neuzeitliche Elektronik mit winzigen Rechenchips (Prozessoren) und Speicherchips und dem digitalen Zahlensystem, das nur aus zwei Zuständen – eingeschaltet (1) oder ausgeschaltet (0) – besteht, mit dem Zahlen zum Rechnen und Codezahlen für Buchstaben/Zahlenketten gebildet werden können, die wiederum in Programmiersprachen zu Befehlen und Programmen zusammengestellt werden – Software heißt das –, sie haben kurz vor der Jahrhundertwende dem Navigator die Arbeit des Navigierens abgenommen. Die elektronischen Rechner des vergangenen achten Jahrzehnts hatten ihn noch nicht ganz davon befreien können. Der *»Magische Kasten«,* die *Black Box,* erwartet vom Navigator nicht einmal mehr die Eingabe von Daten, außer den Koordinaten des nächsten Wegpunktes oder des Zielortes, die aber unter einer Kurzadresse, etwa »W 13«, im Speicher des Rechners stehen.
Funkortung, besser: elektronische Ortung, besteht im Grunde aus Wegzeitmessung mit ungefähr Lichtgeschwindigkeit ≈ 300 000 km/s und Laufzeitunterschieden getakteter Impulse von zwei oder drei zusammenarbeitenden Sendern zum Empfänger, der wissen möchte, wo er sich befindet. Das ältere, im Zweiten Weltkrieg von den Briten entwickelte *Hyperbelverfahren* Decca regte weitere bei den Amerikanern an, die gewisse Vorteile gegenüber Decca haben, nämlich Omega und das mit zwei Verbesserungen auf den heutigen Stand gebrachte Loran. Die anderen elektronischen Ortungen arbeiten mit Satelliten.

Hyperbel-Funkortung

Eine Hyperbel ist der geometrische Ort aller Punkte, deren Abstände von zwei festen Punkten (den Brennpunkten) gleiche Differenz haben. Wie in Abb. 73 gezeigt, ist $r_2 - r_1 = r_4 - r_3 =$ konstant. Jede neue Differenz $\leq \overline{AB}$ (Basis) liefert eine neue Hyperbel. Werden in A und B Funkwellen frequenz- und phasengleich abgestrahlt, so kann man innerhalb der Senderreichweiten wegen der konstanten Ausbreitungsgeschwindigkeit der Wellen eine Phasendifferenz d (Abb. 74) und/oder eine Laufzeitdifferenz feststellen. Alle Beobachter, die dieselbe Laufzeitdifferenz zu A und B messen, befinden sich auf derselben Hyperbelstandlinie – sie ist auf der Erdoberfläche hyperbelähnlich.
Die Laufzeitdifferenzen sind eindeutig in der Messung. Die Phasendifferenzmessung ergibt nach jeder Wellenperiode (2π oder 360°) gleich null. Teilt man die Basislänge $\overline{AB}$ durch die Wellenlänge, so erhält man die Zahl der »Nullhyperbeln«. Man muß bei den Phasenverfahren (Decca und Omega) also erst einmal wissen, in welchem Hyperbelstreifen man sich befindet. Das ist beim Decca-Verfahren durch Grobortungs-Signale leicht möglich, beim Omega-Verfahren nicht. Doch das ist für Yachten auch nicht mehr interessant.

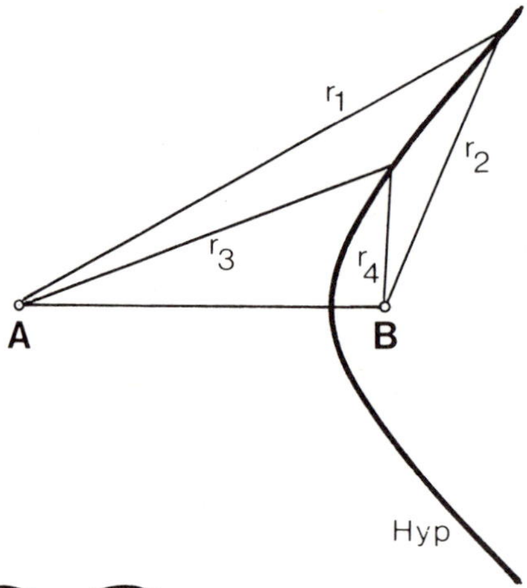

Abb. 73

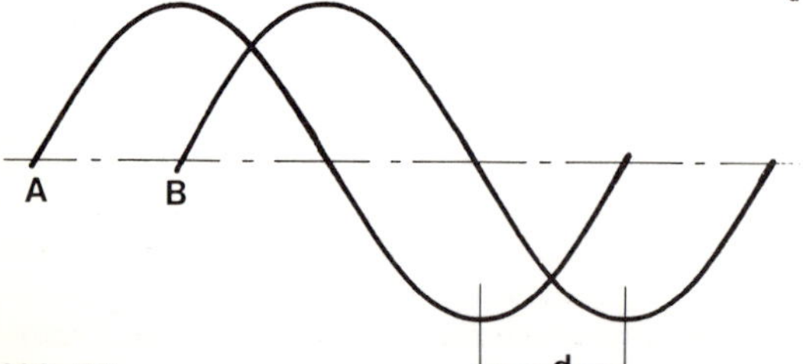

Abb. 74

Es ist noch nicht lange her, daß man sich mit den hier kurz beschriebenen Grundlagen etwas auskennen mußte, weil man mit dem, was die Geräte anzeigten, in die richtigen Hyperbelscharen auf den erforderlichen Spezialkarten eingehen mußte. Man mußte wissen, welcher Sendesklave des Sendemasters zu wählen war und so weiter. Das ist überflüssig geworden. Die Elektronik erledigt das für den Navigator.

Decca

In der Dämmerung ist Decca ungenau, in der Nacht nicht so genau wie am Tage. Bessere Geräte geben Warnzeichen bei solchen Zuständen. Bei der Senderwahl geben die einfachsten Geräte wenigstens Hilfen, die meisten wählen automatisch, die besseren können mit zwei Ketten arbeiten, wenn die Sklaven (Nebensender) eines Hauptsenders alle ungünstig liegen. Die besseren Geräte liefern alle 10 s, in Sparschaltung alle 10 min, Position, Kurs und Fahrt über Grund, Kursabweichung, Fehlkursalarm, Zieldistanz, Logge, Autopilotüberwachung und eingeschaltet GMT/UTC – je nach Preislage mehr oder weniger und teils auf Abfrage, teils alles automatisch.
Das Decca-Verfahren, das die ganze Ostsee, die Nordsee und einen etwa 300 sm breiten Streifen ostatlantischer Küste Europas vom Nordkap bis Tarifa in der Straße von Gibraltar überdeckt – dazu noch die Lyon-Kette den Golfe du Lion von Barcelona bis Genua –, ist für die Navigation nordeuropäischer Yachten ein großer Gewinn. Zur Nacht- und Dämmerungszeit ist der Überdeckungsbereich auf 250 sm Radius um den Leitsender, wegen störenden Einflusses der Raumwelle, begrenzt. Die Ortungsgenauigkeit liegt bei 50 m im Bereich günstiger Hyperbelschnitte, bis 400 m an den Rändern des Deckungsbereichs.
Man rechnet mit einem Fortbestand des Decca-Verfahrens bis etwa 2010.
Dennoch setzt man auch in Nordeuropa inzwischen mehr auf das modernere Loran-C-Verfahren. In naher Zukunft soll es Decca weitgehend ablösen und – wegen der Unsicherheit des für militärische Zwecke installierten GPS-Systems, das die Amerikaner je nach politischer Weltlage manipulieren – als Alternative zur Verfügung stehen.

Abb. 75 AP-Navigator
Er liefert alle 20 Sekunden eine genaue Position. Die letzte Berechnung und alle anderen eingegebenen Werte werden nach dem Abschalten mehrere Monate lang gespeichert. In den Wegepunktspeicher können maximal 25 Positionen einer geplanten Route eingegeben werden. Das Erreichen eines Wegepunktes wird akustisch signalisiert. Er errechnet bei Eingabe der Windrichtung die relative Geschwindigkeit auf dem Idealkurs und den hierzu gesegelten Winkel. So kann leicht festgestellt werden, ob durch Anluven oder Abfallen die Zielgeschwindigkeit verbessert wird. Eine Brennstoff-Verbrauchsanzeige für Motorfahrt ist ebenfalls integriert. Darüber hinaus gibt es 7 Alarmfunktionen, etwa bei zu großer Kursabweichung, Ankerdrift oder Unterschreiten einer Mindestgeschwindigkeit. Die Genauigkeit liegt fast immer unter 400 m Fehleranzeige. Automatischer Start. Die Ausgangsposition braucht nicht eingegeben zu werden.

Loran C

Das Kurzwort aus *Lo*ng *Ra*nge *N*avigation steht nur noch für das letzte Modell C. Die anderen gibt es nicht mehr. Die US Navy, die zusammen mit der US Coast Guard das System betreibt, will ihre im Ausland unterhaltenen Sender den Nationen schenken, auf deren Grund sie stehen, wenn diese sich verpflichten, die Station weiter zu betreiben. Die Sender arbeiten auf einer international eingeräumten Trägerfrequenz von 100 kHz, deren Wellenausbreitung durch Impulsaussendungen besonders stabil ist. Durch diese Sendetechnik wird die Reichweite der Bodenwelle noch erhöht. Sie beträgt etwa 1400 sm.

Loran C überdeckt den Nordatlantik, den Ärmelkanal, die Biskaya, Mittelmeer und Rotes Meer. Für Ost- und Nordsee benötigt man noch ein Sondergerät, das mit zwei Senderketten arbeitet. Im Bereich der Bodenwelle, bis zu etwa 1000 sm, läßt sich der Schiffsort mit einer Genauigkeit von 0,5–1,5 sm bestimmen. Innerhalb eines Umkreises von 100 sm zum Hauptsender kann die Positionsgenauigkeit zwischen 45 und 50 m liegen. Wo man auf die Raumwelle angewiesen ist, kann man am Tage mit einer Genauigkeit von 3–5 sm rechnen, in der Nacht von 5–8 sm. Der überdeckte Raum reicht am Tage bis zu 2300 sm vom Hauptsender und bis zu 3000 sm bei Nacht.

Auch Loran liefert Kurs mit/ohne Mißweisung, Kurs und Fahrt über Grund, Logge, Distanz und Zeit bis zum nächsten Wegpunkt, kontrolliert den Autopiloten, tastet den Kompaß ab und berichtigt Kursfehler durch Wind- und Stromeinwirkung. Das ist, genau wie bei Decca, bereits weit mehr als Funkortung, da sind alle denkbaren Navigationsrechnungen integriert.

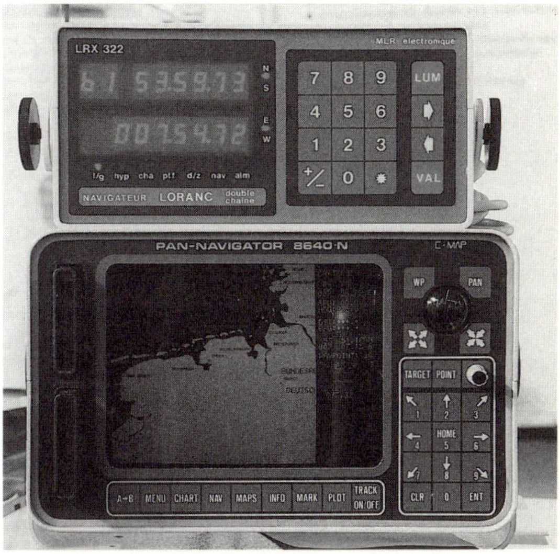

Abb. 76 Loran-C-Empfänger
Das Gerät liefert Daten wie Länge und Breite des jeweiligen Standortes, Kurs unter Berücksichtigung der Mißweisung des jeweiligen Seeraumes und der Deviation, mittlere Geschwindigkeit über Grund, Abdrift, Zeit und Abstand zum Zielort, Kurs zum Wegepunkt und Peilung des Wegepunktes. Außerdem gibt es mehrere Alarmfunktionen. Programmierbar mit 100 Wegepunkten und Anschlußmöglichkeit an einen Autopiloten. Im Bild ein Zweiketten-Empfänger (Ost- und Nordsee) mit nachgeschaltetem automatischen Plotter, der den Schiffsort auf einer einprogrammierten Seekarte anzeigt.

Satelliten-Ortung

Das bisherige Verfahren, Transit genannt, bedient sich schon länger der Satelliten, soweit sie über dem Horizont des Schiffs erscheinen und ausreichende Elevation (Höhe über der Kimm) haben. Es wird die Dopplerverschiebung wenigstens einer Frequenz der beiden vom Satellit ausgesendeten gemessen; bei aufwendigeren Geräten beider Frequenzen, was ein genaueres Fix aus Elevation und Doppler errechnet und außerdem die Zeit des nächsten verwertbaren Satellitendurchgangs anzeigt. Das ist mit nur einer gemessenen Dopplerfrequenz nicht möglich. Das Verfahren ist jedoch überholt, deshalb sollen die Transit-Satelliten 1995 abgeschaltet werden.

GPS

Wenn man heute von Satellitennavigation spricht, meint man GPS (Global Positioning System). Es soll einmal mit 21 plus 3 Reservesatelliten arbeiten; befindet sich bis wahrscheinlich 1995 aber noch im Aufbau.
Mitte 1993 waren 19 dieser künstlichen Erdtrabanten funktionsfähig, so daß eine Positionsbestimmung auf dem Wasser bereits zu jeder Tages- und Nachtzeit und an jedem Ort unseres Erdballs möglich ist. Dazu benötigt man einen Empfänger, den GPS-Navigator. Er zeigt die Bogenminuten einer Position auf drei Stellen hinter dem Komma genau an. Außerdem Kurs und Geschwindigkeit über Grund und Kurs und Distanz zu einem beliebigen Ziel(Weg)punkt. Alles, was Decca- und Loran-C-Navigatoren können, macht der GPS-Navigator auch – nur viel genauer.

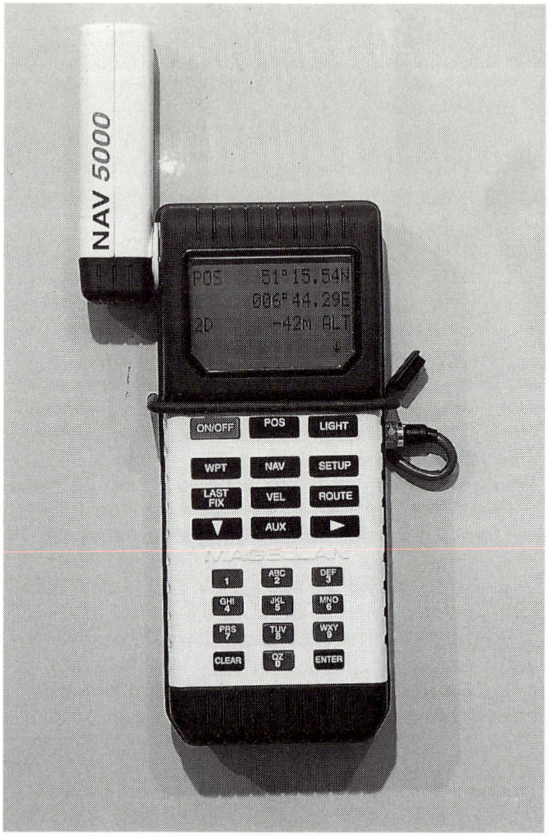

GPS-Handgerät, das alle Funktionen beherrscht: Neben der Ortsbestimmung gibt es Fahrt und Kurs über Grund an, bestimmt die Ankunftszeit zum nächsten Wegpunkt und viele andere Dinge mehr. Diese Portables arbeiten völlig autark mit einer eingebauten Batterie und integrierter Antenne. Es gibt sie noch kleiner. Dieses ist mit seiner Gummiarmierung stoßgeschützt und schwimmfähig. (Foto: H.-G. Kiesel)

So funktioniert GPS

Die Satelliten umkreisen die Erde alle 12 Stunden in einer Entfernung von ungefähr 20 000 Kilometern (10 900 Meilen). Insgesamt sechs gegenüber dem Äquator um 55 Grad geneigte Bahnen legen auf diese Weise ein imaginäres Netz um den Globus, in das man sich mit seinem GPS-Empfänger »einhängen« kann, um an jeder Stelle auf der Erdoberfläche zu einer exakten Position zu kommen. Jeder Satellit sendet ein hochfrequentes Signal, das von der Antenne des Empfängers aufgenommen wird. Die »Peillinien« von mindestens drei Satelliten ergeben den Standort.
Genau genommen bestimmt der Empfänger seinen Abstand zu den einzelnen Satelliten, deren exakte Position er kennt, aus der lichtgeschwindigkeitsschnellen Laufzeit des Signals. Die Satelliten senden dazu noch ein sehr genaues Zeitsignal, Daten ihrer Umlaufbahn (Ephemeriden) und eine Art Fahrplan aller GPS-Himmelskörper (Almanach).
Für eine (zweidimensionale) Positionsbestimmung auf See sind zwei Peillinien nötig; bei der »Peilung« von Satelliten kommt noch die exakte Zeit hinzu. Wegen der hohen Genauigkeit der Zeitmessung haben die Satelliten Atomuhren eingebaut, mit denen auch der Empfänger arbeitet. Es sind

GPS-Empfänger für den Kartentisch: Festeingebaute Geräte arbeiten mit separater Antenne und benützen die Bordspannung. Ihr großer Vorteil ist das größere Display für eine übersichtlichere Anzeige der Daten. Oft sind auch noch grafische Darstellungen möglich, wie hier die Kursanzeige per Zeiger. Je größer und aufwendiger die Anzeige aber, desto höher ist auch der Stromverbrauch.
(Foto: H.-G. Kiesel)

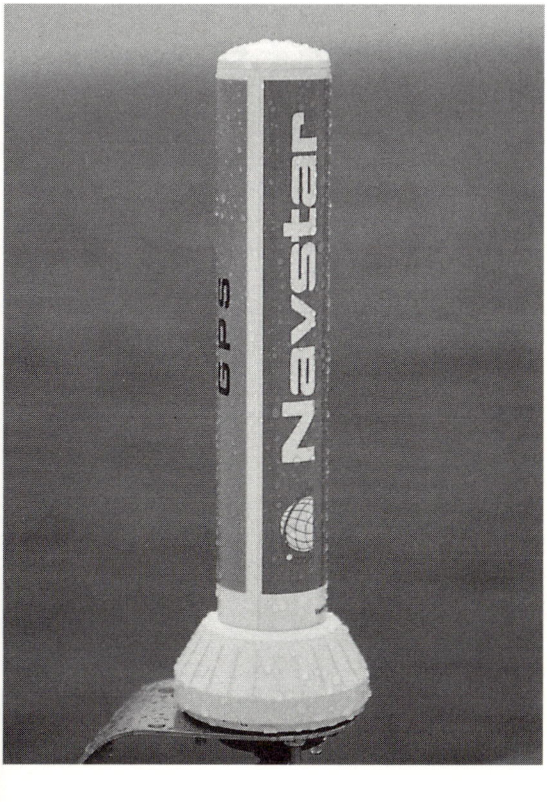

deshalb mindestens drei Satelliten für den sogenannten 2D-Betrieb nötig (einer für die Zeit). Entsprechend braucht der 3D-Betrieb (dreidimensionaler Betrieb für Flugzeuge) vier Satelliten. Der GPS-Navigator kann, je nach Typ, bis zu zehn Satelliten gleichzeitig empfangen, von denen er sich die besten Sternekonstellationen aussucht.

Multiplex oder Mehrkanal

Den Empfang mehrerer Satelliten gleichzeitig regeln Yachtgeräte hauptsächlich mit zwei Verfahren:

Multiplex-Empfänger Sie besitzen oft nur zwei Kanäle, von denen einer in schneller Folge die Peillinien aller günstig stehenden Satelliten durchläuft. Auf jedem Erdtrabanten verweilt er vier Millisekunden. Der Navigator bietet dadurch eine hohe Aktualisierungsgeschwindigkeit, zeigt aber eine mäßige Signalempfindlichkeit. Das Auswerten schlechter Signale ist nur bedingt möglich. Dafür können Multiplexer bis zu acht Satelliten gleichzeitig verfolgen. Der zweite Kanal ist für den aktuellen Almanach zuständig.

Mehrkanal-Empfänger Sie sind Dauerempfänger und besitzen bis zu zehn Kanäle. Jeder von ihnen verfolgt permanent einen Satelliten. Verschwindet der hinter dem Horizont, schaltet der jeweilige Kanal auf einen anderen Himmelskörper um. Mehrkanalempfänger bieten maximale Leistung, benötigen im Gegensatz zum Multiplexer aber in der Regel mehr Strom.

Genauigkeit von GPS

GPS wurde für die Militärs entwickelt für eine Genauigkeit zwischen einem und fünf Metern. Für die zivilen Benutzer hat man Positionsgenauigkeiten von mindestens 100 Metern vorgesehen. Das System bedient also beide Benutzer unterschiedlich: Die Militärs arbeiten mit dem Precise Positio-

GPS-Antenne: Wegen der kurzen Wellenlängen der GPS-Frequenzen, die im Gigahertzbereich liegen, können GPS-Antennen sehr klein bleiben. Sie sollten an Bord an einem Ort installiert werden, der nicht durch das Segel oder den Körper eines Mannschaftsmitglieds abgedeckt werden kann. Der beste Ort wäre daher der Masttopp. Da oben jedoch beschreibt die Antenne im Seegang Kreisbögen von etlichen Metern, was manche Empfänger nicht verarbeiten können. Als günstiger Einbauort hat sich deshalb der Heckkorb erwiesen.
(Foto: H.-G. Kiesel)

ning Service (PPS), die Zivilisten mit dem Standard Positioning Service (SPS), das heißt, ihre Geräte können nur damit umgehen. Die geringere Standard-Genauigkeit rührt von einer Art Verschlüsselung (selective availability: SA) her, mit der der amerikanische Betreiber die Grundgenauigkeit herabsetzt. Wird der SA-Code abgeschaltet, was während der Satelliteninstallation öfter vorgekommen ist, erreichen auch Yacht-GPS-Empfänger Genauigkeiten bis zu 15 Metern.
Mit **Differential-GPS** (DGPS) können aber auch zivile Empfänger »militärische« Genauigkeit erzielen. Es werden zusätzlich Differenzsignale von einem Landsender empfangen, der seinerseits GPS-Signale verarbeitet hat. Aus der Differenz der Orte von Land- und Schiffsempfänger errechnet ein Zusatzgerät zum GPS-Navigator den augenblicklichen Fehlercode und damit die exaktere Position. Sie ist für die Yachtnavigation aber wohl nur mehr von theoretischem Wert.
Immer aber hängt die Genauigkeit von der Konstellation der benutzten Satelliten ab: Je weiter auseinander sie liegen, desto besser. Auch ist ein gerätespezifischer Fehler vorhanden, etwa wie genau die Zeitbestimmung im Empfänger vor sich geht. Ebenfalls gibt es eine Verfälschung der Signallaufzeit durch die Ionos- und Atmosphäre. Diese Faktoren können jedoch für die Yachtnavigation ohne weiteres vernachlässigt werden.
Die Positionsangaben (geographischen Koordinaten) der GPS-Geräte sind auf das *World Geodetic System* (WGS) bezogen. Dieses globale Bezugssystem differiert jedoch zu den meisten in den Seekarten bisher verwendeten Bezugssystemen (etwa 170 verschiedene). Differenzen zu dem World Geodetic System können in der geographischen Länge und Breite auftreten. Da die Seekarten von den hydrographischen Instituten nicht so schnell auf WGS umgestellt werden können, wird

- das jeweils verwendete Bezugssystem angegeben und
- ein Korrekturvermerk zum WGS aufgenommen.

Die Karten des Bundesamtes für Seeschiffahrt und Hydrographie (BSH) basieren auf dem World Geodetic Systems 1984 (WGS 84). Der GPS-Empfänger muß auf das Datum der jeweils verwendeten Karte eingestellt oder entsprechend korrigiert werden.

Wie schnell rechnet der GPS-Empfänger?

Wird das Gerät zum ersten Mal oder nach längerer Zeit (mehrere Wochen) neu eingeschaltet, benötigt es vom Satelliten einen neuen Almanach. Das dauert zwischen 15 und 30 Minuten. Alle anderen Hochrechnungen werden in kürzerer Zeit absolviert. Selbst der sogenannte Kaltstart, der Start nach längerer Pause, bei dem der Empfänger zunächst die Bahndaten der verwendeten Satelliten aufrechnen muß, dauert im Schnitt nicht mehr als drei Minuten. War das Gerät nur kurzzeitig ausgeschaltet, dauert es bis zum Fix nur etwa eine halbe Minute, weil die zuletzt benutzten Bahndaten wieder verwendet werden können. Es lohnt sich also nicht, einen GPS-Empfänger auf Langtörn sparsam einzuschalten; besser für die Lebensdauer der Batterie ist es, öfter mal die Position zu überprüfen.
Beim Arbeiten mit GPS kann ein elektronik-gläubiger Navigator einer bösen Täuschung erliegen. In Stromgewässern muß von der jeweiligen Position zum Ziel das Stromdreieck gezeichnet werden. Andernfalls fährt man eine »Hundekurve«, die womöglich über eine Untiefe oder auf ein Hindernis zu führt, weil das GPS-Gerät immer nur den direkten Kurs zum Ziel angibt.

Radar

Das klarste und eindeutigste Funkortungsverfahren ist Radar, ein Meßfunkverfahren, das aus einer mit etwa 20 U/min umlaufenden Schlitzantenne ultrakurze Funkimpulse im 3- oder 9-Gigahertzband (10 cm- oder 3-cm-Radar) aussendet, die von allen Gegenständen zurückgeworfen werden, die größer als die Wellenlänge sind. Sofort nach dem Aussenden eines Impulses schaltet das Radar von Senden auf Empfang um, denn bei der Geschwindigkeit der Impulse von fast 300 000 km/s sind nach unserem menschlich trägen Zeitverstand selbst die Echos von einem 60 sm entfernten Berg »sofort« wieder da.
Die Elektronik setzt jedes eintreffende Echo in eine Verstärkung eines synchron mit der Antenne umlaufenden Kathodenstrahls in einer Braunschen Bildröhre um. Dieser Kathodenstrahl stellt eine Zeitkonstante dar, die in schneller Folge immer vom Mittelpunkt des Bildschirms zum Bildschirmrand aufgebaut wird, so daß sie als umlaufender Leuchtstrahl auf der Bildröhre erscheint. Jedes Echo wird im Augenblick seines Eintreffens als Verstärkung des Kathodenstrahls aufgegeben, was sich als Leuchtpunkt auf dem Schirm abzeichnet.

Da das alles sehr schnell und mit hoher Impulsfolgezahl geschieht, handelt es sich in Wirklichkeit um abertausend Leuchtpunkte, so daß sich Konturen von Küsten und größeren Schiffen abbilden.
Die heute üblichen Yacht-Radars setzen die Messung in Videosignale für einen fernsehähnlichen Bildschirm um. Ihr Bild baut sich horizontal Zeile um Zeile aus vielen Punkten ein- oder mehrfarbig auf, vergleichbar dem Monitor eines Computers. Zu farbig hat sich in der Praxis als ermüdend erwiesen und macht die Konturen schwammig. Diese Yacht-Radars nach der sogenannten Rasterscan-Technik haben den Vorteil, bei Tageslicht lesbar zu sein. Ihr Nachteil ist ein leichter Informationsverlust. Ein wichtiges Kriterium für sie ist die Auflösung des Bildschirms. Die Anzahl der Bildpunkte sollte niemals weniger als 500 in der Senkrechten und in der Waagerechten betragen.
Jedes Radar läßt sich in mehrere Meßbereiche von 0,5 sm bis 12 sm bei billigen Geräten und meist 32 sm bei besseren Yachtgeräten einstellen.
Es hat wenig Sinn, auf kleinen Booten mit geringen Masthöhen Radars mit großer Reichweite aufzustellen, denn der Radarhorizont ist wesentlich von der Höhe der Antenne über Wasser bestimmt. Zwar kann ein Radar auch Dinge sehen, die hinter der Kimm stehen oder über sie herausragen, doch es ist dann meist nicht mehr definierbar, was das Echo darstellt.
Navigatorisch arbeitet man mit dem Radar wie bei der optischen Küstennavigation mit Seitenpeilungen. Ein Gradkreis ermöglicht, die Schiffsseitenpeilung sofort abzulesen und die Entfernung durch elektronisch auf dem Bildschirm erzeugte Abstandsringe.
Manche Geräte haben noch einen zusätzlichen beweglichen Abstandsring, den man mit einem Knopf an das interessierende Ziel heranfährt, worauf man an einer Digitalanzeige die Entfernung ablesen kann.
Die Entfernungsmessung hat manchmal Tücken. Bei flachen, sandigen Küsten mißt man meist nicht die Strandlinie an, sondern die Dünen dahinter. Unter extremen Wetterbedingungen kann es Überreichweiten (Geisterbilder) geben. Einzelheiten auf der Küste, z. B. Leuchttürme, sind meist nicht erkennbar. Auf kurze Distanzen kann es Echo-Echos geben, die vom mehrmaligen Hinundherlaufen des Impulses zwischen Ziel und eigenem Schiff entstehen. Glatte, nur wenig aus dem Wasser ragende Schärenbuckel und Eisschollen machen gar kein Echo, weil sie den Impuls vom Schiff hinweg reflektieren. Mit diesen Dingen muß man sich bei guter Sicht durch Vergleiche zwischen Radarbild und Natur anfreunden. Dennoch kommt der Entfernungsmessung bei der Radarnavigation die größere Bedeutung zu. Peilungen sind nur von scharfen Kaps und großen Hafenmolen möglich.
Bei Yachtradars ist die Bildschirmmitte immer der eigene Schiffsort. Der Vorausstrich muß bei jeder Inbetriebnahme auf Voraus gestellt werden, was bei manchen Geräten ein Geräusch macht, als ginge etwas kaputt; es passiert aber nichts. Das Radar zeigt alles als relative Bewegung zum eigenen Schiff auf. Echos, die auf dem Radarbild stehen, laufen gleichen Kurs und gleiche Geschwindigkeit wie das eigene Schiff. So ist jede Radarpeilung mit dem drehbaren Peillineal über dem Bildschirm eine Seitenpeilung, die, wie optische Seitenpeilungen, zum Kompaßkurs addiert und dann zu rechtweisenden Peilung beschickt werden muß, wenn das nötig ist.
Wer öfter größere Seeräume überquert und Inseln ansteuert oder prominente Kaps zum Landfall wählt, ist mit Radar allein navigatorisch nicht genügend ausgerüstet.
Stürmisches Wetter und eine seekranke Besatzung können auf 400 sm eine Versetzung von weit mehr als der Radarreichweite bewirken. Decca, Loran oder GPS sind für solche Fälle eine unerläßliche Zusatzausrüstung.
Wichtiger noch ist das Radar zur Verhütung von Schiffszusammenstößen, doch das ist eine kompliziertere Sache, in die man sich gedanklich gründlich einarbeiten muß, bei der es anfangs nicht ohne graphische Analyse der relativen Bewegungen auf dem Bildschirm geht, der zudem eine beträchtliche Verkleinerung der Wirklichkeit darstellt. Schiffe, die mit hoher Geschwindigkeit laufen, kriechen auf dem Bildschirm mit einem Tempo von Millimeter/Minute. So kommt es immer wieder zu Kollisionen »mit Radarunterstützung«. Darüber macht man sich am besten mit einem Spezialbuch vertraut.

Radarreflektoren

Yachten genießen in gewissem Sinne passiven Nutzen vom Radar, weil die Berufsschiffahrt nahezu vollständig mit Radar ausgerüstet und zum großen Teil auch daran ausgebildet ist. Doch man muß sein Boot für Radargeräte deutlich sichtbar machen, was mit Reflektoren geschieht, die mit einer Zulassungsnummer des BSH versehen sein sollten. Sie wirken nach dem Prinzip des Tripelspiegels bei den optischen Rückstrahlern bei Autos, Fahrrä-

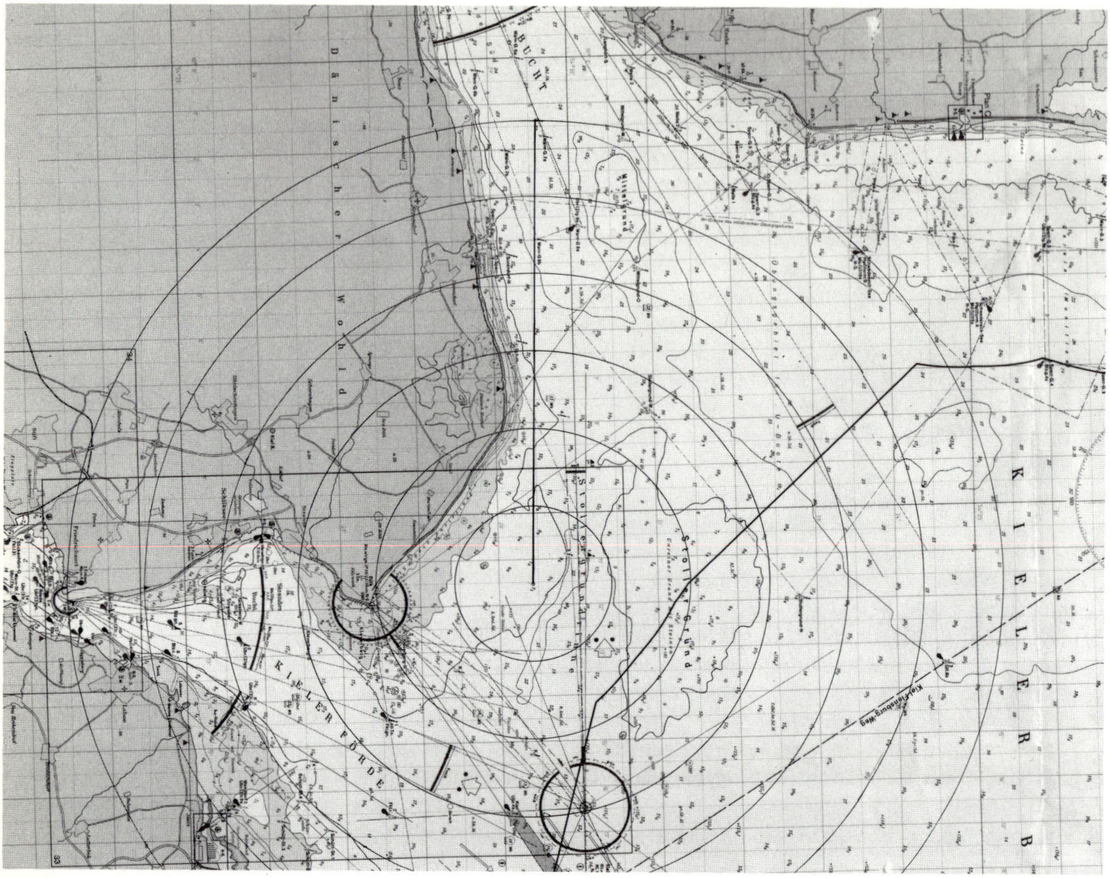

Abb. 78 Kartenbild und Radarbild
Der helle Strich vom Mittelpunkt bis zum Bildrand ist die Vorausanzeige. Sie weist 272°. Zur besseren Anschaulichkeit wurde die Karte parallel zum Radarbild gedreht. Die konzentrischen Kreise um den eigenen Standort sind die Abstandsringe. Er beträgt hier 1 sm. Die helle Zone, etwa 0,5 sm um den Mittelpunkt, sind Seegangsreflexe. Der langgestreckte Reflex in 1,5 bis 2,5 sm Abstand ist das Steilufer von Bülk bis Schwedeneck, das große Echo am unteren Bildrand die Küste von Laboe bis zur Marina Wendtorf. Man beachte, daß das Radar nicht um die Huken von Bülk und bei Dänisch Nienhof herum »sehen« kann. Es sieht nur die Einfahrt zur Kieler Förde zwischen Bülk und Laboe. Der rechte lange Strich achteraus ist der Feuerturm Kiel, der andere ein großes schnell laufendes Schiff neben der Ansteuerungstonne Kiel. Dahinter die Echos weiterer Schiffe zwischen Ansteuerung und Kiel 3.

dern usw. Die oktagonalen Gebilde werden häufig falsch aufgehängt oder montiert – Spitze oben und Spitze unten. So ist die Reflektorwirkung angenähert null. Ein einigermaßen gleich kräftiges Echo in jede Himmelsrichtung liefern diese Reflektoren nur, wenn eine der dreiflächigen Hohlecken nach oben weist; die »Regenfangstellung«. Die Schenkellänge dieser Hohlecken sollte 30 cm betragen, keinesfalls kleiner als 25 cm sein, sonst wird die Reflexwirkung zu gering. Je höher der Reflektor über Wasser ist, desto besser wird er über dem Seegangsecho, von dem das Radarbild des eigenen Schiffs umgeben ist, erkannt. Allerdings liegt die Auffaßreichweite für Sportboote im günstigsten Falle bei 5 sm, meist aber bei nur 2 sm und dann oft nur als »pumpendes Echo«, das mal bei einer

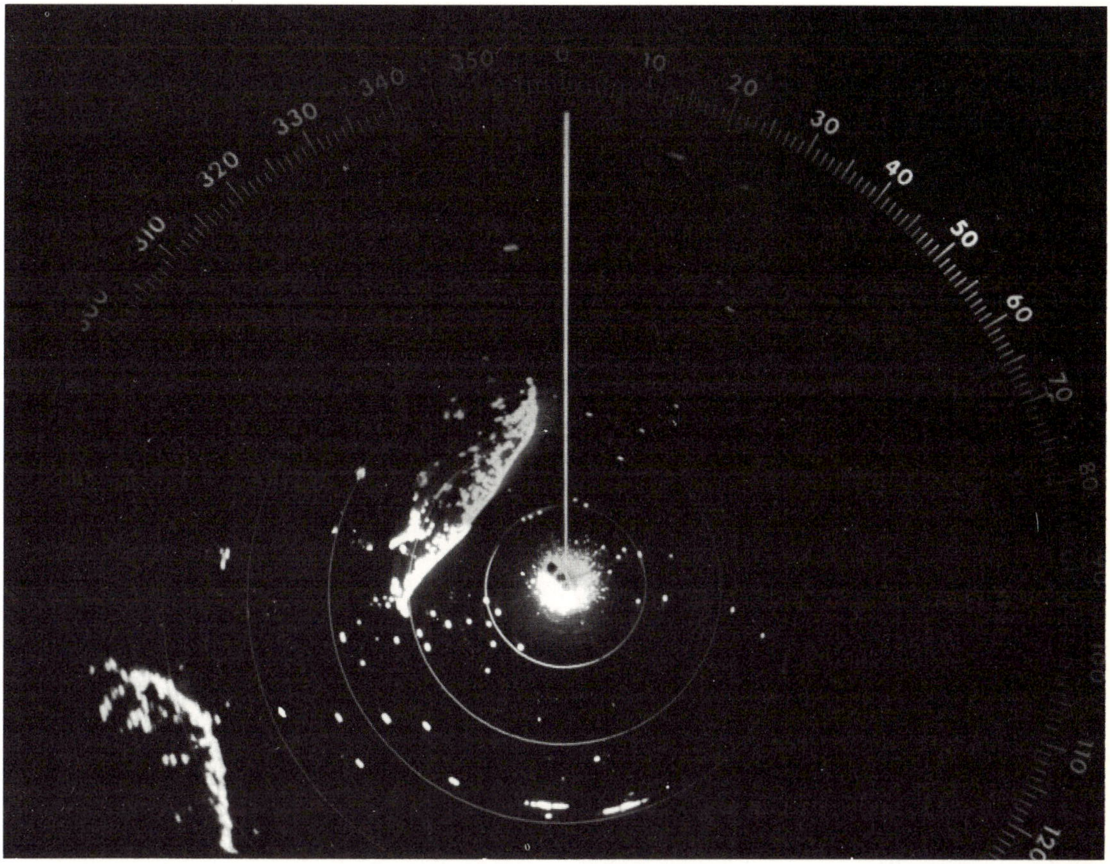

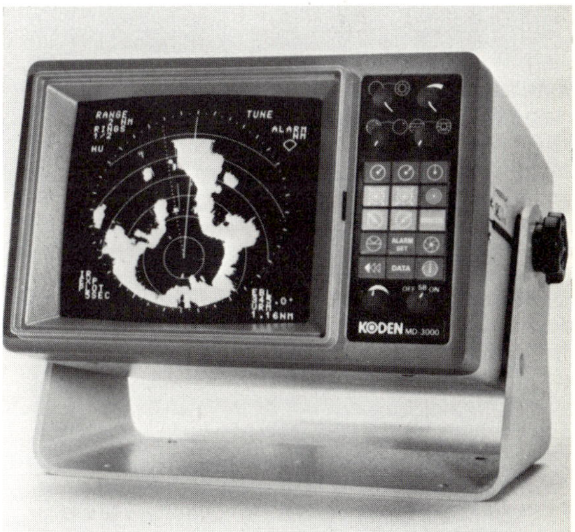

Abb. 79 Tageslicht-Yachtradar mit Radom-Antenne
Hier ein Gerät mit 8 Meßbereichen zwischen 0,25 sm und 32 sm, mit variablen Meßringen, Bildzentrierung (Erweiterung des Vorausbereichs um 50%), mit elektronischem Peillineal, Annäherungsalarm (zur Kollisionsverhütung) und Störausblendung von Fremdradars. Mit Anschluß für externe Navigationssysteme, um die Positionsdaten im linken unteren Bereich darzustellen. – Die (verkleidete) Radom-Antenne (hier ∅ 62 cm) empfiehlt sich auf Segelyachten unbedingt gegenüber einer frei rotierenden Drehantenne.

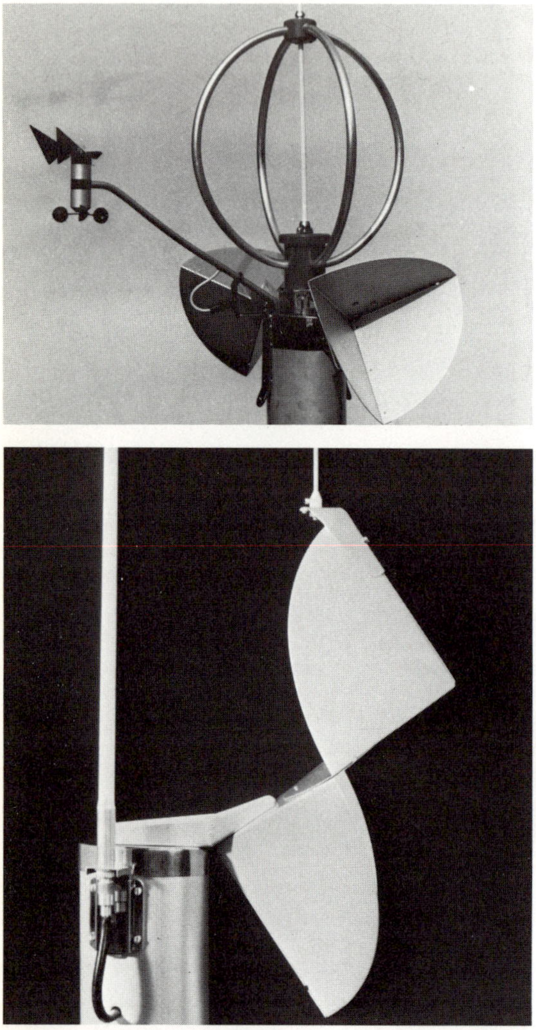

Abb. 80 Radarreflektoren
Die wirkungsvollste Montage ist im Masttopp. Ein Oktaederreflektor muß in der sogenannten Regenfangstellung angebracht werden, so daß ein Tripelspiegel wie ein Trichter nach oben zeigt. Doch oft ist wegen sonstiger Masttopp-Installationen dort kein Platz. Ein Ausweg sind 2 Tripelspiegel getrennt, einer schräg voraus, einer schräg achteraus (oben) oder zusammenmontiert, einer voraus, einer achteraus zeigend. Sie nutzen die Erfahrung, daß die »Breitseite« einer Segelyacht durch das Rigg eine gewisse Rückstrahlfähigkeit besitzt. Wichtig bei der Montage ist, daß ein Winkel von 35° zur Schiffsebene genau eingehalten wird. – Wenn schon nicht im Masttopp, so haben Versuche gezeigt, ist eine möglichst starre Anbringung, so hoch wie möglich, am Achterstag noch günstiger als in den Wanten unter der Saling.

Umdrehung der Antenne auftaucht, dann für zwei oder mehr Umdrehungen verschwunden ist, ehe es wieder erscheint.
Nähern sich bei einem Abstand von 5 sm Handelsschiff und Yacht mit 25 kn (20 kn und 5 kn), so bleiben für das Erkennen einer Kollisionsgefahr und Ausführung und Beendigung des Ausweichmanövers nur 12 Minuten. Diese Zeit verringert sich auf 9,6 Minuten, wenn der Radarbeobachter die Yacht erst auf 4 sm erkennt.
Weil eine Yacht auch unter Segel in jedem Falle manövrierfähiger ist als jedes Maschinenschiff von 450 BRT und mehr, sollte sie ausweichen und zwar so deutlich, wie sie nur kann; das heißt, Kursänderung um 90°. Anders wird bei der geringen Geschwindigkeit einer Yacht die Ausweichbewegung dem Mann am Radar nicht deutlich genug. In der Nacht fährt jedes mit Radar ausgerüstete Schiff, auch bei guter Sicht, mit eingeschaltetem Radar. Dann gehe man einem Gegenkommer schon aus dem Weg, wenn seine Dampferlichter über der Kimm sichtbar sind. Hat man selber Radar, dann gilt der 12-Meilen-Bereich für die allgemeine Lageüberwachung, und spätestens auf 6 sm Distanz muß das Ausweichmanöver eingeleitet werden – niemals nach Backbord, wenn der Gegenkommer von recht voraus bis über Bb-Bug peilt. Niemals nur kleine Kursänderungen. Sie führen unweigerlich zur Kollision »mit Radarunterstützung«.
Für Seeregatten und für seegehende Yachten mancher Staaten sind Radarreflektoren zwingend vorgeschrieben.

Kartenplotter

Immer häufiger kommen auf Yachten sogenannte Kartenplotter zum Einsatz, die die Seekarte auf einem Bildschirm anzeigen, ähnlich wie beim Tageslicht-Radar. Ihre Bildinformation erhalten sie von sogenannten Kartenmodulen, die es heute für alle wichtigen Seegebiete gibt. Per Knopfdruck kann man damit, vom Übersegler bis zum Revier, alles auf den Schirm holen. Mit dem richtigen Modul kann man sich sogar bis zu seinem Steg »zoomen«. Für die ernsthafte Navigation sind diese elektronischen Karten jedoch nicht geeignet. Keine hat den Segen des BSH, denn keine kommt an die Genauigkeit einer Papierkarte heran. Dagegen stehen schon die kleinen Bildformate der Anzeigegeräte.

Sichtgerät für elektronische Seekarten, die in einsteckbaren Modulen (rechts unten) gespeichert sind: Solche Kartenplotter zeigen die Seekarte auf einer Braunschen Röhre. Vorteile bringen sie erst, wenn ein elektronischer Navigator (Decca, Loran C oder GPS) angeschlossen ist, der den Schiffsort analog in die Karte projiziert. Diese Position ist immer aber lediglich als (ungenauer) Plottwert zu sehen. Karten für viele Segelreviere sind vorhanden. (Foto: H.-G. Kiesel)

Als zusätzliche analoge Anzeige zu einem elektronischen Navigator (Decca, Loran C, GPS) aber eignen sie sich sehr gut. Per Schnittstelle auf den Kartenplotter geschaltete Positionen zeigt das Gerät nicht nur in Länge und Breite an, sondern eben auch auf der Karte. Auch wenn das oftmals ungenau ist, weiß man doch in etwa, wo man steht. Die exakte Navigation wird dann ohnehin auf der Seekarte am Kartentisch gemacht. Im Cockpit installiert, zeigt der Kartenplotter aber schon mal die ungefähre Position.

Elektronische Karten lassen sich auf den Radarschirm projizieren, was einen Schirm spart. Wenn es auch nicht möglich ist, Radarbild und Karte übereinanderzulegen – die geringe Genauigkeit der Karte läßt diese Sychronisation nicht zu, und außerdem wären dann unübersichtlich viel Informationen auf dem Schirm –, so ist es doch nicht ohne Reiz, öfter umzuschalten, um das Radarbild mit der Karte zu vergleichen. Auch Wegpunkte kann man in der elektronischen Karte fixieren, so daß ein Plotten möglich ist, das sicher an das (ungenaue) Plotten in der Papierkarte heranreicht.

Mit der geeigneten Software ist es sogar möglich, ein Laptop oder Notebook, einen portablen PC also, zum Kartenplotter umzufunktionieren. Diese Lösung hat den Vorzug, mehr Bildpunkte vorzuhalten, als die angebotenen Plotter; und eine Schnittstelle für den GPS-Navigator gibt es auch.

Astronomische Navigation

Vorbemerkungen

Astronomische Navigation gilt dem Sport- und Freizeitschiffer noch immer als eine Art höherer Weihe in der Nautik. Das war einmal. Soweit der Nautiker damit beschäftigt wird, ist es simpler Stoff. Was daran kompliziert und mit viel Rechenarbeit verbunden ist (die heute Computer für den langweiligen Teil daran übernehmen), das besorgen Astronomen, die uns *Ephemeriden* genannte Tafeln zur Verfügung stellen. Von denen gleich mehr. Sodann sind es noch vier Herren, denen wir verdanken, daß astronomisches Navigieren heute für den Grundbedarf einfach ist.

1. Der auf der Harvard University ausgebildete US-amerikanische Captain Thomas H. Sumner, der 1837 vor dem Landfall in England bei schlechtem Wetter und ungewisser Breite versuchte, aus einem einzigen Sonnen-»Schuß« eine Chronometerlänge zu gewinnen. Er versuchte es sicherheitshalber mit den drei Breiten 49°30′ N, 50°00′ N und 50°30′ N und entdeckte, als er die drei Längen-

schnitte mit den genannten Breiten auf der Karte verband, daß sie auf einer (vermeintlichen) Gerade liegen – eine Standlinie, auf der sich sein Schiff befinden mußte.

2. Der Franzose Adolphe-Laurant-Anatole Marcq de Blonde de Saint-Hilaire, Commandant von offenbar hohem Adel in der frenzösischen Marine, erklärte 1875, daß Sumners Standlinie keine Gerade, sondern nur ein Stück eines Kreises von sehr großem Radius mit dem Bildpunkt des Gestirns als Mittelpunkt ist. Bei sehr hoch stehenden Gestirnen, bei Höhenwinkeln von mehr als 70° *muß* die Standlinie als Kreis behandelt werden. Saint-Hilaire, wie er heute kurz genannt wird, brachte damit die astronomische Navigation auf eine im Prinzip simple Lösung, die aus dem Höhenwinkelmessen der terrestrischen Navigation abgeschaut ist: Wenn ich meine, von einem Leuchtturm bekannten Standorts und bekannter Höhe in einer bestimmten Entfernung abzustehen, dann muß der Höhenwinkel dieses Turms, den ich mit dem Sextant messe, gleich dem sein, den ich für meine angenommene Position berechnen kann. Man kann das berechnen, auch wenn in der astronomischen Navigation die Leuchttürme »irrsinnig« hoch sind.

3. Die beiden deutschen Physiker A. Scheibe und U. Adelsberger entwickelten 1933 die erste Quarzuhr. Schon 1934 stellte die US-Navy eine auf und sandte ihre Zeitsignale nach dieser Uhr aus. Es waren Geräte mit Röhren, aber mit ihnen entdeckte man, daß die Drehfrequenz der Erde keine Konstante ist. Es hat knapp ein halbes Jahrhundert gedauert, bis Elektronik und Schrittmotor so weit miniaturisiert waren, daß wir unser Chronometer am Armband tragen können, und daß es schon zu einem Preis von weniger als 50 Mark genauer geht als die besten mechanischen Chronometer zu mehr als 1000 Mark. Zwar werden Quarzuhren mit dem Alter etwas schneller.

Notwendige Vorkenntnisse

Mathematische Kenntnisse sind bei Verwendung bestimmter Tafelwerke nicht erforderlich, sind aber im Zeitalter der mathematischen Taschenrechner und handigen Kleincomputer interessanter geworden als je zuvor. Können muß man addieren und subtrahieren, vor allem im sexagesimalen System, in dem Winkel und Zeit gemessen und geschrieben werden. Man übe es fleißig, denn dabei werden die meisten Fehler gemacht.

Beim sexagesimalen Rechnen muß man immer daran denken, daß Minuten und Sekunden nur bis 60 reichen. Wird diese Zahl überschritten, muß beim Addieren eine 1 ins nächsthöhere Zeit- oder Winkelmaß transportiert werden. Umgekehrt muß beim Subtrahieren eine aus dem höheren Maß »geliehene« 1 als 60 ins niedere Maß transportiert werden.

Beispiel:	$17^h\ 34^m\ 16^s$	$334°\ 17{,}3'$
	$3^h\ 21^m\ 46^s$ +	$15°\ 24{,}6'$ −
	$20^h\ 56^m\ 02^s$	$318°\ 52{,}7'$

Es gibt Taschenrechner, die sexagesimal addieren und subtrahieren können, auf jeden Fall aber können sie für die Nautik brauchbare sexagesimale Größen in Dezimalbrüche verwandeln und umgekehrt. Zeit multiplizieren oder dividieren oder Rechnungen mit Winkelfunktionen können diese Rechner nur, wenn Minuten und Sekunden als Dezimalbruch der großen Einheit verwendet werden, also statt $20^h\ 56^m\ 02^s$ die Dezimalzeit 20,9339 h.

Weil in der Nautik gewöhnlich nicht mit Winkelsekunden gerechnet wird, sondern die Winkelminuten als Dezimalbruch geschrieben werden – 52,7′ – muß man das 1 × 1 mit 6 aus dem ff beherrschen, denn nur wenige Rechner sind auf die nautische Eigenart programmiert. Man darf 52,7′ also dem Rechner nicht so zur Umwandlung eingeben, sondern nur als 52′ 42″. Rückverwandelt man eine vom Rechner ausgegebene Winkelgröße, etwa 33,4578°, dann zeigt der vor: 33° 27′ 28″ ⇒ 28 : 6 ≈ 5, also schreiben wir das Ergebnis nautisch hin: 33° 27,5′.

Schreibweisen

Es gibt eine verbindliche Norm – DIN 13 312 – zur nationalen Vereinheitlichung nautischer Benennungen, Abkürzungen, Formelzeichen und graphischer Symbole. Nach dieser Norm darf eine Uhrzeit noch mit hochgestellten h, m, s geschrieben werden, nicht aber eine beliebige Zeitspanne, die in der Art 4 h 33 min 16 s geschrieben werden muß. Für die nautische Praxis am meist wackeligen Kartentisch der Kleinschiffahrt empfiehlt sich eine Schreibweise mit Bindestrichen: UT1 = 20-56-02 statt $20^h56^m02^s$ und Grt = 332-44,6 statt 332°44,6′. Irrtümer sind bei der Bindestrichmethode kaum möglich. Das DIN (Deutsches Institut für Normung) schlägt die Trennung von Stunden, Minuten und Sekunden durch Punkte vor (14.33.27) – im

Seegang werden daraus Kommas. In amerikanischen und englischen Büchern findet man die Schreibweise 45!3 statt 45,3′. Der Dezimalpunkt (statt Komma) der Briten steht auf Mitte, der der Amerikaner auf Zeile. Der britische Malpunkt steht auf Zeile, der amerikanische wie bei uns auf Mitte. Weil viele mit den amerikanischen Tafeln Pub. 249 (früher H.O. 249) oder den identischen AP 3270 (britisch) arbeiten werden, muß man das wissen.
Normblätter sind relativ teuer und umfangreich. Yachtskipper müssen und werden DIN 13312 nicht kaufen. Die Abkürzungen und Formelzeichen aus der Norm sind, soweit für uns relevant, hier zusammen mit den nötigen amerikanisch-britischen aufgeführt, die wir zur Arbeit mit den beliebten Tafeln Pub. 249 (»HO-Tafeln«) und einigen Navigationsprogrammen für Taschenrechner und Computer brauchen.
Breitengrade sind immer zweiziffrig zu schreiben (02° 13,6′S). Längengrade sind dreiziffrig (005° 00,5′E) zu schreiben. Das hat meldetechnische Gründe.
N und E sind bei uns positiv; S und W negativ. Obwohl sie Vorzeichen darstellen, stehen sie am Ende ihres Betrages. Die Datumsschreibweise im *Nautischen Jahrbuch (NJ)* entspricht astronomischem Brauch: Jahr, Monat, Tag, Stunde usw.

Abkürzungen und Formelzeichen

UT1 (GMT)	Weltzeit (Greenwichzeit)
ZZ (ZT)	Zonenzeit
MOZ (LMT)	Mittlere Ortszeit
ZU (ZD)	Zeitunterschied
Grt (GHA)	Greenwich(stunden)winkel
β (SHA)	Sternwinkel
δ (Dec)	Deklination
t (LHA)	Orts(stunden)winkel
φ (Lat)	Geographische Breite
λ (Lon)	Geographische Länge
h_s (Hs)	Sextantablesung
h_b (Ho)	Beobachtete Höhe
h_r (Hc)	Berechnete Höhe
h_A (Ah)	Augeshöhe
Kt (D)	Kimmtiefe
Ib (IC)	Indexberichtigung
Gb	Gesamtbeschickung
HP (HP)	Horizontalparallaxe
Δh	Höhenunterschied h_b–h_r
z (z)	Zenitdistanz
Z	Azimutwinkel, halb- oder viertelkreisig
Zn	Azimut, vollkreisig
T (MP)	Zeit des Meridiandurchgangs
Unt (*d*)	Unterschied (GHA, Dec)
Vb (corr)	Verbesserung
G	Gissort
F (Fix)	wahrer Schiffsort
LF	»laufendes« Fix mit versegelter Standlinie (Koppelfehler möglich)
VP	Vermutliche Position
AP	Angenommene Position

In Klammern sind die amerikanisch-englischen Abkürzungen angeführt, die in Reduktionstafeln, Navigationsrechnern und auch den meisten Navigationsprogrammen (Software) angewendet werden.

Gestirnskoordinaten

Für die Zwecke der astronomischen Navigation genügt die wissenschaftlich falsche Vorstellung, daß die Erde Mittelpunkt des Alls ist und dieses All eine riesige Hohlkugel ist, die sich (fast) achsgleich mit der stillstehenden Erde in 23 h 56 min 4,1 s einmal herumdreht, was wir als »1 Sterntag« bezeichnen.
Die Astronomen haben diese Himmelskugel mit einem Koordinatennetz von Meridianen und Deklinationskreisen überzogen, das in seiner Art dem geographischen Netz aus Meridianen und Breitenkreisen entspricht. Der Nullmeridian der Himmelskugel geht durch den Frühlingspunkt, auch »Aries« (Widder) genannt und mit dem Widderzeichen ♈ versehen. In Abb. 81 (nächste Seite) soll der ♈-Meridian deckungsgleich mit der rechten Kugelkontur sein und bei dieser Momentaufnahme auch genau über dem Nullmeridian der Erde in der Nähe (!) des Nullstrichs der Sternwarte von Greenwich bei London liegen. So läßt sich folgendes erklären:

Deklination (δ, Dec)

Sterne, die auf dem Himmelsäquator liegen, haben $\delta = 0°$. Sterne die nördlich des Äquators liegen, bekommen das Vorzeichen N (+), solche südlich des Äquators das Vorzeichen S (−). Der Stern in Abb. 81 hat die Deklination +40°.

Abb. 81 Das Koordinatensystem des Himmelsäquators. Die Breite eines Gestirns heißt Deklination, hier 40° N; seine Länge Stundenwinkel, hier 74° W.

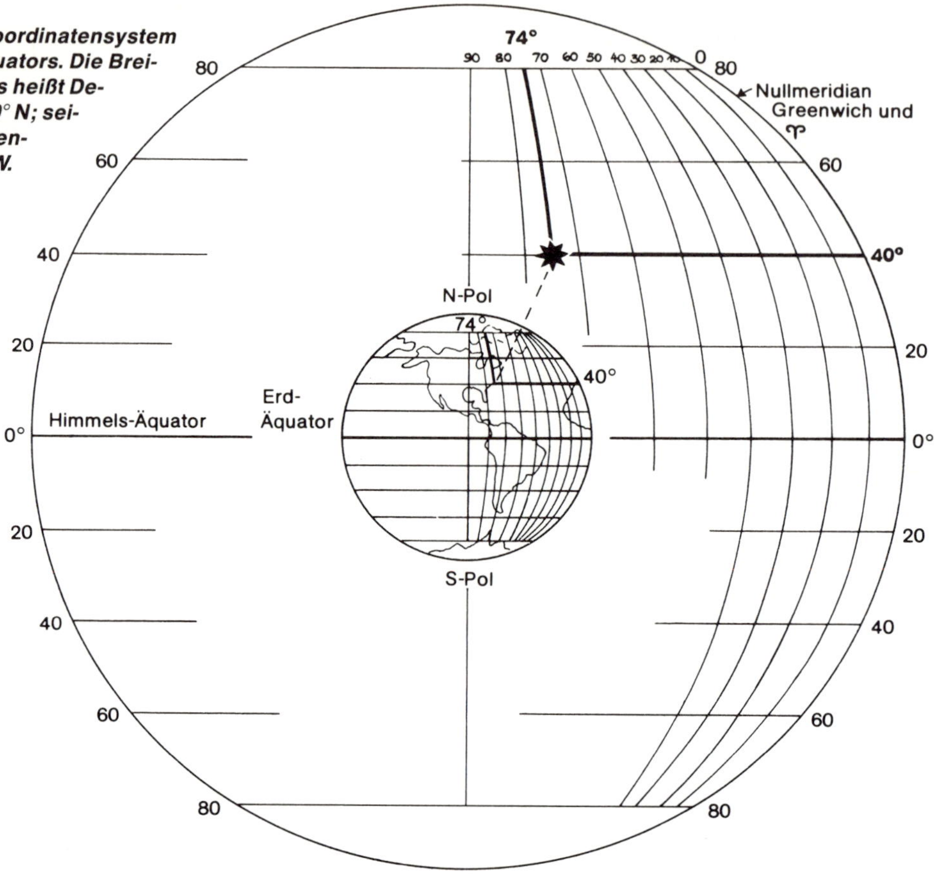

Sternwinkel (β, SHA)*

Der Sternwinkel ist sozusagen der Längengrad auf der Himmelskugel, er wird aber anders gezählt, nämlich vom ♈-Punkt in westlicher Richtung durch bis 360°. Der Stern in Abb. 81 hat einen Sternwinkel von 74°.

So wie Abb. 81 das für die Momentaufnahme 12 Uhr Sternzeit in Greenwich darstellt – die beiden Nullmeridiane für Himmel und Erde liegen übereinander –, liegt der Bildpunkt dieses Sterns auf der Erde auf 40° Nordbreite und 74° Westlänge, denn der Greenwichwinkel des Aries oder Frühlingspunktes ♈ ist gleich null; 4s später ist der Bildpunkt schon 0°01,0′ auf der Erde weiter westlich gewandert. Deswegen ist eine möglichst genau und gleichmäßig gehende Uhr an Bord so wichtig. Eine Winkelminute am Äquator entspricht einer Seemeile, auf 40° Breite Süd oder Nord sind es nur 77% einer Seemeile.

* SHA (sidereal hour angle) heißt übersetzt »Sternstundenwinkel«; er wurde früher im Zeitmaß gemessen.

Bildpunkt (BP)

Er wurde im vorigen Abschnitt schon erwähnt und liegt immer auf der Erdoberfläche dort, wo eine Verbindungsgerade vom Stern zum Mittelpunkt der Erdkugel die Kugeloberfläche durchstoßen würde. Anders gesagt: Wer im Bildpunkt auf der Erde steht, hat das Gestirn genau über sich im Zenit – Höhenwinkel 90°.

Merke: Der Bildpunkt eines Gestirns wandert über die Erde, der Sternwinkel des Gestirns auf der Himmelskugel bleibt praktisch derselbe. Die westliche Entfernung des Bildpunktes vom Nullmeridian der Erde heißt Greenwichwinkel (Grt) des Gestirns. Wenn sich aber die Himmelskugel nach Westen dreht, dann dreht sich auch ihr ♈-Meridian nach Westen vom irdischen Nullmeridian um einen bestimmten Meridian- oder Längenwinkel nach Westen weiter, nämlich um den Greenwichwinkel des Aries (Grt ♈). Grt∗ + Grt ♈ muß die Entfernung des Sternbildpunktes in Längengraden vom Nullmeridian bei Greenwich

Abb. 82 Das Himmelsdreieck verbindet die Koordinatensysteme des Himmelsäquators und des Horizontes. Das Horizontsystem s. Abb. 83.

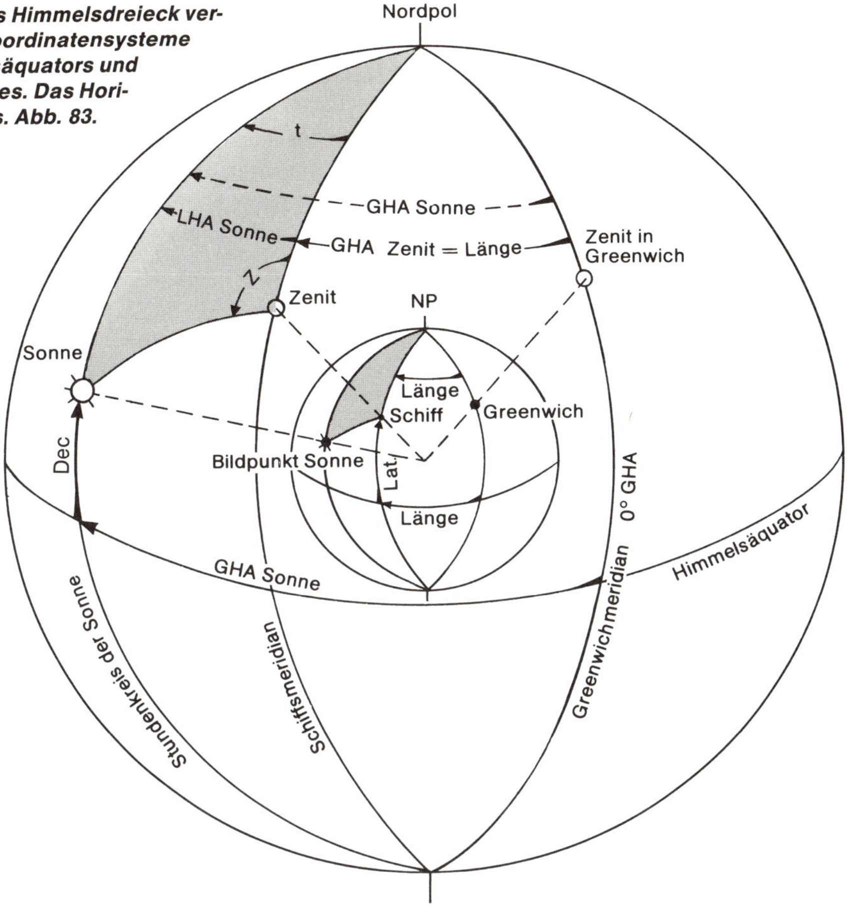

sein. »Entfernung« ist nicht das rechte Wort, denn es handelt sich um ein Winkelmaß zwischen zwei bestimmten Meridianen, die sich am Nordpol der Erde schneiden, um einen Meridianwinkel, der in deutscher Nautik das Formelzeichen *t* bekommt.

Der Meridian des Aries (♈)

Die Lage des himmlischen Nullmeridians ist bestimmt vom Frühlingspunkt – das ist der Schnittpunkt von Himmelsäquator und Ekliptik im Frühjahr. Ekliptik ist die vermeintliche Umlaufbahn der Sonne in einem Sonnenjahr. Man findet den Frühlingspunkt im *Nautischen Jahrbuch* am 21. März in der Sonnenspalte, wenn die Deklination der Sonne null ist.

Weil die Erdachse taumelt wie die eines Kinderkreisels wandert der Frühlingspunkt. So liegt er schon lange nicht mehr im Sternbild des Widders, sondern zur Zeit beim Sternbild Fische. Der Bildpunkt des Frühlingspunktes ist im *Nautischen Jahrbuch (NJ)* für jeden Tag und jede Stunde mit seinem Greenwichwinkel (Grt) genannt.

Der Greenwicher Stundenwinkel (Grt, GHA)

Was für den Bildpunkt des Frühlingspunktes und seinen Grt soeben gesagt wurde, gilt auch für den Bildpunkt aller beweglichen Gestirne – Sonne, Mond und Planeten –, die man sich als zwischen Himmelkugel und Erde herumschwebend vorstellen könnte. Abb. 82 zeigt das nautisch-sphärische Grunddreieck und seine durch Zenit, Bildpunkt und Pol bestimmte Lage und Gestalt.

Weil die von Yachtnavigatoren verwendeten Tafeln und auch die meisten Rechnerprogramme die englischen Abkürzungen verwenden, bleiben auch wir hier dabei und lassen das Deutsche Institut für Normung (DIN) außer acht.

GHA entspricht Grt und ist die Abkürzung für Greenwich Hour Angle (Greenwich Stundenwinkel), denn er wurde früher im Zeitmaß gemessen. LHA (Local Hour Angle) ist der Orts(stunden)-winkel (*t* beim DIN), die Winkelgröße zwischen dem Ortsmeridian und dem Bildpunktmeridian, dessen Lage vom GHA bestimmt ist, den man aus dem *Nautischen Jahrbuch (NJ)* erfährt. Die Breite des Bildpunktes auf der Erde hat denselben Winkel wie die Deklination δ des Gestirns, die man auch aus dem *NJ* erfährt.

Der Zenit ist jener Punkt am Himmel senkrecht über dem eigenen Standort auf der Erde, bestimmt durch Breite (φ, Lat) und Länge (λ, Lon). Das freilich ist der zunächst unbekannte Ort, den man bestimmen möchte. Nun weiß man aber durch Koppeln ungefähr, wo man sein könnte und rechnet für diesen Ort den Azimutwinkel *Z* aus und den Höhenwinkel *h*, der der Bogenlänge Schiff-Bildpunkt in Grad und Winkelminuten entspricht. Ist die mit dem Sextant gemessene Höhe größer oder kleiner, steht man auf diesem Azimutbogen näher beziehungsweise weiter vom Bildpunkt entfernt.

Im nautischen Dreieck sind bekannt:

LHA = GHA ± Lon (Meridianwinkel am N-Pol t)

Seitenlänge Bildpunkt-Pol = 90° – Dec

Zenitabstand vom Pol = 90° – Lat

Daraus kann man die noch fehlenden Größen des nautischen Dreiecks berechnen, was man bei Pub 249 jedoch nicht braucht, denn da ist es schon für jeden vollen Breitengrad und Ortsstundenwinkel (LHA) ausgerechnet.

Der Ortsstundenwinkel (*t*, LHA)

Abb. 82 zeigt, daß der LHA der Sonne gleich dem GHA der Sonne minus dem Längengrad des Schiffs ist. Das gilt aber nur, solange das Schiff westlich von Greenwich steht, westliche Länge hat. Steht das Schiff östlich von Greenwich, dann muß seine Ostlänge zum GHA addiert werden.*

* Amerikaner und Briten geben westlicher Länge positives Vorzeichen und östlicher negatives Vorzeichen (Vorsicht bei Software!). Wir rechnen E als positiv und W als negativ nicht nur aus Tradition, sondern auch, weil es bei der Koordinatenverwandlung mit Elektronenrechnern (Koppeln, Versegeln, Besteckrechnen) vorteilhafter ist.

Beobachtungsgrößen, Horizontalsystem

Ein Beobachter an einem beliebigen Ort auf der Erde kann immer nur feststellen, wie hoch ein Gestirn über seinem Horizont steht und in welcher Richtung, dem Azimut, es peilt. Ausgangsrichtung ist dabei rw Nord. Den Zusammenhang von Horizontsystem und nautischem Dreieck zeigt Abb. 83. Die Horizontebene liegt im rechten Winkel zur Geraden Erdmittelpunkt-Beobachter-Zenit. Der Beobachter steht in einer Ecke des sphärischen Dreiecks des Nautikers; die anderen beiden Ecken sind oberer Pol, hier N, und Bildpunkt BP.

Höhenwinkel des Gestirns (h, H)

Den Höhenwinkel – kurz: seine Höhe – könnte man mit einem Kursdreieck messen, in dessen Hypothenusenmitte man einen Zwirnsfaden mit einem Gewicht daran befestigt. Man peilt das Gestirn längs der Hypothenuse an, und ein anderer liest am Lotpendel den Höhenwinkel ab. (Astrolabium nennt man ein Instrument nach diesem Prinzip.) Das hätte den Vorteil, daß der Höhenwinkel gleich auf den wahren Horizont durch den Erdmittelpunkt bezogen ist, aber das Instrument ist nicht genau genug – ein halbes Grad entspricht 30 sm.

So ist es seit eh und je üblich, die Höhe eines Gestirns über dem sichtbaren Rand des Horizonts, der Kimm zu messen – früher mit dem Jacobsstab, heute mit dem Sextanten – und diesen Kimmabstand rechnerisch so zu berichtigen, daß daraus der Höhenwinkel des Gestirns über dem wahren Horizont wird. Wenigstens ungefähr. Genauigkeit ist nicht zu erreichen.

Berichtigt wird für die Augeshöhe, derentwegen man einen um den Dip (Kimmtiefe) zu großen Winkel mißt, und für die Lichtbrechung infolge der in den erdnäheren Luftschichten immer dichter werdenden Luft. Bei Gestirnen, die der Erde relativ nahe stehen, insbesondere beim Mond, muß auch noch eine Parallaxe berichtigt werden.

Der so berichtigte Kimmabstand heißt dann beobachtete Höhe (h_b, engl. Ho).

Azimut und Azimutwinkel

Die Richtung, in der man ein Gestirn peilt, oder in die man peilen muß, um ein Gestirn zu finden, wird Azimut genannt. Das (auch der) Azimut zählt

Abb. 83 Die Position eines Gestirns wird bestimmt durch seine Höhe (h) über dem Horizont und sein Azimut (Peilung) (Z, Zn).

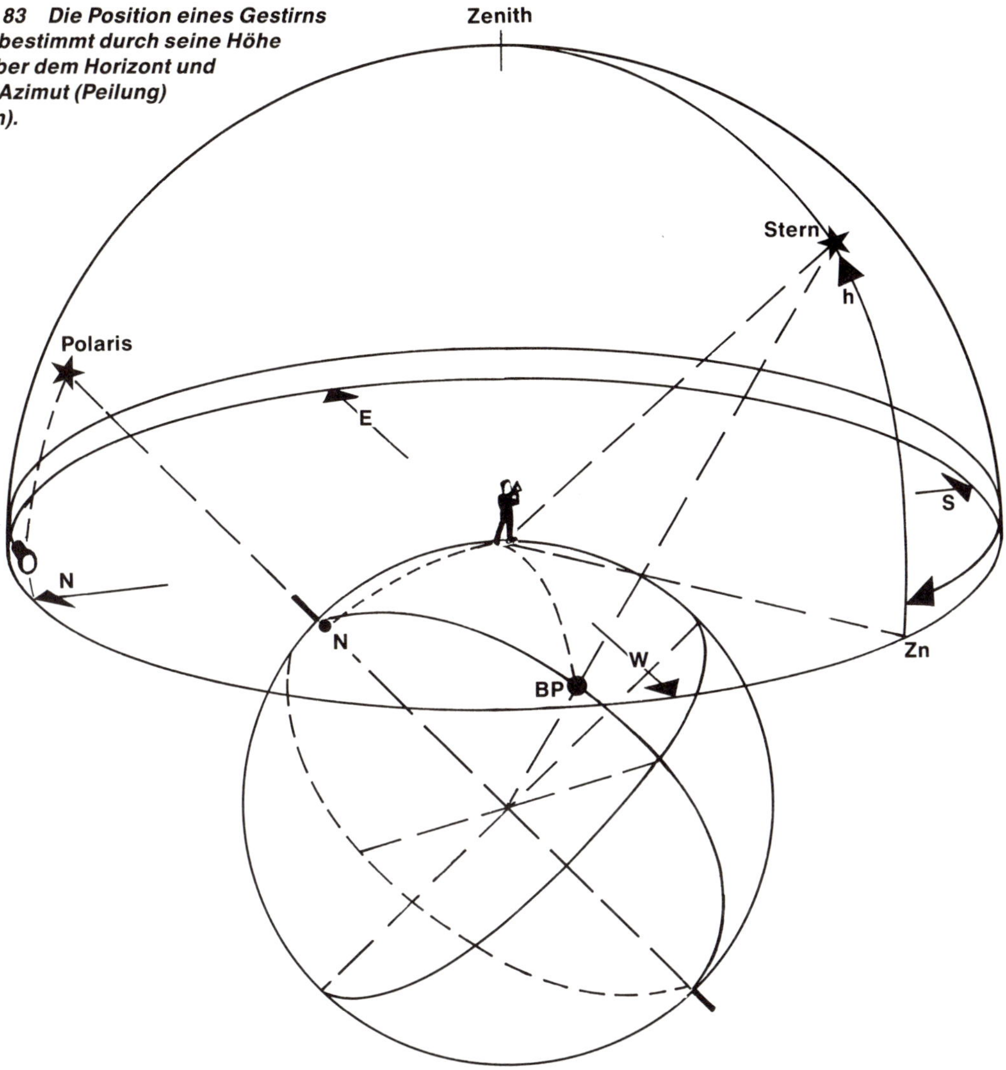

von rwN über Ost, Süd, West von 000–360 Grad. Der Azimutwinkel kann halbkreisig vom oberen Pol gezählt werden, wie bei den hier geschilderten Verfahren; bei manchen Verfahren aber auch viertelkreisig. Bei hier kurz erwähnten echten Rechnungen mit Elektronenrechnern wird das Azimut vollkreisig ausgewiesen.

Die deutsche Navigationsschule macht keinen Unterschied in der Bezeichnung und nennt alles Azimut (Az). Wegen der Inspektionstafeln halten wir uns an *Z* als Abkürzung für Azimutwinkel und *Zn* für das von Nord gezählte (vollkreisige) Azimut.

Die Tafeln Pub 249, Band II und III, geben halbkreisige Az-Winkel (Z) und Anweisung für die Umrechnung zum Vollkreisazimut Zn für N-Breite oben und S-Breite unten – greater than (größer als), less than (kleiner als). Same Name = Deklination und Breite gleichnamig. Contrary Name = Deklination und Breite ungleichnamig. Darauf muß man achten. Der I. Band für Fixsterne, der alle fünf Jahre neu gekauft werden muß, gibt gleich *Zn* an, das aber wegen der Taumelbewegung der Erdachse nur für das Ausgabejahr stimmt, für die Folgejahre müssen in einer Korrek-

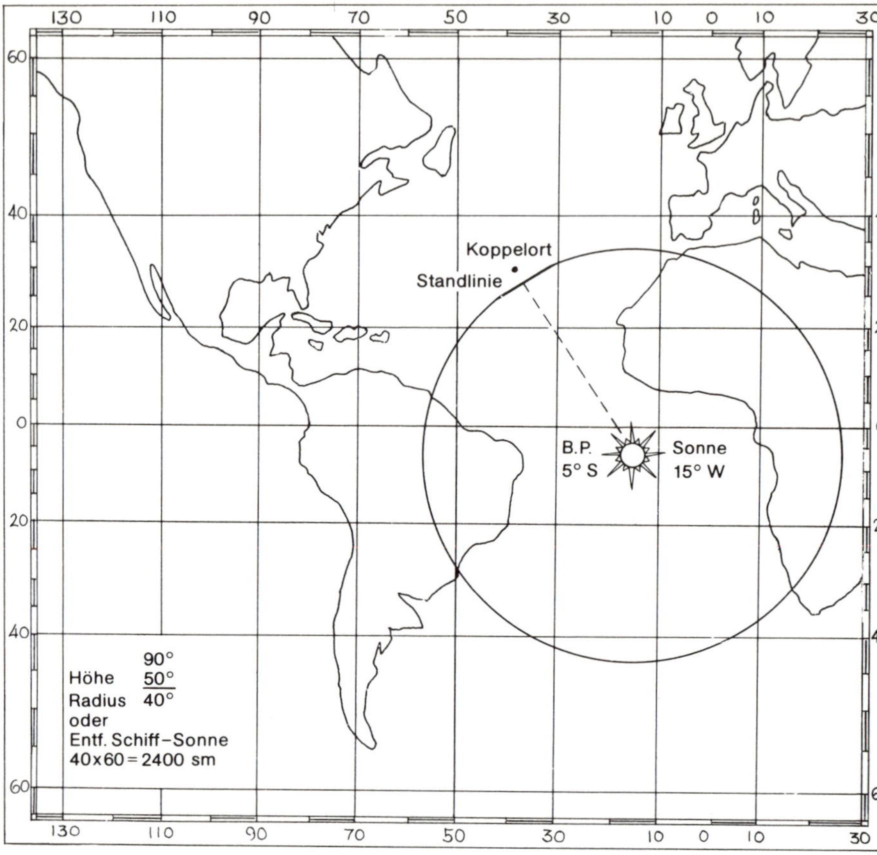

Abb. 84 Azimut und Höhengleiche. Das Azimut ist die Richtung zum Bildpunkt, gestrichelt gezeichnet. Alle Beobachter auf dem Kreis sehen die Sonne in diesem Augenblick in gleicher Höhe.

turtafel Besteckversetzungen für den gefundenen Schiffsort angebracht werden.

Abb. 84 zeigt das Höhe-Azimutsystem in der Projektion auf die Mercatorkarte des Atlantiks.* Der Radius des Standkreises errechnet sich aus der Zenitdistanz des Bildpunktes $z = 90° - Hc$. Darin ist Hc die für den Beobachtungsaugenblick errechnete, »calculierte« Höhe des Gestirns über dem wahren Horizont (deutsch h_r). Auf dem riesigen Standkreis kann man ein ziemlich großes Stück nach jeder Seite des berechneten Azimuts fahren, ehe sich das Azimut um $0{,}5° \triangleq 8{,}727 \cdot 10^{-3}$ rad ändert, nämlich nach der Zeichnung $2400\,\text{sm} \times 8{,}73 \cdot 10^{-3}$ rad $= 20{,}9$ sm. Eine Standlinie ist also nicht mehr als das, doch sagt einem eine quer zur Fahrtrichtung (Gestirn voraus oder achteraus), ob die Wegrechnung stimmt, und eine von einem Gestirn querab, ob der Kurs, auf dem man zu liegen glaubt, auch ins Ziel führt.

Die Zeit

Die Zeit hat sich, seit es Leben auf der Welt gibt, immer nach der Sonne gerichtet, nach Tag und Nacht. Bis 1933 wurde denn auch, ungerechterweise, die Gangqualität der Uhren nach der Sonne beurteilt. Zwar erscheint die Sonne nicht jeden Tag pünktlich um 12 Uhr über dem Meridian der Sternwarte von Greenwich, aber das liegt daran, daß die Erde auf ihrer Bahn um die Sonne eine

* Wir sind wegen Abb. 84 öfter angeschrieben worden, der Kreis müsse wegen der vergrößerten Breite als hochkant stehende Ellipse gezeichnet werden. Das stimmt. Aber dann müßten wir den Azimutstrahl (Großkreis) als Kurve zeichnen.

Ellipse beschreibt, in deren einem Brennpunkt die Sonne steht. Nimmt die Erde die Kurve um den Brennpunkt, in dem die Sonne steht, dann bewegt sie sich schneller als in der Kurve um den anderen Brennpunkt – schnell fliegt sie zur nördlichen Wintersonnenwende (etwa zur Weihnachtszeit) und langsam zur nördlichen Sommersonnenwende. Das stellte Johannes Kepler 1609 fest, und Nikolaus Kopernikus fand, daß die Sonne der ruhende Pol ist, um den die Erde (Gottes) und die anderen Planeten kreisen.
Wegen dieser Unregelmäßigkeit der Sonne im Laufe eines Sonnenjahres, die »Zeitgleichung« heißt, haben die astronomischen Zeitnehmer eine fiktive mittlere Sonne erfunden. Voraussetzung dazu war die Annahme, daß die Drehzahl der Welt konstant ist, was man jedoch vor der Erfindung der Quarzuhr eigentlich auch nicht annehmen durfte, schon der leicht bremsenden Reibung der Gezeiten wegen nicht. Mit den heutigen Atomuhren, die in zigtausend Jahren noch nicht mal um eine Sekunde falsch gehen, wurde es vollends klar, daß man die Güte einer Uhr nicht nach der Sonne oder, richtiger, nach der Drehfrequenz der Erde beurteilen kann.
Aber unsere Zeitrechnung geht auch in der astronomischen Navigation noch immer nach der mittleren Sonne, und nur die Atomuhr läßt erkennen, daß der Nullmeridian, die Linie des mittleren Mittags in der Gegend von Greenwich mit der Zeit ganz langsam wegwandert von dem Strich, den der erste Royal Astronomer, John Flamsteed, in der von King Charles II. 1675 gegründeten Sternwarte gezeichnet hatte. Ist diese Auswanderung des Nullmeridians bis knapp auf den Gegenwert einer Zeitsekunde angewachsen, das sind 0,3′, dann wird die Atomuhr um eine Schaltsekunde vor oder zurückgestellt, damit die Weltzeit (UT, Universal Time) wieder bei Flamsteeds Strich in Greenwich bei London beginnt, je nachdem was da nötig ist. Weil es sich um die jeweils nur bis auf 1 s Abweichung von der mittleren Sonnenzeit freigelassene Weltzeit handelt, wird sie mit »UT1« bezeichnet und so vom BSH ins *Nautische Jahrbuch* geschrieben. Sollten Sie in englisch-amerikanischer Literatur noch auf GMT stoßen, so ist sie wie UT1 zu behandeln. In anderen Veröffentlichungen des BSH (*Nachrichten für Seefahrer, Leuchtfeuerverzeichnis, Nautischer Funkdienst, Gezeitentafeln*) wird die Bezeichnung »UTC« verwendet. Die UTC (Universal Time Co-ordinated = koordinierte Weltzeit) ist die von den Atomuhren erzeugte gleichförmige »mittlere Greenwich-Zeit«, also die nicht um die Schaltsekunde berichtigte UT1. Sie wird durch Zeitsignale verbreitet und bildet die Grundlage für die »gesetzliche Zeit« (GZ).
Um es kompliziert zu machen, wird in den behördlichen Veröffentlichungen die »UTC + 1h 00min (MEZ)« angegeben. Die MEZ (mitteleuropäische Zeit) braucht man für die Beherrschung der Navigation nicht.

Zeitzonen, Zonenzeit (ZZ, ZT)

Weil die mittlere Sonne in 24 h einmal um die Erde läuft, muß ihr Bildpunkt in einer Stunde 360°/24 h = 15°/h an Länge zurücklegen (und 15′/min). Entsprechend hat man die Erde in 15 Längengrad breite Zeitzonen aufgeteilt (Abb. 85). Jeder 15. Längengrad ist Zeitmeridian mit je einer 7,5° breiten Zeitzone nach Ost und West. Wenn es in Greenwich UT1 = 12.00.00 ist, dann haben Island und Kanarische Inseln mittlere Ortszeit (MOZ) (gleich ZZ) 11.00.00, aber auch UT1 = 12.00.00, und Philadelphia(λ = 075° W) hat 07.00.00 Eastern Standard Time (EST), aber ebenfalls UT1 = 12.00.00.
Die schöne, für den Navigator allemal verbindliche Zeitordnung wird durch gesetzliche Zeit (GZ) unterschiedlicher Länder gestört. Meist handelt es sich um die Einführung von Sommerzeit. Das Bordleben richtet sich auf See nach ZZ und im Hafen nach GZ. Für den Navigator gilt in allen Teilen der Welt allein UT1 (GMT).

Datumsgrenze

Wenn die mittlere Sonne den 180. Längengrad überschreitet, beginnt im *NJ* und in Greenwich ein neuer Tag. Es ist 00.00.00 UT1 (GMT). Bis 12.00.00 UT1 und nachher ist die Welt in zwei Daten geteilt. Um 12.00.00 UT1 hat die ganze Welt dasselbe Datum.
λ = 180° 00′ 00″ heißt **nautische Datumsgrenze**; östlich davon gilt das Datum der amerikanischen Westküste, westlich davon das der asiatischen Küste.
Beim Überschreiten der Datumsgrenze in östlicher Richtung ist das Datum zweimal zu nehmen. Überschreitet man die Datumsgrenze mit westlichem Kurs, muß das Datum des nächsten Tages übersprungen werden.
Die politische Datumsgrenze weicht von der nautischen teilweise ab – siehe die Strichellinie in Abb. 85. Auf die Navigation hat das keinen Einfluß.

Abb. 85 Die Zeitzonen der Erde und der Verlauf der politischen Datumsgrenze (nicht identisch mit der tatsächlichen, der »gesetzlichen« Zeit in vielen Ländern).

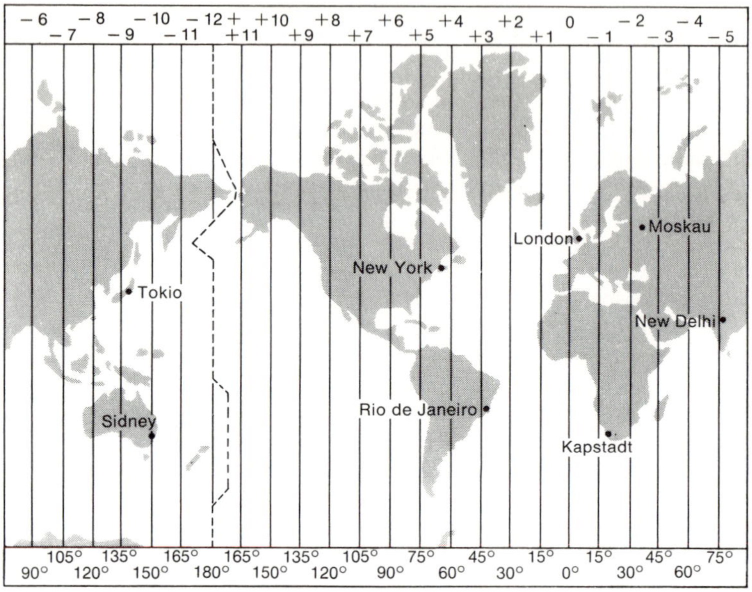

Das Greenwich-Datum

Der Zeitmeridian 180° hat eine positive Zeithalbzone 172,5°–180°E und eine negative 172,5°–180°W; erstere +12 h, letztere −12 h. Zwischen den beiden liegen 24 h.

Es ist wichtig, fern vom Greenwich-Meridian das richtige Greenwich-Datum im Jahrbuch aufzuschlagen (oder ins Computerprogramm einzugeben). Chronometer mit Datumsanzeige erleichtern das. Sonst muß man mit dem Zeitunterschied (ZU, auch ZD genannt) von der ZZ auf die Greenwich-Zeit (UT1, GMT) umrechnen. ZU (ZD) gibt die Stunden an, die zur ZZ addiert (+) oder von ihr subtrahiert (−) werden müssen, um UT1 zu erhalten. ZU (ZD) steht in der obersten Zeile der Weltzeitkarten (Abb. 85).

Wenn es in Baltimore (76°33′ W, ZU +5) 20.00 MOZ ist, ergibt das UT1 = 25.00; in Greenwich hat also schon der neue Tag begonnen. Will man am 24. Juli in Baltimore um diese Zeit eine Mondhöhe nehmen, muß man im Jahrbuch den 25. Juli aufschlagen und den Grt (GHA) für UT1 = 01.XX.XX heraussuchen. Solange bei solcher Rechnung UT1<24.00.00 ist, haben Schiff und Greenwich gleiches Datum.

Für Melbourne, Australien, ist ZU −10, und wenn dort 07.00 ZZ ist, gibt das für Greenwich eine negative Zeit von −03.00, was bedeutet, daß Greenwich noch das Datum von gestern hat. Addiere 24 h; es sind die Gestirnskoordinaten für UT1 = 21 plus Minuten und Sekunden der Beobachtungszeit herauszusuchen.

Dieselben Regeln gelten für Navigations-Rechnerprogramme, bei denen die Versuchung, fern von Greenwich das falsche Datum einzugeben, besonders groß ist.

Wahre Ortszeit (WOZ)

Das ist ein seit dem Einsatz der Atomuhren veralteter Begriff. 12 Uhr WOZ hat man, wenn die wirkliche Sonne den Meridian überschreitet, auf dem man sich gerade befindet. »Wahr« ist heute die Atomzeit UT usw. Der Kulminationszeitpunkt der Sonne und anderer Gestirne wird heute mit T (Transit) bezeichnet und im *NJ* in UT1 angegeben.

Die Berechnung des nautischen Dreiecks

Abb. 86 zeigt das nautische Kugeldreieck noch mal in der Projektion auf die Erdoberfläche: S der angenommene Schiffsort, B der aus dem *Nautischen Jahrbuch* gewonnene Bildpunkt des Gestirns zur Beobachtungszeit, P der obere Pol (auf der Südhalbkugel ist das der Südpol), die bekannte Seite Schiff-Pol (90° – φ) und die bekannte Seite Bildpunkt-Pol (90° – δ). Daraus können die gestrichelt gezeichneten Größen (90° – Hc) und daraus Hc selbst sowie der Azimutwinkel Z berechnet werden – exakt die Größen, die man zu wissen wünscht.

Die mathematischen Formeln, mit denen das berechnet wird, lauten:

1. Berechnete Höhe
$$Hc = \arcsin\left[(\sin\delta \sin\varphi) + (\cos\delta \cos\varphi \cos t)\right]$$

2. Azimutwinkel
$$Z = \arctan \frac{-\sin t}{\tan\delta \cos\varphi - \sin\varphi \cos t} \quad \left(=\frac{y}{x}\right)$$

Es gibt noch andere Azimutformeln, aber die hier genannte ist die praktischste, denn sie ist für Nord- und Südhalbkugel gleich und gibt als positives Ergebnis gleich *Zn* aus. Kommt ein negatives *Z*-Ergebnis heraus, dann ist $Zn = -Z + 360°$. Hat man einen Rechner mit Polarkoordinatenwandler, dann rechnet man den Bruch nicht aus, sondern nimmt den Zähler ins Y-Register, den Nenner hat

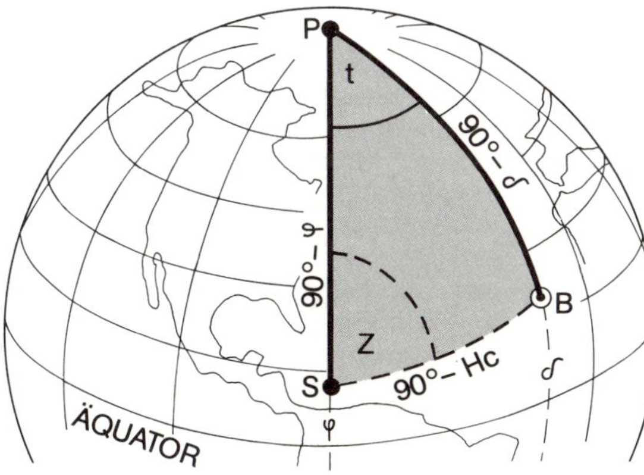

Abb. 86 Das sphärische Dreieck des Nautikers. Aus drei Größen lassen sich alle anderen errechnen.

man im X-Register und drückt R→P. Die erste Ausgabe eliminiert man, die aus dem Y-Register geholte ist *Zn,* wenn positiv, und mit 360 zu *Zn* zu ergänzen, wenn negativ.

Merke zu diesen Formeln:
Südliches φ und δ müssen negativ eingesetzt werden, und *t* (LHA) ist immer in vollkreisiger Zählung zu nehmen, nicht wie in Abb. 86 als ein nach Ost gerichteter Winkel. Richtig wäre aus der Zeichnung einzusetzen LHA = 360° – *t*. Doch nach DIN ist jetzt *t* dasselbe wie LHA.

Der Sextant

Ein beweglicher Arm, die **Alhidade,** ist um einen Zapfen drehbar, der genau im Mittelpunkt des Gradbogens liegt; er trägt die Ablesemarke, den **Index.** Eine endlose Schraube faßt in einen Zahnkranz am Gradbogen, dessen Zähne je 1° = 60′ auseinanderliegen, so daß die Alhidade bei jeder ganzen Umdrehung der Trommel um 1° verschoben wird. Die Trommel ist gleichmäßig in 60 oder auch 120 Teile geteilt; man kann jedenfalls den gemessenen Winkel auf halbe Minuten genau ablesen. Für Grobeinstellung kann die Feinschraube durch einen Hebel vom Zahnkranz abgehoben werden. Die Alhidade trägt genau im Drehpunkt einen Spiegel, den **großen Spiegel;** er muß senkrecht auf der Instrumentenebene stehen. Ein weiterer Spiegel, **kleiner Spiegel** genannt, ist seitwärts vom großen auf der Instrumentenebene fest angebracht, und zwar so, daß er senkrecht zur Ebene steht und parallel zum großen Spiegel, wenn die Nullstriche der Alhidade und der Gradeinteilung zusammenfallen. Von diesem kleinen Spiegel ist eine Hälfte nicht belegt, so daß man durch diesen Teil den Gegenstand direkt sehen kann. Zwischen beiden Spiegeln und hinter dem kleinen Spiegel befinden sich farbige Blendgläser, die zum Dämpfen zu hellen Lichtes (Sonne!) dienen. Zu genauen Beobachtungen benutzt man ein Fernrohr, das drei- bis viermal vergrößert. Der Fernrohrträger, der sich dem kleinen Spiegel gegenüber befindet, muß senkrecht zur Instrumentenebene stehen.

Handhabung

Alle Fotos in Lehrbüchern und Reiseberichten, die einen Yachtsman mit Sextant vorm Auge zeigen, lassen zwei Handhabungsfehler erkennen: 1. Der

Abb. 87 Trommelsextant (Plath), 1: Fernrohr am Fernrohrträger, 2: Alhidade, 3: Gradbogen oder Limbus, 4: Trommel mit Klemmarretierung, 5: Trommelschraube, 6: Kleiner oder Horizontspiegel, 7: Blendgläser für den kleinen Spiegel, 8: Großer Spiegel, 9: Blendgläser für den großen Spiegel, 10: Indexspiegel

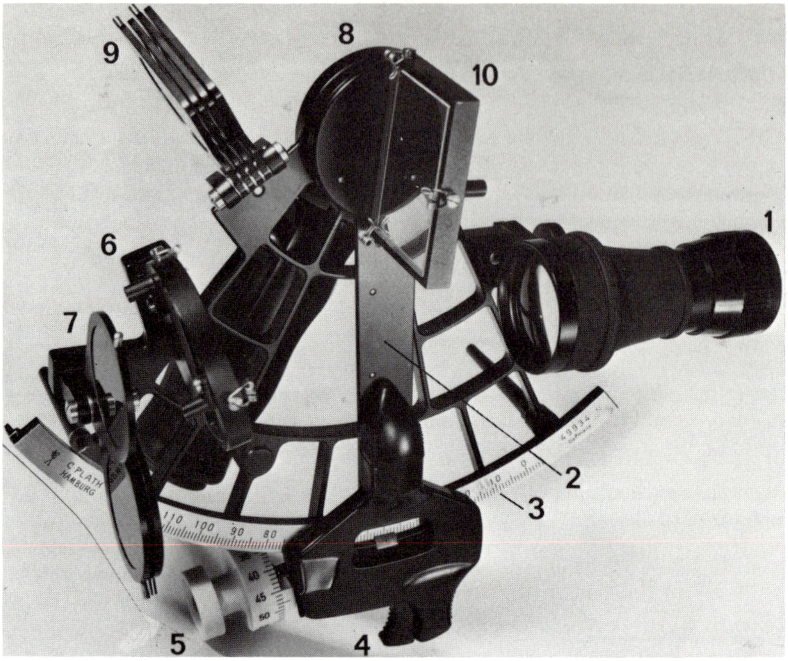

Mann kneift das linke Auge zu. 2. Er dreht die Feinstelltrommel mit Daumen und Zeigefinger der linken Hand. Beide Fehler machen es dem Navigator auf unruhigen kleinen Booten besonders schwer, denn weil die Spiegel klein und der Sextant relativ schwer ist, verliert man nur zu leicht das Gestirn oder den Horizont.

Hält man das freie Auge, das nicht in den Tubus guckt, offen, dann verliert man den Horizont nicht so schnell und hat auch ein besseres Gefühl für die Einhaltung des Azimuts – man erkennt mit dem bloßen Auge gleich, wenn das Instrument über den Horizont wischt, gerade so wie beim Steuern.

Mit dem Zeigefinger der linken Hand stützt man den Gradbogen vor der Feintrommel, die man mit Daumen und Mittelfinger dreht. So hat man das Instrument so sicher und ruhig im Griff, wie es nötig ist, um das Spiegelbild des Gestirns auf, in oder unter den Horizont zu bringen, und man braucht bei diesem Griff auch nicht so sehr zu schaukeln, weil das offene Auge neben dem Fernrohr auch schon recht genau erkennt, ob man den Sextanten schräg hält.

Das andere Problem der Handhabung des Sextanten ist es, das doppelt gespiegelte Bild des Gestirns erst mal hinunter in die Nähe des Horizonts zu holen. Die auf großen Schiffen geübte Praxis bei Sonne, Mond und auch den hellen Planeten Venus und Jupiter ist es, die Alhidade auf null zu stellen und mit dem Instrument schräg nach oben das Gestirn anzuvisieren. Hat man es im Spiegel, fährt man die Alhidade nach vorn und senkt entsprechend den Sextanten nach unten, bis der Horizont in den Spiegel kommt. Das klappt ganz gut, wenn man es lange an Land oder auf einem ruhig rollenden Schiff geübt hat. Auf einem kleinen in grober See unruhigen Boot ist dies bei der Absicht, die Sonne zu »schießen« nicht zu empfehlen, denn wenn man beim Hochzielen etwas danebenzielt, was sich gar nicht vermeiden läßt, dann kann man selbst mit einem Plath-Sextant bei vorgeschlagenen Blendgläsern die Sonne unabgeblendet ins Fernrohr bekommen – und sieht eine gute Weile rote Kringel, aber keinen Horizont. Jeder wird sich denken können, daß beim Hochzielen nach der Sonne, das freie Auge zeitweilig zugekniffen werden muß.

Die Sonne sucht man auf kleinen Booten am besten immer in ihrem Azimut mit einer etwa auf ihre Höhe eingestellten Alhidade. Weil man mit dem offenen linken Auge ja auch gut sieht, wo der Sonnschein etwa hereinkommt, kann man in dieser Richtung mit der Alhidade vor und zurück die Sonne fangen, falls man sich in der Höhe verschätzt hat. Ebenso gelingt es, den Mond zu fangen, aber der ist bei Dunkelheit nicht zu gebrauchen, wenn er voller als halb ist. Er ist dann zu hell, und in seiner Lichtbahn auf dem Wasser ist die Kimm nicht exakt zu erkennen.

Sterne finden

Bei Planeten und Fixsternen wird es schwierig auf kleinen Booten. Man muß ihr *Hc* und *Zn* für die wahrscheinliche Beobachtungszeit vorausberechnen für den voraussichtlichen Koppelort, um sie im *Zn* dann mit Alhidade auf *Hc* gestellt in Kimmnähe zu finden.

Beobachtungszeit für Fixsterne und Planeten ist immer die Bürgerliche Dämmerung; die nautische ist abends manchmal mit Glück noch an ihrem Anfang, morgens am Anfang ihres Endes zu gebrauchen. Meist ist in der nautischen Dämmerung die Kimm schon zu dunkel, nicht mehr erkennbar.

Ein nützlicher Tip: Fangen Sie am Abend bei den Sternen mit östlichstem Azimut an und nehmen die westlicheren als letzte, denn bei Sonnenuntergang ist es im Westen noch zu hell. Morgenbeobachtungen von Sternen und schwachen Planeten (Merkur, Saturn) gelingen nur, wenn sie weit genug vom Aufgangspunkt der Sonne entfernt nach Westen zu stehen. Das Morgenlicht überstrahlt für die noch ans Dunkel gewöhnten Augen jeden Stern, der östlicher als Nord oder Süd peilt und tiefer als 20° steht.

Stehen zwei gleich helle Sterne nahe beieinander, ist es oft schwierig, den richtigen auf die Kimm zu bekommen. Abhilfe: Sextant mit dem Gradbogen nach oben in die linke Hand nehmen und den Horizont zum Stern hinauf spiegeln, dann den Sextant umdrehen und den Stern richtig in die Kimm schaukeln.

Beim Schaukeln pendelt man den Sextanten um die Fernrohrachse, wobei das Gestirnsbild einen Bogen bei der Kimm beschreibt. Man stellt die Alhidade dann so, daß das Gestirn mit dem unteren Teil des Bogens die Kimm berührt – Sonne und Mond mit dem Unterrand (oder Oberrand, wenn der Unterrand nicht sichtbar ist), Sterne und Planeten in die Kimm.

In Tafel I, Pub. 249 sind für jeden vollen Breitengrad und jeden vollen Ortswinkel (LHA) des ♈ sieben Sterne nach Höhe und Azimut (*Zn*) angegeben. Berechnet man den LHA ♈ für die voraussichtliche Dämmerungszeit – Tabelle vorne auf den rosa Seiten des *Nautischen Jahrbuchs* –, dann kann man auch danach die Alhidade einstellen und im genannten Azimut den Stern finden, zumal die in dem Buch ausgewählten Sterne hell und gut abgesondert von anderen hellen Sternen sind.

Zeitnahme

Quarzarmbanduhren sind nahezu perfekte Chronometer und bei Beachtung ihres Standes auch auf längeren Reisen zur Astronavigation geeignet. Richtige Zeit liefern zudem die Empfänger für Loran, Decca, (Satnav) und GPS (nahezu) laufend. Korrekte Zeit ist in unseren Tagen kein Problem mehr.

Bei einer Einzelbeobachtung kann der Beobachter die Zeit gut selber nehmen, wenn er gleich auf seine Armbanduhr schaut, wenn er den Sextant abnimmt; dabei zieht er eine Sekunde von der beobachteten ab. Eine Analoguhr (mit Zeigern) ist dafür vorteilhafter als eine Digitaluhr (LCD), die in der Dämmerung nicht ablesbar ist.

Soll eine »Runde Sterne« beobachtet werden, hat man besser einen Zeitaufschreiber dabei, denn die Sicherheit eines Ortes aus drei bis fünf Standlinien ist um so besser, je weniger Weg das Schiff zwischen den Beobachtungen machen kann. Ideal ist eine Stoppuhr, die mehrere Zwischenstoppungen speichert.

Ob als Beobachter oder als Zeitaufschreiber, man kümmere sich als erstes um den Sekundenzeiger und schreibt die Zeit am besten »im Rückwärtsgang« hin: Sekunde, Minute, Stunde.

Über den Gang seiner Uhr muß man sich klar sein, auch wenn es eine Quarzuhr ist. Der Fehlgang liegt gewöhnlich bei einer Sekunde im Monat; es genügt, das im Folgemonat zu berücksichtigen. Bis sich der Stand auf 3 s ausgeweitet hat, ergibt sich längst eine Gelegenheit, nach Zeitzeichen die Uhr wieder auf 0 s Stand zu stellen, was man auch tun sollte – anders als früher bei den mechanischen Chronometern.

Die Höhenberichtigung

Indexfehler

Schon weil sich die Justierschrauben an den Spiegeln des Sextanten bei Temperaturschwankungen dehnen und schrumpfen, stehen die Spiegel nicht immer so parallel wie sie sollten. Drum muß vor jeder Gestirnsbeobachtung der Indexfehler an der

Kimm gemessen werden. Man stellt den Sextanten so, daß direktes und indirektes Bild der Kimm eine durchgehende Linie bilden und liest an der Alhidade und Trommel den Fehler ab. Liegt der Fehler auf dem Gradbogen, ist er positiv, liegt er jenseits der Null, ist er negativ. Mit umgekehrtem Vorzeichen wird er an den gemessenen Sextantwinkel als Indexberichtigung (Ib) angebracht.

Kimmtiefe (Kt), Dip, Augeshöhe

Der sichtbare Horizont auf See heißt Kimm. Der Sehstrahl zur Kimm hat Gefälle; je größer die Augeshöhe, um so steiler ist dies Gefälle vom Auge bis zur Kimm – man mißt also den Kimmabstand des Gestirns zu groß, wenn nicht für die Augeshöhe berichtigt wird. Die Briten nennen dies Gefälle Dip. Der Dip wird immer beim Berichtigen abgezogen (Abb. 88). Bei der Arbeit mit englisch-amerikanischen Jahrbüchern (amtlichen oder privaten) muß der Dip extra berücksichtigt werden; beim deutschen *NJ* ist er in der Gesamtbeschickung eingebaut.

Horizontalparallaxe (HP)

Die relativ nahestehenden Gestirne Mond, Sonne, Venus und Mars werden von der Erdoberfläche unter einem kleineren Winkel beobachtet, als er dem Höhenwinkel des wahren, durch den Erdmittelpunkt gehenden Horizonts entspricht (Abb. 89, nächste Seite). Der Unterschied zwischen diesen Winkeln heißt Horizontalparallaxe HP = $\alpha - \beta$.

Die Sonnenparallaxe wird durch einen Monat für Monat in der Gesamtbeschickungstabelle angeführten Zusatzbeschickungswert berücksichtigt. Die Planeten werden nach der Sternbeschickungstabelle für Augeshöhe und Lichtbrechung beschickt, und für Venus und Mars wird HP aus der jeweiligen Tagesseite am Fuß ihrer Ephemeridenspalte entnommen und zur Beschickung addiert.

Die Mondparallaxe ist im *NJ* für alle 8 h angegeben. Bei schneller Änderung der Mond-HP muß für die Zwischenzeiten eventuell interpoliert werden. Für den Mond gelten überdies besondere Berichtigungstafeln, auf die noch an passender Stelle eingegangen wird.

Lichtbrechung

Durch die Schwerkraft der Erde wird die Luft zum Boden hin immer dichter, und schräg aus dem Weltraum in sie eintretendes Licht wird mehr zur Senkrechten hin abgelenkt, wie Abb. 90 es stark übertrieben für das Gestirn G_1 zeigt, das dem Beobachter B, der ja nur die bei ihm ankommende Strahlrichtung sieht, höher erscheint, als es wirklich ist. Je näher ein Gestirn dem Zenit des Beob-

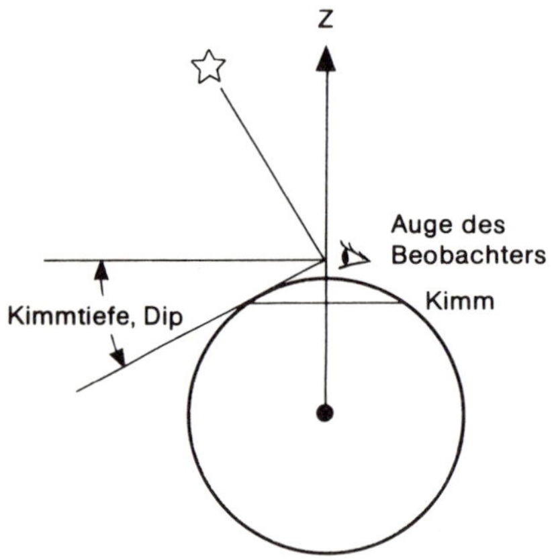

Abb. 88 Durch die Erdkrümmung entspricht der sichtbare Horizont, die Kimm, nicht dem wahren Horizont, der einer durch den Erdmittelpunkt gelegten Ebene entspricht. Eine dazu parallele waagerechte Ebene durch das Beobachterauge, der scheinbare Horizont, ist der Ausgang für die Höhenmessung. Die Kimmtiefe (Dip) muß stets von der gemessenen Höhe abgezogen werden.

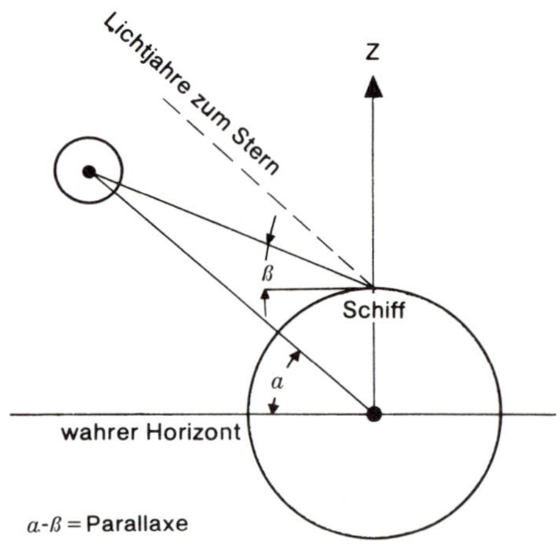

Abb. 89 Bei den viele Lichtjahre weit entfernten Fixsternen spielt der Winkelfehler keine Rolle, der durch den Abstand des Beobachters vom Erdmittelpunkt bewirkt wird. Bei näher stehenden Gestirnen ist der Höhenwinkel dagegen vom Erdmittelpunkt aus gemessen größer. Die Parallaxe muß daher stets zum Kimmabstand addiert werden.

achters steht, um so geringer ist die Lichtbrechung. Ein mittlerer Wert für die Lichtbrechung ist in den Werten der Gesamtbeschickung enthalten.

Radius von Sonne und Mond

Bei Sonne und Mond bringt man vorzugsweise deren Unterrand auf die Kimm; wenn das nicht möglich ist, den Oberrand. Bei Unterrand (UR) wird der Kimmabstand um den scheinbaren Radius *r* zu klein gemessen; bei Oberrand (OR) zu groß.
Beim Mond wird *r* nur in der Höhenbeschickung gebraucht, wenn der OR in die Kimm gebracht wurde, was während der Mondphasen öfters nötig ist. Bei der Sonne wird *r* nur gebraucht, wenn der Indexfehler an der Sonne festgestellt werden soll, was in der Yachtnavigation praktisch nicht nötig ist, weil Pedanterie aus unvermeidlichen Meßungenauigkeiten auf kleinen Booten allenfalls »exakt berechnete« Fehler machen kann, von denen man auch nicht weiß, wie groß sie sind.
In den Gesamtbeschickungstafeln des *NJ* sind *r* wie auch die Augeshöhe Ah eingearbeitet. In den amerikanisch-britischen Beschickungstafeln muß man von der indexberichtigten Sextantablesung erst den Dip (die Kimmtiefe) abziehen, um wissenschaftlich korrekter als die deutsche Navigationsschule dann mit dieser augenscheinlichen Höhe in die Beschickungstafel einzusteigen – aber genauer wird das auch nicht.

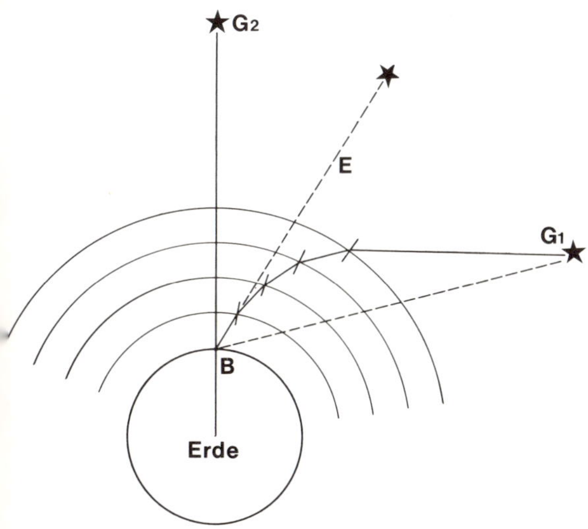

Abb. 90 Strahlenbrechung. Gestirn G_1 erscheint dem Beobachter B in E höher als es steht. Bei sehr steilem Einfall der Lichtstrahlen (G_2) kann die Strahlenbrechung vernachlässigt werden.

Beschickungsbeispiele

Wir zeigen hier mit freundlicher Genehmigung des Deutschen Hydrographischen Instituts (DHI) die Beschickungstabelle für Sonnen-UR, für Sterne und Planeten und die erste Hälfte für den Mond-UR (Seite 426–428, Abb. 91a–c).
Es bezeichnen in den folgenden Beispielen: *hs* = Sextantablesung, *Ib* = Berichtigung des Indexfehlers, *Ka* = Kimmabstand, *Gb* = Gesamtbeschikkung, ZB_p = Zusatzberichtigung für Parallaxe.
Es wird einheitlich zu allen Beispielen ein Indexfehler von −1,4′ und eine Augeshöhe von 4 m angenommen.

Sonne UR

hs	=	51–03,0
Ib	=	1,4+
Ka	=	51–04,4
Gb	=	11,7+
ZB_p	=	0,2−
h_b	=	51–15,9

Sonne OR

hs	=	53–03,0
Ib	=	1,4+
Ka	=	53–04,4
Gb	=	11,7+
Zb_u	=	31,8−
h_b	=	52–44,3

20.13.00 UT1
Venus

hs	=	10–26,0
Ib	=	1,4+
Ka	=	10–27,4
Gb	=	8,8−
ZB_p	=	0,3+
h_b	=	10–18,9

20.30 UT1
Deneb

hs	=	48–54,0
Ib	=	1,4+
Ka	=	48–55,4
Gb	=	4,4−
h_b	=	48–51,0

16.45.00 UT1
Mond UR;* HP 59,7′

hs	=	15–40,0
Ib	=	1,4+
Ka	=	15–41,4
Gb	=	64,5+
Ah	=	2,0+
h_b	=	16–47,9

* Wenn Sie sich die Mühe machen – und man sollte sich beim Mond immer die kleinen Mühen machen, ohne die es bei ihm nicht geht, denn er ist ein vorzügliches Navigationsgestirn.

◯ Gesamtbeschickung für den Kimmabstand des Sonnenunterrandes

Kimm-ab-stand	Augeshöhe in Metern																				
	0	2	4	6	8	10	12	14	16	18	20	22	24	26	28	30	32	34	36	38	40
0	'	'	'	'	'	'	'	'	'	'	'	'	'	'	'	'	'	'	'	'	'
3	+ 1,8	-0,9	-2,0	-2,8	-3,6	-4,2	-4,8	-5,3	-5,7	-6,2	-6,6	-7,0	-7,4	-7,8	-8,2	-8,5	-8,8	-9,2	-9,5	-9,8	-10,1
3,5	+ 3,2	+0,6	-0,5	-1,3	-2,0	-2,6	-3,2	-3,7	-4,2	-4,7	-5,1	-5,5	-5,9	-6,3	-6,6	-6,9	-7,3	-7,6	-7,9	-8,2	-8,5
4	+ 4,4	+1,8	+0,7	-0,1	-0,8	-1,4	-2,0	-2,5	-3,0	-3,4	-3,8	-4,2	-4,6	-5,0	-5,4	-5,7	-6,0	-6,4	-6,7	-7,0	-7,3
4,5	+ 5,4	+2,8	+1,7	+0,9	+0,2	-0,4	-1,0	-1,5	-1,9	-2,4	-2,8	-3,2	-3,6	-4,0	-4,3	-4,7	-5,0	-5,3	-5,6	-5,9	-6,2
5	+ 6,3	+3,7	+2,6	+1,8	+1,1	+0,5	0,0	-0,5	-1,0	-1,5	-1,9	-2,3	-2,7	-3,0	-3,4	-3,7	-4,1	-4,4	-4,7	-5,0	-5,3
5,5	+ 7,0	+4,5	+3,4	+2,6	+1,9	+1,3	+0,7	+0,2	-0,3	-0,7	-1,1	-1,5	-1,9	-2,3	-2,6	-2,9	-3,3	-3,6	-3,9	-4,2	-4,5
6	+ 7,7	+5,1	+4,1	+3,3	+2,6	+2,0	+1,4	+0,9	+0,4	0,0	-0,4	-0,8	-1,2	-1,6	-1,9	-2,3	-2,6	-2,9	-3,2	-3,5	-3,8
6,5	+ 8,3	+5,7	+4,6	+3,8	+3,1	+2,5	+2,0	+1,5	+1,0	+0,6	+0,2	-0,2	-0,6	-1,0	-1,3	-1,7	-2,0	-2,3	-2,6	-2,9	-3,2
7	+ 8,8	+6,2	+5,1	+4,3	+3,6	+3,0	+2,5	+2,0	+1,5	+1,1	+0,7	+0,3	-0,1	-0,5	-0,8	-1,1	-1,5	-1,8	-2,1	-2,4	-2,7
7,5	+ 9,2	+6,7	+5,6	+4,8	+4,1	+3,5	+3,0	+2,5	+2,0	+1,6	+1,1	+0,7	+0,4	0,0	-0,3	-0,7	-1,0	-1,3	-1,6	-1,9	-2,2
8	+ 9,6	+7,0	+6,0	+5,2	+4,5	+3,9	+3,4	+2,9	+2,4	+2,0	+1,6	+1,2	+0,8	+0,4	+0,1	-0,3	-0,6	-0,9	-1,2	-1,5	-1,8
8,5	+10,0	+7,4	+6,4	+5,5	+4,8	+4,2	+3,7	+3,2	+2,8	+2,3	+1,9	+1,5	+1,1	+0,8	+0,4	+0,1	-0,2	-0,5	-0,9	-1,1	-1,4
9	+10,3	+7,7	+6,7	+5,9	+5,2	+4,6	+4,0	+3,5	+3,1	+2,6	+2,2	+1,8	+1,4	+1,1	+0,8	+0,4	+0,1	-0,2	-0,5	-0,8	-1,1
9,5	+10,6	+8,0	+7,0	+6,2	+5,5	+4,9	+4,3	+3,8	+3,4	+2,9	+2,5	+2,1	+1,8	+1,4	+1,1	+0,7	+0,4	0,0	-0,3	-0,6	-0,9
10	+10,9	+8,3	+7,2	+6,4	+5,7	+5,1	+4,6	+4,1	+3,7	+3,2	+2,8	+2,4	+2,1	+1,7	+1,3	+1,0	+0,7	+0,4	+0,1	-0,2	-0,5
11	+11,3	8,8	7,7	6,9	6,2	5,6	5,1	4,6	4,1	3,7	3,3	2,9	2,5	2,2	1,8	1,5	1,2	0,9	0,6	+0,3	0,0
12	+11,7	9,2	8,1	7,3	6,6	6,0	5,5	5,0	4,5	4,1	3,7	3,3	2,9	2,6	2,2	1,9	1,6	1,3	1,0	0,7	+0,4
13	+12,1	9,5	8,4	7,7	7,0	6,4	5,8	5,3	4,9	4,4	4,0	3,6	3,3	2,9	2,6	2,2	1,9	1,6	1,3	1,0	0,7
14	+12,4	9,8	8,8	8,0	7,3	6,7	6,1	5,6	5,2	4,7	4,3	3,9	3,6	3,2	2,9	2,5	2,2	1,9	1,6	1,3	1,0
15	+12,6	10,1	9,0	8,2	7,5	6,9	6,4	5,9	5,4	5,0	4,6	4,2	3,8	3,5	3,1	2,8	2,5	2,2	1,9	1,6	1,3
16	+12,8	10,3	9,2	8,4	7,8	7,2	6,6	6,1	5,7	5,3	4,8	4,4	4,0	3,7	3,4	3,0	2,7	2,4	2,1	1,8	1,5
17	+13,0	10,5	9,4	8,6	8,0	7,4	6,8	6,3	5,9	5,5	5,0	4,6	4,2	3,9	3,6	3,2	2,9	2,6	2,3	2,0	1,7
18	+13,2	10,7	9,6	8,8	8,1	7,5	7,0	6,5	6,1	5,6	5,2	4,8	4,4	4,1	3,7	3,4	3,1	2,8	2,5	2,2	1,9
19	+13,4	10,8	9,8	9,0	8,3	7,7	7,2	6,7	6,2	5,8	5,4	5,0	4,6	4,2	3,9	3,6	3,3	2,9	2,6	2,3	2,1
20	+13,5	11,0	9,9	9,1	8,4	7,8	7,3	6,8	6,4	5,9	5,5	5,1	4,8	4,4	4,1	3,7	3,4	3,1	2,8	2,5	2,2
22	+13,8	11,2	10,2	9,4	8,7	8,1	7,6	7,1	6,6	6,2	5,8	5,4	5,0	4,7	4,3	4,0	3,7	3,4	3,1	2,8	2,5
24	+14,0	11,4	10,4	9,6	8,9	8,3	7,8	7,3	6,8	6,4	6,0	5,6	5,2	4,9	4,5	4,2	3,9	3,6	3,3	3,0	2,7
26	+14,2	11,6	10,6	9,8	9,1	8,5	8,0	7,5	7,0	6,6	6,2	5,8	5,4	5,1	4,7	4,4	4,1	3,8	3,5	3,2	2,9
28	+14,3	11,8	10,8	10,0	9,3	8,7	8,2	7,7	7,2	6,8	6,4	6,0	5,6	5,2	4,9	4,6	4,2	3,9	3,6	3,3	3,1
30	+14,5	11,9	10,9	10,1	9,4	8,8	8,3	7,8	7,3	6,9	6,5	6,1	5,7	5,4	5,0	4,7	4,4	4,1	3,8	3,5	3,2
35	+14,8	12,2	11,2	10,4	9,7	9,1	8,6	8,2	7,7	7,3	6,9	6,5	6,1	5,7	5,4	5,1	4,7	4,4	4,1	3,8	3,5
40	+15,0	12,5	11,4	10,6	9,9	9,3	8,8	8,4	7,9	7,5	7,1	6,7	6,3	5,9	5,6	5,2	4,9	4,6	4,3	4,0	3,7
45	+15,1	12,6	11,6	10,8	10,1	9,4	8,9	8,5	8,0	7,6	7,2	6,8	6,4	6,1	5,7	5,4	5,1	4,8	4,5	4,2	3,9
50	+15,3	12,7	11,7	10,9	10,2	9,6	9,1	8,6	8,2	7,7	7,3	6,9	6,6	6,2	5,9	5,5	5,2	4,9	4,6	4,3	4,0
55	+15,4	12,9	11,8	11,0	10,3	9,7	9,2	8,7	8,3	7,8	7,4	7,1	6,7	6,3	6,0	5,6	5,3	5,0	4,7	4,4	4,1
60	+15,5	13,0	12,0	11,2	10,5	9,9	9,3	8,8	8,4	8,0	7,6	7,2	6,8	6,4	6,1	5,8	5,4	5,1	4,8	4,5	4,3
70	+15,7	13,2	12,2	11,4	10,7	10,1	9,5	9,0	8,6	8,2	7,8	7,4	7,0	6,6	6,3	6,0	5,6	5,3	5,0	4,7	4,4
80	+15,9	13,4	12,4	11,6	10,9	10,3	9,7	9,2	8,8	8,4	8,0	7,6	7,2	6,8	6,5	6,2	5,8	5,5	5,2	4,9	4,6
90	+16,0	13,5	12,5	11,7	11,0	10,4	9,8	9,3	8,9	8,5	8,1	7,7	7,3	6,9	6,6	6,3	5,9	5,6	5,3	5,0	4,7

Zusatzbeschickung für den Kimmabstand des Sonnenunterrandes

Jan	Feb	Mrz	Apr	Mai	Jun	Jul	Aug	Sep	Okt	Nov	Dez
+0,3'	+0,2'	+0,1'	0,0'	-0,2'	-0,2'	-0,2'	-0,2'	-0,1'	+0,1'	+0,2'	+0,3'

Zusatzbeschickung für den Kimmabstand des Sonnenoberrandes

Jan	Feb	Mrz	Apr	Mai	Jun	Jul	Aug	Sep	Okt	Nov	Dez
-32,3'	-32,2'	-32,1'	-32,0'	-31,8'	-31,8'	-31,8'	-31,8'	-31,9'	-32,1'	-32,2'	-32,3'

Abb. 91 a/b Gesamtbeschickungstabellen (Auszug aus dem Nautischen Jahrbuch)

Gesamtbeschickung für den Kimmabstand eines Fixsterns oder Planeten ✳

Kimm-abstand	Augeshöhe in Metern 0	2	4	6	8	10	12	14	16	18	20	22	24	26	28	30	32	34	36	38	40
°	'	'	'	'	'	'	'	'	'	'	'	'	'	'	'	'	'	'	'	'	'
3	-14,4	17,0	18,1	19,0	19,7	20,3	20,9	21,4	21,9	22,3	22,8	23,2	23,5	23,9	24,3	24,7	25,0	25,3	25,6	25,9	26,2
3,5	-12,9	15,5	16,6	17,5	18,2	18,8	19,4	19,9	20,4	20,8	21,2	21,6	22,0	22,4	22,8	23,1	23,4	23,8	24,1	24,4	24,7
4	-11,8	14,3	15,4	16,3	17,0	17,6	18,1	18,6	19,1	19,6	20,0	20,4	20,8	21,1	21,5	21,9	22,2	22,5	22,8	23,1	23,4
4,5	-10,8	13,3	14,4	15,2	16,0	16,6	17,1	17,6	18,1	18,5	19,0	19,4	19,7	20,1	20,5	20,8	21,1	21,5	21,8	22,1	22,4
5	- 9,9	12,4	13,5	14,3	15,0	15,6	16,2	16,7	17,2	17,6	18,0	18,5	18,9	19,2	19,5	19,9	20,2	20,5	20,8	21,1	21,4
5,5	- 9,1	11,7	12,8	13,6	14,3	14,9	15,4	15,9	16,4	16,8	17,3	17,7	18,0	18,4	18,8	19,1	19,4	19,7	20,1	20,4	20,6
6	- 8,5	11,0	12,1	12,9	13,6	14,2	14,8	15,3	15,7	16,2	16,6	17,0	17,4	17,7	18,1	18,4	18,7	19,0	19,4	19,7	19,9
6,5	- 7,9	10,5	11,5	12,3	13,0	13,6	14,2	14,7	15,2	15,6	16,0	16,4	16,8	17,1	17,5	17,8	18,2	18,5	18,8	19,1	19,4
7	- 7,4	9,9	11,0	11,8	12,5	13,1	13,7	14,2	14,7	15,1	15,5	15,9	16,2	16,6	17,0	17,3	17,6	17,9	18,2	18,5	18,8
7,5	- 7,0	9,5	10,6	11,4	12,1	12,7	13,2	13,7	14,2	14,6	15,0	15,4	15,8	16,1	16,5	16,8	17,2	17,5	17,8	18,1	18,4
8	- 6,6	9,1	10,2	11,0	11,7	12,3	12,8	13,3	13,8	14,2	14,6	15,0	15,4	15,7	16,1	16,4	16,7	17,0	17,3	17,7	18,0
8,5	- 6,2	8,8	9,8	10,6	11,3	11,9	12,4	12,9	13,4	13,8	14,2	14,6	15,0	15,4	15,7	16,1	16,4	16,7	17,0	17,3	17,6
9	- 5,9	8,4	9,5	10,3	11,0	11,6	12,1	12,6	13,1	13,5	13,9	14,3	14,7	15,0	15,4	15,7	16,0	16,4	16,7	17,0	17,3
9,5	- 5,6	8,1	9,2	10,0	10,7	11,3	11,8	12,3	12,8	13,2	13,6	14,0	14,4	14,7	15,1	15,4	15,8	16,1	16,4	16,7	17,0
10	- 5,3	7,8	8,9	9,7	10,4	11,0	11,5	12,0	12,5	12,9	13,3	13,7	14,1	14,5	14,8	15,1	15,5	15,8	16,1	16,4	16,7
11	- 4,8	7,4	8,5	9,3	10,0	10,6	11,1	11,6	12,0	12,5	12,9	13,2	13,6	14,0	14,3	14,7	15,0	15,3	15,6	15,9	16,2
12	- 4,4	7,0	8,1	8,9	9,6	10,2	10,7	11,2	11,6	12,1	12,5	12,8	13,2	13,6	13,9	14,3	14,6	14,9	15,2	15,5	15,8
13	- 4,1	6,7	7,7	8,5	9,2	9,8	10,3	10,8	11,3	11,7	12,1	12,5	12,9	13,2	13,6	13,9	14,2	14,5	14,8	15,1	15,4
14	- 3,8	6,3	7,4	8,2	8,9	9,5	10,0	10,5	11,0	11,4	11,8	12,1	12,5	12,9	13,2	13,6	13,9	14,2	14,5	14,8	15,1
15	- 3,6	6,1	7,2	8,0	8,7	9,3	9,8	10,2	10,7	11,1	11,5	11,9	12,3	12,7	13,0	13,3	13,7	14,0	14,3	14,6	14,9
16	- 3,3	5,9	7,0	7,8	8,4	9,0	9,5	10,0	10,5	10,9	11,3	11,7	12,1	12,4	12,8	13,1	13,4	13,7	14,0	14,3	14,6
17	- 3,1	5,7	6,8	7,6	8,2	8,8	9,3	9,8	10,3	10,7	11,1	11,5	11,9	12,2	12,6	12,9	13,2	13,5	13,8	14,1	14,4
18	- 2,9	5,5	6,6	7,4	8,0	8,6	9,1	9,6	10,1	10,5	10,9	11,3	11,7	12,1	12,4	12,7	13,0	13,4	13,7	14,0	14,2
19	- 2,8	5,3	6,4	7,2	7,9	8,5	9,0	9,5	9,9	10,4	10,8	11,2	11,5	11,9	12,2	12,6	12,9	13,2	13,5	13,8	14,1
20	- 2,6	5,2	6,2	7,0	7,7	8,3	8,8	9,3	9,8	10,2	10,6	11,0	11,3	11,7	12,0	12,4	12,7	13,0	13,4	13,7	13,9
22	- 2,4	4,9	6,0	6,8	7,5	8,1	8,6	9,0	9,5	9,9	10,3	10,7	11,1	11,5	11,8	12,2	12,5	12,8	13,1	13,4	13,7
24	- 2,2	4,7	5,8	6,6	7,3	7,9	8,4	8,8	9,3	9,7	10,1	10,5	10,9	11,3	11,6	11,9	12,2	12,6	12,9	13,2	13,4
26	- 2.0	4,5	5,6	6,4	7,1	7,7	8,2	8,6	9,1	9,6	10,0	10,3	10,7	11,1	11,4	11,7	12,1	12,4	12,7	13,0	13,3
28	- 1,8	4,3	5,4	6,2	6,9	7,5	8,0	8,5	8,9	9,4	9,8	10,2	10,5	10,9	11,2	11,6	11,9	12,2	12,5	12,8	13,1
30	- 1,7	4,2	5,3	6,0	6,7	7,3	7,8	8,3	8,8	9,2	9,6	10,0	10,4	10,8	11,1	11,4	11,8	12,1	12,4	12,7	12,9
35	- 1,4	3,9	4,9	5,7	6,4	7,0	7,6	8,1	8,6	9,0	9,4	9,8	10,2	10,5	10,8	11,2	11,5	11,8	12,1	12,4	12,6
40	- 1,1	3,7	4,7	5,5	6,2	6,8	7,3	7,8	8,3	8,7	9,1	9,5	9,9	10,2	10,5	10,9	11,2	11,5	11,8	12,1	12,4
45	- 1,0	3,5	4,5	5,3	6,0	6,6	7,1	7,6	8,1	8,5	8,9	9,3	9,7	10,0	10,4	10,7	11,0	11,3	11,6	11,9	12,2
50	- 0,8	3,3	4,4	5,2	5,9	6,5	7,0	7,5	7,9	8,4	8,8	9,2	9,5	9,9	10,2	10,6	10,9	11,2	11,5	11,8	12,1
55	- 0,7	3,2	4,3	5,1	5,7	6,3	6,9	7,4	7,8	8,3	8,7	9,1	9,4	9,8	10,1	10,4	10,8	11,1	11,4	11,6	11,9
60	- 0,6	3,1	4,1	4,9	5,6	6,2	6,7	7,2	7,7	8,1	8,5	8,9	9,3	9,6	10,0	10,3	10,6	10,9	11,2	11,5	11,8
70	- 0,4	2,9	3,9	4,7	5,4	6,0	6,5	7,1	7,5	7,9	8,3	8,7	9,1	9,4	9,8	10,1	10,4	10,7	11,0	11,3	11,6
80	- 0,2	2,7	3,7	4,5	5,2	5,8	6,3	6,8	7,3	7,7	8,1	8,5	8,9	9,2	9,6	9,9	10,2	10,5	10,8	11,1	11,4
90	- 0,0	2,5	3,6	4,4	5,1	5,7	6,2	6,7	7,1	7,5	7,9	8,3	8,7	9,1	9,4	9,7	10,1	10,4	10,7	11,0	11,3

Zusatzbeschickung für Planeten

Kimm-abstand	Horizontalparallaxe 0,1'	0,2'	0,3'	0,4'	0,5'	0,6'
°	'	'	'	'	'	'
10	+0,1	+0,2	+0,3	+0,4	+0,5	+0,6
30	+0,1	+0,2	+0,3	+0,3	+0,4	+0,5
50	+0,1	+0,1	+0,2	+0,3	+0,3	+0,4
70	0,0	+0,1	+0,1	+0,2	+0,2	+0,2
80	0,0	0,0	+0,1	+0,1	+0,1	+0,1
90	0,0	0,0	0,0	0,0	0,0	0,0

☾ Gesamtbeschickung für den Kimmabstand des Mondunterrandes

Kimm-abstand	Horizontal-Parallaxe 54,0'	54,5'	55,0'	55,5'	56,0'	56,5'	57,0'	57,5'	58,0'	58,5'	59,0'	59,5'	60,0'	60,5'	61,0'
°	'	'	'	'	'	'	'	'	'	'	'	'	'	'	'
3	+48,4	49,1	49,7	50,3	50,9	51,5	52,2	52,8	53,5	54,1	54,7	55,3	56,0	56,6	57,3
3,5	+49,8	50,5	51,1	51,7	52,3	52,9	53,6	54,3	55,0	55,6	56,2	56,8	57,5	58,1	58,8
4	+51,0	51,7	52,3	52,9	53,5	54,1	54,8	55,5	56,2	56,8	57,4	58,0	58,7	59,3	60,0
4,5	+52,0	52,7	53,3	53,9	54,5	55,1	55,8	56,5	57,1	57,8	58,4	59,0	59,7	60,3	60,9
5	+52,9	53,6	54,2	54,8	55,4	56,0	56,7	57,3	58,0	58,6	59,2	59,8	60,5	61,1	61,8
5,5	+53,6	54,3	54,9	55,5	56,1	56,8	57,4	58,1	58,7	59,3	59,9	60,6	61,3	61,9	62,5
6	+54,3	54,9	55,5	56,2	56,8	57,4	58,1	58,7	59,3	60,0	60,6	61,3	61,9	62,5	63,1
6,5	+54,8	55,4	56,0	56,7	57,3	57,9	58,6	59,2	59,8	60,5	61,1	61,8	62,4	63,0	63,6
7	+55,3	55,9	56,5	57,1	57,8	58,4	59,1	59,7	60,3	60,9	61,6	62,2	62,9	63,5	64,1
7,5	+55,7	56,3	56,9	57,5	58,2	58,8	59,5	60,1	60,7	61,3	62,0	62,6	63,3	63,9	64,5
8	+56,0	56,7	57,3	57,9	58,5	59,1	59,8	60,4	61,0	61,6	62,3	62,9	63,6	64,2	64,8
8,5	+56,3	57,0	57,6	58,2	58,8	59,4	60,1	60,7	61,3	61,9	62,6	63,2	63,9	64,5	65,1
9	+56,5	57,2	57,8	58,4	59,1	59,7	60,3	60,9	61,6	62,2	62,8	63,4	64,1	64,7	65,4
9,5	+56,8	57,4	58,0	58,6	59,3	59,9	60,5	61,1	61,8	62,4	63,0	63,6	64,3	64,9	65,6
10	+57,0	57,6	58,2	58,8	59,5	60,1	60,7	61,3	62,0	62,6	63,2	63,8	64,5	65,1	65,8
11	+57,3	57,9	58,5	59,1	59,8	60,4	61,0	61,6	62,3	62,9	63,5	64,1	64,8	65,4	66,1
12	+57,5	58,1	58,7	59,3	60,0	60,6	61,2	61,8	62,5	63,1	63,7	64,3	65,0	65,6	66,2
13	+57,6	58,3	58,9	59,5	60,1	60,7	61,3	61,9	62,6	63,2	63,9	64,5	65,1	65,7	66,3
14	+57,7	58,3	58,9	59,5	60,2	60,8	61,4	62,0	62,7	63,3	63,9	64,5	65,2	65,8	66,4
15	+57,7	58,4	59,0	59,6	60,2	60,8	61,4	62,0	62,7	63,3	63,9	64,5	65,2	65,8	66,4
16	+57,7	58,4	59,0	59,6	60,2	60,8	61,4	62,0	62,7	63,3	63,9	64,5	65,1	65,7	66,4
17	+57,6	58,3	58,9	59,5	60,1	60,7	61,3	61,9	62,6	63,2	63,8	64,4	65,0	65,6	66,3
18	+57,5	58,2	58,8	59,4	60,0	60,6	61,2	61,8	62,5	63,1	63,7	64,3	64,9	65,5	66,1
19	+57,4	58,0	58,6	59,2	59,8	60,4	61,1	61,7	62,3	62,9	63,5	64,1	64,7	65,3	65,9
20	+57,2	57,9	58,5	59,1	59,7	60,3	60,9	61,5	62,1	62,7	63,3	63,9	64,5	65,1	65,7
21	+57,0	57,7	58,3	58,9	59,5	60,1	60,7	61,3	61,9	62,5	63,1	63,7	64,3	64,9	65,5
22	+56,8	57,4	58,0	58,6	59,2	59,8	60,4	61,0	61,6	62,2	62,8	63,4	64,1	64,6	65,2
23	+56,6	57,2	57,8	58,4	59,0	59,6	60,2	60,8	61,4	62,0	62,6	63,2	63,8	64,3	64,9
24	+56,3	56,9	57,5	58,1	58,7	59,3	59,9	60,5	61,1	61,7	62,3	62,9	63,5	64,0	64,6
25	+56,0	56,6	57,2	57,8	58,4	59,0	59,6	60,2	60,8	61,3	61,9	62,5	63,1	63,7	64,3
26	+55,7	56,3	56,9	57,5	58,1	58,6	59,2	59,8	60,4	61,0	61,6	62,2	62,8	63,3	63,9
27	+55,4	56,0	56,5	57,1	57,7	58,3	58,9	59,4	60,0	60,6	61,2	61,8	62,4	62,9	63,5
28	+55,0	55,6	56,2	56,7	57,3	57,9	58,5	59,0	59,6	60,2	60,8	61,4	62,0	62,5	63,1
29	+54,6	55,2	55,8	56,3	56,9	57,5	58,1	58,6	59,2	59,8	60,4	61,0	61,6	62,1	62,7
30	+54,2	54,8	55,4	55,9	56,5	57,1	57,7	58,3	58,8	59,4	60,0	60,5	61,1	61,6	62,2
31	+53,8	54,4	55,0	55,5	56,1	56,6	57,2	57,8	58,4	58,9	59,5	60,0	60,6	61,2	61,8
32	+53,4	54,0	54,5	55,1	55,7	56,2	56,8	57,3	57,9	58,4	59,0	59,6	60,2	60,7	61,3
33	+53,0	53,6	54,1	54,6	55,2	55,7	56,3	56.9	57,4	57,9	58,5	59,1	59,7	60,2	60,8
34	+52,5	53,1	53,6	54,1	54,7	55,2	55,8	56,3	56,9	57,4	58,0	58,5	59,1	59,6	60,2
35	+52,0	52,6	53,1	53,6	54,2	54,7	55,3	55,8	56,4	56,9	57,5	58,0	58,6	59,1	59,7
36	+51,5	52,1	52,6	53,1	53,7	54,2	54,8	55,3	55,9	56,4	56,9	57,4	58,0	58,5	59,1
37	+51,0	51,6	52,1	52,6	53,2	53,7	54,2	54,7	55,3	55,8	56,4	56,9	57,5	58,0	58,5
38	+50,5	51,1	51,6	52,1	52,6	53,1	53,7	54,2	54,7	55,2	55,8	56,3	56,9	57,4	57,9
39	+49,9	50,5	51,0	51,5	52,0	52,5	53,1	53,6	54,2	54,7	55,2	55,7	56,3	56,8	57,3
40	+49,4	49,9	50,4	50,9	51,5	52,0	52,5	53,0	53,6	54,1	54,6	55,1	55,6	56,1	56,7
41	+48,8	49,3	49,8	50,3	50,9	51,4	51,9	52,4	52,9	53,4	54,0	54,5	55,0	55,5	56,0
42	+48,2	48,8	49,3	49,8	50,3	50,8	51,3	51,8	52,3	52,8	53,3	53,8	54,3	54,8	55,4
43	+47,6	48,2	48,7	49,2	49,7	50,2	50,7	51,2	51,7	52,2	52,7	53,2	53,7	54,2	54,7
Mond-durchm.	29,4'	29,7'	30,0'	30,3'	30,6'	30,8'	31,1'	31,4'	31,7'	32,0'	32,2'	32,5'	32,8'	33,0'	33,3'

Bei Beobachtung des Mondoberrandes ist die Gesamtbeschickung um den Betrag des Monddurchmessers zu vermindern.

Berichtigung wegen der Augeshöhe

Ah in m	0	2	4	6	8	10	12	14	16	18	20
Berichtigung	+5.6'	+3,1'	+2,0'	+1,2'	+0,6'	0,0'	-0,6'	-1,1'	-1,5'	-1,9'	-2,3'
Ah in m	20	22	24	26	28	30	32	34	36	38	40
Berichtigung	-2,3'	-2,7'	-3,1'	-3,4'	-3,8'	-4,1'	-4,4'	-4,7'	-5,0'	-5,3'	-5,6'

Abb. 91c

Es gibt in der Beschickungstafel nur *Ka* 15 und 16, und *Ka* = 15–41,4 liegt näher an 16. Die HP 59,7 ist auch nicht vorhanden, sondern nur die 59,5 und 60,0. Pedantisch hätten wir da interpolieren müssen, was eine *Gb* = 64,7 ergeben hätte. Wenn man aber beim *Nautischen Jahrbuch* nicht interpoliert, wie hier, und den nächst nahen Wert nimmt, ist das gut genug. Der kleine Unterschied zwischen h_b = 16°47,9′ und h_b = 16°48,1′ beträgt gerade 0,2 sm oder 370,4 m.

Das *NJ* gibt in den Mond-Ephemeriden die HP für ein Intervall von je 8 h an, der *Nautical Almanac (NA)* für jede Stunde, aber dabei ändert sich wenig von Stunde zu Stunde. Man sieht auch im *NJ,* ob man der Parallaxe schon nach 2 h oder erst nach 4 h 0,1′ addieren oder subtrahieren sollte. Es kommt hierbei wirklich nicht auf pedantische Genauigkeit an.

Astronomische Navigation kann für ein Fahrzeug nie eine exakte Wissenschaft und Ortsbestimmung sein – sie ist es, in beträchtlich geringerem Maße, nicht einmal für den Landmesser mit einem Präzisions-Theodoliten und viel Zeit für Vergleichsstudien über die jeweiligen Luftzustände. Das *NJ* enthält keine Beschickungstafel mehr für ungewöhnliche Luftzustände, deren Wert man auch bezweifeln kann. Mit Vorsicht muß man Beobachtung geringer Kimmabstände behandeln – bei großen Temperaturunterschieden zwischen Luft und Wasser sind sie nicht brauchbar.

Immer wenn die Kimm wabert, kocht oder weich und dunstig erscheint, sind astronomische Beobachtungen zu nichts gut. Bei Dünung und hohem Seegang sorge man, das Gestirn auf die Kimm zu setzen, wenn das Boot auf dem Wellenkamm ist. Die Ungenauigkeit, die wegen der Eile dabei entsteht, ist viel kleiner, als wenn man aus dem Tal heraus das Gestirn auf den Kamm einer Welle setzt.

Nordstern

Die Beschickung ist etwas umständlich, aber im *NJ* so ausführlich beschrieben, daß wir uns das hier sparen können. Wegen seiner geringen Helligkeit ist der Nordstern auf kleinen, unruhigen Booten in der Dämmerung schwer zu finden und im Glas zu halten, so daß wir ihn zur Breitenfindung oder Kompaßkontrolle kaum benützen können. Erst auf Nordbreiten 20–38 Grad taugt er etwas.

Das Nautische Jahrbuch

Wer gut Englisch versteht, mag sich den *Nautical Almanac* kaufen, denn der ist etwas praktischer als das *Nautische Jahrbuch* des BSH. Wer in der Nordsee, im Ärmelkanal und hinunter zum Mittelmeer schippert, der ist mit *Reed's Almanac* gut versorgt, nur nicht für die astronomische Navigation, denn die ist zu unverständlich dargestellt.

Das wichtigste am *Nautischen Jahrbuch* zeigen wir hier auszugsweise: zwei Tagesseiten mit der Auflistung der Bildpunktörter für jede volle Stunde UT1 (praktisch immer noch mittlere Greenwichzeit) für Sonne, Mond (nebst den schon besprochenen Zutaten), für die navigierbaren Planeten und den Frühlingspunkt. In den Fußzeilen zu den »Wandelgestirnen« nennt T die Zeit des Meridiandurchgangs des betreffenden Gestirns beim Nullmeridian in Stunden und Minuten UT1; das kann man ungefähr als mittlere Ortszeit (MOZ) einsetzen, wenn man aus einem beobachteten Meridiandurchgang (Kulmination) den Breitengrad seines Standortes ausrechnen will.

»Unt« steht für Unterschied, der eigentlich als »Änderung« deklariert werden müßte, denn die genannten Winkelgrößen geben an, um wieviel Winkelminuten sich der Greenwichwinkel Grt in 1 h ändert; außerdem, entsprechend, die Änderung der Deklination (δ). Wer mit dem Taschenrechner arbeitet, kann diese Angabe gut gebrauchen, denn er kann ja schnell rechnen Unt/3600 × Sekunden nach voller Stunde und braucht nicht in den grünen Seiten hinten mit den Schalttafeln aufzuschlagen, um den Zuwachs für die Minuten und Sekunden nach voller Stunde zu finden.

Merke: Unt Grt kann bei Venus, und nur bei ihr, auch mal negativ werden. Unt Dec kann positiven und negativen Trend haben. Das muß man sich also ansehen.

Ziemlich unsinnig ist die Tabellierung der Fixsterne nach Nummern auf den Tagesseiten des *NJ,* denn wer weiß schon, welche Nummer zur Ferienzeit mit dem ersten Morgengrau im Osten aufsteigt, wenn Orion seine Schultersterne zeigt? Beteigeuze hat Nr. 24. Hat man aber Deneb »geschossen« und möchte nun seinen Sternwinkel und seine Deklination wissen, muß man die Sternkarte bis zur Nr. 73 durchsuchen.

19XX JULI 14 Freitag

195 UT1	SONNE r 15,8' Grt ° '	δ ° '	MOND Alter 10,8 d Grt ° '	Unt '	δ ° '	Unt '	FRÜHLP. Grt ° '	FIXSTERNE Nr	β ° '	δ ° '
0	178 33,5	21 43,1 N	60 59,5	11,1	23 56,7 S	7,7	291 50,4	1	358 02,1	29 01,9 N
1	193 33,4	21 42,7	75 29,6	10,9	24 04,4	7,7	306 52,9	3	353 33,1	42 21,4 S
2	208 33,3	21 42,3	89 59,5	10,9	24 12,1	7,5	321 55,4	5	349 13,8	18 02,4 S
3	223 33,3	21 41,9	104 29,4	10,8	24 19,6	7,4	336 57,8	7	342 42,7	35 33,9 N
4	238 33,2	21 41,6	118 59,2	10,7	24 27,0	7,3	352 00,3	8	335 39,8	57 17,0 S
5	253 33,1	21 41,2 N	133 28,9	10,5	24 34,3 S	7,2	7 02,7	11	328 21,2	23 24,8 N
6	268 33,0	21 40,8	147 58,4	10,5	24 41,5	7,1	22 05,2	12	314 34,0	4 03,1 N
7	283 33,0	21 40,4	162 27,9	10,4	24 48,6	7,0	37 07,7	13	313 07,8	40 54,9 N
8	298 32,9	21 40,0	176 57,3	10,4	24 55,6	6,8	52 10,1	14	309 06,6	49 49,4 N
9	313 32,8	21 39,7	191 26,7	10,2	25 02,4	6,8	67 12,6	15	303 17,1	24 04,5 N
10	328 32,8	21 39,3 N	205 55,9	10,1	25 09,2 S	6,6	82 15,1	16	291 10,3	16 29,5 N
11	343 32,7	21 38,9	220 25,0	10,1	25 15,8	6,5	97 17,5	17	281 29,6	8 12,6 S
12	358 32,6	21 38,5	234 54,1	9,9	25 22,3	6,3	112 20,0	18	281 01,5	45 59,3 N
13	13 32,6	21 38,1	249 23,0	9,9	25 28,6	6,3	127 22,5	19	278 51,6	6 20,6 N
14	28 32,5	21 37,8	263 51,9	9,8	25 34,9	6,1	142 24,9	25	270 18,8	44 56,9 N
15	43 32,4	21 37,4 N	278 20,7	9,6	25 41,0 S	6,0	157 27,4	27	264 04,7	52 41,2 S
16	58 32,4	21 37,0	292 49,3	9,6	25 47,0	5,9	172 29,8	29	258 49,9	16 41,9 S
17	73 32,3	21 36,6	307 17,9	9,6	25 52,9	5,8	187 32,3	30	255 27,1	28 57,3 S
18	88 32,2	21 36,2	321 46,5	9,4	25 58,7	5,6	202 34,8	35	234 26,2	59 28,5 S
19	103 32,2	21 35,8	336 14,9	9,3	26 04,3	5,5	217 37,2	37	221 44,7	69 40,5 S
20	118 32,1	21 35,4 N	350 43,2	9,3	26 09,8 S	5,4	232 39,7	38	218 14,1	8 36,7 S
21	133 32,0	21 35,1	5 11,5	9,1	26 15,2	5,2	247 42,2	39	208 02,8	12 01,2 N
22	148 32,0	21 34,7	19 39,6	9,1	26 20,4	5,1	262 44,6	41	194 13,7	61 48,7 N
23	163 31,9	21 34,3	34 07,7	9,0	26 25,5	5,0	277 47,1	42	182 52,0	14 37,9 N
								43	173 30,1	63 02,8 S
	T 12.06	Unt 0,4'	T 20.38	UT1 HP	4 12 55,2' 55,3'	20 55,5'	T 4.32			

UT1	VENUS Grt ° '	δ ° '	MARS Grt ° '	δ ° '	JUPITER Grt ° '	δ ° '	SATURN Grt ° '	δ ° '
0	151 02,2	17 02,6 N	151 55,4	16 51,0 N	205 45,9	23 02,1 N	11 14,6	22 28,8 S
1	166 01,7	17 01,6	166 56,3	16 50,5	220 47,7	23 02,1	26 17,3	22 28,8
2	181 01,1	17 00,7	181 57,3	16 50,0	235 49,6	23 02,1	41 20,0	22 28,9
3	196 00,6	16 59,7	196 58,2	16 49,5	250 51,5	23 02,2	56 22,6	22 28,9
4	211 00,0	16 58,8	211 59,1	16 49,0	265 53,3	23 02,2	71 25,3	22 28,9
5	225 59,5	16 57,9 N	227 00,0	16 48,5 N	280 55,2	23 02,2 N	86 27,9	22 28,9 S
6	240 59,0	16 56,9	242 00,9	16 48,1	295 57,1	23 02,2	101 30,6	22 28,9
7	255 58,4	16 56,0	257 01,8	16 47,6	310 59,0	23 02,2	116 33,2	22 28,9
8	270 57,9	16 55,0	272 02,7	16 47,1	326 00,8	23 02,2	131 35,9	22 29,0
9	285 57,3	16 54,1	287 03,6	16 46,6	341 02,7	23 02,3	146 38,5	22 29,0
10	300 56,8	16 53,1 N	302 04,5	16 46,1 N	356 04,6	23 02,3 N	161 41,2	22 29,0 S
11	315 56,3	16 52,2	317 05,5	16 45,6	11 06,4	23 02,3	176 43,9	22 29,0
12	330 55,7	16 51,2	332 06,4	16 45,1	26 08,3	23 02,3	191 46,5	22 29,0
13	345 55,2	16 50,3	347 07,3	16 44,6	41 10,2	23 02,3	206 49,2	22 29,1
14	0 54,6	16 49,4	2 08,2	16 44,2	56 12,0	23 02,4	221 51,8	22 29,1
15	15 54,1	16 48,4 N	17 09,1	16 43,7 N	71 13,9	23 02,4 N	236 54,5	22 29,1 S
16	30 53,6	16 47,5	32 10,0	16 43,2	86 15,8	23 02,4	251 57,1	22 29,1
17	45 53,0	16 46,5	47 10,9	16 42,7	101 17,6	23 02,4	266 59,8	22 29,1
18	60 52,5	16 45,5	62 11,8	16 42,2	116 19,5	23 02,4	282 02,5	22 29,1
19	75 52,0	16 44,6	77 12,8	16 41,7	131 21,4	23 02,4	297 05,1	22 29,2
20	90 51,4	16 43,6 N	92 13,7	16 41,2 N	146 23,3	23 02,5 N	312 07,8	22 29,2 S
21	105 50,9	16 42,7	107 14,6	16 40,7	161 25,1	23 02,5	327 10,4	22 29,2
22	120 50,4	16 41,7	122 15,5	16 40,3	176 27,0	23 02,5	342 13,1	22 29,2
23	135 49,8	16 40,8	137 16,4	16 39,8	191 28,9	23 02,5	357 15,7	22 29,2
Unt	−0,5' T 13.56	0,9' HP 0,1' Gr −3,9	0,9' T 13.51	0,5' HP 0,1' Gr +1,8	1,9' T 10.16	0,0' HP 0,0' Gr −2,0	2,7' T 23.11	0,0' HP 0,0' Gr +0,1

***Abb. 92 a/b** Auszug aus dem Nautischen Jahrbuch für den 14. und 15. Juli (Erklärung im Text)*

FIXSTERNE Nr	β ° '	δ ° '	196 UT1	SONNE r 15,8' Grt ° '	δ ° '	MOND Alter 11,8 d Grt ° '	Unt '	δ ° '	Unt '	FRÜHLP. Grt ° '
44	172 21,4	57 03,6 S	0	178 31,8	21 33,9 N	48 35,7	8,9	26 30,5 S	4,9	292 49,6
45	168 13,5	59 38,2 S	1	193 31,8	21 33,5	63 03,6	8,9	26 35,4	4,7	307 52,0
49	158 50,2	11 06,5 S	2	208 31,7	21 33,1	77 31,5	8,7	26 40,1	4,5	322 54,5
50	153 12,8	49 22,1 N	3	223 31,7	21 32,7	91 59,2	8,7	26 44,6	4,5	337 57,0
51	149 13,7	60 19,8 S	4	238 31,6	21 32,3	106 26,9	8,6	26 49,1	4,3	352 59,4
53	146 12,0	19 14,2 N	5	253 31,5	21 31,9 N	120 54,5	8,5	26 53,4 S	4,1	8 01,9
54	140 16,3	60 47,8 S	6	268 31,5	21 31,5	135 22,0	8,4	26 57,5	4,0	23 04,3
56	137 25,2	16 00,1 S	7	283 31,4	21 31,1	149 49,4	8,4	27 01,5	3,9	38 06,8
57	137 18,3	74 12,1 N	8	298 31,3	21 30,7	164 16,8	8,2	27 05,4	3,8	53 09,3
60	124 03,4	6 27,4 N	9	313 31,3	21 30,3	178 44,0	8,2	27 09,2	3,6	68 11,7
61	112 48,1	26 24,8 S	10	328 31,2	21 30,0 N	193 11,2	8,2	27 12,8 S	3,4	83 14,2
62	108 05,8	69 00,9 S	11	343 31,1	21 29,6	207 38,4	8,0	27 16,2	3,3	98 16,7
64	96 46,0	37 06,0 S	12	358 31,1	21 29,2	222 05,4	8,0	27 19,5	3,2	113 19,1
65	96 22,8	12 34,0 N	13	13 31,0	21 28,8	236 32,4	7,9	27 22,7	3,0	128 21,6
66	95 50,9	42 59,7 S	14	28 31,0	21 28,4	250 59,3	7,9	27 25,7	2,8	143 24,1
67	90 54,0	51 29,4 N	15	43 30,9	21 28,0 N	265 26,2	7,8	27 28,5 S	2,8	158 26,5
68	84 07,2	34 23,5 S	16	58 30,8	21 27,6	279 53,0	7,7	27 31,3	2,5	173 29,0
69	80 50,7	38 46,4 N	17	73 30,8	21 27,2	294 19,7	7,6	27 33,8	2,4	188 31,5
71	62 25,4	8 50,4 N	18	88 30,7	21 26,8	308 46,3	7,6	27 36,2	2,3	203 33,9
72	53 46,7	56 46,1 S	19	103 30,7	21 26,4	323 12,9	7,6	27 38,5	2,1	218 36,4
73	49 43,4	45 14,5 N	20	118 30,6	21 26,0 N	337 39,5	7,4	27 40,6 S	2,0	233 38,8
75	34 04,5	9 49,6 N	21	133 30,5	21 25,6	352 05,9	7,4	27 42,6	1,8	248 41,3
76	28 05,6	47 00,5 S	22	148 30,5	21 25,1	6 32,3	7,4	27 44,4	1,6	263 43,8
77	19 28,7	46 56,1 S	23	163 30,4	21 24,7	20 58,7	7,3	27 46,0	1,5	278 46,2
78	15 43,4	29 40,5 S								
				T 12.06	Unt 0,4'	T 21.33	UT1 4 / HP 55,7'	12 / 55,9'	20 / 56,1'	T 4.28

UT1	VENUS Grt ° '	δ ° '	MARS Grt ° '	δ ° '	JUPITER Grt ° '	δ ° '	SATURN Grt ° '	δ ° '
0	150 49,3	16 39,8 N	152 17,3	16 39,3 N	206 30,7	23 02,5 N	12 18,4	22 29,2 S
1	165 48,8	16 38,9	167 18,2	16 38,8	221 32,6	23 02,5	27 21,0	22 29,3
2	180 48,2	16 37,9	182 19,2	16 38,3	236 34,5	23 02,6	42 23,7	22 29,3
3	195 47,7	16 36,9	197 20,1	16 37,8	251 36,4	23 02,6	57 26,4	22 29,3
4	210 47,2	16 36,0	212 21,0	16 37,3	266 38,2	23 02,6	72 29,0	22 29,3
5	225 46,6	16 35,0 N	227 21,9	16 36,8 N	281 40,1	23 02,6 N	87 31,7	22 29,3 S
6	240 46,1	16 34,1	242 22,8	16 36,3	296 42,0	23 02,6	102 34,3	22 29,3
7	255 45,6	16 33,1	257 23,7	16 35,8	311 43,8	23 02,6	117 37,0	22 29,4
8	270 45,1	16 32,1	272 24,6	16 35,3	326 45,7	23 02,7	132 39,6	22 29,4
9	285 44,5	16 31,2	287 25,6	16 34,9	341 47,6	23 02,7	147 42,3	22 29,4
10	300 44,0	16 30,2 N	302 26,5	16 34,4 N	356 49,4	23 02,7 N	162 44,9	22 29,4 S
11	315 43,5	16 29,3	317 27,4	16 33,9	11 51,3	23 02,7	177 47,6	22 29,4
12	330 43,0	16 28,3	332 28,3	16 33,4	26 53,2	23 02,7	192 50,2	22 29,4
13	345 42,4	16 27,3	347 29,2	16 32,9	41 55,1	23 02,7	207 52,9	22 29,5
14	0 41,9	16 26,4	2 30,1	16 32,4	56 56,9	23 02,8	222 55,6	22 29,5
15	15 41,4	16 25,4 N	17 31,0	16 31,9 N	71 58,8	23 02,8 N	237 58,2	22 29,5 S
16	30 40,9	16 24,4	32 32,0	16 31,4	87 00,7	23 02,8	253 00,9	22 29,5
17	45 40,3	16 23,4	47 32,9	16 30,9	102 02,5	23 02,8	268 03,5	22 29,5
18	60 39,8	16 22,5	62 33,8	16 30,4	117 04,4	23 02,8	283 06,2	22 29,5
19	75 39,3	16 21,5	77 34,7	16 29,9	132 06,3	23 02,8	298 08,8	22 29,6
20	90 38,8	16 20,5 N	92 35,6	16 29,4 N	147 08,2	23 02,9 N	313 11,5	22 29,6 S
21	105 38,3	16 19,6	107 36,5	16 28,9	162 10,0	23 02,9	328 14,1	22 29,6
22	120 37,7	16 18,6	122 37,5	16 28,4	177 11,9	23 02,9	343 16,8	22 29,6
23	135 37,2	16 17,6	137 38,4	16 28,0	192 13,8	23 02,9	358 19,4	22 29,6
Unt	−0,5'	1,0'	0,9'	0,5'	1,9'	0,0'	2,7'	0,0'
	T 13.57	HP 0,1'	T 13.50	HP 0,1'	T 10.13	HP 0,0'	T 23.07	HP 0,0'
		Gr −3,9		Gr +1,8		Gr −2,0		Gr +0,1

56 min	Zuwachs Grt			Unt	Vb	57 min	Zuwachs Grt			Unt	Vb
	Sonne Planet	Frühlp.	Mond				Sonne Planet	Frühlp.	Mond		
s	° ′	° ′	° ′	′	′	s	° ′	° ′	° ′	′	′
0	14 00,0	14 02,3	13 21,7	0,0	0,0	0	14 15,0	14 17,3	13 36,1	0,0	0,0
1	14 00,3	14 02,6	13 22,0	0,3	0,3	1	14 15,3	14 17,6	13 36,3	0,3	0,3
2	14 00,5	14 02,8	13 22,2	0,6	0,6	2	14 15,5	14 17,8	13 36,5	0,6	0,6
3	14 00,8	14 03,1	13 22,4	0,9	0,8	3	14 15,8	14 18,1	13 36,8	0,9	0,9
4	14 01,0	14 03,3	13 22,7	1,2	1,1	4	14 16,0	14 18,3	13 37,0	1,2	1,2
5	14 01,3	14 03,6	13 22,9	1,5	1,4	5	14 16,3	14 18,6	13 37,2	1,5	1,4
6	14 01,5	14 03,8	13 23,2	1,8	1,7	6	14 16,5	14 18,8	13 37,5	1,8	1,7
7	14 01,8	14 04,1	13 23,4	2,1	2,0	7	14 16,8	14 19,1	13 37,7	2,1	2,0
8	14 02,0	14 04,3	13 23,6	2,4	2,3	8	14 17,0	14 19,3	13 38,0	2,4	2,3
9	14 02,3	14 04,6	13 23,9	2,7	2,5	9	14 17,3	14 19,6	13 38,2	2,7	2,6
10	14 02,5	14 04,8	13 24,1	3,0	2,8	10	14 17,5	14 19,8	13 38,4	3,0	2,9
11	14 02,8	14 05,1	13 24,4	3,3	3,1	11	14 17,8	14 20,1	13 38,7	3,3	3,2
12	14 03,0	14 05,3	13 24,6	3,6	3,4	12	14 18,0	14 20,3	13 38,9	3,6	3,5
13	14 03,3	14 05,6	13 24,8	3,9	3,7	13	14 18,3	14 20,6	13 39,2	3,9	3,7
14	14 03,5	14 05,8	13 25,1	4,2	4,0	14	14 18,5	14 20,9	13 39,4	4,2	4,0
15	14 03,8	14 06,1	13 25,3	4,5	4,2	15	14 18,8	14 21,1	13 39,6	4,5	4,3
16	14 04,0	14 06,3	13 25,6	4,8	4,5	16	14 19,0	14 21,4	13 39,9	4,8	4,6
17	14 04,3	14 06,6	13 25,8	5,1	4,8	17	14 19,3	14 21,6	13 40,1	5,1	4,9
18	14 04,5	14 06,8	13 26,0	5,4	5,1	18	14 19,5	14 21,9	13 40,3	5,4	5,2
19	14 04,8	14 07,1	13 26,3	5,7	5,4	19	14 19,8	14 22,1	13 40,6	5,7	5,5
20	14 05,0	14 07,3	13 26,5	6,0	5,7	20	14 20,0	14 22,4	13 40,8	6,0	5,8
21	14 05,3	14 07,6	13 26,7	6,3	5,9	21	14 20,3	14 22,6	13 41,1	6,3	6,0
22	14 05,5	14 07,8	13 27,0	6,6	6,2	22	14 20,5	14 22,9	13 41,3	6,6	6,3
23	14 05,8	14 08,1	13 27,2	6,9	6,5	23	14 20,8	14 23,1	13 41,5	6,9	6,6
24	14 06,0	14 08,3	13 27,5	7,2	6,8	24	14 21,0	14 23,4	13 41,8	7,2	6,9
25	14 06,3	14 08,6	13 27,7	7,5	7,1	25	14 21,3	14 23,6	13 42,0	7,5	7,2
26	14 06,5	14 08,8	13 27,9	7,8	7,3	26	14 21,5	14 23,9	13 42,3	7,8	7,5
27	14 06,8	14 09,1	13 28,2	8,1	7,6	27	14 21,8	14 24,1	13 42,5	8,1	7,8
28	14 07,0	14 09,3	13 28,4	8,4	7,9	28	14 22,0	14 24,4	13 42,7	8,4	8,1
29	14 07,3	14 09,6	13 28,7	8,7	8,2	29	14 22,3	14 24,6	13 43,0	8,7	8,3
30	14 07,5	14 09,8	13 28,9	9,0	8,5	30	14 22,5	14 24,9	13 43,2	9,0	8,6
31	14 07,8	14 10,1	13 29,1	9,3	8,8	31	14 22,8	14 25,1	13 43,4	9,3	8,9
32	14 08,0	14 10,3	13 29,4	9,6	9,0	32	14 23,0	14 25,4	13 43,7	9,6	9,2
33	14 08,3	14 10,6	13 29,6	9,9	9,3	33	14 23,3	14 25,6	13 43,9	9,9	9,5
34	14 08,5	14 10,8	13 29,8	10,2	9,6	34	14 23,5	14 25,9	13 44,2	10,2	9,8
35	14 08,8	14 11,1	13 30,1	10,5	9,9	35	14 23,8	14 26,1	13 44,4	10,5	10,1
36	14 09,0	14 11,3	13 30,3	10,8	10,2	36	14 24,0	14 26,4	13 44,6	10,8	10,4
37	14 09,3	14 11,6	13 30,6	11,1	10,5	37	14 24,3	14 26,6	13 44,9	11,1	10,6
38	14 09,5	14 11,8	13 30,8	11,4	10,7	38	14 24,5	14 26,9	13 45,1	11,4	10,9
39	14 09,8	14 12,1	13 31,0	11,7	11,0	39	14 24,8	14 27,1	13 45,4	11,7	11,2
40	14 10,0	14 12,3	13 31,3	12,0	11,3	40	14 25,0	14 27,4	13 45,6	12,0	11,5
41	14 10,3	14 12,6	13 31,5	12,3	11,6	41	14 25,3	14 27,6	13 45,8	12,3	11,8
42	14 10,5	14 12,8	13 31,8	12,6	11,9	42	14 25,5	14 27,9	13 46,1	12,6	12,1
43	14 10,8	14 13,1	13 32,0	12,9	12,1	43	14 25,8	14 28,1	13 46,3	12,9	12,4
44	14 11,0	14 13,3	13 32,2	13,2	12,4	44	14 26,0	14 28,4	13 46,5	13,2	12,7
45	14 11,3	14 13,6	13 32,5	13,5	12,7	45	14 26,3	14 28,6	13 46,8	13,5	12,9
46	14 11,5	14 13,8	13 32,7	13,8	13,0	46	14 26,5	14 28,9	13 47,0	13,8	13,2
47	14 11,8	14 14,1	13 32,9	14,1	13,3	47	14 26,8	14 29,1	13 47,3	14,1	13,5
48	14 12,0	14 14,3	13 33,2	14,4	13,6	48	14 27,0	14 29,4	13 47,5	14,4	13,8
49	14 12,3	14 14,6	13 33,4	14,7	13,8	49	14 27,3	14 29,6	13 47,7	14,7	14,1
50	14 12,5	14 14,8	13 33,7	15,0	14,1	50	14 27,5	14 29,9	13 48,0	15,0	14,4
51	14 12,8	14 15,1	13 33,9	15,3	14,4	51	14 27,8	14 30,1	13 48,2	15,3	14,7
52	14 13,0	14 15,3	13 34,1	15,6	14,7	52	14 28,0	14 30,4	13 48,5	15,6	15,0
53	14 13,3	14 15,6	13 34,4	15,9	15,0	53	14 28,3	14 30,6	13 48,7	15,9	15,2
54	14 13,5	14 15,8	13 34,6	16,2	15,3	54	14 28,5	14 30,9	13 48,9	16,2	15,5
55	14 13,8	14 16,1	13 34,9	16,5	15,5	55	14 28,8	14 31,1	13 49,2	16,5	15,8
56	14 14,0	14 16,3	13 35,1	16,8	15,8	56	14 29,0	14 31,4	13 49,4	16,8	16,1
57	14 14,3	14 16,6	13 35,3	17,1	16,1	57	14 29,3	14 31,6	13 49,7	17,1	16,4
58	14 14,5	14 16,8	13 35,6	17,4	16,4	58	14 29,5	14 31,9	13 49,9	17,4	16,7
59	14 14,8	14 17,1	13 35,8	17,7	16,7	59	14 29,8	14 32,1	13 50,1	17,7	17,0

Abb. 93 Schalttafel zur Berichtigung des Greenwichstundenwinkels und zur Entnahme der Verbesserung der Deklination aus dem Nautischen Jahrbuch.

Beispiele:
19XX Juli 14; ZZ 18.56.14, 41–13 N 010–45 E
SONNE UR

UT1: 17.00.00:	Grt	073–32,3	*δ*	21–36,6 $N^{-0,4}$
56.14:	Zuw	14–03,5	Vb	0,4–
17.56.14:	Grt	087–35,8	*δ*	21–36,2 N
E-Länge		010–45,0+		
	t	098–20,8		*(h_r 8–06,6/Zn 292)*

19XX Juli 14; ZZ 18.57.14, 41–13 N 010–45 E
VENUS

UT1: 17.00.00:	Grt	045–53,$0^{-0,5}$	*δ*	16–46,5 $N^{-0,9}$
57.14:	Zuw	14–18,5+	Vb	0,9–
	Vb	0,5–		
17.57.14	Grt	60–11,0	*δ*	16–45,6 N
E-Länge		10–45,0+		
	t	70–56,0		*(h_r 25–10,1/Zn = 271)*

Der Zuwachs (Zuw) für Zeitminuten und -sekunden wird in den Schalttafeln (Abb. 93) in der Spalte »Sonne, Planet« gefunden. In derselben Minuten-Tabelle sucht man die Unt-Zahl und liest in der Verb-Spalte die Verbesserung ab, die bei der Sonne an die Deklination anzubringen ist (Vorzeichen beachten!), und bei den Planeten ist außer für δ auch eine für Grt zu berücksichtigen, die aber nur bei Venus negativ werden kann.
Um die Verbesserungen nicht zu vergessen, schreibt man sich die Unt am besten als Hochzahl gleich neben Grt und δ für die volle Stunde, damit sie beim Aufschlagen der Schalttafeln hinten im *NJ* gleich dabei sind.
Vollziehen Sie die vorstehenden beiden Beispiele nun in den hier gezeigten Auszügen aus dem *NJ* für Juli 14 und den Schalttafeln für 56/57 min Zahl für Zahl nach.
Rechnerische Höhe (h_r) und Azimut (*Zn*) sind für den gekoppelten oder gegißten Schiffsort nach den Formeln im Abschnitt »Berechnung des nautischen Dreiecks« (S. 421) berechnet und zu Ihrer Orientierung hinzugefügt: Die Sonne steht schon sehr tief im Nordwesten, und Venus steht als Abendstern südlicher als West mehr als eine gespreizte Hand hoch über der Kimm. Sehen Sie nochmal in die Venus-Tafel auf der Tagesseite. Dort steht »Gr. −4,1«, und das betrifft die Helligkeit (Größe); eine so große negative Zahl bedeutet sehr hell. Je größer die Zahl im Positiven ist, um so dunkler der Stern – nach altem Astronomenbrauch.
Noch ein Wort zur Datumsschreibweise, die vom DIN eigentlich vor Jahren schon für den Alltagsgebrauch eingeführt werden sollte – dann hat sich das DIN nicht getraut. Auch das Datum ist eine Zeitangabe. Um 1900.0, das ist die Zeit $1899^{j}12^{mt}24^{h}00^{m}00^{s}$, wurde der Julianische Kalender etwas korrigiert, und seit diesem Zeitpunkt läuft die heutige astronomische Zeitrechnung für die Ephemeriden.*

Weitere Beispiele
19XX Juli 15; ZZ 03.56.09, 45–03 N, 005–06 W
*ATAIR Nr. 71

UT1: 03.00.00	Grt	337–57,0		
56.09	Zuw	14–02,3+		
*Nr. 71	*β*	62–25,4+	*δ*	08–50,4
03.56.09	Grt	414–24,7	*δ*	08–50,4
W-Länge		005–06,0–		
		360–00,0–		
		t 49–18,7		*(h_r 34–19,5/Zn 254)*

♈ ist das Zeichen für den Frühlingspunkt. *β* der Sternwinkel des Sterns, der immer addiert wird. Bei der Arbeit mit Elektronenrechnern brauchen die 360° nicht abgezogen werden, wenn der Ortswinkel β des Sterns größer als 360° ist.

19XX Juli 15; ZZ 17.56.14; 21–14 S, 028–00 W
MOND, HP 56,0′

UT1: 19.00.00:	Grt	323–12,$9^{+7,6}$	*δ*	27–38,5 $S^{+2,1}$
56.14:	Zuw	13–25,1+	Vb	2,1+
19.56.14	Grt	336–45,6	*δ*	27–40,6
W-Länge		028–00,0–		
		t 308–45,6		*(h_r 43–14,2/Zn 108)*

Die Reduktionstafeln Pub. 249 und AP 3270

Ihr vollständiger Titel ist *Sight Reduction Tables for Air Navigation* (Abb. 94a–c). Sie wurden als eine vereinfachte Ausgabe der Marinetafeln im Zweiten Weltkrieg für die Bomberpiloten der Amerikaner und Briten entwickelt und nach dem Krieg in der Verkehrsfliegerei für die Langstreckenflüge mit Propellermaschinen ebenfalls verwendet. Das Verfahren sollte einfach und schnell

* Die amerikanische Datumsschreibweise Monat, Tag, Jahr, die einige Software-Anbieter übernommen haben, entbehrt der Logik.

LHA ♈	Hc Zn	Hc Zn	Hc Zn	Hc Zn	Hc Zn	Hc Zn	Hc Zn
	DENEB	*VEGA	ARCTURUS	*SPICA	REGULUS	POLLUX	*CAPELLA
180	16 13 034	24 44 058	48 09 129	24 28 157	44 03 220	37 27 269	28 49 309
181	16 34 035	25 15 059	48 38 130	24 42 158	43 39 221	36 50 270	28 21 310
182	16 55 035	25 47 059	49 06 131	24 55 159	43 14 223	36 13 271	27 52 310
183	17 17 036	26 19 060	49 34 132	25 08 161	42 49 224	35 36 271	27 24 311
184	17 39 037	26 51 061	50 01 134	25 20 162	42 23 225	35 00 272	26 56 311
185	18 01 037	27 23 061	50 27 135	25 31 163	41 57 226	34 23 273	26 29 312
186	18 24 038	27 56 062	50 53 136	25 42 164	41 30 227	33 46 274	26 01 312
187	18 46 039	28 28 062	51 18 138	25 52 165	41 03 229	33 09 274	25 34 313
188	19 10 039	29 01 063	51 43 139	26 01 166	40 35 230	32 32 275	25 07 314
189	19 33 040	29 34 064	52 07 140	26 10 167	40 06 231	31 55 276	24 41 314
190	19 57 040	30 07 064	52 30 142	26 18 168	39 37 232	31 19 277	24 14 315
191	20 21 041	30 41 065	52 53 143	26 25 169	39 08 233	30 42 277	23 48 315
192	20 46 042	31 14 066	53 15 145	26 32 170	38 38 234	30 05 278	23 22 316
193	21 10 042	31 48 066	53 36 146	26 38 171	38 08 235	29 29 279	22 57 317
194	21 35 043	32 22 067	53 56 148	26 43 172	37 38 236	28 52 280	22 32 317
	*DENEB	VEGA	Rasalhague	*ARCTURUS	REGULUS	*POLLUX	CAPELLA
195	22 01 044	32 56 068	23 08 099	54 15 149	37 07 237	28 16 280	22 07 318
196	22 26 044	33 30 068	23 45 100	54 34 151	36 36 238	27 40 281	21 42 318
197	22 52 045	34 04 069	24 21 101	54 52 152	36 04 239	27 04 282	21 18 319
198	23 18 045	34 39 069	24 57 102	55 08 154	35 32 240	26 27 283	20 54 320
199	23 45 046	35 14 070	25 33 103	55 24 155	35 00 241	25 51 283	20 30 320
200	24 11 047	35 48 071	26 09 104	55 39 157	34 27 242	25 16 284	20 06 321
201	24 38 047	36 23 071	26 45 104	55 53 159	33 54 243	24 40 285	19 43 321
202	25 05 048	36 58 072	27 21 105	56 06 160	33 21 244	24 04 285	19 20 322
203	25 33 048	37 34 073	27 57 106	56 18 162	32 48 245	23 29 286	18 58 323
204	26 01 049	38 09 073	28 32 107	56 29 163	32 14 246	22 53 287	18 35 323
205	26 28 049	38 44 074	29 07 108	56 39 165	31 40 247	22 18 288	18 13 324
206	26 57 050	39 20 075	29 42 109	56 48 167	31 06 248	21 43 288	17 52 325
207	27 25 051	39 56 075	30 17 110	56 56 169	30 32 249	21 08 289	17 31 325
208	27 54 051	40 31 076	30 52 111	57 03 170	29 57 250	20 33 290	17 10 326
209	28 23 052	41 07 077	31 26 112	57 09 172	29 22 251	19 58 290	16 49 326
	*DENEB	VEGA	Rasalhague	*ARCTURUS	REGULUS	*POLLUX	CAPELLA
210	28 52 052	41 43 077	32 00 113	57 13 174	28 48 252	19 24 291	16 29 327
211	29 21 053	42 19 078	32 34 113	57 17 176	28 12 253	18 49 292	16 09 328
212	29 51 054	42 55 079	33 08 114	57 19 177	27 37 253	18 15 293	15 49 328
213	30 21 054	43 32 079	33 42 115	57 20 179	27 02 254	17 41 293	15 30 329
214	30 51 055	44 08 080	34 15 116	57 20 181	26 26 255	17 07 294	15 11 330
215	31 21 055	44 44 081	34 48 117	57 19 182	25 50 256	16 34 295	14 53 330
216	31 52 056	45 21 081	35 21 118	57 17 184	25 14 257	16 00 295	14 35 331
217	32 22 056	45 57 082	35 53 119	57 14 186	24 38 258	15 27 296	14 17 332
218	32 53 057	46 34 083	36 25 120	57 09 188	24 02 259	14 54 297	13 59 332
219	33 24 058	47 11 083	36 57 121	57 04 189	23 26 259	14 21 298	13 42 333
220	33 56 058	47 47 084	37 28 122	56 57 191	22 49 260	13 48 298	13 26 334
221	34 27 059	48 24 085	37 59 123	56 49 193	22 13 261	13 16 299	13 09 334
222	34 59 059	49 01 086	38 30 124	56 41 195	21 36 262	12 44 300	12 53 335
223	35 31 060	49 38 086	39 00 126	56 31 196	21 00 263	12 12 300	12 38 335
224	36 03 060	50 15 087	39 30 127	56 20 198	20 23 264	11 40 301	12 23 336
	Schedar	*DENEB	VEGA	Rasalhague	*ARCTURUS	Denebola	*Dubhe
225	22 12 020	36 35 061	50 52 088	39 59 128	56 08 200	36 44 244	57 22 311
226	22 25 021	37 07 062	51 29 089	40 28 129	55 55 201	36 10 245	56 55 311
227	22 38 021	37 40 062	52 06 089	40 57 130	55 41 203	35 37 246	56 27 312
228	22 52 022	38 13 063	52 42 090	41 25 131	55 26 204	35 03 247	55 59 312
229	23 06 022	38 45 063	53 19 091	41 53 132	55 11 206	34 29 248	55 32 312
230	23 20 023	39 18 064	53 56 092	42 20 133	54 54 208	33 54 249	55 04 312
231	23 35 024	39 52 064	54 33 093	42 46 135	54 36 209	33 20 250	54 37 312
232	23 50 024	40 25 065	55 10 093	43 12 136	54 18 211	32 45 251	54 10 312
233	24 05 025	40 59 066	55 47 094	43 38 137	53 59 212	32 10 252	53 42 313
234	24 20 025	41 32 066	56 24 095	44 03 138	53 39 214	31 35 252	53 15 313
235	24 36 026	42 06 067	57 01 096	44 27 139	53 18 215	31 00 253	52 48 313
236	24 52 026	42 40 067	57 37 097	44 51 141	52 56 217	30 24 254	52 21 313
237	25 09 027	43 14 068	58 14 098	45 14 142	52 34 218	29 49 255	51 55 314
238	25 26 027	43 49 068	58 50 099	45 36 143	52 10 220	29 13 256	51 28 314
239	25 43 028	44 23 069	59 27 100	45 58 145	51 47 221	28 37 257	51 01 314
	*Schedar	DENEB	VEGA	*Rasalhague	ARCTURUS	*Denebola	Dubhe
240	26 00 028	44 58 070	60 03 101	46 19 146	51 22 222	28 01 258	50 35 314
241	26 18 029	45 32 070	60 40 102	46 39 147	50 57 224	27 25 259	50 09 315
242	26 36 029	46 07 071	61 16 103	46 59 149	50 31 225	26 49 259	49 42 315
243	26 54 030	46 42 071	61 52 104	47 18 150	50 05 226	26 12 260	49 16 315
244	27 12 030	47 17 072	62 27 105	47 36 151	49 38 228	25 36 261	48 50 315
245	27 31 031	47 52 072	63 03 106	47 53 153	49 10 229	24 59 262	48 25 316
246	27 50 031	48 27 073	63 38 107	48 10 154	48 42 230	24 23 263	47 59 316
247	28 10 032	49 03 074	64 14 108	48 26 155	48 14 231	23 46 264	47 33 316
248	28 29 032	49 38 074	64 49 109	48 41 157	47 44 232	23 09 264	47 08 317
249	28 49 033	50 14 075	65 23 111	48 55 158	47 15 234	22 32 265	46 43 317
250	29 10 033	50 50 075	65 58 112	49 08 160	46 45 235	21 56 266	46 17 317
251	29 30 034	51 25 076	66 32 113	49 20 161	46 15 236	21 19 267	45 52 318
252	29 51 034	52 01 077	67 06 115	49 32 163	45 44 237	20 42 268	45 28 318
253	30 12 035	52 37 077	67 39 116	49 42 164	45 12 238	20 05 268	45 03 318
254	30 33 035	53 13 078	68 12 118	49 52 166	44 41 239	19 28 269	44 38 319
	*Schedar	DENEB	ALTAIR	*Rasalhague	ARCTURUS	*Alkaid	Kochab
255	30 55 036	53 49 078	34 46 126	50 00 167	44 09 240	59 49 285	64 06 341
256	31 16 036	54 26 079	35 16 127	50 08 169	43 37 242	59 14 285	63 53 340
257	31 38 037	55 02 080	35 45 128	50 15 170	43 04 243	58 38 286	63 41 340
258	32 01 037	55 38 080	36 14 129	50 21 172	42 31 244	58 03 286	63 28 339
259	32 23 038	56 15 081	36 42 130	50 25 173	41 58 245	57 27 287	63 15 339
260	32 46 038	56 51 082	37 10 131	50 29 175	41 24 246	56 52 287	63 02 339
261	33 09 039	57 28 082	37 38 132	50 32 176	40 50 247	56 17 288	62 48 338
262	33 32 039	58 04 083	38 05 133	50 34 178	40 16 248	55 42 288	62 34 338
263	33 56 040	58 41 084	38 31 135	50 35 179	39 42 249	55 07 289	62 21 338
264	34 20 040	59 18 084	38 57 136	50 35 181	39 08 250	54 32 289	62 07 338
265	34 44 041	59 55 085	39 23 137	50 34 182	38 33 251	53 57 290	61 52 337
266	35 08 041	60 31 086	39 48 138	50 31 184	37 58 252	53 22 290	61 38 337
267	35 32 042	61 08 086	40 12 139	50 28 186	37 23 252	52 48 291	61 23 337
268	35 57 042	61 45 087	40 36 140	50 24 187	36 47 253	52 13 291	61 09 336
269	36 22 043	62 22 088	41 00 142	50 19 189	36 12 254	51 39 292	60 54 336

LAT 52°N

LHA ♈	Hc Zn	Hc Zn	Hc Zn	Hc Zn	Hc Zn	Hc Zn	Hc Zn
	*Mirfak	Alpheratz	*ALTAIR	Rasalhague	*ARCTURUS	Alkaid	Kochab
270	17 07 025	21 25 070	41 22 143	50 13 190	35 36 255	51 05 292	60 39 336
271	17 23 026	21 59 071	41 44 144	50 06 192	35 00 256	50 30 293	60 24 336
272	17 40 027	22 34 071	42 06 145	49 58 193	34 25 257	49 56 293	60 09 336
273	17 56 027	23 10 072	42 26 147	49 49 195	33 49 258	49 23 294	59 53 335
274	18 14 028	23 45 073	42 46 148	49 40 196	33 12 259	48 49 294	59 38 335
275	18 31 029	24 20 074	43 06 149	49 29 198	32 36 260	48 15 295	59 23 335
276	18 49 029	24 56 074	43 24 150	49 17 199	32 00 260	47 42 295	59 07 335
277	19 07 030	25 31 075	43 42 152	49 05 201	31 23 261	47 08 296	58 51 335
278	19 25 030	26 07 076	43 59 153	48 51 202	30 47 262	46 35 296	58 36 335
279	19 44 031	26 43 076	44 16 154	48 37 203	30 10 263	46 02 297	58 20 335
280	20 03 032	27 19 077	44 31 156	48 22 205	29 33 264	45 29 297	58 04 334
281	20 23 032	27 55 078	44 46 157	48 06 206	28 57 265	44 57 298	57 48 334
282	20 43 033	28 31 079	45 00 158	47 49 208	28 20 265	44 24 298	57 32 334
283	21 03 033	29 07 079	45 14 160	47 32 209	27 43 266	43 52 299	57 16 334
284	21 23 034	29 44 080	45 26 161	47 14 210	27 06 267	43 19 299	57 00 334
	*Mirfak	Alpheratz	*ALTAIR	Rasalhague	*ARCTURUS	Alkaid	Kochab
285	21 44 034	30 20 081	45 38 162	46 55 212	26 29 268	42 47 300	56 44 334
286	22 05 035	30 56 081	45 48 164	46 35 213	25 52 269	42 15 300	56 27 334
287	22 26 036	31 33 082	45 58 165	46 14 214	25 15 269	41 43 301	56 11 334
288	22 48 036	32 10 083	46 07 167	45 53 216	24 38 270	41 12 301	55 55 334
289	23 10 037	32 46 084	46 15 168	45 31 217	24 01 271	40 40 302	55 39 334
290	23 32 037	33 23 084	46 22 169	45 08 218	23 24 272	40 09 302	55 23 334
291	23 55 038	34 00 085	46 29 171	44 45 220	22 48 273	39 38 303	55 06 334
292	24 18 039	34 37 086	46 34 172	44 21 221	22 11 273	39 07 303	54 50 334
293	24 41 039	35 14 087	46 39 174	43 57 222	21 34 274	38 36 304	54 34 334
294	25 04 040	35 50 087	46 42 175	43 32 223	20 57 275	38 06 304	54 18 334
295	25 28 040	36 27 088	46 45 177	43 06 224	20 20 276	37 35 305	54 01 334
296	25 52 041	37 04 089	46 46 178	42 40 226	19 43 276	37 05 305	53 45 334
297	26 16 041	37 41 090	46 47 180	42 13 227	19 07 277	36 35 306	53 29 334
298	26 41 042	38 18 091	46 47 181	41 46 228	18 30 278	36 05 306	53 13 334
299	27 06 042	38 55 091	46 46 182	41 19 229	17 54 279	35 36 307	52 57 334
	*CAPELLA	Alpheratz	*Enif	ALTAIR	Rasalhague	*Alphecca	Alioth
300	14 13 028	39 32 092	42 51 144	46 44 184	40 50 230	34 59 270	33 42 320
301	14 30 029	40 09 093	43 12 146	46 41 185	40 22 231	34 22 271	33 19 321
302	14 48 030	40 46 094	43 33 147	46 37 187	39 53 233	33 45 271	32 55 321
303	15 07 030	41 23 095	43 53 148	46 32 188	39 23 234	33 08 272	32 32 322
304	15 26 031	41 59 095	44 12 149	46 27 190	38 53 235	32 31 273	32 09 322
305	15 45 032	42 36 096	44 30 151	46 20 191	38 23 236	31 54 274	31 47 323
306	16 04 032	43 13 097	44 48 152	46 13 192	37 52 237	31 17 275	31 24 323
307	16 24 033	43 49 098	45 05 153	46 04 194	37 21 238	30 41 275	31 02 323
308	16 44 033	44 26 099	45 21 155	45 55 195	36 49 239	30 04 276	30 40 324
309	17 05 034	45 02 100	45 36 156	45 45 197	36 18 240	29 27 277	30 19 324
310	17 26 035	45 39 101	45 51 158	45 34 198	35 46 241	28 50 278	29 58 325
311	17 47 035	46 15 102	46 05 159	45 22 199	35 13 242	28 14 278	29 36 325
312	18 08 036	46 51 103	46 17 160	45 09 201	34 40 243	27 37 279	29 16 326
313	18 30 037	47 27 103	46 29 162	44 56 202	34 07 244	27 01 280	28 55 326
314	18 52 037	48 03 104	46 41 163	44 41 204	33 34 245	26 25 281	28 35 327
	CAPELLA	*Hamal	Alpheratz	Enif	*ALTAIR	VEGA	*Alioth
315	19 15 038	26 26 085	48 39 105	46 51 165	44 26 205	61 50 256	28 15 327
316	19 38 038	27 03 086	49 14 106	47 00 166	44 10 206	61 14 257	27 55 328
317	20 01 039	27 40 087	49 50 107	47 09 167	43 54 207	60 38 258	27 36 328
318	20 24 040	28 17 088	50 25 108	47 17 169	43 36 209	60 02 259	27 17 329
319	20 48 040	28 54 088	51 00 109	47 23 170	43 18 210	59 26 260	26 58 330
320	21 12 041	29 31 089	51 34 110	47 29 172	42 59 211	58 49 261	26 39 330
321	21 36 041	30 08 090	52 09 112	47 34 173	42 40 213	58 12 262	26 21 331
322	22 01 042	30 44 091	52 43 113	47 38 175	42 19 214	57 36 263	26 03 331
323	22 26 043	31 21 092	53 17 114	47 41 176	41 58 215	56 59 264	25 45 332
324	22 51 043	31 58 092	53 51 115	47 43 178	41 37 216	56 22 265	25 28 332
325	23 16 044	32 35 093	54 24 116	47 44 179	41 15 218	55 46 266	25 11 333
326	23 42 044	33 12 094	54 57 117	47 44 180	40 52 219	55 09 267	24 54 333
327	24 08 045	33 49 095	55 30 118	47 43 182	40 28 220	54 32 267	24 37 334
328	24 34 046	34 26 096	56 02 120	47 42 183	40 04 221	53 55 268	24 21 334
329	25 01 046	35 02 096	56 34 121	47 39 185	39 40 222	53 18 269	24 05 335
	CAPELLA	*Hamal	Alpheratz	Enif	*ALTAIR	VEGA	*Alioth
330	25 28 047	35 39 097	57 06 122	47 35 186	39 14 224	52 41 270	23 50 335
331	25 55 047	36 16 098	57 37 123	47 31 188	38 49 225	52 04 271	23 34 336
332	26 22 048	36 52 099	58 07 125	47 25 189	38 22 226	51 27 271	23 19 336
333	26 50 049	37 29 100	58 37 126	47 19 191	37 56 227	50 50 272	23 05 337
334	27 18 049	38 05 101	59 07 128	47 12 192	37 28 228	50 13 273	22 51 338
335	27 46 050	38 41 102	59 36 129	47 04 194	37 01 229	49 36 274	22 37 338
336	28 14 050	39 17 102	60 04 130	46 54 195	36 33 230	49 00 274	22 23 339
337	28 43 051	39 53 103	60 32 132	46 44 196	36 04 231	48 23 275	22 10 339
338	29 11 051	40 29 104	60 59 133	46 34 198	35 35 232	47 46 276	21 57 340
339	29 40 052	41 05 105	61 26 135	46 22 199	35 05 233	47 09 277	21 44 340
340	30 10 053	41 41 106	61 51 137	46 09 201	34 36 234	46 33 277	21 32 341
341	30 39 053	42 16 107	62 16 138	45 56 202	34 05 235	45 56 278	21 20 341
342	31 09 054	42 51 108	62 41 140	45 42 203	33 35 237	45 19 279	21 08 342
343	31 39 054	43 26 109	63 04 142	45 27 205	33 04 238	44 43 279	20 57 343
344	32 09 055	44 01 110	63 26 143	45 11 206	32 32 239	44 07 280	20 46 343
	*CAPELLA	ALDEBARAN	*Diphda	Enif	ALTAIR	*VEGA	Alioth
345	32 39 055	16 50 085	16 24 155	44 54 207	32 01 240	43 30 281	20 36 344
346	33 10 056	17 26 085	16 40 156	44 37 209	31 29 240	42 54 281	20 25 344
347	33 40 057	18 03 086	16 55 157	44 19 210	30 56 241	42 18 282	20 15 345
348	34 11 057	18 40 087	17 09 158	44 00 211	30 24 242	41 42 283	20 06 345
349	34 43 058	19 17 088	17 23 159	43 40 213	29 51 243	41 06 283	19 57 346
350	35 14 058	19 54 089	17 36 160	43 20 214	29 18 244	40 30 284	19 48 347
351	35 45 059	20 31 089	17 49 161	42 59 215	28 44 245	39 54 285	19 40 347
352	36 17 059	21 08 090	18 01 161	42 37 216	28 11 246	39 19 285	19 32 348
353	36 49 060	21 45 091	18 12 162	42 15 218	27 37 247	38 43 286	19 24 348
354	37 21 061	22 22 092	18 23 163	41 52 219	27 03 248	38 08 287	19 16 349
355	37 53 061	22 59 092	18 33 164	41 29 220	26 28 249	37 32 287	19 09 349
356	38 26 062	23 36 093	18 43 165	41 05 221	25 54 250	36 57 288	19 03 350
357	38 58 062	24 12 094	18 52 166	40 40 222	25 19 251	36 22 289	18 57 351
358	39 31 063	24 49 095	19 00 167	40 15 224	24 44 252	35 47 289	18 51 351
359	40 04 063	25 26 096	19 08 168	39 49 225	24 09 252	35 12 290	18 45 352

Abb. 94a   Seite aus Pub. 249, Bd. I

N. Lat. {LHA greater than 180° ...... Zn=Z; LHA less than 180° .... Zn=360−Z}

DECLINATION (15°-29°) SAME NAME AS LATITUDE

LAT 52°

LHA	15° Hc	d	Z	16° Hc	d	Z	17° Hc	d	Z	18° Hc	d	Z	19° Hc	d	Z
	° ′	′	°	° ′	′	°	° ′	′	°	° ′	′	°	° ′	′	°
0	53 00	+60	180	54 00	+60	180	55 00	+60	180	56 00	+60	180	57 00	+60	180
1	53 00	60	178	54 00	60	178	55 00	60	178	56 00	59	178	56 59	60	178
2	52 58	60	177	53 58	60	177	54 58	60	177	55 58	60	177	56 58	60	177
3	52 55	60	175	53 55	60	175	54 55	60	175	55 55	60	175	56 55	60	175
4	52 52	60	174	53 52	59	174	54 51	60	173	55 51	60	173	56 51	60	173
5	52 47	+60	172	53 47	+60	172	54 47	+59	172	55 46	+60	172	56 46	+60	171
6	52 42	59	170	53 41	60	170	54 41	59	170	55 40	60	170	56 40	60	170
7	52 35	59	169	53 34	60	169	54 34	59	168	55 33	60	168	56 33	59	168
8	52 27	60	167	53 27	59	167	54 26	59	167	55 25	60	167	56 25	59	166
9	52 19	59	166	53 18	59	165	54 17	59	165	55 16	59	165	56 15	59	165
10	52 09	+59	164	53 08	+59	164	54 07	+59	164	55 06	+59	163	56 05	+59	163
11	51 58	59	163	52 57	59	162	53 56	59	162	54 55	59	162	55 54	58	161
12	51 47	59	161	52 46	58	161	53 44	59	160	54 43	58	160	55 41	59	160
13	51 34	59	160	52 33	58	159	53 31	59	159	54 30	58	158	55 28	58	158
14	51 21	58	158	52 19	58	158	53 17	58	157	54 15	58	157	55 13	58	156
15	51 07	+58	157	52 05	+58	156	53 03	+57	156	54 00	+58	155	54 58	+58	155
16	50 52	57	155	51 49	58	155	52 47	58	154	53 45	57	154	54 42	57	153
17	50 36	57	154	51 33	57	153	52 30	58	153	53 28	57	152	54 25	57	152
18	50 19	57	152	51 16	57	152	52 13	57	151	53 10	57	151	54 07	57	150
19	50 01	57	151	50 58	57	150	51 55	57	150	52 52	56	149	53 48	56	149
20	49 43	+56	149	50 39	+57	149	51 36	+56	148	52 32	+56	148	53 28	+56	147
21	49 23	57	148	50 20	56	147	51 16	56	147	52 12	56	146	53 08	56	146
22	49 03	56	147	49 59	56	146	50 55	56	145	51 51	56	145	52 47	55	144
23	48 43	55	145	49 38	56	145	50 34	55	144	51 29	56	143	52 25	55	143
24	48 21	56	144	49 17	55	143	50 12	55	143	51 07	55	142	52 02	55	141
25	47 59	+55	142	48 54	+55	142	49 49	+55	141	50 44	+54	141	51 38	+55	140
26	47 36	55	141	48 31	55	141	49 26	54	140	50 20	54	139	51 14	54	139
27	47 13	54	140	48 07	54	139	49 01	55	139	49 56	54	138	50 50	53	137
28	46 48	55	139	47 43	54	138	48 37	54	137	49 31	53	137	50 24	53	136
29	46 24	54	137	47 18	53	137	48 11	54	136	49 05	53	135	49 58	53	135
30	45 58	+54	136	46 52	+53	135	47 45	+54	135	48 39	+53	134	49 32	+52	133
31	45 32	54	135	46 26	53	134	47 19	53	133	48 12	52	133	49 04	53	132
32	45 06	53	134	45 59	53	133	46 52	52	132	47 44	53	132	48 37	52	131
33	44 39	52	132	45 31	53	132	46 24	52	131	47 16	52	130	48 08	52	130
34	44 11	53	131	45 04	52	131	45 56	52	130	46 48	52	129	47 40	51	128
35	43 43	+52	130	44 35	+52	129	45 27	+52	129	46 19	+51	128	47 10	+51	127
36	43 14	52	129	44 06	52	128	44 58	52	127	45 50	51	127	46 41	50	126
37	42 45	52	128	43 37	52	127	44 29	51	126	45 20	51	126	46 11	50	125
38	42 16	51	127	43 07	52	126	43 59	50	125	44 49	51	124	45 40	50	124
39	41 46	51	125	42 37	51	125	43 28	51	124	44 19	50	123	45 09	50	123
40	41 16	+51	124	42 07	+50	124	42 57	+51	123	43 48	+50	122	44 38	+49	121
41	40 45	51	123	41 36	50	123	42 26	50	122	43 16	50	121	44 06	49	120
42	40 14	50	122	41 04	50	121	41 54	50	121	42 44	50	120	43 34	49	119
43	39 43	50	121	40 33	50	120	41 23	49	120	42 12	49	119	43 01	49	118
44	39 11	50	120	40 01	49	119	40 50	50	119	41 40	49	118	42 29	48	117
45	38 39	+49	119	39 28	+50	118	40 18	+49	118	41 07	+49	117	41 56	+48	116
46	38 06	50	118	38 56	49	117	39 45	49	117	40 34	48	116	41 22	49	115
47	37 33	50	117	38 23	49	116	39 12	48	116	40 00	49	115	40 49	48	114
48	37 00	49	116	37 49	49	115	38 38	49	115	39 27	48	114	40 15	48	113
49	36 27	49	115	37 16	48	114	38 04	49	114	38 53	48	113	39 41	47	112
50	35 53	+49	114	36 42	+48	113	37 30	+48	113	38 18	+48	112	39 06	+48	111
51	35 19	49	113	36 08	48	112	36 56	48	112	37 44	48	111	38 32	47	110
52	34 45	49	112	35 34	48	111	36 22	47	111	37 09	48	110	37 57	47	109
53	34 11	48	111	34 59	48	110	35 47	48	110	36 35	47	109	37 22	47	108
54	33 36	48	110	34 24	48	110	35 12	48	109	36 00	47	108	36 47	47	107
55	33 02	+48	109	33 50	+47	109	34 37	+47	108	35 24	+47	107	36 11	+47	106
56	32 27	47	108	33 14	48	108	34 02	47	107	34 49	47	106	35 36	46	105
57	31 52	47	108	32 39	47	107	33 26	47	106	34 13	47	105	35 00	47	105
58	31 16	48	107	32 04	47	106	32 51	47	105	33 38	46	104	34 24	47	104
59	30 41	47	106	31 28	47	105	32 15	47	104	33 02	46	104	33 48	47	103
60	30 05	+47	105	30 52	+47	104	31 39	+47	103	32 26	+46	103	33 12	+46	102
61	29 29	47	104	30 16	47	103	31 03	47	103	31 50	46	102	32 36	46	101
62	28 53	47	103	29 40	47	102	30 27	47	102	31 14	46	101	32 00	46	100
63	28 17	47	102	29 04	47	102	29 51	46	101	30 37	46	100	31 23	46	99
64	27 41	47	101	28 28	47	101	29 15	46	100	30 01	46	99	30 47	46	98
65	27 05	+47	101	27 52	+46	100	28 38	+46	99	29 24	+46	98	30 10	+46	98
66	26 29	46	100	27 15	47	99	28 02	46	98	28 48	46	98	29 34	45	97
67	25 52	47	99	26 39	46	98	27 25	46	97	28 11	46	97	28 57	45	96
68	25 16	46	98	26 02	46	97	26 48	46	97	27 34	46	96	28 20	46	95
69	24 39	46	97	25 25	47	97	26 12	46	96	26 58	45	95	27 43	46	94

LHA	20° Hc	d	Z	21° Hc	d	Z	22° Hc	d	Z	23° Hc	d	Z	24° Hc	d	Z
	° ′	′	°	° ′	′	°	° ′	′	°	° ′	′	°	° ′	′	°
0	58 00	+60	180	59 00	+60	180	60 00	+60	180	61 00	+60	180	62 00	+60	180
1	57 59	60	178	58 59	60	178	59 59	60	178	60 59	60	178	61 59	60	178
2	57 58	60	177	58 58	60	176	59 58	60	176	60 58	60	176	61 58	59	176
3	57 55	60	175	58 55	60	175	59 55	60	174	60 55	59	174	61 54	60	174
4	57 51	60	173	58 51	60	173	59 51	59	173	60 50	60	172	61 50	60	172
5	57 46	+60	171	58 46	+59	171	59 45	+60	171	60 45	+59	171	61 44	+60	170
6	57 40	59	169	58 39	60	169	59 39	59	169	60 38	60	169	61 38	59	168
7	57 32	60	168	58 32	59	167	59 31	59	167	60 30	60	167	61 30	59	167
8	57 24	59	166	58 23	59	166	59 22	59	165	60 21	59	165	61 20	59	165
9	57 14	59	164	58 13	59	164	59 12	59	164	60 11	59	163	61 10	59	163
10	57 04	+59	163	58 03	+58	162	59 01	+59	162	60 00	+59	161	60 59	+58	161
11	56 52	59	161	57 51	58	160	58 49	59	160	59 48	58	160	60 46	58	159
12	56 40	58	159	57 38	58	159	58 36	58	158	59 34	58	158	60 32	58	157
13	56 26	58	158	57 24	58	157	58 22	58	157	59 20	57	156	60 17	58	156
14	56 11	58	156	57 09	58	155	58 07	57	155	59 04	58	154	60 02	57	154
15	55 56	+57	154	56 53	+58	154	57 51	+57	153	58 48	+57	153	59 45	+57	152
16	55 39	57	153	56 36	57	152	57 33	57	152	58 30	57	151	59 27	56	150
17	55 22	57	151	56 19	56	151	57 15	57	150	58 12	56	149	59 08	56	149
18	55 04	56	150	56 00	56	149	56 56	57	148	57 53	55	148	58 48	56	147
19	54 44	57	148	55 41	56	147	56 37	55	147	57 32	56	146	58 28	55	145
20	54 24	+56	147	55 20	+56	146	56 16	+55	145	57 11	+55	145	58 06	+55	144
21	54 04	55	145	54 59	55	144	55 54	55	144	56 49	55	143	57 44	55	142
22	53 42	55	144	54 37	55	143	55 32	55	142	56 27	54	141	57 21	54	141
23	53 20	54	142	54 14	55	141	55 09	54	141	56 03	54	140	56 57	54	139
24	52 57	54	141	53 51	54	140	54 45	54	139	55 39	54	138	56 33	53	138
25	52 33	+54	139	53 27	+54	139	54 21	+53	138	55 14	+54	137	56 08	+52	136
26	52 08	54	138	53 02	54	137	53 56	53	136	54 49	53	136	55 42	52	135
27	51 43	54	137	52 37	53	136	53 30	53	135	54 23	52	134	55 15	52	133
28	51 17	54	135	52 11	52	134	53 03	53	134	53 56	52	133	54 48	52	132
29	50 51	53	134	51 44	52	133	52 36	52	132	53 28	52	131	54 20	51	131
30	50 24	+53	133	51 17	+52	132	52 09	+51	131	53 00	+52	130	53 52	+51	129
31	49 57	52	131	50 49	51	131	51 40	52	130	52 32	51	129	53 23	50	128
32	49 29	51	130	50 20	52	129	51 12	51	128	52 03	50	128	52 53	51	127
33	49 00	51	129	49 51	52	128	50 43	50	127	51 33	51	126	52 24	50	125
34	48 31	51	128	49 22	51	127	50 13	50	126	51 03	50	125	51 53	50	124
35	48 01	+51	126	48 52	+51	126	49 43	+50	125	50 33	+49	124	51 22	+50	123
36	47 31	51	125	48 22	50	124	49 12	50	124	50 02	49	123	50 51	49	122
37	47 01	50	124	47 51	50	123	48 41	50	122	49 31	49	122	50 20	48	121
38	46 30	50	123	47 20	50	122	48 10	49	121	48 59	49	120	49 48	48	119
39	45 59	50	122	46 49	49	121	47 38	49	120	48 27	48	119	49 15	48	118
40	45 27	+50	121	46 17	+49	120	47 06	+48	119	47 54	+49	118	48 43	+47	117
41	44 55	49	120	45 44	49	119	46 33	49	118	47 22	48	117	48 10	47	116
42	44 23	49	118	45 12	48	118	46 00	48	117	46 48	48	116	47 36	47	115
43	43 50	49	117	44 39	48	117	45 27	48	116	46 15	48	115	47 03	47	114
44	43 17	49	116	44 06	48	115	44 54	47	115	45 41	48	114	46 29	46	113
45	42 44	+48	115	43 32	+48	114	44 20	+47	114	45 07	+47	113	45 54	+47	112
46	42 11	47	114	42 58	48	113	43 46	47	113	44 33	47	112	45 20	46	111
47	41 37	47	113	42 24	48	112	43 12	47	112	43 59	46	111	44 45	47	110
48	41 03	47	112	41 50	47	111	42 37	47	111	43 24	47	110	44 11	46	109
49	40 28	48	111	41 16	47	110	42 03	46	110	42 49	46	109	43 35	46	108
50	39 54	+47	110	40 41	+47	110	41 28	+46	109	42 14	+46	108	43 00	+46	107
51	39 19	47	109	40 06	47	109	40 53	46	108	41 39	46	107	42 25	46	106
52	38 44	47	108	39 31	46	108	40 17	46	107	41 03	46	106	41 49	46	105
53	38 09	47	107	38 56	46	107	39 42	46	106	40 28	45	105	41 13	46	104
54	37 34	46	107	38 20	46	106	39 06	46	105	39 52	46	104	40 38	45	103
55	36 58	+46	106	37 44	+46	105	38 30	+46	104	39 16	+46	103	40 02	+44	102
56	36 22	47	105	37 09	46	104	37 55	45	103	38 40	45	102	39 25	45	101
57	35 47	46	104	36 33	45	103	37 18	46	102	38 04	45	101	38 49	45	101
58	35 11	46	103	35 57	45	102	36 42	46	101	37 28	45	100	38 13	44	100
59	34 35	45	102	35 20	46	101	36 06	45	100	36 51	45	100	37 36	45	99
60	33 58	+46	101	34 44	+46	100	35 30	+45	100	36 15	+45	99	37 00	+44	98
61	33 22	46	100	34 08	45	100	34 53	45	99	35 38	45	98	36 23	44	97
62	32 46	45	99	33 31	46	99	34 17	45	98	35 02	44	97	35 46	45	96
63	32 09	46	98	32 55	45	98	33 40	45	97	34 25	45	96	35 10	44	95
64	31 33	45	98	32 18	45	97	33 03	45	96	33 48	45	95	34 33	44	95
65	30 56	+45	97	31 41	+46	96	32 27	+44	95	33 11	+45	95	33 56	+44	94
66	30 19	46	96	31 05	45	95	31 50	45	95	32 35	44	94	33 19	44	93
67	29 42	46	95	30 28	45	94	31 13	45	94	31 58	44	93	32 42	44	92
68	29 06	45	94	29 51	45	94	30 36	45	93	31 21	44	92	32 05	44	91
69	28 29	45	94	29 14	45	93	29 59	45	92	30 44	44	91	31 28	45	91

LHA	25° Hc	d	Z	26° Hc	d	Z	27° Hc	d	Z	28° Hc	d	Z	29° Hc	d	Z	LHA
	° ′	′	°	° ′	′	°	° ′	′	°	° ′	′	°	° ′	′	°	
0	63 00	+60	180	64 00	+60	180	65 00	+60	180	66 00	+60	180	67 00	+60	180	360
1	62 59	60	178	63 59	60	178	64 59	60	178	65 59	60	178	66 59	60	178	359
2	62 57	60	176	63 57	60	176	64 57	60	176	65 57	60	176	66 57	60	176	358
3	62 54	60	174	63 54	60	174	64 54	60	174	65 54	60	174	66 54	59	173	357
4	62 50	60	172	63 50	59	172	64 49	60	172	65 49	60	171	66 49	59	171	356
5	62 44	+60	170	63 44	+59	170	64 43	+60	170	65 43	+59	169	66 42	+60	169	355
6	62 37	59	168	63 36	60	168	64 36	59	168	65 35	59	167	66 34	59	167	354
7	62 29	59	166	63 28	59	166	64 27	59	165	65 26	59	165	66 25	59	165	353
8	62 19	59	164	63 18	59	164	64 17	59	163	65 16	59	163	66 15	58	162	352
9	62 09	58	162	63 07	59	162	64 06	58	161	65 04	59	161	66 03	58	160	351
10	61 57	+58	160	62 55	+59	160	63 54	+58	159	64 52	+58	159	65 50	+58	158	350
11	61 44	58	159	62 42	58	158	63 40	58	158	64 38	57	157	65 35	58	156	349
12	61 30	58	157	62 28	57	156	63 25	58	156	64 23	57	155	65 20	57	154	348
13	61 15	57	155	62 12	57	154	63 09	57	154	64 06	57	153	65 03	57	152	347
14	60 59	57	153	61 56	57	153	62 53	56	152	63 49	56	151	64 45	57	150	346
15	60 42	+56	151	61 38	+57	151	62 35	+56	150	63 31	+56	149	64 27	+55	148	345
16	60 23	57	150	61 20	56	149	62 16	55	148	63 11	56	147	64 07	55	147	344
17	60 04	56	148	61 00	56	147	61 56	55	146	62 51	55	146	63 46	54	145	343
18	59 44	56	146	60 40	55	146	61 35	55	145	62 30	54	144	63 24	54	143	342
19	59 23	55	145	60 18	55	144	61 13	54	143	62 07	54	142	63 01	54	141	341
20	59 01	+55	143	59 56	+54	142	60 50	+54	141	61 44	+54	140	62 38	+53	139	340
21	58 39	54	141	59 33	54	141	60 27	53	140	61 20	53	139	62 13	53	138	339
22	58 15	54	140	59 09	53	139	60 02	53	138	60 55	53	137	61 48	52	136	338
23	57 51	53	138	58 44	53	137	59 37	53	137	60 30	52	136	61 22	52	135	337
24	57 26	53	137	58 19	53	136	59 12	52	135	60 04	51	134	60 55	51	133	336
25	57 00	+53	135	57 53	+52	134	58 45	+52	134	59 37	+51	133	60 28	+51	131	335
26	56 34	52	134	57 26	52	133	58 18	51	132	59 09	51	131	60 00	50	130	334
27	56 07	52	132	56 59	51	131	57 50	51	131	58 41	50	130	59 31	50	129	333
28	55 40	51	131	56 31	51	130	57 22	50	129	58 12	50	128	59 02	49	127	332
29	55 11	51	130	56 02	51	129	56 53	50	128	57 43	49	127	58 32	49	126	331
30	54 43	+50	128	55 33	+50	127	56 23	+50	126	57 13	+49	125	58 02	+49	124	330
31	54 13	51	127	55 04	49	126	55 53	50	125	56 43	48	124	57 31	48	123	329
32	53 44	50	126	54 34	49	125	55 23	49	124	56 12	48	123	57 00	48	122	328
33	53 14	49	125	54 03	49	124	54 52	49	123	55 41	47	122	56 28	48	120	327
34	52 43	49	123	53 32	49	122	54 21	48	121	55 09	47	120	55 56	47	119	326
35	52 12	+49	122	53 01	+48	121	53 49	+48	120	54 37	+47	119	55 24	+47	118	325
36	51 40	49	121	52 29	48	120	53 17	47	119	54 04	47	118	54 51	47	117	324
37	51 08	48	120	51 56	48	119	52 44	47	118	53 31	47	117	54 18	46	116	323
38	50 36	48	119	51 24	47	118	52 11	47	117	52 58	47	116	53 45	45	114	322
39	50 03	48	117	50 51	47	116	51 38	47	115	52 25	46	114	53 11	45	113	321
40	49 30	+48	116	50 18	+47	115	51 05	+46	114	51 51	+46	113	52 37	+45	112	320
41	48 57	47	115	49 44	47	114	50 31	46	113	51 17	45	112	52 02	45	111	319
42	48 23	47	114	49 10	47	113	49 57	45	112	50 42	46	111	51 28	44	110	318
43	47 50	46	113	48 36	46	112	49 22	46	111	50 08	45	110	50 53	44	109	317
44	47 15	47	112	48 02	46	111	48 48	45	110	49 33	45	109	50 18	44	108	316
45	46 41	+46	111	47 27	+46	110	48 13	+45	109	48 58	+45	108	49 43	+44	107	315
46	46 06	46	110	46 52	46	109	47 38	45	108	48 23	44	107	49 07	44	106	314
47	45 32	45	109	46 17	46	108	47 03	44	107	47 47	45	106	48 32	43	105	313
48	44 57	45	108	45 42	45	107	46 27	45	106	47 12	44	105	47 56	43	104	312
49	44 21	46	107	45 07	45	106	45 52	44	105	46 36	44	104	47 20	43	103	311
50	43 46	+45	106	44 31	+45	105	45 16	+44	104	46 00	+44	103	46 44	+43	102	310
51	43 10	45	105	43 55	45	104	44 40	44	103	45 24	44	102	46 08	43	101	309
52	42 35	44	104	43 19	45	103	44 04	44	102	44 48	44	101	45 32	43	100	308
53	41 59	44	103	42 43	45	102	43 28	44	101	44 12	43	100	44 55	43	100	307
54	41 23	44	102	42 07	45	101	42 52	43	101	43 35	44	100	44 19	42	99	306
55	40 46	+45	101	41 31	+44	101	42 15	+44	100	42 59	+43	99	43 42	+43	98	305
56	40 10	45	101	40 55	44	100	41 39	43	99	42 22	43	98	43 05	43	97	304
57	39 34	44	100	40 18	44	99	41 02	44	98	41 46	43	97	42 29	42	96	303
58	38 57	45	99	39 42	43	98	40 25	44	97	41 09	43	96	41 52	43	95	302
59	38 21	44	98	39 05	44	97	39 49	43	96	40 32	43	95	41 15	43	94	301
60	37 44	+44	97	38 28	+44	96	39 12	+43	95	39 55	+43	94	40 38	+43	94	300
61	37 07	45	96	37 52	43	95	38 35	44	95	39 19	42	94	40 01	43	93	299
62	36 31	44	95	37 15	43	95	37 58	44	94	38 42	42	93	39 24	43	92	298
63	35 54	44	95	36 38	44	94	37 22	43	93	38 05	43	92	38 48	42	91	297
64	35 17	44	94	36 01	44	93	36 45	43	92	37 28	43	91	38 11	42	90	296
65	34 40	+44	93	35 24	+44	92	36 08	+43	91	36 51	+43	90	37 34	+42	90	295
66	34 03	44	92	34 47	44	91	35 31	43	90	36 14	43	90	36 57	42	89	294
67	33 26	44	91	34 10	44	91	34 54	43	90	35 37	43	89	36 20	42	88	293
68	32 49	44	91	33 33	44	90	34 17	43	89	35 00	43	88	35 43	42	87	292
69	32 13	43	90	32 56	44	89	33 40	43	88	34 23	43	87	35 06	43	86	291

S. Lat. {LHA greater than 180° .... Zn=180−Z; LHA less than 180° .... Zn=180+Z}

DECLINATION (15°-29°) SAME NAME AS LATITUDE

Abb. 94b Die beiden Seiten aus der Pub. 249, Bd. III, für die Breite 52° und Deklination mit gleichem Vorzeichen wie die Breite.

N. Lat. {LHA greater than 180°……… Zn=Z; LHA less than 180°……… Zn=360−Z}

DECLINATION (15°-29°) SAME NAME AS LATITUDE

LHA	15° Hc	d	Z	16° Hc	d	Z	17° Hc	d	Z	18° Hc	d	Z	19° Hc	d	Z
	° ′	′	°	° ′	′	°	° ′	′	°	° ′	′	°	° ′	′	°
70	24 02	+47	96	24 49	+46	96	25 35	+46	95	26 21	+45	94	27 06	+46	94
71	23 26	46	96	24 12	46	95	24 58	46	94	25 44	46	93	26 30	45	93
72	22 49	46	95	23 35	46	94	24 21	46	93	25 07	46	93	25 53	45	92
73	22 12	46	94	22 58	46	93	23 44	46	93	24 30	46	92	25 16	45	91
74	21 35	46	93	22 21	46	92	23 07	46	92	23 53	46	91	24 39	45	90
75	20 58	+46	92	21 44	+46	92	22 30	+46	91	23 16	+46	90	24 02	+45	90
76	20 21	46	92	21 07	46	91	21 53	46	90	22 39	46	89	23 25	45	89
77	19 44	47	91	20 31	46	90	21 17	45	89	22 02	46	89	22 48	45	88
78	19 07	47	90	19 54	46	89	20 40	45	89	21 25	46	88	22 11	46	87
79	18 30	47	89	19 17	46	89	20 03	46	88	20 49	45	87	21 34	46	86
80	17 54	+46	88	18 40	+46	88	19 26	+46	87	20 12	+45	86	20 57	+46	86
81	17 17	46	88	18 03	46	87	18 49	46	86	19 35	46	86	20 21	45	85
82	16 40	46	87	17 26	46	86	18 12	46	86	18 58	46	85	19 44	45	84
83	16 03	46	86	16 49	46	85	17 35	46	85	18 21	46	84	19 07	46	83
84	15 26	46	85	16 12	46	85	16 58	47	84	17 45	45	83	18 30	46	83
85	14 49	+47	85	15 36	+46	84	16 22	+46	83	17 08	+46	83	17 54	+46	82
86	14 13	46	84	14 59	46	83	15 45	46	82	16 31	46	82	17 17	46	81
87	13 36	46	83	14 22	47	82	15 09	46	82	15 55	46	81	16 41	46	80
88	12 59	47	82	13 46	46	82	14 32	46	81	15 18	46	80	16 04	46	80
89	12 23	46	81	13 09	47	81	13 56	46	80	14 42	46	79	15 28	46	79
90	11 46	+47	81	12 33	+46	80	13 19	+47	79	14 06	+46	79	14 52	+46	78
91	11 10	46	80	11 56	47	79	12 43	47	79	13 30	46	78	14 16	46	77
92	10 33	47	79	11 20	47	79	12 07	46	78	12 53	47	77	13 40	46	77
93	09 57	47	78	10 44	47	78	11 31	46	77	12 17	47	76	13 04	47	76
94	09 21	47	78	10 08	47	77	10 55	47	76	11 42	46	76	12 28	47	75
95	08 45	+47	77	09 32	+47	76	10 19	+47	76	11 06	+47	75	11 53	+46	74
96	08 09	47	76	08 56	47	75	09 43	47	75	10 30	47	74	11 17	47	74
97	07 33	48	75	08 21	47	75	09 08	47	74	09 55	47	73	10 42	47	73
98	06 58	47	75	07 45	47	74	08 32	47	73	09 19	48	73	10 07	47	72
99	06 22	48	74	07 10	47	73	07 57	47	73	08 44	48	72	09 32	47	71
100	05 47	+47	73	06 34	+48	72	07 22	+47	72	08 09	+48	71	08 57	+47	71
101	05 12	47	72	05 59	48	72	06 47	47	71	07 34	48	70	08 22	47	70
102	04 36	48	71	05 24	48	71	06 12	48	70	07 00	47	70	07 47	48	69
103	04 01	48	71	04 49	48	70	05 37	48	69	06 25	48	69	07 13	48	68
104	03 27	48	70	04 15	48	69	05 03	48	69	05 51	48	68	06 39	48	68
105	02 52	+48	69	03 40	+48	69	04 28	+49	68	05 17	+48	67	06 05	+48	67
106	02 18	48	68	03 06	48	68	03 54	49	67	04 43	48	67	05 31	48	66
107	01 43	49	68	02 32	48	67	03 20	49	66	04 09	48	66	04 57	49	65
108	01 09	49	67	01 58	49	66	02 47	48	66	03 35	49	65	04 24	48	64
109	00 36	48	66	01 24	49	65	02 13	49	65	03 02	49	64	03 51	48	64
110	00 02	+49	65	00 51	+49	65	01 40	+49	64	02 29	+49	63	03 18	+49	63
111	−0 32	50	64	00 18	49	64	01 07	49	63	01 56	49	63	02 45	49	62
112	−1 05	50	64	−0 15	49	63	00 34	49	62	01 23	49	62	02 12	50	61
113	−1 38	50	63	−0 48	49	62	00 01	50	62	00 51	49	61	01 40	49	61
114	−2 10	49	62	−1 21	50	61	−0 31	49	61	00 18	50	60	01 08	50	60
115	−2 43	+50	61	−1 53	+50	61	−1 03	+49	60	−0 14	+50	60	00 36	+50	59
116	−3 15	50	60	−2 25	50	60	−1 35	50	59	−0 45	50	59	00 05	50	58
117	−3 47	50	60	−2 57	50	59	−2 07	50	59	−1 17	50	58	−0 27	51	57
118	−4 19	50	59	−3 29	51	58	−2 38	50	58	−1 48	50	57	−0 58	51	57
119	−4 50	50	58	−4 00	51	57	−3 09	50	57	−2 19	51	56	−1 28	50	56
120	−5 22	+51	57	−4 31	+51	57	−3 40	+51	56	−2 49	+50	56	−1 59	+51	55
121	−5 52	50	56	−5 02	51	56	−4 11	51	55	−3 20	51	55	−2 29	51	54
122				−5 32	51	55	−4 41	51	54	−3 50	51	54	−2 59	52	53
123							−5 11	52	54	−4 19	51	53	−3 28	51	53
124							−5 40	51	53	−4 49	52	52	−3 57	51	52
125										−5 18	+52	51	−4 26	+52	51
126										−5 47	52	51	−4 55	52	50
127													−5 23	52	49
128													−5 51	53	48

LHA	20° Hc	d	Z	21° Hc	d	Z	22° Hc	d	Z	23° Hc	d	Z	24° Hc	d	Z
	° ′	′	°	° ′	′	°	° ′	′	°	° ′	′	°	° ′	′	°
70	27 52	+45	93	28 37	+45	92	29 22	+45	91	30 07	+44	91	30 51	+45	90
71	27 15	45	92	28 00	45	91	28 45	45	91	29 30	44	90	30 14	45	89
72	26 38	45	91	27 23	45	90	28 08	45	90	28 53	45	89	29 38	44	88
73	26 01	45	90	26 46	45	90	27 31	45	89	28 16	45	88	29 01	44	87
74	25 24	45	90	26 09	45	89	26 54	45	88	27 39	45	87	28 24	44	87
75	24 47	+46	89	25 33	+45	88	26 18	+44	87	27 02	+45	87	27 47	+44	86
76	24 10	46	88	24 56	45	87	25 41	44	87	26 25	45	86	27 10	44	85
77	23 33	46	87	24 19	45	87	25 04	45	86	25 49	44	85	26 33	45	84
78	22 57	45	87	23 42	45	86	24 27	45	85	25 12	45	84	25 57	44	84
79	22 20	45	86	23 05	45	85	23 50	45	84	24 35	45	84	25 20	44	83
80	21 43	+45	85	22 28	+45	84	23 13	+45	84	23 58	+45	83	24 43	+45	82
81	21 06	46	84	21 52	45	84	22 37	45	83	23 22	45	82	24 07	44	81
82	20 29	46	83	21 15	45	83	22 00	45	82	22 45	45	81	23 30	45	81
83	19 53	45	83	20 38	46	82	21 24	45	81	22 09	45	81	22 54	45	80
84	19 16	46	82	20 02	45	81	20 47	45	81	21 32	45	80	22 17	45	79
85	18 40	+45	81	19 25	+46	80	20 11	+45	80	20 56	+45	79	21 41	+45	78
86	18 03	46	80	18 49	45	80	19 34	46	79	20 20	45	78	21 05	45	78
87	17 27	46	80	18 13	45	79	18 58	46	78	19 44	45	78	20 29	45	77
88	16 50	46	79	17 36	46	78	18 22	46	78	19 08	45	77	19 53	45	76
89	16 14	46	78	17 00	46	77	17 46	46	77	18 32	45	76	19 17	46	75
90	15 38	+46	77	16 24	+46	77	17 10	+46	76	17 56	+46	75	18 42	+45	75
91	15 02	46	77	15 48	46	76	16 34	46	75	17 20	46	75	18 06	46	74
92	14 26	47	76	15 13	46	75	15 59	46	75	16 45	46	74	17 31	45	73
93	13 51	46	75	14 37	46	75	15 23	46	74	16 09	46	73	16 55	46	73
94	13 15	46	74	14 01	47	74	14 48	46	73	15 34	46	72	16 20	46	72
95	12 39	+47	74	13 26	+47	73	14 13	+46	72	14 59	+46	72	15 45	+46	71
96	12 04	47	73	12 51	46	72	13 37	47	72	14 24	46	71	15 10	47	70
97	11 29	47	72	12 16	46	72	13 02	47	71	13 49	47	70	14 36	46	70
98	10 54	47	71	11 41	47	71	12 28	46	70	13 14	47	70	14 01	47	69
99	10 19	47	71	11 06	47	70	11 53	47	69	12 40	47	69	13 27	47	68
100	09 44	+47	70	10 31	+47	69	11 18	+48	69	12 06	+47	68	12 53	+47	67
101	09 09	48	69	09 57	47	69	10 44	47	68	11 31	48	67	12 19	47	67
102	08 35	48	68	09 23	47	68	10 10	47	67	10 57	48	67	11 45	47	66
103	08 01	47	68	08 48	48	67	09 36	48	66	10 24	47	66	11 11	48	65
104	07 27	48	67	08 15	47	66	09 02	48	66	09 50	48	65	10 38	47	64
105	06 53	+48	66	07 41	+48	66	08 29	+48	65	09 17	+48	64	10 05	+47	64
106	06 19	48	65	07 07	48	65	07 55	49	64	08 44	48	64	09 32	48	63
107	05 46	48	65	06 34	48	64	07 22	49	63	08 11	48	63	08 59	48	62
108	05 12	49	64	06 01	48	63	06 49	49	63	07 38	48	62	08 26	49	61
109	04 39	49	63	05 28	49	63	06 17	48	62	07 05	49	61	07 54	48	61
110	04 07	+48	62	04 55	+49	62	05 44	+49	61	06 33	+49	61	07 22	+49	60
111	03 34	49	62	04 23	49	61	05 12	49	60	06 01	49	60	06 50	49	59
112	03 02	49	61	03 51	49	60	04 40	49	60	05 29	49	59	06 18	49	58
113	02 29	50	60	03 19	49	59	04 08	50	59	04 58	49	58	05 47	49	58
114	01 58	49	59	02 47	50	59	03 37	49	58	04 26	50	58	05 16	49	57
115	01 26	+50	58	02 16	+50	58	03 06	+49	57	03 55	+50	57	04 45	+50	56
116	00 55	50	58	01 45	50	57	02 35	50	57	03 25	49	56	04 14	50	55
117	00 24	50	57	01 14	50	56	02 04	50	56	02 54	50	55	03 44	50	55
118	−0 07	50	56	00 43	51	56	01 34	50	55	02 24	50	54	03 14	51	54
119	−0 38	51	55	00 13	50	55	01 03	51	54	01 54	51	54	02 45	50	53
120	−1 08	+51	54	−0 17	+51	54	00 34	+50	53	01 24	+51	53	02 15	+51	52
121	−1 38	51	54	−0 47	51	53	00 04	51	53	00 55	51	52	01 46	51	52
122	−2 07	51	53	−1 16	51	52	−0 25	51	52	00 26	51	51	01 17	51	51
123	−2 37	52	52	−1 45	51	52	−0 54	51	51	−0 03	52	51	00 49	51	50
124	−3 06	52	51	−2 14	51	51	−1 23	52	50	−0 31	52	50	00 21	51	49
125	−3 34	+51	50	−2 43	+52	50	−1 51	+52	49	−0 59	+52	49	−0 07	+52	48
126	−4 03	52	50	−3 11	52	49	−2 19	52	49	−1 27	52	48	−0 35	52	48
127	−4 31	53	49	−3 38	52	48	−2 46	52	48	−1 54	52	47	−1 02	52	47
128	−4 58	52	48	−4 06	53	48	−3 13	52	47	−2 21	52	47	−1 29	53	46
129	−5 26	53	47	−4 33	53	47	−3 40	52	46	−2 48	53	46	−1 55	53	45
130	−5 53	+53	46	−5 00	+53	46	−4 07	+53	45	−3 14	+53	45	−2 21	+53	44
131				−5 26	53	45	−4 33	53	45	−3 40	53	44	−2 47	53	44
132				−5 52	53	44	−4 59	54	44	−4 05	53	43	−3 12	53	43
133							−5 24	54	43	−4 30	53	42	−3 37	54	42
134							−5 49	54	42	−4 55	54	42	−4 01	53	41
135										−5 20	+54	41	−4 26	+54	40
136										−5 44	55	40	−4 49	54	40
137													−5 13	55	39
138													−5 36	55	38

LHA	25° Hc	d	Z	26° Hc	d	Z	27° Hc	d	Z	28° Hc	d	Z	29° Hc	d	Z	LHA
	° ′	′	°	° ′	′	°	° ′	′	°	° ′	′	°	° ′	′	°	
70	31 36	+43	89	32 19	+44	88	33 03	+43	87	33 46	+43	87	34 29	+43	86	290
71	30 59	44	88	31 43	43	87	32 26	43	87	33 09	43	86	33 52	43	85	289
72	30 22	44	87	31 06	43	87	31 49	44	86	32 33	43	85	33 16	42	84	288
73	29 45	44	87	30 29	43	86	31 12	44	85	31 56	43	84	32 39	43	83	287
74	29 08	44	86	29 52	44	85	30 36	43	84	31 19	43	84	32 02	43	83	286
75	28 31	+44	85	29 15	+44	84	29 59	+43	84	30 42	+44	83	31 26	+42	82	285
76	27 54	44	84	28 38	44	84	29 22	44	83	30 06	43	82	30 49	43	81	284
77	27 18	44	84	28 02	44	83	28 46	43	82	29 29	44	81	30 13	43	80	283
78	26 41	44	83	27 25	44	82	28 09	44	81	28 53	43	81	29 36	43	80	282
79	26 04	45	82	26 49	44	81	27 33	43	81	28 16	44	80	29 00	43	79	281
80	25 28	+44	81	26 12	+44	81	26 56	+44	80	27 40	+44	79	28 24	+43	78	280
81	24 51	45	81	25 36	44	80	26 20	44	79	27 04	44	78	27 48	43	78	279
82	24 15	44	80	24 59	45	79	25 44	44	78	26 28	44	78	27 12	43	77	278
83	23 39	44	79	24 23	45	78	25 08	44	78	25 52	44	77	26 36	43	76	277
84	23 02	45	78	23 47	45	78	24 32	44	77	25 16	44	76	26 00	44	75	276
85	22 26	+45	78	23 11	+45	77	23 56	+44	76	24 40	+44	75	25 24	+44	75	275
86	21 50	45	77	22 35	45	76	23 20	44	76	24 04	45	75	24 49	44	74	274
87	21 14	45	76	21 59	45	76	22 44	45	75	23 29	44	74	24 13	44	73	273
88	20 38	46	75	21 24	45	75	22 09	44	74	22 53	45	73	23 38	44	73	272
89	20 03	45	75	20 48	45	74	21 33	45	73	22 18	45	73	23 03	44	72	271
90	19 27	+46	74	20 13	+45	73	20 58	+45	73	21 43	+45	72	22 28	+44	71	270
91	18 52	45	73	19 37	46	73	20 23	45	72	21 08	45	71	21 53	45	71	269
92	18 16	46	73	19 02	46	72	19 48	45	71	20 33	45	71	21 18	45	70	268
93	17 41	46	72	18 27	46	71	19 13	45	70	19 58	45	70	20 43	46	69	267
94	17 06	46	71	17 52	46	70	18 38	46	70	19 24	45	69	20 09	45	68	266
95	16 31	+46	70	17 17	+46	70	18 03	+46	69	18 49	+46	68	19 35	+45	68	265
96	15 57	46	70	16 43	46	69	17 29	46	68	18 15	46	68	19 01	45	67	264
97	15 22	47	69	16 09	46	68	16 55	46	68	17 41	46	67	18 27	46	66	263
98	14 48	46	68	15 34	47	68	16 21	46	67	17 07	46	66	17 53	46	66	262
99	14 14	46	67	15 00	47	67	15 47	46	66	16 33	47	66	17 20	46	65	261
100	13 40	+46	67	14 26	+47	66	15 13	+47	65	16 00	+46	65	16 46	+47	64	260
101	13 06	47	66	13 53	47	65	14 40	46	65	15 26	47	64	16 13	47	63	259
102	12 32	47	65	13 19	47	65	14 06	47	64	14 53	47	63	15 40	47	63	258
103	11 59	47	65	12 46	47	64	13 33	47	63	14 20	47	63	15 07	47	62	257
104	11 25	48	64	12 13	47	63	13 00	48	63	13 48	47	62	14 35	47	61	256
105	10 52	+48	63	11 40	+48	62	12 28	+47	62	13 15	+48	61	14 03	+47	61	255
106	10 20	47	62	11 07	48	62	11 55	48	61	12 43	48	61	13 31	47	60	254
107	09 47	48	62	10 35	48	61	11 23	48	60	12 11	48	60	12 59	48	59	253
108	09 15	48	61	10 03	48	60	10 51	48	60	11 39	48	59	12 27	48	58	252
109	08 42	49	60	09 31	48	60	10 19	49	59	11 08	48	58	11 56	48	58	251
110	08 11	+48	59	08 59	+49	59	09 48	+48	58	10 36	+49	58	11 25	+48	57	250
111	07 39	49	59	08 28	49	58	09 17	48	57	10 05	49	57	10 54	49	56	249
112	07 07	50	58	07 57	49	57	08 46	48	57	09 34	49	56	10 23	49	56	248
113	06 36	50	57	07 26	49	57	08 15	49	56	09 04	49	55	09 53	49	55	247
114	06 05	50	56	06 55	49	56	07 44	50	55	08 34	49	55	09 23	49	54	246
115	05 35	+49	56	06 24	+50	55	07 14	+50	55	08 04	+49	54	08 53	+50	53	245
116	05 04	50	55	05 54	50	54	06 44	50	54	07 34	50	53	08 24	49	53	244
117	04 34	50	54	05 24	51	54	06 15	50	53	07 05	50	52	07 55	49	52	243
118	04 05	50	53	04 55	50	53	05 45	50	52	06 35	51	52	07 26	50	51	242
119	03 35	51	53	04 26	50	52	05 16	51	52	06 07	50	51	06 57	50	50	241
120	03 06	+51	52	03 57	+50	51	04 47	+51	51	05 38	+51	50	06 29	+50	50	240
121	02 37	51	51	03 28	51	51	04 19	51	50	05 10	51	50	06 01	50	49	239
122	02 08	52	50	03 00	51	50	03 51	51	49	04 42	51	49	05 33	51	48	238
123	01 40	52	49	02 32	51	49	03 23	51	48	04 14	52	48	05 06	51	47	237
124	01 12	52	49	02 04	51	48	02 55	52	48	03 47	52	47	04 39	51	47	236
125	00 45	+51	48	01 36	+52	47	02 28	+52	47	03 20	+52	46	04 12	+52	46	235
126	00 17	52	47	01 09	52	47	02 01	52	46	02 53	52	46	03 45	52	45	234
127	−0 10	53	46	00 43	52	46	01 35	52	45	02 27	52	45	03 19	52	44	233
128	−0 36	52	46	00 16	53	45	01 09	52	45	02 01	53	44	02 54	52	44	232
129	−1 02	52	45	−0 10	53	44	00 43	53	44	01 36	52	43	02 28	53	43	231
130	−1 28	+53	44	−0 35	+53	44	00 18	+53	43	01 11	+52	43	02 03	+53	42	230
131	−1 54	54	43	−1 00	53	43	−0 07	53	42	00 46	53	42	01 39	53	41	229
132	−2 19	54	42	−1 25	53	42	−0 32	53	41	00 21	54	41	01 15	53	41	228
133	−2 43	53	42	−1 50	54	41	−0 56	53	41	−0 03	54	40	00 51	53	40	227
134	−3 08	54	41	−2 14	54	40	−1 20	54	40	−0 26	53	39	00 27	54	39	226
135	−3 32	+54	40	−2 38	+54	40	−1 44	+54	39	−0 50	+54	39	00 04	+54	38	225
136	−3 55	54	39	−3 01	54	39	−2 07	55	38	−1 12	54	38	−0 18	54	37	224
137	−4 18	54	38	−3 24	55	38	−2 29	54	37	−1 35	55	37	−0 40	54	37	223
138	−4 41	55	37	−3 46	54	37	−2 52	55	37	−1 57	55	36	−1 02	54	36	222
139	−5 03	55	37	−4 08	55	36	−3 13	54	36	−2 19	55	35	−1 24	55	35	221

S. Lat. {LHA greater than 180°……… Zn=180−Z; LHA less than 180°……… Zn=180+Z}

DECLINATION (15°-29°) SAME NAME AS LATITUDE

LAT 52°

Abb. 94c

erlernbar sein, sozusagen nach Kochrezept beherrschbar, um schnell und kostengünstig zu der großen Zahl Navigatoren zu gelangen, die vor allem die Air Forces brauchten. Das erklärt die für die Enge eines Flugzeugcockpits eigentlich umfangreiche Bibliothek von drei Bänden im Format 26 cm × 30 cm und vom Unfang von 2 × 250 Seiten und einmal 324 Seiten – außerdem gehörte noch der *Air Almanac* dazu, der dritteljährlich erscheint, weil er mit seinen 10-min-Abständen sehr umfangreich ist.

Band I – Selected Stars

Von jeweils sieben ausgewählten Sternen, die in günstigen Azimuten zueinander stehen, werden für jeden vollen Breitengrad Nord oder Süd und jeden vollen Ortsstundenwinkel des Frühlingspunktes (LHA ♈) H_c und *Zn* angegeben. Für Breiten > 69° ist der LHA 2°-weise gestuft. Die Sternauswahl hat unter den 58 am besten sichtbaren Sternen stattgefunden. Rechnet man sich im Voraus für die örtliche Dämmerungszeit den LHA ♈ ungefähr aus, dann kann man in dieser Tafel finden, welche Sterne in ungefähr welcher Höhe, die man am Sextant einstellt, in welchem Azimut dann im Sextantspiegel dicht über oder unter dem Horizont sichtbar sind. Und weil 1° LHA ziemlich genau der Zeit von 4 min entspricht, ist es also auch möglich, wenigstens drei Sterne in etwa 4 min Abstand zu »schießen« – und mehr ist für die Positionsbestimmung einer Yacht nicht nötig.

Zwar muß man alle fünf Jahre diesen Band neu kaufen und nach dem ersten, durch 5 teilbaren Ausgabejahr an den gefundenen Schiffsort unter Umständen einige Berichtigungen anbringen, die aber nicht sehr groß sind. Am Schluß des Bandes I findet man dafür eine Berichtigungstafel. Das ist aber wohl eine praktische und lohnende Anschaffung auch für jene, die inzwischen über H. O., jetzt Pub. 249 hinausgewachsen sind. Noch mehr aber für die Neulinge, die glücklich oder gar begeistert über die Software-Verkäufer, freien wie firmenverbundenen sind, die ihnen in ihrem Programmpaket einen Sternkatalog verheißen.

Die elektronischen Sternkatalogspeicher der besseren und nicht billigen Taschen- und Spezialrechner sind gewiß technische Meisterleistungen, aber sie haben, obwohl sie mit der teuersten elektronischen Speichertechnik (1989) arbeiten, viel zu lange Zugriffzeiten, um zur aktuellen Breite des Beobachters und seines aktuellen LHA ♈ aus dem Sterndatenspeicher aus 58 Daten die gerade günstigen Sterne herauszusuchen und der Reihe nach mit H_c und *Zn* in die Anzeige des Rechners zu bringen.

Nur wenige Yachtnavigatoren navigieren nach Sternen, weil das Boot dazu meist zu unruhig ist. Wer es aber möchte, ist mit dem Band I *Selected Stars* besser bedient als mit dem elektronischen Katalog.

Band II und III

Diese beiden Bände für Breitengrade von 0–39 und von 49–89 Grad sind für Sonnen-, Mond- und Planetenbeobachtungen gedacht, denn sie reichen nur bis zur Deklination von 29°. Natürlich kann man die Tafeln auch für Sterne verwenden, die weniger als 29° Deklination N oder S haben.

Es kommt bei diesen Tafeln bei Breite und Deklination nicht auf Nord oder Süd an, sondern ob beide gleichnamig (*same name*) oder ungleichnamig (*contrary name*) sind. Für beide Fälle gibt es zu jedem vollen Breitengrad einige Seiten, in denen zu jedem vollen Ortswinkel LHA *Hc* und *Z* aufgeführt sind (Abb. 94b–c). Zwischen diesen beiden Spalten ist noch ein Interpolationswert in Winkelminuten aufgeführt, mit dem man in eine Interpolationstafel (*Table 4*) am Schluß des Buches (Abb. 95) eingeht und den Korrekturwert für *Hc* findet, der wegen der Deklinations-Minuten noch addiert werden muß, denn in den Koordinatentafeln stehen ja nur vollgradige Deklinationen – es wird immer von unten nach oben gerechnet; bei Dec = 23°55′ sieht man also nicht in der 24°-Spalte nach und berichtigt für 5′ nach unten, sondern sieht in der 23°-Spalte nach und berichtigt für 55′ nach oben, denn es sind schon genug Abrundungsfehler in den Tafeln enthalten.

Alle weiteren Nebentafeln, die man in diesen Bänden findet, haben nur für Flieger Bedeutung.

Der Azimutwinkel *Z* in diesen Tafeln ist halbkreisig. Auf der Nordhalbkugel ist $Z = Zn$, wenn der Ortswinkel größer als 180° ist (dann steht das Gestirn östlich). Für LHA < 180° ist $Zn = 360° - Z$. Auf der Südhalbkugel wird *Z* für östliches Gestirn von 180° abgezogen und für westliches zu 180° addiert. Das steht zudem auf jeder Seite, man braucht es nicht auswendig zu lernen.

Der Bezugsort

Weil die Tafeln nur volle Breitengrade und Ortswinkel kennen, muß man den dem vermutlichen Schiffsort nächstgelegenen Breitengrad aufschla-

TABLE 4.—Correction to Tabulated Altitude for Minutes of Declination

d / ′	1	2	3	4	5	6	7	8	9	10	11	12	13	14	15	16	17	18	19	20	21	22	23	24	25	26	27	28	29	30	31	32	33	34	35	36	37	38	39	40	41	42	43	44	45	46	47	48	49	50	51	52	53	54	55	56	57	58	59	60	d / ′
0	0	0	0	0	0	0	0	0	0	0	0	0	0	0	0	0	0	0	0	0	0	0	0	0	0	0	0	0	0	0	0	0	0	0	0	0	0	0	0	0	0	0	0	0	0	0	0	0	0	0	0	0	0	0	0	0	0	0	0	0	0
1	0	0	0	0	0	0	0	0	0	0	0	0	0	0	0	0	0	0	0	0	0	0	0	0	0	0	0	0	0	0	1	1	1	1	1	1	1	1	1	1	1	1	1	1	1	1	1	1	1	1	1	1	1	1	1	1	1	1	1	1	1
2	0	0	0	0	0	0	0	0	0	0	0	0	0	0	0	1	1	1	1	1	1	1	1	1	1	1	1	1	1	1	1	1	1	1	1	1	1	1	1	1	1	1	1	1	2	2	2	2	2	2	2	2	2	2	2	2	2	2	2	2	2
3	0	0	0	0	0	0	0	0	0	0	1	1	1	1	1	1	1	1	1	1	1	1	1	1	1	1	1	1	1	2	2	2	2	2	2	2	2	2	2	2	2	2	2	2	2	2	2	2	2	2	3	3	3	3	3	3	3	3	3	3	3
4	0	0	0	0	0	0	0	1	1	1	1	1	1	1	1	1	1	1	1	1	1	1	2	2	2	2	2	2	2	2	2	2	2	2	2	2	2	3	3	3	3	3	3	3	3	3	3	3	3	3	3	3	4	4	4	4	4	4	4	4	4
5	0	0	0	0	0	0	1	1	1	1	1	1	1	1	1	1	1	2	2	2	2	2	2	2	2	2	2	2	2	2	3	3	3	3	3	3	3	3	3	3	3	4	4	4	4	4	4	4	4	4	4	4	4	4	5	5	5	5	5	5	5
6	0	0	0	0	0	1	1	1	1	1	1	1	1	1	2	2	2	2	2	2	2	2	2	2	2	3	3	3	3	3	3	3	3	3	4	4	4	4	4	4	4	4	4	4	4	5	5	5	5	5	5	5	5	5	6	6	6	6	6	6	6
7	0	0	0	0	1	1	1	1	1	1	1	1	2	2	2	2	2	2	2	2	2	3	3	3	3	3	3	3	3	4	4	4	4	4	4	4	4	4	5	5	5	5	5	5	5	5	5	6	6	6	6	6	6	6	6	7	7	7	7	7	7
8	0	0	0	1	1	1	1	1	1	1	1	2	2	2	2	2	2	2	3	3	3	3	3	3	3	3	4	4	4	4	4	4	4	5	5	5	5	5	5	5	5	6	6	6	6	6	6	6	7	7	7	7	7	7	7	7	8	8	8	8	8
9	0	0	0	1	1	1	1	1	1	2	2	2	2	2	2	2	3	3	3	3	3	3	3	4	4	4	4	4	4	4	5	5	5	5	5	5	6	6	6	6	6	6	6	7	7	7	7	7	7	8	8	8	8	8	8	8	9	9	9	9	9
10	0	0	0	1	1	1	1	1	2	2	2	2	2	2	2	3	3	3	3	3	4	4	4	4	4	4	4	5	5	5	5	5	6	6	6	6	6	6	6	7	7	7	7	7	8	8	8	8	8	8	8	9	9	9	9	9	10	10	10	10	10
11	0	0	1	1	1	1	1	1	2	2	2	2	2	3	3	3	3	3	3	4	4	4	4	4	5	5	5	5	5	6	6	6	6	6	6	7	7	7	7	7	8	8	8	8	8	8	9	9	9	9	9	10	10	10	10	10	10	11	11	11	11
12	0	0	1	1	1	1	1	2	2	2	2	2	3	3	3	3	3	4	4	4	4	4	5	5	5	5	5	6	6	6	6	6	7	7	7	7	7	8	8	8	8	8	9	9	9	9	9	10	10	10	10	10	11	11	11	11	11	12	12	12	12
13	0	0	1	1	1	1	2	2	2	2	2	3	3	3	3	3	4	4	4	4	5	5	5	5	5	6	6	6	6	6	7	7	7	7	8	8	8	8	8	9	9	9	9	10	10	10	10	10	11	11	11	11	11	12	12	12	12	13	13	13	13
14	0	0	1	1	1	1	2	2	2	2	3	3	3	3	4	4	4	4	4	5	5	5	5	6	6	6	6	7	7	7	7	7	8	8	8	8	9	9	9	9	10	10	10	10	10	11	11	11	11	12	12	12	12	13	13	13	13	14	14	14	14
15	0	0	1	1	1	2	2	2	2	2	3	3	3	4	4	4	4	4	5	5	5	6	6	6	6	6	7	7	7	8	8	8	8	8	9	9	9	10	10	10	10	10	11	11	11	12	12	12	12	12	13	13	13	14	14	14	14	14	15	15	15
16	0	1	1	1	1	2	2	2	2	3	3	3	3	4	4	4	5	5	5	5	6	6	6	6	7	7	7	7	8	8	8	9	9	9	9	10	10	10	10	11	11	11	11	12	12	12	13	13	13	13	14	14	14	14	15	15	15	15	16	16	16
17	0	1	1	1	1	2	2	2	3	3	3	3	4	4	4	5	5	5	5	6	6	6	7	7	7	7	8	8	8	8	9	9	9	10	10	10	10	11	11	11	12	12	12	12	13	13	13	14	14	14	14	15	15	15	16	16	16	16	17	17	17
18	0	1	1	1	2	2	2	2	3	3	3	4	4	4	4	5	5	5	6	6	6	7	7	7	8	8	8	8	9	9	9	10	10	10	10	11	11	11	12	12	12	13	13	13	14	14	14	14	15	15	15	16	16	16	16	17	17	17	18	18	18
19	0	1	1	1	2	2	2	3	3	3	3	4	4	4	5	5	5	6	6	6	7	7	7	8	8	8	9	9	9	10	10	10	10	11	11	11	12	12	12	13	13	13	14	14	14	15	15	15	16	16	16	16	17	17	17	18	18	18	19	19	19
20	0	1	1	1	2	2	2	3	3	3	4	4	4	5	5	5	6	6	6	7	7	7	8	8	8	9	9	9	10	10	10	11	11	11	12	12	12	13	13	13	14	14	14	15	15	15	16	16	16	17	17	17	18	18	18	19	19	19	20	20	20
21	0	1	1	1	2	2	2	3	3	4	4	4	5	5	5	6	6	6	7	7	7	8	8	8	9	9	9	10	10	10	11	11	12	12	12	13	13	13	14	14	14	15	15	15	16	16	16	17	17	18	18	18	19	19	19	20	20	20	21	21	21
22	0	1	1	1	2	2	3	3	3	4	4	4	5	5	6	6	6	7	7	7	8	8	8	9	9	10	10	10	11	11	11	12	12	12	13	13	14	14	14	15	15	15	16	16	16	17	17	18	18	18	19	19	19	20	20	21	21	21	22	22	22
23	0	1	1	2	2	2	3	3	3	4	4	5	5	5	6	6	7	7	7	8	8	8	9	9	10	10	10	11	11	12	12	12	13	13	13	14	14	15	15	15	16	16	16	17	17	18	18	18	19	19	20	20	20	21	21	21	22	22	23	23	23
24	0	1	1	2	2	2	3	3	4	4	4	5	5	6	6	6	7	7	8	8	8	9	9	10	10	10	11	11	12	12	12	13	13	14	14	14	15	15	16	16	16	17	17	18	18	18	19	19	20	20	20	21	21	22	22	22	23	23	24	24	24
25	0	1	1	2	2	2	3	3	4	4	5	5	5	6	6	7	7	8	8	8	9	9	10	10	10	11	11	12	12	12	13	13	14	14	15	15	15	16	16	17	17	18	18	18	19	19	20	20	20	21	21	22	22	22	23	23	24	24	25	25	25
26	0	1	1	2	2	3	3	3	4	4	5	5	6	6	6	7	7	8	8	9	9	10	10	10	11	11	12	12	13	13	13	14	14	15	15	16	16	16	17	17	18	18	19	19	20	20	20	21	21	22	22	23	23	23	24	24	25	25	26	26	26
27	0	1	1	2	2	3	3	4	4	4	5	5	6	6	7	7	8	8	9	9	9	10	10	11	11	12	12	13	13	14	14	14	15	15	16	16	17	17	18	18	18	19	19	20	20	21	21	22	22	22	23	23	24	24	25	25	26	26	27	27	27
28	0	1	1	2	2	3	3	4	4	5	5	6	6	7	7	7	8	8	9	9	10	10	11	11	12	12	13	13	14	14	14	15	15	16	16	17	17	18	18	19	19	20	20	21	21	21	22	22	23	23	24	24	25	25	26	26	27	27	28	28	28
29	0	1	1	2	2	3	3	4	4	5	5	6	6	7	7	8	8	9	9	10	10	11	11	12	12	13	13	14	14	14	15	15	16	16	17	17	18	18	19	19	20	20	21	21	22	22	23	23	24	24	25	25	26	26	27	27	28	28	29	29	29
30	0	1	2	2	2	3	4	4	4	5	6	6	6	7	8	8	8	9	10	10	10	11	12	12	12	13	14	14	14	15	16	16	16	17	18	18	18	19	20	20	20	21	22	22	22	23	24	24	24	25	26	26	26	27	28	28	28	29	30	30	30
31	1	1	2	2	3	3	4	4	5	5	6	6	7	7	8	8	9	9	10	10	11	11	12	12	13	13	14	14	15	16	16	17	17	18	18	19	19	20	20	21	21	22	22	23	23	24	24	25	25	26	26	27	27	28	28	29	29	30	30	31	31
32	1	1	2	2	3	3	4	4	5	5	6	6	7	7	8	9	9	10	10	11	11	12	12	13	13	14	14	15	15	16	17	17	18	18	19	19	20	20	21	21	22	22	23	23	24	25	25	26	26	27	27	28	28	29	29	30	30	31	31	32	32
33	1	1	2	2	3	3	4	4	5	6	6	7	7	8	8	9	9	10	10	11	12	12	13	13	14	14	15	15	16	16	17	18	18	19	19	20	20	21	21	22	23	23	24	24	25	25	26	26	27	28	28	29	29	30	30	31	31	32	32	33	33
34	1	1	2	2	3	3	4	5	5	6	6	7	7	8	8	9	10	10	11	11	12	12	13	14	14	15	15	16	16	17	18	18	19	19	20	20	21	22	22	23	23	24	24	25	26	26	27	27	28	28	29	29	30	31	31	32	32	33	33	34	34
35	1	1	2	2	3	4	4	5	5	6	6	7	8	8	9	9	10	10	11	12	12	13	13	14	15	15	16	16	17	18	18	19	19	20	20	21	22	22	23	23	24	24	25	26	26	27	27	28	29	29	30	30	31	32	32	33	33	34	34	35	35
36	1	1	2	2	3	4	4	5	5	6	7	7	8	8	9	10	10	11	11	12	13	13	14	14	15	16	16	17	17	18	19	19	20	20	21	22	22	23	23	24	25	25	26	26	27	28	28	29	29	30	31	31	32	32	33	34	34	35	35	36	36
37	1	1	2	2	3	4	4	5	6	6	7	7	8	9	9	10	10	11	12	12	13	14	14	15	15	16	17	17	18	18	19	20	20	21	22	22	23	23	24	25	25	26	27	27	28	28	29	30	30	31	31	32	33	33	34	35	35	36	36	37	37
38	1	1	2	3	3	4	4	5	6	6	7	8	8	9	10	10	11	11	12	13	13	14	15	15	16	16	17	18	18	19	20	20	21	22	22	23	23	24	25	25	26	27	27	28	28	29	30	30	31	32	32	33	34	34	35	35	36	37	37	38	38
39	1	1	2	3	3	4	5	5	6	6	7	8	8	9	10	10	11	12	12	13	14	14	15	16	16	17	18	18	19	20	20	21	21	22	23	23	24	25	25	26	27	27	28	29	29	30	31	31	32	32	33	34	34	35	36	36	37	38	38	39	39
40	1	1	2	3	3	4	5	5	6	7	7	8	9	9	10	11	11	12	13	13	14	15	15	16	17	17	18	19	19	20	21	21	22	23	23	24	25	25	26	27	27	28	29	29	30	31	31	32	33	33	34	35	35	36	37	37	38	39	39	40	40
41	1	1	2	3	3	4	5	5	6	7	8	8	9	10	10	11	12	12	13	14	14	15	16	16	17	18	18	19	20	20	21	22	23	23	24	25	25	26	27	27	28	29	29	30	31	31	32	33	33	34	35	36	36	37	38	38	39	40	40	41	41
42	1	1	2	3	4	4	5	6	6	7	8	8	9	10	10	11	12	13	13	14	15	15	16	17	18	18	19	20	20	21	22	22	23	24	24	25	26	27	27	28	29	29	30	31	32	32	33	34	34	35	36	36	37	38	38	39	40	41	41	42	42
43	1	1	2	3	4	4	5	6	6	7	8	9	9	10	11	11	12	13	14	14	15	16	16	17	18	19	19	20	21	22	22	23	24	24	25	26	27	27	28	29	29	30	31	32	32	33	34	34	35	36	37	37	38	39	39	40	41	42	42	43	43
44	1	1	2	3	4	4	5	6	7	7	8	9	10	10	11	12	12	13	14	15	15	16	17	18	18	19	20	21	21	22	23	23	24	25	26	26	27	28	29	29	30	31	32	32	33	34	34	35	36	37	37	38	39	40	40	41	42	43	43	44	44
45	1	2	2	3	4	4	5	6	7	8	8	9	10	10	11	12	13	14	14	15	16	16	17	18	19	20	20	21	22	22	23	24	25	26	26	27	28	28	29	30	31	32	32	33	34	34	35	36	37	38	38	39	40	40	41	42	43	44	44	45	45
46	1	2	2	3	4	5	5	6	7	8	8	9	10	11	12	12	13	14	15	15	16	17	18	18	19	20	21	21	22	23	24	25	25	26	27	28	28	29	30	31	31	32	33	34	34	35	36	37	38	38	39	40	41	41	42	43	44	44	45	46	46
47	1	2	2	3	4	5	5	6	7	8	9	9	10	11	12	13	13	14	15	16	16	17	18	19	20	20	21	22	23	24	24	25	26	27	27	28	29	30	31	31	32	33	34	34	35	36	37	38	38	39	40	41	42	42	43	44	45	45	46	47	47
48	1	2	2	3	4	5	6	6	7	8	9	10	10	11	12	13	14	14	15	16	17	18	18	19	20	21	22	22	23	24	25	26	26	27	28	29	30	30	31	32	33	34	34	35	36	37	38	38	39	40	41	42	42	43	44	45	46	46	47	48	48
49	1	2	2	3	4	5	6	7	7	8	9	10	11	11	12	13	14	15	16	16	17	18	19	20	20	21	22	23	24	24	25	26	27	28	29	29	30	31	32	33	33	34	35	36	37	38	38	39	40	41	42	42	43	44	45	46	47	47	48	49	49
50	1	2	2	3	4	5	6	7	8	8	9	10	11	12	12	13	14	15	16	17	18	18	19	20	21	22	22	23	24	25	26	27	28	28	29	30	31	32	32	33	34	35	36	37	38	38	39	40	41	42	42	43	44	45	46	47	48	48	49	50	50
51	1	2	3	3	4	5	6	7	8	8	9	10	11	12	13	14	14	15	16	17	18	19	20	20	21	22	23	24	25	26	26	27	28	29	30	31	31	32	33	34	35	36	37	37	38	39	40	41	42	42	43	44	45	46	47	48	48	49	50	51	51
52	1	2	3	3	4	5	6	7	8	9	10	10	11	12	13	14	15	16	16	17	18	19	20	21	22	23	23	24	25	26	27	28	29	29	30	31	32	33	34	35	36	36	37	38	39	40	41	42	42	43	44	45	46	47	48	49	49	50	51	52	52
53	1	2	3	4	4	5	6	7	8	9	10	11	11	12	13	14	15	16	17	18	19	19	20	21	22	23	24	25	26	26	27	28	29	30	31	32	33	34	34	35	36	37	38	39	40	41	42	42	43	44	45	46	47	48	49	49	50	51	52	53	53
54	1	2	3	4	4	5	6	7	8	9	10	11	12	13	14	14	15	16	17	18	19	20	21	22	22	23	24	25	26	27	28	29	30	31	32	32	33	34	35	36	37	38	39	40	40	41	42	43	44	45	46	47	48	49	50	50	51	52	53	54	54
55	1	2	3	4	5	6	6	7	8	9	10	11	12	13	14	15	16	16	17	18	19	20	21	22	23	24	25	26	27	28	28	29	30	31	32	33	34	35	36	37	38	38	39	40	41	42	43	44	45	46	47	48	49	50	50	51	52	53	54	55	55
56	1	2	3	4	5	6	7	7	8	9	10	11	12	13	14	15	16	17	18	19	20	21	21	22	23	24	25	26	27	28	29	30	31	32	33	34	35	35	36	37	38	39	40	41	42	43	44	45	46	47	48	49	49	50	51	52	53	54	55	56	56
57	1	2	3	4	5	6	7	8	9	10	10	11	12	13	14	15	16	17	18	19	20	21	22	23	24	25	26	27	28	28	29	30	31	32	33	34	35	36	37	38	39	40	41	42	43	44	45	46	47	48	48	49	50	51	52	53	54	55	56	57	57
58	1	2	3	4	5	6	7	8	9	10	11	12	13	14	14	15	16	17	18	19	20	21	22	23	24	25	26	27	28	29	30	31	32	33	34	35	36	37	38	39	40	41	42	43	44	44	45	46	47	48	49	50	51	52	53	54	55	56	57	58	58
59	1	2	3	4	5	6	7	8	9	10	11	12	13	14	15	16	17	18	19	20	21	22	23	24	25	26	27	28	29	30	30	31	32	33	34	35	36	37	38	39	40	41	42	43	44	45	46	47	48	49	50	51	52	53	54	55	56	57	58	59	59

Abb. 95 Korrektur der Höhe nach den vernachlässigten Minuten der Deklination aus Pub. 249.

gen und einen der gegißten Länge nahen Längengrad berechnen, der einen vollgradigen Ortswinkel LHA ergibt. Das ist einfach bei Westlängen, weil die vom Grt (GHA) abgezogen werden (*W*est *w*eniger), da zieht man gleich die Minuten des Grt mit ab. Weil E-Länge addiert werden muß, tut sich mancher schwer, auf einen glatten LHA zu kommen – ziehen Sie die Minuten des Grt von 60 ab und setzen Sie den Rest als Minuten für die Bezugslänge ein. Hier ein Beispiel:

Gekoppelt	λ 017–44,0 W		λ 010–22,0 E
Grt	344–36		077–16,8
W-λ	016–36,0−	E-λ	010–43,2+
LHA	327–00,0		088–00,0

Auch für andere Tafelwerke muß ein auf diese Art angenommener Schiffsort gewählt werden. Es wird mit diesen Verfahren also immer einen Unterschied zwischen gemessener Höhe h_b und berechneter Höhe h_r geben, selbst wenn man genau wüßte wo man steht – außer man steht auf dem irgendwie »künstlichen« Bezugsort. Bekommt man sehr große Höhendifferenzen, dann ist der gekoppelte Ort wohl zu ungenau und man ist erheblich versetzt worden. In solchem Falle verlege man den vermutlichen Schiffsort zum Leitpunkt, dem Schnittpunkt von Azimutstrahl und Standlinie (siehe Beispiele) und rechne für einen angenommenen Ort in dessen Nähe nochmal neu. Bei Höhenunterschieden bis zu 10 sm kann man unbesorgt sein, und auch bei 20′ Höhendifferenz ändert sich das Azimut erst um 0,1°.

Zugegeben, die Sache mit dem angenommenen Schiffsort ist etwas lästig, weil man schon bei zwei Gestirnen, etwa Sonne und Mond, zu gleicher Zeit mit zwei verschiedenen Schiffsörtern arbeiten muß. Das wird gleich noch am Beispiel gezeigt.

Die Mercator-Skizze

Die Standlinie braucht man nicht in die Karte zu zeichnen, wenn nicht versegelt wird. Gleichzeitige Beobachtungen – auch fast gleichzeitige – kann man in einer umgehrten Mercator-Skizze auf besonderem Blatt lösen. Gewöhnlich genügt ein Blatt DIN A5.

Es wird in der Skizze nicht die Breite vergrößert, sondern eine Hilfsgerade durch den Schnittpunkt des angenommenen vollen Breitengrades mit dem nächstliegenden vollen Längengrad (senkrechter Strich), wie in Abb. 96 gezeigt, gezogen. Die Hilfsgerade hat gegen die Horizontale die Steigung in Grad des Breitengrades.

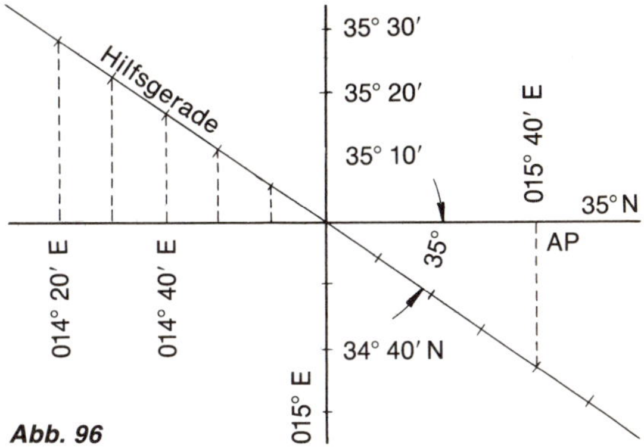

Abb. 96

Nun wählt man sich einen Zeichenmaßstab, etwa 1 cm ≙ 5′ (= 5 sm), und trägt (für die Praxis im Geiste) auf der Hilfsgeraden und auf dem Meridianstrich nach jeder Seite und nach oben und unten je 30′ ab. So zeigt es die Abbildung mit 10′-Teilung zur Information über das Verfahren. Fällt man von der schrägen Hilfsgeraden ein Lot auf den Breitenstrich, wie es einigemale gemacht ist, dann wird der Breitenstrich im richtigen Längenmaß (cos φ) geteilt. Der Angenommene Schiffsort φ = 35–00 N, λ = 015–40 E liegt in der Skizze also an der mit AP (angenommene Position) bezeichneten Stelle.

In der Praxis dekoriert man die Achsen und die Hilfsgerade natürlich nicht mühsam mit der Teilung, sondern besorgt sich in einem Zeichenwarenladen einen Maßstab 1 : 50 oder 1 : 5 oder einen 14–15 cm langen Maßstabsfächer mit verschiedenen Maßstäben.

Statt Mittagshöhe

Ein Kanadier aus Prince Rupert im Westen auf der Heimfahrt von Hawaii hat mehrere Tage schlechtes Wetter gehabt und erwischt am 15. Juli kurz vor Mittag in einem Wolkenloch die Sonne und mißt sie gleich mit *hs* = 59–10, denn ihm ist sehr wichtig, seine Breite zu erfahren und seinen Landfall, vermutlich am nächsten Tag, am Südkap der Queen Charlotte Islands zu machen. Der Leuchtturm dort hat die Koordinaten 51–56 N 131–01 W. Die Yacht steht vermutlich noch 110 sm weiter westlich, und der Skip glaubt, daß die ständigen SW-Winde ihn zu weit nach Nord versetzt haben. Er schätzt seine Position auf 52–00 N und 134 W

(ZU +9 h). Beobachtungszeit nach Quarzchronometer (noch kein Fehlgang) ist 20–37–14 UT1 (GMT), das sind 11–37–14 MOZ. Siehe die Tafeln Abb. 94b–c, 95).

SONNE UR. 19XX Juli 15; Augeshöhe 3 m

UT1: 20–00–00:	Grt	118–30,6	δ	21–26,0 N$^{-0,4}$
37–14:	Zuw	9–18,5	Vb	0,4–
UT1: 20–37–14:	Grt	127–49,1	δ	21–25,6 N
angen. W-Länge		133–49,1 –		
			h_s	59–10,0
		006–00,0–	Ib	0,0
		360–00,0+	Gb	12,5+
LHA 354			h_b	59–22,5
Aus Pub 249 LAT 52 same			$-h_c$	58–39^{+59}
			–corr	25,6
Z = Zn = 169°			$h_b - h_c$ =	17,9 hin

Nach DIN 13 312 wird die Höhendifferenz $\triangle h = h_b - h_r$ gerechnet. Briten und Amerikaner machen es umgekehrt und schreiben es (englisch) so auch vorne in die Pub-Tafeln. Wer Englisch versteht, sollte sich dadurch nicht verwirren lassen. Hc ist dasselbe wie h_b – calculiert oder berechnet. Ho dasselbe wie h_b – observiert oder beobachtet. Der Kanadier hat, vielleicht unfreiwillig, vielleicht fortschrittlich, so kurz vor Ortsmittag eine »Nebenmeridianbreite« genommen. Ein nach alter Navigationsschule umständliches Verfahren mit zwei Tafeleingängen, das aber schneller ist als die Beobachtung der mittäglichen Sonnenkulmination.

Der kanadische Skipper schließt aus seiner nicht »mittagsgerechten« Sonnenbeobachtung übrigens, daß sein Breitengrad nicht genau, aber ziemlich genau um die Höhendifferenz von 17,9′ geringer ist als die angenommene von 52° N, womit er recht hat, denn seine wirkliche Breite, nach dem Verfahren der Nebenmeridianbreite berechnet, das hier nicht behandelt wird, ist 51–42,0 N. Wie Abb. 97 zeigt, kann er seine Breite noch genauer bestimmen, wenn er die Standlinie seinen Ortsmeridian schneiden läßt – das geht auch rechnerisch nach der Lehre des Pythagoras, weil Azimut und Standlinie einen rechten Winkel einschließen:

$$\triangle\varphi = \sqrt{\triangle h^2 (tan^2 Zn + 1)}$$

Mit unseren Zahlen gerechnet ergibt das:

$$\triangle\varphi = \sqrt{17{,}9^2 (\tan^2 169 + 1)} = \sqrt{332{,}5} = 18{,}2'$$

also noch ein Stück näher an der Wahrheit.

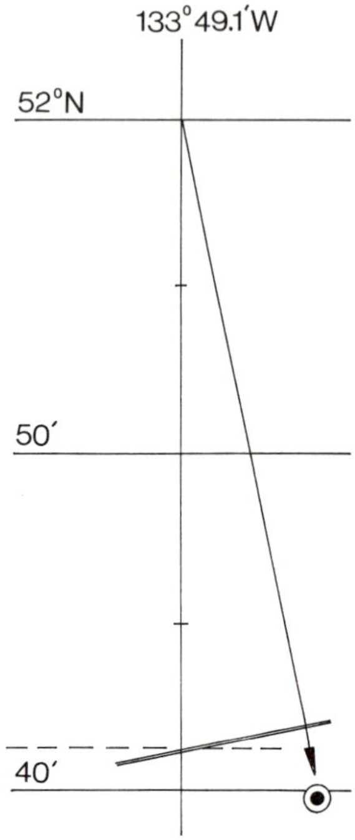

Abb. 97

Es ist seit rund 40 Jahren altmodisch und nicht einmal genauer, eine Mittagskulmination der Sonne zu beobachten. Kein Berufsnautiker macht das mehr. Für Yachten ist die hier geschilderte Annäherungsmethode zu einer Nebenmeridianbreite allemal genau genug. Sie wird noch genauer, wenn man den Zeitabstand zum Kulminationszeitpunkt noch kleiner als hier (27 min 48 s zu früh) nimmt. Die UT1 findet man in der Tagesseite des *NJ* bei dem Grt, der der Länge des eigenen Ortes am nächsten ist, und sucht in den Schalttafeln in der Sonnenspalte die Grad und Minuten, die vom Grt bis 360° oder 0° noch fehlen, um so im umgekehrten Verfahren für den Zuwachs die Minuten und Sekunden zu finden, die zur UT1 noch addiert werden müssen.

Beispiel

Eigentlich wollte der Einhandsegler ums Kap Hoorn, aber wegen des winterlichen Wetters hält er nun doch auf Cabo Pilar zu, den Eingang zur Magellan-Straße. Es ist Frühdämmerung, und sein Koppelort ist 52–25 S 075–06 W (ZU +5 h). Die Sterne Diphda (deutsch: Deneb Kaitos Nr. 5) und Sirius sind gut zu sehen, ebenso die Kimm. Diphda als der schwächere wird zuerst »geschossen«. Reduktion mit Tafeln Abb. 94b–c und 95.

19XX Juli 14; Giß 52–25 S; 075–06 W (ZU +5 h)

*DIPHDA Nr. 5

UT1: 11–00–00	Grt ♈	097–17,5	
56–30	Zuw	14–09,8	
(β)	SHA	349–13,8	δ 18–02,4 S
	Grt*	460–41,1	
angen. W-Länge		75–41,1–	
		360–00,0–	
h_s 50–42,0	LHA*	25	h_c 50–44^{+54}
Ib 1,0+			c_r 2+
GB 3,8–	Zn = 141 + 180 = 321		h_r 50–46

h_b 50–39,2 – h_r 50–46 = –6,8′ weg

*SIRIUS Nr. 29

UT1: 11–00–00	Grt ♈	097–17,5	
56–36	Zuw	14–11,3	
(β)	SHA	258–49,9	δ 16–41,9 S
	Grt*	370–18,7	
angen. W-Länge		75–18,7–	
h_s 28–46,0	LHA*	295	h_c 27–52^{+46}
Ib 1,0+			c_r 31+
GB 4,8–	Zn = 180 – 100 = 080		h_r 28–23

h_b 28–42,2 – h_r 28–23 = +19,2′ hin

Die zeichnerische Auswertung dieses Bestecks zeigt Abb. 98. Der Schiffsort (Fix) ist der Schnittpunkt der beiden Standlinien. Aus seinen Projektionen auf den Meridian für die Breite und auf die Hilfsgerade für die Länge findet man O_w = 51–43 S 074–51 W.

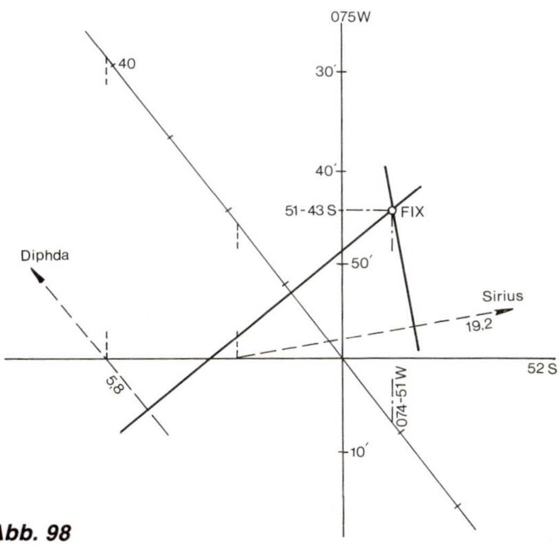

Abb. 98

Beispiel

Koppelort 51–54 N, 003–14 E, Abenddämmerung. Es wird Vega mit beschickter Höhe h_b = 54–10 beobachtet. Datum Juli 14, UT1: $20^h47^m14^s$. Die Beobachtung wird hier nach der (veralteten) Kopie von Band I, Pub. 249, in Abb. 94a ausgewertet.

*VEGA Nr. 69

UT1: 20–00–00	Grt ♈	232–39,7	Zn 268
47–14	Zuw	11–50,4	h_b 54–10
(β)	SHA	80–50,7	h_c 53–55–
	Grt*	325–20,8	15 hin
angen. E-Länge		2–39,2+	
	LHA*	328	

Sonnentag eines Navigators auf See

Eine aus dem östlichen Mittelmeer kommende Motoryacht steht in der Frühdämmerung in der Straße von Sizilien mit Bestimmung Bonifacio (Korsika). Das Funkfeuer von Pantelleria peilt 195, das nördliche Leuchtfeuer der Insel ist ab und an zu sehen. Der Loggeort ist für 0450 UT1 mit 37–07,5 N 011–59,0 E vorausberechnet. Die Yacht läuft 14,5 kn mit Kurs 326. Um 0450 UT1 müßte die Kimm deutlich genug sein, um eine Höhe von Polaris zu nehmen, denn es ist der 1. März.

Die Polarisbreite ergibt, daß die Yacht noch etwas südlicher steht: 2,8 sm.

Um 0740 UT1 steht die Sonne etwa 20° hoch; Zeit sie zu schießen, zumal der Wind zugenommen hat und die Yacht zwingt, auf 10 kn Fahrt herunterzugehen. Die Sonnenstandlinie gibt mit der versegelten Polarislinie zwar einen westlicheren Ort, doch der Navigator entschließt sich, vom Giß aus weiterzukoppeln und ermahnt den Rudergänger, nicht soviel nach Bb abgieren zu lassen. Außerdem ordnet er neuen Kurs 335 an. 1212 UT1 kulminiert die Sonne in Greenwich. Da der Zeitunterschied für die Position etwa 45 min (–) gegen Greenwich beträgt, setzt sich der Navigator 1120 UT1 aufs Achterdeck und beobachtete mit dem Sextant eine Mittagsstandlinie – 1127 ist Kulmination; die Breite ist 38–16,7 N. Der Navigator versegelt nun doch die Standlinie von 0740 und macht mit ihr und der Mittagsbreite ein »laufendes Fix« (LF), von dem aus er weiterkoppelt. Der Kurs bleibt weiter 335, die Fahrt wird auf 12 kn erhöht.

Offenbar hatte der Rudergänger nach der Ermahnung, besser Kurs zu halten, nun zuviel nach Stb gehalten. Es hätte sich aber auch um eine Stromversetzung handeln können. Dies macht den Navigator nervös genug, um den Sextanten um 1430 schon wieder hervorzukramen und nochmal die Sonne zu schießen, denn es ziehen Wolken auf. Um 14–30–14 hat er seine Beobachtung auf dem Limbus. Zwei Minuten später weiß er, daß der Rudergänger offenbar wieder in sein altes Bb-Leiden verfallen ist. Er malt eine vermutliche Position (VP) als Schnittpunkt eines Lots auf den Kurs vom Loggeort aus mit der Sonnenstandlinie. Dies wird ihn dann an die vermutliche Ursache erinnern, wenn er statt des Feuers von Capo Comino in der Nacht die Kennung des Feuers Bellavista voraus über der Kimm hochkommen sieht. Lieber würde er Bellavista in 20 sm Bb querab passieren.

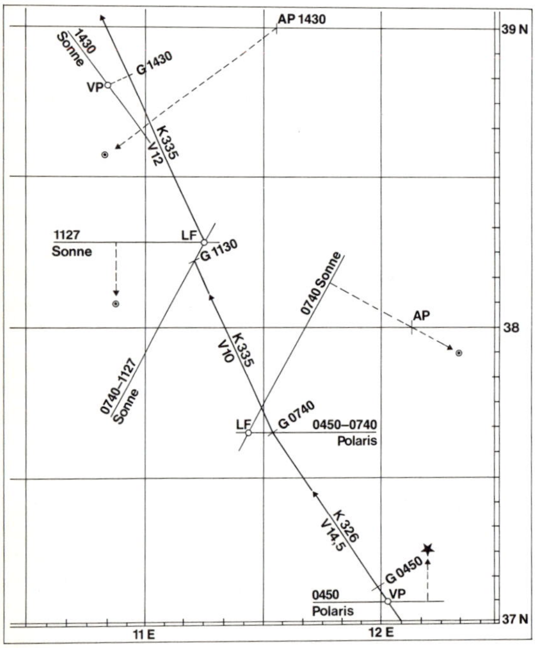

Abb. 99 Beispiel für das Plotten. Die Polarisstandlinie von 0450 ergab gegen die gegißte Position (G) eine Versetzung nach Süd auf die vermutliche Position (VP), von der weiter gekoppelt wurde. Um 0740 wurde die Sonne gemessen und die Polarisstandlinie auf die Sonnenstandlinie versegelt, der Schnittpunkt ist das laufende Fix (LF). Die Sonnenstandlinie von 0740 wird auf die Mittagsbreite um 1127 versegelt und ergibt wiederum ein laufendes Fix. Die Sonnenstandlinie um 1430 ist besonders geeignet, eine seitliche Kursversetzung festzustellen: sie zeigt eine Versetzung nach Backbord vom gegißten Ort G zur vermutlichen Position VP.

Angelsächsisch-Deutsches Nachwort

Anders als die deutschen Schiffbauer haben sich die deutschen Nautiker zu international einheitlichen Formelzeichen und Abkürzungen – auch für die Computersprachen – als Norm nicht entschließen mögen. Sie haben eine DIN-Norm geschaffen, die die unnötigen Differenzen zwischen Luftfahrt-, Seefahrt- und Landnautik nicht vollends ausgeräumt hat.

Wir Amateurnautiker arbeiten viel mit angelsächsischer Literatur, mit Rechnern vornehmlich amerikanischer Erfindungsgabe und englisch-amerikanischen Tafelwerken – und nicht minder, eher mehr die deutschen Berufsnautiker.

Im deutschen *Nautischen Jahrbuch* gibt es viele Fixsterne, die man in der Gebrauchsanweisung zu den Ephemeriden der Standard- und Spezial-Navigationsprogramme zu amerikanischen und japanischen Rechnern und Computern nicht findet. Folgende amerikanisch-britisch-japanischen Sternnamen haben bei uns andere Bezeichnungen und Ordnungsnummern:

Nr.	USA/GB	Nr.	Deutschland
1	Alpheraz	1	Sirrah (α Andromeda)
2	Schedar	4	Schedir (α Cassiopeia)
4	Diphda	5	Deneb Kaitos (β Cetus)
6	Hamal	11	Hamel (α Aries)
16	Betelgeuse	24	Beteigeuze
23	Suhail	36	λ Vela
30	Acrux	43	α Crux
34	Alkaid	50	Benetnasch
38	Rigil Kent	54	α Centaur
41	Alphecca	59	Gemma (Corona Borealis)
45	Shaula	64	λ Scorpio
51	Altair	71	Atair (α Aquila)
52	Peacock	72	α Pavo (Pfau)

Elektronische Rechenhilfen und Computer

Elektronenrechner, gleich welchen Preises, sind nicht nur eine Hilfe am Kartentisch, sondern sie sind auch zuverlässiger als das seekrankheitsgefährdete Hirn des Navigators. Sie tragen zur Schiffssicherheit bei. Allerdings dürfen sie – und das wird oft beim Pro und Contra Taschenrechner übersehen – nur ihren eigenen Fähigkeiten und dem Können des Navigators entsprechend verwendet werden. Da sich die Taschenrechner nicht in der Technik, aber in Preis und Leistung stark unterscheiden, ist deshalb eine Differenzierung in Rechenhilfen und Mini-Computer wichtig.

Eine ideale Rechenhilfe für den Kartentisch. Die vier Grundrechnungsarten, eine Uhr, eine Stoppuhr, der Kalender und vier Weckalarme sind eingebaut – und die ganze Herrlichkeit kostet nicht mehr als ein guter Patentschäkel.

Rechenhilfen

Jedem Navigator ist so ein kleines technisches Wunderwerk zu einem Preis von weit unter 30 DM nur zu empfehlen. Es sollte die vier Grundrechnungsarten und das Wurzelziehen beherrschen, eine Quarzuhr, Stoppmöglichkeiten und Weckalarme eingebaut haben. Wenn nur die auf der Grundschule gelernten simplen Rechenregeln noch bekannt sind, lassen sich einfache Formeln aus der terrestrischen Navigation runtertippen. Die Einsatzmöglichkeiten so eines Zauberers im Scheckkartenformat werden nur durch die Phantasie des Navigators begrenzt. Beispiele: Stoppen der abgelaufenen Zeit bei der Relingslogge und anschließende Weg-Zeit-Verwandlungen, Feststellen von Lichterkennungen, Wecker auf »Tonne recht voraus« oder »Wetterbericht«, Treibstoffberechnungen oder Nachprüfen des Stromverbrauchs einer Positionslampe (Leistung steht auf der Birne), Umrechnung der Hafengebühren in DM, Provianthochrechnungen und so weiter.
Freilich, astronomische Berechnungen lassen sich mit einem billigen Uhr-Rechner nicht durchführen. Hierzu eignen sich nur programmierbare oder schon fertig programmierte (»fest verdrahtete«) Mini-Computer.

»Computer«

Die technisch-wissenschaftlichen Rechner

Wer in der Schule Mathematik gehaßt und auch sonst keinen Spaß am Lösen von Denksportaufgaben hat, sollte nicht auf teuren Elektronenrechnern rumtippen, sondern sich gleich Spezial-Navigations-Rechnern zuwenden. Wen aber lange Zahlen nicht schrecken, der ist mit einem Taschenrechner, der mindestens die Winkelfunktion und die Koordinatenumwandlung, neben einer Anzahl Speicher auf dem Tastenfeld hat, ganz gut bedient. Allerdings, wenn der Rechner nicht programmierbar ist, ist sein Anwendungsbereich nicht sehr groß. Er kann zwar jede Formel lösen, doch beinhaltet die große Anzahl der notwendigen Tastendrücke die Wahrscheinlichkeit eines Tipfehlers und damit eines Navigationsirrtums. Gefahr für Schiff und Mannschaft ist sozusagen einprogrammiert. Besser und schneller als Rechenschieber und Logarithmentafel sind sie aber allemal.

Programmierbare Rechner

Wer Freude an Zahlenspielereien hat, wird sich einen programmierbaren Taschenrechner anschaffen und diesen auf seine persönlichen Navigationsbedürfnisse hintrimmen. Ihr Vorteil besteht darin, daß sie in der Lage sind, eine Tastenfolge (Programm) im Gedächtnis zu behalten, um sie auf einen einzigen Tastendruck hin beliebig oft zu wiederholen. Wenn also der Computer einmal richtig programmiert ist, bearbeitet er fehlerfrei anschließend auch lange Rechengänge – die richtigen Eingaben vorausgesetzt. Das Eingeben eines Programmes erfordert kein Spezialwissen. Umfangreiche, didaktisch meist hervorragend aufgebaute, bis zu 300 Seiten dicke Bedienungshandbücher ermöglichen auch dem mathematischen Laien den Umgang mit diesen Rechenmaschinen. Einige Rechner können sich die Programme auch nach dem Ausschalten »merken«, andere vergessen sie (ungeeignet zur Navigation) und wieder andere können zur Aufbewahrung der Programme die Tastenfolgen auf Magnetträger (Karten, Cassetten) aufzeichnen. Je mehr Programmkapazität der Rechner hat, um so besser eignet er sich für die Kartenecke.

Mindestens 250 Tastendrücke sollte er sich schon merken können, sonst hat es – speziell in der Astronavigation – wenig Sinn, nautische Rechenprogramme zu erstellen, was sich an folgenden Hauptformeln aus der Hochseenavigation leicht nachprüfen läßt (Umwandlung in das Dezimalsystem nicht vergessen:)

$$\text{Höhenwinkel} = \arcsin\left[\sin \text{Deklination} \times \sin \text{gegißte Breite} + \cos \text{Deklination} \times \cos \text{gegißte Breite} \times \cos(\text{Grt} \pm \text{gegißte Länge})\right]$$

$$Z = \arccos\left(\frac{\sin \text{Deklination} - \sin \text{gegißte Breite} \times \sin \text{Höhenwinkel}}{\cos \text{Höhenwinkel} \times \cos \text{gegißte Breite}}\right)$$

Azimut = Z, wenn sin (Grt ± gegißte Länge) kleiner als 0

Azimut = 360° – Z, wenn sin (Grt ± gegißte Länge) größer als 0.

Gegißte Länge muß hinzugezählt werden, wenn sie eine Ostlänge ist; Westlänge muß abgezogen werden.

Beispiel für einen borderprobten Taschencomputer. Er kann von jedem, der dafür Interesse hat, programmiert werden. Sein Speicherplatz ist mit ungefähr zehntausend Tastendrücken von einem Amateur kaum auszunutzen. Aber Achtung: Die eingetippten Programme »verlöschen« zwar nicht mit dem Ausschalten des Computers, können aber zum Beispiel beim Batteriewechsel zerstört werden.

Anders dagegen bei Verwendung eines professionellen Programms, das auf einem unlöschbaren Modul – wie eine Batterie – in den Computer eingeschoben wird, und ihn zu einem Spezialnavigationsrechner macht – mit der gesamten terrestrischen und astronomischen Navigation. Tafeln werden damit überflüssig.

Die logischen Entscheidungen, die in der letzten Formel zu treffen sind, sind in den guten Rechnern zwar machbar, benötigen jedoch erheblichen Programmplatz.
Gerade an diesem Formelbeispiel läßt sich gut erkennen, was auch preiswerte Taschencomputer (gibt's ab 100 DM) an Navigationskomfort gebracht haben. Diese Formeln ersetzen voll und ganz die allgemeinen Tafeln Pub. 229, 214 und 249 (aber nicht die *Selected Stars*), mit denen sogar die Großschiffahrt fast ein halbes Jahrhundert lang gearbeitet hat. Dabei zeigt der Rechner sogar ein genaueres Ergebnis an, braucht nur wenige Sekunden, verrechnet sich nicht und verlangt keine Eingabenmanipulationen wie zum Beispiel die Pub. 249. Das heißt: der Rechner akzeptiert jeden gegißten Schiffsort, ob der nun gerade ist oder ein krummer Wert.

Spezial-Navigations-Rechner

Der Traum eines jeden Navigators ist schon immer ein Rechner gewesen, der ihm jede Rechenarbeit abnimmt. Heute sind die Navigationscomputer schon so leistungsfähig, daß sie auch die komplizierten Gestirnskoordinaten in wenigen Sekunden ausrechnen können. So ist ihr Haupteinsatzgebiet die Astronavigation, weil nur dort die Formeln so kompliziert sind, daß ein Durcharbeiten »per Hand« immer scheitert. Diese Rechner sind in ihrer Leistung allerdings sehr unterschiedlich. In erster Linie achte man bei der Anschaffung auf den Bedienungskomfort und damit auf die Sicherheit. Ein guter Navigationsrechner wird mit einem Minimum an Eingaben ein optimales Ergebnis berechnen – und zwar in einem Zug. Aus einer Gestirnsmessung wird er also die fertige Standlinie und aus zwei Gestirnsmessungen gleich den Schiffsort berechnen. Hat der Navigator sich nicht vertippt, wird ein anwendefreundlicher Rechner schneller, sicherer und genauer zum Ergebnis kommen, als es der beste Navigator per Hand und Hirn je könnte.
Gab es noch vor ein paar Jahren lediglich ein paar Spezial-Navigationsrechner auf dem Markt, so ist das Angebot in den letzten Jahren nahezu unübersehbar geworden. Der Segler hat es immer schwieriger, den »richtigen« Taschencomputer herauszufinden, denn nahezu alle Computeranbieter versprechen die gleichen Leistungen.
Eine Warnung: Jedes Computerprogramm wird von Menschen erstellt, und Menschen können sich irren. Deshalb sollte immer auch nach dem Namen des Autors der Software gefragt werden, denn immerhin vertraut der Navigator mit einem solchen Computer in der Hand dem Programmersteller soweit, daß er ihn wichtige nautische Arbeiten im Ernstfall verrichten läßt. Programme von Amateuren können hervorragend sein, müssen es aber nicht. Denn wirklich durchgetestete Programme entstehen erst bei hohen Auflagen. Der Satz aus der Computerbranche hat auch hier Gültigkeit: »Ein Programm ist immer nur so gut wie der Programmierer!«
Wurde in den Pionierjahren der Elektronenrechner vor allem die störanfällige Technik in Zweifel gezogen, setzt sich mit steigender Leistungsfähigkeit der Computer und dadurch erhöhter Kompliziertheit der Programme die Erkenntnis durch, daß der Mensch der Schwachpunkt der Computer ist. Allgemein in der Computerbranche gilt der Grundsatz, daß es eine fehlerfreie Software nicht gibt. Das trifft auch in der Navigation zu. Deshalb vertraut der Navigator zwar seinem bewährten Navigationscomputer, doch kontrolliert er »im Kopf« die ausgespuckten Zahlen auf deren Plausibilität. Aber zur Klarstellung: Der Computer verrechnet sich nie. Hier ist er dem Segler haushoch überlegen. Ein unrichtiges Ergebnis kann nur von einem unrichtigen Programm (oder wahrscheinlicher: von falschen, vertippten Eingaben) kommen. Der Computer ist ein – heute nicht mehr wegzudenkender – Helfer, mehr nicht. Es ist deshalb schlechte Seemannschaft, ihm allein blind zu vertrauen.
Diese Vorbehalte gelten auch für die Computer in den modernen Navigationshilfen, wie Decca, Loran C und die verschiedenen Satellitenpeiler, auch wenn auf Grund der hohen Stückzahlen eine gewisse Fehlersicherheit gegeben ist. Einfache Navigationsaufgaben, wie Kurs- und Entfernungsberechnungen zum Ziel oder Wegpunktberechnungen, werden von den »eingebauten« Computern einwandfrei bewältigt.
Wenn im GPS-Empfänger aber schon ein Navigationscomputer enthalten ist, wird darüber hinaus noch ein Navigationscomputer benötigt? Kein sorgfältiger Navigator wird sich allein auf ein einziges Ortungsgerät verlassen. Er wird immer noch mit einem zweiten System zur Kontrolle mitnavigieren. Dieses »Backup«-System kann ein anderes modernes System sein, es kann sich aber auch um die herkömmliche Navigation mit Kompaß, Log oder Sextant handeln. Hier ist und bleibt der Navigationscomputer in der Hand eine unentbehrliche, vor allem aber eine universelle Hilfe.

Ist der Computer damit schon ins zweite Glied gerückt? Im Gegenteil: Er wird sich nicht mehr ausschließlich um die Positionsbestimmung kümmern, sondern kann auch andere wichtige Aufgaben an Bord einer Yacht übernehmen. Dafür aber sind unsere elektronischen Navigationsspezialisten, deren Leistungen noch vor ein paar Jahren bewundert wurden, schon wieder zu schwächlich. Jetzt müssen richtige Computer ran, nämlich die PCs (Personal Computer).

Laptops und Notebooks

Laptop- und Notebook-Computer sind trotz ihrer Kleinheit vollwertige Computer mit der gleichen Leistungsfähigkeit wie die großen Personal Computer, von denen in wenigen Jahren mindestens ein Exemplar in jedem Haushalt stehen wird. Von diesen unterscheiden sie sich nur in der Größe, im Preis und durch das Fehlen eines Farbbildschirms. Aber sie brauchen nur wenig Strom, so daß sie ohne weiteres mit Bordstrom (12 Volt) betrieben werden können. Vom Stromnetz getrennt, arbeiten sie allerdings nur wenige Stunden, obwohl es da nun auch schon Wunderdinge mit weniger als 2000 Gramm Gewicht im DIN-A4-Format gibt, die mit den eingelegten Batterien 30 Stunden auskommen. Viel kleiner allerdings können sie nun nicht mehr werden, denn ihre Größe wird dadurch begrenzt, daß ja eine normale (Schreibmaschinen-) Tastatur benötigt wird, um mit dem Computer zu kommunizieren, ihm also zu sagen, was er für die Schiffsführung tun soll.

Ein Computer ist ein äußerst vielseitiges Gerät, aber nur wenn die geeignete Software spielt. Ein Computer ohne Software ist nämlich wie ein Videorecorder ohne Kassette, das heißt, er tut zunächst nichts, erst nach dem Auflegen der Softwarediskette erwacht der Computer zum Leben. Wie es für einen Videorecorder ein System gibt (zum Beispiel »VHS«), so benötigt auch ein Computer ein Betriebssystem. Das am meisten verbreitete ist das DOS-System, mit dem auch der Bordcomputer laufen muß. Denn nur dann steht ihm das umfangreichste Software-Angebot der Welt zur Verfügung. Ansonsten sollte er einen RAM-Bereich von mindestens 540K und mindestens ein Disketten-Laufwerk, besser noch eine schnelle Festplatte haben. Dann ist er ein regelrechtes Allroundgenie.

Seine Einsatzmöglichkeiten auf einer Yacht werden nur durch die Phantasie und durch die Qualität der Software begrenzt. Die Bedienung des Computers ist bei guter Software kinderleicht, irgend ein technisches Vorwissen ist nicht erforderlich, so wie ein Verständnis für den Videorecorder beim Abspielen einer Videokassette nicht benötigt wird. Schon bei der Törnplanung wird der Computer eingesetzt. So weist der Bildschirm zum Beispiel an: »Geben Sie die Wegpunkte für die Atlantiküberquerung ein!«

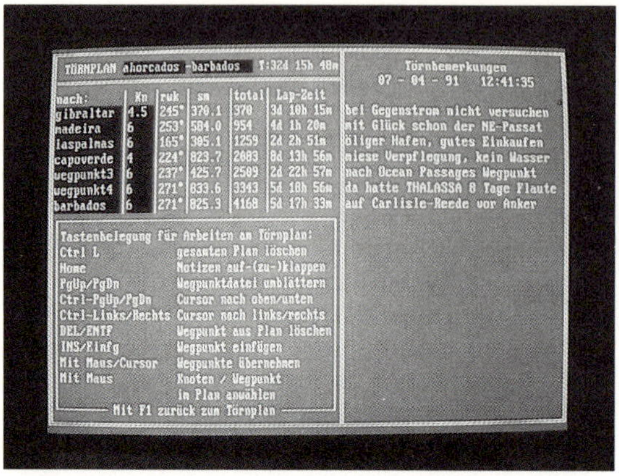

Zur Törnvorbereitung einer Atlantiküberquerung (oder auch eines Küstentörns) lassen sich auf dem Laptop ganze Törnpläne vorbereiten, damit der Zeitbedarf geplant werden kann.

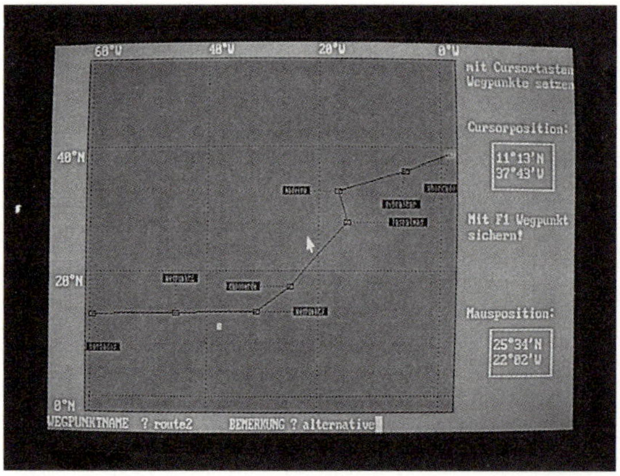

Mit der Grafik gibt der Computer einen guten Eindruck von der Route. Mit den Cursortasten können auf der Grafik sogar neue Wegpunkte kreiert werden.

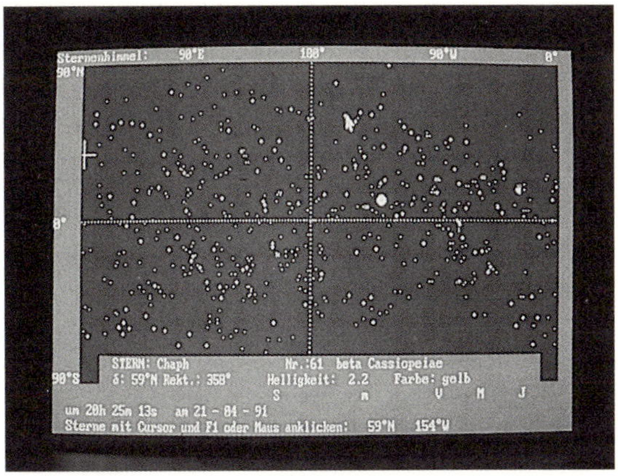

Nach Eingabe eines beliebigen Datums und der Zeit zeigt der Notebook alle Bildpunkte von Sonne, Mond, Planeten und Sternen, und zwar mehr als jedes Jahrbuch – und mit einem einzigen Tastendruck. Rechnungen sind überflüssig geworden. Damit läßt sich der Navigationsalltag leicht planen. Nur die Gestirne um die Schiffsposition (Kreuz) herum sind jetzt sichtbar, die anderen kommen noch im Laufe des Tages. Alle Gestirne lassen sich mit dem Cursor identifizieren.

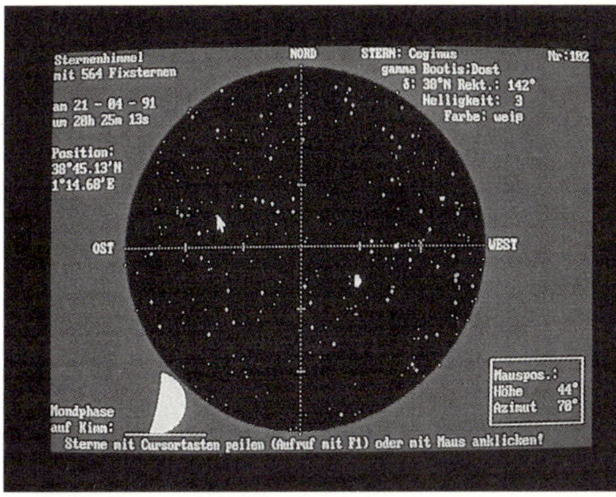

Ein Tastendruck weiter: So sieht der aktuelle Himmel über dem Schiffsort aus: Die Mondphase zeigt, daß sich nur der Mondunterrand messen läßt. Der Stern, auf den der Pfeil deutet, ist oben beschrieben. Mit dem Sextanten könnte man ihn finden, wenn 44 Grad eingestellt und der Horizont in einer Richtung von 70 Grad (Ostnordost) abgesucht wird. Kein Sternfinder, kein Jahrbuch, keine nautische Tafel bringt eine solche Leistung. Die Software ist preiswert, bedienen kann sie jeder.

Den Rest macht der Computer alleine. In einer Sekunde rechnet er die Entfernungen zwischen den einzelnen Wegpunkten und die Zeit für die einzelnen Legs sowie die Gesamtzeit aus. Anschließend zeigt der Computer auf dem Bildschirm die Route an, damit der Skipper sich auch ein Bild vom bevorstehenden Törn machen kann.

Meßwerte aus dem GPS-Empfänger lassen sich verrechnen. Die »höhere« Navigation, nämlich die Navigation mit Gestirnen, steht nunmehr, mit Hilfe eines Laptops, jedermann ohne besondere Ausbildung und selbstverständlich ohne Anwendung von umständlichen Zahlentafeln offen. Denn einen Sextantwinkel und den Meßzeitpunkt eingeben, kann wohl jeder. Doch der Computer hat die Astronavigation nicht nur erheblich vereinfacht, er leistet auch mehr, als es der beste Navigator bisher vermochte. Lediglich durch Eingabe von Ort und Zeit läßt sich für jeden Ort der Erde und für jeden Zeitpunkt in den nächsten hundert Jahren, mit einem Tastendruck, der aktuelle Sternenhimmel mit vielen hundert Gestirnen darstellen und jedes einzelne Sternchen nach Name, Richtung und Höhe über dem Horizont identifizieren. Früher waren dazu komplizierte Sternfinder, Himmelsatlanten, Nautische Almanache und HO-Tafeln zusammen, selbst in der Hand eines Spitzennavigators, nicht in der Lage – schon gar nicht in Sekunden.

Neben der Navigation dechiffriert der Laptop Wettermeldungen. Er druckt gemorste Sendungen im Klartext aus oder errechnet die beste Reichweite der Maschine.

Mit dem Computer kann über das Telefon im Hafen und einem Modem eine Liste der benötigten Ersatzteile nach Hause übermittelt werden. Und bei einem Regentag im Hafen können sich die Kinder mit Videospielen die Zeit vertreiben. Wenn der Skipper ihn nicht dazu benötigt, mit einer Radarsimulation seine Fähigkeiten am Radargerät zu verbessern.

Es ist nur eine Frage der Zeit, bis die Yacht-Industrie Geber zur Überwachung der Bordsysteme anbietet, was dann den Laptop dazu befähigt, auf seinem Bildschirm den Zustand der Bordsysteme

Die Laptop-Computer sind vollwertige Personal Computer, die aber Platz in jeder Navigationsecke finden. Sie können im Gegensatz zu den herkömmlichen PCs – am Bordnetz betrieben werden. Mit dem Laptop kann somit auch an Bord auf das größte Software-Angebot der Welt zurückgegriffen werden. Nautische Tafeln werden bald der Vergangenheit angehören.

anzuzeigen und spezielle Warnungen auszugeben. Ist die Batteriespannung beim Laden zu hoch? Ist der Generator kaputt? Steht in der Bilge zuviel Wasser? Müssen wir Wasser bunkern?

Die Computer im rauhen Bordbetrieb

Weder Taschenrechner noch Computer sind für den rauhen Betrieb an Bord einer Yacht konzipiert worden. Spezialausführungen, die auf die Gefahren durch Feuchtigkeit vorbereitet sind, gibt es kaum. Trotzdem sind diese elektronischen Helfer zuverlässiger, als mancher Ausrüstungsgegenstand, der eigens für den Gebrauch auf Yachten entwickelt wurde. Dies hat zwei Gründe. In den Computern ist viel Elektronik, aber wenig Mechanik. Gerade letztere ist durch Feuchtigkeit in erhöhtem Maße gefährdet. Schalter und Relais waren früher die hauptsächliche Versagensquelle auf Yachten. In den modernen Computern sind sie kaum noch vorhanden.
Ein weiterer Grund für die vergleichsweise hohe

Zuverlässigkeit ist die große Stückzahl der Computer. Werden von mancher Yachtelektronik zum Beispiel hundert Stück verkauft, so steht hinter den Taschenrechnern oder den PCs die Herstellererfahrung von vielen hunderttausend Exemplaren. Trotzdem wird keines dieser Geräte eine Salzwasserdusche überleben. Daraus folgt, daß auf Schiffen, wo kein absolut trockener Platz garantiert werden kann, solche Elektronik nichts zu suchen hat. Hohe Luftfeuchtigkeit greift häufig mehr das Äußere eines solchen Gerätes an, als sein empfindliches Innenleben. Mechanische Teile, wie zum Beispiel Diskettenlaufwerke, sollten häufig benutzt werden. Frische Luft und Bewegung hemmt das zerstörerische Werk von hoher Luftfeuchtigkeit. Auf großen geräumigen Yachten wird es weniger Probleme geben als auf den kleinen Schiffen, wo die Wasserlinie ständig in Griffweite ist.

Die früher gebräuchlichen mechanischen Chronometer (und heute noch die Sextanten) waren im rauhen Bordbetrieb ungleich gefährdeter, obwohl damals allein die ganze Navigation von ihnen abhing. Von daher gibt es also keinen Grund, heute Computer oder Rechner an Bord abzulehnen.

Und die Stromversorgung? Fast alle Taschencomputer benutzen jetzt die sehr sparsame LCD-Anzeige, so daß mit den eingelegten handelsüblichen Batterien ein wochen-, ja monatelanger Betrieb möglich ist. Ein Satz Reservebatterien reicht für den gesamten Törn allemal. Es ist jedoch ratsam, den Computer vor dem Törn zu überprüfen, ob im Falle eines Batteriewechsels das Programm verloren geht. Wenn dies erst auf hoher See festgestellt wird, ist es zu spät, dagegen etwas zu unternehmen.

Laptops haben zwar eingebaute Akkus, die einen bis zu fünf Stunden langen Betrieb ohne Anschluß an eine externe Stromversorgung ermöglichen. Auf keinen Fall sollte man aber sich darauf verlassen, daß diese kurze Betriebsdauer für die wichtigsten Berechnungen ausreicht, bis wieder Strom zum Nachladen der internen Akkus im nächsten Hafen erhältlich ist. Richtig ist es, die Stromversorgung für den Laptop aus der Bordbatterie sicherzustellen. Alle Laptops, die mit 12 Volt und weniger auskommen, können an einer 12-Volt-Batterie versorgt werden. Ein preiswertes Anschlußkabel an den Zigarettenanzünder im Auto reicht für den Bordbetrieb.

Trotzdem: Elektronik kann, wie jedes Menschenwerk, an Bord versagen, sei es wegen der Feuchtigkeit, wegen der Stromversorgung oder aus anderen Gründen. Es ist daher seemännisches Gebot, daß der Skipper von seiner Ausbildung und von seiner Praxis her immer in der Lage ist, auch ohne Computer sein Schiff sicher zu führen.

Das Verkehrsrecht der Schiffahrt

Der Schiffahrtsverkehr wird im wesentlichen durch folgende Verordnungen geregelt:
Die **Kollisionsverhütungsregeln** (KVR),
die **Seeschiffahrtsstraßen-Ordnung** (SeeSchStrO),
die **Schiffahrtsordnung Emsmündung** (SchiffahrtsO Ems),
Hafengesetze und -ordnungen der deutschen Küstenländer und ihrer Häfen und
die **Binnenschiffahrtsstraßen-Ordnung** (BinSchStrO).
Die folgenden Ausführungen geben einen Überblick, zugeschnitten auf die besonderen Belange der Sportschiffahrt. In eckigen Klammern werden die Nummern der Regeln (KVR) beziehungsweise Paragraphen (SeeSchStrO) genannt.

Die Kollisionsverhütungsregeln (KVR)

Die Kollisionsverhütungsregeln* haben internationalen Charakter und werden im jeweiligen Hoheitsbereich von nationalen Vorschriften ergänzt oder abgeändert, in der Bundesrepublik Deutschland von der Seeschiffahrtsstraßen-Ordnung.
Hier einige allgemeine Begriffsbestimmungen [3]:

* Internationale Bezeichnung: »Internationale Regeln zur Verhütung von Zusammenstößen auf See«. Sie werden beschlossen von der Versammlung der Internationalen Seeschiffahrtsorganisation, International Maritime Organization (IMO). Bis zum 31. Oktober 1989 hießen sie bei uns »Seestraßenordnung«.

Ein Fahrzeug ist »manövrierunfähig«, wenn es durch besondere Umstände nicht in der Lage ist, so zu manövrieren, wie es die KVR verlangen, und deshalb anderen Fahrzeugen nicht ausweichen kann.
Ein Fahrzeug ist »manövrierbehindert«, wenn die Art seines Einsatzes ihm nicht erlaubt, so zu manövrieren, wie es die KVR verlangen, und es deshalb anderen Fahrzeugen nicht ausweichen kann.
Ein »tiefgangbehindertes Fahrzeug« kann auf Grund der vorhandenen Wassertiefe nur erschwert von seinem Kurs abweichen.
Ein Fahrzeug ist »in Fahrt«, wenn es weder an Land festgemacht oder geankert hat, noch am Grunde festgekommen ist.
Fahrzeuge haben einander »in Sicht«, wenn sie sich optisch wahrnehmen; eine Radarortung reicht also dazu nicht aus.
Ein »kurzer Ton« soll etwa eine Sekunde, ein »langer Ton« etwa vier bis sechs Sekunden andauern [32].

Ausweich- und Fahrregeln

[4–19]

Die vorgeschriebenen Ausweichmanöver sind rechtzeitig, entschlossen und möglichst so auszuführen, daß der Bug des anderen Fahrzeuges nicht gekreuzt wird [15]. Eine Folge von geringen Kursänderungen ist zu vermeiden [8b]. Gegebenenfalls müssen Maschinenfahrzeuge ihre Fahrt mindern, stoppen oder rückwärts gehen [8e].

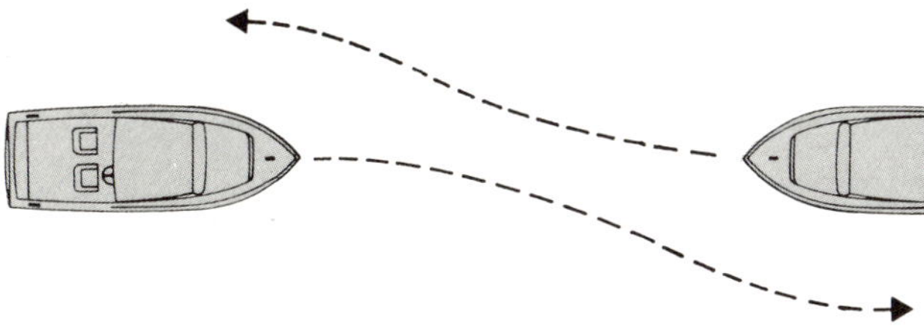

Gegenkommer: Beide müssen ihren Kurs nach Steuerbord ändern. (Das entsprechende Kursänderungssignal brauchen Sportboote nicht zu geben.)

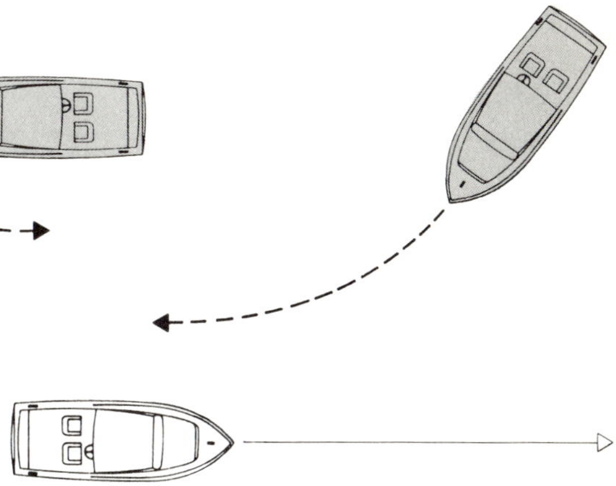

Kreuzende Kurse: Wer von rechts kommt, hat Wegerecht. Das Boot an der Backbordseite weicht nach Steuerbord aus.

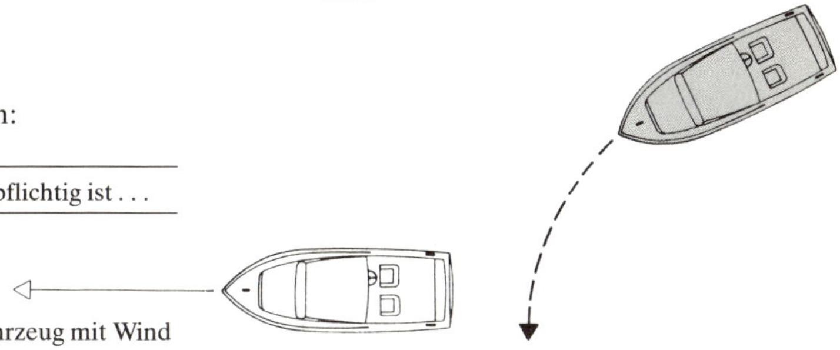

Überholer: Das überholende Boot hat sich freizuhalten. In diesem Fall geht es hinter dem Heck herum.

Im einzelnen gelten folgende Regeln:

Gefahrenlage:	Ausweichpflichtig ist . . .
Zwei Segelfahrzeuge untereinander [12], wenn sie den Wind nicht von derselben Seite haben:	. . . das Fahrzeug mit Wind von Backbord.
von derselben Seite:	. . . das luvwärtige Fahrzeug
Sichtet ein Segelfahrzeug mit Wind von Bb ein anderes in Luv und ist nicht klar, ob dieses den Wind von Bb oder von Stb hat (z. B. wenn nachts ein grünes Seitenlicht wahrgenommen wird), so muß es dem anderen ausweichen	
Zwei Maschinenfahrzeuge auf Gegenkurs [14]:	. . . jedes Fahrzeug nach Steuerbord
Zwei Maschinenfahrzeuge auf sich kreuzenden Kursen [15]:	. . . das Fahrzeug, welches das andere an seiner Steuerbordseite hat
Verschiedene Fahrzeuge untereinander [18]:	. . . ein Maschinenfahrzeug gegenüber einem Segler, Fischer und manövrierbehinderten oder -unfähigen Fahrzeug; . . . ein Segelfahrzeug gegenüber einem Fischer und manövrierbehinderten oder -unfähigen Fahrzeug.

Darüber hinaus sollte die sichere Durchfahrt eines tiefgangbehinderten Fahrzeuges beachtet werden. Ungeachtet dieser Regeln müssen alle **überholenden Fahrzeuge**, auch manövrierbehinderte und fischende, den zu überholenden ausweichen [13]. Ein Fahrzeug ist Überholer, wenn es sich einem anderen aus dem Sektor nähert, der von dessen Hecklicht überdeckt wird, also wenn es sich aus einer Richtung von mehr als 22,5° achterlicher als querab nähert. Kann nicht klar erkannt werden, ob man sich dem anderen noch aus diesem Sektor oder schon von außerhalb nähert (wie z. B. am Tage), muß man sich als Überholer betrachten und danach handeln. Und man bleibt so lange Überholer, bis man klar passiert hat, das heißt durch etwaige Manöver, z. B. um wieder auf den Ausgangskurs vor dem Überholen zu gehen, den soeben Überholten nicht mehr behindert.

Grundsätzlich muß das Fahrzeug, das nicht zum Ausweichen verpflichtet ist, vom ersten Sichtkontakt an Kurs und Fahrt beibehalten. Man nennt dieses Fahrzeug deshalb auch den **Kurshalter**. Doch darf der Kurshalter durch eigene Manöver

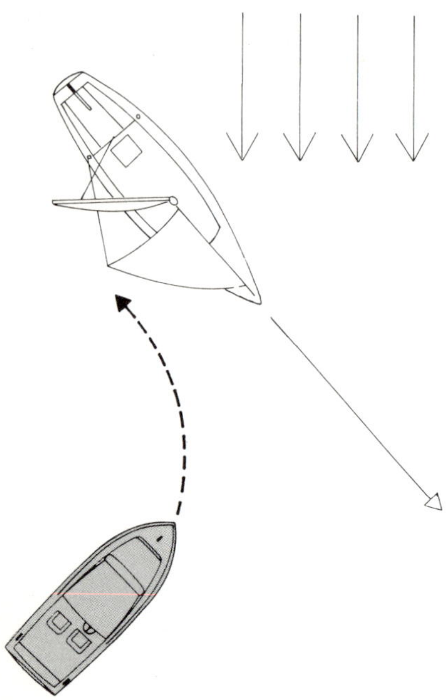

Motor- und Segelboot: Das Motorboot hat grundsätzlich auszuweichen, es sei denn, der Segler ist Überholer.

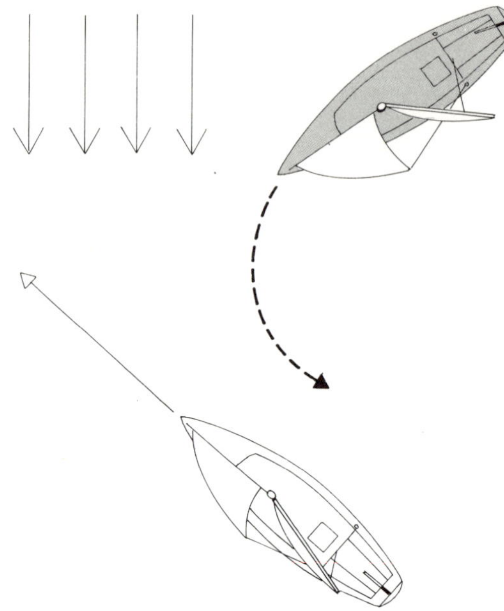

Segler mit Wind von der gleichen Seite: Das Luv-Boot weicht dem Lee-Boot aus.

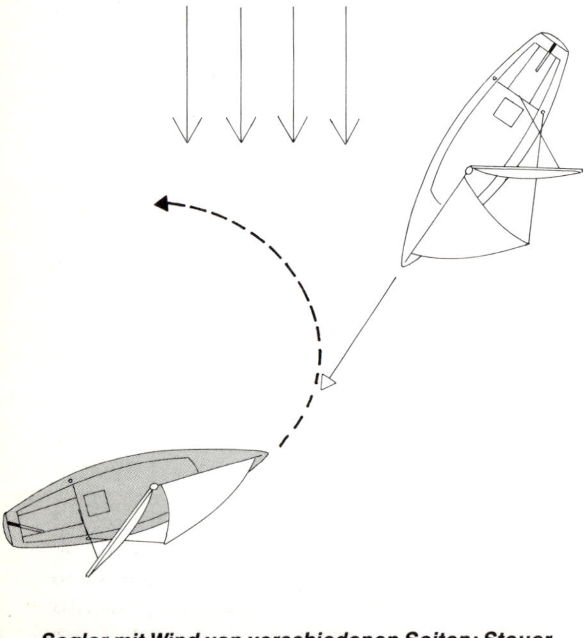

Segler mit Wind von verschiedenen Seiten: Steuerbord-Bug weicht Backbord-Bug aus.

ausweichen, falls klar ist, daß das ausweichpflichtige Fahrzeug den Regeln der KVR nicht folgt. Und ist aus irgendeinem Grund der Abstand zwischen beiden so gering geworden, daß ein Zusammenstoß durch ein Manöver des ausweichpflichtigen Fahrzeuges allein nicht mehr vermieden werden kann, muß auch der bisherige Kurshalter durch eigene Manöver den Zusammenstoß zu vermeiden suchen [17]. Dieses Manöver nennt man »Manöver des letzten Augenblicks«.

In **engen Fahrwassern** [9] dürfen Fahrzeuge von weniger als 20 m Länge und alle Segelfahrzeuge die sichere Durchfahrt eines auf das Fahrwasser angewiesenen Fahrzeuges nicht behindern. Beim Überholen muß das vorausfahrende Fahrzeug durch entsprechende Schallsignale mitwirken. Ebenso sind Schallsignale vor schlecht einsehbaren Krümmungen zu geben.

Es gelten folgende Schallsignale [34]:

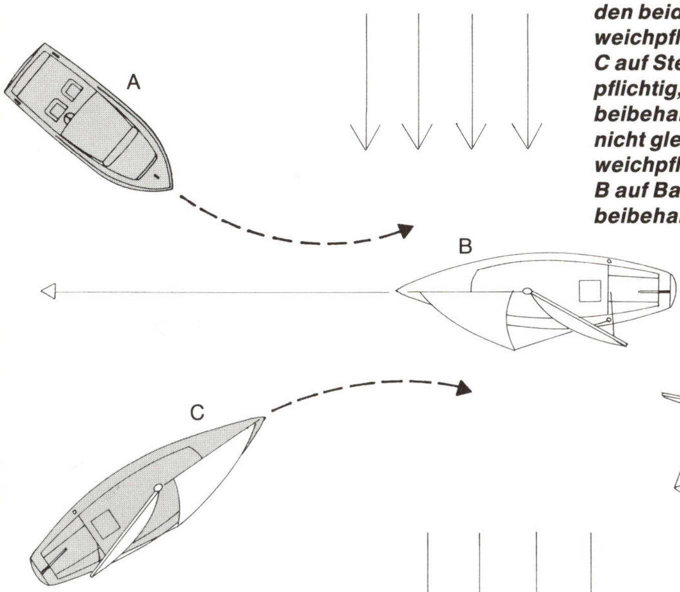

In einem engen Fahrwasser: A als Motorboot ist den beiden Segelbooten B und C gegenüber ausweichpflichtig.
C auf Steuerbord-Bug ist B gegenüber ausweichpflichtig, obwohl er A gegenüber Kurs und Fahrt beibehalten müßte. Da er beiden Verpflichtungen nicht gleichzeitig nachkommen kann, hat die Ausweichpflicht Vorrang.
B auf Backbord-Bug segelnd, muß Kurs und Fahrt beibehalten, da A und C ihm ausweichen müssen.

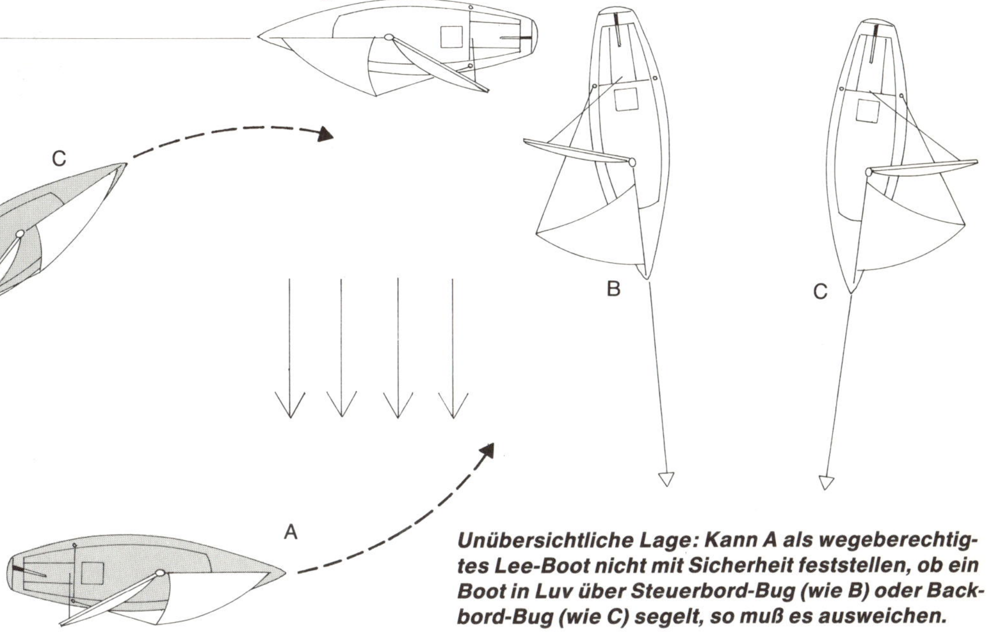

Unübersichtliche Lage: Kann A als wegeberechtigtes Lee-Boot nicht mit Sicherheit feststellen, ob ein Boot in Luv über Steuerbord-Bug (wie B) oder Backbord-Bug (wie C) segelt, so muß es ausweichen.

Signal:	Bedeutung:
▬ ▬ ●	Ich beabsichtige, Sie an Ihrer Stb-Seite zu überholen.
▬ ▬ ● ●	Ich beabsichtige, Sie an Ihrer Bb-Seite zu überholen.
▬ ● ▬ ●	Ich bin mit dem Überholen einverstanden. (Zustimmung des Vorausfahrers)
▬	Ich nähere mich einer unübersichtlichen Krümmung. Oder: Ich habe Ihr Zeichen verstanden.

Verkehrstrennungsgebiete [10] sind gewissermaßen Autobahnen auf See. Jedes Fahrzeug hat sich in Fahrtrichtung äußerst rechts beziehungsweise möglichst weit von der Trennzone entfernt zu halten. Das Queren von Verkehrstrennungsgebieten ist möglichst zu vermeiden, falls es aber unumgänglich ist, hat es im rechten Winkel zur Verkehrsrichtung zu geschehen. Außer beim Queren oder beim Einlaufen und Verlassen eines Einbahnweges dürfen Boote die Trennzone nicht überfahren. Ausgenommen in Notfällen, zur Abwendung einer unmittelbaren Gefahr. Fahrzeuge unter 20 m Länge und Segelfahrzeuge dürfen die sichere Durchfahrt eines Maschinenfahrzeuges auf dem Einbahnweg nicht behindern. Verkehrstrennungsgebiete vor den Küsten der Bundesrepublik: Rostock-Ansteuerung, Leuchtturm Kiel, Terschelling-Deutsche Bucht, Feuerschiff Deutsche Bucht (Westansteuerung), Jade- und Elbe-Ansteuerung.

Küstenverkehrszonen liegen zwischen Verkehrstrennungsgebieten und der Küste. Sie dürfen vom Durchgangsverkehr, der die Verkehrstrennungsgebiete sicher befahren kann, nicht benutzt werden. Fahrzeuge von weniger als 20 m Länge und alle Segelfahrzeuge hingegen sollten unbedingt die Küstenverkehrszone benutzen.

Bei **verminderter Sicht** [19] wie Nebel, starkem Regen oder Schneefall sind erhöhte Vorsicht, mäßige Geschwindigkeit und die Abgabe von Nebelschallsignalen geboten. In Regel 19 heißt es:

»Ein Fahrzeug muß mit einer den gegebenen Umständen und Bedingungen der verminderten Sicht angepaßten sicheren Geschwindigkeit fahren.«

Unter »sicherer Geschwindigkeit« ist im Normalfall zu verstehen, daß das Fahrzeug auf halbe Sichtweite zum Stehen gebracht werden kann.

»Ein Fahrzeug, das anscheinend vorlicher als querab das Nebelsignal eines anderen Fahrzeuges hört . . ., muß seine Fahrt auf das für die Erhaltung der Steuerfähigkeit geringstmögliche Maß verringern. Falls erforderlich, muß es jegliche Fahrt aus dem Schiff nehmen und in jedem Falle mit äußerster Vorsicht fahren, bis die Gefahr eines Zusammenstoßes vorüber ist.«

Es darf also kein Ausweichmanöver auf Grund gehörter Schallsignale, sondern nur bei erkannter Lage und Verhaltensweise des Kollisionsgegners durchgeführt werden.

Im übrigen finden sich in Regel 19 Anweisungen für Schiffe, die mit Radar ausgerüstet sind.

Lichter und Signalkörper [20–31] und Schallsignale bei verminderter Sicht [35]

Die wesentlichen Bestimmungen über den Gebrauch von Lichtern und Signalkörpern sowie von Schallsignalen bei verminderter Sicht (= Nebelsignale) sind in der folgenden Übersicht zusammengestellt. Alle dort aufgeführten Lichter fallen unter den Begriff »Positionslichter«. Im einzelnen unterscheidet man [21]:

Topplicht Es scheint unbehindert über einen Horizontbogen von 225°, und zwar nach jeder Seite von recht voraus bis 22,5° achterlicher als querab. Es ist in aller Regel weiß.

Bei Fahrzeugen unter 20 m Länge muß es mindestens 2,50 m über dem Schandeck angebracht sein; bei Fahrzeugen unter 12 m Länge darf es tiefer, muß aber mindestens 1 m über den Seitenlichtern angebracht sein.

Seitenlichter Sie strahlen unbehindert über einen Horizontbogen von 112,5°, und zwar nach Stb und nach Bb von recht voraus bis 22,5° achterlicher als querab. Das Stb-Seitenlicht ist immer grün, das Bb-Seitenlicht immer rot. Fahrzeuge unter 20 m Länge dürfen die Seitenlichter in einer Zweifarbenlaterne über der Längsachse führen.

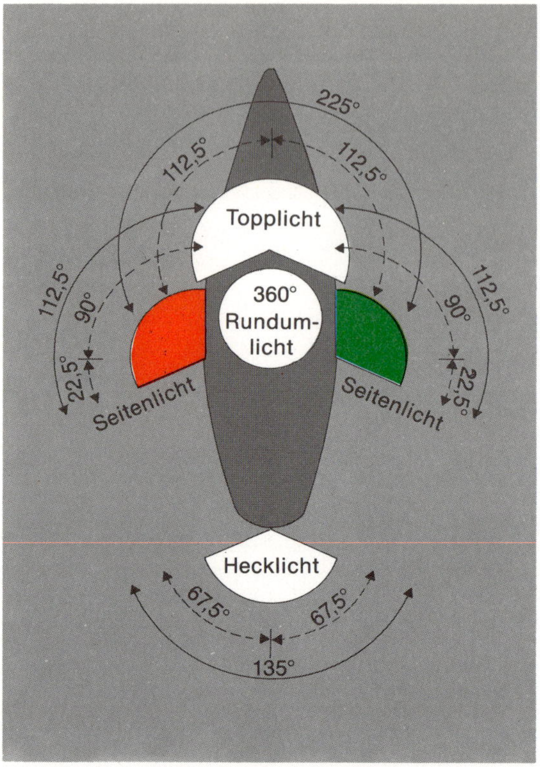

Die Positionslichter und ihre Sichtwinkel

Hecklicht Es ist ein so nah wie möglich am Heck angebrachtes Licht, das unbehindert über einen Horizontbogen von 135° scheint, und zwar 67,5° von recht achteraus nach jeder Seite. Das Hecklicht ist immer weiß. Auf einem Segelfahrzeug unter 20 m Länge können Heck- und Seitenlichter in einer Dreifarbenlaterne an oder nahe der Mastspitze vereinigt werden.

Schlepplicht Es entspricht dem Hecklicht, doch ist es gelb.

Rundumlicht Es ist über den ganzen Horizontbogen sichtbar, d. h. es überstrahlt einen Vollkreis von 360°.

Funkellicht bedeutet ein Licht mit 120 oder mehr regelmäßigen Lichterscheinungen in der Minute. Es ist immer über den ganzen Horizontbogen sichtbar.

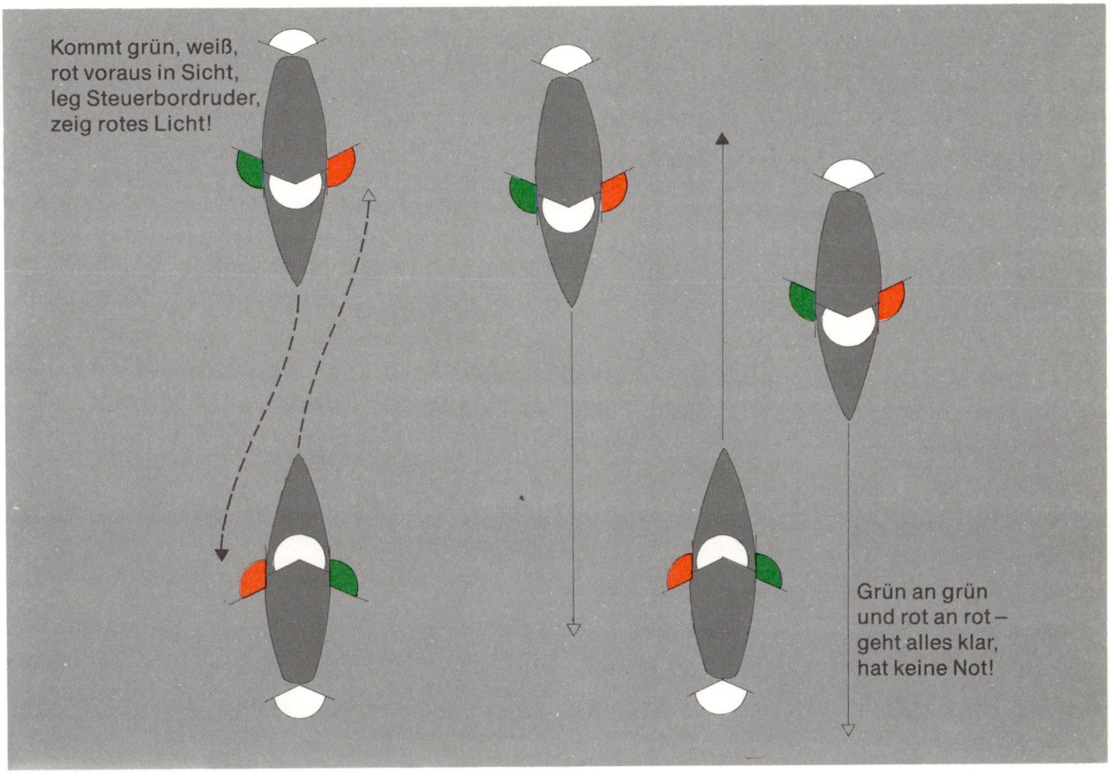

Navigieren nach den Positionslichtern

Die vorgeschriebenen Lichter sind bei jedem Wetter von Sonnenuntergang bis Sonnenaufgang zu führen, ebenso bei verminderter Sicht [20]. Auf Segelfahrzeugen von weniger als 7 m Länge ist es zulässig, eine Laterne nur gebrauchsfertig zur Hand zu halten und gegebenenfalls nur zu »zeigen«, wenn sich ein anderes Fahrzeug nähert (abweichend von der SeeSchStrO).

Für die Lichter sind bestimmte **Mindesttragweiten** vorgeschrieben [22], und zwar:

Für Fahrzeuge von 50 m Länge und mehr:
- Topplicht: 6 sm
- alle übrigen Lichter: 3 sm.

Für Fahrzeuge zwischen 20 und 50 m Länge:
- Topplicht: 5 sm
- alle übrigen Lichter: 2 sm.

Für Fahrzeuge zwischen 12 und 20 m Länge:
- Topplicht: 3 sm
- alle übrigen Lichter: 2 sm.

Für Fahrzeuge von weniger als 12 m Länge:
- Seitenlicht: 1 sm (*anders die SeeSchStrO, die auch hier 2 sm verlangt*)
- alle übrigen Lichter: 2 sm.

Die Signalkörper sollten von allen Richtungen her erkennbar sein.

Darstellung der Lichter, Tagzeichen und Nebelsignale

Zeichenerklärung	
	Weißes Rundumlicht
	Licht sichtbar innerhalb des angegebenen Sektors
	Zwei Rundumlichter übereinander (hier weiß über rot)
	Langer Pfeifton, gefolgt von zwei kurzen
 5s	5 Sekunden langes Läuten mit der Glocke, gefolgt von 3 Einzelschlägen

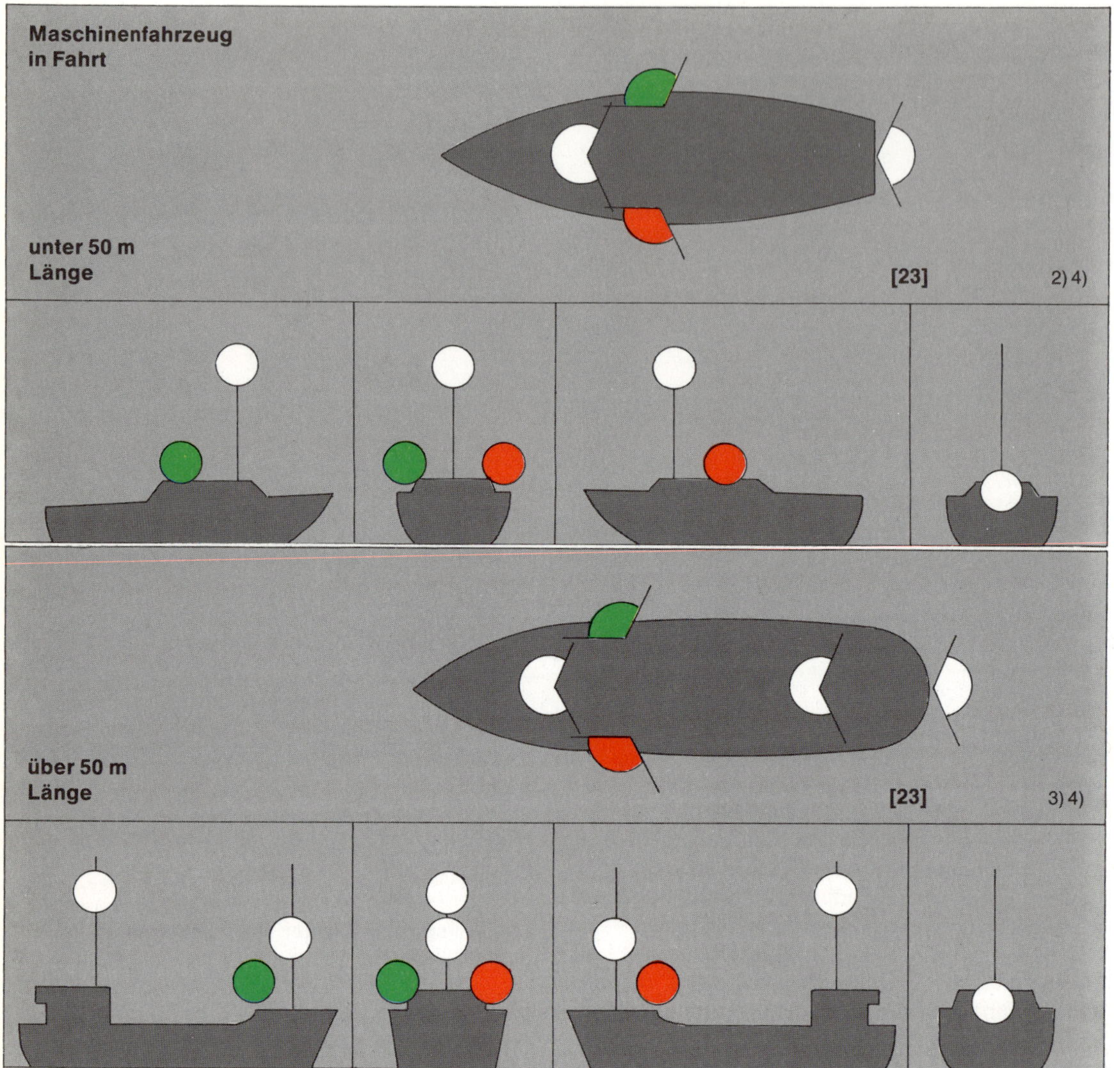

bei Tage

[25]

bei Nebel

mindestens alle zwei Minuten

bei Fahrt durchs Wasser

▬

ohne Fahrt durchs Wasser

▬ ▬

Ein Fahrzeug unter 12 m Länge darf statt dessen alle 2 min ein anderes kräftiges Schallsignal geben.

[35]

Bemerkungen

1) Nur, falls gleichzeitig unter Segel [23]
2) Sondervorschriften für kleine Fahrzeuge:
   a) unter 20 m Länge:
   Seitenlichter können in einer Zweifarben-Laterne geführt werden [21 b].
   b) unter 7 m Länge mit einer Höchstgeschwindigkeit bis zu 7 kn:
   Anstelle aller Lichter genügt ein weißes Rundumlicht;
   soweit möglich, sind auch Seitenlichter zu führen [23].
3) Diese Lichterführung ist auch für Maschinenfahrzeuge unter 50 m Länge zulässig [23].
4) Ein Luftkissenfahrzeug führt zusätzlich ein gelbes Funkellicht [23].

Die Lichterführung ist einmal in der Aufsicht und darunter in Ansichten von Steuerbord, genau von vorn, von Backbord und genau von achtern dargestellt.

Schleppendes oder schiebendes Maschinenfahrzeug in Fahrt, Gesamtlänge des Anhangs einschließlich Schleppleine . . .

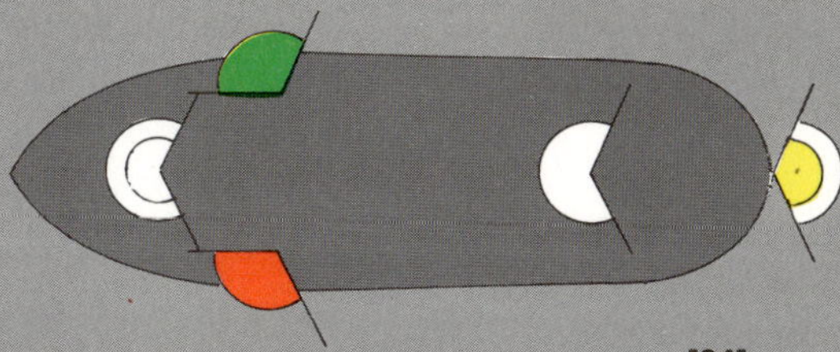

unter 200 m **[24]** 1) 2) 4) 5)

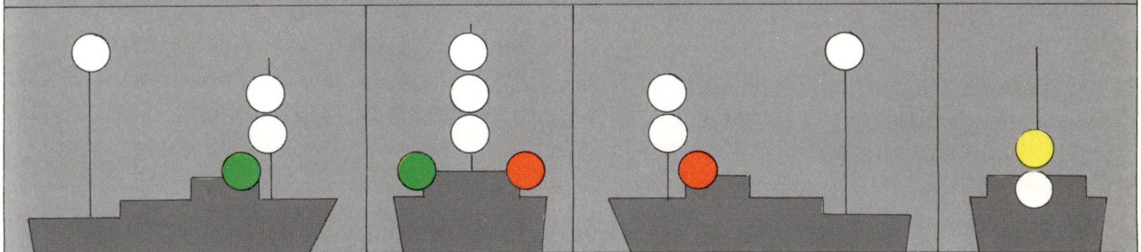

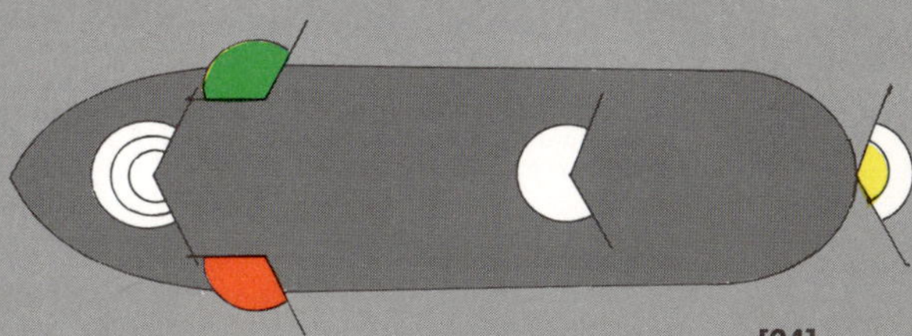

über 200 m **[24]** 1) 2) 4) 5)

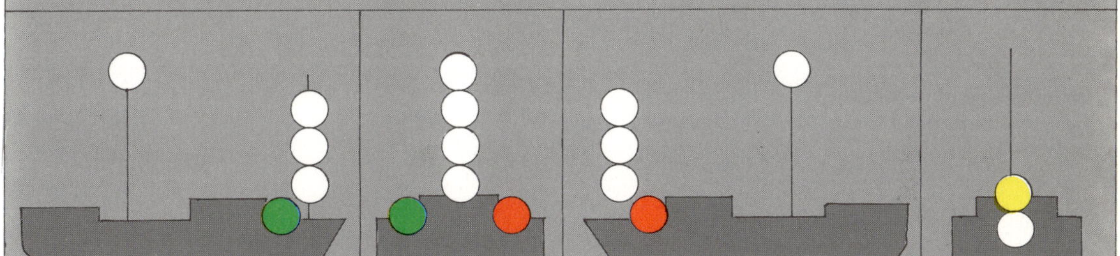

bei Tage

[24]

bei Nebel

mindestens alle zwei Minuten

▬ ● ● 3)

[35]

Bemerkungen

1) Kein gelbes Schlepplicht für schiebendes oder längsseits schleppendes Fahrzeug [24].
2) Schlepper oder Schubschiffe unter 50 m Länge brauchen das 2. Topplicht nicht zu führen.
3) Im Anschluß an das Signal des Schleppers gibt das letzte bemannte Fahrzeug [35]:
   ▬ ● ● ●
4) Sind schiebendes und geschobenes Fahrzeug starr miteinander verbunden, führen sie zusammen Lichter wie *ein* Maschinenfahrzeug [24].
5) Ist das Fahrzeug durch den Schleppvorgang manövrierbehindert, so führt es neben den Schleppersignalen zusätzlich Fahrtstörungssignale (S. 449) [27].

Geschlepptes bzw. geschobenes Fahrzeug in Fahrt

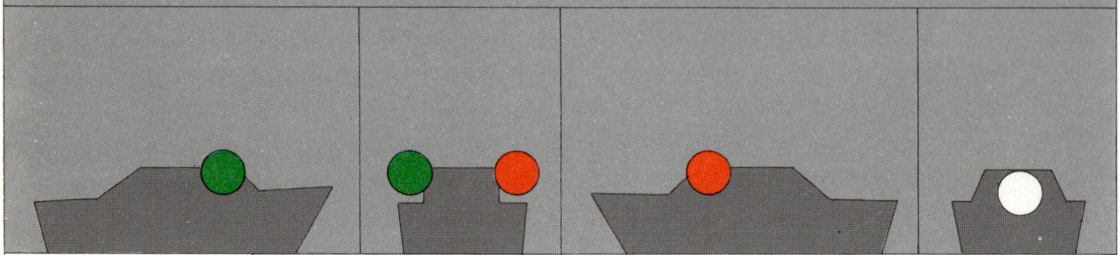

bei Tage	bei Nebel	Bemerkungen:
 4) [24]	Im Anschluß an das Signal des Schleppers gibt das letzte bemannte Fahrzeug:  [35]	1) Kein Hecklicht, falls Fahrzeug geschoben wird [24]. 2) Hecklicht und Seitenlichter auch für längsseits geschleppte Fahrzeuge. Mehrere starr miteinander verbundene geschleppte oder geschobene Fahrzeuge führen Lichter wie *ein* Fahrzeug [24]. 3) Können auf geschlepptem Gegenstand die vorgeschriebenen Lichter nicht geführt werden, so muß er irgendwie beleuchtet oder geeignet auf ihn hingewiesen werden [24]. 4) Nur für geschleppte Fahrzeuge im Schleppzug über 200 m Gesamtlänge [24].

Nicht freifahrende Fähre (Ketten- oder Seilfähre)

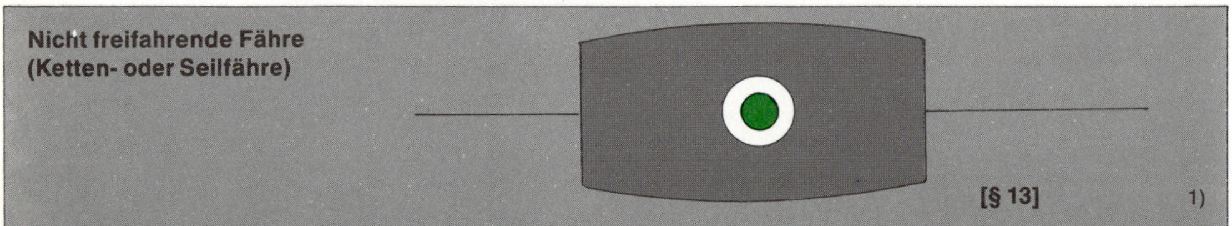

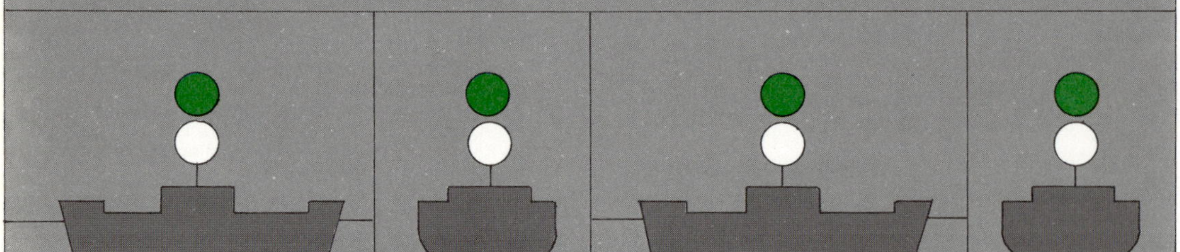

bei Tage	bei Nebel	Bemerkungen
	Dauernde Einzelschläge  [§ 21]	1) Freifahrende Fähren führen zusätzlich Seitenlichter und Hecklicht. Die auf dem Nord-Ostsee-Kanal und der Untertrave außerdem je ein gelbes Gleichtaktlicht im Topp sowie vorn und hinten an jeder Seite.

Segelfahrzeug in Fahrt

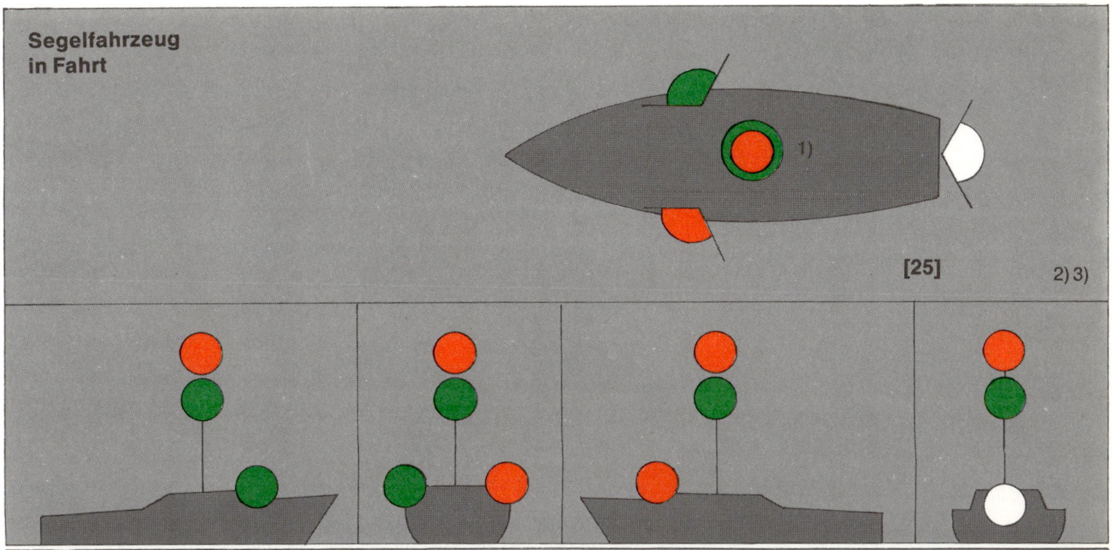

Segelfahrzeug unter 20 m Länge

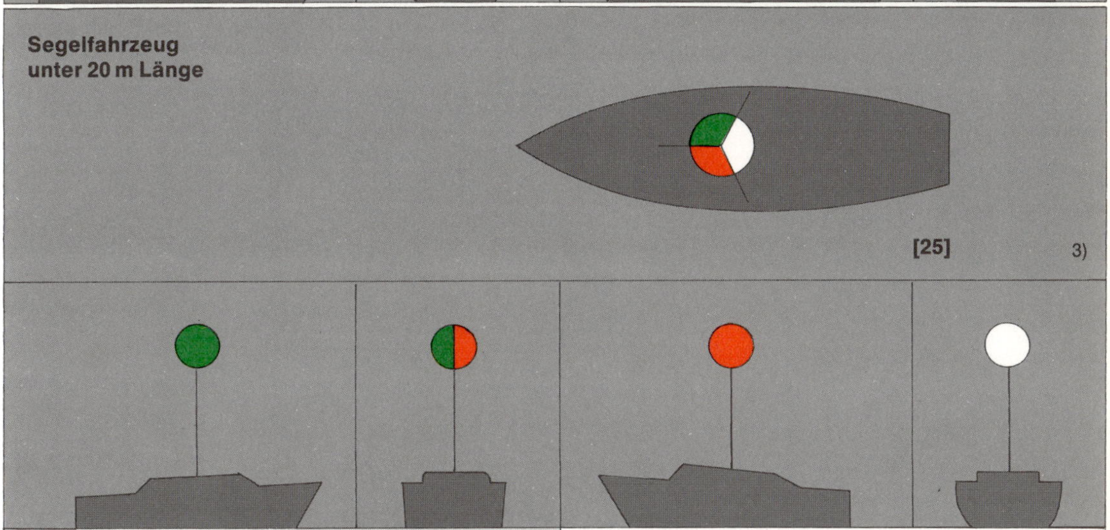

[25]

mindestens alle zwei Minuten

Ein Fahrzeug unter 12 m Länge braucht dieses Signal nicht zu geben, muß aber dann alle zwei Minuten ein anderes kräftiges Schallsignal geben.

[35]

Bemerkungen

1) Die beiden Rundumlichter können zusätzlich geführt werden [25].
2) Ein Segelfahrzeug unter 20 m Länge darf die Seitenlichter in einer Zweifarbenlaterne [21b]; oder die Seitenlichter und das Hecklicht in einer Dreifarben-Laterne am Masttopp führen.
   Dann aber keine Rundumlichter mehr zusätzlich [25].
3) Falls ein Segler unter 7 m Länge die vorgeschriebenen Lichter nicht führen kann, muß statt dessen ein weißes Licht gebrauchsfertig zur Hand sein und rechtzeitig gezeigt werden, um einen Zusammenstoß zu verhüten.
   Das gleiche gilt für Ruderboote [25].

Anders die SeeSchStrO

4) Falls gleichzeitig unter Motor [25].

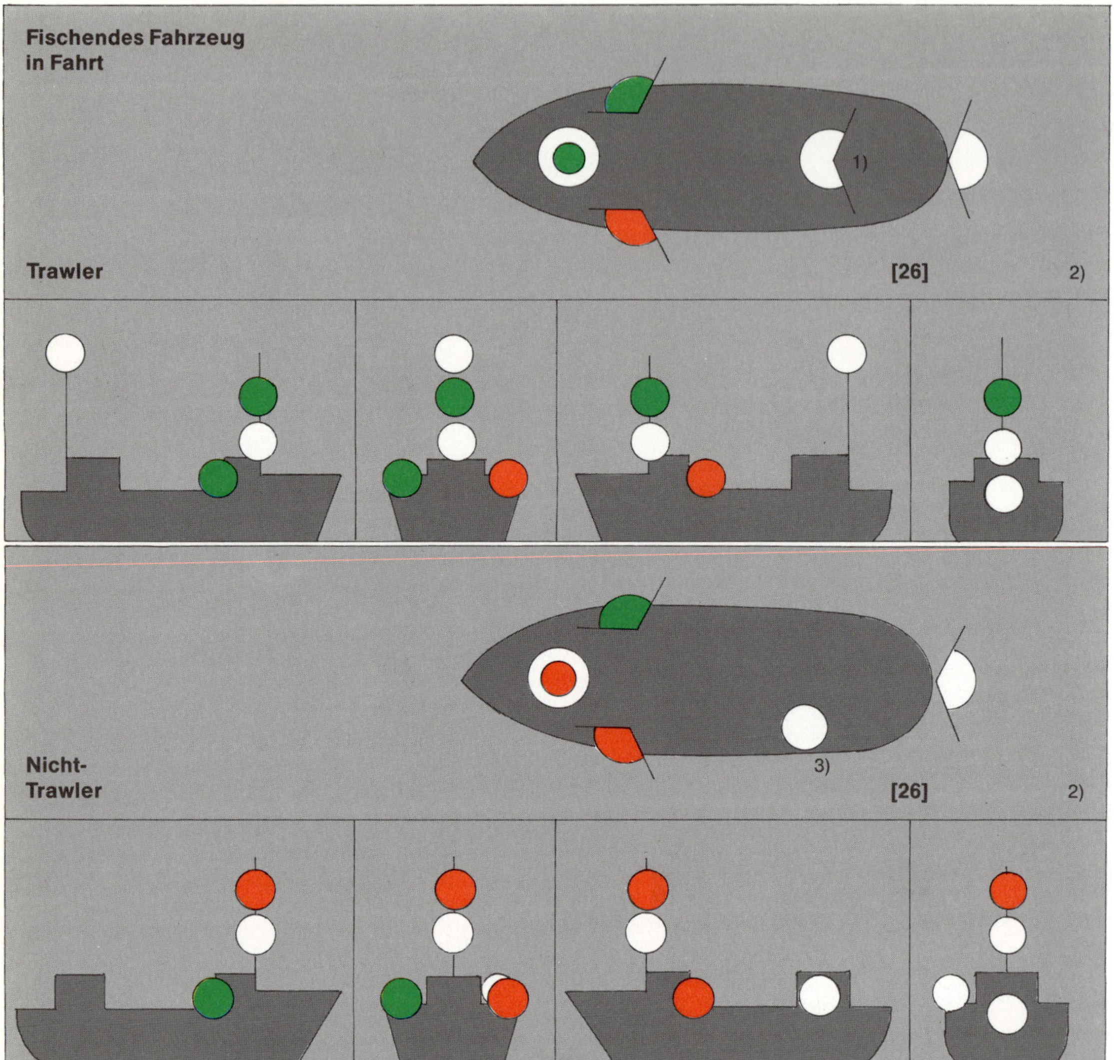

bei Tage

oder (falls kürzer als 20 m):

ggf. dazu für Nicht-trawler

3)

[26]

bei Nebel

mindestens alle zwei Minuten

[35]

Bemerkungen

1) Falls Trawler länger als 50 m, *muß* ein 2. Topplicht hinter und über dem grünen Rundumlicht geführt werden.
   Falls Trawler kürzer ist, *darf* es geführt werden [26].
2) Seitenlichter und Hecklicht nur, falls Fahrzeug Fahrt durchs Wasser macht [26].
3) zeigt die Richtung an, in die ein Fanggerät des Nichttrawlers weiter als 150 m ausgebracht ist [26].

Manövrierunfähiges Fahrzeug mit Fahrt durchs Wasser

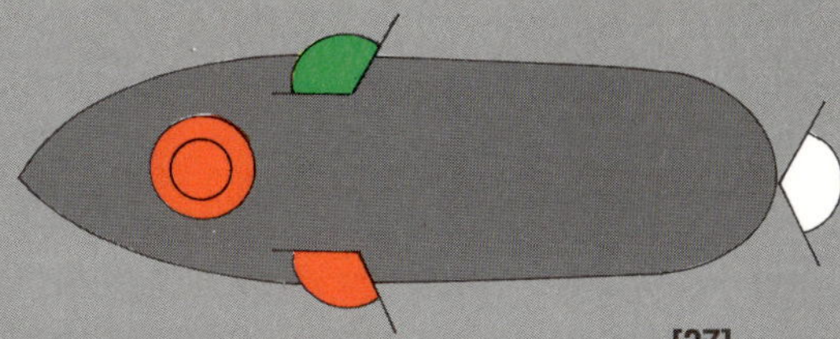

[27] 1) 2)

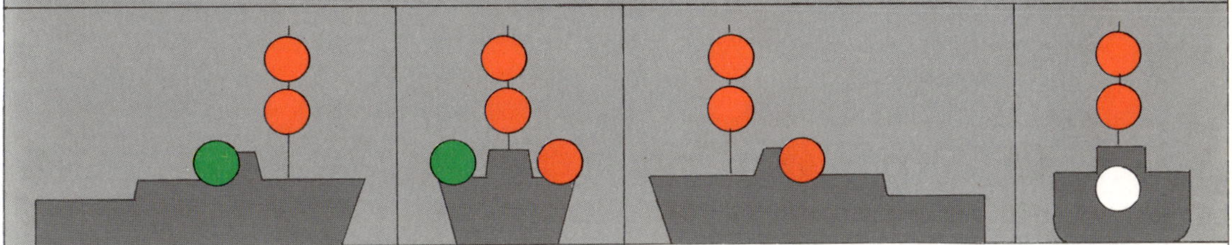

bei Tage

2) [27]

bei Nebel

mindestens alle zwei Minuten

[35]

Bemerkungen

1) Seitenlichter und Hecklicht nur, falls Fahrzeug Fahrt durchs Wasser macht, also nicht treibt [27].
2) Fahrzeuge unter 12 m Länge brauchen die Rundumlichter und Signalkörper nicht zu führen [27].

Manövrierbehindertes Fahrzeug mit Fahrt durchs Wasser

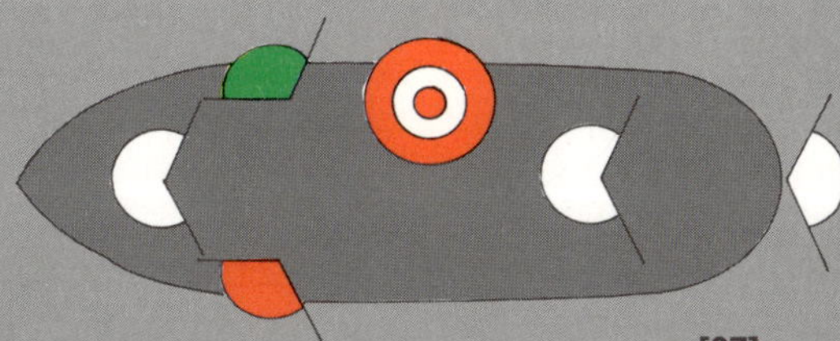

[27] 1) 2) 3) 4) 5)

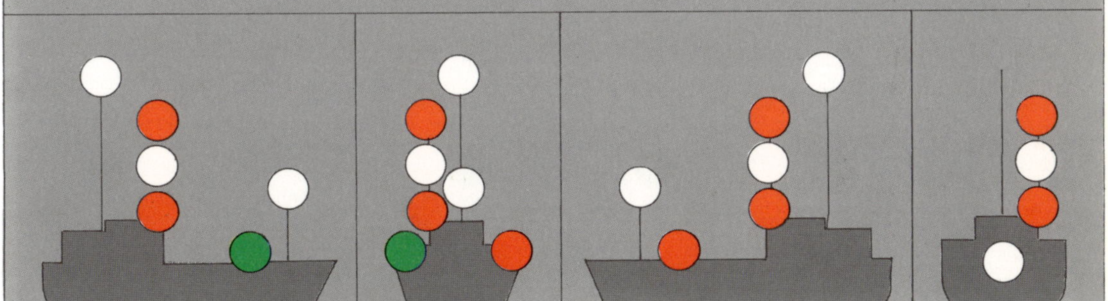

bei Tage

2) 3) 4) [27]

bei Nebel

mindestens alle zwei Minuten

[35]

Bemerkungen

1) Topplichter sowie Seitenlichter und Hecklicht nur, falls Fahrzeug Fahrt durchs Wasser macht, also nicht treibt [27].
2) s. oben
3) Ist das Fahrzeugt durch Schleppvorgang manövrierbehindert, so führt es neben den Rundumlichtern bzw. Tagzeichen zusätzlich Schleppersignale (S. 455) [27].
4) Vor Anker werden neben den Rundumlichtern bzw. Tagzeichen auch Ankerzeichen geführt (s. S. 462) [27].
5) Unter 50 m in der Regel kein zweites Topplicht [23].

Manövrierbehindertes Fahrzeug, das baggert oder Unterwasserarbeiten ausführt mit Fahrt durchs Wasser

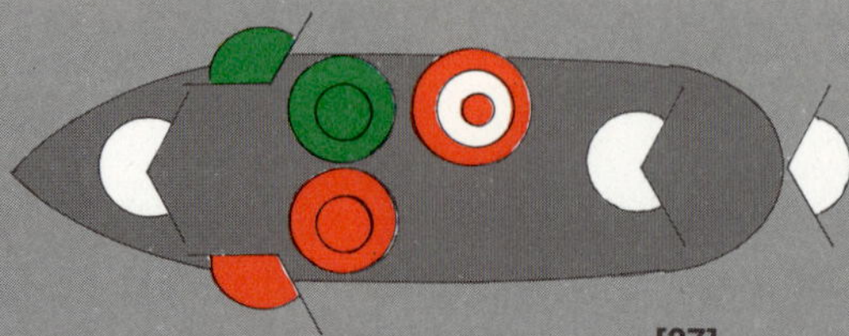

[27] 1) 3)

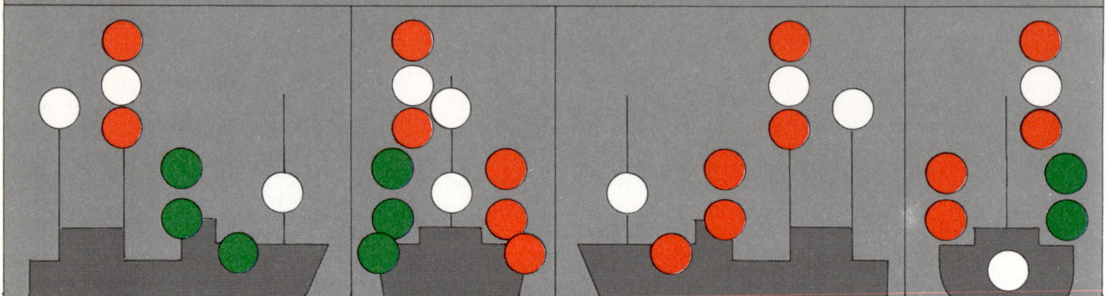

bei Tage	bei Nebel	Bemerkungen
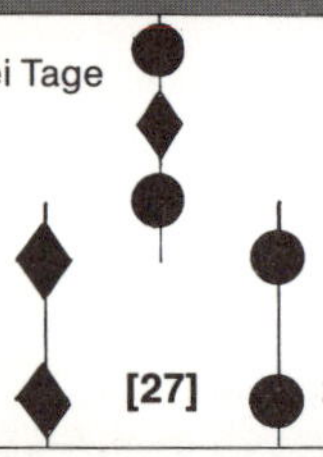 [27] 2) 3)	mindestens alle zwei Minuten  [35]	1) Ohne Fahrt durchs Wasser kein Hecklicht sowie keine Topp- und Seitenlichter [27]. 2) Vor Anker keine Ankerzeichen zusätzlich [27]. 3) Kann ein Taucherarbeiten ausführendes Fahrzeug die vorgeschriebenen Signalkörper nicht führen, so muß die Flagge »A« des Internationalen Signalbuches geführt werden [27]. 

Fahrzeug beim Minensuchen in Fahrt

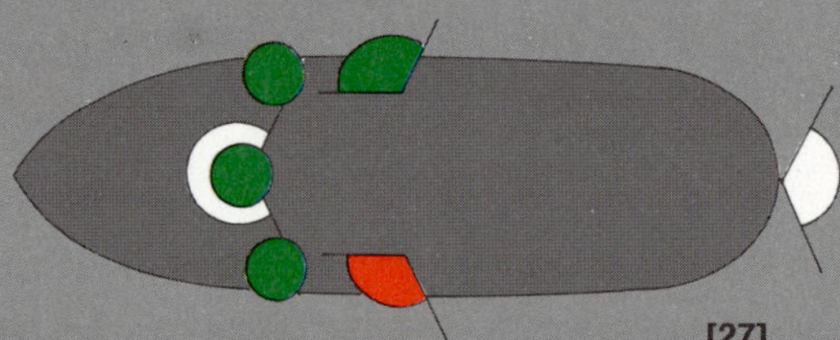

[27] 1)

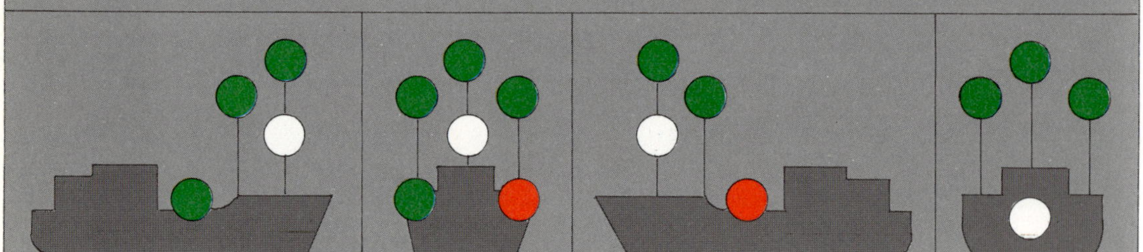

bei Tage	bei Nebel	Bemerkungen
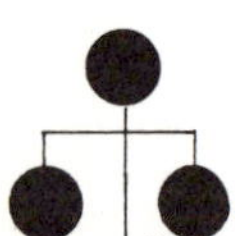 1) [27]	mindestens alle zwei Minuten  [35]	1) Annäherung auf weniger als 1000 m gefährlich [27].

Tiefgangbehindertes Fahrzeug

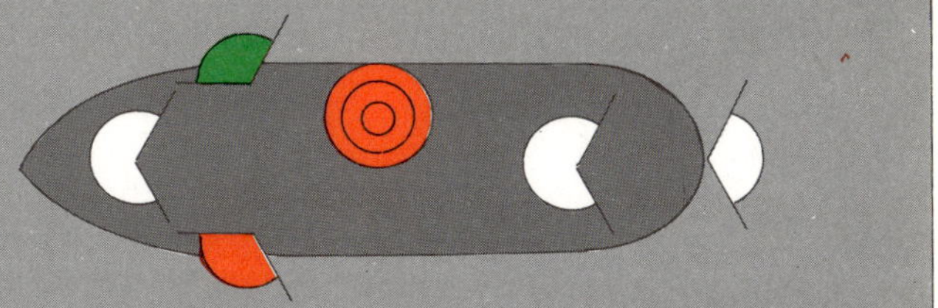

[28]

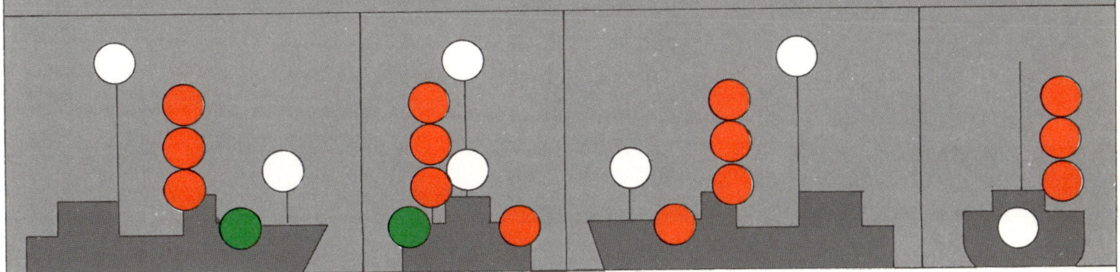

bei Tage

[28]

bei Nebel

mindestens alle zwei Minuten

[35]

Lotsenfahrzeug in Fahrt

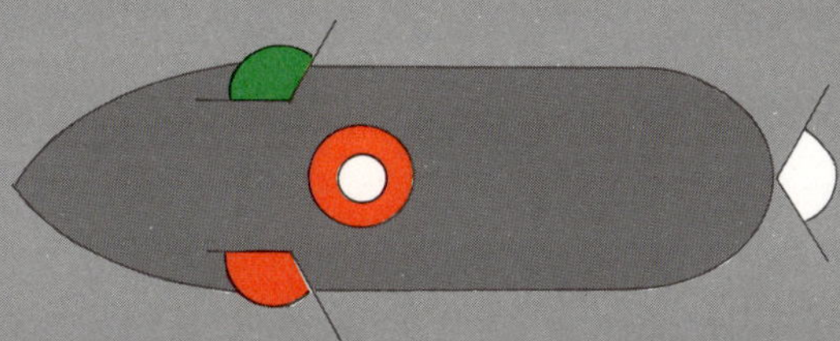

[29]

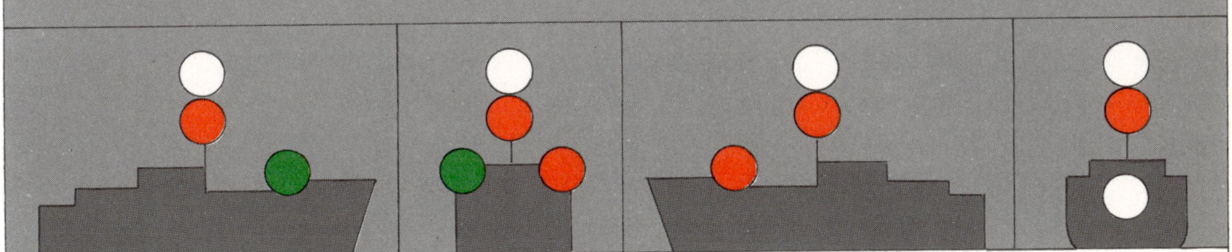

bei Tage

bei Nebel

mindestens alle zwei Minuten

zusätzlich:

[35]

Ankerlieger

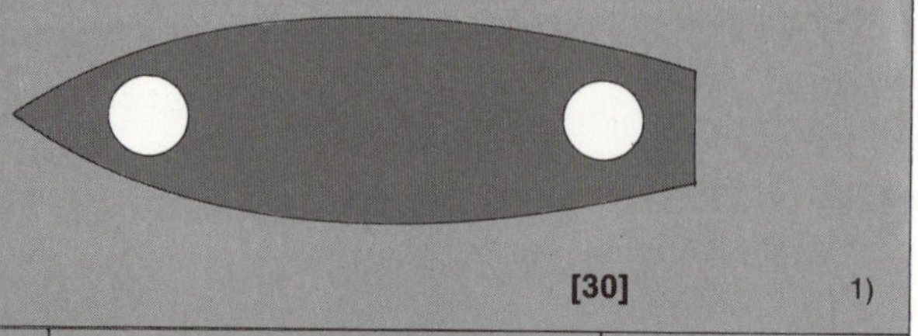

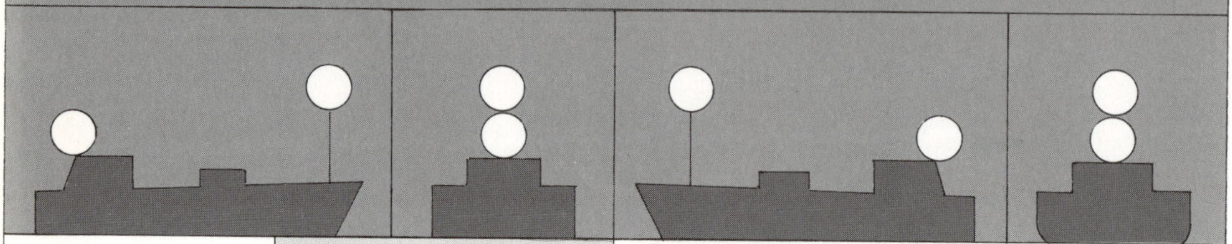

bei Tage

3)

[30]

bei Nebel

mindestens jede Minute

5 s

 2)

Evtl. zusätzlich zur Standortanzeige

[35]

Bemerkungen

1) a) falls über 100 m lang: zusätzlich Arbeits- und Deckslichter erforderlich; sie dürfen auch von kleineren Fahrzeugen eingeschaltet werden [30].
b) falls unter 50 m lang: nur ein weißes Rundumlicht erforderlich [30].
c) falls unter 7 m lang: außerhalb von (engen) Fahrwassern oder Reeden keine Lichter oder Signale erforderlich [30].
2) falls über 100 m lang: anschließend an Glockenläuten ertönt ein Gong auf dem Achterschiff [35].
3) im vorderen Teil des Fahrzeugs

Fahrzeug, das (in oder nahe einem Fahrwasser) am Grund festsitzt

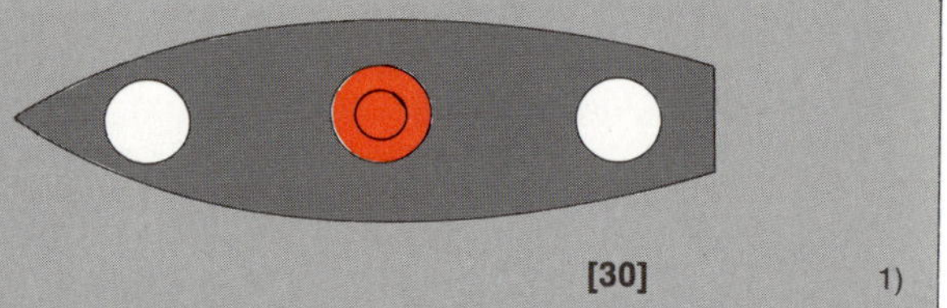

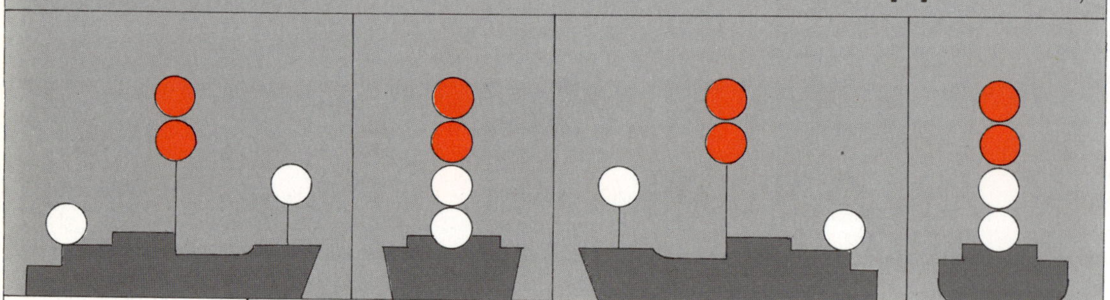

bei Tage

[30]

bei Nebel

mindestens jede Minute

5 s

[35] 2)

Bemerkungen

1) s. oben 1b) und 1c)
2) s. oben

Polizeifahrzeug oder anderes Fahrzeug des öffentlichen Dienstes im Einsatz

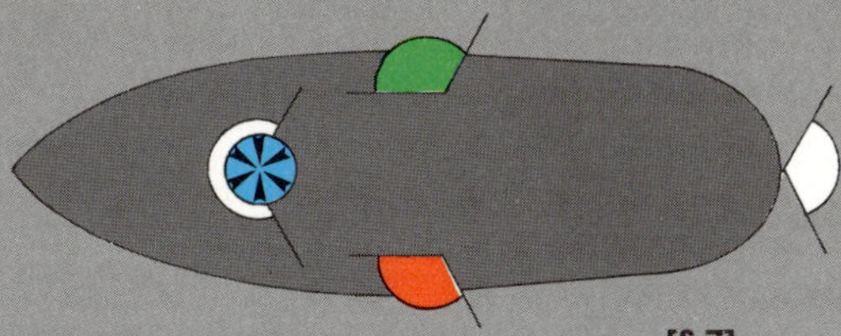

[§ 7] 1)

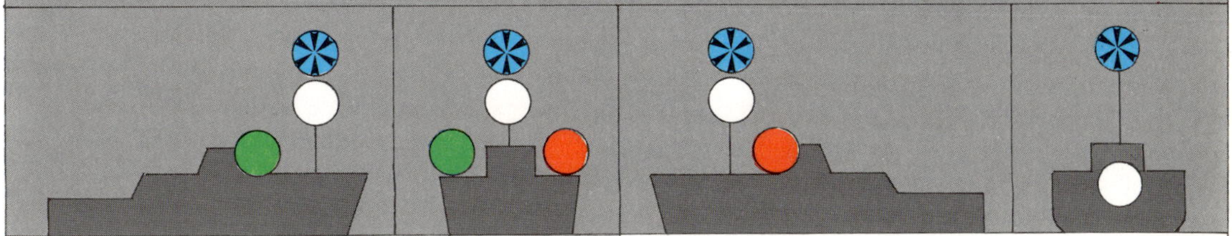

bei Tage
Dienstflagge

bei Nebel

mindestens alle zwei Minuten

Bemerkungen

1) Das blaue Funkellicht im Topp nur, falls im Einsatz der Verkehr gefährdet wird.

Zollfahrzeug in Fahrt

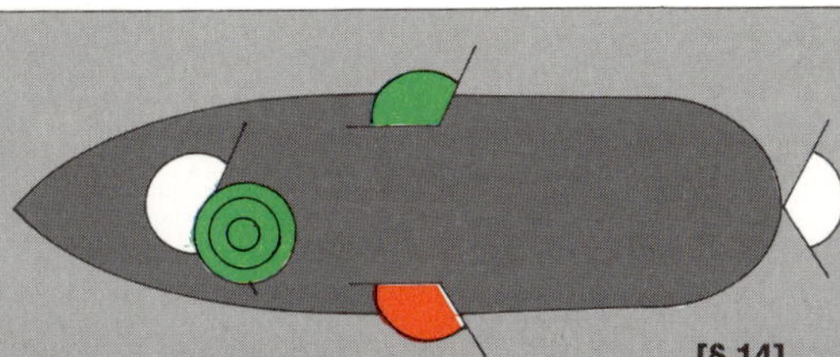

[§ 14]

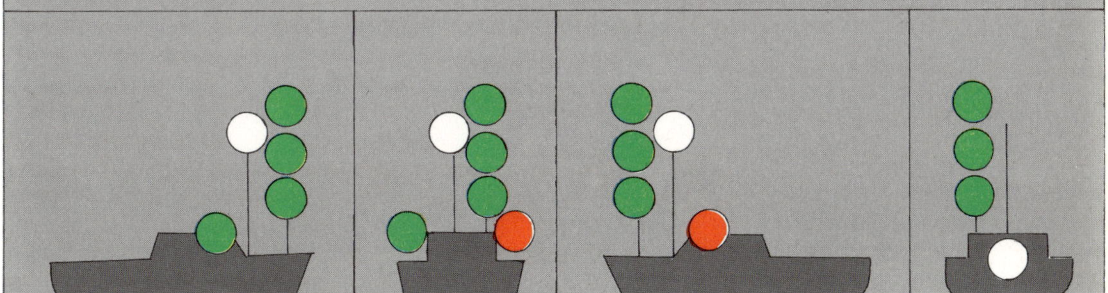

bei Tage
und Dienstflagge

bei Nebel

mindestens alle zwei Minuten

Fahrzeug mit gefährlichen Gütern

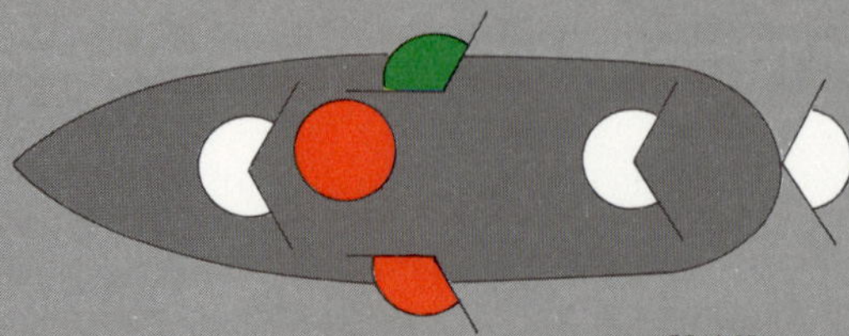

[§ 14] 1)

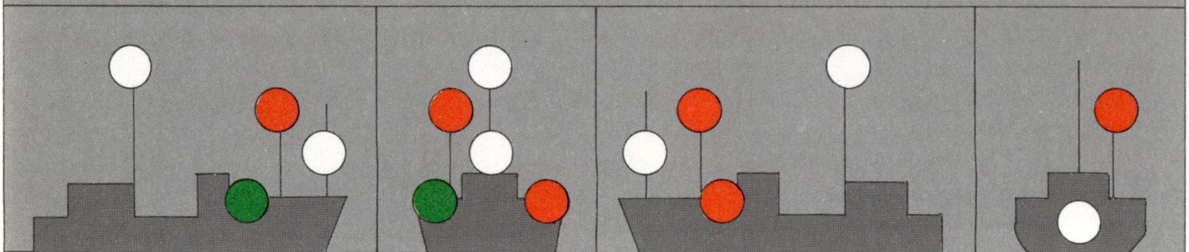

bei Tage

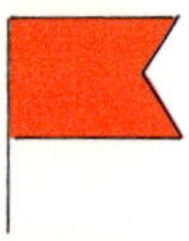

2)

bei Nebel

mindestens alle zwei Minuten

Bemerkungen

1) Unter 50 m kann das 2. Topplicht entfallen.
2) Flagge »B« des Internationalen Signalbuches.

Im Fahrwasser schräg oder quer liegendes Fahrzeug

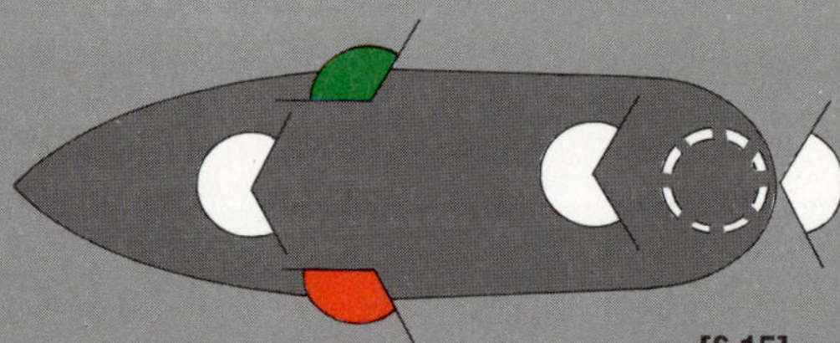

[§ 15] 1) 2)

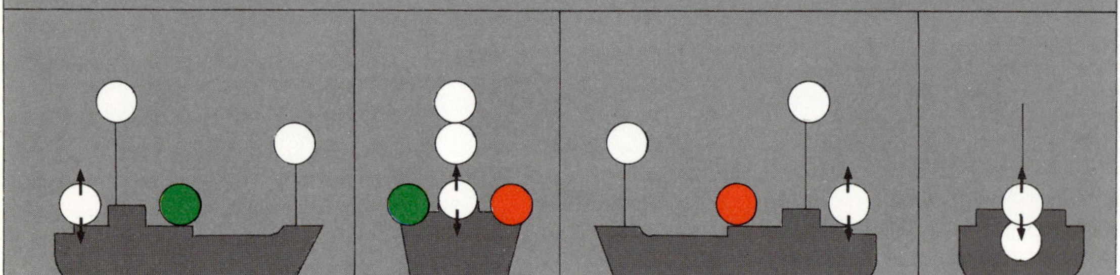

bei Tage

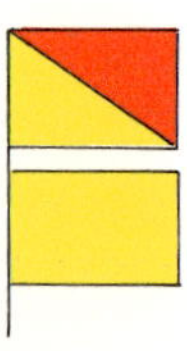

3)

bei Nebel 4)

mindestens jede Minute

Bemerkungen

1) s. oben
2) Am Heck ein auf und nieder bewegtes weißes Licht
3) Flaggen »O« über »Q« des Internationalen Signalbuches nur, falls das Fahrzeug zur Regulierung nautischer Instrumente dreht.
4) Wenn das Fahrzeug vor Anker liegt, das bewegte Licht entfällt dann.
5) Über 100 m Länge

Sichtzeichen für Kleinfahrzeuge nach KVR und SeeSchStrO

<table>
<tr><th></th><th>< 20 m</th><th>< 12 m</th><th>< 7 m</th></tr>
<tr><td rowspan="2">unter Segel</td><td rowspan="2">Seitenlichter in Zweifarbenlaterne
Hecklicht
oder: Dreifarbenlaterne
evtl. rotes über grünem Rundumlicht
(alle 2 sm)</td><td>Seitenlichter in Zweifarben-Laterne (1 sm)
(2 sm)
Hecklicht (2 sm)
oder Dreifarbenlaterne</td><td>Falls Laternen nicht fest montierbar: Weiße Leuchte zur Hand halten</td></tr>
<tr><td colspan="2">Falls Laternen nicht fest montierbar: weißes Rundumlicht (2 sm)
Falls auch diese Laterne nicht fest montierbar: Fahrverbot bei Nacht und schlechter Sicht. Dann weiße Leuchte ständig an Bord mitführen.</td></tr>
<tr><td>unter Motor</td><td>Topplicht (3 sm), mind. 2,50 m über dem Schandeck
Seitenlichter (2 sm)
oder: Zweifarbenlaterne (2 sm)
Hecklicht (2 sm)
Motorkegel (unter Segel und mitlaufender Maschine)</td><td>Topplicht (2 sm), mind. 1 m über den Seitenlichtern
Seitenlichter (1 sm) (2 sm)
oder: Zweifarbenlaterne (1 sm)
Hecklicht (2 sm)
oder: weißes Rundumlicht (2 sm) statt Topp- und Hecklicht
Motorkegel (unter Segel und mitlaufender Maschine)</td><td>Rundumlicht (2 sm)

evtl. Seitenlichter (1 sm) (2 sm)
Motorkegel

Falls Lichter nicht fest montierbar:
Fahrverbot bei Nacht und schlechter Sicht. Dann weiße Leuchte ständig an Bord mitführen</td></tr>
<tr><td>manövrierunfähig oder -behindert</td><td>Fahrtstörungslichter (2 sm)

Fahrtstörungstagzeichen</td><td colspan="2">Keine Fahrtstörungslichter und -tagzeichen nötig

Keine Fahrtstörungslichter und -tagzeichen nötig</td></tr>
<tr><td rowspan="2">vor Anker</td><td rowspan="2">Ankerlicht (2 sm)
Ankerball</td><td>Ankerlicht (2 sm)
Ankerball</td><td>Ankerball und -licht nur in engem Fahrwasser etc. nötig</td></tr>
<tr><td colspan="2">Kein Ankerball und -licht auf bekanntgemachten Anker- und Liegestellen</td></tr>
<tr><td rowspan="2">auf Grund</td><td rowspan="2">Grundsitzerlichter (2 sm)
Grundsitzerbälle</td><td>Grundsitzerlichter (2 sm)
Grundsitzerbälle</td><td>Grundsitzerbälle und -lichter nur in engem Fahrwasser etc. nötig</td></tr>
<tr><td colspan="2">Grundsitzerbälle und -lichter nur in engem Fahrwasser etc. nötig.</td></tr>
</table>

Der rot gesetzte Text gibt die Abweichungen der SeeSchStrO gegenüber den KVR wieder, die Zahlen in Klammern die Mindesttragweiten der Laternen.

Schall- und Lichtsignale für Schiffe in Sicht [34]
Maschinenfahrzeuge müssen Kursänderungen, entsprechend den Ausweichregeln – also nicht solche aus navigatorischen Gründen – durch Pfeifensignale anzeigen. Sie sind eventuell zu ergänzen durch entsprechende Lichtsignale – Blitze von 1 Sekunde Dauer – eines weißen Rundumlichtes [34].

Schiffe von weniger als 12 m Länge brauchen nicht mit einer Pfeife ausgerüstet zu sein, sondern können auch andere Geräte zur Abgabe eines kräftigen Schallsignals verwenden [33].
Schiffe (auch Yachten) von 12 und mehr Meter Länge müssen mit Schallsignalanlagen ausgerüstet sein, die vom Bundesamt für Seeschiffahrt und Hydrographie baumustergeprüft und zugelassen sind.

Signal:	Bedeutung:
•	ich ändere meinen Kurs nach Steuerbord
• •	ich ändere meinen Kurs nach Backbord
• • •	meine Maschine geht rückwärts
• • • • • und mehr	ich mache auf Ihre Ausweichpflicht aufmerksam

Die Seeschiffahrtsstraßen-Ordnung (SeeSchStrO)

Die Seeschiffahrtsstraßen-Ordnung ergänzt im deutschen Küstenbereich die Vorschriften der Kollisionsverhütungsregeln. Dort gelten also die Kollisionsverhütungsregeln und die Seeschiffahrtsstraßen-Ordnung nebeneinander. Im Falle eines Widerspruches zwischen beiden Verkehrsordnungen ist die speziellere Regelung der SeeSchStrO anzuwenden.

In manchen Häfen sind außerdem örtliche Hafenvorschriften zu beachten, die ihrerseits Regelungen der SeeSchStrO abändern oder ergänzen können.

Zu den **Seeschiffahrtsstraßen** gehören die Wasserflächen zwischen

der Küstenlinie bei mittlerem Hochwasser oder der seewärtigen Begrenzung der Binnenwasserstraßen und

der seewärtigen Begrenzung des Küstenmeeres, also die Hoheitsgewässer (Drei- bzw. Zwölf-Seemeilen-Zone). Zu den Seeschiffahrtsstraßen gehören außerdem auch bestimmte Teile angrenzender Binnenwasserstraßen.

Manche Vorschriften der SeeSchStrO gelten nur innerhalb der **Fahrwasser**. Hierzu zählen die Teile der Wasserflächen, die durch Fahrwassertonnen gekennzeichnet bzw. für die durchgehende Schiffahrt bestimmt sind [§ 2].

Verantwortlichkeit des Fahrzeugführers

Der Fahrzeugführer ist dafür verantwortlich, daß die Verkehrsvorschriften befolgt werden und sein Fahrzeug mit den vorgeschriebenen Sichtzeiten ausgerüstet ist. Anders als beim Kraftfahrzeug muß der Schiffsführer nicht selbst das Ruder bedienen, doch ist er dafür verantwortlich, daß der Rudergänger das Fahrzeug verkehrsgerecht führt. Sind mehrere Personen zur Führung des Bootes berechtigt, so haben sie vor Antritt der Reise zu bestimmen, wer verantwortlicher Fahrzeugführer ist [§ 4].

Positionslaternen [§ 9]

Auf deutschen Sportbooten dürfen nur solche Positionslaternen verwendet werden, deren Baumuster vom Bundesamt für Seeschiffahrt und Hydrographie (BSH) zugelassen sind. Eine Reparatur darf nur in einem vom BSH anerkannten Reparaturbetrieb erfolgen, wo sie auch bescheinigt werden muß.

Wer sein Schiff mit nicht zugelassenen Positionslaternen ausrüstet, sie falsch angebracht oder falsch abgeschirmt führt oder nicht für eine sofortige Instandsetzung in einem anerkannten Reparaturbetrieb sorgt, begeht eine Ordnungswidrigkeit, die mit Geldbuße geahndet werden kann.

Fahrzeuge unter 12 m Länge Für sie schreibt die SeeSchStrO folgende Abweichungen von den KVR vor:

Die Tragweite aller Lichter, also auch der Seitenlichter, muß mindestens zwei Seemeilen betragen. Segelfahrzeuge dürfen im Topp ein weißes Rundumlicht (fest angebracht) führen, wenn sie die von den KVR vorgeschriebenen Lichter (Seitenlichter und Hecklicht bzw. Dreifarbenlaterne) auf Grund ihrer Bauart nicht führen können.

Kann das Segelfahrzeug auch dieses Licht nicht führen, so darf es nachts und bei verminderter Sicht nicht fahren – es sei denn, es liegt ein Notstand vor. Für diesen Fall ist eine elektrische Leuchte oder eine Laterne mit weißem Licht ständig mitzuführen; sie ist bei einem Notstand gebrauchsfertig zur Hand zu halten und rechtzeitig zu zeigen, um einen Zusammenstoß zu verhüten. Das

gleiche gilt für Maschinenfahrzeuge unter 7 m Länge und mit einer Höchstgeschwindigkeit unter 7 Knoten, wenn sie das von den KVR vorgeschriebene weiße Rundumlicht auf Grund ihrer Bauart nicht führen können.
Fahrzeuge unter 12 m Länge brauchen die von den KVR vorgeschriebenen Lichter und Signalkörper für manövrierunfähige und -behinderte Fahrzeuge sowie für Grundsitzer nicht zu führen. Ebensowenig brauchen sie auf den als Anker- und Liegestellen bekanntgemachten Wasserflächen Ankerlichter oder einen Ankerball zu führen.
Im übrigen gelten Motorsportfahrzeuge, die andere Sportfahrzeuge schleppen, nicht als schleppende Fahrzeuge im Sinn der KVR; sie dürfen also keine Lichter für schleppende Maschinenfahrzeuge führen [§ 2 Abs. 1].

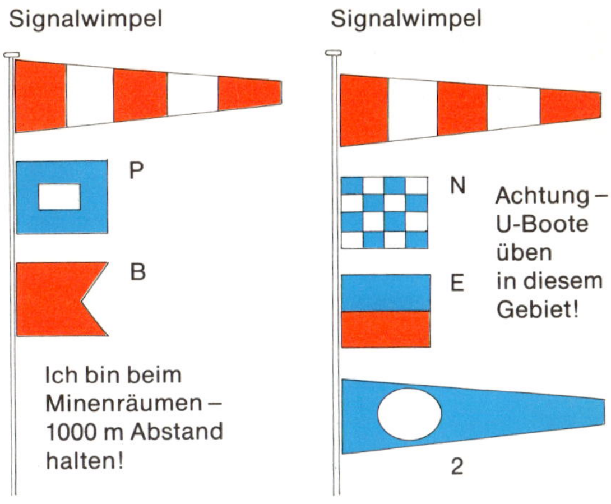

Flaggensignale von Kriegsschiffen

Segelboote unter Motor

Segelboote unter 12 m Länge dürfen zwar die energiesparende Dreifarbenlaterne bzw. die weiße Rundumlaterne im Topp führen – doch nur, solange sie segeln, nicht aber beim Motoren. Denn dann müssen sie ein Topplicht führen, das mindestens 1 m höher als die Seitenlichter angebracht ist. Auf einer Segelyacht unter 12 m Länge müssen also neben der Dreifarbenlaterne im Topp zusätzlich Seitenlichter, ein Topplicht und ein Hecklicht montiert sein, die beim Motoren an Stelle der Dreifarbenlaterne brennen.
Einfacher haben es nur Segelfahrzeuge unter 7 m Länge. Für sie genügt ein weißes Rundumlicht im Topp beim Segeln und beim Motoren.

Kriegsschiffe

Minensuchboote im Einsatz führen außer den für Maschinenfahrzeuge vorgeschriebenen Lichtern drei grüne Rundumlichter und am Tage drei schwarze Bälle. Zusätzlich zeigen die das Flaggensignal PB des Internationalen Signalbuchs. Von ihnen sind 1000 m Abstand zu halten.
Minenjagdboote führen Lichter und Signale wie ein manövrierbehindertes Fahrzeug. Bei Annäherung anderer Schiffe wird nachts der Morsebuchstabe U (●● ▬) mit dem Signalscheinwerfer gegeben.
Da auf **Unterseebooten** die Lichter nahe beieinander am Turm angebracht sind, besteht die Gefahr, daß ein aufgetauchtes U-Boot nachts für ein viel kleineres Schiff gehalten und die Geschwindigkeit unterschätzt wird. U-Boote der Bundesmarine zeigen zur besseren Wahrnehmung ein zusätzliches gelbes Rundum-Funkellicht mit 90 bis 105 Blitzen pro Minute. (Warnung: Manchmal führen U-Boote überhaupt keine Lichter oder sie sind wegen starker Salzverkrustung erst auf kürzeste Entfernung auszumachen.)
Getauchte U-Boote werden oft von anderen Marinefahrzeugen begleitet, die mit dem Drei-Flaggen-Signal NE2 auf die Unterwasserübung aufmerksam machen.
Fahrzeuge der Bundeswehr und des Bundesgrenzschutzes bei Manövern schießen Leuchtkugeln mit weißen Sternen und geben als Schallsignal einen langen Ton, wenn sie ihre Lichter nicht vorschriftsgemäß führen. Dann ist ausreichend Abstand von ihnen zu halten [§ 7].

Schallsignale

Die SeeSchStrO unterscheidet Schallsignale bei jeder Sicht [§§ 19, 20] und bei verminderter Sicht [§ 21]. Sie dürfen nur mit einer Pfeife, einer Glokke oder einem Gong gegeben werden. Schiffe unter 12 m Länge brauchen diese Geräte nicht mitzuführen, müssen dann aber mit etwas anderem (z. B. Nebelhorn) zur Abgabe eines kräftigen Schallsignals ausgerüstet sein.

Schallsignale bei jeder Sicht

Signal	Bedeutung	SeeSchStrO
▬	Das **Achtungssignal** ist zu geben, wenn die Verkehrslage es erfordert, insbesondere – beim Einlaufen in andere Fahrwasser und Häfen, – beim Auslaufen aus ihnen und aus Schleusen, – beim Verlassen von Anker- und Liegeplätzen.	§ 19
▬ ●●●● ▬ ●●●●	Das **Allgemeine Gefahr- und Warnsignal** ist zu geben, wenn – ein Fahrzeug ein anderes gefährdet oder – durch ein anderes selbst gefährdet wird.	§ 20
● ▬ mindestens 5× pro Minute	Das **Bleib-weg-Signal** wird gegeben, wenn bei Unfällen gefährliche Güter oder radioaktive Stoffe frei werden oder frei zu werden drohen oder Explosionsgefahr besteht.	§ 20
▬ ▬	**Anforderungssignal:** »Brücke oder Schleuse öffnen!«	

Schallsignale bei verminderter Sicht (Nebelsignale)

Signal	Bedeutung	SeeSchStrO
 jede Minute  jede Minute	**Im Fahrwasser schräg oder quer** vor Anker liegende oder auf Grund sitzende Fahrzeuge: – unter 100 m Länge: Rasches Läuten der Glocke (5 s) mit darauffolgenden 5 Einzelschlägen. – von 100 m Länge oder mehr: Rasches Läuten der Glocke (5 s) mit darauffolgenden 5 Einzelschlägen und zusätzlich am Heck einen Gong.	§ 21
 jede Minute  jede Minute  jede Minute	Fahrzeuge, die an nicht zum Festmachen bestimmten Stellen oder **an Schiffahrthindernissen liegen**, oder schwimmende Geräte im Einsatz: – an der Stb-Seite des Fahrwassers: Rasches Läuten der Glocke (5 s) mit darauffolgenden 2 Gruppen von 3 Einzelschlägen. – an der Bb-Seite des Fahrwassers: Rasches Läuten der Glocke (5 s) mit darauffolgenden 2 Gruppen von 2 Einzelschlägen. – in der Fahrwassermitte: Rasches Läuten der Glocke (5 s) mit darauffolgenden 2 Gruppen von 4 Einzelschlägen.	§ 21
▬ ●● ●● jede Minute	Fahrzeuge, die auf bekanntgemachten Fahrwasserabschnitten **links fahren.**	§ 21
 ● ▬ ▬	**Fähren** während der Überfahrt – nicht freifahrend: dauernde Einzelschläge der Glocke. – freifahrend.	§ 21
▬ ● ▬ ▬ alle 2 Minuten	**Bugsierte Maschinenfahrzeuge** in Fahrt.	§ 21

Fahrzeuge unter 12 m Länge brauchen diese Signale nicht zu geben, müssen dann aber alle 2 Minuten ein anderes kräftiges Schallsignal geben.

Fahrregeln

Die Fahrregeln der SeeSchStrO unterscheiden die Fahrzeuge nicht nach ihrer Antriebsart, so daß Segelfahrzeuge und Maschinenfahrzeuge grundsätzlich gleichgestellt sind.

Rechts fahren [§ 22] Im Fahrwasser muß so weit wie möglich rechts gefahren werden. Nur beim Überholen darf links gefahren werden. Außerhalb des Fahrwassers ist so zu fahren, daß klar erkennbar ist, daß das Fahrwasser nicht benutzt wird; eine bestimmte Seite oder Fahrtrichtung braucht nicht eingehalten zu werden.

Ein Segelfahrzeug darf allerdings vom Rechtsfahrgebot abweichen, wenn es durch die Windrichtung gezwungen ist, möglichst hoch am Wind gegenan zu kreuzen und deshalb einen längeren Schlag auf der linken Fahrwasserseite machen muß. Doch darf hierbei die durchgehende Schiffahrt nicht behindert werden.

Links überholen [§ 23] Grundsätzlich muß links überholt werden. Soweit besondere Umstände es erfordern, darf rechts überholt werden. Die Umstände auf dicht befahrenen Wasserstraßen erfordern es vielfach, daß Sportfahrzeuge aus Sicherheitsgründen rechts überholen müssen. Durch das Überholmanöver darf der Gegenverkehr nicht gefährdet werden. Ist das Überholen nur durch die Mitwirkung des vorausfahrenden Fahrzeuges möglich, so sind die in den KVR aufgeführten Überholsignale zu geben.

Das Überholen ist verboten,

- wenn das vorausfahrende Fahrzeug nicht das Schallsignal *»Ich bin mit dem Überholen einverstanden!«* (▬ ● ▬ ●) gegeben hat,
- in der Nähe von in Fahrt befindlichen, nicht freifahrenden Fähren,
- an engen Stellen und in unübersichtlichen Krümmungen,
- vor und innerhalb von Schleusen sowie innerhalb der Schleusenvorhäfen und Zufahrten des Nord-Ostsee-Kanals und
- an den durch die Tafel *»Überholverbot«* gekennzeichneten Stellen.

Nach Steuerbord ausweichen [§ 24] Beim Begegnen auf entgegengesetzten oder fast entgegengesetzten Kursen im Fahrwasser ist nach Stb auszuweichen. Einem Wegerechtschiff haben alle Fahrzeuge mit Ausnahme von manövrierunfähigen Fahrzeugen auszuweichen.

Vorfahrt [§ 25] Die SeeSchStrO enthält keine Ausweich- oder Vorfahrtregeln, die **außerhalb des Fahrwassers** gelten. Dort kommen also allein die Ausweichregeln der KVR zur Anwendung. Doch ergänzt die SeeSchStrO diese Ausweichregeln **innerhalb des Fahrwassers** durch eigene Vorfahrtregeln.

Im Fahrwasser fahrende Fahrzeuge haben Vorfahrt gegenüber Fahrzeugen, die

- in das Fahrwasser einlaufen,
- das Fahrwasser queren,
- im Fahrwasser drehen oder
- ihre Anker- und Liegeplätze verlassen.

Nähern sich zwei Fahrzeuge einer Engstelle, die nicht mit Sicherheit genügend Raum für die gleichzeitige Durchfahrt gibt, oder einer durch die Tafel *»Begegnungsverbot an Engstellen«* gekennzeichneten Stelle des Fahrwassers, so hat Vorfahrt

- in Tidengewässern und Gewässern mit Strömung: das mit dem Strom fahrende Fahrzeug; bei Stromstillstand das Fahrzeug, das vorher gegen den Strom gefahren ist;
- in tidenfreien Gewässern ohne Strömung: das Fahrzeug, das grundsätzlich die Stb-Seite des Fahrwassers zu benutzen hat.

Diese Vorfahrtregeln verdrängen aber auch innerhalb des Fahrwassers nicht die bekannten Ausweichregeln der KVR, denn sie erfassen nicht alle denkbaren Kollisionsfälle im Fahrwasser. In allen solchen Fällen kommen die Ausweichregeln der KVR auch innerhalb des Fahrwassers zur Anwendung.

Fahrgeschwindigkeit [§ 26] Die Fahrgeschwindigkeit ist so einzurichten, daß das Fahrzeug jederzeit der Verkehrslage und der Beschaffenheit der Seeschiffahrtstraße genügt und nötigenfalls rechtzeitig gestoppt werden kann. Sie ist rechtzeitig so weit zu vermindern, daß eine Gefährdung durch Sog oder Wellenschlag vermieden wird, insbesondere beim Vorbeifahren an

- Häfen, Schleusen, Sperrwerken,
- festliegenden Fähren,
- manövrierunfähigen und festgekommenen Fahrzeugen sowie an manövrierbehinderten Fahrzeugen,
- schwimmenden Geräten und Anlagen,
- außergewöhnlichen Schwimmkörpern, die geschleppt werden, und
- an Stellen, die durch die Sichtzeichen *»Geschwindigkeitsbeschränkung wegen Gefährdung durch Sog und Wellenschlag«* oder die Flagge A des Internationalen Signalbuches (*»Ich habe Taucher unten; halten Sie bei langsamer Fahrt gut frei von mir!«*) gekennzeichnet sind.

Eine bestimmte Geschwindigkeit darf nicht überschritten werden

- an den durch die Tafel *»Geschwindigkeitsbeschränkung«* gekennzeichneten Strecken; die angegebene Zahl bezeichnet die zulässige Höchstgeschwindigkeit in km/h;
- vor Stellen mit erkennbarem Badebetrieb außerhalb des Fahrwassers in einem Abstand von weniger als 300 m vom Ufer; hier beträgt die Höchstgeschwindigkeit 8 km/h;
- innerhalb von Strecken, die von der Strom- und Schiffahrtpolizeibehörde bekanntgemacht worden sind.

Wasserski und Segelsurfen [§ 31]

Das Wasserskilaufen ist innerhalb des Fahrwassers verboten – außer auf Strecken, die durch eine blaue Tafel mit weißem stilisiertem Wasserskiläufer besonders gekennzeichnet sind. Außerhalb des Fahrwassers darf nur auf den von der Strom- und Schiffahrtpolizei bekanntgemachten Flächen Wasserski gelaufen werden. Wasserskiläufer und ihre Zugboote haben allen anderen Fahrzeugen auszuweichen.
Segelsurfer dürfen innerhalb und außerhalb des Fahrwassers nur auf den bekanntgemachten Wasserflächen segeln. Sie haben die allgemeinen Vorfahrt- und Ausweichregeln zu beachten.

Ankern [§ 32]

Das Ankern ist verboten
- im Fahrwasser, ausgenommen auf Reeden und den von der Strom- und Schiffahrtpolizeibehörde bekanntgemachten Wasserflächen,
- an engen Stellen und in unübersichtlichen Krümmungen,
- in einem Umkreis von 300 m von schwimmenden Geräten, Wracks und sonstigen Schiffahrtshindernissen und Leitungsstraßen sowie an Stellen, die durch die Sichtzeichen *»Stelle für zivile Zwecke«* oder *»Stelle für militärische Zwecke«* gekennzeichnet sind (diese Tonnen dienen der Markierung von Forschungs- und Vermessungsarbeiten, hydrographischen Untersuchungen und ähnlichen Arbeiten bzw. der Markierung militärischer Belange),
- bei verminderter Sicht in einem Abstand von weniger als 300 m von Hochspannungsleitungen,
- in einem Abstand von 100 m vor und hinter Sperrwerken,
- vor Hafeneinfahrten, Anlegestellen, Schleusen und Sielen sowie in den Zufahrten zum Nord-Ostsee-Kanal,
- innerhalb von Fähr- und Brückenstrecken,
- an Stellen und innerhalb von Wasserflächen, die von der Strom- und Schiffahrtpolizeibehörde durch ein Ankerverbot markiert worden sind.

Anlegen und Festmachen [§ 33]

Die Schiffahrt darf durch das Anlegen und Festmachen nicht beeinträchtigt werden. Das Anlegen und Festmachen ist verboten
- an Sperrwerken, Strombauwerken, Leitwerken, Pegeln, festen und schwimmenden Schiffahrtzeichen,
- an abbrüchigen Stellen am Ufer,
- an engen Stellen und in unübersichtlichen Krümmungen,
- vor Hafeneinfahrten, Anlegestellen von Fahrgastschiffen und Fähren, Schleusen und Sielen sowie den Zufahrten zum Nord-Ostsee-Kanal,
- innerhalb von Fähr- und Brückenstrecken,
- an Stellen, die durch die Tafeln *»Festmacheverbot«* oder *»Liegeverbot«* gekennzeichnet sind.

Schiffsunfälle im Fahrwasser [§ 37]

Wird ein Fahrzeug im Fahrwasser manövrierunfähig, so muß mit allen Mitteln versucht werden, das Fahrwasser zu räumen, damit die Schiffahrt nicht beeinträchtigt wird. Gleiches gilt, wenn die Gefahr des Sinkens besteht. Nach einer Kollision muß hierbei auch der Führer eines beteiligten schwimmfähig gebliebenen Fahrzeuges helfen. Der Platz eines gesunkenen Bootes muß sofort behelfsmäßig gekennzeichnet werden. Außerdem ist die zuständige Wasser- und Schiffahrtsdirektion sofort zu verständigen.

Schallsignale

Schallsignal	Bedeutung
• ▬ • •	Aufforderung durch ein Dienstfahrzeug: »Anhalten!«
	Aufforderung zum Durchfahren einer Brücke/Einfahren in eine Schleuse
▬ ▬ • ▬	für seewärts fahrende Fahrzeuge
▬ ▬ • • ▬	für binnenwärts fahrende Fahrzeuge
• • • •	Durchfahren/Einfahren verboten
▬ ▬ ▬ ▬ ▬ ▬	Sperrung der Seeschiffahrtstraße

Sichtzeichen bei Tage/Nacht	Bedeutung	§ der SeeSchStrO
	Überholverbot für alle Fahrzeuge (links), Überholverbot für Schleppverbände	23
	Verbot des Begegnens an Engstellen	25
	Gebot für die einzuschlagende Fahrtrichtung	
	Verbot, in der nachfolgenden Strecke die in km/h angegebene Geschwindigkeit zu überschreiten	
	Mindestabstand vom Ufer (hier 40 m)	
	Haltegebot, bis Durchfahrt freigegeben wird	
	Ankerverbot	32
	Festmacheverbot auf der Seite der Wasserstraße, auf der das Zeichen steht	33
	Liegeverbot auf der betreffenden Seite	33
	Verpflichtung zur Abgabe eines Schallsignals	
	Verbot, die Stelle oder Strecke durch zu hohe Fahrt (Sog oder Wellenschlag) zu gefährden	26
	Verbot der Durchfahrt (Sperrung einer Teilstrecke der Seeschiffahrtstraße)	
	Ende einer Gebots- oder Verbotsstrecke in einer Richtung	

Sichtzeichen bei Tage/Nacht	Bedeutung	§ der SeeSchStrO
	Wasserflächen im Fahrwasser, auf denen Wasserskilaufen erlaubt ist	31
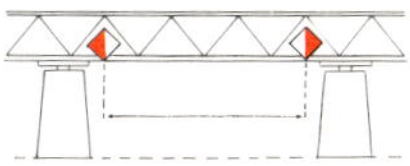	Durchfahrt nur zwischen diesen Tafeln (Kleinfahrzeuge ausgenommen)	28
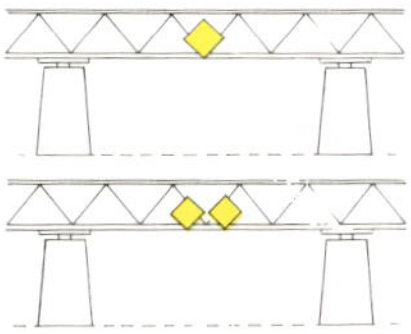	Durchfahrt in beiden Richtungen Durchfahrt in einer Richtung (für Gegenverkehr gesperrt)	28
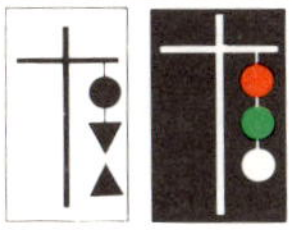	Dauernde Sperrung einer Seeschiffahrtstraße	
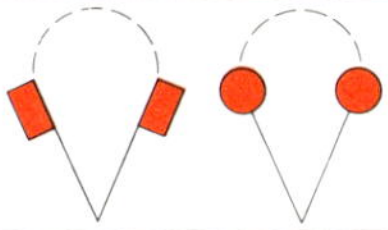	Rote Flagge oder rotes Licht geschwenkt: vorübergehende Sperrung	
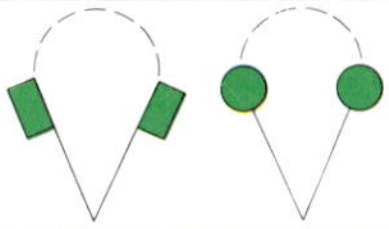	Grüne Flagge oder grünes Licht geschwenkt: Sperrung aufgehoben	
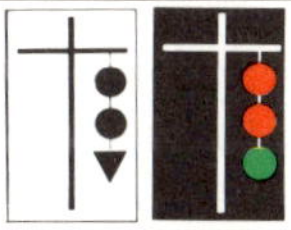	Außergewöhnliche Schiffahrtbehinderung	
	Kennzeichnung besonderer Gebiete und Stellen: Ohne Beschriftung = Reede. P = Pulverreede. Q = Schiffe unter Quarantäne. Warn-G = Warngebiet, vor dem wegen militärischer Übungen, Forschungs-, Vermessungs- oder anderer Arbeiten gewarnt wird. Schütt-St = Baggerschüttstelle. K = Kabel. Pipe = Pipeline. Meile = Bezeichnung für eine vermessene Seemeile	
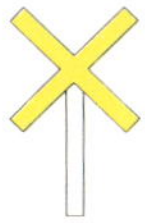	Verbot der Annäherung an Strandstrecken unter 300 m mit mehr als 8 km/h Fahrt	26

Sichtzeichen bei Tage/Nacht	Bedeutung	§ der SeeSchStrO
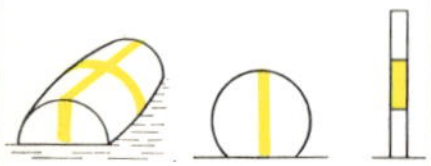	Für Maschinenfahrzeuge wegen Badebetriebs gesperrtes Gebiet	
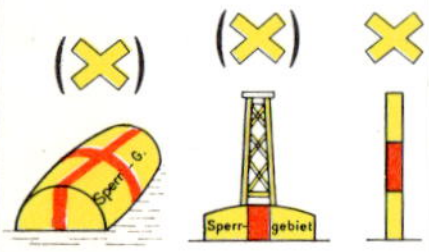	Verbot, die gesperrte Wasserfläche zu befahren	
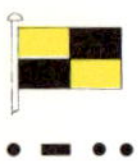	Flagge »I« oder Licht- oder Schallsignal durch Dienstfahrzeug: »Anhalten!«	
	Flagge »A« des Internationalen Signalbuches: »Ich habe Taucher unten. Halten Sie bei langsamer Fahrt gut frei von mir!«	
	Ausfahrt aus Schleusen: keine Ausfahrt Ausfahren	29
	Die Anlage ist für die Schiffahrt gesperrt	29
	Durchfahrt und Einfahrt gesperrt	29
	Freigabe wird vorbereitet	29
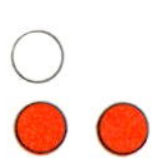	Anlage kann durchfahren werden; Gegenverkehr hat aber Vorfahrt	29
	Durchfahrt frei; Gegenverkehr gesperrt	29
	Durchfahrt gestattet; Gegenverkehr möglich. Vorfahrt beachten	29

Der Nord-Ostsee-Kanal

Ein Merkblatt der Kanalverwaltung, das alle wesentlichen Bestimmungen enthält, kann von der Kreuzer-Abteilung des Deutschen Segler-Verbandes angefordert werden; spätestens sollte man es sich beim Einschleusen in den Kanal besorgen.

Sportfahrzeuge dürfen den Kanal und seine Zufahrten nur zur Durchfahrt und ohne Lotsen nur während der Tagfahrzeiten (vom Hellwerden bis zum Eintritt der Dunkelheit) und bei sichtigem Wetter benutzen – ausgenommen zum Aufsuchen der zugelassenen Liegestellen im Yachthafen Kiel-Holtenau sowie im Yachthafen und Ausweichhafen Brunsbüttel [§ 51]. Die Kanalgebühr wird in der Eingangsschleuse bezahlt.

Sportfahrzeuge halten sich auf der rechten Seite in etwa 15 m Abstand von der Böschung und dürfen den übrigen Kanalverkehr nicht behindern. Ein das Sportfahrzeug überholendes Fahrzeug gibt normalerweise kein Signal. Von Sportfahrzeugen ist beim Überholen, wenn erforderlich, nur das Achtungssignal zu geben.

Bei plötzlich eintretender verminderter Sicht dürfen Sportfahrzeuge in den Weichen hinter den Dalben, notfalls auch an einer anderen geeigneten Stelle festmachen. Liegeplätze für Sportfahrzeuge, an denen keine Lichter gesetzt zu werden brauchen [§ 18], sind

- Yachthafen Brunsbüttel
- Weiche Dükerswisch
- vor der Gieselau-Schleuse
- Obereidersee
- Borgstedter Enge
- Flemhuder See
- Yachthafen Kiel-Holtenau.

Das Segeln auf dem Kanal ist verboten außer auf den Seen außerhalb des Fahrwassers und auf dem Vorhafen vor den alten Schleusen in Holtenau. Sportfahrzeuge unter Maschinenantrieb dürfen zusätzlich Segel setzen. Gegebenenfalls müssen sich Segelfahrzeuge schleppen lassen.

Sportfahrzeuge unter Maschine dürfen nur ein Sportfahrzeug schleppen, das zudem kürzer als 15 m sein muß. Die Mindestgeschwindigkeit eines Schleppverbandes muß 9 km/h (4,9 kn) betragen [§ 51].

Sportfahrzeuge mit ständigem Liegeplatz innerhalb des Kanals benötigen einen vom Kanalamt Holtenau ausgestellten Fahrtausweis [§ 51].

Das Einlaufen in die Zufahrten, die Schleusenvorhäfen sowie in die Schleusen des Nord-Ostsee-Kanals in Brunsbüttel und Kiel-Holtenau ist Sportfahrzeugen nur gestattet, wenn an den Signalmasten auf den Schleuseninseln für die jeweilige Schleuse ein unterbrochenes weißes Licht gezeigt wird.

Besondere Signale für den Nord-Ostsee-Kanal

Signal	Bedeutung
▬ ▬ ▬	**Achtungssignal** für westwärts fahrende, ostwärts fahrende Schiffe bei Annäherung an schwimmende Geräte und an Sichtzeichen für Geschwindigkeitsbeschränkung. Bei Nebel ist das Signal mindestens jede Minute zu geben.
▬ ●●●● ▬ ●●●● ▬ (▬)	**Gefahr- und Warnsignal,** anschließend Achtungssignal für westwärts bzw. ostwärts fahrende Schiffe
▬ ●● ▬	**Überholsignal** für Fahrzeuge der Verkehrsgruppe 1 und 2
▬ ●● ▬ ▬	**Überholsignal** für Fahrzeuge der Verkehrsgruppen 3 und höher Es darf nur überholt werden, wenn ein Signalaustausch stattgefunden hat
	Warnsignal »Ich vermindere meine Geschwindigkeit«
▬ ●●● 2×	für westwärts fahrende Schiffe
▬ ▬ ●●● 2×	für ostwärts fahrende Schiffe »Ich will anlegen«
▬ ●●●	für westwärts fahrende Schiffe
▬ ▬ ●●●	für ostwärts fahrende Schiffe
●●●●●	»Ein Passieren an Steuerbord (gegen die Regel) ist nicht möglich«

Weichensignale haben im allgemeinen keine Bedeutung für die Sportschiffahrt. Wird jedoch das Signal – 3 rote Lichter übereinander – gezeigt, so ist die Weiterfahrt auch für Sportfahrzeuge verboten.
Werden im Ölhafen Brunsbüttel an der westlichen bzw. östlichen Einfahrt 2 rote Lichter nebeneinander gezeigt, so ist die Weiterfahrt so lange verboten, bis an gleicher Stelle 2 grüne Lichter nebeneinander oder 2 grüne Lichter nebeneinander und 1 weißes Licht darüber gezeigt wird.

Schießgebiete vor der Ostsee- und Nordseeküste

In der Eckernförder Bucht, der Hohwachter Bucht und der Meldorfer Bucht finden zu bestimmten Zeiten Schießübungen statt. Deshalb wurden die Übungsgebiete
- Torpedoschießbahn Eckernförde-Süd
- Todendorf
- Putlos
- Meldorfer Bucht

zu **Warngebieten** erklärt. Sie sind in der Seekarte eingezeichnet. In ihnen ist der Aufenthalt während der Schießzeiten verboten. Schiffe, die sich zu Beginn einer Schießübung in einem Warngebiet befinden, haben es umgehend zu verlassen. Die beabsichtigten Schießzeiten für die Warngebiete Todendorf, Putlos und Meldorfer Bucht werden wöchentlich in den *Nachrichten für Seefahrer* veröffentlicht und außerdem, während der Sommermonate, von Kiel-Radio täglich im Anschluß an den um 8.40 Uhr und 20.40 Uhr MEZ beginnenden Seewetterbericht ausgestrahlt. Kurzfristige Änderungen der Schießzeiten sind möglich.
Torpedoschießbahn Eckernförde-Süd Während des Schießbetriebs werden an dem Signalmast auf dem Schießstand und auf den Sicherungsfahrzeugen folgende Signale gezeigt:
- Am Tage: drei schwarze Signalkörper übereinander, oben zwei Kegel, Spitze nach unten, darunter ein Ball.
- Bei Nacht: drei Lichter übereinander, die beiden oberen weiß, das untere grün.

Meldorfer Bucht Während des Schießens werden an den Signalmasten in der Nähe der Schleusen Büsum, Meldorf und Friedrichskoog und auf den Sicherungsfahrzeugen folgende Signalmittel gezeigt:
- Am Tage: drei rote Signalkörper übereinander,

oben ein Ball, darunter zwei Kegel mit der Spitze nach oben.
- Bei Nacht: drei Lichter übereinander, das obere rot, die unteren weiß.

Sperrung des Warngebiets Meldorfer Bucht

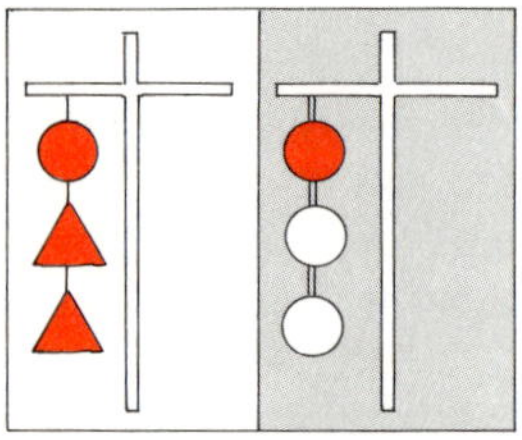

Sperrung des Warngebiets Torpedoschießbahn Eckernförde-Süd

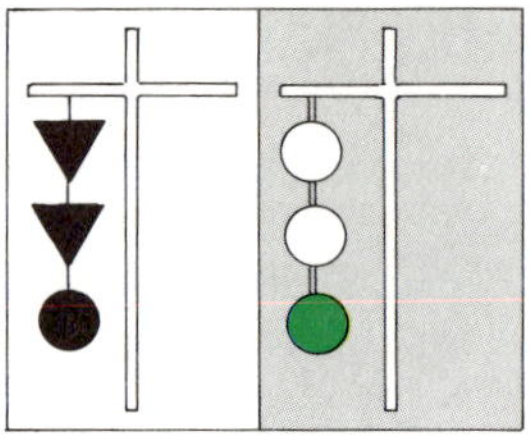

Todendorf und **Putlos** Bei Schießbetrieb in beiden Warngebieten:

Signal	Signalstelle	Bedeutung
Blitzfeuer gelb Wiederkehr 5 s = 0,12 + (4,88) s	Heidkate Hubertusberg Wessek Blankeck Heiligenhafen Sicherungsfahrzeuge	Warngebiet umgehend verlassen

Sperrgebiete dürfen überhaupt nicht befahren werden. Vor der Ostseeküste gibt es die Sperrgebiete
- Schönhagen
- Eckernförde-Nord
- Eckernförde-Süd
- Surendorf

Auch ihre genaue Lage ist der Seekarte zu entnehmen.
Zwei weitere Sperrgebiete liegen am Nord-Ostsee-Kanal:
- Audorfer See
- Borgstedter See

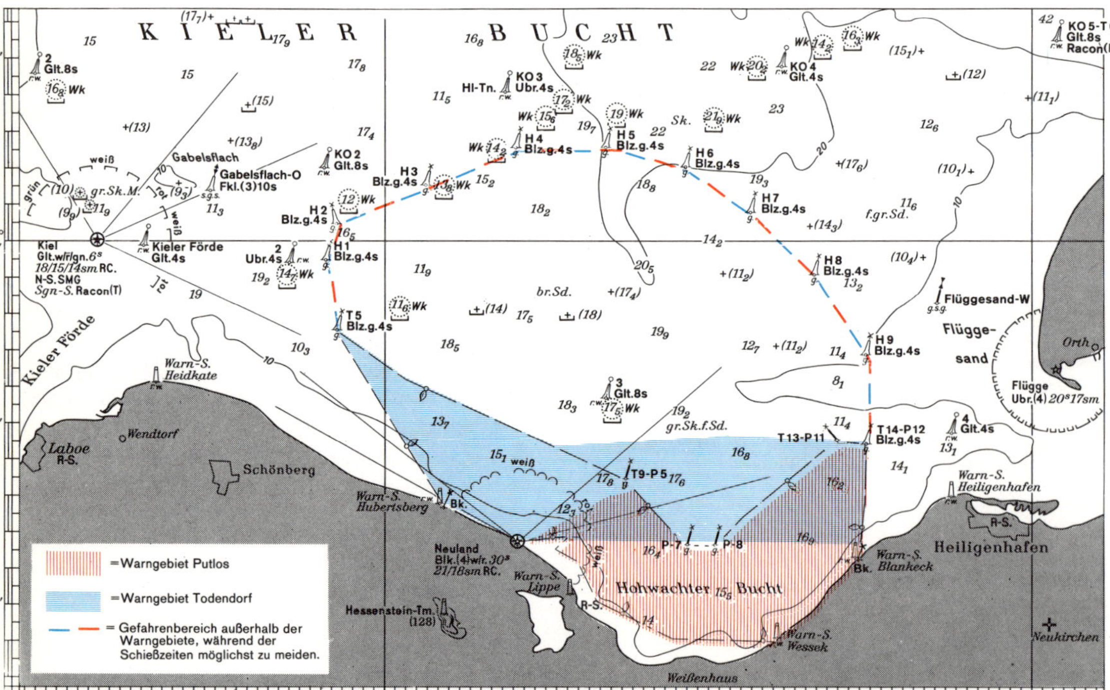

Das Schießgebiet in der Hohwachter Bucht. Aufforderungen der Sicherungsfahrzeuge, den Gefahrenbereich zu verlassen, ist unbedingt Folge zu leisten.

Bei Schießübungen nur im Warngebiet **Todendorf:**

Signal	Signalstelle	Bedeutung
Blitzfeuer gelb	Heidkate Hubertusberg Sicherungs-fahrzeuge	Warngebiet Todendorf umgehend verlassen
Blitzwechsel-feuer gelb-grün Wiederkehr 5 s = 0,12+(2,38)+ 0,12+(2,38) s	Wessek Blankeck Heiligenhafen	Schießbetrieb in Todendorf; die südlich des Warngebiets liegende Hoh-wachter Bucht darf befahren werden

Die Schiffahrtsordnung Emsmündung (SchiffahrtsO Ems)

Die Schiffahrtsordnung Emsmündung basiert auf einer bilateralen deutsch-niederländischen Rechtsvereinbarung vom 22. Dezember 1986. Sie gilt auf den Wasserflächen in der Emsmündung, die durch die Küstenlinie bei mittlerem Hochwasser und die seewärtige Grenze des Küstenmeeres begrenzt werden, auf der Ems bis zur Hafeneinfahrt von Papenburg und auf der Leda bis zur Einfahrt in den Vorhafen der Seeschleuse von Leer.
Sie ist gewissermaßen eine spezielle Ergänzung der Seeschiffahrtsstraßen-Ordnung und für die Sportschiffahrt kaum von Bedeutung. Lichter, Signalkörper, Schallsignale und Fahrregeln unterscheiden sich in nichts von denen der SeeSchStrO.
Steht im Bereich der Schiffahrtsordnung Emsmündung eine Regel der KVR oder SeeSchStrO in Widerspruch dazu, so gilt die speziellere SchiffahrtsO Ems.

Die Binnenschiffahrtsstraßen-Ordnung (BinSchStrO)

Auf den Binnenwasserstraßen des Bundes gelten die

- Binnenschiffahrtsstraßen-Ordnung
- Rheinschiffahrtspolizeiverordnung
- Moselschiffahrtspolizeiverordnung
- Donauschiffahrtspolizeiverordnung

Diese nahezu inhaltsgleichen Verordnungen weichen nur in wenigen, regional bedingten Punkten voneinander ab. Auf anderen Binnengewässern, die nicht zu diesen Wasserstraßen gehören, gelten verschiedene Landesverordnungen, die neben Verkehrsregelungen vor allem auch Bestimmungen zur Abgrenzung des Gemeingebrauchs enthalten.

Im folgenden wird nur auf die für den Sportschiffer wichtigsten Bestimmungen dieser Verordnungen eingegangen.

Kleinfahrzeuge

Die Binnenschiffahrtsstraßen-Ordnung unterscheidet nicht zwischen Sportboot und Berufsschiff. Sie kennt nur »Kleinfahrzeuge« und »Fahrzeuge«.
Kleinfahrzeuge sind Boote unter Rudern, Segeln und Motor, Amphibien- und Luftkissenfahrzeuge und Tragflügelboote unter 20 m Länge. Nicht dazu zählen Schlepper, Fähren oder Fahrgastschiffe, die für mehr als 12 Personen zugelassen sind.
Diese Definition ist sehr wichtig, denn
Kleinfahrzeuge haben grundsätzlich allen Fahrzeugen auszuweichen.

Geltungsbereich der Schiffahrtsordnungen

- Binnenschiffahrtsstraßen-Ordnung (BinSchStrO)
- Rheinschiffahrtspolizeiverordnung (RhSchPVO)
- Moselschiffahrtspolizeiverordnung (MoselSchPVO)
- Donauschiffahrtspolizeiverordnung (DonauSchPVO) mit Donauschiffahrtsverkehrsordnung
- Bodensee-Schiffahrtsordnung (BodenseeSchO)
- Seeschiffahrtsstraßen-Ordnung (SeeSchStrO) bzw. Schiffahrtsordnung Emsmündung (SchiffahrtsO Ems)

Führerscheine

Bootskategorie	Führerschein
Ruder- und Segelboote unter 15 t ohne Motor oder mit weniger als 3,69 kW (5 PS) motorisiert (ausgenommen Berlin)	Nicht erforderlich
Segel- und Motorboote unter 15 t Verdrängung mit mehr als 3,68 kW (5 PS) motorisiert (gleichgültig, ob der Motor benutzt wird oder nicht) Berlin: alle Motorboote und Segelboote mit mehr als 3 m^2 Segelfläche	Sportbootführerschein Binnen des Deutschen Segler-Verbandes oder des Deutschen Motoryachtverbandes
Sportboote ab 15 bis 60 t Tragfähigkeit bzw. Wasserverdrängung	Sportschifferzeugnis – Rhein: Sportschifferpatent

Schiffsführung und Sorgfaltspflicht

Das Boot muß so gebaut und ausgerüstet sein, daß die Sicherheit der Menschen an Bord und der übrigen Schiffahrt gewährleistet ist und die Verpflichtungen erfüllt werden können, die sich aus den Verkehrsvorschriften ableiten.
Zur Mindestsicherheitsausrüstung gehören: Paddel, Anker, Leinen, Ösfaß und ohnmachtssichere Rettungswesten für jeden an Bord.
Verboten ist: Öl, Benzin, Fäkalien oder andere Abfälle ins Wasser abzuleiten oder zu werfen.
– Festmachen an Schiffahrtszeichen, oder im Fahrwasser zu ankern. Auch auf Kanälen, neben Hafeneinfahrten, an Fährstrecken, im Bereich von Anlegestellen, unter Brücken und Hochspannungsleitungen ist Ankern oder Festmachen verboten.
– Anlegen oder Anhängen an ein fahrendes Schiff, ohne ausdrückliche Erlaubnis des Schiffsführers, und das Mitfahren im Sogwasser.
– Den Kurs von Berufsschiffen in gefährlicher Weise zu kreuzen, zwischen dicht hintereinander folgenden Schiffen hindurch- oder in die Abstände zwischen den Teilen eines Schleppverbandes hineinzufahren. Auch Fähren gegenüber ist stets ein reichlich bemessener Sicherheitsabstand einzuhalten.

Stellt der Bootsführer Veränderungen an Schifffahrtzeichen (Erlöschen von Lichtern, veränderte Lage oder Beschädigung) fest oder hat er selbst solche verursacht, so hat er umgehend Meldung an die nächste Dienststelle der Wasserschutzpolizei oder der Strom- und Schiffahrtpolizeibehörde zu machen. Das Festkommen oder Sinken des Boote ist der Behörde sofort anzuzeigen. Die Stelle ist notfalls zu markieren und zu bewachen. Mit allen Mitteln muß versucht werden, eine Sperrung des Fahrwassers zu verhüten.
Verhalten bei Unfällen Der Bootsführer ist für die Sicherheit seiner eigenen Besatzung verantwortlich. Bei Gefährdung von Menschenleben in seiner Nähe ist er – soweit mit der Sicherheit seines eigenen Fahrzeugs vereinbar – zur Hilfeleistung verpflichtet. Ebenso hat er sein möglichstes zu tun, bei einem Unfall eine Sperrung des Fahrwassers zu verhindern.
Ein **Fahrzeug in Not**, das Hilfe braucht, gibt gleichzeitig oder einzeln folgende Zeichen:
- kreisförmiges Schwenken einer Flagge oder eines anderen Gegenstandes bzw. eines Lichtes,
- wiederholte lange Töne oder mehrere Gruppen von Glockenschlägen.
- Flammenzeichen, wenn ohne Gefahr möglich.

Manövrierunfähige Fahrzeuge müssen eine rote Flagge bzw. ein rotes Licht schwenken oder Schallsignale (vier kurze Töne) geben, gegebenenfalls auch beides.

Kennzeichnung

Es gibt drei Arten, ein Boot zu kennzeichnen:
Amtliche Kennzeichnung Sie besteht aus zwei Kennbuchstaben und einer Zahl. Ausgegeben wird sie auf Antrag von den Wasser- und Schiffahrtsämtern mit einem Ausweis, der stets in Verbindung mit dem Personalausweis an Bord mitzuführen ist. Das Kennzeichen ist an beiden Seiten des Bugs anzubringen. Buchstaben und Ziffern müssen mindestens 10 cm hoch sein und sich deutlich lesbar vom Untergrund abheben. Dieses amtliche Kennzeichen befreit auch von den örtlich verschiedenen Kennzeichnungsvorschriften auf Landesgewässern.
Clubkennzeichnung Wer einem Verbandsverein des Deutschen Segler-Verbandes (DSV) oder des Deutschen Motoryachtverbandes (DMYV) angehört, ist auf den meisten Gewässern von der amtlichen Kennzeichnung befreit. Das Boot muß dann den Bootsnamen auf beiden Seiten des Bugs tragen, am Heck Clubnamen (auch abgekürzt) und

Heimathafen, und die Verbandsflagge führen (mindestens 20 × 30 cm groß). Auf den westdeutschen Kanälen wird statt der Verbandsflagge die Vereinsflagge verlangt. Als Nachweis der Verbandszugehörigkeit gilt ein Clubausweis in Verbindung mit dem Personalausweis oder der Internationale Bootsschein.

Nicht amtliche Kennzeichnung Sofern kein amtliches Kennzeichen vorgeschrieben und der Bootseigner nicht Vereinsmitglied ist, genügt der Bootsname auf beiden Seiten, gut lesbar in 10 cm hohen Buchstaben, und innen und außen je ein Schild mit Name und Anschrift des Eigners. Für Beiboote ist das Eignerschild ausreichend.

Unabhängig von der Kennzeichnung müssen Sportboote ab 10 m^3 Wasserverdrängung ins Binnenschiffsregister eingetragen werden. Sportboote zwischen 5 m^3 und 10 m^3 Wasserverdrängung können eingetragen werden.

Sportboote auf Binnengewässern brauchen keine Nationalflagge zu führen, da das Flaggenrechtsgesetz auf sie keine Anwendung findet.

Ausweichregeln

Kleinfahrzeuge unter 20 m Länge, gleichgültig ob unter Segeln oder Motor, haben allen anderen Fahrzeugen auszuweichen. Motorboote haben Segelbooten und Ruderbooten auszuweichen, Ruderboote müssen Segelbooten ausweichen. Im übrigen gelten für Segelboote und Motorboote untereinander die gleichen Regeln wie in den KVR. Mit einer Abweichung: Segelboote sollen sich in Luv überholen. In den KVR gibt es dafür keine Vorschrift.

Schallsignale

Fahrzeuge von 20 m und mehr Länge müssen zusammen mit dem akustischen Signal ein gleichlanges gelbes, von allen Seiten zu sehendes Lichtsignal geben. Kleinfahrzeuge, und damit praktisch alle Sportboote, brauchen das nicht. Bei Nebelsignalen mit der Glocke ist ebenfalls kein Lichtsignal erforderlich.

Schallsignale (soweit in KVR und SeeSchStrO nicht enthalten)

Signal	Bedeutung
● ● ● ●	Ich bin manövrierunfähig
● ● ● ● ●	Man kann mich nicht überholen
● ● ● ● ● ● ● Folge sehr kurzer Töne	Gefahr eines Zusammenstoßes
▬ ●	Ich wende über Steuerbord
▬ ● ●	Ich wende über Backbord
▬ ▬ ●	Ich will an Ihrer Steuerbordseite überholen
▬ ▬ ● ●	Ich will an Ihrer Backbordseite überholen
▬ ▬ ▬	Bei Ein- und Ausfahrt in und von Häfen und Nebenwasserstraßen: Ich will überqueren
▬ ▬ ▬ ●	Bei Ein- und Ausfahrt in und von Häfen und Nebenwasserstraßen: Ich will meinen Kurs nach Steuerbord richten
▬ ▬ ▬ ● ●	Bei Ein- und Ausfahrt in und von Häfen und Nebenwasserstraßen: Ich will meinen Kurs nach Backbord richten
● ▬ mindestens 15 min andauernd	Bleib-weg-Signal
▬ ▬ ▬ wiederholte lange Töne 🔔....🔔 🔔....🔔 Gruppen von Glockenschlägen	Notsignal

Nebelsignale
(mind. jede Min.)

Signal	Bedeutung
Schiffe in Fahrt	
▬	Einzeln fahrende Schiffe, Verbände und gekoppelte Schiffe
Stilliegende Schiffe	
🔔....🔔	(1 Gruppe von Glockenschlägen): »Ich liege auf der linken Fahrwasserseite!«
🔔....🔔 🔔....🔔	(2 Gruppen von Glokkenschlägen): »Ich liege auf der rechten Fahrwasserseite!«
🔔....🔔 🔔....🔔 🔔....🔔	(3 Gruppen von Glokkenschlägen): »Meine Lage ist unbestimmt!«

Talfahrer mit Radar geben bei Nebel 3 × hintereinander 3 ohne Unterbrechung aufeinanderfolgende Töne von verschiedener Höhe.

Lichterführung

Die BinSchStrO unterscheidet zwischen
- starken Lichtern mit einer Reichweite von 3 km,
- hellen mit einer Reichweite von 2 km,
- gewöhnlichen mit einer Reichweite von 1 km.

Ein Funkellicht hat 40 bis 60 Blitze in der Minute.

Gefährliche Güter

Schiffe mit brisanter Ladung – auch nicht entgaste Tankschiffe zählen dazu – sind nachts an einem, zwei oder drei blauen Rundumlichtern zu erkennen. Tags führen sie entsprechend einen, zwei oder drei blaue Kegel mit der Spitze nach unten. Die speziell für sie eingerichteten Liegeplätze sind mit einer blau-weißen Tafel mit der entsprechenden Anzahl von Kegeln markiert. Hier darf auf keinen Fall angelegt werden. Für den Rhein gilt: Mindestabstand gegenüber stilliegenden Schiffen, die ein(en), zwei oder drei blaue Kegel/Lichter führen:
- 10 m bei einem,
- 50 m bei zwei und
- 100 m bei drei dieser Signale.

Lichter und Signalkörper

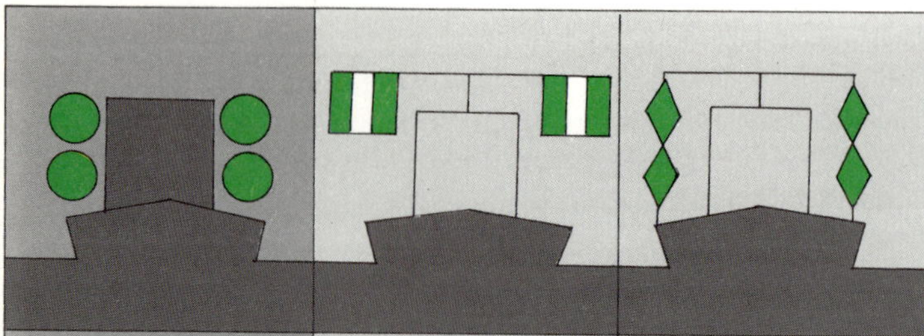

Schwimmende Geräte bei der Arbeit
Tags: Grün-weiß-grün gestreifte Tafeln an der oder den Seiten, an denen die Durchfahrt frei ist. Oder statt dessen zwei grüne Doppelkegel etwa 1 m übereinander.
Nachts: Zwei grüne Rundumlichter etwa 1 m übereinander an der oder den Seiten, an denen freie Durchfahrt möglich ist.

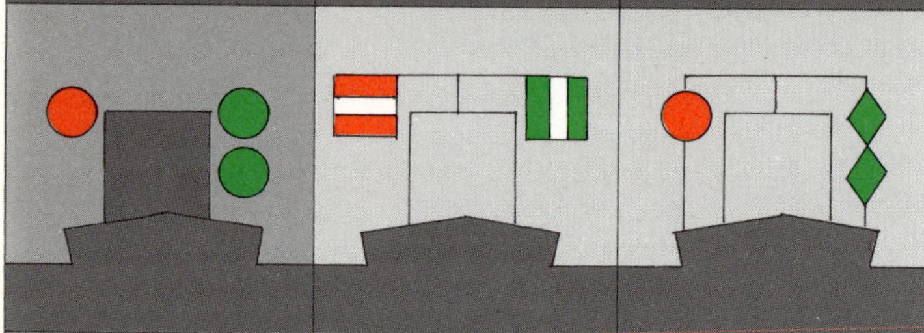

Wenn die Durchfahrt an einer Seite gesperrt ist
Tags: An der gesperrten Seite entweder eine rot-weiß-rote Tafel oder einen roten Ball.
Nachts: Ein rotes Rundumlicht, auf gleicher Höhe wie das obere grüne Rundumlicht auf der gegenüberliegenden Seite.

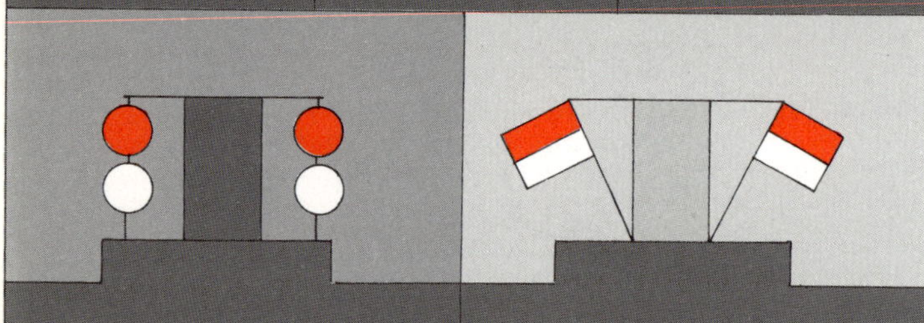

Schwimmende Geräte bei der Arbeit, die gegen Wellenschlag zu schützen sind
Tags: Rot-weiß gestreifte Flaggen, wenn die Durchfahrt an beiden Seiten frei ist.
Nachts: Rundumlichter rot etwa 1 m über weiß.

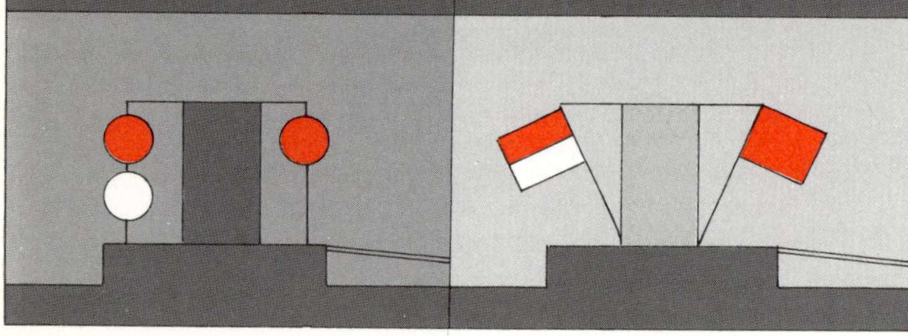

Wenn die Durchfahrt an einer Seite gesperrt ist
Tags: An der gesperrten Seite eine rote Flagge.
Nachts: 1 rotes Rundumlicht.

Tag- und Nachtsignale von schwimmenden Arbeitsgeräten im Fahrwasser (Teilsperrungen).

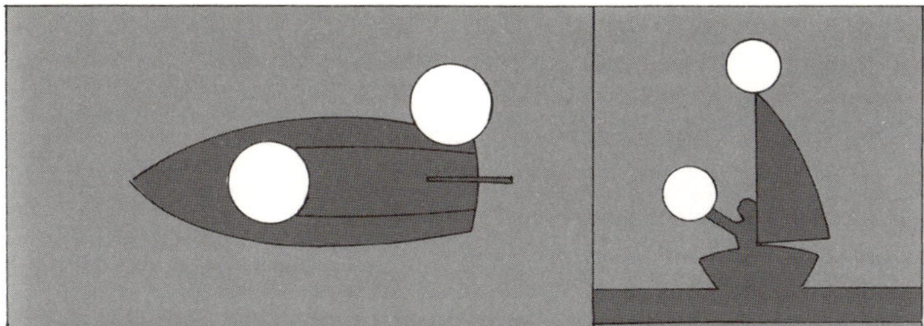

Segelboot unter Segeln unter 20 m Länge
Rundumlicht (weiß)
Bei Annäherung anderer Schiffe
ein 2. weißes Licht zeigen
(Segelboote unter Motor gelten als Motorboote)

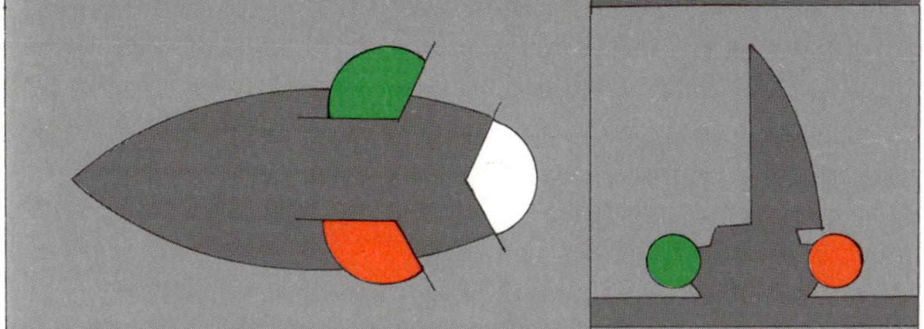

Oder
Seitenlichter (rot/grün)
Hecklicht (weiß)

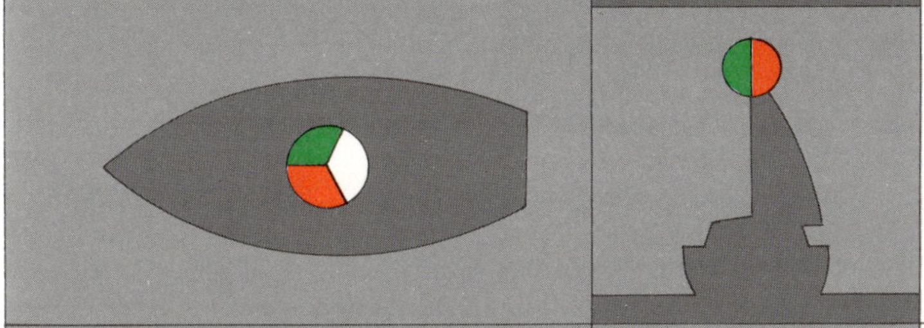

Oder
Seitenlichter (rot/grün)
und **Hecklicht** (weiß)
in einer Dreifarbenlaterne im Topp

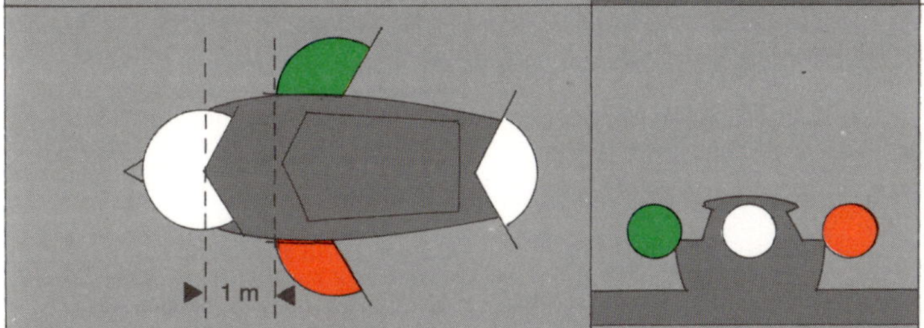

Motorboot unter 20 m Länge
Topplicht (weiß)
Gleiche Höhe wie Seitenlichter, aber mindestens 1 m davor
Seitenlichter (rot/grün)
Hecklicht (weiß)

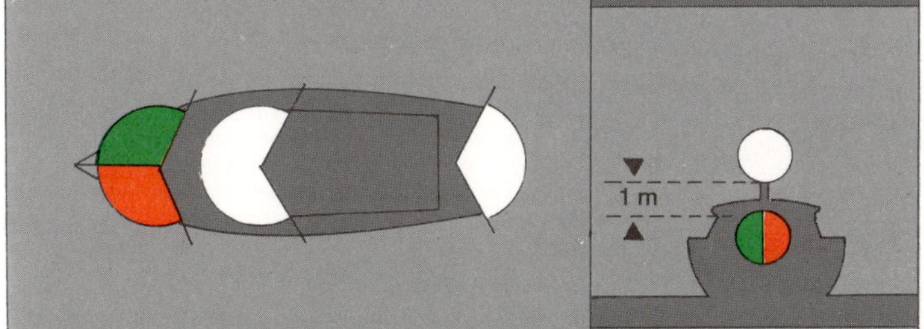

Oder
Topplicht (weiß)
mindestens 1 m höher als die Seitenlichter
Seitenlichter (rot/grün) in einer Zweifarbenlaterne am Bug
Hecklicht (weiß)

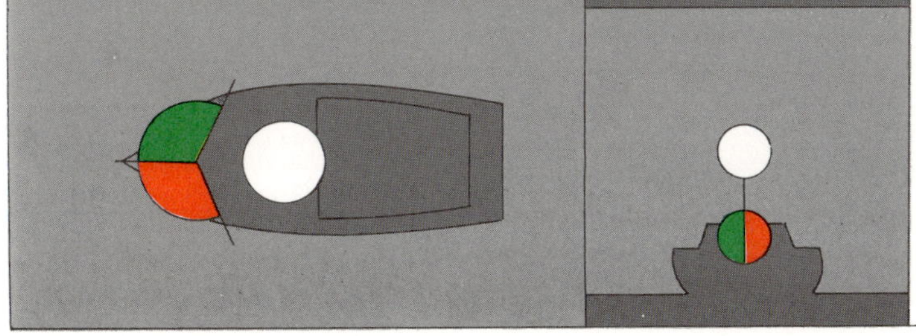

Oder
Rundumlicht (weiß)
anstelle des Topp- und Hecklichts
Seitenlichter (rot/grün)
in einer Zweifarbenlaterne am Bug

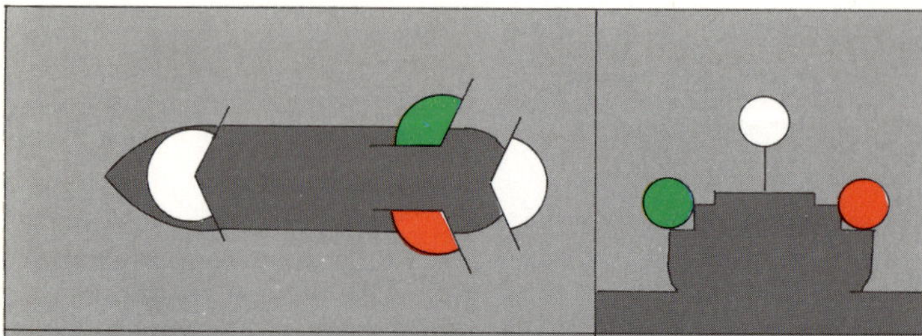

Schiff bis 110 m Länge
Topplicht (weiß)
Seitenlichter (rot/grün)
Hecklicht (weiß)
Die Seitenlichter werden mindestens 1 m niedriger als das Topplicht und meist achtern am Ruderhaus gefahren

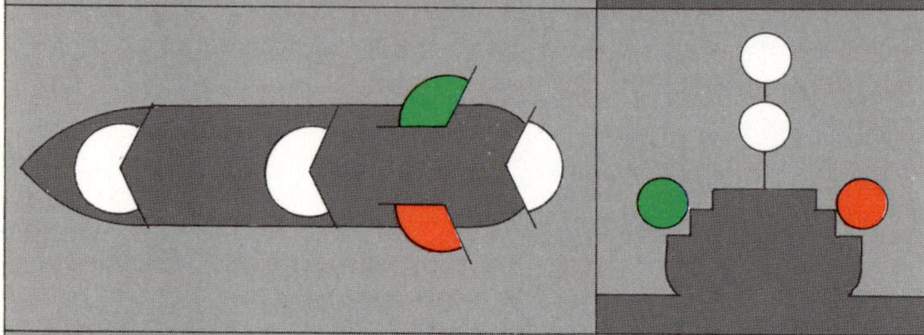

Schiff über 110 m Länge
2 Topplichter (weiß), das zweite achterlicher und höher als das erste
Seitenlichter (rot/grün)
Hecklicht (weiß)

Schleppverband
Der Schlepper:
2 Topplichter (weiß) senkrecht übereinander
Seitenlichter (rot/grün) **Hecklicht** (gelb).
Jedes geschleppte Fahrzeug: **Rundumlicht** (weiß), falls länger als 110 m ein **2. Rundumlicht** hinten in gleicher Höhe.
Das letzte Fahrzeug führt für den Verband das **Hecklicht** (weiß); ist es ein »Kleinfahrzeug«, führt es kein Licht.
Bei Tage: Der Schlepper: **Gelber Zylinder** mit oben und unten je einem **schwarzen und weißen Streifen**
Jedes geschleppte Fahrzeug: **Rote Flagge mit weißem Quadrat.** Das letzte: **Gelber Ball.** Ein »Kleinfahrzeug« führt nichts.

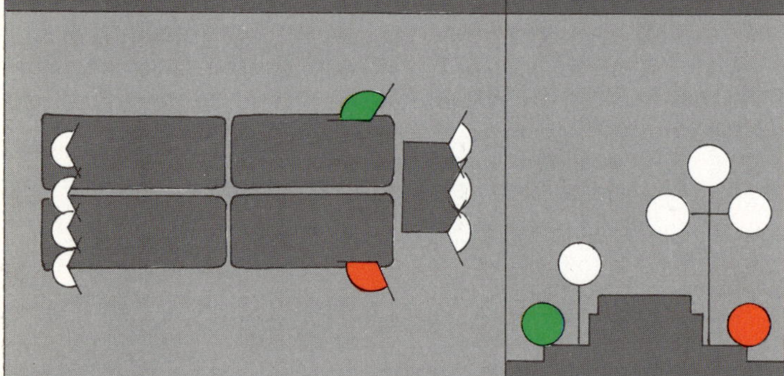

Schubverband über 110 m Länge (2er Päckchen) **3 Topplichter** (weiß) auf dem Vorschiff des Fahrzeuges an der Spitze. Anordnung in Form eines gleichseitigen Dreiecks. Die unteren etwa 1,25 m auseinander, das obere 1,10 m darüber. **Topplicht** (weiß), 3 m unter dem oberen Topplicht, auf jedem »Päckchen«, dessen ganze Breite von vorn zu sehen ist. **Seitenlichter** (rot/grün) **3 Hecklichter** (weiß) 1,25 m auseinander.
Schubverbände unter 110 m Länge führen Lichter wie gewöhnliche Schiffe bis 110 m Länge.

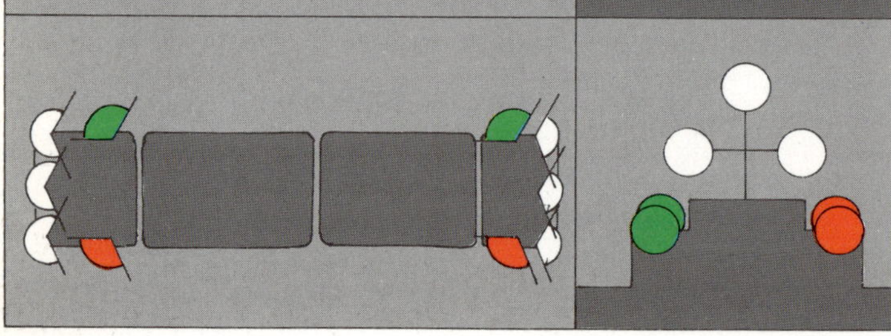

Gelenkverbände über 110 m Länge
3 Topplichter (weiß) gleiche Anordnung wie Schubverbände
2 Paar Seitenlichter (rot/grün) vorne und achtern
3 Hecklichter (weiß) gleiche Anordnung wie Schubverband

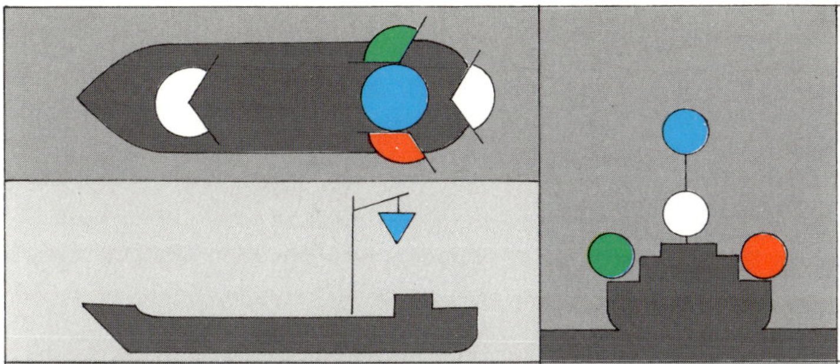

Schiff mit feuergefährlichen Gütern
Topplicht (weiß)
Seitenlichter (rot/grün)
Hecklicht (weiß)
Rundumlicht (blau) auf dem Achterschiff
Bei Tage:
Blauer Kegel Spitze nach unten

Schiff mit Ammoniak oder gleichgestellten Gütern
Topplicht (weiß)
Seitenlichter (rot/grün)
Hecklicht (weiß)
2 Rundumlichter (blau) auf dem Achterschiff
Bei Tage:
2 blaue Kegel Spitze nach unten übereinander

Schiff mit explosionsgefährlichen Gütern
Topplicht (weiß)
Seitenlichter (rot/grün)
Hecklicht (weiß)
3 Rundumlichter (blau) auf dem Achterschiff
Bei Tage:
3 blaue Kegel Spitze nach unten

Begegnen an Steuerbord
(nur Großschiffahrt)
Weißes Funkellicht (kann mit hellblauer Tafel gekoppelt sein) an Steuerbord

Bei Tage:
Hellblaue Tafel mit 5 cm breitem **weißen Rand** und **weißem Funkellicht** an Steuerbord

Stilliegende Schiffe
Weißes Rundumlicht
auf der Fahrwasserseite

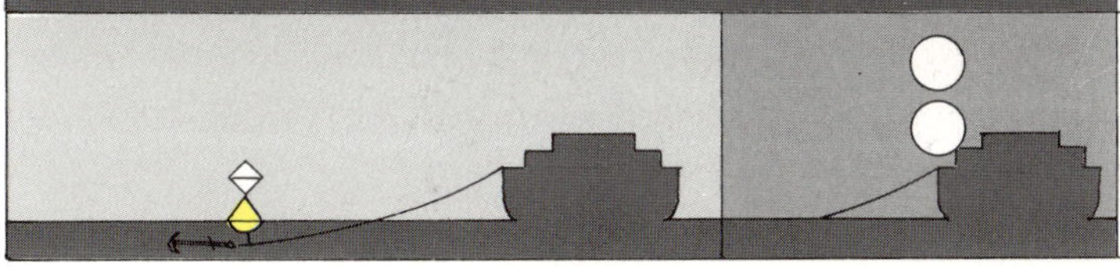

Ankerlieger deren Anker die Schiffahrt gefährden können
2 weiße Rundumlichter 1 m übereinander auf der Fahrwasserseite

Tagsüber muß der Anker gekennzeichnet sein durch
Gelben Döpper mit **Radarreflektor**

Fahrwassertonnen und Baken

Fahrwasser sind häufig durch Tonnen oder Baken begrenzt oder markiert. Die Bezeichnung rechts und links bezieht sich auf Binnenwasserstraßen stets auf die Richtung von der Quelle zur Mündung – auf die Fahrt zu Tal.
Bestimmte Gewässer oder Gewässerteile können gänzlich oder vorübergehend für den Schiffsverkehr gesperrt werden. Diese Sperrgebiete sind entweder durch gelbe Bojen begrenzt oder durch am Ufer aufgestellte Tafeln, weiß mit rotem Rand und rotem Querstrich über dem schwarzen Symbol für die Sperrung, beispielsweise Propeller, Wasserskiläufer oder Surfer.
Höchstgeschwindigkeit für Motorboote auf den Binnenschiffahrtsstraßen: 40 km/h.

Schleusen

Die Ein- und Ausfahrt in die Schleusenkammer wird im allgemeinen bei Tag und Nacht durch Ampeln geregelt. Sie stehen auf einer oder auf beiden Seiten der Schleusenkammer. Gibt es mehrere Schleusenkammern, bezeichnen zwei weiße Blinklichter die jeweils zu benutzende Kammer. Vorrang haben jedoch im Zweifelsfall die direkten Anweisungen des Schleusenpersonals.
Gibt es spezielle Sportboot-Schleuen, darf die große Schleuse nur ausnahmsweise, auf Anweisung des Schleusenpersonals, benutzt werden. Sportboote haben in allgemeinen Schleusen kein Anrecht auf Einzelschleusung. Sie können nur in einer Gruppe oder zusammen mit anderen Schiffen geschleust werden. Sie dürfen erst nach der Großschiffahrt in einem angemessenen Sicherheitsabstand in die Schleusenkammer einlaufen. Sofern an den Schleusenwänden Grenzen markiert sind, dürfen diese nicht überschritten werden. Vor geschlossenen Toren ist ein Mindestabstand von 100 m zu halten.
Betriebseinrichtungen der Schleusen und Wehre dürfen – soweit dies für Bootsschleusen nicht ausdrücklich zugelassen ist – nicht eigenmächtig betreten oder bedient werden. Ein Liegenbleiben im Schleusenbereich ist nur mit Genehmigung der Aufsicht gestattet.

Linke Fahrwasserseite	
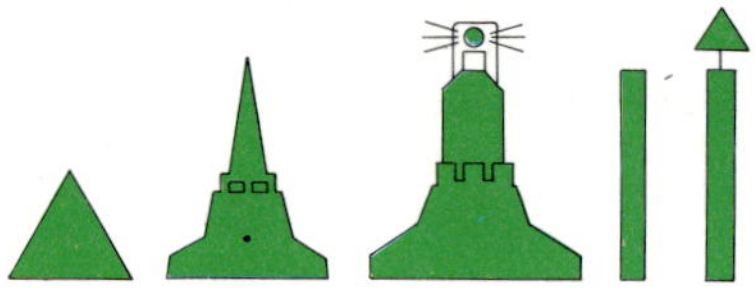	Grüne Spitz- oder Leuchttonnen oder Schwimmstangen. Toppzeichen, wenn vorhanden: Grüner Kegel mit der Spitze nach oben. Feuer (wenn vorhanden): Grünes Taktfeuer. In der Regel mit Radarreflektor.
	**Gefährliche Punkte und Hindernisse in oder an der Wasserstraße** Grün-weiß gestreifte Spieren- oder Leuchttonnen oder Schwimmstangen. Toppzeichen: Grüner Kegel mit der Spitze nach oben. Feuer (wenn vorhanden): Grünes Taktfeuer. In der Regel mit Radarreflektor. Am Ufer: Weiß-grüne Stange mit grünem Kegel, Spitze nach oben.
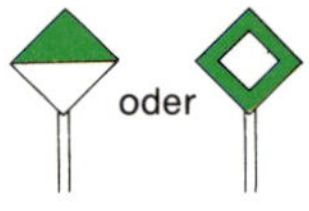	Verlauf der Fahrrinne am linken Ufer.
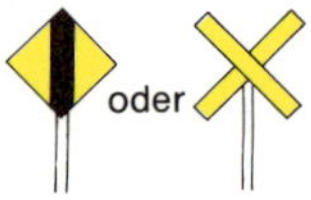	Übergang der Fahrrinne vom linken zum rechten Ufer.

Rechte Fahrwasserseite	
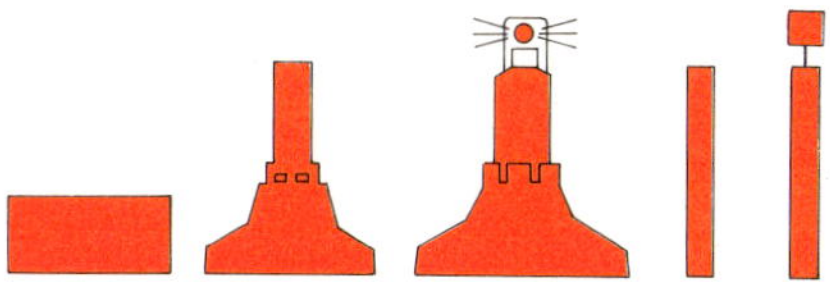	Rote Stumpf- oder Leuchttonnen oder Schwimmstangen (Bober). Toppzeichen, wenn vorhanden: Roter Zylinder. Feuer (wenn vorhanden): Rotes Taktfeuer. In der Regel mit Radarreflektor.
	**Gefährliche Punkte und Hindernisse in oder an der Wasserstraße** Rot-weiß gestreifte Spieren- oder Leuchttonnen oder Schwimmstangen. Toppzeichen: Roter Zylinder. Feuer (wenn vorhanden): Rotes Taktfeuer. Am Ufer: Weiß-rote Stange mit rotem Kegel, Spitze nach unten.
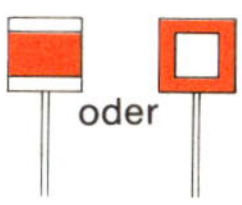	Verlauf der Fahrrinne am rechten Ufer.
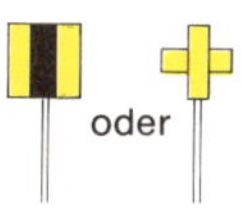	Übergang der Fahrrinne vom rechten zum linken Ufer.

Fahrwassermitte	
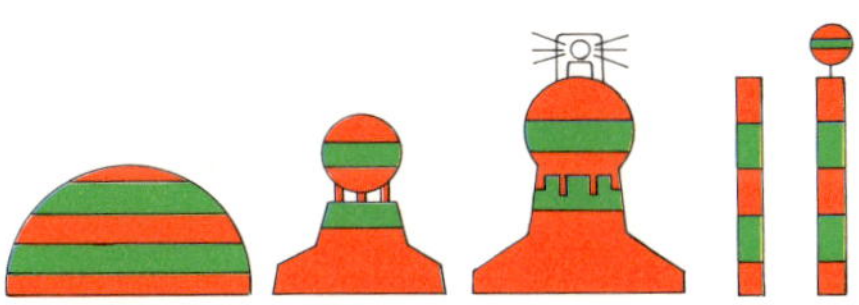	**Fahrrinnenspaltung** Rot-grün waagerecht gestreifte Tonnen mit Kugeltoppzeichen, Kugel- oder Leuchttonne oder Schwimmstangen. Feuer (wenn vorhanden): Weißes Funkel- oder Gleichtaktfeuer.
	**Hindernisse im Fahrwasser (Spaltung)** Rot-grüne Stangen. Toppzeichen: Roter Kegel, Spitze nach unten, über grünem Kegel, Spitze nach oben. Feuer (wenn vorhanden): Weißes Funkel- oder Gleichtaktfeuer.
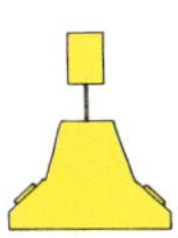	Radartonne zur Bezeichnung gefährlicher Hindernisse im Fahrwasser wie Brückenpfeiler.

Ge- und Verbotstafeln (soweit sie nicht mit denen der SeeSchStrO übereinstimmen, beziehungsweise für die Sportschifffahrt wichtig sind)

Tafel	Bedeutung
	Gebot, die Fahrrinne nach Backbord bzw. Steuerbord anzusteuern
	Gebot, die Backbord- bzw. Steuerbordseite der Fahrrinne beizubehalten
	Gebot, die Fahrrinne nach Backbord bzw. Steuerbord zu überqueren
	Gebot zu besonderer Vorsicht
	Wendeverbot bzw. Wendeplatz
	Einmündung einer Nebenwasserstraße (hier von rechts) in eine durchgehende bzw. Kreuzung einer durchgehenden mit einer Nebenwasserstraße
	Gebot, die Vorfahrt zu beachten bei Einmündung in ein durchgehendes Fahrwasser bzw. bei dessen Kreuzung
	Befahren der Wasserfläche nicht erlaubt (mit Ausnahme von Kleinfahrzeugen ohne Maschinenantrieb)
	Hinweis auf beschränkte Wassertiefe (hier 2 m) bzw. beschränkte Durchfahrtshöhe (hier 6 m)

Tafel	Bedeutung
	Gebot bzw. Empfehlung, in Richtung des Pfeils bzw. vom festen zum Gleichtaktlicht zu fahren
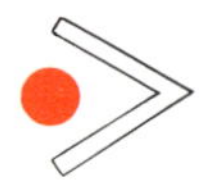	Verbot einer Einfahrt in einen Hafen oder eine Nebenwasserstraße, wenn das rote Licht brennt
	Abstand vom (rechten) Ufer halten (hier 40 m)
	Wehr
	Nicht frei fahrende Fähre
	Besonders gekennzeichnete Liegeplätze. Nur hier dürfen auch Sportboote festmachen. Bei allen anders gekennzeichneten Liegeplätzen ist Anlegen für Sportboote verboten
	Wasserskiverbot
	Fahrverbot für Segelboote
	Surfverbot
	Fahrverbot für Fahrzeuge mit Maschine
	Fahrverbot für alle Sportboote

Sperr- und Freigabesignale

bei Nacht	bei Tage	Bedeutung
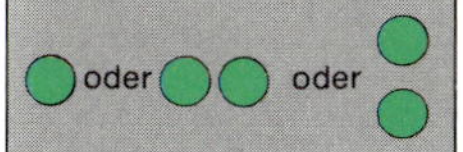		Durchfahrt, Ein- oder Auslaufen gestattet
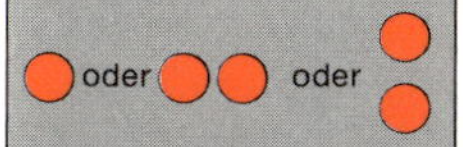	 oder 	Durchfahrt, Ein- oder Auslaufen verboten

Der Bodensee

Hier gilt die »Verordnung über die Schiffahrt auf dem Bodensee (Bodensee-Schiffahrts-Ordnung – BodenseeSchO)«.

Patentpflicht Zur Führung eines Segelfahrzeuges mit mehr als 12 m^2 Segelfläche ist ein Schifferpatent (Kategorie D), für ein maschinengetriebenes Fahrzeug mit mehr als 4,4 kW (6 PS) ein Schifferpatent der Kategorie A, für ein Segelfahrzeug mit Motor, dessen Maschinenleistung 4,4 kW übersteigt, sind beide Patente erforderlich.

Wer die Rheinstrecke zwischen Stein am Rhein und der Straßenbrücke Schaffhausen-Feuerthalen befahren will, muß in der Schiffsführerprüfung eingehende Kenntnisse dieser Fahrwasserstrecke nachweisen und im praktischen Teil zeigen, daß er sich auf dieser Strecke nautisch richtig verhalten kann. Alle Patente können in einem Zug erworben werden.

Der Besitz eines Führerscheins des Deutschen Segler-Verbandes befreit *nicht* von der Patentpflicht, jedoch erspart die Vorlage des Sportbootführerscheins Binnen des DSV und des DMYV den praktischen Teil der Schiffsführerprüfung. Er wird auch befristet als Schifferpatent anerkannt. Die Anerkennung ist durch eine Bescheinigung der drei Landratsämter am Bodensee nachzuweisen; sie darf jedoch höchstens für die Dauer eines Monats innerhalb eines Jahres ausgesprochen werden.

Nicht am Bodensee ansässige Teilnehmer segelsportlicher Veranstaltungen sind für deren Dauer und eine angemessene Trainingszeit von der Patentpflicht befreit. Sie werden von den ausrichtenden Vereinen den zuständigen Behörden namentlich gemeldet.

Zulassung Fahrzeuge mit Maschinenantrieb und Segelfahrzeuge, die mit Wohn-, Koch- oder sanitären Einrichtungen ausgerüstet sind, dürfen nur in Betrieb genommen werden, wenn sie zugelassen sind (Zulassungsurkunde). Die der Zulassung vorhergehende Untersuchung kann entfallen, wenn durch die Bescheinigung einer amtlich anerkannten Untersuchungsstelle nachgewiesen wird, daß Bau und Ausrüstung des Fahrzeuges den Anforderungen der BodenseeSchO genügen.

Kennzeichnung Jedes Fahrzeug muß mit einem von der zuständigen Behörde zugeteilten Kennzeichen versehen ein. Ausgenommen sind lediglich Boote ohne Motor von weniger als 2,50 m Länge. Das Kennzeichen ist auf beiden Seiten des Bootes gut sichtbar anzubringen. Schriftzeichen (lateinisch) und Ziffern (arabisch) müssen mindestens 8 cm hoch und entsprechend breit und stark sein. Der Kennzeichenpflicht ist genügt, wenn das Fahrzeug ein von einer anderen Behörde, die für ein anderes deutsches, österreichisches oder schweizerisches schiffbares Gewässer zuständig ist, erteiltes Kennzeichen trägt.

Zuständig für Untersuchung und Zulassung der Fahrzeuge, Zuteilung der Kennzeichen, Abnahme der Schiffsführerprüfung und Erteilung der Bodensee-Schifferpatente sind die Landratsämter
Konstanz (Schiffahrtsamt),
Bodenseekreis in Friedrichshafen und
Lindau.

Einzelheiten über Zulassung, Patente, Gebühren usw. sind aus einem bei diesen Landratsämtern erhältlichen Merkblatt zu entnehmen.

Fahr- und Ausweichregeln Alle Fahrzeuge sind gegenüber Vorrangfahrzeugen – kenntlich an einem grünen Ball –, Schleppverbänden und Fahrzeugen der Berufsfischer, die einen weißen Ball führen, ausweichpflichtig. Außerdem haben sie ihnen gegenüber einen Mindestabstand von 50 m einzuhalten.

Segler haben Wegerecht gegenüber anderen Wasserfahrzeugen; ausgenommen Vorrangfahrzeuge, Schleppverbände und Berufsfischer.

Fahrzeuge, die aus einem Hafen auslaufen, haben gegenüber einfahrenden Vorrang. Ausgenommen wiederum Vorrangschiffe, Schleppverbände und Schiffe in Not.

Im übrigen gelten die gleichen Ausweichregeln wie auf den anderen Gewässern.

Höchstgeschwindigkeit
- Bodensee einschließlich Untersee 40 km/h
- Alter Rhein und Seerhein 10 km/h
- Hochrhein 20 km/h bei Talfahrt, 10 km/h bei Bergfahrt

Uferzone Fahrzeuge mit Maschinenantrieb dürfen nicht näher als 300 m an das Ufer oder den ihm vorgelagerten Schilfgürtel heranfahren, ausgenommen beim An- oder Ablegen (es ist dabei der kürzeste Weg einzuhalten und nicht schneller als 10 km/h zu fahren) oder zum Stilliegen.

Schallsignale (sofern sie von denen der anderen Verkehrsverordnungen abweichen)

Signal	Bedeutung
▬	Achtung oder Ich halte meinen Kurs bei oder Nebelsignal, ausgenommen Vorrangschiffe oder Brückendurchfahrtsignal
▬ ▬	Nebelsignal der Vorrangschiffe
▬ ▬ ▬	Hafeneinfahrtsignal der Vorrangschiffe, Schleppverbände und Fahrzeuge in Not
●● 3× pro Minute oder anhaltendes Glockenläuten	Nebelsignal der Häfen, Landestellen und Nebelwarnanlagen

Lichterführung Die Sichtweite muß in dunkler Nacht bei klarer Luft etwa 4 km für ein helles weißes Licht und 2 km für ein gewöhnliches betragen; für ein rotes oder grünes Licht gelten 3 km (hell) bzw. 1,5 (gewöhnlich).
Maschinengetriebene Fahrzeuge in Fahrt führen ein weißes helles Licht als Topplicht (Buglicht), an Steuerbord ein grünes helles und an Backbord ein rotes helles Licht sowie ein weißes gewöhnliches als Hecklicht. Sportboote können anstelle der hellen Lichter gewöhnliche führen.
Für Sportboote oder Fahrzeuge der Fischerei, deren Maschinenleistung 4,4 kW nicht übersteigt, genügt ein weißes gewöhnliches Rundumlicht. Segler oder geschleppte Fahrzeuge führen in Fahrt ein weißes gewöhnliches Rundumlicht.
Vorrangfahrzeuge führen ein grünes helles Rundumlicht mindestens 1 m über dem Topplicht.

Sturmwarndienst

Zur Sturmwarnung sind rings um den Bodensee orangefarbene Drehscheinwerfer aufgestellt.
– 40 Intervalle in der Minute bedeuten Vorwarnung. Sie dient als Hinweis, daß jäh einsetzende Winde wahrscheinlich sind.
– 90 Intervalle in der Minute signalisieren Sturmwarnung (Beaufort 6). Das heißt für Sportboote, sofort den nächsten Hafen aufsuchen.
Ein generelles Fahrverbot bei Vor- und Sturmwarnung besteht nur für die schweizerische Seite des Bodensees, nicht für den deutschen Bereich.

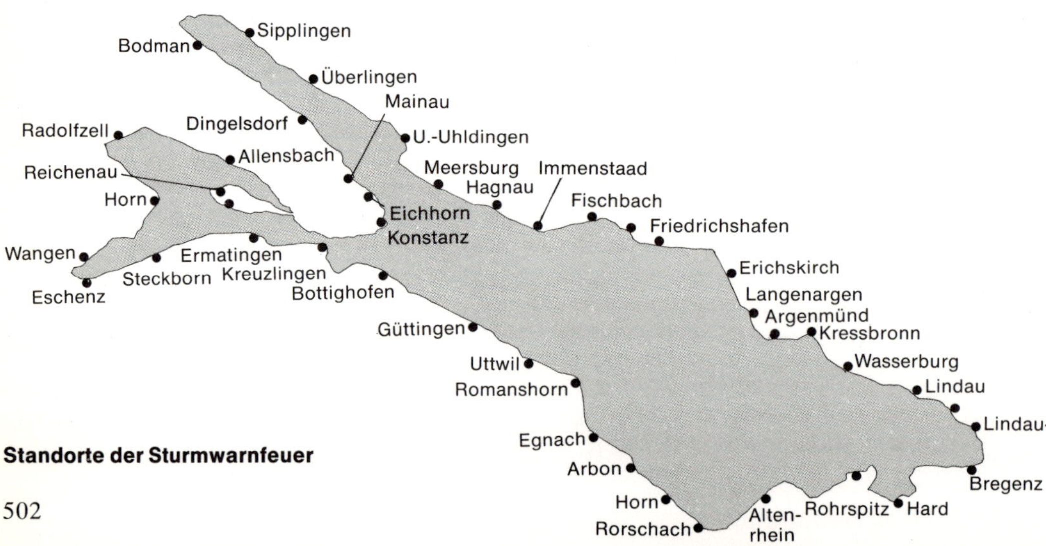

Standorte der Sturmwarnfeuer

Die bayerischen Gewässer

Auf den bayerischen Gewässern, mit Ausnahme des Bodensees (dort gilt die Bodensee-Schiffahrts-Ordnung), der Donau ab Kelheim (dort gilt die DonauSchPVO) und des Main-Donau-Kanals (dort gilt die BinSchStrO) gelten die Vorschriften der Bayerischen Landesverordnung für die Schiffahrt auf den bayerischen Gewässern (Schiffahrtsordnung – SchO).

Genehmigung, Zulassung und TÜV-Untersuchung Motorboote bedürfen grundsätzlich der Genehmigung, der Zulassung und der TÜV-Untersuchung. Segelboote mit einer eingebauten Wohn-, Koch- oder sanitären Einrichtung oder mit einem Hilfsmotor über 4 kW ebenfalls.

Segelboote, die mit einem Hilfsmotor bis 4 kW ausgerüstet sind, unterliegen nur der Zulassungspflicht.

Segelboote, die länger als 9,20 m sind und weder einen Hilfsmotor noch eine Einrichtung haben, bedürfen der Genehmigung.

Kennzeichnung Alle zulassungspflichtigen Boote erhalten amtliche Kennzeichen, die an beiden Seiten an gut sichtbarer Stelle angebracht werden und mindestens 8 cm hoch sein müssen. Für Kennzeichnung, Zulassung und Genehmigung sind die Landratsämter zuständig.

Amtliche Kennzeichen anderer Wasser- und Schiffahrtsbehörden werden anerkannt. Nicht anerkannt werden jedoch die Verbandskennzeichen des Deutschen Segler-Verbandes und Deutschen Motoryachtverbandes.

Fahrt mit Hilfsmotor Segelboote dürfen ihren Hilfsmotor nur einsetzen, um Boot und Besatzung bei auftretenden Gefahren in Sicherheit zu bringen. Dazu zählt auch der Einbruch der Dunkelheit (ab 1 Stunde vor Sonnenuntergang bei gleichzeitiger Flaute). Soweit es die Wind- und Stromverhältnisse erfordern, darf der Hilfsmotor auch zum Ein- und Auslaufen im Hafenbereich oder in einem Bojenfeld benutzt werden.

Uferzone und Sperrungen Motorboote müssen 300 m, Segelboote und Surfer 100 m Abstand zum Ufer einhalten. Die Uferzonen dürfen nur zum An- und Abfahren auf kürzestem Wege passiert werden.

Die Berliner Gewässer

Die Binnenschiffahrtsstraßen-Ordnung gilt auch auf den Gewässern Berlins. Ergänzt wird sie durch einige Sonderbestimmungen, die auch die Sportschiffahrt betreffen.

Fahrverbot für Motorboote besteht grundsätzlich nachts in der Zeit von 22 Uhr bis 5 Uhr und vom 1. Mai bis 30. September zwischen 12 Uhr und 15 Uhr an Samstagen, Sonn- und Feiertagen.

Führerscheinpflicht Für Segelboote mit mehr als 3 m^2 Segelfläche und alle Motorboote ist der Sportbootführerschein Binnen Segel/Motor des DSV oder DMYV erforderlich.

Registrierpflicht besteht für alle Segel- und Motorboote.

Behörden und Institutionen

Aufgeführt sind hier nur diejenigen, die für die Sportschiffahrt wichtig oder interessant sind.

Die Schiffsregisterbehörden

Nach den Vorschriften der Binnenschiffahrtsstraßen-Ordnung und der Schiffahrtspolizei-Verordnungen für Rhein, Mosel und Donau müssen Boote auf Binnengewässern mit mehr als 10 m^3 Verdrängung ins Binnenschiffsregister eingetragen werden. Voraussetzung ist eine **Eichbescheinigung** des nächstgelegenen Schiffseichamtes und eine binnenbords anzubringende Eichplakette.

Yachten auf See mit einer Rumpflänge über 15 m müssen, Yachten unter 15 m können ins Seeschiffsregister eingetragen werden. Voraussetzung für die Eintragung ist der **Schiffsmeßbrief.** Die Register führt das zuständige Binnenschiffs- beziehungsweise Seeschiffs-Registergericht.

Der Eigner muß deutscher Staatsbürger sein und seinen Wohnsitz im Geltungsbereich des Grundgesetzes haben. Als Nachweis der Registrierung erhält er das **Schiffszertifikat.** Es bescheinigt sein Eigentum am Schiff und das Recht, die Flagge der Bundesrepublik zu führen.

Die Schiffsvermessung nimmt das Bundesamt für Seeschiffahrt und Hydrographie vor und stellt danach den Schiffsmeßbrief aus. Es gibt zwei unter-

schiedliche Vermessungsverfahren: nach den London-Regeln für Yachten über 24 m und ein vereinfachtes für Yachten unter 24 m Länge.
Schiffszertifikat und Eichbescheinigung beziehungsweise Schiffsmeßbrief für Seeschiffe sind stets an Bord mitzuführen und sichern dem Eigner und seinem Schiff im Ausland diplomatischen Schutz durch die Vertretung der Bundesrepublik Deutschland.

Seeämter und Bundesoberseeamt

Es ist Aufgabe der in den wichtigsten deutschen Hafenstädten ansässigen Seeämtern und des in Hamburg eingerichteten Bundesoberseeamtes, »in einem in Anlehnung an die Strafprozeßordnung geordneten Verfahren die Ursachen von Seeunfällen deutscher Schiffe zu ermitteln. . .«
Besetzt ist ein Seeamt mit einem Vorsitzenden, der die Befähigung zum Richteramt hat, und vier Beisitzern. Die Funktion des Staatsanwalts nimmt der Bundesbeauftragte wahr. Als »Beteiligte« des Verfahrens gelten alle, die an dem Unfall beteiligt waren. Beteiligte haben das Recht auf fachlichen und juristischen Beistand, auf Gehör, Einsicht in die Niederschriften sowie Fragen und Anträge zu stellen und den Vorsitzenden und/oder seine Beisitzer abzulehnen.
Seit dem Inkrafttreten des neuen Seeunfall-Untersuchungsgesetzes am 1. Oktober 1986, müssen alle Sportbootunfälle ebenfalls untersucht werden, auch die deutscher Boote im Ausland. Gleichgültig, ob jemand dabei verletzt worden ist oder nicht.
Das Untersuchungsergebnis wird am Schluß der Hauptverhandlung in einem Spruch verkündet. Im Spruch kann Patentinhabern die Gewerbebefugnis entzogen werden. Bei Führerscheininhabern von Sportfahrzeugen kann den ausstellenden Verbänden die Einziehung empfohlen werden.
Gegen den Spruch des Seeamtes kann Berufung beim Bundesoberseeamt eingelegt werden. Seeämter und Bundesoberseeamt verhängen auch bei Schuldfeststellung keine Strafen. Das ist Sache der ordentlichen Gerichte, für die Seeamtssprüche den Wert von Gutachten haben, an die sie aber nicht gebunden sind.

Strandämter

In vielen Küstenorten sind Strandämter mit einem Strandhauptmann und Strandvögten eingerichtet worden. Sie sind in ihrem Strandabschnitt für Hilfsmaßnahmen bei Seenotfällen zuständig und fungieren als Fundbüro. Alle am Strand oder auf See geborgenen oder gefundenen Gegenstände sind beim Strandamt abzuliefern. Gegebenenfalls kann dort auch ein Bergelohn beantragt werden.

Die Wasser- und Schiffahrtsdirektionen und Wasser- und Schiffahrtsämter

Die Wasser- und Schiffahrtsdirektionen (WSD) als Bundesbehörden und die Wasser- und Schiffahrtsämter (WSA) als Länderbehörden nehmen die Schiffahrts- und strompolizeilichen Aufgaben des Bundes und der Länder wahr. Sie erteilen auf Grund dieser Ermächtigung schiffahrtspolizeiliche Anordnungen, beispielsweise Sperrungen, Fahranweisungen usw. und sind zuständig für die Betonnung und Befeuerung und die Kennzeichnung von Wassersportfahrzeugen.

Das Bundesamt für Seeschiffahrt und Hydrographie

Das Bundesamt für Seeschiffahrt und Hydrographie (BSH) ist eine Bundesoberbehörde im Bereich des Bundesministers für Verkehr mit Sitz in Hamburg; Zweigstellen befinden sich in allen größeren Hafenstädten. Das BSH führt u. a. die Vermessung der deutschen Küstengewässer und zum Teil auch der Ozeane durch, gibt nautische Hilfsmittel wie Seekarten, Seehandbücher, Leuchtfeuerverzeichnisse, den *Nautischen Funkdienst*, das *Nautische Jahrbuch*, Gezeitentafeln und Gezeitenstromatlanten sowie Monatskarten heraus und sorgt für laufende Berichtigungsmöglichkeiten dieser Drucksachen durch die *Nachrichten für Seefahrer* (NfS). Dringende nautische Mitteilungen, Sturmflutwarnungen und Zeitzeichen werden durch Funk bzw. Rundfunk verbreitet. Außerdem prüft und testiert das BSH nautische Instrumente und Positionslaternen und führt Baumusterprüfungen durch.
Es nimmt – wie bereits erwähnt – die Schiffsvermessung vor und stellt *Flaggenzertifikate* aus.

Der Germanische Lloyd

Der Germanische Lloyd (GL) ist die deutsche Klassifikationsgesellschaft mit Sitz der Hauptverwaltung in Hamburg. Seine Tätigkeit erstreckt sich

im wesentlichen auf die Herausgabe von Bauvorschriften für Schiffe, deren Antriebsanlagen und technische Ausrüstung. Auf die Beaufsichtigung der Neubauten auf den Werften und des Baus der Antriebsanlagen und bestimmten Zubehörs in den entsprechenden Fabriken und deren Umbauten. Auf periodische Kontrolle des Zustandes des fertigen Schiffes und seiner Antriebsanlage, Ausstellung entsprechender Zertifikate und Herausgabe von Schiffslisten unter Angabe der Klassenzugehörigkeit.
Speziell für Yachten sind Einzelprüfungen und Serienüberwachung zu unterscheiden. Im ersten Fall wird die Yacht unter systematischer Kontrolle des GL gebaut und erhält nach Fertigstellung das Klassenzertifikat (+100 A5). Das muß nach fünf Jahren erneuert werden. Bei der Serienüberwachung wird nur der Prototyp vom GL abgenommen. Die Yachten der anschließenden Baureihe erhalten eine Serienbescheinigung (Typgeprüft).
Grundlage sind hier die *Vorschriften für den Bau und die Klassifikation von Yachten* und die *Richtlinien für den Bau und die sicherheitstechnische Ausrüstung kleiner Wassersportfahrzeuge.*
Das Klassenzertifikat garantiert ein allen Anforderungen gerechtes Schiff, kann Prämienersparnisse bei Versicherungsgesellschaften erbringen, erhöht häufig den Wiederverkaufswert und kann bei internationalen Seeregatten als Voraussetzung zur Teilnahme verlangt werden.

Die See-Berufsgenossenschaft

Die See-Berufsgenossenschaft (SeeBG) – Sitz der Hauptverwaltung in Hamburg – ist eine von den schiffahrttreibenden und damit verwandten Betrieben getragene Gesellschaft, die u. a. auf der Grundlage der Bundesversicherungsordnung den Arbeitnehmern Versicherungsschutz bei Betriebsunfällen gewährt. Um Unfälle einzuschränken, hat sie unter Aufsicht des Bundesministeriums für Arbeit und beraten vom Germanischen Lloyd Unfallverhütungsvorschriften (UVV) herausgegeben, die von ihr in Zusammenarbeit mit dem GL überwacht werden. Ein Teil dieser Vorschriften wird auch für Eigner von Yachten zwingend, sobald sie bezahlte Kräfte, beispielsweise Bootsleute, beschäftigen. Abgesehen davon, sollte man sich auf großen Yachten mit entsprechenden Einrichtungen ohnehin, wo immer möglich, an die Unfallverhütungsvorschriften der SeeBG halten.

Schiffspapiere

Folgende Papiere müssen oder sollten auf einer seegehenden Yacht mitgeführt werden:
- das Schiffszertifikat und der Schiffsmeßbrief, falls die Yacht im Schiffsregister eingetragen ist. (Verpflichtung für Yachten über 15 m Rumpflänge),
- der Internationale Bootsschein für Wassersportfahrzeuge (IBS) des Deutschen Segler-Verbandes beziehungsweise Deutschen Motoryachtverbandes (Yachten bis 15 m Rumpflänge),
- das Flaggenzertifikat – Rechtslagebescheinigung (nur für Frankreich erforderlich),
- das Yachtzertifikat der Kreuzer-Abteilung des DSV,
- das Klassenzertifikat, falls die Yacht von einer Klassifikationsgesellschaft eine bestimmte Klasse erhalten hat,
- der Meßbrief, falls die Yacht zur Teilnahme an Regatten vermessen ist,
- Prüfungszeugnisse, soweit vorhanden, für nautische Geräte wie Kompaß, Sextant und Chronometer, sämtlich ausgestellt vom Bundesamt für Seeschiffahrt und Hydrographie,
- die Genehmigungsurkunde der Deutschen Bundespost Telekom zur Errichtung und zum Betrieb einer Seefunkstelle, sofern solche Einrichtungen an Bord sind. Dazu gehören Sende- und Empfangs-, Funkortungs- und Rundfunkanlagen,
- die Waffenbesitzkarte für die Signalpistole und der Munitionserwerbschein für die dazugehörige Signalmunition,
- mindestens für den Führer der Yacht der für das Boot und das zu befahrende Seegebiet gültige Führerschein des Deutschen Segler-Verbandes oder der amtliche Sportbootführerschein See oder der Sportsee- oder Sporthochseeschifferschein oder ein Befähigungszeugnis der Gruppe A oder B nach der deutschen Schiffsbesetzungsordnung.

Es empfiehlt sich, beglaubigte Abschriften oder Fotokopien dieser Papiere zu Hause aufzubewahren, um bei möglichem Verlust der Originalpapiere an Bord abgesichert zu sein.

Yachtzertifikat, Internationaler Bootsschein und Flaggenzertifikat

Um beim Ein- und Ausklarieren in ausländischen Häfen ein Ausweispapier für das Schiff zu schaffen, wurde von der Kreuzer-Abteilung des Deutschen Segler-Verbandes das sogenannte **Yachtzertifikat** herausgegeben. Es ist siebensprachig und enthält alle Einzelheiten der Yacht einschließlich ihrer technischen Ausrüstung. Es hat eine Gültigkeitsdauer von zwei Jahren und muß dann von der Kreuzer-Abteilung verlängert werden. Voraussetzung für die Ausstellung ist die Kenntnis der »Richtlinien für die Ausrüstung und Sicherheit seegehender Segelyachten« der Kreuzer-Abteilung. Dieses Yachtzertifikat ist jedoch kein amtliches Papier und verliert zunehmend an Bedeutung.
Amtlich dagegen ist als Ausweispapier der **Internationale Bootsschein für Wassersportfahrzeuge**, der ebenfalls alle zwei Jahre erneuert werden muß. Grundlage dafür ist die UNO-Resolution Nr. 13 der Wirtschaftskommission für Europa (ECE) vom 7. April 1976. Ausgegeben wird er vom Deutschen Segler-Verband (DSV) und vom Deutschen Motoryachtverband (DMYV).
In Frankreich wird der Internationale Bootsschein nur auf Binnengewässern anerkannt, wenn das Boot nicht länger als 15 m ist, nicht mehr als 15 Personen befördern und nicht schneller als 20 km/h (10,8 kn) fahren kann. Dort ist im übrigen ein **Flaggenzertifikat – Rechtslagebescheinigung** – erforderlich. Es wird ausgestellt vom Bundesamt für Seeschiffahrt und Hydrographie für Yachten, die nicht der Registerpflicht unterliegen. In zunehmendem Maße wird es aber auch von anderen Ländern gefordert als Nachweis von Yachten, die deutsche Flagge führen zu dürfen. So in Griechenland, Malta, Marokko, Polen und Portugal. Das Flaggenzertifikat ist 8 Jahre gültig.
Der **Standerschein** wird von einem Verbandsverein für seine Mitglieder ausgestellt und berechtigt zum Führen des Vereinsstanders.

Das Schiffstagebuch

Vor allem auf längeren Reisen ist es zweckmäßig, ein Schiffstagebuch oder Logbuch zu führen. Es kann als Unterlage für den Beweis einer sachgemäßen Schiffsführung und damit gegebenenfalls als Beweismittel vor einem Seeamt, einem Gericht oder auch Versicherungsgesellschaften gegenüber dienen. Dazu ist nicht erforderlich, daß es nach einem bestimmten Muster geführt wird; doch gibt es von der Kreuzer-Abteilung des Deutschen Segler-Verbandes herausgegebene Logbücher, deren Benutzung empfehlenswert ist.
Eingetragen werden sollen:
- Angaben über Wind und Wetter, Kurs, Fahrt, Abtrift, Strom, Schiffsortbestimmungen, aus denen nachträglich der Schiffsort für jeden Zeitpunkt ermittelt werden kann,
- Angaben über Segelführung und Benutzung der Maschine, Führen oder Zeigen von Lichtern und Signalkörpern, Abgabe von Nebel- oder sonstigen Signalen, Verhalten bei Nebel oder unsichtigem Wetter, Ankern und Ankerlichten, Schleppen oder Geschlepptwerden u. a.,
- die Namen der an Bord befindlichen Personen und jede Veränderung dazu,
- alle Unfälle, die dem Fahrzeug und/oder den an Bord befindlichen Personen zustoßen,
- alle Beobachtungen, die von allgemeinem Interesse für die Schiffahrt sein könnten.

Die Eintragungen müssen wahrheitsgetreu sein; es darf nicht radiert, und einzelne Blätter dürfen nicht entfernt werden. Bei Streichungen muß das Durchgestrichene leserlich bleiben; nachträgliche Eintragungen sind eindeutig als solche zu kennzeichnen. Das Tagebuch kann vom Skipper oder einer von ihm bestimmten Person geführt werden, muß aber täglich von ihm selbst abgezeichnet werden.

Der Betrieb von Funkanlagen

Funkanlagen, das heißt, Sende- und Empfangsgeräte wie Radar, Peilfunk, Loran-, Decca-, GPS-Navigatoren, UKW etc. müssen eine postalische Zulassungsnummer haben. Bis 1982 erteilte das Fernmeldetechnische Zentralamt die Zulassung (FTZ-Nummer), danach das Zentralamt für Zulassungen im Fernmeldewesen (ZZF-Nummer) und seit 1992 das Bundesamt für Zulassungen in der Telekommunikation (BZT-Nummer). Alle Prüfnummern sind gültig.
Um eine zugelassene UKW-Anlage betreiben zu dürfen, muß eine Genehmigungsurkunde beim Bundesamt für Post und Telekommunikation (BAPT), (Sachsenstraße 12/14, 20097 Hamburg), beantragt werden. Ein Doppel der Genehmigungsurkunde muß sich an Bord befinden.

Eine Funksprechanlage darf nur vom Inhaber eines Seefunkzeugnisses betrieben werden. Ist nur eine UKW-Anlage vorhanden, genügt das erleichterte *Beschränkt gültige Sprechfunkzeugnis für Ultrakurzwellen.* UKW ist im allgemeinen ausreichend für die Abwicklung des Sprechverkehrs im gesamten Küstenbereich, mit Küstenfunkstellen, Radarleitketten, Hafenüberwachungsstellen, Wasserschutzpolizei und Zoll. Auch mit den meisten Berufsschiffen gibt es über UKW Verständigungsmöglichkeiten. Je nach Antennenhöhe und Ausgangsleistung liegen die Reichweiten zwischen 25 und 50 sm.

Sonst ist das *Allgemeine Sprechfunkzeugnis für den Seefunkdienst* erforderlich. Wie sich jemand auf die Prüfung vorbereitet, bleibt jedem selbst überlassen. Die Anmeldung zur Prüfung muß bei einer der drei Prüfungskommissionen in Hamburg, Kiel oder Bremen erfolgen.

Um seine Sprechfunkanlage überhaupt voll nutzen zu können, braucht man den vom Bundesamt für Seeschiffahrt und Hydrographie herausgegebenen *Sprechfunk für Küstenfahrt* (Ost- und Nordsee) beziehungsweise den *Jachtfunkdienst*, Auszüge aus dem dreibändigen, die gesamte Welt abdeckenden *Nautischen Funkdienst.*

Will man nur am »einseitigen Sprech-Funkverkehr« teilnehmen – also nur hören, aber nicht sprechen –, muß beim BAPT ein Rufzeichen beantragt werden. Man hat so die Möglichkeit, sich von den Küstenfunkstellen telegrafische Nachrichten übermitteln zu lassen.

Zollformalitäten

Die maßgeblichen Zollvorschriften sind im *Zollgesetz,* in der *Allgemeinen Zollordnung* und in der *Dienstanweisung zum Zollgesetz und zur Allgemeinen Zollordnung* enthalten. Alles für den Yachtsport Wissenswerte enthält das *Merkblatt über Zollbestimmungen für Eigner und Schiffsführer inländischer Wassersportfahrzeuge.*

Yachten können unter bestimmten Voraussetzungen zollfreien Schiffsbedarf, sogenannten Transit, beziehen. Sie müssen mindestens 72 Stunden unterwegs sein und entweder einen ausländischen Hafen direkt anlaufen oder zumindest über das »Küstengebiet« hinaus gefahren sein. Das Küstengebiet ist nicht identisch mit dem Hoheitsgebiet, also der Dreimeilen- beziehungsweise Zwölfmeilen-Zone, in der die Seeschiffahrtsstraßen-Ordnung gilt. Das Küstengebiet erstreckt sich teilweise weit in internationale Gewässer. In der Ostsee beispielsweise liegt die Grenze zwischen 4 sm und 15 sm von der Küste entfernt. Die genauen Positionen sind in dem Merkblatt für Wassersportfahrzeuge enthalten.

Ferner muß man das *Bezugs- und Anschreibebuch für unverzollten Schiffsbedarf* haben. Man erhält es von der für den ständigen Liegeplatz der Yacht zuständigen Zollstelle.

Die Waren können nun beim Schiffshändler in solchen Mengen eingekauft werden, die der voraussichtlichen Dauer der Reise angemessen erscheinen. Die Bestellung muß schriftlich, mindestens 25 Stunden vor dem gewünschten Liefertermin erfolgen. Die Waren werden verschlossen und verplombt mit einem Zollbegleitpapier angeliefert.

Mindestens eine Stunde vorher ist das Zollamt vom beabsichtigten Auslaufen zu unterrichten. Vorzulegen sind zwei Duplikate der Warenrechnung. Erscheint bis zum angegebenen Auslauftermin kein Zollbeamter, wird offensichtlich auf eine Überprüfung verzichtet. Die Yacht darf ablegen, der Zollverschluß kann entfernt und die Ware verbraucht werden.

Von jetzt ab darf niemand an Bord mehr mit dem Land oder anderen Schiffen verkehren, bis zur Rückkehr von der Reise. Ist die Seezollgrenze noch nicht passiert, beispielsweise beim Auslaufen auf der Unterelbe oder Unterweser oder bei der Durchfahrt durch den Nord-Ostsee-Kanal, muß dieses »Verkehrsverbot« angezeigt werden. Bei Tag durch den 3. Hilfsstander (weiß-schwarz-weiß) unter der Backbordsaling. Bei Nacht durch ein weißes, mindestens 1 m unter dem Hecklicht angebrachtes Licht mit einer Sichtweite von 1 sm, das den gleichen Sektor wie das Hecklicht bescheint.

Einklarieren

Kommt das Boot von der Reise zurück, müssen die nicht verbrauchten zollfreien und sämtliche im Ausland eingekauften Waren beim Zoll einklariert werden. Um dabei keine Schwierigkeiten mit Geräten ausländischer Herkunft und nicht unverzollt eingekauften Waren zu bekommen, die schon beim Auslaufen an Bord waren, ist es zweckmäßig, diese Dinge listenmäßig zusammenzustellen und sich das beim Auslaufen vom Zoll bestätigen zu lassen.

Zum Einklarieren ist es am einfachsten, kurz vor Überschreiten der Seezollgrenze Hilfsstander Drei bzw. ein weißes Licht zu setzen und beim ersten Zollansageposten anzugeben, welchen ersten deutschen Hafen man anlaufen will. Dann kann man unter Zollzeichen auf den Zollstraßen Unterweser, Unterelbe, Kieler Förde oder Nord-Ostsee-Kanal bis zum Zielhafen weiterlaufen, um dort einzuklarieren. Dazu trägt man in einer »Gestellungsliste« alle zollpflichtigen Waren mit Mengenangaben ein, benachrichtigt das zuständige Zollamt (Zollstelle) und wartet das Erscheinen eines Zollbeamten ab. So lange besteht wieder Verkehrsverbot mit dem Land. Durch den Beamten kann man entweder die zollpflichtigen Waren ordnungsgemäß verzollen oder für den Fall, daß man innerhalb dieser Frist wieder ins Zollausland ausreisen will, für einen Zeitraum bis zu sieben Tagen unter Verschluß nehmen lassen. Dazu ist es gut, wenn ein verschließbares Spind an Bord vorhanden ist, in dem das Zollgut verschlossen und verplombt werden kann. Beim Wiederauslaufen klariert man dann, wie beschrieben, aus; anstelle der Rechnung ist nun die Gestellungsliste einzureichen.
Auch wenn man nicht aus dem Zollausland kommt, aber einen Zollansageposten passiert, kann man dort mitteilen, daß man keine zollpflichtige Ware an Bord hat, um sich mögliche Kontrollen zu ersparen. Allerdings muß sich jedes Boot auf Anruf durch einen Zollkreuzer oder Zollbeamten kontrollieren lassen.
Freistellung Eigner von Sportbooten können bei dem für den Liegeplatz zuständigen Zollamt die *Freistellung eines Wassersportfahrzeuges von der zollamtlichen Überwachung* beantragen. Sie erlaubt, unter bestimmten Voraussetzungen, ohne Zollabfertigung an allen Landungsplätzen im Nord- und Ostseeküstenbereich und am Bodensee anzulegen.

Paßformalitäten

Die Paßkontrolle, die auch für ein- und ausreisende Yachtbesatzungen erforderlich ist, kann auf Antrag, im Bereich der Nord- und Ostseeküste, erlassen werden. Bei den Grenzschutzämtern in Emden und Flensburg oder den Zollämtern an der Küste beantragt man eine *Grenzpolizeiliche Erlaubnis zum Betreten oder Verlassen des Bundesgebietes an der deutschen Nord- und Ostseeküste ohne grenzpolizeiliche Kontrolle.* Sie gilt für fünf Jahre. Am Bodensee, Hoch- und Oberrhein ist der entsprechende Antrag an die zuständigen Zollämter zu richten. Die Erlaubnis wird in der Regel zugleich mit der *Freistellung von zollamtlicher Überwachung* erteilt.

Seenotfälle

Die *Verordnung über die Sicherheit der Seefahrt* enthält unter anderem Vorschriften über das Verhalten bei Seenotfällen und nach Zusammenstößen (Kollisionen).
Jeder Schiffsführer hat, soweit dies ohne Gefährdung des eigenen Schiffes und seiner Mannschaft möglich ist, dem anderen Schiff und dessen Mannschaft jede erdenkliche Hilfe zu leisten und dem anderen Schiff so lange beizustehen, bis er sich versichert hat, daß es keiner weiteren Hilfe bedarf. Er muß mit dem Schiffer des anderen Schiffes Namen und Heimathafen, eventuell Club sowie den Namen des zuletzt angelaufenen Hafens und den des nächsten Zielhafens austauschen. Kann ein Schiffsführer dieser Verpflichtung nicht nachkommen, so muß er die Hafenverwaltung des nächsten Anlaufhafens sowie das für seinen Heimathafen zuständige Seeamt von dem Unfall unterrichten. Die Schiffer der in eine Kollision verwickelten Schiffe sind gehalten, sofort eine schriftliche Darstellung des Vorgangs abzufassen. Sind Personen getötet oder verletzt worden, ist darüber bei der ersten Gelegenheit eine schriftliche Meldung abzugeben. Das gilt sowohl für den Verursacher als auch für den durch den Unfall Betroffenen. Eine Yacht mit Funkausrüstung muß die Meldung als dringlichen Funkspruch an die nächste Küstenfunkstelle absetzen.
Auch wenn an einem Notfall nicht unmittelbar beteiligt, ist jeder Schiffsführer verpflichtet, Personen, die in Lebensgefahr geraten sind, Beistand zu leisten. Andernfalls muß er mit harter Bestrafung rechnen. Es ist wichtig zu wissen, daß hier nur von Personen die Rede ist, nicht auch von Schiffen. Das heißt: Die Rettung von Personen aus Gefahr ist kostenlos, aber für die Rettung eines Schiffes wird Bergelohn verlangt.

Die Verklarung

Nach einem Seenotfall, insbesondere dann, wenn mit Ansprüchen Dritter gerechnet werden muß, ist es zweckmäßig, eine Verklarung (eidliche Aussage) abzulegen. Das geschieht nach Anlaufen des nächsten Hafens vor dem dort zuständigen Amtsgericht, im Ausland vor dem deutschen Konsulat oder auch vor entsprechenden örtlichen Behörden. Letzteres ist zu empfehlen, wenn mit Ansprüchen von Staatsbürgern, Organisationen oder Institutionen jenes Landes gerechnet werden muß. Zur Verklarung ist vom Schiffsführer ein Verklarungsbericht einzureichen, der eine Schilderung aller Umstände enthält, die zum Unfall oder Schadensfall führten, und aller danach getroffenen Maßnahmen, außerdem eine namentliche Aufstellung aller an Bord gewesenen Personen. Eine beglaubigte Abschrift der entsprechenden Eintragungen im Schiffstagebuch ist beizufügen. Richter beziehungsweise Konsul können zur Aufklärung des Falles den Schiffsführer und an Bord befindlich gewesene Zeugen vernehmen. Alle Beteiligten haben das Recht auf eine beglaubigte Kopie von Verklarungsbericht und Vernehmungsprotokoll.

Hilfeleistung und Bergung

Bei einer Havarie, Schaden, der durch schweres Wetter, Kollision oder eigenes Verschulden der Schiffsführung am Schiff oder dessen Zubehör entstanden ist, kann es notwendig werden, fremde Hilfe in Anspruch nehmen zu müssen. Dabei ist zwischen Hilfeleistung und Bergung zu unterscheiden. Hilfeleistung kann bestehen im Freischleppen und Schleppen einer Yacht, in der Begleitung eines havarierten Schiffes, aber auch im Herbeiholen von Hilfskräften oder in der Überlassung von Ersatzausrüstung. Der Hilfslohn unterliegt im allgemeinen der freien Vereinbarung. Er sollte möglichst im voraus ausgehandelt werden.
Anders verhält es sich bei einer Bergung, wenn Schiffsführung und Besatzung die Verfügungsgewalt (Herrschaftsgewalt) über die Yacht aufgegeben oder verloren haben. Dann wird ein Bergelohn verlangt, der nachträglich gerichtlich eingeklagt werden kann (§ 750 HGB). Seine Höhe richtet sich nach dem Wert des abgeborgenen Schiffes und nach der Schwierigkeit und Gefährlichkeit der Bergung. Die Gerichte sprechen bis zum halben Wert des geborgenen Schiffes an Bergelöhnen zu, wenn sie überzeugt sind, daß die Bergung schwierig war. Der Bergelohn kann auch noch höher werden, wenn das bergende Schiff bei der Operation selber Schaden genommen hat. In einem solchen Falle wird man auch einem Yachtschiffer nicht verübeln können, wenn er einen Bergelohn zur Behebung seines Schadens verlangt. Denn es ist unter Yachtschiffern Brauch, für die Bergung einer anderen, in Not geratenen Yacht keinen Bergelohn zu verlangen. Doch kann man sich auf die Einhaltung dieses Brauchs nicht verlassen, er ist im internationalen Seerecht nicht verankert. Allerdings gilt für das ganze Bergegeschäft der Grundsatz: »Kein Erfolg, kein Geld!« Kein Anspruch auf Bergelohn besteht auch dann, wenn die Dienste gegen den Willen des Schiffsführers erbracht wurden, wenn die Vertragsbedingungen unbillig sind, weil der Vertrag unter Ausnutzung der Notlage geschlossen oder durch arglistige Täuschung herbeigeführt wurde (§ 747 HGB) oder wenn die Notlage erst durch das schuldhafte Verhalten der Retter herbeigeführt wurde.

Verhalten bei Hilfeleistung

Hier nun einige Tips, die vor kostspieligen Überraschungen aus Unkenntnis des Bergerechts schützen können: Man lasse keinen Mann des bergenden Bootes an Bord, solange man noch selbst die Schleppleine belegen und sein Boot steuern kann. Andernfalls kann das als Preisgabe des Schiffes ausgelegt werden.
Man sollte auch nicht die Trosse des Schleppers annehmen, sondern seine eigene hinübergeben; denn das könnte nachher leicht den Unterschied zwischen Schlepphilfe und Bergung ausmachen.
Man zeige auch kein Notsignal, wenn man sich nicht tatsächlich in Seenot befindet. Es könnte sonst ebenfalls leicht eine Bergung aus dem Schleppen werden. Man bittet über UKW oder sonst mit Morselampe, Hupe oder Pfeife um Hilfe, und zwar durch das Signal V (●●● ▬).
Wenn eine Bergung notwendig ist, handle man keine festen Kosten aus, sondern vereinbare »Open Form«. Das kann durch einfachen Zuruf geschehen. Diese offene Vertragsform ist international üblich. Der Vertrag kommt mit Beginn der Hilfeleistung zustande. Man hüte sich, etwas über den Wert und die Versicherungshöhe des Schiffes verlauten zu lassen.
Für alle Fälle, in denen nachträglich Ansprüche aus einer Bergung geltend gemacht werden könnten, sind eine Seekarte mit der eingezeichneten Position des havarierten Schiffes und das Logbuch ein wertvolles Beweismittel. Die Eintragung in Karte und Logbuch lasse man möglichst von einem Crewmitglied (nicht verwandt oder verschwägert)

gegenzeichnen. Außerdem besorge man sich sofort nach der Bergung eine Kopie des offiziellen Wetterberichts für den betreffenden Tag und das Revier vom Seewetteramt Hamburg.
Wer bei fallendem Wasser im Watt festgekommen ist, nehme nie das freundliche Angebot eines Fremden an, sich eben mal flottschleppen zu lassen, ohne ihm vorher mit Nachdruck zu erklären, daß man sich nicht in Seenot befindet und keine Schlepphilfe benötige. Die vermeintliche Freundlichkeit könnte sich zu einem Anspruch auf Bergelohn wandeln. Auch bei dem Angebot eines schwereren Ankers mit Trosse vereinbare man eine Leihgebühr und zahle sofort gegen Quittung, um jeden Anspruch auf Bergelohn auszuschließen.
Über jede Havarie, die zu irgendwelchen Schadensersatzansprüchen führt, sind schriftliche Aufzeichnungen zu machen, und zwar über ihre Ursache, den Hergang, den Umfang des Schadens sowie über alle Maßnahmen, die getroffen wurden, sie zu vermeiden oder zu begrenzen. Auf diesen Unterlagen basieren Ersatzforderungen an Versicherungen.

Seenotsignalmittel

Wer den Sportbootführerschein See oder die DSV-Führerscheine BK und C erwerben will, muß in einer schriftlichen und praktischen Prüfung nachweisen, daß er mit Seenotsignalmitteln umzugehen versteht. Für den Segelschein BR und den Sportbootführerschein Binnen ist diese Zusatzprüfung freiwillig. Man erhält dann einen Befreiungsvermerk im Führerschein, der von den Behörden als Sachkundenachweis anerkannt wird.
Signalwaffen mit dem Zulassungszeichen der Physikalisch-Technischen Bundesanstalt (PTB) können von jedem frei erworben werden, der das 18. Lebensjahr vollendet hat. Dazu zählen Pistolen und Revolver mit einem Patronenlager von weniger als 12 mm Durchmesser, mit einem Abschußbecher zur Aufnahme des Signalkörpers auf der Mündung, Signalstifte und Signalgeber.

Die Waffenbesitzkarte

Signalwaffen mit einem Patronenlager von mehr als 12 mm Durchmesser sind »erlaubnispflichtig«. Um sie zu erwerben und zu besitzen, ist eine Waffenbesitzkarte, in die der Kauf eingetragen wird, erforderlich. Ein Antrag zum Erwerb einer Signalpistole ist bei der zuständigen Behörde zu stellen. In jedem Bundesland ist es eine andere. Sofern verschiedene Auflagen erfüllt sind – persönliche Zuverlässigkeit, Vollendung des 18. Lebensjahres, körperliche Eignung, Sachkundenachweis und Bedürfnis –, kann die Behörde die Waffenbesitzkarte ausstellen. Ein Bedürfnis wird an der Küste meist anerkannt, wenn man den Besitz eines seegängigen Bootes nachweisen kann.
Pyrotechnische Signalmittel Zu ihnen zählen alle Seenotsignalmittel, eingeordnet in die Klasse T (Technische Zwecke). Nach dem Grad ihrer Gefährlichkeit wird diese Klasse noch in T_1 und T_2 unterteilt. Die Ein- und Unterteilung nimmt die Bundesanstalt für Materialprüfung (BAM) vor. Alle pyrotechnischen Signalmittel, die in der Bundesrepublik Deutschland erworben oder verwendet werden sollen, müssen das entsprechende Zulassungszeichen BAM-PT_1... oder BAM-PT_2... haben.
Seenotsignalmittel der Unterklasse T_1 sind erlaubnisfrei und können von jedem erworben werden, der das 18. Lebensjahr vollendet hat. Darunter fallen Handfackeln und bestimmte Rauchsignale.

Der Munitionserwerbsschein

Seenotsignalmittel der Unterklasse T_2 sind in jedem Fall erlaubnispflichtig. Zu ihnen gehören Signalraketen, Fallschirmsignalraketen und verschiedene Rauchsignale. Wer sie kaufen will, braucht einen Munitionserwerbsschein. Auf Antrag von denselben Behörden erhältlich wie die Waffenbesitzkarte. Die Voraussetzungen für die Erteilung sind ebenfalls dieselben wie für die Erteilung der Waffenbesitzkarte, allerdings ist das Alter auf 16 Jahre herabgesetzt.
Aufbewahrung und Verlust Der Gesetzgeber schreibt vor, daß Signalwaffen und Munition sicher vor Verlust und Diebstahl aufzubewahren sind. Im Hafen müssen die Signalmittel also entsprechend eingeschlossen werden. Während der Fahrt aber sollten sie sich möglichst in einer offenen, für jedermann schnell zugänglichen Halterung befinden.
Ein Verlsut, auch von Waffenbesitzkarte oder Munitionserwerbsschein, ist der zuständigen Behörde unverzüglich anzuzeigen.
Daß Seenotsignalmittel nur bei einer akuten Gefahr eingesetzt werden dürfen – eigentlich ganz selbstverständlich – ist ausdrücklich vom Gesetzge-

ber festgelegt worden. Jeder Mißbrauch wird streng bestraft, außerdem haftet man uneingeschränkt für alle Folgen.

Führerscheine

Es gibt verschiedene Boots-Führerscheine, gesetzlich vorgeschriebene, gesetzlich nicht vorgeschriebene und verbandsinterne. Sie alle können in Schadensfällen aus verkehrsrechtlichen (Seeamtsverhandlung) und versicherungsrechtlichen Gründen große Bedeutung erlangen.

Amtliche Führerscheine

Der **Sportbootführerschein Binnen** des Deutschen Segler-Verbandes (DSV) und des Deutschen Motoryachtverbandes (DMYV) ist erforderlich auf deutschen Binnengewässern (Bundeswasserstraßen) für alle Boote mit einem Motor von mehr als 3,68 kW (5 PS) an der Propellerwelle. In Berlin auch für Segelboote und Windsurfer über 3 m^2 Segelfläche. Mindestalter 16 Jahre. Die Prüfungskommissionen werden gemeinsam von DSV und DMYV aufgestellt.
Der **Sportbootführerschein See** wird benötigt auf deutschen Küstengewässern im Geltungsbereich der Seeschiffahrtsstraßen-Ordnung für alle Boote mit einem Motor von mehr als 3,68 kW (5 PS) an der Propellerwelle. Mindestalter 16 Jahre. Die Prüfungskommissionen werden gemeinsam von DSV und vom DMYV aufgestellt.
Das **Bodensee-Schifferpatent** Kategorie D für Segelboote mit mehr als 12 m^2 Segelfläche (Mindestalter 16 Jahre) und Kategorie A für alle Boote mit einem Motor von mehr als 4,4 kW (6 PS) an der Propellerwelle (Mindestalter 18 Jahre) ist auf dem Bodensee vorgeschrieben.
Der **Sportseeschifferschein** ist zwar amtlich, aber freiwillig. Es gibt ihn »mit Antriebsmaschine« und »mit Antriebsmaschine und unter Segel«. Voraussetzung ist für beide der *Sportbootführerschein See.* Für Maschine sind mindestens 1000 Seemeilen auf Yachten, davon mindestens 500 Seemeilen zurückgelegt im Seebereich, nachzuweisen. Unter Segel sind 1000 Seemeilen im Seebereich und davon mindestens 500 Seemeilen als Wachführer oder dessen Vertreter erforderlich. Mindestalter für beide Scheine 16 Jahre.
Der **Sporthochseeschifferschein** ist ebenfalls amtlich und freiwillig. Auch ihn gibt es in den beiden Versionen. Voraussetzung sind *Sportbootführerschein See* und *Sportseeschifferschein.* Man muß weitere mindestens 1000 Seemeilen, davon 500 Seemeilen als Wachführer nachweisen und die »Befähigung zum Führen einer Yacht in der weltweiten Fahrt«. Mindestalter 18 Jahre. Die Prüfungsinhalte entsprechen in etwa den DSV-Scheinen BK und C, gehen in den Anforderungen aber darüber hinaus.
Diese Führerscheine können alle auch von Nichtmitgliedern der Wassersportvereine erworben werden. Die Prüfungskommission setzt sich zusammen aus Vertretern des DSV und des DMYV und der staatlichen Seefahrtsschulen.

Nicht amtliche Führerscheine

Jollen und Yachten, die im Register eines dem DSV angehörenden Vereins eingetragen sind, dürfen unter seinem Stander nur von einem DSV-Führerschein-Inhaber verantwortlich geführt werden. Der Führerschein muß für den jeweiligen Fahrtbereich gültig sein. Über alle Einzelheiten, die Zulassungsbedingungen und das Prüfungsverfahren unterrichtet die *Führerscheinvorschrift des Deutschen Segler-Verbandes.*
Der **Jüngstensegelschein** berechtigt zur Teilnahme an Regatten mit Jollen bis zu 10 m^2 Segelfläche auf den jeweiligen Jüngstenrevieren der Vereine. Mindestalter 7 Jahre.
Der **Führerschein für Binnenfahrt (A)** gilt auf allen Binnengewässern außerhalb des Geltungsbereichs der Seeschiffahrtsstraßen-Ordnung. Mindestalter 14 Jahre.
Der **Führerschein für Revierfahrt (R)** berechtigt zum Segeln in ortsnahen Bereichen der Seeschiffahrtsstraßen wie auf den Regattabahnen vor der Kieler Förde und in der Lübecker Bucht oder auf der Unterelbe bis zur Kugelbake. Mindestalter 14 Jahre.
Der **Führerschein für Küstenfahrt (BR)** gilt auf den Küstengewässern innerhalb der 12-Seemeilen-Grenze. Verlangt werden der Nachweis von mindestens 300 auf Küstengewässern gesegelten Seemeilen und eine »ausreichende seglerische Erfahrung«. Mindestalter 16 Jahre.
Der **Führerschein für Große Küstenfahrt (BK)** berechtigt zum Segeln in der Ost- und Nordsee und dem Mittelmeer und innerhalb eines 30-Seemeilen-Bereichs vor jeder Küste. Nachzuweisen sind mindestens 1000 auf See gesegelte Seemeilen und eine »mehrjährige Erfahrung nach dem Erwerb des BR-Scheins«. Mindestalter 18 Jahre.

Der **Führerschein für Seefahrt (C)** gilt für alle Meere. Nachzuweisen sind weitere 2000 gesegelte Seemeilen und eine »mehrjährige Erfahrung nach dem Erwerb des BK-Scheins«. Mindestalter 18 Jahre.

Der **Motorbootführerschein C (Seefahrt)** des Deutschen Motoryachtverbandes gilt für die offene See außerhalb der Küstengewässer. Voraussetzung ist der amtliche Sportbootführerschein See, der zum Durchfahren der Küstengewässer erforderlich ist. Abweichend vom Segel-C-Schein werden Kenntnisse der astronomischen Navigation in der Prüfung nicht verlangt. Auch ist kein Seemeilen-Nachweis notwendig. Mindestalter 18 Jahre.

In jedem Fall ist eine Prüfung vor einer Prüfungskommission der entsprechenden Verbände abzulegen. Wie man sich auf die Prüfungen vorbereitet, bleibt jedem selbst überlassen.

Surfscheine

Auch für Brett- oder Stehsegler gibt es (freiwillige) Führerscheine.

Den **Grundschein** kann man bei einer der dem Verband der Deutschen Windsurfing Schulen (VDWS) oder den Eurosurf-Schulverbänden angeschlossenen Schule erwerben. Er ist Voraussetzung für den

Segelsurfschein des DSV und wird dort bei der Prüfung als Nachweis des bestandenen praktischen Teiles anerkannt. In der Prüfung zum Segelsurfschein geht es überwiegend um eine Vertiefung des Wissens in Fragen der Rechts- und Wetterkunde. Den Segelsurfschein braucht man, wenn man an Surf-Regatten teilnehmen will. Der Grundschein genügt dazu nicht.

Führerscheine im Ausland

Nahezu in allen europäischen Ländern sind amtliche Führerscheine vorgeschrieben. Vielfach ist auch das Fahrtgebiet genau festgelegt. Die Handhabung gegenüber ausländischen Booten ist unterschiedlich. Manchmal wird von ihnen kein Führerschein verlangt. Üblicherweise wird der Sportbootführerschein Binnen oder See in den Ländern anerkannt, die selbst einen gesetzlich vorgeschriebenen Führerschein haben.

Anhang

Kommandotafel

Manöver	Kommando	Meldung
Segelsetzen	Fock/Großsegel/Alle Segel klar zum Setzen!	Fock/Großsegel/Alle Segel ist/sind klar zum Setzen!
	Heiß Fock/Großsegel!	
Segelbergen	Fock/Großsegel/Alle Segel klar zum Bergen!	Fock/Großsegel/Segel ist/sind klar zum Bergen!
	Klar bei Fock-/Großfall!	Fock-/Großfall ist klar!
	Hol nieder Fock/Großsegel!	
Segelbedienung		
Anluven	Hol an die Schoten/Großschot/Fockschot! Neuer Kurs: Halber Wind!/Am Wind! Fest die Schot/Schoten	
Abfallen	Fier auf die Schoten / Großschot / Fockschot! Neuer Kurs: Halber Wind!/Vor dem Wind – Fest die Schot/Schoten Fock an Bb./Stb.!	
Aufschießen	Klar zum Aufschießen! Schoten Los!	Schoten sind klar!
Wenden	(Hol an die Schoten!) Klar zum Wenden! Rhe! Über die Segel!	Fock ist klar!
Halsen	Klar zum Halsen! (Fier auf die Schoten!) Hol dicht Großschot! Rund achtern! Über vorn! – Fier auf Großschot! Hol an die Schoten! Neuer Kurs:	
Schiften	Klar zum Schiften des . . .! Hol dicht . . .-Schot! Über . . .-Segel! Fier auf . . .-Schot!	. . .-Schot ist klar!
Dirken	Klar bei Dirk! An-/Ab-Dirken!	Dirk ist klar!

Manöver	Kommando	Meldung
Reffen	Klar zum Reffen! Klar bei Großfall! Lose auf Großfall Ein/zwei/drei Törns reffen! Dicht Großfall!	Ist klar zum Reffen! Großfall ist klar! Ist gerefft!
Ruderführung	Backbord-/Steuerbordruder! Hart Backbord/Steuerbord! Komm auf! Mittschiffs! Recht so! Stütz! Neuer Kurs zwei drei Null! Ruder für Fahrt achteraus!	Backbord-/Steuer-bordruder! Hart Backbord/ Steuerbord! Aufkommen! Mittschiffs! Recht so! . . . Grad! Stütz! Zwei drei Null liegen an!
Ablegen *Vom Steg*	Klar zum Ablegen über Backbord/Steuer-bordbug! Klar bei Vor-/Achterleine! Klar bei Vor-/Achterspring! Los die . . .-Leine/. . .-Spring! Alle Leinen los und ein! Fock/Großsegel back an . . .! Über die Fock!/das Groß!	 Vor-/Achterleine ist klar! Vor-/Achterspring ist klar! . . .-Leine/. . .-Spring ist los! Alles ist los und ein!
Von der Boje	Klar zum Loswerfen! Klar bei Vorleine! Hol dicht Vorleine! Fock/Großsegel dicht an . . .-bord! Los die Vorleine! Über die Fock/das Groß!	Ist klar zum Loswerfen Vorleine ist klar! Vorleine ist dicht! Vorleine ist los! Vorleine ist ein!
Anlegen *Am Steg gegen den Wind*	Klar zum Anlegen an Backbord/Steuerbord! Klar zum Bergen der Fock! Klar bei Fockfall! Hol nieder Fock! Klar zum Aufschießen! Klar bei Großschot! Großschot los! Klar bei Vor-/Achterleine, Vor-/Achterspring! . . .-Leine/. . .-Spring langsam festhalten!	 Fockfall ist klar! Großschot ist klar! Großschot ist los! . . .-Leine/. . .-Spring ist klar!

Manöver	Kommando	Meldung
	Boot so festmachen!	Boot so festmachen! Vorleine/Achterleine ist fest!
	Großsegel bergen!	
	Alles aufklaren!	
Am Steg vor dem Wind	Großsegel klar zum Bergen	Großsegel klar zum Bergen!
	Klar bei Dirk!	Dirk ist klar!
	Andirken!	
	Klar bei Großfall!	Großfall ist klar!
	Klar zum Aufschießen!	
	Nach Back-/Steuerbord in den Wind gehen!	
	Hol nieder Großsegel!	Hol nieder Großsegel!
	Weiter drehen bis vor den Wind!	Weiter drehen bis vor den Wind!
	Großsegel auftuchen und bezeisen!	
	Fock an Back-/Steuerbord!	Fock an Back-/Steuerbord!
	Fock klar zum Bergen!	Fock ist klar zum Bergen!
	Klar bei Fockfall!	Fockfall ist klar!
	Klar zum Anlegen an Back-/Steuerbord!	
	Hol nieder Fock!	
	Klar bei Achterleine!	Klar bei Achterleine!
	Klar bei Vorspring!	Klar bei Vorspring!
	. . .-Leine/. . .-Spring an Land!	. . .-Leine/ . . .-Spring an Land!
	Boot langsam aufstoppen!	Boot so festmachen!
	Boot so festmachen!	
	Alles aufklaren!	
An der Boje	Klar zum An-die-Boje-Gehen!	Abstand . . . m! Mehr Bb./Stb.! Boje ist gefaßt! Boot ist fest!
Ankern	Klarmachen zum Ankern!	Anker ist klar!
	Wassertiefe . . . m!	
	Klar zum Ankern!	Anker ist klar zum Fallen!
	Aus der Kette! – Fallen Anker!	
	Wie zeigt die Kette?	Kette zeigt voraus/achteraus/auf und nieder!
	Stecken auf . . . m!	. . . m sind aus! – Anker trägt!
	Belegen!	
Ankerlichten	Klar zum Ankerlichten!	Ist klar zum Ankerlichten

Manöver	Kommando	Meldung
	Kurzstag holen! Ankerlichten!	Ist kurzstag! Auf und nieder Anker ist los! Anker ist aus dem Wasser! Anker ist klar/unklar!
Boje/Mann über Bord	Boje/Mann über Bord! Boje/Mann fischen an Bb./Stb.	Boje/Mann ist gefischt

Es handelt sich hier um die vom Deutschen Segler-Verband' aufgestellte Kommandotafel. Sie soll der klaren und eindeutigen Verständigung zwischen Schiffsführung und Crew auf großen Yachten dienen. Sie ist gedacht als Richtlinie für den praktischen Segelunterricht in Segelschulen und Clubs und kann in dieser Form auch bei Prüfungen für einen der DSV-Segelscheine verlangt werden. Im Bordalltag hingegen wird sich äußerst selten an dieses starre Schema gehalten. Hier gleicht man die zur Verständigung unumgänglichen Anweisungen sinnvoll den praktischen Erfordernissen an.

Internationale Buchstabiertafel und Morsealphabet

Buchstabe	Morsezeichen	Benennung	Aussprache*
A	• —	Alfa	älfah
B	— • • •	Bravo	brawoh
C	— • — •	Charlie	tschahli
D	— • •	Delta	delta
E	•	Echo	ekko
F	• • — •	Foxtrott	foxtrott
G	— — •	Golf	golf
H	• • • •	Hotel	hotell
I	• •	India	indja
J	• — — —	Juliett	dschuhljett
K	— • —	Kilo	kilo
L	• — • •	Lima	lima
M	— —	Mike	maik
N	— •	November	nowember
O	— — —	Oscar	osker
P	• — — •	Papa	papah
Q	— — • —	Quebec	kwiebeck
R	• — •	Romeo	romio
S	• • •	Sierra	sjerah
T	—	Tango	tängoh
U	• • —	Uniform	junifohm
V	• • • —	Victor	wickter
W	• — —	Whiskey	uisskee
X	— • • —	X-Ray	ecksree
Y	— • — —	Yankee	jänkie
Z	— — • •	Zulu	suluh
Ä	• — • —		
Ö	— — — •		
Ü	• • — —		

*Betonte Silbe unterstrichen

Ziffern und Zeichen		Morsezeichen	Schlüsselwort
1		· — — — —	una – one
2		· · — — —	bisso – two
3		· · · — —	terra – three
4		· · · · —	karte – four
5		· · · · ·	panta – five
6		— · · · ·	soxi – six
7		— — · · ·	sette – seven
8		— — — · ·	okto – eight
9		— — — — ·	nove – nine
0		— — — — —	nada – zero
Anruf	AAA	· — · — · —	
Irrungszeichen	EEEE	· · · ·	
Verstanden	T	—	
Wiederholen	RPT	· — · · — — · —	
Ende	AR	· — · — ·	
Ende, Verstanden	R	· — ·	

Eine Buchstabenverdopplung wird durch Vorsatz von »double« (sprich dabbl) gegeben, z. B. tt = double Tango (sprich dabbl tängoh).

Signalflaggen

Alphabetflaggen

Zahlenwimpel

Mit den Alphabetflaggen und den Zahlenwimpeln arbeitet das »Internationale Signalbuch«. Der »Signalbuch- und Antwortwimpel« ist rot/weiß senkrecht gestreift (Wimpel »Answer«).

Ein-Buchstaben-Signale

A		ALFA	Ich habe Taucher unten; halten Sie bei langsamer Fahrt gut frei von mir.
B		BRAVO	Ich lade, lösche oder befördere gefährliche Güter.
C	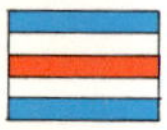	CHARLIE	Ja (Bejahend oder »Die Bedeutung der vorangegangenen Gruppe ist als Bejahung zu verstehen«).
D		DELTA	Halten Sie frei von mir; ich manövriere unter Schwierigkeiten.
E		ECHO	Ich ändere meinen Kurs nach Steuerbord.
F	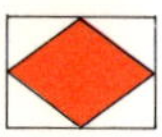	FOXTROTT	Ich bin manövrierunfähig; treten Sie mit mir in Verbindung.
G		GOLF	Ich benötige einen Lotsen. Wenn dieses Signal von Fischereifahrzeugen, die auf Fangplätzen einander sehr nahe sind, gegeben wird, bedeutet es: »Ich hole Netze ein«.
H	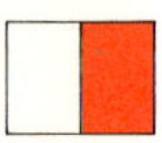	HOTEL	Ich habe einen Lotsen an Bord.
I		INDIA	Ich ändere meinen Kurs nach Backbord.
J		JULIETT	Ich habe Feuer im Schiff und gefährliche Ladung an Bord; halten Sie gut frei von mir.
K		KILO	Ich möchte mit Ihnen in Verbindung treten oder Aufforderung zur Übermittlung.
L		LIMA	Bringen Sie Ihr Fahrzeug sofort zum Stehen.
M		MIKE	Meine Maschine ist gestoppt, und ich mache keine Fahrt durchs Wasser.
O		OSKAR	Mann über Bord.
P		PAPA	*Im Hafen:* Alle Mann an Bord, da Fahrzeug auslaufen will. *Auf See:* Es darf von Fischereifahrzeugen für die Bedeutung verwendet werden: »Meine Netze sind an einem Hindernis festgekommen.«
Q		QUEBEC	An Bord ist alles gesund, und ich bitte um freie Verkehrserlaubnis.
R		ROMEO	Entfernung in Seemeilen (mit einer oder mehreren Ziffern)
S		SIERRA	Meine Maschine geht rückwärts.
T		TANGO	Halten Sie frei von mir; ich bin beim Gespannfischen: (Nur als Flaggensignal erlaubt.)

U 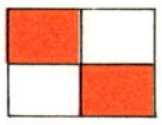 UNIFORM — Sie begeben sich in Gefahr.

V  VICTOR — Ich benötige Hilfe.

W 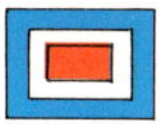 WHISKEY — Ich benötige ärztliche Hilfe.

X 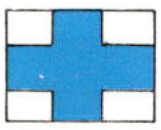 XRAY — Unterbrechen Sie Ihr gegenwärtiges Vorhaben (Manöver) und achten Sie auf meine Signale.

Y  YANKEE — Ich treibe vor Anker.

Z  ZULU — Ich benötige einen Schlepper.
Wenn dieses Signal von Fischereifahrzeugen, die auf Fangplätzen einander sehr nahe sind, gegeben wird, bedeutet es: »Ich setze Netze aus.

Stichwortverzeichnis

C

D

E

F

G

H

I

J

K

L

M

N

O

P

Q

R

S

T

U

V

W

Y

Z